中国石化
SINOPEC

中国石油化工集团有限公司
CHINA PETROCHEMICAL CORPORATION YEARBOOK

年鉴
2020

《中国石油化工集团有限公司年鉴》编委会　编

中国石化出版社

图书在版编目（CIP）数据

中国石油化工集团有限公司年鉴 . 2020 /《中国石油化工集团有限公司年鉴》编委会编 . — 北京：中国石化出版社，2020.10

ISBN 978-7-5114-6024-0

Ⅰ . ①中… Ⅱ . ①中… Ⅲ . ①石油化工厂—中国—2020 —年鉴 Ⅳ . ① F426.22-54

中国版本图书馆 CIP 数据核字（2020）第 204199 号

中国石化出版社出版发行

地址：北京市东城区安定门外大街58号

邮编：100011　电话：（010）57512500

发行部电话：（010）57512575

http：//www. sinopec-press. com

E-mail：press@ sinopec. com

北京科信印刷有限公司印刷

*

787 × 1092 毫米　16 开本　51.5 印张　66 彩页　1409 千字

2020 年 10 月第 1 版　2020 年 10 月第 1 次印刷

定价：380.00 元

《中国石油化工集团有限公司年鉴》2020 年卷
编　委　会

《中国石油化工集团有限公司年鉴》2020年卷
编　辑　部

地　　址：北京市东城区安定门外大街58号

邮政编码：100011

电　　话：（010）57512414

电子信箱：shanxd@sinopec.com

The Editorial Department of
《CHINA PETROCHEMICAL CORPORATION YEARBOOK》

Add：58 Anwai Street, Dongcheng District, Beijing China

P.C：100011

Tel：+86-10-57512414

Email：shanxd@sinopec.com

编 辑 说 明

一、《中国石油化工集团有限公司年鉴》(简称《年鉴》)是中国石油化工集团有限公司正式对外公布一定时期生产、经营、财务状况及有关数据资料的权威性出版物，向国内外公开发行。《年鉴》从1988年问世至今，已出版25卷。2020年卷《年鉴》为第26卷。

二、2020年卷《年鉴》全面、系统地记述了2019年集团公司在生产经营、深化改革、科技创新和企业管理等各方面的基本情况和重大事项，图文并茂，直观反映了集团公司及其所属企事业单位的新变化、新成果，为各级领导科学决策和科学管理提供依据，为集团公司内部和社会各界人士了解集团公司提供翔实、可靠、可鉴资料。

三、2020年卷《年鉴》共设27个栏目：大事记(附音频)、总述(附音频)、境内油气勘探开发、境内石油工程、炼油生产、化工生产、境内炼化工程、产品销售、资本与金融业务管理、国际化经营、重点工程建设、公用工程、安全生产、绿色低碳、科研开发与管理、企业改革与管理、财务资产管理、组织人事管理、物资采购与管理、数字化转型、内部监督、企业党建与企业文化、新闻与出版、企事业单位、人物、统计资料、附录。为便于读者查阅和检索，文前附中、英文目录，书后附企事业单位主题词索引和表题索引。

四、《年鉴》所收录的数据表中，空格表示该项统计数据不详，“—”表示无该项统计数据，“…”表示该项数据不足本表最小单位数。

五、《年鉴》中，“中国石油化工集团有限公司”简称“集团公司”，“中国石油化工股份有限公司”简称“股份公司”，两者统称“中国石化”。

六、《年鉴》中插图由各单位提供，图片版权归各单位所有。

七、在《年鉴》的编纂和出版过程中，承蒙有关单位领导、专家、管理人员的大力支持和帮助，在此，谨向为《年鉴》提供稿件和资料、对稿件进行审读把关及给予《年鉴》各种帮助的人士，致以诚挚的谢意。对2020年卷《年鉴》存在的缺点和疏漏，诚请广大读者批评指正。

《中国石油化工集团有限公司年鉴》编辑部

2020年8月

董事长致辞

2019年是新中国成立70周年，也是中国石化极不平凡的一年。面对风险挑战明显上升的内外部环境，在以习近平同志为核心的党中央坚强领导下，公司各级领导班子团结带领广大干部员工，坚持以习近平新时代中国特色社会主义思想为指导，以迎接庆祝新中国成立70周年为动力，抓住开展“不忘初心、牢记使命”主题教育和接受中央巡视及问题整改重要契机，稳中求进、担当作为、狠抓落实，推动各项工作取得新进展新成效。全年实现营业收入3.0万亿元、同比（下同）增长2.3%，利润总额1 009亿元、增长4.3%，净利润791亿元、增长9.1%，实现税费3 122亿元。

深化供给侧结构性改革，加快推进产业转型升级。认真贯彻落实习近平总书记能源安全新战略和重要指示批示精神，加大国内油气勘探开发力度，稳油增气降本成效明显，油气勘探再获一批新突破，文23储气库等一批重点工程建成投用。炼化基地加快建设，中科炼化项目建成中交，中安联合等一批重点项目建成投产，一批低硫船燃项目布局落实。加油站综合服务体建设和智能化建设加快推进。国际合作迈向更宽领域、更深层次，新业务新业态孕育成长。科技创新成果丰硕，高温高盐油藏大幅提高采收率技术、对位芳纶成套技术等一批重点项目研发取得积极进展，支撑引领了产业结构调整。

深入推进体制机制改革，全力巩固行稳致远根基。深入贯彻党的十九届四中全会精神，积极探索建立中国特色现代企业制度，管理体制改革、总部机构调整等积极推进，配套机制改革有序实施，公司治理体系建设迈出新步伐。“三项制度”改革、混合所有制改革、支持配合国家管网公司组建等重点改革稳步推进，改革呈现全面发力、多点突破、纵深推进的新格局。健全内控风控体系，加强合规管理体系建设，强化依法依规治企，保障了稳健经营。

强化管党治党责任，推动全面从严治党向纵深发展。高质量开展“不忘初心、牢记使命”主题教育，自觉接受中央巡视，统筹抓实问题整改，学习贯彻习近平新时代中国特色社会主义思想走深走实，做到“两个维护”更加坚定自觉。以党的政治建设为统领，制定并落实加强党的政治建设重点措施，为基层减负工作持续深化，政治纪律和政治规矩更加严明。积极践行新时代党的组织路线，持续加强领导班子和干部人才队伍建设。突出责任、质量、实效，推进党建与业务工作深度融合，党建质量不断提升。实施纪检监察体制改革，保持惩治腐败高压态势，深化巡视巡察工作，全面清理驻京办（联络处），开展纠治“四风”专项行动，加大警示教育力度，不敢腐的震慑持续强化，不能腐的笼子越扎越紧，不想腐的堤坝加快构筑。落实意识形态工作责任制，建好管好用好主阵地。积极开展传承石油精神、弘扬石化传统教育，大力宣传“最美奋斗者”闵恩泽院士、“时代楷模”陈俊武院士等先进典型，凝聚起干事创业正能量。

积极履行社会责任，持续彰显央企使命担当。从讲政治的高度，全力做好新中国成立 70 周年、国际进口博览会等重大活动的服务保障任务。认真落实党中央脱贫攻坚决策部署，全年投入扶贫资金 2.31 亿元，对口支援和定点扶贫资金 1.65 亿元，助力西藏班戈县、安徽颍上县脱贫“摘帽”，公司扶贫案例获评中国企业扶贫 50 佳案例。积极应对气候变化，深入实施“绿色企业行动计划”和“能效提升”计划，扎实推进污染防治攻坚战。推进公益事业常态化发展，深入实施健康快车、情暖驿站等公益项目，让公司发展成果更多惠及人民群众。尊重项目所在地文化传统和法律法规，推动社区实现经济、环境、社会协调发展，在境内外赢得广泛赞誉。

成绩来之不易，这是以习近平同志为核心的党中央坚强领导的结果，是社会各界关心帮助的结果，是广大客户和消费者高度信赖的结果，是海内外合作伙伴协作支持的结果。在此，我代表公司董事会、管理层，代表公司全体干部员工，向所有关心、支持和帮助中国石化的朋友们表示衷心的感谢！

2020 年是我国全面建成小康社会和“十三五”规划的收官之年，也是新时代公司改革发展进程中的关键之年。近期，新冠肺炎疫情肆虐，市场需求大幅萎缩，国际油市风云突变，金融市场剧烈动荡。面对新形势新任务，我们将更加紧密地团结在以习近平同志为核心的党中央周围，以习近平新时代中国特色社会主义思想为指导，深入贯彻落实党中央、国务院决策部署，贯彻新发展理念，落实高质量发展要求，坚持稳中求进工作总基调，聚焦提质增效升级，深化供给侧结构性改革，加快创新驱动发展，完善公司治理体系，坚定不移全面从严治党，努力创造更加优异成绩，为全面建成小康社会做出更大贡献！

我们将持续加强对外合作，与您携手共创更加灿烂美好的明天！

总经理致辞

2019年生产经营形势复杂严峻，内外部风险挑战明显上升，全球经济增速放缓，国际油价宽幅震荡，国内炼油产能过剩加剧，化工产品价格持续下跌，市场竞争异常激烈。面对困难挑战，我们坚持以习近平新时代中国特色社会主义思想为指导，在党中央、国务院的坚强领导下，认真贯彻集团公司党组和董事会决策部署，坚持稳中求进工作总基调，统筹推进生产经营、改革发展、科技创新等各方面工作，取得了好于预期的经营业绩，公司发展呈现稳中有进、稳中提质的良好态势。

我们聚焦稳增长保效益，全力提升经营发展质量。坚决落实“六稳”工作部署，以市场为导向、以效益为中心，精心组织生产经营，圆满完成了全年效益目标，事业部和专业公司均实现盈利，发展不平衡不充分的矛盾有效改善。2019年，在国际油价下降6.7美元/桶的条件下，公司实现营业收入3.0万亿元、增长2.3%，利润总额1 009亿元、增长4.3%，净利润791亿元、增长9.1%，实现税费3 122亿元。国内上游全面实施七年行动计划，大力推进高质量勘探和效益开发，生产原油3 513万吨、天然气296亿立方米，油气单位完全成本持续下降；天然气产供储销体系加快建设，经营量保持较快增长。境外上游在加拿大、安哥拉等地获得重要油气发现，是近年来勘探成效最好的一年，完成权益油气当量产量4 252万吨。炼油销售协同攻坚成效明显，加工原油2.5亿吨，境内成品油经营量1.84亿吨。化工产销实现稳定增长，生产乙烯1 249万吨，生产对二甲苯504万吨，三大合成材料高附加值产品比例持续提高，化工产品经营总量8 950万吨。石油工程盈利基础得到夯实，炼化工程拓市创效成绩较好。

我们聚焦补短板调结构，全力推进产业转型升级。统筹推进产业布局和结构调整，加强投资管理和优化，推动一批重点工程项目建设。顺北、济阳、川西、东胜、涪陵二期、威荣等油气产建项目加速推进；中科炼化建成中交，海南二套芳烃、中安煤化工、镇海炼油提质升级等项目建成投产，福建腾龙芳烃修复完工，海南乙烯项目加紧实施，烷基化和船用燃料油等一批炼油结构调整项目加快推进。文23储气库一期、鄂安沧输气管道一期、天津LNG扩能、荆门—襄阳成品油管道等建成投用，董家口原油商储基地、湛江—北海成品油管道、南川—涪陵输气管道建成投产。国际化布局取得新进展，达成阿穆尔天然气化工项目、在华合资开展LNG销售等合作协议，武汉分公司炼油业务注入中韩石化，扬巴第二套新戊二醇等一批境内合作项目落实。制订实施天然气、自贸试验区业务等一批重大专项规划，启动编制“十四五”规划。

我们聚焦支撑引领发展，全力推进科技创新。制订科技创新中长期规划和行动方案，深化“放管服”改革，推进联合研发中心、孵化器等创新平台建设，科技创新体制机制更具活力。加快关键核心技术攻关，布局前沿引领技术，取得一批新成果新突破。四川盆地海相大中型气田富集理论和勘探技术研究取得进展，自主研发钻井旋转导向系统成功应用；开发不同配方低硫船燃并通过发动机性能测试和耐久试验，高档汽柴油机油达到国际最新规格；第二代高效环保芳烃工业示范装置开车成功，SE水煤（焦）浆气化、浆态床蒽醌法制双氧水、对位芳纶成套技术实现工业转化，48K大丝束碳纤维开发成功；大型原油罐区安全及VOCs减排等技术实现工业应用；国内首次干热岩试压裂成功，燃料电池高纯氢制备技术具备放大试验条件，新结构分子筛SCM-15获国际分子筛协会结构代码。全年获国家技术发明二等奖1项、国家科技进步二等奖6项，专利申请、获授权数量位居中央企业前列。“两化”融合成效显著，石化e贸、商旅平台等快速发展。

我们聚焦提效率增活力，全力强化改革管理。推动深化管理体制改革和总部机构改革，构建四大业务板块运行机制。销售公司混改有序推进，地热业务混改公司成立。处僵治困、“瘦身健体”成效显著，全级次企业亏损面持续降低，压减法人111户，超额完成年度目标。“四供一业”分离移交取得决定性进展，厂办大集体改革深入推进。“双百行动”和综合改革试点进展良好。“三项制度”改革向纵深推进，职业经理人、股权激励等改革试点稳步实施。支持配合国家油气管网运营机制改革，持续深化油公司改革，积极推进“中—中”合作。坚持全面依法依规治企强化管理，促进“三基”工作与安全管理、基层党建深度融合，推动“马上就办”向基层延伸，管理效率得到明显提升。全面加强预算管理，深化全员成本目标管理和现金流管理，降本减费取得较好成效，综合融资成本率保持较低水平。完成HSSE管理体系修订，加强承包商和直接作业环节监管，深入实施“绿色企业行动计划”，大力推进污染防治攻坚战措施落实，境外公共安全保持良好纪录，圆满完成国家重大活动期间安全环保任务，公司总体保持了安全生产、清洁生产。

2020年，公司生产经营发展面临的形势更加严峻、任务更加繁重。我们将认真贯彻党中央、国务院决策部署，在集团公司党组和董事会的领导下，坚持稳中求进工作总基调，认真贯彻新发展理念，落实高质量发展要求，紧盯目标、攻坚克难、狠抓落实，确保全面完成全年各项目标任务，以优异成绩为全面建成小康社会做出更大贡献！

组织机构图

（截至 2019 年底）

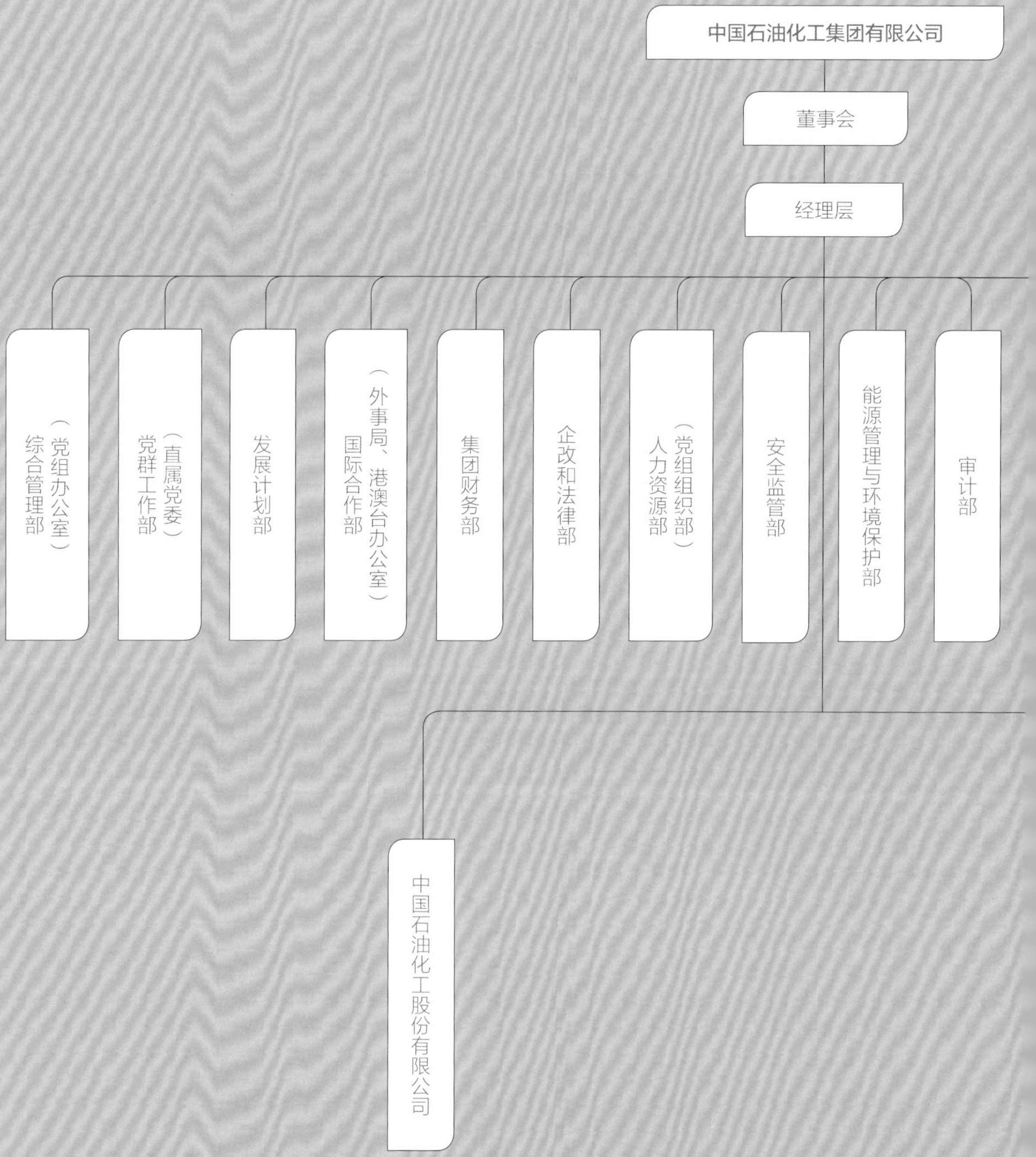

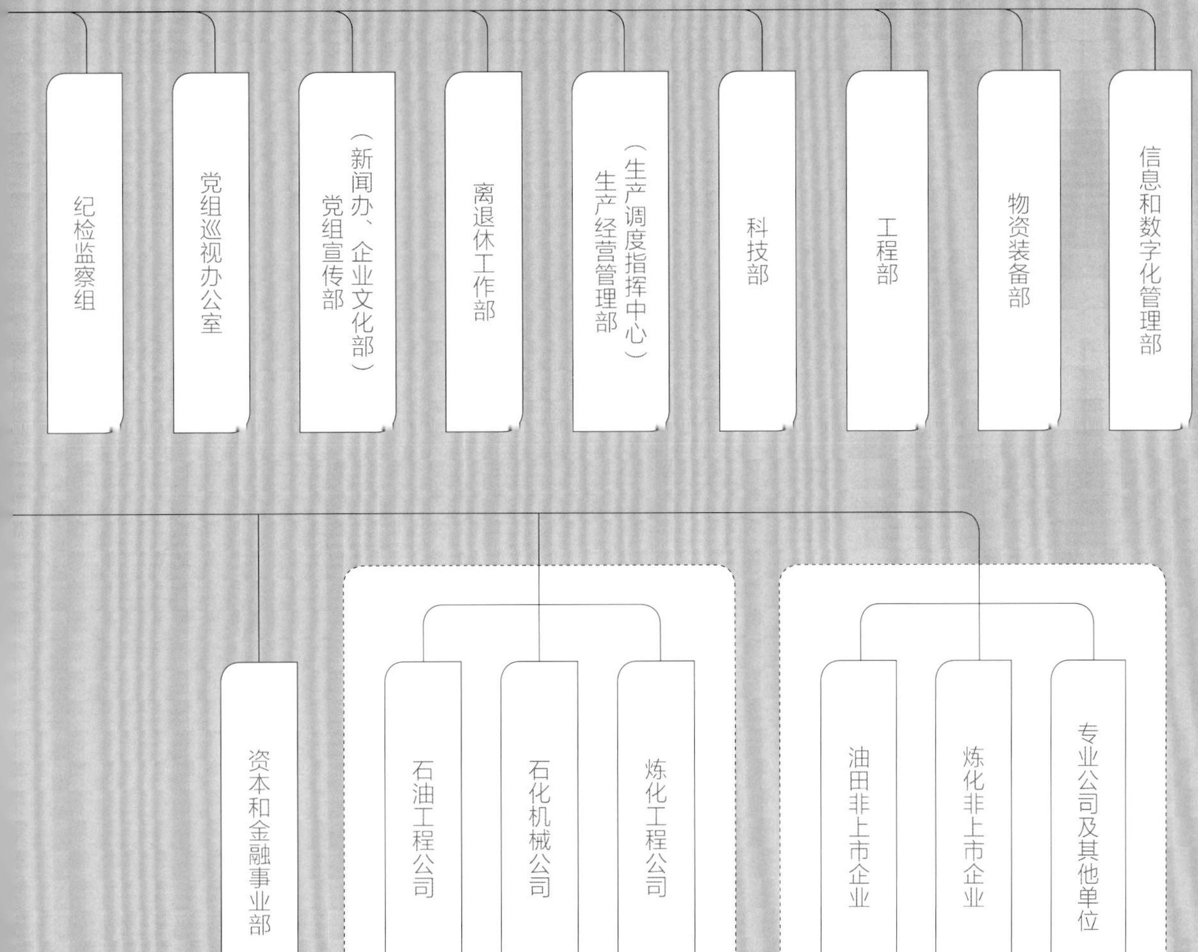
纪检监察组
党组巡视办公室
党组宣传部（新闻办、企业文化部）
离退休工作部
生产经营管理部（生产调度指挥中心）
科技部
工程部
物资装备部
信息和数字化管理部
资本和金融事业部
石油工程公司
石化机械公司
炼化工程公司
油田非上市企业
炼化非上市企业
专业公司及其他单位

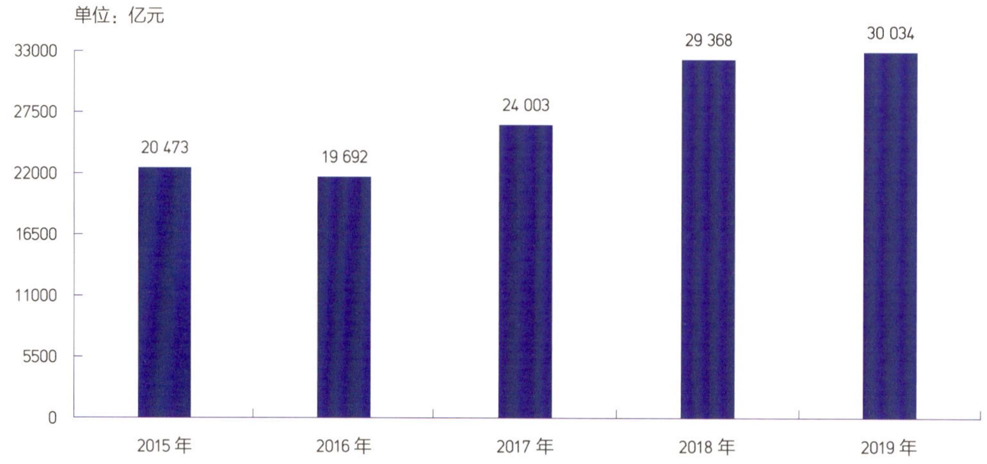
单位：亿元
33000
27500
22000
16500
11000
5500
0
20 473
19 692
24 003
29 368
30 034
2015 年
2016 年
2017 年
2018 年
2019 年
营业收入

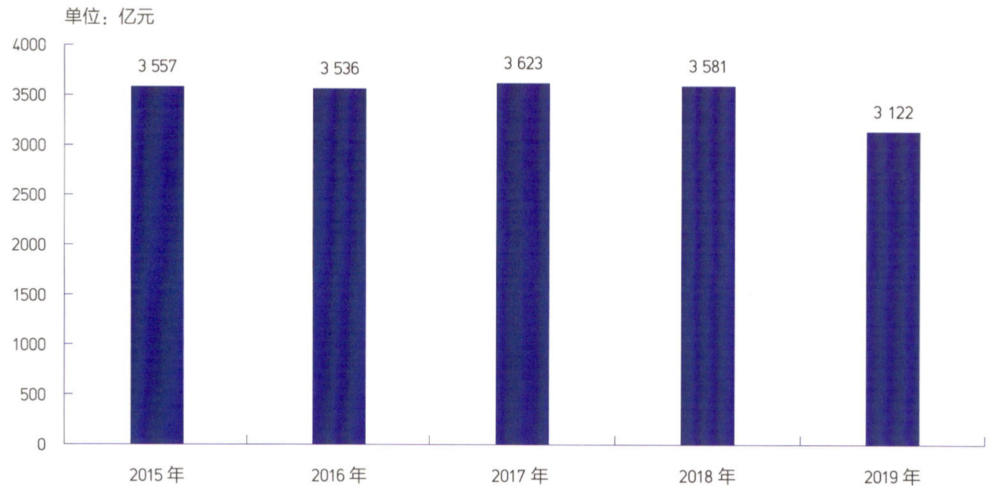
单位：亿元
4000
3500
3000
2500
2000
1500
1000
500
0
3 557
3 536
3 623
3 581
3 122
2015 年
2016 年
2017 年
2018 年
2019 年
实现税费

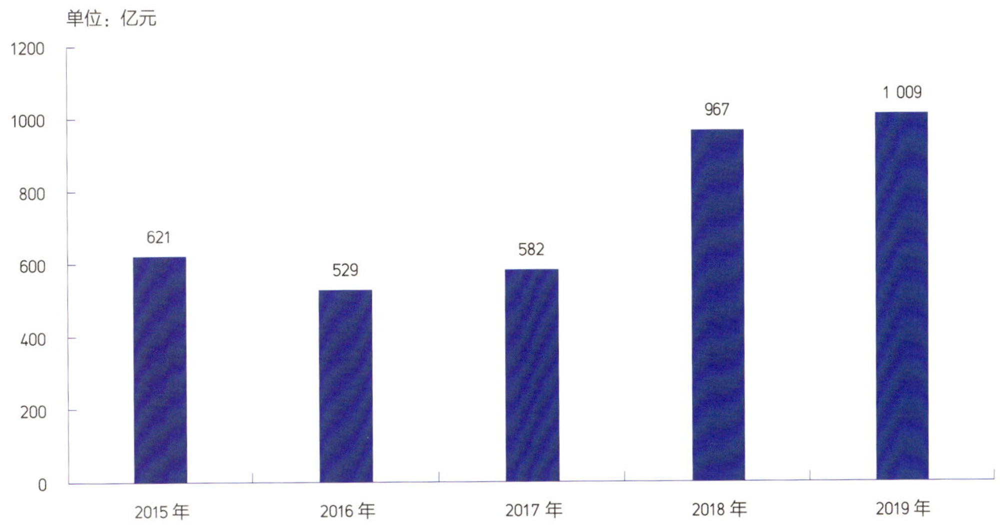

利润总额

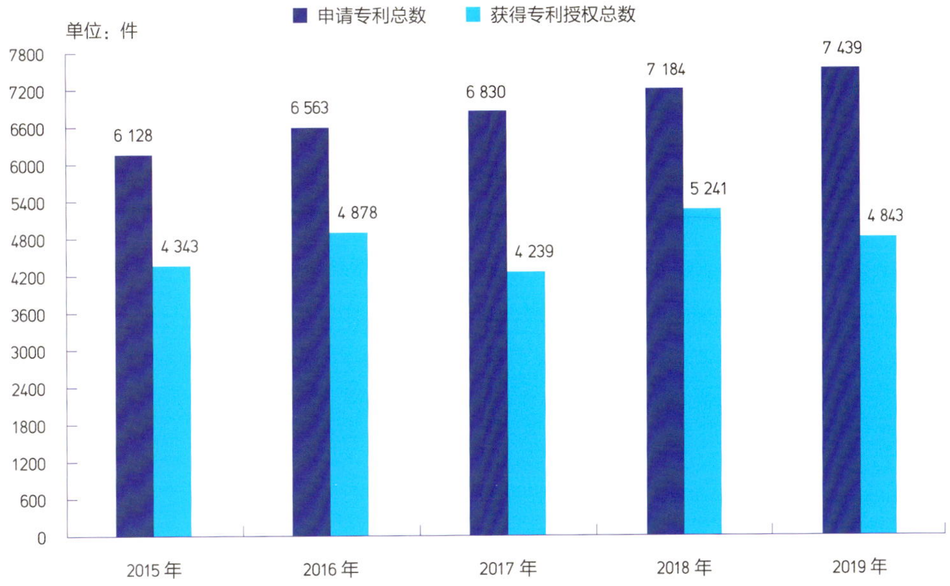

申请专利及获得专利授权总数

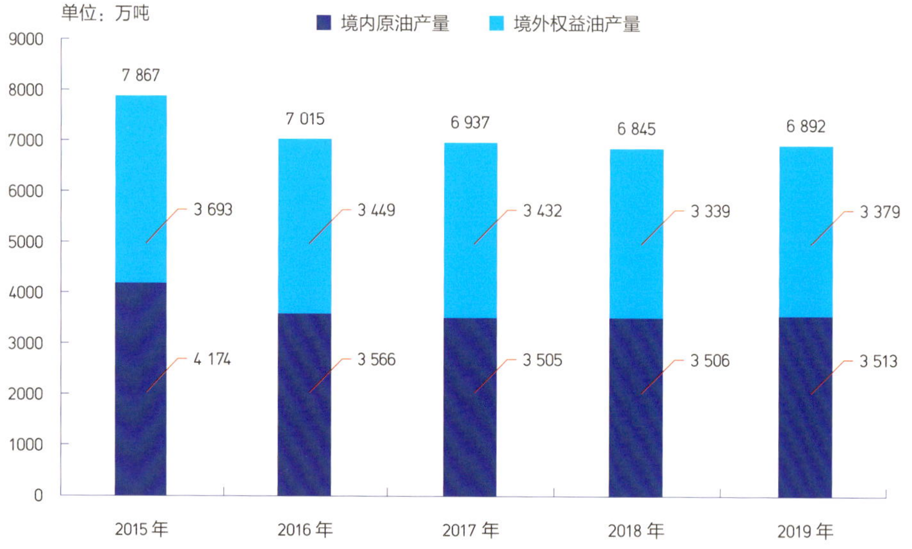

原油总产量

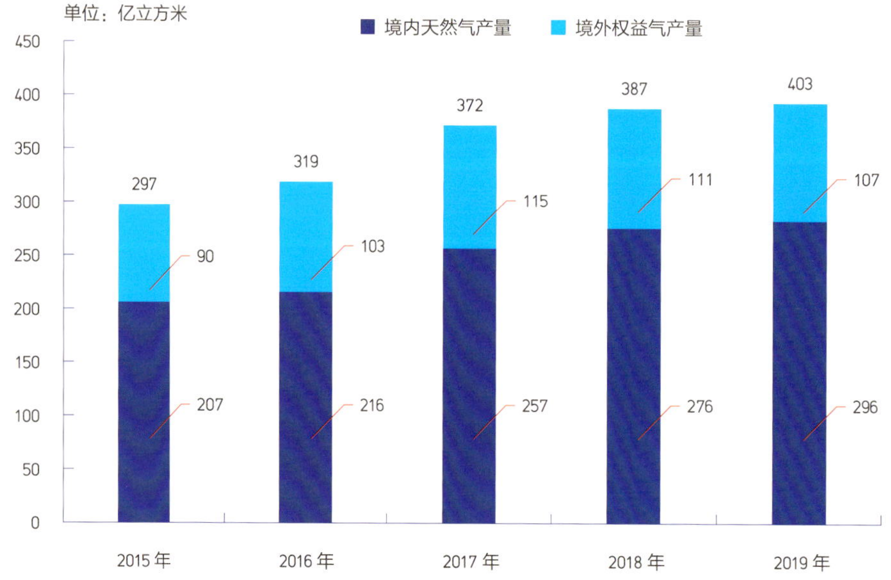

天然气总产量

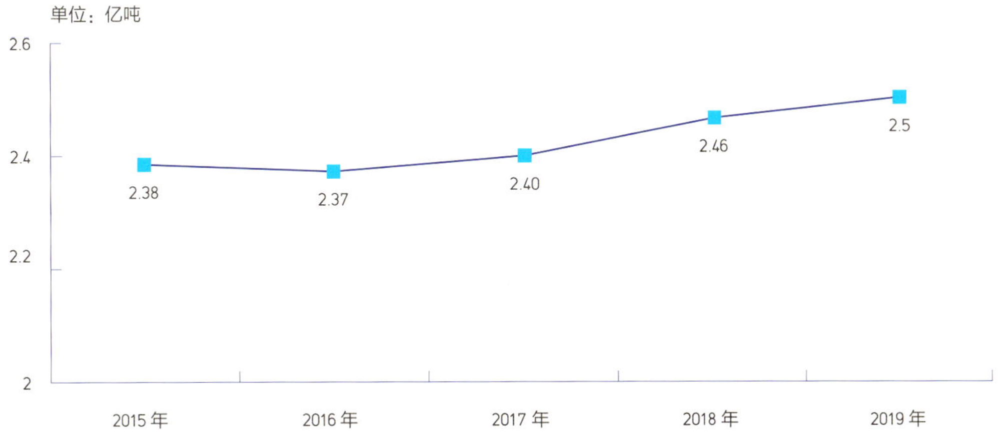

原油加工量

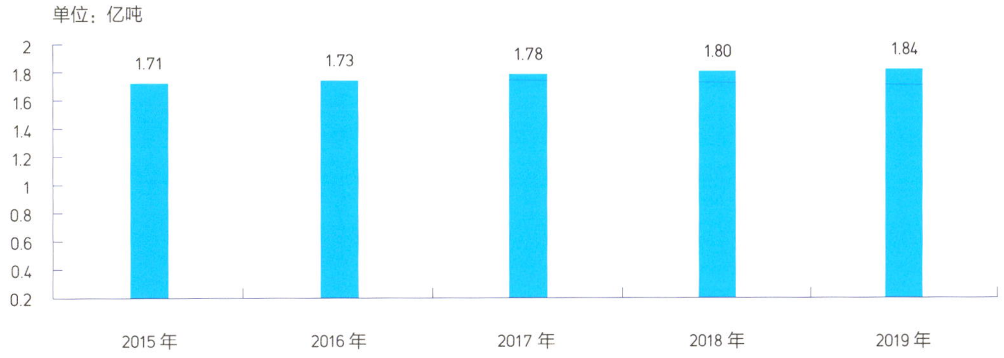

境内成品油经营量

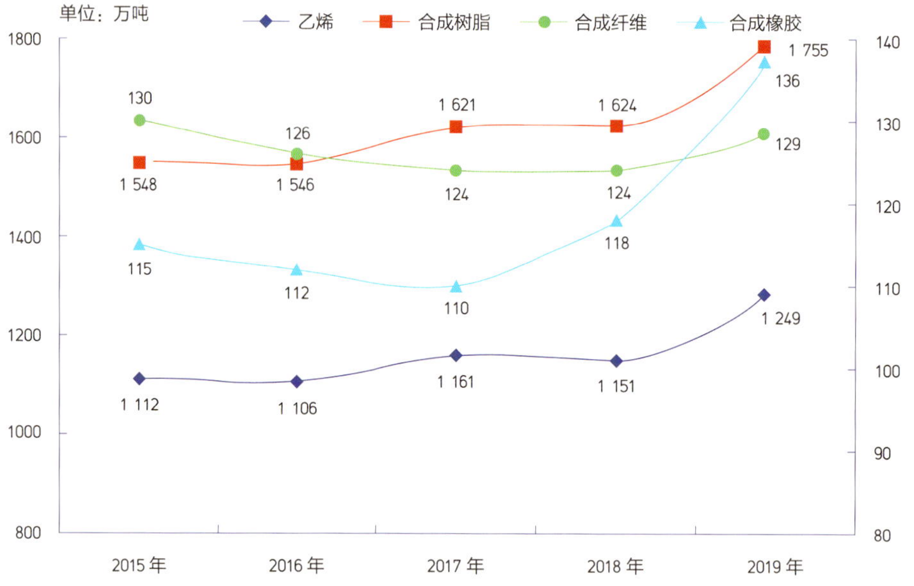

乙烯及三大合成材料产量

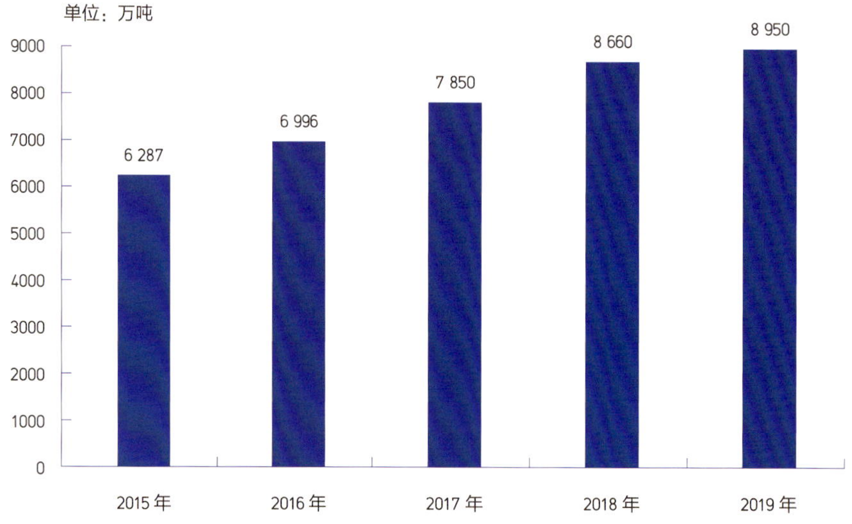

化工产品经营总量

2019 年，集团公司大力提升油气勘探开发力度，加强高效勘探和效益开发，狠抓稳油增气降本，加快天然气产供储销体系建设，着力提高全要素生产率，大打扭亏脱困攻坚战，全面完成年度各项目标任务，油气勘探取得 1 个重大突破、4 个重要突破、10 个新突破、15 个商业发现、5 个好苗头的新成果，超额完成年度储量任务。图为中原油田内蒙古探区勘探施工现场

2019 年，集团公司加强滚动勘探与油藏评价，扩大产能建设规模，狠抓老油田精细开发，原油产量稳中有增；积极推进涪陵等气田建产上产，加快河坝等地滚动建产，持续抓好普光等主力气田稳产，天然气保持规模上产。境内生产原油 3 513.1 万吨；生产天然气 296 亿立方米，上产 20 亿立方米。境外上游深挖潜力资源，高效勘探成果显著，完成权益油气当量产量 4 252 万吨。图为元坝净化厂

2019 年，集团公司石油工程板块经营质量持续改善，市场攻坚成效显著，创效水平明显提升，赢利基础得到夯实。海外市场布局优化成效显著，重点规模市场巩固扩大，全年新签合同额 34.3 亿美元，完成合同额 23.53 亿美元。图为川西气田钻井施工现场

2019 年，集团公司炼油板块积极应对国内产能过剩加剧和需求结构变化矛盾，供产销贸一体联动，全力保资源、调结构、拓市场，炼油产能高效释放，生产经营总量实现持续增长。全年加工原油 2.5 亿吨、增长 1.8%，生产成品油 1.6 亿吨、增长 3.4%。图为茂名石化炼油厂区

2019 年，集团公司化工板块紧盯年度各项目标任务，积极应对市场变化和各种困难挑战，持续推进结构调整，生产经营取得新成效。全年化工产品经营总量 8 950 万吨、增长 3.3%；生产乙烯 1 249 万吨、对二甲苯 504 万吨。图为海南炼化 2# 芳烃装置

2019 年，集团公司炼化工程板块不断挖掘一体化优势，着力优化资源配置、转变发展方式、狠抓生产经营、大力开拓市场、强化技术创新，各项工作取得显著成效。境外项目执行总体可控，二次经营成效显著，全年新签合同额 9.65 亿美元，完成合同额 12.77 亿美元。图为中科炼化一体化装置

2019 年，集团公司炼油销售精准研判市场，密切产销衔接，实现境内成品油经营量 1.84 亿吨、增长 2.3%；非油品营业收入增长 2.2%。全力推进天然气产供储销体系建设，以提高每一立方米天然气价值为目标，坚决抓实抓细抓好拓市扩量、提质增效等各项工作，全年销售天然气 483.6 亿立方米、增长 19.5%。图为浙江石油分公司某油库

2019 年，集团公司以“识别大风险、消除大隐患、杜绝大事故”为主线，贯体系、抓执行、反“三违”、强基础，安全形势保持总体平稳，本质安全水平进一步提升。不断强化风险意识、防范意识和责任意识，持续推进预防性境外公共安全工作，连续 12 年保持境外公共安全“零死亡”纪录。图为中国石化某油库联合消防演练

2019 年，集团公司深入贯彻落实习近平生态文明思想，着力推进污染防治攻坚战和长江大保护等任务，坚持绿色发展理念，着力推进“绿色企业行动计划”、生态环保、能效提升、资源利用、温室气体减排等重点工作，各项指标总体受控，能源环境一体化管理水平不断提升。全年外排废水达标率 99.9%，有控废气外排达标率 99.8%，固废妥善处理处置率 100%，4 项主要污染物全面完成国家下达的年度减排目标。图为海南炼化装置区

2019 年，集团公司深入实施创新驱动发展战略，持续深化科技体制机制改革，加快重大关键技术攻关，强化基础研究和应用基础研究，取得丰硕成果。全年申请专利 7 439 件、获授权专利 4 843 件，专利综合优势评价在中央企业排名第一；获国家技术发明二等奖 1 项、国家科技进步二等奖 6 项，中国专利金奖 1 项、银奖 3 项、优秀奖 6 项。图为中国石化第一届青年科技精英赛总决赛合影

2019 年，集团公司以高质量发展要求为引领，聚焦智能制造和互联网 + 新业态两大主线，大力推进数字化转型，不断深化“两化”融合，为产业提质升级、打造世界一流持续注入发展新动能。图为中国石化生产调度指挥中心

2019 年，集团公司积极探索建立中国特色现代企业制度，蹄疾步稳深化体制机制改革，坚持全面依法依规治企，注重实效夯实管理基础，有关工作迈出实质性步伐。坚定落实新时代党的组织路线，高水平、高质量、高标准推进高素质专业化干部队伍建设、人才强企工程和“三项制度”改革，持续建设一流干部人才队伍、打造一流人力资源管理体系、培育一流人力资源管理能力，为集团公司全面可持续发展、迈上高质量发展、打造世界一流提供有力的组织保障和人才支撑。图为集团公司专家暨技能大师集体谈话合影

2019 年，集团公司党建工作坚持以习近平新时代中国特色社会主义思想为指导，全面贯彻党的十九大和十九届二中、三中、四中全会精神，牢牢把握新时代党的建设总要求，高质量开展“不忘初心、牢记使命”主题教育，突出加强党的政治建设，推动全面从严治党向纵深发展，党的领导、党的建设进一步加强，管党治党责任进一步压实，党建质量明显提高。图为中国石化召开“不忘初心、牢记使命”主题教育动员大会

2019 年，集团公司贯通履行全面从严治党两个责任，紧紧锚定营造风清气正、干事创业政治生态，一体推进“不敢腐、不能腐、不想腐”，党风廉政建设和反腐败工作坚定稳妥、扎实有效，政治生态进一步净化修复。积极配合中央巡视，统筹谋划、全面部署、扎实开展巡视巡察工作，取得积极进展和成效。不断优化完善审计管理体制机制，着力提升审计项目质量，较好地履行了审计监督职责。图为中央第二巡视组巡视集团公司党组情况反馈会议

2019 年，集团公司深入贯彻全国宣传思想工作会议、中央企业宣传思想工作会议精神，自觉承担起举旗帜、聚民心、育新人、兴文化、展形象的使命任务，宣传思想文化工作取得新的成绩。加强对企业文化建设的统筹规划，企业文化建设深入推进。持续加强 VI 规范，讲好品牌故事，业务品牌试点取得阶段性成果。图为中国石化参加中国西部国际博览会

2019 年，集团公司全力做好新中国成立 70 周年、国际进口博览会等重大活动的服务保障任务。认真落实党中央脱贫攻坚决策部署，全年投入扶贫资金 2.31 亿元，对口支援和定点扶贫资金 1.65 亿元，助力西藏班戈县、安徽颍上县脱贫“摘帽”。推进公益事业常态化发展，深入实施健康快车、情暖驿站等公益项目，让公司发展成果更多惠及人民群众。图为“中国石化光明号”健康快车

目录

大事记

总　述

境内油气勘探开发

境内石油工程

炼油生产

化工生产

境内炼化工程

公用工程

安全生产

绿色低碳

科研开发与管理

企业改革与管理

财务资产管理

组织人事管理

物资采购与管理

数字化转型

内部监督

纪检监察

党组巡视

内部审计

企业党建与企业文化

企业党建

企业文化

新闻与出版

新闻媒体

图书出版

企事业单位

人　物

统计数据

附　录

索　引

CONTENTS

Petrochemical Production

Domestic Refinery and Chemical Engineering

Marketing

Capital and Financial Business Management

International Operation

Corporate Reform & Management

Finance & Assets Management

Organization and Personnel Management

Material Purchase & Management

企业形象宣传专版单位名称

前插页

1：天津钢管集团股份有限公司
2：中国工商银行股份有限公司北京市分行
3：瑞穗银行（中国）有限公司北京分行
4：星展银行香港分行
5：东京三菱 UFJ 银行香港分行
6：摩根大通银行（中国）有限公司
7：北京大成律师事务所
8：北京市海问律师事务所
9：北京市金杜律师事务所
10：立信会计师事务所（特殊普通合伙）
11：丸红（北京）商业贸易有限公司
12：林德工程（杭州）有限公司
13：林德：比欧西（中国）投资有限公司
14：上海化学工业区发展有限公司
15：北京东方雨虹防水技术股份有限公司
16：徐工集团工程机械股份有限公司建设机械分公司
17：众一控股有限公司
18：洛阳森德石化工程有限公司
19：北京龙禹石油化工有限公司
20：山东银吉
21：上海重塑能源科技有限公司

中 插 页

1：中国石化茂名石化

2：中国石化江汉油田

3：中国石化上海石化

4：中国石化扬子石化

5：扬子石化—巴斯夫有限责任公司

6：中国石化仪征化纤

7：中国石化销售股份有限公司华南分公司

8：中国石化上海石油化工研究院

9：中石化西南工程有限公司

10：中石化第四建设有限公司

11：中安联合煤化有限责任公司

12：中国石化集团共享服务有限公司

13：胜利油田中心医院

14：中石化重庆涪陵页岩气勘探开发有限公司

中国石化
SINOPEC

大事记

2019 年

扫码收听音频

2019

1月

8 日　2018 年度国家科学技术奖励大会在人民大会堂举行，中国石化获国家技术发明二等奖 1 项、国家科技进步二等奖 3 项。

10 日　国家知识产权局发布的数据显示，2018 年中国授权发明专利 43.2 万件，中国石化发明专利数量排名第二。

2月

19 日　涪陵页岩气田焦石坝区块一期工程产能建设项目获国家优质工程金奖。

3月

25 日　中国石化宣布威荣页岩气田提交探明储量超过千亿立方米。

同日　中国石化在沙特利雅得发布《2019 中国能源化工产业发展报告》，成为首家在海外发布能源化工全产业链发展报告的中国企业。

27 日　中央第二巡视组巡视集团公司党组工作动员会召开。

31 日　中国石化扶贫案例获评中国企业精准扶贫 50 佳案例。

4月

22 日　中央组织部宣布中央关于集团公司总经理任职的决定：马永生任集团公司董事、总经理、党组副书记。

23 日　董家口原油商业储备基地全面建成。

26 日　中国石化合成的新结构分子筛再获国际分子筛协会结构代码。

5月

9 日　2019 中国品牌价值评价信息发布，中国石化品牌价值蝉联能源化工行业第一。

6月

3 日　中国石化召开“不忘初心、牢记使命”主题教育动员大会。

5 日　在中俄两国元首见证下，中国石化与俄罗斯诺瓦泰克公司签署在中国境内设立天然气贸易合资公司的关键条款协议，与西布尔控股有限公司签署阿穆尔天然气化工项目框架协议。

10 日　古雷炼化一体化项目乙烯装置开工。

7月

1 日　中国石化在广东建成中国首座油氢合建站。

8 日　中国石化与中国石油就塔里木盆地、准噶尔盆地和四川盆地签订联合研究框架协议。

10 日　中国石化与中国海油就渤海湾、北部湾、南黄海和苏北盆地签订合作框架协议。

19 日　中国石化发布《2018 社会责任报告》。报告指出，2018 年中国石化深入实施“绿色企业行动计划”、推进成品油质量升级、全力以赴助力脱贫攻坚、积极参与“一带一路”建设等工作，为决胜全面建成小康社会做出积极贡献。

8月

1 日　中国石化文 23 储气库一期工程提前全面完工，进入全面注气阶段。

5 日　“中国石化公众开放日”项目获 2018—2019 年度全国企业文化优秀成果特等奖。

13 日　中国石化在国内率先探索开展储量价值化试点。

18 日　中国石化首次接收北极地区 LNG 资源。

9月

16 日　鄂安沧输气管道一期工程全面建成投用。

25 日　闵恩泽、陈俊武两位院士被中央评为“最美奋斗者”。

27 日　海南炼化第 2 套芳烃项目建成投产。

10月

7 日　中共中央宣传部授予陈俊武院士“时代楷模”称号。

12 日　镇海炼化新建 30 万吨 / 年烷基化装置建成中交。

18 日　在雄安新区成立地热业务混改公司。

31 日　中国石化东海牌沥青登陆上海期货交易所。

11月

6 日　在中法两国元首见证下，中国石化与法国液化空气集团签署合作备忘录，探讨加强氢能领域合作。

16 日　江汉油田涪陵页岩气田和镇海炼化 100 万吨 / 年乙烯工程成功入选新中国 70 周年“百项经典工程”。

22 日　郭旭升、孙丽丽当选中国工程院院士。

12月

4 日　根据党中央任免决定，刘宏斌任集团公司副总经理、党组成员。

28 日　中科炼化项目建成中交。

中国石化 SINOPEC

总　述

2019年是新中国成立70周年，也是中国石化极不平凡的一年。面对风险挑战明显上升的内外部环境，在以习近平同志为核心的党中央坚强领导下，公司各级领导班子团结带领广大干部员工，坚持以习近平新时代中国特色社会主义思想为指导，以迎接庆祝新中国成立70周年为动力，抓住开展“不忘初心、牢记使命”主题教育和接受中央巡视及问题整改重要契机，稳中求进、担当作为、狠抓落实，完成全年各项目标任务，取得好于预期的经营业绩。全年实现营业收入3万亿元、同比（下同）增长2.3%，利润总额1 009亿元、增长4.3%，净利润791亿元、增长9.1%，实现税费3 122亿元。

一、抓深抓实主题教育和中央巡视整改

聚焦主题教育根本任务，紧密联系实际，突出问题导向，推动2批主题教育高标准启动、高效率运行、高质量落地，实现“理论学习有收获、思想政治受洗礼、干事创业敢担当、为民服务解难题、清正廉洁做表率”的目标，得到中央第三十指导组和第十三巡回督导组充分肯定。自觉接受中央巡视政治体检，主动查摆问题，深刻剖析根源，扎实做好巡视“后半篇文章”，确保巡视反馈意见“条条改到位、件件有着落、事事有回音”。经过主题教育的政治洗礼、中央巡视的政治体检、深化整改的政治考验，广大党员干部政治站位、政治能力、政治担当明显提升，有力推动习近平总书记重要指示批示精神和党中央决策部署在中国石化落实落地。

二、精心组织生产经营

坚决贯彻落实中央“六稳”部署，发挥全面预算管理的导向和牵引作用，加强市场走势和竞争态势分析研判，注重全产业链效益最大化，及时调整经营策略和优化产品结构，坚决打好拓市扩销攻坚仗、调整优化主动仗、降本增效进攻仗，主要生产指标稳中有进。国内上游全面实施7年行动计划，大力推进高质量勘探和效益开发，生产原油3 513万吨、天然气296亿立方米，油气单位完全成本持续下降；天然气产供储销体系加快建设，经营量保持较快增长。境外上游在加拿大、安哥拉等地获重要油气发现，完成权益油气当量产量4 252万吨。炼油销售协同攻坚成效明显，加工原油2.5亿吨，境内成品油经营量1.84亿吨。化工产销实现稳定增长，生产乙烯1 249万吨、对二甲苯504万吨，三大合成材料高附加值产品比例持续提高，化工产品经营总量8 950万吨。

三、积极推进转型发展

统筹推进产业布局和结构调整，加强投资管理和优化，推动一批重点工程项目建设。顺北、济阳、川西、东胜、涪陵二期、威荣等油气产建项目加速推进；中科炼化建成中交，海南炼化二套芳烃、中安联合煤化工、镇海炼化炼油提质升级等项目建成投产，福建腾龙芳烃修复完工，海南炼化乙烯项目加紧实施，烷基化和船用燃料油等一批炼油结构调整项目加快推进。文23储气库一期、鄂安沧输气管道一期、天津LNG扩能、荆门—襄阳成品油管道等建成投用，董家口原油商储基地、湛江—北海成品油管道、南川—涪陵输气管道建成投产。国际化布局取得新进展，达成阿穆尔天然气化工项目、在华合资开展LNG销售等合作协议，武汉分公司炼油业务注入中韩石化，扬巴公司第2套新戊二醇等一批境内合作项目落实。

四、蹄疾步稳深化改革

贯彻落实党的十九届四中全会精神，结合“总部机关化”问题专项整改，深化管理体制改革，完善加强党的领导体制机制，优化调整总部机构，组建油气和新能源、炼油和销售、化工和材料、资本金融和支持四大业务板块（子集团）并成立党工委，有序推进配套机制改革。“三项制度”改革、混合所有制改革、支持配合国家管网公司组建等重点改革有序实施，“四供一业”及其他办社会职能分离移交取得决定性进展。“双百行动”和综合改革试点工作进展良好，境外代表处优化调整，财务转型全面推开。持续深化油公司改革，积极推进“中—中”合作。

五、大力推进科技创新

制订科技创新中长期规划和行动方案，深化“放管服”改革，推进联合研发中心、孵化器等创新平台建设。加快关键核心技术攻关，布局前沿引领技术，取得一批新成果新突破。四川盆地海

相大中型气田富集理论和勘探技术研究取得进展，自主研发钻井旋转导向系统成功应用；第2代高效环保芳烃工业示范装置开车成功，SE水煤（焦）浆气化、浆态床蒽醌法制双氧水、对位芳纶成套技术实现工业转化，48K大丝束碳纤维开发成功；大型原油罐区安全及VOCs减排等技术实现工业应用；国内首次干热岩试压裂成功，燃料电池高纯氢制备技术具备放大试验条件，新结构分子筛SCM-15获国际分子筛协会结构代码。全年获国家技术发明二等奖1项、国家科技进步二等奖6项，专利申请、获授权数量位居央企前列。“两化”融合成效显著，石化e贸、商旅平台等快速发展。

六、持续提升管理水平

坚持全面依法依规治企强化管理，促进“三基”工作与安全管理、基层党建深度融合，推动“马上就办”向基层延伸，管理效率得到明显提升。全面加强预算管理，深化全员成本目标管理和现金流管理，降本减费取得较好成效，综合融资成本率保持较低水平。完成HSSE管理体系修订，加强承包商和直接作业环节监管，深入实施“绿色企业行动计划”，大力推进污染防治攻坚战措施落实，境外公共安全保持良好纪录，圆满完成国家重大活动期间安全环保任务，公司总体保持安全生产、清洁生产。

七、全面加强党的建设

以党的政治建设为统领，制定并落实加强党的政治建设重点措施，为基层减负工作持续深化，政治纪律和政治规矩更加严明。积极践行新时代党的组织路线，持续加强领导班子和干部人才队伍建设。突出责任、质量、实效，推进党建与业务工作深度融合，党建质量不断提升。实施纪检监察体制改革，保持惩治腐败高压态势，深化巡视巡察工作，全面清理驻京办（联络处），开展纠治“四风”专项行动，加大警示教育力度，不敢腐的震慑持续强化，不能腐的笼子越扎越紧，不想腐的堤坝加快构筑。落实意识形态工作责任制，建好管好用好主阵地。积极开展传承石油精神、弘扬石化传统教育，大力宣传“最美奋斗者”闵恩泽院士、“时代楷模”陈俊武院士等先进典型，凝聚起干事创业正能量。

八、积极履行社会责任

从讲政治的高度，全力做好新中国成立70周年、国际进口博览会等重大活动的服务保障任务。认真落实党中央脱贫攻坚决策部署，全年投入扶贫资金2.31亿元、对口支援和定点扶贫资金1.65亿元，助力西藏班戈县、安徽颍上县脱贫“摘帽”，公司扶贫案例获评中国企业扶贫50佳案例。推进公益事业常态化发展，深入实施健康快车、情暖驿站等公益项目，让公司发展成果更多惠及人民群众。尊重项目所在地文化传统和法律法规，推动社区实现经济、环境、社会协调发展，在境内外赢得广泛赞誉。

2020年是中国全面建成小康社会和“十三五”规划的收官之年，也是新时代公司改革发展进程中的关键之年。中国石化将更加紧密地团结在以习近平同志为核心的党中央周围，以习近平新时代中国特色社会主义思想为指导，深入贯彻落实党中央、国务院决策部署，贯彻新发展理念，落实高质量发展要求，坚持稳中求进工作总基调，聚焦提质增效升级，深化供给侧结构性改革，加快创新驱动发展，完善公司治理体系，坚定不移全面从严治党，努力创造更加优异成绩，为全面建成小康社会做出更大贡献！

中国石化 SINOPEC

境内油气勘探开发

综　述

2019年，国内上游以习近平新时代中国特色社会主义思想为指引，全面贯彻落实习近平总书记“四个革命，一个合作”能源安全新战略和重要批示精神，全力落实集团公司党组决策部署，大力提升油气勘探开发力度，积极推进7年行动计划和稳油增气降本实施方案，精心编制油气和新能源板块“两个三年、两个十年”打造一流战略规划和行动方案，聚焦增加SEC经济可采储量，加强高效勘探和效益开发，狠抓稳油增气降本，加快天然气产供储销体系建设，强化精益管理，锐意改革创新，着力提高全要素生产率，大打扭亏脱困攻坚战，全面完成年度各项目标任务，实现扭亏为盈，扭转连续4年亏损局面，夯实了决胜全面可持续发展基础。

一、油气勘探取得新突破

坚持高质量勘探，持续加大风险勘探、地震勘探和页岩油气勘探，着力提升研究部署质量，强化勘探开发工程一体化，取得1个重大突破、4个重要突破、10个新突破、15个商业发现、5个好苗头，全年新增石油探明储量1.03亿吨、天然气探明储量2 819亿立方米，分别增长24%和70%，均超计划指标。突出成果有：石油勘探方面，塔里木盆地顺北三区勘探取得重要突破，开辟了顺北油气田第2个百万吨产建阵地；渤海湾盆地济阳坳陷深层勘探取得重要突破；准噶尔盆地中部永进油田、准西春风油田，济阳埕岛油田，塔里木顺北油田勘探取得重要商业发现；苏北盆地刘陆舍地区风险勘探取得新发现。页岩气勘探方面，四川盆地綦江东溪构造深层攻关取得重大突破，有望推动川东南4 500米以浅近万亿立方米页岩气资源的商业开发；南川常压页岩气勘探实现当年发现、当年探明、当年启动产建，新增探明储量超千亿立方米。常规气勘探方面，鄂尔多斯盆地南部富县古生界立体勘探取得重要突破，北部东胜气田探明储量超千亿立方米；四川盆地和松辽盆地深层的致密气勘探成果持续扩大；海域武云亭岩性气藏勘探取得新突破。

二、稳油增气迈上新台阶

原油产量稳中有增。加强滚动勘探与油藏评价。强化区带一体化研究，抓好地震资料精细化目标处理，全年落实经济可动用储量5 051万吨，超计划426万吨。扩大产能建设规模。顺北油气田一期百万吨产建工程扎实推进，济阳难采储量效益建产规模持续扩大，溱潼凹陷西斜坡滚评建一体化快速展开，永进油田地质工程一体化攻关试验取得突破，全年新建原油产能261.5万吨，增加21.2万吨；新井产油增加15.4万吨。狠抓老油田精细开发。加强精细描述、精细注水、精细挖潜，加大稳产基础投入，全年自然递减率稳定在10.3%，水驱油藏自然递减率降低0.5个百分点，热采稠油油汽比稳定在0.53，塔河缝洞型油藏注气增油达80万吨、增加9万吨；加大大幅度提高采收率技术攻关应用，实施非均相复合驱提高采收率示范工程，持续推进六大先导试验，抓好正注项目优化，全年化学驱增油107万吨。

天然气保持规模上产。积极推进涪陵、威荣、川西、东胜等气田建产上产，加快河坝、中江、龙凤山、南川等地滚动建产，持续抓好普光、元坝、大牛地等主力气田稳产，在国内率先推进涪陵页岩气田老区立体开发调整，全年新建天然气产能39.7亿立方米，增加19.7亿立方米。常规气、非常规气均保持上产态势，全年生产常规气218.8亿立方米，上产13亿立方米；生产页岩气73.5亿立方米，上产7.2亿立方米；生产煤层气3.6亿立方米。

三、生产运行质量实现新提升

强化“大运行”理念，推进勘探开发工程一体化运行、生产经营一体化运行、产量与SEC储量一体化运行、投资工作量一体化运行，超计划完成年度油气生产任务。原油生产方面，加快新井投产节奏，加大措施挖潜，强化老井精细管理，加强中原原油和西北凝析油产销协调，持续抓好稠油热采“气代油”工程，克服“利奇马”台风等极端天气影响，全年原油超产8万吨。胜利油田全年生产原油 2 340.5 万吨，充分发挥了原油产量的“压舱石”作用。西北油田全年生产原油 662 万吨，上产 12 万吨。中原油田、江汉油田、华东油气田、华北油气田、东北油气田、上海海洋石油、西南油气田 7 家单位超额完成原油产量任务。天然气生产方面，压实增储增产工作责任，统筹做好淡旺季产销优化，加强重点工程运行组织，强化平桥等重点地区产销协调，统筹优化检维修施工，抓好压缩机等重点装置平稳运行，全年天然气超产 8.9 亿立方米。中原油田、西南油气田、江汉油田、华北油气田、西北油田、胜利油田、河南油田 7 家单位超额完成天然气产量奋斗目标任务。

四、天然气经营业务实现新增长

组织各层级成立保供领导小组及运行组，签订责任书，全力抓好采暖季天然气保供方案落实。加强销售一体化统筹管理，配套完善制度，筹建天然气市场研究中心，优化自产气销售，扩大进口 LNG 供应，全力增加现货采购，提高液体 LNG 销量比重，切实发挥每一立方米气最大价值。全年天然气销售增长 19.9%，线上交易增长 28.2%，开发储备终端项目 87 个，国内市场份额 15.7%、增长 1.4 个百分点；天然气全产业链扭亏为盈，赢利 64.8 亿元，增加 103.2 亿元。天然气分公司进口 LNG 1 528 万吨，增长 65.8%，其中现货 453 万吨、增长 277.5%，赢利 20.3 亿元，LNG 套期保值实现预定目标。鄂安沧管道、文 23 储气库等重点工程建成投用，文 23 储气库建设和运行管理责任完成移交。

五、价值管理创出新水平

强化业财融合。组织完成胜利油田和江苏油田财务转型试点，坚持滚动预算平衡机制，严格重点费用管控，油气单位完全成本持续降低，推动整体赢利能力提升。建立 SEC 储量目标管理体系，推行单位投资新增经济可采储量考核，实现储量替代率持续增长。严格投资效益决策，加强部署和方案优化，预探井和勘探评价井成功率分别提高 11 个和 3 个百分点，原油、常规气、页岩气开发成本持续降低。加大资产分类评价，强化“一块一策”区块治理，积极盘活土地、房屋闲置资产，加大长期未清账项清收，高效资产占比、净资产收益率、总资产报酬率分别增长 5.1 个、5.9 个和 4.5 个百分点。强化挖潜增效。全力推进全员全方位全要素创收节支。积极推进天然气拓市增销和原油分储分销；严控高投入高风险措施，加大直购电和错峰用电，积极推进注采输系统优化简化，开展地面系统提质增效示范区建设；严控财务费用和非生产管理支出。强化风险管控。坚持识别风险于初、防范风险于小，抓细抓实重点领域、关键环节、重要岗位风险识别，严格落实《油田板块有效执行内控制度防范化解风险实施方案》，强化流程管控和纪律约束，保障了稳健经营。

六、深化改革迈出新步伐

积极适应国家油气体制改革。落实“中—中”合作，与中国石油和中国海油在 7 个盆地开展联合攻关研究，共同推进油气增储上产。率先在国内探索开展储量价值化试点，把勘探分公司兴隆气田以储量价值市场化内部交易方式流转至江汉油田。持续推进难动用储量合作效益开发，累计建成产能 30 万吨。结合国家油气管网运营机制改革，扎实推进天然气销售体制改革，方案得到集团公司批复，正在推进实施。深化油公司改革。持续“瘦身健体”，提前完成法人户数压减任务，再整合精简 4 个机关处室和 161 个科室。开展油气生产单位和专业化队伍组织效能对标，采油气厂人均产量增长 13.2%、人均管井数增长 13.5%，专业化队伍人均创收增长 19.3%、万元收入成本降低 3.7%。深入开展“三项制度”改革，积极落实“三定”方案，鼓励加大业务承揽和外闯市场，全年有边际效益的外闯项目人数达 1.3 万人。绩效考核工效兑现基数从 18% 提高至 25%，重点加大勘探突破、高效开发、油气超产、油公司建设、人力资源优化配置等专项奖励，充分调动了各单位的积极性。

七、技术创新取得新进展

持续抓好国家重大专项、“卡脖子”和关键技术攻关，薄储层超稠油高效开发关键技术获国家科技进步二等奖，自主研发的静态推靠式旋转导向仪器在现场试验成功，高温高压 MWD 定向测井仪在多口井成功应用，单点高密度地震勘探技术和干热岩开发工程技术取得积极进展，常压页岩气低成本开发和深层页岩气压裂攻关达到阶段目标，高效预分水技术和不加热集输技术具备规模应用条件。大力推进“两北一川”提速提效，顺北工区1号断裂带、5号断裂带中部和北部钻井周期分别缩短11%、59%和21%，华北工区大牛地和杭锦旗钻井周期分别缩短19%和8%，川渝工区威荣页岩气田和川西气田钻井周期分别缩短35%和24%，降本成效显著。加强“两化”融合，完成消除信息孤岛工作量的97%，24款勘探开发软硬件实现集中共享。

八、HSSE工作保持平稳态势

建立健全HSSE管理体系，全面做好“防风险、保安全、迎大庆”工作，强化重大风险和重大隐患督导治理，完成普光气田系统性安全专题评价，推进硫化氢“三基”示范站建设和海上平台延寿改造，加强承包商和直接作业环节管理，开展井下作业自动化装置安全提升试验，优化简化基层安全环保台账，强化公共安全和职业健康管理，深入实施绿色行动计划和能效提升计划，落实污染防治攻坚战措施，全年安全环保工作保持平稳。

（王立杨）

油气勘探

【概述】 2019年，集团公司各油田企业在油气勘探方面取得4项重要突破、8项新突破、13项商业发现，油气勘探整体上呈现良好的发展态势。新增石油探明储量1.03亿吨、控制储量1.72亿吨、预测储量2亿吨，天然气探明储量2 819亿立方米、控制储量1 576亿立方米、预测储量3 442亿立方米，三级储量油气当量超额完成计划指标。截至年底，集团公司在全国41个盆地（坳陷或构造区）拥有勘查区块189块，面积47.20万平方千米（含页岩气增列区块）。

（许静华）

【常规勘探工作量】 2019年共完成二维地震1 230千米、三维地震6 736平方千米；完成风险井10口、预探井85口、评价井159口、滚动勘探与油藏评价井195口，合计449口、进尺142.92万米。35口预探井获工业油气流，成功率41.2%。

（许静华）

【4项重要突破】 ①塔里木盆地顺北三区油气勘探重要突破，顺北53X井、顺北4井获高产油气流，新增预测储量7 232万吨，为顺北第2个百万吨产建区夯实资源基础，进一步证实塔里木盆地沙雅隆起—顺托果勒低隆—卡塔克隆起整体含油气的勘探大场面。②四川盆地崇州地区须三段天然气勘探重要突破，安阜1井取得须三段新层系新类型重要突破，新增预测储量788亿立方米，揭示了成都凹陷南斜坡具备形成大型岩性气藏的条件。③济阳深层油气勘探重要突破，丰深斜101井在东营凹陷北带、罗176井在沾化凹陷罗家地区取得沙四下深层勘探重要突破，新增预测储量1 654万吨，证实了老区深层巨大勘探潜力。④鄂南富县区块古生界天然气勘探重要突破，新富9井、11井等多井获工业气流，新增预测储量244.7亿立方米。

（许静华）

【8项新突破】 ①松南地区致密砂岩天然气勘探新突破，新增天然气预测储量162.59亿立方米、凝析油627.84万吨，打破松南断陷埋深4 000米以下无有效储层的禁锢，坚定了深层致密砂岩领域实现增储上产的信心。②鄂北新区带、新层系天然气勘探新突破，锦147井、锦142井、锦138井独贵加汗、新召地区盒2+3、中元古界、山2段取得新突破，为鄂北增储建产开辟新阵地。③埕岛—桩海地区油气勘探新突破，下古生界潜山和浅层馆陶组岩性油藏同时获新突破，新增预测石油地质储量1 018万吨，有望落实1个5 000万

吨级的储量阵地。④东海盆地西湖凹陷武云亭构造—岩性复合油气藏勘探新突破，新增控制、预测规模合计 3 700 万吨油当量，明确了孔雀亭、武云亭、宝云亭、团结亭 4 个增储上产潜力区带，证实了中央背斜带侧翼构造—岩性圈闭勘探开发前景广阔。⑤淮北地区油气勘探新突破，首次在二叠系推覆体厚层火山岩中发现油气富集层，新增预测储量 1 065 万吨，同时侏罗系稠油热试攻关取得进展，新增预测储量 602 万吨，推动了哈山地区火山岩的整体评价和浅层稠油的开发动用。⑥阆中地区茅口组油气勘探新突破，川深 1 井在茅二段获工业气流，提升了川东北二叠系茅口组的勘探潜力，成为下一步重要的勘探领域。⑦高邮凹陷阜宁组新类型勘探新突破，标志高邮凹陷隐蔽油藏勘探由高勘探程度区向低勘探程度区、由深凹区向斜坡带、由戴南组向阜宁组拓展，坚定了苏北盆地寻找岩性油气藏的信心。⑧泌阳凹陷安棚地区致密油气勘探新突破，新增天然气预测储量 96 亿立方米、凝析油预测储量 115.72 万吨，开拓了泌阳凹陷深层致密油气勘探新领域。

（许静华）

【13 项商业发现】 石油方面，顺北一区石油勘探商业发现，新增石油探明储量 3 466 万吨、控制储量 8 227 万吨；车排子地区油气勘探商业发现，新增石油探明储量 2 194 万吨、控制储量 1 048 万吨；埕岛地区油气勘探商业发现，新增石油探明储量 1 245 万吨、控制储量 744 万吨；塔河油田奥陶系中深层油气商业发现，新增石油探明储量 1 378 万吨；东营凹陷油气勘探商业发现，新增石油探明储量 846 万吨、控制储量 3 489 万吨；苏北盆地溱潼凹陷西斜坡岩性勘探商业发现，新增石油探明储量 216 万吨、控制储量 206 万吨、预测储量 338 万吨；惠民凹陷油气勘探商业发现，新增石油探明储量 248 万吨、控制储量 478 万吨。天然气方面，杭锦旗东胜气田天然气勘探商业发现，新增探明储量 443 亿立方米、控制储量 435 亿立方米；回龙地区侏罗系天然气勘探商业发现，新增天然气探明储量 398 亿立方米、凝析油 67 万吨，控制储量 352 亿立方米、凝析油 723 万吨；元坝气田元陆 12 井区须家河组三段勘探商业发现，新增天然气探明储量 409 亿立方米；川西大邑地区须三段取得商业发现，新增天然气探明储量 114 亿立方米；龙凤山地区火石岭组火山岩天然气勘探商业发现，新增探明天然气储量 67 亿立方米、凝析油 324 万吨，控制储量 107 亿立方米；普光地区二叠系长兴组勘探商业发现，新增探明储量 70 亿立方米（内审）、控制储量 130 亿立方米。

（许静华）

【勘探效益】 2019 年共预探圈闭 144 个，完钻 95 个，新获工业油气流圈闭 39 个，圈闭预探成功率 36%。平均每口探井探明油气地质储量（油当量）为 89 万吨，每米进尺探明油气地质储量 247 吨，每吨探明油气地质储量直接成本 51.08 元。

（许静华）

【非常规勘探开发工作量】 2019 年完成二维地震 713 千米，三维地震 496 平方千米；完成钻井 205 口，进尺 89.89 万米。其中，完成探井 24 口，开发井 181 口，投产 157 口，新建页岩气产能 17.22 亿立方米。

（王　烽）

【页岩气勘探进展】 ①綦江东溪构造深层页岩气勘探重大突破，东页深 1HF 井试获日产气 31.18 万立方米。②南川页岩气田焦页 10–胜页 2 井区勘探商业发现，甩开实施焦页 10–10HF 井、胜页 2HF 井分别试获日产气 9.01 万立方米和 32.8 万立方米，实现南川盆缘复杂构造带页岩气勘探重大突破；勘探开发一体化推进，预计可新增探明储量 1 117.47 亿立方米，为涪陵页岩气田持续上产奠定资源基础。③彭水桑柘坪向斜常压页岩气勘探新突破，彭页 5HF 井试获日产气 3.2 万立方米。④永川南部龙马溪组页岩气勘探商业发现，永川页岩气田永页 1 区块新增页岩气探明地质储量 234.53 亿立方米，是继威荣气田后又一深层页岩气田。⑤页岩油气新区新层系勘探在宜昌志留系新区、涪陵陆相侏罗系、东北梨树陆相白垩系、四川盆地二叠系、济阳和潜江页岩油等领域取得积极进展。

（王　烽）

【涪陵页岩气田开发进展】 加快新老区产能建设，推进气田持续上产。在国内率先推进涪陵页岩气田老区立体开发调整取得好效果，新建产能8.34亿立方米；积极推进白马区块、南川焦页10-东胜井区等评价与建设，新建产能2.77亿立方米；精细老井生产管理，加快推进增压开采，积极推广柱塞排水、辅助泡排等措施，气田综合递减率得到有效控制。2019年涪陵页岩气田新开钻井131口，完钻108口，完试104口，投产114口，新建页岩气产能11.12亿立方米，实现年产气71.43亿立方米、销售68.59亿立方米。截至年底，累计开钻井611口，完钻井551口，完试井492口，投产井482口，开井455口，平均单井日产气4.6万立方米，累计产气291.6亿立方米。

（王　烽）

【威荣页岩气田开发进展】 深层压裂新工艺试验取得好效果，产能建设稳步推进。按照“整体部署、分步实施、统筹考虑”的原则启动一期10亿米^3/年产能建设，2019年完钻井37口，试气15口，投产13口，新建产能3.56亿立方米；页岩气工业产量0.80亿立方米，商品气量0.77亿立方米。

（王　烽）

【煤层气开发进展】 ①延川南煤层气田强化分区分类研究，精细管控高产井，精益施策低效井，延缓老井产量递减；深化煤系气评价和煤层气滚动扩边，实施钻井32口，确保新井产量贡献；截至2019年底，气田累计开井数944口，产气井794口，日产气104万立方米，年产气3.58亿立方米，销售3.06亿立方米。②精细织金井组排采试验，有序推进珠藏、三塘、红果等目标评价勘探，实施钻井7口，培育煤层气产建新阵地。

（王　烽）

油田开发

【概述】 2019年聚焦增加经济可采储量和低成本发展，全力扩大效益建产规模，持续抓好稳产基础工作，积极开展难动用储量开发和大幅度提高采收率技术攻关应用，着力提升开发管理水平，开发技术与经营指标持续改善，可持续发展基础进一步巩固。

油田开发资源动用情况。截至年底，各油田企业投入开发油田223个，动用石油地质储量74.9亿吨，当年新增动用储量8 889万吨。井网、工艺条件下标定可采储量19.3亿吨，采收率25.8%。

油田开发现状。截至年底，共有油水井数70 826口，其中油井52 209口、注水井18 617口。油井开井39 961口，油井利用率87.7%，年均含水率90.6%，平均单井日产油2.4吨，采油速度0.5%，剩余可采储量采油速度12.8%，采出程度22.4%。注水开井12 804口，水井利用率84.9%，平均单井日注水70.6立方米，年注水32 643万立方米，年注采比0.88，累计注采比0.82。

（侯　振）

【原油产量】 2019年，集团公司原油产量3 513.1万吨，与上年相比增加7.07万吨。各油田企业原油产量见表1。

（侯　振）

表1　　集团公司各油田企业原油产量　　万吨

油田 \ 年份	2019	2018	2017	2016	2015	2014
集团公司合计	3 513.10	3 506.03	3 505.40	3 565.50	4 173.70	4 378.50
胜利油田	2 340.50	2 341.00	2 341.60	2 390.20	2 710.00	2 787.10
中原油田	124.00	126.00	127.30	147.80	182.60	231.00

续表

油田 \ 年份	2019	2018	2017	2016	2015	2014
河南油田	130.00	136.00	156.50	169.10	231.00	241.00
江苏油田	106.10	113.20	120.10	133.00	155.50	171.00
江汉油田	68.10	68.30	69.70	73.90	88.50	97.50
西北油田	662.00	650.00	630.00	594.30	703.00	735.50
华东油气分公司	45.30	42.20	36.00	33.00	35.00	35.00
华北油气分公司	16.30	13.10	10.00	9.40	39.60	53.50
东北油气分公司	5.10	3.00	1.80	3.50	14.70	19.30
西南油气分公司	2.70	2.20	1.30	0.70	1.70	2.30
上海海洋油气分公司	12.90	10.60	11.00	10.50	12.00	5.20

【滚动勘探与油藏评价】 ①深化滚动勘探与油藏评价。围绕济阳、顺北、准西缘、苏北等重点地区强化基础地质研究和勘探开发一体化评价，加强成区成带一体化研究，系统划分评价单元，促进目标筛选由分散摸排向定向培育转变，加大地震资料精细化目标处理，提升小断层、薄砂体、复杂地质体识别描述和量化表征精度，滚动增储规模不断扩大，全年新增落实可动用储量5 051万吨。其中，胜利油田以“滚动勘探单元划分”为切入点，在复杂断裂带、富油洼陷区、潜山等目标区带落实可动用储量2 709万吨；西北油田加大顺北5号断裂带中段及1号断裂带弱反射、塔河主干断裂分隔性、次级断裂优势充注体及小缝洞等研究部署力度，落实可动用储量1 618万吨。②加大难动用储量评价与效益开发技术攻关试验力度。紧盯准中永进深层特低渗、济阳深层低渗和鄂南致密油等潜力阵地，细化储量分类评价，开展有效动用评价试验，取得较好的效果。准中深层特低渗永进油田通过优化井身结构和定制专用钻头、研发应用合成基钻井液及优化完井管柱和投产工序，成功突破该区产能关，永3-侧平1井自喷日产油稳定在50吨。

（侯　振）

【产能建设】 深化顺北、塔河、准西缘、济阳低渗致密、胜利海上、溱潼西斜坡等重点区带建产潜力认识，狠抓产建方案优化，加快井位运行节奏，高效培育效益建产阵地，全年新建产能增加12.2万吨。新区产建更加注重勘探开发工程一体化结合，着重加强有利区带前期研究、地震资料目标处理、评建方案一体化部署、工程工艺优化配套等工作，切实保障新井实施效果，单井产能保持稳定。老区围绕整装薄差砂体、非主流线和韵律层，断块低序级断层无井控制区，低渗中高丰度区域，稠油薄差层，海上注采井网不完善井区等重点挖潜类型，推广应用水平井、多靶点井等技术，高效实施调整井，新建产能增加15万吨。

（侯　振）

【老油田精细开发】 以延长老油田经济生命期为核心，以控含水、控递减、控能耗为目标，把握不同类型油藏增效的关键因素，狠抓精细描述、精细开发，实施水质、地下、井筒、地面一体化治理提升，老区稳产基础不断夯实，自然递减率保持稳定。①持续强化水驱油藏精细注水，推广应用矢量开发、立体调整等精细开发技术实施高效流场调整，集成应用测调一体化、碳纤维杆、小直径分层注水等技术恢复完善注采井网，狠抓水质管理和注水“三率”提高，自然递减率持续降低。②稠油油藏持续加强全过程热效管理，通过开展常规注汽锅炉提干改造、地面管线更换“钛陶瓷＋气凝胶”新型保温材料、井筒采用隔热衬套、热补偿器等工作强化注汽全过程保干，推广实施分层注汽、组合注汽、均匀注汽等高效调整蒸汽流场，应用热复合化学强化吞吐、防窜提温组合吞吐、氮气泡沫蒸汽调剖等技术有效治理低效单元，产量与油气比连续4年保持稳定。③持续强化塔河缝洞油藏注水注气管理，以储集体实现有效控制、高效动用、均衡驱替为目标，以矢量配置、多向注采、立体注采为手段，完善空间结构注采井网构建，推广应用高压过饱和调整、气水协同增效及治理气窜新工艺技术，进一步扩大注水注气规模，提升了注水注气效果。④抓实大幅度提高采收率技术攻关与应用，持续强化正注三采项目跟踪调整，积极推进非均相复合驱提高采收率示范工程，稳步推进6项大幅度提高采收率先导试验，拓展化学驱技术应用领域与规模，化学驱年增油保持稳定。

（侯　振）

【油田开发管理】 ①持续深化难采储量合作开发，细化完善合作机制，联合攻关提高单井产能技术，推广“井工厂”模式，优化钻井设计，缩短钻井周期，降低项目平衡油价，已实施合作开发区块经济可动油价从75美元／桶以上降至50美元／桶以下，当年合作开发新建产能19万吨，增加12万吨。②持续强化SEC储量管理与部署和运行充分结合，层层压实各企业、各专业责任；应用开发预警分析软件平台，细化影响因素分析，定期开展风险分析与预警，针对重大风险点，督导企业及时制订预案，按节点实时跟踪运行，确保年度新增SEC储量目标任务圆满完成。

（侯　振）

气田开发

【概述】 2019年，全力推动川西气田、东胜气田、中江气田等重点产能建设工程，强化老区精益管理和综合调整，狠抓普光、元坝、大牛地等主力气田稳产工作，加强滚动勘探和气藏评价，实现天然气产量持续增长。

常规气田开发储量动用情况。截至年底，各油田企业投入开发气田（藏）149个，累计动用天然气储量16 002亿立方米，储量动用率52.40%，标定采收率31.32%。其中，气层气动用储量12 519亿立方米，标定采收率32.52%；溶解气动用储量3 483亿立方米，标定采收率27.0%。全年新增天然气动用储量351亿立方米。

气田开发现状。截至年底，共有常规天然气生产井4 938口，开井3 989口，开井率80.78%，平均单井日产气1.7万立方米，采气速度1.9%。采出程度23.0%，动用储量储采比为7.5。2019年度天然气储采平衡系数为0.55。

（张　华）

【天然气产量】 2019年生产常规天然气218.8立方米，增加13亿立方米。

（张　华）

【生产能力】 截至2019年底，国内上游常规天然气生产能力220.57亿立方米，其中气层气生产能力207.63亿立方米、溶解气生产能力12.94亿立方米。

（张　华）

【天然气开发管理】 川西气田30亿立方米产能建设工程有序推进。雷口坡气藏产能建设项目可研于2019年11月获总部批复，方案设计先期实施构造高部位的3#、4#、5#、6#平台，新钻井19口，利用井1口，新建混合气产能23亿立方米，7#、8#平台，新钻井10口，新建混合气产能11亿立方米，公用工程除7#、8#脱硫站外，其他工程同步实施。2019年全力推进气体产能建设，按照整体部署、分步实施的原则，3#、4#、5#、6#平台钻井工作全面启动，截至年底，6个平台均已实现开钻，正钻井6口，完钻正测试井1口。

持续推进鄂北致密低渗砂岩气藏产能建设。2019 年，华北油气分公司产能建设区主要在东胜气田锦 58 井区、锦 66 井区和大牛地气田。通过持续强化地质研究和储层含气性预测，加大丛式井场井部署力度，进一步提高储量动用程度和产建效果。全年新增动用地质储量 132 亿立方米，新完钻井 116 口（其中水平井 60 口），新建产能 6.2 亿立方米，新增经济可采储量 17 亿立方米。截至年底，华北油气分公司天然气保有生产能力 44.5 亿米^3/ 年。

川西中浅层开发建产效果好。2019 年，川西中浅层产能建设主要在川西中江气田。通过进一步完善中弱振幅隐蔽窄河道精细刻画和储层精细预测，强化地质综合研究，滚动评价拓展产建阵地。加强实施跟踪优化调整，保证了产能建设效果。新增动用储量 35.6 亿立方米，完钻投产 24 口井，平均无阻流量 12.7 万米^3/ 日，其中 7 口井无阻流量超 25 万米^3/ 日，江沙 321-4HF 井获无阻流量 62.75 万米^3/ 日，创川西中浅层测试产量新高。全年新建产能 2.1 亿立方米，新增经济可采储量 14 亿立方米，建产效果较好。截至年底，川西中江气田保有生产能力达 10.0 亿米^3/ 年。

普光气田加强滚动扩边和综合调整，进一步夯实气田稳产基础。2019 年，中原油田分公司按照普光气田整体稳产方案，分步实施，通过滚动扩边建产、细分层系开发调整和老井措施增产等工作，进一步延长普光气田稳产期。全年实施新钻井 2 口，续建井 5 口，完钻井 7 口，投产井 2 口，新增动用储量 30 亿立方米，新增净化气产能 2.67 亿立方米。其中，普光主体南部滚动评价井 P3021-4H 井，日产气 50 万立方米，新增动用储量 12 亿立方米，新增经济可采储量 4.7 亿立方米；大湾 405 井区滚动扩边井 D405-4H 井，日产气 95 万立方米，新增动用储量 18 亿立方米，新增经济可采储量 8.4 亿立方米，优于方案设计指标。

滚动勘探与气藏评价取得积极进展。华北油气分公司东胜气田主要在锦 58 井区、锦 66 井区和锦 30 井区，深化沉积相研究，开展分区分藏精细描述，完钻评价井 20 口，投产井 14 口，落实商业开发储量 250 亿立方米。西南油气分公司川西东坡沙溪庙组气藏，进一步完善隐蔽窄河道精细刻画和储层预测技术，深化高产富集规律认识，优选中江构造北部永太向斜区部署 4 口评价井，测试单井最高无阻流量 9.9 万米^3/ 日，平均 5.2 万米^3/ 日，落实商业开发储量 35 亿立方米。东北油气分公司围绕龙凤山中基性火山岩气田滚动评价建产取得积极进展，龙凤山北 213 井区部署评价井 5 口，平均储层钻遇率 50%，初期平均单井日产气 3.2 万立方米，日产油 13 吨，落实商业开发储量 20 亿立方米；北 216 井区部署水平井 2 口，平均钻遇气层 104 米，正在试采评价产能，初步证实龙凤山南部营城组、沙河子组展具有良好的勘探开发前景。

（张　华）

采油气管理

【采油工程队伍】 截至 2019 年底，采油工程系统共有采油（气）厂 58 个、采油气工程服务中心（或油气井下作业中心）6 个、工程技术管理部（中心）11 个，合计总人数 105 217 人。其中，采油（气）厂 78 955 人，采油气工程服务中心（或油气井下作业中心）23 499 人，石油工程技术研究院 2 763 人。按队伍类型分，采油工程一线及辅助队伍（队站）共有 1 532 个、67 922 人，采油（气）厂科研单位 114 个、4 799 人。

（马玉生）

【重点工艺技术措施工作量及效果】 2019 年，各油气田企业共实施油气水井大修作业 1 370 口，成功 1 263 口，成功率 92.2%，平均修井天数 39 天。从大修工艺类型上看，大修主要以套损井修复、井下落物打捞、管柱解卡、复杂故障修复等复杂工艺为主，共实施 1 135 口，占大修成功井数的 90.0%。共实施油气水井补孔改层措施 2 753 井次，有效 2 381 井次，有效率 86.5%；油气水井压裂 296 井次，有效 258 井次，有效率 87.2%；油气水井酸化 1 257 井次，有效 1 142 井次，有效率

90.9%；油井泵升级 758 井次，有效 630 井次，有效率 83.1%；油井防砂 1 446 井次，有效 1 286 井次，有效率 88.9%。

（马玉生）

【采油气工程综合管理】 2019 年，采油工程系统认真贯彻落实板块工作会、开发总结会等会议精神，紧紧围绕"稳油、增气、降本"总目标和工作部署，落实低成本开发战略，全面深化精细管理，扎实推进技术创新及应用，采油工程系统各项工作取得显著成果，为国内上游圆满完成年度工作目标任务做出积极贡献。①技术创新及推广效果显著。页岩气开发上，规模推广电动压裂泵、砂替陶、压裂液重复利用和可溶桥塞等低成本工艺技术，形成涪陵二代压裂技术，探索了威荣深层页岩气压裂技术，在蚌页油 1HF 井等井开展页岩油二氧化碳压裂试验。涪陵减阻水费用由最初的 240 元 / 米^{3}降低到 2019 年的 17 元 / 米^3，试气费用由 168 万元 / 段下降至 110 万元 / 段左右。水驱油藏开发上，持续完善推广测调一体化、韵律层多级细分、深部堵调、低渗增注、二氧化碳驱油等精细分注工艺技术，拓宽分注技术界限，满足水驱油藏稳产及提高采收率需求，其中测调一体井数达 3 256 余口，分注率 50.2%。全年水驱产量 2 407 万吨，自然递减率保持在 10%。稠油开发上，围绕老区提质提效、新区难动用储量有效动用，强化成熟技术的推广应用、复合技术的集成配套，均衡热采、高效冷采及技术集成均取得积极进展，有力支撑稠油稳产，全程保干技术试验区注汽系统热效率 77%，提高 6.6 个百分点，2019 年胜利稠油稳定在 480 万吨以上。气田开发上，持续完善采气工艺技术，攻关应用高效泡排、井下节流、超音速雾化、智能排采、同井注采等高效排采工艺技术，取得一定效果。"稠油全程保干技术"等 12 项工艺创新和集成应用技术获年度开发奖励。②重点工作有序推进。全年完成油气水井措施与维护作业 31 289 井次，费用与年度预算基本持平，年增油 261.2 万吨；以提高水驱"三率"为中心，实施精细注水工程，分注率达 50.2% 的历史最高水平。持续开展套损井专项治理，全年共治理 855 口井，完成年计划的 96.2%，当年增油 17.9 万吨、增气 500.8 万立方米、增注 635.4 万立方米，取得较好的增产效果。全年共治理废弃井 720 口，安全环保生产基础得到进一步夯实。

（马玉生）

【井下作业工作量】 2019 年，各油田企业共完成井下作业 31 289 井次（不含新投产投注井 2 444 口及套损井专项治理 855 口），其中，措施作业 12 599 井次、维护作业 18 690 井次。按井别分类，油井作业 24 445 井次，其中措施 9 260 井次、维护 15 185 井次；气井作业 1 085 井次，其中措施 249 井次、维护 836 井次；水井作业 5 759 井次，其中措施 3 090 井次、维护 2 669 井次。油气水井年总作业频次 0.57 井次 / 口，措施作业、维护年作业频次分别为 0.24 井次 / 口和 0.33 井次 / 口。

（马玉生）

【井下作业施工能力】 截至 2019 年底，一线井下作业队伍共 382 支、10 286 人，其中小修队伍 322 支、8 614 人，年作业能力 19 230 口井；大修队伍 31 支、918 人，年作业能力 516 口井；试油（气）队 29 个、754 人，年作业能力 1 293 口井。

（马玉生）

【井下作业装备现状】 截至 2019 年底，各油田企业共有井下作业设备 3 497 台，其中提升设备 958 台、压裂酸化设备 553 台、辅助设备 1 986 台。其中，使用年限 10 年以上的设备 958 台，5—10 年的设备 1 345 台，5 年以下的设备 1 194 台，分别占设备总量的 34.1%、38.5% 和 27.4%。后勤厂站 71 个，其中机修厂（车间）12 个，年机修能力 9 480 台；泵修厂（车间）9 个，年泵修能力 3 726 台；油管厂 24 座，年油管检测能力 4 221 万米，年修复能力 3 971 万米；抽油杆厂 11 座，年抽油杆检测能力 879 万米，年修复能力 643 万米。

（马玉生）

油气集输

【概况】 截至2019年底，油田原油集输处理系统共建有联合站116座、油库12座、接转站241座、原油稳定装置38套，原油储罐库容118.5万立方米。设计原油稳定能力4 831万吨/年，原油外输能力8 032万吨/年。2019年稳定原油2 002.7万吨。

油田采出水处理系统建有污水处理站191座，设计含油污水处理能力5.6亿米^3/年。2019年处理含油污水4.4亿立方米。

注水系统共有各类注水站742座、配水间2 851座。2019年实际污水回注3.76亿立方米，污水处理站出口水质达标率94.2%。

（刘峻峰）

【主要技术经济指标】 原油密闭率75%，输油泵平均运行效率50.7%，管网效率85.4%，集输系统效率43.3%；注水泵平均运行效率74.3%，注水系统注水管网效率74%，注水系统效率55%。

（刘峻峰）

【海上油气开采设施及生产】 截至2019年底，海上油田（自营区块）共有各类海上采油平台127座。其中，中心平台6座、井组平台89座、单井平台32座；海底输油管线103条，总长615.5千米；海底输气管线15条，总长990.8千米；海底注水管线67条，总长116.5千米；海底电缆131条，总长429.4千米。海上油气水井共963口，开井864口。其中，油井603口，开井526口，年生产原油342.5万吨、天然气1.25亿立方米；气井81口，开井64口，年产气量11.45亿立方米；注水井279口，开井274口，年注水量1 691.6万立方米。

（马玉生）

设备管理

【概述】 截至2019年底，集团公司国内上游设备固定资产原值454.23亿元、净值151.33亿元，设备新度系数为0.33。设备管理人员3 759人，设备维修人员2 673人，装机总功率942.4万千瓦。共有主要专业设备80 095台（套），设备资产原值359.91亿元、净值120.2亿元，新度系数0.36。其中，钻采特车2 247台（套）、注采设备44 657台（套）、油气处理与集输设备17 244台（套）、起重搬运机械195台（套）、运输车辆1 020台（套）、辅助专用车辆1 707台（套）、动力设备6 624台（套）、工程机械726台（套）。综合完好率99.43%，主要设备利用率88.22%。

（刘峻峰）

【油田设备状况】 2019年各油田企业设备状况统计见表2。

表2　2019年各油田企业设备状况统计

单位	在册设备				主要专业设备					
	在册台数	原值/亿元	净值/亿元	新度系数	在册台数	完好率/%	利用率/%	原值/亿元	净值/亿元	新度系数
股份公司	154 529	454.23	151.33	0.33	80 095	99.43	88.22	359.91	120.20	0.36
胜利油田分公司	38 422	122.82	38.80	0.32	30 796	99.74	90.11	107.65	34.36	0.32
西北油田分公司	25 779	58.35	15.51	0.27	8 155	98.17	93.43	37.42	9.38	0.25

续表

单位	在册设备				主要专业设备					
	在册台数	原值/亿元	净值/亿元	新度系数	在册台数	完好率/%	利用率/%	原值/亿元	净值/亿元	新度系数
中原油田分公司	13 519	33.04	8.00	0.26	6 676	98.11	74.49	23.275	5.00	0.21
普光分公司	6 941	125.82	43.36	0.34	2 634	99.81	90.90	108.09	36.75	0.34
河南油田分公司	8 654	20.88	5.03	0.24	7 244	99.78	85.86	17.73	4.34	0.23
江汉油田分公司	11 506	26.15	8.13	0.33	8 559	99.68	81.06	18.92	5.98	0.33
江苏油田分公司	6 188	13.15	4.07	0.27	3 920	99.82	92.01	11.70	3.80	0.34
西南油气分公司	15 132	23.08	13.20	0.36	2 159	99.61	97.26	14.07	9.13	0.65
华北油气分公司	19 618	15.50	8.37	0.48	5 612	99.83	96.29	10.05	6.40	0.63
华东油气分公司	3 533	5.69	1.98	0.40	2 255	99.90	87.50	3.98	1.62	0.49
东北油气分公司	5 237	9.75	4.88	0.50	2 085	99.02	80.82	7.02	3.44	0.49

（刘峻峰）

【设备管理】 ①组织开展国内上游设备大检查。企业自查共查出问题 11 130 个，全部完成整改。总部现场检查共检查二级单位 74 个，抽查基层单位 224 个，抽查现场设备 2 971 台（套），查出各类问题 635 个，全部完成整改。②启动国内上游设备设施完整性管理体系建设，组织胜利油田、西北油田、天然气分公司、中原油田、普光分公司等企业开展设备设施完整性管理体系试点建设，完成体系架构策划和管理现状评估工作。③推进井下作业自动化装置试验。2019 年投入 7 套自动化装置开展现场试验，作业机械化模块和二层台排管模块的技术、装置已基本成熟，降低了作业安全风险，减轻劳动强度 50%。④多措并举实现设备管理增效。推广节能抽油机、大排量对置往复泵等新型设备应用、优化运行参数等措施，年节电 1 亿千瓦·时。利用闲置设备信息共享平台，盘活闲置设备 700 余台，节约资金 7 000 余万元。

（刘峻峰）

基层管理

【深化油公司改革迈出新步伐】 坚持推进精干高效扁平化油公司体制改革，开展“大部制”建设，压减分公司和采油气厂两级机关管理人员，对无效、低效油气生产单位进行整合，再优化压减 4 个机关处室和 161 个科室。全力推进“瘦身健体”，再压减法人 1 户，累计完成 17 家法人户数压减任务，板块法人层级全部控制在 5 级以内。围绕提高基层生产单位组织效能和价值创造能力，搭建油公司组织效能对标平台，开展油气生产单位和专业化队伍效能对标，对采油气厂和管理区，以“人均利润、人均产量、人均管井数、机关与辅助队伍用工占比、吨油管理服务费、吨油成本降低率”为主要指标；对专业化队伍，以“收入利润率、万元收入成本、人均收入、万元收入管理服务费、人均作业井口数”为主要指标，每季度开展组织效能对标，发布标杆指标，倒逼各单位加快释放油公司改革红利，经营管理效率和服务保障能力进一步增强。与上年度同期相比，采油气厂人均产量、人均管井数增长 20% 以上；专业化队伍人均创收增长 17.8%；万元收入成本下降 3.3%；电力业务电网运行平稳，6 千伏以上线路停电事故次数下降 21.4%，油公司改革红利逐步显现。

（吕海峰）

【矿权区块流转成效显著】 为发挥国内上游资源、技术和管理优势，盘活油气储量资产，加快增储建产增效，建立内部竞争性开展区块流转的常态化工作机制。2017—2019 年，先后开展鄂南旬邑—宜君、贵州省郎岱和安顺、四川盆地通南巴区块、广西百色油田、东北彰武油田 6 个矿权区块内部市场化流转，涉及矿权面积 4 500 多平方千米。持续跟踪流转区块成效，总结流转经验，推进内部流转矿权区块勘探开发，旬邑—宜君区块复产后累计生产原油 5.2 万吨，实现盈利 7 597 万元，百色和彰武区块成功复产，通南巴区块勘探开发快速开展。

（吕海峰）

【国内首创开展储量价值化试点】 探索建立内部储量价值市场化交易机制，加速将储量转化为产量和效益，选取勘探分公司兴隆气田作为试点区块，研究制订储量价值化试点方案、评价技术规范和评审办法。试点以储量价值评估为基础，以储量价值最大化为核心，采用市场化竞争方式优选承接单位，将兴隆气田由勘探分公司流转至得分最高的江汉油田分公司。

（吕海峰）

【自主经营试点成效显著】 ①东北油气分公司 3 年自主经营试点取得明显成果。在 2017—2019 年第一个承包期内，东北油气分公司加大企业内部改革力度，借助自主经营承包政策优势，大刀阔斧推进“瘦身健体”，全体起立竞争上岗；打破机关、厂和研究院界线，组成重点工作项目组；大力度开展“三项制度”改革。油气商品量年均增长幅度 9.3%；用工总量稳中有降，2019 年较改革前下降 10.2%；2017 年开始扭亏为盈，3 年累计盈利 23.27 亿元。②华东油气分公司自主经营承包扎实推进。华东油气分公司围绕总部下达的五大经营承包指标，逐层逐项分解至责任单位和部门，传递经营压力，加大绩效考核力度，员工绩效收入差距比例最高达 2 倍。2018 年当年实现扭亏为盈，2019 年实现盈利 5.1 亿元，原油盈亏平衡点降至历史最低为 48.5 美元 / 桶，人工成本利润率达 140%。

（吕海峰）

【合作开发难动用储量取得新进展】 围绕尽快将未动用储量转换为产量和效益，以难动用、未动用、无效、低效区块为对象，持续推进油公司与石油工程公司合作开发体制机制，建立利益共同体，着力降低工程成本，推动效益开发。胜利油田与石油工程公司加大难动用储量合作开发力度，围绕降低工程成本、提高单井产能、缩短建井周期，从设计到施工组织开展全过程优化和技术创新。已实施合作开发区块经济可动油价从 75 美元 / 桶以上降至 55 美元 / 桶以下，累计建产能 30 万吨，新井累产油 14.4 万吨。其中，在义 184、盐 229 等 17 个区块实施钻机提速提效，钻速提高 1 倍以上，平均钻井投资下降 18%。中原油田分公司与中原石油工程公司优选卫城油田卫 4 块先行试点，部署侧钻井 4 口，投产 3 口，日均增产 12 吨，恢复可采储量 14 万吨，经济寿命期增加 7.8 年。

（吕海峰）

【总结推广江汉坪北致密油效益开发经验】 总结推广江汉油田分公司坪北致密油效益开发经验，践行低成本发展战略。坪北经理部围绕致密油藏开发，通过市场化机制降低工程成本，形成适应致密油藏特点的“单、短、简、小、串”建设模式，平均单井地面工程投资比油田板块平均水平低 74%。推行“平台小经理”管理模式和“三低”油藏精细管理，用工总量比 2015 年降低 35%，450 人管理油水井 932 口，人均 2.07 口，人均管井数是油田板块平均水平的 2.7 倍，实现 3 745 万吨探明储量全部效益动用、原油产量 17 万吨稳产 15 年。

（吕海峰）

【推进天然气产供储销一体化管理模式建设】 ①强化天然气产供储销一体化统筹管理。立足天然气全产业链整体效益最大化，全力经营好每一立方米气，提高天然气一体化创效能力，梳理工作界面，规范业务流程，完善管理制度，加强天然气产供储销一体化统筹管理。②构建文 23 储气库运营管理模式。围绕提高天然气全产业链价值创造能力，充分发挥油公司和天然气分公司专业化管理优势，坚持“专业化发展、市场化运作、一体化统筹”运营准则，编制下发文 23 储气库生产经营管理方案，提高储气库运营效率，增强保供能力，超额完成文23储气库注气任务。③启动天然气销售体制改革。积极适应国家油气管网运行机制改革“输销分离”改革，进一步提升中国石化天然气营销水平及市场竞争力，组织编制《中国石化天然气销售体制改革方案》，稳妥有序推进区域销售中心和合资公司组建等改革工作。2019年，通过优化自产气销售，加大拓市增销、推价增收，销售天然气453亿立方米、增长17.8%，天然气全产业链盈利62.7亿元，增加101.2亿元。

（吕海峰）

【推进以价值创造为导向的绩效考核机制建设】 ①完善绩效考核管理制度体系。制定下发《中国石化油田板块绩效考核实施细则》，进一步加大工效联动力度，兑现基数从工资总额的18%提高到25%。开展差异化考核，优化指标体系，实施精准激励，对油气田分公司新增探明储量、SEC经济可采储量储采比、单位投资新增SEC经济可采储量等指标进行考核；对勘探分公司新增储量价值、预测储量升级率考核指标，实行3年滚动考核；对天然气分公司新增天然气单位销售费用、终端销售占比、进口LNG单位销售利润等指标进行考核。②持续强化绩效考核过程管理。每季度对利润、完全成本总额、油气商品量3项指标实行月度考核；对月度预算符合率、油气商品量计划完成率、人均劳动效率、钻井进尺完成率、专项费用同比降幅、钻井工程质量时效、自然递减率（原油、天然气）、万元产值综合能耗开展“星旗榜”评比。针对油公司体制对各级的职责定位，层层细化目标，建立系统性考核指标体系，形成突出效益导向的考核激励机制。

（吕海峰）

【开展第8届“五项劳动竞赛”评比表彰】 突出机构精干、人员精简等油公司改革激励导向，创新采用信息化评比竞赛方式，聚焦勘探开发核心业务，向采油气生产和科研单位倾斜，严格评选标准和表彰比例，共评比表彰3个先锋采油气厂、18个红旗采油气（净化）厂、12个优胜采油气（净化）厂、192个基层单位。获奖单位指标比上届有显著提升，其中红旗采油气厂盈利单位占比由上届的41%提高到94%，突出了以效益为中心激励导向作用，营造了“比学赶帮超”浓厚氛围，鼓舞了基层队伍士气。以第8届“五项劳动竞赛”为抓手，加强基层队伍建设，开展基层队伍达标、对标竞赛活动，搭建全员、全过程、全方位竞赛平台，激励基层单位比先进、赶先进、超先进，选树一批基层典型，总结推广特色基层经验，凝聚基层队伍干事创业的蓬勃力量。

（吕海峰）

中国石化
SINOPEC

境内石油工程

综述 | 石油地球物理勘探 | 钻井工程 | 测井 | 录井
井下特种作业 | 油田地面工程建设 | 机械制造 | 设备管理

综　述

2019 年，石油工程板块以习近平新时代中国特色社会主义思想为指引，在集团公司党组的坚强领导和大力支持下，全体干部员工咬定目标、攻坚克难、苦干实干，全年完成物探二维地震 18 903 千米、三维地震 14 103 平方千米，钻井进尺 999 万米，测井 27 804 万标准米，录井进尺 931 万米，井下作业 6 876 井次，工程建设合同额 184 亿元。全年实现收入 698.7 亿元，增长 19.6%；实现净利润 9.14 亿元，增长 543.6%。有力保障了集团公司稳油增气降本，推进改革创新高质量发展，全面完成年度各项目标任务，为决胜全面可持续发展奠定基础。

经营质量持续改善。①市场攻坚成效显著。集团公司内部市场注重靠前服务，成立西部工区项目管理部和西南工区、华北工区工作协调组，全力推动“两北一川”提质提速提效提产，新签合同额 384 亿元，增长 3.5%。国内外部市场，抓住有利契机，强化市场统筹，高效组织队伍，大力协同攻关，全年新签合同额 145 亿元，增长 23.9%。②项目创效水平明显提升。全面推进“六大制度体系”和《项目管理手册》应用，落实项目全生命周期管理，全年运行建造类核算项目 7 716 个、盈利 7 302 个，占比提升 6.4%，项目毛利润提升 1.2%。③主要财务指标明显改善。强化月度滚动预算，大力挖潜降本，全年实现挖潜增效 29.7 亿元，百元收入营业成本降低 0.34 元，“两金”规模压降 31 亿元，创历史新低。加快境外项目结算和资金回笼，境外贷款规模累计下降 1.2 亿美元。经营现金流同比缺口收窄 38.5 亿元，年末资产负债率 89.1%、下降 1.4 个百分点。

深化改革持续推进。①推进三级机关更加精干和队伍结构持续优化，全年压减三级机关人员 970 人、压减 10.4%；合理补充一线力量，主营业务用工占比达 74%、提高 5%。用工总量降至 10.25 万人、减少 0.42 万人，全员劳动生产率 31.5 万元 / 人、提高 2.7 万元 / 人。②推进主辅业务分离，主营业务做优做强，辅助业务全面盈利。10 家地区（专业）公司全部实现盈利，减亏 4 家；76 家专业经营单位中 75 家盈利，减亏 8 家；114 家辅助业务单位全部盈利，减亏 36 家。③推进“三项制度”改革，加强项目经理队伍建设，探索推进项目经理竞争性选聘和项目部分类定级管理，实施多元化用工、契约化管理，推动“去行政化”和能上能下、能进能出。把绩效工资占比由 40% 调高到 50%，兑现绩效工资最高与最低单位人均相差 1.2 万元；强化单井单项目考核，全员绩效考核进一步做实，推动了能增能减。

科技创新不断进步。①推进完善科研体制机制。相继挂牌成立 2 个研发中心、10 个技术中心，新增获授权专利 351 件，2 个中央科技型企业分红激励试点获批。自主研发的钻井旋转导向系统试验成功，取得突破性进展，联合研发的 185℃高温 MWD 仪器在顺北工区成功应用；新一代网络成像测井系统、宽频加速度检波器、节点地震采集仪达到国际先进水平。2019 年科技成果转化产值近 10 亿元，34 项成果上线易派客网络销售平台。②推进业务转型升级。形成连续油管、多级射孔、牵引器等六大特色技术服务品牌，收入增长 54.2%。随钻测量工具、特种井筒工具、录井装备等业务加快发展。SICP 项目通过集团公司技术方案评审，ERP 系统全面应用，终端用户突破万人，信息化建设进度逐步加快。

管理效能不断提高。① HSSE 管理更加严格。修订完善和严格落实 HSSE 管理体系，推进安全管理提升，严格落实“六不开工”和“四不两直”督查。强化隐患治理，加大老旧设备淘汰力度，在运行钻井队伍全部配齐一线人员并实施“三班两倒”，把 43 家分包商列入“黑名单”，清退分包商人员 191 人。国内安全生产形势逐步趋稳，绿色企业、绿色施工队伍创建扎实推进。②风险管控更加有力。推进依法依规治企，严格“三重一大”决策和信息披露，健全内控风控体系，优化完善制度体系建设。全面排查合同管理风险隐患，开展财经纪律专项整治，严格内控审计评价和经营审计。规范整合境外机构，实施重大境外法律纠纷“一案一策”专项治理、股权投资风险“一企一档”动态管理，有效防范债务、金融、法律、境外等风险。③质量管理持续加强。严格油田化学剂质量监督抽查，工程质量、采购质量和服务质量不断提升，井下故障数量减少 45 起，损失时间大幅下降 474 天，井身质量合格率、固井质量合格率、测录井资料合格率达 100%，井下作业一次合格率 98.5%。

党建工作持续加强。①高质量推进“不忘初心、牢记使命”主题教育，创新政治理论学习方式、健全深入基层调研机制、认真召开专题民主生活会，公司领导班子成员深入基层调研发现的 40 个问题已全部解决。②持续提升党建质量，逐级压实“一岗双责”，严格执行民主集中制和“三重一大”决策制度，发挥党组织“把方向、管大局、保落实”作用；加强干部队伍建设和年轻干部培养选拔，大力实施人才强企工程，选拔选聘科研设计与工程技术专家、各类专业精英 450 人，评选表彰“铁军名匠”58 人；加强机关作风建设，开展“基层减负年”活动，各类检查评比压减 50% 以上；开展“五比”竞赛，全年发放“比学赶帮超”奖金 3 630 万元，掀起比效益、比质量、比贡献、比进步、比管理热潮。③推进从严治党，抓好中央巡视和党组常规巡视、机动巡视反馈问题的整改落实，完成 24 家专业经营单位和 3 家境外机构的巡察任务。压实“两个责任”，落实中央八项规定精神，深入开展加强作风建设集中纠治“四风”专项行动，狠抓基层腐败治理，保持了从严治党的高压态势。④持续增强队伍合力，积极回应群众关切，改进一线员工生产生活条件，启动基层“五小建设”，落实员工帮助计划（EAP），开展“走基层、访万家”、冬送温暖、夏送清凉、金秋助学、助残济困等民生工程，保持员工队伍和谐稳定。

（汪映春）

石油地球物理勘探

【概述】 截至 2019 年底，集团公司共有陆地采集队伍 43 支，其中地震队伍 40 支、非地震队伍 3 支；共有新业务队伍 15 支。从业人员 8 860 人，其中合同制员工 7 013 人、规范劳务派遣业务外包工 887 人、其他用工 960 人。

（李　佩）

【主要装备】 截至 2019 年底，集团公司共有可控震源 168 台，数字地震仪主机共计 69 台（套），接收道数 43.72 万道，其中 408 采集链 4.68 万道、428 采集链 23.50 万道、508XT 采集链 10 万道、I-NODAL 节点 3.10 万道、滩海采集链 2.44 万道，有各类沙漠运载设备 609 台（套）。固定资产原值 57.45 亿元、净值 15.31 亿元，综合新度系数 0.27。

（李　佩）

【采集工作量及实施情况】 2019 年，共实施二维地震 8 978 千米、三维地震 10 232 平方千米。国内二维日均生产 215 炮，提高 2%；国内三维日均生产 569 炮，提高 24%；地震资料优良率 89.79%。

（李　佩）

【主要技术进步】 单点高密度地震技术加快推广。2019 年实施盐家、孤岛、唐庄和牛庄 4 块高密度三维项目，满覆盖面积 779.47 平方千米，总炮数 13 177 炮，标志着单点高密度地震技术进入成熟推广阶段。新采集高密度资料偏移处理剖面显示，目的层分辨率得到有效提高，断裂系统和断点成像更加清晰。

节点与有缆仪器混采技术首次应用。胜利商河高密度三维工区大规模应用节点采集系统，采用节点检波器和 508 有缆仪器混合采集方式进行接收。该项目为国内首次使用 508XT 仪器采集系统，集团公司首次大规模应用 I-NODAL 节点采集系统、首次应用有线和节点仪器进行大规模联合采集、首次大规模使用低频检波器的项目。项目实施效果显著，节点数据有效回收率达 99.65%，节点采集数据质量与有缆数据质量相当，信息保真度大幅度提升，目的层同向轴清楚，为地质任务的完成提供保障。

顺北特深断溶体关键技术试验取得重要进展。通过盒子波试验，形成干扰波形成机理及组合压噪技术；通过精细近地表结构调查和点试验，形成基于Q值精确补偿的精细表层调查技术，有效提高了表层结构调查精度，为激发因素选择和近地表补偿处理奠定坚实的基础；通过宽线试验、束线试验、三维生产，形成海量数据实时传输及现场质量控制技术，形成适应特深断溶体的高精度采集方案，剖面效果良好。

大型障碍区施工技术应用成效明显。推广应用整体变观技术、多震源联合激技术等技术，避免了障碍物对观测系统属性的影响，有效解决了城镇、煤矿采空区、大面积水域等复杂地表区，因炸药震源使用受限导致的浅层资料缺口问题。林滩场三维项目在城区段增加可控震源、武隆三维项目在城区乌江段增加电火花工作量，提高了浅层资料信噪比，改善了资料效果。

2019年，“可控震源高效地震勘探关键技术研究”“航测与遥感技术在管线监测中的应用研究”项目经集团公司鉴定达到国际先进水平，地震采集节点仪器（I-Nodal）经中国地球物理学会鉴定达到国际先进水平。

（于　静）

钻井工程

【概述】 集团公司钻井业务主要分布在石油工程公司的胜利石油工程公司、中原石油工程公司、江汉石油工程公司、华北石油工程公司、华东石油工程公司、西南石油工程公司6个地区分公司和海洋石油工程公司等单位。钻井研究、专业技术服务及钻井施工单位共39个，其中陆地钻井公司19个、海洋钻井公司2个、钻井研究院3个、钻井技术服务公司10个、其他油田服务公司5个。钻井系统用工总量约4.32万人，其中合同制员工约2.32万人。

（黄立玫）

【主要装备】 拥有陆地钻机696台，其中电动钻机265台、机电复合驱动钻机234台、机械钻机197台；海洋钻井平台13座，其中座底式2座、自升式10座、半潜式1座。各类顶驱322套；LWD（FEWD）56套，MWD225套；防喷器2 000台，其中单闸板403台、双闸板913台、环形防喷器684台；固井装备255台，其中水泥车238台、混浆撬17台；欠平衡装备旋转防喷器40台；空气压缩机86套。

（黄立玫）

【主要工作量】 2019年，平均动用钻机496.40台；开钻3 453口，完井3 410口，其中集团公司内部市场完井2 374口，国内外部市场完井416口；完成钻井进尺984.52万米，其中集团公司内部市场657.34万米，国内外部市场164.83万米。

（黄立玫）

【重点工艺井应用】 完成深井钻井342口，超深井（6 000米以深）钻井130口；完成定向井服务1 670井次，其中水平井469井次；各类固井8 262井次；常规欠平衡井29口，其中气体钻井17口。

（黄立玫）

【主要技术进步】 页岩气钻井技术逐步完善。形成页岩气水平井剖面优化技术、超长水平段钻井提速技术、深层页岩气水平井固井技术、涪陵工区激进参数钻井、涪陵工区二开“四趟钻”等系列技术，为页岩气井提速提效提供了保障。2019年完成页岩气井钻井280口，钻井进尺149.09万米，完成井平均井深4 786.18米，机械钻速6.82米/时，钻井周期83.88天。

超深井钻井技术趋于成熟。通过持续开展超深井关键技术攻关研究，超深井钻井配套技术日臻成熟，为特深层油气勘探开发提供有力支撑。在西北工区，推广四刀翼屋脊齿PDC钻头+等壁厚螺杆提速技术、随钻扩孔定向钻井技术，形成钻井分层提速、超深定向、超深小间隙固井等系列技术。在西南工区，形成空气泡沫钻井、预弯曲动力钻具组合、单通道固井等一体化技术。2019年超深井完井130口，平均井深6 866.18米，平均机械钻速6.24米/时，平均钻井周期133.81天。

钻井液技术取得突破。油基钻井液ZYQD强化堵漏技术，有效解决桥塞堵漏容易复漏和水泥浆与油基钻井液不配伍、混浆难以固化的技术难题。ZYQD强化堵漏浆固结强度高（大于10兆帕），与油基钻井液具有良好的相容性，稠化时间2—8小时可调，强化堵漏进入各类裂缝中，在可控时间内彻底封堵油基钻井液漏失通道。在焦页203平台、焦页13平台等应用10井次，堵漏一次成功率90%，取得油基钻井液堵漏技术突破。

微泡钻井液体系是针对低压易漏地层研发的防漏型低密度钻井液体系，抗温达120℃，密度0.85—1.0克/厘米^{3}可调，具有密度低、防漏性能好、有效封堵微米级孔隙、循环使用、储层保护等优势。在文23储气库三开储层段现场应用66口井，井深2 760—3 120米，地层压力系数最低仅为0.1—0.3，应用后漏失发生率大幅降低，仅为13.6%；后期注气作业，单井平均充气量达50万米^3/日，超单井充气量预测值1.5—2倍，储层保护效果明显。

创造多项钻井新纪录。超深井钻井技术：顺北5-11H井，由中原石油工程公司施工，创中国石化完钻井深大于8 000米钻井周期最短纪录（141.25天）。顺北鹰1井，由华北石油工程公司施工，创中国石化339.7毫米套管下深最深纪录（5 393.42米）、244.5毫米套管下深最深纪录（7 614.62米）、177.8毫米套管下深最深纪录（8 395米）。定向井钻井技术：顺北5-5H井，由江汉石油工程公司施工，创中国石化水平井最深纪录（8 520米）。顺北鹰1井，由华北石油工程公司施工，创中国石化定向井最深纪录（8 588米）。钻井液技术：泸206H井，由中原石油工程公司施工，创中国石化油基钻井液密度最大纪录（2.42克/厘米^3）。

（黄立玫）

测　井

【概述】 集团公司测井业务有6家测井单位，测井、射孔队伍264支，其中裸眼井测井队154支、生产测井队38支、射孔队72支；分布在集团内部242支，国内外部14支，国外市场8支。用工总量0.80万人。

（高瑞香）

【主要装备】 拥有测井系统294套（裸眼成像测井105套、裸眼高精度测井71套、生产测井40套、射孔78套）。井下仪器6 638支，包括成像井下仪器851支、特殊井下仪器213支、常规井下仪器5 574支。

（张新华）

【工作量】 2019年，累计完成各类测井12 860井次（不含射孔）、27 533万标准米，分别增加872井次、3 165万标准米。测井曲线优等品率96.5%。

（高瑞香）

【主要技术进步】 2019年，为支撑新区勘探及老区开发，持续技术攻关，推广成熟技术。裸眼测井方面：SINOLOG900网络成像测井系统在胜利油田推广应用近20口井，边试验边改进，并通过集团公司科技部鉴定，达到国内先进水平。开发了直推式测井工艺技术，无须电缆、一次下井可完成所有常规测井作业，与湿接头测井工艺相比，不需要多次对接；与泵出存储式相比，节约了泵出仪器的时间，同时也避免了无法泵出仪器的风险，提高了时效，在川渝工区应用20余口井，一次作业平均可节约10小时以上。射孔方面：继续完善提升牵引器射孔技术，体现出在上翘水平井射孔、抗爆炸冲击能力强等方面特点，在涪陵、中国石油威远-长宁等区块应用60余口井，在可靠性、安全性、抗震性、功能兼容等方面不断完善。解释评价方面：在大牛地气田，深入优化测井解释模型，持续优化测井解释标准，提高了测井解释符合率5个百分点。在河南油田老区，对低阻薄差层测井评价进行研究，实现变参数饱和度模型的精确计算，提高了低阻薄层油气层的识别准确率。通过 390 余口老井二次处理和复查，提出 44 口井 58 个潜力层，实施 5 口井，取得较好的增油增储效果。

（张新华）

录 井

【概述】 集团公司录井业务共有 9 家服务商，有队伍 547 支，其中综合录井队 460 支、地质录井队 83 支、其他录井队 4 支；分布在集团内部 455 支、国内外部 66 支、国外市场 26 支。用工总量 4614 人。

（高瑞香）

【主要装备】 拥有主要录井设备 980 台，平均新度系数 0.29。其中，综合录井仪 450 台，气测录井仪 16 台，地质录井仪 149 台，其他设备 365 台。

（张新华）

【工作量】 截至 2019 年底，累计完成录井 3 341 口、录井天数 153 137 天，分别增加 411 口、25 085 天。完井资料合格率 100%。

（高瑞香）

【主要技术进步】 持续加强随钻地质导向推广应用规模，形成 2 种服务模式：录井整体承担导向业务并具备决策权的定测录导一体化模式；仅提供导向服务不提供工具等的联合项目组模式。全年在川渝工区应用 90 余口井，应用井储层钻遇率平均 95% 以上；华北工区施工 60 余口井，砂岩钻遇率平均 85% 以上，含气显示钻遇率 66% 以上，为川渝、华北工区页岩气及致密气开发提供了技术支持，有效提高了目的层钻遇率，实现轨迹精细化控制，促进钻井提速提效。

（张新华）

井下特种作业

【概述】 集团公司井下特种作业业务主要分布在胜利石油工程公司、中原石油工程公司、江汉石油工程公司、华北石油工程公司、华东石油工程公司、西南石油工程公司 6 个地区公司和海洋石油工程公司等单位，主要为油气田勘探开发提供试油测试、储层改造、修井作业、海上作业、稠油开采等专业的石油工程承包和技术服务。截至 2019 年底，全系统拥有员工 0.76 万人，专业队伍 299 支。

（曹 明）

【主要装备】 拥有各类主要生产设备 2 036 台（套），其中侧钻和修井设备 112 台、2000 型及以上泵车 230 台、海上作业平台 6 座，主要资产原值 67.3 亿元，新度系数 0.43。

（曹 明）

【工作量】 2019 年，完成井下作业 5 733 井次和试油气测试 2 003 层次。其中，集团公司内部市场完成井下作业 3 911 井次和试油气测试 1 426 层次，国内外部市场完成井下作业 789 井次和试油气测试 573 层次。

（曹 明）

【主要技术进步】 以国内加大勘探开发投入为契机，以保障集团内三北一川勘探开发为重心，努力推进重点工区提质提速提效提产，在深层和常压页岩气大型压裂、超高温超高压超深油气藏完井测试、致密油气藏效益开发、酸性气田安全开发等方面取得显著成效，连续油管和高压带压作业等专业化队伍保障能力不断增强，为普光和元坝气田、顺北油田、涪陵和威荣页岩气田、大牛地及杭锦旗气田的开发提供了强有力的技术支撑。

围绕核心技术，发展特色技术，注重技术载体，形成技术系列，努力实施特种作业科技工程，高新技术取得重大突破：①形成以涪陵页岩气水平井压裂为代表的细分压裂技术，作业方式由单井作业到“井工厂”作业，保障了勘探开发需求；②形成以塔河、普光、元坝等海相油气藏为代表的大型酸压技术，为海相气藏开发提供了技术支撑；③形成以普光、元坝等酸性气田为代表的酸性气试气技术，解决了超深高酸性气井测试和含硫气井地面计量控制的技术难题；④形成深层油气藏勘探开发测试技术，为塔里木、四川等盆地深层油气藏的勘探开发提供了强有力的技术支撑；⑤集中攻关水平井修井技术，解决了水平井修井存在的摩阻高、打捞解卡困难、井筒处理复杂等技术难题，提高了水平井修井成功率；⑥连续油管作业技术不断完善，成立专业化的服务机构，创造10余项国内工程纪录。

2019年创造多项施工新纪录：页岩气井压裂单日最多压裂5段，单井最大加砂4 462立方米，单井压裂最大液量84 533立方米，水平井泵送桥塞最深达6 600米；塔里木盆地酸压井段最深达8 411米；连续油管作业最深7 090.8米，连续油管钻塞水平段最长2 348.0米，连续油管单井钻塞最多达30支。

（曹　明）

油田地面工程建设

【概述】 截至2019年底，集团公司有3家设计企业（石油工程设计公司、中原设计公司、江汉设计公司）、7家施工企业（胜利油建公司、中原油建公司、河南油建公司、江汉油建公司、江苏油建公司、胜利建工公司、中原建工公司）、1家监理企业（江苏监理公司）和1家管道技术服务企业（管道技术公司）。从业人员14 076人，员工平均年龄45.6岁，其中设计板块2 287人（16.25%）、油建板块8 667人（61.57%）、建工板块2 987人（21.22%）、监理板块135人（0.96%）。

（刘　芳）

【资质情况】 拥有的勘察设计及咨询资质：工程勘察综合甲级，海洋工程勘察乙级，地理信息系统工程专业测绘甲级；石油天然气（海洋石油）、海洋行业（离岸工程）、建筑行业（建筑工程）、市政行业（给水、排水、城镇燃气、热力工程）工程设计甲级，环境（固体废弃物处理专项）工程设计甲级，市政行业（桥梁工程、道路工程、电力行业、环境卫生工程）、海洋行业（沿岸工程）、化工石化医药行业（化工工程）、机械行业（通用设备制造业工程、金属制品工程）、大气及水污染防治、环境工程（大气污染防治工程、水污染防治工程）专项设计乙级；石油天然气、港口河海工程、建筑、市政公用工程（热力、给排水、燃气、热力、通信信息、火电）工程咨询甲级，工程造价咨询甲级；石油天然气、建筑、市政行业资信甲级；特种设备设计许可证（压力容器）A1、A2、A3级，特种设备设计许可证（压力管道）GA类、GB类、GC类。

施工及制造资质：石油化工工程、建筑工程、公路工程、水利水电工程、市政公用工程施工总承包一级，机电工程、港口与航道工程、电力工程施工总承包二级，海洋石油工程、消防设施工程、钢结构工程、建筑装饰装修工程、防水防腐保温工程、地基与基础工程、公路路面工程、桥梁工程施工专业承包一级，建筑机电安装工程、输变电工程施工专业承包二级；起重设备安装工程、环保工程专业承包三级；长输（油气）管道定期检验（DD1）资质、管道漏磁检测证书；A1、A2、A3级特种设备制造许可证（压力容器）；GA1甲级、GB1级（含PE管道）、GB2级、GC1级特种设备安装改造维修许可证（压力管道），静设备、电气设备、仪表设备和控制系统、防腐类、绝热类等检维修资质，锅炉安装维修改造一级资质（参数不限），电梯安装、改造、维修A级资质。

监理资质：建筑工程、石油化工工程、市政

公用工程监理甲级，电力工程监理乙级。

其他资质：民用无人驾驶航空器经营许可证；生活污水、工业废水处理设施运行三级资质；工业固体废物无害化处理、有机废物处理、生活垃圾处理处置设施运行三级资质；地质灾害治理丙级勘察单位、乙级评估单位；通过 ISO 9001 质量管理体系、ISO 14001 环境管理体系、QHSAS 18001 职业健康安全管理体系认证。

（刘　芳）

【主要装备】 截至 2019 年底，拥有各类工程设备及仪器 3.3 万余台（套），新度系数 0.37，综合完好率 99.52%，包括各类工程机械、起重搬运机械、焊接切割设备、工程勘察设备和仪器仪表等，同时采用框架租赁与装备调剂等手段有效缓解装备老久和结构性短缺问题，为项目生产提供坚实的装备服务保障。2019 年重点安排泰国输气管道工程、青宁输气管道工程、中科炼化管道项目、常规施工设备更新改造等项目，购置了大型带压开孔封堵设备、定向钻、全自动焊机等先进设备，服务能力大幅度提升。滩浅海工程建设装备齐全，可建造浅海自升式平台、1 万吨级大型固定平台，铺管作业水深可达 100 米；带压封堵设备覆盖管径范围 40—1 219 毫米，满足国内大多数长输管道所采用的管道口径；全自动焊装备适用 508—1 900 毫米管道焊接，达到全球范围内最大口径；水平定向钻穿越最长 4 071 米，管径最大 1 422 毫米，处于国内领先水平。积极开展主要专业装备自动化智能化发展，增强高端化装备实力，为进一步开拓市场保供生产做好准备。

（刘　芳）

【市场开拓】 集团内市场秉承做精做优的理念，以服务稳油增气为己任，持续巩固油气板块市场，大力拓展炼化、销售板块业务，先后承揽广西 LNG 管道桂林支线、董东管道、新气管道韶关联络线等项目，成功中标 EPC 项目青宁输气管道工程、合同金额 42.2 余亿元。

集团外市场坚持“有保有压，突出重点，梯次开发”的策略，通过加强风险分析和成本测算，建立项目毛利率备案和亏损项目源头追责机制，重点瞄准中国石油、中国海油和地方燃气市场持续发力，全年集团外市场新签合同额 51.8 亿元。

（刘　芳）

【主要技术创新】 2019 年，共开展各级科研项目 100 余项。“CCUS 全流程工程技术研究与工艺包开发”获 2018 年度中国石化技术发明二等奖；“二氧化碳输送与驱油采出液集输关键技术及应用”获中国石油和化学工业联合会 2018 年度科技进步一等奖。首次完成优秀勘察设计评选工作，评选出“济南—青岛输气管道二线工程勘察”等 10 项优秀工程勘察项目、“元坝气田采出水零排放综合处理工程”等 21 项优秀工程设计项目。

天然气脱硫处理技术研究和应用取得良好效果，基于铁离子环状络合稳定机理，开发了具有硫容高、净化度高、副盐生成量低的铁离子环状络合稳定体系，高硫容氧化天然气脱硫药剂硫容量达 3.0 克 / 升，较常规 0.3—0.4 克 / 升的药剂硫容提高了 6 倍。经集团公司科技部鉴定，该创新成果整体达到国际领先水平。

获省部级以上奖项 75 项。涪陵页岩气田焦石坝区块一期工程产能建设项目获国家优质工程金质奖，该奖项是中国工程建设质量方面设立最早、规格最高的国家级荣誉奖励。“胜利发电厂储煤场封闭改造钢结构工程”项目获第 12 届中国钢结构金奖，“文 23 储气库先导工程单井注气系统”等 8 项工程获全国优秀焊接工程奖，“甬绍金衢成品油管道及配套油库”等 5 项工程获评中国石化优质工程，徐州—明光高速公路（江苏段）XM-1 标获山东省“泰山杯”优质工程奖，“提高 X80 钢自动焊一次焊接合格率”等 25 项成果荣获省部级以上优秀 QC 成果，“涪陵页岩气焦石坝区块一期工程”等 13 项成果获中国石化优秀勘察设计奖。优秀 QC 成果、优秀勘察设计等省部级以上其他奖项 21 项。

截至 2019 年底，拥有施工工法 158 项；拥有获授权专利 544 件，其中 2019 年新申请专利 104 件，获授权专利 60 件、软件著作权 1 项。

（刘　芳）

【重点工程】 2019 年，坚持服从服务于集团公司重点项目建设，大力推进精益管理，聚焦工期和效益，在项目过程管控中努力做到标后预算到位、分析到位、预警到位和结算到位，突出抓业主关注度高的重点项目和焦点项目，项目统筹协调、工期进度、外协管理和分包管理水平持续提升。

坚持优质资源向项目倾斜，系统内青岛—南京输气管道工程、潜江—韶关输气管道工程、湛江—北海成品油管道工程、日照—濮阳—洛阳原油管道工程、南川水江—涪陵白涛天然气管道工程等大型长输管道项目稳步推进；中科炼化、中安联合和油气田产能建设等集团内项目保障有力；北京新机场京津第二输油管道项目、三峡阳江和长乐海上风电、云南宜毕和格巧高速公路等一批系统外大型项目高效运行。全年，对国内63个重点项目提级管理，18条隧道、350多条定向钻进展顺利，鄂安沧项目提前106天投产，青宁管道项目提前36天完成年度工程建设目标；湛北通明海域定向钻项目，成功完成双向对穿4 071米，刷新国内超长距离定向钻施工纪录；南涪管道乌江跨越、分水岭隧道高风险施工管控有力；实现重点项目工期正点、安全平稳运行。国内项目超额完成了下达的产值指标。

（刘 芳）

【海洋工程建造与安装】 拥有分别位于胜利桩西内港和龙口胜利港的2处海工建造基地，以及胜利901铺管船、胜利902铺管船等海上施工专用船舶和装备。2019年，利用陆海定向穿越技术，在舟山海管项目登陆段，完成770米对海定向钻的首次穿越。依托“超长距离定向穿越施工技术研究及应用”科研成果，推广使用推管机辅助回拖技术和大曲率半径辊道发送系统，成功实施湛北海域2条508毫米管径，全长4 060米定向钻穿越工程，被誉为国内“大陆第一穿”。

舟山海管项目通过自主创新，对胜利901、胜利902铺管船作业线系列设备进行设计改进和升级，大幅度提升了在恶劣海况条件下的铺管船的适应能力。

针对海上拆除项目，自主研发高压水桩管内外切割系列设备。作为技术储备，针对海上风电电缆铺设，自主设计电缆铺设转盘、布缆机、埋设犁等关键装备系统；针对海底管道隐患治理需求，自主设计适用于陆海两用的新型海上带压开孔、封堵系列装备。

“鲁能江苏东台200兆瓦海上风电”项目获国家优质工程奖，“近浅海新型构筑物设计、施工与安全保障关键技术”获2019年度国家科技进步二等奖。

（刘 芳）

机械制造

【概述】 业务涵盖石油工程、油气开发、油气集输三大领域，形成钻井、修井、固井、压裂设备、特种作业设备、钻头钻具、完井工具、天然气压缩机、集输钢管等12类特色技术产品系列，建有国家认定企业技术中心、院士专家工作站、博士后科研工作站、全国钻采专标委固压设备标准工作部、国家石油机械装备重点实验室等科研平台，具备年产牙轮钻头4万只、金刚石钻头5 000只、螺杆钻具3 000根、固压装备300台（套）、钻修设备200台（套）、大型压缩机50台（套）、高压管汇20万件、钢管60万吨的能力，市场覆盖全国各油气生产区域并出口40多个国家或地区，形成产品门类齐全、特色技术优势突出的油气装备研发、制造、销售和服务体系。

（田治明）

【钻头钻具钻进亚洲大陆最深井】 2019年2月25日，顺北鹰1井完钻井深8 588米，再创亚洲大陆最深井纪录。针对柯坪塔格组沥青砂岩强研磨性地层，优选PDC钻头配合耐高温等壁厚螺杆进尺546米，实现一趟钻钻穿，较邻井同地层节省两趟钻；针对桑塔木组巨厚泥岩地层，常规PDC钻头不能有效吃入、普通螺杆不耐高温寿命短的工程问题，开发尖峰PDC钻头配合耐高温等壁厚螺杆实现一趟钻快速钻穿；针对超深井定向工具面不稳、牙轮钻头寿命短等工程问题，开发定向混合钻头和 PDC 钻头成功取代牙轮钻头，实现定向井段优快钻进，创下 215.9 毫米井眼侧钻最深、最大钻深纪录。

（吴孔波 吴革橙）

【超高压大功率全电动压裂成套装备完成涪陵最深井压裂施工】 2019 年 3 月 13 日，石化机械公司研制的 5000 型超高压大功率全电动压裂机组顺利完成重庆涪陵焦页 82 号平台“井工厂”模式压裂施工，标志着该型装备首次规模化运用取得圆满成功。焦页 82 号平台共有 4 口井，合计 79 段。其中，82—4HF 井是涪陵工区井深最深、水平段最长的井。施工采取电驱压裂橇 + 压裂车组合模式进行，投入 5000 型电驱压裂橇 7 台，占到总水马力的 75%。设备总体运行稳定、安全可靠。与传统柴驱动力压裂设备相比，二氧化碳、氮氧化物等污染物实现零排放，有效解决压裂施工中装备功率提升难、使用维护成本高、节能环保受限等难题，推动燃油型向电动化跨越，促进了深层页岩气绿色、高效和低成本开发。

（庞 坚 任文喜）

【刷新国内单只钻头一次入井最长进尺纪录】 2019 年 7 月 13 日，石化机械公司 PDC 钻头在西北油田 TH123121 井二开井段实现单只钻头一趟钻进尺 5 053 米，刷新国内单只钻头一次入井最长进尺纪录。TH123121 井是西北油田部署在塔河区块阿克库勒凸起西部斜坡部位的一口三开制直井，二开为 250.88 毫米长裸眼段，地层复杂、可钻性差，易造成钻头磨损。石化机械公司针对性开发钻头产品，强化钻头的抗冲击性、抗研磨性和对地层的吃入性，提升产品硬实力。新型 PDC 钻头下井后，完成井段 1 208—6 261 米钻进，一趟钻至二开中完起钻，实现长进尺与高机速的高效统一。该井二开长裸眼段 19.5 天完成钻进，同时创下塔河区块类似井深相同结构井二开井段施工周期最短纪录，为塔河区块钻井再提速提供了强有力的支撑。

（曹 川 曹海峰）

【地库压缩机高效服务文 23 储气库注气生产】 石化机械公司全力抓好天然气压缩机生产保供和运行维保工作，在文 23 储气库项目 3 家主设备供应商中，实现机组率先供货、率先完成 72 小时试运、率先投产运行的优异成绩，研制的 5 台压缩机组运行总体平稳可靠，运行时率高，各项性能符合设计指标，发挥了文 23 储气库注气主力军作用，为文 23 储气库注气安全生产提供了有力支撑。

（陈润平）

【增压压缩机助力涪陵页岩气田稳产上产】 2019 年 8 月 7 日，石化机械公司研制的增压压缩机在涪陵页岩气田增压开采中发挥重要作用，助力涪陵页岩气田稳产上产，赢得用户肯定和信赖。石化机械公司主动出击、提前介入，为涪陵气田增压开采思路和方案的制订、实施、落实提供有力的技术支持。针对气田工况特点开发井口增压压缩机、气举排液压缩机等适用机型。截至年底，在用的 83 台增压压缩机为 174 口气井开采增压，占气田日处理气量的 45.6%，不仅稳定了气田生产，而且为气田增产气量 20%。

（吴丽华）

【智造 620 千牛超深井连续管作业装备打破国外技术垄断】 2019 年 8 月 29 日，石化机械公司自主研发的 SLG620T 超深井连续油管作业机，完成厂内型式试验发往西北市场。该装备在自动化、远程控制和超深井开发等技术方面实现明显升级。该装备使用石化机械公司自主研发的国产 140K 大吨位注入头，满足 620 千牛油管作业载荷需求；采用大容量油管滚筒及专用半挂车底盘，满足油管的快速移运；配置高频率连续油管数据采集系统，实现连续油管数据实时显示，提高了作业安全及自动化水平，有助于降低操作人员劳动强度；搭载数据远传及诊断技术，可通过远程电脑、手机平板查看监控井场设备运行状态，记录设备运行参数、分析历史数据，为设备维护保养提供决策。SLG620T 超深井连续油管打破国外技术垄断，有效解决了国内超深井工程施工中连续油管长度不够、注入头提升力不足、自动化程度不高、配套工艺及工具不完善等问题，为加快国内深层油气资源高效、安全开发提供了重要装备支撑。

（殷长江 任文喜）

【钻头入网科威特国家石油公司】 2019年11月13日，石化机械公司被科威特国家石油公司正式批准加入牙轮钻头和金刚石钻头供应商名录，标志石化机械公司钻头产品拓展科威特乃至中东市场进入到新阶段。

（陈 极 廖 侃）

【二氧化碳增压装置研制取得重要突破】 2019年12月1日，石化机械公司自主研制的二氧化碳增压装置在胜利油田完成首口井作业，在连续低温环境中，顺利完成4段二氧化碳增能压裂，工业应用获得成功。二氧化碳干法加砂压裂技术，通过使用液态二氧化碳代替常规水基压裂液，具有无残渣、无水相、返排快、对储层无伤害等优点，在环保增储方面优势明显。

（王云海 庞 坚）

设备管理

【概述】 截至2019年底，石油工程系统拥有主要专业设备17 300台（套），其中钻井设备7 481台（套）、测井设备1 058台（套）、录井设备877台（套）、井下作业设备236台（套）、物探设备2 439台（套）、工程机械设备832台、海洋工程设备247台（套）。设备资产原值499.67亿元、净值187.25亿元，新度系数0.37。设备管理人员1 043人，设备维修人员1 496人。

（张 军）

【主要设备技术指标】 2019年，石油工程主要专业设备综合完好率99.50%，运转时率74.86%。主要专业设备指标见表1。

表1 2019年石油工程主要专业设备技术指标

设备分类 \ 技术指标	设备数量/台（套）	综合完好率/%	利用率/%	故障停机率/%	新度系数
钻井设备	7 481	99.76	88.27	0.01	0.35
测井设备	1 058	99.19	85.46	0	0.24
录井设备	877	99.59	86.39	0	0.20
井下作业设备	236	99.72	85.17	0	0.28
物探设备	2 439	99.07	92.35	0	0.17
工程机械设备	832	99.08	79.86	0	0.29
海洋工程设备	247	98.85	73.75	0	0.56

（张 军）

【重大装备技术选型论证工作】 组织开展2019年度石油工程重大装备更新改造工作，加大装备更新和结构调整力度，逐步提高电动钻机、深井钻机、网电钻机数量，提升了重点工区的设备配套标准。2019年更新改造钻机19台，更新购置顶驱24台，更新改造网电22套，购置高压泥浆泵28台。

（张 军）

【设备大检查】 根据集团公司2019年设备大检查的要求，抽调专家65人，分5个检查组，于4月9—29日对所属6家地区公司和3家专业公司进行全覆盖检查，对重点工区和重点项目的施工队伍进行抽查。通过现场检查，发现问题 1 122 项，组织督促各单位及时整改，截至 10 月 31 日全部整改完毕。

（张 军）

【设备检测评估】 组织开展 2019 年石油钻机、修井机井架底座和整机检测评估分级工作，计划安排钻机修井机井架底座检测 175 台、各类整机检测评估 101 套，实际完成钻机修井机井架底座检测 183 台、各类整机检测评估 124 套，分别完成全年计划的 104.5% 和 122.7%。出具了检测评估报告，全面分析了设备的整体状况、存在问题、安全隐患并指导制定了整改措施。通过检测工作的开展，进一步规范了大型设备检测评估工作，健全了大型设备档案资料，并为设备维修保养和判报废工作提供了基础和依据，切实提升了设备运行效率和质量，确保了设备的本质安全。

（张 军）

【装备自动化智能化】 制定并下发《装备自动化智能化工作指导意见》，明确了指导思想、工作原则和工作要求；组织编制钻井管柱自动化处理装置技术规范和配置标准，确定了管柱自动化处理装置配套方式。协调可研批复 6 套钻井管柱自动化处理装置和 4 套智能钻井专家系统。

（张 军）

【装备战略规划和滚动计划】 组织编制并下发《石油工程公司主要专业装备发展规划（2018—2050）暨三年滚动计划（2018—2020）》，对专业装备发展做出统一部署。规划和滚动计划紧紧围绕各阶段生产经营、技术进步和业务发展需求，以市场为导向，以效益为中心，推进装备结构优化调整，推进装备自动化智能化发展，推动装备总体配套能力迈向中高端，推进装备研发制造产业链延伸，有效提升装备业务可持续发展能力，强化装备管理体系建设，为下一步装备管理工作指明方向。

（张 军）

【设备操作规程和配套规范】 组织开展主要专业装备现场操作维护规程编制工作，统一规范装备现场操作、使用、维护要求，已完成全部钻机部件规程编制。进一步完善现场设备管理相关规范。胜利石油工程公司编制了主要设备润滑图册，石油工程建设公司发布《设备操作规程汇编》，规范了设备操作管理。

（张 军）

中国石化
SINOPEC

炼油生产

综述 | 工艺技术进展 | 装置达标和节能减排
设备管理 | 质量管理 | 原油资源及储运

综　述

2019年，炼油板块扎实深入开展“不忘初心、牢记使命”主题教育，紧扣集团公司“两个三年、两个十年”打造世界一流战略部署，全力打好决胜全面可持续发展决定性基础，坚定不移向着高质量发展奋勇前进，较好完成各项目标任务，全年加工原油2.5亿吨，资产负债率50.7%，为炼油迈向高质量发展、率先实现世界一流奠定坚实基础。

科学统筹，生产经营总量持续增长。面对国际地缘局势动荡影响，妥善处理各种突发事件，积极应对国内产能过剩加剧和需求结构变化矛盾，供产销贸一体联动，全力保资源、调结构、拓市场，炼油产能高效释放，生产经营总量实现持续增长。全年落实原油资源2.5亿吨，有效保障炼油加工总量稳步增长，创历史新高。原油加工量增长1.8%，成品油产量增长3.4%，化工轻油产量增长3.1%、化工原料自供率达94.3%。成品油出口总量达2 650万吨，增长18%。

持筹握算，优化挖潜创效成果显著。推进炼油企业由生产型向生产经营型转变，深化全面预算管控，大力实施低成本战略，成本费用上涨势头得到有效遏制，炼油成本领先优势不断深化巩固，单位完全费用比同行低43元/吨。全年进口原油滞期降低12.7%，连续5年实现滞期时间、滞期费“双下降”；实现原油采购和运输降本26.1亿元。产品结构优化实现增效16.3亿元。加强非计划停工管理，五大类装置非计划停工减少38天；推进装置长周期运行，308套六大类装置实现“四年一修”，增加42套；准备充分、措施得当，平稳经受19次恶劣天气的严峻考验。加工损失率降低0.03%、创历史最好水平，综合商品率提高0.05%、较达标指标高0.23%。挖潜管道输送能力，增加管输收入1.2亿元。

系统推进，安全环保形势稳中向好。立足本质安全环保，全面推进“安全合规性、环保合法性、工艺平稳性、设备完整性”系统提升，安稳运行基础不断夯实，新中国成立70周年大庆等重大国事活动期间实现安稳生产。全面推进HSSE管理体系建设，28家企业按期完成HSSE体系发布。26家检修企业实现安全高质检修。深入落实污染攻坚战三年行动计划，大力推进绿色企业创建，切实抓好VOCs综合整治，全年未发生一般及以上环境污染事件。推进“绿色润滑、绿色包装”专项工作，长城润滑油环保包装替换率达85%以上；废弃包装物减少41万件，“三剂”绿色包装替换率达35%。探索建立中国石化工艺平稳性管理体系，达到推广条件。9家企业设备完整性管理体系建设顺利推进。自控提升和电力系统隐患治理工作持续开展，设备可靠度不断提升。

提质升级，产能发展质量巩固提升。聚焦提质增效升级，扎实推进结构调整，增强产业链整体竞争实力。中科炼化一体化项目中交，镇海炼化乙烯原料适应性改造等项目有序推进。装置结构不断优化，新增烷基化能力170万吨/年、催化裂化能力260万吨/年、航煤加氢能力190万吨/年，具备35万吨/月低硫重质船燃生产能力，低硫船燃产能已成规模。安庆—合肥成品油管道管输航煤，济南炼化—遥墙机场、武汉石化—天河机场航煤管道投运，青岛炼化—胶州机场航煤管道全线贯通。自主硫酸烷基化技术持续优化提升，各项指标达到世界领先水平。最新一代车辆使用要求的汽油机油完成配方开发，API最高等级重负荷柴油机油通过发动机试验，高端车用润滑油实现“无代差”突破。深化军民融合，保障国防安全，多项工作获表彰。

精准发力，深化改革管理蹄疾步稳。立足改革和管理攻坚战，推动深化管理体制和机制改革，推动管理能力和效力实现跨越提升。“三定”改革、“三项制度”改革工作平稳推进。外包管理制度落地，业务外包管理工作逐步规范化、精细化。积极参与国家油气管网公司筹备，高效保障国家油气管网改革顺利推进。持续强化风险管控，完成境内、境外11家企业35项股权投资项目梳理排查；开展内控制度执行有效性提升行动，项目投资管理、金融及衍生品业务、资产负债管理、采购与销售业务、国际化经营等环境风险管控显著增强。

从严治党，政治优势转化增添活力。深入贯

彻落实新时代党的建设总要求，坚持以党的政治建设为统领，推动全面从严治党向纵深发展。坚守政治忠诚，全方位接受中央巡视；注重建章立制、标本兼治，推动巡视问题整改工作高效开展。扎实深入开展“不忘初心、牢记使命”主题教育，主题教育成果有效转化为推进全面可持续发展、高质量发展的内在动力。坚持融入中心抓党建，实施组织力提升工程，深入开展两级机关“马上就办”；推进基层减负，炼油板块报表台账合计压减 32.6%。深入推进人才强企工程，突出实训重点，打造三个培训层次、三个平台的人才培养机制，全年培养专家 72 名；举办全国催化重整操作工职业技能竞赛，中国石化选手获 8 金、10 银、6 铜，并获团体前 6 名的优异成绩。

（易　漾）

工艺技术进展

【常减压蒸馏】 截至 2019 年底，中国石化 31 家炼油企业（不含福建炼化）共有 54 套常减压装置，总加工能力为 2.8 亿吨 / 年。全年共有 52 套装置投入运行，共加工原油 2.4 亿吨，增加 188 万吨。原油平均硫含量 1.59%，平均酸值 0.4 毫克（氢氧化钾）/ 克，API 平均 30.46。常减压蒸馏工艺的技术进展主要集中在提高拔出率、运行周期延长、节能降耗等方面。

装置运行经济技术水平。全年，加工原油中劣质原油比例为 63.03%，降低 2.24 个百分点。一次平均轻收 43.3%，提高 0.44 个百分点；总拔出率 70%，增加 0.19 个百分点。装置能耗 8.6 千克标油 / 吨，上升 0.08 个单位。

装置运行周期。通过强化设备管理、开展工艺防腐、严格日常巡检、及时消除隐患，有效减少非计划停工。

新技术应用。持续推进原油在线调和技术和配方原油技术的应用。持续推进常减压在线优化技术开发与应用工作。

（高　娜）

【催化裂化】 截至 2019 年底，中国石化催化裂化装置总加工能力为 7 440 万吨 / 年，平均装置规模 151 万吨 / 年。全年运行装置 49 套，加工原料 7 375 万吨，满负荷运行。中国石化加工能力 200 万吨 / 年以上催化裂化装置达 14 套。与此同时，一批新技术、实用技术在催化裂化装置得到应用。

装置运行经济技术水平。全年，催化装置掺渣比 30.55%，提高 1.36 个百分点。共生产汽油 3 282 万吨、减少 65 万吨，汽油收率 44.5%、降低 0.19 个百分点。装置平均能耗为 45.53 千克标油 / 吨，降低 1.38 个单位。

新技术应用。年内，积极推动催化裂化装置源头减排、绿色生产工作，全面推广应用硫转移助剂，硫氧化物总脱除率 40%—95%，碱液消耗量降低 40%—80%，锅炉露点温度降低，烟脱外排废水盐含量显著降低。

（崔守业）

【延迟焦化】 截至 2019 年底，中国石化共有 37 套延迟焦化装置运行，加工能力 5 005 万吨 / 年，年处理量 4 187 万吨，负荷率 86.34%。年内，焦化装置进一步优化操作，降低循环比、提高反应苛刻度，总液收继续保持在较优水平。

装置运行经济技术水平。全年，焦化原料残炭 21.6%、降低 0.34 个百分点，密度 1 033.7 千克 / 米^3、提高 8.25 个单位。总液收达 62.94%，降低 0.48 个百分点。生焦指数 1.43，增加 0.06 个百分点。装置能耗为 23.11 千克标油 / 吨，提高 0.28 个单位。

新技术应用。安全环保型延迟焦化石油焦密闭除焦、输送及存储成套技术（S-CCHS）在济南分公司、青岛炼化、金陵分公司、广州分公司等焦化装置上实现工业应用。

（高　娜）

【催化重整】 截至 2019 年底，中国石化催化重整总加工能力为 3 427 万吨 / 年。全年，有 38 套催化重整装置运行。其中，连续重整 33 套，加工量 3 319 万吨，运行负荷率 99.75%；半再生重整 5 套，加工量 108 万吨，运行负荷率 66%。

装置运行经济技术水平。全年，连续重整装置的“重整生成油 RON× 重整生成油收率”为 93.46，能耗 72.29 千克标油 / 吨，半再生重整装置的“重整生成油 RON× 重整生成油收率”为 92.77，能耗 51.25 千克标油 / 吨。

新技术应用。逆流连续重整工艺分别在沧州分公司 40 万吨 / 年、燕山分公司 100 万吨 / 年装置上实现工业应用。高效环保的重整生成油液相加氢脱烯烃催化剂 HDO-18 在塔河炼化、沧州炼化应用，可以完全替代工业颗粒白土。青岛石化、武汉分公司、胜利油田石化总厂、湛江东兴公司、福建联合石化企业的 5 套重整装置采用 SR-1000 新型重整催化剂及无须额外预硫化开工技术，催化剂具有活性高、选择性好、稳定性高及再生性能好等特点。

（张红良）

【S-Zorb 技术进展】 截至 2019 年底，中国石化 S-Zorb 装置总加工能力达 4 028 万吨 / 年。全年有 28 套 S-Zorb 工业装置运行，稳定生产硫含量小于 10×10^{-6} 的精制汽油，运行负荷率为 77.38%。

装置运行经济技术水平。全年 S-Zorb 装置原料硫含量为 266.55×10^{-6}，最高原料硫含量达 761.5×10^{-6}。产品硫含量为 3.96×10^{-6}，辛烷值（RON）损失为 0.84。能耗为 5.87 千克标油 / 吨，剂耗为 0.02 千克 / 吨原料。

（崔守业）

【煤油加氢】 截至 2019 年底，中国石化煤油加氢装置总加工能力为 2 183 万吨 / 年。全年有 26 套装置运行，负荷率为 89.32%。

装置运行经济技术水平。全年，煤油加氢装置加工原料总硫含量为 0.19%，硫醇硫为 119×10^{-6}。产品硫醇硫为 5.26×10^{-6}，总硫为 761×10^{-6}，烟点为 24.43 毫米。能耗为 7.14 千克标油 / 吨。

新技术应用。年内，充分利用闲置加氢装置，安庆分公司将柴油加氢装置、湛江东兴公司将汽油选择性加氢装置、荆门石化将 RSDS 装置改造为航煤加氢装置，均顺利生产合格的航煤产品，进一步增加中国石化航煤产量。持续推广高空速航煤加氢催化剂的应用，已在青岛炼化、广州分公司、上海石化、齐鲁石化、北京燕山分公司、石家庄炼化、塔河分公司、荆门分公司等炼油企业的 16 套航煤加氢装置应用。齐鲁分公司 60 万吨 / 煤油加氢装置加工硫含量为 $2\,000\times10^{-6}$—$2\,500\times10^{-6}$、氮含量为 20×10^{-6}—30×10^{-6} 的常一线原料，生产满足军用喷气燃料标准的产品，装置已经连续运转超过 5 年。

（高　娜）

【柴油加氢】 截至 2019 年底，中国石化柴油加氢处理装置加工能力为 1.01 亿吨 / 年。全年运行装置 59 套，加工量 7 275 万吨。各企业积极调整产品结构，降低柴汽比，柴油加氢装置负荷率为 75.31%。

装置运行经济技术水平。全年，柴油加氢装置加工原料硫含量为 0.787%，十六烷值为 45.41。精制柴油硫含量为 7×10^{-6}，十六烷值 50.06、提高 4.65 个单位。原料催化柴油比例为 19.19%，焦化柴油比例为 21%，装置能耗为 10.33 千克标油 / 吨。

新技术应用。年内，持续推广低成本高活性加氢催化剂应用，为国内企业柴油加氢装置长周期稳定生产硫含量小于 10×10^{-6} 的清洁柴油提供技术保障。洛阳分公司在柴油加氢装置中匹配部分加氢改质催化剂，增加了催化柴油掺炼比例，稳定生产合格国Ⅵ柴油的同时，增产 5%—7% 的石脑油，优化了装置产品分布，推动了全厂柴汽比的降低。福建联合石化 280 万吨 / 年柴油加氢装置，通过增加改质催化剂，加工直馏柴油密度 0.8383 克 / 厘米 ^{3}，硫含量 $11\,500\times10^{-6}$，链烷烃含量 48.7%，产品柴油硫含量 1.5×10^{-6}，链烷烃含量提高至 56.3%，既可以作为高十六烷值调和组分，也可以作为乙烯裂解原料，提高全厂灵活性和经济效益。

（高　娜）

【蜡油加氢处理】 截至 2019 年底，中国石化蜡油加氢处理装置加工能力为 2 785 万吨 / 年。全年运行装置 15 套，加工量 2 373 万吨，装置负荷率为 86.78%。

装置运行经济技术水平。全年，蜡油加氢处

理装置原料硫含量为 1.939%，密度为 929.7 千克 / 米 ^{3}，总氮为 1 990 × 10^{-6}。精制蜡油硫含量为 2 272 × 10^{-6}，总氮为 1 025 × 10^{-6}，密度为 904.7 千克 / 米 ^{3}。加工原料中焦化蜡油比例为 24.59%，溶剂脱沥青油比例为 12.2%，精制蜡油收率为 95.11%，精制柴油收率为 5.44%。大多数装置停用分馏塔，少量加氢柴油与蜡油一起作为催化裂化装置进料，装置能耗为 7.71 千克标油 / 吨。

新技术应用。齐鲁石化 260 万吨 / 年蜡油加氢处理装置采用系列催化剂首次实现系统内 5 年以上运转周期。该装置以减压蜡油与焦化蜡油的混合油为原料，密度 0.94 克 / 厘米 ^{3}，硫含量 2.0%，氮含量 4 500 × 10^{-6}，自 2015 年 4 月开工至 2020 年 3 月，生产出硫含量小于 1 000 × 10^{-6} 的精制蜡油，平均反应温度在 365℃左右，首次实现系统内蜡油加氢装置运转时间达 5 年。

（高　娜）

【加氢裂化】 截至 2019 年底，中国石化加氢裂化装置加工能力为 3 536 万吨 / 年。全年运行装置 23 套，加工量 3 222 万吨，装置负荷率为 92.4%。

装置运行经济技术水平。全年，加氢裂化装置处理原料密度为 907.5 千克 / 米 ^{3}，直馏蜡油比例为 95.32%，焦化蜡油比例为 4.05%，原料硫含量为 1.73%，总氮为 0.104%。轻石脑油收率为 6.52%，辛烷值为 73.4。重石脑油收率为 21.42%，芳烃潜含量为 53.78%。航煤收率为 24.55%，烟点为 24 毫米。柴油收率为 22.86%，硫含量为 3 × 10^{-6}，十六烷值为 55。加氢尾油收率为 23.28%，BMCI 值为 12.49，装置能耗为 23.21 千克标油 / 吨。

新技术应用。采用新型催化剂及优化催化剂级配技术，增产航煤并提高尾油质量。齐鲁分公司 56 万吨 / 年加氢裂化装置以减压蜡油为原料，原料密度 0.8866 克 / 厘米 ^{3}，硫含量 2.42%，氮含量 368 × 10^{-6}；产品航煤收率 30.24%，航煤烟点 26.7 毫米，可以直接生产合格的 3# 喷气燃料；加氢尾油收率 30.53%，BMCI 值比上周期降低 2—3 个单位，黏度指数相比上周期提高 6—7 个单位。140 万吨 / 年加氢裂化装置原料为劣质的中间 - 环烷基蜡油，尾油 BMCI 值由 14 左右降低至 10 以下，航煤收率稳定在 30% 以上、烟点 27 毫米以上。燕山石化 200 万吨 / 年加氢裂化装置航煤收率最高达 43%，平均值为 36%。上海石化 150 万吨 / 年中压加氢裂化装置稳定生产出烟点 25 毫米以上的合格航煤产品。

（张红良）

【渣油加氢】 截至 2019 年底，中国石化渣油加氢处理装置加工能力为 2 554 万吨 / 年。全年运行装置 12 套，加工量 2 525 万吨，装置满负荷。

装置运行经济技术水平。全年，渣油加氢处理装置处理原料硫含量为 2.45%，氮含量为 0.35%，残炭为 9.98%，金属（Ni+V）含量为 56.4 × 10^{-6}，密度为 967 千克 / 米 ^{3}。加氢渣油硫含量 0.31%，氮含量为 0.21%，残炭为 4.38%，金属（Ni+V）含量为 10.3%。装置能耗为 13.7 千克标油 / 吨。

新技术应用。持续推进延长渣油加氢装置运转周期技术的工业应用，提高装置熔金属能力，延缓反应器压降上升，延长装置运转寿命。

（高　娜）

【润滑油生产】 截至 2019 年底，中国石化共有 9 套糠醛精制装置，加工能力 328 万吨 / 年，开工运行 7 套，负荷率 68.99%；酮苯脱蜡装置 13 套，加工能力 289 万吨 / 年，开工运行 10 套，负荷率 69.08%；白土补充精制装置 8 套，加工能力 123 万吨 / 年，开工运行 6 套，负荷率 58.31%；加氢补充精制装置 1 套，加工能力 10 万吨 / 年，负荷率 50.00%；润滑油加氢—老三套组合工艺装置 2 套，其中加氢改质总加工能力 50 万吨 / 年，负荷率 97.00%；润滑油全加氢装置 1 套，其中裂化单元加工能力 30 万吨 / 年、负荷率 93.33%，异构单元加工能力 40 万吨 / 年，负荷率 95.27%；润滑油加氢异构装置 1 套，加工能力 40 万吨 / 年，负荷率 120%。2019 年基础油综合收率提高 4.63 个百分点，综合能耗升高 0.97 个单位，综合物耗降低 0.15 个单位。

年内，完成最新一代、满足国Ⅵ标准车辆使用要求的汽油机油 GF-6/SP 自主配方研发，开发的 CK-4 柴油机油通过全部 9 个发动机试验，自主技术高端车用润滑油实现“无代差”突破。

年内，长城润滑油取得奔驰、大众、斯凯孚等高端装备制造商说明书推荐 78 项，技术认证 68

项，获国家授权专利 27 件；累计开发关键设备用油国产化替代产品示范性应用案例 303 项，完成国产化替代项目开发 139 项；合成航空发动机油（Turbo Oil 1）顺利通过美国 CFM 公司台架试验，成为全球首个通过该试验的非欧美油品；高铁齿轮油顺利通过中车青岛四方装填测试，成为全国唯一获全部 13 款动车齿轮油技术准入的企业；风电齿轮箱油成功取得南高齿技术认证，完成金风科技 1.5 兆瓦风电机组挂机试验，通过技术准入和供应商审核；与华菱、上柴等同步开发适用于国Ⅵ排放的产品；自主开发的中速机油 4012 在中船动力研究院实现配套；开发满足矿井升级设备要求的 HFAS10-5（G）支架液产品，获安标认证；开发的 4116-2 高低温仪表油配套大疆无人机，突破国际公司垄断；磷酸酯型难燃液压油成功在哈汽开展应用试验，解决卡脖子难题；完成国际首个液冷变流器行业使用的《乙二醇基变流器冷却液》行业标准制定，填补国际空白；制定完成首个《船用内燃机油》国家标准。

（林　崧）

装置达标和节能减排

【概述】 2019 年，中国石化 30 家炼油企业（不含福建炼化、巴陵石化）综合商品率增加 0.05 个百分点，加工损失率降低 0.03 个百分点，综合能耗降低 0.52 个百分点，单因能耗下降 0.02 个百分点，储运损失率降低 0.005 个百分点。

（高　娜）

【炼油达标】 2019 年，综合商品率、加工损失率、综合能耗、单因耗能、原油储运损失 5 项指标全部达到年度达标考核指标。

1. 专业达标

实现炼油专业保标的企业有 28 家，分别是天津石化、石家庄炼化、沧州炼化、洛阳石化、河南油田、齐鲁石化、济南炼化、安庆石化、九江石化、武汉石化、长岭炼化、荆门石化、金陵石化、扬子石化、高桥石化、上海石化、镇海炼化、广州石化、茂名石化、海南炼化、北海炼化、塔河炼化、江苏油田、泰州石化、清江石化、湛江东兴公司、青岛炼化、青岛石化。

2. 专业竞赛

大型炼厂排名第 1 到第 6 位的企业是青岛炼化、镇海炼化、广州石化、茂名石化、金陵石化、海南炼化；中型炼厂排名第 1 到第 3 位的企业是北海炼化、塔河炼化、石家庄炼化；小型炼厂排名第 1 位的企业是泰州石化。

3. 同类装置竞赛

常减压装置。54 套运行的常减压装置参与同类装置竞赛，排名第 1 至第 10 位的是湛江东兴公司、青岛炼化、北海炼化、广州石化 3#、茂名石化 5#、金陵石化 4#、九江石化 1#、上海石化 3#、海南炼化、镇海炼化 3#。

催化裂化装置。49 套运行的催化裂化装置参与同类装置竞赛，排名第 1 至第 10 位的是上海石化 2#、茂名石化 4#、金陵石化 1#、金陵石化 3#、青岛炼化、齐鲁石化 3#、镇海炼化 2#、茂名石化 2#、长岭炼化 2#、九江石化 1#。

加氢裂化装置。24 套运行的加氢裂化装置参与同类装置竞赛，排名第 1 至第 3 位的是青岛炼化、武汉石化、金陵石化 2#。

延迟焦化装置。34 套运行的延迟焦化装置参与同类装置竞赛，排名第 1 至第 5 位的是镇海炼化 3#、金陵石化 3#、九江石化、洛阳石化、青岛炼化。

催化重整装置。32 套运行的催化重整装置参与同类装置竞赛，排名第 1 至第 3 位的是广州石化 2#、镇海炼化 3#、青岛炼化。

渣油加氢装置。12 套运行的渣油加氢装置参与同类装置竞赛，排名第 1 至第 3 位的是石家庄炼化、安庆石化、金陵石化 1#。

S-Zorb 装置。29 套运行的 S-Zorb 装置参与同类装置竞赛，排名第 1 至第 3 位的是青岛炼化、石家庄炼化、金陵石化 2#。

硫黄回收装置。29 套运行的硫黄回收装置参与同类装置竞赛，排名第 1 至第 5 位的是金陵石化 4#、青岛炼化 3#、天津石化 2#、茂名石化 6#、上海石化 3#。

（高　娜）

【节能减排】 2019 年，炼油板块综合能耗下降 0.9 个百分点、单因能耗下降 0.2 个百分点，能源消费总量降低 40 万吨标煤，用能水平持续提升。

先后赴广州石化、扬子石化、荆门石化、洛阳石化、金陵石化 5 家企业进行节能技术服务，共提出优化措施 183 项，为企业更好地开展节能减排工作创造了条件。金陵石化等企业及时实施优化措施，效果好。

完善节能考核，夯实管理基础。提高节能考核奖金权重；在节能绩效奖中增设项目节能奖；年度绩效评价中剔除新装置延后投产等因素影响，提高考核公平性。

大力开展专项节能工作。组织开展烷基化装置用能优化、催化余热锅炉用能优化和电站节能提标等专项工作，积极参与燕山石化、广州石化打造世界一流企业节能专项工作。烷基化用能方面推广烷基化装置原料优化、降压、降回流比、根据产品去向控制各塔塔顶产品质量等节能措施，有力地缓解了烷基化装置投运带来的能耗增加，同时当年新开烷基化装置用能优化调整时间远低于上年同期新开装置，烷基化装置用能优化当年降本 2 900 万元。针对排烟温度高出 200℃的 10 套催化裂化余热锅炉逐家落实整改方案，检修期间实施。提高电站运行合规性方面，督促企业开展电站用能优化，加速推动青岛炼化汽机通流改造，镇海炼化、广州石化、长岭炼化等企业电站降低供电标煤耗改造项目上报及审批等。茂名石化、镇海炼化、九江石化、广州石化等部分供热比例较高的机组已能达到供电标煤耗限额要求，长岭炼化、洛阳石化和青岛炼化等企业电站通过改造及适当调整发电量可满足限额要求。

积极做好“能效提升”项目管理工作，提高项目节能量。年内投用的能效提升项目当年节能量较上年增加 23%、效益增加 49%。

（谢小华）

【环保治理】 2019 年，炼油板块积极践行习近平生态文明思想，以绿色企业创建和污染攻坚为主线，以环保隐患治理为抓手，以环保问题整改为重点，狠抓环境风险防控，从严环保基础管理，全面完成环保目标责任书要求。

推进“绿色企业行动计划”实施。总结 2018 年天津石化、镇海炼化、金陵石化、茂名石化 4 家创建绿色企业成功经验，持续深入推进创建工作。与石家庄炼化、沧州炼化、广州石化等 19 家企业对接“一方案两清单”，组织到 11 家企业现场服务，帮助和指导企业提升绿色企业创建效率和水平。经过企业申报、专家组文审、现场审核 3 个阶段，经集团公司 HSSE 委员会审定，燕山石化、济南炼化、青岛炼化、九江石化、中韩石化、扬子石化、上海石化、广州石化、管道储运公司 9 家炼油企业获绿色企业称号。

加强重大国事活动环保保障。2019 年，庆祝中华人民共和国成立 70 周年、青岛海军节、“一带一路”高峰论坛、第二届国际进口博览会、第七届世界军人运动会等重大国事活动期间，以及空气重度污染天气预警期间，组织炼油企业积极应对，严格落实国家和地方要求，做好限产减排、错峰运输等工作。其间，相关企业污染物排放全部稳定达标，未发生突发环境污染事件。

加快环保隐患治理项目实施。有序推进生态环境保护排查、沿江企业督察、3 年污染防治攻坚战等问题整改。针对整改进度的企业，专题研究方案，制定加速措施。严格落实国家《渤海综合治理攻坚行动计划》。下发《炼化企业污染源排放口规范化管理指导意见》，推进企业废水、废气排污口进一步规范化。结合各类环保问题和污染防治攻坚 3 年行动计划，2019 年下达环保隐患治理项目 312 项，投资 43.34 亿元。

狠抓重点环境风险管控。重点推进集团公司环保隐患治理和风险管控。推进荆门石化、塔河炼化、安庆石化 3 项集团公司重大环保隐患按照计划整改；督促管道储运公司落实集团公司级 3 项重大环境风险防控措施。重大环保隐患和一级环境风险防控措施基本落实到位，环保应急管理逐步加强。

落实“固废管理年”举措。督促实施危废源头减量，推进低磁剂回收利用和“三泥”减量化工作。推进“绿色润滑”和“绿色‘三剂’包装”专项工作，润滑油 200 升钢桶减量 18 669 个，催化剂包装桶减量 410 720 个。规范厂内危废暂存库建设，新建或改造危废暂存库建设项目基本完成。拓展危废厂内资源综合利用渠道，个别企业已取得焦化装置原料综合利用环评批复。推进区域危废处置中心建设，梳理华南、沿江企业危废产生与处置情况，集中研究处置中心建设方案，充分发挥一体化和区域资源共享优势。

（程彬彬）

【节水减排】 2019 年，炼油企业工业水运行情况良好，加工吨原料油平均取新鲜水 0.44 吨，加工吨原料油排污水 0.18 吨，吨油取、排水指标创近 5 年新低。

继续推进节水减排工作。增加雨水回用设施，减少新鲜水用量；工业水运行水平差的企业向先进企业取经，制定措施减少循环水质波动大等问题，取得良好的经济效益和社会效益。

（朱　哲）

设备管理

【概述】 2019 年，炼油板块设备总体运行继续保持良好状态，装置长周期运行管理水平稳步提升，累计有 11 家企业全厂、4 家企业系列装置实现“四年一修”，炼油装置平均检修周期超过 3.5 年。炼油装置大检修管理工作顺利完成，所有检修装置全部一次开车成功，青岛炼化、洛阳石化、湛江东兴公司全厂大修，荆门石化、金陵石化、扬子石化系列装置检修质量较高。设备完整性管理体系建设第 1 批推广企业建设进展顺利，广州石化、镇海炼化、齐鲁石化、九江石化、沧州炼化、燕山石化等发布体系文件，比进度提前 3—6 个月。

积极推进设备完整性管理体系建设。编制和完善体系文件。组织系统内专家，编制《设备分级方法》《缺陷管理程序》《炼化企业可靠性团队指导意见》《综合和动静电仪专业定时性工作》和《动静电仪专业预防性策略》《设备 KPI 指标数据自动采集要求》，为企业设备完整性管理体系实施提供依据。召开季度工作例会，及时解决实施中的问题，部署下一步的工作；利用微信群及时传递企业实施情况，制造“比学赶帮超”的氛围；制定设备完整性体系发布标准，对符合标准的进行体系发布。召开第 2 批 13 家企业推广企业预启动会，指导企业自发开展培训、团队建设和设备完整性体系建设工作；安排镇海炼化和高桥石化、武汉石化和安庆石化等 14 家企业进行“结对子”，要求每月组织活动，推进第 2 批推广企业建设进度。体系建设运行提高了企业设备管理水平，如 KPI 指标月报推动企业加强数据采集和分析；分专业的定时性工作和预防性维修工作，提高了企业设备运行可靠性，九江石化、广州石化机泵故障维修率下降 30%—50%；企业的非计划停工降低幅度较大。

全年共有 26 家炼油企业的 276 套装置计划检修，与上年计划相比，企业增加 3 家，装置增加 12 套。全厂停工大修的企业有洛阳石化、南阳能化、青岛炼化、安庆石化、湛江东兴公司；系列装置大检修的企业有荆门石化、广州石化、齐鲁石化、金陵石化、茂名石化。检修的六大类装置中，实现“四年一修”的装置有 69 套，与上年基本持平；实现“三年一修”以上的装置共有 144 套，占检修装置的 96%，比上年增加 17.8 个百分点。其中，青岛炼化和南阳能化全厂、广州石化系列装置实现“四年一修”；洛阳石化和湛江东兴公司全厂、荆门石化系列装置实现“三年半一修”；安庆石化全厂等装置实现“三年一修”。

狠抓检修管理工作。继续推进管理过程标准化，组织修订《炼油企业检修管理指南》；组织编制焦化、硫黄装置的设备隐蔽检查方法；持续开展检修技术服务，组织专家赴金陵石化、扬子石化、青岛炼化、洛阳石化、安庆石化、湛江东兴公司、北海炼化等 10 家企业提供检修技术服务 25 次，提出检修建议 1 577 条；组织专家对广州石化、燕山石化大修计划和方案进行专项服务，提升计划准确性和方案操作性，提出优化建议 200 余条，均被企业采纳；继续推广法兰螺栓定力矩紧固技术，共计应用约 6 万对法兰，均实现“气密一次合格、热紧环节取消、VOCs 小于 200×10^{-6}”的目标。针对密闭除焦改造时间极长、工作量大的问题，组织相关单位优化焦化装置密闭除焦改造实施方案和施工网络，减少并缩短了施工量和工期。青岛炼化、广州石化改造工期由 120 天分别缩短至 65 天和 70 天，为提升企业加工能力提供了条件。

（吕　伟）

【设备防腐蚀管理】 2019 年，炼油板块设备腐蚀情况总体可控，与设备腐蚀原因有关装置非计划停工 5 次，加氢装置高压空冷器及其进出口管道等设备腐蚀问题突出。持续强化设备防腐管理，推广设备腐蚀检测新技术，快速排查腐蚀隐患。在燕山石化、高桥石化等 16 家企业推广脉冲涡流扫查技术，累计发现设备腐蚀减薄隐患 2 000 余处，其中壁厚减薄 40% 以上的点占比 16%，有效避免了设备腐蚀泄漏事故。在中韩石化常减压装置研发工艺防腐蚀精准加注系统，三顶冷凝水铁离子浓度下降 56%，pH 值合格率由 92% 提高至 98%，中和剂、缓蚀剂消耗分别减少 66% 和 45%，提升工艺防腐蚀效果的同时，减少了药剂消耗。

（吕　伟）

【加热炉运行情况】 2019 年，对沧州炼化、天津石化、燕山石化、石家庄炼化、九江石化、安庆石化、荆门石化、武汉石化、扬子石化、金陵石化、上海石化、高桥石化、齐鲁石化、胜利油田、青岛石化、青岛炼化 16 家企业的 351 台加热炉进行测试，总运行负荷为 5 788 兆瓦，加权平均热效率超过 92.2%，为历史最优水平。其中，加权平均热效率最高的企业是青岛炼化，为 93.15%；加权热效率超过 93% 的有 2 家，分别为青岛炼化、安庆石化。

（朱　哲）

【催化烟机运行】 2019 年，集团公司共有催化烟机 47 台，其中故障停机 14 台次，连续 3 年将故障停机次数控制在不超过 20 次。

（朱　哲）

【大机组运行管理】 2019，年为应对大机组运行问题，发布《炼油装置大型机组运行操作及检修管理补充意见》。

（朱　哲）

【电气专业管理】 2019 年，高桥石化、沧州炼化、塔河炼化、清江石化、武汉石化等企业因外线路发生大面积停晃电事故。全年未发生因电气原因造成的二级及以上非计划停工。洛阳石化、青岛炼化电网稳定控制系统投运，为企业电网安全稳定运行提供支撑。加快推进电气专业的完整性体系建设，在 KPI 指标和预防性工作策略的引领下，积极开展预防性维修和定时性工作。

（邢　勐）

【仪控专业管理】 2019 年，齐鲁石化、高桥石化、沧州炼化自控提升项目顺利通过验收，效果均满足《炼化企业装置自控提升管理要求》。其中，齐鲁石化平均自控率从 79.9% 提高到 98.0%，平均控制平稳率从 71.4% 提高到 98.2%；高桥石化平均自控率从 57.6% 提高到 99.0%，平均控制平稳率从 85.2% 提高到 99.4%；沧州炼化平均自控率从 49.2% 提高到 98.8%，平均控制平稳率从 79.7% 提高到 98.5%；3 家企业日均报警次数及操作次数下降到实施前的 1/5，最长无报警操作时间为 2 小时。该项目作为中国石化炼化板块“三性”工作重点内容，对提升生产装置的控制水平、装置安全平稳运行、产品质量控制、节能降耗、智能工厂建设意义重大。加快推进仪控专业的完整性体系建设，在 KPI 指标和预防性工作策略的引领下，积极开展预防性维修和定时性工作。

（邢　勐）

【加强原油储运损失管理】 2019 年，继续加大“比学赶超”力度，抓好原油一程途耗管理，以及原油末站交接计量工作，提高原油储运管理水平。原油储运损失率比上年下降 0.005 个百分点，节约原油产生的经济效益为 0.414 亿元。原油储运损失率进入“优秀”群组的有镇海炼化、金陵石化、沧州炼化、茂名石化、燕山石化、北海炼化、武汉石化、海南炼化、扬子石化、广州石化、齐鲁石化、高桥石化、湛江东兴公司、天津石化、青岛炼化、九江石化 16 家企业。

（邢　勐）

质量管理

【概述】 2019年，中国石化继续加强质量管理，始终坚持“每一滴油都是承诺”的社会责任，认真履行“质量永远领先一步”“质优量足，客户满意”的方针目标，确保出厂产品质量。1月1日完成全国车用汽、柴油国Ⅵ质量升级。通过严格产品内控指标管理和加强全过程产品质量控制，全年出厂产品质量稳定满足标准要求和用户使用要求。出厂产品合格率100%；在国家、各级政府部门质量监督抽查中，产品质量合格率100%。

（李爱文）

【产品实物质量】 2019年，炼油产品实物质量总体稳定，按照国家标准、地方标准和出口协议标准要求，稳定供应汽、柴油产品。

汽油：按照《车用汽油》《车用乙醇汽油调和组分油》等国家标准、地方标准（京标）和出口汽油协议标准等产品标准生产汽油。

柴油：按照国家《车用柴油》《军用柴油》等国家标准、军用标准、地方标准（京标）和出口柴油协议标准等产品标准生产柴油。

（李爱文）

【产品质量管理】 2019年，中国石化紧紧围绕“质量永远领先一步”的质量方针、“每一滴油都是承诺”的社会责任和“质优量足、客户满意”的质量目标，不断加强质量管理工作，形成了具有中国石化特色的质量管理模式，全员质量意识不断提高。从体系建设、制度管理、全过程质量控制、质量改进及用户服务等方面，开展质量管理工作。全年出厂产品质量合格率100%，未发生质量事故，维护了企业的信誉，赢得了客户的信赖，打造了中国石化良好品牌形象。

年内，开展质量专项检查和管理体系有效性检查，查找薄弱环节及质量隐患，制定整改措施，把质量管理责任落到实处，不断提高质量管理体系运行的有效性，全面提升企业质量管理水平。加强质量风险管理，构建炼油产品质量风险防控体系，提升质量风险识别和管控能力。严格产品内控指标管理，进行月度统计分析和质量情况通报，强化质量管理，狠抓全员、全过程质量控制，炼油企业产品质量的管理控制水平得到提高。组织开展“质量日”“质量月”活动和客户服务，加强质量宣传，增强质量意识，做好产品售后服务，提升客户满意度，以客户为焦点，基于事实，了解客户需求，解决客户困难，持续改进产品质量，满足客户使用要求。利用信息化手段，加强异常数据监控，做到产品质量的及时提醒，提前预防质量问题发生，使质量管理由事后处理逐步向事前管控转变，同时提高质量管理、质量控制的科学性与工作效率。

（李爱文）

原油资源及储运

【储运设施】 原油管道。2019年，中国石化共拥有原油长输管道7 954千米（不含管道储运公司站内管道及油田、炼化企业内部管线），其中在运行原油长输管道6 988千米、停用原油长输管道966千米，原油输送量增加276万吨。其中，管道储运公司负责运营管理的原油长输管道6 958千米（含代管商储管道37千米，其中在用管道6 502千米，停用管道656千米），原油输送量增加209万吨；油田企业负责运营管理的原油长输管道513千米（其中在用管道368千米、停用管道145千米），原油输送量增加96万吨；炼化企业负责运营管理的原油长输管道583千米（其中在用管道418千米、停用管道165千米），原油输送量减少29万吨。

原油储罐。2019年，中国石化炼化企业在用原油储罐419座，管道储运公司在用原油储罐209座（其中用于炼化企业中转原油储罐169座、中间输油站旁接原油储罐40座）。

原油码头。2019年，中国石化共拥有货主、合资、合作原油深水码头14座（含岙山合作码头），25万吨级以上原油泊位21座（岙山2座），接卸中国石化原油资源增加84万吨。

（陈　栋）

【原油资源配置】 2019年，中国石化炼化企业原油资源配置增加185万吨，其中自产原油增加71万吨、接收中国石油原油减少23万吨、接收中国海油原油增加83万吨、接收进口原油增加84万吨。中国石化以加工进口原油为主，进口原油占资源总量的88.4%（进口原油品种108个，来源于35个国家，其中中东地区占58.2%，西非地区占16.9%，南美地区占9.7%，欧洲地区占8.3%，北非地区占4.1%，北美、大洋洲、东南亚等地区占2.8%）；国内原油占11.6%，其中自产原油占11.0%、中国海油和中国石油供原油各占0.3%。

（陈　栋）

【原油资源运输】 2019年，中国石化炼化企业原油资源进厂量增加403万吨，其中管输与一程直靠进厂占原油资源总量的94.0%、增加417万吨，其他方式运输进厂占原油资源总量的6.0%（其中国内水运4.8%、火车1.1%、汽车0.1%）、减少14万吨。

（陈　栋）

【仪长线顺序输送试验】 2019年，仪长线成功开展顺序输送试验，为沿江炼化企业差异化采购开拓新途径，为进一步优化原油采购打下坚实基础。日仪线顺序输送进口原油到仪征油库单罐专储，再通过仪长线顺序输送至中韩石化和长岭分公司，其间，赤壁—洪湖管线停输，洪荆线外输洪湖站原油储罐提前储备的原油。

（陈　栋）

【原油采购成本】 制订优化重点油种停供后替代油种采购方案，引导企业克服困难，调整生产工艺，尽快适应替代油种；坚持按照整体效益最大化原则，根据企业装置加工适应性和原油性质进行阿曼、巴士拉等紧缺资源配置；加大资源性价比测算，挖掘装置潜力，多加工成本更低的劣质原油，降低采购成本；优化低硫资源配置，优先满足企业低硫船燃生产需求；指导企业做好新油种加工方案，进一步开拓资源多元化，保障企业需求，降低采购成本。

（陈　栋）

【滞期管控优化】 持续推进滞期管控，加强原油运输全过程、全链条管理，落实各项措施，实现滞期时间、滞期费连续双降。通过延伸计划管理均衡通报船期到港需求，“一港一策”做好重点码头滞期管控，强化日常跟踪灵活调整油轮卸货目的港、接卸顺序及油轮航速，加强与外贸管输、管道、码头沟通协调提高油轮接卸效率，做好台风、两头潮和恶劣天气应对，督促引导港口做好航道清淤恢复大型油轮满载靠泊等措施，油轮滞期时间逐年下降，实现自2015年以来滞期时间“五连降”，2019年油轮滞期时间与2014年相比较，降幅达57.03%，累计减少滞期费8 733万美元。

（陈　栋）

【应对管网改革，稳定原油供应】 认真分析管网分离后原油采购、运行等管理机制变化，研究鲁宁和沿江企业原油采购机制、管道原油库存管理办法、计量交接办法、计划和运行调度管理机制，与国家管网之间建立完善、顺畅的计划、运行、交接和沟通协调机制，确保炼化企业资源平稳供应。

（陈　栋）

中国石化 SINOPEC

化工生产

综述 | 有机原料 | 合成树脂 | 合成橡胶 | 合成纤维原料
合成纤维聚合物 | 合成纤维 | 碳一化工 | 化肥 | 无机原料
生物及精细化工 | 质量管理 | 设备管理 | 达标管理与节能减排 | 计量管理

综　　述

2019年，化工板块认真贯彻落实集团公司党组决策部署和工作会议精神，紧盯年度各项目标任务，积极应对市场变化和各种困难挑战，扎实落实“三强化、五提升”工作措施，生产经营和党建工作取得新的成效，为决胜全面可持续发展打下决定性基础。

经营创效业绩突出。全年经营总量增长3.3%，乙烯产量增长8.5%，对二甲苯产量增长5.8%，合成树脂产量增长8.0%，合成橡胶产量增长15.6%，合纤原料产量增长9.7%，合成纤维及聚合物产量增长3.2%，精细化工产量（不含合资）增长3.9%，三大合成材料顶替进口超年度目标0.4万吨。催化剂公司生产各类催化剂增长12.1%；实现营业收入增长10%。资产公司利润增加4.35亿元。

安稳运行基础夯实。安全管理积极有效。认真落实集团公司HSSE工作会议精神，全面推动HSSE体系建设，开展年度自查自改，完善煤矿安全管理体系并实现有效运行；认真吸取响水等事故教训，抓实安全风险分级管控和隐患排查整治；扎实做好承包商和直接作业环节管理，落实“两重两特”期间的安全工作部署。环保治理持续推进。高标准创建绿色企业，积极推进环保治理；推进重大环境风险动态管理，年初的重大风险全部实现降级；开展固废规范化管理年活动，推进固废“减量化、资源化、无害化”设施建设；编制《合成树脂防撒漏指导意见》和宣传手册，指导生产企业、承运商和下游用户在生产、储运、加工等各个环节加强管控；制定《水务系统固废管理技术要求》，规范收集、储存、识别、处置等各环节管理。节能工作有序开展。组织实施芳烃装置节能改造等能效提升项目；加快推进热电机组能耗达标升级改造。全年化工万元产值综合能耗下降0.012个单位。运行水平显著提高。开发乙烯装置工艺稳定性、装置合规性普查系统，全面开展普查并完成阶段性总结；制定乙二醇、丁二烯和苯乙烯装置生产管理指导意见，规范运行管理；制定热电装置非计划停工管理办法和锅炉“四管”防止泄漏技术规范，落实保障机组稳定运行的措施。全年化工装置运行平稳率提高0.8个百分点，8类主要化工装置（含合资企业乙烯装置）二级及以上非计划停工减少5次、54.9天。设备管理基础加强。有序推广设备完整性管理，设备突发性故障明显减少；加快推进设备信息化平台建设，关键机组远程诊断及检维修策略服务系统在试点企业稳步实施，炼化设备腐蚀管理系统在镇海炼化、茂名石化等企业推广应用。

产销协同更加紧密。产品销量保持增长。全年统销产品销量增加446万吨，统销产品直销率提高0.5个百分点；自营贸易量（不含金山联贸）增加211万吨。产销研用紧密结合。建立“一企一制”工作机制，促进产销研用一体化运行，共同应对市场风险和挑战。客户服务持续改善。深化“一品一策”营销策略，丰富客户服务内容，利用“一户一案”平台及时获取客户需求，客户服务水平进一步提高。“石化e贸”国内平台全面建成并投入运营，配套措施同步推进。包装物流服务升级。合成树脂包装材料和出厂设施改进专项工作顺利推进，完成17条FFS膜包装线改造，新增2条吨包装线和2条集装箱散装线；5家企业完成智能出厂系统升级。质量管理扎实有效。合成树脂、合成橡胶、合成纤维产品质量稳定性稳步提高；开展稳定性抽检，分析与竞争对手的差异，明确攻关方向；创新开展产品包装二维码应用，方便客户获取产品质量信息和加工建议，客户体验和品牌形象得到提升。

结构调整持续推进。原料结构优化。及时跟踪市场变化，动态优化原料结构，全年“乙烯”产品收率提高0.46个百分点，创历史新高。产品结构优化。合成树脂高端高性能产品开发与产业化取得新进展，PERT-Ⅱ型聚乙烯管材料、热成型透明聚丙烯、高光泽聚丙烯、医用系列聚丙烯、低气味低VOC汽车专用料等高性能树脂实现突破。全年新产品与专用料比例提高1.0个百分点。合成橡胶着力推进产品在非轮胎领域的应用，SIS、SEBS、SEPS、溴化丁基、低顺等橡胶新产品新牌号在医用、树脂改性等领域逐步打开市场。全年高附加值产品比例提高2.8个百分点。合成纤维推动高附加值产品拓市扩销，对位芳纶打通流程产出合格产品，碳纤维运行创最好水平。全年高附加值产品比例提高 1.7 个百分点。精细化工着力发展高端专用产品，环氧树脂在风电、美缝剂、地坪等领域开发新客户，在涂料、电子电器等领域顶替进口，在复合材料领域实现新的突破；对二乙苯出口增长 156%，成为全球最大供应商。全年高端产品比例提高 1.3 个百分点。装置结构优化。统筹安排乙二醇装置阶段性停工，大幅减产乙二醇增产环氧乙烷。紧盯线型聚乙烯与乙烯单体价差，动态优化装置负荷，全年销售乙烯单体增加 18.4 万吨。合理安排中原石化 MTO 装置开停工，组织将中原石化碳八组分送燕山石化加工，将天津石化粗裂解汽油送中沙石化加工，提高苯乙烯抽提装置利用率。资产结构优化。各企业积极制订资产盘活创效计划，提升资产质量。川维化工公司按计划退出部分落后维纶产能，对老旧生产线完成清洗和封存。发展增量优化。中安联合、海南炼化二套芳烃、扬巴公司丙酸扩容、中韩石化苯乙烯抽提、仪征化纤 6 万吨 / 年 PBT、巴陵石化浆态床蒽醌法双氧水工业示范等项目建成投产。

改革管理不断深化。“三项制度”改革深入推进。推广茂名石化等企业的经验，推动炼化企业进一步深化“三定”工作；抓好“十三五”用工规划落实和年度用工计划控制，确定镇海炼化新合资公司、贵州能化、海南炼化新项目“三定”方案，协调推进人员统筹配置。财务转型工作有序推进。在镇海炼化、齐鲁石化、茂名石化、川维化工公司积极试点的基础上，研究制订炼化企业财务转型实施方案。“比学赶帮超”持续推进。营造了“有第一就争，见红旗就扛”的良好氛围。“处僵治困”动态推进。金甬公司和达州化肥清算工作进入收尾；湖北化肥、宁夏能化、南化公司、燕化有限公司、仪征资产分公司等企业落实工作责任和方案措施，均完成年度治理目标。配售电业务改革积极推进。推进电力市场化交易，降低企业外购电成本 7.8 亿元；推进国家增量配电业务改革试点，上海石化合资设立的配售电公司正式挂牌运营。业务外包更加规范。在合同管理系统增加“外包业务”字段，为外包费用预算和核算管理提供信息化支撑；通过加强政策宣贯和工作交流，外包业务进一步规范。重点企业帮扶取得实效。组织对宁夏能化、江汉盐化工、上海赛科公司、安庆石化等企业开展帮扶，提出针对性建议和整改要求，并通过“回头看”“结对子”等方式巩固帮扶成效。

风险管控得到加强。预算管理更加严细。各企业狠抓全面预算、全员成本目标管理，进一步强化预算、分析和考核力度，紧盯各项成本费用，严格预算执行。“两金”占用总体受控。确定合理库存，加大对工程余料、积压物资的盘活力度，保证低库存运行，严格信用管理，对赊销、预付款项等业务严格履行审批手续，及时催收及清理应收账款，限时清理民营企业欠款和农民工工资。应收账款周转率和存货周转率均保持较好水平。内控体系有效执行。贯彻集团公司“聚焦防范风险夯基础，全面提升经营管理”工作部署，通过全员培训和岗位练兵，严格执行制度的思想自觉和行动自觉同步提升。重点风险全面识别。聚焦关键抓重点，组织梳理排查涉及战略、运营、市场、财务、法律 5 个方面风险，并对各项风险进行细化识别，防范化解重大风险攻坚战取得实效。

党建优势有效发挥。巡视整改落实落地。在党组统一领导下，提高站位，明确目标，落实责任，制定严格细致的整改措施、目标要求和完成时限，按要求做好总结和反馈，“两个维护”落在实处。党建工作深度融合。坚决贯彻落实中央精神和党组决策部署，认真履行领导干部“一岗双责”，党建工作与中心工作深度有效融合。认真落实“基层减负年”有关要求，解决形式主义突出问题为基层减负取得实效。主题教育成果显著。各单位认真组织开展“不忘初心、牢记使命”主题教育，严格对照党章党规找差距并进行问题检视分析，制订整改方案和措施，在补短板强弱项上持续用力做到“两手抓、两促进”。人才培养有序开展。坚持“重点人才培养和常规应用培训并举”的原则，牵头举办 5 个一类培训班和 19 个二类培训班，组织完成聚丙烯装置操作工技能竞赛；举办化工专家能力复合深造班，推动化工复合人才队伍建设；结合俄罗斯阿穆尔项目，做好国际化人才储备和选配工作。

2019 年，化工板块授予镇海炼化、茂名石化、上海赛科公司降本减费优胜单位称号，授予燕山石化、齐鲁石化、扬子石化、巴陵资产分公司、川维化工公司、仪征化纤、安庆石化结构调整优胜单位称号。

（张金萍）

有机原料

【概述】 集团公司有机原料主要产品有乙烯、丙烯、丁二烯、苯、甲苯、二甲苯、环氧乙烷、环氧丙烷、环氧氯丙烷、苯酚、丙酮、丙烯酸和苯乙烯等。其中，乙烯、丙烯、丁二烯、苯、甲苯、二甲苯为基础有机原料，其余为主要中间原料。

集团公司主要有机原料生产能力见表 1。由表 1 可见，丁二烯、苯、甲苯、邻二甲苯、间二甲苯、环氧丙烷、苯酚、丙酮和丙烯酸等的生产能力没有变化，乙烯、丙烯、混二甲苯、对二甲苯、环氧乙烷和苯乙烯的生产能力有所增加，环氧氯丙烷的生产能力下降。

集团公司主要有机原料产量见表 2。由表 2 可见，有机原料的产量均增加。集团公司的乙烯、丙烯、丁二烯、对二甲苯等产品在中国大陆地区继续保持主导地位。

全年，集团公司深入开展绩效评价，强化与国内外先进产能对标，积极查找差距，制定落实针对性提质增效措施，不断提高装置竞争力，乙烯装置各项技术经济指标均创历史最好水平；坚持“自产为主、外采补充、进口调节”的优化思路，做好化工轻油平衡，发挥炼化一体化优势，持续推进原料结构调整和装置运行优化；针对装置检修安全环保标准不断提升、长周期高效运行目标越来越高的实际，为持续提高检修停开工管理水平，组织总结乙烯装置停开工经验，指导企业落实减排措施，细化停开工步骤，确保乙烯装置停开工过程的安全环保、绿色经济；深入推进 HSSE 体系建设，狠抓承包商和施工作业安全管理，全面实施“绿色企业行动计划”，开展乙烯装置合规性、设备完整性和工艺稳定性普查，组织乙烯装置冷箱运行问题专项排查，提升了装置运行本质安全环保水平。

2019 年，为推动人才建设，围绕技术攻关、运行优化、经验总结等主题，深入开展乙烯装置专家班的课题研修和现场调研，举办了乙烯装置关键技能操作岗位人员培训班、芳烃高研班，重点提升乙烯、芳烃等装置技术管理骨干的业务水平和综合能力。

表 1　集团公司主要有机原料生产能力　万吨 / 年

产品名称 \ 年份	2019	2018	2017	2016	2015	2014
乙　烯	1 144.84	1 112.80	1 112.80	1 084.40	1 052.00	1 052.00
丙　烯	1 064.91	1 031.53	1 032.77	1 011.75	986.95	980.42
丁二烯	180.70	180.70	180.70	183.64	185.14	185.14
苯	555.82	555.82	548.84	536.34	538.38	538.38
甲　苯	196.19	196.19	167.60	140.60	143.14	143.14
混合二甲苯	386.20	373.20	337.52	303.12	305.76	305.76
邻二甲苯	46.52	46.52	46.52	46.52	46.52	46.52
间二甲苯	8.00	8.00	8.00	8.00	8.00	8.00
对二甲苯	575.91	475.91	483.91	483.91	483.91	483.91
甲　醇	689.10	509.10	491.74	311.74	131.74	131.74

续表

年份 产品名称	2019	2018	2017	2016	2015	2014
丁　醇	35.50	35.50	35.50	37.50	37.50	37.50
辛　醇	25.50	25.50	25.50	30.50	30.50	30.50
环氧乙烷	157.25	146.45	155.95	139.31	139.31	121.31
环氧丙烷	62.50	62.50	62.50	38.50	38.50	28.50
环氧氯丙烷	2.60	2.80	2.80	2.40	2.40	5.60
苯　酚	75.75	75.75	75.75	75.75	85.75	85.75
丙　酮	46.04	46.04	46.04	46.04	52.14	52.14
丙烯酸	19.00	19.00	19.00	23.08	23.08	23.08
苯乙烯	253.00	242.30	242.30	231.60	228.10	228.10

表 2　　集团公司主要有机原料产品产量　　万吨

年份 产品名称	2019	2018	2017	2016	2015	2014
乙　烯	1 249.28	1 151.15	1 160.97	1 105.86	1 111.79	1 069.78
丙　烯	1 047.06	973.05	947.68	908.03	926.28	896.59
丁二烯	154.93	142.95	149.45	145.32	147.41	145.43
苯	448.34	425.30	415.55	400.08	402.81	399.54
甲　苯	148.32	141.74	113.06	115.25	145.67	133.46
混合二甲苯	261.12	230.65	175.71	149.15	166.41	174.80
邻二甲苯	59.83	58.19	54.52	47.31	51.07	52.95
间二甲苯	7.31	6.12	6.15	6.26	5.62	5.18
对二甲苯	503.93	476.19	462.52	433.14	440.25	479.14
甲　醇	602.40	504.43	393.51	115.17	121.13	106.76
丁　醇	28.30	29.33	26.60	26.48	28.18	33.99
辛　醇	27.10	27.03	22.43	26.56	24.89	27.55
环氧乙烷	147.60	121.78	105.07	94.81	97.44	111.73
环氧丙烷	64.19	58.42	43.41	30.54	31.64	26.51
环氧氯丙烷	2.70	2.62	2.21	1.81	2.31	1.22
苯　酚	81.28	74.16	70.90	61.29	68.89	62.97
丙　酮	50.07	45.79	43.70	37.71	42.29	38.97
丙烯酸	19.28	19.22	17.73	18.80	13.71	12.12
苯乙烯	253.70	228.79	246.37	223.77	225.76	208.37

（曾森洋）

【乙　烯】 截至2019年底，集团公司生产乙烯的企业共15家，生产能力合计1 144.84万吨/年（含中原石化和长城能化MTO装置），增加32.04万吨/年、增长2.88%，其中长城能化当年新增产能32.04万吨/年。

采用的生产技术主要有美国Lummus公司、美国S&W公司、中国石化与Lummus联合开发及中国石化自主开发的专利技术，其中，中韩石化（产能80万吨/年）、中原石化MTO装置（产能10万吨/年）、中天合创MTO装置（产能64.8万吨/年）、中安联合MTO装置（产能32.04万吨/年）均采用中国石化自主专利技术。

2019年，集团公司按照“基础+高端”发展战略，始终坚持以降本增效为目标，强化运行管理和资源优化，持之以恒推进节能降耗，积极推动安全环保提升，切实抓好乙烯“龙头”装置满负荷生产，在安排广州石化乙烯装置大修的情况下，全年累计生产乙烯1 249.28万吨，增加98.13万吨、增长8.52%。

（曾森洋）

【丙　烯】 集团公司丙烯产品分炼油丙烯和化工丙烯两大类，截至2019年底，生产炼油丙烯的企业共31家，炼油丙烯由炼厂气分装置生产；生产化工丙烯的企业共15家，化工丙烯由蒸汽热裂解装置和MTO装置生产。集团公司丙烯生产能力为1 064.91万吨/年，增加33.38万吨/年、增长3.24%，其中长城能化当年新增产能33.38万吨/年。

2019年，集团公司实际生产丙烯1 047.06万吨，增加74.01万吨、增长7.61%，其中炼油丙烯394.64万吨，增加9.26万吨、增长2.40%；化工丙烯652.42万吨，增加64.75万吨、增长11.02%。

（曾森洋）

【丁二烯】 截至2019年底，集团公司生产丁二烯的企业共12家，生产能力合计180.70万吨/年，同比持平；2019年产量增加11.98万吨，增长8.38%。

（张　燕）

【纯　苯】 截至2019年底，集团公司生产纯苯的企业共30家，生产能力合计555.82万吨/年，同比持平；2019年产量增加23.04万吨，增长5.42%。

（苏　莹）

【甲　苯】 截至2019年底，集团公司生产甲苯的企业共14家，生产能力合计196.19万吨/年，同比持平；2019年产量增加6.58万吨，增长4.64%。

（苏　莹）

【混合二甲苯】 截至2019年底，集团公司生产混合二甲苯的企业共17家，生产能力合计386.20万吨/年，增加13.00万吨/年、增长3.48%；2019年产量增加30.47万吨，增长13.21%。

（苏　莹）

【对二甲苯】 截至2019年底，集团公司生产对二甲苯的企业共9家，生产能力合计575.91万吨/年，增加100.00万吨/年、增长21.01%；2019年产量增加27.74万吨，增长5.83%。

（苏　莹）

【邻二甲苯】 截至2019年底，集团公司生产邻二甲苯的企业共6家，生产能力合计46.52万吨/年，同比持平；2019年产量增加1.64万吨，增长2.82%。

（苏　莹）

【间二甲苯】 截至2019年底，集团公司生产间二甲苯的企业只有燕山分公司，生产能力为8万吨/年，同比持平；2019年产量增加1.19万吨，增长19.44%。

（苏　莹）

【甲　醇】 截至2019年底，集团公司生产甲醇的企业有4家，生产能力为689.10万吨/年，增加180万吨/年。其中，川维化工公司生产能力为87.10万吨/年，其中77万吨/年的大甲醇采用英国DAIWEI和CATALCO公司技术，10万吨/年的二甲醇采用德国鲁奇公司技术；中天合创、中安联合生产能力分别为360万吨/年和180万吨/年，

2 套装置均采用德国鲁奇公司技术；宁夏能化生产能力为 62 万吨 / 年，采用丹麦托普斯公司低压合成技术。

2019 年，集团公司甲醇产量增加 98 万吨，增长 19.43%。

（杨　砚）

【丁　醇】 截至 2019 年底，集团公司生产丁醇的企业有齐鲁分公司、扬巴公司 2 家，生产能力合计 35.50 万吨 / 年，同比持平。其中，齐鲁石化装置原设计采用英国戴维工艺技术；扬巴公司装置采用巴斯夫公司技术。

2019 年，集团公司丁醇产量减少 1.03 万吨、降低 3.51%。

（杨　砚）

【辛　醇】 截至 2019 年底，集团公司生产辛醇的企业只有齐鲁石化，生产能力 25.50 万吨 / 年，同比持平。装置原设计采用英国戴维工艺技术。

2019 年，集团公司生产辛醇同比基本持平。

（杨　砚）

【环氧乙烷】 集团公司环氧乙烷均与乙二醇在同一套装置中生产。

截至 2019 年底，生产环氧乙烷的企业共 10 家，生产能力合计 157.25 万吨 / 年，增加 10.8 万吨 / 年、增长 7.37%；2019 年产量增加 25.82 万吨，增长 21.20%。

（张　燕）

【环氧丙烷】 截至 2019 年底，集团公司生产环氧丙烷的企业有 3 家，生产能力合计 62.5 万吨 / 年，同比持平；2019 年产量增加 5.77 万吨，增长 9.87%。

（张　燕）

【环氧氯丙烷】 截至 2019 年底，集团公司生产环氧氯丙烷的企业只有巴陵石化，生产能力为 2.8 万吨 / 年，同比持平；2019 产量增加 0.08 万吨，增长 3.08%。

（张　燕）

【苯　酚】 截至 2019 年底，集团公司生产苯酚的企业有 4 家，生产能力合计 75.75 万吨 / 年，同比持平；2019 年产量增加 7.12 万吨，增长 9.6%。

（张　燕）

【丙　酮】 集团公司丙酮均与苯酚在同一套装置中生产。截至 2019 年底，生产丙酮的企业有 4 家，生产能力合计 46.04 万吨 / 年，同比持平；2019 年产量增加 4.28 万吨，增长 9.35%。

（张　燕）

【丙烯酸】 截至 2019 年底，集团公司生产丙烯酸的企业只有扬巴公司，生产能力为 19.00 万吨 / 年，同比持平；2019 年产量增加 0.06 万吨，增长 0.31%。

（张　燕）

【苯乙烯】 截至 2019 年底，集团公司生产苯乙烯的企业有 15 家，生产能力合计 253 万吨 / 年，增加 10.7 万吨 / 年、增长 4.40%；2019 年产量增加 24.90 万吨，增长 10.88%。

（张　燕）

合成树脂

【概述】 截至 2019 年底，集团公司合成树脂总生产能力为 1 797.20 万吨 / 年，增长 74.00 万吨 / 年。其中，聚乙烯生产能力为 796.42 万吨 / 年，增长 35.00 万吨 / 年；聚丙烯生产能力为 790.68 万吨 / 年，增长 39.00 万吨 / 年；聚氯乙烯生产能力为 60.00 万吨 / 年，没有变化；聚苯乙烯生产能力为 69.80 万吨 / 年，没有变化；ABS 树脂的生产能力为 20 万吨 / 年，没有变化；其他树脂生产能力为 60.30 万吨 / 年，没有变化。各种合成树脂生产能力见表 3。在合成树脂中，聚乙烯、聚丙烯两大品种占主导地位，总生产能力为 1 587.10 万吨 / 年，占集团公司合成树脂生产能力的 88.31%。

2019 年，集团公司合成树脂装置运行稳定，主要技术经济指标保持历史较好水平。中原石化、广州石化等企业顺利完成大检修，聚烯烃装置实现一次投料开车成功。

表 3　集团公司合成树脂分品种生产能力　万吨 / 年

产品名称＼年份	2019	2018	2017	2016	2015	2014
合成树脂合计	1 797.20	1 723.20	1 713.00	1 695.68	1 585.68	1 593.38
聚乙烯	796.42	761.42	756.42	721.42	695.92	690.92
LDPE	154.62	154.62	154.62	117.62	117.62	117.62
HDPE	281.80	281.80	281.80	283.80	288.30	288.30
LLDPE	360.00	325.00	320.00	320.00	290.00	285.00
聚丙烯	790.68	751.68	749.98	750.56	666.06	669.56
聚氯乙烯	60.00	60.00	60.00	60.00	60.00	60.00
聚苯乙烯	69.80	69.80	69.80	69.80	69.80	75.00
ABS 树脂	20.00	20.00	20.00	20.00	20.00	20.00
其他树脂	60.30	60.30	56.80	73.90	73.90	77.90

（刘志武）

【聚乙烯】 截至 2019 年底，集团公司共有 35 套聚乙烯装置，总生产能力为 796.42 万吨 / 年，增加 35.00 万吨 / 年。其中，单线能力最大的是镇海炼化线型低密度聚乙烯装置。35 套聚乙烯装置中，低密度聚乙烯（LDPE）装置有釜式法工艺 2 套，管式法工艺 8 套；高密度聚乙烯（HDPE）装置有淤浆法工艺 7 套，气相法工艺 4 套，环管加气相法工艺 1 套；线型低密度聚乙烯（LLDPE）装置有气相法工艺 13 套。从装置套数和生产能力上看，集团公司低密度聚乙烯装置以管式法工艺为主，高密度聚乙烯装置以淤浆法工艺为主，线型低密度聚乙烯装置全部采用气相流化床工艺路线。

（刘志武）

【低密度聚乙烯】 截至 2019 年底，集团公司 LDPE 生产装置生产能力为 154.62 万吨 / 年，同比没有变化。共有 10 套 LDPE 装置，其中燕山石化、上海石化、茂名石化、长城能化各 2 套，齐鲁石化、扬巴公司各 1 套。其中，燕山石化 1 套采用日本住友化学釜式法工艺，1 套为美国埃克森管式法工艺；上海石化 2 套均采用日本三菱油化管式法工艺；茂名石化 1 套采用美国匡滕公司管式法工艺，1 套为 BASELL 工艺；长城能化 1 套采用美国埃克森釜式法工艺，1 套为美国埃克森管式法工艺；齐鲁石化装置采用荷兰 DSM 公司管式法工艺；扬巴公司装置采用 BASF 管式法工艺。

（刘志武）

【高密度聚乙烯】 截至 2019 年底，集团公司 HDPE 装置生产能力为 281.80 万吨 / 年，没有变化。共有 11 套高密度聚乙烯装置，分别是扬子石化、燕山石化、茂名石化、上海赛科公司、福建联合石化、中沙石化、中韩石化各 1 套，齐鲁分公司、上海石化各 2 套。其中，燕山分公司、扬子石化装置均采用日本三井油化淤浆法工艺；齐鲁分公司 2 套、福建联合石化 1 套均采用气相流化床工艺；上海石化 1 套采用北欧化工环管加气相流化床反应器工艺技术；上海石化（合资企业）、茂名石化各 1 套均采用菲利浦环管淤浆法工艺；上海赛科公司装置采用 BP 公司气相流化床工艺；中沙石化、中韩石化装置均采用 INEOS 公司的双环管淤浆法工艺。

（刘志武）

【线型低密度聚乙烯】 截至 2019 年底，集团公司 LLDPE 装置生产能力 360 万吨 / 年，增加 35 万吨 / 年，为中安联合新建 35 万吨 / 年装置建成投产。共有 13 套 LLDPE 装置，分别是天津石化、齐鲁石化、中原石化、茂名石化、广州石化、扬子石化、福建联合石化、镇海炼化各 1 套，采用美国 UCC 公司气相流化床工艺，中沙石化、中韩石化、中天合创、中安联合所属装置采用自主开发气相流化床工艺，上海赛科公司 30 万吨 / 年 LLDPE 装置采用 BP 公司的气相流化床工艺。

（刘志武）

【聚丙烯】 截至 2019 年底，集团公司聚丙烯生产能力为 790.68 万吨 / 年，增加 39 万吨 / 年，为中安联合新建 35 万吨 / 年装置建成投产、洛阳分公司 2# 聚丙烯装置扩能改造新增 4.00 万吨 / 年生产能力。聚丙烯装置按生产方式可分为连续法和间歇法两大类。集团公司连续法聚丙烯装置生产能力为 757.20 万吨 / 年，占聚丙烯总生产能力的 95.77%。共有 42 套连续法聚丙烯装置，生产工艺以环管法工艺为主，有 26 套环管法聚丙烯装置，占 61.90%。其中，6 套为引进海蒙特环管技术，单线能力最大为茂名 17 万吨 / 年聚丙烯装置；20 套为国产化环管技术，单线能力最大为中安联合 35 万吨 / 年聚丙烯装置；其他 16 套装置中，5 套为三井油化釜式法聚丙烯工艺，6 套为 INEOS（原阿莫科）气相法聚丙烯工艺，2 套为“NOVOLENE”气相法聚丙烯工艺，2 套为“HORIZONE”气相法聚丙烯工艺，1 套为 BASSEL 公司多区反应聚合工艺。集团公司间歇法聚丙烯装置生产能力为 33.48 万吨 / 年。

（刘志武）

【聚苯乙烯】 截至 2019 年底，集团公司共有 6 套聚苯乙烯生产装置，生产能力为 69.80 万吨 / 年，均采用连续本体法工艺。其中，燕山石化、广州石化、茂名石化、上海赛科公司各 1 套，扬巴公司 2 套。

（刘志武）

【聚氯乙烯】 截至 2019 年底，集团公司生产 PVC 的企业只有齐鲁石化 1 家，生产能力为 60 万吨 / 年，同比没有变化。

（刘志武）

【ABS 树脂】 截至 2019 年底，集团公司生产 ABS 树脂的企业只有高桥石化 1 家，生产能力为 20 万吨 / 年，同比没有变化。

（刘志武）

【其他树脂】 集团公司生产的其他树脂包括乙烯醋酸乙烯共聚物（EVA）、聚碳酸酯（PC）等。截至 2019 年底，集团公司生产乙烯醋酸乙烯共聚物（EVA）的企业有扬巴公司、燕化有限公司（非上市）、燕山石化共 3 家，生产能力为 30 万吨 / 年。

（刘志武）

合成橡胶

【概述】 截至 2019 年底，集团公司合成橡胶生产能力为 158 万吨 / 年，无新增产能，仍是国内最大、世界第二的合成橡胶生产商。全年合计生产合成橡胶 136.3 万吨，增加 18.4 万吨，创历史新高。其中，乳聚丁苯橡胶产量增长最多，主要原因是：齐鲁石化 2018 年进行丁苯装置尾气治理改造，2019 年全年正常生产；顺丁橡胶和 SBS 橡胶产量也有较大幅度增长。

（徐忠亮）

【顺丁橡胶】 截至 2019 年底，集团公司顺丁橡胶生产能力没有变化。其中，在镍系顺丁橡胶的生产运行、技术经济指标、产品质量稳定性及优级品率等方面继续保持国内领先。稀土顺丁橡胶方面，燕山石化3万吨/年稀土顺丁橡胶装置仍是国内唯一实现稀土顺丁长周期连续稳定生产的工业化装置。2019年，根据市场需求及客户开发情况，燕山石化多次组织连续生产，产量增加25%。锂系顺丁橡胶（低顺橡胶）方面，根据下游关键用户的试用反馈结果，在LCBR 1303的基础上，推出升级牌号LCBR 1303F（F代表食品级），重点收窄凝胶含量、苯乙烯溶液黏度范围等关键指标，更换新型抗氧剂，产品的应用扩展至食品包装领域。年内，燕山石化顺利完成2个批次、共计400吨的定制生产，取得较好的经济效益。中国石化在低顺橡胶产品上，实现线型和星型结构全覆盖。

2019年，集团公司共生产顺丁橡胶45.3万吨，增加2.2万吨。

（徐忠亮）

【丁苯橡胶】 截至2019年底，集团公司丁苯橡胶生产能力没有变化。3套乳聚丁苯橡胶装置均保持满负荷生产，并继续加大环保产品的生产力度。其中，由齐鲁石化生产的环保型乳聚丁苯油胶ESBR-1723成功打开华北地区市场，产销量突破2万吨，增加1.6万吨。溶聚丁苯橡胶方面，由燕山石化生产的链中官能化溶聚丁苯橡胶BF-2055M完成首次工业化试生产，是国内第1个拥有自主知识产权的链中官能化溶聚丁苯橡胶产品。该产品在国内最大的轮胎生产企业完成轮胎试制和性能评价，试制的235/55 R19 105W规格轮胎满足欧盟标签A/B级标准，达到国际先进水平，为中国石化溶聚丁苯橡胶产品迈向高端奠定坚实基础。巴陵石化紧盯市场需求，对标进口产品牌号，开发出专门用于高透明鞋材的溶聚丁苯橡胶新产品SSBR-4003，其产品性能迅速得到用户认可，已开始逐步替代进口同类产品。

2019年，集团公司共生产丁苯橡胶38.9万吨，增加12.1万吨。其中，干胶产量28.4万吨，增加7.3万吨；油胶产量10.5万吨，增加4.8万吨。

（徐忠亮）

【SBS热塑性弹性体】 截至2019年底，集团公司SBS生产能力没有变化。2019年，巴陵石化继续加大SBS环保产品排产，全年生产YH-188E、YH-792E、YH-796E等环保产品6.2万吨，超出计划1.2万吨；进一步完善TPE新牌号产品应用性能，其中TPE-176作为感光胶片新材料，透明性、流动性好，已经完全替代进口产品，TPE-179用于溴化改性基础材料，溴含量稳定、阻燃性能佳，在高分子阻燃剂领域的应用已经完全得到市场认可；继续加大SAM系列产品的研发和生产力度，道路沥青改性牌号SAM-1603/1801/1603E、防水卷材沥青改性用SAM-1901/1902等产品产量显著提高，全年生产SAM系列产品6 377吨，超计划3 000余吨。燕山分公司为下游用户定制开发了道路沥青改性牌号SBS-4313，可提高改性沥青延度，降低软化点，用户应用评价较好，全年生产3 366吨；开发防水卷材牌号SBS-4303S，10月生产106吨交付用户进行应用评价，为下一步扩大产销、提升市场占有率打下基础。茂名石化重点开发星型SBS F430B新牌号，该产品分子量大、硬度高，用于制鞋方面耐磨性好、充油比例高，与李长荣SBS-3411产品性能相当，市场认可度高，全年生产79.8吨，为进一步开拓市场创造条件。

2019年，集团公司共生产SBS 28.7万吨，增加1.6万吨。其中，干胶产量20万吨，增加1.6万吨；油胶产量8.7万吨，与上年持平。

（徐忠亮）

【SEBS热塑性弹性体】 截至2019年底，集团公司SEBS生产能力没有变化。2019年，巴陵石化SEBS产品全面实现环保化升级。在巩固市场占有率的同时，积极加大新产品开发力度。在医用材料领域，通过与国内医用器材龙头企业合作，使用医用牌号YH-506替代同类进口产品，大大降低输液管等医用材料的生产成本。全年共生产医用牌号468吨，促进了中国医用材料的技术进步。开发的YH-507/567牌号可制备自黏性保护膜，用于生产五金、建筑和电子等行业的封装保护膜，可全面替代进口产品；YH-610/511牌号作为塑胶跑道专用料，环保无毒，耐磨性、耐疲劳性能优越，市场用量快速增长，全年共生产1 570吨。新研发的特殊弹性体ES是新一代的发泡材料，可用于制造发泡免充气轮胎和高档发泡鞋底。相较于传统的橡胶充气轮胎，新的发泡免充气轮胎具有质轻、舒适、耐磨、耐穿刺等优异的特性。由于产品免充气、耐穿刺，可提高自行车的行驶安全性。并且该材料可回收再利用，符合循环再利用的绿色低碳环保的要求。

2019 年，集团公司共生产 SEBS 7.3 万吨，增加 0.7 万吨。

（徐忠亮）

【SIS 热塑性弹性体】 截至 2019 年底，集团公司 SIS 生产能力没有变化。2019 年，SIS 产品在标签胶、胶带等领域需求量继续增长，其中，YH-4016 作为快递单专用黏合剂牌号，初黏性优异、对基材浸润性好，市场认可度很高，产量及市场占有率大幅提升，全年共生产 2 734 吨；YH-2036 用于标签纸和胶带领域，高低温性能优异，全部出口印度，用户评价较好，为 SIS 进一步打开国外市场、加大产品出口总量创造有利条件；YH-1125H 用于高档纸尿裤热熔胶，熔融黏度低，耐热性能突出，主要开拓欧洲市场，全年生产 351 吨。

2019 年，集团公司共生产 SIS 6.3 万吨，增加 1 万吨。

（徐忠亮）

【SEPS 热塑性弹性体】 截至 2019 年底，集团公司 SEPS 生产能力没有变化。SEPS 主要应用于高性能弹性体、光缆油膏和高端润滑油黏度指数改性剂等领域，作为国内第一家 SEPS 生产商，巴陵石化 2019 年共进行 2 次 SEPS 工业化生产，其中弹性体牌号 YH-4051/4052/4053 各项指标均达到进口产品标准，透明性能好、触感舒适，适用于生产各种高回弹软胶，市场推广情况较好，全年共生产 303 吨；YH-4010/4020 可用于光缆油膏、化妆品保水油膏等领域，已得到下游用户认可，全年共计生产 271 吨。

2019 年，集团公司共生产 SEPS 0.1 万吨，与上年持平。

（徐忠亮）

【丁基橡胶】 截至 2019 年底，集团公司丁基橡胶（含溴化）生产能力没有变化。9 万吨丁基橡胶装置全年停车待改造。

2019 年，集团公司共生产丁基 / 溴化丁基橡胶 2.6 万吨，减少 0.1 万吨。

（徐忠亮）

【乙丙橡胶】 截至 2019 年底，集团公司乙丙橡胶生产能力没有变化。2019 年生产乙丙橡胶 7.1 万吨，增加 1 万吨。

（徐忠亮）

【异戊橡胶】 截至 2019 年底，集团公司异戊橡胶生产能力没有变化。2019 年停车待改造。

（徐忠亮）

合成纤维原料

【概述】 集团公司生产的合成纤维原料有精对苯二甲酸（PTA）、精间苯二甲酸（PIA）、丙烯腈（AN）、己内酰胺（CPL）、乙二醇（EG）5 个品种。截至 2019 年底，集团公司合成纤维原料的生产能力为 820 万吨 / 年。

（朱　良）

【精对苯二甲酸】 2019 年，根据 PTA 市场回暖情况，适时调整装置生产，全年开满扬子石化 2#PTA 装置，增加了效益。针对仪征化纤 PTA 装置存在的问题，组织专家对装置生产运行状况进行详细剖析，并针对存在的问题提出相应的整改措施，确保装置连续稳定运行。洛阳石化 PTA 装置溶剂回收单元由原来的普通精馏改为共沸精馏，降低了装置的物耗和能耗，进一步提升了装置竞争力。2019 年，集团公司 PTA 生产能力为 311.9 万吨 / 年；产量为 248.47 万吨，增加 42.21 万吨、增长 20.46%。

（朱　良）

【丙烯腈】安庆石化对丙烯腈装置PCC焚烧炉进行优化改造，延长了PCC炉的运行周期；将脱氰塔和成品塔真空泵尾气引入吸收塔，有效回收了泵出口有机物，减少了污染排放。上海赛科公司对大型机组控制系统进行改进，提高控制精度，保证了装置长周期平稳运行。2019年，集团公司丙烯腈生产能力为107万吨/年；产量为93.26万吨，增加11.25万吨、增长13.7%。

（朱　良）

【己内酰胺】根据效益测算情况，巴陵石化己内酰胺联合装置羟胺肟化单元停工；通过优化运行，氨肟化单元单釜投酮量提高10%。石家庄炼化通过技术攻关，降低了重排酸肟比，液氨单耗大幅下降。2019年，集团公司己内酰胺生产能力为90.9万吨/年；产量为75.3万吨，增加3.74万吨、增长5.2%。

（朱　良）

【乙二醇】2019年，集团公司乙二醇生产能力为329.86万吨/年；产量为250.61万吨，减少24.39万吨、降低8.86%。

（朱　良）

合成纤维聚合物

【概述】集团公司生产的合成纤维聚合物主要品种有聚酯（PET）、聚乙烯醇（PVA）、聚酰胺（PA6）、聚对苯二甲酸丁二醇酯（PBT）。截至2019年底，集团公司合成纤维聚合物生产能力为361万吨/年。

（朱　良）

【聚酯】2019年，根据市场变化情况，安排仪征化纤十六单元5次由半光、全消光转产有光切片，基本实现产销平衡。PBT行业市场不景气，加大对高附加值产品TPEE聚酯弹性体、复合纺高黏PBT、低熔点PBT等产品的开发及市场开拓。仪征化纤第3套6万吨/年PBT装置建成投产，市场占有率进一步提升。2019年，集团公司聚酯生产能力为339.33万吨/年；产量为294.76万吨，增加19.1万吨、增长6.9%。

（朱　良）

【聚乙烯醇】川维化工公司进一步深化品种结构调整，做大做强专用料及定制品种。PVA低黏系列、分散剂系列、微粉系列等产品产销量增加。千吨级T-PVA中试装置继续优化调整，试生产产品在客户进行吹膜应用试验。2019年，集团公司聚乙烯醇生产能力为29.83万吨/年；产量为23.1万吨，增加0.9万吨、增长4.1%。

（朱　良）

【聚酰胺】巴陵石化开发生产了高流动性尼龙、注塑专用料、车用专用料等产品。高黏切片产品质量得到下游用户认可，产销量增加。2019年，集团公司聚酰胺生产能力为7.7万吨/年；产量为13.2万吨，增加0.5万吨、提高3.9%。

（朱　良）

合成纤维

【概述】合成纤维的五大品种是涤纶、锦纶、腈纶、维纶、丙纶，俗称“五大纶”。集团公司拥有涤纶、腈纶、维纶、丙纶和超高分子量聚乙烯纤维和芳纶生产装置。截至2019年底，集团公司合成纤维生产能力为160.51万吨/年；2019年产量为128.9万吨，增加8.2万吨、增长6.8%。

（朱　良）

【涤纶】 2019年，根据市场情况先后安排仪征化纤短纤35-38K 5次转产环保水刺，产量增加0.8万吨。抓住中空短纤市场旺季，安排纺丝装置5K、6K、17K、18K全部生产中空纤维，并根据用户需求及时调整品种，产量增加1.1万吨。2019年，集团公司涤纶短纤生产能力为110.6万吨/年，产量为96.53万吨，减少5.1万吨。

（朱　良）

【腈纶】 上海石化开发生产了有色异型腈纶；安庆分公司研发生产了19D粗旦扁平纤维，同时改进喷丝板形状，提高扁平纤维单线产能；齐鲁分公司开展技术攻关，提高纺丝生产稳定性，减少了短纤维废丝率。2019年，集团公司腈纶生产能力为26.48万吨/年；产量为21.6万吨，增加2.3万吨、增长11.9%。

（朱　良）

【维纶】 2019年，川维化工公司退出盈利能力差、环保设施升级困难的常规水溶纤维及特种维纶纤维业务，保留高强高模纤维及3S低温水溶纤维业务。2019年，集团公司维纶生产能力为2.95万吨/年；产量为1.18万吨，减少0.81万吨、降低41%。

（朱　良）

【超高分子量聚乙烯纤维】 2019年，调整超高分子量聚乙烯纤维产品结构，加大产品推广力度，在市场不景气的情况下，增加销量327吨，并且开发出细旦系列产品和有色纤维产品，成功推向市场。

（朱　良）

【对位芳纶纤维】 2019年，千吨级对位芳纶工业化示范装置建成，开发出应用于光缆、橡胶骨架材料、复合板材和高强绳索等领域的1000D和1500D等系列产品，实现工业化示范装置连续稳定运行生产，形成千吨级对位芳纶工业化生产的成套技术和工程，并通过中国石化“十条龙”项目鉴定。

（朱　良）

碳一化工

【概述】 集团公司以煤、天然气、渣油等为原料生产的碳一化工产品涉及氢气、一氧化碳、甲醇、丁辛醇、乙二醇等多个种类，主要为下游深加工高附加值产品提供基础原料，对平衡化工原料结构保持重要的战略作用。2019年，碳一化工板块继续巩固业务成果，有序发展煤化工。镇海炼化煤焦制氢项目、中安联合煤化工项目建成投产，扬子石化煤制气二期改造项目、中科炼化煤制氢项目建设收尾，贵州能化煤化工项目开展总体设计编制及审查。

（杨　砚）

【煤气化】 截至2019年底，集团公司有14套煤气化装置运行，其中金陵分公司、齐鲁分公司、茂名分公司、九江分公司、南化公司（2套）、中天合创及宁夏能化共8套煤气化装置采用GE水煤浆气化技术，安庆分公司、巴陵分公司、湖北化肥分公司3套煤气化装置采用Shell干粉煤气化技术，扬子石化、中安联合2套煤气化装置采用中国石化具有自主知识产权的SE干粉煤气化技术，镇海炼化1套煤气化装置采用中国石化具有自主知识产权的SE水煤浆气化技术。

2019年，主要煤气化装置运行总体平稳，未发生一级、二级非计划停工。水煤浆气化装置中，齐鲁分公司继续保持领先水平，自2017年6月19日至2019年3月13日停工大修实现连续运行632天；南化公司合成氨装置自2018年3月1日至2019年8月2日停工大修实现连续运行519天，创投产以来最好水平。粉煤气化装置中，湖北化肥分公司粉煤气化装置运行水平显著提高，自2018年12月30日至2019年7月20日实现连续运行202天，创投运以来最长连续运行时间纪录，空分装置扩能改造后，煤气化装置气化炉运行负荷达到历史最高100%，全厂装置能耗、物耗水平下降明显；巴陵分公司粉煤气化装置自2018年7月25日—2019年2月20日实现连续运行210天，2019年5月22日—10月16日停工大修实现连续运行225天，实现百日安稳运行常态化。根据2019年中国石化煤气化装置竞赛规则考核，金陵分公司获第1名，齐鲁分公司、南化公司合成氨装置分获第2名和第3名。2019年有5家企业考核得分超过90分，增加4家企业，装置运转水平提高。

（杨　砚）

【天然气】 截至2019年底，集团公司有川维化工公司、扬子石化2套天然气化工装置。其中，川维化工公司装置是以天然气为主要原料生产化工及化纤产品的大型联合企业，年加工能力15.5亿立方米；扬子石化装置由德西尼布提供工艺包，采用其天然气蒸汽转化技术、BASF的AMDEA脱碳技术和AIR-PRODUCT深冷分离技术，主要向下游装置提供一氧化碳、氢气和羰基合成气。

（杨　砚）

【油气化】 截至2019年底，集团公司仪镇海炼化有1套油制氢装置，采用德士古烃类部分氧化技术，主要向炼油装置提供氢气。

（杨　砚）

化　肥

【概述】 集团公司生产的化肥产品主要有合成氨、复合肥、硫酸铵3个品种。截至2019年底，集团公司化肥产品总生产能力为333.55万吨/年，增加36万吨/年。各化肥产品生产能力详见表4。

表4　集团公司主要化肥生产能力　万吨/年

年份 / 产品名称	2019	2018	2017	2016	2015	2014
合成氨	157.50	157.50	157.50	157.50	157.50	180.70
复合肥	40.00	40.00	40.00	50.00	50.00	50.00
硫酸铵	136.05	100.05	100.05	100.05	100.05	88.05

（杨　砚）

【合成氨】 截至2019年底，集团公司生产合成氨的企业有5家，生产能力合计157.50万吨/年，同比持平。其中，安庆分公司生产能力为32万吨/年，南化公司生产能力为32.50万吨/年，均采用托普索氨合成工艺；巴陵分公司生产能力为43万吨/年，湖北化肥分公司生产能力为30万吨/年，均采用凯洛格氨合成工艺；川维化工公司生产能力为20万吨/年，采用卡萨利氨合成工艺利用乙炔装置尾气生产合成氨。

2019年，集团公司合成氨产量增加15.83万吨、增长15.43%。

（杨　砚）

【复合肥】 截至2019年底，集团公司生产复合肥的企业只有南化公司1家，生产能力为40万吨/年。自2015年1月1日起全套生产装置租赁给安徽辉隆农资公司，合同期5+5年。

（杨　砚）

【硫酸铵】 截至2019年底，集团公司生产硫酸铵的企业有7家，生产能力（实物量）合计136.05万吨/年（不含中天合创及中安联合副产品能力），增加36万吨/年。其中，石家庄炼化生产能力为26.60万吨/年，巴陵分公司生产能力为102万吨/年、增加36万吨/年，安庆分公司生产能力为3.20万吨/年，齐鲁分公司生产能力为2.25万吨/

年，宜昌资产分公司生产能力为 2 万吨 / 年。

2019 年，集团公司硫酸铵（实物量）产量增加 14.76 万吨、增长 16.14%。

（杨　砚）

无机原料

【概述】 集团公司无机原料产品主要为“三酸一碱”4 个品种。截至 2019 年底，集团公司无机原料产品总生产能力为 229.30 万吨 / 年，增长 16 万吨 / 年。各无机原料产品产能详见表 5。

表 5　　集团公司主要无机原料生产能力　　万吨 / 年

年份 / 产品名称	2019	2018	2017	2016	2015	2014
硫　酸	138.00	123.00	88.50	88.50	88.50	113.50
浓硝酸	22.00	22.00	22.00	22.00	22.00	22.00
盐酸（折 31%）	10.50	10.50	10.50	10.50	10.50	14.43
烧　碱	58.80	57.80	56.30	56.30	56.30	59.30

（杨　砚）

【硫酸】 截至 2019 年底，集团公司生产硫酸的企业有 4 家，生产能力合计 138 万吨 / 年，增长 15 万吨 / 年。其中，南化公司生产能力为 50 万吨 / 年，石家庄炼化生产能力为 17 万吨 / 年，巴陵分公司生产能力为 49.5 万吨 / 年，荆门分公司生产能力为 21.50 万吨 / 年、增长 15 万吨 / 年。

2019 年，集团公司硫酸产量同比基本持平。

（杨　砚）

【硝酸】 截至 2019 年底，集团公司生产硝酸的企业仅有南化公司 1 家，生产能力为 22 万吨 / 年，同比持平。2019 年生产浓硝酸增加 2.41 万吨、增长 13.2%。

（杨　砚）

【盐酸】 截至 2019 年底，集团公司生产盐酸的企业有 4 家，生产能力合计 10.50 万吨 / 年（不含南化公司和齐鲁分公司副产盐酸生产能力），同比持平。其中，江汉油田分公司生产能力为 5 万吨 / 年，巴陵资产分公司生产能力为 5.50 万吨 / 年。2019 年盐酸产量增加 0.22 万吨、增长 1.54%。

（杨　砚）

【烧碱】 截至 2019 年底，集团公司生产烧碱的企业有 4 家，生产能力合计 58.80 万吨 / 年，增加 1 万吨 / 年。其中，齐鲁分公司生产能力为 20 万吨 / 年，江汉油田分公司生产能力为 19.30 万吨 / 年，南化公司生产能力为 10 万吨 / 年，巴陵资产分公司生产能力为 9.50 万吨 / 年。

2019 年烧碱产量增加 1.36 万吨、增长 2.57%。

（杨　砚）

生物及精细化工

【概述】 集团公司有专用化学品、高性能聚合物及单体、精细化工中间体和生物化工 4 个大类、

13 个小类产品，详见表 6。2019 年产量合计为 66.99 万吨（不包括合资公司，含天津聚醚），增加 2.5 万吨，增长 3.7%。

表 6　　集团公司生物及精细化工产品

大　类	小　类	产　品
专用化学品	油品添加剂	润滑油无灰分散剂（T151、T154A、T154H、T161）
	油气田化学品	耐温抗盐表面活性剂、聚胺抑制剂、极压减摩剂、极压润滑剂、高效润滑剂、纤维类随钻堵漏剂、有机土、消泡剂、聚合醇封堵剂、黏土稳定剂、降压增注驱油用纳米乳液等
	表面活性剂	脂肪醇聚氧乙烯醚、聚乙二醇
	特种溶剂	对二乙基苯（PDEB）、戊烷（聚烯烃用、发泡剂用、脱附剂用）
	合成材料助剂	橡胶防老剂（4010NA、4020、TMQ）、PVA 分散剂、纳普®弹性纳米粒子（复合 α 成核剂、复合 β 成核剂、抗菌剂等）
	杀菌剂	漂粉精（次氯酸钙）、强氯精（三氯异氰尿酸）
高性能聚合物及单体	黏合剂和涂料	双酚 A 型液体环氧树脂、双酚 A 型中高分子量固体环氧树脂、邻甲酚醛环氧树脂、双酚 A 酚醛环氧树脂、苯酚酚醛环氧树脂、风电用环氧树脂、水性环氧树脂、溴化阻燃型环氧树脂、复合材料用环氧树脂及稀释剂、固化剂、增韧剂等，VAE 乳液、VAE 粉体
	特种聚合物	本体法 ABS 聚合物、聚醚多元醇、聚合物多元醇
	功能性膜材料	超滤膜及管式、帘式膜组件
	3D 打印材料	改性 PLA、改性 ABS、PP 粉体、环氧树脂类光固化材料、水溶酯类支撑材料等
精细化工中间体	C_4 下游	聚异丁烯丁二酸酐
	C_5 下游	异戊烯、甲基叔戊基醚
生物化工	生物发酵化学品	C_{12}/C_{13} 长链二元酸

（刘金胜）

【油品添加剂】 主要产品为润滑油无灰分散剂，生产企业为扬子石化，产品牌号有 T151、T154A 和 T161。2019 年，新开发生产 T154H，采用热加合法生产，纯净无氯，具有良好的抗氧化性、油溶性和分散性。开发生产的聚异丁烯丁二酸酐产品，自 2017 年投放市场，连续 2 年实现销量翻番，2019 年首次出口国外。

（刘金胜）

【油气田化学品】 主要有钻井助剂、注水压裂助剂和三次采油助剂 3 类 12 个产品，生产企业为南化公司。为打造上下游协同效应，充分发挥一体化优势，2019 年 10 月 31 日，南化公司与石油工程公司签署油田化学剂成果转化和工业化生产战略合作框架协议，持续推进关键油田化学助剂自主成果的现场试验和工业化应用。

（刘金胜）

【特种溶剂】 主要产品为 PDEB 和戊烷。PDEB 生产企业为扬子石化，主要用于吸附分离法生产 PX。2019 年，该公司着力巩固国内市场，同时积极拓展国际新兴市场，全年产品出口大幅增长，成为全球最大的生产供应商。

戊烷生产企业为上海石化，提供聚烯烃用、发泡剂用、脱附剂用等细分产品，可根据客户需求，控制特定微量组分含量。其中，聚烯烃用戊烷满足极低水分指标要求，长期应用于上海赛科公司聚烯烃装置。

（刘金胜）

【合成材料助剂】 主要有橡胶防老剂系列产品和纳普®弹性纳米粒子，生产企业分别为南化公司和燕山分公司。2019年，南化公司为海外客户定制生产GH–TMQ高端防老剂产品，产品首次销往米其林轮胎北美工厂，标志着南化公司产品已覆盖米其林全球工厂。

纳普®弹性纳米粒子是中国石化开发的世界首创技术，并在燕山分公司建成千吨级装置，可生产丁苯、丁腈、丙烯酸酯、硅、丁苯吡、氯丁等20多个牌号产品，主要用于树脂改性，可同时提高材料的韧性和耐热性，也可以辅助成核剂等易团聚助剂在高分子材料中的分散，提高助剂使用效率，为客户创造价值。

（刘金胜）

【杀菌剂】 主要有漂粉精、强氯精等产品，生产企业为中石化江汉盐化工湖北有限公司。2019年，该公司推行差异化精准营销，新增强氯精20克片剂，满足国内外客户需求，强氯精产量增长13.1%；针对漂粉精构建“产品＋技术＋服务”体系，优化调整市场布局，为客户定制生产产品，销售范围从东南亚、欧洲、俄罗斯拓展到中南美、非洲等地区。

（刘金胜）

【黏合剂和涂料】 主要有环氧树脂、醋酸乙烯–乙烯共聚乳液（VAE）等产品。

环氧树脂生产企业为巴陵资产分公司。2019年，该公司优化产销结构，开发“CYD–128+”定制化产品，不断拓展液体树脂在玻璃钢管道、美缝剂、地坪面涂、道路维护等领域的应用；低黏高纯CYD–127成功进入风电领域；复合材料用环氧树脂实现“零”突破，碳纤维抽油杆用树脂成功顶替进口产品；开发3个水晶胶系列产品，成功应用于国内外市场；开发形成12个活性稀释剂品种。

VAE乳液生产企业有燕山石化和川维化工公司。2019年，燕山石化成功开发自流平砂浆、建筑胶粉、复合黏接专用领域产品，其中复合黏接用新产品BJ–806H销量增长7.5%。川维化工公司加大VAE环保产品CW40–907的推广力度，高黏系列产品替代外资中高端市场，并开发涂层、涂布用高玻璃化转变温度乳液产品；VAE 7个系列产品再次通过“中国环境标志产品”复评认证，连续15年取得该认证。

（刘金胜）

【特种聚合物】 主要有聚醚多元醇（PPG）、聚合物多元醇（POP）、ABS聚合物、超滤膜等产品。

天津资产分公司聚醚新产品开发取得新进展，2019年试生产的低VOC产品EP–330N稳定供应某大型汽车企业，POP56/45产品拉伸撕裂强度等关键指标达到国内领先水平，低气味、低黏度POP05/45L成为新的主力产品；8万吨/年聚醚项目二期开工建设。

高桥石化与化工销售华东分公司紧密合作，2019年ABS聚合物销量增长19.8%，创历史新高。

燕山分公司超滤膜可根据客户需求，生产各种规格型号的帘式膜组件和压力式膜组件，产品已在天津分公司、九江分公司、镇海炼化及北京燕山威立雅水务有限责任公司成功应用。

（刘金胜）

【生物化工产品】 主要产品有C_{12}/C_{13}长链二元酸，生产企业为扬子石化。2019年，二元酸精制工业试验完成工艺优化，可批量生产供应合格的C_{12}二元酸精制产品。

（刘金胜）

【合资合作进展】 川维化工公司与索尔维投资有限公司油气田特种化学助剂项目合资合同于2019年1月30日在北京签字，合资公司——华利维盛油田化学科技有限公司于8月1日在重庆揭牌，主要从事油气田化学助剂和高性能产品的研发、生产、销售、技术开发和技术服务等，打造集研发、生产、销售和服务于一体的油气田化学品研发和生产基地。石家庄炼化分公司与武汉有机实业公司于2019年1月14日合资注册成立河北康石新材料有限公司，专注苯甲酸、苯甲酸钠及其衍生物的生产和销售。

（刘金胜）

质量管理

【概述】 2019年，化工板块以《中共中央国务院关于开展质量提升行动的指导意见》为指导，贯彻落实集团公司、炼油和化工年度工作会议精神，加强质量管理体系建设，夯实全面质量管理基础，落实高质量发展要求，坚持“质量永远领先一步”的质量方针，不断提高产品质量和服务质量水平，打造中国石化良好品牌形象。

开展二维码应用，提升客户体验。国内外化工产品尚无应用二维码技术获取产品质量信息和加工建议等信息；同时，为了应对国内市场多次出现假冒中国石化品牌化工产品的问题，组织开展化工产品包装二维码应用工作；在齐鲁石化、中韩石化和福建联合石化开展二维码打印机的试用工作，积累了技术指标数据；制定《中国石化化工产品批号管理办法（试行）》，统一化工产品的批号编码规则，为实时抽取各企业产品合格证奠定基础；建立化工产品合格证数据库，集中存储企业产品合格证，避免信息安全风险；开通“中国石化化工质量”微信公众号，为客户提供查询平台；开发二维码应用系统，部署在“中国石化化工质量”微信公众号，12月25日上线试运行；开展二维码打印机框架协议招标，组织在扬子石化和燕山石化开展二维码打印机测试工作。

开展质量提升，解决质量“瓶颈”。持续开展质量提升行动，下达专项资金，帮助企业解决影响产品质量的“硬件瓶颈”问题；将齐鲁石化、扬子石化和仪征化纤等11家企业的22个项目列入计划，项目内容集中在解决合成树脂产品外观问题、提升产品加工性能及实物质量、消除合成树脂产品异味等方面。其中，镇海炼化2019年1月底实施完成“提升聚丙烯产品外观的攻关”项目，有效解决高熔指聚烯烃产品带水、发黄、拖尾粒、黏连粒等问题，实现增效340.9万元。

开展质量抽检，探索稳定性差异。在前期开展合成树脂产品质量稳定性抽检的基础上，推广开展合成纤维产品质量稳定性抽检，探索两大合成材料与国内外竞争对手质量稳定性差异，为各企业开展质量攻关提供支持。组织合成树脂生产企业的质量管理和生产装置负责人召开2018年合成树脂质量稳定性研究科研项目成果发布会；对比分析低密度聚乙烯薄膜料、线型低密度聚乙烯棚膜料、线型低密度聚乙烯注塑料等5类25个产品的质量稳定性情况。推进合成纤维质量稳定性研究工作；组织化工销售和中纺标开展合成纤维质量稳定性抽检工作推进会；完成了1.56分特克斯 ×38毫米半消光涤纶短纤维（服用）、1.56分特克斯 ×38毫米涤纶短纤维（非织造布）、1.67分特克斯 ×38毫米有光腈纶短纤维3类产品的质量稳定性研究，对比分析中国石化和国内外竞争对手合成纤维质量稳定性差异。

抓在线仪表管理，应对减员压力。持续狠抓质量控制在线分析仪表管理，提升在线仪表投用率、完好率；8月起开展取代率监控、通报，督促各企业减少人工分析检验频次。全年化工板块在线分析仪投用率91.79%，提高5.52个百分点；完好率95.57%，提高6.75个百分点；9月完好率45.09%，环比提升13.07个百分点。印发《中国石化乙烯装置质量控制在线分析仪表配置指导意见》《中国石化芳烃装置质量控制在线分析仪表配置指导意见》，对乙烯装置和芳烃装置质量控制在线分析仪表的规划、设计、选型和配置等全过程管理提出具体要求。

推进标准修订，助力降本增效。开展《合成树脂包装通则》企业标准修订工作；重包装膜（FFS）包装的减薄可有效降低包装成本，增加企业效益。年初，完成《合成树脂包装通则》一级企业标准的立项工作；7月，组织《合成树脂包装通则》一级企业标准修订工作会，确定FFS包装减薄指标；12月，完成《合成树脂包装通则》一级企业标准审查。组织开展《缝纫线型涤纶短纤维》《管材类聚乙烯树脂》《芳烃装置用石脑油采购技术要求》等8个到期的一级企业标准开展集中复审工作。完成《腈纶短纤维和丝束命名规则》和《PX装置用混合二甲苯》一级企业标准的修订。

紧抓体系管理，提升体系有效性。安排观察员对安庆石化、中沙石化、川维化工公司和高桥石化4家企业的质量管理体系外审过程进行观察，监督外审机构的审核能力，为下一步外审机构评价提供依据。组织完善《炼化企业质量管理体系有效性评价》标准。组织对高桥石化、上海石化、中原石化等6家企业进行质量检查。

（杨世飞）

【化工产品客户服务】 2019年，化工板块进一步强化客户投诉管理，累计接到30件客户投诉、增加7件，其中责任单位福建联合石化10件，茂名石化6件，化工销售公司和中韩石化各3件，中天合创和中安联合各2件，燕山石化、北海炼化、高桥石化和镇海炼化各1件。投诉涉及合成树脂产品质量问题24件，其中产品外观13件（色粒、晶点、絮状物等），无法满足客户使用性能11件，运输和服务问题3件，计量问题1件，化工销售公司自营产品1件，客户存储问题1件；投诉全部处理完成，处理完成率为100%，平均处理周期为7.8天，赔偿金额58.43万元。开展顺丁橡胶和丙烯腈产品满意度调查，对比分析客户对中国石化、中国石油、民营企业和国外进口顺丁橡胶和丙烯腈产品的满意度情况，从调查结果来看：中国石化顺丁橡胶总体满意度、产品质量、使用性能、计量准确性、包装、新产品开发6个方面得分均高于中国石油和民营企业，新产品开发满意度得分高于国内外竞争对手；丙烯腈总体满意度、产品质量、产品包装等6个方面得分均高于民营企业，批次间质量稳定性、产品交付满意度得分高于国内外竞争对手。

（杨世飞）

【质量培训】 深入开展化工分析检验和质量管理专业培训；组织30家企业的79名（分析检验41人、质量38人）学员参加化工分析检验高级研修班和质量管理高级研修班。邀请国内外质量管理及分析检验专家从实验室能力认可、实验室信息化技术应用、统计工具分析、卓越绩效评价等方面进行授课；组织分析检验和质量管理高研班学员分别赴九江分公司和西安交大、中国石油兰州石化开展现场教学。

（杨世飞）

【化工产品质量指标完成情况】（1）一级品以上比率指标：合成树脂一级品以上比例93.15%，提高1.13个百分点。分品种来看，聚丙烯92.81%，提高1.24个百分点；高密度聚乙烯97.03%，提高0.81个百分点；低密度聚乙烯98.47%，提高0.79个百分点；线型低密度聚乙烯98.43%，降低0.14个百分点；聚氯乙烯97.04%，降低0.78个百分点。

合成橡胶一级品以上比例96.53%，提高1.02个百分点。分品种来看，丁苯橡胶（包括SBS、SEBS）98.49%，提高0.87个百分点；顺丁橡胶94.13%，降低0.20个百分点；丁基橡胶80.48%，提高12.97个百分点。

合成纤维一级品以上比例99.38%，提高0.24个百分点。分品种来看，涤纶99.51%，提高0.27个百分点；腈纶99.80%，提高0.04个百分点；维纶100%，同比持平。

合成纤维原料一级品以上比例99.99%，同比持平。分品种来看，丙烯腈100%，同比持平；精对苯二甲酸100%，同比持平；乙二醇100%，同比持平；己内酰胺100%，同比持平。

合成纤维聚合物一级品以上比例98.28%，降低0.13个百分点。分品种来看，锦纶切片98.85%，降低0.46个百分点；聚乙烯醇90.35%，降低2.07个百分点；聚酯98.92%，提高0.04个百分点。

（2）质量稳定性指标：合成树脂产品质量稳定性由上年同期的2.61西格玛提升至2.70西格玛；其中镇海炼化、中韩石化和海南炼化质量稳定性达到目标值3西格玛；镇海炼化、北海炼化、九江石化等企业质量稳定性提升较大。

合成橡胶产品质量稳定性由上年同期的2.58西格玛提升至2.70西格玛，其中齐鲁石化和高桥石化质量稳定性超过目标值3西格玛；茂名石化、扬子石化质量稳定性提升较大。

合成纤维产品质量稳定性由上年同期的3.12西格玛提升至3.78西格玛，除齐鲁石化外，各企业质量稳定性均达到目标值3西格玛；安庆石化、上海石化和齐鲁石化质量稳定性提升较大。

（杨世飞）

设备管理

【概述】 2019年，集团公司23家化工企业设备固定资产原值总计为2 641.09亿元、净值总计为803.75亿元，设备新度系数为0.30。

（方紫咪）

【设备体系建设】 构建设备完整性管理体系。结合炼化企业设备管理特点，编制设备分级方法和缺陷管理程序，开发一级缺陷标准库，制定动、静、电、仪和综合5个专业的定时性工作和预防性策略，设备日常维护管理水平显著提高。9家试点企业通过流程梳理、整合和优化，提高了设备日常管理的工作效率；13家推广企业提前进行设备完整性理念的宣贯和培训，为设备完整性管理体系的进一步推广打下坚实的基础。

完善设备信息化系统构架。组织编写《中国石化设备管理信息化总体规划方案》，通过组织企业设备人员进行需求分析和专题研讨，基本形成由业务管控层、业务执行层、基础数据层和状态感知层组成的设备信息化管理平台框架。设备信息系统以设备完整性管理理念为指引，遵循PDCA循环原则，满足各层级、各专业的需求，分3年建设，建成后可持续提升设备管理水平。

（方紫咪）

【专业管理】 动设备管理：①利用状态监测技术，加强大机组运行状态的分析和管理。2019年底，大机组远程诊断及检维修策略服务中心系统成功上线运行，对10家企业的330台大机组进行监测分析，强化了关键机组运行管理，为装置安稳长运行保驾护航。②案例分享，举一反三。针对2019年机组故障较多的情况，先后召开大机组故障停车分析研讨会和乙烯装置关键机组运行状况分析会，分析故障和分享案例的同时，从蒸汽品质管理、防喘振、润滑油和员工培训等方面对企业提出有针对性的指导意见。

静设备管理：①做好特种设备RBI评估。依托合肥通用机械研究院，共对镇海炼化等12家企业的61套装置的压力容器压力管道、3 600余台安全阀实施RBI评估。②持续开展加热炉运行评价，稳步提升加热炉运行水平。检测10家企业的96台乙烯裂解炉，加权平均热效率为93.62%；检测9家企业的97台芳烃加热炉，加权平均热效率为91.87%。

电气仪表管理：①持续开展电气隐患治理，2019年投资3 225万元，通过治理项目的落实，有效降低电气故障次数、缩小故障影响范围。②更新淘汰电气设备，全年共更新淘汰电机和变压机1 626台，投资2 100万元。③通过PID整定、控制回路辨识和调试，提升装置自控率，优化后的装置自控率提升至97%以上。④结合部分企业中控室搬迁改造和隐患治理，按照“整体规划，分步实施”的原则，推进控制系统国产化替代工作。

空分装置专业化管理：①持续开展专业指标考评分析，鼓励企业积极开展节能改造和操作优化工作，有效降低装置的平均氮氧放散率和吨产品加工费。②针对义马“7·19”事故，开展专项调研，督促企业进行自查整改，消除装置隐患。通过企业自查共发现问题194项，截至2019年底已经整改96项。

（方紫咪）

【设备大检查】 2019年4月，依照设备完整性管理体系要求，分9个专业对20家炼化企业进行设备大检查，同时进行“四懂三会”、大机组特护管理、设备故障抢修应急演练等专项检查。检查共发现亮点405项，查出问题2 346项，提出建议735条。在检查过程中，各检查组宣传“设备全员全过程管理”理念，同时收集各企业新技术应用的经验和好的管理方法，并进行总结提升，形成各企业设备管理人员互相交流、互相学习的良好氛围，有利于炼化企业设备管理整体水平的提高。

（方紫咪）

【检修管理和技术服务】 组织设备规程修编工作。结合石油化工设备管理要求和维护检修实际需要，开展《石油化工设备维护检修规程》修编工作。对电气组、通用组、炼油组、化工组及公用工程组等所修编的390多项设备规程和新编的60多项装置规程分别进行审查。截至2019年底，部分规程已经具备出版条件。

开展检修服务，提高检修质量。先后组织专家组对洛阳石化、中天合创、巴陵石化、安庆石化、广州石化、扬巴公司等企业的化工装置大修项目方案进行审查，对检修的重点项目、检修中存在难点问题进行专题研讨，针对大修的统筹规划、机组检修、检验检测、电仪改造等问题提出具体建议。其中，洛阳石化、巴陵石化、安全石化和广州石化较好地完成检修任务；中天合创和扬巴公司也进一步优化检修方案，为2020年的装置检修做好准备。

组织故障诊断，解决疑难问题。针对茂名石化2#裂解气压缩机、齐鲁石化丙烯制冷压缩机、上海赛科公司聚乙烯挤出机、扬子石化1#乙烯裂解气压缩机及仪征化纤PTA膨胀机等机组出现的异常情况，先后组织专家进行现场服务，帮助企业分析原因、制定措施，及时消除系统瓶颈，防止由于设备故障引发非计划停车，避免发生安全环保事件。针对茂名石化环氧乙烷装置E-101换热器和中天合创OCC装置E1002换热器存在的问题，组织专业团队进行风险评估，提出解决方案，为企业决策提供依据，并通过技术交流进一步提升企业的设备专业管理水平。

进行专项治理，消除装置隐患。针对川维化工公司、南化公司、上海石化和齐鲁石化存在部分装置中控室不符合抗爆设计规范、位置分散不利于集中管理等问题，及时组织专家进行现场调研和方案审查，加快推进控制室整合项目的落实，有效地消除装置安全隐患，同时便于操作协调和日常管理，提高装置运行安全性、可靠性和经济性。

（方紫咪）

【专业培训】 2019年，根据企业需要，举办装置检维修技术、电气、仪表、公用工程和修理费管理等专业的培训班。通过有针对性的培训，培养了一批基础扎实、技术过硬的专业管理人才，在提升设备专业管理水平、提高检修维护质量和加强修理费管理等方面，起到良好的促进作用。

（方紫咪）

达标管理与节能减排

【达标工作组织】 化工达标管理工作按装置、专业等层次组织开展工作。装置达标方面，继续组织同类装置竞赛；专业达标方面，分乙烯专业、芳烃专业、基本有机化工专业、合成树脂专业、合成橡胶专业、合成纤维原料专业、合成纤维专业、碳一化工专业8类组织专业达标工作。

2019年，参与化工达标的企业共23家，包括镇海炼化、茂名石化、齐鲁石化等炼化一体化企业和南化公司、巴陵石化等老化工企业。

（刘志武）

【专业达标】 2019年度，乙烯专业、芳烃专业、基本有机化工专业、合成树脂专业、合成橡胶专业、合纤原料专业、合成纤维专业、碳一化工专业的达标率为100%。

（刘志武）

【装置长周期运行攻关】 围绕化工装置优化运行开展攻关，落实保证长周期运行的技术措施，强化设备、电气及仪表等专业管理，严格操作纪律、工艺纪律，强化基层考核，开展全面持续的现场隐患排查。2019年，乙烯裂解、芳烃、聚烯烃、PTA、煤气化等化工装置实现安全稳定运行。

（刘志武）

【同类装置竞赛】 2019年度，化工板块有20类141套装置参加同类装置竞赛，通过对产量完成、物耗能耗、安稳运行、质量、安全环保等指标的综合横向评定，共有48套装置获竞赛奖励。其中，乙烯装置获前3名的是镇海炼化、上海石化、中原石化；芳烃装置获前3名的是扬子石化、海南炼化、镇海炼化；乙二醇装置获前3名的是上海石化1#装置、茂名分公司2#装置、镇海炼化；苯乙烯装置获第1名的是安庆分公司；苯酚丙酮装置获第1名的是高桥石化；丁二烯装置获前3名的是镇海炼化、齐鲁分公司、中韩石化；高压聚乙烯装置获前3名的是燕山分公司2#装置、茂名分公司2#装置、齐鲁分公司；低压聚乙烯装置获前3名的是齐鲁分公司2#装置、茂名分公司、中韩石化；线型聚乙烯装置获前3名的是镇海炼化、广州分公司、中原石化；化工连续法聚丙烯装置获前3名的是燕山分公司1#装置、扬子石化2#装置、上海石化3#装置；炼油连续法聚丙烯装置获前3名的是长岭分公司、海南炼化、九江分公司；顺丁橡胶装置获第1名的是齐鲁分公司；SBS装置获第1名的是燕山分公司；PTA装置获前3名的是扬子石化3#装置、仪征化纤2#装置、天津分公司；丙烯腈装置获第1名的是安庆分公司1#装置；聚酯装置获前3名的是仪征化纤1厂、仪征化纤4厂、上海石化1#装置；涤纶短丝装置获前3名的是仪征化纤1#装置、仪征化纤2#装置、仪征化纤3#装置；腈纶装置获前3名的是上海石化（北）装置、上海石化（南）装置、安庆分公司；己内酰胺装置获第1名的是石家庄炼化；煤气化装置获前3名的是金陵分公司、齐鲁分公司、南化公司（氨）装置。

（刘志武）

【达标重点工作】 2019年，化工达标工作服务于装置高质量运行、降本增效、结构调整等化工板块重点工作，强化多层次的专业技术人员培训和操作人员岗位练兵，持续开展装置运行优化、操作优化和原料优化，不断挖掘节能降耗潜力，围绕装置平稳运行，应用先进信息化手段，强化工艺参数平稳性监控，及时消除影响工艺参数控制平稳的隐患，有力推进生产重点、难点问题解决，确保装置安全稳定运行。全年，主要化工装置运行平稳，技术经济指标、吨产品完全费用等指标受控良好。

（刘志武）

计量管理

【计量管理与监督】 鼓励企业建立符合管理要求的测量管理体系，积极应用在线校准、远程诊断等前沿技术，实现计量器具的量值溯源。根据集团公司统一部署，对安庆石化、九江石化、福建联合石化等8家企业的计量数据和器具的管理、计量信息化的应用工作进行抽查，共发现问题217项，主要涉及专职计量人员配备不均衡、计量器具规范管理亟待提升、计量数据监控比对管理不到位、计量信息化建设基础薄弱等方面。联合中国计量协会能源计控工作委员会召开2019年计量管理工作年会，对《中华人民共和国计量法》（送审稿）进行解读；天津石化、镇海炼化、燕山石化等6家企业就智能计量及集中管控、在线校准、智能工厂及能源计量技术管理等内容与各企业进行经验分享和交流。组织部分企业开展流量仪表在线校准技术工作研讨，启动轨道衡、气体管输流量计、电子皮带秤等17个计量仪表在线校准规范的编制工作。

（杨世飞）

中国石化 SINOPEC

境内炼化工程

综　述

2019年，炼化工程板块积极落实集团公司年度工作会议各项部署，全体干部员工齐心协力、攻坚克难，不断挖掘一体化优势，着力深化改革、优化资源配置、转变发展方式、狠抓生产经营、大力开拓市场、强化技术创新，各项工作取得显著成效。

生产经营任务全面完成。积极应对市场形势，抓住机遇、精细管理、深化改革，全年累计实现营业收入522.61亿元，各项生产经营目标全面完成。

重点工程保障有力。强化过程管理，全力保障集团公司重点工程项目顺利实施，项目质量、安全整体受控。

（刘红叶）

生产经营管理

【概述】 2019年，面对繁重的任务和诸多挑战，炼化工程板块紧紧围绕提高发展质量和效益，突出“抓机遇、拓市场、控成本、谋发展、保安全”主线，在确保完成市场开发目标、保障重点项目进度、强化降本减费、深化企业改革、加强质量安全管理等方面做了大量卓有成效的工作，取得来之不易的经营业绩。

（刘红叶）

【市场开发卓有成效】 2019年，炼化工程板块发挥产业链、业务链、技术链的整体优势，加大市场开拓力度。全年新签订合同额为人民币523.19亿元，其中境内新签合同额为人民币455.85亿元，同比基本持平。

持续深耕传统市场，努力开拓新区域市场，境内新签多个大型项目，其中福建古雷炼化一体化项目，合同金额约为人民币125.13亿元；中国石化天津油品升级项目，合同金额约为人民币26.01亿元；天津渤化甲醇制烯烃装置搬迁改造项目，合同金额约为人民币20.49亿元；中化泉州炼油改扩建项目，合同金额约为人民币19.13亿元。

（刘红叶）

【重大项目顺利实施】 截至2019年底，中科炼化一体化项目处于建设收尾阶段，总体进度超过90%，整体进展受控；福建古雷炼化一体化项目处于地管和土建施工阶段，总体进度约30%；中安联合煤化一体化项目主要装置实现全面高标准中交，全厂一次试车成功并产出合格产品；中沙石化聚碳酸酯项目详细设计收尾，现场安装工作启动，总体进度约40%。中化泉州乙烯项目处于施工收尾阶段，总体进度超过90%。

（刘红叶）

【工程保障能力不断加强】 与业主保持密切沟通，加强对重点工程项目建设的协调力度，发布重点项目列表，建立重点项目工作协调组，加强组织协调；以效益和进度为核心，实施进度偏差、收入偏差和预算偏差“三重预警”，及时纠偏，加强闭环管理，保证项目顺利实施；通过优化设计工作流程和专业分工界面，加强标准化、模块化设计，提高设计效率；开展项目管理培训和合同管理培训，打造《国际项目管理手册》品牌培训，贯彻国际项目先进管理理念与管理流程；加强项目结算管理，持续推进项目存货及应收账款压降，对项目基础数据分析及纠偏指导工作常抓不懈。

进一步完善分包管理体系，加强战略分包商培育力度，对战略分包商QHSSE体系运行有效性进行评估；开发分包资源和信息共享平台，实现对分包商资源库和分包商考核评价一体化管理，持续优化分包资源分配，降低了分包管理成本。

保障各工程项目物资供应的同时，积极探索提升采购管理水平、提高采购效率、降本增效的途径和办法，完善标准流程、模板文件和管理规定，推进框架协议采购，加强境外项目采购管理，取得显著进步。

（刘红叶）

技术创新

【概述】 2019年，炼化工程板块努力组织好重大技术合作和技术创新项目的实施，充分利用好研发中心工程技术开发的特色优势，不断加强与全球知名专利商的合作。

（刘红叶）

【工程技术研发工作稳步推进】 2019年，炼化工程板块新开设重点科研课题190项，相关科研课题紧密围绕工程市场技术发展趋势和需求。重点研发项目稳步推进，“二代高效环保芳烃成套技术开发与工业应用”于9月一次开车成功；“SE水煤（焦）浆气化成套技术”等重点研究任务高水平完成攻关目标。“高等规聚1-丁烯、20万吨/年ZCA-1固体酸烷基化”等重点攻关项目均按计划推进，整体受控。

（刘红叶）

【专利申请与获奖情况】 2019年，炼化工程板块完成新专利申请600件，其中发明专利370件，占比61.7%；获授权专利338件，其中发明专利138件。

在科技创新及工程建设领域斩获省部级及以上科技进步类奖项共计72项，其中“稀乙烯增值转化高效催化剂及成套技术”获国家级科技进步奖；获省部级科技进步奖1项、发明奖24项；获国家级优秀设计奖1项、优质工程奖10项，省部级优质工程奖27项。

（刘红叶）

企业管理

【概述】 2019年，炼化工程板块按照“创建世界一流工程公司”的愿景，强基固本、凝聚合力、突出创新，扎实推进公司全面可持续发展，全面推进企业的资源优化和改革重组。

（刘红叶）

【企业改革持续深化】 按照“创建世界一流工程公司”的愿景和“一体化经营、集团化管控”发展模式全面推进企业的资源优化和改革重组。设立中国石化炼化工程（集团）股份有限公司信息科技分公司，进一步推进数字化、智能化赋能发展，提升“两化”融合应用水平，加速开展数字化转型。通过对标国内外知名工程公司，按照扁平化和精简高效的原则，提高结构效率和管理效能，全面完成组织机构优化调整工作，职能部门由原有的16个缩减至11个。

（刘红叶）

【节能环保业务不断拓展】 2019年，炼化工程板块环保及节能业务不断拓展，签订节能环保类业务合同额人民币21亿元，包括济南炼化120万吨/年焦化装置焦化环保综合治理项目、青岛炼化延迟焦化装置密闭除焦项目、福建古雷炼化一体化项目污水处理厂项目、天津分公司催化裂化装置烟气脱硫项目、高桥石化丁苯橡胶装置后处理尾气VOCs治理项目等。

在节能领域，积极推动现有合同能源管理项目实施，积极组织开展节能技术交流，丰富节能技术资源，积极开拓煤化工余热回收、LNG冷能利用、电厂烟气余热回收、智慧能源站等新市场领域，并积极探索与金融租赁公司合作，加大外部市场开拓力度。

在环保领域，积极与国际大型水务公司合作，开展大型工业污水处理项目 BOO 模式的探索；土壤修复方面，成功中标原安徽八一化工厂土壤修复项目，实现外部市场突破，并与四川、陕西、广西等地区企业进行交流，探讨场地修复合作。

（刘红叶）

【ERP 系统顺利建设和实施】 2019 年，炼化工程板块全面推进集成化设计与数字化交付应用，基本建成基于 INTERGRAPH/AVEVA 生产线的数字化工厂建设平台，工程设计模式的创新支撑了国内外业主智能化工厂运营。强化大型工程软件许可全范围、全模块、全过程、全要素成本集团化管控，智能化工艺设计深化应用、集成化工程设计全面推广、可视化三维设计提质增效、数字化交付试点突破、标准化工程主数据集中管控、虚拟化工程云资源共享，整体提升了企业工程设计能力和项目执行效力，为集团网络化、数字化、智能化工程建设模式的变革注入新动能。

持续推进智能工程建设，完成《石油化工工程数字化交付执行细则》编制、镇海炼化 POX 装置项目试点应用、统一工程材料编码中国石化重点项目推广应用、4D 管道施工管理系统中科炼化一体化项目融合应用、设备及结构专业三维设计研发自主创新等一系列智能工程项目。标准化设计、集约化采购、模块化施工助力数字化转型升级，以一流的平台、优秀的设计、优质的服务有效保障业主合同的高水平、高质量、高效率完成。

（刘红叶）

QHSSE 管理

【安全生产持续推进】 炼化工程板块始终坚持“以人为本，质量至上”的 QHSSE（质量、职业健康、安全、公共安全与环境）核心价值理念，不断完善 QHSSE 管理体系，有效落实企业主体责任，全面辨识安全风险和重大隐患，强化风险防控，夯实“三基”管理，全力推进质量安全标准化建设和本质安全能力建设，坚持“四不两直”监督检查与“交叉互查”相结合，对重点领域、关键环节、重大隐患和突出问题进行诊断评估、持续跟踪。通过组织多层次培训、深化设计本质安全管理、深入开展质量提升活动等措施，不断提升 QHSSE 管理水平。以“全员、全过程、全方位、全天候”的管理理念，强化境内外项目 QHSSE 管理，保障境内外项目的顺利实施。截至 2019 年底，未发生重大安全、质量、环境、职业卫生或境外公共安全等事故，累计实现 346.62 百万安全人工时。

（刘红叶）

中国石化 SINOPEC

产品销售

天然气销售　|　加油（气）站产品销售　|　炼油自销产品销售

燃料油销售　|　化工产品销售

天然气销售

【概述】 2019年，集团公司认真落实党组“天然气有效快速发展”战略部署，以深入开展“不忘初心、牢记使命”主题教育为主线，以全力推进天然气产供储销体系建设为抓手，以提高每一立方米天然气价值为目标，坚决抓实抓细抓好拓市扩量、提质增效、工程建设、安全生产各项工作，取得优良的生产经营业绩。

（孙吉业）

【资源经营】 2019年，集团公司销售天然气483.6亿立方米、增长19.5%，高于全国平均增幅约10.8个百分点，国内市场份额由14.3%上升至15.7%。

（孙吉业）

【市场开发成果显著】 积极创新营销策略，努力提高服务质量，千方百计拓市场、扩规模，年度日均经营天然气突破1亿立方米。①统筹国内外资源，扩大资源规模。积极协调上游气田、稳定国产陆上气资源；合理安排长约LNG接卸计划，加大现货采购力度，满足市场需求。②依托互联互通，增加资源来源。加强与中国石油合作，通过北海LNG资源串换方式，为川气东送江苏市场增加供应6.7亿立方米；通过上海申能LNG接收站及其管网反输，将进口LNG气化气供应到浙江市场；利用地方管网收集煤层气、零散井页岩气，进一步扩大资源来源。③大力开发新用户，提高市场份额。做好现有用户维护、积极争取双气源用户增量；充分发挥中国石化华北地区调峰保供优势，努力发展管道沿线用户；立足长城燃气平台，利用合资合作、资本运作等方式，加快推进终端项目开发。年内新开发管道气用户215家、LNG液体用户91家。④拓展销售范围，扩大液体销量。利用LNG液体营销灵活、价格放开的特点，千方百计扩大液体销量，增强资源盈利能力。3座LNG接收站最高日装车量达951车，销售范围覆盖全国15个省（市、自治区）。⑤坚持多措并举，切实抓好保供工作。坚持讲政治、顾大局、保民生，强化责任担当，认真组织资源，抓实安全生产，有力保障了冬季采暖季、中秋国庆等“两特”“两重”期间市场供应，得到国家部委的充分肯定。

（孙吉业）

【经营水平持续提升】 聚焦效益最大化，深入开展上游采购降本、中游设施创效、下游拓市增收、管理挖潜节支，大幅提升经营创效能力。①市场推价增效能力不断增强。科学制定阶梯性量价策略，紧盯国家政策及市场变化及时进行价格调整；灵活执行合同内照付不议条款，强化价格管控能力；利用天然气交易中心加大市场化竞价力度，提升资源价值。②进口LNG经营创效能力显著提升。通过做大总量，在保证国内气田和长中约进口LNG全产全销基础上，抓住国际现货市场价格较低时机，努力增加现货采购，摊薄长约资源成本；通过“三个三分之一”营销策略，不断优化产品结构、用户结构，增强LNG资源增值创效能力。③设施运营创效能力稳步扩大。在确保安全的前提下，不断拓市场、增渠道、扩销量，提高储运设施负荷，增强设施盈利能力。天津、青岛LNG接收站月接船量分别维持在8—9船和7—8船的高位水平，其中天津LNG接收站12月接卸11船、创造中国石化LNG接收站接卸纪录；川气东送、榆济、山东、鄂安沧等主力管网设施均实现高负荷甚至满负荷生产；北海液化、天津管道、澳门中天等亏损子企业均实现扭亏为盈。④依法合规开展套期保值。按照总部批复方案及金融衍生品相关管理规定要求，完善内控制度建设，审慎开展套期保值工作，提前锁定长约资源成本，取得较好成效。⑤挖潜降本水平持续提高。抓住影响成本支出的关键环节，从建设、生产、经营、管理全流程入手，全方位开展挖潜降本，成本控制成效明显。

（孙吉业）

【工程建设加速推进】 创新工程管理模式，科学统筹计划节点，精心组织项目实施，年度天然气产供储销重点工程建设均大幅超进度完成，过程优质高效、安全平稳。文23储气库一期提前1个月全面完工、提前近2个月完成年度注气任务，累计注气30.4亿立方米，12月实现日采气300万立方米以上用于冬季调峰；鄂安沧管道一期提前106天全线贯通，日最高输气量达1 500万立方米；青宁管道提前3个月完成年度建设目标，累计焊接逾500千米；南川—涪陵管道提前14天具备投产条件并顺利投运，打通南川页岩气外输的关键通道；天津LNG接收站气化外输扩能工程提前15天投用，最大日气化外输能力从1 500万立方米提升至4 500万立方米，大幅增强了华北地区冬季保供能力；青岛LNG二期、川气东送管道增压工程二期、中科炼化一体化输气管道等重点工程正快速推进，力争早投产、早见效。

（孙吉业）

【生产运行安全平稳】 加强储运设施集中调控、统一指挥管理，深入推进管道完整性建设，完善设施运行与市场销售计划的动态衔接机制，不断提升管网整体运营水平。强化安全生产责任制落实，狠抓“三基”建设，认真做好“两特”“两重”期间领导带班、干部值班工作，筑牢安全生产基础。狠抓承包商专项整治和考核奖惩，严格落实集团公司加强直接作业环节安全管理10条措施，切实落实甲方主体责任，提高现场HSSE监管水平。健全全面风险持续滚动防控机制，加大管道保护和巡查力度，加快开展管道沿线地质灾害问题治理，实现夏季洪汛期间生产安全平稳。切实做好建设生产全过程的环境保护工作，推动企业绿色经营、绿色发展。2019年，华北、川气东送、华南三大区域管网输气量增幅分别达24%、11%和18%，顺利开展涪陵—王场管道增压工程大型动火连头等各类高风险作业663次，治理地质灾害等问题189项，实现零事故、零伤害、零污染。

（孙吉业）

加油（气）站产品销售

【概述】 在资源过剩局面不断加剧，市场不公平竞争更加激烈等因素影响下，面对严峻形势，销售公司紧紧围绕“量效兼顾、量价双收”总体要求，精准研判市场，密切产销衔接，理性参与竞争，坚决打好市场攻坚战，全年实现油气经营总量2.35亿吨，增长2.9%。境内成品油经营量1.84亿吨，增长2.3%。

（戴　菲）

【油气经营】 坚持“精细、精准、灵活”原则，动态优化考核办法，做实“一域一策、一路一策、一站一策、一户一策、一时一策”，着重破解汽油零售增幅回落问题，统筹柴油路网联动营销，零售规模稳步增长；协同营销创效，采取一切可能措施应对恶性竞争，积极争取各级政府“打非治违”，促进局部区域改善市场竞争环境；力推天然气创效，稳定内外供应商战略合作关系，推动重庆LNG工厂市场化定价，保持高负荷加工；着力提升枪出加气规模，大力提升创效水平。强化资源统筹运作，优化配置资源结构，灵活把握外采节奏和量价，提升资源创效能力。

（戴　菲）

【非油品经营】 组织“易享节”“年货节”等全国型主题营销活动，通过引进国家级贫困县的优质农特产品开展消费扶贫，大幅提升易捷品牌美誉度和影响力，品牌价值达116亿元；做大门店零售比例，做优基础品类销售，加强自有品牌商品推介，实现销售81.8亿元，毛利贡献占比44%；加快拓展洗车、广告、快餐、保险等新业态，试点推出易捷咖啡，新增汽服项目2 216座，开展汽服业务加油站的汽油零售增幅较未开展站点高1.9个百分点；优选参与油非互动商品，争取更多供应商营销资源，带动毛利额增加7.2亿元。

（戴　菲）

【网络发展】 完善效益测算标准，合理下放加油（气）站审批权限，新发展加油（气）站1 128座，其中传统模式 795 座。梳理历年已批未建项目，推进可创效歇业站复营，提前洽谈优质租赁站续租，新投营加油（气）站 1 004 座；加快加油站防渗改造。分类制定工期模板，严控汽油大站旺季改造，通过测算有效降低零售损失；推进智能化信息化建设，启动加油卡升级换代及站级一体化项目，电子钱包开始企业内测，强化业务系统功能提升和数据集成，着力消除用户多点登录、数据集成性差等信息孤岛问题。

（戴　菲）

【改革重组】 坚持推进用工分配制度改革。严格落实小型加油站驻站式家庭委托管理、油库大班组运行、机关精简“瘦身”等措施，全口径劳动用工下降约 8.3%，加油站人均零售量提高超过 14%；推进非油品业务综合改革，完成易捷公司经营班子市场化选聘，组织制订试点企业改革方案；平稳开展“四供一业”分离移交后续工作，提前完成全级次子企业减亏扭亏和法人压减任务；完善绩效考核机制，构建以综合考核和加油站油库单列薪酬考核为主线、专项奖励和“比学赶帮超”为补充的考核激励体系，严格实行企业差异化考核、岗位人员分类兑现，更好地实现人工成本能高能低、员工收入能增能减。

（戴　菲）

【基础管理】 推行量价周跟踪、月分析、月通报机制，重点关注机出零售、非机出销售的资源结构和进销价差变化，多维度测算各环节价值贡献，为优化经营决策提供可靠支撑。推行成本费用归口管理，逐月跟踪大额异常费用增长及超预算项目，严控费用大幅增长。深化资产分类评价结果运用，盘活低效负效资产。推进营运资金创效 1.5 亿元，压减上门收款费用 1 亿元，核减土地租金 0.6 亿元，统筹降低税费 3 亿元，储运销环节损耗进一步降低等，全年实现挖潜增效 10.4 亿元。持续强化 QHSSE 管理，落实领导干部安全引领力要求，分级承包安全环保隐患治理，加大“四不两直”现场督查，建立应急管理区域协作机制，顺利实现重大风险降级；持续做好环评手续补办，缺失率较上年下降 18.1 个百分点。强化外采供应商管理，严格执行内控检测指标，坚决杜绝不合格油品入库销售；完成 292 座自有油库自动计量系统改造，加油站液位仪系统使用率、自动计量率、验收准确率达 95% 以上。持续完善风险防控体系，周监控金融衍生品等高风险业务，月通报银行未达账项及逾期应收账款，强化加油站油、非、卡、券等系统数据自动比对，有效防范资金和存货风险。深入推进合资企业 3 年审计全覆盖，组织对油库收发油、非油品商品采购、防渗改造等专项审计，定期开展融资性贸易风险排查、股权风险隐患梳理、内控执行有效性专项检查，揭示风险漏洞，督促抓好整改。做好法律前置审核、合同管理、诉讼解决、商标维权等工作，清理侵权加油站 550 座。

（戴　菲）

炼油自销产品销售

【概述】 2019 年，中国石化炼油自销产品量（除汽油、煤油、柴油及化工轻油以外）为 6 879 万吨、增长 132 万吨，主要由炼油销售公司、化工销售公司、润滑油公司等统一销售。充分发挥中国石化的一体化经营优势，以资源优化、渠道优化、产品细分及客户服务促进市场开拓，实现自销产品的扩量增效。

（羊依智）

【润滑油】 2019 年，润滑油脂销量 120.6 万吨，增加 7.23 万吨。产品结构持续优化，高档产品销量增长 20.6%，实现降本减费目标过亿元。持续推进高端新兴领域合作，为系统内炼化企业完成 85.6% 的环保包装绿色替代，打通废油回收业务流程。推动“中国润滑油产业联盟”正式成立，合成航空发动机油成为全球首个通过 C919 发动机耐久试验的非欧美油品，全部 13 款高铁齿轮油通过中车技术准入，风电齿轮油获南高齿技术认证。非环烷基加氢基础油配方的超高压变压器油通过超高压变压器应用评审，获特高压变压器试用建议。围绕“一带一路”加快中资企业海外项目配套，新增客户增长 58.7%。与国际一线品牌推进同步研发合作，同日产合作开发 GF-60W-20 油品通过 API 全套测试，全年获国际认证 68 项，海外市场销量增长 23%，新加坡公司实现扭亏为盈。大力实施“军民融合”，持续跟进新型武器装备的同步研发，配套军队在役尖端装备，圆满完成新中国成立 70 周年阅兵润滑保障和补给任务，获军方好评。累计护航 300 次长征运载火箭发射零失误，被授予中国航天事业突出贡献单位称号，为大兴机场施工建设提供润滑保障。

（羊依智）

【其他自销产品】 2019 年实现经营总量 4 129 万吨，增加 115 万吨，增幅 2.86%。吨产品费用比下达指标低 3.7 元。通过对内全力保证企业资源需求保供、互供，对外积极开展代理、外采等措施，液化气全年实现销售 1 109 万吨；通过克服品质劣化确保后路畅通、沉着应对市场努力延缓跌势、有效管控风险做大自营等措施，石油焦全年实现销售 1 309 万吨；通过合理平衡资源，加强仓储、物流、市场的统筹，争做工程项目，拓展进出口业务，沥青实现全年销售 937 万吨；通过实施区域资源优化疏堵保畅、灵活调整营销策略应对市场下行挑战等措施，硫黄全年实现销售 603 万吨；通过优化流向、定点保供，拓展资源渠道，异辛烷全年实现经营量 151 万吨；通过优化计划管理、细化差异化定位、开拓电商平台，石蜡全年实现销售 20 万吨。充分发挥专业化优势，利用“两种资源、两个市场”，强化多措并举和重点布局，通过优化资源平衡、代理地炼产品、开拓进口等措施，全年自营业务经营量突破 800 万吨，达 817 万吨，增加 161 万吨，增幅 25%。

（羊依智）

【品牌建设】 润滑油公司以打造中国高端润滑油品牌形象为目标，以航天科技、高端装备、大国重器的高端应用案例为重点组织宣传，不断增加长城品牌的科技元素，品牌力持续领跑润滑油行业，获 2019 年中国品牌力指数 C-BPI 中国机油 / 润滑油行业品牌力第 1 名，蝉联 C-BPI 润滑油行业第 1 品牌九连冠。充分利用央视、央广等权威平台，强化“大国重器的隐形力量”“服务中国航天 60 年”“新中国成立 70 周年”“国际化发展”“冬奥会”的品牌形象，结合航天发射任务，连续举办航天体验营、航天助威团等活动，制作发布《师傅的不传之秘》《追高铁的人》微电影，引发 5 000+ 网友互动点赞，丰富“航天科技”的品牌形象内涵。坚持运用互联网思维，通过新媒体渠道有针对性地开展线上口碑传播，针对汽修厂、汽修工群体坚持以“原厂油”为核心开展产品品牌塑造，携手中国最大商用车媒体平台卡车之家，组织策划相关活动，提升尊龙产品在卡车司机群体中的口碑，实现品牌形象的线上与线下互联。参加重点行业展会，在专业期刊上投放品牌及商品广告，在专业网站发布用油科普知识，提升长城品牌细分行业的传播强度，打造长城技术与市场全融合的润滑服务专家形象。紧跟国际化发展步伐，提振海外品牌形象。通过召开润滑油国际标准发布会、投放海外赛场广告，综合展会、平面媒体、互联网络等媒介，丰富 SINOPEC“高科技、高品质、国际化”的品牌形象。

炼油销售公司不断深耕“东海”牌沥青品牌建设，成功登陆上海期货交易所，成为中国石化首个上海期货所注册商品；提升品牌的市场意识，先后直投中标云南省公路局小修保养项目、山西路桥集采项目、重庆潼荣高速等项目，并完成海南文琼高速试验路段项目；提升品牌的服务意识，通过开展“个性化订制”摊铺，成功推进北京大兴国际机场高速项目，实现产销研紧密联合服务终端客户的探索；提升品牌国际化运营能力，中标越南 F1 工程；深化品牌标识管理，制作完成中英文宣传手册；展示形象，参加 2019 交通科技博览会，不断提升“东海”牌沥青品牌的影响力和美誉度。

（羊依智）

燃料油销售

【概述】 2019年，集团公司燃料油销售实现经营总量2 304万吨。

（李俊春）

【内贸业务量效大幅增长】 灵活制定经营策略，有效把控销售节奏，经营质量持续提升。充分发挥系统一体化优势，全年争取石化资源114万吨，完成原料供应29万吨。加强终端客户开发，推进资源与市场跨区衔接，内贸船供油经营量115万吨、增长超过30%。精心经营水上市场，加大船用轻质燃料油宣传推广力度，“我要加油”平台成交订单近1.2万笔，成交量增长15%。全年内贸完成经营量333万吨，超额完成奋斗目标。

（李俊春）

【保税业务量效创历史新高】 持续向国家部委、党组领导、总部部门及各相关生产企业汇报沟通、协调攻关，全力以赴推进低硫船燃生产，实现上海石化、金陵石化、高桥石化、青岛石化等企业资源规模化出厂，全面对接“8+2”炼厂打通出口监管仓、“两仓合一”等流程，全年分别获取低硫重质和MGO8.6万吨、48万吨。与20多家船东签订低硫长约，深化与力拓、嘉吉、欧登道夫、马士基、赫伯罗特等老客户合作，成功开发商船三井、韦立等亚洲船东客户和一批欧美客户，终端、长约比重均超过50%。创建多维数据分析模型，全面准确掌握经营动态，实施相应保值策略，有效控制经营风险。保税业务全年实现销量542万吨，市场占有率近40%、低硫切换期达50%。

（李俊春）

化工产品销售

【概述】 2019年，面对严峻复杂的国内外环境及行业发展态势，化工销售始终坚持以习近平新时代中国特色社会主义思想和党的十九大精神为指引，扎实开展“不忘初心、牢记使命”主题教育，认真贯彻落实集团公司工作会议精神，按照化工“基础＋高端”发展方向，强化市场引领，努力拓市扩销，夯实内部管理，加强党的建设，多项管理创新、深化改革工作全面启动，奠定了高质量发展坚实基础。在国内化工产能快速增加，传统市场受到巨大冲击情况下，实现化工产品经营总量稳步增长。全年实现经营总量8 950万吨，增长3.3%。

（武　晶）

【营销管理】 成立市场与战略研究室，打造专业化研究团队，根据化工产品特点，开发主要产品产业链研究模型，深化产业链研究。发挥模型指导作用，编制主要产品2020年营销企划方案；结合产业链研究模型和课题成果，完成多篇专题研究报告，提升化工产品经营软实力。深化“一品一策”精准营销，细化产品、价格、渠道差异化营销政策，深挖每个产品潜在客户。深化“一户一案”精准服务，为客户制订差异化服务方案，持续提升客户服务水平。

（武　晶）

【市场导向】 引导国内市场“重合同、守信用”，提高合约销售比例。积极应对市场下行态势，组织“下游产业链转移高端论坛”，多措并举增强市场信心。应对新产能扩张，主动寻求同行合作，与恒力炼化、澄兴集团、浙江石化、重庆奕翔等民营企业签订资源框架协议，实现资源统筹与优势互补，维护产业链健康发展。抓住“一带一路”、出口退税、自贸区建设等机遇，加大海外市场开拓力度，与俄罗斯西布尔等境外知名化工企业开展产品销售合作。

（武　晶）

【保障供应】 坚持市场导向，密切产销衔接，保障生产装置后路畅通。提前谋划市场布局，精心组织互供保供，积极寻找外部资源，全力满足客户临时需求，保障投产装置原料供应及产品顺利投放市场。优化产品销售流向，实施项目管理，就近保障生产企业周边客户产品供应；进一步优化销售渠道，全年开发多家生产型客户。

（武 晶）

【产销研用】 落实化工“基础 + 高端”发展方向，对接制订生产企业“一企一制”工作方案，以市场为导向，引导生产企业优化排产，满足市场和客户需求。成立产销研用（MPRC）小组，全年开发推广多个合成树脂、合成纤维、合成橡胶新产品，加大三大合成材料高附加值产品及专用料销售推广力度；三大合成材料继续推进顶替进口，促进化工产业链结构调整，培育新动能。产销研联动服务客户，加强技术指导和售后服务，为客户提供全流程的服务方案。

（武 晶）

【电商平台】 落实平台经济发展战略，强化顶层设计，持续完善“石化 e 贸”流程设计、在线支付、电商物流、移动应用等核心功能，稳步推进各区域推广应用，初步打造“合约 + 现货”“服务 + 产品”“线上 + 线下”“平台 + 支撑”化工品电商模式。持续开展“石化 e 贸”品牌推广工作，提升平台影响力。截至 2019 年底，实现全部化工产品网上销售，推动化工产品从传统销售向网上销售转变的经营模式变革。

（武 晶）

【网点布局】 落实“两个三年、两个十年”发展规划，加快国内外网点建设，新设中安联合驻厂办、塔河炼化驻厂办、新疆代表处等境内机构；俄罗斯办事处顺利开业，印度办事处正在抓紧筹备中，国内外营销网络布局日趋完善。加强青岛、宁波、广东等子公司管理，发挥企地合作开拓市场的优势。

（武 晶）

【物流管理】 持续完善物联网功能，实现外贸物流、预排提货、智能拼单等物流管理信息化，提高统销产品配送比例。推进共享托盘应用，完成齐鲁石化等生产企业推广。配合改造产品包装、出厂方式，升级智能出厂系统，提升产品形象和品牌价值。协助宁夏能化新增铁路自备车，提高铁路配送比例，缓解企业出库压力。加强物流服务商和自提业务 HSSE 管理，保障 70 周年国庆、进博会、军运会等特殊时期物流安全运行。代销华东分公司成立应急救援指挥中心，对物流服务商车船和中转仓库装卸现场实现全覆盖实时监控。

（武 晶）

【风险防控】 坚持安全环保发展，狠抓责任落实，提升全员安全意识。全面排查各类风险隐患，开展多次自营贸易风险检查。持续关注中美贸易摩擦影响，防控税率、汇率和利率变动风险，研究建立风险识别化解长效机制。修订《大宗商品期货套期保值业务管理办法》，进一步规范期货业务操作。开展期货、外贸业务专项审计，发挥审计监督保障功能。开展内控执行力有效性提升行动，推进境内外业务合规管理，定期组织法律风险排查，强化依法合规经营理念。

（武 晶）

中国石化
SINOPEC

资本和金融业务管理

【概述】 2018年6月28日，集团公司挂牌成立资本和金融事业部，作为集团公司直属事业部，对集团公司所有新兴产业的财务投资和各类金融服务业务进行集中、统一、专业化管理，负责企业年金的投资运营职能。截至2019年底，资本和金融事业部管理的企业包括中国石化财务有限责任公司、中国石化盛骏国际投资有限公司、中石化保险有限公司、中石化保险经纪有限公司、上海浙石期货经纪有限公司、太平石化金融租赁有限责任公司、实华国际租赁有限公司和中国石化集团资本有限公司。资本和金融事业部的成立，是中国石化应对世界范围内能源变革、产业变革和技术变革，打造转型发展新引擎的重要举措。

（郑 晴）

【建立现代化治理体系和市场化机制取得新突破】 ①搭建更有利于金融业务发展的治理体系。针对不同企业特点分类施策，配合集团公司人力资源部逐步完善各企业董事会、监事会和经理层配备，建立决策科学、执行高效、监督有力的法人治理结构。成立党支部和分工会，注重文化融合，组织“双示范”主题党日活动，促进了外部人员对中国石化的价值观认同和“创业、创新、创造价值”氛围的形成。②强化金融业务专业化管理，与集团（股份）财务部就资金、保险集中管理等金融业务划清职责界面，规范盛骏公司境外业务审批机制，出台2个合资租赁公司管理指引，做好实华租赁经营续期。通过增加注册资本金、市场化招聘专业人才等方式，重点抓好保险和期货业务专业化发展。

（郑 晴）

【有效防范金融风险】 提高站位、树立底线思维，在发展业务的同时，同步做好风险防控工作，成立全面风险管理领导小组，先后制定下发权限指引及工作流程等制度规定，筑牢制度防火墙。扎实推动板块风险管理文化建设，对于金融业务建立“三道防线”（业务人员、风控人员、审计监察）各司其职、全员风控的理念，对于资本和投资业务建立“四道防线”（业务人员、风控人员、决策机制、投后管理）三分投、七分管的理念，将风险责任逐级压实。重点加强市场风险、信用风险和合规风险等重大风险防控，开展财经纪律专项整治及各项自查。加强岗位练兵力度，在集团公司内控风控大赛中，资本公司、资本和金融事业部、财务公司包揽总部和其他板块团体前3名。

（郑 晴）

【强化金融支撑服务主业和资本战略布局功能，打造转型升级新引擎】 不断提高支撑和服务主业的能力，全体班子成员先后到多家系统内企业调研对接，深入了解企业痛点，以产生协同效应为目标开展金融业务，围绕主业发展需要配置金融资源，为产业链上下游企业提供票据、贷款、外汇、保险、期货、保理等金融服务。不断推进打造转型升级新引擎，资本公司聚焦与主业发展紧密相关的新能源、新材料、节能环保、高端智能制造等领域储备项目，围绕“E链E圈”“H链H圈”“B链B圈”开展投资布局。在天津注册设立中石化基金管理有限公司、石化启迪股权投资基金管理有限公司，科创基金、新兴产业基金及FOF母基金正在募集之中。对于已经完成的金融类股权投资项目，逐家走访被投企业，制定相关管理办法，确保有进有出、优化结构、提高质量。以推动集团金融业务数字化转型、赋能实体产业转型升级为目标，启动石化金融科技平台项目建设。

2019年，资本和金融板块企业各项工作稳步推进，取得较好的业绩。资产规模5 314.93亿元，累计实现营业收入172.46亿元，实现利润总额60.17亿元，板块年化ROE为8.3%。

（郑 晴）

中国石化 SINOPEC

国际化经营

综述 | 对外经济合作 | 国际贸易 | 外事管理

综　述

2019年，面对瞬息万变的国际经营环境和严峻的安全形势，集团公司全面贯彻落实习近平总书记提出的“四个革命、一个合作”能源安全新战略和“持续推进更高水平对外开放”的指示精神，始终牢记初心和使命，统筹“两种资源、两个市场”，发挥集团化、一体化优势，坚持引进来与走出去协调发展，国际化经营业务取得新成绩。

（戚　鸣）

对外经济合作

【境外油气勘探开发】 更加重视勘探工作，深挖潜力资源，高效勘探成果显著。全年完钻探井和评价井61口，其中35口井获得商业油气流，成功率达66%。全年在加拿大Wapiti地区、安哥拉15/06区块、美国SDA项目粉河盆地、喀麦隆IMA区块、埃及深层等获9项油气发现。新增权益2P储量和2C资源量1 604万吨油当量，创近4年新高。贯彻效益理念，强化安全管理，稳步推进开发建产，产量目标超额完成，有效益产量占比超过90%。加强新项目开发和低效无效资产运营，稳步推进卡塔尔、俄罗斯、美国等重大项目前期，优化资产结构；践行降本增效，狠抓风险防控，总体呈现出稳中有进、稳中提质、稳中向好势头。截至2019年底，集团公司在全球25个国家拥有51个境外油气勘探开发项目。

（孙　菲）

【境外石油工程技术服务】 海外市场布局优化成效显著，沙特、科威特、厄瓜多尔、阿尔及利亚等重点规模市场巩固扩大。截至2019年底，集团公司在境外43个国家执行项目合同507个，合同总额199.46亿美元。2019年新签合同额34.3亿美元，完成合同额23.53亿美元。

（孙　菲）

【境外炼化合资合作】 全面强化投后项目管理，与全球合作伙伴构建更加紧密的战略合作关系。截至2019年底，集团公司在境外5个国家共投资炼化和仓储项目6个，分别是沙特延布炼厂合资项目、俄罗斯西布尔公司参股项目、俄罗斯克拉斯诺亚尔斯克丁腈橡胶合资项目、新加坡润滑油脂及配套码头项目、阿联酋富查伊拉仓储项目及荷兰VESTA仓储项目，累计初始投资47亿美元。拥有境外炼油能力750万吨/年、仓储能力136万立方米、润滑油脂能力8万吨/年、丁腈橡胶能力1.05万吨/年。积极参与共建“一带一路”，俄罗斯阿穆尔天然气化工项目、俄罗斯SEBS项目等重点项目正按计划稳步推进。

（杨　蓉）

【境外炼化工程技术服务】 2019年，面对全球经济增长放缓、贸易紧张局势加剧的国际形势，全年完成境外新签合同额9.65亿美元，新签合同在阿曼、乌兹别克斯坦等国家、地区实现突破。境外项目执行总体可控，二次经营成效显著，9家企业在境外15个国家共执行63个项目（87个承包合同），执行项目合同总额69.47亿美元。全年完成境外合同额12.77亿美元，完成10亿美元年度目标的128%，项目全面实现盈利，成为集团公司重要的效益增长点。

（杨　蓉）

【境内国际合资合作】 响应更高水平对外开放要求，积极推动境内重点国际合资合作项目落实。炼化领域，与韩国SK签署武汉炼化一体化项目合资协议，成功将武汉分公司炼油业务注入中韩石化；在中俄两国总理见证下，与俄罗斯西布尔公司签署在中国境内开展丁腈橡胶合作的谅解备忘录；扬巴公司新戊二醇项目、燕山石化法液空空分项目、镇海炼化利安德巴赛尔第2套PO/SM合资项目、镇海炼化林德空分二期项目等一批新的合作项目得到落实，与英力士的科技合资公司挂牌。能源领域，在中俄两国元首见证下，与俄罗斯 NOVATEK 公司签署在中国境内建立天然气和 LNG 贸易合资公司的关键条款协议；与法液空公司签署共同开发氢能业务的框架协议；与壳牌东营凹陷页岩油联合研究项目、与康菲涪陵页岩气联合研究项目取得积极进展。

（戚　鸣）

国际贸易

【概述】 充分发挥国际化贸易团队力量，强化对国际原油市场的跟踪分析，建立全球化运作机制，降低采购成本，保证集团公司生产经营的资源供应，保障国家能源安全，2019 年进口原油 2.21 亿吨，增加 185 万吨。在确保国内成品油供应安全的情况下，合理安排成品油出口总量和品种结构，全年出口成品油 2 650 万吨、增加 408 万吨。

把握国际 LNG 市场向买方倾斜的有利时机，大力拓展 LNG 进口现货和短期贸易，推进降本减亏，全年 LNG 进口 1 524.1 万吨，折合 216.2 亿立方米，增加 83.4 亿立方米，增长 62.8%。

一般贸易方面，全年实现石化产品、设备材料进出口等国际贸易额 58.8 亿美元，增长 106.56%。易派客国际业务平台交易金额 179 亿美元，增长 122%。与“一带一路”沿线 59 个国家的 125 家供应商和 154 家采购商建立合作，实现工业品贸易 112 亿美元，增长 124%；实现金砖国家贸易金额 14.3 亿美元，增长 170%。化工销售加快海外市场开拓力度，与国际知名化工企业开展产品销售合作，加快境外网点布局研究和建设，进一步夯实化工产品国际业务拓展的基础。催化剂积极开拓海外新市场，首次进入加拿大、南非、韩国、泰国等市场，产品出口结构更趋合理。燃料油面向全球发布中国石化生产供应方案，推动全球低硫船燃绿色发展。润滑油推进与国际知名制造商的全球战略合作，品牌海外知名度进一步提升。

（孙　菲）

外事管理

【重要外事活动和对外交流】 2019 年，集团公司围绕中心工作实施开放合作战略，不断拓展对外交流交往渠道，持续提升公司对外形象和国际化水平。全年共组织实施高层出访团组 33 个，举办各类外事活动 237 场（境内 185 场、境外 52 场），其中公司领导班子成员外事活动 133 场（境内 102 场、境外 31 场）。

积极配合国家总体外交，参与重大外事活动。公司领导参加国家领导人出席的重大活动 16 场，包括第二届“一带一路”国际合作高峰论坛、圣彼得堡国际经济论坛、金砖国家领导人与工商理事会对话会、第二届中国国际进口博览会等。积极参加行业类重要国际会议和涉港澳台地区会议，多次会见主要涉外项目所在国政要或前政要及中国驻该国使节等。在中央统一部署下，体现了大型央企的担当，展示了企业形象。

发挥好平台和窗口作用，积极与合作伙伴开展专题交流。统筹用好外部资源，与 BP、壳牌、巴斯夫、埃克森美孚等合作伙伴围绕世界能源发展趋势、石油石化与清洁能源技术、塑料循环经济、安全环保管理、公司治理、品牌建设等热点话题或潜在合作开展专题交流。

重视参会参展工作，借助“外脑”服务业务需要。做好出国境参会参展团组管理工作，围绕油气勘探开发和炼化技术与产品创新等重点，派出 127 个国际会议参会团组和 14 个参展与观展团组。

协助做好对外宣传，提升企业形象。积极开展对外宣传，在“一带一路”沿线国家发布企业社会责任报告；对壳牌、BP、埃克森美孚、巴斯夫等老牌跨国公司开展品牌建设与传播的经验调研。

积极参与全球行业组织。经外交部批准，中国石化于2019年7月加入由全球化工行业牵头成立的“终止塑料废物联盟”。通过参与联盟并履行会员义务，采取项目合作、创新研发和公益宣传等多项举措，积极响应习近平总书记在中央全面深化改革委员会第十次会议上的指示，应对塑料污染并致力于塑料循环经济发展。

（戚　鸣）

【因公出国（境）管理与服务】 2019年，集团公司充分发挥外事部门统筹协调和参谋助手作用，紧紧围绕提高效率和降低成本2个目标，在因公出国（境）领域贯彻“为基层减负”工作要求，通过“放管服”和“马上就办”，多措并举确保公司全年4 500余个团组、2.1万余人次的出访有序高效顺畅。

从源头规范各项工作。根据中央部委最新要求，修订完成并印发执行《中国石化外事管理规定》。同时，正在修订一系列涉及国际合作、涉外管理相关业务的规章制度，从源头加强国际化经营风险防范，发挥制度的引领和监督作用。

优化出国（境）工作程序。①拉直总部因公出国（境）任务审批流程，实现归口审批和垂直管理。减少文件横传和交叉审批，平均审批用时由5天缩短为2天。②面向全系统优化工作程序，为企业减负。按照“程序不能逾越，效率可以提高”的工作要求，提升公示人员层级，调整《因公出国（境）人员备案表》有效期，将年度任务计划管理模式由批复管理调整为备案制管理，进一步贴近生产经营实际需要，增强了各单位外事部门的责任意识。

协助解决系统内企业的实际困难和突出问题。取消红头文件报文模式、扩大“一审多次”政策适用范围、进一步精简任务请示附件、改进审批系统设置等，有效减轻企业报文负担。解决化工销售公司在出国（境）工作中遇到的问题，为签证受阻的国际化经营单位排忧解难，继续推广使用APEC卡，全力化解紧急团组出行难问题。

（戚　鸣）

【境外公共安全管理】 截至2019年底，集团公司在全球60个国家（地区）设有328个常驻机构、执行344个项目，境外公共安全管理覆盖人员5.18万人。其中，在中东、非洲和中南美洲3个安全形势严峻地区人员占77%，在橙色Ⅱ级（较高风险）及以上安全风险等级区域的人员占18%。不断强化风险意识、防范意识和责任意识，持续推进以预防性为主的境外公共安全管理体系和工作方法，取得连续12年保持境外社会安全“零死亡”的纪录，有力保障了境外业务平稳开展。

修订完善风险评估规范，实现在线评估与审批。修订并印发《境外公共安全风险评估规范》，完善风险评估信息系统功能，实现风险评估、报告报送、报告审批全程在线操作。全年共开展风险评估319项，其中新设机构新上项目风险评估146项。

境外公共安全培训进入新阶段。更加突出对当前国际安全形势的宣贯、心肺复苏等急救及防范恐怖袭击技能的掌握。全年共培训5 073人次。

组织开展安保对标和安保派驻，安防能力得到提升。在境外机构项目全面开展安保配备对标工作。共有35家派出单位的191个境外机构项目完成对标，排查出未完全配备到位或未配备项1 987个，整改1 564个，整改率79%。同时，继续对驻巴基斯坦、尼日利亚、南苏丹等国机构项目派驻安全官。

继续加强身心健康和交通安全管理，伤亡人数有所减少。对员工健康状况进行跟踪并适时干预，并组织开展境外员工身心健康管理专项研究。及时对埃博拉、麻疹、疟疾预防工作进行专项提示。加强交通安全管理。全年境外健康事件减少2起、死亡减少1人，无人员因交通事故死亡。

积极开展保险与救援工作，风险转移和急救能力得到提升。切实做好员工投保、出险和理赔工作，全系统全年投保63 753人次，出险25人次，理赔24人次（共计402.97万元）。

有效开展应急处置工作，应急能力和处置水平得到提升。建立境外公共安全信息微信群，及时沟通相关事态进展和人员动态，形成境内和境外、总部和企业、境外牵头协调单位和机构项目实时联动网络。优化境外远程应急通信系统运行模式。截至2019年底，共有15个国家（地区）的28个机构项目配置了海事卫星设备通信终端。组织境外机构项目修订完善应急预案，开展安全风险排查、撤离路线踏勘和人员撤离演练。

着力推进国别风险提示和安全风险预警，信息支撑能力得到提升。发布集团公司《2018年度国别风险信息报告》和3期《国别风险信息提示》，组织编写《2019年度国别风险信息报告》；发布境外公共安全信息通报52期和境外公共安全风险追踪24期，不定期发布特殊时期、特定区域安全防范提醒和埃博拉、麻疹、疟疾等传染病疫情防范提示10期。

继续开展境外公共安全审计和境外HSSE联合检查。组织相关专业公司对8家派出单位进行境外公共安全审计，并对2018年发生健康事件的单位进行跟踪检查。同时，按照“确有必要”和“务求实效”的原则，对部分赴境外检查/审计团组进行归并整合。

（戚　鸣）

中国石化 SINOPEC

重点工程建设

综述 | 油气田地面建设工程 | 炼化项目
物流储运项目 | 工程建设管理 | 工程建设监管

综　　述

2019年，集团公司工程建设形势异常严峻，各类资本纷纷涌入石化行业，一批大型炼化一体化项目集中建设，大量抢占市场资源，工期压力加剧。面对困难和挑战，工程建设系统认真贯彻落实集团公司工作会议精神，围绕“两个三年、两个十年”战略部署，担当作为，狠抓落实，全力保投产、保续建、促新开，助力为决胜全面可持续发展打下决定性基础。

重点工程建设成绩显著。59个重点工程建设项目顺利实施，2座油气田地面工程、21套炼化装置、4套油气储运设施及管道项目建成投产，14个国Ⅵ油品质量升级烷基化项目中7个已投产，8个国家应急救援基地中7个已投用。6家企业136套装置大修改造完工并开车成功。

油气田地面工程方面，涪陵页岩气田二期产能地面工程平桥北和平桥南区建成投产；威荣页岩气田产能建设地面工程总体进度完成94%，集气总站土建、工艺管道施工收尾；普光气田1#—4#线连通工程地坝梁隧道顺利贯通，实现阶段性目标。炼化工程方面，福建腾龙芳烃整改修复按计划完工，各生产装置顺利投产、平稳运行；中安联合煤化工、海南炼化二套芳烃，镇海炼化炼油老区结构调整提质升级，九江石化、齐鲁石化、扬子石化、荆门石化、洛阳石化烷基化等项目建成投产；安庆石化、武汉石化烷基化装置具备投产条件；中科炼化一体化全面建成中交，正式转入生产准备阶段；古雷炼化一体化总体进度过半，5台超大型设备吊装就位，安装工程全面展开，220千伏总变电所成功受电；中沙石化聚碳酸酯，茂名石化产品结构优化，天津石化、洛阳石化炼油结构调整，中韩石化乙烯脱瓶颈改造，镇海炼化基地、巴陵石化SEBS等项目全力推进；海南炼化100万吨乙烯、九江石化芳烃、扬子石化炼油结构调整项目开展建设准备工作。储运工程方面，鄂安沧输气管道一期、文23储气库、天津LNG接收站气化外输扩能工程等天然气产供储销体系建成投产，按期完成国家发改委督办目标；仪征原油商业储备基地（三罐区）、南川水江—涪陵白涛天然气管道、荆门—襄阳成品油管道按期投用；董家口原油商储基地、湛江—北海成品油管道、潜江—韶关段输气管道潜江至郴州段建成具备投用条件；洛阳原油商储基地、湛江地下水封洞库、中科炼化一体化输气管道等项目施工收尾；日濮洛原油管道工程、青宁输气管道、山东LNG二期、广西LNG接收站气化外输扩能工程等项目加紧实施。科研辅助设施方面，沙河基地积极推进建设，上海浦东科研信息办公综合基地完成开工准备。

不断强化工程建设安全管控。抓好管理体系的落实，按照《中国石化HSSE管理体系管理规定》，编制企业化和项目化的《HSSE管理手册》；贯彻落实“识别大风险、消除大隐患、杜绝大事故”的要求，从前期策划入手，建立重大安全风险清单，督促承包商将重大风险管控纳入年度计划，落实责任人。严格承包商安全管理，从承包商资质准入、施工技术措施审查、安全费用投入、入厂安全教育、安全交底、现场安全质量监管等环节入手，严格把关；在工程建设电子招标投标交易平台中，以“制度＋技术”手段加强承包商及分包商管理，建立项目承包商管理信息平台，对承包商和作业人员直接作业环节行为进行记分考核，考核结果在全系统进行共享与应用，并将结果作为投标人资格审查、评标、定标、合同签订、评奖评优和培育战略承包商的重要依据。加强直接作业环节监管，贯彻落实《中国石化工程建设禁令》和《加强直接作业环节安全管理十条措施》，在海南炼化二套芳烃、古雷炼化一体化等项目上实施现场HSSE标准化管理，推行标准化工地建设，严格执行《标准化工地建设指南》和《安全管理手册》，极大提升了现场安全管控效果。

扎实抓好工程质量监督。充分发挥政府授予石油化工工程质量监督总站的质量监督职能，建立了有效的工程质量管理体系，促进了项目管理流程的细化和优化，确保了建设项目工程质量总体受控。全年按计划组织对西南威荣页岩气田产能地面工程，中科炼化一体化，扬子石化、武汉石化、镇海炼化烷基化，湛江—北海成品油管等重点工程进行 27 次质量督查，发现各类质量问题 3 067 项。对于现场发现的触犯“红线”的质量问题时刻保持高压态势，坚决做到彻查彻改，严格落实质量责任制和约谈通报机制，及时约谈山东胜越、荆门宏图制造等公司，全力确保各工程项目质量受控。针对近年来国内外发生的质量事故，在全系统对 X70、X80、双相不锈钢等材料的使用情况进行细致的排查，明确 X70、X80、双相不锈钢等材料在设计、施工中的质量控制要点，编制发布《X70、X80 钢级管道焊接指导意见》，为天然气管道工程施工提供技术支持。

持续加强招标投标监管。按照政府部门监管要求，中国石化坚持公开、公平、公正的原则，持续强化招标投标日常监管，确保重点项目、一类项目发包做到应招必招、应公开必公开招标。全年直接监管项目共 614 个标段，总中标金额 311.8 亿元，其中公开招标标段 587 个，公开招标率 95.6%。严格执行《中国石化建设工程市场诚信体系管理办法》，从严处理违规承包商，全年对北京珍视通科技公司、中原石化监理等 16 家承包商给予诫勉谈话及警告处理，对江苏新世纪江南环保公司、荆门四方监理等 6 家企业给予通报批评处理，对山东省显通安装公司、南京易通大件起运公司等 10 家企业给予限制投标处理。

积极推动深化改革。按照党中央要求和集团公司关于改革的统一部署，全力推进南京项目管理中心和石油化工工程质量监督总站（简称质监总站）体制改革。南京项目管理中心顺利注册成立“中石化项目管理公司”，公司化制度体系建设基本完成，财务独立核算体系正式运行，启动 QHSE 质量、环境和职业健康安全管理体系认证，逐步向市场化经营转变。质监总站深化体制机制改革效果显著，29 家独立法人单位全部完成注销压减，提前 2 个月完成法人压减任务，集中整合原 30 个分站的业务范围，重新成立 12 个区域监督机构，内控体系基本建成；积极与国家监管总局和上海、天津、广东等多省市的特种设备管理部门沟通，加快提升公司综合资质，梳理特种设备检验与政府主管部门的管理流程，为依法合规开展检验工作奠定基础。

（宋　铎）

油气田地面建设工程

【涪陵页岩气田二期产能建设地面工程】 该工程包括江东区块、平桥北区块、平桥南区块和产出水收集与处理系统 4 个部分。其中，江东区块新建产能 12.25 亿立方米，建设集气站 13 座、集气干线 33.3 千米、集气支线 27.1 千米，批复投资 3.04 亿元；平桥北区块新建产能 11.1 亿立方米，建设集气站 13 座、脱水站 1 座、集气干线 14.8 千米、集气支线 20.3 千米，投资 3.93 亿元；平桥南区块新建产能 5.6 亿立方米，建设集气站 7 座、脱水站 1 座、集气干线 8.1 千米、集气支线 5.3 千米、输气联络线 10.9 千米，投资 3.45 亿元；产出水收集与处理系统新建管线 64 千米 / 污水增压泵 46 台、1 600 米 ^{3}/ 日污水处理站一座及配套等，投资 2.22 亿元。截至 12 月底，平桥北区块和平桥南区块建成投产；江东区块进度完成 98%，共 13 座集气站，11 座已建成投产、1 座达到投产条件；产出水收集与处理系统工程进度完成 58%，部分收集支线已投运，处理站开始土建施工。

（宋　铎）

【威荣页岩气田产能建设地面工程】 项目总体建设 30 亿立方米产能，其中一期地面工程实施 10 亿立方米产能，建设采气站 8 个、管线长度 23.3 千米、集气总站、作业区管理中心，投资 16 421 万元。截至 2019 年底，23# 平台正式流程、29# 井投产流程加紧施工，集气总站完成 92%。

（宋　铎）

炼化项目

【中科合资广东炼化一体化项目】 项目包括设计炼油能力 1 000 万吨 / 年、乙烯生产能力 80 万吨 / 年，主要装置包括 30 套工艺装置和 4×450 吨 / 时 CFB 锅炉、3×100 兆瓦发电机组及相应配套公用工程；厂外工程包括码头和成品油管道，码头建在厂区北侧，共 8 个泊位。项目批复总投资 346.7 亿元。截至 2019 年底，常减压、蒸汽裂解、催化裂化等 29 套主要生产装置建成中交。

（宋　铎）

【中安联合煤化工项目】 项目包括新建 170 万吨 / 年煤制甲醇装置（以产量计）、170 万吨 / 年甲醇制烯烃装置和烯烃下游 35 万吨 / 年线型低密度聚乙烯装置、35 万吨 / 年聚丙烯装置及专有铁路、取水口、码头、水厂、输配电、热电、空分等辅助及公用工程配套设施。项目批复总投资 206 亿元。2019 年 7 月 31 日，项目产出合格产品打通全流程。

（宋　铎）

【中沙石化聚碳酸酯项目】 项目包括新建 2 套 13 万吨 / 年聚碳酸酯生产线，每套生产线包括 3 万吨 / 年一氧化碳单元、5/11 万吨 / 年碳酸二甲酯 / 碳酸二甲苯脂单元、12 万吨 / 年双酚 A 单元、13 万吨 / 年聚碳酸酯单元 4 个单元；配套建设循环水、空压站、110 千伏变电站和 35 千伏变电站等公用工程和火炬系统、罐区、中央控制室、中央化验室、环监站等辅助设施。项目批复总投资 107.1 亿元。截至 2019 年底，总体进度完成 58.8%，其中桩基施工完成，地下管网施工完成 92.6%，钢结构及设备安装施工。

（宋　铎）

【海南炼化第 2 套芳烃项目】 项目包括新建 100 万吨 / 年对二甲苯装置、5 万米 ^{3}（标准）/ 时制氢装置及配套工程。其中，对二甲苯装置包括二甲苯分馏、吸附分离、异构化 3 套工艺装置及与之配套的公用工程；制氢装置包括原料气加压、原料精制、转化及余热回收、变换及变换气冷却、变压吸附氢提纯、锅炉给水及蒸汽发生及公用工程。项目批复总投资为 36.80 亿元。2019 年 3 月 15 日，项目建成中交；9 月 27 日，产出合格产品。

（宋　铎）

【镇海炼化炼油老区结构调整提质升级项目】 项目包括新建 260 万吨 / 年沸腾床渣油加氢、15 万吨 / 年的硫黄回收（含 130 吨 / 时的酸性水气提）、2 万米 ^{3}（标准）/ 时的 PSA 氢气回收等装置；已有的 $2^{\#}$ 催化裂化装置由 300 万吨 / 年改造至 340 万吨 / 年，液化气公路装车移位改造，罐区改造，热力管网改造及电气仪表等相关系统配套内容。项目批复总投资 36.83 亿元。2019 年 1 月，煤制氢（POX）装置顺利投产；3 月，硫黄回收装置顺利投产；12 月，渣油加氢装置顺利投产。

（宋　铎）

【福建漳州古雷炼化一体化项目】 项目包括建设 80 万吨 / 年乙烯裂解、55 万吨 / 年裂解汽油加氢、35 万吨 / 年芳烃抽提、13 万吨 / 年丁二烯抽提、30 万吨 / 年乙烯醋酸乙烯树脂（EVA）等 10 套工艺生产装置及公用辅助工程，总体设计批复投资 278.4 万元。截至 2019 年底，项目总体进度完成 51.8%，其中一级地管、道路施工收尾，急冷油塔、急冷水塔吊装就位，空分装置工艺管道开始试压。

（宋　铎）

【扬子石化 10 万吨 / 年 EVA 项目】 项目新建压缩、聚合、高低压分离、造粒、脱气、醋酸乙烯回收和包装等主装置单元；配套、改造或依托相关公用工程和辅助设施。项目基础设计批复投资 15.43 亿元。截至 2019 年底，项目建成中交，开展生产准备工作。

（宋　铎）

【天津石化炼油产品结构调整及油品质量升级改造项目】 项目新建 260 万吨 / 年渣油加氢、280 万吨 / 年重油催化裂化（含双脱）、50 万吨 / 年气分、120 万吨 / 年 S-Zorb、10 万米 ^{3}（标准）/ 时天然气制氢5套装置。改造3套装置：200万吨/年柴油加氢装置改造为200万吨/年航煤加氢装置；15万吨/年焦化气分装置改造为10万吨/年MTBE装置；6万吨/年硫黄回收装置采用富氧技术改造至10万吨/年，配套储运系统、公用工程系统及辅助设施进行适应性改造。项目基础设计批复投资38.5亿元。截至2019年底，项目总体进度完成90.2%，其中主装置土建施工、钢结构安装基本完成，设备安装收尾，工艺管道施工完成54%。

（宋　铎）

【茂名石化产品结构优化及配套15万吨/年硫黄回收装置】 项目新建1套260万吨/年浆态床渣油加氢裂化及石脑油柴油加氢组合装置，配套新建15万吨/年硫黄回收联合装置，改造相关公用工程。项目基础设计批复投资32.47亿元。截至2019年底，项目总体进度完成84.2%，其中土建及地管施工收尾，钢结构及设备安装全面展开，低压部分管道安装完成75%，高压部分管道开始安装。

（宋　铎）

【洛阳石化炼油结构调整项目】 项目新建260万吨/年渣油加氢、120万吨/年连续重整联合、12万吨/年乙苯、10万吨/年硫黄回收4套装置；改造5套装置：常减压蒸馏装置由800万吨/年扩改至1000万吨/年、1#催化装置由140万吨/年扩改至180万吨/年、2#催化装置由140万吨/年扩改至160万吨/年、220万吨/年蜡油加氢装置改造为150万吨/年中压加氢裂化装置、80万吨/年航煤加氢装置扩改至120万吨/年；配套改造污水处理场、中心控制室、航煤储罐等。项目总体设计批复投资45.26亿元。截至2019年底，项目总体进度完成84.3%，其中渣油加氢、连续重整、芳烃抽提、氢提浓4套装置设备安装完成91.2%，钢构安装完成95.4%，工艺管道预制安装80%。

（宋　铎）

【荆门石化280万吨/年重油催化裂化装置及系统配套改造项目】 项目新建280万吨/年重油催化裂化装置，主要包括反应再生、分馏、吸收稳定、油浆减压拔头、富气压缩机组、烟气能量回收机组、CO余热锅炉、低温热回收、烟气净化、双脱等单元。新建35千伏变电所1座；配套完善储运、消防、给排水等公用工程和辅助设施。配套管道系统、公用工程依托已有设施改造。项目基础设计批复投资11.8亿元。2019年12月，项目建成中交，开展生产准备等工作。

（宋　铎）

【中韩石化乙烯脱瓶颈改造项目】 项目包括新建30万吨/年HDPE、30万吨/年PP、6万吨/年丁二烯3套装置，改造4套装置：乙烯装置由80万吨/年扩大到110万吨/年、MTBE/1-丁烯装置由8/3万吨/年扩大到12/4.5万吨/年、裂解汽油加氢装置由55万吨扩大到70万吨/年、芳烃抽提装置由35万吨扩大至40万吨/年，配套新建1台产汽能力300吨/时的燃气锅炉等公用工程和辅助设施。项目总体设计批复投资42.5亿元。截至2019年底，项目总体进度完成33.4%，其中新建装置区桩基施工收尾，开始基础、地管施工，丁二烯装置开始大型设备吊装，管廊钢结构开始安装。

（宋　铎）

【巴陵石化5万吨/年SEBS装置】 项目主要包括聚合、加氢、脱盐、凝聚、后处理等单元，配套助剂配置、原料精制、储罐、冷冻站、循环水站、空压站、仓库、变配电室等辅助设施。项目基础设计批复投资5.47亿元。截至2019年底，项目总体进度完成50.7%，其中设备基础施工收尾，地下管网安装完成88.9%。

（宋　铎）

物流储运项目

【天津LNG接收站气化外输扩能工程】 项目建设高压外输泵6台、高压SCV6台、高压IFV5台、外输计量系统 4 套、海水泵 3 台、燃料气电加热器 1 台，及配套工艺、配管、土建、水、消防、电、自控、电信等设施，于 2018 年 10 月 29 日取得核准批复。2019 年 2 月 22 日可研批复，4 月 4 日取得基础设计批复，11 月 30 日投产。

（侯志强）

【文 23 储气库工程】 项目建设集注站 1 座（站内设 110 千伏变电所 1 座）、集气站 6 座、注采总井数 77 口（新钻井 66 口、老井利用 11 口）、多井井场 8 座及配套集输管网，设计工作气量 32.67 亿米 ^{3}/ 时。项目于 2017 年 7 月 11 日基础设计批复，10 月 30 日开工；2019 年 7 月 31 日，全面投产。

（侯志强）

【鄂安沧输气管道一期工程】 项目工程总体包括“一干五支”，线路总长 2 293 千米，主干线设计输量 300 亿米 ^{3}/ 年，设置工艺站场 25 座、截断阀室 84 座。一期工程包括“一干两支三联通”管道，线路全长 710 千米，设计任务输量 70 亿米 ^{3}/ 年，设置 9 座站场、27 座阀室。2019 年 9 月 16—19 日，项目主干线安平—鹿泉段投产，全线建成正式进入试投运阶段。

（侯志强）

【荆门—襄阳成品油管道工程】 项目管道全线长度 130.4 千米，设荆门首站和襄阳末站 2 座站场及 RTU 线路截断阀室 5 座。项目于 2017 年 10 月 16 日开工；2019 年 4 月 18 日线路工程和站场工程建成中交，4 月 26—28 日完成水联运，6 月 26 日一次投产成功。

（侯志强）

【董家口原油商业储备基地工程】 项目新建 16 台 10 万立方米浮顶油罐及配套设施，库容 160 万立方米。项目于 2016 年 9 月 6 日开工，2019 年 7 月 26 日具备投油条件。

（侯志强）

【湛江—北海成品油管道工程】 项目管道线路全长 170 千米，设中科首站和廉江注入站。其中，北海—山口段全长 79 千米，扩建北海站。2017 年 8 月 20 日，湛廉项目新奥 18 千米代建段开工；2018 年 1 月 28 日，北山项目开工，4 月 20 日，湛江—廉江段开工；2019 年 12 月 18 日，具备投用条件。

（侯志强）

【重庆南涪管道工程】 项目管道线路全长 65 千米，新建 1 座输气站场及 4 座 RTU 阀室。全线有 2 处控制性工程：乌江悬索跨越工程（主跨 355 米）、分水岭隧道工程（总长 2 382 米）。2019 年 10 月 10 日，项目建成中交，12 月 17 日全面投产。

（侯志强）

【洛阳原油商业储备基地工程】 项目新建 8 座 10 万立方米储罐及配套设施，库容 80 万立方米。北山项目于 2015 年 3 月 15 日开工；截至 2019 年 12 月底，总体进度完成 89.7%。

（侯志强）

【潜江—韶关输气管道工程】 项目线路全长 856 千米，设置站场 9 座、阀室 39 座、维抢修中心 1 座；水域大中型穿跨越 30 处，山体隧道穿越 13 处；年输气 60 亿立方米。2017 年 10 月 28 日，长江定向钻穿越开钻；2018 年 1 月 22 日，线路 EPC 标段开工（广东段）；2019 年 10 月 27 日，潜江长沙段中交验收完成，截至 12 月底，总体进度完成 92.5%。

（侯志强）

【日照—濮阳—洛阳原油管道工程】 项目设计输量 1 000 万吨 / 年，全长 782 千米，站场改扩建 2 座、新建 4 座。项目于 2018 年 3 月 28 日开工；截至 2019 年 12 月底，总体进度完成 91.4%。

（侯志强）

【中科炼化一体化工程配套输气管道项目工程】 工程管道分为“一干一支”（输气干线和湛江东兴公司支线），管道线路总长约 75.5 千米，设计输量为 18 亿米 ^{3}/ 年。其中，输气干线为城北站—东海岛站，管道长约 54.5 千米，与成品油管道同沟敷设，主要承担中科炼化和协鑫电厂等用户的供气任务，设置 2 座输气站场（湖光站和东海岛站）和2座线路截断阀室；湛江东兴公司支线为湖光站—东兴站，管道长约21千米，主要承担向湛江东兴公司和万众燃气电厂等用户的供气任务，设置1座输气站场（东兴站）和1座线路截断阀室。项目于2018年10月16日开工；截至2019年12月底，总体进度完成82.52%。

（侯志强）

【青宁输气管道工程】 项目全长531千米，途经青岛市、日照市、临沂市、连云港市、宿迁市、淮安市、扬州市共2个省7个市16个县（区），设计任务输量72亿米^3/年，沿线共设站场13座、阀室20座。项目于2019年6月14日开工，截至12月底，总体进度完成59.6%。

（侯志强）

【山东LNG二期工程】 项目新建2座16万立方米LNG储罐及其配套的附属设施，新增规模400万吨/年，使全站规模提高至700万吨/年。项目于2018年10月20日开工；截至2019年12月底，总体进度完成60.05%。

（侯志强）

【广西LNG接收站气化外输扩能工程】 项目主要利用已有的4台16万立方米的LNG储罐，通过增加4台罐内低压泵、3台高压输送泵、3台开架式海水气化器（ORV）、2台1.34万米^3/时的海水泵，使接收站的LNG接卸能力从300万吨/年提高至600万吨/年。同时增加2路计量支路，达到5路（4用1备）。项目于2019年11月5日开工，截至12月底，总体进度完成47.08%。

（侯志强）

工程建设管理

【设计管理】 ①及时开展重点工程建设项目和重点检修改造项目设计协调。主要组织和参与中科炼化、中韩石化、古雷炼化、镇海炼化乙烯扩建及炼油老区改造，海南炼化乙烯，中沙石化、天津石化、洛阳石化、扬子石化、茂名石化等炼油改造，以及汽、柴油质量升级项目群等重点工程建设项目和重点检修改造项目的设计管理检查协调，组织设计统一规定审查、设计方案专题论证，参加项目可研评估、工艺包审查、总体设计和基础设计审查等。检查落实设计条件，检查协调工程设计进度，协调装置（单元）之间的界面关系、设计与采购施工的界面关系等，在项目启动初期配合对接落实项目建设启动相关条件；配合审查企业上报的工程设计采购方案，落实工程设计招标、设计委托等设计选商工作。②抓好制度建设。结合《建设项目实施管理规定》的颁布，对设计管理有关制度进行进一步梳理，修订并颁布《建设项目设计管理办法》。③加强技术基础工作。组织完成《工程建设数字化交付执行细则（试行）》《建设项目设计过程专项审查管理规定》《X80级钢选用设计导则》的编制、审查、发布等工作。组织在古雷炼化一体化项目先期试用通用管道材料等级库。组织完成镇海炼化POX装置数字化交付课题项目验收，组织海南炼化乙烯项目数字化交付方案评审。组织涪陵LNG工厂项目设计回访等。

（王永焕）

【生产准备与投料试车】 2019年，共有2座油气田地面工程、21套炼化装置建成投产、7项油气储运设施及管道建成投用（见表1）。各企业按照《中国石化建设项目生产准备与试车管理规定》文件要求，认真做好组织、人员、技术、物资、资金、营销、外部条件7个方面的生产准备工作，做到生产准备与工程建设同步进行无缝衔接，加强对项目生产准备和投料试车全过程管理，认真进行投料试车条件检查，保证装置投料试车顺利进行。为保证投料试车一次成功，全年总部共组织总体试车方案审查12次，投料条件检查19次，各类研讨、总结及问题协调会7次，开车队及开车专家组22批。

（谢国学）

表 1　　2019 年新建炼油化工装置和油气储运设施投产计划完成情况

序号		单位	名　　称	建设规模 / (万吨 · 年 $^{-1}$)	投产时间
一	1	江汉油田分公司	涪陵页岩气田平桥北区产能建设地面工程	11.1 亿米 ^{3}/ 年	11 月 29 日
二	2	华东油气分公司	涪陵页岩气田平桥南区产能建设地面工程	5.6 亿米 ^{3}/ 年	11 月 29 日
三	3	中安联合	煤气化装置	51.5 万米 ^{3} (标准) / 时	6 月 15 日
	4		合成气净化装置	2×38.5 万米 ^{3} (标准) / 时	6 月 16 日
	5		甲醇合成装置	180	7 月 20 日
	6		硫黄回收装置	2×2	7 月 21 日
	7		MTO 装置	180	7 月 26 日
	8		聚乙烯装置	35	7 月 29 日
	9		聚丙烯装置	35	7 月 31 日
四	10	海南炼化	制氢装置	5 万米 ^{3} (标准) / 时	9 月 7 日
	11		异构化装置	437	9 月 27 日
	12		二甲苯分离装置	552	9 月 27 日
	13		吸附分离装置	538	9 月 27 日
五	14	镇海炼化	煤制氢 (POX) 装置	10 万米 ^{3} (标准) / 时	1 月 31 日
	15		硫黄回收装置	15	3 月 31 日
	16		杜邦硫酸法烷基化装置	30	12 月 3 日
	17		沸腾床渣油加氢装置	260	12 月 22 日
六	18	荆门分公司	中国石化硫酸法烷基化装置	20	6 月 17 日
	19		润滑油加氢处理装置	55	10 月 26 日
七	20	扬子石化	杜邦硫酸法烷基化装置	30	11 月 12 日
八	21	齐鲁分公司	杜邦硫酸法烷基化装置	40	6 月 5 日
九	22	洛阳分公司	中国石化硫酸法烷基化装置	20	7 月 23 日
十	23	九江分公司	离子液法烷基化装置	30	3 月 31 日
十一	24	管道储运公司	仪征原油商业储备基地 (三罐区)	37.5 万米 ^{3}	8 月 28 日
十二	25	天然气分公司	文 23 储气库 (一期) 工程	84.31 亿米 ^{3}	7 月 31 日
	26		鄂安沧输气管道工程 (一期)	70 亿米 ^{3}/ 年	9 月 16 日
十三	27	销售华中分公司	荆门—襄阳成品油管道	350	6 月 27 日

【大修改造】 2019 年按计划完成 6 个重点大修改造项目（见表 2），涉及 136 套生产装置，总费用 44.42 亿元（检修费用 14.23 亿元，同步实施改造项目投资 30.19 亿元）。

重点大修改造项目中，全厂性停工大修改造共计 5 家（洛阳石化、青岛炼化、湛江东兴公司、南阳能化、安庆石化）。检修停工装置达 20 套以上的有 3 家，包括洛阳石化（29 套）、青岛炼化（22

套）、安庆石化（48 套）。大修改造计划总费用达 5 亿元以上的有 4 家，包括洛阳石化（11.84 亿元）、青岛炼化（8.40 亿元）、湛江东兴公司（7.90 亿元）、安庆石化（11.48 亿元）。全年组织大修改造项目协调会、重大方案审查、检查调研共计 27 次。

（远　征）

表 2　　2019 年重点大修改造项目实施情况

序号	企业名称	大修装置范围	计划时间	总费用 / 亿元
1	洛阳石化	800 万吨 / 年常减压系列等 29 套主要生产装置	4 月 17 日—6 月 21 日	11.84
2	青岛炼化	1 000 万吨 / 年常减压系列等 22 套主要生产装置	5 月 25 日—8 月 8 日	8.40
3	湛江东兴公司	500 万吨 / 年常减压系列等 17 套主要生产装置	7 月 3 日—9 月 2 日	7.90
4	南阳能化	60 万吨 / 年常减压系列等 4 套主要生产装置	8 月 15 日—9 月 16 日	0.11
5	安庆石化	400 万吨 / 年、500 万吨 / 年常减压系列等 48 套主要生产装置	10 月 30 日—12 月 26 日	11.48
6	广州石化	520 万吨 / 年常减压系列等 16 套主要生产装置	10 月 10 日—12 月 18 日	4.69

工程建设监管

【工程质量监督】 2019 年，实现一、二类项目质量监督覆盖面 100%，单位工程质量验收合格率 100%，中交审核符合率 100%，对重点工程项目、大修改造项目开展质量监督和监管共计 36 项（含 2 个项目群）。全年共开展综合性质量检查 151 次、专项质量检查 245 次，进行停监点检查 2 564 次，发现并消除各类质量问题共计 12 138 项，含实体类问题 4 226 项。共完成检测焊口数（含各种检测方法）461 600 道，焊接一次合格率 96.7%，高于集团公司规定的合格率 91% 的标准。全年无重大质量问题发生，各重点工程质量实现总体受控。质监总站积极创新监管方式，综合运用停监点检查、质量综合检查等方式，推行监督项目差别化管理；采取"区域 + 重点 + 协同"调研模式，深入施工现场，解决实际问题，确保中科炼化、古雷炼化一体化、新粤浙长输管道等重点项目质量受控。

（王扶卷）

【压力管道监检】 2019 年，质监总站共对 132 个（含续建）项目开展压力管道监督检验工作。其中，新受理压力管道监检申报项目 87 个，完成项目监检、签发监检报告 53 份。完成压力管道监检长度 202.43 千米。发出监督检验工作联系单 242 份，查出问题 686 项，及时发现和督促整改了材料用错、管道元件焊接和法兰垫片安装遗漏、管道密封面泄漏、设计选材错误等重要质量隐患。

（王扶卷）

【特种设备定检】 2019 年，监测公司顺利完成沧州炼化、洛阳石化、青岛炼化、湛江东兴公司、广州石化、安庆石化和青岛石化 7 家单位压力容器和工业管道定期检验，检验压力容器 1 253 台、工业管道 38.83 万米。完成青岛市周边的检验任务及青岛石化部分定点测厚工作、常压储罐检验、压力容器压力管道年度检查及安全阀校验工作，发现较大缺陷 17 处并予以消除，对发现的与标准法规、质量体系不符的问题进行及时整改，为受检单位的安全运行提供保障。

（王扶卷）

【工程质量监测】 主要围绕设备材料进厂验收、管道成线后的符合性检验及现场检验检测情况的监督抽查等方面开展。重点对中安联合、镇海炼化、中科炼化项目开展驻场监测。开展射线抽检、射线底片复审、超声波检测、管道焊口磁粉检测、相控阵（PA）抽验、超声波测厚、光谱检验、硬度检验、铁素体测试等。发现底片存在质量问题 3 580 张；发现底片评定存在问题 120 张，其中超标缺陷漏评 50 张，排除了重大隐患，把好了工程质量最后一道关口。

（王扶卷）

【压力管道评审】 2019 年，中石化工程质量监测有限公司（简称监测公司）接受国家市场监管总局的压力管道安装单位评审委托 63 家，完成评审 55 家。同时，根据国家市场监管总局特设局的安排，参加《特种设备生产和充装单位许可规则》《压力管道安装监督检验规则》的征求意见稿和规则的讨论；作为主要起草单位，牵头起草《压力管道安装许可鉴定评审细则》，组织各评审机构进行研究讨论，并于 2019 年 11 月发布实施；编制监测公司《压力管道安装许可鉴定评审工作指南》，用于指导申请单位的压力管道安装取证准备工作。另外，根据国家市场监管总局对特种设备许可的改革新规则要求，对体系文件和管理制度进行修改完善，并发布实施压力管道安装鉴定评审报告和整改确认报告等相关文件。

（王扶卷）

【招标工作】 优质高效组织招标，保障重点工程建设。2019 年，中国石化集团招标有限公司共组织完成招标 1 787 个标段、增长 62%，累计中标额 266.97 亿元；组织完成非招标采购 444 个标段、招标失败转非招标 96 个标段。累计签订代理合同 182 份，合同金额约 15 969 万元。

电子招标投标交易平台建设和应用成果显著。截至 2019 年底，中国石化系统内共有 127 家企事业单位在平台开展工程服务采购，上线率 100%，完成采购标段 27 347 个，成交金额累计 603.84 亿元，自 2016 年 7 月系统上线累计成交额 1 864.34 亿元，完成全流程电子化招标标段 3 654 个。自系统上线至 2019 年底，经审核入库的市场主体有 16 802 家，包括招标人 748 家、投标人 15 538 家、代理机构 516 家；专家在册 9 101 人，包括企业级专家 4 874 人、总部级专家 4 227 人；数字证书 CA 发放共计 12 282 个。

开展《招标标准文件》升版及电子化。2019 年 11 月 4 日，编制完成《中国石化工程项目非招标采购文件》（示范文本）14 套，包括设计采购施工总承包、施工、勘察测量、勘察设计、详细设计、工程监理、环境监理、环境监理监测、水土保持监理、水土保持监理监测、无损检测、桩基检测、造价咨询等，概要版已通过总部组织的审查。开展《中国石化工程项目分包招标标准文件》的编制工作。

工程承包商管理平台建设基本完成并顺利上线。为规范承包商考核管理，加强承包商直接作业环节管理，2019 年 6 月初启动工程承包商管理平台建设工作，并于 12 月底完成主体功能建设及部署上线。平台依据《中国石化建设项目承包商记分量化考核管理办法》进行设计开发，为制度有效落地实施提供信息化支撑，使承包商考核工作得以高效开展、数据信息互联共享，对于完善中国石化工程建设监管体系具有里程碑意义。

（王　宇）

【标准管理】 2019 年完成 90 项工程建设国家标准和行业标准制修订，组织 198 次国家标准、行业标准审查，《加油加气站项目规范》《石油库项目规范》《地下水封洞库项目规范》等 6 项国家强制性标准通过研编验收；颁布实施《加油站在役油罐防渗漏改造标准》《石油化工建设工程施工安全技术标准》《石油化工可燃气体和有毒气体检测报警设计标准》等 5 项国家标准和《石油化工设计安全检查标准》《石油化工火灾自动报警系统施工及验收标准》等 23 项行业重点标准（见表 3）；积极推进企业标准《中国石化炼化工程建设标准》修编，全年组织专家 270 人次，完成 10 批 101 项审查，其中《石化装置防范串压风险设计导则》《极度和高度危害介质储运设施技术标准》2 项关键性企业标准编制完成。稳步开展标准国际化工作，按照“一带一路”标准国际化的工作构想，全年承担标准英文版编制任务 27 项，其中国家标准 3 项、行业标准 8 项、企业标准 SDEP 英文版

16项；继续维护“国外标准信息库”，为工程技术人员提供国外丰富的标准资源，配合国家住房和城乡建设部完成“中国标准国际化工作情况”调研和《中国标准外文版工作现状调查报告》(石油化工部分)。

（葛春玉）

表3 2019年公告的国家标准和行业标准目录

序号	标准编号	标准名称	发布机构
1	GB/T 50484—2019	石油化工建设工程施工安全技术标准	住房和城乡建设部
2	GB/T 50493—2019	石油化工可燃气体和有毒气体检测报警设计标准	住房和城乡建设部
3	GB/T 50507—2019	铁路罐车清洗设施设计标准	住房和城乡建设部
4	GB/T 51344—2019	加油站在役油罐防渗漏改造工程技术标准	住房和城乡建设部
5	GB/T 51384—2019	石油化工大型设备吊装现场地基处理技术标准	住房和城乡建设部
6	SH/T 3002—2019	石油库节能设计导则	工业和信息化部
7	SH/T 3015—2019	石油化工给水排水系统设计规范	工业和信息化部
8	SH/T 3022—2019	石油化工设备和管道涂料防腐蚀设计标准	工业和信息化部
9	SH/T 3061-2019	石油化工管式炉基础设计规范	工业和信息化部
10	SH/T 3081—2019	石油化工仪表接地设计规范	工业和信息化部
11	SH/T 3082—2019	石油化工仪表供电设计规范	工业和信息化部
12	SH/T 3103—2019	石油化工中心化验室设计规范	工业和信息化部
13	SH/T 3106—2019	石油化工氮氧系统设计规范	工业和信息化部
14	SH/T 3139—2019	石油化工重载荷离心泵工程技术规范	工业和信息化部
15	SH/T 3154—2019	石油化工非金属衬里管道技术标准	工业和信息化部
16	SH/T 3156—2019	石油化工离心泵和转子泵用轴封系统工程技术规范	工业和信息化部
17	SH/T 3157—2019	石油化工回转式压缩机工程技术规范	工业和信息化部
18	SH/T 3159—2019	石油化工岩土工程勘察规范	工业和信息化部
19	SH/T 3204—2019	石油化工粉粒产品后处理（包装）系统设计规范	工业和信息化部
20	SH/T 3205—2019	石油化工紧急冲淋系统设计标准	工业和信息化部
21	SH/T 3206—2019	石油化工设计安全检查标准	工业和信息化部
22	SH/T 3207—2019	石油化工工程安全标志	工业和信息化部
23	SH/T 3413—2019	石油化工石油气管道阻火器选用、检验及验收标准	工业和信息化部
24	SH/T 3513—2019	立式圆筒形料仓施工及验收规范	工业和信息化部
25	SH/T 3539—2019	石油化工离心式压缩机组施工及验收规范	工业和信息化部
26	SH/T 3568—2019	石油化工火灾自动报警系统施工及验收标准	工业和信息化部
27	SH/T 3603—2019	石油化工钢结构防腐蚀涂料应用技术规程	工业和信息化部
28	SH/T 3604—2019	石油化工灌浆材料应用技术规程	工业和信息化部

【炼化工程造价管理】 工程造价管理坚持“立足行业、服务企业、市场接轨”的工作思路，持续推进计价体系建设，加强工程造价咨询企业及人员资质资格管理，夯实工程建设监管及项目管理的技术基础，深化工程造价管理机构改革。

适应石化建设发展，推动计价依据改革。遵循“量真价实、贴近市场”的改革思路，经过广泛调研、数据采集和计算，集中修订和测算分析，对2007版预算定额、费用定额、概算指标和主材费进行量、价、费的全面修编和改版，发布实施2019版《石油化工安装工程预算定额》《石油化工安装工程费用定额》《石油化工安装工程概算指标》。新版计价依据更加贴近实际，保持了石化安装工程预算定额与概算指标在同行业中的先进性和权威性。发挥工程计价专业特长，完成住房和城乡建设部通用安装工程消耗量定额《机械设备安装工程》和第八册《工业管道安装工程》主编修订。

动态跟踪调整计价依据，及时发布增值税调整文件和质量监管费费率。根据《财政部　税务总局　海关总署关于深化增值税改革有关政策的公告》，对2018版《石油化工工程建设费用定额》中增值税计算税率进行调整，发布调整后的“增值税计算税率与计算公式表”。按照集团公司改革统一部署，对《石油化工工程建设费用定额》（2018）及《油气田地面工程和长距离输送管道工程其他费及预备费计费标准》（试行）中建管费费率进行调整。

服务石化企业做好计价依据管理。为编制石油化工建设项目造价文件、投标报价、费用控制、造价咨询提供计价依据，及时发布工程建设设备材料价格信息，共发布6期“石油化工安装工程主材费”调整系数、“非标准设备信息指导价”和“石化建筑定额”A类材料价格信息。加强计价体系文件的日常管理和咨询，为合同双方提供专业技术支持，全年答复咨询函120件，解决问题300多个。

继续推动管理体制改革与管理机构建设。造价公司完成股权划转，换发工商营业执照，完成ERS系统、AIC系统、TMS系统建设，市场化运作机制逐步完善。承担集团公司竣工决算审计和工程造价咨询等工作，顺利与中科炼化、古雷炼化一体化等项目和中国石化项目管理公司、管道储运公司、商储公司等单位签订工程造价咨询服务合同。

发挥行业管理职能，开展工程造价管理业务培训及资质资格管理。按照住房和城乡建设部、中价协相关规定和集团公司《工程造价从业人员的资格管理规定》，完成造价人员资格认证及复检等注册管理工作，进一步完善人员信息档案。举办2期一级注册造价工程师继续教育培训、4期石油化工工程造价预算专业人员和2期概算专业人员职业技能培训，涉及系统内外100多家石油化工、煤化工企业，共有2 000多名学员参加培训。

（蒋　炜）

【石油工程造价管理】 石油工程造价管理聚焦油田板块中心任务，以提升造价管理为主线，以推行清单计价为重心，全面完成年度重点任务，取得一批新成果。

定额建设与管理。大力推进定额的建设和完善，密切跟踪重点勘探开发部署，采用“学习曲线法”，基于工艺技术进步和目标预测确定阶段性定额周期，完成中原油田内蒙古拐子湖和华东金佛山2个新区块钻井工程定额编制，为新区项目投资测算、预结算建立科学的计价依据。针对部分老油区定额发布时间长、水平已落后于实际的问题，开展河南、塔河老区的钻井定额调整工作，调整后的新定额充分反映钻井工艺技术和管理的进步，体现了先进生产力水平。完成3项专项定额编制：①射孔工程定额。形成适应27种射孔工艺定额及17项统一的分部分项工程综合单价，建立了射孔工程工程量清单计价体系；通过3 738井次的套算对比，新定额工时较现行定额缩短1.69%，费用降低2.95%。②胜利侧钻井定额。构建了中国石化通用的侧钻井工程量清单模板，形成适用于胜利油区的侧钻井综合单价；通过2018年完工的118口井套算对比，周期缩短13.5%，费用降低0.48%。③四川盆地井下作业定额整合。针对四川盆地中原油田、西南油气田、江汉油田等单位，试气压裂各自定额标准不一、有的已经落后的问题，将四川盆地的3套井下作业定额进行整合，以提高定额的规范性，已完成定额初稿。

清单计价体系建设。清单计价体系一期如期建成并全面应用，完成项目批复的建设内容，达到预期效果，在石油工程领域实现计价模式的转换，走在国内同行的前列。一期建设顺利通过信息和数字化管理部组织的验收，验收结论：该项目为石油工程推行清单计价构建了先进、高效、安全的集中管控平台，对提升造价管理的规范化、标准化、信息化，支撑企业经营管理具有重要意义。在全面上线的基础上，继续推进一期建设的深化应用，实现12家油田分公司，物探、钻井、测井、录井、井下作业、试油气6个专业工程造价业务全覆盖，显现4个方面的初步成效：①构建了集中统一的造价管理平台，规范了造价管理；②为工程项目造价管控提供了有效抓手；③促进了设计和预算一体化，为从源头优化提供了便捷工具；④有利于市场化运作，减少争议，提高预结算效率。

预算价格管理。持续扩大造价中心直管主材预算价格管理品种，材料预算价格实行分级管理，2019年直管主材新增3个类别，总量达12类4 400多项，主材管理覆盖面达70%以上。依托系统平台，材料预算价格管理实现全流程线上运行，材料预算价格跟随总部采购价格变动频次，同步测算、同步调整，实时联动材料费用计价模块，为企业工程项目预结算提供了准确的价格依据。针对人工、机械和技术服务预算价格“专业多、工艺特点不同、组价构成形式不一、各油区价格差异大、动态调整难度大”的情况，对其进行全面梳理，共梳理人工费1 580项、机械台班价格1 030项、技术服务价格799项，为下一步构建3个价格数据库及管理子系统打下基础。通过主材价格分析，向各企业提供更多的价格信息，有助于企业判断把握主材价格长周期的走势和变动规律。

项目审查与协调。扎实做好重点项目、风险探井投资测算和审查。在审查过程中突出“严”字，从严把关，坚决卡住依据不充分、列支不合理的费用，全年共计审查产能等项目8项、东溪1井等风险探井19口，共审减1.03亿元。及时核定费用、化解争议。针对个别工区因甲乙方费用争议导致的招投标流标、工程停工的矛盾，对西南金石103井、新星GR1井等6口井的费用争议进行协调，本着“效益优先、公平合理”的原则，细致、合理测算确定费用，得到甲乙双方的认可，化解了争议，保障了工程顺利实施。2019年，分公司层面共审核结算546.93亿元，其中物探33.98亿元、钻井321.55亿元、测录井24.75亿元、井下作业80.7亿元、试油气38.08亿元、油气田地面工程47.87亿

基础工作。加强培训，提升全系统的业务素质和能力，针对各单位造价业务相关部门和基层单位的关键岗位人员举办2期高级培训班，18家单位的156人参加培训；针对造价系统领导和业务骨干开办2期业务提高班，22家单位的162人参加培训；开办钻井工程、石油安装工程造价取证培训班，263人参加培训；组织120多人参加钻测录专业初级升中级、安装专业中级升高级证书升级考试。开展造价分析和优秀项目评审，在各单位进行初评的基础上，召开造价分析会，34个成果参加现场发布评审，16项成果获一等奖、18项成果获二等奖。制度建设取得新成果。编写完成石油专业工程工程量清单计价计量规范和石油建设工程工程量清单计价计量规范，形成清单计价的指导性理论依据，属国内同行业首创。开启与中国石油造价交流的新形式，建立常态化的交流机制，首次开展四川盆地页岩气、鄂尔多斯盆地、塔里木盆地三大盆地的联合调研，形成了调研报告，系统全面了解了双方真实造价水平，发现了造价控制和优化的潜力。

（张　兴）

【设计企业资质】 中国建筑业协会石化建设分会共有勘察设计企业42家，其中工程勘察设计综合甲级6家、工程设计行业甲级21家、专业甲级14家、行业乙级1家。根据国家住房和城乡建设部《建设工程勘察设计资质管理规定》《工程设计资质标准》《建设工程勘察设计资质管理规定实施意见》和《关于工程勘察设计资质实行网上申报和审批的通知》文件，及《关于做好取消建设工程企业资质和个人执业资格初审事项后需衔接工作的通知》、住房和城乡建设部办公厅《关于建设工程企业资质统一实行电子化申报和审批的通知》等有关文件，2019年主要受理完成12家工程勘察设计会员企业有关行业和专业甲、乙级资质延续、升级材料的电子化申报工作，13家工程勘察设计企业提出的资质升级、延续、核定及更名等有关具体问题的政策咨询。

（胡瑞玲）

中国石化
SINOPEC

公用工程

热电 | 水务

热 电

【概述】 2019 年，热电业务深入贯彻“四个革命、一个合作”能源安全新战略，认真落实集团公司工作部署，聚焦提升合规性、可靠性、经济性，进一步增强服务保障能力，实施机组升级改造，提高电厂信息化水平，落实电改、电价政策红利，助力提质增效，为集团公司全面可持续发展提供坚强的公用工程保障，为建设世界领先的洁净能源和合成材料公司做出贡献。

（王福刚）

【电力和热力供应保障能力持续提升】 2019 年，克服政策性控煤、部分煤电机组关停淘汰等困难，提升机组运行负荷，优先保障主业用热需求，发挥自备电厂成本优势，努力增加自发电量。全年完成发电量 378.67 千瓦·时、供热量 4.12 亿吉焦，为主业增产增效提供能源保障。

（王福刚）

【主要技术经济指标水平再创新高】 不断健全完善热电业务对标工作长效机制，持续优化生产运行，实施节能提效改造，主要技术经济指标再创历史新高。全年供电标煤耗降低 9.38 克 /（千瓦·时），供热标煤耗同比基本持平，主要运行指标处于同行业领先水平。

（王福刚）

【机组能耗达标升级改造加快推进】 按照国家煤电机组能耗目标和时限要求，科学制定改造路线和技术方案，加快推进升级改造项目，除已关停或被列入政府关停计划、已达标、已完成改造的 48 台机组外，安排计划对 72 台机组实施改造。扬子石化 5# 汽轮机、仪征化纤 3# 汽轮机等机组经过通流提效改造和运行优化后，供电标煤耗大幅下降，明显好于 310 克 /（千瓦·时）的国家煤电机组能耗要求，为同类机组能效提升提供借鉴。

（王福刚）

【非计划停工管理成效显著】 建立健全热电机组非计划停工管理体系，制定发布集团公司《热电装置非计划停工管理办法》，细化落实生产事故预防和专项整治措施，热电机组稳定运行水平明显提升，全年发电设备利用小时数比同期全国火电机组平均水平高 696 小时。非计划停工减少 46%，发生非计划停工企业数量降低 18.75%。金陵石化、上海石化等 7 家企业非计划停工管理进步明显，镇海炼化、天津石化、青岛炼化等 10 家企业连续 2 年未发生非计划停工。安庆石化设立热电技术监督领导小组和 9 个专业小组，与安徽省电科院合作，在设备故障诊断、节能监督、金属监督、化学监督、状态监测和标准化管理等方面开展技术监督服务 11 次，严格落实各类技术监督工作制度。

（王福刚）

【降本增收取得明显成效】 持续推进全员成本目标管理，强化煤炭采购、储运和使用全过程管控，优化配煤掺烧，消化煤价上涨因素，实现营业利润 15.11 亿元。通过严把煤炭入厂验收关，持续规范煤炭数量、质量验收方法和验收流程，全年入厂入炉煤热值差持续保持全国同行业先进水平。胜利油田胜利发电厂发挥技术优势，开拓技术服务市场，在企业内签订 5 个服务合同，在运行指标和经济指标方面实现双赢。

（王福刚）

【配售电业务改革工作持续推进】 积极推进国家增量配电业务改革试点项目，上海石化合资设立的配售电公司正式挂牌运营。江汉油田、中原油田、西北油田分别被列为国家第 2 批、第 4 批增量配电业务改革试点单位。组织企业申报第 5 批增量配电业务改革试点项目。河南油田组建系统内首家售电公司并投入运营，2019 年代理电量 11.13 亿千瓦·时，为系统内企业降低电费支出 881.9 万元。江苏区域售电公司组建工作正在有序推进。

（王福刚）

【电力市场化交易降本贡献逐步显现】 深入研究

国家和各省（区、市）电力市场化交易规则，及时掌握政策信息和交易动态，做好生产运行计划与交易策略的协同优化，努力扩大电力市场化交易规模，用好电价收费减免政策，降低企业用电成本。2019年，集团公司外购电市场化交易电量增长27.46%，降低购电成本7.74亿元，市场化交易率74.6%，高于全国平均水平44.5个百分点。同时通过优化基本电费降本1.67亿元，自2016年国家启动新一轮电力体制改革以来，4年累计为企业降低电费支出贡献23.21亿元。茂名石化、扬子石化、燕山石化、齐鲁石化等27家企业实现外购电全电量市场化交易。

（王福刚）

【参股电力交易机构工作取得阶段成果】 资产公司作为唯一非电类企业参股北京电力交易中心，与国家电网和9家发电企业协同共赢，共享电力体制改革发展红利。同时，胜利油田参股山东电力交易中心工作正在有序推进。

（王福刚）

【热电超低排放改造工作顺利推进】 严格按照国家和地方政府超低排放的时限和指标要求，加快推进热电装置环保升级改造项目，不断优化技术路线，持续提高脱硫、脱硝、除尘等设施安稳运行水平。已完成改造133台（含计划关停10台），有燃煤锅炉的28家企业中，胜利油田、齐鲁石化、仪征化纤、镇海炼化等25家企业已实现超低排放。

（王福刚）

【稳妥解决超期服役问题】 多次向国家发改委、国家能源局等部门和地方政府沟通汇报现役燃煤热电机组服役期满就地实施升级改造并延寿运行和保留自备电厂性质等项政策诉求。超期服役延寿运行等政策得到国家能源局支持，并在发改能源〔2019〕431号文件中获政策体现。川维化工公司、齐鲁石化等机组替代改造项目获核准，上海市政府主管部门原则同意上海石化热电机组升级改造方案。

（王福刚）

【专业技术服务更具实效】 瞄准生产难题，紧盯管理短板，加强针对性专业指导和现场服务，着力提升安全稳定运行水平。组织专家团队对燕山石化、南化公司、安庆石化、齐鲁石化等企业开展现场技术服务，持续推进热力系统优化技术应用工作，在汽机配汽优化和通流提效改造等方面取得良好效果。赴宁夏能化、沧州炼化、湖北化肥、中天合创、安庆石化等企业进行现场督导，帮助企业落实机组稳定运行的管理责任和技改措施。组织对巴陵石化己内酰胺产业链搬迁与升级转型项目热电机组建设方案进行专题论证，提出装机方案、蒸汽参数等优化意见。针对中安联合新建热电机组存在问题，指导企业采取控制调速汽门节流、降低叶片和汽缸温度等措施，有效改善机组运行工况，每月可为企业增加发电效益1 000万元以上。

（王福刚）

【开拓外部市场取得积极进展】 胜利油田发挥人才技术优势，加大开拓外部市场，承揽长城能化、安庆石化、茂名石化、洛阳石化等企业经济煤种掺烧、机组性能优化提效项目，为系统外多家热电企业提供运行维护技术服务，占领新疆新春油气田2/3以上注汽市场，全年对外经营合同额首次突破亿元。

（王福刚）

【持续开展专业竞赛和现场考评】 组织开展全系统年度热电专业现场检查，分6个专业组对30家油田和炼化企业开展现场考评。重点检查各企业安全稳定运行、节能减排综合改造、超期服役机组治理、降低用电成本、推进配售电改革、电力市场化交易和加强技术监督管理等重点工作进展情况。现场发现问题289项，提出整改建议222条。根据集团公司相关制度规定，经综合评定，共有11家企业被评为综合竞赛优胜单位，其中茂名分公司获一等奖，胜利石油管理局、镇海炼化、天津分公司获二等奖，巴陵分公司、齐鲁分公司、广州分公司、扬子石化、上海石化、燕山石化获三等奖。共有7家单位被评为单项竞赛优胜单位，茂名分公司获评锅炉管理优胜单位，镇海炼化获评汽机管理优胜单位，齐鲁分公司获评燃料管理优胜单位，天津分公司获评电气管理优胜单位，仪征化纤获评环保管理优胜单位，胜利石油管理局获评煤炭验收优胜单位，燕山石化获评外购电降本优胜单位。

（王福刚）

【加强专业队伍建设】 举办煤电机组能效达标高级研讨班、热电机组可靠性管理培训班、煤炭采制化岗位取（换）证班及电力市场化交易和增量配电业务改革研讨班，组织42家企业的280余名业务骨干专题培训热电机组节能评估与技术诊断、长周期运行管理措施及锅炉防磨防爆技术、煤炭采制化取证、电力市场化交易和增量配电业务改革等，有力地促进了专业人才队伍建设。

（王福刚）

水 务

【概述】 2019年，水务系统认真贯彻落实集团公司工作会议精神，按照热电水务年度工作会议的要求和部署，以安稳运行提高服务保障为目标，深化水务专业化管理，持续推进优化运行和降本减费，技术经济指标持续改善，为集团公司决胜全面可持续发展做出应有贡献。

（叶晓林）

【安稳运行水平不断提升】 ①本质安全得到提升。不断强化专业安全意识，开展水务系统安全督查，现场考评共查出安全环保类问题113项，督促企业及时治理，消除隐患，完善应急预案体系建设，加强应急演练，水务系统全年未发生安全环保事故和造成主装置非计划停工事件。燕山石化对承包商每名施工人员设置唯一的二维码，通过扫码进入现场、上报违章情况等，实现管理的全覆盖，降低了作业违章率。中原油田通过“桌面推演”和“无脚本”现场演练等常态化的班组轮训方式，提高了操作人员应急处置能力。②稳定运行得到加强。加大地下水管网治理力度，降低新鲜水制水损耗，全年查出并处理漏点626个，更换新鲜水管线26千米，减少漏损量1 682米^3/时；强化循环水物料泄漏管理，做好入夏前的冷却塔预防性检修工作，保障了夏季冷却塔高负荷运行的稳定性；利用低温余热提高化学水进水温度，提升化学水制水量；抓好源头管控，有序安排大修期间各类污水，重点管控特殊污水，优化调整污水流程，避免污水系统遭受冲击。金陵石化采取上下游联合管理方式，将生产装置和循环水供水单位纳入一个管理体系，提高物料泄漏管理水平。扬子石化利用污染源自动监控系统，完善应急处置和协调程序，避免暴雨和循环水场排污期间对净一装置的冲击。

（叶晓林）

【服务保障能力持续增强】 ①全力保障主业用水需求。围绕主业生产需求，合理优化运行方式和水资源配置，全年取新水量9.63亿立方米、降低20.88%（市政供水移交），处理污水3.03亿立方米、降低12.30%（市政污水移交），供循环水306.29亿立方米、增长5.70%，产化学水3.60亿立方米、增长19.34%，服务保障能力不断提升。高桥石化优化工艺流程，合理利旧2个软化水箱与化学水装置除盐水箱连通，保障了突发状况时的应急供水量；川维化工公司实现新老区化学水互联互通，满足不同锅炉运行方式下的化学水供应，提高了化学水保供能力。②全力提升供水品质。根据汛期源水水质变化，合理调整絮凝剂投加浓度，提升新鲜水供水水质；强化循环水处理效果，安装在线油分析仪等，及时发现并处理物料泄漏，提升循环水供水水质；完善水质在线分析仪表，加强凝结水来水监控，优化离子交换再生工艺和二级除盐水箱进水方式，提升化学水供水水质。实现新鲜水供水水质合格率99.38%，循环水水质综合合格率97.03%，化学水产水水质合格率99.52%。镇海炼化建立循环水泄漏在线监测网络，配置气态烃分析仪23套、水中油分析仪3套等，进一步提高查漏的时效性和准确性。③全力确保外排水达标。通过加强源头管控，细化过程控制，提高各单元精细化操作水平，全年外排污水达标率99.99%。天津石化分类分质接收和处置污水，全力开展新建污水提标装置工艺攻关，对国家监控企业污染源在线监测仪表实施特级维护，严格落实外排超标应急程序，实现外排污水100%达标。广州石化以绿色企业创建为契机，强化源头减排、过程控制和末端治理，实现低浓度污水全部回用，获广东省节水企业称号。

（叶晓林）

【专业化管理不断深化】①持续开展学标贯标。持续开展《水务管理技术要求》综合系列标准的学标贯标工作；重点开展《循环水处理效果监控方法》系列单项标准第1部分监测换热器法贯标，完成第2部分水质监控法和第3部分装置水冷器法标准的发布实施。各企业组织内部专项贯标培训，结合标准要求修订工艺卡片、技术规程和操作法等，规范化、标准化管理体系不断完善。南化公司、济南炼化等企业积极组织贯标学习，对照标准开展循环水监测换热器更新升级工作。②深入开展现场技术服务。围绕水务系统年度重点工作和沿江企业外排污水提标升级，赴湖北化肥、荆门石化、武汉石化、巴陵石化和长岭炼化等沿江企业，以及齐鲁石化、茂名石化和广州石化等企业开展现场调研和技术服务，督导企业加快推进重点工作和外排水提标改造，争创一流绿色企业。按规定开展年度水务专业现场考评，重点考评样板水场打造、水务“三废”治理、水务信息化建设、标准贯标和淘汰设备更新等，共发现问题583项，提出整改建议363条。③试点开展党建与专业化管理融合。与茂名石化生产管理部党支部、水务运行部炼油区党支部开展共建活动，就水务专业年度重点工作、茂名石化水务运行部存在的问题和有关建议等进行深入交流探讨，相互学习借鉴。茂名石化水务部以党建促学习，以党建促“三基”，在共建中明确“融入中心抓党建、凝心聚力促发展、打造全面进步的示范党支部”创建目标，紧盯政治引领、“三基”工作、凝聚群众、推动发展、纪律作风5个方面的进步要求，推动安全、环保、质量、效益、稳定等重点工作不断提升。

（叶晓林）

【降本减费取得新成效】①扎实推进全员成本目标管理。持续深化“比学赶帮超”工作，深入开展班组小指标劳动竞赛，加大对标追标力度，以大系统运行优化为抓手，提高操作精细化水平，进一步降低运营成本。全年新鲜水、循环水和化学水单位现金操作费用分别完成0.65元/米^3、0.15元/米^{3}和2.48元/米^3，分别进步5.0%、2.1%和7.1%，全年实现营业利润7.07亿元。仪征化纤提高生化装置厌氧单元处理效率，提高沼气产量，年节约天然气外购费用1 300万元。②统筹优化生产运行。深挖新鲜水漏损治理潜力，优化大小泵级配；巩固循环水整体优化成果，合理调整供水压力和温度，降低循环水系统能耗；优化阴阳树脂再生操作，降低中和池酸碱消耗；优化污水处理生化单元溶解氧控制，增加风机、水泵调速措施；加大污水回用力度，积极开展达标污水回用和雨水回用。全年完成供水单位电耗5.02（千瓦·时）/（千米^3·米）、供水自用损失率5.39%，分别降低3.55%和24.83%；循环水单位电耗4.34（千瓦·时）/（千米^3·米）、循环水标准补新水率10.78‰，分别降低0.99%和2.02%；化学水标准离子水耗18.63米^3/千摩、降低8.12%，11项技术经济指标总体进步1.51%；回用污水8 816万立方米，增长6.9%，均超额完成年初目标。塔河炼化实施市政水余压利用，实现市政水直供$2^{\#}$除盐水站和$2^{\#}$循环水场，停运3台新鲜水泵，年节电约100万千瓦·时。巴陵石化云溪化学水装置优化固定床再生操作，酸耗、碱耗分别降低9.3%和10.6%；鹰山生化装置细化甲醇、除磷剂等药剂投加，药剂费降低182万元。

（叶晓林）

【重点工作有序推进】①打造样板水场取得进展。围绕打造样板水场工作，组织开展样板水场创建标准专题培训，先后举办样板循环水场创建标准培训班、化学水综合治理专家专题研讨班和样板污水处理场创建标准培训班，赴荆门石化、武汉石化等重点企业进行现场服务，督导企业每月上报工作实际进展情况。截至2019年底，已批复打造样板水场项目98个，涉及水场126个、投资11.76亿元。南化公司2019年重点打造六循站区样板循环水场，实现自动排污、风机变频调节、水泵和风机无线测温测振等功能，并将自动加药系统和智能监测换热器数据引入 DCS，实现远程监控。②水务系统“三废”治理进展顺利。推进新鲜水系统排泥水治理，采用高效生化等技术解决循环水排污水、化学水中和废水、RO 浓水等假定净水达标外排难题，完善异味治理设施和技术；组织系统内专家制定《水务系统固废管理技术要求》，规范水务系统固废收集、识别、储存和处置等各环节的管理要求；要求企业按照水务系统“三废”治理项目计划，每月上报项目实际进展情况；通过现场调研和现场考评，督促指导企业加快实施“三废”治理项目，提高水务系统自身绿色环保水平。截至年底，已批复水务“三废”治理项目 99 个，涉及投资 11.80 亿元。上海石化实施 VOC 网格化在线监测项目，在原有 3 套大气自动监测站的基础上，增设 25 套 VOC 在线监测设备，实时监测厂内各点大气环境，并将数据通过网络平台集中监控，厂区异味排查更加快捷、准确。③淘汰设备更新工作有序推进。紧盯水务系统淘汰设备更新进展，督促企业提高认识，站在依法合规的高度，加快推进纳入国家高耗能淘汰目录的机泵更新工作。通过现场调研和现场考评，督导企业重新梳理水务系统设备，细化淘汰设备统计台账，落实更新计划和投资。截至年底，已完成 2 162 台淘汰机泵的更新工作，更新率 71.08%，实现年节电 0.57 亿千瓦・时。石家庄炼化、青岛炼化和北海炼化等企业水务系统已率先完成淘汰设备更新。

（叶晓林）

【信息化建设成效显著】 纳入水务管理信息系统二期的齐鲁石化、金陵石化、茂名石化、洛阳石化、沧州炼化和天津石化 6 家企业端建设，以及总部端功能完善于 2019 年 11 月上线，系统运行稳定，应用效果良好，于 2019 年 12 月通过项目验收。二期项目通过对水务系统运行状态和生产信息的实时自动采集，实现 179 套水务装置 18 813 项生产运行指标参数的全面监测，生产运行监控指标较系统上线前增加 651 项，样板水场数据信息化率达 104.81%，推送水务运行超标或异常情况报警 58 358 次，减轻了基层人员工作负荷，提高了运行管理效率。洛阳石化系统移动应用 APP“水务在线”顺利上线，实时推送“水务运行”“水量监控”“水质监控”“关键指标”“报警信息”等数据，方便技术和管理人员实时掌握生产情况，实现“离线”管理。分别在南京和广州召开 2 期水务管理信息系统培训对接会，全面启动剩余 32 家企业水务管理信息系统企业端建设推广（三期）项目，项目可研已通过信息和数字化管理部组织的专家评审。

（叶晓林）

【技术引领带动管理提升】 积极开展技术攻关，开创新思路，运用新技术，提高综合管理效率。齐鲁石化陆续对新区、老区 60 余口在用深井泵测控系统进行技术升级改造，开停泵操作实现远程控制，解决野外深井分散、人员少、管理难的问题。天津石化使用无线技术与有线网络将现场无数采的生产数据、机泵运行数据、仪表监测数据等上传至水务管理信息系统，为企业智能化管理提供数据支撑。南化公司投资 670 万元实施六循排污水和反洗水回收处理项目，采取 ABR 工艺对污水进行生化处理，解决六循外排水直排问题，也为其他循环水和化学水排污水治理做技术储备。

（叶晓林）

【专业培训持续加强】 不断加强水务专业人才培养，持续关注集团公司循环水、化学水和污水处理与回用技术比武获奖选手成长，开展获奖选手再教育，加快岗位成才。举办化学水综合处理专家专题研讨班；围绕打造样板水场工作，举办专题培训班；针对水质分析频次无法满足生产监控需求的问题，举办工业水水质分析培训班，介绍先进企业经验，交流新技术、新设备，探讨水质分析工作中存在的问题及建议，典型水质在线分析仪表的性能、使用和管理中存在的问题等。中原油田组织编写 1 300 多道水务专业试题，开展全员业务竞赛，邀请行业专家、操作能手等授课，组织人员到水务先进单位学习水务管理、专业技术、水务信息化建设等经验。巴陵石化开办 35 期“水滴讲堂”，组成 50 人的内部“宣讲团”，实行开放式教学、互动式交流，构建常态化业务培训形式，为各级人员多方位“充电”。安庆石化强化培训的针对性、实效性，提高水务专业人员的业务素质及操作技能，培训办班13期，组织42次装置标准化理论考试，新建题库1 740道题，举办17期周末讲坛，培训134人次，专项考试37人次。

（叶晓林）

【外拓市场取得积极成效】 水务系统利用剩余产能，发挥国有企业优势，因地制宜开展对外业务，外拓市场取得积极成效。中原油田对外开拓新鲜水、循环水、化学水和污水处理业务，年创收1.6亿元。天津石化向宝坻新城提供应急供水业务，确保城区居民安全用水，全年供应宝坻新城新鲜水712.58万立方米，创效1 254.14万元。仪征化纤扩大对外供水范围，全年对外供水1 833.95万立方米，创收3 554.86万元；积极承揽中安公司和青山垃圾场等污水处理业务，全年创收283.36万元。

（叶晓林）

中国石化 SINOPEC

安全生产

综　述

2019年，集团公司广大干部员工认真贯彻落实习近平总书记关于安全生产的重要批示指示精神，按照集团公司党组统一部署，以“识别大风险、消除大隐患、杜绝大事故”为主线，贯体系、抓执行、反“三违”、强基础，安全形势保持总体平稳，本质安全水平进一步提升。

（穆　帅）

安全文化建设

【修订完善企业 HSSE 管理体系】 通过采取试点先行、重点督导、一企一策等方法，指导企业修订完善 HSSE 管理体系。各企业在完善体系过程中，认真分解落实专业部门的体系要素责任，将安全管理要求融入专业制度中，初步形成各专业齐抓共管的局面，专业安全责任进一步落实。主要生产企业提前完成修订工作，中国石化进入 HSSE 管理体系全面实施阶段。

（穆　帅）

【推进安全责任落实】 根据 HSSE 管理体系要求，组织制定集团公司领导班子岗位安全生产责任制，对总部机关部门（单位）安全生产责任制进行修订完善。实施全员安全记分管理，企业结合实际制定实施细则，强化了全员安全责任意识。

（穆　帅）

【加强安全技术标准建设】 全面梳理安全技术标准，编制3年工作方案，确定2019年标准制修订工作重点，加快推进风险评估技术、液氨及硫化氢泄漏风险识别防护、阻火器选用维护等28项企业急需的标准制修订工作。

（穆　帅）

【整治安全工作形式主义问题】 对安全信息上报和安全台账做了梳理和规范，明确企业仅上报 HSSE 事故（事件）1项月度报表，将数十项安全台账精简为9项。明确了工作安全分析（JSA）的适用范围，有效解决 JSA 使用泛化的问题。开展专项调研检查，对部分企业存在的形式主义、官僚主义典型问题进行剖析、通报和问责。

（穆　帅）

【开展安全管理专项提升】 组织石油工程公司、炼化工程集团从基层人员配置与技能培训、风险管控和隐患治理、现场直接作业管理等方面落实提升措施。组织对事故企业开展安全审计，全面分析企业安全管理存在的薄弱环节，落实改进措施。

（穆　帅）

【强化应急队伍建设】 完善基层单位义务应急队建设。油田、炼化、石油工程板块的基层单位和油品销售企业的油库组建了义务应急队，制定管理制度和奖惩机制，完善现场处置方案、应急处置卡，组织开展专题培训，基层单位处置各类突发事件的能力得到明显提升。

加强企业专职应急队伍建设。围绕生产经营主体工作，提升综合应急保障职能，企业专职应急队伍加强生产装置开（停）工、特级用火作业、复杂情况的受限空间作业、带压堵漏等各类高风险作业的消气防监护。加快推进国家危险化学品应急救援基地建设，8家单位已完成建设任务，另有2家基地如期启动建设工作。

（穆　帅）

【加强异常管理和预案演练】 按照应急管理部统一要求，建设中国石化危险化学品风险监测预警系统，推动应急关口前移。加强各类生产异常管理，组织开展异常管理研讨，促进了全员“管风险就要关注异常”理念的提升。组织开展集团公司级炼化装置火灾事故情景构建预案演练和突发环境事件企地联合应急演练，多次协助地方政府妥善处置企外突发环境事件，提高了联动指挥和实战能力。

（穆　帅）

安全监督管理

【强化风险识别和管控措施落实】 建立集团公司系统性安全风险清单，开展酸性气田长周期安全生产专题评价。启动海洋石油生产整体风险专项评估，完成埕岛油田中心一号、二号平台延寿改造。编制硫化氢风险管控与隐患排查工作指导意见，开展2轮涉硫化氢系统排查。专题研究川渝地区防洪防汛及地质灾害风险防范工作，全年未发生因自然灾害造成的安全事故和次生灾害。

（穆　帅）

【持续开展隐患排查治理】 落实国务院安委会要求，完成3年危险化学品综合治理任务，解决危险化学品种类、数量等底数不清和安全风险状况不明等问题。开展新版《石油化工企业设计防火标准》符合性排查，组织危险废物储存、空分装置、消防安全等专项隐患排查治理。重点整治装置和罐区独立安全仪表系统（SIS）、高低液位报警及联锁、可燃及有毒气体检测报警仪、安全间距不足等安全隐患。

（穆　帅）

【严格建设项目“三同时”管理】 制订建设项目“三同时”审查手册，将设计阶段的HAZOP、SIL审查作为项目会签的必要条件。组织开展“三同时”问题专项排查，对行政许可手续办理不及时的建设项目进行跟踪督办。

（穆　帅）

【加强安全督查和问责】 以“四不两直”方式对重点企业重大风险管控和隐患治理、各级领导及管理部门履职情况开展重点检查。开展井控安全、工艺纪律、报警联锁、加油站防渗改造、危险化学品管控等专项检查，进一步规范生产、施工现场的安全管理。

（穆　帅）

【承包商和直接作业环节安全管理得到加强】 承包商安全管理作为重大风险由企业“一把手”承包。进一步明确风险承包内容、工作目标和考核标准等要求。各企业深入分析承包商安全管理突出问题，制定直接作业环节严重违章提级问责办法，强化分包管理，从严承包商考核，管控承包商安全风险的意识得到明显加强。

制定落实直接作业环节安全管理“硬”措施。为遏制直接作业环节和承包商事故多发态势，党组多次组织专题研究，制定实施《加强直接作业环节安全管理十条措施》，明确“严重违章行为判定标准”。各企业强化业主安全管理主体责任，落实安全技术措施，严格现场安全监督管理，提升了承包商和直接作业环节安全管控效果。

大力推进实操培训。利用华南、华北、华东安全实操培训基地和移动式实操培训设施，对企业管理人员、承包商项目经理、作业人员开展实操体验式安全培训，对焊工等关键工种进行实操验证，收到较好效果。统筹提升实操培训资源，加快推进石油工程、油品销售实操基地建设。

开展承包商督查检查。组织承包商安全管理专项督查，对责任人进行问责，对安全考核不达标的承包商“限制进入”。

（穆　帅）

员工健康管理

【严格管控主要职业危害因素】 经过持续治理，基本消除毒物和粉尘超标场所。开展典型装置噪声分布与影响评估，加大推进噪声超标场所专项治理，岗位达标率明显提升。推进人员密集场所中央空调专项治理，送风质量实现全面达标。

（穆　帅）

【规范个体防护装备管理】 开展劳保鞋质量抽查，加强入库检验。炼化企业火灾爆炸等高风险岗位试行配备阻燃防静电劳保服。全面排查空气呼吸器配置情况，进一步规范空气呼吸器的管理。

（穆　帅）

【促进员工身心健康】 开展员工健康排查，对健康高危人员制定并落实干预措施。部分企业在生产现场设置应急医疗健康室，在人员密集场所配备自动体外除颤仪（AED）、血压计等应急医疗设施。进一步加强员工帮助计划（EAP），利用网络平台开展心理咨询，推动安全心理建设和危机预防，收到较好效果。

（穆　帅）

公共安全管理

【稳步推进行业标准达标建设】 各企业认真落实《石油石化系统治安反恐防范要求》（GA1551），按照轻重缓急原则，稳步推进达标工作。对涉油案件进行逐案分析，努力解决油气安保深层次问题，深挖管理漏洞，遏制发案势头。

（穆　帅）

【圆满完成重大国事活动保障任务】 京津冀、上海、湖北、新疆等地区企业，结合新中国成立70周年大庆、国际进口博览会、世界军人运动会等重大活动，严格落实“三防”措施，执行24小时值班备勤、领导带班，在重点部位增派治安保卫力量，圆满完成重大活动安全保障任务。连续6年开展新疆勘探遗留爆炸物清理整治工作，取得较好成效。

（穆　帅）

中国石化 SINOPEC

绿色低碳

综述 | 绿色企业行动 | 能源管理 | 环境保护
应对气候变化 | 绿化管理 | 绿色能源

综 述

2019年，中国石化牢记初心使命，深入贯彻落实习近平生态文明思想，着力推进污染防治攻坚战和长江大保护等任务，坚持绿色发展理念，着力推进“绿色企业行动计划”和生态环保工作，坚持节能优先方针，着力推进能效提升、资源利用、温室气体减排等重点工作。狠抓落实、创新进取，各项指标总体受控，能源环境一体化管理水平不断提升。

全年，集团公司万元产值综合能耗为0.521吨标煤、下降1.11%，节能量105.6万吨标煤；工业取水量9.16亿立方米，下降1.1%；国（省、市）控排放源废水、废气综合达标率分别达99.9%和99.8%，固废妥善处理处置率100%；4项主要污染物化学需氧量、氨氮、二氧化硫、氮氧化物全面完成国家下达的年度减排目标。

年内，中国石化获中国低碳榜样、生态环境“领跑者”、2019年度环境社会责任企业和节能减排突出贡献企业等称号。石化行业能效“领跑者”评比中，青岛炼化、广州分公司获炼油子业务能效“领跑者”企业称号，茂名分公司、镇海炼化获乙烯子业务能效“领跑者”企业称号，海南炼化获对二甲苯子业务能效“领跑者”企业称号。海南炼化、石油化工科学研究院、胜利油田孤岛采油厂、茂名石化化工分部、天津石化化工部5家单位被评为全国绿化模范单位。

（刘兆鑫）

绿色企业行动

【积极开展绿色企业创建工作】 2019年，89家生产经营企业按照《绿色企业评价指南（2019版）》要求，制定“一方案两清单”，专项推进绿色企业创建工作，其中胜利油田等27家单位被授予2019年中国石化绿色企业称号，有力提升了集团公司绿色发展水平。

（刘兆鑫）

【发挥绿色企业示范引领作用】 中国石化持续推动2018年评选出的10家绿色企业深入开展绿色企业行动，围绕生态文明建设、生产经营过程依法合规、3年污染防治攻坚战等各项责任，安排部署9项总体要求、10项主要指标和21项重点工作任务，推动10家绿色企业逐条分解落实各项工作要求，持续提升绿色可持续发展水平。

（刘兆鑫）

【启动工程及科研板块绿色企业行动】 工程科研单位梳理绿色发展短板，并针对性提出改进措施和任务、项目，编制“一方案两清单”并全面落实，全面推动绿色企业行动计划在工程科研板块生根、落地，实现绿色企业行动在中国石化所有业务板块的全覆盖。

（刘兆鑫）

【开展绿色基层创建工作】 制定油田、炼化、销售、工程、科研、石油机械板块共11个绿色基层评价办法，全面启动绿色基层创建工作，深入推进“绿色企业行动计划”向基层单位延伸。截至2019年底，已基本完成第1批绿色基层试点创建、授牌工作。

（刘兆鑫）

能源管理

【稳步推进“能效提升”计划】 以推动注采输一体化能效提升工程、能量系统优化工程、低温热综合利用工程、燃煤电厂能效提升工程、节能监测诊断提效工程、循环水系统节电降耗提升工程等重点节能工程为抓手，着力推动“能效提升”计划项目落地。2019 年，“能效提升”计划项目实施 468 项，实现节能 53.7 万吨标煤。

（刘兆鑫）

【持续推进用能结构优化调整】 ①利用外部资源，实现能源低碳化。西北油田持续推进能源结构调整步伐，落实以电代油工作，持续推进注气、网钻、修井油改电作业；江汉石油工程公司扩大网电钻机应用，节能效果明显；扬子石化从周边工业园区和企业引入中压和低压蒸汽和氢气，实现区域资源优化。②有效使用地热、太阳能，实现能源清洁化。油田企业、炼化企业、油品销售企业积极建设分布式光伏发电站，降低用电成本。新星公司积极推行地热供暖项目，供暖面积超过 5 000 万平方米，替代传统能源每年 144 万吨标煤。

（刘兆鑫）

【推进炼化企业能源管理系统建设】 完成能源管理系统（二期）项目建设，9 家炼化企业能源管理信息系统顺利上线运行。深化能源管理系统应用，推进蒸汽动力系统优化模块的操作使用工作，确保应用到岗位、应用出效率。截至 2019 年底，18 家炼化企业通过动力优化模型对热电生产实施在线优化，实现优化效益超过 1 亿元。

（刘兆鑫）

【研发和推广应用节能新技术装备】 自主研发并应用的新型扭曲片管强化传热技术、炼化企业公用工程系统智能优化技术、炼油加热炉深度节能技术、基于热泵技术的低温余（废）热综合利用技术和油田污水余热资源综合利用技术共 5 项技术入选《国家工业节能技术装备推荐目录（2019）》，在全国范围内进行推广应用。国家推广的高温高盐高硬稠油采出水资源化技术、循环水系统高效节能技术、绕线转子无刷双馈电机及变频控制技术、直流互馈型抽油机节能群控系统、基于喷淋换热的燃煤烟气余热深度回收和消白技术、基于向心涡轮的中低品位余能发电技术在胜利油田、上海石化、中韩石化、燕山石化、茂名石化等企业得到推广应用，取得良好的节能效果。

（刘兆鑫）

【积极推进节水管理】 继续推进非常规水资源替代新鲜水工作，进一步调整用水结构，减少新鲜水用量，非常规水资源使用量合计达 3 620 万立方米。加大推进企业污（废）水回用力度，不断提高污水回用率，炼化企业回用污水超过 1.45 亿立方米。推广应用自有节水技术，自主研发并应用的就地分水技术、页岩气井返排液处理后重复利用工艺、煤化工污水综合治理及近零排放技术、无磷 / 低磷高浓缩倍数循环水处理技术和高盐污水近零排放关键技术共 5 项技术入选《国家鼓励的工业节水工艺、技术和装备目录（2019 年）》。推动开展水平衡测试和供水管网的查漏、消漏工作，推进老旧管线升级改造，挖掘节水潜力，降低管网漏失水量。

（刘兆鑫）

环境保护

【强化环保从严从实管理】 全面推进 HSSE 体系建设，强化环保工作要求，编制体系环保审核标准及细则，制定并发布 HSSE 体系环保实施指南，推动体系落地落实。印发《关于对环境保护突出问题进行从严从快处理的通知》，制修订集团公司《中国石化生态保护管理办法》《中国石化环境事件领导干部责任追究管理办法》《中国石化环境保护管理规定》《总部机关各部门（单位）主要环保职责》4 项环保管理制度，建立从严从快问责机制，严格执行能源环境绩效考核制度。

（刘兆鑫）

【全力推进 3 年污染防治工作】 围绕打赢蓝天保卫战、打好碧水保卫战、推进净土保卫战确立具体目标任务，编印污染防治工作 3 年实施方案项目清单，加快推进 90 家企业污染防治项目实施。推进土壤地下水调查，编制并印发技术指南和实施计划。重点区域企业做好“国庆 70 周年”“武汉世界军人运动会”“上海进口博览会”等重大活动和秋冬季大气质量保障工作，按政府要求及时启动重污染天气应急响应预案，严格落实空气质量保障措施，多次接受国家和地方政府督察检查，实现零问题、零通报。

（刘兆鑫）

【持续加大环保隐患治理力度】 ①扎实做好固废规范化管理。开展固体废物管理专项检查督查，落实国家及地方政府固废管理要求；配套完善危险废物贮存设施，做好危险废物规范化管理工作；开展“固废规范化管理年”活动，实现产废减少 5% 和综合利用增加 5% 的目标，推动区域危废处置中心建设实施，推进 7 类树脂和催化裂化平衡剂危废豁免工作。②加快实施废气治理项目，持续推进环保设施升级改造，开展燃煤锅炉超低排放改造，完成工艺加热炉低氮燃烧改造，实施罐区、装卸及污水场挥发性有机物治理等。③加快实施废水治理项目。持续推进污水场升级改造，提升污水场预处理效果，增加脱氮除磷设施，扩充污水场处理能力，按要求增上总氮、总磷在线监测设施等，确保废水达标排放。深入贯彻习近平总书记关于长江大保护、黄河流域生态保护和高质量发展指示精神，做深做细重点流域生态环境保护工作，对公司位于长江、黄河、渤海及其干支流水域产排污、生态保护红线内生产设施等情况进行梳理，并开展现场核查。

（刘兆鑫）

【做好风险隐患化解和应急处置】 持之以恒做好环境风险管控，持续开展风险动态更新，完成《中国石化突发环境事件风险评估指南》修订和全系统培训宣贯。不断强化应急能力建设。华中地区企业开展集团公司级突发环境事件企地联合应急演练，提高联动指挥和打赢实战能力。结合“3·21”江苏响水事故教训，加快推进中国石化环境应急管理体系建设，研究起草环保应急物资配备储备库、区域性环境应急中心建设方案，不断提升环保应急处置能力。

（刘兆鑫）

【切实做好建设项目环保管理】 认真把好建设项目环保审核和验收关，未出现新的“未批先建”；对上年验收项目开展核查，强化项目验收过程监督，进一步规范竣工环保自主验收工作。积极推动环保遗留问题整改，同时把脉重点项目环保管理，对新建项目开展现场服务，推动解决项目建设、投产过程的实际问题。2019 年，中国石化新建项目环保合规率达 100%。

（刘兆鑫）

【加强环保教育培训】 组织开展环境风险识别管控与应急管理培训班、环保专业人才强化提高班、发展规划管理部门负责人环保专题培训班等，420 名企业相关人员参加培训，提高了履职能力。

（刘兆鑫）

应对气候变化

【持续夯实温室气体排放管理基础】 修订《中国石化碳排放管理办法》，进一步规范温室气体排放管控工作。持续开展碳盘查核查工作，取全取准碳排放数据，为减排夯实数据基础。加强温室气体减排考核，明确企业温室气体减排主体责任，推进全系统温室气体排放管理工作深入开展。开展甲烷放空和逸散专项调查，梳理油气生产环节甲烷主要排放源，确定监测技术和方法。

（刘兆鑫）

【开展温室气体减排行动】 ①持续推进二氧化碳驱油示范工程。2019年，重点在胜利油田、中原油田、华东油气田、江苏油田推广二氧化碳驱油技术应用，注入二氧化碳23万吨、增油7万吨。②持续开展炼化企业二氧化碳回收利用。对制氢、合成氨等装置排放的高浓度二氧化碳进行回收，用于工业用气、驱油或食品级加工气体。全年，炼化企业共回收利用二氧化碳126.3万吨。③推进甲烷气体回收利用。油田企业持续强化密闭混输工艺运用，大力实施套管气回收，推广“边试气边进站”工艺，加强边远零散井回收等措施，年回收甲烷约4亿立方米，相应减少温室气体排放约600万吨二氧化碳当量；炼化企业推进沼气回收利用技术，持续优化生化装置沼气送烧项目运行管理，提高沼气利用效率，年回收利用沼气1 140万立方米。

（刘兆鑫）

【积极参与国家碳市场建设和试点地区碳交易】 深度参与全国碳市场顶层制度设计，多次为国家相关制度和标准制定提供合理化建议。有自备电厂的重点排放企业开展全国碳排放权注册登记、交易系统开户申请，并积极参加配额试算。26家碳交易试点企业制订合理的履约方案和交易计划，积极利用CCER抵扣配额政策，降低履约成本，按时完成年度碳配额履约工作。2019年，集团公司碳交易量269万吨、交易额6 493万元。开展碳资产管理能力建设，提升各级碳资产管理人员技术水平，增强应对国家碳市场能力。

（刘兆鑫）

【探索开展石化产品碳足迹核算工作】 编写《石化行业产品碳足迹核算与评价方法》，申报工业和信息化部行业标准。油田企业依托内部科研力量，选取原油、硫黄、液碱等主要或特色产品，探索开展油田系统产品碳足迹核算分析工作，为下步全面核算油田企业石油、天然气等主要产品碳足迹，制定对标减排措施夯实基础。炼化企业主动委托科研院所，重点对航空煤油、聚乙烯、聚丙烯等6种产品开展全生命周期或企业边界内碳足迹核算评价，着力提升绿色企业创建水平。

（刘兆鑫）

绿化管理

【概述】 截至2019年底，集团公司绿地总面积1.1亿平方米，综合绿地率27.2%，绿化覆盖率为30.0%。有古树及珍贵树木15株，其中古树14株、珍贵树木1株。有专兼职绿化工作人员6 443人，其中专职1 508人、兼职4 935人。

（刘兆鑫）

【完善绿化管理体制机制】 按照总部机关改革方案，绿化委员会办公室职能调整到能源管理与生态环境部，绿化管理考核监督工作纳入能源环境工作考核体系。制定《中国石化绿化管理规定》，明确工作职责，规范建设流程和资金使用，加强对绿化成果的保护和管理。

（刘兆鑫）

【积极开展全民义务植树工作】 中国石化积极参与保护长江、沙漠植绿、“蚂蚁森林”等行动，拓展义务植树的尽责形式，全年义务植树尽责146万株。驻沪企业开展“互联网＋全民义务植树”试点活动，上海石化、高桥石化等11家企业的1万余名员工踊跃参加网上捐资植树尽责，义务植树活动热情高涨、成效显著。

（刘兆鑫）

【扎实推进中国石化展园建设】 中国石化积极参与第四届中国绿化博览会展园建设，2019 年，中国石化展园设计通过全国绿化委员会办公室评审，开始施工建设。中国石化展园设计突出“爱我中华、振兴石化，为美好生活加油”的企业宗旨，充分展现中国石化对国家、社会的责任与担当。

（刘兆鑫）

绿色能源

【地热能开发利用有序推进】 资源勘探方面，实施探井 22 口，试水成功率 82%；市场开拓方面，积极拓展北方“2+26”、汾渭平原 11 城市及南方冬冷夏热城市等优质市场；推进雄安新区建设方面，开展地热利用专项规划研究及地热资源评价工作；干热岩科技攻关方面，开展青海共和盆地干热岩科技攻关，9 月圆满完成青海共和盆地干热岩 GR1 井大修打捞、高温测井、二次完井、试验性压裂等阶段性任务。全年新增地热供暖能力近 800 万平方米，累计建成供暖能力 5 200 万平方米、实现供暖面积 4 400 万平方米。

（王南扬）

【太阳能发电、余热利用及生物质能业务稳健增长】 在海南、陕西、上海等地积极拓展分布式光伏发电项目，新增光伏发电装机容量 8 兆瓦，全年发电 8 650 万千瓦·时；积极推进余热利用项目，新增余热发电能力 24 兆瓦，余热供热量达 2 000 万吉焦 / 年，全年发电 4.3 亿千瓦 · 时。乙醇汽油销售量达 1 265 万吨 / 年（其中乙醇量 127 万吨 / 年），生物柴油销量达 36 万吨 / 年。

（王南扬）

【积极应对汽车行业的电动革命】 累计建成充电桩 114 个，并稳妥推进企业自备车辆电动化。积极开展汽车轻量化材料、动力电池相关材料的研发生产。

（王南扬）

【积极介入氢能利用领域】 在广东、上海、浙江等地共建成油氢合建站 4 座，加氢能力达 3.3 吨 / 日。与法液空集团签署合作备忘录，并入股国内知名氢燃料电池汽车系统供应商——上海重塑公司，进一步推动中国氢能产业发展。

（王南扬）

中国石化 SINOPEC

科研开发与管理

综述 | 科技成果 | 知识产权 | 技术监督 | 国际科技合作

综　述

2019 年，集团公司以习近平新时代中国特色社会主义思想为指引，深入实施创新驱动发展战略，持续深化科技体制机制改革，加快重大关键技术攻关，强化基础研究和应用基础研究，取得丰硕成果。

强化顶层设计，持续提升自主创新能力。持续加大科技投入力度，修订《中国石化科技经费管理办法》，完善经费预算、统计管理，优化科研经费统筹配置。编制中国石化打造一流“科技中长期规划（2019—2045）”和“科技行动方案（2019—2023）”。聚焦国家重大战略需求，积极推进国家级创新平台建设。加入国家自然科学基金企业创新发展联合基金，首批集成项目立项并启动攻关。持续优化休斯顿研发中心运行管理，中东研发中心建成投用。加强重点实验室等研发平台建设，强化经费支持机制，进行运行管理评价。强化攻关布局，积极推进“大型油气田及煤层气开发”国家科技重大专项，加快国家重点研发计划项目攻关；持续推进“十条龙”科技攻关，7 个项目完成攻关任务并顺利“出龙”，10 个项目获批“入龙”，3 个重大科技项目完成攻关任务。

持续推进科技体制机制改革，充分激发创新活力。①深化科技领域“放管服”改革，编制印发《关于推进科技领域“放管服”改革的若干措施》，配套修订《中国石化科技项目（课题）管理办法》，简化项目过程管理和验收程序，优化科研投资审批权限和科研仪器装备采购流程，修订《直属研究院内部控制手册》，建立完善符合科研规律的内控管理流程。②新能源研究所揭牌运行，推进新能源技术研发与储备。③强化与高等院校、科研院所的合作，持续完善分子化学工程、化工过程强化、汽车轻量化非金属材料、精细化学品联合研发中心运行管理，设立光电材料、人工智能联合研发中心，推进合作项目攻关。④完善科技创新绩效考核体系，将“研发支出增长”“自主技术转化应用”纳入企业科技创新绩效考核指标。⑤发挥科技成果转化奖励和技术奖酬金导向作用，加强前瞻性、基础性研究激励，鼓励企业承担新技术工业转化任务。⑥授予史云清、宗保宁 2019 年度科技创新功勋奖，为全体科技人员树立学习榜样。⑦举办首届“科技创新精英赛”，10 位青年科技工作者脱颖而出，并被纳入“未来科学家”培养计划。⑧推进科技孵化器建设及运行，加快 12 个新领域项目培育，推动设立创新公司，促进科技成果转移转化，承办中央企业熠星创新创意大赛新材料方向赛事并取得优异成绩。

加强知识产权管理，专利成果保持央企领先。组织开展战略性、引领性和重大共性技术专利战略研究，优化专利布局。试点专利工程师制度，强化技术点梳理挖掘，统筹优化重大项目专利申请、专利分析。升级专利管理平台，实现与国家知识产权局数据对接，优化专利质量评价系统，提升专利申请质量。贯彻国家科技奖励工作新要求，配套调整集团公司科技奖励工作，修订《中国石化科学技术奖励管理办法》，完善评审专家库，强化奖励激励导向。组织开展“闵恩泽能源化工奖”评选工作，评选出杰出贡献奖 4 人、青年进步奖 8 人。更新印发《2019 年度对外许可技术清单》《重点科技成果转化推广目录》，技术贸易工作持续提升。全年申请专利 7 439 件，获授权专利 4 843 件，在中央企业专利综合优势评价中位列第一。

持续加强质量管理，标准化、计量及认证认可等基础工作进一步夯实。贯彻国务院国资委《关于中央企业开展质量提升行动的实施意见》，统筹推进落实系列措施。组织开展以“夯实全面质量管理基础，实现高质量可持续发展”为主题的“质量日”活动、以“共创中国质量，建设质量强国”为主题的“质量月”活动。组织开展质量管理体系认证机构评价工作，开展产品质量监督抽查，促进了企业质量管理水平的提升。中国石化客户服务中心正式成立运营，开通人工服务，客户服务能力不断提升。持续推进国际标准、国家标准、行业标准、企业标准的研究、制定和发布工作。

（林　源）

科技成果

【概述】 2019年度，国家授予集团公司“活性相定向构建及复杂反应分级强化的柴油高效清洁化关键技术”技术发明二等奖；授予“薄储层超稠油高效开发关键技术及应用”“炼化含硫废气超低硫排放及资源化利用成套技术开发与应用”“多类型复杂油气藏叠前地震直接反演技术及基础软件工业化”“中国西部海相碳酸盐岩层系构造－沉积分异与大规模油气聚集”“乙烯装置效益最大化的优化控制技术”和“近浅海新型构筑物设计、施工与安全保障关键技术”6项成果科学技术进步奖二等奖。

集团公司授予“微藻用于 NO_x 和 CO_2 减排的集成与创新”等2项成果前瞻性基础性研究科学奖一等奖、“聚合物分离膜分子结构调控与结构性能研究”等3项成果前瞻性基础性研究科学奖二等奖、“全井筒温度压力随钻测量微芯片示踪技术”等3项成果前瞻性基础性研究科学奖三等奖。授予“官高温特低渗油藏原位微乳液解堵剂研制及应用”等2项成果技术发明奖一等奖、“超深碳酸盐岩走滑断裂体系成像技术”等5项成果技术发明奖二等奖、“加气站关键设备全工况性能测试技术及装备”等5项成果技术发明奖三等奖。授予“深层页岩气勘探关键技术及威荣大气田的发现”等16项成果科学技术进步奖一等奖、“跨频段地震岩石物理实验分析及储层流体检测”等33项成果科学技术进步奖二等奖、“高稳定性Ⅱ型活性相催化剂FF-56的开发和工业应用”等58项成果科学技术进步奖三等奖。

（李铁军）

知识产权

【概述】 2019年度，中国石化共申请专利7 439件，其中境内发明专利5 578件；获授权专利4 843件，其中境内发明专利3 038件；中国石化在中央企业专利综合优势评价中位列第一。在确保专利申请及授权稳步增长的基础上，中国石化稳步推进专利战略研究工作，全年共完成专利战略研究20项，其中油气勘探开发领域9项、炼油化工及战略新兴领域11项；试点专利工程师制度，加强发明创新内容的挖掘，扩大重大项目专利申请和布局；完善专利管理系统的建设，补充丰富信息库内容，优化专利质量评价系统，提升专利申请质量；坚持“专利＋专有技术”并重的知识产权保护策略，梳理认定专有技术102项；开展多项技术的自由运作权分析工作，加大维权力度，配合完成知识产权相关诉讼。在2019年中国国家知识产权局举办的第21届中国专利奖评选活动中，中国石化共获专利金奖1项、银奖3项、优秀奖6项。

在国务院国资委2018年中央企业专利情况排序和评价中，中国石化“当年累计有效发明专利拥有量”排名第一，“当年发明专利授权量”排名第二；在“当年中央企业专利综合优势评价”中，中国石化位于A级系列（15家）第1名，中国石化的专利创造数量和管理水平继续保持央企领先地位。

（张洪波）

技术监督

【质量管理与监督】 ①下发《关于转发国资委〈关于中央企业开展质量提升行动的实施意见〉的通知》和《中国石化2019年度质量工作要点》。②开展质量管理机构及人员情况调研，提出《关于开展质量管理机构及人员情况调研的报告》。③开展第3轮质量管理体系认证机构准入工作。印发《关于发布第三轮质量管理体系认证机构准入名单的通知》，确定12家认证机构为第3轮准入的质量管理体系认证机构，有效期为5年。召开质量管理体系准入认证机构工作会议，通报准入结果并提出管理要求。④组织开展中国石化第9个“质量日”活动，9月组织开展“质量月”活动。组织参加国务院国资委组织的中央企业全面质量管理知识竞赛活动，约14万人参加网上答题。⑤分别于2月14日、4月25日、7月31日、11月14日召开质量工作例会。⑥举办第15期企业质量处（科）长岗位培训班，58人参加。举办第3期提高质量管理体系有效性研讨班，45人参加。⑦组织开展质量管理体系监督抽查。对所属16家企业的质量管理情况进行监督检查，共提出问题491项。针对重点工程项目进行质量检查，提出问题4 402项。派出30名观察员，对14个企业和8家认证机构现场审核情况进行观察。⑧组织开展产品质量监督抽查。下发《关于2018年石油和石油化工产品质量监督抽查结果的通报》和《关于2018年油田企业采购物资质量监督抽查结果的通报》。制订中国石化2019年度质量监督抽查计划，并组织开展年度抽查。⑨针对钻井液化学剂抽查合格率不升反降问题，组织开展钻井液化学剂实验室比对。通过比对，查找分析差异，提高检测数据一致性。⑩推进中国石化客户服务中心各项工作进展。完成95388号码资源变更和延期使用申请；组建完成中国石化客户服务中心；开通95388-0人工服务；协调客服电话信息流转渠道；变更95388号码手机黄页显示内容；规范客服工作日常管理。

（赵　巍）

【标准化管理】 ①2019年，中国石化共完成5项ISO标准、3项ASTM标准、90项国家标准、168项行业标准和55项一级企业标准的制修订。②组织2019年度一级企业标准制修订项目立项论证会，共审定并下达139项企业标准制修订项目计划。③完成2020年一级企业标准制修订计划项目征集工作、初审和立项论证工作。④完成768项一级企业标准的集中复审工作，其中151项继续有效、442项需进行修订、174项废止、1项暂停实施。⑤积极推进重点标准的制修订工作，《车用乙醇汽油（E10）》国家标准已开始征求意见，《车用乙醇汽油调和组分油》正在进行各项验证试验工作，《石油焦（生焦）》石化行业标准已完成修订正式发布。⑥组织完成“喷气燃料中颗粒物分布的指标修订研究”等10项研究项目的验收工作。⑦召开标准化工作会议，总结2019年标准化工作，安排部署2020年标准化重点工作，讨论企业标准制修订程序和外部标准制修订管理规定（草案）。⑧举办2期企业标准化培训班，培训内容包括宣讲2019年质量工作要点、中国石化标准化工作的形势和任务、产品标准和方法标准的编写要求、标准复审要求、标准化管理信息系统的应用以及国际标准化工作实践等，共培训学员228名。

（刘慧敏）

【计量管理与监督】 完成国家市场监督管理总局相关工作。向计量司提交中国石化2018年计量工作总结及2019年重点工作任务；根据《计量发展规划（2013—2020年）实施情况调查问卷的函》的要求，开展相关调研并向计量司报送调查结果。

组织开展计量工作检查。根据集团公司统一部署，2019年计量检查并入设备大检查中。成立15个检查组，对48家企业的计量及20家油品销售企业的非油品质量进行全面检查，共查出问题1 487项，提出建议358项；下发《关于2019年计量工作检查情况的通报》，通报被检企业排名情况、好的经验和做法及存在的问题，取得良好的效果。

开展计量人员培训工作。根据2019年集团公司培训计划，举办国家注册计量师培训班、第17期企业计量处（科）长岗位培训班、测量管理体系标准宣贯培训班和可燃及有毒气体报警器检定员培训班，共计培训学员286名，其中102人取得测量管理体系外审员证书、95人获得计量检定员证、20人通过国家注册计量师考试。

组织完成计量技术委员会委员换届工作。根据全国石油天然气标准化技术委员会油气计量及分析方法分技术委员会的换届要求，组织完成14名中国石化委员的换届和登记工作。

（毕海鹏）

国际科技合作

【概述】 为实施走出去战略，充分利用国外先进科技资源，提高中国石化科技创新能力，同时宣传中国石化的科技实力，紧密围绕集团公司科技发展战略，结合生产经营业务需求，积极组织参加有影响力的国际学术组织，与国外知名大学、科研机构及业界同行开展研发合作与交流，推动科技合作。2019 年，与多家国外高校就油气勘探开发技术开展合作；与战略联盟伙伴 Phillips 66 公司和 UOP 公司就炼油技术开展合作；与日本丰田公司在成品油、润滑油和新能源等领域开展技术合作；与美国化学工程师学会开展化工过程安全技术合作、与荷兰高分子研究所开展聚烯烃领域技术合作。

（柳江琳）

企业改革与管理

综述 | 体制改革 | 企业管理 | 内控与风险管理
法治建设 | 资本运作 | 股权管理

综　述

2019年，集团公司认真贯彻党中央、国务院关于深化国有企业改革的决策部署，积极探索建立中国特色现代企业制度，蹄疾步稳深化体制机制改革，坚持全面依法依规治企，注重实效夯实管理基础，有关工作迈出实质性步伐。

蹄疾步稳深化公司体制机制改革。贯彻落实党的十九届四中全会精神，完善顶层设计，印发《关于集团公司深化管理体制改革的意见》《集团公司总部机构改革方案》并推进实施，组建四大业务板块并成立党工委，有序推进配套机制改革，公司治理体系建设迈出新的重要步伐。认真开展总部机关化问题整改，9项立行立改任务全部按时完成。持续推进“双百行动”和综合改革试点，市场化运营机制不断深入。集中开展驻京办专项清理，45家驻京办实现“三个一律”关停要求。“三项制度”改革纵深推进，“四供一业”及其他办社会职能分离移交取得决定性进展，法人户数压减工作提前超额完成，全力支持配合国家管网公司组建，改革呈现全面发力、纵深推进的格局。

突出实效提升管理。推进安全管理、基层党建管理与“三基”工作深度融合，推进企业基层岗位操作手册和基层岗位管理手册编写应用，制定《中国石化推进“三标”建设指导意见》，研究和探索推进精益管理工作。集中废止91件无效制度，加强中介机构聘用管理，企业“三重一大”制度建设实现全覆盖。企业践行“马上就办”全面推开，总部和企业上下联动运行机制初步建立，机关管理效率不断提升。

着力防范化解重大风险。认真学习贯彻习近平总书记关于防范化解重大风险重要论述，保持战略定力，发扬斗争精神，妥善应对中美经贸摩擦和美国对伊制裁，坚决维护国家产业安全和核心利益。深刻汲取联合石化公司“12·24”事件教训，把防范化解重大风险摆在更加突出位置，制定集团公司贯彻落实防范化解重大风险攻坚战意见，有效落实8个方面33项重大风险责任措施。坚持识别风险于初、防范风险于小，推动建立风险预警、风险报告、风险督查督办、风险问责运行机制。坚持季度风险例会制度，推动“两高一重”管理责任和措施落地。健全内控风控体系，举办全系统内控风控竞赛，开展内控制度执行有效性提升行动，抓细抓实重点领域、关键环节、重要岗位风险识别管控。

积极发挥法律支持保障作用。首次发布《中国石化诚信合规管理手册》，建立健全合规风险防控工作机制。针对美国“中国专项行动”等重点和敏感合规领域，专题开展合规风险排查。把好项目决策法律关口，全程参与并提供高质量法律服务保障。加强法律纠纷管理，实现存量重大案件数量和涉案金额双降10%目标。开展法律清收“两金”占用专项工作，运用法律手段收回应收账款实际到账22亿元。规范开展工商、授权委托及商标管理业务，推进“人才强企”法律专业试点，持续提升合同管理和信息化能力水平。

（赵　楠　李鑫轶）

体制改革

【完善公司体制】　全面加强党的领导，以构建“总部战略和资本运营中心、板块业务运营中心、企业执行中心”的治理体系为主线，推动建立系统完备、科学规范、运行有效的治理体系。11月27日，印发《关于集团公司深化管理体制改革的意见》和《关于印发〈集团公司总部机构改革方案〉的通知》。11月28日，召开集团公司深化管理体制改革动员部署会。截至12月底，完成总部机构职能调整，总部综合职能部门由25个调整为20个。

（张　啸）

【总部机关化问题整改】　按照国务院国资委党委

部署，结合公司管理体制改革，认真开展中央企业“总部机关化”问题专项整改工作。11 月 8 日，印发《关于调整总部机关部分部门名称的通知》和《关于董事会秘书局名称变更的通知》，规范部门名称；印发《关于规范总部部门和事业部领导人员职务名称的通知》，规范领导职务职级称谓。按照国务院国资委要求，12 月底完成 9 项立行立改任务。

（张　啸）

【厂办大集体改革】 根据国务院国资委《关于加快推进中央企业厂办大集体改革工作有关事项的通知》要求，加大剩余厂办大集体改革工作推进力度，全年分流安置人员 1 477 人，7 家企业顺利完成改革退出，超年度计划 2 家。截至 2019 年底，集团公司累计完成厂办大集体改革 509 家，分流安置人员 4.5 万人，人员安置完成率 90.6%。

（张　啸）

【开展“双百行动”】 按照年度实施方案和工作台账计划安排，组织 3 家“双百企业”和 9 家综合改革试点单位抓紧推进各项改革措施落实落地。组织 3 家“双百企业”开展阶段性评估，评估结果均为 A 级。7 月 8 日，国务院国资委企业改革局赴石化机械公司调研。10 月 29 日，国务院国资委秘书长彭华岗赴润滑油公司调研，对中国石化综合改革试点工作给予较高评价。润滑油公司参加国务院国资委举办的“双百行动”媒体通气会，介绍典型经验。

（张　啸）

【驻京办专项清理】 8 月 28 日，印发《关于做好驻京办事机构专项清理工作的通知》，组织各企业关停驻京办、驻外办，在京宾馆酒店一律停止行使类似驻京办功能。9 月 30 日，印发《关于进一步做好驻京办事机构专项清理工作的通知》，明确处置意见；同日印发《关于开展驻京办事机构关停情况专项检查的通知》，成立专项检查工作领导小组，按照“四不两直”方式开展拉网式全覆盖突击检查和暗访，就发现问题督促企业整改。11 月 8 日，印发《关于深入推进驻京办事机构专项清理工作有关事项的通知》，要求企业再次彻底清查，坚决杜绝漏报瞒报。12 月 6 日，以明电形式下发《关于坚决彻底做好驻京办问题专项清理的通知》。12 月 13 日，召开全系统紧急视频会议安排有关工作，会后分 5 个小组开展“立行立改”检查。12 月底印发通知对有关资产处置和机构注销工作进行指导。

（张　啸）

【推进纪检监察体制改革】 按照中央纪委、国家监委深化派驻机构改革的部署要求，9 月 4 日印发《关于纪检监察机构调整的通知》，将中共中国石油化工集团有限公司党组纪检组更名为中国石油化工集团有限公司纪检监察组，撤销集团公司监察局，其职能由纪检监察组承接，并明确纪检监察组主要职责。12 月 13 日，印发《关于监察部更名为监督部的通知》和《关于纪检监察组各工作局职能配置和机构设置的通知》，进一步完善纪检监察体制。

（张　啸）

【炼油销售公司增加进出口经营权】 8 月 8 日，印发《关于炼油销售有限公司开展液化气进出口业务的通知》，明确炼油销售公司开展液化气进出口业务相关事宜及生产经营管理部、炼油事业部、化工事业部、炼油销售公司、化工销售公司、联合石化公司和国际事业公司等各相关部门和单位在液化气出口业务中的职能定位。

（张　啸）

【设立中石化宁波新材料研究院有限公司】 为推进镇海基地转型升级，加快科研成果转化，1 月 25 日印发《关于设立中石化宁波新材料研究院有限公司的批复》，设立中石化宁波新材料研究院有限公司，同时挂牌“北京化工研究院宁波分院”。参照“直属院—分院”体制，成立初期委托镇海炼化管理，科研业务由北京化工研究院和镇海炼化双重管理。

（张　啸）

【新疆能源化工有限公司委托西北油田分公司管理】 3 月 8 日，印发《关于将新疆能源化工有限公司委托西北油田分公司管理的通知》，将长城能源化工有限公司所持有的新疆能化 99% 股权，委托西北油田分公司管理，进一步发挥一体化优势，优化资源配置。

（张　啸）

【资本公司设立基金管理有限公司】 为加快推进基金业务发展，实现基金业务集中专业化管理，满足新兴产业等重大项目投资的需要，6 月 19 日印发《关于资本公司设立中石化基金管理有限公司的批复》，中石化基金管理有限公司与资本公司基金管理部实行“一个机构、两块牌子”，重大事项由资本公司决策。

（张　啸）

【境外代表处优化调整】 4 月 15 日，印发《关于优化调整境外代表处的通知》，合并华盛顿办公室、美国代表处和美国公司，成立北美代表处；合并英国代表处和欧洲代表处，名称为欧洲代表处；合并沙特代表处、伊朗代表处和中东代表处，成立新的中东代表处；合并俄罗斯代表处和中亚代表处，成立俄罗斯中亚代表处；增加东南亚代表处辖区，使其成为东南亚（澳洲）代表处；合并巴西公司和南美代表处，成立中南美代表处；增加北非代表处辖区，更名为非洲代表处。

（张　啸）

【调整集团年金管理体制】 6 月 3 日，印发《关于调整集团公司企业年金投资运营管理职能的通知》，将企业年金投资运营管理职能调整到资本和金融事业部，进一步理顺管理关系，发挥专业化管理优势，提高年金投资运营能力和投资效率。

（张　啸）

【经济技术研究院转企改制】 根据《中央编办　财政部　人力资源社会保障部关于同意中国石油化工集团公司经济技术研究院和机关服务中心改革工作方案的批复》要求，11 月 29 日印发《关于中国石油化工集团公司经济技术研究院转企改制的批复》，将中国石油化工集团公司经济技术研究院由事业单位法人转制为依据《公司法》设立的有限责任公司。

（张　啸）

【设立中国石化巴陵石油化工有限公司】 为推进巴陵石化一体化重组工作，12 月 16 日印发《关于设立中国石化巴陵石油化工有限公司的批复》，中国石油化工股份有限公司和中国石化集团资产经营管理有限公司以现金及资产出资成立合资公司，股比为 55% ：45%，股份公司控股。

（张　啸）

【“四供一业”及其他办社会职能分离移交取得决定性进展】 严格落实年度计划，积极开展工作督导，加快推进分离移交工作收尾，推动完成物业供暖市场化收费改革，确保分离移交工作“交得出、接得住、行得稳、可持续”，圆满完成国务院国资委确定的各项任务目标。截至 2019 年底，中国石化所属 74 家企业涉及“四供一业”分离移交项目 1 138 项、340.9 万户，其中供水 280 项、73.6 万户，供电 230 项、76.4 万户，供气 35 项、53.2 万户，供暖 126 项、53.1 万户，物业 467 项、84.6 万户，分离移交涉及资产净值 127.6 亿元，维修改造费用 216 亿元，多渠道、多路径妥善分流安置从业人员 2.3 万人。其他企业办社会职能共 344 项，涉及 36 家企业，主要包括市政、社区管理、公共消防、学前教育、医疗机构等，涉及移交资产净值 64.8 亿元，通过多渠道安置、分流和清退从业人员 1.1 万人，整体工作平稳有序。同时，根据国务院国资委关于培训、疗养机构改革的政策要求和安排，对集团公司培训机构、人员、资产等进行梳理，提出疗养机构改革目标并部署组织有关工作。

（杨识文）

企业管理

【开展“从严管理、精细管理、精益管理”课题研究】 为推动管理变革和提升，深入剖析“从严管理、精细管理、精益管理”的内涵外延、特征及内在逻辑关系，梳理研究现代管理理念、管理评价指标体系和企业管理现状，对标世界一流企业管理实施规律，探索构建企业管理诊断评价体系，制订管理提升计划和措施，提出中国石化打造精益管理的措施建议。

（栾 图）

【推进基层“三标”建设】 印发《关于推进基层“三标”建设的指导意见》，推进基层标准化班组、标准化现场、标准化岗位建设，推动实现内部管理标准化、作业环境标准化和岗位操作标准化，着力解决生产作业中存在的“低老坏”问题。同时，组织编写基层岗位操作手册和基层岗位管理手册，落实岗位责任制，提高岗位人员业务能力素质，提升基层标准化管理水平。

（朱好生）

【推进“三基”工作与专业管理融合】 为进一步推进“三基”工作与专业管理深度融合，打牢企业持续发展基础，以落实党员干部一岗双责和领导干部基层联系点工作为切入点，提升基层党支部组织力，发挥基层党支部在基层建设中的重要作用；以修订完善基层安全生产责任制实施应用和HSSE安全体系为突破口，规范安全作业操作标准，强化应急预案演练，夯实基层基础工作。

（朱好生）

【持续推进管理现代化创新】 为提高效率增强活力，推进企业全面可持续发展，以体制机制改革、从严精细精益管理、制度管理和“三基”工作等为重点，在集团公司范围内评选出155项管理现代化创新成果，其中一等成果29项、二等成果61项、三等成果65项。择优推荐获奖成果参加全国企业管理现代化创新成果评选，9项成果获奖，其中一等奖2项、二等奖7项。

（朱好生）

【评估优化公司制度】 为贯彻落实全面依法依规治企要求，保持制度有效管用，同时适应解决形式主义突出问题为基层减负的需要，组织对现行制度进行有效性评估，重点从法律法规要求废止、规定事项已完毕、情形变更无继续实施必要、同一事项已有新的管理规定、其他情况5个方面梳理无效或失效的制度，下发文件集中废止91件无效制度，进一步优化制度体系，减少“碎片化”问题。

（李召雪）

【深化“三重一大”制度建设】 为健全完善“三重一大”决策制度体系建设，促进依法依规决策，修订《中国石油化工集团有限公司“三重一大”决策制度实施办法》，推进企业层面“三重一大”制度建设，加强审核备案，公司自上而下的“三重一大”制度体系基本健全完备。

（李召雪）

【推进“马上就办”工作】 持续深化总部践行“马上就办”，加强“马上就办”运行规则宣贯，完善“马上就办”配套系统功能，增加事项办结情况线上说明，确保真实反映“马上就办”事项进展，促进快办真办实办。推进企业践行“马上就办”，以“两个延伸”为重点，统筹完成企业“马上就办”配套系统提升，开通企业“马上就办”通报栏，初步建立起总部和企业上下联动的工作运行机制。

（李召雪）

内控与风险管理

【全力打好“防范化解重大风险攻坚战”】 深入学习贯彻习近平总书记关于防范化解重大风险系列讲话精神，增强风险意识，坚持底线思维，制定“防范化解重大风险攻坚战”工作意见，围绕8个方面33项重大风险防范化解，明确目标，制定措施，落实责任，建立风险预警、风险报告、风险督查督办及风险问责工作运行机制。加强高风险业务管控及高风险岗位、重点人员管理，明确严格决策审批程序、强化制度体系建设、加强业务过程管控、聚焦重点领域的高风险业务、加强重大异常管理、强化岗位管控措施、强化信息化系统建设、一体推进监督检查与考核问责等具体措施，确保高风险业务受控、在控、可控，坚决守住不发生系统性风险的底线。

（吴雪琳）

【开展内控制度执行有效性提升行动】 坚持问题导向和目标引领，突出风险防控，聚焦重点领域，严格制度刚性执行，强化监督考核，提升内控制度执行有效性。161 家单位制订内控提升行动方案或计划，并推进实施。组织开展公司首届内控风控竞赛，累计练兵 40 余万人次，146 家单位的 3 062 名选手参赛。聚焦贸易、油品销售、金融等重点领域高风险业务，组织开展内控检查调研，针对发现的问题，紧盯不放，督促整改，销号管理。

（吴雪琳）

法治建设

【大力推进合规管理】 8 月 20 日，印发《中国石化诚信合规管理手册》中、英文 2 个版本，面向全系统员工发放。结合中国现行法律法规和联合国反腐败公约、世界银行《诚信合规指南》等国际规则，聚焦公司治理和经营，安全、环保、员工健康和公共安全，反商业贿赂和反腐败等 10 个重点领域，明确 80 种基本行为规范，对外做出郑重合规宣示与承诺。11 月 25 日，召开合规管理工作推进会，提出用 3 年左右时间，建成组织体系健全、制度体系完善、业务流程规范、工作机制运转有效并充分体现中国石化特色的合规管理体系。

（吴明晓）

【持续推进“人才强企”试点】 推进法律专业专家序列评选竞聘，完成集团公司 1 名首席法律专家和 1 名高级法律专家评聘，增设直属企业高级法律专家和法律专家职数。落实司法部公司律师试点工作，持续提升专职法律人员持证率，2019 年新增公司律师 21 名，全系统公司律师总数达 240 名，位居中央企业前列。

（吴明晓）

【启动法律共享信息化平台建设】 根据国务院国资委法治央企建设要求，对标国际一流能源企业和国内外一流律所信息化管理，启动开发全系统法律共享信息化平台，推动全系统法律人员一体化在线办公及共享，推进法律知识共享、经验共享、成果共享。推行法律费用预算管理，利用信息化手段强化法律中介机构管理。

（吴明晓）

【工商和授权管理】 集团公司层面全年办理工商事务 154 项，处理各类授权 72 份。完成集团公司总经理备案，规范法定代表人签字、身份证信息使用程序。办理集团公司注册资本变更登记、股份公司发起人变更登记及章程经营范围条款修订。启动股份公司及分支机构经营项目归类、股份公司章程经营范围条款优化精简工作。规范子公司董事长（执行董事）或分公司代表和党委书记由一人担任、总经理兼任党委副书记的领导体制下的公司负责人登记问题。

（吴明晓）

【商标管理】 持续提升商标管理，全年启动商标续展注册 402 件，完成集团公司名称变更商标注册信息变更 199 件，办理商标授权使用事项 4 件。汇总系统内企业自有商标及总部商标使用情况，积极支持各单位开展商标打假维权活动，维护集团公司商标合法权益。

（孙有强）

【重大合同项目法律服务】 聚焦公司可持续发展，源头参与重大合同项目，防控法律风险。总部层面参与并购、合资、融资等重大合同项目 92 个，其中总部部门直接牵头项目 19 个、复核企业上报项目 71 个；境外或涉外项目 36 个。通过项目方案合法性论证、起草修改法律文件、出具法律意见书、组织法律尽职调查等方式，为公司改革发展提供有力的法律支撑和保障。俄罗斯阿穆尔化工合资等重点项目有序推进，集团公司发行美元债券等项目顺利交割。

（程大庆　孙有强）

【项目投资决策合法合规性论证】 组织对涪陵页岩气田焦石坝区块焦页 5 号等 5 个井组开发调整项目、扬巴公司新戊二醇扩能改造项目等 62 个固定资产投资一类项目进行合法合规性论证，出具书面论证意见 34 份。实行两级审查制，加强 LIMIS 项目管理模块应用，实现与投资一体化平台（SUIP）接口集成，为全系统二类、三类投资项目合法合规性审查奠定基础。编写《油气田开发投资项目行政许可业务指南》，编印《管道类固定资产投资项目法律法规及行政许可手册》《大型石油化工项目建设行政许可办理指南》。

（程大庆）

【合同管理基础工作】 持续开展标准合同示范文本规范更新工作，累计开发总部级文本 867 个、企业级文本 3 200 余个，全系统全年签订合同 64.5 万余份。印发《总部机关合同办理手册》《关于加强合同合规管理的通知》等，就合同合规调查、合同合规条款、合同履行过程合规监控提出要求。组织企业开展合同专用章使用、线下合同自查，每季度开展合同管理线上抽查并通报。

（程大庆）

【合同管理信息化建设】 合同管理信息系统（CMIS）第 3 阶段深化应用、集成整合提升项目可行性研究获批复。完成合同管理信息系统与费用报销、财务共享系统集成，实现合同签署和合同付款线上无缝对接。开发合同统计分析系统，部分实现预警。配合 ERP 境外推广，完成联合石化公司合同系统与 ERP 大集中接口开发和测试及香港公司合同履行环节提升。

（程大庆）

【防范化解法律重大风险】 筑牢法律合规风险防控体系，推进法律风险防控责任制落实，印发第 3 批法律风险防控责任制示范文本、年度法律风险清单，编印年度法律风险管理报告和《石化法治简报——法律风险管理专刊》，印发《工程招投标法律风险清单指引》。严控国际化经营法律风险，常态化开展境外法律风险排查处置，按月组织涉外经营单位排查重大涉外案件、正在执行的重大合同项目和涉美业务法律风险，“一案一策”制定应对措施，对在京 12 家专业公司、涉外单位逐家开展境外合规工作专题督导。印发《因公出国（境）有关法律风险提示》。编制国际商事仲裁案件处理提示，指导企业应对处置涉外仲裁案件。组织排查大宗商品融资性贸易合同和融资担保业务风险，组织工程企业排查独立保函风险，提出防控建议和措施。

（程大庆　江　渊　廉　明）

【重大纠纷案件处理】 全年新发纠纷案件 834 件，下降 26.7%；办结 776 件，避免和挽回损失共计 29.6 亿元。强化发案单位负责制和发案单位负责人参与重大纠纷案件处理制度要求，制订重大纠纷案件“一案一策”工作方案，实施两级挂牌督办和销项管理等措施，充分调动内外部资源，一批重大历史遗留案件得到妥善处理，较上年底存量重大纠纷案件数量和涉案金额分别下降 43.6% 和 20.7%，全面实现历史遗留纠纷重大案件数量和涉案金额双降 10% 的年度目标。持续强化债权法律清收，通过法律手段为企业收回应收账款实际到账 22 亿元。全面防控知识产权、环保、劳动等领域纠纷法律风险，推进科研、炼化企业知识产权维权工作，做好科技孵化器法律服务，助力知识产权合资合作项目，强化竞业限制管理。妥善处理环境公益诉讼、环境刑事调查案及涉嫌滥用市场支配地位行政调查等合规案件。

（张志军　徐　阳）

【法律纠纷基础管理】 组织编印《中国石化法

律纠纷典型案例汇编》《工程招投标法律风险清单》《科技孵化器法律工作指引》，编制出版《石油石化企业环保法律风险防控手册》并形成涵盖公司全产业链的《环保法律风险清单》。初步建立重大纠纷案件维权激励机制，首次组织开展重大法律纠纷维权总经理奖励申报工作。法律纠纷管理信息化建设水平持续提升，升级 LIMIS 纠纷管理模块统计和报表功能，基本实现境内外重大纠纷案件处理及时、动态和过程管控。坚持案件处理“以我为主”原则，实行案件分类管理，部分纠纷案件由公司律师进行代理。搭建平台，强化企业与国际知名律所的法律纠纷管理培训交流。

（马继亮　姚天健）

【持续推进“七五”普法】 印发年度法治宣传教育工作要点，全面落实“七五”普法中期工作，积极推进法治央企文化建设。集团公司党组理论学习中心组邀请国务院国资委政策法规局局长郭祥玉做法治央企建设专题讲座，全系统同步视频学习。开展全员合规培训与合规承诺，全系统 20 万员工在线完成承诺，副科级以上干部基本实现全覆盖。集团公司及胜利油田、中原油田等 5 家直属企业被司法部、全国普法办评为“七五”普法中期先进单位。

（吴明晓）

【多渠道开展法治宣传教育】 按照“谁的业务谁普法”要求，构建“大普法”工作格局，组织开展“依法依规治企　建设法治石化”系列讲座 12 期。加大案例警示教育，完成中国石化纠纷案例、国际大公司合规管理案例 2 套共 23 个案例。新任党组管理领导人员、“三强”青年干部、经营管理人员等培训班和直属企业党委中心组学习中设置法治建设、合规管理课程。积极营造学法普法氛围，利用中国石化干部网络学院、《中国石化报》、“奋进石化”官微、“法治石化”官微专栏等多渠道、多形式、多层次开展普法宣教活动。

（吴明晓）

【组织国家宪法日系列活动】 12 月 4—11 日，以“弘扬宪法精神，推进国家治理体系和治理能力现代化”为主题，面向社会举办第 5 期“与法同行　油中感谢”微信答题活动。活动页面在线浏览 101.7 万次，48.2 万人参与答题，收到用户评论 1 266 条，取得良好宣传效果。

（吴明晓）

资本运作

【持续推进销售公司混合所有制改革】 2019 年 5 月，经国务院国有企业改革领导小组同意，销售公司被列为国家第 4 批混合所有制改革试点单位。学习借鉴其他央企混改单位的“新三样”机制改革经验，研究制订销售公司混改实施方案，并正式上报国家发改委。

（祝晋东）

【集团公司子公司重组注入股份公司】 为支持国家油气管网改革，服从服务于国家油气管网战略大局，组织完成集团公司管道储运公司所属 4 家子公司资产重组注入股份公司管道有限公司。

（李　果）

【收购新吉美公司天然气管道】 为拓展东北油气分公司生产经营业务，支持企业改革发展，组织完成东北油气分公司竞拍收购新吉美公司天然气管道及相关配套资产。

（李　果）

【完成新星公司地热业务重组工作】 启动新星公司地热业务资产重组工作，与冰岛合作方就重组资产范围、审计评估、重组方式等事项进行沟通谈判并达成一致。聘请相关中介机构对拟纳入重组范围内的资产业务开展法律尽职调查、技术尽职调查、审计和评估等工作。2019 年 7 月，双方签订重组协议，10 月举行地热业务重组挂牌仪式，重组工作正式完成，新星公司地热业务混合所有制改革取得阶段性成果。

（祝晋东）

【吸收合并三圆公司】 为推进压减法人工作，继续保留企业现有的相关经营资质，组织炼化工程集团所属上海工程公司吸收合并上海三圆工程咨询监理有限公司。

（李　果）

【转让华美孚泰公司股权】 为优化内部资源配置、减少重复投资、盘活存量资源、助力华东石油工程公司扭亏脱困，组织石油工程公司对华美孚泰油气增产技术服务有限责任公司股权进行重组整合，通过协议转让方式将其转让注入华东石油工程公司。

（李　果）

【合理确定持股比例】 按照国务院国资委《关于确定国有股东所控股上市公司合理持股比例的意见》要求，结合集团公司控股上市公司实际，拟定中国石化国有控股上市公司合理持股比例，履行集团公司内部审批程序后上报国务院国资委，并完成国务院国资委备案，为“一企一策”开展控股上市公司资本运作和市值管理预留空间。

（祝晋东）

股权管理

【股权投资风险防范取得初步成效】 开展股权投资项目存在问题和风险隐患全面梳理排查，根据风险类别、程度确定 84 项总部挂牌督导的重点整改项目和 606 项事业部（专业公司）自行督导的整改项目，分类管理、压实责任，逐项制定整改措施，整改落实工作有序推进。2019 年，通过强化管理、改善资产负债结构、理顺管理关系、股权清退处置等多种手段，圆满完成 76 项年度整改任务。

（孙彦强）

【夯实股权管理基础】 以促进完善股权管理体制机制、提升股权投资项目创效能力为核心，研究提出建立总部、板块（子集团）、企业的股权管理三级责任体系和运行机制工作思路，着力解决股权投资分散、投资管理工作不到位和投资效益水平低等问题，形成强化股权投资项目监督和管理、提高投资回报的长效机制。组织编制中国石化股权管理信息系统（二期）项目可行性研究报告，强化信息化手段应用，切实履行好监管职责。

（孙彦强）

【强化股权运营管理】 加强股权投资数据分析和应用，及时发现存在的问题，研究提出加强股权管理的措施和建议。对股权投资单位重大事项进行审核并履行相关审批程序，全年审核企业上报重大事项 92 件，协助办理相关授权手续 23 次，努力在股权投资单位重大事项决策上切实贯彻股东意志，依法行使股东权利。

（孙彦强）

【加强股权流转处置】 全面梳理分析股权投资项目，细化完善清退处置方案，规范履行股权挂牌转让、协议转让、无偿划转及增资扩股手续。通过推动股权流转，海南炼化完成实华嘉盛公司清算注销工作，重组回购经营性业务资产，保障了生产经营稳定，2019 年实现处置创效 3 328.60 万元。济南资产分公司退出陷入经营困境的康雅公司，妥善安置各类人员，解决了历史遗留问题，每年可实现减亏约 1 200 万元。

（孙彦强）

中国石化 SINOPEC

财务资产管理

综述 | 预算管理 | 资金管理 | 会计管理 | 资产管理 | 土地管理
财税管理 | 年金管理 | 总部机关财务管理 | 财会队伍建设 | 财务状况

综述

2019年，面对国际油价震荡波动、国内炼油产能过剩矛盾突出、化工产品价格震荡下行、成品油市场竞争激烈的严峻形势，财务系统认真落实集团公司党组决策部署，坚持稳中求进，贯彻“四个坚持”兴企方略和“改革、管理、创新、发展”工作方针，组织开展“不忘初心、牢记使命”主题教育，强化价值引领，深入挖潜增效，防控重大经营风险，推进财务转型试点，实施人才强企工程，筑牢财务管理基础，锐意进取、担当实干，各项工作都取得明显成效，推动公司决胜全面可持续发展迈上新台阶。

（夏吉鹏）

预算管理

【超额完成国务院国资委稳增长目标】 按照国务院国资委利润总额增长率“保8争10”、净利润增长率“保7争9”要求，坚持高质量发展理念，发挥预算价值引领作用，深化经济活动分析，启动预算信息系统建设，确保公司各项预算目标全面完成。①改进预算管理方法。实施利润目标分档管理，从资产回报率提升、人力资源价值增值能力2个维度制定奋斗目标设定原则和奖励细则，有力调动企业创效积极性，各板块自我加压提出奋斗目标，为全年超额完成利润目标奠定基础。②持续优化“三个三”滚动预算机制。结合2019年生产经营及全年预算完成情况，以及对2020年、2021年市场研判情况，编制完成2019—2021年3年滚动财务预算，并将滚动预算目标作为2020年预算编制的重要依据，推动年度预算与3年滚动预算有效衔接。围绕2019年预算目标，结合工程企业生产经营特点，组织工程企业提出后3个季度滚动分解预算，引领企业根据实际完成情况及时调整修订月度和季度目标，推动年度预算完成。持续强化3个月滚动预算，持续推动财务预算与生产计划有效融合，推动各层级加快财务转型、深化业务融合。③深化经济活动分析。坚持问题导向和专项剖析，改进经济活动分析，深入挖掘财务数据背后的业务动因，开展期间费用、汇率利率、资产创效等专项分析，深度查找生产经营中存在的问题，及时提出改进建议，进一步发挥对生产经营的决策支撑作用。④优化企业预算监控方式。结合为企业减负的要求，整合财务简报、预算考评通报等，优化合并到《中国石化企业财务动态》，按月对所有企业财务综合绩效进行排序，同时整合亏损子企业治理等内容，通报内容直送企业主要负责人，进一步激发企业工作积极性，切实减轻企业负担。2019年，集团公司实现营业收入30 034.2亿元、实现利润1 008.7亿元、净利润791亿元，均实现增长，全面完成国务院国资委稳增长目标。

（谢　斌　尹凤兵）

【大力实施降本减费挖潜增效】 认真落实党组勤俭办企业要求，牢固树立长期过紧日子思想，倡导全员艰苦奋斗、厉行节约，强化“一切成本皆可控”理念，狠抓关键环节和重点领域降本潜力，坚决遏制成本费用过快上升势头。①强化成本预算倒逼。从严核定成本预算，坚持变动成本降低5%以上倒逼业务单位成本预算、月度成本预算及总部部门经费预算，实现主要单位成本同口径不增、年度总部机关费用预算压减比率达5.3%。②强化挖潜增效。围绕年度效益及成本管控目标，组织各板块及重点企业召开成本管理研讨会，督促企业提出挖潜增效目标，落实管控责任，细化分解措施，从原油采购、物资采购、库存优化、物流优化、税务管理等方面，狠抓措施落实，严格成本管控，全年各板块实现挖潜增效115.6亿元，比年初目标88亿元多完成27.6亿元。③强化成本考评奖励。依据新修订的考评奖励办法，采取功效系数法对2018年度全员成本目标管理工作开展考评奖励，突出对标量化、成本指标改善、聚焦重点企业，考评奖励结果更加科学、公平、公正，胜利油田等企业获68项（次）奖励。

（刘晓军）

【全级次亏损子企业治理成效明显】 2019年，围绕亏损面降至13%的目标，压实治理责任，强化督导帮扶，狠抓由盈转亏企业和小额亏损子企业治理，超额完成集团公司年度目标。①强化运行组织和工作督导。逐月督导工作进展，及时发现问题，动态预警纠偏。结合年度预算安排，按月逐户检查亏损企业减亏扭亏情况，编制“红、黄、绿”运行大表，利用经济活动分析会和《中国石化企业财务动态》等平台定期通报治理效果，督促治理欠进度企业加快工作进度。②加强重点事项管控。针对由盈转亏企业增加、亏损面大幅反弹等问题，把由盈转亏和小额亏损子企业治理作为工作重点，组织各板块（专业公司）分析亏损原因，督导相关子企业强化经营管理，协调相关子企业加快关联交易结算，基本消灭小额亏损子企业。③深入开展检查调研。前往天津分公司、长岭分公司及荆门分公司开展亏损子企业治理现场调研，通过走访车间、与基层干部交流、听取汇报等形式，了解企业扭亏脱困方案和挖潜增效各项措施，分析特殊群体安置等问题对扭亏脱困的影响，提出工作措施。针对亏损治理效果反弹等问题，对国勘公司进行督导，加强市场研判，制定汇率波动管控措施，有效避免汇兑损失。④研究落实帮扶措施。针对部分油田存续企业“四供一业”分离移交后资不抵债等问题，研究制订出资建议方案，大幅改善油田存续企业的财务状况。⑤启动20家重点亏损子企业专项治理工作。根据国务院国资委第2阶段治理工作安排，组织20家重点亏损子企业制订扭亏脱困3年亏损治理方案。2019年，集团公司共有82家企业实现扭亏或注销，全口径亏损面降至10.7%，比管控目标低2.3个百分点，比2016年42.6%下降31.9个百分点；亏损子企业亏损额274.3亿元，比年度目标减亏36.1亿元。

（姚智英）

资金管理

【持续推动降杠杆减负债】 紧扣年度管控目标，以重点单位为突破口，加强动态跟踪，强化统筹管理，多措并举完成降杠杆减负债工作任务。对照公司年度管控要求，从严核定所属重点企业资产负债率压降目标，制订年度降杠杆减负债工作方案，确保工作目标落实到位。逐月跟踪资产负债率完成情况，分析变化原因，并及时提出压降措施。针对公司资产负债率内部结构性矛盾突出的特点，对全级次企业高负债率形成原因进行详细分析，从企业、部门及总部层面聚焦重点单位制定压降工作措施。结合企业实际困难，“一企一策”制订帮扶方案，推动降杠杆工作稳步实施。重点协助国勘公司、石油工程公司等企业制订扭亏脱困专项方案，积极推动债务压降等工作。对因解决分离移交等历史遗留问题，造成资产负债率过高的部分油田存续企业，提出专项帮扶方案，有效解决企业资金压力过大的实际困难。2019年末，集团公司资产负债率49.42%、较年初下降2.9个百分点；付息债务余额3 857亿元、较年初减少590亿元；“两金”占用降至2 815亿元，在平均油价每桶上涨近6美元的情况下，基本实现同比不增。

（张 骞）

【持续强化资金指标管控】 面对复杂多变的内外部经济、金融环境，坚持“现金为王”理念，充分发挥资金集中优势，强化集团层面统筹和企业层面管控，加强资金指标管控，确保公司资金高效平稳运行。以资金预算管控为抓手，加强对月度预算执行情况的分析和总结，加大监督考核力度，以月保季、以季保年，月度预算执行准确率得到显著提升，资金预算引领作用得到充分体现。

落实财务监督责任，加强投资项目未来市场竞争力与回报能力的预测分析，严控投资回报难以落实的投资。强化资金集中管理，严控银行账户资金限额，加大境外资金归集力度，资金使用效率进一步提升。2019年，集团公司资金集中度达96%，比上年提高1.3个百分点。

（张　鸾）

【持续强化债务风险防控】 面对全球经济下行压力加大、中美贸易摩擦不确定性加剧、国内外资本市场剧烈波动等带来的挑战，通过优化筹融资安排，发挥多渠道融资优势，实现债务的平稳接续和融资成本的有效控制。全年累计偿还和接续到期长期债务超600亿元，综合融资成本率3.44%，持续保持央企较低水平。充分发挥企业和总部资金池的资金头寸调剂作用，提高内部资金使用效率，全年通过内部委存委贷等方式组织内源性融资近300亿元，通过资金平台月均为企业提供短期贷款超1 200亿元，境内周转性资金需求基本通过内部调剂解决。结合全年到期债务情况，组织国勘公司、商储公司及石油工程公司等单位提前制订接续方案，通过总部委贷、资金平台贷款、银行贷款及境外债券等多种渠道，确保全年到期债务平稳继续。

（张　鸾）

【持续做好隐患排查防范】 以防范资金运行风险为切入点，紧盯市场变化，落实防风险责任，加强风险摸排，不断提升资金风险防控能力。针对以前年度发生的资金管理风险案例和问题倾向，结合资金管理的重点和难点，全年多次发布高风险业务管理要求，加强对金融衍生品、担保等高风险业务管控，严禁开展委托理财、融资性贸易、“空转”“走单”贸易及内部集资等违规业务。加强对全球资本市场、地缘政治等形势的研判和跟踪，定期发布境外风险提示，组织相关企业全面梳理外汇风险敞口，持续降低存量风险敞口，严控增量风险敞口。根据国内外宏观环境变化和新形势下风险管理要求，开展资金风险自查、外部银行账户清查，以及担保业务风险、信用风险、融资性贸易风险、小币种汇率风险、货币资金风险等专项排查，进一步夯实资金安全管理基础。加强金融衍生品业务等高风险业务的梳理和排查，完善金融衍生品业务管理制度，强化保证金管理，严格保证金预警和报告制度，组织企业建立健全金融衍生品业务管理制度体系。组织资金安全与风险防控相关培训，剖析发现的风险案例、分析境内外资本市场变动、讲解最新风险管理要求，全面提升风险管控意识。

（张　鸾）

【持续落实民企清欠工作】 坚持将清理民营企业、中小企业账款专项工作作为重大政治任务列入年度重点工作，不打折扣完成年度清理目标。根据党中央、国务院关于切实做好清理民营企业、中小企业账款专项工作部署，强化工作组织领导，细化工作落实，先后8次转发国家层面工作要求，加大对重点企业的专项督导力度，在资金预算、融资来源、内部结算等方面重点保障，强化考核机制。主动与国务院国资委沟通协调，全面推动集团公司专项清欠工作有序开展。2019年度累计清理民营企业、中小企业逾期欠款40亿元，加快推动集团公司外部各类民营企业、中小企业款项支付超100亿元，圆满完成国务院国资委年度专项清欠工作目标。

（张　鸾）

【持续推动资金管理信息化建设】 为持续提升资金管控能力、增强信息化手段，以推进资金集中管控及运营分析项目建设为主线，启动资金集中管理系统升级改造。围绕统一资金集中管控实现方式、强化资金风险防控和业务监控、健全资金运营分析体系、专项功能提升及系统技术架构升级，推进资金集中系统提升项目建设。完成系统功能开发和集成测试，组织召开资金系统试点上线启动会，完成第一阶段6家试点企业上线工作。

（张　鸾）

会计管理

【顺利完成2018年财务决算】 加强决算组织领导，夯实财务基础工作，落实内外部审计问题整改，优化决算工作流程，强化报表编制质量审核，加强财务情况分析等工作，顺利完成集团公司2018年财务决算工作，集团财务决算工作质量得到进一步提高。特别是2018年财务共享首次全面上线，企业和共享服务公司齐心协力，按时完成决算上报，集团公司全级次623家企业全部取得标准无保留意见的审计报告，顺利通过财政部和国务院国资委的决算审核。集团公司连续获评财政部和国务院国资委的决算报表先进单位。

（张晓光）

【持续提升财务共享服务效率】 财务共享工作重心由全面推广转入运营质量效率优化提升，积极推进境内企业推广收尾工作，境内上线企业累计达216家。通过问卷调查、召开客户座谈会、深入企业调研督导等形式，广泛征求意见建议，针对10类224个问题，逐一制订解决方案和措施，明确责任部门和整改时限，推动问题整改落实，共享服务满意度进一步提升。持续聚焦业务标准化、流程优化和专业能力建设，狠抓服务质量和效率提升，完成集团公司共享业务操作规范整合和修订工作。推进业务自动化、智能化，累计完成68家企业“三单匹配”推广实施，自动过账率得到有效提升。开展RPA机器人部署应用，进一步节约人工工时。坚持创新驱动，推动RPA定制开发，有效降低企业财务工作量，助力企业财务转型。

（张晓光）

【实现集团公司报表系统一体化建设】 坚持统筹兼顾、一体化建设原则，完成集团公司报表一体化项目开发，周密部署报表统一项目试点与推广计划，边推广边优化，经过系统培训、分析差异、单轨上线等过程，完成全部直属企业推广上线工作，实现集团公司报表系统统一，为建立集团公司统一的报表体系奠定坚实基础。

（张晓光）

【强化依法治企和财务基础管理提升】 针对党组巡视和自查发现的7类266项问题，在全集团开展严肃财经纪律专项整治，加大违反财经纪律整治力度，实施现场督导和抽查工作，深化巡视、审计问题整改，预防和遏制财经纪律问题。按照集团公司内控提升行动统一安排，编制财务部内控提升行动实施计划，明确各项风险管控工作，推动内控制度有效落实。持续完善财务管理制度建设，强化员工“明底线、守纪律”意识，进一步夯实财务基础管理水平。

（张晓光）

资产管理

【资产分类管理持续加强】 围绕“所有资产都可以通过有效运营为企业创造价值”的理念，推进资产分类评价创效专项工作，以分类评价促资产管理，以资产运营促提质增效，切实提高资产运营效率和创效能力。深入推动“做优增量、盘活存量、主动减量”，不断提升资产创效水平。通过资产分类评价对资产的动态优化，对存量资产进行再评估、再分析、再优化、去水分、去泡沫，推动资产管理由管实物到管价值的转变。2019年，结合年度财务决算进行超前部署，突出资产分类评价创效工作体系建设，突出财务资产价值评价与业务实物运行效率的有机结合，突出资产盘活增效措施落地实施，突出开展重点资产专项盘活，高效资产占比达81.1%、提高1.7个百分点，总资产报酬率、净资产收益率分别达4.9%和7.2%，创近5年最好水平。各业务板块严格执行并超额完成当年下达的低效、无效、负效资产盘活处置计划，通过提升装置（设备）盈利能力盘活194

亿元，优化海外项目运营盘活 234 亿元，移交企业办社会实物资产 103 亿元及计提各类资产减值 255 亿元，进一步夯实资产质量，集团公司整体资产创效能力稳步提升。通过专项开展房屋建筑物清查工作，清查闲置房产 4 663 项，净额 27.6 亿元。推动资产盘活处置工作，完成 13 295 项资产转让、出租等盘活处置工作，实现收入 11 亿元。

（刘海燕）

【压减工作取得新突破】 按照国务院国资委召开的中央企业压减工作 3 年收官总结视频会议精神，强化工作组织，优化工作机制，保障措施到位，推进“压缩管理层次、减少法人户数”专项工作。在确保完成法人压减任务的前提下，以优化公司法人架构为目标，常态化开展压减法人户数工作。理清各层级权责边界，梳理制度管控流程，完善压减工作长效机制，以产权登记年检结果及日常管理发现问题为基础，针对长期关停、吊销营业执照、持续亏损扭亏无望、无实质经营海外壳公司、存在重大风险隐患等投资项目定期梳理，建立压减法人备选库，持续推进压减工作。年初下达法人压减计划，层层压实责任，压茬推进压减工作。通过周报告、月通报、挂牌警示及约谈督办等方式，对压减项目推进情况进行跟踪。对压减难点问题，结合政策予以讲解，帮助企业理清解决思路。结合业务板块特点，量身定制压减方案，开通绿色通道办理资产评估备案、资产划转及财务并账工作，为企业压减工作打牢基础。指导企业进行压减后续产权登记工作，做到工商登记、产权登记、财务核算口径一致，实现压减工作闭环管理。提前 7 个月超额完成国务院国资委 3 年压减任务，获国务院国资委通报表扬。2019 年，压减法人 111 户，超年度计划 71 户，超年度奋斗目标 17 户。

（刘海燕）

【产权登记工作成效明显】 夯实产权登记基础工作，注重对产权登记数据的分析及应用，挖掘利用产权登记数据信息，提升投资项目收益管理，为公司改革发展与结构调整提供依据。定期核查各企业产权登记工作，对产权项目多、产权结构复杂、产权登记办理不及时的企业现场检查、督导，建立挂牌督办、销号管理制度，建立产权登记管理年度考评机制，组织开展产权登记年检工作，从板块分布、经营状况、财务核算、分红情况及产权登记等维度进行梳理分析，并与工商登记管理、股权管理、会计核算管理业务形成联动，利用会计信息系统、天眼查等内外部信息化手段，梳理集团公司全资及控股子企业、参股投资项目共 2 602 项，其中全资及控股子企业 1 694 家、参股投资 908 项。通过梳理分析，标记长期股权投资财务核算不规范、未及时办理产权登记、参股投资无法获取财务报表等问题，加强长期股权投资管理，提高投资回报率。

（刘海燕）

【资产评估基础不断夯实】 完善资产管理制度体系建设，提升集团公司资产评估工作管理水平。2019 年，结合国务院国资委相关制度规定，印发《中国石油化工集团有限公司资产评估机构备选库管理办法》，进一步规范评估标准，提高评估质量。以确保国有资产保值增值为前提，注重加强评估结果的深化应用，为资产盘活创效、提高资本运营质量和效益提供有力支撑。坚持利用评估备案台账跟踪管理，定期对已完成备案项目“回头看”，形成工作管理闭环，确保评估结果得到正确有效使用。全年，共审核备案资产评估项目 249 项，涉及资产账面价值 3 798.36 亿元、评估值 7 487.34 亿元。

（刘海燕）

土地管理

【土地盘活运营成效显著】 按照年度土地盘活处置计划，筹划土地盘活处置方案，指导企业推进土地盘活处置工作。2019 年，完成土地盘活处置项目 94 项，涉及土地 174 宗、4 162 亩（277.47 万平方米），取得盘活处置收入约 10 亿元，取得实物资产 5 处、现状价值约 11 亿元，调整置换加油站等土地 39 宗、426 亩（28.4 万平方米）。跟踪指导巴陵石化退城进园、南化公司转型、中韩石化一体化等重大项目涉及土地处置工作，积极提供政策支持。

（韦统郡）

【土地经营管理逐步强化】 开展低效利用土地调查及评价，通过专题研讨、多次论证、试点实践，形成一套科学完整的土地经营创效体系，集中力量推进，圆满完成低效利用土地调查。全系统低效利用土地共计 7 283 宗、7 013 万平方米。在调查基础上，利用土地管理信息系统、采用人机结合的方式，对每宗低效利用土地进行准确评价，通过企业间、板块间、区域间的横向对比及经营目标、投入产出、用地结构等纵向分析，形成低效利用土地指标评价成果，为相关制度出台提供数据基础。

（韦统郡）

【用地支持政策取得突破】 通过行业联合、专项申请等措施，协调争取有利用地政策，自然资源部、农业农村部下发《关于加强和改进永久基本农田保护工作的通知》，明确油气项目临时用地可占用永久基本农田，顺利打通政策障碍。国务院国资委、财政部、自然资源部等五部委于 2019 年 6 月联合下发《关于中央企业公司制改制土地权属变更、企业清理注销等有关事项的通知》，对中央企业公司制改制涉及土地权属变更、权属瑕疵予以细化指导和具体要求，明确公司制改制涉及授权经营、作价出资（入股）等土地可直接办理权属变更的具体方式，为解决企业改革用地问题和遗留土地问题创造有利条件。

（韦统郡）

【土地专项管理有序开展】 作为 5 家试点单位之一，完成国务院国资委组织的中央企业改制划拨土地专项调查，为公司制改制或企业重组改制提供划拨土地处置参照。在研究国家政策、分析运作困难、总结前期工作经验的基础上，对集团公司非上市约 40 万亩（2.67 亿平方米）划拨土地研究土地运作方案，提出具体操作路径。积极推进企业办社会职能分离移交涉及土地工作，严格按照土地处置程序，加快审批节奏，审核、批复移交土地处置 61 项，涉及 3 984 宗、37 万亩（2.47 亿平方米），移交土地报批基本完成。争取分离移交办社会职能涉及土地政策，国家财政部下发《分离移交办社会职能有关税费政策的通知》，明确给予土地增值税、契税减免的优惠政策。

（韦统郡）

财税管理

【争取与落实财税优惠政策】 指导石化机械四机公司申请取得重大技术装备进口免税资格，2019 年实现免税 2 188 万元。充分利用首台套重大技术装备保险优惠政策，取得工业和信息化部财政补贴 1 747 万元，并获 400 万元保险理赔款。根据《国务院关税税则委员会关于试行开展对美加征关税商品排除工作的公告》精神，积极申请将变速箱等商品列入对美加征关税商品排除清单。落实海洋及陆上特定地区开采油气进口物资免税政策，享受免税进口额度 517 万美元。

（卢　静）

【持续推进区域财税协调机制】 在 17 个境内区域财税协调小组有序运行基础上，着重推动 4 个境外区域财税协调小组工作取得实效，赴哈萨克斯坦现场督导区域财税协调工作。各境外小组运行稳定，香港及沙特小组统一协调应对所在国家（地区）税务当局提出的国别报告提报要求，尼日利亚小组建立税务纠纷动态跟踪机制，哈萨克斯坦小组优化境外控股架构、压减法人层级，沙特小组妥善解决持续 7 年的税务争议。

（卢　静）

【深入开展财税政策研究】 研究分析深化增值税

改革、降低政府性收费和经营服务性收费政策、降低社保费率对公司产生的影响。研究国家税收立法安排、中央地方收入划分改革及国务院印发《实施更大规模减税降费后调整中央与地方收入划分改革推进方案》影响。强化境外财税政策动态分析，组织研究沙特转让定价细则，分析研究离岸避税地出台经济实质法对公司影响，指导经济技术研究院开展《境外投资架构税务风险防范研究》。做好自贸区及粤港澳大湾区财税政策、非常规天然气补贴政策、改制重组税收政策研究梳理，参与指导武汉石化、巴陵石化重组方案制订与完善，降低重组税务风险和纳税成本。完成集团公司2014—2018年税费数据分析报告。

（卢　静）

年金管理

【加强年金投资收益管理】 贯彻集团年金理事会确定的“稳中求进”工作方针，防范风险，稳健投资，获取超额收益。稳定类资产方面，组织投管人逐月滚动制订工作运行表，寻找优质资源，提前确定到期资产接续标的，确保平稳接续80亿元高收益到期资产，夯实年金收益基础。权益类资产方面，通过会议、微信群、邮件、电话等方式，督促投管人及时调整投资思路，把握市场机会，加大权益资产的配置力度，并积极参与科创板一级市场打新，提升年金整体收益水平。2019年，集团年金投资收益率为7.64%（消化销售公司股权产品减值后为6.63%），创运营以来最高收益水平，超年度收益目标3.64个百分点。

（史庭南）

【持续强化固收类资产信用风险管控】 对于存量投资资产，坚持投管人自评和第三方机构评估，全面查找风险隐患，对筛查结果为高风险的债券和重点关注项目，提示投管人加强跟踪管理，妥善处置，严禁风险变现，集团年金资产继续保持无“踩雷”事件。针对国内住房信贷政策趋严的形势，开展涉及房地产类投资现状风险评估，确保信用风险合理可控。对于新增投资资产，严格执行投资政策关于投资行业、地区、评级等准入要求，加强非标产品的投资前论证分析，严格审核要素，有效管控风险入口。2019年，审批债权计划、信托等非标项目和PPN等非公开发行债券421个、计330.27亿元，否决项目124个、计89.73亿元，项目否决率达27%。

（史庭南）

【推进年金管理对标】 组织开展与国内外先进机构对标，优化集团年金投资管理模式，实地调研中国石油养老公司、联想集团，与贝莱德公司及太平、中金、华夏等投管人座谈，学习借鉴国内外养老金先进管理经验，形成集团年金管理模式优化调整初步建议，为提升集团年金可持续发展能力打牢基础。

（史庭南）

【持续优化提升年金管理】 坚持不定期约谈投资管理人、定期通报业绩，组织召开2期投资业绩通报会，总结分析投资得失，督促投管人提升投资管理工作水平。研究集团年金中长期资金收支管理，提出人员分类管理建议方案，建立测算模型，完成集团年金未来10年收支现金流测算。完成年金制度体系修订，开展年金账管系统升级，组织全系统年金业务培训，补缴资金归集和投资，确保新旧制度体系平稳衔接。研究集团年金投资监督系统升级改造，发挥信息系统的支撑作用，解决管理中的盲区和痛点，全面提升系统功能，提高年金管理水平。配合年金稽查组2018年年金审计工作，利用审计发现管理中的薄弱环节，堵塞管理漏洞，防范管理风险。

（史庭南）

总部机关财务管理

【加强总部机关经费管理制度建设】 为加强总部机关经费管理，根据党组会审议通过的各层级履职待遇业务支出管理办法和集团公司差旅费管理办法及国家相关规定，先后2次修订《中国石化总部机关经费管理细则》，进一步规范总部机关经费管理流程、标准控制和支出管理，重点规范差旅费和业务招待费标准和过程管控。

（孙晓光）

【强化总部机关经费预算管控】 认真贯彻党组"全员艰苦奋斗、厉行节约、降本减费"要求，牢固树立过紧日子的思想，发挥总部机关表率作用，细化梳理部门业务和年度工作安排，从管行为、控标准入手，按照"零基预算"逐项落实各项业务的必要性和费用规模，在保障运行的基础上，突出预算牵引和投入产出效率约束，从严从紧核定2019年部门日常经费和专项经费预算指标。

（孙晓光）

【完善总部机关财务费用报销系统建设】 完成总部机关费用报销系统功能的完善和开发，落实差旅费标准调整和差旅费车票增值税抵扣在费用报销系统中配置。配合集团公司商旅平台建设，完成差旅事前申请和差旅结算报销系统配置。

（孙晓光）

【规范个人所得税纳税申报和公积金管理】 根据修订后《中华人民共和国个人所得税法》和《个人所得税专项附加扣除暂行办法》有关要求，完成总部机关员工6项专项扣除信息采集、系统设置和数据应用等工作，确保总部机关员工个人所得税规范申报缴纳和政策红利落地。完成总部机关员工提取使用住房公积金申报资料审核、相关信息的补充完善工作，为员工购房提供工作支持。

（孙晓光）

财会队伍建设

【"不忘初心、牢记使命"主题教育成效显著】 牢牢把握深入学习贯彻习近平新时代中国特色社会主义思想主线，全面落实"守初心、担使命、找差距、抓落实"的总要求，持续深化"大学习、深调研、真落实"，通过讲党课、集中研讨、民主生活会等方式，进一步促进担当作为干实事，实现增强党性、提高能力、改进作风、推动工作的目的，"四个意识"更加牢固，"四个自信"更加坚定，"两个维护"更加积极，进一步增强了守初心、担使命的思想自觉、政治自觉和行动自觉，主题教育取得实实在在的成效。

（刘国红）

【人才强企工程财务试点深入开展】 贯彻落实人才强企工程要求，全面盘点财务队伍，摸清队伍现状，明确培养方向，形成财务人才盘点报告和队伍建设规划，结合财务转型工作安排，有针对性地加强专题培训。强化总会计师履职管理，组织2次企业总会计师述职会，32名总会计师参加现场述职，实现总会计师3年现场述职全覆盖。举办2期总会计师培训班，紧扣价值引领、财务转型，突出从思维、行为和工具等方面，帮助总会计师提升能力素质。举办3期财务骨干培训班，聚焦业财融合，推广经营财务的理论、工具方法，进一步开拓财务管理视野，丰富了业财融合举措，提升了价值管理能力。

（刘国红）

财务状况

2019 年，集团公司合并报表实现营业收入 30 034.2 亿元，实现利润 1 008.7 亿元，实现利税 3 894.7 亿元，实现净利润 791 亿元（其中归属母公司净利润 469.3 亿元）。截至年末，集团公司合并报表资产总额 22 117.2 亿元，负债总额 10 929.5 亿元，所有者权益 11 187.7 亿元（其中归属母公司权益 7 505 亿元，占所有者权益的 67.1%）。资本负债率 25.6%，比年初下降 3.3 个百分点；资产负债率为 49.42%，比年初下降 2.9 个百分点。

集团公司合并会计报表见表 1 和表 2。

（尹凤兵）

表 1　　利润表　　单位：百万元人民币

项目	2019 年	2018 年	2017 年
一、营业收入	3 003 416.84	2 936 840.85	2 400 281.00
二、营业总成本	2 915 046.78	2 841 575.40	2 314 917.93
其中：营业成本	2 497 874.87	2 425 746.15	1 920 377.43
税金及附加	247 173.54	251 392.65	239 627.09
销售费用	63 553.43	61 166.33	57 832.63
管理费用	79 575.67	81 144.46	73 530.30
研发费用	13 690.49	11 339.89	8 247.51
勘探费用	10 519.67	10 753.27	11 120.18
财务费用	2 659.10	32.65	4 182.80
加：其他收益	7 111.66	8 178.68	5 372.15
投资收益（损失以“－”号填列）	13 634.84	13 282.33	13 093.45
公允价值变动收益（损失以“－”号填列）	−2 736.85	2 028.11	−8.73
信用减值损失（损失以“－”号填列）	−1 991.62	−329.31	—
资产减值损失（损失以“－”号填列）	−2 338.01	−16 172.02	−43 089.23
资产处置收益（损失以“−”号填列）	−870.63	−846.81	−2 221.77
三、营业利润（亏损以“－”号填列）	101 179.45	101 406.33	58 508.95
加：营业外收入	5 498.48	8 049.71	3 546.35
减：营业外支出	5 803.81	12 717.94	3 850.29
四、利润总额（亏损总额以“－”号填列）	100 874.12	96 738.09	58 205.01
减：所得税费用	21 773.05	24 253.45	19 245.04
五、净利润（净亏损以“－”号填列）	79 101.07	72 484.64	38 959.97
减：少数股东损益	32 170.88	33 821.92	28 566.84
六、归属于母公司所有者的净利润	46 930.19	38 662.72	10 393.13

注：集团公司依据财政部 2019 年发布的一般企业财务报表格式要求，对相关项目进行追溯调整列式

表 2　　资产负债表　　单位：百万元人民币

项目	2019 年	2018 年（调整后）	2018 年（调整前）	2017 年
流动资产：				
货币资金	151 408.96	200 150.24	200 150.24	169 209.22
交易性金融资产	21 672.66	41 559.55	41 559.55	67 650.57
应收票据	12 261.41	12 017.32	12 017.32	20 186.08
应收账款	66 578.64	73 996.23	73 996.23	73 956.49
预付款项	21 086.68	18 606.61	19 374.99	12 996.71
其他应收款	33 754.41	30 288.67	30 288.67	28 434.88
存货	250 573.61	241 515.19	241 515.19	248 782.83
合同资产	17 878.54	14 299.71	14 299.71	14 466.76
一年内到期的非流动资产	2 703.97	7 350.05	92 567.01	79 452.22
其他流动资产	115 524.03	161 086.41	75 869.46	85 884.29
流动资产合计	693 442.91	800 869.99	801 638.37	801 020.04
非流动资产：				
其他债权投资	3 192.84	4 192.47	4 192.47	5 015.70
长期应收款	16 098.54	39 411.30	39 411.30	37 031.72
长期股权投资	145 422.12	137 959.30	137 959.30	128 166.34
其他权益工具投资	9 727.18	12 318.67	12 318.67	7 806.84
固定资产	576 329.97	570 522.45	570 594.05	590 388.77
油气资产	140 426.41	145 507.89	145 507.89	171 898.03
在建工程	191 973.29	154 489.32	154 489.32	134 646.58
使用权资产	33 882.83	31 941.58	—	—
无形资产	134 632.50	130 426.32	130 430.87	124 385.50
商誉	10 881.75	10 861.15	10 861.15	10 818.77
长期待摊费用	14 965.79	11 913.43	20 038.86	18 514.19
递延所得税资产	19 486.49	23 586.76	23 586.76	16 740.38
其他非流动资产	221 256.77	209 065.33	209 065.33	209 906.06
非流动资产合计	1 518 276.49	1 482 195.97	1 458 455.97	1 455 318.87
资产总计	2 211 719.40	2 283 065.96	2 260 094.34	2 256 338.91
流动负债：				
短期借款	71 448.75	93 371.52	93 371.52	145 496.76
应付票据	20 391.54	13 726.15	13 726.15	11 905.81
应付账款	240 175.75	255 534.75	255 534.75	247 030.48
合同负债	148 226.19	143 068.44	143 068.44	149 743.17

续表

项目	2019 年	2018 年（调整后）	2018 年（调整前）	2017 年
应付职工薪酬	16 766.79	14 852.64	14 852.64	10 200.19
应交税费	74 773.69	93 369.12	93 369.12	77 417.95
其他应付款	79 075.55	80 590.30	80 586.76	85 387.86
一年内到期的非流动负债	56 254.64	50 641.64	38 424.90	76 838.07
其他流动负债	22 624.89	50 398.97	50 867.03	38 855.93
流动负债合计	729 737.80	795 553.52	783 801.31	842 876.22
非流动负债：				
长期借款	60 920.70	62 850.03	62 850.03	37 676.58
应付债券	193 506.23	227 833.56	227 833.56	218 537.45
长期应付款	19 917.96	31 196.18	31 208.50	17 653.79
租赁负债	20 383.35	10 767.20	—	—
长期应付职工薪酬	2 287.20	2 428.47	2 428.47	2 348.52
预计负债	43 993.03	43 764.96	43 764.96	40 309.96
递延所得税负债	7 030.29	6 696.25	6 696.25	6 704.71
其他非流动负债	15 176.82	13 372.08	12 907.56	12 054.10
非流动负债合计	363 215.58	398 908.74	387 689.33	335 285.12
负债合计	1 092 953.38	1 194 462.26	1 171 490.64	1 178 161.34
所有者权益：				
实收资本	325 547.22	326 547.22	326 547.22	326 374.05
资本公积	51 946.56	54 722.61	54 722.61	96 983.53
其他综合收益	−23 800.19	−27 999.04	−27 999.04	−25 320.24
专项储备	2 193.17	2 069.04	2 069.04	1 260.23
盈余公积	223 498.74	217 355.85	217 355.85	209 418.03
一般风险准备	1 765.55	1 765.24	1 765.24	1 459.93
未分配利润	169 350.11	147 683.67	147 683.67	129 917.95
归属于母公司所有者权益合计	750 501.16	722 144.60	722 144.60	740 093.49
少数所有者权益	368 264.87	366 459.10	366 459.10	338 084.08
所有者权益合计	1 118 766.03	1 088 603.70	1 088 603.70	1 078 177.57
负债和所有者权益总计	2 211 719.40	2 283 065.96	2 260 094.34	2 256 338.91

注：集团公司所属境外上市公司自 2019 年 1 月 1 日起执行财政部发布实施的新租赁准则，并依据财政部 2019 年发布的一般企业财务报表格式要求，对相关项目进行追溯调整列式

中国石化
SINOPEC

组织人事管理

综述 | 领导班子和干部队伍建设 | 人才队伍建设 | 劳动薪酬管理
绩效考核管理 | 人才培训开发 | “三项制度”改革
总部机关人事管理 | 综合与信息管理 | 离退休人员管理

综　　述

2019 年，集团公司组织人事工作以习近平新时代中国特色社会主义思想为指导，认真贯彻党的十九大精神和全国组织工作会议精神，坚定落实新时代党的组织路线，坚决贯彻集团公司组织人事工作会议部署和年度工作会议要求，圆满完成中央巡视配合支持和问题整改工作，扎实开展“不忘初心、牢记使命”主题教育，高水平、高质量、高标准推进高素质专业化干部队伍建设、人才强企工程和“三项制度”改革，持续建设一流干部人才队伍、打造一流人力资源管理体系、培育一流人力资源管理能力，为集团公司全面可持续发展、迈上高质量发展、打造世界一流提供了有力的组织保障和人才支撑。

领导班子和干部队伍建设。把政治建设摆在首位，结合“不忘初心、牢记使命”主题教育，持续强化思想淬炼和政治历练，引导广大干部坚决做到“两个维护”。聚焦同题共答，全力抓好巡视反馈问题整改，选人用人工作规范化水平不断提升。积极推进制度创新和治理能力建设，修订出台《中国石化领导人员选拔任用办法》，扎实推进干部工作“五大体系”建设，健全干部选育管用全链条机制。加快推进董事长（执行董事、分公司代表）、党委书记“一肩挑”领导体制，加大干部交流力度，选优配强领导班子。着眼基业长青，开展优秀年轻干部调研，加大优秀年轻干部培养选拔力度。改进完善全面考察、综合考评和绩效考核工作机制，全面搭建领导人员考核评价体系，积极推进能上能下，激励干部担当作为。加强领导班子和领导人员监督，严格落实领导人员个人有关事项报告制度。出台中层机构设置和中层领导人员职数管理指导意见，填补制度空白。创新开展直属单位“一报告两评议”工作，直属单位选人用人总体评价“好”的平均得票率达87.56%。

人才队伍建设与培训开发。大力推进人才强企工程，加强高层次人才队伍建设，实施院士后备培育计划和领军专家研修培养计划，全年共有 2 人当选院士，2 人入选国家“万人计划”科技创新领军人才，2 人入选百千万人才国家级人选，1 人获孙越崎能源大奖，2 人获孙越崎青年科学技术奖，1 人获中国政府友谊奖。加快青年人才队伍建设，与帝国理工学院签署战略协议，合作培养 40 名优秀青年科技人才，成功举办首届青年科技精英赛。贯彻落实国家新时期产业工人队伍建设改革要求，加大技能人才队伍建设力度，推进职业技能等级认定工作，探索技能人才评价新形式，开展国家级和集团公司级职业技能竞赛，6 人被授予全国技术能手称号。持续推进人才治理体系建设，出台人才成长通道横向贯通办法、专家管理办法等 7 项重点制度，人才发展机制不断完善。持续优化毕业生引进机制，严把引进标准，优化引才措施，10 家企业引进世界排名前 30 名和内地排名前 10 名高校尖子生。编制《中国石化 2019—2023 年员工教育培训规划》，形成系统的培训体系和职业技能提升计划。强化重点人才培训，设计实施战略型专家创新引领、石化名匠等重点培训项目。创新培训资源开发，加大网络学院推广运用力度，首次在全系统开展班组长和新员工培训优秀课程推荐评选工作。

劳动薪酬与绩效考核。持续完善用工总量管理体系和配套措施，强化激励约束，严格“三定”落实，集团公司用工总量减少 4.17 万人。加强系统内人力资源统筹配置，盘活人员存量。推进劳动合同信息化建设，制定竞业限制管理规定，提升精益化管理水平。优化人工成本调控机制，强化执行管理，不断提高人工成本使用效能。改革工资总额决定机制，突出“一适应、两挂钩”，推进工资总额分类管理，试行备案制、单列管理等新模式。加强科技创新激励，推广扩大国有科技型企业岗位分红激励实施范围，持续推进上市公司股权激励。调整领导人员薪酬结构，强化与经营业绩贡献的关联度，加大正向激励力度。加强福利体系建设，研究制定企业年金管理“1+3”制度体系。建立追求卓越的绩效战略管理体系，充分发挥绩效管理价值引领、价值评价、价值分配作用。聚焦价值创造和战略导向，统筹优化企业和领导班子绩效考核指标体系。突出目标管理和差异化考核，强化细化全员绩效考核。中国石化获国务院国资委中央企业负责人经营业绩考核“A级”，被授予考核分配工作先进单位称号。

“三项制度”改革。突出重点制度、重点单位、重点项目的考核评估，加强调研督导，狠抓落实。开展职业经理人选聘、中基层领导人员竞争上岗和公开招聘，探索任期制和契约化管理、岗级分离、项目制、去行政化等措施，健全管理人员常态化退出机制，干部能上能下迈出实质性步伐。推行先进用工模式和用工形式多元化，增强用工弹性和市场化，指导资本金融、电商贸易等新业务单位试点实施职业雇员制度，市场化用工机制建设取得突破。强化劳动力市场价位理念，开展薪酬业绩市场化对标，探索实施差异化福利改革，强化存量调控，引导企业不断增强发展活力和提升经济效益，收入能增能减有序推进。创新提出“三项制度”改革评估“四效”指标体系，完成国有企业“三项制度”改革评估体系研究，并在中央企业和国资系统发布推广。

综合管理与自身建设。践行“勇立排头、追求卓越、事争第一”的部风文化，加快建设战略型创新型学习型部门，推进专业化市场化高质量高效能人力资源管理体系建设，人力资源管理专业水平持续提升。强化重点工作督办机制，全年集团级督办、部门级督办完成100%，建立重点工作落实信息填报平台，及时跟踪企业落实情况，确保党组决策部署得到坚决执行。加强党支部建设，严格“三会一课”制度，扎实开展共建帮扶、“双示范”活动。围绕职责明确、制度管人、流程管事，进一步强化制度意识、夯实制度建设，管理制度体系“四梁八柱”基本形成，组织人事工作制度化、规范化水平不断提升。

人力资源共享服务。完成石油工程、炼化工程、油品销售 3 个板块企业上线，实现集团公司境内企业业务共享和员工自助服务全覆盖，服务员工 60 万人、离退休人员 46 万人。完成第 1 批 14 个业务流程标准化梳理，推动集团公司人力资源业务标准流程体系建设工作。

离退休人员管理。以习近平新时代中国特色社会主义思想为指引，认真贯彻落实党和国家有关离退休工作的方针政策，积极应对离退休人员基数大、增幅快、“双高期”加剧与国有企业深化改革的矛盾困难，主动化解国际国内社会热点、企业改革等对离退休人员思想稳定、服务感受的不良影响，尽力满足离退休人员物质精神文化多元需求和追求更多安全感获得感幸福感的实际需求，采取有效措施，扎实做好离退休各项工作。

（郝冬冬）

领导班子和干部队伍建设

【认真接受中央巡视及选人用人专项检查】 2019年3月27日—6月15日，中央第二巡视组对集团公司党组开展常规巡视，其间，中组部选人用人检查组对集团公司选人用人工作进行专项检查。集团公司坚持提高站位、聚焦同题共答，深入学习领会习近平总书记关于巡视工作的重要讲话精神，严格按照中央第二巡视组部署要求，全面梳理上一轮巡视反馈问题整改情况，认真总结近年来中国石化选人用人工作成效，深入查摆选人用人工作存在的问题，完成组织人事工作汇报材料和选人用人工作情况报告。安排专人常驻巡视组驻地，负责做好工作通知、谈话协调、沟通联络、下沉调研等工作。巡视期间共协调安排谈话 407 人，制作提供领导人员名册、选拔任用记录、干部管理制度等 200 多份文件资料。针对中央第二巡视组及选人用人检查组反馈的问题，坚决扛起巡视整改责任，研究制订整改方案，建立问题清单、任务清单、责任清单和整改台账，构建“每周跟踪督办、每月汇总分析、阶段总结回顾”运行机制，确保各项任务落到底、改到位，取得实实在在效果。中国石化选人用人专项整改工作得到中组部的充分肯定。

按照中央巡视组和中组部选人用人工作检查组要求，及时办理交办线索，对党组管理领导人员配偶、子女系统内从业情况进行梳理和规范调整；约谈日常监督发现问题比较突出的直属单位组织人事部门负责人；与2家重点单位对接，部署推进选人用人生态治理专项行动；对中组部反馈的拟开展倒查的厅局级干部名单进行认真甄别，对符合"带病提拔"条件的人员选拔任用过程进行倒查；制定下发《关于建立中层领导人员"带病提拔"倒查机制的通知》，首次对中层管理人员"带病提拔"倒查工作部署。

（杨兴泽　王显达）

【扎实开展"不忘初心、牢记使命"主题教育】 认真履行集团公司主题教育联络组职责，制订主题教育巡回指导工作方案和运行机制，组建成立15个第1批主题教育巡回指导组、10个第2批主题教育巡回指导组，按照"一对一、每日一督"要求，确保第1批171家单位（部门）、第2批128家直属单位巡回指导全覆盖。通过深入扎实的督促指导，推动各单位各部门主题教育高标准起步、高效率推进、高质量开展。

（杨兴泽）

【坚持和加强党的全面领导】 深入贯彻党中央、国务院关于深化国有企业改革决策部署和十九届四中全会精神，强化党的组织在同级组织中的领导地位，优化调整党的组织机构和职能，设立四大业务板块（子集团）党工委，加快推进董事长（执行董事、分公司代表）、党委书记"一肩挑"领导体制。截至2019年底，73家直属单位实行新领导体制，占比由2019年初的32.8%提高到58.4%。把推进党委换届作为强化党的领导、规范党组织建设的重要抓手，全年共有17家、2015年下半年以来累计134家直属单位党委完成换届选举，实现"应换尽换"。

（杨兴泽）

【完善选拔任用制度机制】 认真贯彻落实中央《党政领导干部选拔任用工作条例》《中央企业领导人员管理规定》，修订《中国石化领导人员选拔任用办法》。充分吸收中央有关精神，完善干部考察程序，对职位人选的推荐考察，均采取先谈话调研、再会议推荐的方式进行。改进干部酝酿动议做法，把分析研判作为加强干部队伍建设的一项基础性、经常性工作，定期对各单位领导班子建设情况开展分析研判，持续健全完善月报、季报、年报制度。出台干部工作"五大体系"建设实施意见，明确战略目标和37项重点措施，推动干部工作向精准培养、精准考察、精准使用、精准监管、精准激励转变。制定《中国石化职业经理人选聘管理办法（试行）》，健全完善了适应现代企业制度要求和市场竞争需要的选人用人机制。

（杨兴泽）

【考准考实领导人员德才表现】 健全领导班子全面考察常态化机制，2019年共对44家直属单位领导班子进行全面考察，对42家单位（部门）有关职位人选进行推荐考察。坚持全方位、多渠道、常态化深入考察了解干部，把政治标准放在首位，在领导班子全面考察中，创新实施班子成员政治表现反向测评，全年共对250余名领导人员进行反向测评，对12名测评项得票超过两位数的领导人员开展专题分析。认真落实"凡提四必"要求，推行领导人员提拔任用党委书记、纪委书记"双签字"背书制度、新提拔领导人员任职承诺制度，坚决防止"带病提拔"。

（杨兴泽）

【科学优化调整配备领导班子】 紧紧围绕深入落实公司战略部署、兴企方略、工作方针和运营准则，聚焦改革发展需要选优配强领导班子。围绕适应国际化战略布局需要，集中选配8个境外代表处领导班子；围绕落实加大勘探开发力度行动计划，充实加强上游企业领导班子；围绕加快核心技术攻关，补充完善科研单位领导班子；围绕打赢扭亏脱困攻坚战，调整配备部分经营困难企业领导班子；围绕促进资本和金融业务发展，公开遴选资本公司投资总监和风控总监，并按职业经理人身份管理。全年提拔领导人员119人（副提正32人，新提拔87人），交流领导人员168人，其中按照"板块趋同、规模类似、地域相近"原则，对27名总会计师、28名纪委书记进行交流。深入开展领导人员不担当不作为专项整治，采取提前退出现职、改任非领导职务、免职、降职等方式，全年调整不适宜担任现职领导人员22人。

（杨兴泽）

【创新领导人员考评机制】 围绕新时代新要求，改进完善领导班子综合考评、领导人员素质能力测评、领导人员绩效考核“两评一考”工作机制。组织 21 个考核组对 137 家直属单位领导班子、817 名领导人员进行综合考评，对 75 家直属单位领导班子进行现场查验和考核画像，并根据测评结果形成领导人员兑现基础数据，首次实现个人综合考评结果与薪酬兑现直接挂钩。建立领导班子综合考评结果反馈机制，逐一对 137 家直属单位、813 名领导人员综合考评结果进行反馈，对 6 名排名末位的班子正职、11 名连续 2 年排名末位的班子副职进行谈话提醒，责令做出改进承诺。

（杨兴泽）

【健全严管厚爱机制】 按照严管和厚爱结合、激励和约束并重的要求，健全工作措施，狠抓督促落实，制定出台《领导人员在经营实体和社会团体兼职管理办法》，对党组管理领导人员兼职情况进行摸底排查、开展自查自纠，确保领导人员兼职不违规、不取酬。印发《关于调整异地交流领导人员异地生活津贴和租房补助标准的通知》，督促直属单位进行自查自纠，认真做好异地交流干部生活津贴和租房补助发现问题整改。制定出台《中国石化重点领域重要敏感岗位人员轮岗交流及管理暂行办法》，明确轮岗交流年限、方式、程序和管理机制，切实防范履职风险。

（杨兴泽）

【加大年轻干部培养使用力度】 借鉴中组部经验做法，组建 8 个调研组，对全系统 137 家直属单位进行优秀年轻干部调研，直接掌握 1 467 名优秀年轻干部，为集团公司事业发展储备了后备力量。针对干部队伍盖层过厚和断层隐忧问题，在老中青梯次配备的基础上，实施年轻干部成长加速计划，敢于破除隐性台阶，及时选拔使用条件比较成熟的年轻干部，在新提拔党组管理的领导人员中，45 岁及以下的 28 人、占 32.2%，其中“80 后”6 人。

（杨兴泽）

【领导班子和领导人员监督】 严格落实领导人员个人有关事项报告制度，组织完成党组管理领导人员年度集中填报和中层领导人员初任首次填报工作，按照中央“凡提必核”和“随机抽查”要求，全年共对 282 名领导人员个人有关事项进行查核，领导人员个人有关事项报告抽查核实一致率达 82%。充分用好监督执纪“四种形态”，形成日常严管约束机制，组织人事系统全年开展提醒 1 643 人次、函询 49 人次、诫勉 224 人次。持续加大信访举报受理查核力度，做到件件有结论，依据查核结果对 9 个单位存在的问题进行处理。进一步规范退出现职中层领导人员管理，分板块对 9 家单位进行专题调研，下发通知对退出现职领导人员作用发挥、薪酬标准执行等提出明确要求。

（王显达）

【选人用人监督】 稳步推进选人用人监督体系建设，印发《关于建立选人用人专项检查与党组巡视工作联动运行机制的通知》，实现该项工作的规范化、制度化。持续深化选人用人专项检查，结合党组巡视对 9 家单位开展检查，较为全面地掌握了相关单位选人用人情况。高质量做好巡视检查“后半篇”文章，全面反馈检查发现问题，对 1 家单位下达专项整改督办通知单，重点跟踪督促整改；对 2018 年度选人用人专项检查发现 5 个方面 15 类典型问题进行系统通报，选取 16 家重点单位召开专项整改推进会，对 2 家单位开展“回头看”。创新开展直属单位领导人员选拔任用工作“一报告两评议”，实现移动终端在线评议，直属单位 2018 年度选人用人总体评价“好”的得票率平均为 87.56%，对本单位从严监督管理领导人员的看法“好”的得票率平均为 87.60%，位列 7 项指标之首；新提拔中层领导人员“认同 + 基本认同”得票率平均为 95.62%。强化干部选任事项审核把关，全年共批复 72 家（次）单位 108 人破格提拔、84 家（次）单位 175 人延迟退出现职。

（王显达）

【中层机构和中层领导人员职数管理】 巩固改革成果，制定出台《关于加强中国石化直属单位中层机构设置和中层领导人员职数管理的指导意见》，填补了中层机构和中层领导人员管理制度空白。围绕公司化改革和新建项目进展，及时做好机构编制调整，全年批复核增中层机构 36 个、中层职数 150

个。中层机构总量在新增 4 家直属单位的情况下，减少 12 个；中层领导人员实配减少 83 人。

（王显达）

【议事协调机构管理】 印发《关于加强公司级议事协调机构管理的通知》，首次对公司级议事协调机构管理做具体规定。根据工作需要，全年新成立 4 个、调整 6 个议事协调机构。截至 2019 年底，集团公司共有议事协调机构 63 个。

（王显达）

人才队伍建设

【人才强企工程】 加速实施人才强企工程，根据 3 年滚动计划形成《2019 年人才强企工程重点工作及分工》，部署实施 60 项重点措施；深入 138 家企业开展人才强企专项调研服务督导，挖掘典型经验做法，加强重点项目部署；加强经验交流宣传，《中国石化》杂志第 6 期对人才强企工程进行专刊报道；汇编人才强企工程成果材料提交中组部、国务院国资委，运用工程思维与财务理念抓人才工作的做法得到高度认可，在中央企业人才工作会上做书面交流。

（李　康）

【人才成长通道和领军专家队伍建设】 持续深化人才成长通道建设，印发《中国石化人才成长通道横向贯通实施办法》，进一步规范“三支队伍”人才横向发展规则，构建形成纵向畅通、横向贯通的人才发展机制。制定《中国石化专家管理办法（试行）》，首次对集团公司和直属单位两级专家管理全链条进行系统规范，配套印发《关于进一步加强专家管理工作的通知》，规范专家聘任管理。印发《关于发挥高层次老专家作用的实施意见》，实现老专家统一规范化管理。制定《中国石化院士培育与服务工作办法》，明确院士培养、遴选、服务等具体措施。

（李江涛）

【高层次人才选拔培养】 加快高层次人才选拔培养，一批优秀人才获国家级称号或表彰。郭旭升（勘探分公司）、孙丽丽（工程建设公司）当选中国工程院院士。刘全有（石油勘探开发研究院）、齐国桢（上海石油化工研究院）入选第 4 批国家“万人计划—科技创新领军人才”，王辉国（石油化工科学研究院）、康志江（石油勘探开发研究院）入选百千万人才工程国家级人选，路保平（石油工程技术研究院）获孙越崎能源大奖，王海涛（石油勘探开发研究院）、任新成（胜利油田）获孙越崎青年科学技术奖，康智杰（德国籍，扬子石化—巴斯夫有限责任公司）获中国政府友谊奖，龙景庆（江汉石油工程公司）、吴金源（茂名分公司）、孙同根（金陵分公司）3 人获评中央企业“百名杰出工匠”。集团公司评选产生 80 名突出贡献专家、100 名闵恩泽青年科技人才奖人选。截至 2019 年底，聘任在岗集团公司首席专家 15 人、集团公司高级专家 137 人、集团公司技能大师 45 人。

（孙远芳）

【青年人才培养】 举办首届中国石化青年科技精英赛，经过个人申报，院士、专家和直属单位推荐，共有 233 人参加预选赛，109 人参加复赛，24 人参加总决赛。来自 10 家单位的 10 名选手和项目通过总决赛脱颖而出，夺得青年科技精英赛的优胜选手被纳入“中国石化未来科学家”培养计划，并被授予中国石化优秀青年科技创新人才称号。加快推进青年人才队伍建设，与帝国理工学院签署战略协议，将合作培养 40 名优秀青年科技人才，启动首批合作培养项目。

（孙远芳）

【成熟人才引进配置】 进一步完善人力资源优化配置平台功能，开发直属单位内部二级单位间成熟人才优化配置功能并正式上线运行。编制 2019 年成熟人才引进计划，批复 97 家单位的 4 281 人引进计划。审核批复 51 家单位引进 322 人，其中在京单位 214 人、社会成熟人才 123 人。通过人力资源优化配置平台，审核发布 99 家单位 665 个岗位 2 757 人的招聘公告，有效提升人力资源优化配置效能。

（邓　勇）

【职称评审】 落实国家职称改革政策，改进正高级职称评审推荐指标，持续优化职称评审量化要素，相关做法在全国深化职称制度改革培训班上进行典型经验交流。审核并批复 59 家单位提报的独立评审或联合评审委员会的换届请示，批复共享服务公司和石化盈科组建高级职称评审委员会。组织对 2018 年之前评审的工程技术、经济、会计、审计系列 2 194 名教授级职称确认为相应专业系列的正高级职称。全系统推广职称评审信息化平台，实现全系列、各层级、全流程在线评审，90 余家直属单位的 2.25 万人使用平台进行线上评审。243 人通过正高级（教授级）职称评审，4 585 人通过高级职称评审，3 401 人通过中级职称评审，2 536 人通过初级职称评审。

（许　斌）

【博士后工作】 截至 2019 年底，有博士后工作（流动）站 33 个，在站 156 人，2019 年出站 62 人，有 50 人出站后留在中国石化工作。承担省部级科研课题 166 项，博士后科研成果获省部级奖 27 项，申请专利 266 件，在核心期刊发表论文 220 篇。选派 3 名博士服务团成员支援西部大开发工作。

（孙远芳）

【职业技能等级认定】 贯彻落实国家深化职业资格制度改革要求，开展职业技能等级认定试点，制订试点方案，在 31 个省（市、自治区）设立职业技能等级认定中心，完成属地备案工作并接受监管。完善认定体系，拓展评价渠道，统一考务管理，加强质量管理，深化信息化平台应用，发放中国石化职业技能等级证书，相关做法在全国技能人员职业资格改革培训班上做经验交流。全年共组织认定 8.38 万人，合格 5.37 万人。合同制员工中技能操作人员持证率为 75.9%，高技能人才占技能操作人员比例为 46.8%。

（丁新兴）

【业务竞赛】 参加石油钻井工、采油工、催化重整装置操作工 3 个国家级二类职业技能竞赛，取得 19 金、28 银、24 铜的优异成绩。举办集团公司一类业务竞赛 6 项、二类业务竞赛 9 项，140 家直属单位的 2 070 名选手参加决赛。通过竞赛产生 296 名获奖选手、52 个团体奖单位及 25 个优秀组织奖单位。39 人获中国石化技术能手称号，72 人获中国石化青年岗位能手称号，6 人在国家级职业技能竞赛中获前 3 名。

（丁新兴）

劳动薪酬管理

【持续完善用工总量管理体系】 结合业务机构调整和新的四大板块布局，优化调整“两个三年、两个十年”用工总量和人员引进规划。加强用工计划管理，统筹高校毕业生、社会成熟人才和政策性安置人员，推进队伍结构优化调整。开展优化用工评价奖励，引导企业自觉优化用工，主动提高劳动生产率。修订《用工增减变化调整人工成本指标办法》和《优化用工专项评价激励办法》，进一步突出效益效率导向，促进企业自觉减少用工总量。加强“三定”方案落实督导，总结推广油田、炼化、销售企业先进经验。编制新版劳动定员标准，研究起草新标准修订方案和标准文本。集团公司用工总量减少 4.17 万人。

（俞庆国）

【加强人力资源优化配置】 加强系统内新建项目用工统筹，下达优化配置指标，制订激励约束方案，保障集团公司重大项目人力资源需求。开展人力资源优化配置激励，引导富余人员较多的企业组织员工开展业务承揽、人力资源输出，提高人力资源整体效能。制定《关于强化人工成本牵引作用进一步促进人力资源优化盘活的意见》，督促和引导企业加强内部竞争上岗，显化盘活富余人员。加强人力资源优化配置平台建设，完善平台功能，提升工作效率。系统内外优化配置用工超过2万人。

（尹　刚）

【深化劳动用工制度改革】 开展职业雇员制度探索，制定《关于试点实施职业雇员制度的意见》，实行新人新办法，按照社会化招聘、契约化管理、精细化考核、市场化薪酬、制度化退出的“五化”理念，指导试点单位稳步开展试点工作，探索直接建立优胜劣汰、进出通畅的市场化用工机制。巩固严肃劳动纪律和严格考勤制度治理成果，严格执行有关员工违纪违规解除劳动合同的规定，为“能出”营造良好环境。按照“多盘活少养人、多分流少安置”的原则，研究起草《关于进一步规范离岗人员分流安置工作的意见》，严格控制内部退养和停岗留薪，加强人员盘活分流，加大市场化退出力度。

（颜家佳）

【推进劳动用工管理精益化】 围绕系统性、专业性、实用性，研究编制《中国石化劳动用工管理工作指引》，为提高从业人员政策水平、提升企业劳动用工管理水平提供指导。加强依法合规用工教育，在中国石化网络学院、“奋进石化”平台广泛开展“严格执行劳动法律法规，提升用工规范化管理水平”普法宣传。开发运行面向党组管理领导人员的劳动合同管理系统，提升劳动合同管理信息化水平。制定《关于进一步加强竞业限制管理的实施细则》，保护商业秘密，维护企业合法权益。

（谭冬冬）

【优化人工成本调控机制】 结合集团公司用工、效益、成本承受能力等情况，研究制定压减用工总量、严控各项人工成本费用、推进业务外包等具体措施，调整完善“两个三年、两个十年”人工成本规划。依据企业利润目标、人工成本利润率等因素，合理确定人工成本预算，实现人工成本随企业效益能增能减，突出对严重亏损、长期亏损企业人工成本的刚性约束，有效传递压力与动力。加强人工成本投入产出效益评价，选取人工成本利润率、人事费用率等指标，开展人工成本对标分析并发布对标结果，引导单位后进赶先进、中间争先进、先进更前进，不断提高人工成本使用效能。

（董岚峰）

【完善工资总额决定机制】 紧紧围绕“一适应、两挂钩”目标要求，不断深化工资决定机制改革，在实现工资总额与经济效益全额挂钩基础上，推进工资总额存量调整，进一步体现“效益升、工资升，效益降、工资降”。根据直属单位性质与功能定位，推进工资总额分类管理，对市场化程度高且法人治理结构完善的石化盈科、上海赛科公司，采取工资总额备案制管理，提升工资总额管理的灵活性与适应性。建立业绩与薪酬双向对标机制，按照“比先进、找差距、补短板、促管理”的思路，构建多层次多维度对标体系，坚持内部与外部、国际与国内、行业与区域、薪酬与效能相结合，开展薪酬市场对标，为深化收入分配制度改革、合理配置薪酬资源提供决策依据。

（董岚峰）

【深化收入分配制度改革】 针对现行基本薪酬制度灵活性不足等问题，推动薪酬制度由“大一统”向类别化、差异化转变，指导单位结合实际，建立与业务类型、岗位特点、市场环境相适应的多元化薪酬制度，增强灵活性与适应性。制定印发《党组管理领导人员薪酬管理办法》《党组管理领导人员薪酬管理实施细则》，突出效益效率导向，优化党组管理领导人员收入结构，强化正向激励作用。制定印发《关于海外人力资源管理的指导意见》《中国石化海外人工成本预算管理办法（试行）》，修订印发《中国石化海外员工薪酬福利管理办法》，建立健全海外人力资源管理体系，提升海外人力资源国际化、市场化管理水平，支撑集团公司国际化发展。

（董岚峰）

【完善中长期激励机制】 加强科技创新激励，在符合条件的企业积极实施灵活多样的中长期激励政策。对集团公司关键核心技术攻关领军人才及团队等给予工资总额单列管理的政策支持，指导中原石油工程设计有限公司、石油工程技术研究院德州大陆架石油工程技术有限公司 2 家单位，制订实施国有非上市科技型企业岗位分红激励计划，推动形成有利于自主创新和科技成果转化的激励机制，进一步释放科技创新活力，有效激发科技骨干员工的积极性和创造性。

（董岚峰）

【修订企业年金政策】 进一步贯彻落实国家建立多层次养老保险体系要求，积极践行和推进企业年金管理，保障职工退休后生活，制定并印发企业年金“1+3”管理制度，建立了根据企业经济效益和考核指标完成情况动态调整年金企业缴费比例机制，接轨国家关于权益归属期限的政策，力求在充分发挥企业年金传统补充养老保险功能基础上，坚持以价值创造为导向，激励约束并重，加大企业缴费水平与企业经济效益关联度。

（刘　腾）

【完成社会保险移交地方管理工作】 全面完成企业自行管理的社会保险移交地方管理工作，在国家及各省市机构改革的大背景下，统筹协调、指导中原油田、河南油田 2 家企业内外联动，积极与地方政府沟通对接，完成社会保险纳入省直管理、最大限度降低费用支出、实现平稳移交的工作目标。

（刘　腾）

绩效考核管理

【年度绩效考核】 协助国务院国资委做好集团公司负责人 2018 年度经营业绩考核，中国石化连续 4 年考核结果为 A 级，获评中央企业考核分配工作先进单位。开展集团公司高级管理人员、总师级领导人员、党组管理领导班子，以及单位（部门）2018 年度绩效考核和 2019 年度《绩效考核责任书》签订工作。

（李　萌）

【制订利润目标分档管理方案】 针对年度绩效考核利润指标目标值确定过程中出现的分类管理不够、细化程度不高等问题，研究制订利润目标分档管理方案，重点根据企业功能定位、业务属性等因素，差异化确定利润目标档次及目标值。对事业部（专业公司）及生产经营类企业，实行基本目标、奋斗目标分档机制，并根据此类企业资产规模、薪酬状况不同设置奋斗目标值，鼓励企业追求更好效益目标；对主营业务收入主要源于内部关联交易的企业及费用类单位，只设置基本目标，引导此类企业降本减费、减亏止亏。

（李　萌）

【绩效对标评价】 根据中国石化年度决算数据，从盈利能力、成本控制、生产经营、资本运营和发展能力 5 个维度，对油田、炼油、化工、油品销售、石油工程、炼化工程和公用工程 7 个业务领域绩效水平进行综合对标，在绩效考核管理系统中发布 2018 年度对标评价标准和对标结果，形成 2007—2018 年连续 11 年的对标数据库，为企业分析诊断管理短板提供有效支撑。

（李　萌）

人才培训开发

【培训管理】 以“不忘初心、牢记使命”主题教育为契机，深入开展培训工作调查研究，形成 8

个专题调研报告，收集 123 条意见建议，在此基础上编制《中国石化 2019—2023 年员工教育培训规划》；同时对标“两个三年、两个十年”打造世界一流战略部署，配合培训疗养机构改革，按照择优扶强、共享优化的思路，完成“1+10+10”培训基地顶层设计，并研究提出培训机构改革与优化布局方案。加强出国（境）培训规范化管理，明确权责界面，优化业务流程，规范管理措施。落实管理干部学院培训服务内部市场化管理，将管理干部学院运行“注资”方式调整为“企业内部服务费”。

（任军辉）

【重点人才培训】 巩固完善管理人员培训体系，探索构建专业技术人才、技能人才、国际化人才培训体系，并设计实施有关重点项目，培训各类重点人才 3 102 人，选派出国境培训（含访问学者）158 人；总部部门（事业部、专业公司）组织业务培训 4 870 人次。扎实推进管理人员培训特别是领导人员及后备培训，把深入学习贯彻习近平新时代中国特色社会主义思想作为首要任务，深化开展领导干部培训，举办领导人员班、中青班、年轻干部班各 1 期，坚持高水平、高强度、高标准，新设“学习贯彻习近平总书记重要指示批示精神”模块，增加标杆企业现场教学，结合中心工作和重点任务开展专题研讨和课题研究，全年举办 15 个培训项目，培训 1 500 人次。按照党组提出的“加快战略型、领军型、创新型人才培养”要求，探索建立专业技术人才系统化培养体系，突出高端引领和示范带动，重点举办战略型专家创新引领项目、高级专家融合创新项目、科研团队带头人创新发展项目，邀请国际行业顶尖专家授课，与院士面对面交流，赴华为、万华化学等公司现场教学，实现“塔尖”人才培训培养方式的突破，培训战略型专家 19 人、集团公司高级专家 59 人。加强国际化领军人才培训，注重国际化人才培训体系建设，强化提升各类人才国际化素养，加强海外机构负责人和项目经理思想政治培训，对岗位国际化人才分“专业通”“项目通”“区域通”进行培训，同时加大国际化储备人才培养力度，2019 年培训各类国际化人才 600 人。

（任军辉）

【培训基础建设】 培训资源开发趟出新路子，着眼推动优质培训资源共建共享，首次尝试在全系统开展班组长和新员工培训优秀课程推荐评选工作，67 家单位参与申报 367 门课程，经过在线展示评选和专家集中评审，评选出班组长培训好课程 30 门、新员工培训好课程 25 门，班组长优秀微课 12 门、新员工优秀微课 12 门，促进优质培训资源共建共享，初步搭建形成班组长和新员工培训课程体系框架

（任军辉）

【毕业生引进工作】 启动 2020 年度招聘工作，应聘人数提高 75%，其中“朝阳工程人才储备计划”吸引牛津大学等名校学生 2 736 人报名；选取 10 家重点企业引进世界排名前 30 名和内地排名前 10 名高校的尖子生 150 名，为集团公司储备青年英才。组织召开青年优才培养锻炼座谈会，落实党组领导在座谈会上提出的新要求，把近几年脱颖而出的“优才”毕业生和总部机关储备岗毕业生纳入总部培训体系，以基层锻炼为重点，规划学习路线，加强系统培养，建立成长档案。顺利启动总部机关储备岗毕业生赴基层实践锻炼工作，举办 2 期优才培养试验班和 1 期总部机关储备岗毕业生培训班，在毕业生源头培养、跟踪培养上迈出实质性步伐。

（任军辉）

“三项制度”改革

【“三项制度”改革统筹推动】 强化顶层设计和统筹推进，滚动调整上报《中国石化“三项制度”改革专项行动方案》。着重抓好 12 家综合改革单位、3 家“双百行动”单位、1 家混改单位及石油

工程公司、销售公司、炼化工程集团的改革推动和跟踪指导，助推集团公司整体改革落实落地，确定27家单位围绕重点项目先行先试，带动各项改革任务全面落实。开展全覆盖调研督导服务，通过片区调研、现场了解、基层座谈及“三看”（看行动计划落实情况、看数据指标变化情况、看民意调查反映情况），综合给出评价意见，反馈企业领导班子。创新提出“三项制度”改革评估“四效”指标体系，完成国有企业“三项制度”改革评估体系研究，成果得到国务院国资委高度认可，并在中央企业和国资系统发布推广。

（宋子傲）

【人力资源管理课题研究】 组织开展人力资源价值增值评估和盘点课题研究，成功开发出人力资源价值增值评估指标体系，初步形成人才盘点开发的技术路线，阶段性成果得到党组主要领导高度评价，研究成果在2019年领导班子绩效考核中试运行。深化岗位管理课题研究，组织完成油田与石油工程、炼油、化工、销售4个推广培训班，发布研究成果，获集团公司科技进步二等奖，对企业推进薪酬制度改革提供岗评技术支持，有效促进研究成果转化。

（宋子傲）

总部机关人事管理

【概述】 截至2019年底，总部直接负责组织人事管理的23个部门内设机构221个，部门中层及以下定员1 359人，其中中层领导职数464人、专业技术职位895人。实有中层及以下员工1 015人，其中现职中层领导人员339人、退出现职中层领导人员56人、专家107人、业务人员513人。平均年龄43.2岁，其中35岁以下占18.0%、36—45岁占41.0%、46—55岁占35.4%、56岁以上占5.6%。从学历结构看，博士研究生占6.7%、硕士研究生占42.6%、大学本科占49.6%、大专及以下占1.1%。从职称结构看，正高级（教授级）占9.0%、副高级占68.6%、中级及以下占22.4%。

总部部门派出机构有4个审计分部，纪检监察组下设6个工作局，共设中层机构43个，中层及以下编制231个。实有中层及以下人员174人，其中中层领导人员61人、专家12人、业务人员101人。

（冯洪祥）

【机构编制管理】 ①根据集团公司深化管理体制改革工作部署，按照《集团公司总部机构改革方案》，积极推进总部各项改革；稳妥做好资本运营部（资产公司）、矿区（社区）管理部、董事会秘书局、法律部等涉及撤并部门机构编制调整和人员转隶相关工作。②认真做好中央巡视组反馈问题整改落实，按照纪检监察体制改革要求，及时明确纪检监察组及其工作局编制定员。③根据集团公司关于企业年金管理职能调整意见，集团财务部年金管理处成建制划转到资本和金融事业部；根据质监总站和项目管理公司管理体制改革方案，做好人员划转工作。④根据国际化业务发展需要，在炼油事业部、化工事业部和油品销售事业部新设国际事业处。⑤根据工作需要，按照精干高效原则，对综合管理部、党群工作部、能源管理与生态环境部、审计部、油田勘探开发事业部内设机构、编制定员进行优化调整。

（冯洪祥）

【干部人才队伍建设】 认真落实集团公司人才强企工程战略规划和行动方案，积极推进干部人才队伍建设工作，不断优化总部干部人才队伍结构，努力提升总部干部人才队伍质量。①按照集团公司发展战略目标和人才强企工程实施要求，围绕着力解决总部干部人才队伍结构中存在的突出问题，全面梳理分析总部人才队伍基本现状和部门内设机构编制定员情况。在综合分析研判的基础上，研究制订总部人才强企实施方案，同时完善相关配套制度，印发《总部部门中层领导人员选拔任用实施办法》，修订《总部部门业务人员聘任管理暂行办法》。②认真落实建设高素质专业化干部队伍要求，加强与部门沟通对接，进一步提高部门中层领导人员选拔任用工作的统筹性、科学性和针对性，全方位、多渠道和近距离、多角度考察干部，优化组织推选考察方式，前置调研谈话环节，力求把干部考准、考实。全年组织干部选聘工作 16 次，考察重点人选 67 人。在干部选拔任用工作中加大年轻干部选拔使用力度，干部队伍年龄结构得到进一步改善。③加大总部部门专家队伍建设，按照“服务发展战略、突出主体业务、严格控制总量”原则，有计划有步骤地推进总部部门专家选聘工作。突出人才培养和使用，通过交流挂职、实践锻炼进一步使员工开拓视野、丰富经历、补齐短板，促进员工成长成才，共交流挂职 38 人，其中选派到国家部委挂职 3 人、部门间交流 14 人、部门与企业间交流 21 人。

（冯洪祥）

【人才培训开发工作】 ①强化对优秀年轻干部、业务骨干的培训，优化课程设置，提升培训实效，举办 1 期总部部门中层领导人员和专家培训班，参训 52 人；举办 1 期业务管理人员培训班，参训 72 人。②完成中国石化突出贡献专家和闵恩泽青年科技人才奖人选推荐工作，经过专业组评议，总部推荐突出贡献专家 2 人、闵恩泽青年人才奖 4 人。③不断提高职称评审专业化、规范化水平，实现个人申报、部门推荐、材料审核、专业组评议到评委会投票等全部环节在线操作，共有 225 人申报参加职称评审，其中申报正高级（教授级）职称 60 人、副高级职称 156 人、中级职称 9 人；向集团公司推荐正高级（教授级）职称人选 21 人，未授权副高级系列职称人选 22 人。通过评审副高级及以上职称共 99 人（含平转 5 人）、中级职称 9 人。

（冯洪祥）

【薪酬保险工作】 ①按相关规定做好总部部门中层领导及以下人员月度工资发放、基本薪酬考核晋档，以及年度社会保险、公积金和企业年金基数调整等工作。②完成 2018 年业绩考核奖金兑现，指导部门按照业绩导向做好奖金分配，完成资本和金融事业部职业雇员试用期转正考核和业绩奖金兑现，真正体现严考核、硬兑现；根据集团公司新修订的年金管理办法，组织总部 2018 年度激励性年金评选。③配合财务部，做好新个人所得税法实施后的宣贯和执行。

（冯洪祥）

【专项工作】 ①配合中央巡视和选人用人专项检查，完成机构编制、干部选聘有关材料上报和中央巡视组下沉调研有关协调服务工作。根据中央巡视整改要求，及时完成整改工作落实。②根据国务院军转办下达的 2019 年集团公司在京单位接收军转干部任务，组织协调在京有关单位接收 7 名军转干部，圆满完成工作任务。③积极与国家人力资源和社会保障部沟通，做好京外调干及解决夫妻两地分居落户相关工作。

（冯洪祥）

综合与信息管理

【综合管理与自身建设】 践行“勇立排头、追求卓越、事争第一”的部风文化，加快建设战略型创新型学习型部门，推进专业化市场化高质量高效能人力资源管理体系建设，人力资源管理专业水平持续提升。强化重点工作督办机制，全年集团级督办、部门级督办完成率 100%，建立重点工作落实信息填报平台，及时跟踪企业落实情况，确保党组决策部署得到坚决执行。加强党支部建设，严格“三会一课”制度，扎实开展共建帮扶、“双示范”活动。围绕职责明确、制度管人、流程管事，进一步强化制度意识、夯实制度建设，管理制度体系“四梁八柱”基本形成，组织人事工作制度化、规范化水平不断提升。

（郝冬冬）

【干部人事档案管理】 根据中共中央办公厅新颁布的《干部人事档案工作条例》及全国干部人事档案工作会议精神，对《中国石化人事档案管理暂行规定》进行修订，着力完善管理体制、健全工作制度、细化工作标准、创新工作方式，确保全系统干部人事档案工作执行一个标准、共用一个制度、形成一个体系，并于2019年7月首次以党组办文件印发《中国石化干部人事档案管理规定》。

（栾志青）

【人力资源共享服务】 人力资源共享服务完成石油工程、炼化工程、油品销售3个板块企业上线，实现集团公司境内企业业务共享和员工自助服务全覆盖，服务员工60万人、离退休人员46万人。完成第1批14个业务流程标准化梳理，推动集团公司人力资源业务标准流程体系建设工作。

（李堂亮）

离退休人员管理

【概述】 截至2019年底，集团公司共有离退休人员459 802人，其中离休干部2 691人、退休干部146 059人、退休工人311 052人；内退人员31 861人。离退休人员和内退人员总计491 663人。离退休人员党员148 314人（不含内退人员党员10 703人），设有99个离退休人员党委、214个党总支、3 521个党支部。有专职离退休工作人员3 732人，兼职工作人员838人。以习近平新时代中国特色社会主义思想为指引，认真贯彻落实党和国家有关离退休工作的方针政策，积极应对离退休人员基数大、增幅快、双高期加剧与国有企业深化改革的矛盾困难，主动化解国际国内社会热点、企业改革等对离退休人员思想稳定、服务感受的不良影响，尽力满足离退休人员物质精神文化多元需求和追求更多的安全感获得感幸福感的实际需求，采取有效措施，扎实做好离退休各项工作。

（崔文生）

【加强“三项建设”】 强化离退休人员“三项建设”，确保广大老同志始终与以习近平同志为核心的党中央保持高度一致。狠抓政治建设，认真落实离退休干部政治待遇，及时向离退休干部通报中央有关会议和文件精神，使全系统离退休老同志树牢“四个意识”、坚定“四个自信”、做到“两个维护”。狠抓思想建设，深入开展“不忘初心、牢记使命”主题教育，使广大老同志听党话、跟党走的思想自觉持续增强。狠抓党组织建设，创新和优化党支部设置方式，选优配强支部书记和委员并加强培训，在延安举办2期直属单位基层离退休党支部书记培训班，93家直属单位的286名基层离退休党支部书记参加培训，有效教育引导老同志做习近平新时代中国特色社会主义思想的坚定信仰者、中央精神和集团公司党组决定的坚定拥护者、企业改革发展的坚定支持者。

（崔文生）

【发挥正能量作用】 充分发挥老同志正能量作用，在重大节点和重要活动中展现独特优势。以庆祝新中国成立70周年为主线，组织开展“我看新中国成立70周年新成就”专题调研和“我和我的祖国”系列庆祝活动，组织全系统老同志开展文艺比赛，举办“庆祝新中国成立70周年文艺汇演”，表达老同志对党、对伟大祖国的美好祝福和石化老同志“爱祖国、心向党”的精神风采。充分发挥离退休党支部战斗堡垒作用和党员先锋模范作用，在宣传党和国家政策、服务企业发展、引领带动群众等方面发挥积极作用。大力开展“传承石油精神、弘扬石化传统”主题活动，组织“银发宣讲团”“五老报告团”“红夕阳讲坛”面向青年员工讲党史国史、石油精神和石化传统，引导青年员工奉献企业、成长成才。

（崔文生）

【实施精准服务】 精准有效加强离退休服务管理工作，让老同志深切感受党中央和集团公司党组的关心厚爱。认真落实政治待遇，2019年全系统共走访慰问老同志12.5万人。全面落实生活待遇，定期组织健康体检，实行跟踪服务，年内全系统为37万余名老同志进行健康体检。实施精准服务举措，重点做好离休、重病、高龄、空巢和家庭负担重的老同志的相关服务，坚持真困难真帮扶，老同志幸福感、获得感不断增强。积极拓宽助老渠道，搭建服务平台，开辟有偿服务项目，为老同志提供更加优质便利的养老服务。满足老同志多元化的精神文化需求，发挥好全系统164所老年大学（分校）和2 158个老年文体协会的作用，引导21万名老同志走出家门，融入阵地，强身健体，陶冶情操，提高晚年生活生命质量。

（崔文生）

【推进“三化建设”】 坚持以信息化带动精准化、规范化建设，持续推进离退休工作高质量发展。坚持以信息化强化政治引领，推动建立离退休工作信息宣传教育矩阵，宣传中央精神、企业形势和离退休工作情况，用内容健康阳光、形式新颖活泼的形式，吸引老同志关注阅读。坚持以信息化推进精准化建设，将老同志基本信息、待遇标准、困难情况、健康情况等进行信息化处理，采取分类服务管理的方式，实现精准的“因人施服”。坚持以信息化促进作用发挥精准化，将老同志家庭情况、健康状况、优势特长、志愿意愿等录入信息系统，有针对性地组织和引导其参加“红色基因宣讲团”“石油传统报告团”“老年志愿服务队”等，发挥其特长和优势。

（崔文生）

【认真做好关心下一代工作】 按照中国关工委工作部署和集团公司党组要求，认真做好集团公司关心下一代工作。召开集团公司关工委委员会议，传达学习中央领导对全国关心下一代工作的批示和全国关工委工作会议、全国关工委宣传工作会议精神，回顾2018年集团公司关工委工作，部署2019年工作任务。开展“腾飞中国、辉煌70年”爱国主义教育活动，结合企业实际和青年员工特点，充分发挥“五老”优势，持续加强“传帮带”工作品牌建设，在培养青年员工成长成才上发挥积极作用。积极参与社会治理创新，配合有关部门开展普法教育、家庭教育、关爱帮扶等活动。加强关工委自身建设，举办直属单位关工委常务副主任培训班，80个单位的关工委常务副主任和秘书长参加培训。

（崔文生）

【强化部门自身建设】 持续加强部门自身建设，努力推进新时代离退休工作创新发展。抓政治素质提升，扎实开展“不忘初心、牢记使命”主题教育，践行“马上就办”“首问责任制”，使离退休工作部门成为老同志的满意家园。抓业务本领培训，举办直属单位离退休工作部门负责人、工作骨干培训班，帮助工作人员克服经验盲区、弥补知识弱项、补齐能力短板。抓宣传信息工作，召开离退休宣传工作会议，充分发挥《石化老年》《离退休工作信息》和“石化离退休”微信公众号的凝心聚力宣传作用。抓片区研讨交流，总结和推广离退休工作先进经验和研究成果，促进全系统工作水平和质量提升。

（崔文生）

中国石化
SINOPEC
物资采购与管理
综述 | 保供降本 | 集团化采购 | 招标采购 | 电子化采购 | 物资管理

综　述

2019年，面对风险挑战明显上升的内外部环境，物资供应系统认真贯彻落实集团公司党组决策部署，以开展“不忘初心、牢记使命”主题教育和深化中央巡视整改为契机，聚焦稳生产、调结构、提效益和重点工程建设项目，扎实推动各项物资供应重点工作，保障生产建设物资安全、及时、经济供应，为集团公司决胜全面可持续发展提供坚实的物资供应基础。

物资供应保障组织有力。聚焦重点工程建设项目，优化供应保障机制，统筹项目物资采购，抓实过程控制，强化现场服务，确保及时供应。立足生产运营物资需求，统一物资技术标准，集成优质供应资源，提升物资保障能力。结合重点工程项目，推进重大装备国产化工作。深化全员成本目标管理，挖掘物资采购降本潜力。

集团化采购效能持续提升。持续放大集团化采购规模优势，优化调整集团化采购物资目录，集团化采购率稳步提升。优化集团化采购运行机制，建立集团化框架协议接续机制和组采牵头单位评价及动态调整机制，优化分工、加强统筹，提升集团化采购质量效率。

物资招标采购持续深化。落实国家八部委要求，开展招投标领域营商环境专项整治。推进动态化、项目化、贴身化招标服务，提升物资招标服务质量和服务水平。推进招标标准化、投标简约化、评标数据化，电子化招标日趋完善，智能化招标稳步推进。

电商平台建设稳健推进。持续深化信息系统应用，推进物资采购业务全流程信息共享。围绕提升“易派客”平台的易用性和友好性，大力丰富平台商品资源，持续优化平台运营功能，“易派客”平台采购率、应用率持续提升。实施“易派客”供应链阳光行动，推进阳光采购、永久追溯。推进“易派客”标准体系建设，以标准引领提升采购效能。

物资供应管理不断夯实。深入开展采购管理提升对标，评估总分位居央企前列。坚持物资供应管理“七统一”标准，巩固物资供应管理体制。严格供应商资格审查，加大违约供应商处理力度。强化物资质量风险防控，提升重点项目物资质量管理水平。优化物资储备管理，有效降低资金占用。落实“绿色企业行动计划”，全面构建绿色采购管理体系。持续治理指定采购和独家采购，严格物资采购监管。落实集团公司人才强企工程，加强物资供应队伍建设。

（杜　涵）

保供降本

【概述】 2019年，物资供应系统聚焦稳生产、调结构、提效益，立足服务主业，多方协调资源，发挥集中采购规模优势，推进重大装备国产化，全面提升生产物资供应能力，全力保障重点项目物资供应。全年累计供应长周期设备320台（套）、煤炭3 505万吨、钢材300万吨、化工原辅料1 253亿元，节约采购资金141亿元、增长11%，节约率5.8%，有力保障集团公司生产建设物资的安全、及时、经济供应，为集团公司稳增长、保效益做出贡献。

（杜　涵）

【提升生产物资保障能力】 物资供应系统加强采购策略编制执行，各物资专业分类施策，全面提升生产建设所需物资的保供能力。煤炭保供方面，完善物流基地保障体系，建立曹妃甸、扬州基地，与秦皇岛、南京、芜湖、湛江基地相互支撑，有力提升沿海、沿江企业的煤炭保障能力。设备保供方面，优选板材、锻件等原材料供应商，推动供应链采购端上平台，从源头管控产品质量，实现阳光采购、永久追溯。材料保供方面，统筹油套管、管线钢等大宗资源，预先锁定供方产能，统筹安排资源分配，持续提升资源获取能力。化工保供方面，统一炼油缓蚀剂等 12 项物资技术标准，全面实施公开招标，统一签订框架协议。电仪保供方面，系统集成共性需求，改变以装置为单元进行分包的传统模式，推行以物资属性进行招标，着力提升标准化采购水平。技术保供方面，优化物料编码，集成供应资源，简化招标流程，建成“易派客”科研专区，全面提升采购效率和用户体验。

（杜　涵）

【保障重点项目物资供应】 物资供应系统聚焦天然气产供储销体系、重点炼化项目群等工程建设项目，协同各 EPC 总承包和建设单位密切协作，优化保供机制，抓实过程控制，有力保障 56 个重点工程项目、137 套重点大修改造项目的物资供应。紧盯中科炼化、中安联合、福建古雷、海南炼化二套芳烃等重点项目物资需求，协同各方开展框架协议、联合催交、问题整改、现场服务，有力保障投产目标的实现。特别是对国家督办的重点工程，组织各方统筹物资保障安排，协调厂家优化排产计划，安排专人驻厂催交催运，及时满足工程进度要求。

（杜　涵）

【推进重大装备国产化】 2019 年，物资供应系统大力推进重大装备国产化工作。完成中科炼化 35 万吨 / 年聚丙烯挤压造粒机组、海南炼化二套芳烃二甲苯塔底泵等一批重大装备国产化攻关，如期交付工程现场。其中，中科炼化聚丙烯挤压造粒机组，交货期较进口机组缩短 5 个多月，节约采购资金 5 000 多万元。聚焦受外方制约的核心技术、设备和关键部件，组织开展摸底和调研工作。发布国产化工作简报，加大国产化成果的总结、宣传和应用推广力度。中国石化实现千万吨炼油 94% 以上、百万吨乙烯 87% 以上和大型芳烃装置 95% 以上的重大装备国产化，集成一批世界领先的核心技术和自主知识产权，有效助力自主高端装备制造业发展。

（杜　涵）

【降低物资采购成本】 物资供应系统深化全员成本目标管理工作，通过发挥集中采购优势、推行公开招标激活竞争、优化库存和物流配送等方式，深挖物资采购降本潜力。坚持集中采购降本，推进煤炭大矿直供，实行中长期合同采购，节约采购资金 13.6 亿元。严格资格预审，开展炼化企业石脑油公开招标采购，节约采购资金近 2 亿元。加强框架协议价格管理，建立以市场为导向、以成本构成分析为基础的价格调整机制，动态发布组采物资框架协议执行价，有效控制采购成本。新增值税税率调整后，及时调整框架协议采购价格，在物资采购中逐步释放税改政策红利。推行公开招标选商定价，油套管年度框架协议公开招标，成交价在同行同期采购价格基础上降低 3.5%，节约采购资金 2.1 亿元；古雷项目 EVA 装置压缩机采购，成功开展国际招标，节约成本 620 万美元、节约率达 21%。合理规划大宗物资运输方案，有效提高效率，降低物流成本。全年，秦皇岛、南京基地船舶在港停留时间缩减 23.3 小时，累计节约物流费用 3 158 万元。

（杜　涵）

集团化采购

【概述】 2019 年，集团化采购率达 88.2%、提高 0.7 个百分点，采购规模进一步扩大，充分发挥了中国石化的需求整合能力和资源获取能力。集团化采购物资目录调整优化，集团化框架协议覆盖范围持续扩大，全年集团化框架协议采购率 83.9%、提高 2.9 个百分点，集团化物资框架协议接续及时率达 100%，集团化采购质量效率进一步提升。

（杜　涵）

【发挥集团化采购规模优势】 立足最大发挥集中采购效能，持续加大集团化采购力度，最大程度整合大宗通用重要物资需求。进一步放大煤炭、化工等大宗原料的采购规模优势，坚持煤炭大矿直供策略，中长期合同采购比例达 74%；整合炼化企业石脑油需求，集中采购石脑油 174 万吨。优化调整集团化采购物资目录，将铝瓦楞板、压裂车配件、各种船用电缆、电磁阀、定位器等企业集中采购物资调整为集团化采购物资，集团化采购覆盖范围进一步扩大。优化联合采购机制，积极推进与中国海油等企业开展合作，试点完成 10 个品种联合采购，进一步放大物资采购规模优势。

（杜　涵）

【提高集团化采购质量效率】 建立总部组采牵头单位评价及动态调整机制，从工作量、质量、及时性、服务等方面，分专业、按品种量化评价组采绩效，胜利油田、江苏油田、中原石油工程公司、齐鲁石化、上海石化等 25 家牵头单位被评价为优秀，优良率达 78%。依据评价结果对组采牵头单位实施动态调整，统筹发挥总部和企业两个优势，推动提升总部组采的质量。定期发布到期的集团化物资框架协议清单，建立月度预警、滚动督办的框架协议接续机制，集团化采购效能持续提升。

（杜　涵）

招标采购

【概述】 2019 年，物资供应系统坚决推进应招必招、能招尽招，严格落实中央巡视整改和国家整治营商环境要求，强化招标采购管理，持续优化招标服务，全面推进公开招标和“互联网＋招标”。全年招标采购率 84.2%，提高 4.6 个百分点。招标采购资金节约率 8.8%，依法公开招标率保持 100%。

（杜　涵）

【加强招标采购管理】 认真贯彻国家最新招投标政策法规，全面修订招投标管理制度体系，确保制度体系与国家要求无缝衔接。制定发布《中国石化物资采购招标投标监督管理办法》，进一步规范招标操作，加强招标监管。严格落实国家整治营商环境要求，全面排查招标过程中存在的不合理限制条件设置和排他性条款，以及明令禁止的 18 种不合理情形。建立公开招标不成功而转为非招标方式采购的结果公示机制，深化业务公开透明，广泛接受社会监督。加强招标采购异议投诉“统一归口、统一处置、统一发布”，全年收到并处置异议投诉 78 件，下降 30%。

（杜　涵）

【优化招标服务机制】 加强招标采购服务，构建服务一线、服务项目、服务用户的招标服务网络，面向企业生产一线和重点工程项目建设现场，动态设立 24 个招标服务组，开展动态化、项目化、贴身化招标服务。针对集团公司 2019 年重点工程项目，实行招标采购项目经理负责制，通过建立项目台账、定期汇总、周报等形式，加强招标项目进度及质量管理，不断提升服务质量和服务水平。全年完成重点工程项目招标 2 351 项，一次招标成功率 70.3%、提高 5.8 个百分点。

（杜　涵）

【推进智能化招标工作】 以“招标标准化、投标简约化、评标数据化”为核心，探索推进智能化招标工作。制定印发《中国石化物资采购招标投标电子文件归档管理办法（暂行）》，规范电子招标档案管理，为推进智能化招标奠定基础。创新招标服务方式，优化完善电子招投标平台，推进“投标不见面、评标不聚集、全程无纸化”的全流程电子招标投标。2019 年，集团公司电子化招标率 95.3%，提高 5.7 个百分点，招标平均时间由 42 天缩短到 39 天。

（杜　涵）

电子化采购

【概述】 2019年，物资供应系统着力深化网上采购应用，强化信息系统集成，持续完善电子招投标系统、供应资源标准化数据库、物料编码体系，推进“易派客”平台功能优化，推进供应链阳光行动信息化互联，推动“易派客”标准广泛应用，物资采购领域“两化”融合进一步深化。

（杜　涵）

【持续深化信息系统应用】 2019年，物资供应系统启动物资域集成试点及ERP完善提升项目，推进物资采购业务全流程的信息共享。油田企业、炼化企业率先完成试点，实现从需求计划、采购订单到物资入库、出库全流程信息关联。持续丰富供应资源标准化数据库，推进工程编码与物料编码优化对照，提升信息数据标准化水平。

（杜　涵）

【提升平台运营质量】 大力丰富“易派客”平台商品资源，完成框架协议接续1.2万余份，上线商品156万种、单品1 229万个。持续完善图库优化、参数修改等运营功能，协助用户解决平台使用问题4 000余项，提升了平台友好性、易用性和用户体验。全面推进与关联方信息系统一体化连接，“易派客”平台累计与690家关联方实现一体化互联。大力开展供应链阳光行动，推动采购标准化、制造数字化、物流透明化、信息互联化，累计与21家关联方实现信息系统互联互通。

（杜　涵）

【大力推动“易派客”标准应用】 依托“易派客”标准体系，积极筹建“易派客”工业品电商国家技术标准创新基地，推动大型央企电商联盟标准互认。累计完成法人信用认证6 782家、产品质量评价5 754家次，在线呈现履约动态考评结果2.19万家、市场业绩表现结果1.67万家。持续推进“易派客”标准体系建设，发布主要物资品种“易派客”标准指数数据榜、产品质量评价数据榜、贸易融通指数数据榜，进一步加大“易派客”标准数据在物资招标采购中的应用力度。

（杜　涵）

物资管理

【概述】 2019年，物资供应系统以开展采购管理对标为契机，始终坚守物资供应管理“七统一”要求，不断巩固采购体制，加强供应资源管理，优化物资储备管理，强化质量风险管控，大力推进绿色采购，持续发力物资采购监管，推动供应链整体优化，提升物资供应队伍素质，推进物资供应管理效能全面提升。

（杜　涵）

【深入开展采购管理提升对标】 持续夯实管理根基，在国务院国资委组织的中央企业采购管理对标评估中，中国石化评估总分在同组企业中排名第一，连续5年位居央企前列。其中，采购管理体制、采购管理机制、集中采购、招标规范管理、供应商管理、信息化与大数据管理6个分项指标全部排名第一。参照国务院国资委采购管理对标评估指标，结合中国石化物资采购管理实际，制定企业层面采购管理对标评估7项指标37项评价要素，分组开展企业自评、调研交流和集中评估，对标对表比学赶超，推进采购管理水平共同提升。

（杜　涵）

【加强物资供应管理体制建设】 坚持集团公司物资供应管理“七统一”要求不动摇，推进各板块各企业物资供应管理平衡发展。胜利油田分公司、中原油田分公司开展物资采购管理创新，设立区域物资供应服务中心，形成贴近生产一线、快速响应需求的高效保供格局。石油工程公司加快推进全球采办中心建设，集中采购成效初步显现。沧州分公司推动燃料油归口集中采购，采购价格明显降低。江苏石油分公司主要领导高度重视采购工作，在公司范围内实现由1位领导分管、1个部门归口负责物资采购工作。

（杜 涵）

【加强供应资源管理】 严格供应商资格审查，全年对3.5万家供应商开展资质信息集中审核，对1 300多家首次参与业务、经营财务状况发生重大变化的供应商开展现场审查，从源头防控供应风险。加强履约动态考评，依据履约情况，调整1.5万家供应商的星级级别，应用到采购决策环节，促进供应商不断提高产品质量及服务水平。加大违约供应商处理力度，公开处理曝光77家违约供应商，彰显质量第一、诚信守约理念。

（杜 涵）

【强化物资质量管理】 全面完成物资供应质量管理年度目标，A类物资监造率100%，入库验收合格率99.98%，油田物资质量抽检合格率97.48%。完善物资质量管理制度体系，修订3项质量管理基础制度、85类设备材料监造大纲。强化关键物资质量风险防控，委托监造设备5.1万台（套）、阀门及配件8.2万件、关键材料101.2万吨，发现并跟踪处理制造过程质量异常1 722项。针对中科炼化、天津LNG、洛阳石化炼油结构调整、天津石化油品质量升级等重点项目，组织开展制造质量巡检及监造工作监督检查。着力强化油气田物资质量管理，进一步提升重点项目、重点物资质量管理水平。

（杜 涵）

【优化物资储备管理】 积极落实集团公司挖潜增效工作要求，组织企业制订年度积压物资防控方案。与59家油田、炼化、石油工程企业和专业公司逐家对接并下发物资储备管理考核指标，加强物资储备常态化管理，强化监控预警。随着ERP系统深化应用，持续扩大监管深度，将宁夏能化、石化机械公司、石油工程公司海外项目库存纳入考核。截至2019年末，集团公司全口径物资总库存79亿元、积压物资7.5亿元，分别比年初减少5.6%和19.4%。

（杜 涵）

【加强绿色采购管理】 全面落实“绿色企业行动计划”，发布实施《中国石化物资绿色采购管理办法（试行）》。将绿色低碳环保要求纳入“易派客”法人信用认证标准，为科学实施绿色采购提供决策依据。总结集团公司绿色企业示范单位做法，大力推行绿色低碳采购。上海石化、金陵石化等企业将节能环保的绿色采购指标要求纳入技术文件，江苏油田开展节能电机专项治理，润滑油公司在国内首推可回收移动包装袋，绿色采购成效明显。

（杜 涵）

【加大物资采购监管力度】 物资供应系统持续深化中央巡视整改，规范权力运行，打造阳光透明的物资采购生态。进一步规范独家采购公示内容，优化公示提报及核审流程，扎紧织密制度笼子。组织开展治理指定采购和独家采购全面自查，动态分析典型问题，持续推进依法依规治理工作落实落地。强化集团外承包商采购监管，对中科炼化、中安联合、福建古雷等重点项目加强监督，进一步规范集团外承包商物料编码上线流程、监管主体及管理要求。

（杜 涵）

【加强物资供应队伍建设】 落实集团公司人才强企工程，加强岗位练兵和培训交流，组织物资供应部门负责人、管理骨干等物资管理培训320人次，招标采购、质量管理、系统关键用户等专业培训1 200人次。搭建招标岗位练兵平台，全系统1.12万人次参加招标岗位练兵。分专业分板块开展集团化采购、招标采购、电子化采购、企业集中采购等经验交流，共享物资供应最佳实践，物资供应队伍素质不断提升。

（杜 涵）

中国石化 SINOPEC

数字化转型

综述 | 经营管理数字化 | 生产营运数字化 | 客户服务数字化

新一代信息基础设施建设 | 网络安全体系建设 | “两化”融合管理

综　述

2019年，中国石化坚持以习近平新时代中国特色社会主义思想为指引，围绕公司打造世界一流战略部署和“第一个三年”阶段目标，积极推进数字化转型，加快建设信息化“421工程”，不断深化“两化”融合。联合石化公司ERP推广、智能制造试点示范、电商平台深化应用、信息系统集成整合等重点工作取得重要突破，推进“两化”深度融合又取得新成效，得到国家部委的充分肯定。其中，石化智云、共享服务平台、智能工厂3项成果被国务院国资委评为2019年中央企业信息化应用典型案例，集团公司被公安部评为“护网2019”最佳防守单位。信息化有效促进了企业提质增效、动能转换，为集团公司决胜全面可持续发展提供了要支撑。

（王景涛）

经营管理数字化

【概述】 推动ERP大集中、投资优化与管控、集团统一报表体系、共享服务等平台系统推广应用，完善提升资金集中、合同管理、审计、纪检监察等系统，促进了管理创新、效能提升。

（王景涛）

【ERP推广应用实现新突破】 完成联合石化公司ERP推广实施，建立市场风险监控、信用风险管理等功能，实现对原油和天然气贸易、期指货交易等高风险业务的在线管控；根据国家财税政策调整和集团公司专业化管理等要求，及时调整ERP及相关信息系统，完成租赁模块实施，完善增值税税率、衍生金融业务核算等系统配置；集团统一报表体系全面推广应用，实现集团全级次报表在同一系统、按统一标准快速出具，提高了财务信息质量和分析效率。

（王景涛）

【资金集中、合同管理等系统有新提升】 在资金集中管理系统中搭建资金预警监控、往来款项分析模型，强化了债权债务管理，实现对大额资金、敏感收支、久悬账户及超期业务等风险在线管控；全面完成境内127家企业的合同履约集成实施，有效解决长期困扰合同业务的“重签订、轻履行”等短板问题；进一步优化完善共享服务平台，完成物资采购流程三单自动匹配、月结程序自动化、RPA机器人等功能提升，促进了财务共享服务效率和质量显著提升。其中，发票识别与校验总用时由提升前的1.5小时缩短到6分钟以内；月结程序执行时间由25分钟缩短至15分钟；RPA机器人自动处理169个业务流程，月替代人工工时1.17万小时，工作效率提升10倍。

（王景涛）

【投资优化管控、全面预算管理等系统建设取得新进展】 建成一体化投资优化管控平台，实现战略规划、项目前期、投资计划、执行监控、投资优化组合和项目经济评价等功能应用；初步完成全面预算管理系统设计，搭建统一预算平台，在青岛炼化、沧州炼化2家试点进行了全面验证。

（王景涛）

【跨系统集成应用取得新成效】 以提升业务协同、资源共享水平为目标，聚焦财务、人事、物资、投资、大监督、综合协同六大业务域，大力推进经营管理平台跨系统流程优化、集成整合。其中，物资域全流程业务集成显著提升，实现系统界面集成、总部与企业的采购、交货业务集成，以及企业间、业主方与总包方间数据共享，提高了物资业务协同运行效率；初步构建了“大监督”协同共享子平台，实现内控检查、审计管理、业务公开、廉洁风险防控等信息聚合、资源共享，有力支撑“大监督”体系建设。

（王景涛）

生产营运数字化

【概述】 加强总部生产营运指挥、一体化计划优化、安全环保、现代物流管理等系统完善提升与推广应用，统筹推进智能油气田、智能工厂、智能加油服务站、智能化研究院的试点与推广建设，促进了产业升级、提质增效。

（王景涛）

【数字化生产调度指挥体系建设】 总部生产营运指挥系统集成全链条 6.5 万类生产数据、30 余万路现场视频信息，形成集油气勘探与生产、原油资源、天然气资源、炼油生产、化工生产、油品与非油经营、化工销售七大板块业务于一体的综合生产运营管控，提高了总部生产调度指挥能力、板块间产销衔接与资源优化能力。原油物流管理实现原油采购、船期、运输三大计划线上管理，提高了供应链与物流管理效率，降低了物流成本。建立生产经营一体化优化模型，以及面向炼化生产的“板块—区域—企业”三级优化模型，实现生产计划和原油资源配置一体化优化、协同优化，每年优化增效 10 亿元左右。

（王景涛）

【安全、环保、能源等系统建设】 完成安全管理信息系统提升，实现全面推广应用，总部和企业随时了解安全隐患和治理完成情况；环保管理系统实现对生产企业 623 个重点污染源排放点的实时监控、超标报警和趋势分析；完成能源管理系统在 9 家炼化企业推广，累计推广 18 家企业，实现能源的供、产、耗全业务流程管理、可视化展示，促进节能减排、降本增效；智能化管线管理系统覆盖总部和 52 家企业，实现对 3 万余千米长输、厂际管线的数字化、可视化管理，提高了管道隐患治理和油气管网安全运行水平。建设危险化学品运输安全管理系统，实现危险化学品运输全过程监控和轨迹异常、不安全驾驶等行为预警。

（王景涛）

【智能油气田试点建设】 在西北油田采油三厂、中原油田普光气田 2 个试点开展智能油气田示范区建设，油气藏动态管理、单井管理、管网管理、设备管理、QHSE 管理、协同研究及生产运行优化 7 类智能化应用上线运行，实现压缩机、抽油机等关键设备故障智能诊断，单井、管网等关键参数预警预测。

（王景涛）

【智能工厂推广建设】 完成镇海炼化、茂名石化 2 家智能工厂试点提升，其中，镇海炼化实现 1 066 套在线分析仪 24 小时无盲区实时检查，重点装置异常报警下降 50% 以上；茂名石化生产优化水平进一步提升，航煤等高价值产品收率提升 0.2%。完成上海石化、金陵石化、齐鲁石化、天津石化、海南炼化、青岛炼化 6 家智能工厂推广实施，实现主体应用上线运行，开展异常工况识别、生产预警、设备故障诊断分析、工业视频智能识别与分析等大数据及人工智能技术应用，实现对企业 65 台动设备运行状态的在线评估和故障诊断预警。中国石化智能工厂建设继续保持在中国流程工业智能制造领域中的领先地位，建设成果获评 2019 年中央企业信息化应用典型案例，九江石化入选中国智能制造标杆企业。

（王景涛）

【智能加油站试点建设】 在广东、浙江、上海等省市试点建设 70 座智能加油服务站，推广电子钱包功能，实现车牌自动识别、无感支付、数字营销，为车友用户提供了便捷、高效的消费体验。

（王景涛）

【智能化研究院试点建设】 完成大连石油化工研究院智能化研究院主体应用建设，建立管道腐蚀预测、加氢装置运行分析远程诊断服务模式，为石家庄炼化150万吨/年渣油加氢装置换剂开工、扬子石化烷基化装置脱硝单元整改等项目提供在线技术服务。

（王景涛）

客户服务数字化

【概述】 完善提升统一的电子商务与客户关系管理、智能化客服等系统，大力推动“易派客”“石化e贸”等专业电商平台推广应用，促进了商业模式创新、新业态发展。

（王景涛）

【智能化客户服务平台推广应用】 实现智能在线问答、智能语音导航、智能质检、智能回访等智能化服务应用。建立中国石化统一客服（95388）中心，实现加油卡、化工品销售、润滑油、“易派客”等客户服务统一呼叫、统一受理。

（王景涛）

【“易派客”平台推广应用】 实现“易派客”与582家关联方企业信息系统一体化连接，促进了阳光供应链生态建设，为拓展信用认证、质量评价、供应链金融等新业务提供了平台支撑。截至2019年底，“易派客”平台汇聚超过1.5万家全球采购商会员、近1 500家供应商，年交易金额4 784亿元，营造了以中国石化为核心，社会采购商、供应商、物流商、第三方服务商、金融机构等共同参与的工业品电子商务生态圈，实现互惠共赢。

（王景涛）

【“石化e贸”平台推广应用】 优化资源投放、客户下单等系统功能，销售订单从提报需求到订单下达时间大幅缩短，支撑化工销售公司合约销售业务、炼油销售公司现货销售业务全面上线运营，为客户提供了合约采购、现货销售、竞价交易、物流、支付等“一站式”服务，提高了市场快速响应、科学分析决策和精确营销服务能力。其中，2019年化工销售公司通过平台销售化工品3 775万吨，线上销售占比达65%。

（王景涛）

【油品和非油品融合营销平台推广应用】 面向广大终端消费用户，油品销售企业积极打造“电商平台＋企业微信公众号＋移动端APP”互联网服务平台，推广“一键加油”APP应用，集聚线上、线下渠道用户资源，促进成品油销售和非油品业务融合互动，积极构建“人·车·生活”多元经营生态圈。

（王景涛）

【客户大数据分析应用试点】 搭建客户大数据平台，在“石化e贸”“易派客”平台建立会员360°全景视图、流量有效性分析模型，基于智能推荐引擎为供应商挖掘潜在客户，向客户智能推送个性化商品信息，提高了商品销量和服务质量，提升了客户黏性和满意度。其中，“易派客”大数据应用被工信部选为2020年大数据产业发展试点示范项目。

（王景涛）

新一代信息基础设施建设

【概述】 重点开展新一代数据中心（沙河）、石化智云、异地灾备、网络区域中心等信息基础设施建设，全面推广统一的移动应用平台、即时通信工具“石化通”、高清视频会议等基础应用，提升了信息和数字化基础服务能力。

（王景涛）

【石化云服务能力建设】 拓展石化私有云规模，新增200余台服务器、3万核CPU、3PB存储，累计为628个应用提供云资源服务，实现96个重点在建项目开发过程云上管理，支撑了智能油田、智能工厂、加油卡系统升级等重点信息化项目建设。

（王景涛）

【网络基础设施建设】 完成主干网、14套重点应用的安全提升并通过等级保护测评；实现主干网双向白名单访问控制；完成境内8个区域中心、102家企业互联网出口统一；集中视频监控集成接入97家下属企业的30余万套视频监控资源。

（王景涛）

【视频会议、移动平台等推广应用】 完善提升高清视频会议系统、总部无纸化会议系统，改扩建21间总部视频会议室，覆盖总部机关和146家企业，全年共支持召开视频会议1 866次、无纸化会议169次；建设内部即时沟通工具“石化通”，并在全集团进行推广应用，安装用户19.6万人，日活跃用户超过5万人，提高了业务协同工作效率。

（王景涛）

【IT运维管理】 IT运维平台实现对总部、区域中心1.6万台IT设备、146个统建应用的集中管控。推进一体化IT运维体系建设，按照企业、共享、盈科“三位一体”运维职责定位，梳理了运维流程和规范，组织共享服务公司承接20多家企业网络安全运维服务工作。

（王景涛）

网络安全体系建设

【概述】 深入贯彻国家《网络安全法》、等保2.0要求，加强组织领导，落实主体责任，组织开展风险排查、隐患治理、攻防演练等专项工作，筑牢网络安全屏障，支撑企业转型升级、改革发展。

（王景涛）

【深入落实网络安全责任制】 在完成总部各部门、各企业的网络安全责任书签署基础上，进一步把好新系统验收关，在系统正式上线前，组织相关使用单位、运维单位签署网络安全责任书。

（王景涛）

【建立健全网络安全管理制度】 制定《中国石化互联网应用安全管理细则》《中国石化等级保护管理办法》《中国石化关键信息基础设施管理办法》《互联网应用安全风险隐患的整改指导方案》等规章制度。

（王景涛）

【加强网络安全“三同步”管理】 建立网络安全方案审查工作机制，全年完成15个信息化项目方案审查，以加油卡升级换代及站级一体化项目为试点，开展信息化项目全生命周期安全管控。组织开展等级保护安全测评和上线验收检查工作，完成25个新建系统定级评审、52个三级存量系统及47个二级存量系统等保测评、资金集中系统风险评估和60个系统上线验收安全检查工作，组织信息系统风险整改“回头看”，巩固安全整改成果。

（王景涛）

【强化网络安全通报和信息系统应急保障机制运行】 网络安全联络员范围覆盖集团165家单位，编制下发网络安全月度通报12期，发布各类网络安全整改通知书796份，发布紧急通报15份，对安全隐患整改情况进行持续跟踪、复测，实现闭环管理。调整安全策略，实行重点保障时期7×24小时现场值守机制，每日通报重点目标系统的运行情况和总体安全态势，落实每日“零通报”机制，完成全国“两会”“70周年”国庆等重要时期网络与信息安全保障工作，确保各重点时期未发生网络安全攻击事件及敏感文件泄露事件。

（王景涛）

【加强中国石化应急响应中心（SSRC）队伍建设】 建立中国石化网络安全应急响应中心（SSRC），设立专职监控及分析团队，建立协同联动防御机制，实现全局检测、情报共享、快速处置，确保网络安全事件闭环，全年处置安全事件65个，累计封禁恶意攻击IP 3 212个，发布SinopecSRC安全态势分析报告15期。在2019年中央企业网络安全技术大赛中获团体三等奖。

（王景涛）

【加强网络安全宣传】 按照中央统一部署，与国家网络安全宣传周同步开展“中国石化网络安全宣传周”活动，统一制作网络安全宣传版面、宣传手册，统一配发企业，通过展览、报纸、电视、“奋进石化”公众号等多渠道密集宣传；举办网络安全专题视频培训会，邀请公安部领导做网络安全专题讲座，在总部机关、驻京专业公司举办多场网络安全意识讲座，提高了广大干部员工的网络安全意识和网络安全风险防范技能。

（王景涛）

【开展网络安全水平评价】 结合集团公司网络攻防演习发现的问题，统一组织专家队伍对网络安全水平较差单位开展帮扶，针对网络安全薄弱环节和突出问题制订帮扶计划，2019年共对32家单位进行现场帮扶促优，取得较好效果。定期开展网络安全水平评价工作，新修订2019年度评价指标，通过企业自查和现场检查，深入查摆短板问题，认真落实整改措施，有效促进了企业网络安全管理水平提升。

（王景涛）

“两化”融合管理

【概述】 聚焦补短板、强基础，深入开展完善应用架构、消除信息孤岛、应用创新创效、“两化”融合贯标等专项工作，促进了“两化”融合水平提升。

（王景涛）

【加强顶层设计、统筹管理】 统一组织梳理出集团级系统应用架构“信息化树”，形成主干明确、枝干清晰的信息化树状图，为未来信息化建设提供科学指导；加强项目立项、投资计划、方案审查、项目验收等过程管理，严格落实“一切开发上平台，一切系统皆上云”管理要求，切实把住规划、标准、设计、投资、建设、管理统筹关，有效推动“数据＋平台＋应用”的公司信息化发展新模式执行落地。

（王景涛）

【统筹推进消除信息孤岛工作】 组织各板块和所属企业分级分类开展整合治理，统筹推进信息系统集成整合，2019年完成消除70%信息孤岛工作量，超出年度目标10个百分点。

（王景涛）

【推进实施深化应用创新创效行动计划】 通过实施“深化应用创新创效”行动计划，引导企业持续加强信息系统集成应用、协同应用、创新应用；加强监控问题分析和督促问题整改，问题整改率达98%以上，进一步提升规范应用水平；2019年评出企业创新应用案例118项，其中推广案例65项，综合应用成效显著。

（王景涛）

【组织企业开展“两化”融合贯标工作】 2019年共有11家企业通过国家“两化”融合管理体系贯标评定，集团公司累计实施贯标企业达54家，在央企中名列前茅。胜利油田、润滑油公司被工信部评为2019年制造业与互联网融合发展试点示范。

（王景涛）

中国石化 SINOPEC

内部监督

纪检监察 综述 | 政治建设 | 权力监督制约 | 正风肃纪反腐
体制改革 | 队伍建设

党组巡视

内部审计 综述 | 专项审计和审计调查 | 经济责任审计 | 内控审计评价
工程投资审计 | 财务收支审计 | 审计基础管理

纪检监察

综　　述

2019年，在党中央和中央纪委国家监委的正确领导下，集团公司党组和纪检监察组认真学习贯彻习近平新时代中国特色社会主义思想，增强“四个意识”，坚定“四个自信”，做到“两个维护”，贯通履行全面从严治党两个责任，紧紧锚定营造风清气正、干事创业政治生态，一体推进“不敢腐、不能腐、不想腐”，圆满完成开展主题教育、接受中央巡视、实施体制改革三大任务，党风廉政建设和反腐败工作坚定稳妥、扎实有效，政治生态进一步净化修复，为全面完成年度生产经营和改革发展目标任务提供坚强保障。

（杨军山）

政治建设

【加强思想引领】 坚持用习近平新时代中国特色社会主义思想武装头脑，思想引领更加突出。党组健全完善并严格落实集体学习制度，25次专题传达学习习近平总书记重要讲话和指示批示精神，39次组织集体学习，做到紧跟步伐、紧扣节拍。高质量开展“不忘初心、牢记使命”主题教育，2批主题教育总体评价满意率分别达98.9%和99.5%。各级党组织和党员干部经受了严格的政治洗礼，思想理论武装进入新境界。

（杨军山）

【落实党中央重大决策部署】 深入推进党中央重大决策部署落实见效，“两个维护”更加坚定自觉。党组认真梳理习近平总书记对国有企业、石油石化行业和中国石化的指示批示，逐项再部署再落实。围绕贯彻新发展理念、实施“四个革命、一个合作”能源安全新战略、推进“一带一路”建设、打好“三大攻坚战”、落实“六稳”部署等党中央重大决策，提高站位、担当作为、苦干实干，以好于预期的经营发展业绩扛稳了维护责任、提高了维护能力、确保了维护效果。认真履行政治责任，按照“四个坚决、一个彻底”深入肃清流毒影响；督促深化整改中央和党组两级巡视发现的问题；开展“一带一路”沿线腐败风险国别研究，制定加强境外廉洁风险防控实施意见；对安全环保领域问题线索细研深查，督促推进安全发展、绿色发展；持续深化扶贫领域腐败和作风问题专项治理；紧紧围绕公司履行使命职责凝神聚焦、重点发力，做到党中央重大决策部署到哪里，政治监督就跟进到哪里。

（杨军山）

【完善长效机制】 健全制度保障，加强政治建设的长效机制更加完善。制定落实《学习贯彻习近平总书记重要指示批示精神落实机制（试行）》《加强党的政治建设重点措施》和党组、直属单位党委加强请示报告工作等重要制度，进一步夯实政治建设根基。围绕落实全面从严治党责任，完善党风廉政建设和反腐败工作议事协调机制，制定落实全面从严治党责任制实施办法和主体责任清单，细化监督事项清单，政治担当更加有力。

（杨军山）

权力监督制约

【推进“大监督”格局】 党组及时研究全面从严治党重点难点问题，从组织形式、职能定位、决策程序上推动党领导的反腐败工作体系更加科学完备。调整党风廉政建设和反腐败工作协调小组，健全纪检监察组牵头、成员部门“各负其责、信息共享、重点协调、联动推进、措施互补、综合监督”的运行机制。直属单位“大监督”探索与实践不断深化，积极开展提级监督、交叉监督、区域协作监督，胜利油田、中原油田、上海石化、齐鲁石化、九江石化、销售公司、湖北石油分公司、北京化工研究院、石油工程建设公司等单位纪委形成有效做法，同级监督逐步增强。

（杨军山）

【做深做实监督职责】 在央企率先研究制定《纪检监察机构加强日常监督工作的意见（试行）》，细化明确 13 类监督事项和 14 类监督措施，综合运用信访受理、线索处置、约谈提醒、谈话函询、列席民主生活会、业务公开、提出纪检建议等多种方式，抓实近距离常态化监督。镇海炼化、天津石化、金陵石化、南化公司、广东石油分公司、江苏石油分公司、浙江石油分公司等单位纪委，积极探索加强日常监督的有效途径和载体。公司纪检监察系统加强对各级领导人员特别是“一把手”的监督，精准研判办理信访，建好用好廉洁情况“活页夹”，扎实开展班子成员“画像”评价和政治生态研判工作。认真参加干部选拔任用动议酝酿，纪检监察组共对 560 名党员干部进行廉洁筛查，规范出具党风廉政回复意见，充分发挥协助把关作用。围绕中科炼化、古雷炼化等重点工程项目开展派驻督查和专项督查。针对领导人员亲属经商办企业与中国石化发生业务往来问题进行“回头看”，开展新一轮申报登记，对问题线索大起底再排查，制定整改指导意见，坚决整饬靠企吃企、利益输送问题。

（杨军山）

正风肃纪反腐

【持续保持惩治腐败高压态势】 严格落实问题线索归口管理和集体研究机制，加大提级办理和督办协调力度，加强与地方纪委监委协同协作，确保及时处置、有效查处。落实《中国共产党问责条例》和容错纠错实施办法，在问题线索处置、审查调查、案件审理过程中精准把握问责时、度、效，实现政治效果、纪法效果、社会效果相统一。科学运用“四种形态”，通过抓早抓小、层层设防，既重点管住了“关键少数”，又全面管住了“绝大多数”。燕山石化、武汉石化、长岭炼化、中安联合等单位纪委加大违规违纪问题查处力度，维护了纪律的严肃性、权威性。

（杨军山）

【扎实深入纠治“四风”】 制定实施《关于学习贯彻习近平总书记重要批示精神，深入落实中央八项规定精神的若干措施》，开展纠治“四风”专项行动，全面清理企业驻京办（联络处），从严从快查处违反中央八项规定精神问题。整治形式主义官僚主义突出问题，落实“基层减负年”精神，深化“马上就办”，全年检查评比大幅压减、党组和集团发文进一步下降。以安全环保领域为切入点，深挖细查形式主义官僚主义问题，督促整改并向全系统通报曝光，起到强烈的警示震慑作用。武汉石化、巴陵石化、湛江东兴公司、化销华北分公司、化销华中分公司、新星公司、燃料油公司、润滑油公司等单位纪委注重加强日常宣教和监督检查，加强作风建设和为基层减负工作取得实效。

（杨军山）

【扎实做好“后半篇文章”】 加大警示教育力度，2 次召开全系统警示教育大会，编印严重违纪违法案件忏悔录（二），拍摄并组织观看有关人员严重违纪违法案警示教育片，促进深刻反思、吸取教训。推动发案单位止损挽损、规范管理、追责问责，让职工群众切身感受到正风肃纪反腐带来的新变化。对受到问责的干部进行回访，对党组管理领导人员身心健康和家庭成员情况进行摸排调查，体现组织关怀。

（杨军山）

体制改革

【校准改革方向】 党组、纪检监察组认真学习贯彻党中央、中央纪委国家监委关于纪检监察体制改革的有关部署要求，坚持全面落实监督责任和协助职责、把监督挺在前面，加强纪检监察组对直属纪委和直属单位纪委的领导，认真研究制定《深化纪检监察体制改革实施方案》。

（杨军山）

【分层推进实施】 结合实际明确改革时间表、路线图，稳妥有序完成各项改革任务。党组纪检组更名为纪检监察组。落实双重领导体制，坚持内涵式发展，按照“四分开”要求将组机关 5 个处调整为 6 个职能室，原派驻性质的 5 个分组（局）调整为 6 个工作局，组机关编制较改革前减少 4 人，做到机构优化、职能聚焦、人员精干。各工作局按纪检监察组内设机构管理，以纪检监察组名义进行监督检查和审查调查，通过联系有关直属单位开展政治监督、日常监督。加强纪检监察组对直属单位纪委的领导，切实提升了各级纪检监察机构的相对独立性、权威性和监督有效性。

（杨军山）

【健全制度机制】 将改革元年作为制度建设年，同步推进实践探索与制度机制创新。落实“双重领导”和请示报告制度，全年向中央纪委国家监委和集团公司党组请示报告工作 100 余项，直属单位纪委请示报告工作明显加强。制定《纪检监察组监督执纪工作办法（试行）》《监督检查审查调查措施使用管理工作办法（试行）》，修订《纪检监察机构问题线索集中归口管理办法》等配套制度，强化依规依纪依法履职行权。健全参加和列席公司重要会议、经常沟通交换意见、参与干部动议酝酿等履职机制，强化监督责任。主动与 20 多个省区市纪委监委对接，胜利油田、中原油田、湖北石油分公司等单位纪委与属地纪委监委建立全面合作关系，探索联合办案机制，推动企地协作、纪法贯通。

（杨军山）

队伍建设

【带头做到“两个维护”】 以政治建设为统领，坚持定位要准、标准要高、组织要严、措施要实、效果要好，贯通联动开展纪检监察、巡视巡察系统“不忘初心、牢记使命”主题教育。聚焦做到“两个维护”及推动纪检监察和巡视巡察工作高质量发展，形成一批调研成果、实践成果、制度成果。扎实开展全员培训，直接组织培训纪检监察、巡视巡察干部 770 人次，完成纪检监察组职能室、工作局全体干部专项考核测评；举办纪委书记、纪委副书记培训班和纪检监察、巡视巡察干部学习贯彻十九届四中全会精神专题研讨班；选派 11 名骨干人才到上级机关学习锻炼，与湖北、山东等地方纪委监委互派挂职干部。

（杨军山）

【从严从实加强监督队伍建设】 稳妥有序完成纪检监察组副组长以下干部“原地转身”和业务骨干选调工作。公司系统加大纪检监察干部交流力度，队伍的年龄结构、专业结构、能力结构、经历结构进一步优化。制定《纪检监察组工作规则（试行）》，规范业务流程，强化内部制约。通过组长办公会、业务专题会分类决策相关事项，全年召开组长办公会 22 次，研究重要事项 112 项，集体研究处置问题线索。严格规范执纪执法工作，开展监督执纪风险排查，确保审查调查安全。专设干部室强化纪检监察干部监督管理，全系统总体做到思想从严、工作从严、作风从严、纪律从严。

（杨军山）

【大兴学习调研之风】 把提升学习调研能力作为推动新时代纪检监察工作高质量发展的最重要抓手，坚持每月至少组织 1 次理论中心组学习，负责人领题调研，围绕推动纪检监察体制改革、防范国有企业利益输送、建设一流政治生态、强化政治监督和日常监督、整治形式主义官僚主义、加强境外廉洁风险防控等重要工作，全年向上级机关报送研究成果 10 余项，得到充分肯定。新华社、《人民日报》、党建研究、中央纪委报刊网站等刊发信息 100 余篇，充分展示了公司良好形象。同时，针对公司改革发展、经营管理、风险防控的重大问题，及时组织分析研讨，积极向上级机关和公司党组建言献策，主动督促推动中心工作，服务大局。

（杨军山）

党组巡视

【概述】 2019 年，集团公司党组以习近平新时代中国特色社会主义思想和十九大精神为指导，以积极配合中央巡视、落实中央巡视整改为重大任务，以认真落实中央单位巡视工作专项检查反馈意见整改为契机，贯彻《关于中央部委、中央国家机关部门党组（党委）开展巡视工作的指导意见（试行）》（简称《指导意见》），统筹谋划、全面部署、扎实开展巡视巡察工作，取得积极进展和成效，为公司全面从严治党、决胜全面可持续发展提供坚强保障。

（韩晓静）

【积极配合中央巡视工作】 中央第二巡视组于 2019 年 3 月 27 日—6 月 15 日对集团公司党组开展常规巡视。集团公司党组把中央巡视作为一次全面政治体检，予以高度重视，坚持与中央巡视组做到同题共答、同频同振、同向发力。集团公司领导先后 20 次召开会议进行研究部署和安排落实，组织有关专题会议和讲座 9 次，组织协调下发有关文件通知及通报 17 件，提供各类材料 8 932 件，协调配合中央巡视组分赴各地对 53 家单位进行下沉调研，组织完成《关于“加强政治建设、净化政治生态”的调研报告》《中国石化境外巡视情况汇报》等工作。同时，对中央巡视组反馈的问题进行立行立改，得到中央第二巡视组肯定。

（韩晓静）

【认真落实中央巡视反馈意见整改工作】 中央第二巡视组于 2019 年 7 月 24 日反馈巡视意见后，集团公司党组提高政治站位，深刻反思问题，扛起政治责任，切实把巡视整改与“不忘初心、牢记使命”主题教育结合起来、与日常监督结合起来、与深化改革结合起来。在全面抓整改过程中做到“五个坚持”（坚持深化认识抓整改、坚持压实责任抓整改、坚持健全机制抓整改、坚持突出重点抓整改、坚持标本兼治抓整改），推动整改走深走实。截至 2019 年 12 月 31 日，党组制定的 159 项整改措施已完成 146 项、完成率为 91.8%，取得重要阶段性成效。

（韩晓静）

【切实抓好中央巡视专项检查反馈问题整改工作】 根据专项检查反馈情况，结合“不忘初心、牢记使命”主题教育检视问题，认真梳理出 3 个方面 12 个问题，提出 30 项整改措施。根据部门职责和分工，细化整改责任，制定整改措施，形成问题清单、任务清单、责任清单，明确时间表、任务书、路线图。至2019年底，完成整改措施29项，取得阶段性成效。

（韩晓静）

【积极谋划组织推进党组巡视工作】 深入学习贯彻习近平总书记关于巡视工作重要论述，结合公司实际，制订印发《党组巡视工作规划（2018—2022年）》，党组对今后一个时期巡视工作进行顶层设计，提出明确的思路措施。专题学习《指导意见》，结合实际提出5个方面16条贯彻落实措施，切实解决巡视工作深层次矛盾、普遍性问题，真正做到“补短板、强弱项、促提升”，推进巡视工作高质量发展。根据5年巡视全覆盖任务要求，配备8个巡视组，选配专职组长、副组长16名，从200余人的巡视干部人才库中选配62名骨干，对26家单位开展“狠抓落实”专项巡视工作，对9家单位进行常规巡视和巡视“回头看”。全年累计开展巡视谈话1 807人次，查阅资料30 683件，走访基层136个，召开座谈会58个。做实巡视“后半篇文章”，积极跟踪督促2018年和2019年上半年巡视发现问题的整改，重点跟踪督办党组书记在听取汇报时指出的意见要求落实情况，推动有关单位（部门）整改到位。党组高度重视巡视成果运用，全年结合巡视情况调整有关单位的领导班子成员。

（韩晓静）

内部审计

综　述

2019年，集团公司成立党组审计委员会，进一步加强集团公司党组对审计工作的集中统一领导。审计部门在集团公司党组的正确领导下，认真贯彻落实中央审计委员会第一次、第二次会议和集团公司年度工作会议精神，不断优化完善审计管理体制机制，着力提升审计项目质量，全年共开展各类审计项目992项，促进增收节支20.42亿元（含审减工程投资金额16.04亿元），较好地履行了审计监督职责。

（李青山）

专项审计和审计调查

【概述】 2019年，审计部门紧紧围绕党中央重大决策部署，集团公司中心工作和企业热点、难点问题，开展专项审计或审计调查251项，促进了相关改革工作的落实和推进。

（李青山）

【总部组织实施的专项审计和审计调查】 总部紧密围绕党中央重大决策部署，按照集团公司党组部署安排，组织开展境内股权投资、金融衍生品、清理拖欠民营企业账款3项专项审计，揭示和反映了部分企业相关业务管理中存在的体制性障碍、制度性缺陷和管理漏洞，及时向集团公司党组提交专项审计报告，并提出建设性意见和建议，得到集团公司党组领导和有关部门的高度重视，为促进集团公司重大决策部署落实、依法合规经营、加强风险防控、提质增效发挥较好作用。

（李青山）

【企业组织实施的专项审计和审计调查】 企业审计部门紧紧围绕中心，抓住影响效益的关键领域和环节，组织开展成品油外采、直分销业务管理、服务采购管理等专项审计或审计调查248项，收

到较好的效果，促进了企业增收节支和精益管理。（李青山）

经济责任审计

【概述】 2019 年，审计部门贯彻落实中办国办《党政主要领导干部和国有企事业单位主要领导人员经济责任审计规定》，经济责任审计内容由以财务收支为主调整为重点对领导干部权力运行和责任落实情况进行审计监督，全年开展经济责任审计 234 项。

（李青山）

【总部组织实施的经济责任审计】 总部对 31 家企业原主要负责人开展离任经济责任审计。通过把所属企业主要负责人任职期间贯彻执行党和国家经济方针政策、集团公司党组决策部署，推动企业提质增效升级，经营管理国有资产、国有资源，防范化解重大风险等有关经济活动作为审计重点，加大对领导干部权力运行和责任落实情况的审计监督，促进了领导人员进一步增强依法治企、从严管理的意识，为组织人事部门考核评价经营者提供重要依据。

（李青山）

【企业组织实施的经济责任审计】 企业审计部门在强化下属二级单位领导人员经济责任审计工作的基础上，创新探索开展对关键处室负责人、建设项目部负责人等履职情况的审计，全年开展经济责任审计 203 项，有力促进了企业领导及关键岗位人员依法依规经营和管理。

（李青山）

内控审计评价

【概述】 2019 年，审计部门以促进公司控制力、企业执行力的提高为目标，对照《内部控制手册》和相关监督办法，开展内控独立审计评价 46 项。

（李青山）

【总部组织实施的内控审计评价】 总部重点对 9 家企业开展内控独立审计评价工作，重点检查物资采购等 10 余项业务流程的设计和执行情况，提出改进内部控制的审计意见和建议，促使相关部门和企业进一步完善内控制度，改进优化季度测试方案等，企业的风险管理控制意识和能力进一步提高。

（李青山）

【企业组织实施的内控审计评价】 企业审计部门组织开展内控审计评价 37 项，结合自身实际选择主要业务流程，分别按季度、半年度开展独立审计评价工作，实事求是地提出审计评价意见和建议，促进了内控制度的有效执行和完善，防范了经营管理风险。

（李青山）

工程投资审计

【概述】 2019 年，审计部门以促进企业不断规范投资行为、提高投资效益为目标，开展固定资产投资项目审计417项，审减工程投资金额16.04亿元，为集团公司控制投资成本、提高投资效益做出贡献。

（李青山）

【总部组织实施的工程投资审计】 总部对7个重点工程开展竣工决算审计，重点对建设程序的合规性、投资成本控制、工程招投标及发（分）包、工程质量管理等进行检查，深入揭示了工程投资及建设管理中存在的问题。

（李青山）

【企业组织实施的工程投资审计】 企业审计部门开展固定资产投资项目410项，同时前移审计关口，加强过程监督，积极开展工程结算审计，为企业节约投资成本16.04亿元。

（李青山）

财务收支审计

【概述】 2019年，审计部门以维护企业合法权益和促进企业严格财务管理、提高会计信息质量为目标，深化财务收支审计工作，开展财务收支审计44项。

（李青山）

【总部组织实施的财务收支审计】 总部对2家企业开展财务收支审计，重点对企业财务会计报告、资产、负债、所有者权益、收入、成本费用和执行财经纪律等情况进行审计，促进企业规范财务收支行为。

（李青山）

【企业组织实施的财务收支审计】 企业审计部门为核实下属单位财务收支的真实性、合法性及合规性，严肃财经纪律，加强内部管理，全面开展财务收支审计42项，为企业考核下属单位提供可靠依据。

（李青山）

审计基础管理

【概述】 2019年，审计部门以夯实基础管理为重点，深入开展“不忘初心、牢记使命”主题教育，不断加强审计队伍能力建设，推动各项管理工作迈上新台阶。

（李青山）

【总部基础管理】 总部不断优化完善审计管理体制机制，创新审计工作方式方法，着力提升审计项目质量，大力加强审计队伍建设。①认真贯彻党和国家及集团公司党组对审计工作的系列指示要求，对审计工作目标、功能定位、工作原则、业绩导向的总体思路进行优化调整。②优化调整审计管理体制机制，成立党组审计委员会，提出审计制度体系建设框架，优化完善审计质量管控体系。按照“1+2”的模式完善制度体系，其中“1”是指《中国石化内部审计工作规定》作为纲领性制度，“2”是指审计业务和审计管理2类制度。修订下发《中国石化固定资产投资项目审计办法》《中国石化审计项目质量管理办法》等制度。③大力推进审计信息化建设，优化提升审计信息系统功能，督促企业为审计部门全口径开通信息系统查询权限。④加强审计人员培训，建立年初、年中全员定期整训机制、审计大讲堂机制、“师带徒”和跟班学习机制。

（李青山）

【企业审计基础管理】 企业审计部门围绕提升审计成效，积极完善审计管理制度，强化运用审计信息化手段开展审计监督，加强审计成果运用，实行问题整改销号机制，加强审计队伍建设，促进审计工作整体水平提升。

（李青山）

中国石化 SINOPEC

企业党建与企业文化

企业党建

综　述

2019年，集团公司党建工作坚持以习近平新时代中国特色社会主义思想为指导，全面贯彻党的十九大和十九届二中、三中、四中全会精神，牢牢把握新时代党的建设总要求，以饱满热情庆祝新中国成立70周年，高质量开展“不忘初心、牢记使命”主题教育，认真接受中央巡视政治体检，突出加强党的政治建设，推动全面从严治党向纵深发展，党的领导、党的建设进一步加强，管党治党责任进一步压实，党建质量明显提高，风清气正干事创业的政治生态持续向好，有力保证和促进了集团公司生产经营和改革发展稳定。

（王希平）

党建工作

【党组自身建设制度不断完善】 印发实施《中共中国石油化工集团有限公司党组全面从严治党责任制实施办法（试行）》《关于学习贯彻习近平总书记重要批示精神深入落实中央八项规定精神的若干措施》，推进全面从严治党向纵深发展，为充分发挥党组领导作用提供重要制度保证。修订《中共中国石油化工集团有限公司党组工作规则》《中共中国石油化工集团有限公司党组理论学习中心组学习实施细则》，不断提升党组自我净化、自我完善、自我革新、自我提高的能力。

（张登宇）

【推动全系统不断加强党的政治建设】 研究制定《中国石化加强党的政治建设重点措施》，从把党的政治建设摆在首位、坚定政治信仰、坚持党的政治领导、提高政治能力、净化政治生态、压实政治建设责任6个方面，提出加强全系统党的政治建设22条重点措施并抓好学习宣传贯彻落实，推动各级党组织和广大党员坚决把政治建设摆在首位，进一步增强“四个意识”、坚定“四个自信”、做到“两个维护”，始终在思想上、政治上、行动上同以习近平同志为核心的党中央保持高度一致。

（韩冬笑）

【扎实开展“不忘初心、牢记使命”主题教育】 按照中央统一部署，第一时间召开动员大会，高标准、高质量、高效率启动主题教育。党组“递进式”学习模式、“组团式”调研机制、“扩大式”现场示范在全系统广泛推广；领导小组强化统筹协调，巡回指导组严督实导，组织运行整体有力有序；与中央巡视整改紧密结合，整改落实取得明显成效，有力推动了全系统干部、党员学习贯彻习近平新时代中国特色社会主义思想往深里走、往心里走、往实里走。2批主题教育评估，总体评价满意率分别为98.9%和99.5%。习近平总书记在中央主题教育总结大会上对集团公司做法给予点名表扬。集团公司先后5次在相关会议上做交流发言。

（韩冬笑）

【配合迎接中央巡视并抓好问题整改】 按照中央巡视组要求，及时提供坚持党的全面领导、加强党的建设、推进全面从严治党3个方面69项资料，完成《关于贯彻落实全国国有企业党的建设工作会议精神情况报告》，提供开展党建考核情况等6个涉及党建工作的专项汇报，保障中央巡视顺利开展。针对中央巡视过程中指出的问题和配合巡视工作过程中发现的党建差距和不足，主动认领，即知即改，立行立改。将中央巡视反馈问题整改与主题教育专项整治紧密结合，对销售企业基层党员分布偏少、部分党建工作制度尚待完善、基层支部建设存在薄弱环节、部分单位党建考核连续 3 年不达标等问题，进行深入研究，制定《加强基层班组党员力量覆盖的若干措施》等有针对性的措施，扎实推进整改。

（韩冬笑）

【不断深化“组织力提升工程”】 制定印发《关于加强基层党的“三基本”建设的实施意见》，修订《中国石化基层党支部工作细则》，细化配套具体措施，着力抓基层夯基础、提升组织力。组织新一轮“示范支部书记行”，先后到 9 个党组成员基层联系点党支部进行把脉会诊、情景互动、交流指导，在深化推动“双示范”创建的同时，有效促进党组成员联系支部工作水平提升。分板块召开“组织力提升工程”交流推进会，促进“五抓五提升”措施落实落地。

（韩冬笑）

【探索建立党建与中心工作融合互促机制】 在中科炼化项目从党、工、团 3 个层面深入开展共建，推动党建与生产经营深度融合，有力保障项目如期建成中交。研究制定《关于党员领导干部“一岗双责”融合落实的指导意见》，在制度机制层面推动党建工作与中心工作相融互促、深度融合。全面启动“健全党建工作在重大活动、重点任务中发挥保障作用的有效机制”等 5 个重点课题研究，努力为党建工作与中心工作相融互促提供机制保障。

（韩冬笑）

【着力加强党员教育培训】 认真抓好《中国共产党支部工作条例（试行）》《中国共产党党员教育管理工作条例》贯彻执行，举办直属单位党建部门负责人培训班、支部工作条例专题研讨班、党支部书记培训教师培训班。对党支部示范培训课程进行优化调整，将支部工作条例、党员教育管理工作条例作为培训实践的重中之重。全年举办支部书记轮训 66 期、3 960 人，支部书记“三年轮训计划”全面完成。

（韩冬笑）

【持续优化完善党建考核】 在总结巩固历年党建考核成果的基础上，贯彻落实中央关于全面从严治党的新精神、新要求，对考核方案进行优化完善。考核内容上，突出责任、质量、实效有机统一。评价主体上，加大总部部门日常考评的权重。评价方式上，变扣分法为赋分法、梯度评价，强化正向激励；兼顾板块之间相对平衡，进行差异化调控。考核组织上，简化程序，尽量为企业减负。在上述基础上，修订《中国石化党建工作考核办法》，得到普遍认可。深化考核成果运用，通过总部部门挂点帮扶和党建专家示范指导相结合方式，对连续 3 年党建考核结果均为 C、D 档的 9 家企业进行现场指导帮扶，促进提升工作水平。

（韩冬笑）

【开展部分直属单位党委书记抓党建述职评议】 选取不同板块、党建工作水平各异的 5 家直属单位党委书记集中向党组做现场述职，通过述职评议，督促、推动各直属单位党委认真落实党建工作责任制。述职评议会上，党组主要领导提问点评直击“痛点”、切中要害，充分体现了从严从实抓党建的政治担当和务实作风，达到了总结成绩、查找问题、传导压力、推进工作的预期目的。

（韩冬笑）

【持续深化“三个表率”模范机关建设】 认真贯彻落实习近平总书记在中央和国家机关党的建设工作会议上的重要讲话精神，推动落实《实施组织力提升工程做好“三个表率”建设“模范机关”若干措施》，把增强“四个意识”、坚定“四个自信”、做到“两个维护”落实到坚决贯彻党中央决策部署、履职尽责做好本职工作上，体现在党员、干部日常言行上。在集团公司主题教育研讨班上，直属党委围绕加强机关党建首次在集团层面做大会交流发言。

（张登宇）

【开展总部作风建设专项整治行动】 贯彻落实党组关于解决形式主义突出问题为基层减负重点措施，组织各部门以主题党日为载体，查摆问题 278 个，制定措施 462 条。深化“马上就办”，实时通报并纳入党建考核，促进快办真办、办实办好。

传承石油精神、弘扬石化传统，落实党组艰苦奋斗厉行节约要求，组织查摆问题，切实推动整改。直属党委带头精文减会，取消“机关在线”简报，停办优秀案例评选，全年印发正式文件减少20%。

（张登宇）

【优化完善机关党建工作考核】 连续第2年开展总部部门、事业部党建工作考核，抽调基层优秀党支部书记组成考核组，优化完善考核评价体系，首次实现党建述职测评与领导班子及成员综合测评合并进行，班子测评结果以10%比例纳入党建测评，将主题教育、中央巡视、为基层减负、“马上就办”纳入专项评价，考核结果纳入领导班子年度绩效考核。

（张登宇）

【推进总部党建工作标准化规范化】 成立直属党委党建工作领导小组、党风廉政建设和反腐败工作领导小组。编印《机关党支部实务操作手册》，将制度要求转化为流程模板。制定《中国石油化工集团有限公司直属党委党费收缴使用和管理办法（试行）》，开设党费专户。整理归档1983年以来直属党委历史资料2 000余份，同步建立大事记。借鉴党组“双示范”创建，指导各部门建立基层联系点32个，搭建总部密切联系、服务帮扶基层的载体平台。

（张登宇）

【开展“党费助脱贫”主题党日】 集中开展“党费助脱贫”主题党日，党费用于对精准扶贫中贫困党员、群众及子女的帮扶等，进一步深化“不忘初心、牢记使命”主题教育成果，促进践行初心使命，助力精准扶贫，彰显石化党员担当。

（张登宇）

群团工作

【主题劳动竞赛】 持续深化“当好主力军、奉献在岗位、建功创一流”主题劳动竞赛，各企业组织开展各类主题劳动竞赛8 924场次、参与职工近50万人次，激发了广大职工的劳动热情和创造活力。组织开展中国石化工人先锋号评选，首次将科研课题组纳入评选范围，在评选表彰的175个工人先锋号中，包括科研课题组17个，有效引导各条战线职工立足岗位、建功立业。

（谢梓峰）

【弘扬劳模精神】 先后在驻川企业和总部组织开展“守初心担使命，做新时代的奋斗者”劳模事迹宣讲；在全系统组织各级劳模事迹宣讲3 300场次，30万人次听取宣讲；向中国能源化学地质工会推荐申报18个重点宣传的劳模和工匠人才创新工作室，不断扩大先进典型的影响力。截至2019年底，全系统共有国家级劳模和工匠人才创新工作室13个、省部级120个，带动广大职工不断对标先进、学习先进、争做先进。2019年，集团公司有7名职工获全国五一劳动奖章、1名职工获评全国五一巾帼标兵、4名职工获评全国巾帼建功标兵、36名职工获评中央企业劳动模范，2个集体获全国五一劳动奖状、7个集体获评全国工人先锋号、4个集体获评全国五一巾帼标兵岗、1个集体获评全国巾帼建功先进集体、22个集体获中央企业先进集体称号。

（谢梓峰）

【民主管理】 全系统职代会制度普遍建立，充分发挥职代会在加强企业职工民主监督中的主渠道作用，职代会审议建议权、审议通过权、评议监督权、民主选举权等各项职权得到较好落实。采取书面征求各直属单位工会意见的方式，在全系统范围内对变更后的集团公司《企业年金管理办法》履行民主程序，有效维护职工知情权、参与权、表达权。全系统全年共征集职工代表提案7 600余条，立案4 100余条，提案落实率98.8%。

（谢梓峰）

【关心关爱职工】 不断完善“走基层、访万家”

长效机制，持续深入基层调研了解实情、看望慰问一线职工，帮助解决实际困难。围绕“三项制度”改革，针对利益调整、利益纠纷建立工会干部基层联系点制度，开展员工思想状况定期调查，及时掌握一线员工的思想热点、难点、焦点问题，做好解疑释惑和矛盾化解工作。贯彻落实《中国石化帮扶救助工作管理规定》，深化“有困难找工会”活动，广泛开展帮扶救助、困难补助、互助互济等各项帮扶工作，压实相关责任、落实兜底措施；广泛开展主题探访、节日慰问、婚丧嫁娶、职工生育、结对关爱、退休关爱等探访慰问活动。规范帮扶救助资金管理，主动接受审计监督，确保帮扶救助资金使用合规合法、公开透明。2019 年度，在各企业普遍建立帮扶救助制度基础上，帮扶救助各类人员共计 113 341 人（次），支出帮扶救助金（含实物折款）共计 18 711.99 万元。

（谢梓峰）

【文体工作】 围绕庆祝中华人民共和国成立 70 周年，广泛组织开展“我和我的祖国”群众性主题宣传教育活动，激励和团结广大员工把党的初心使命转化为“爱我中华、振兴石化”“为美好生活加油”的实际行动。在总部举办“大国顶梁柱，阔步新时代”——中国石化庆祝中华人民共和国成立 70 周年职工美术书法摄影展览；组织开展诗歌大赛、报告文学创作、文艺作品征集展演等系列活动，用石化员工独特的艺术语言表达对伟大祖国的真挚祝福。举办全系统门球、篮球、游泳、棋牌等比赛，引导广大员工自觉、便利、科学、文明地参加文化活动。举办中国石化 2019 年新春团拜会，营造节日氛围、鼓舞工作干劲。组织第 12 届职工文艺录像调演评审活动，集中展示中国石化职工群众文化建设的丰硕成果。

（谢梓峰）

【引领青年思想】 以“青春心向党，建功新时代”为主题，引导团员青年继承和发扬“五四精神”。组织全系统 16.7 万团员青年在 4 500 余个分会场通过电视、网络等媒体收听收看“纪念五四运动 100 周年大会”实况，24 名石化青年代表到人民大会堂现场聆听习近平总书记重要讲话。五四期间，评选表彰中国石化五四红旗团委 50 个、五四红旗团支部 200 个、青年文明号 100 个、杰出青年岗位能手 10 名、青年岗位能手 190 名、优秀共青团干部 100 名、优秀共青团员 198 名。

（王　彬）

【讲好青年故事】 以“讲好青年故事、传播青年声音”为目标，不断加强网络新媒体建设。通过“青春石化”微信平台开展石油石化优良传统教育、形势任务教育和爱国主义教育，2019 年共发布 283 期 339 条，在全国基层团组织综合影响力最好成绩排名全国第三，踏入央企团委在新媒体工作方面的第一方阵，深受中国石化广大团员青年的认同与喜爱。

（王　彬）

【助力青年成长】 围绕不同板块和重点工作，大力实施“青工素质提升工程”。举办“青春助力扶贫”营销创新大赛、中国石化第一届青年科技精英赛暨“石化未来”青年论坛，引导团员青年贡献决胜全面可持续发展。

（王　彬）

企业文化

综　　述

2019 年，集团公司认真贯彻党中央和国务院国资委党委要求，以习近平新时代中国特色社会主义思想为指导，深入贯彻全国宣传思想工作会议、中央企业宣传思想工作会议精神，认真落实

《中国共产党宣传工作条例》要求，自觉承担起举旗帜、聚民心、育新人、兴文化、展形象的使命任务，坚持围绕中心、服务大局，内聚人心、外树形象，宣传思想文化工作取得新的成绩。

（刘纯斌）

思想教育工作

【理论武装扎实深入】 集团公司各级党组织把习近平新时代中国特色社会主义思想作为“第一议题”，认真组织党的十九大和十九届二中、三中、四中全会精神的学习宣传贯彻。集团公司党组先学一步、学深一层，及时对学习宣传贯彻工作做出部署，印发《中共中国石化党组学习贯彻习近平总书记重要指示批示精神落实机制（试行）》，推动全系统在学思践悟、知行合一上狠下功夫。各单位党委中心组在学习贯彻习近平总书记关于国有企业、能源领域的重要论述和对石油石化行业、中国石化的重要指示批示上持续用力，月度学习率达 97.8%，广大干部员工增强“四个意识”、坚定“四个自信”、做到“两个维护”，形成学习践行党的创新理论的生动实践。

（刘纯斌）

【意识形态领域健康向上】 坚持把党的领导体现到意识形态工作各个环节，先后出台《直属企业党委意识形态工作责任制实施细则》《关于在讲座和培训等工作中加强意识形态管理的通知》《关于进一步加强和改进媒体工作的意见》等规范性文件，建立了总部相关部门密切配合、分工协作的意识形态协同推进机制，细化责任落实，严格阵地管理，未发生一起重大意识形态问题，推动肃清流毒从有害信息清除向思想“消毒”延伸，风清气正、干事创业的价值导向进一步树立。

（刘纯斌）

【思想政治工作作用更加突出】 紧扣集团公司重大部署，发布形势政策宣传解读类文章，编发形势任务教育“明白纸”“口袋书”，推动党组声音及时传递到基层一线员工。积极做好“处僵治困”“四供一业”分离移交、“三项制度”改革等重大改革的宣传引导，统一思想，理顺情绪，凝聚共识，营造了理解改革、支持改革、参与改革的良好氛围。推动员工帮助计划（EAP）纳入集团公司 HSSE 管理体系，助力传统思想政治工作升级，持续开展“心福快车”一线行，培育了员工理性平和、奋发进取的健康心态。

（刘纯斌）

【陈俊武典型宣传深入人心】 首次推选出中宣部授予的“时代楷模”陈俊武，积极组织向“时代楷模”陈俊武的学习宣传活动，“时代楷模”陈俊武事迹报告团在系统内外宣讲 21 场后，在人民大会堂举办陈俊武事迹报告会，引起社会广泛影响，促进广大干部职工在思想上、政治上、行动上向先进看齐。同时先后组织在《人民日报》、中央人民广播电台和中央电视台的公益广告，以及《人民画报》刊发文章，新华社报道《科技报国 70 载　满腔热情终不悔——记中国科学院院士陈俊武》网络转载约 900 次，微博话题《时代楷模陈俊武》阅读 334.7 万人次、讨论 5 348 人次。在“奋进石化”开辟《学习陈俊武》专栏，定期刊登学习动态和心得体会，收集摘编陈俊武院士的小故事和名言警句，在系统内掀起学习热潮。

（刘纯斌）

企业文化建设

【企业文化建设深入推进】 加强对企业文化建设的统筹规划，分析调研，围绕中国石化建设基业长青、世界一流企业的企业文化，提出了新版企业文化建设纲要的内涵框架。突出加强安全绿色健康专项文化建设，围绕中心工作，起草下发《关于 2019 年建设安全绿色健康文化　推进 HSSE 体系落实的通知》，建立定期会商机制，指导企业开展工作，“三项文化建设”初显成效，大部分企业已将安全绿色健康文化列为重点工作，制订了年度工作计划，强调抓好顶层设计和统筹协调，企业分管领导主抓，企业文化与安全环保部门通力协作，形成共同推进安全绿色健康文化建设的良好氛围。跟进直接作业环节“十条措施”和“全员安全记分管理办法”，组织宣传报道、知识竞赛等，推动了两项制度的落实。

（刘纯斌）

【5 个项目入选中央企业工业文化遗产名录】 在国务院国资委发布的中央企业工业文化遗产（石油石化行业）15 个项目名录中，中国石化永利化学工业公司铔厂、浙江三官堂油库同安钟、茂名石化露天矿遗址、胜利油田华八井、江汉油田五七油田会战指挥部旧址 5 个项目入选。5 个入选项目在中国石油石化工业发展史上均具有重要的历史地位，做出过重大历史贡献，工业遗产和文化遗产物项保存完好，具有较高的历史价值、科技价值、社会价值和艺术价值。

（刘纯斌）

【精神文明建设成效显著】 结合庆祝新中国成立 70 周年和“不忘初心、牢记使命”主题教育，组织学习党史、新中国史，深入开展理想信念、爱国爱企教育，大力开展传承石油精神、弘扬石化传统教育，坚定了广大干部员工听党话、跟党走的坚定信念。下发《关于大力开展传承石油精神、弘扬石化传统教育的安排意见》和《大力传承石油精神、弘扬石化传统教育提纲》，为企业开展学习教育提供指引和保障。在全系统广泛开展学雷锋志愿服务活动，掀起“立足岗位学雷锋”和“热心公益学雷锋”的热潮。中原油田基地服务中心滨河花园社区被中宣部等部门评为学雷锋最美志愿服务社区，《红色传唱的歌》《陈俊武传》获精神文明建设“五个一工程”优秀作品奖，《奔驰，在迈向产业链中高端的路上》《大雪纷飞中的加急电报》等 5 篇作品获中央企业故事大赛优秀作品奖。安庆石化许惠春（李记）、西安石化石志光获第七届全国道德模范提名奖。

（刘纯斌）

【成功承办组织“放歌新时代 · 我和我的祖国”歌咏展演】 为庆祝新中国成立 70 周年，由国务院国资委宣传局主办、集团公司承办的“放歌新时代 · 我和我的祖国”中央企业经典爱国主义歌曲歌咏首场展演活动在北京举行。展演以“初心最美”为主题，分为传承、奋斗、使命 3 个篇章。航空工业、中国石油、中国石化、中粮集团、中国五矿等 24 家在京中央企业的干部职工，以演唱、舞蹈、诗朗诵、情景剧等多种形式，真挚表达了讴歌党、歌唱祖国、礼赞新时代的家国情怀，生动诠释了中央企业党员干部职工坚决听党话、永远跟党走的坚定信念。

（刘纯斌）

新闻宣传工作

【新闻舆论工作持续发力】 认真落实习近平总书记“牢牢坚持正确舆论导向，牢牢坚持正面宣传为主”的要求，主动策划，加大油气勘探开发、天然气产供储销体系、“绿色企业行动计划”等工作的宣传力度，把握好时度效，唱响了主旋律，弘扬了正能量。围绕“壮丽 70 年、阔步新时代”重大主题，加强新闻策划，发挥系统合力，推出《人民日报》《经济日报》头版重要文章《中国石化：为祖国争气加油》《用中国品质给世界“加油”》，央视中文国际频道 5 集电视系列片《加油！中国》等一批主流媒体重磅报道，展示了中国石化全面履行“三大责任”的良好形象。连续 2 年在 23 个省（区市）组织驻地企业开展“中国石化在当地”发布活动，有效改善企地关系。

（刘纯斌）

【海外传播取得突破】 按照“六个一”工作机制要求，贯彻落实国务院国资委“加强海外宣传体系建设”的部署，发布《中国石化在沙特》可持续发展报告和《2019 中国能源化工产业发展报告》，制定《中国石化海外品牌传播工作规划》等制度，精心策划“一带一路”国际传播，持续聚焦沙特外宣试点工作，形成外宣工作机制，取得较好效果，被授予海外传播突出贡献奖。海外社交媒体建设取得初步成果，脸书账号关注人数达 220 万人；推特账号关注量达 4.83 万人；2019 年创建的优兔频道视频总观看量达 41 万次。搭建与国际智库合作平台，有序推进跨文化传播特色项目，初步打造中国石化在沙特社会责任名片。

（刘纯斌）

【舆情处置工作扎实有效】 2019 年负面舆情信息占比为 5.1%，创历史新低。完善“双闭环”舆情管理机制，既有效化解网络舆情，又促进了内部管理。集团公司总部的“两微一抖十平台三海外”新媒体传播平台组合，引领全系统 1 300 多个企业官方新媒体账号，形成全媒体宣传格局，关注度、传播力和影响力显著提升。至 2019 年底，中国石化官方微博关注人数达 146 万人，官方微信关注人数突破 500 万人，抖音号关注人数近 120 万人，“中国石化”连续 7 年获评国务院国资委新闻中心央企最具影响力新媒体账号。中国石化公众开放日活动 2019 年累计邀请 2 万多名公众入厂参观，该做法获全国企业文化优秀成果特等奖。

（刘纯斌）

品牌建设

【持续加强 VI 规范】 下发《关于品牌标识规范化管理工作开展情况的通报》。完成办公区户外标识牌的更新工作，推进沙特地区海外品牌标识的更新。制定下发《中国石化冬奥会 VI 规范手册》并进行相关权益推广。加强品牌授权管理，全年受理“易捷宝利德公司”“高桥石化三井合资公司”等 8 项商标、字号授权事宜。对参股、无实际控制权的合资公司使用“中石化”字号进行清理，履行工商变更手续，运用法律手段保护中国石化品牌资产。

（刘纯斌）

【讲好品牌故事】 策划完成“中国品牌日 · 易捷‘易品节’”主题发布会活动，在全国千余家易捷便利店开展持续 1 个月的线下营销活动，搭建合作平台，促进业务增长。精心组织品牌故事征集活动，收集 200 余个品牌故事作品和案例，策划“隐形的力量”“遇见”“电影篇”3 个系列品牌故事 H5 和平面广告，取得较好传播效果，其中“隐形的力量”访问量 150 万次、“遇见”28 万次、“电影篇”25 万次。推荐仪征化纤参与品牌日分论坛品牌故事演讲活动，讲述“力纶”产品为港澳珠大桥提供背后支撑的品牌故事。

（刘纯斌）

【业务品牌试点取得阶段性成果】 赴仪征化纤、胜利油田胜大分公司、石油工程公司、石化机械公司、中石化重型起重运输工程公司及化工销售公司共 9 个地区 11 家单位品牌调研，完成品牌调研报告。成功召开“2019 业务品牌推进研讨会议”，总部 11 家业务品牌单位品牌工作分管领导和同事及外部专家共计 50 余人参加会议，为下一步各单位品牌工作的顺利开展拓展了思路，为品牌工作的持续推进营造了氛围。

（刘纯斌）

社会公益

【健康快车】 2019 年，“中国石化光明号”健康快车驶入山西长治、甘肃定西、湖北应城三地，累计为3 000多名贫困白内障患者实施手术。截至2019年底，中国石化为健康快车公益事业累计捐赠超过1.8亿元，为18个省市38个地区近4.5万名贫困白内障患者免费实施复明手术，捐建21所健康快车眼科中心。“中国石化光明号”健康快车连续15年获中华健康快车基金会颁发的光明功勋特别奖，获中央宣传部全国最佳志愿服务项目称号和获评国务院国资委精神文明委员会颁发的中央企业优秀志愿服务项目。

（鉴　编）

【情暖驿站·满爱回家】 2019年，集团公司连续第8年为“返乡摩骑”提供暖心服务，共有247座加油站参与。其中，免费加油站点达14座，免费加油名额达1.1万份，服务范围辐射近100万平方千米。

（鉴　编）

【爱心加油站·环卫驿站】 集团公司于2016年在江苏正式启动“爱心加油站·环卫驿站”公益品牌项目，2018年在京津冀、长三角、珠三角、川渝等地相继推广。截至2019年底，在全国13个省（市、区）的2 260座加油（气）站设立环卫驿站。

（鉴　编）

【服务农忙】 2019年，为保障“春耕”“三夏”“三秋”等时期农业生产顺利进行，集团公司加大资源投放，优化资源配置，制定惠农便农措施。通过组织志愿者进入田间地头帮助农忙、将加油车开到现场方便加油、为贫困户提供补贴和慰问品等，确保农作物丰产丰收。

（鉴　编）

【参与社会普法】 2019年，集团公司收到司法部“1+1”中国法律援助志愿者行动实施10周年感谢信。已连续5年面向全社会组织开展“与法同行，油中感谢”宪法知识有奖答题活动，进一步扩大宪法宣传覆盖面。

（鉴　编）

【抢险救灾】 2019年4月，重庆市涪陵区天台乡大坝梁子山突发山林火灾。中国石化江汉油田派出12名消防指战员、3台泡沫消防车、1辆应急保障车赶赴现场扑火救援，协助抢险救灾工作。7月，贵州省六盘水市水城县鸡场镇坪地村岔沟组发生山体滑坡灾害。中国石化六盘水石油分公司第一时间协助开展抢险救灾工作，组织油罐车将油料紧急运往灾区，确保灾区应急救援车辆的正常油料供应；派出应急救援小分队及救援车队，将救灾物资运往灾区，全力投入抢险救援后勤保障工作。

（鉴　编）

【援建“新红军桥”】 2019年7月，集团公司捐赠180万元在贵州省黔东南州黎平县上少寨修建的“新红军桥”正式竣工。新桥全长54米，桥面净宽4.5米、高5.6米，可承重能力为20吨。

（鉴　编）

【支持重大活动】 2019年，集团公司为中华人民共和国成立70周年阅兵、2022年北京冬奥会筹备等国内外重大活动提供油品服务保障，全力支持重大活动顺利进行。

（鉴　编）

【志愿服务】 2019年，集团公司秉承“奉献、友爱、互助、进步”服务精神，积极组织员工参与志愿活动，全年青年志愿者服务达80万人次、时长达160万小时。截至2019年底，已累计注册志愿者20万余人、志愿服务队1 500余支，建立志愿服务基地2 000余个。

（鉴　编）

【对口支援和定点扶贫】 2019年，集团公司总部共承担全国8个县的对口支援和定点扶贫任务，投入帮扶资金1.65亿元，实施扶贫项目66个，受益贫困群众达5.7万户11.4万余人。其中，安徽岳西县和颍上县、西藏班戈县、湖南凤凰和泸溪县已实现“脱贫摘帽”。截至2019年底，集团公司67家直属企业承担地方政府安排的709个村的扶贫任务，共派出扶贫工作专（兼）职人员1 945人。

（鉴　编）

中国石化
SINOPEC
新闻与出版
新闻媒体
图书出版 石油石化类 | 经济管理类

新闻媒体

【概述】 2019年，中国石化各媒体，包括《中国石化报》《中国石化手机报》《中国石化》杂志、《车友报》、中国石化新闻联播（电视）、中国石化新闻网、中国石化报微信公众号、中国石化新闻图片网、石化新闻客户端、中国石化新闻网微博等，坚持以习近平新时代中国特色社会主义思想为指导，牢记新闻宣传工作使命任务，紧紧围绕集团公司“两个三年、两个十年”打造世界一流战略部署和年度工作会议精神，聚焦建设“央企一流”新闻媒体，坚持“两优三满意”（媒体质量优、传播效果优，让党组满意、受众满意、自己满意）工作方针，做到精准报道、精彩呈现、精细管理、精心工作、价值服务，为集团公司实现更高水平的“振兴石化”提供了有力舆论支撑。

（庞　炜）

【持续深入学习宣传贯彻习近平新时代中国特色社会主义思想】 2019年，中国石化各媒体精准报道党组学习贯彻习近平新时代中国特色社会主义思想情况。继续办好《在习近平新时代中国特色社会主义思想指引下——新时代新作为新篇章》栏目，及时刊发习近平总书记最新重要讲话精神和党组学习贯彻落实的具体措施，重点报道党组近30次的专题学习会，学习贯彻习近平总书记“四个革命、一个合作”能源安全新战略和大力提升油气勘探开发力度、保障中国能源安全的重要指示批示精神，国有企业坚持“两个一以贯之”的要求、安全生产重要论述和生态文明思想，大力弘扬以“苦干实干”“三老四严”为核心的石油精神的重要批示，以及深化国有企业改革、实现高质量发展的指示精神等，推动习近平总书记重要指示批示精神和党中央决策部署在中国石化落实落地。

（庞　炜）

【精准报道“不忘初心、牢记使命”主题教育】 各媒体开设《扎实开展“不忘初心、牢记使命”主题教育》专栏，及时报道主题教育动员大会，党组书记在读书班上讲党课，领导班子成员进行个人交流发言、做专题调研阶段性成果汇报，党组召开专题民主生活会；重点报道各级党组织紧扣“不忘初心、牢记使命”主题，把深入学习贯彻习近平新时代中国特色社会主义思想作为主线贯穿全过程，细化方案措施，创新方式方法，狠抓问题整改、务求质量实效的做法，引导广大干部职工高擎习近平新时代中国特色社会主义思想伟大旗帜，不断增强“四个意识”，坚定“四个自信”，做到“两个维护”。

（庞　炜）

【精准报道打造世界一流战略部署落实情况】 各媒体继续办好《奋斗关键年　谱写新篇章——认真贯彻落实集团公司工作会议精神》专栏和《领导干部论坛》，持续深入报道各企事业单位围绕年度工作会议精神，贯彻战略部署，落实“四个坚持”兴企方略，践行“改革、管理、创新、发展”工作方针，在全力开拓市场、优化运行、防控风险，全力深化改革、强化管理、创新驱动，推进落实从严治党、人才强企，以及全体干部职工在艰苦奋斗、厉行节约、降本减费等方面转变观念、狠抓落实的具体实践。

（庞　炜）

【强化融合报道】 2019年，中国石化各媒体积极探索媒体融合实践，精心组织改版，用好全媒体采编平台，对重大新闻做到一体化策划，“图、文、音、视”融合发声、立体传播、精彩呈现。

重磅推出年度工作会融合报道。推出融媒体产品《年度工作会报道专题》，工作会前夕刊发《新寄语——加油，奋力推进全面可持续发展》，策划《三年看头年·年度特稿》6篇，推出《中国石化年度10大新闻事件》和集团公司11项年度重要会议、重要活动。会议期间，各媒体刊发年度工作报告（摘要），配发《敢担当　善作为　抓落实》等系列评论，并采用H5、长图、数读等融媒体手段，通过《中国石化手机报》、中国石化新闻网（含网络视频）、“两微一端”等平台进行广泛传播，引导广大干部员工坚定不移向决胜全面可持续发展进军。

隆重庆祝新中国成立 70 周年。为充分展示中国石化在国家经济社会发展进程中特别是党的十八大以来做出的积极贡献和成就亮点，各媒体开设《壮丽 70 年 · 奋斗新时代》《我和我的祖国》专栏，刊发党组书记、董事长戴厚良《大力开展传承石油精神弘扬石化传统》署名文章，报道总部和各企业举办的丰富多彩的活动，唱响礼赞新中国、奋斗新时代的昂扬旋律，以闵恩泽、陈俊武 2 位院士为榜样，将石油精神、石化传统不断发扬光大。9 月 25 日，“壮丽 70 周年奋斗新时代 · 第五届感动石化人物”颁奖典礼在总部举行，评选出 9 个获奖人物和团队，用榜样的力量激励广大干部员工不忘初心、牢记使命、永远奋斗，在推动更高水平的“振兴石化”征程中奋力谱写新篇章。

重点策划年度重点工作专题报道。全年，报纸、杂志、电视、各新媒体精心组织策划，优化改版，通过专题采访、特别报道、故事讲述，做深专题。重点推出扎实开展“不忘初心、牢记使命”主题教育、启动实施深化管理体制改革、大力提升油气勘探开发力度、提质增效升级推进高质量发展、以更严的标准抓实安全环保工作、科技创新为高质量发展注入新动能、承担央企责任推进精准扶贫工作、以“一带一路”为重点加强能源领域对外合作等方面的专题报道，在报道内容、融合创新、传播效果等方面都取得显著进步。

（庞　炜）

图书出版

石油石化类

【《安全可靠、清洁环保型炼油与化工企业构建》出版发行】 该书由曹湘洪院士主编，分析了中国构建安全可靠、清洁环保型炼油与化工企业的重要性和紧迫性，介绍了国外炼油与化工行业政府和企业安全环保管理的基本经验，提出安全可靠、清洁环保炼油与化工企业的内涵、指标体系和评估方法。

（炼油化工出版分社）

【《汽油吸附脱硫工艺与工程》出版发行】 该书由中国石化工程建设公司总经理孙丽丽主编，论述了汽油吸附脱硫工艺和工程的理论与实践。该书突出理论和实践相结合、工艺与工程相结合、技术与经济相结合，具有较好的系统性和完整性，可供炼油和石化行业从事生产、科研、设计和管理工作的广大技术人员和高等院校有关专业师生阅读参考。

（炼油化工出版分社）

【《硫黄回收技术进展与应用》出版发行】 2019 年 9 月，中国石化“十三五”重点科技图书出版规划项目《硫黄回收技术进展与应用》出版发行。该书由股份公司副总裁赵日峰担任主编，三大石油公司、国内知名化工设计院、研究院、中国石油大学、华东理工大学等单位的教授、专家和有关领导担任编委。该书系统介绍了硫黄回收及尾气处理技术的国内外进展，全面阐述了硫黄回收相关的工艺过程和反应化学，催化剂及脱硫剂的研究进展和反应原理，基础工艺计算、流程模拟及动力学模型，主要工程设备和仪表，工业装置操作技术及分析化验，节能减排与安全环保，原料和产品以及设计的原则和工程伦理、职业操守等方面的内容。该书对从事硫黄回收领域的科研、设计、生产和管理工作的广大人员及高等院校相关专业师生有较大的参考价值，对促进中国硫黄回收及尾气处理技术的发展也将大有裨益。

（炼油化工出版分社）

【《毛炳权传》出版发行】 2019年1月，中国石化院士传记丛书之《毛炳权传》出版发行。该书叙述和反映了毛炳权院士的主要个人经历，包括求学、工作和家庭情况，重点描写了毛炳权院士从事石化科学技术事业40多年间的奋斗历程，突出反映了其为石油化工科技开发所做出的贡献，讲述了其始终不忘初心，事思敬，不居功，即使在成为中国工程院院士之后，仍然坚守在科研岗位上，兢兢业业从事科学研究的感人事迹。

（炼油化工出版分社）

【《变径流化床反应器理论与应用》出版发行】 该书由集团公司石油炼制领域首席专家许友好、中国科学院过程工程研究所李静海院士团队联合编撰。本书从催化反应工程的角度系统总结了变径流化床反应器的发明构想、理论研究、工业实践与应用推广。详细阐述重大需求推动创新，创新源于实践以及对实践的深入认识。通过变径流化床反应器构思形成、实验开发、理论模拟计算、规模化实施及其在石油炼制与化工技术开发中的应用，进而构建了基于变径流化床反应器的复杂气固催化反应技术平台。其自主创新历程及合作开发模式可作为我国科学技术自主创新的典型范例，值得借鉴。本书可供从事复杂气固催化反应的教学、研究、设计和生产的专业人员阅读学习。

（炼油化工出版分社）

【《石油化工设备维护检修技术（2019版）》出版发行】 该书由中国化工学会石化设备检维修专业委员会组织编写，由中国石化、中国石油、中国海油、中国中化及国家能源集团总部及下属有关企业设备管理部门负责人组成编委会，全国石油化工、煤化工企业供稿参编。该书内容丰富，包括设备管理、长周期运行、状态监测与故障诊断、腐蚀与防护、检维修技术、润滑与密封、节能与环保、新设备新技术应用、工业水处理、仪表自控设备和电气设备11个栏目，密切结合石化企业实际，具有很好的可操作性和推广性，为加强石油化工企业设备管理，提高设备维护检修水平，确保炼油化工装置安全、稳定、长周期运行等方面，发挥了重要作用。

（装备综合出版分社）

【《油品储运实用技术培训教材》出版发行】 该书由中国石化管道储运有限公司组织编写，分为《输油技术》《原油计量与运销管理》《储运仪表及自动控制技术》《电气技术》《储运机泵及阀门技术》《储运加热炉及油罐技术》《管道运行技术与管理》《储运HSE技术》《管道抢维修技术》《管道检测技术》《智能化管线信息系统应用》共11个分册，内容体现了专业技术和技能操作相结合，基础知识以简述为主，重点突出技能，配有丰富的实操应用案例；总结了员工在实践中创造的好经验好做法，分析研究了面临的新技术、新情况、新问题，并在此基础上进行了完善提升，具有很强的实践性、实用性，对推动员工加强学习、提高技术能力具有重要意义。

（装备综合出版分社）

【《成品油管道运行与管理》出版发行】 该书由中国石化销售华南分公司联合中国石油大学（北京）经过两年多的努力完成编写，旨在全面梳理和总结中国成品油管道运营中的成熟经验和技术。该书全面梳理和总结了中国成品油管道运行与管理经验及技术成果，具有较高的理论水平和较强的实用性。主要内容包括成品油管道的工艺设计与优化、投产、运行与调度管理、自动控制与通信系统管理、管线与站场完整性管理、腐蚀与防护、地质灾害防治、HSSE管理、智能化建设、未来发展与展望等，系统总结了成品油管道运行与管理的经验。

（装备综合出版分社）

【《中国石化HSSE管理体系实施问答》出版发行】 为进一步加强中国石化所属各企业对中国石化HSSE管理体系的理解和学习，全面推动HSSE体系实施落实落地，2019年，集团公司安全监管局、青岛安全工程研究院组织编写该书。该书共分为总则篇、理解篇、实施篇三大部分。第一部分总则篇从宏观层面阐述了HSSE管理体系的修订背景、设计思路、组成构成、主要变化、运行模式、主要特点等方面内容。第二部分理解篇以国家法律法规、集团公司HSSE管理制度要求为基础，对中国石化HSSE管理体系30个要素的具体要求进行了逐一解读、释义。第三部分实施篇则是从体系建设准备、HSSE 管理初始状态评审、体系文件编制、HSSE 管理体系试运行、内部审核和管理评审 5 个关键步骤出发，为企业如何建设、实施 HSSE 管理体系提供详细指导。

（装备综合出版分社）

【《155 项石油化工行业标准和企业标准》出版发行】 2019 年，石化出版社共出版标准 155 项，其中企业标准 63 项、行业标准 92 项。在 92 项行业标准中，石油化工产品和试验方法行业标准有 68 项，石油化工工程设计与施工建设行业标准有 24 项。石油化工产品行业标准、工程建设行业标准及中国石化企业标准可供石化行业科研、生产、设计及施工人员，以及高等院校师生查阅与使用。

（装备综合出版分社）

【《松南火山岩气田高效开发技术与实践》出版发行】 松南气田是中国石化正式勘探开发的第 1 个中型火山岩气田，对中国石化增储上产、保障天然气安全稳定供应，以及改善能源结构做出了突出贡献。该书集中反映了中国石化在特殊类型气藏高效开发方面取得的丰硕成果，系统总结了火山岩地层内幕结构精细解剖、火山岩储层非均质精细刻画、火山岩底水气藏水侵模式及水侵量化评价等系列气藏描述技术；分析了火山岩气藏开发井网、井型、开发方案优化，稳气控水等系列开发技术；介绍了火山岩钻井、完井、储层保护和压裂等系列工程工艺技术，形成了火山岩气藏高效开发特色技术系列，取得了较好的开发效果和效益。该书可供从事非常规油气资源开发的工程技术人员以及相关高等院校师生参考使用。

（勘探开发出版分社）

【《典型地震地质特征图集》出版发行】 该书由中国石化物探技术研究院曲寿利组织撰写。该书以清晰美观的二维、三维图示的方式展示了中国含油气盆地主要的构造类型、典型储集体和烃源及盖层的地震地质响应特征。书中采用野外露头、地质模式、典型地震剖面特征三位一体的结构编写，实现地质物探一体化的效果。该书总结了中国主要含油气盆地典型的沉积、构造、储层的地震地质特征，不仅能使物探人员更好地认识地质模式，也可以让地质人员了解地质体的地震响应特征，是油气勘探工作者加强地震与地质紧密结合的一本重要参考书。

（勘探开发出版分社）

【《石油精神读本》出版发行】 2019 年 9 月 26 日，习近平总书记在致大庆油田发现 60 周年的贺信中指出，大庆精神、铁人精神已经成为中华民族伟大精神的重要组成部分。该书系统梳理、全面总结提炼了石油精神的内涵，进一步丰富完善了石油精神的体系架构，以时间为线索，系统阐述了革命年代的石油精神、新中国建设初期的石油精神、改革开放时期的石油精神及新时代的石油精神，分析了石油精神的主要元素，记叙了能够充分展现石油精神的经典故事。该书可作为广大石油职工及相关高等院校师生学习石油精神、大庆精神、铁人精神的文献资料参考使用。

（勘探开发出版分社）

【《中国石油化工集团有限公司年鉴（2019 年卷）》出版发行】 2019 年卷《中国石油化工集团有限公司年鉴》于 2019 年 10 月出版，为出版的第 25 卷年鉴，共设 28 个栏目，全面、系统地记述了 2018 年中国石化在生产经营、深化改革、科技创新和企业管理等各方面的基本情况和重大事项，图文并茂，直观反映中国石化及其所属企事业单位的新变化、新成果，为各级领导科学决策和科学管理提供依据，为中国石化内部和社会各界人士了解公司提供翔实、可靠、可鉴资料。

［企业文化与教育（年鉴）出版分社］

【《中国油气产业发展分析与展望报告蓝皮书（2018—2019）》出版发行】 该书是“十三五”国家重点图书出版规划项目，由中国石油企业协会和对外经济贸易大学“一带一路”能源贸易与发展研究中心合作完成，相关参编单位有中国石化勘探开发研究院、中国海油经济研究院等。该书全面研究了中国油气产业发展现状和趋势展望，共分国际篇、国内篇、合作篇、专题篇和附件 5 个部分。蓝皮书以文字分析为主，辅以必要的图表数据，分析与展望强调逻辑性、高度性、权威性，同时对产业热点问题坦率提出看法和观点，具有较强的可信度和一定的权威性，力求对相关部门和油气企业实际工作起到指导作用，对油气行业理论研究者和实际工作者均具有一定的参考价值。

［企业文化与教育（年鉴）出版分社］

【《世界级煤制油化工基地创新与实践》出版发行】 该书共分为 5 篇 18 章，主要内容包括战略意义篇、发展建设篇、管理创新篇、科技创新篇及成就与展望。全书系统总结了宁煤集团煤制油化工基地规划设计、建设和运营过程中的创新与实践，是中国现代煤制油化工产业转型升级和创新发展的理论成果，具有重要的学术价值和现实指导意义。

［企业文化与教育（年鉴）出版分社］

【《员工日常办公保密安全防护常识》出版发行】 该书由集团公司综合管理部（保密办）与信息和数字化管理部联合编写，根据保密法规制度和保密技术防护要求，结合员工日常办公实际，针对计算机和网络、通信和办公自动化设备、秘密载体和移动存储介质、宣传和信息公开、部门部位和会议活动 5 个方面，分析了存在的失泄密隐患，提出有针对性和可操作性的安全防护措施，并佐以案例和使用技巧，以期帮助全体石化员工增强保密意识，提高防范技能，更好地保护各类秘密信息安全。

［企业文化与教育（年鉴）出版分社］

经济管理类

【《国企改革历程 1978—2018》出版发行】 该书完整记述中国国企改革 40 年极不平凡的历程，翔实记录中国国企改革各个阶段的背景、政策、实践与成效，系统总结中国国企改革 40 年的光辉历程、历史性成就和宝贵经验，具有高度的政治站位、深厚的历史底蕴、鲜明的时代特色。

（经管分社）

【《发展的政治经济学与新中国 70 年》（十卷本）出版发行】 该系列图书是西北大学中国西部经济发展研究中心和西北大学经济管理学院理论经济学科共同完成的一部系列丛书，是中国在理论经济学建设方面的新成果。该系列丛书构建了中国特色发展的政治经济学理论体系，是对理论经济学理论创新和思想创新的新探索。

（经管分社）

【《傅军的新商道》出版发行】 该书以 40 年改革开放为大背景，系统总结了中国民营企业的多元化路标——新华联集团从零开始、多元发展，由小到大、由弱到强，实现 28 年持续快速发展，连续 14 年跻身中国企业 500 强和中国民营企业 500 强的成功之道，为更多中国民营企业在新时代赢得健康、快速发展提供了有益的借鉴。

（经管分社）

【《新制造："智能+"赋能制造业转型升级》出版发行】 该书立足于制造强国的战略目标，深入浅出地介绍了中国制造业的新阶段、新形势和新环境，对中国制造业的转型路径、落地策略及未来发展方向进行了全面系统地解读，从宏观到微观、从理论到实践，详细阐述了工业物联网、工业大数据、个性化制造、服务型制造、数字化制造、工业机器人等新理念、新技术、新模式，试图为读者描绘一幅智能化浪潮下中国制造业发展的新图景。

（经管分社）

【《小数据战略》出版发行】 该书基于作者自身真实的商业实践和思考，不仅在理论和概念上阐述了人联网和零售的进化规律与方向，同时结合实践中对其进行检验，并利用小数据战略思维，指导企业去实现用户关系的重构，去实践零售的最新模式。

（教育教材分社）

【《完美管理 7 思维》出版发行】 该书内容直击管理者关于管理和晋升的困难和困惑，对其内因和外因进行了系统性分析，给出可行的解决方案。作者对超过 1 000 个案例进行系统梳理、高度提炼和总结归纳，最终形成了其独特的职场精进之道。

（教育教材分社）

【《重新定义物流》出版发行】 该书结合一流物流名企 100 多个一线案例分别介绍了互联信息时代，传统物流业发展现状；分析传统物流业与互联网信息技术的碰撞融合的产品结果、商业模式及增值服务，新物流企业的成功经验和启示，在此基础上，对新物流行业发展趋势做了精辟分析。

（教育教材分社）

【《拼多多拼什么》出版发行】 该书是作者在拼多多的日常观察笔记的基础上整理而成，结合拼多多电商平台的特性，加入了平台运营和平台店铺运营的内容，有利于想了解拼多多以及想在拼多多上开店的创业者更好地阅读此书。

（教育教材分社）

【《你就是孩子的起跑线》出版发行】 该书以全球性视野，通过鲜活案例，对家庭教育、学校教育、社会教育的诸多问题进行了深入的剖析，既给普通家长以启示，也可以给教育工作者以借鉴，还为专家学者研究当代教育发展和存在的问题提供了方向性的思考。

（教育教材分社）

【《他们正在改变中国》出版发行】 该书特邀 40 位财经媒体人作为作者，从他们的视角对新中国成立以来民营企业经济发展的历程，以及对未来的展望，更加淋漓尽致地展现了中国经济自改革开放以来所经历的发展和变迁。

（财金大众分社）

【《价值投资实战手册》出版发行】 该书是作者对 20 多年投资实践中形成的投资体系的回顾与总结，由三大章构成：正确面对股价波动、如何估算内在价值、企业分析案例。书中不但全面解读价值投资之“术”，还展示了这一理论框架如何应用于具体的实战。

（财金大众分社）

【《赢面：运用大数据和人工智能技术辅助投资决策》出版发行】 该书探讨了大数据、人工智能技术与金融投资决策分析相结合的问题，介绍了核心技术概念、讲解了技术模型在投资实践中的应用；阐述了进行投资分析时项目考察的具体维度，包括行业、企业基本面、财务、法律等，并辅以案例，内容涉及投资决策分析实践建模过程中利用大数据、人工智能技术，获取更全面数据，提升分析精准度、减少重复劳动，提高工作效率。

（中国经济贸易年鉴社）

【《新一轮国企改革的思考与操作实务》出版发行】 该书从顶层设计出发，提出了改革升级七大方向的综合思考框架。同时关注每一个改革中的热点问题，主要包括混合所有制改革、国企国际化、人才体系转型、国有资本投资和运营公司、依法治企；每个热点的分析均从政策趋势解读出发，结合一手的问卷调研，梳理出国企面临的现实挑战，并提供参考方案和实施案例。

（中国经济贸易年鉴社）

【《对标具有全球竞争力的世界一流企业》出版发行】 该书紧密结合国务院国资委关于“打造具有全球竞争力的世界一流企业”5 项发展意见，进一步升级了对标视野、丰富了洞察维度，系统介绍了塑造世界一流企业的基本要素以及有效提升央企管理水平的路线与工具。同时，还将数字化、产融结合等领先理念与模式在“一带一路”、高质量发展等时代背景下进行了全新的诠释，旨在更好地领航创新驱动发展模式、服务于中央企业高质量发展、支撑好创新型国家建设。

（中国经济贸易年鉴社）

【《中国石油流通行业发展蓝皮书（2018—2019）》出版发行】 该书是一部全面分析和研究中国石油流通行业发展现状和趋势展望的蓝皮书，由中国石油流通协会、中国石油大学（北京）工商管理学院和对外经济贸易大学国际经济贸易学院合作共同完成，按年度向全社会公开出版发行。全书分宏观环境及对石油流通行业的影响分析、国内外石油市场现状、石油流通行业展望和中国石油流通业现存的主要问题四大部分。分析国内外宏观外部环境对石油流通行业发展的影响，从产业整体发展角度重点分析国内外石油流通行业发展现状，从原油市场、天然气市场、成品油市场、炼油业等角度对国内外石油流通行业进行展望预测，同时分析中国石油流通业现存的主要问题。该书具有较强的可信度、一定的权威性和较好的时效性，对于理论研究者和实际工作者都具有一定的参考价值。

（中国经济贸易年鉴社）

中国石化
SINOPEC

企事业单位

胜利油田

【概况】 胜利油田是中国石化集团胜利石油管理局有限公司（简称胜利石油管理局）和中国石油化工股份有限公司胜利油田分公司（简称胜利油田分公司）的统称，主要从事石油天然气勘探开发、地面工程建设、油气深加工、矿区服务与协调等业务。工作区域分为东西两部分，东部主要分布在山东省东营、滨州、德州等8个市28个县（区）内及海上辽东东地区，主体部分位于东营市，包括渤海湾盆地的济阳、昌潍等5个坳陷；西部主要分布在新疆、青海、甘肃、宁夏4个省（自治区），涉及准噶尔、吐哈等6个盆地。胜利油田本部位于东营市济南路125号。

胜利油田是在20世纪50年代华北地区地质普查和石油勘探的基础上发现并发展起来的。1961年4月，位于东营构造上的华8井首获工业油流，标志着胜利油田的发现。1964年1月，中共中央批准组织华北石油勘探会战，胜利油田勘探会战和开发建设拉开序幕。1972年8月，改称胜利油田会战指挥部。1989年8月，更名为胜利石油管理局。1998年6月，国家进行石油石化重组，胜利石油管理局由原中国石油天然气总公司划归集团公司。2000年5月，中国石化整合上市，将油田勘探开发核心业务组建成立胜利油田有限公司，2006年1月，变更为胜利油田分公司。2013年，将管理局的物探、钻井、测井、录井及地面工程建设等业务，整合到中石化石油工程技术服务有限公司。2017年，进行公司制改制，成立胜利石油管理局有限公司。

截至2019年底，胜利油田有二级单位58个、三级单位738个。其中，胜利石油管理局有二级单位23个、三级单位270个；胜利油田分公司有二级单位35个、三级单位468个。用工总量10.34万人，其中合同制员工9.91万人。拥有高级技术职称（含正高级）的1.62万人、中级技术职称的1.30万人。

胜利油田有探矿权区块32个，面积8.76万平方千米；采矿权区块71个，面积6 501.82平方千米。发现油气田81个，累计探明石油地质储量55.30亿吨；投入开发油气田74个，累计生产原油12.22亿吨，井口累计生产天然气588.34亿立方米。

胜利油田主要技术经济指标及主要生产建设指标分别见表1和表2。

（兰　峰　宋占魁）

2019年10月1日，胜利油田机关举行“我和我的祖国”国庆升国旗仪式，庆祝中华人民共和国成立70周年
（王国章　摄）

【高质量勘探】 2019年，胜利油田按照集团公司“七年行动计划”战略部署，以“实现较长时间内持续稳产2 340万吨，盈亏平衡点2020年降至50美元/桶”为目标，持续推进高质量勘探，取得3个油气新发现、4个商业发现，超额完成年度油气勘探三级储量任务，实现“七年行动计划”良好开局。年内新增探明石油地质储量4 644.29万吨、控制石油地质储量6 696.39万吨、预测石油地质储量8 258.53万吨。胜利油田东部探区深层油气勘探取得新发现，展示了济阳深层较大的增储潜力。东营凹陷、惠民凹陷和埕岛地区发现规模储量阵地。年内东部探区新增探明石油地质储量2 450.48万吨、控制石油地质储量5 648.23万吨、预测石油地质储量6 149.03万吨。胜利油田西部探区准噶尔盆地哈山地区勘探取得新发现，车排子地区发现规模储量阵地。年内西部探区新增探明石油地质储量2 193.81万吨、控制石油地质储量1 048.16万吨、预测石油地质储量2 109.5万吨，进一步夯实西部上产资源阵地。

（侯　飞）

【济阳深层油气勘探取得新发现】 2019年，通过对济阳坳陷沙四下亚段沉积储层及油气运聚规律的重新认识，东营北带和渤南洼陷沙四下勘探取得新突破。东营北带部署钻探的丰深斜101井常规测试，获日油12.60吨、日气2.74万立方米的高产工业油气流；渤南洼陷罗家地区部署钻探的罗176获得成功，日产油16.10吨。共新增预测石油地质储量4 420.45万吨。

（侯　飞）

【车排子地区油气勘探取得商业发现】 深化石炭系油藏认识，建立"断—壳"型油气成藏模式，明确断层控藏、硬壳封堵、断溶储集体富集的油气富集规律，新增探明石油地质储量2 193.81万吨。重新认识沙湾组砂体分布规律与油藏控制因素，明确砂体连片分布、油藏主要受断层控制的新认识，小层精细划分对比技术发现新的砂尖，建立了波形指示反演薄储层描述技术，指导部署的排斜645侧等井获得成功，新增控制石油地质储量1 048.16万吨。

（侯　飞）

【效益开发】 2019年，胜利油田开发工作以增加经济可采储量为核心，坚持算清效益账、多干效益活、多产效益油，扎实推进高效产能建设，完善稳产基础投入长效机制，创新攻关接替技术，油田可持续发展基础更加牢固。年内生产原油2 340.51万吨，生产天然气4.88亿立方米，新增SEC储量3 257万吨，储量替代率142%。建产规模不断扩大，千方百计落实效益建产阵地，创新模式推进未动用储量开发，细化方案设计，优化井位审批节点和流程，一体化加快实施，年内完钻各类开发井1 438口，新建（增）产能155.40万吨、增加4.40万吨。稳产基础更加夯实，持续优化存量提质增效，加强细分注水、大修侧钻、双低单元及停产停注井治理等工作，稀油自然递减率9.10%、比计划降低0.60个百分点。加强稠油油藏全过程热管理，积极攻关化学降黏和微生物采油技术，稠油油汽比连续4年稳定在0.53。持续扩大化学驱规模，推广提升非均相驱技术，攻关高温高盐化学驱技术，年增油保持在100万吨以上。

（姬　光）

2019年，胜利油田分公司海洋采油厂生产原油337.50万吨
（李雪龙　摄）

【未动用储量开发】 胜利油田和胜利石油工程公司合作，突出价值引领、合作双赢，持续推动机制创新、技术创新，制定《未动用储量合作开发管理办法》《未动用储量开发运营权流转办法》，油藏、工艺、工程一体化攻关提升技术，优化方案设计，降低开发成本，提高单井产能，实现低渗砂砾岩、浊积岩油藏经济有效开发。2019年，在49个未动用储量区块建产，新增动用储量3 376万吨，新建产能48.60万吨、增加10.60万吨。

（姬　光）

【经营创效】 强化经营理念，细化落实全员全要素全方位扭亏脱困措施，2019年实现挖潜增效41.53亿元，胜利油田全部子公司实现盈利、消灭全级次亏损。强化预算管理、成本经营，持续完善"3+4"经营核算体系（"3"是3本账：财务核算账、管理会计账、经营预算账；"4"是4个核算单元：油藏经营管理单位、专业化经营单位、机关科研单位、辅助单位），推进投资成本一体优化，成立8个挖潜增效工作组开展全要素挖潜，全面推动"1+2+2"绩效考核体系向基层贯穿延伸，胜利油田分公司油气单位完全成本、盈亏平衡点分别降低345元/吨、11.80美元/桶。发供电业务持续加强精细管理、优化运行，综合供电煤耗下降0.50克/（千瓦·时），电网事故率下降23.60%；运输、胜大、新能源、海检等业务，聚焦主业、发挥优势、拓展市场，社会化创效能力持续增强；供水、供气、供热、物业等专业化公司，完善技术服务标准体系、提升服务质量水平，胜利油田经营业务实现整体盈利。深化劳动用工模式调整，完善差异化激励政策，引导员工向新增业务、外部市场、创效岗位流动，多层次、全方位开拓外部市场，年内盘活内部用工 2.36 万人、外闯市场 1.66 万人；开展资产清查、潜力调查，深挖土地、房屋、设备等资产创效潜力，盘活闲置资产净值 3.21 亿元，清理无效资产净值 4.43 亿元；坚持自己的活自己干，降低外委费用 1.26 亿元。

（兰 峰）

【QHSSE 管理】 2019 年，胜利油田全力推进本质化安全生产、高标准绿色发展、全方位质量进步、各层级规范管理，坚决守住红线底线。扎实推进管理体系建设，发布实施 HSSE 管理手册，启动开发单位双重预防机制建设评估，开展海上、罐区、输油管线等专项治理，严格落实加强直接作业环节安全管理 10 条措施，安全生产形势总体保持稳定。完成绿色企业创建任务，发布《胜利油田绿色企业行动计划白皮书》，退出自然保护区核心区和缓冲区生产设施 202 处，完成 317 台国Ⅱ柴油车淘汰工作，实施 58 个能效提升及新能源利用项目，能耗总量与强度连续 5 年下降。建立覆盖各专业领域、体现关键过程效能的质量目标体系和评价排名机制，组织绿色企业、物资采购等标准体系建设，发布 178 项技术标准规范均达行业先进水平，外输原油、天然气合格率达 100%，标准化采购覆盖率达 96.80%。推进职业危害因素识别评估，完善员工体检报告分析干预机制，加大危害因素超标场所治理，保障员工健康权益。

（兰 峰）

2019 年 7 月 28 日，胜利油田应急救援中心开展联合消防演练（王国章 摄）

【改革管理】 变革传统管理模式、组织架构和生产方式，完善构建现代企业管理体系和运营机制，激发老油田内在活力和发展潜能。油公司体制机制建设持续深化，胜利油田分公司“六项机制”责任落实基本到位，机关职能优化调整基本完成，机制建设 38 项完善提升清单全面完成；开发单位“七大体系”逐步完善，进一步清晰责任清单，“管理部门 + 服务中心”组织架构初步构建，在开发单位成立人力资源服务中心，1.50 万人实现集中管理；深化落实《新型采油管理区规范建设管理大纲》，117 个新型采油管理区全部建成。专业化发展、市场化运营有序推进，高标准编制专业化发展规划，培育核心技术、专业团队和服务品牌，打造发展新优势、效益增长点，作业时效、注汽干度、油水井动态监测成功率等各项指标有效提升。完善甲乙方市场化运行机制和评价体系，形成甲方强管理降成本与乙方重服务创效益的良性互动，促进了资源共享、风险共担、合作双赢。

（于福寅）

【办社会职能分离移交主体任务基本完成】 坚持“交得出、接得住、可持续、更美好”，主动与地方政府沟通对接、推进落实，家属区“四供一业”及市政设施、社区管理、学前教育、医疗卫生、公共消防、社会保险职能移交和资产划转全部完成。转变职能定位，配合地方政府做好业务接续发展、小区维修改造、居民管理体系建立等后续工作，配套筹措维修改造、3 年过渡期运行等相关费用，93 处居委会全部完成选举，社区管理中心体制调整到位，对接驻地区县政府组建 8 个社会化服务协调中心（站），承担协调政府、联系居民、监督服务职责。

（兰 峰）

【科技创新】 2019 年，胜利油田突出问题导向、需求导向和产业化方向，集聚创新优势，持续深化理论技术攻关应用，依靠创新驱动增强资源基础，保稳产、促发展。支撑高效勘探开发，抓实 8 个勘探攻关项目组和 8 个开发工程项目组，推进基础研究、成果转化、项目考核、合作交流，单点高密度地震、隐蔽性潜山油藏勘探等技术取得新突破，中高渗油藏流场调整、非均相化学驱等关键技术攻关取得新进展，钻井高效提速、斜井分层压裂等未动用储量及非常规油气开发技术取得新进步。推进“两化”深度融合，加强云平台、大数据等新技术应用，优化提升勘探开发业务协同平台、生产经营一体化平台，为 57 个信息化应用项目提供云服务，15 个勘探开发研究流程实现全过程线上运行，10 个专业数据采集实现动态监控，生产、安全、综治等视频集成应用平台在风险防控方面发挥重要作用。加快安全绿色关键技术攻关突破，稳步推进硫化氢防控、海上平台结构加固等技术研究，推广应用自动化修井作业、碳纤维连续抽油杆等装备技术，风险控制、降耗减排水平进一步提升。年内开展课题研究 431 项，其中国家级 15 项、集团公司级 107 项；申请专利 605 件、获授权 392 件，其中发明专利 389 件、获授权 123 件；获国家级奖励 2 项、省部级奖励 22 项。

（杨荣才）

【技能人才队伍建设】 2019 年，胜利油田技能培训工作以培训质效为根本，实施高技能人才“调训”、班组长队伍“轮训”、青年后备人才“选训”和基层一线人员“在岗训”的系统性运行模式，油田层面完成石化名匠、安全能力提升等技能操作培训班 550 期，培训 4 万人次、24 万人 · 天。分板块抓好班组长在线轮训，年内培训 3 000 余人。参加集团公司首届班组长和新员工培训好课程展评比赛，胜利油田获 5 个一等奖、8 个二等奖和 4 个三等奖，被授予培训课程开发优秀组织奖。畅通技能人才成长通道，选拔推荐优秀技能人才参加省部级优秀技能人才评选，2 人被评为山东省泰山产业领军人才，4 人被评为齐鲁首席技师。推进油地人才融合发展，争取东营市人才政策，4 人被评为东营市首席技师，1 个技能创新工作室被授予东营市首席技师工作站。加强技能人才队伍序列建设，设置二级层面管理高技能岗位 3 469 个，实现二级层面高技能岗位全覆盖，增补 5 名油田首席技师和 10 名技能大师。按照集团公司职业技能等级认定试点工作部署，胜利油田被集团公司设立为山东省 2 家区域认定中心之一。年内开展技能等级认定 7 045 人，3 962 人晋升职业技能等级。在中国技能大赛采油工职业技能竞赛中，胜利油田代表队获团体第 1 名，个人 2 金、2 银、2 铜。各类竞赛获奖选手中有 2 人被授予全国技术能手，2 人被授予中央企业技术能手，4 人被授予中国石化技术能手，6 人晋升高级技师。

（董　伟）

【和谐稳定环境持续巩固】 全力推动为民服务举措落实，加快实施职工住房产权登记，累计完成首次登记 15.40 万套，占总量的 76%。改进离退休人员健康查体方式，推进非在职群体区域化管理、落实好相关待遇、提高服务质量。健全住房公积金“通提通贷”，2019 年释放资金近 42 亿元。完善油田补充医疗保险办法，扩大适用范围，职工重病补助起付标准由 5 万元降至 1 万元，医保就医实现全国联网。持续开展“走基层、访万家”活动，做好困难群体精准帮扶，累计发放救助金、慰问金和慰问品折款 6 918.50 万元，做实职工区域服务中心，服务职工 2.50 万余人次。深化民主管理，试行“网上职工代表直通车”，广泛开展劳动竞赛、青年突击队行动，群团组织桥梁纽带作用充分发挥。制订防范化解重大矛盾风险维护稳定工作预案，强化舆情管控，落实信访稳定责任，开展油区集中整治行动、涉油案件下降 23.60%，强化法治教育，加强保密管理，完成庆祝新中国成立 70 周年等特殊时期安保维稳任务，油田大局保持和谐稳定。

（宋占魁）

【发挥国企政治优势】 坚持融入中心、下沉重心、凝聚人心，不断提高党的建设质量，切实发挥政治优势，引领推动油田改革发展。2 批主题教育扎实推进，系统深入学习领会习近平新时代中国特色社会主义思想，进一步增强“四个意识”、坚定“四个自信”、做到“两个维护”。抓好“关键少数”促进“绝大多数”，抓实学习教育、调查研究、检视问题、整改落实，局处两级党委中心组集中学习研讨 400 余次，处级以上党员干部调研 986 次，坚持巡视整改与主题教育相结合，整改落实各类问题 1 784 个，完善各类制度 420 项，党支部为员工群众办实事解难题 1.10 万余件，统筹推进 6 个方面 20 项重点工作，在破解党的建设和改革发展难题上取得成效。强化思想文化引领，突出用新思想新理念引领新实践，深入宣贯转变观念更新理念160条和机关职能优化76条，开展传承石油精神、弘扬石化传统专项教育，转观念转方式转作风取得新成效。组织力提升和人才强企工程持续深化，规范直属单位领导班子成员分工，按业务优化班子结构和职位，实施发现培养优秀年轻干部行动，新提40岁以下副处级干部27人，占新提副处级干部总数的25.90%。畅通三支人才队伍成长通道，推进机关大岗位管理、大平台成长，落实选配二级副总师、专家向管理区、项目部倾斜措施，增聘15名油田首席技师和技能大师，加大博士后、优才毕业生引进力度。适应新的生产组织方式和企业管理体系，优化调整党组织设置，推进基层党组织规范化标准化建设，务实开展党建工作考核，推开抓党建述职评议，推进“三点”示范工程、示范党支部书记行，推动党组织和群团工作经费规范用到基层，提高基层组织行为能力，推动党的组织和工作全覆盖。

（谢　俊）

2019年9月，胜利采油厂采油管理五区被授予中央企业先进集体称号（王国章　摄）

表1　　胜利油田主要技术经济指标　　亿元

指标名称＼年份	2019	2018	2017	2016	2015	2014
工业总产值	806.67	854.79	688.53	605.16	758.51	1 223.81
工业增加值	508.24	587.56	376.11	237.30	428.37	991.55
资产总计	1 639.36	1 234.83	1 414.71	1 660.67	1 766.07	1 795.40
流动资产	60.90	151.75	162.01	160.25	103.36	95.09
固定资产原值	3 923.35	3 822.30	3 801.52	3 705.45	3 631.62	3 464.62
固定资产净值	955.91	991.64	1 153.24	144.09	1 558.06	1 566.41
销售收入	838.99	888.50	797.27	591.19	784.92	1 195.85
实现利税	142.79	84.40	−123.49	−139.14	33.55	604.52
税金（费）	141.72	191.61	151.33	112.84	141.67	431.30
综合能耗①/吨标煤·万元$^{-1}$						
胜利石油管理局	3.534	3.649	3.758	3.763	3.91	3.91
胜利油田分公司	0.298	0.308	0.308	0.313	0.31	0.34

① 2016年起，综合能耗指标按行业惯例，保留小数点后3位

表2　　胜利油田主要生产建设指标

指标名称＼年份	2019	2018	2017	2016	2015	2014
原油产量/万吨	2 340.51	2 341.00	2 341.61	2 390.19	2 710.03	2 787.14
天然气产量/亿立方米	4.88	4.80	4.07	4.04	4.57	5.00

续表

指标名称 \ 年份	2019	2018	2017	2016	2015	2014
新增原油生产能力 / 万吨	155.39	144.30	115.60	68.43	145.70	253.20
新增天然气生产能力 / 亿立方米	1.02	0.49	0.68	0.31	0.43	0.52
新增探明石油地质储量 / 万吨	4 644.29	2 502.61	3 458.90	2 989.19	1 090.72	2 012.24
新增探明天然气地质储量 / 亿立方米	13.78	7.52	11.95	6.94	4.25	—
二维地震 / 千米	626.00	819.00	431.00	888.32	1 015.77	650.19
三维地震 / 平方千米	2 258.00	1 066.00	1675.00	964.49	1 016.00	1 142.00
石油钻井 / 口	1 441	1 318	1 043	676	1 149	2 268
钻井进尺 / 万米	339.58	300.39	240.62	157.30	256.80	500.33
勘探投资 / 亿元	56.45	37.83	37.47	32.37	33.42	36.12
开发投资 / 亿元	129.12	101.94	74.42	44.99	96.42	194.45

中原油田

【概况】 中原油田是中国石化集团中原石油勘探局有限公司（简称中原石油勘探局）和中国石油化工股份有限公司中原油田分公司（简称中原油田分公司）的统称，实行一体化管理。主要从事石油天然气勘探开发、工程技术服务、油气销售、矿区管理等业务，主要勘探开发区域包括东濮凹陷、川东北普光气田和内蒙古探区。

1975 年发现中原油田，1979 年投入开发。1982 年 3 月，成立中原石油勘探局。2000 年 1 月，重组为上市和非上市两部分，上市部分称为中原油田分公司，非上市部分称为中原石油勘探局。2012—2013 年，完成石油工程专业化重组暨社区管理体制调整。2017 年 11 月，中原石油勘探局进行公司制改制，更名为中原石油勘探局有限公司。截至 2019 年底，中原油田资产总额 416.44 亿元，负债总额 290.39 亿元。其中，中原油田分公司资产 390.90 亿元，负债 246.08 亿元，资产负债率 62.95%；中原石油勘探局资产 25.54 亿元，负债总额 44.31 亿元，资产负债率 173.50%。设置机关职能处部室 25 个、所属单位 48 个，用工总量 4.31 万人（含合资公司员工 9 315 人）；其中，中原油田分公司设置机关职能处部室 22 个、所属单位 25 个，用工总量 3.04 万人（含合资公司员工 4 836 人）；中原石油勘探局设置机关职能处部室 3 个、所属单位 23 个，用工总量 1.27 万人（含合资公司员工 4 479 人）。

2019 年，中原油田拥有油气资源探矿权、采矿权 39 个，面积 2.55 万平方千米。其中，探矿权 17 个，面积 2.39 万平方千米；采矿权 22 个，面积 1 539.71 平方千米。完成投资 28.38 亿元，增加 17%；上报控制石油地质储量 1 243 万吨、控制天然气地质储量 130 亿立方米；生产原油 124 万吨，超产 1 万吨；生产天然气 70.68 亿立方米，增产 5.06 亿立方米；生产硫黄 191.68 万吨，增产 14.34 万吨。获省部级科技进步奖 8 项，申请专利 142 件，参与研究的“炼化含硫废弃超低硫排放及资源化利用成套技术开发与应用”获国家科技进步二等奖，“高酸性气田长周期安全生产关键技术”进入集团公司“十条龙”攻关序列，科技成果转化效益 9 682 万元。持续推进勘探开发生产信息化，普光气田建成智能气田示范区。HSSE 形势保持稳定，获集团公司安全生产先进单位、节能环保先进单位称号。

中原油田主要技术经济指标及主要生产建设指标分别见表 1 和表 2。

（李 丽）

【完成年度新增储量目标任务】 2019 年，中原油田勘探系统以“油气勘探管理部牵头，勘探开发研究院各地区室提供基础参数、储量室汇总计算”的模式精密计算油田新增三级油气地质储量。在东濮凹陷优选卫 22–100 井区等 5 个目标井区，对储层孔隙度、含油饱和度、含油气面积、产量等基础参数进行再评价，落实新增探明石油地质储量 165.40 万吨；用相同方法评价内蒙古探区查干凹陷吉祥油田祥 6 区块、白音查干凹陷达尔其油田达 61 区块，落实新增探明石油地质储量 71.42 万吨；普光探区以分 3 井的勘探突破和分 3–1 井的完井资料为基础，落实新增探明天然气地质储量 72.46 亿立方米。内蒙古探区银额盆地拐子湖凹陷完钻探井 12 口，落实控制石油地质储量 1 084.51 万吨；优选查干凹陷意 22 井开展老井试油，落实控制石油地质储量 158.67 万吨。开展普光探区立体勘探，在长兴组钻遇连片分布的生屑滩储层，落实新增控制天然气地质储量 130.10 亿立方米。10 月，中原油田向集团公司提交的 2019 年新增三级油气地质储量技术资料，通过集团公司储量评审专家组审核，标志着油田全面完成年度新增储量目标任务。

（张 雨）

2019 年 6 月 13 日，中原油田内蒙古探区银额新区拐子湖凹陷勘探施工现场（赵奕松 摄）

【完成首家油气田企业 HSSE 体系建设及发布】 2018 年，集团公司启动 HSSE 管理体系建设工作，确定中原油田为 7 家首批 HSSE 管理体系建设试点企业之一。中原油田成立领导小组和编制小组全面开展体系编制工作，在做好集团公司 HSSE 管理制度直接引用和承接的基础上，和油田现行制度一道形成包含 163 项制度在内的 HSSE 管理制度汇编；油田层面完成 22 名副总师以上领导和 29 个机关部门的 HSSE 责任制修订。2019 年 6 月 20 日，中国石化 HSSE 管理体系运行中心发文，同意由《HSSE 管理手册》、HSSE 管理制度汇编和全员安全生产责任制组成的中原油田 HSSE 管理体系正式发布实施。7 月 3 日，中原油田正式发布实施 HSSE 管理体系，油田 HSSE 管理有了纲领性、强制性、指导性文件。

（张 雨）

【开展“绿色基层”创建】 2019 年，中原油田梳理基层单位实施绿色企业行动计划阶段性成果，查找薄弱环节，在采油（气）、集输、装置、作业等 4 个专业中选出 15 个采油（气）管理区、集输单位、化工装置、作业队开展“绿色基层”创建。在废气治理方面，普光分公司天然气净化厂完成硫黄回收装置热氮吹硫技术改造，解决装置停工过程中尾气二氧化硫排放瞬间超标的技术难题；文卫采油厂马寨联合站对万方池进行密闭改造，采用低温等离子光氧催化工艺对挥发性有机物进行处理，治理后的臭气浓度达到《恶臭污染物排放标准》（GB 14554—93）二级标准。在废水治理方面，各基层单位在 68 个采油站场开展废液回收系统改造，实现计量间、阀组区零星含油渗漏液的完全回收。在危险废弃物处置方面，文南采油管理三区开展油泥砂减量化试验，利用高温萃取分离技术将管线穿孔渗漏的原油与水、土壤分离，油泥砂减量 70%，达到增产、不产生废水及危废减量的效果。截至年底，对 15 个试点单位开展“绿色基层”创建现场审核，其中濮城采油厂采油管理一区、内蒙古采油厂锡林好来处理站、普光分公司天然气净化厂等 13 个基层单位获绿色基层称号。

（陶 岚）

【东濮老区实现 PCS 系统全覆盖】 2019 年，中原油田推进油气生产指挥系统（PCS 系统）信息化建设，完成文留采油厂文北油区和濮东采油厂桥口、马厂采油管理区信息化建设验收，标志着东濮老区采油管理区实现 PCS 系统全覆盖。该系统包括生产监控、报警预警、生产动态、调度运行、生产管理、应急处置 6 个功能，可实现自动采集、无线传输、中心指挥、无人值守，保障油田安全平稳生产。

（陶　岚）

【普光气田安全高效开发满 10 年】 普光气田是中国发现的规模最大整装海相高含硫气田，于 2009 年 10 月 12 日投产试运行。截至 2019 年 10 月 12 日，普光气田累计生产井口气 801 亿立方米，上缴税费 126 亿元，向“川气东送”工程沿线的 80 余个城市、数千家企业、近 2 亿人口供应天然气 560 亿立方米，向社会供应硫黄 1 635 万吨，减排温室气体 290 余万吨，为推动长江经济带绿色发展及改善区域生态环境、建设美丽中国做出重要贡献。

（徐　玮）

2019 年 5 月 19 日，中原油田普光分公司完成天然气净化厂第一联合大型设备更换作业（张　毅　摄）

【白音查干凹陷勘探获新突破】 2019 年，中原油田以白音查干凹陷洼陷带寻找岩性油藏为突破口，开展近洼斜坡带构造—岩性油藏科研攻关，落实圈闭资源量 3 500 万吨。评价达尔其—锡林好来结合部构造—岩性复合圈闭，探索达 34 西块含油气情况及油气成藏模式，部署达 65 井，获日生产原油 10.33 立方米高产油流，实现达锡结合部新类型油藏的勘探新发现。在腾格尔组试油获工业油流，发现新的油气富集块，翁 8 井、查 9 井、达 61 井老井压裂试油成功，证实洼陷带构造—岩性复合圈闭新类型油藏的勘探价值，对推动内蒙古探区整体勘探评价具有重要意义。

（陶　岚）

【“炼化含硫废气超低硫排放及资源化利用成套技术开发与应用”获国家科技进步奖二等奖】 2011 年 1 月—2017 年 12 月，中原油田分公司参与完成“炼化含硫废气超低硫排放及资源化利用成套技术开发与应用”项目。该项目通过新型催化材料的创制及催化剂制备工艺的创新，开发出氧化钛基有机硫深度水解催化剂、大比表面氧化铝基制硫催化剂、低温耐氧型尾气加氢催化剂，形成系列硫回收催化剂生产技术。在低温型尾气加氢催化剂工业应用技术基础上，采用低温尾气处理技术，创新构建硫回收工艺流程，重新设计硫黄装置的蒸汽平衡及加热方式，简化工艺流程、降低装置投资节能效果。通过开发新型液硫脱气工艺、超净化塔吸收工艺、热氮吹硫停工工艺及尾气加氢催化剂提前预硫化工艺，建立硫黄装置技术分析与远程诊断系统，形成含硫气体超低硫排放成套技术，烟气二氧化硫排放浓度降至 50 毫克 / 米 ^{3}（标准），减排二氧化硫 90% 以上。该技术被列入中国石化硫黄装置烟气提标改造标准技术，许可实施 51 套，2017—2019 年累计新增利税 10 亿元以上，节约装置投资 20.62 亿元，年降低装置运行成本 2.80 亿元。2019 年 12 月，“炼化含硫废气超低硫排放及资源化利用成套技术开发与应用”项目获国家科技进步奖二等奖。

（陶　岚）

【高质量推进“四大科技工程”】 2019 年，中原油田深化科技管理体制机制改革，加大科技成果转化力度，高质量推进“四大科技工程”。东濮凹陷效益开发科技工程加强复杂油藏滚动勘探技术攻关，发现有利圈闭 32 个，部署滚动勘探和新区产能井 24 口；推进水驱提高采收率技术研究，描述 8 个单元，实施 10 个区块的调整治理，自然递减下降 4.50 个百分点，采收率提高 1.20 个百分点。普光气田高产稳产科技工程提高采收率技术攻关，建立普光主体、毛坝地区飞三段储层地质模型和地震特征响应模版，在普光气田飞三段部署调整井6口、措施井3口，预计新增动用储量127.30亿立方米，新建产能4.90亿立方米。通南巴评建一体化科技工程提出老井试气3口，部署评价井1口，编制新区气藏开发方案，在通南巴及川东北地区完成雷口坡—侏罗系野外露头探勘6条，明确雷口坡组—小塘子组地层及沉积相区域展布特征，完成地震地质综合标定13井次。内蒙古探区增储建产科技工程加强银额盆地拐子湖油气成藏主控因素研究，控制储量1 084万吨，预测储量1 267万吨，攻关高大沙山可控震源地震勘探和储层预测关键技术，部署实施拐10井、拐12井等，常规试油获高产油气流。

（张　雨）

【普光地区二叠系长兴组勘探获中国石化规模储量商业发现三等奖】 2016—2017年，中原油田开展普光北部地区三维地震资料采集，细化礁滩沉积演化模式，精细解剖气藏，落实礁滩体有利面积105.77平方千米，资源量844.13亿立方米，富气层系礁滩相取得新进展。围绕长兴组礁体“两期多排”认识，在礁体及礁后滩发育区域开展评价，第一排礁部署分3井、分3-1井、大湾4011-3井、大湾4011-2井和普光306-1T井，第二排礁部署毛坝9井、毛坝5井，礁后滩部署大湾4井。2019年，大湾4井在长兴组钻遇生屑滩储层，岩屑薄片显示为亮晶生屑灰岩，测井解释气层13层52.70米，上报控制天然气储量130.10亿立方米。12月22日，普光地区二叠系长兴组勘探获中国石化规模储量商业发现奖三等奖。

（张　雨）

【“低效井挖潜工艺技术研究”项目达到国际先进水平】 2016年1月—2018年12月，中原油田分公司完成“低效井挖潜工艺技术研究”项目。该项目针对中原油田低效无效井存在的工艺技术难题，开展深层低渗油藏精细注水技术、深层低渗高温调剖技术、低产低能井高效生产技术及智能化采油控制技术攻关，创新形成闭式高压多级段细分注水工艺、低渗油藏深部调驱技术、低产低能井高效生产技术、智能采油控制技术。系列技术在油田应用626井次，增加水驱动用储量77.80万吨，累计增产原油7.65万吨，节约成本0.45亿元，累计创效1.28亿元。2019年6月，“低效井挖潜工艺技术研究”项目通过中国石化科技部鉴定委员会鉴定，认为该项目整体达到国际先进水平，部分达到国际领先水平，在低效无效井生产潜力挖掘方面具有推广应用前景。

（李宁侠）

【“超深高含硫气田提高采收率技术项目”成功应用】 2018年，中原油田参与的“超深高含硫气田提高采收率技术项目”立项。该项目针对深层礁滩相碳酸盐岩气藏储层精细描述及剩余气分布规律、高含硫气藏控制递减与提高采收率对策、超深高含硫气藏控水稳气技术研究、高含硫气井增产工艺技术、高含硫气田湿气增压集输技术等6个课题进行研究攻关。其中，通过深层礁滩相碳酸盐岩气藏储层精细描述课题攻关，低孔低渗储层预测符合率提高到81.60%，落实可有效动用地质储量333.70亿立方米，提高采收率4%。通过高含硫气藏水侵预测及剩余气评价技术应用，气田水侵速度下降17.50%，落实水侵区剩余气储量108亿立方米。通过高含硫气藏硫沉积分布规律及治理技术攻关应用，建立起双重介质储层硫沉积饱和度分布预测模型，明确储层及气井硫沉积规律，配套研发出气井硫沉积治理技术，在普光气田开展8口井19井次硫沉积治理，有效恢复气井生产能力。在高含硫气井控水稳气方面，形成针对不同井况的排、找、堵相结合的控水稳产工艺技术，提高水淹井复产强排液效率，完善高含硫气藏找水技术体系，在普光105-2井及104-3井现场应用，成功实现堵水复产。2019年12月11日，该项目完成合同规定的2018年及2019年研究任务，技术与经济技术指标达到阶段任务要求，有力指导和保障普光及元坝气田的高产、稳产，对中国石化天然气大发展具有重大意义。

（徐　玮）

【“支持重大决策的风险评估机制建设与运行”获国家级创新成果二等奖】 由中原油田承担的“支持重大决策的风险评估机制建设与运行”管理现

代化创新成果，吸收 ISO 31000 国际风险管理标准的“嵌入性”理念，以提高决策科学化、民主化水平为目标，坚持整体性、连续性、系统性方式，探索建立支持重大决策的风险评估机制；聚焦重要领域，有机结合调研论证、前置评估、决策前评估 3 个层次，开展专业风险评估，构建专业风险评估与综合风险评估相结合的多维度分析评价模式，有效识别、控制和消减各种风险。油田推行评估报告规范化、文本化、痕迹化，实行“议案 + 风险评估报告”的决策方案提报方式，提高企业决策的质量和效率，防范决策风险，避免决策失误，提升企业抗风险能力。2019 年 1 月，中国企业联合会公布第 25 届全国企业管理现代化创新成果，“支持重大决策的风险评估机制建设与运行”成果获二等奖，是中原油田自 2017 年以来连续第 3 次获该奖项。

（徐　玮）

【获中国质量技术奖优秀六西格玛项目 4 项】 2017—2018 年，中原油田导入精益六西格玛管理，按照“导入、加速发展、成长、成熟”4 年 4 步，实现六西格玛管理在油田的自我运行。2019 年，油田加速推进规范的精益六西格玛管理，注册六西格玛改进课题 73 项，实现成果 47 项。8 月 22 日，中国质量协会质量技术奖结果公布，“油田提高外销原油有机氯指标控制能力”“降低黄河水源投药单耗”“提高钻井液用合成聚合物降滤失剂的检测评价效果”“提高净化厂二循水浓缩倍数”获中国质量技术奖优秀六西格玛项目。

（张　雨）

【克劳斯反应炉的研制及应用获中国设备管理创新成果一等奖】 2011 年 9 月，由中原油田研制成功的国内首台具有自主知识产权的单系列 20 万吨 / 年硫黄回收装置克劳斯反应炉，在普光气田投入现场应用，综合指标优于国外同类产品，总体技术达到国际领先水平。2019 年 5 月 18 日，普光分公司“高含硫天然气净化装置 20 万吨 / 年硫黄回收装置克劳斯反应炉研制及应用”项目，获 2019 年度中国设备管理创新成果一等奖，应用于中国石化元坝天然气净化厂和伊朗阿巴斯炼油厂等国内外市场。截至 2019 年底，普光气田共实施克劳斯炉国产化改造 12 台，每年可增产净化天然气 1.49 亿立方米、硫黄 4 万吨，同时，大幅降低二氧化硫排放量，产生巨大的经济效益、社会效益和环保效益。

（李宁侠）

【中国石化首座沙漠 LNG 试采站建成】 2019 年 3 月，中原油田正式实施拐 6 井试采工程建设项目，按照设计方案，在拐 6 井新建 1 座日处理 90 吨原油规模的单井拉油站，以及水套加热炉等配套装置，确保产出的原油能及时装车入罐；在拐 6 井新建 1 套日处理 5 万立方米天然气规模的伴生气处理装置，将产出的伴生气进行增压、脱水、制冷等工艺处理，最终生成稳定轻烃、液化石油气、液化天然气，兼具节能、环保、低碳、循环利用综合功效。11 月 12 日，拐 6 井试采项目投运，标志着中国石化在沙漠中建设的首座 LNG 试采站建成。

（陶　岚）

【文 23 储气库超额完成注气任务】 文 23 储气库由中原油田文 23 气田主块改建，是国家“十三五”重点建设工程，设计库容 104 亿立方米，承担着华北地区“五省二市”供气任务。2017 年 5 月 19 日，文 23 储气库正式开工建设。2019 年 7 月 31 日，1 期工程全面建成投产；11 月 15 日，文 23 储气库按计划全线关井停止注气，第 1 轮注气周期累计注气 30.50 亿立方米，超额完成集团公司下达任务。

（张　雨）

2019 年 4 月 12 日，文 23 储气库 1 期工程注采站压缩机组一次联运试车成功（赵奕松　摄）

【中国石化首个集输站新型地面火炬建成投用】 2019年，中原油田针对山东天然气集输项目部青岛输气站天然气放空瞬间泄放量大、泄放压力高、用地紧张等难题，合理设计燃烧器布置间距、火炬筒体直径和高度等参数，研制出新型高效低焰地面火炬燃烧器，实现放空气在火炬筒体内部的燃烧，降低热辐射的影响。新火炬具有自动监测系统，能够实现站控室远程自动点火和火焰监测，解决原有地面火炬火焰冒出筒体、燃尽率低、点火不可靠等问题。11月15日，新型地面火炬放空并成功点火，标志着中国石化首个输气站新型地面火炬建成投用。

（陶　岚）

【“十三五全国油气资源经济性评价方法”通过国家自然资源部审核】 由中原油田承担的“十三五全国油气资源经济性评价方法”项目，首次以数量、质量、生态“三位一体”的思路开展资源评价，项目突出经济性和生态环境风险评价；建立国家层面油气资源评价方法体系，实现全类型资源评价；分类分级完成油气资源地质评价，突出深层、深水，强化非常规，为未来勘探指明方向和领域；创建经济性评价方法体系，首次开展全国经济性评价，提供六大区间的全成本数据；创建生态评价方法体系，首次开展全国生态环境风险评价，评价红线内资源分布情况和环境风险；建成全国油气资源基础数据库和图形图，初步形成国家数据共享平台。2019年4月2—3日，该项目在国家自然资源部举办的“十三五全国油气经济性评价推进会”上通过审核。通过评估不同油气价格下全国待探明油气资源的经济性，为国家制订“十四五”经济社会发展规划和油气行业改革发展提供坚实基础，标志着“勘探开发全成本分析法”获得初步成功，并将在全国油田、中联煤等单位广泛推广使用。

（李宁侠）

【深化改革管理】 2019年，中原油田坚持勘探局、分公司一体化管理，编制完成《全面优化调整初步思路》，推进各项改革工作。深化“三项制度”改革，精干油气业务，采油管理区用工同比减少10%，17个区块经营现金流为正。推进财务转型，深化全员成本目标管理，实施挖潜增效项目44个，增收节支6.84亿元，处置低无效资产1 898万元。完成移交项目82个；启动维修改造项目31个，完成7个。社保运行平稳，物业、供暖改革补贴到位，职工基本医疗和生育保险整体纳入河南省省直统筹管理。

（徐　玮）

【扩展外闯市场规模】 2019年，中原油田持续做强中原气服，国内市场扩大天然气分公司、西南油气分公司等老市场份额，海外市场借力“一带一路”倡议，承揽阿联酋等8个国家的9个项目。成功注册中原服务品牌，巩固中天合创、中安联合等7个区域市场，新承揽天津天保热电、鄂安沧物业等49个项目。承接文23储气库一期，实现安全平稳运行，落实“压非保民”应急调峰政策，文23储气库超额完成集团公司下达的注气任务，文96储气库连续7年安全平稳运行。中原油田外部市场人员达1.11万人，实现收入19.92亿元，边际贡献12.18亿元，提高8.80%。

（徐　玮）

【成为河南省首家备案职业技能等级认定试点单位】 2019年9月24—25日，在河南省人社厅召开的河南省企业职业技能等级认定机构备案评审及现场培训会上，专家组对中原油田申报的职业（工种）目录、工作标准、题库、场地设施、信息化建设等情况进行综合评审。经过评审，专家组认为：中原油田技能人才工作机制完善、体系健全、程序规范、基础扎实，具备开展职业技能等级认定试点工作条件，可以在《中原油田职业技能等级认定试点工种目录》范围内开展职业技能等级认定试点工作。10月18日，河南省人力资源社会保障厅正式批复中原油田通过备案，标志着中原油田具备自主开展职业技能等级认定资格，成为河南省首家省级备案的职业技能等级认定试点单位，颁发的认定证书与国家职业资格证书具有同等效力。

（李宁侠）

【普光应急救援中心当选感动石化人物】 普光应急救援中心组建于2006年，主要承担普光气田的消防、气防、环境监测、泥浆配送、医疗救护等应急抢险任务，服务区域涵盖普光主体及周边区块、重庆涪陵区块、川气东送部分管道。截至2019年，该中心累计完成各类涉硫施工监护8 000余次，出动车辆1.40万余台次、人员7.10万余人次，为普光气田安全平稳运行提供有力保障。先后出动人员3.30万人次，成功处置四川、汶川、云南彝良、四川雅安地震、四川省宣汉县火灾水灾等险情1 403起，挽回直接经济损失超过10亿元。9月25日，在集团公司“壮丽70年奋斗新时代·感动石化人物”颁奖典礼上，中原油田普光分公司应急救援中心当选感动石化人物，成为该届“感动石化人物”评选中唯一当选的团队。

（张　雨）

2019年6月3日，中原油田普光应急救援中心人员对施工现场进行安全督查（白国强　摄）

表1　中原油田主要技术经济指标　亿元

指标名称 \ 年份	2019	2018	2017	2016	2015	2014
企业总产值[1]	169.58	140.06	157.64	124.13	188.72	292.58
企业增加值[1]	67.38	65.83	68.34	58.33	89.17	137.82
资产总计	416.44	279.24	334.97	370.33	460.55	523.61
流动资产	43.28	39.28	41.98	40.65	54.54	70.87
固定资产原值	384.97	359.36	398.72	396.88	389.42	380.62
固定资产净值	134.65	137.09	170.06	203.53	215.54	228.09
销售收入	151.97	149.84	174.05	154.40	212.64	305.52
实现利税	0.54	9.83	–31.95	–91.44	6.31	93.02
税　金	18.26	20.79	21.59	27.08	49.08	59.31
综合能耗[2]/吨标煤·万元$^{-1}$						
中原石油勘探局	0.24	2.32	0.53	0.56	5.19	6.00
中原油田分公司	0.60	0.597	0.56	0.48	0.47	0.52

①中原油田分公司企业总产值/增加值即工业总产值/增加值
② 2014—2015年数据为工业综合能耗，2016年以后为企业综合能耗，2018年因“四供一业”改革数据为工业综合能耗

表2　中原油田主要生产建设指标

指标名称 \ 年份	2019	2018	2017	2016	2015	2014
原油产量[1]/万吨	124.00	125.34	126.42	146.67	182.64	231.00
天然气产量/亿立方米	70.68	65.62	59.76	39.97	58.53	83.05
新增原油生产能力/万吨	9.55	7.74	5.71	0.40	1.53	14.80

续表

指标名称 \ 年份	2019	2018	2017	2016	2015	2014
新增天然气生产能力 / 亿立方米	3.46	1.05	3.97	0.12	0.08	2.54
新增探明石油地质储量 / 万吨	236.82	643.07	0	0	0	251.00
新增探明天然气地质储量 / 亿立方米	72.46	10.20	0	0	0	0.31
二维地震 / 千米	0	190	150	0	260	325
三维地震 / 平方千米	31	63	25	427	161	192
探井②/ 口	25	17	17	9	15	23
开发井②/ 口	31	14	13	0	5	30
勘探投资 / 亿元	7.99	6.82	5.73	3.72	5.17	5.29
开发投资 / 亿元	16.55	11.31	9.04	5.14	4.06	10.10

① 2015—2019 年原油产量不包含中原石油工程公司
②探井、开发井均为完井口数

河南油田

【概况】 河南油田为中国石化集团河南石油勘探局有限公司（简称河南石油勘探局）和中国石油化工股份有限公司河南油田分公司（简称河南油田分公司）的统称。其前身组建于 1972 年 5 月 1 日。1998 年，河南油田由中国石油天然气总公司划归集团公司。2000 年 1 月，河南石油勘探局和河南油田分公司分设分立。2012 年 9 月—2013 年 9 月，河南油田钻井公司、物探公司、油建公司等 7 个二级单位完成石油工程专业化重组，划归石油工程公司管理。2017 年 9 月，中国石化集团河南石油勘探局改制更名为中国石化集团河南石油勘探局有限公司。

河南油田是以油气生产为主，集油气勘探、开发、精蜡化工、施工作业、辅助生产和社会服务于一体的国有大型Ⅰ类企业；矿权范围地跨河南省南阳、驻马店、周口、漯河、平顶山、许昌，陕西省咸阳、铜川、延安和新疆巴音郭楞蒙古族自治州、伊犁哈萨克自治州等 11 个市（州）。本部设在河南省南阳市宛城区油田五一村，其所属新疆采油厂位于新疆维吾尔自治区巴音郭楞蒙古自治州焉耆回族自治县城。截至 2019 年底，河南油田拥有探矿权区块 11 个、面积 5 234.23 平方千米，采矿权区块 8 个、面积 2 074.66 平方千米。油气资源总量达 13.62 亿吨，已发现 16 个不同类型的油气田，累计探明石油地质储量 3.88 亿吨、天然气地质储量 129.30 亿立方米，已投入开发 16 个油气田，累计生产原油 8 876.16 万吨、天然气 29.44 亿立方米。

河南油田实行勘探局、分公司—二级厂（处）—矿（大队）三级管理体制。截至 2019 年底，河南油田设机关职能处室 20 个，直属二级单位 20 个，其中分公司下属 11 个、勘探局下属 9 个。共有 128 个矿（大队）基层单位。全油田有直属党委 21 个，其中勘探局和分公司单位党委 20 个、移交单位党委 1 个，党总支 36 个，党支部 342 个（含直属党支部 1 个），党员 6 587 名。有合同制员工 1.23 万人（河南油田分公司 0.82 万人），其中拥有教授级职称的 65 人、高级职称的 2 230 人、中级职称的 2 376 人、初级职称的 1 269 人；享受政府特殊津贴的 4 人，集团公司突出贡献专家 10 人，获闵恩泽青年科技人才奖的 18 人，学术、技术带头人 10 人。

河南油田主要技术经济指标及主要生产建设指标分别见表 1 和表 2。

（韩　伟　郭运平）

【完成油气生产任务】 2019 年，河南油田新建产能 12 万吨，落实商业开发储量 96.30 万吨。生产原油 130 万吨，其中老井自然产量 115.61 万吨、新井产量 7.45 万吨、措施增加产量 6.94 万吨。生产天然气 9 080 万立方米，其中溶解气 3 400 万立方米、气层气 5 680 万立方米。年末综合含水率 93.15%，自然递减率 14.39%，稠油热采吞吐油汽比 0.17。

（韩　伟）

2019 年 10 月 19 日，河南油田中国石化铜川油气开发公司位于陕西省宜君县子午岭山系山中的 WT33 井台全景图
（孟延军　摄）

【控制储量完成情况】 2019 年，河南油田计划新增控制储量 700 万吨，实际完成新增控制储量 711.24 万吨，完成年计划的 101.61%。新增储量地区：古城油田泌 123-6 井、古 3-1 侧 1 井井区古近系核桃园组油藏划分为 5 个计算单元，新增计算含油面积 0.48 平方千米，控制石油地质储量 181.25 万吨，技术可采储量 18.14 万吨；下二门油田泌 437 井、泌 4443 井、泌 449 井等井区古近系核桃园组油藏划分为 18 个计算单元，新增计算含油面积 4.62 平方千米，控制石油地质储量 505.58 万吨，技术可采储量 60.68 万吨；张店油田南 168 井井区古近系核桃园组油藏划分为 2 个计算单元，新增计算含油面积 0.24 平方千米，控制石油地质储量 24.41 万吨，技术可采储量 3.18 万吨。

（韩　伟）

【能源化工生产情况】 2019 年，河南油田能源化工加工原油 19.40 万吨，生产特种蜡 13.02 万吨，销售特种蜡 12.92 万吨，实现营业收入 11.74 亿元，盈利 205 万元。综合商品率 98.42%，加工损失率 0.55%。炼油能耗 47.10 千克标油 / 吨，单位能量因数耗能 10.71 千克标油 / 吨。开发特种蜡新产品 4 个：NYTZ-101 号复合蜡、NYTX-205 号橡胶防护蜡、NYTZ-304 号复合蜡、军工 76 号蜡。特种蜡产品达 41 个品种、123 个牌号。

（韩　伟）

【科技创新成果】 2019 年，河南油田开展科技项目 128 项，其中国家级 1 项、集团公司级 28 项。完成科技项目 71 项。“泌阳凹陷老区改造挖潜关键技术”“南阳凹陷油气富集规律与勘探实践”2 个项目分获集团公司 2018 年度科技进步二等奖、三等奖，“双河油田高温油藏化学驱剂合成与矿场应用”“机械堵水系列技术”2 个项目获河南省 2018 年度科技进步三等奖；评出河南油田 2018 年度科技进步获奖项目 62 项。申请专利 106 件，其中发明专利 44 件；获授权专利 82 件，其中发明专利 35 件。

（韩　伟）

【安全环保管理】 2019 年，河南油田全面落实安全环保主体责任，开展全员安全风险识别评估，确认油田级风险 8 项，分级建立 HSSE 风险清单；完成“能源公司丙烷脱沥青装置整改工程”“采油二厂清洁燃料替代工程”“新疆采油厂罐区隐患治理工程”，关闭油田级风险 3 项。开展硫化氢、设备工艺本质安全、受限空间等专项隐患排查 11 项，申报立项“采油一厂江河联合站升级改造工程”“下二门联合站消防系统升级改造工程”“新疆采油厂宝浪联合站罐区隐患治理工程”“渭北油田储罐隐患治理工程”等集团公司安全隐患治理项目 9 项，获批复资金 2 671 万元。开展排放口规范化整改、井场污染防治专项活动，整改废气排放口 45 个、治理井口池 1 839 口；排查油气站场、环保设施等环保隐患 8 次，发现问题 72 个，申报立项“春光 129 团固废场环境隐患治理工程”“采油二厂燃油锅炉天然气替代工程”“赵凹油田采输管线腐蚀治理工程”等集团公司环保隐患治理项目 10 项，获批复资金 5 488 万元。加强污染防治，全年投资 4 382 万元，完成清洁能源改造燃油、燃煤锅炉 34 台，拆除供暖燃煤锅炉 10 台，整治危险废物暂存场 2 座，实现烟类、二氧化硫、氮氧化物分别减排 60 吨 / 年、375 吨 / 年、420 吨 / 年。河南油田被评为集团公司环境保护先进单位。

（韩　伟）

2019 年 3 月 24 日，河南油田资产经营中心应用化工厂污水处理技术人员在铜川油气开发公司对比分析水样
（杜　仲　摄）

【“保效增效”提升经济效益】 2019 年，河南油田分公司成立 10 个“保效增效”项目组，实现保效增效 8 亿元。其中，SEC 储量（现有经济和操作条件下的剩余经济可采储量）工作组加强老区递减控制、新井产能运行和成本管控，新增 SEC 储量 151 万吨，储量替代率达 116%，降低折耗费用 3 亿元；勘探费用工作组加强项目精细管理，储量发现成本持续降低，全年勘探费用 2.16 亿元，减少 2.02 亿元；节能降耗工作组全面优化机采、注水、集输系统，加强用电管理，全年节约电费支出 2 800 万元；井下作业工作组加强作业基础管理，多项措施并举，压减作业工作量 292 井次，降低作业费用 2 544 万元；油气销售工作组采取原油弹性销售、天然气推价和液化气提价等措施，实现增收增效 8 710 万元；资产利用工作组从盘活存量、优化增量、提效低效、处置无效等方面挖掘资产创效潜力，盘活资产 4.70 亿元，增效 3 850 万元。河南石油勘探局加强生产经营环节成本控制，严控材料费、燃料费、电费和外包支出等费用，全年实现内部挖潜 1 亿元，完成年度目标的 100%。

（韩　伟）

【重点工程建设】 2019 年，河南油田累计完成重点工程建设投资 21.16 亿元。其中，分公司完成投资 21 亿元，勘探局完成投资 1 649 万元。分公司完成旬邑二维地震 200 千米项目；完成南阳、春光、旬邑等区域勘探钻井 33 口、进尺 8.07 万米；完成春光、古城、渭北等区块产能建设钻井 134 口、进尺 19.81 万米，建井 127 口，建产能 12 万吨；完工投用井楼、双河、下二门等采油管理区第二批生产信息化建设工程。勘探局完工投用老化油处理、安全培训设施及标准化考场完善、生产用电信息平台建设、新闻中心双回路供电改造等工程；到货投用通勤客车、电力维修电动车等设备；开工建设下南线改造、双变开关站更新、王集开关站综合自动化系统更新等电力设施隐患整改工程。

（韩　伟）

【节能工程】 2019 年，河南油田落实推进节能技术措施项目，在机采、注水（聚）、注汽、集输、公用等系统，实施“精细注水调整，提高有效注水”“优化稠联伴热工艺，降低运行成本”“双河油田江河区注水中压系统优化调整改造”等项目 30 项。通过管理节能、技术节能、工程节能、结构节能等方法，完成年节能目标。分公司、勘探局工业万元产值（2010 年不变价）综合能耗分别比考核指标降低 3.20%、5%，节约标准煤（等价值）1.11 万吨。

（韩　伟）

【外创市场创效】 2019 年，河南油田探索“轻资产、重技术、中高端”外部市场转型发展创效模式，推进技术服务、产品销售等成本低、效益好的项目，实现产值 2.60 亿元，占外创市场产值总额 51.70%。制定由单一服务向综合承包转变的市场发展战略，开发加蓬、哈萨克斯坦、阿尔巴尼亚高端技术服务市场，中标“阿尔巴尼亚 P-M 油田技术支撑”“哈萨克斯坦肯雷特、西南卡拉布拉克油藏描述及开发调整挖潜方案研究”等具有规模效益和拓展性的高端技术服务项目。

（韩　伟）

【泌阳凹陷安棚地区油气勘探成果】 2019 年，河南油田在泌阳凹陷安棚地区深层系整体解放孔隙度4%～6%致密油气储量，进一步拓展安棚深层系H3Ⅸ-Ed致密砂岩气含气范围，规模效益增储，部署钻探安深2井、泌446井，其中安深2井获工业气流、泌446井获高产工业油流。该区致密油气勘探取得新突破，新增天然气预测储量96亿立方米，石油预测储量150万吨，取得良好勘探效果，获股份公司油气勘探突破三等奖。

（韩　伟）

【春光油田开发技术】 2019年，河南油田针对春光油田强边水小规模油藏剩余油开发，研究形成以“泡沫＋凝胶”二元堵驱、人工氮气气顶驱等技术为核心的提高稀油小砂体采收率的技术体系。研究部署高效调整井19口，动用地质储量40万吨，新建产能4万吨，阶段增油2 698吨，降低无效产液2.40万吨。针对特超稠油开发，研究形成以N_2+CO_2辅助吞吐为核心的提高中深薄层稠油热采开发效果的系列关键技术。在春10井区沙湾组新增可动用储量18.90万吨；在沙湾组II2层部署8口井，日产油8.40吨。研究形成防砂、封窜堵漏、降黏、防腐防垢、高效举升为核心的稠油开发工艺技术体系，现场应用311井次，恢复可采储量13万吨，阶段增油1.59万吨。

（韩　伟）

【“六个百口井”治理工程】 2019年，河南油田充分发挥工程技术在生产中的创效作用，持续开展“六个百口井”专项治理工程，其中包括大修侧钻专项工程、注水专项治理工程、关停井复产工程等。全年实施治理910井次，增油8.05万吨；增加注水36.50万立方米，减少无效产液5.60万立方米；恢复可采储量37.50万吨、水驱控制储量210万吨，减缓自然递减1.80个百分点。

（韩　伟）

【“三定”工作】 2019年，河南油田编制“三定”（定机构、定岗位、定人员）工作实施方案并下发机构用工编制文件。核定各单位机构总数264个，减少72个，其中机关科室数由130个整合到108个、机关直属机构数由45个整合到28个、基层单位数由161个整合到128个。核定2019年自营业务在岗用工10 126人（包含合同制员工、业务服务外包用工），减少4 343人；核定科级职数937个，核定职数减少275个。

（郭运平）

【企业办社会职能分离移交】 2019年，河南油田企业办社会职能分离移交工作，按照“交得好、接得住、可持续”的目标，完成“唐河基地小区供水”“南机小区供电”“油田中心区供气”“双河生活区物业管理职能移交”4个维修改造工程及清算鉴证工作。编制《物业供暖市场化改革实施方案》，发放物业、供暖补助，物业市场化改革工作平稳运行。

（郭运平）

【员工队伍培训】 2019年，河南油田举办221期各类员工队伍培训班，培训10 500人次。其中，管理干部培训17期、1 069人次，专业技术干部培训33期、2 082人次，技能操作人才培训142期、5 399人次，国际化人才网络培训1期、180人次，大学生培训2期、83人次，安全与应急管理培训26期、1 687人次。承办集团公司党支部书记培训班5期，培训胜利油田、中原油田等单位人员325名，其中河南油田新任职支部书记64名。组织参加集团公司62个项目的培训，培训管理、专业技术和技能操作人员146名。

（郭运平）

【业务竞赛】 2019年，河南油田组织开展多种业务竞赛。专业技术人员技术比武设安全管理（作业安全分析）、井下作业、机动设备等5个专业；技能操作人员技能竞赛设采油工、热注运行工、溶剂脱沥青装置操作工等5个工种。经过各单位层层开展岗位练兵和培训选拔，300余名选手参加决赛，70名（技术比武46人、职业技能竞赛24人）选手分获竞赛各专业和工种各项名次，并被授予河南油田技术能手称号；采油一厂、采油气工程服务中心、研究院等6个单位获优秀组织单位称号。选拔6名选手参加集团公司井下作业专业竞赛，取得银牌2枚，获团体奖第3名。选拔7名选手参加中国技能大赛采油工职业技能竞赛，取得金牌 1 枚、银牌 2 枚、铜牌 2 枚，获团体奖第 2 名；杨俊行获中国石化技术能手称号，景天豪、孙爱军、徐伟获优秀教练团队奖，河南油田获优秀组织单位奖。

（郭运平）

2019 年 10 月 31 日，河南油田资产经营中心参加维修电工职业技能竞赛的选手在进行赛前学习交流

（杜 仲 摄）

【员工帮助计划（EAP）】 2019 年，河南油田持续实施员工帮助计划，对关键岗位人员和重点人群进行职业心理健康状态测评及心理关爱服务 3 000 余人次。开展“送 EAP 关爱，让幸福相随”活动，为 20 家二级单位发送 6 类 28 门 EAP 课程，参与学习人员 3 000 余人（次），提高了员工的心理素质资。充分发挥 EAP 线上平台作用，24 小时 EAP 热线一对一咨询服务 275 人次；“EAP 志愿者”微信公众号编发文章 300 余篇，点击量 10 万余人次。举办“EAP 实施与相关技术”培训班，提升 EAP 志愿者的专业水平、技术能力。参加集团公司 EAP 工作研讨推进会，做题为《以多样化服务全面提升员工幸福感》的交流发言，受到集团公司党群工作部领导和与会人员的好评。

（郭运平）

【困难群体帮扶救助】 2019 年，河南油田持续开展帮扶救助活动，实施“一助一”扶贫帮困工程，支出帮扶资金 1 821.18 万元。其中，为 80 户特困家庭发放生活补贴 35.90 万元，为 857 名职工家属发放大病救助 565.60 万元，为 8 户困难家庭发放灾难救助金 12.80 万元，为特困（困难）家庭、非在职劳动模范、离岗劳动家属及离退休老同志发放慰问金 1 185.30 万元，为 110 名特困（困难）家庭子女发放助学金 21.58 万元。

（郭运平）

表 1　　河南油田主要经济指标　　亿元

年份	2019		2018		2017		2016		2015		2014	
指标名称	勘探局有限公司	分公司	勘探局有限公司	分公司	勘探局有限公司	分公司	勘探局有限公司	分公司	勘探局有限公司	分公司	勘探局有限公司	分公司
工业总产值①	1.49	47.76	1.76	53.97	1.93	47.28	3.35	45.24	3.89	70.48	2.32	129.39
工业增加值	0.98	19.59	0.38	18.86	1.07	8.43	1.03	0.83	1.25	28.16	1.20	80.86
资产总计	24.12	102.51	23.29	59.04	20.39	84.64	23.24	113.59	23.27	140.23	21.84	162.39
流动资产	7.91	5.33	6.95	6.26	5.02	9.52	5.39	11.41	3.38	12.26	2.44	25.22
固定资产原值	16.76	359.89	18.44	347.20	28.08	342.20	27.15	320.61	26.52	312.83	23.15	299.47
固定资产净值	8.63	37.64	9.95	36.52	13.80	62.16	15.22	95.81	17.16	113.01	14.23	116.98
销售收入	12.55	39.13	13.90	44.19	13.08	47.22	15.54	43.98	17.16	62.74	16.64	111.87
实现税费	1.18	5.50	1.29	7.52	1.21	7.08	1.19	8.38	1.49	12.23	1.36	37.56
综合能耗 / 吨标煤·万元$^{-1}$	0.209	0.732	0.211	0.689	0.214	0.619	0.316	0.543	0.39	0.55	0.31	0.56

① 2013 年数据不包含工程板块拆分重组单位

表 2　河南油田主要生产建设指标

指标名称 \ 年份	2019	2018	2017	2016	2015	2014
原油产量 / 万吨	130.01	136.01	156.50	169.07	231.00	241.00
天然气产量 / 亿立方米	0.91	0.84	0.80	0.67	0.51	0.51
新增原油生产能力 / 万吨	12.00	10.71	14.52	7.90	11.26	26.75
新增天然气生产能力 / 亿立方米	0.09	0.01	0.01	0.21	0.01	0.29
新增探明石油地质储量 / 万吨	311.06	0	0	77.68	440.10	544.66
新增探明天然气地质储量 / 亿立方米	0	0	0	—	—	—
二维地震 / 千米	200.00	—	—	—	—	200.00
三维地震 / 平方千米	0	80.00	100.00	137.00	320.00	200.00
石油钻井 / 口	167	132	121	76	145	302
探　井	33	39	43	45	62	43
开发井	134	93	78	31	83	259
钻井进尺 / 万米	29.88	23.39	21.60	13.69	17.10	33.22
勘探投资①/ 亿元	3.56	4.01	5.95	4.68	5.78	5.13
开发投资 / 亿元	9.50	5.86	4.63	3.00	5.48	21.30

①勘探投资含滚动勘探投资部分

江汉油田

【概况】 江汉油田为中国石化集团江汉石油管理局有限公司（简称江汉石油管理局）和中国石油化工股份有限公司江汉油田分公司（简称江汉油田分公司）的统称，是以油气勘探为主、盐卤化工配套发展的国有大型企业。江汉石油管理局组建于 1972 年 5 月，1998 年划归集团公司。至 2019 年底，下属二级单位 26 个，主要分布在湖北潜江、武汉、荆州，重庆涪陵、万州，山东寿光，陕西安塞，辽宁彰武等地。主要基层单位有采油区（队）14 个、采气区（队）2 个、输油（气）队（站）11 个、化工车间 26 个。资产总额 370.24 亿元，其中固定资产原值 723.16 亿元、净值 280.88 亿元、流动资产 16.43 亿元。

2019 年，江汉油田确立“建成千万吨油气田，打造行业一流企业”战略方针，努力实现“天然气大发展、老油田硬稳定、页岩油求突破、盐化工快增长、特色业务多创效”工作目标，企业生产经营持续稳定发展。

江汉油田主要经济指标及主要生产建设指标分别见表 1 和表 2。

（罗秋林）

【经营业绩】 生产油气当量 630 万吨、增加 24 万吨、增长 3.89%，位列油气和新能源板块第四；油田整体实现收入 171.1 亿元、增长 3.5%，利润 30.76 亿元、增利 6.83 亿元。其中，油气业务利润 30.69 亿元、增利 5.36 亿元，名列油气和新能源板块第二、预考核排名第三；盐化工盈利 601 万元；江汉石油管理局盈利 100 万元。上缴税费 16.84 亿元。涪陵页岩气开发实现累计自由现金流为正，焦石坝区块一期工程获国家优质投资项目特别奖、国家优质工程金奖。涪陵页岩气田获评新中国成立70周年“百项经典工程”。

（罗秋林）

【油气勘探】 天然气勘探分战略评价、战略突破、战略接替3个层次，在涪陵、鄂西渝东、湘鄂西、宜昌4个主阵地全面展开，涪页10HF、涪页8-1HF、建页3、宜志页1HF、枫1、平桥1、涪茅1HF、涪茅2等多口重点井均钻遇良好油气显示，涪页8-1HF老井在大安寨段凝析油气藏试获稳定油气流，已进入加快评价推进阶段，复兴（涪陵北）陆相页岩油气、鄂西和涪陵南海相页岩气勘探取得进展。老区石油勘探取得重要成果，在八面河鼻状带、蚌湖向斜落实2个500万吨增储阵地。页岩油长生命周期连续生产配套工艺试验取得积极进展，蚌页油1HF井1–5段试获4吨日产量；创建页岩油评价体系，评估盐间及新沟嘴组页岩油资源规模11.6亿吨。全年新增天然气探明储量558亿立方米、预测储量428亿立方米，石油探明储量230万吨、控制储量606万吨、预测储量668万吨。

（罗秋林）

【页岩气生产销售】 全年产气63.33亿立方米、销售60.79亿立方米、增长5.2%；新增经济可采储量64.5亿立方米。立体开发调整部署加速实施，上部气层井、加密井平均测试产量分别为18.5万米³/日、23.9万米³/日，调整后老区采收率23.1%、提高10.5个百分点。二期产建全面完成，累计建成产能27.3亿立方米，平均单井测试产量18.9万米³/日、最高无阻流量超100万立方米，区块日产气459万立方米。增压开采、排水采气等取得好效果，老区递减得到有效控制，平均月递减率1.1%、降低2个百分点。盐穴储气库建设有序推进，完成代建协议签订和行政审批程序，产供储一体化发展态势初具雏形。

（罗秋林）

【老油田开发】 生产原油116.57万吨、超产1.57万吨；亏损2.46亿元、减亏9.37亿元，盈亏平衡点3 402元/吨、下降202元/吨：新增经济可采储量151.43万吨、替代率142.3%，储采比6.0。进行滚动评价，落实商业开发储量151.3万吨、年内动用86.6万吨。抓住油价回暖有利时机，优化产建项目实施，新建产能9.32万吨，新井产油7.59万吨、增长0.2万吨。老区综合治理示范区建设取得明显成效，注采对应率提升1.5%，新增水驱动用储量697万吨，举升、注水单耗分别下降2.9%和4.5%，自然递减率连续4个季度在集团公司“星旗榜”摘星。彰武油田实现快速、安全、环保、效益复产，恢复油井16口，全年产油5 105吨。

（罗秋林）

【科技创新】 全年获国家专利授权46件、省部级奖7项。①页岩气开发技术实现升级换代。围绕八大技术系列及5项关键装备、材料持续攻关，国家科技重大专项顺利完成年度任务，“十条龙”项目通过集团公司中期评估，涪陵页岩气海相二代开发技术基本形成，第三代压裂工艺试验取得成功，老区调整井平均单井试气费用下降30%以上，水平段长、单段压裂成本、采收率等关键指标达到国际先进水平。深层、常压、陆相页岩气新区配套技术攻关，老区与康菲石油开展立体开发试验，为上产接替积极准备。②老油田稳产技术取得新进展。高含水区块稳油控水试验效果明显，目标区块综合含水下降2.2%、自然递减率下降1.5%、稠油化学降黏技术攻关取得实质性进展，试验井含水平均下降10%，单井日增油2.5吨。聚合物驱单井试注稳步实施，试验井组进入全面注聚阶段。卤水提锂制备电池级碳酸锂中试装置可行性研究报告获总部批复。③“两化”融合深入推进。老区生产信息化建设进入快车道，涪陵智能化气田建设加速推进，EPBP系统建设及应用稳步实施，EPBP与PCS数据整合、ERP深化应用取得成效。

（罗秋林）

【QHSSE工作】 ①QHSSE管理体系不断完善。对标集团公司HSSE管理体系要求和实施要点，完善各专业委员会设置，发布油田HSSE管理手册；将质量管理纳入安全环保健康管理体系，一体化推进岗位责任落实。②“大反思、大讨论”

活动深入开展。针对盐化工"4·8"人身伤亡事故，深刻查摆思想、管理、技术上的问题，扎实开展专项整治和全面整改。从油田领导班子做起，分别带队到安全挂点单位现场指导；带头参加并抓实全员 HSSE 培训考核，全员一次通过率 97.3%。严格落实安全生产"一岗双责"和"管业务必须管安全"要求，狠抓中层及以上管理人员安全观察和安全检查，发现问题、解决问题在基层。突出以人为本培育安全文化。严抓劳动纪律、工艺纪律、操作纪律，制定并严格落实《全员安全记分管理细则》，"不伤害自己、不伤害他人、不被他人伤害、保护他人不受伤害"逐步成为干部员工的行动自觉。③直接作业环节管控有力。严格执行集团公司安全管理 10 条措施，制定油田 23 项禁止类、27 项严重类违章行为清单，加大施工现场监管力度，违章行为得到有效遏制、逐月大幅减少。狠抓承包商监管，严格"负面清单"考核问责，强势甲方管理高压态势逐步形成，承包商提升管理的自觉性、主动性明显增强。④风险管控能力稳步提升。对照集团公司"四不两直"安全检查问题，举一反三抓好整改。落实风险分级管控、隐患排查治理双重预防机制，动态识别评估"十大风险"，总风险指数值由年初 303 降至 278，风险可控、在控。投入专项资金，完成盐化工 71 个项目整改，管理水平得到提升。⑤应急管理体系逐步健全。修订突发事件应急预案，开展企地联动应急预案实战演练，建成油田应急指挥中心并与应急抢险现场实现互联互通。实施员工帮助计划，开展身心健康干预和职业病预防；开通绿色通道，签订直升机救援协议，全员健康管理水平进一步提升。⑥环保工作基础不断夯实。推进绿色企业创建，加快落实"一方案两清单"，深入开展"固废规范化管理年"活动，完成涪陵页岩气田固废治理，危废转运监控平台上线运行，全周期管理机制进一步完善。清洁生产通过集团公司审核验收。

（罗秋林）

【改革管理】 ①油公司体制机制持续优化。整合采油管理区和服务区，调整车辆、消防、护卫、物资供应及清河油区后辅业务，优化油田机关内设机构、职能界面和业务流程，缩短管理链条，提升管理效率。②分离移交及物业供暖市场化改革平稳有序。"三供一业"9 类 66 个项目全部完成资产、管理职能移交，其他社会服务业务签订承揽协议；积极寻找物业、供暖承接企业，小区物业服务成功与龙湖智慧服务集团签订合作协议；供暖业务移交北京市热力集团；加强区域统筹和组织领导，物业供暖市场化改革攻坚战稳步推进；分离移交改造项目全面展开。③激励机制得到有效激发。建立完善并发挥好绩效考核的导向作用，推动一切工作向价值创造聚焦，一切资源向价值创造流动，突出可持续发展和各类风险管控，激励队伍争旗夺星。油田人均劳动生产率 57.03 万元、增幅 4.8%。"走出去"力度不断加大，外闯市场总人数 1 719 人，创收 8.32 亿元、增收 1.02 亿元；在长庆油田中标塞 17 区块总承包服务项目，可年创收 5 000 万元；承揽中国石油浙江分公司钻前施工、中原石油工程公司废弃物无害化处置、新疆中曼石油采油服务等业务。人力资源、资产调剂、业务承揽 3 个平台作用有效发挥，内部用工优化配置 3 678 人，调剂资产 2 454 项、原值 5.33 亿元，实行自己的活自己干 837 项、金额 6.18 亿元。深化融合"三大计划"，落实增量效益回报机制，暂缓实施低效无效项目 11 个、金额 1.4 亿元。开源节流、创收增效，常规气推价、成品油扩销增收 1.13 亿元，特色农产品登上淘宝、京东等电商平台；安全供水 1 944 万立方米、供电 8.71 亿千瓦·时。

（罗秋林）

【人才队伍建设】 ①干部队伍结构持续优化。注重各年龄段优秀干部选拔使用，加大年轻人才培养力度，分层分类举办年轻干部培训班 5 期，调整中层干部 216 人次，新提拔中层副职 40 岁以下、基层正职 35 岁以下比例分别达 27.9% 和 26%，中层干部平均年龄下降 1.2 岁。出台基层机构设置、职数管理和领导人员选拔任用办法，配套监督检查及责任追究办法、履职待遇和业务支出实施细则，干部队伍管理进一步规范。②技术人才队伍不断完善。分 3 批选聘油田级以上专家 67 人，印发基层级专家职位管理指导意见和专家管理办法，厂处专家序列建设有序推进，建成门类齐全、结构合理、数量适当的专家队伍方阵。

2017 年进站的 4 名博士后顺利出站，3 人留在油田工作。③技能领军人才规模提升。制定技能操作职位管理办法，明确基层单位技师职数，规范选聘程序，进一步畅通技能人才成长通道，基层技师序列不断健全。选聘油田首席技师 2 名、油田技师 8 名。3 人被评为湖北省第 4 届首席技师，张义铁工作室被评为国家级技能大师工作室。

（罗秋林）

【党的建设】 ①主题教育扎实有效。成立主题教育读书班，邀请专家进行专题辅导，举办中层管理人员政治轮训班，组织学习陈俊武、张富清先进事迹。油田领导班子成员深入基层一线与员工群众面对面交流，增进同员工群众感情；召开调研成果交流会，检视问题 34 个、提出对策建议 45 条。②班子建设持续加强。开展中心组学习研讨 26 次，党委前置审议重大事项 48 项。油田“三重一大”系统建设工作受到集团公司通报表扬。③基层党建质量提升。推进“双示范”创建、区域联建联创工作，各级党组织引领力、组织力、凝聚力、战斗力不断增强。涪陵技术中心党支部获中央企业先进基层党组织称号。③思想引领不断深化。组织庆祝新中国成立 70 周年和五七油田大会战 50 周年系列活动。在中央电视台、人民网等主流媒体发稿 73 篇。④管党治党从严从实。督查检查、评比表彰、会议、文件等分别减少 69%、53.6%、63% 和 58.2%，油田两级纪检监察机构受理信访举报量下降 38.2%，完成 10 个二级单位党委巡察 10 个内部审计项目。⑤做好困难帮扶。走访慰问员工群众 9.48 万人次、发放款物 3 719.7 万元。争取失业保险稳岗返还金 1.18 亿元，助力西藏班戈县、潜江雷场村脱贫摘帽。

（罗秋林）

【五七油田会战指挥部旧址入选国家工业文化遗产名录】 五七油田会战指挥部建于 20 世纪 60 年代，位于湖北省潜江市五七会战路职工培训中心院内东侧，占地面积 227.32 平方米。2015 年，江汉油田分公司对指挥部重新修缮，布展图片、文献资料、文物等 200 余件，见证了五七油田会战的历程，具有较强的历史价值、科技价值、教育价值、文化价值。五七油田会战是中国石油工业发展史上的一次重要会战，建成中国南方第一个综合石油基地，对开发“三线”、巩固国防、改善国内工业布局、加快石油工业发展具有重要的历史意义和现实意义。2019 年 12 月 18 日，江汉油田“五七油田会战指挥部旧址”入选国家“中央企业工业文化遗产”名录。

（罗秋林）

【涪陵一期产建项目获国家优质工程金奖】 该项目于 2013 年 1 月开工建设，2015 年 12 月建成 50 亿立方米产能。项目以创“国家优质工程金奖”为目标，形成页岩气藏综合评价、水平井组优快钻井、长水平井分段压裂试气、试采开发、绿色开发、地面工程等具有涪陵海相页岩气开发特色的六大配套技术体系，自主研发页岩气开发关键装备和配套工具，获国家专利授权 245 件；获页岩油气国际先锋奖、国家科技进步一等奖。2019 年 12 月 8 日，“江汉油田分公司涪陵页岩气田焦石坝区块一期工程产能建设项目”获国家优质工程金奖。

（罗秋林）

【涪陵焦石坝一期工程获国家优质投资项目特别奖】 涪陵页岩气田焦石坝区块一期工程产能建设项目总投资额 232 亿元，于 2013 年开工建设，2018 年竣工投产，历时 5 年，建成 50 亿米 ^{3}/ 年产能，是迄今为止全球除北美以外最大的页岩气田，也是国内首批批准设立的国家级页岩气示范区项目。2019 年 10 月 15 日，由国家发展改革委主管、中国投资协会主办的 2018—2019 年度国家优质投资项目评选结果揭晓，涪陵页岩气田焦石坝区块一期工程产能建设项目获特别奖，是石油天然气能源类唯一获得的特别奖项目。

（罗秋林）

【涪陵气田获评新中国成立 70 周年“百项经典工程”】 2019 年 11 月 16 日，中国施工企业管理协会在北京召开“工程建设行业庆祝中华人民共和国成立 70 周年宣传展示总结大会”，涪陵页岩气田获评新中国成立 70 周年“百项经典工程”。

（罗秋林）

表 1　　江汉油田主要经济指标　　亿元

指标名称＼年份	2019	2018	2017	2016	2015	2014
工业总产值	125.58	123.13	110.90	97.28	89.81	99.14
工业增加值	95.54	96.57	83.72	92.29	53.74	72.44
资产总计	370.24	317.40	337.14	382.23	360.40	266.67
流动资产	16.43	15.84	18.36	28.61	17.87	12.66
固定资产原值	723.16	654.17	613.79	568.95	505.77	396.81
固定资产净值	280.88	261.91	250.43	290.40	271.81	209.91
销售收入	168.32	161.89	137.56	126.48	114.78	138.38
实现利税	32.73	20.41	8.94	35.91	–9.44	–3.38
税　金	11.01	11.87	11.10	39.35	3.62	14.92

表 2　　江汉油田主要生产建设指标

指标名称＼年份	2019	2018	2017	2016	2015	2014
原油产量 / 万吨	116.57	117.00	119.18	126.34	151.50	164.53
天然气产量 / 亿立方米	64.43	61.41	61.34	51.72	33.07	12.31
新增原油生产能力 / 万吨	9.30	9.81	7.09	4.79	6.70	17.60
新增天然气生产能力 / 亿立方米	8.94	5.13	23.50	20.17	25.00	20.30
新增探明石油地质储量 / 万吨	229.67	0	0	0	46.71	69.11
新增探明天然气地质储量 / 亿立方米	0.32	0	0	0	3 805.98	0
二维地震 / 千米	175.00	354.00	550.00	180.00	680.00	636.83
三维地震 / 平方千米	150.00	187.74	200.00	638.48	1 354.76	303.60
石油钻井 / 口	255	220	162	117	281	368
探　井	31	18	24	29	34	32
开发井	224	202	138	88	247	336
注水井 / 口	8	12	5	3	9	18
钻井进尺 / 万米	80.17	62.04	38.54	50.65	98.55	109.65
勘探投资 / 亿元	12.27	9.99	5.31	11.20	14.41	11.60
开发投资 / 亿元	47.80	33.43	25.67	56.11	117.66	99.36

江苏油田

【概况】 江苏油田是中国石化集团江苏石油勘探局有限公司（简称江苏石油勘探局）和中国石油化工股份有限公司江苏油田分公司（简称江苏油田分公司）的统称，是以油气勘探开发为主，石油炼制和盐卤盐硝开发生产综合发展的国有大Ⅰ型企业。江苏油田前身组建于1975年4月23日；1998年3月，划归集团公司；1998年11月，安徽油田并入江苏油田；2000年1月，设立江苏石油勘探局、江苏油田分公司；2012年12月，剥离石油工程业务，设立江苏石油工程有限公司并独立运行；2017年9月，中国石化集团江苏石油勘探局更名为中国石化集团江苏石油勘探局有限公司。主力油区分布在江苏、安徽2个省的6个地市15个县（市、区）58个乡镇内，在广东徐闻、广西百色有部分探矿区块。油田机关及主要科研单位设在扬州市经济开发区。

江苏油田实行江苏石油勘探局（江苏油田分公司）—二级单位—基层单位三级管理体制。截至2019年底，共有二级单位18个，在岗合同制员工9 281人，离退休人员11 044人，家属3 242人。总资产78.22亿元，其中固定资产净值34.79亿元。江苏油田分公司有油气勘查、开采项目区块25个，总面积2.08万平方千米。其中，探矿权项目区块5个，面积2万平方千米；采矿权项目区块20个，面积0.21万平方千米。累计探明油田38个（含徐闻、广西百色油田），探明含油面积276.19平方千米，累计探明石油地质储量3亿吨、天然气地质储量93.80亿立方米（含溶解气）。投入开发油气田37个，动用含油面积211.4平方千米，动用石油地质储量2.5亿吨，占探明储量的83.33%。累计生产原油4 912.94万吨、生产天然气15.80亿立方米。

2019年，新增探明石油地质储量159.53万吨，新增控制石油地质储量606.03万吨，新增预测石油地质储量847.4万吨；生产原油106.09万吨、天然气5 092万立方米，吨油完全成本3 223元；实现收入62.45亿元、利税总额1.38亿元。其中，江苏油田分公司实现收入44.94亿元、利税0.76亿元，江苏石油勘探局实现收入17.51亿元、利税0.62亿元。

江苏油田主要技术经济指标及主要生产建设指标见表1和表2。

（屈传刚）

【领导班子调整】 2019年8月29日，集团公司党组召开江苏油田、华东石油局干部视频会，宣布对江苏油田、华东石油局领导班子调整的决定：方志雄任江苏石油勘探局执行董事、党委书记，江苏油田分公司代表；钟志国转任江苏石油勘探局总经理、党委副书记，江苏油田分公司总经理。集团公司总经理、党组副书记，股份公司总裁马永生在北京出席会议并讲话。

（屈传刚）

【油气勘探】 2019年，江苏油田分公司勘探总投资2.36亿元，完钻各类探井23口，有结论探井16口，新获工业油流井7口，落空井9口，探井综合成功率44%。针对刘陆舍次凹北斜坡阜三段隐蔽圈闭实施的风险探井刘陆X1井发现油层7层27米，新增预测储量791.1万吨，该井入选中国石化十大油气勘探突破成果。高邮凹陷南断阶周徐结合部断鼻圈闭部署钻探周68井，测井解释油层8层39.3米，油水同层1层5米，新增控制储量114.07万吨。金湖凹陷西斜坡崔庄构造带钻探崔X23井，测井解释油层3层16.7米，油干层2

2019年12月26日，刘陆X1井勘探入选中国石化2019年十大油气勘探突破成果。图为科研人员在钻井现场观察岩芯，分析钻探油气情况（王庆辉　摄）

层 4.7 米，新增控制储量 137.86 万吨。马家嘴构造戴南组断鼻圈闭钻探马 X48 井试获工业油流，新增预测储量 56.3 万吨。

（屈传刚）

【油田开发】 2019 年，江苏油田分公司开发总投资 3.53 亿元，完钻开发井 39 口，新建（增）产能 5.9 万吨。全年生产原油 106.09 万吨、天然气 5 092 万立方米。坚持“滚评建”一体化运行，加快新区评价、滚动建产，新增可动用储量 159 万吨。开展以油藏描述、流场调整、水驱治理、关停井复产为主要措施的老区综合调整，自然递减率、综合递减率分别为 11.4%、6.2%。扩大三次采油规模，加大侧钻和大修工作量，推广应用低成本工艺技术，累计增油 3.2 万吨。实施 SEC 储量项目化运行，加强敏感因素分析和改善措施落实，SEC 储量替代率 105.5%，储采比提高到 3.2。广西百色油田当年接收、当年复产、当年产油 0.57 万吨。

（屈传刚）

【炼油化工】 扬州石化有限责任公司是江苏油田和江都区政府合资的法人企业。炼油业务方面，加工原（料）油 50.17 万吨，完成年计划的 106%，首次突破 50 万吨大关。实现销售收入 23.36 亿元，增长 4.5%。入库税收 4.96 亿元，增长 29.7%。化工业务方面，生产聚丙烯 3.08 万吨，增长 31.31%；MTBE2.5 万吨，增长 17.48%；稀乙烯回收油气 1 715 吨。化纤业务方面，生产化纤 3 407 吨，增长 8.59%。销售业务方面，统销产品 26.7 万吨，自销产品 17.2 万吨，产品平均售价 5 178 元 / 吨。

（屈传刚）

【经营管理】 2019 年，全面实施专项治亏行动，江苏油田分公司 20 个开发区块 8 个盈利，亏损面下降 25%，江苏石油勘探局 40 项经营性业务 30 项盈利，盈利面上升 31%。突出价值引领，百万吨产能建设投资下降 10%，盐硝 3 对接替井组当年投产当年见效。加快业财融合平台建设，推进资产分类创效，加大闲置设备调剂、技术改造再利用、报废资产处置力度，实现创效 1 637 万元。用足用好减税降费政策，全年争取税费优惠 8 423 万元，争取地方财政稳岗补贴 423 万元。强化自己的活自己干，严格外部队伍准入门槛，外委外购减少 1.15 亿元。做实重要风险管控 33 项，抓好内控和监督检查问题整改，规范法人治理结构，依法合规意识切实增强。

（屈传刚）

【市场开拓】 2019 年，制定《江苏油田市场开发管理办法（试行）》《江苏油田外部市场扩量提质引导激励办法（试行）》《江苏油田外委外购业务管理细则》3 项市场开拓激励政策，加大外部市场开拓力度，全年外部市场收入 12.1 亿元，增长 1.59 亿元。江苏紫京后勤服务中标中科炼化等 3 个千万元级物业项目，江苏矿业新疆市场收入突破 8 000 万元、增幅 30%，危化品运输首次进入华东地区化工料运输市场，工程中心对外技术服务实现收入 2 438 万元、增幅 91%，培训处外部培训收入 2 648 万元、增幅 20%，供应处仓储商贸业务收入 1.54 亿元、增幅 28%，社管中心通过资产运营、服务创效、人员盘活等对外创收 5 692 万元、增幅 37%。

（屈传刚）

【安全管理】 2019 年，江苏油田加强 HSSE 管理体系建设，组织承接 52 项集团公司制度，组织二级单位梳理完善 916 个操作规程，完成 9 万字体系手册，首批通过集团公司审核。推进隐患整治，完成安全技术措施项目 108 项 1 986.5 万元、安保基金列支项目 12 项 1 924 万元。加大监护人员培训力度，完成油田 602 名监护人和承包商 170 名监护人再培训工作。定期评估安全风险，每月跟踪 9 个油田级安全风险措施落实情况，风险总值降低 7%。加大施工作业现场监督检查频次，开展承包商分级分类管理，加强应急演练和安全培训，本质安全水平有效提升。加强劳动保护管理，规范 17 种职业病危害监测频次和范围，完成 580 多点职业病危害因素检测，梳理排查化验室防护设施 50 余个和员工健康状况 240 人，切实维护员工的身心健康。

（屈传刚）

【环保节能】 2019年，制（修）订环保管理制度12项，完成2个环保专项要素、17个环保专项子要素、96个子要素内的环保内容体系修改。结合国家三大污染防治攻坚战新要求，从蓝天保卫战、碧水保卫战、净土保卫战、规范环境监测四大方面，确定3年污染防治项目42个，已完成20项。严守生态保护红线，关停联盟庄输油码头，迁置崔庄输油码头，彰显中央企业负责任形象。编制绿色企业“一方案两清单”行动计划，形成6个方面26项具体任务清单和43项项目实施清单。强化固体废物全生命周期监管，推行绿色修井作业，采取合同环境管理模式，解决传统作业防渗膜现场铺设难、回收难、废弃处置难的“三难”问题。实施各类节能低碳和能源结构调整项目8项，年节约能源折合标煤6 843吨，节约能源消费资金1 830万元。江苏油田连续15年获集团公司环境保护先进单位荣誉。

（屈传刚）

2019年3月15日，江苏油田新建崔庄输油码头开始运行。为了响应江苏省‘两减六治三提升’专项行动计划，保护江苏省金湖县30多万百姓饮用水安全，江苏油田将已安全运行24年的原崔庄输油码头迁出水源保护区，仅用不到4个月时间建成投产新的崔庄输油码头（王　禄　摄）

【企业改革】 2019年，开展江苏紫京法人结构治理，优化运输处职能和业务定位，推动扬州石化股权结构调整，成立物资供应招标投标管理服务中心，实施科技体制机制改革和财务转型试点，改革不断向纵深突破。推行项目化管理和自主经营承包，在管理区开展岗位竞聘和经营承包，瘦身管理区，做实班站库，推行项目化管理，更多基层干部下沉到生产一线。加大员工流动配置优化力度，促进更多员工向缺员和价值创造高的岗位转移，72人跨单位流动，536人走出油田创收创效。修订完善绩效全额考核细则，出台油田奖励归口管理办法，强化考核激励机制建设。全面完成物业供暖市场化改革，42个生活小区全部实现社会化服务管理。

（屈传刚）

【科技创新】 2019年，江苏油田安排科技经费3 807万元，组织运行科技计划项目105项；申请国家专利72件，获授权56件；41项成果通过中国石化和油田鉴定，其中3项成果达到国际领先水平、1项成果达到国际先进水平。发布52项成果转化推广目录，成立科技开发分公司，制定科技成果转化奖励机制，建立10个创新平台，激发科技创新创效活力。推进科研“放管服”，赋予3家独立法人单位科技项目升级运行权，6项科研课题直接提升为油田级。深化EPBP平台建设，地理信息系统等一批应用软件正式上线，云平台建成投用，更多软硬件和信息资源在云端共享。优化整合数字资源，发布石油情报90期、油气勘探开发49期，新增科技论文798篇，新增电子及纸质图书293册。

（屈传刚）

2019年11月8日，江苏油田勘探开发云平台建成投用。该平台综合运用虚拟化、远程三维可视化等前沿技术，将科研单位现有专业软硬件、业务数据、研究成果等资源互联共享，用户可在任何时间、任意地点、任一设备登录访问并使用云资源，为油田勘探开发提供支撑（傅魁明　摄）

【队伍建设】 2019年，积极落实集团公司人才强企工作会精神，推进人才强企工程建设，完善人才选拔任用、退出等8项制度，建立“在岗用工+人力资源池”运行模式，公开竞聘选拔19名年轻干部，首次面向中国石化系统招聘成熟人才 4 人，科研院所选调基层专业人才 9 名，566 名员工取得全国通用职业技能等级证书，238 人次完成青年骨干优培计划。参加业务比武和技能竞赛，取得国家级 1 金、2 铜，集团公司级 1 金、2 银、2 铜的成绩。以岗位创新创效创优为主线，加强基层班组建设，兴化、黄马采油管理区获中国石化工人先锋号荣誉，油服中心安装维修班被评为中国石化青年文明号。

（屈传刚）

【党建和思想政治工作】 2019 年，深入开展“不忘初心、牢记使命”主题教育，牢牢把握总要求、总目标、总任务，坚持问题导向，突出查改贯通，推动 4 项重点措施落实，2 批主题教育成效被集团公司主题教育办公室给予“优秀”评价。配合做好集团公司党组巡视，查摆问题，剖析根源，举一反三，细化制定整改措施 51 项，完成率达 84.3%。对 6 家二级单位开展党委巡察，发现全面从严治党、选人用人等方面问题 118 个，均制定落实整改措施。加强重点岗位廉洁风险动态管理，排查岗位 3 120 个，制定防范措施 8 402 项。组织开展“传承石油精神、弘扬石化传统”专题教育，邀请陈俊武事迹和铁人精神报告团，启用油田党性教育馆，举办庆祝新中国成立 70 周年“为祖国放歌”系列活动。江苏油田连续 30 年获江苏省文明单位称号。

（屈传刚）

【民生工程】 2019 年，坚持以民为本，力所能及为员工群众办实事解难事，向 56 个困难家庭发放 112 万元帮扶金，为 302 名职工发放救助金。调整退休人员基本养老金、人均月增 224 元，建立开一次欢送会、送一份纪念品、发一本退休证“三个一”退休关怀制度，倾力打造有温度的油田。优化薪酬收入结构，调整企业年金缴费比例，提高一线艰苦岗位津贴标准，给员工带来更多获得感。办理邵真、金湖、洪泽等地区房改房产权证 4 000 多份，有序推进“四供一业”维修改造。举办 120 多场健康咨询和培训讲座，组织近万人参加深度体检，建立全员健康数据库，营造“我健康、我快乐”文化氛围。首次举办贯穿全年的职工运动会，1 879 名运动员参加 6 类 458 场赛事的激烈角逐，展现出顽强拼搏、昂扬向上的精神风貌。

（屈传刚）

表 1　江苏油田主要技术经济指标　亿元

指标名称＼年份	2019	2018	2017	2016	2015	2014
工业总产值现值	38.51	43.29	37.74	32.40	40.88	72.03
江苏石油勘探局	4.56	5.01	5.96	5.22	5.26	
江苏油田分公司	33.95	38.28	31.78	27.18	35.62	72.03
工业增加值	22.87	24.61	19.60	11.55	20.83	53.53
江苏石油勘探局	2.03	2.08	2.89	2.19	2.36	
江苏油田分公司	20.84	22.53	16.71	9.36	18.47	53.53
企业总产值	17.51	17.81	15.41	13.76	17.93	16.62
江苏石油勘探局	5.59	17.81	15.41	13.76	17.93	16.62
企业增加值	8.59	7.18	6.91	7.51	8.30	8.52
江苏石油勘探局	8.59	7.18	6.91	7.51	8.30	8.52
资产总计	78.22	69.69	82.59	129.14	153.27	168.12

续表

年份 / 指标名称	2019	2018	2017	2016	2015	2014
江苏石油勘探局	14.31	16.26	21.08	22.97	25.65	27.65
江苏油田分公司	63.91	53.43	61.51	106.17	127.62	140.47
流动资产	15.73	14.05	16.80	19.36	8.91	15.04
江苏石油勘探局	4.66	5.62	6.11	4.96	6.81	8.58
江苏油田分公司	11.07	8.43	10.69	14.40	2.10	6.46
固定资产原值	286.72	300.59	295.43	303.71	299.22	286.96
江苏石油勘探局①	28.26	24.14	26.78	28.40	28.30	25.24
江苏油田分公司	258.46	276.45	268.65	275.31	270.92	261.72
固定资产净值	34.79	41.09	46.93	103.45	134.50	138.49
江苏石油勘探局①	12.03	11.94	14.56	16.48	17.41	15.85
江苏油田分公司	23.47	29.15	32.37	86.97	117.10	122.64
销售收入	62.45	67.32	58.58	51.56	66.57	104.24
江苏石油勘探局	17.51	17.81	15.41	13.76	17.93	16.62
江苏油田分公司	44.94	49.51	43.17	37.80	48.64	87.62
实现利税	1.38	7.68	–52.59	–32.44	–2.86	33.26
江苏石油勘探局	0.62	–1.24	–2.56	–0.38	0.39	1.57
江苏油田分公司	0.76	8.92	–50.03	–32.06	–3.25	31.69
税　金	10.64	13.37	11.31	9.93	11.76	27.07
江苏石油勘探局	1.19	1.38	1.32	1.10	1.65	1.69
江苏油田分公司	9.45	11.99	9.99	8.83	10.11	25.38
综合能耗 / 吨标煤・万元$^{-1}$						
江苏石油勘探局	0.928	0.388	0.525	0.59	0.48	0.49
江苏油田分公司	0.37	0.340	0.312	0.30	0.30	0.36

①江苏石油勘探局 2019 年固定资产原值、净值均包含油气资产

表 2　　江苏油田主要生产建设指标

年份 / 指标名称	2019	2018	2017	2016	2015	2014
原油产量 / 万吨	106.09	113.16	120.10	133.01	155.50	171.00
天然气产量 / 亿立方米	0.51	0.70	0.43	0.23	0.37	0.52
新增原油生产能力 / 万吨	5.90	4.41	4.67	2.27	9.51	23.00

续表

年份 / 指标名称	2019	2018	2017	2016	2015	2014
新增探明石油地质储量 / 万吨	159.53	67.80	105.00	165.10	117.62	247.02
新增动用石油地质储量 / 万吨	149.18①	163.53	67.80	—	134.14	209.64
二维地震 / 千米	—	42.81	30.00	—	600.71	321.00
三维地震 / 平方千米	40.90	70.20	170.00	162.00	211.51	372.00
完井 / 口	62	49	50	36	90	363
探　井	23	20	30	26	32	73
开发井	39	29	20	10	58	290
钻井进尺 / 万米	14.93	12.82	12.54	10.23	22.27	61.58
勘探投资 / 亿元	2.36	2.41	2.73	4.49	5.59	7.41
开发投资 / 亿元	3.53	3.55	4.96	0.92	3.76	18.65

①包含当年新增 101.76 万吨、复算增加 47.42 万吨

上海海洋石油

【概况】 中国石化集团上海海洋石油局有限公司（简称上海海洋石油局）和中国石油化工股份有限公司上海海洋油气分公司（简称上海海洋油气分公司）统称上海海洋石油，位于上海，是集团公司下属主要从事海洋油气勘探开发及工程服务的上游油田企业。其中，上海海洋石油局主要承担油田企业基地、码头、房产的经营管理及公共服务职能，是矿区业务的利润中心和管理中心；上海海洋油气分公司主要在东海、南海、黄海等海域开展自营勘探，并承担中国石化部分海外海域油气资源勘探开发项目的评价研究，同时代表中国石化参与管理东海平湖油气田、西湖油气田的开发生产。

上海海洋石油的前身为地质矿产部上海海洋地质调查局，组建于 1973 年 4 月，1997 年 1 月整体归入中国新星石油公司，2000 年 3 月随中国新星石油公司整体并入集团公司，2002 年 7 月，分别直属集团公司和股份公司管理。2009 年，按照集团公司要求，上海海洋石油局、上海海洋油气分公司实行“一体化”管理。2014 年，上海海洋石油局有关海洋石油工程业务整合成立中石化海洋石油工程有限公司，随石油工程公司上市。上海海洋石油局直属集团公司管理。上海海洋油气分公司直属股份公司管理，负责上游勘探开发业务。上海海洋石油局、上海海洋油气分公司实行一体化集中管理、专业化集约发展模式。

截至 2019 年底，上海海洋石油下设 14 个机关综合管理部门、3 个直属机构、8 个二级单位；拥有从业人员 411 人，在岗合同制员工 394 人，其中经营管理人员 94 人，专业技术人员 251 人，具有高级专业技术职称的 150 人。上海海洋油气分公司拥有矿权区块 34 个，所属探区主要分布在东海、南海、南黄海等海域，自营和联合矿权区块面积 10.37 万平方千米；自营探区拥有石油三级地质储量 1 483 万吨油当量，其中探明储量 558 万吨油当量。合作探区拥有石油天然气三级地质储量 1.05 万亿立方米气当量，其中探明储量 3 509 亿立方米气当量。已探明油气田 16 个，其中自营

油气田 1 个（涠洲油田）、合作油气田 15 个。

2019 年，上海海洋油气分公司生产份额原油 12.2 万吨、份额天然气 4.76 亿立方米；实现销售收入 13.77 亿元，投资收益 2 086.89 万元，利润总额亏损 11.50 亿元。上海海洋石油局实现营业收入 0.92 亿元，实现利润总额 0.06 亿元。

上海海洋石油主要技术经济指标见表 1。

（林雪梅）

【领导班子调整】 2019 年 4 月 9 日，上海海洋石油召开干部大会，宣布集团公司党组对上海海洋石油领导班子调整的决定：申飞龙任上海海洋石油局党委委员，上海海洋石油局、上海海洋油气分公司总会计师；王雯不再担任上海海洋石油局党委委员，上海海洋石油局、上海海洋油气分公司总会计师职务。11 月 6 日，集团公司党组决定：朱岿然任上海海洋石油局党委副书记兼纪律检查委员会书记，上海海洋石油局工会主席人选、监事；免去刘振东上海海洋石油局党委副书记、委员、纪律检查委员会书记职务，不再担任上海海洋石油局工会主席、监事职务，另有任用。12 月 18 日，集团公司党组决定：免去张旭上海海洋石油局党委书记、党委委员、上海海洋油气分公司代表职务，不再担任上海海洋石油局执行董事，办理退休手续。周荔青暂时主持上海海洋石油党政全面工作。

（林雪梅）

【合作区西部斜坡带勘探获重大突破】 2019 年，上海海洋油气分公司在勘探新思路指导下，开展勘探开发联合编图会战及技术攻关，初步查明东海西湖凹陷斜坡带平北地区砂体展布规律和控砂模式，形成较完整的构造—岩性圈闭勘探评价技术。在此基础上，部署在武云亭地区的多口探井连续钻获油气层，首次在东海西湖凹陷西部斜坡带实现构造—岩性复合油气藏新类型勘探重大突破，新增探明储量、三级储量超出预期，证实了西部斜坡带为发育多套砂体纵向叠置、平面连片规模储量区。该勘探重大突破获股份公司 2019 年度油气勘探突破三等奖。

（林雪梅）

【自营区勘探开发稳步推进】 2019 年，南海北部湾涠西探区涠 8 井在中新统新层系获油气发现，证实了油气已运移至东坡高带成藏，展示了探区内上组合新近系新领域勘探前景，初步预测新近系圈闭资源量约 1 500 万吨；深化了涠西探区重点区带成藏研究，明确了陡坡带近源层系和油气疏导条件良好部位是下步有利突破方向，斜坡带近源层系和断层封堵好的部位是下步有利滚动方向。南黄海探区完成 330 平方千米三维地震资料叠前时间偏移处理，分析认为中生界地震反射连续性增强、信噪比提高，圈闭刻画更准确清晰，为上古生界和中－新生界目标评价奠定了资料基础。东海玉泉东探区开展了二维地震老资料重处理解释及勘探潜力研究，初步明确了平湖组、花港组地层沉积和构造发育特征。

（林雪梅）

【安全环保总体保持平稳】 2019 年，上海海洋石油以 HSSE 责任制落实为主线，加强风险识别与管控，安全生产保持平稳态势。严抓安全管理基础，全面推进安全管理体系建设，修订完善 HSSE 管理体系，制定“十条措施”和“全员安全积分”管理细则；加强重点安全风险防范，强化放射源“三防”安全管理；加强综合演练，开展各层级演练 170 余次，落实绿色环保发展，持续加强固体废物规范化管理，不断推进富有特色的海洋环保绿色文化建设；加强员工健康管理，年内完成 1 611 名员工健康建档工作，建档人数占用工总量的 79%。开展职业危害因素检测、评估和防控，员工职业环境得到进一步改善。

（林雪梅）

【科技研究跃上新台阶】 2019 年，上海海洋石油开展 33 个科技项目的技术攻关。集团公司科技项目“西湖中北部大中型气藏富集规律及目标优选”形成了一套深层甜点储层的预测物探技术系列，提出了“储层、保存和成藏配置”是西湖中央背斜中北部大中型气田形成的主控因素，建立了印月“断背斜背景下致密气藏成藏模式”和古珍珠“大型整装气田成藏模式”。集团公司战略专题研究项目“中国石化深海油气勘探开发战略研究”，提出了中国石化深海油气及天然气水合物发展的总体思路与目标、具体措施和建议，为国家制定深海油气资源战略与能源外交政策，为中国石化深海油气资源勘探开发战略规划的编制提供了参考依据。分公司级项目“西湖凹陷平北地区深层有效储层识别技术”通过测井及地震结合、地震与地质结合、地震资料处理及储层预测一体化的研究思路，形成了一套针对东海西湖凹陷斜坡带深层有效储层预测的技术系列。

（林雪梅）

【物探设备厂开启承包经营模式】 该厂成立于20世纪70年代初，主要业务是生产销售专业电线电缆。由于受内外部体制机制、经营环境影响，经营状况一直不佳。按照上海海洋石油深化改革新思路，该厂积极寻求新的发展机遇，经过多次实地调研，召开多次协商会议，充分考虑市场形势，结合实际，选择了承包经营，成为深化改革的践行者。2019年4月，上海海洋石油局第一海洋地质调查大队有限公司物探设备厂举行成立暨承包经营签约仪式。承包经营后，该厂生产状况良好，开发电线电缆产品3类48种，签约客户达80多家，其中95%为中国石化系统外部客户。截至2019年底，该厂累计实现营业收入642万、利润54万元，超额完成全年计划指标。

（林雪梅）

【精益管理效能持续释放】 2019年，上海海洋石油持续推行目标管理及机关授权承诺制，对扭亏脱困重点工作，明确责任单位和时间进度，加大考核挂钩力度。深入开展“比学赶帮超”活动，形成机关处室、所属单位、基层队多层次参与，通用指标、专业指标全覆盖的综合对标评价体系。优化生产组织运行，生产应急管理系统建成应用，形成完整的海上生产监控系统、应急指挥系统和海上事故处置流程模拟推演系统，实现生产信息动态监控、生产指挥统一调度。严抓风险管理，建立健全积极应对、分层管理、统一协调、多种手段、循环往复的风险管理体系，强化招投标、物资采购、设备修理等重点领域依法合规，企业风险管控水平进一步提高。完善矿区服务保障功能，加强对外租赁资产管理，优化统筹、能租尽租，全年房屋出租占比69%，场地出租占比84%，码头出租占比93%；深化矿区经营业务改革，实现基地管理中心由成本中心向利润中心转变，为全级次扭亏贡献力量；组织编制东塘路基地改造规划，实施东塘路防汛墙改扩建工程，建设美好家园取得新进展。

（林雪梅）

【人才队伍体系进一步完善】 2019年，上海海洋石油深化人才强企工程，制定《人才成长通道横向贯通实施细则》，构建形成纵向畅通、横向贯通的人才发展机制，解决管理人员与专业技术人才序列的互联互通。搭建优秀人才发展平台，依托重大工程，强化配套支持，培养和遴选优秀科技人才。加强拔尖技能人才梯队建设，深化岗位练兵、业务竞赛、导师带徒、专人联系等制度，强化实践导向。在首届全国油气开发专业石油钻井工职业技能竞赛上，获2金、1银、2铜的成绩。建立差异化薪酬分配模式，推动工资总额分配向创效单位、减亏力度大的单位倾斜，向生产一线、骨干人才倾斜，激发薪酬分配活力。优化绩效考核指标体系，建立自下而上的绩效考核联动机制，触发员工考核与生产经营指标联动、机关考核与一线绩效联动的关联效应。有效整合内外部培训资源，提升培训效果，年内共举办安全资质取证、业务提升、党团主题教育、技能鉴定类等培训班62个，培训2 179人次。

（林雪梅）

【党建质量持续提升】 2019年，上海海洋石油局党委坚持用习近平新时代中国特色社会主义思想武装头脑、指导工作，深入贯彻落实党的十九大和十九届系列全会精神，认真落实集团公司党组强化责任、突出质量、注重实效的党建工作要求，促进了企业扭亏脱困和可持续发展。提高政治站位，贯彻落实习近平总书记关于加大国内油气勘探开发力度的指示批示精神，把保障国家能源安全作为使命担当，推动“七年行动计划”有效实施。抓好主题教育，高质量开展2批“不忘初心、牢记使命”主题教育，将学习教育、调查研究、检视问题、整改落实4项主要措施贯穿始终，对发现的问题开展立行立改、专项整治和上下贯通整改。夯实基层基础，抓实“三基本”建设，深化组织力提升工程，开展软弱涣散党组织集中整顿，完善“海陆双线”党建模式，将支部建在船上，支部书记配在船上，推动全面从严治党向基层延伸。构建“大监督”格局，全面开展中央巡视整改，主动担当落实“两个责任”，不断强化政治监督、日常监督、精准监督，集中整治形式主义、官僚主义，营造了“不敢腐、不能腐、不想腐”的政治生态。营造和谐氛围，发挥工会、共青团组织的桥梁纽带作用，加强保密、统战、离退休工作，建设“家园文化”，激励青年担当作为，为企业营造和谐稳定的良好氛围。

（林雪梅）

【与纯阳村开展第 3 轮结对帮扶】 2019 年 5 月 7 日，上海海洋石油局党委和上海市崇明区三星镇纯阳村支部委员会签订“结对百镇千村，助推乡村振兴”城乡党组织结对帮扶协议书。自 2010 年开始，局党委积极响应上海市委号召，已经与纯阳村开展了 2 轮结对帮扶，取得较好效果。9 年来，上海海洋石油秉承“奉献绿色能源、保护蓝色海洋”的企业使命，克服石油石化行业寒冬期影响，积极履行国有企业的社会责任，通过资金资助、就业帮扶、党建共建共创等形式对纯阳村开展系列帮扶，推动村镇实事工程建设，改变村容村貌，方便村民生产生活，也缓解了村镇有关资金紧缺的状况。第 3 轮帮扶立足于组织共建、党员共育、活动共搞、资源共享、人才共培、文明共创等内容载体，全方位、有组织、有重点地推动结对帮扶活动，推动城市基层党建经验向农村辐射，全面带动乡村产业振兴。

（林雪梅）

【辞旧迎新活动火热开展】 2019 年 1 月 21 日，上海海洋石油以传统庙会的形式辞旧迎新。活动设置跨越障碍、吃饺子比赛、掷飞镖、集体决策猜字谜等项目，员工及家属 300 多人参加了游园。活动不仅舒缓了广大职工的工作压力，丰富了文化生活，增进了员工间的友谊，还展现了传统文化，扩展了知识视野，提升了文化素养。

（林雪梅）

表 1　　上海海洋石油主要技术经济指标　　亿元

指标名称 \ 年份	2019	2018	2017	2016	2015	2014
企业增加值	−0.79	−38.34	1.91	2.53	1.37	2.67
上海海洋石油局	0.54	0.54	0.43	0.29	0.60	0.56
上海海洋油气分公司	−1.33	−38.88	1.48	2.24	0.77	2.11
资产总计	128.21	130.10	164.33	166.37	148.72	114.21
上海海洋石油局	2.42	2.23	2.13	2.19	1.81	1.65
上海海洋油气分公司	125.79	127.87	162.20	164.18	146.91	112.56
流动资产	66.22	57.57	43.55	31.38	22.12	9.76
上海海洋石油局	0.77	0.65	0.50	0.49	0.50	0.29
上海海洋油气分公司	65.45	56.92	43.05	30.89	21.62	9.47
固定资产原值	16.19	16.17	16.07	16.73	3.18	3.11
上海海洋石油局	15.53	15.55	15.48	16.22	2.61	2.61
上海海洋油气分公司	0.66	0.62	0.59	0.51	0.57	0.50
固定资产净值	1.71	1.71	1.77	1.81	1.49	1.54
上海海洋石油局	1.51	1.56	1.59	1.65	1.27	1.34

续表

指标名称 \ 年份	2019	2018	2017	2016	2015	2014
上海海洋油气分公司	0.20	0.15	0.18	0.16	0.22	0.20
销售收入	14.69	13.99	14.09	12.80	13.72	8.85
上海海洋石油局	0.92	0.82	0.69	0.61	0.77	0.84
上海海洋油气分公司	13.77	13.17	13.40	12.19	12.95	8.01
实现利税	−9.78	−53.80	−12.53	−7.09	−6.63	−3.70
上海海洋石油局	0.12	0.12	0.06	0.09	0.26	0.13
上海海洋油气分公司	−9.90	−53.92	−12.58	−7.18	−6.89	−3.83
税　金	1.66	1.71	0.65	0.72	0.84	0.57
上海海洋石油局	0.06	0.07	0.04	0.05	0.12	0.12
上海海洋油气分公司	1.60	1.64	0.61	0.67	0.72	0.45

西北油田

【概况】 西北油田是中国石化集团西北石油局有限公司（简称西北石油局）和中国石油化工股份有限公司西北油田分公司（简称西北油田分公司）的统称，位于新疆维吾尔自治区境内，是中国石化上游油田企业之一，主要从事油气田勘探开发与油气销售业务。本部机关设在新疆维吾尔自治区首府乌鲁木齐，在巴音郭楞蒙古自治州轮台县建立前线生产指挥基地。主力油田——塔河油田位于塔里木盆地北部沙雅隆起阿克库勒凸起南部，地处库车县和轮台县境内。

西北油田的前身是组建于 1955 年的华北地质局二二六队；1997 年 1 月整体归入中国新星石油公司；2000 年 3 月随中国新星石油公司整体并入集团公司；并于 2003 年 6 月整体划归集团公司、股份公司直属。2008 年 5 月，与勘探西北分公司整合重组，组合成新的西北油田分公司。2017 年 9 月，完成公司制改制，名称由中国石化集团西北石油局改制为中国石化集团西北石油局有限公司。

截至 2019 年底，西北油田共有中层机构 40 个，其中机关职能部门 18 个、直属机构 4 个、二级单位 18 个、合资公司 2 个；拥有合同制员工 3 887 人，其中经营管理人员 851 人、专业技术人员 2 595 人、技能操作人员 441 人，博士研究生 30 人、硕士研究生 574 人、大学本科 2 304 人、大学专科 518 人、中专及以下 461 人，具有正高级职称的 39 人、副高级职称的 928 人、中级职称的 1 365 人、初级职称的 724 人。

截至 2019 年底，西北油田分公司拥有登记区块 26 个，面积 94 356.63 平方千米（其中勘查区块 17 个，面积 89 251.44 平方千米，主要分布在塔北、塔中和巴麦地区；开采区块 9 个，面积 5 105.19 平方千米，主要分布在塔河、天山南、顺北和巴楚地区）。累计探明石油地质储量 15 亿吨，动用石油地质储量 10.53 亿吨，石油可采储量 1.78 亿吨，石油采收率 16.9%；累计探明天然气地质储量 2 024.07 亿立方米，动用天然气地质储量 1 288.15 亿立方米，天然气可采储量 387.81 亿立方米，天然气采收率 30.11%。年底共有各类井 2 293 口，其中油气井 2 072 口。

西北油田主要经济指标及主要生产建设指标分别见表 1 和表 2。

（王登高　张　莉）

【生产经营指标完成情况】 2019年，西北油田分公司生产原油662万吨，完成年计划的100%；生产天然气18亿立方米，完成年计划的102.86%；销售原油636.91万吨，完成年计划的100%；销售天然气13.69亿立方米，完成年计划的100%；销售液化气11.99万吨，完成年计划的99.92%。营业收入173.9亿元，实现利润28.7亿元，自由现金流46.3亿元，实现EVA26.5亿元，ROCE达10.5%，单位现金操作成本372元/吨。西北石油局实现利润285万元，圆满完成经营目标任务。

（王登高　张　莉）

【油气勘探】 2019年，西北油田油气勘探工作取得“1个重大突破、1个重要发现、1个商业发现和1个好苗头”突出成果。顺北油气田勘探成果持续扩大，深化断裂特征与产能关系研究，加大甩开勘探部署力度，顺北53X井获高产工业油气流，初期日产油125吨、天然气7.5万立方米，实现顺北三区重大油气突破；顺北4井测试日产天然气12万立方米，证实顺北4号断裂带含油气，油藏类型以凝析气藏为主，实现重要油气发现；1号带、5号带油气评价取得积极进展，顺北5-5、顺北5-6等滚动勘探井在5号断裂带中段获高产油气流，全年新增商业储量1 618万吨，勘探取得重要商业发现；巴楚地区天然气勘探发现好苗头，按照走滑断裂带控储控藏思路，积极探索外围资源潜力，巴探10井测试日产天然气2万立方米，有望成为新的天然气增储阵地。同时，西北油田聚焦重点领域区带，持续加快勘探节奏。加大三维地震部署力度，全年完成三维地震项目5个、满叠加面积1 522平方千米，为高质量勘探奠定了基础；勘探效益进一步提高，探井成功率达60%，提高10个百分点，单井发现控制储量1 175万吨，提交三级储量2.3亿吨油当量，其中探明石油地质储量4 885万吨。在中国石化2019年度油气勘探总结会上，西北油田顺北一区获商业发现特等奖、顺北三区获油气勘探突破一等奖、塔河奥陶系中深层获商业发现二等奖。

（王登高　张　莉）

【油气开发】 2019年，西北油田实施增储上产工程，油气产量保持增长态势，新增油气SEC储量

2019年7月23日，顺北53X井测试获高产工业油气流（付　莲　提供）

分别为838万吨、23亿立方米。①建成顺北地区百万吨油气产能阵地。深化断控型油藏开发规律认识，加快产能建设节奏，投产新井17口，单井日产油能力65吨以上，实现了区块平稳上产，年末原油日产能力2 450吨、天然气日产能力85万立方米。②实现塔河油田硬稳定。深入开展岩溶系统分析，研究未动用储量分布，部署新井117口，投产新井88口，新增动用储量1 550万吨，新建产能53万吨。深化动用不充分储量认识，大力开展流道调整、流势调控工作，扩大注水注气规模，增油量分别达71.5万吨、80万吨，自然递减率降至14.8%，创历史最好水平。积极开展新工艺新技术试验应用，全年累计实施60井次，实现增油11万吨，丰富了提高采收率技术手段。强化电泵井异常管理，躺井率控制在3.1%以内。③天然气实现稳定增长。雅克拉凝析气田持续开展均衡水侵调控，强化立体精细开发，确保稳产。积极开展9区中油组气藏挖潜、顺北天然气回收、大涝坝储气调峰等工作，实现天然气增产。

（王登高　张　莉）

2019年1月31日，开发技术人员正在研究塔河10区南油藏突出问题（刘亚雄　摄）

【安全环保】 2019年，西北油田牢固树立红线意识和底线思维，持续强化安全环保管控，实现安全生产、清洁生产，获集团公司安全生产、节能环保“双先进”。①完成HSSE管理体系建设。建立管理手册、制度标准、岗位三卡组成的HSSE管理体系，固化了引领力、三重一险、正激励等管理手段，明确了全专业、全流程基本要求，为规范化系统化管理奠定了基础。②安全环保责任进一步压实。抓住关键少数，引领绝大多数，从严领导干部个人行动计划公示、通报、问责，狠抓各项部署工作督办落实，有效推动边远井钻完井作业监控系统建设、生产装置安全评估等60余项工作顺利开展。③风险隐患双重防线持续巩固。从严直接作业环节安全管理10条措施，建立风险承包机制，落实50项风险管控措施，完成13项隐患治理，从严推进“低老坏”问题专项整治，风险得到有效削减，隐患得到大幅根除。④绿色企业创建稳步推进。有效落实“一方案、两清单”，成立废水、废气、固废和顺北专项整治4个项目组，完成绿色企业创建项目17个，新增污油泥减少2.2万吨，达标处置污油泥14.9万吨，按期有序退出保护区34口油气井、5座站场及配套设施，为绿色企业达标创建奠定坚实基础。⑤应急处置和安全保卫能力持续增强。整合专业应急资源，建设基层义务应急队伍，开展顺北地区高压油气井井控应急演练，提升了应急保障能力。持续优化网格化安保体系，严格反恐防范对标排查整改，常态化开展反恐防暴演练，确保了庆祝新中国成立70周年等“两特两重”期间油区稳定。

（王登高　张　莉）

2019年6月4日，采油三厂积极与消防三队开展结对共建，创新开展“消防训练开放日”“消防360”“义务应急队培训”等活动（石立斌　刘桂迁　摄）

【能效与低碳管理】 2019年，西北油田分公司能效管控水平持续提升。①完成能源管理体系建设，推进能效管理再升级。9月30日，编制发布《西北石油局有限公司、西北油田分公司能源管理手册》，从组织引领全员推进、分析环境确定目标、能源评审挖掘潜力、运行管控支持保障、检查评价持续改进5个方面对油田能源管理进行全过程的完善和细化，实现能源管理领域的全覆盖，为持续提升能源绩效水平，加快绿色油田建设提供更加完善的统一标准和行动准则。②深化能源一体化管控平台应用。完成电力系统输配、消耗在线监控优化和机采系统能耗分析、评价，推进能效“由算到管”转变，全年输电网损耗2.58%，降低4.16%，10千伏电网损耗6.5%，控制在年度目标内。③深入实施“能效提升”计划。开展内网优化、电网治理、节气提效和电机改造等工作，节约标煤1.83万吨，共组织实施能效提升项目6项，完成4项，正实施2项。④落实油田集输系统节气降温提效措施。通过加热炉加装智能温控装置、优化炉温、夏季停运掺稀油加热炉、余热利用等措施，节约天然气963万立方米。

（王登高　张　莉）

【科技创新】 2019年，西北油田紧扣勘探开发需求，加快攻克关键核心技术，支撑引领主业发展的动力不断增强。①超深断控型油藏勘探技术系列初步形成。以“三层一带”速度建模、“三保一测”参数优选为核心，建立三维地震立体成像技术体系，断裂带成像质量得到提高。持续完善断溶体有效储层预测方法，为井位部署和轨迹优化提供技术支撑。②开发技术水平持续提高。深化缝洞型油藏岩溶地质规律研究，开展岩溶相控建模、缝洞空间结构关系刻画等技术攻关，促进储量有效动用。完善碎屑岩油藏“微幅圈闭、微断裂”精细构造识别技术、“薄砂层”多参数联合反演技术，有效支撑了扩边增储。③超深井钻井技术取得新进展。顺北地区井身结构优化技术、分层提速技术现场应用成效明显，平均机械钻速提高12%以上。5号带志留系随钻堵漏技术进一步完善，堵漏周期缩短40天。深化奥陶系地层垮塌机理研究，形成多元协同防塌技术，储层段钻井周期减少90天。④超深断控型油藏酸压技术取得新突破。针对顺北油气田储层内部结构复杂、储集体分隔性强等难题，优化形成酸压技术体系，全年实施 18 井次，增油 13.2 万吨。3 月 23 日，西北油田承担的“塔河碳酸盐岩缝洞型油藏降低自然递减技术”通过中国石化鉴定，作为中国石化首批设立的重大专项，该项目实现 4 项世界首创及 1 项填补国内空白的技术创新，总体达到国际领先水平。

（王登高　张　莉）

【经营管理】 2019 年，西北油田坚持质量第一、效益优先，着力提升价值创造和风险防控能力，推动经营绩效指标稳健运行。①绩效指标全面完成。聚焦年度经营目标，推进储量、产量、投资、成本、效益等关键要素协同联动，持续优化滚动预算形成机制，圆满完成各项经营指标，利润稳居上游首位，经营现金流、EVA 等核心指标位居上游前列。②成本结构得到优化。强化全口径成本管控，紧盯重点降本领域，推进源头降本和持续降本，单位现金操作成本受控运行，折旧折耗占比首次降至 50% 以下，付息债务总额压降 28 亿元，财务费用降低 8 100 万元，资产负债率降低 6.1 个百分点。③业财融合深度推进。坚持一区一策，分类治理，切实做好“五到区块”，27 个区块全部实现盈利。各单位、部门紧盯目标任务，落实责任，主动作为，全年 21 个项目实现保效增效 10.2 亿元，其中增可采降本增效 1.1 亿元，副产品增销增效 9 100 万元，天然气推价增效 8 500 万元。④财务结构保持良好。加强应收账款风险管控，采取有力举措，年末应收账款较总部下达指标低 6 500 万元。扎实开展财务稽核工作，进一步规范经营管理，防范了财务风险。⑤投资管控得到加强。强化投资整体布局、过程跟踪和动态管控，全年高效完成投资 76.2 亿元。

（王登高　张　莉）

【企业管理】 2019 年，西北油田持续深化油公司改革，推进依法依规治企，企业发展竞争力进一步提升。①深化改革有序推进。顺利组建采油四厂，初步形成一体化技术决策、效益化评价考核、集中化运行管控机制；老区投资管理职责试点初见成效，按照“老区激活力”的建设思路，以采油二厂为试点，将老区产建投资职能交由采油厂承担，探索实践增量存量一体化管控模式，实施“投资、财务”全口径预算，促进“三大计划”融合，充分利用分公司内外部市场专业化支撑力量，提升创效增效积极性和老区精益管理水平，实现效率、效益双提升；深化科研体制机制改革，以勘探开发研究院为试点，将传统直线式职能管理转型为项目化管理，构建完善勘探开发项目部体制，支撑高效勘探开发，稳步推进项目化管理机制、科技创新机制、考核评价机制、人才培养机制、薪酬激励机制五大机制，有效激发科研人员创新活力；“三项制度”（劳动、人事、分配）改革有序推进，“三能”机制（领导干部能上能下、员工能进能出、薪酬能增能减）初步运行。②依法依规治企不断深入。构建风险识别、评估防控、排查处置、考核激励的全流程合规管理体系，将法律论证嵌入重大决策和投资审核，推动了合规论证制度化、常态化。③制度刚性约束得到加强。探索制度、内控、合规一体化管控措施和预警机制，推进职责、制度、流程的集成统一，有效提升了制度执行力。

（王登高　张　莉）

【党建工作】 2019 年，西北油田全面落实新时代党的建设总要求，坚持以政治建设为统领，扎实推进全面从严治党向纵深发展。①“不忘初心、牢记使命”主题教育取得实效。切实把学习贯彻习近平新时代中国特色社会主义思想贯穿始终，一体推进“学习教育、调查研究、检视问题、整改落实”4 项重点措施，两级党委集中学习 137 次、开展调研 300 余次、检视问题 578 个、整改完成 443 个，高质量实现主题教育预期目标。②持续推动党建与生产经营深度融合。积极探索“一岗双责”融合落实工作机制，不断优化“六大融合”机制，全局上下抓党建促融合的氛围更加浓厚，政治优势转化成效明显。③稳步推进人才强企工程。初步建立数据驱动型人才管理体系，制定 6 项人才评价指数，促进人才决策管理更加科学。开展紧缺人才定向培养工作，引进系统内成熟人才 33 人、系统外柔性人才 10 人，人力资源基础进一步夯实。④扎实开展作风建设。按照集团公司“马上就办”“为基层减负”相关要求，坚持问题导向，制订实施方案和减负措施，文件办理周期缩减至 1 天，文件会议数量、检查考核频次、报表材料数目大幅减少，基层减负取得实效。机关服务基层、服务一线的积极性不断提高，全年机关领导干部南疆值班时间基本按要求完成，生产处室的值班时间达 180 天，保障了现场难题及时解决，促进了各项生产经营任务完成。12 月 28 日，西北油田管理创新成果《党建“三建模式”引领西部油企走在高质量发展的前列》获 2019 全国国企管理创新成果一等奖。

（王登高　张　莉）

【“访惠聚”和扶贫工作】 2019 年，西北油田共选派 58 名驻村干部赴阿克苏地区柯坪县、喀什地区莎车县 12 个村开展“访惠聚”和深度贫困村第一书记驻村工作。以高标准、严要求抓实抓好社会稳定、脱贫攻坚、基层组织和群众工作，取得丰硕成效，展现了驻疆央企的责任担当。

通过细化支撑保障机制、项目运行机制和队员关心关爱措施，建立驻村工作常态化长效化机制，确保驻村工作顺利运行。围绕“就业扶贫、产业扶贫、教育扶贫、健康扶贫、公共服务扶贫”五大扶贫举措，创建“脱贫攻坚”标杆，不断加大扶贫力度。依托“兴科服饰”项目，顺利实现就业 150 人，产值 1 500 万元的双“15”目标；持续打造“中石化阳光小微商圈”，建设小型商铺 14 间，带动 14 户贫困户创业增收，实现每户年增收 2 万元以上，村集体年增收 3 万元以上；创新发展“白 + 灰 + 黑”产业，建设“丁丁豆腐坊”，生产豆腐、豆腐皮、豆浆、素鸡等豆制品，销售到柯坪县各大蔬菜粮油店，带动 3 户贫困户就业，增加村集体经济收入 5 万元；规模化开展黑木耳种植，195 户贫困户从中受益，户均增收 3 800 元；持续推进“柯坪羊上餐桌”消费扶贫项目，累计销售羊肉 45.82 吨，带动 578 名贫困人口脱贫，2019 年实现 321.43 万元的羊肉销售额，极大提高了贫困户发展养殖业的积极性；通过在村委会开办启航课堂、“李妈妈课堂”“枣儿国语课堂”和捐赠校服、送益智玩具等形式开展教育惠民工程，为孩子们教授国家通用语言、科普知识及辅导作业，增强孩子们学习的积极性；依托“小红人”热线、便民帮扶站、电子商务、医疗下乡等平台，扎实开展群众工作，切实为群众办实事解难事。2019 年，西北石油局获新疆维吾尔自治区“访惠聚”优秀组织单位荣誉称号，4 个“访惠聚”驻村工作队全部获自治区先进工作队荣誉称号，15 名驻村队员获自治区“访惠聚”先进个人称号。

（王登高　张　莉）

2019 年 3 月 25 日，西北油田驻村工作队员在小拱棚帮助贫困户种植蔬菜（李学仁　摄）

【采油四厂成立】 2019 年 4 月 14 日，为持续深化油公司体制机制，经西北石油局、西北油田分公司领导班子研究决定，在顺北油气管理部基础上按照新区新模式成立西北油田采油四厂。西北石油局总经理、党委副书记，西北油田分公司总经理王世洁宣读成立采油四厂的文件和厂级领导干部任免决定，并为采油四厂成立揭牌。采油四厂经营管理人员定编 35 人，下设 3 个虚拟化管理中心即安全生产中心、技术管理中心和综合管理中心，采油气生产现场按区域设置核定 3 个油藏经营管理区。采油四厂为决策中心，把握发展方向；

2019 年 4 月 14 日，王世洁与罗辉为采油四厂成立揭牌（郝光灿　梁静献　提供）

支撑团队采取专业体制，发挥技术优势；承包商为业务主体，负责区块生产。推行总监制，领导对业务进行直管，压扁管理层级，决策任务直接下达，缩短业务链条、提高管理效率。按区块设置派驻经理部，监督指导承包商安全管理，协助承包商能力提升。

（王登高　张　莉）

【西北油田获全国五一劳动奖状】 2019 年 4 月 23 日，庆祝五一国际劳动节暨全国五一劳动奖和全国工人先锋号表彰大会在人民大会堂举行，西北油田作为大型国有企业，获全国五一劳动奖状。表彰大会共授予 92 家企事业单位这一奖项，其中中国石化仅 2 家单位获此殊荣。

（王登高　张　莉）

【新疆能源化工有限公司委托管理及土地权益维护】 2019 年 3 月，根据《关于将新疆能源化工有限公司委托西北油田分公司管理的通知》（石化股份企〔2019〕80 号）要求，股份公司决定将新疆能源化工有限公司（简称新疆能化）委托西北油田分公司管理。按照委托管理新疆能化的相关要求，针对乌鲁木齐长春北路土地面临被收回的风险遗留问题，西北油田分公司启动“新疆能化乌鲁木齐基地土地开发利用方案”编制工作，积极推动长春北路土地综合利用。在完成新疆能化乌鲁木齐基地土地开发利用方案和驻疆企业员工住宅需求调研的基础上，西北油田主要领导与地方政府高位协调，加大与地方协调力度，争取地方的支持，全力争取土地权益不流失，于 2019 年 8 月取得西地块规划土地权证，妥善保住了西地块土地。

（王登高　张　莉）

表 1　西北油田主要经济指标　亿元

指标名称＼年份	2019	2018	2017	2016	2015	2014
资产总计	326.04	337.75	353.62	379.44	412.63	451.02
西北石油局	10.64	11.11	12.34	12.22	11.67	12.33
西北油田分公司	345.4	326.64	341.28	367.22	400.96	438.69
流动资产	15.75	16.57	15.80	19.37	14.26	17.94
西北石油局	2.06	2.02	1.90	1.63	1.01	1.87
西北油田分公司	13.69	14.55	13.90	17.74	13.25	16.07
固定资产原值	1 053.10	1 008.35	968.63	942.35	902.03	845.20
西北石油局	12.12	11.75	13.01	13.05	10.93	10.73
西北油田分公司	1 040.98	996.60	955.62	929.30	891.10	834.47
固定资产净值	249.43	269.74	300.20	330.40	358.46	376.71
西北石油局	7.16	7.20	8.59	9.06	7.49	7.80
西北油田分公司	242.27	262.54	291.61	321.34	350.97	368.91
总收入	176.09	184.59	135.26	93.02	115.70	265.45
西北石油局	2.23	2.60	2.26	2.30	2.73	3.06
西北油田分公司	173.86	181.99	133.00	90.72	112.97	262.39
实现利税	51.59	68.65	26.83	–21.93	–2.89	165.02

续表

年份 指标名称	2019	2018	2017	2016	2015	2014
西北石油局	0.24	0.47	0.34	0.37	0.04	0.39
西北油田分公司	51.65	68.18	26.49	–22.31	–2.93	164.63
税　金	32.31	37.26	25.04	11.23	15.41	67.65
西北石油局	0.20	0.39	0.29	0.27	0.03	0.39
西北油田分公司	32.11	36.87	24.75	10.96	15.38	67.26

表 2　　西北油田主要生产建设指标

年份 指标名称	2019	2018	2017	2016	2015	2014
原油产量 / 万吨	662.01	650.03	630.03	594.30	703.00	735.50
天然气产量 / 亿立方米	18.02	17.42	16.00	14.00	16.00	16.30
新增原油生产能力 / 万吨	71.8	73.60	82.70	45.90	62.30	83.61
新增天然气生产能力 / 亿立方米	3.13	2.65	2.61	2.86	1.69	2.53
新增探明石油地质储量 / 万吨	4 885.32	5 050.00		1 474.87	5 339.07	1 184.77
新增探明天然气地质储量 / 亿立方米	130.69	142.56		74.65	35.80	31.45
二维地震 / 千米						
三维地震 / 平方千米	2 228.00	1 033.00	1 540.00	2 119.00	892.00	1 983.00
石油钻井 / 口	95	93	90	95	104	256
探井（含侧钻）	24	21	23	15	16	22
开发井	71	72	67	80	88	234
钻井进尺 / 万米	61.04	54.90	54.93	46.14	62.78	97.00
勘探投资 / 亿元	30.23	22.62	20.187	17.77	14.90	24.49
开发投资 / 亿元	39.41	29.59	27.79	24.88	30.39	63.54
综合能耗 / 吨标煤 · 万元 $^{-1}$	0.40	0.36	0.35	0.34	0.33	0.33

西南油气田

【概况】 西南油气田是中国石化集团西南石油局有限公司（简称西南石油局）和中国石油化工股份有限公司西南油气分公司（简称西南油气分公司）的统称。西南石油局负责西南油气田矿区

（社区）管理与服务，西南油气分公司负责西南地区油气勘探、开发、销售业务。队伍主要分布在四川、重庆、贵州、云南、广西、湖南等地。机关设在四川省成都市高新区吉泰路688号中国石化西南科研办公基地。

西南油气田的前身是组建于1976年的国家地质总局四川石油普查勘探指挥部，1983年3月更名为地质矿产部西南石油地质局，1997年1月更名为中国新星石油公司西南石油局，2000年3月随中国新星石油公司整体并入集团公司，并于2003年5月调整为集团公司西南石油局和股份公司西南分公司。2007年3月，西南石油局和西南分公司与中南石油局、中南分公司、滇黔桂石油勘探局、南方勘探开发分公司整合重组，组成西南石油局、西南油气分公司、石油工程西南公司。2009年12月，石油工程西南公司划归西南石油局。2012年12月，西南石油局石油工程物探单位全部划入中国石化西南石油工程有限公司和地球物理勘探有限公司。2017年9月，中国石化集团西南石油局改制为中国石化集团西南石油局有限公司。

截至2019年底，西南油气田有机关职能部门20个，直属单位27个，用工总数8 309人（合同制员工5 321人），其中具有教授级高级职称的46人、高级技术职称的964人。西南油气分公司有勘探区块13个、勘探面积1.45万平方千米，开采区块25个、开采面积3 767.31平方千米；累计提交天然气探明地质储量10 839.37亿立方米（含勘探分公司勘探、西南油气分公司开发的区块内探明天然气储量2 800.84亿立方米）；有气田23个、气井1 785口，开井1 654口，累计生产天然气719.44亿立方米，累计生产原油176.22万吨。

西南油气田主要技术经济指标及主要生产建设指标分别见表1和表2。

（杨征宇）

【主要指标任务全面完成】 2019年，西南油气分公司新增天然气探明储量746.8亿立方米，完成年计划的149%；新增天然气控制储量467.3亿立方米，完成年计划的104%；新增天然气预测储量788.4亿立方米，完成年计划的158%；新增SEC储量155亿立方米，SEC储量替代率234%；新建（增）天然气产能13.9亿立方米；生产天然气66.2亿立方米，增长4.75亿立方米；销售天然气61.09亿立方米；实现报表利润3.42亿元，完成奋斗目标的311%；油气单位完全成本1 284元/吨，单位现金操作成本253元/吨，完成投资52.37亿元。西南石油局实现报表利润1 033万元，完成投资0.21亿元。

（杨征宇）

【油气勘探成果丰硕】 2019年，西南油气田油气勘探取得“1项重大突破、4项新发现、4项商业发现、2项好苗头”，获股份公司勘探成果奖7项。崇州须三段天然气勘探取得重大突破，新增预测储量788.4亿立方米，获股份公司勘探突破一等奖，入选中国石化2019年十大油气勘探成果。阆中茅口组、丰谷下沙溪庙组、龙泉山沙溪庙组、福兴自流井组勘探取得新发现，分别落实资源量568亿立方米、152亿立方米、133亿立方米和控制储量351.7亿立方米。回龙侏罗系新增探明储量397.8亿立方米，永川南龙马溪组新增页岩气探明储量234.5亿立方米，大邑须三段新增探明储量114.5亿立方米，马井雷四段新增控制储量115.6亿立方米，获股份公司规模储量商业发现奖。威荣二叠系和井研龙王庙组勘探发现好苗头，威荣多口页岩气井在二叠系茅口组钻遇良好油气显示，金山1井在龙王庙组钻遇孔隙型白云岩储层，分别落实圈闭资源量278.7亿立方米、456亿立方米。同时，积极加强整体研究和技术交流，发现川西梓潼凹陷泥盆系、川西知新场灯影组、赤水桂花龙马溪组等重要勘探目标。

（杨征宇）

【油气开发成效显著】 2019年，西南油气田油气开发取得“2个稳产、2个进展、3个突破”，获股份公司开发成果奖4项。元坝及川西陆相实现硬稳产，元坝气田日产量保持在1 100万立方米以上，年产混合气39.8亿立方米，累产超160亿立方米，气藏压降合理、水气比稳定、弹性产率高，落实调整潜力区8个、储量105亿立方米，元坝104-1H井获无阻流量209万米^3/日，预测稳产期较方案延长2年以上；川西陆相老井综合递减率6.5%、下降0.6%，新井年产气2.43亿立方米、增加 1.34 亿立方米，连续 13 年稳产 25 亿立方米以上。深层页岩气评价与建产取得重要进展，威荣一期产能建设顺利推进，8 台 54 口井全部开钻，完钻 34 口，压裂 13 口，投产 10 口，完钻井优质储层钻遇率达 97.8%，测试及试采评价产能、EUR 达到设计指标，并提前启动二期评价；永川南区评价试验井组和丁山—东溪整体评价加快推进，4 口完钻井优质储层钻遇率明显提高。川西气田产能建设取得重要进展，6 个平台均已开钻，正钻 8 口，完钻 1 口，彭州 4-2D 井测试获高产，奠定方案实施的基础。河坝嘉二气藏滚动建产取得重大突破，河嘉 201H、河嘉 202H 井分获无阻流量 197 万米 ^{3}/ 日、136 万米 ^{3}/ 日，预计新增商业储量 100 亿立方米、整体建产 4 亿米 ^{3}/ 年。中江、新场扩边评价与建产取得新突破，增储上产向斜坡及隐蔽河道拓展，明确滚动扩边潜力区 24 个，已落实商业开发储量 56 亿立方米，新建产能 3.74 亿米 ^{3}/ 年，新场蓬莱镇气藏产量增长 83%，中江气田年产气首次突破 10 亿立方米，建成川西陆相第一大气田，获股份公司高效滚动与评价一等奖。年末保有 SEC 储量首次突破 500 亿立方米，增加 89 亿立方米，储采比达 7.8，巩固了可持续发展基础。

（杨征宇）

元坝 104-1H 井获高产工业气流（杨征宇　供）

【经营效益大幅提升】 2019 年，西南油气田紧盯全年生产经营目标任务，优化扭亏方案，狠抓措施落实，西南油气分公司实现报表利润 3.42 亿元、超奋斗目标 2.32 亿元，实现了全面盈利；经营现金流、自由现金流得到持续改善，分别增加 12.92 亿元、7.75 亿元；西南石油局实现利润超 1 000 万元。增销增效方面，天然气增销 1.96 亿立方米、增收 2.73 亿元，凝析油增销 0.69 万吨、增收 0.2 亿元。优价增效方面，积极争取内部价格政策，开展客户精准分类施策，持续扩大网上交易规模，天然气销售均价增长 127 元 / 千米 ^{3}、增收 6.7 亿元。降本增效方面，通过持续提高天然气 SEC 储量替代率，折耗同比降低 4%；狠抓“两金”占用管控，提高资金使用效率，分公司借款规模下降 7.17 亿元，节约资金成本 0.35 亿元；优化采购方案，盘活废旧物资，节约费用 1.3 亿元；推进电力市场化交易，精细运维降低负荷，节约电费 0.22 亿元；西南油气分公司油气单位完全成本降低 584 元 / 吨，单位现金操作成本降低 3 元 / 吨，均控制在总部下达指标之内。管理增效方面，餐饮物业实现集中管理，发挥规模优势，降低成本约 500 万元；强化公务用车区域化管理、市场化运作，用车总量减少 125 台，节约外包费用约 900 万元；积极争取税收政策优惠，元坝高含硫天然气企业所得税、页岩气和致密气财政补贴、成品油消费税返还等优惠 2.33 亿元；贵阳联建大楼等存量资产盘活增收 810 万元，增长 14%。投资管控方面，加大方案优化力度，投资成本得到有效控制，油气发现成本、开发成本较目标值下降 7%、20%，单位投资新增 SEC 储量较目标值增加 21%，投资绩效位于油田企业优秀行列，元坝气田产能建设工程获国家优质投资项目奖。

（杨征宇）

【运行保障高效有力】 2019 年，西南油气田坚持全过程一体化运行，生产衔接更加紧密，运行效率进一步提高。超前井位部署，加强油地协调、钻机统筹、物资供应、设备保障和工程配套，取得用地规划手续 157 口、环评手续 284 口，完成钻前工程作业 146 口，开钻新井 101 口，累计进尺 50.3 万米，完成储层改造 109 井次 766 层、试气作业 96 口井 104 层，新建站场 38 座、改建 22 座，新建管线 108 千米，钻井进尺、物资采购等工作量增长 60% 以上，工程作业创 17 项新纪录。川西中浅层定向井、水平井钻井周期缩短 17.1%、16.4%；威荣开发井平均钻井周期较评价井缩短 34%；彭州 4-2D 井实现“200 天完钻一口川西雷口坡组超深井”，打成川西气田首口三开制超深大斜度井；威荣一期地面主体工程中交投运，川西气田、河坝区块、永川页岩气地面工程建设启动，支撑新区开发；元坝气田检维修、净化装置隐患治理和分输站增压扩能工程圆满完成。

（杨征宇）

高效完成元坝气田东河跨越输气管道检修（孙　千　摄）

【安全环保严实平稳】 2019年，西南油气田发布HSSE管理体系，构建安全环保生产长效机制。从严直接作业环节管理，推进“十条措施”逐条逐项落实。打好风险管控、隐患治理“组合拳”，有效管控5项较大风险、治理完成5项重大隐患。将承包商安全管理纳入最大风险管控，层层落实承包商安全监督管理职责，规范提升承包商安全履责能力。开展HSSE管理形式主义、官僚主义专项治理，制定7项安全管理减负措施，基层班组级安全台账大幅精简。组建基层义务应急救援队，初步实现初期应急处置和全面救援无缝衔接。高度重视公共安全，布防、管控重点目标，加强企地反恐联动，完成重大活动安全保障。抓牢绿色企业创建举措，做实项目环保管理、红线区避让等工作，攻克气田水处置瓶颈，建成区域性固废资源化处置网络，推进危废合规建设，获评集团公司绿色企业。搭建安全信息平台，生产安全监督管理平台实现人、机、物协同及“四化”目标，危化品预警系统实现信息共享和全生命周期协同监管，夯实本质安全基础。落实“能效提升”计划，采取撤并场站、淘汰落后设备等方式，实现节能降耗。贯彻“以人为本”理念，关注职工职业健康，建设“健康企业”，获评四川省职业健康工作先进单位。年内未发生安全环保上报事件，连续4年获评中央在川企业安全生产先进单位。

（杨征宇）

元坝净化厂远景（邵德超　摄）

【科技支撑明显增强】 2019年，西南油气田聚焦油气主业攻关核心技术，有力支撑高质量勘探、效益开发。深化川西致密砂岩富集规律认识，加强复杂隐蔽河道精细刻画，实现新场蓬莱镇组、中江沙溪庙组扩边增储。创新形成全通径无级滑套一体化建井技术，在川西中浅层试验取得积极进展，探索高效建井新模式。创新滩相薄储层高效开发关键技术，促进河坝嘉二气藏未动用储量的效益开发。深化成都凹陷斜坡带须三段成藏富集特征认识，攻关精细分层复合改造技术，支撑了安阜1井须三段取得勘探突破。信息化建设持续领跑油田企业，数据资源管控与服务能力明显提高，生产安全监督管理平台、综合研究平台正式上线，石油工程业务管控平台推广增收，连续4年获评信息化建设A类企业。科技成果奖项与专利授权量再创新高，首获四川省技术发明一等奖，9项成果获省部级科技奖励，“高含硫气田水资源化利用技术”等5项成果获整体国际先进以上评价，新增授权专利94件。

（杨征宇）

在第二届中国国际博览会上，西南油气田展示智能化油气田建设成果（唐　沙　摄）

【改革管理不断深化】 2019年，西南油气田油公司“五大机制”日益完善，改革红利持续释放，连续实现“增储增产增收不增人”。推进三大创效主体建设，抓实组织效能评价，采气厂人均油气当量、人均管井数稳步增加，采气二厂组织效能位居油田企业第1名；管理区生产创效能力稳步提升，洛带等区块实现扭亏，获评中国石化降本增效显著区块；全面推行钻采工程大包管理模式，探索甲乙方一体化运行管理机制，项目建设提速提效明显。深化企地合作，成立川西气田合资公司，为加快气田开发提供体制保障。积极推进专项改革，完成监督中心体制调整，优化监督机制，建立工程监督新模式；圆满完成驻京办事机构撤销和资产移交；探索试行项目长竞聘，完善科技奖励管理制度和成果转化激励机制，激发了科研人员创新创效活力。全力推进“三供一业”分离移交收尾工作，实施“红、黄、绿”动态管控，资产移交全面完成，维修改造有序实施，遗留问题处置取得进展，社区管理职能移交到位，物业收费向市场化转变。加快基地板块业务转型，完成机构调整和“三定”工作，广西基地中心率先向主业转岗培训22人。以岗位价值评估为基础，完善薪酬管理制度体系，为分配制度改革落地作出积极探索。考核指标持续优化，首次开展机关部门述职评议考核，强化考核结果应用，较好发挥激励导向作用。开展制度建设专项治理，上位制度承接率提高14%，制度总量压减13%；推进制度、内控、风控有机统一，强化财务、用地等经营风险管控，规范市场准入、业务外包、控股（参股）公司监管等流程，加强合规审查，为重大决策、重要项目提供全过程的法律支撑，从严管理水平进一步提升。

（杨征宇）

【党建工作坚强有力】 2019年，西南油气田认真学习贯彻习近平新时代中国特色社会主义思想，扎实开展“不忘初心、牢记使命”主题教育，研究制定加强党的政治建设具体措施，推进党中央决策部署快速落地见效，为决胜扭亏为盈提供坚强政治保障。大力实施人才强企工程，着力推进干部队伍“五大体系”建设，制定人才成长和专家管理制度，注重青年人才培养，进一步完善人才成长机制和平台。纵深推进全面从严治党，持续深化大监督格局，用好监督执纪“四种形态”，“三不”机制建设持续巩固。扎实开展形式主义、官僚主义整治，推进为基层减负，持续纠治“四风”，实现“三四五六”减负目标。全力抓实中央、党组巡视反馈问题整改，做好巡视“后半篇文章”。深入实施“组织力提升工程”，狠抓“三基本”建设，开展“双示范”“三提升”创建，持续补短板强弱项，基层党建工作质量有效提升。狠抓意识形态工作，加强宣传思想文化建设，牵头完成“中国石化奉献在四川”宣传活动，发布新版企业宣传片，组织公众开放日和“壮丽70年，奋斗新时代”等系列宣传活动，提振精神、外树品牌。深入开展系列立功劳动竞赛等群众性“三创”活动，全面落实群众性劳动保护，大力传承石油精神、弘扬石化传统，扎实开展劳模选树和先进事迹宣传，组织开展“青春心向党·建功新时代”主题宣传教育实践和“青字号”活动，凝聚攻坚克难强大合力。持续做好帮扶救助工作，全年帮扶困难人员488人次、175.58万元，金秋助学233人、62.06万元。聚焦稳定风险防控，有效化解信访积案，实现庆祝新中国成立70周年等特殊敏感时期的和谐稳定，获评四川省、集团公司稳定先进集体。坚持“党管保密”，推进体系建设和应用推广，未发生失密、泄密事件。积极履行脱贫攻坚责任，扎实开展产业、教育、健康、党建等扶贫项目，扶贫经验获评中国企业精准扶贫优秀案例。

（杨征宇）

举办庆祝中国共产党成立98周年大会暨“不忘初心、牢记使命”主题教育专题党课（袁　鹏　摄）

表 1　　西南油气田主要技术经济指标　　亿元

指标名称＼年份	2019	2018	2017	2016	2015	2014
工业总产值						
西南油气分公司	93.10	78.57	73.44	68.63	73.15	49.78
工业增加值						
西南油气分公司	52.85	44.60	41.69	38.96	43.76	17.78
资产总计						
西南石油局	24.17	25.08	26.95	26.69	27.62	28.38
西南油气分公司	348.03	327.63	360.30	389.47	404.31	389.31
流动资产						
西南石油局	7.35	7.79	9.08	8.10	8.90	9.23
西南油气分公司	7.82	3.61	2.79	2.62	2.38	6.54
固定资产原值						
西南石油局	19.87	19.89	21.14	20.96	20.62	20.18
西南油气分公司	603.64	585.65	571.70	550.87	454.74	304.71
固定资产净值						
西南石油局	11.54	12.08	13.11	13.56	13.67	13.76
西南油气分公司	236.10	258.58	280.37	304.35	230.31	113.85
销售收入						
西南石油局	24.89	23.91	21.76	19.87	22.82	27.95
西南油气分公司	93.24	83.67	77.05	68.75	73.22	49.88
实现利税						
西南石油局	1.03	0.99	1.01	1.51	2.35	2.78
西南油气分公司	9.31	−11.32	10.38	7.72	17.57	−18.06
税　金						
西南石油局	1.36	1.23	1.41	1.85	1.39	1.58
西南油气分公司	8.91	8.90	7.99	5.86	4.49	2.65
综合能耗 / 吨标煤・万元$^{-1}$						
西南石油局	0.03	0.04	0.04	0.045	0.04	0.03
西南油气分公司	0.90	0.92	0.90	0.87	0.79	0.57

表 2　　西南油气分公司主要生产建设指标

指标名称 \ 年份	2019	2018	2017	2016	2015	2014
完成二维地震采集量 / 千米	—	133.03	—	—	—	341.61
完成三维地震采集量 / 平方千米	—	437.49	882.00	264.53	700.08	646.76
完成钻井数 / 口	14	51	58	42	62	112
完成进尺数 / 万米	5.33	27.97	22.13	14.75	17.02	33.77
原油产量 / 万吨	2.69	2.18	1.29	0.75	1.72	2.28
天然气产量 / 亿立方米	66.21	61.45	60.68	55.10	48.25	34.18
新增原油生产能力 / 万吨	—	—	—	—	—	0.22
新增天然气生产能力 / 亿立方米	5.29	2.94	1.75	4.55	18.11	22.50
新增天然气地质储量 / 亿立方米	2 002.47	3 419.21	1 206.58	1 538.11	2 403.65	2 062.42
勘探开发投资额 / 亿元	52.47	36.78	34.28	31.11	46.29	78.98

东北油气田

【概况】 东北油气田是中国石化集团东北石油局有限公司（简称东北石油局）和中国石油化工股份有限公司东北油气分公司（简称东北油气分公司）的统称，是中国石化在东北地区唯一一支从事石油天然气勘探开发研究的主体专业化油公司。本部机关位于吉林省长春市西安大路 4936 号。其前身成立于 1977 年，2000 年并入中国石化，2008 年 1 月 9 日，中国石化将原东北分公司、东北石油局、勘探北方分公司、华东分公司吉林项目部腰英台油田重组为新的东北石油局暨东北油气分公司，按大 I 型企业管理，实行"一套班子、两块牌子"的管理体制。2017 年 9 月，中国石化集团东北石油局名称变更为中国石化集团东北石油局有限公司。

截至 2019 年底，东北油气田下设 10 个管理部门、4 个直属机构、5 个二级单位；共有正式职工 993 人（在岗合同制员工 961 人），其中管理人员 211 人、专业技术人员 542 人员、技能操作人员 208 人；具有高级职称的 294 人（教授级的 21 人），中级职称的 312 人，初级职称的 119 人。

截至 2019 年底，东北油气分公司辖有油气勘查与采矿区块 17 个，总面积约 1.14 万平方千米，分布在吉林省和内蒙古自治区。其中，油气勘查区块 6 个、勘查面积约 1.03 万平方千米，采矿区块 11 个、开采面积约 1 089 平方千米。油气总资源量 16.54 亿吨油当量。已获得累计石油探明储量 10 537 万吨，累计天然气探明储量 933 亿立方米。

东北油气田主要技术经济指标及主要生产建设指标分别见表 1 和表 2。

（吴　瑶）

【领导班子调整】 2019 年 7 月 13 日，集团公司党组对东北油气田领导班子做出调整决定：经征得中共吉林省委员会同意，决定聘任秦都为东北石油局、东北油气分公司总经理，任中共东北石油局有限公司委员会副书记（兼）；聘任赵磊为东北油气分公司副总经理，任中共东北石油局有限公司委员会委员。免去张玉明的中共东北石油局有限公司委员会副书记、委员、纪律检查委员会书记职务，不再担任东北石油局工会主席、监事职务。

（吴　瑶）

【3 年自主经营工作全面完成】 3 年自主经营期间，东北油气田聚焦提质增效，按照“一厂一策，一个单位一策”的方式，开展承包经营，推行内部市场化，改善经营质量，提高经济效益，实现产量、经营收入、利润、经营现金流，职工收入“五增”，连续 3 年盈利，累计实现利润 2.33 亿元，超额完成集团公司扭亏脱困任务，逆势突围，摘掉亏损企业的帽子。与 2016 年末相比，天然气销售量增长 24.69%，营业收入增长 57.72%，财务费用减幅 34%，6 项管理费用减幅 22%，人工成本利润率增加 4.45 倍，经营现金流增长 3.43 倍，应收账款减少 45.63%，资产负债率下降 6.83%。职工收入大幅增加，人均增幅 69.89%，广大干部职工的幸福感、安全感、获得感、精气神不断提升。

（吴　瑶）

【经营管理再创佳绩】 2019 年，东北油气田加快生产运行节奏，工作质量效率大幅提高，生产天然气 9.5 亿立方米，销售天然气 9.12 亿立方米，销售原油及凝析油 5.11 万吨。新增天然气控制储量 106.74 亿立方米，新增天然气 SEC 储量 24.4 亿立方米，储量替代率 256.4%，新建天然气产能 1.84 亿立方米，新建凝析油产能 0.99 万吨。东北油气分公司实现营业收入 17.14 亿元，盈利 1.13 亿元；东北石油局实现收入 1 466 万元，盈利 248 万元。全面完成“七年行动计划”第 1 年的指标任务，实现开门红，开创新时代稳健发展新局面的条件已经具备。

（吴　瑶）

【高质量勘探效果显著】 2019 年，东北油气田在勘探上不断解放思想、深化认识，取得 1 个重大突破、1 个商业发现、1 个好苗头的成果。①松南断陷深层致密碎屑岩勘探取得重大突破。北 210、梨 8、梨深 2–1 逐步打破松南断陷埋深 4 000 米、4 500 米、5 000 米以下无有效储层的禁锢，成为分公司增储上产的新阵地，同时长井段致密气层纵向多段、多簇优化压裂的成功，为深层致密气发展增强了信心。②长岭龙凤山火石岭组中 – 基性火山岩获得商业发现。勘探开发一体化研究，精细刻画 5 个火山岩条带，预测有利储层，整体优化、加快部署，勘探见显示、滚动即跟进，部署评价井 3 口、滚动井 8 口，实现整体控制。③梨树陆相页岩气勘探见好苗头。松南地区泥页岩发育、成熟度高、经历构造反转、埋藏适中，优选梨树断陷苏家屯次凹，部署实施梨页 1 井，返排率 28.39%，测得瞬时气产量 4 802 ~ 22 447 米 ^{3}/ 日，火焰高 200 ~ 580 厘米，陆相页岩气勘探见到好苗头。全面超额完成三级储量任务指标，新增探明天然气地质储量 102.52 亿立方米，凝析油地质储量 394.21 万吨，新增控制天然气地质储量 106.74 亿立方米，新增预测天然气地质储量 162.59 亿立方米，凝析油地质储量 499.76 万吨，探明天然气储量完成计划的 205%，控制天然气储量完成计划的 107%，预测天然气储量完成计划的 102%。

（吴　瑶）

梨页 1 井开展大型压裂施工

【效益开发充分显现】 2019 年，东北油气田坚持天然气新区评建与老区挖潜并重，既精雕细刻又果断实施，实现持续上产，效益开发充分显现。①深化梨树断陷碎屑岩成藏规律，选取有利区部署新井实施评价及产建工作，在苏家屯次洼沙河子组气藏、后五家户气田 SW208 井区取得良好效果，苏家屯次洼对成藏主控因素及富集规律、沉积、储层预测等方面开展针对性攻关研究，落实有利区开展评建。②松南火山岩气田进一步提高期次三凝灰岩边部储量动用及矿权边界储量控制程度，运用新的钻井及生产测试资料，以地质建模与数值模拟为主要技术手段，进一步精细刻画储层展布特征，落实剩余储量分布状况，整体达到方案设计。③龙凤山中基性火山岩整体评价建产，龙凤山火山岩根据构造位置、与烃源岩关系、储盖条件等，将龙凤山构造带火山岩体分为高、中、低位体。中位火山岩整体评价建产，北 213 井区分期次开展评建一体化工作，部署实施新井 10 口，北 216、北 218 井区开展滚动勘探，采用水平井评价储层特征、气藏特征和产能情况，部署实施新井 5 口；高位火山岩部署滚动评价井北 213-20 井，评价北 213 井区南部火山岩纵向储层展布和储量规模；低位火山岩紧跟勘探进展，及时开展各项研究工作。

（吴　瑶）

【工程工艺技术持续完善配套】 2019 年，东北油气田持续优化工程工艺的完善配套，不断加快生产运行节奏，取得良好效果。大力推进钻井方案优化和新技术的应用、优化钻头组合配套，提速提效工作水平和工程质量优良率持续提高。全力推进压裂新技术应用，注重压裂设计的全方位优化，火山岩水平井体积压裂见到好效果。优化地面投产运行工序，规范地面工程的过程管理，积极推进地面工程系统配套和重点工程项目现场实施，使地面工程的管理更加系统和规范，对生产的保障能力显著提高。加强注采工艺技术在开发老区的配套应用和管理，注重新技术的引进和推广，保障油气老区的平稳运行。统筹协调安排，成立征地、钻前、搬迁以及压裂试油气投产 4 个工作组，超前谋划、提前准备、加快实施，生产运行提速提效明显。

（吴　瑶）

【科技创新动力不断增强】 2019 年，东北油气田强化科技引领，创新科研体制机制，组建科研项目攻关团队，推进勘探、开发、工程技术、经济评价一体化高效运行。①形成松南断陷中 - 基性火山岩储层特色识别描述方法，完善松南断陷以主成藏期为关键点的“四元控藏”理论，有效指导断陷层勘探实践，实施的梨 8 井、北 210 井，打破松南地区埋深 4 000 米以下无有效储层的禁锢，取得松辽盆地深层致密气勘探重大突破，成为 2019 年中国石化十大油气勘探成果之一。②掌握火山岩气藏剩余气描述及调整挖潜技术，使松南火山岩气藏采收率提高到 60%，保障气田持续稳产；形成的致密薄层砂岩气藏高效动用技术，实现了龙凤山气田边部凝析气藏高效动用；掌握的模拟超前注水流线调整、边外注水技术及二氧化碳气驱技术，提高七棵树油田采收率 3.6 个百分点。③形成的龙凤山气田钻完井提速提效系列关键技术，周期逐年缩短；实现灌浆和地层承压能力可视化，填补国内该项工艺的空白；自主研发的不压井投产一体化管柱工艺技术，满足气井携液及生产的安全要求；应用的多段多簇压裂配套工艺技术，有效增大改造体积，提高储层改造效果，实现低效难动用储量有效动用，提高了单井产量。④推进大数据分析应用，深化 EPBP 应用，开展松南气田信息化建设，实现生产运行全业务链线上运行，提升巡检效率和现场管控水平，降低作业风险和生产成本，建成生产运营平台、经营管理平台、勘探开发软件云平台，“两化”融合迈上新台阶。

（吴　瑶）

【安全环保态势平稳受控】 东北油气田牢固树立安全生产红线意识，强化从严措施，做实基层基础，落实主体责任，安全环保态势总体平稳。①正式发布实施 HSSE 体系，包括管理手册及附件、HSSE 管理制度、责任制和操作规程等，其中 HSSE 管理手册包括 5 个领域、34 个管理要素、637 个条款，编制承接制度 72 个、操作规程 248 个、工作表单 162 个、KPI 指标 108 个。明确各要素责任部门单位，为 HSSE 管理工作提供依据。②加大对承包商强势管理，牢固树立“承包商问题就是甲方问题”的理念，加强直接作业环节安全监督，累计处罚各单位及承包商 40 次，累计处罚金额 32.2 万元。约谈承包商 15 人次，现场停工 8 次，清出工区 7 人次，以严查严处的高压态势倒逼承包商加强自主管理。③全面开展绿色企业创建工作，树立和践行“绿水青山就是金山银山”的理念，认真落实中央打好污染防治攻坚战和集团公司绿色企业创建重要部署，落实 36 项工作任务和 15 个创建项目，绿色企业行动计划有序实施。

（吴　瑶）

【历史遗留问题妥善解决】 东北油气田为增加管道资源，防止国有资产流失，经过艰苦谈判，2019年4月，通过阿里拍卖网，以起拍价格，成功收购新吉美公司210千米天然气长输管道，解决了东北油气田20多年来的历史遗留问题，有效阻止国有资产流失，对稳定吉林市及该管道周边天然气市场、拓展吉林省东部地区天然气市场具有重大意义。

（吴　瑶）

【党建工作提档升级】 2019年，东北石油局党委以习近平新时代中国特色社会主义思想为指引，始终把政治建设摆在首位，高质量开展“不忘初心、牢记使命”主题教育，牢固树立“四个意识”，坚定“四个自信”，做到“两个维护”。坚持抓党建从生产出发，抓生产从党建入手，切实发挥党委的领导作用、党支部的战斗堡垒作用和党员的先锋模范作用。强化思想引领，开展形势任务教育，推动思想观念转变，引领干部职工丢掉“等靠要”的幻想，形成“不改革没出路，不消灭亏损就消灭企业，扭亏脱困只能靠我们自己”的理念，全局上下凝聚共识、干部职工增强责任，精神面貌昂扬向上，出实招、想办法的人多了，不怕得罪人，敢于担责的干部多了，“多付出、多创效、多贡献者多得”的想法深入人心，夯实了改革发展思想基础。

（吴　瑶）

表1　　东北油气田主要技术经济指标[1]　　亿元

指标名称 \ 年份	2019	2018	2017	2016	2015	2014
工业增加值	11.65	10.08	8.63	7.41	8.11	7.05
东北油气分公司	11.50	9.97	8.58	7.36	8.06	6.91
东北石油局	0.15	0.11	0.05	0.05	0.05	0.14
资产总计	57.21	48.89	51.62	57.68	57.43	66.73
东北油气分公司	55.26	46.94	49.65	55.71	55.41	64.48
东北石油局	1.95	1.95	1.97	1.97	2.02	2.25
流动资产	3.07	1.93	1.73	4.42	1.56	2.53
东北油气分公司	1.91	0.81	0.67	3.40	0.52	1.31
东北石油局	1.16	1.12	1.06	1.02	1.04	1.22
固定资产原值	133.22	124.19	126.42	122.56	118.43	112.10
东北油气分公司	132.13	123.09	125.26	121.39	117.42	110.92
东北石油局	1.09	1.10	1.16	1.17	1.01	1.18
固定资产净值	42.04	39.77	44.66	45.81	46.02	49.08
东北油气分公司	41.73	39.43	44.26	45.38	45.55	48.56
东北石油局	0.31	0.34	0.40	0.43	0.47	0.52
销售收入	17.29	13.86[1]	11.92	10.93	14.96	20.77
东北油气分公司	17.14	13.74[1]	11.87	10.87	14.96	20.17

续表

指标名称 \ 年份	2019	2018	2017	2016	2015	2014
东北石油局有限公司	0.15	0.12①	0.05	0.056	0.003	0.60
实现利税	2.29	1.97	0.80	−0.47	−4.80	−3.21
东北油气分公司	2.25	1.91	0.78	−0.47	−4.82	−3.22
东北石油局有限公司	0.04	0.06	0.02	0.01	0.02	0.01
税　金	1.13	0.90	0.63	0.59	0.86	2.37
东北油气分公司	1.11	0.88	0.62	0.57	0.84	2.28
东北石油局有限公司	0.02	0.02	0.01	0.02	0.02	0.09
综合能耗 / 吨标煤・万元 $^{-1}$	0.50	0.54	0.54	0.71	0.53	0.69

① 2018 年度销售收入调整后数值

表 2　　东北油气分公司主要生产建设指标

指标名称 \ 年份	2019	2018	2017	2016	2015	2014
原油产量 / 万吨	5.11	3.01	1.84	3.51	14.29	19.31
天然气产量 / 亿立方米	9.50	8.53	8.40	7.81	6.15	6.62
新增原油生产能力 / 万吨	0.99（凝析油）	0	0.36	0.06	1.96	1.26
新增天然气生产能力 / 亿立方米	1.84	1.12	0.95	0.86	2.00	—
新增探明石油地质储量 / 万吨	394.21（凝析油）	—	—	—	97.95	60.36
新增探明天然气地质储量 / 亿立方米	102.52	32.18	—	—	51.56	—
二维地震 / 千米	—	—	—	—	—	1 025.95
三维地震 / 平方千米	—	—	—	20.13	152.00	204.00
油气钻井 / 口	29	23	22	23	26	43
探　井	9	10	9	11	9	21
开发井	20	13	13	12	17	22
钻井进尺 / 万米	10.84	9.56	5.56	8.30	8.71	10.46
勘探投资 / 亿元	3.01	2.25	1.04	1.38	1.88	4.34
开发投资 / 亿元	7.47	4.41	2.24	2.94	2.23	3.92

幸福分期
工银信用卡
幸福分期卡
办e分期
年手续费率低至3%
ICBC
CREDIT
幸福分期
工银信用卡
UnionPay
银联
让幸福来得早一点！

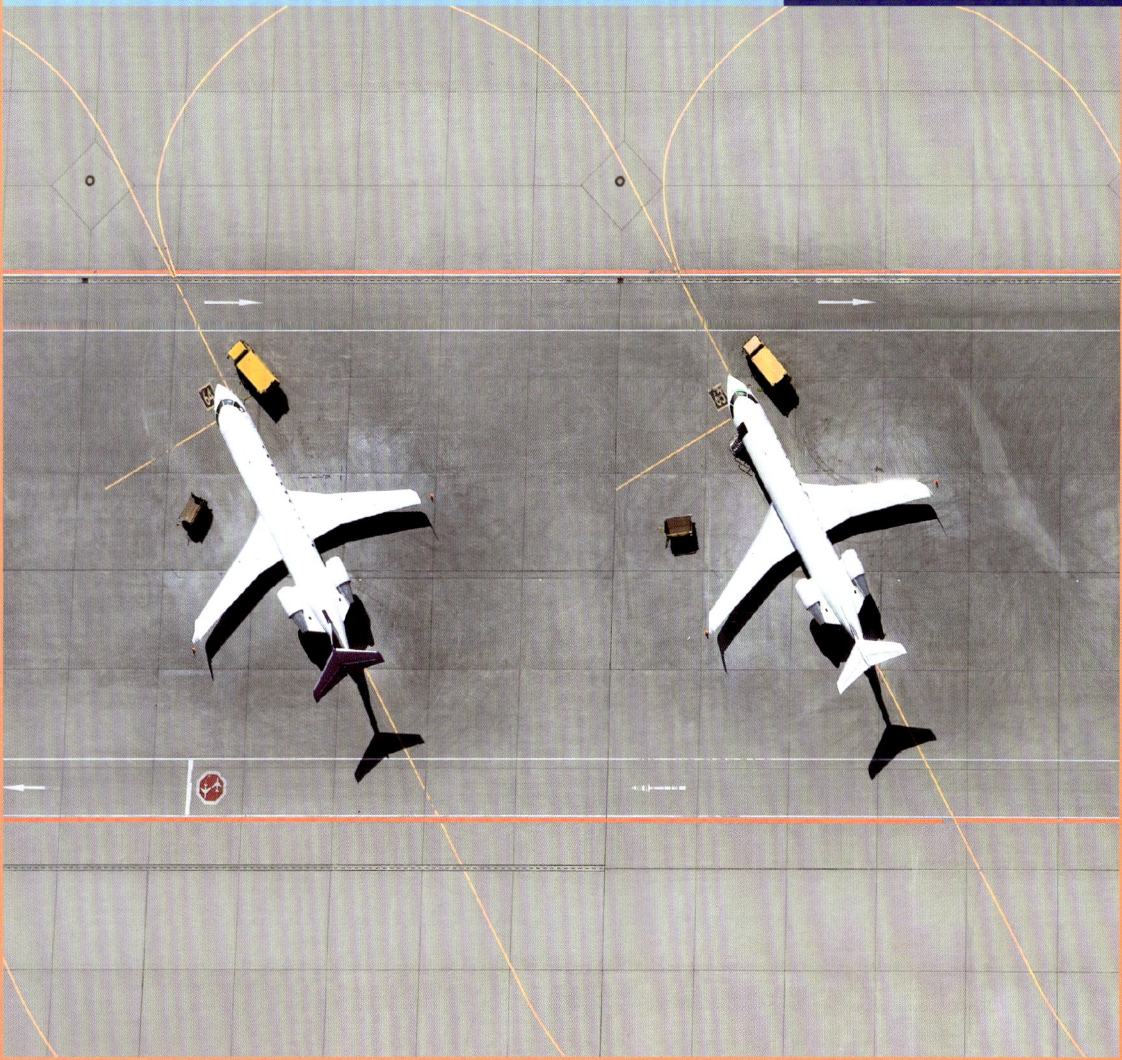

ICBC
中国工商银行
故宫博物院
THE PALACE MUSEUM
盛世耀紫禁 同庆六百年
星耀八方卡
太平有象卡
“紫禁城建成600年纪念卡”
1420 - 2020
紫禁城建成六百年
IN COMMEMORATION OF
600 YEARS OF THE FORBIDDEN CITY
扫码立即申请
中国工商银行客户服务
微信公众号

Live more,
Bank less
星展银行
未来理财之道　今日与您同步

HAI
WEN
海问律师事务所

BDO 立信

地址：上海市黄浦区南京东路61号
邮编：310101
电话：021-23281763
传真：021-23281763
网址：www.bdo.com.cn

BDO China
www.bdo.com.cn
立信会计师事务所(特殊普通合
BDO CHINA SHU LUN PAN CERTIFIED PUBLIC ACCOUNTAN

金杜律师事务所
KING&WOOD
MALLESONS

金杜律师事务所

金杜律师事务所被广泛认为是全球较具创新力的律所之一，能够提供与众不同的商业化思维和客户体验。金杜拥有2700多名律师，分布于全球28个城市，借助统一的全球平台，协助客户了解当地的挑战，应对地域性复杂形势，提供具有竞争优势的商业解决方案。

金杜始终以伙伴的合作模式为客户提供服务，不止步于满足客户所需，更关注实现客户目标的方式。金杜不断突破已取得的成就，在重塑法律市场的同时，打造超越客户预期的律师事务所。

金杜荣誉奖项

Acritas

2019亚太律所品牌索引
第 **2** 位
2020全球精英律所品牌索引
第 **14** 位

金融时报

亚太地区最具创新力律师事务所

钱伯斯亚太大奖

年度最佳中国律师事务所
年度最佳中国争议解决律师事务所

亚洲法律杂志

年度区域最佳律师事务所
年度最佳诉讼律师事务所

金杜能源业务

金杜能源团队致力于为客户提供“全方位”和“一站式”的法律咨询服务。金杜的专业律师团队遍布中国内地、中国香港特别行政区、澳洲、中东、美国及欧洲。金杜拥有深厚的专业经验、广泛的业务触角以及对行业的深刻理解，从而得到众多世界领先的能源领域企业及金融机构的信任，选择金杜为其提供实现商业诉求的整体法律解决方案。在金杜全球网络律师的通力合作下，金杜可以为您提供电力、石油、天然气、可再生能源相关的专业法律服务。

通过多年实践，金杜的律师积累了为规模庞大且复杂的能源交易提供法律咨询的诉讼及非诉经验，金杜对您可能经历的不同交易阶段以及可能面临的不同问题有深度了解。金杜专注于疑难复杂的商业仲裁和诉讼，凭借在诉讼、仲裁及调解方面的丰富经验，金杜能够将纠纷的负面影响最小化。金杜众多能源领域的律师都是国际领先仲裁和调解机构的认可仲裁员和调解员， 其中一部分拥有工程师资格，能以其独特的专业能力抓住技术问题的要点，并具有对技术问题透彻的理解执行力；另外一部分亦在能源、工程企业从业多年，有着非常宝贵的一线商业经验。他们丰富的争议解决经验配搭在该服务领域的专长，让金杜能为您在能源和自然资源领域提供全方位的法律支持。

aking our world more productive

氢动未来 林德驱动

林德致力于成为中国氢能源产业发展的长期技术合作伙伴，公司拥有在氢能全产业链的技术和工程能力，涉及氢气的生产（纯化和液化）、运输、存储、压缩和应用等环节，并在氢能的供应上具有高安全性、高效率和高可靠性等优势。

林德在氢能源领域具有卓越的技术研发能力和大量成功经验，林德在全球范围内拥有三家研发中心，致力于研发氢能源的绿色生产和安全、高效的氢动力应用技术，并参与制定氢动力技术标准。目前，林德在全球范围内建造了超过 180 个加氢站，完成了超过 150 万次的加氢操作。

Linde Hydrogen FuelTech
Tomorrow's fuel today

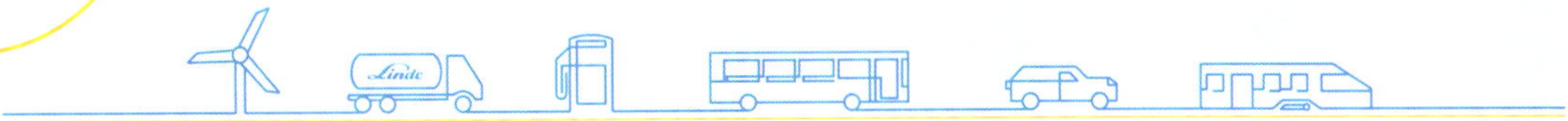

中国案例

2019 年，林德助力投运国内某一加氢站，该加氢站使用林德离子压缩机 IC90，是具备 70MPa 加氢能力的商业化加氢母站。

林德为该加氢站提供了稳定可靠的氢气气源、管道运输、现场存储以及离子压缩机和加氢机等基础设备，为加氢站的成功商业化运营提供了坚实的保障。

林德关键技术

压缩能力达 90 MPa 的离子压缩机 IC90

林德离子压缩机可快速、安全、高效、高经济性地为氢动力车加注至 35 MPa 或 70 MPa。

- 高能效转换率
- 低原料成本
- 低能耗 *
- 低噪声

* 整站仅需要不超过 105kW 电力输入

液氢泵 CP3.0

- 占地小，储存量大
- 高可靠性
- 低能耗 *
- 获得高纯度氢
- 无需额外冷却系统

* 整站仅需要不超过 45kW 电力输入

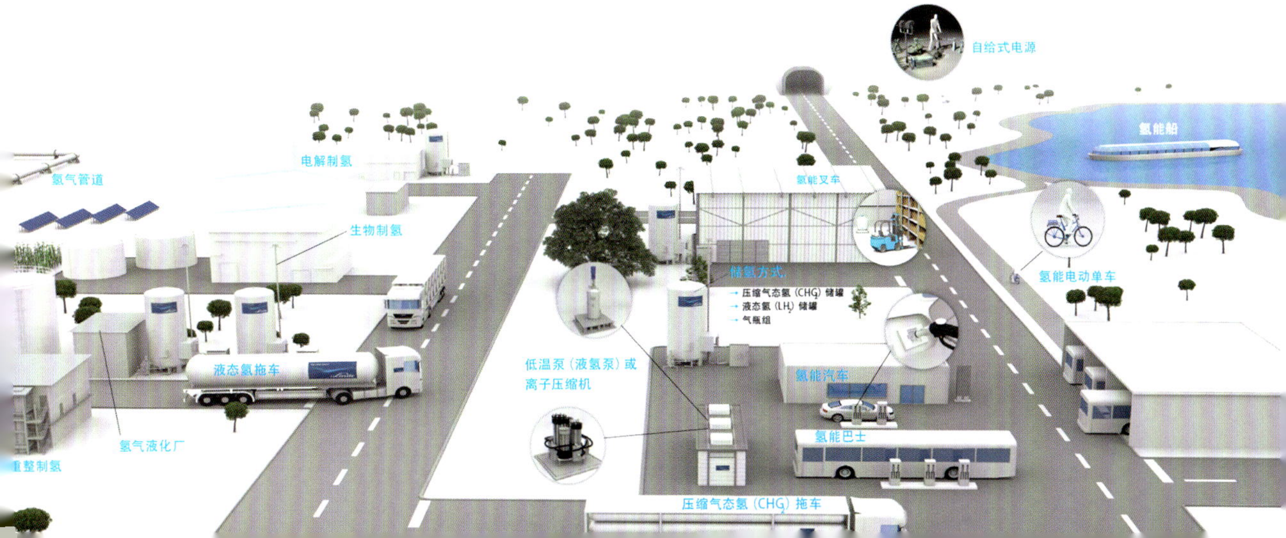

上海化学工业经济技术开发区

上海化学工业经济技术开发区是国家级经济技术开
区，位于杭州湾北岸，规划面积 29.4 平方公里，是以石
化工产品为主的专业开发区，建设形成以乙烯为龙头的循
经济产业链，以化工新材料为主导的特色产业集群，成为
国集聚知名跨国化工企业最多、主导产业能级高端、安全
保管理严格、循环经济水平领先的化工园区，被列为全国
点建设的七大石化产业基地之一，被评为国家首批新型工
化示范基地、国家生态工业示范园区、全国循环经济先进
位，连续六年蝉联中国化工园区发展排名前列，呈现生产
效益双增长的良好局面。

2019 年，化工区（包括金山、奉贤分区）共完成工
总产值 1239.46 亿元，销售收入 1287.19 亿元；引进项
投资 18.99 亿美元，完成固定资产投资 31.06 亿元；园
企业实现利润 169.16 亿元，上缴税金 117.92 亿元；万
产值能耗 0.844 吨标准煤。截至 2019 年底，化工区累
批准项目总投资 298.77 亿美元，累计完成固定资产投
1462.06 亿元。

展望未来，上海化工区作为上海化工产业的重要承载区
将秉持“创新、协调、绿色、开放、共享”的发展理念，
极推动上海化工产业集聚，以最高标准、最严要求、最好
平为目标，实现高端化发展，打响上海化工制造品牌；推
化工新材料科技成果转移转化，打造具有国际影响力的科
中心；加快智慧园区建设，实现智慧生产、智慧服务、智
政务，建设具有国际竞争力的世界级石化产业基地。

世界的东方雨虹
Buliding Nationally, Growing Globally
建筑建材系统服务商
官方网站：http://www.yuhong.com.cn
工程防水热线：400-779-1975
民建防水热线：400-700-5756
建筑修缮热线：400-995-8686
东方雨虹微信二维码
雨虹防水
洛迪1813
FASION风行
wonewsun
InfinShine
YUEDA
孚达科技 FUDATEC
天鼎丰
VASA 华砂
CAPAROL 德爱威
东方雨虹 建筑修缮
壁安 BiAn
防水
民用建材
保温节能
非织造布
特种砂浆
建筑涂料
建筑修缮
建筑粉料
东方雨虹
ORIENTAL YUHONG

众一控股有限公司
ZHONGYI HOLDINGS CO., LTD.

众一控股有限公司（以下简称“众一”）是一家多元化的大型民营企业，总部位于深圳市南山区。由文奎先生于1994年创立，以能源矿产、房地产、大健康、金融为核心产业，旗下子公司遍及赣、黔、湘、沪、京、宁等地。

众一专注能源矿产业二十余年，坚持高标准开规模化运营，从江西起步，挺进贵州，大胆兼组煤炭企业，数十亿元技改投入，机械化生产行业前列，原煤产量年年攀升，阔步迈向千万企行业。着力构建煤炭生态产业链，多家洗煤瓦斯发电站建成运营，煤炭洗选、煤气层开发渐成规模；公路、铁路煤炭物流体系日益完善煤炭检测、煤炭金融、数字化配煤于一体的西炭交易中心加快建设，众一能源矿产业多元化强劲。2018年，旗下众一金彩黔矿业公司位列省百强企业第69位、民营企业百强第15位。

苍海煤矿

众一房地产业旗下江西众一以超前眼光布局江西南昌东城总部经济带，打造商务综合体——富东广场，引领江西南昌地产轻奢时代；湖南娄底众一倾心打造——众一桂府，成就湘中第一地产品牌。围绕长三角、珠三角、京津冀城市圈，打造特色地产、主题地产、精品地产，众一地产新项目正在规划建设。

众一布局金融领域，实现金融和自身实业互相融合、互相促进，良性循环，在上海、深圳、贵州、江西、宁夏等地建立金融平台，参与股权投资、保险入股，先后成为江西银行股东，江西股权交易中心大股东，入股瑞京人寿，投资众多的上市企业和拟上市企业。

众一 · 桂府

众一构建立体化健康产业链，旗下众一医疗投资有限公司投资了赛普特、威溶特等医药科技企业。其中，控股赛普特医药科技公司，2016年成功登陆新三板；已申请国内外专利63件，获得授权24件，4个新药正在研发，其中国家1.1类新药—安脑三醇核心技术专利（专利号：ZL 2010 1 0224173.3（中国）、8809309（美国）、EP 2591785 B1（欧盟）等）获得美国等48个国家和地区注册保护，该药获得国家重点新药科研支持，Ⅱ期临床试验初显成效。

未来几年，众一以“让生活更温暖，让生命更健康”为企命，实施以能源矿产、房地产业为“一体”，以大健康、产业为“两翼”的“一体两翼”转型发展战略，矢力“二越”，全力实现产业提质，品牌提升，跨越发展。

洛阳森德石化工程有限公司

森德石化 SENDE PEC

坚持以客户为中心，快速响应客户需求，持续为客户创造长期价值

洛阳森德石化工程有限公司是国家高新技术企业、科技小巨人培育企业，科技型中小技术企业、河南省专精特新企业、洛阳市成长创新性民营企业、洛阳市隐形冠军企业，具备ISO9001质量体系认证、环境体系及职业健康安全管理体系认证、知识产权管理体系认证、“两化”融合管理体系认证和A2级压力容器制造许可证。

公司主要高新技术产品有：CS系列催化裂化进料雾化喷嘴、CS-M型DMTO甲醇雾化/急冷喷嘴、LYCS型临界流速喷嘴、LYCS铸铁合金纯平板式空气预热器、高强低氮燃烧器、原油脉冲电脱盐、刚玉陶瓷组合件替代钴基合金制品等两器内件、消白烟设备等。

其中CS系列催化裂化进料喷嘴目前成功应用过国内外140套催化裂化装置，平均液收提高至少0.3%以上，稳定使用三年，液收不衰减，深受用户好评及信任。经效益核算，一百万吨炼厂仅更换喷嘴每年增加效益千万元以上。

凭借喷嘴打开市场，公司多年来尽心尽力服务于140余家炼油及煤化工企业，包括中石化、中石油、中海油、中化工、中化、神华、中煤、延长集团及民营企业等，深受用户好评，与LPEC、SEG研发中心、CNTCC、ASEC、CEI、中国石油大学（北京）、西北工业大学、同济大学等设计院及高校展开密切合作，在研发创新的道路上不断探索，实现产品、服务和能力的扩展和创新。

另外，国家“十一五”“十二五”规划都明确提出了节能减排的要求及目标，公司应用于加热炉余热回收的高效节能减排设备——铸铁合金纯平板空气预热器目前已经广泛应用于炼油厂60余台加热炉，还可应用于化工、冶金、电厂等。

多年来公司坚持以客户为中心，快速响应客户需求，持续为客户创造长期价值。走科技创新发展道路，为客户创造价值，就是公司长期以来工作方向和价值评价的标尺。

电话/传真：0379-65158019 网址：www.lysdsh.com 邮箱：tech@lysdsh.com/business@lysdsh.co

山东银吉股权投资管理有限公司

山东银吉股权投资管理有限公司成立于 2014 年 2 月 24 日，是依照《中华人民共和国公司法》设立的投资类有限责任公司，是在中国证券投资基金业协会备案、具有基金管理人资格的专业基金管理公司。

山东银吉股权投资管理有限公司为山东东银投资有限公司旗下子公司。山东东银投资有限公司是由山东省国有资产投资控股有限公司（持股 55%，资产规模 400 亿）与香港中银集团投资有限公司（持股 45%，资产规模 1000 亿）强强联合设立的，山东省内唯一一家大型国有外商投资性公司，成立于 2008 年 12 月，注册资本 3000 万美元。

参加展会

签订仪式

“一带一路”投资峰会

北京龙禹易捷商贸有限公司

北京龙禹易捷商贸有限公司（以下简称易捷商）是北京龙禹石油化工限公司（以下简称龙禹司）在2008年成立的全子公司。

易捷商贸按照龙禹公司全面转型发展、构建龙禹“一基两翼三新”发展格局的部署，致力于将品质高、价格优、差异化优势明显的产品带给广大客户，陆续开发了“粳秋十月”品牌系列大米和杂粮煎饼、“喜乐爽”乙醇型玻璃水、“三人炫”浓香型白酒、“巾馨”毛巾和高级擦车巾、“捷悦”消毒产品、“易灭爽”灭火投掷瓶等一系列受市场欢迎的自有品牌产品，其中“粳秋十月”“喜乐爽”“三人炫”系列产品已销往全国三十个省级行政区的中石化销售企业，为广大客户提供更健康、更安心的生活选择。

同时为响应国家和集团公司助力扶贫攻坚的号召，在龙禹公司产业扶贫、销售扶贫的布局下，易捷商贸践行“情牵耕者守望，心系食者健康”的初心使命，通过开发“粳秋十月”系列产品，2019年为当地农户带来了1亿多元的销售收入，帮助国家贫困县——黑龙江省哈尔滨市延寿县打赢脱贫攻坚战，顺利脱贫摘帽。

图为被中国石化集团公司授权使用中国石化公益标识的龙禹公司扶贫产品

图为龙禹公司开发的“粳秋十月”大米和煎饼、“喜乐爽”玻璃水等系列自有品牌产品

图为在省市销售企业开展营销服务的龙禹易捷商贸团队帮助门店陈列好的商品堆头

未来，易捷商贸还将继续践行**“三个一流”（创建一流品牌，开展一流营销，打造一流队伍）**的工作标准，持续开拓创新，不断提升服务，增强售后能力，通过不懈努力，持续打造与合作者的命运共同体，实现合作共赢。

山东银吉股权投资管理有限公司股东背景优越，投资管理经验丰富，资金实力雄厚，主要业务范围涵盖股权投资、基金管理、债权投资等，以股权投资和基金管理业务为主导，重点关注并扶持具有良好成长前景的非上市公司。公司投资区域立足山东，辐射全国。

山东银吉股权投资管理有限公司目前已成立国家创业投资基金（规模 2.5 亿）、轮胎产业整合基金（规模 100 亿，首期 9 亿）、文化产业基金（规模 1 亿）等众多基金，管理规模近 20 亿，是山东省内优秀的股权投资类基金管理公司。

主营业务

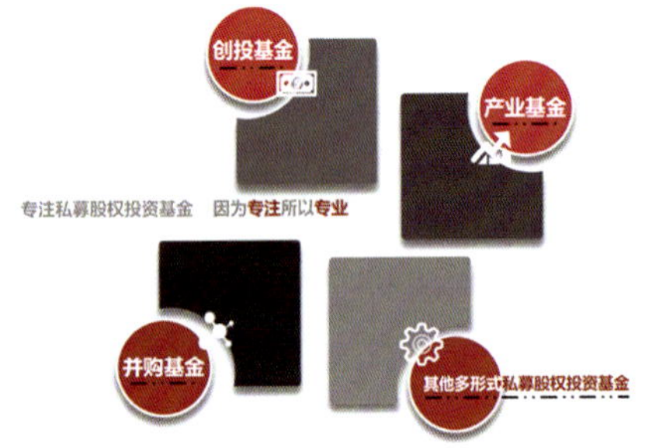

主营业务

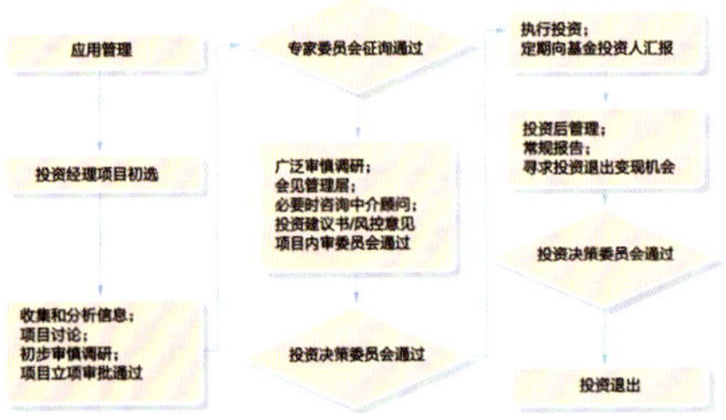

银吉投资优势

股东背景

母公司东银公司是由山东省国有资产投资控股有限公司与（香港）中银集团投资有限公司强强联合设立的大型投资性公司。

中国基金业协会备案

已在中国证券投资基金业协会备案、是具有国企背景、市场化运作、安全高效并具备基金管理人资格的专业化基金管理人。

基金管理经验

成功发起并设立山东省首支国家级高技术服务创投基金：山东银吉创业投资基金；与济南财金集团联合发起设立文化基金；发起设立东明明隆基金、广饶轮胎行业重组基金、东营市创业投资基金。基金管理经验丰富。

管理团队

银吉投资由具有深厚投资背景和熟悉投资及资本运作的专业人士组成，从业经验丰富。所有从业人员人皆获取基金从业资格证书。

公司资源

银吉投资拥有十多家上市公司作为战略合作方，如：德威新材、中通客车、国祯环保、粤丰环保、浪潮集团、中南文化（大唐辉煌）、京蓝科技、中青旅等。

股东双方整体支持

银吉投资依托省国投及中国银行体系内银行、中银证券、中成租赁等及其他合作伙伴，为项目提供资金支持等一揽子服务。

华北油气田

【概况】 华北油气田是中国石化集团华北石油局有限公司（简称华北石油局）和中国石油化工股份有限公司华北油气分公司（简称华北油气分公司）的统称，总部位于河南省郑州市，是集团公司上游油田企业之一。其前身为组建于1975年5月的地质矿产部第二石油普查勘探指挥部，1997年1月并入中国新星石油公司，2000年3月随中国新星石油公司整体并入集团公司，2002年5月，根据集团公司重组改制总体部署，华北石油局组建了中国石化新星公司华北石油局和中国石油化工股份有限公司新星华北分公司，2003年7月分别划归集团公司、股份公司直接管理。2013年1月，按照集团公司关于石油工程专业化重组和矿区（社区）管理体制调整的总体部署，对石油工程和社区板块进行了分离，成立华北石油工程有限公司，实现了油公司、工程公司和社区业务“三分开”。2015年3月中国石油化工股份有限公司华北分公司更名为中国石油化工股份有限公司华北油气分公司。2017年9月，中国石化集团华北石油局完成公司制改制工作，公司名称变更为中国石化集团华北石油局有限公司。

华北石油局主要负责社区管理，拥有郑州、新乡、咸阳、榆次、须水5个社区管理服务中心。华北油气分公司主要从事油气勘探开发、生产和销售业务，油气生产基地位于陕西省榆林市、延安市、铜川市、咸阳市、内蒙古鄂尔多斯市、宁夏盐池县和甘肃省庆阳市、平凉市等地区。

截至2019年底，华北油气田配备有1套党政领导班子（成员共7人），下设23个职能（处室）部门、12个二级单位。有正式职工3 053人，其中拥有教授级高级职称的24人、高级技术职称的590人。拥有油气勘探开采区块23个，总面积2.74万平方千米。其中，鄂尔多斯盆地16个，合计面积2.15万平方千米；渭河盆地2个，面积811.407平方千米；沁水盆地1个，面积1 374.804平方千米；南华北盆地1个，面积3 067.645平方千米；二连盆地2个，面积541.312平方千米；巴丹吉林盆地1个，面积102.096平方千米。累计石油探明储量2.38亿吨、控制储量1.74亿吨、预测储量3.01亿吨，累计天然气探明储量6 334.60亿立方米、控制储量7 159.40亿立方米、预测储量3 862.10亿立方米。

华北油气田主要技术经济指标及华北油气分公司主要生产建设指标分别见表1和表2。

（张新悦）

【年度各项目标任务全面完成】 2019年，华北油气分公司全年天然气生产44.26亿立方米、销售42.49亿立方米，分别上产3.67亿立方米、增销3.52亿立方米；天然气年末日产达1 300万立方米，增长4.8%；生产原油19.45万吨（其中油田自营15.16万吨）。完成投资30.1亿元，新建天然气产能8.8亿立方米；新增天然气SEC储量57亿立方米、完成计划的114%；新增石油SEC储量12.5万吨、完成计划的251%。

（陶　然）

【油气精细勘探取得新突破】 2019年，全面超额完成油气增储任务。①杭锦旗千亿立方米大气田已经落实。独贵气区勘探开发一体化滚动评价，提交盒1段探明储量442亿立方米、盒2段控制储量280亿立方米；什股壕锦147井试获日产气4万立方米；新召区带新增三级储量342亿立方米。气田整体探明储量超千亿立方米，获中国石化规模储量商业发现一等奖。②富县勘探首度实现规模商业突破。区块东北部5口井下古试获工业气流，其中新富11井日产5.6万立方米，提交预测储量245亿立方米，获中国石化油气勘探突破一等奖，千亿立方米规模增储阵地初步显现。③大牛地下古勘探取得重大进展。深化岩溶气藏成藏机理及展布规律研究，PG34、D1-530等一批井试获3万米^3/日以上高产气流，开辟出新的增储上产阵地。④鄂南油藏认识取得新成果。深化“断缝体”油藏富集主控因素，红河208井试获11.6米^3/日工业油流，提交预测储量376万吨。⑤新区新层系见到好苗头。杭锦旗中元古界、石千峰组实现工业气流突破，获中国石化油气勘探突破二等奖；麻木乌苏区块巴音戈壁组钻遇 10.5 米含油层，展现出良好的勘探势头。

（贾家磊）

【油气效益开发迈上新台阶】 2019 年，大牛地气田实现“硬稳定”，完成 29 套单砂体精细描述，太 2、盒 1 等气藏调整滚动建产 4.9 亿立方米，获中国石化规模增加经济可采储量项目一等奖。加强老井措施、关停井综合治理，强化二次增压稳定运行，气田开井率、生产时率实现同比上升，综合递减率降至 4.7%，创历史最好水平。杭锦旗气田快上产蹄疾步稳，开展多种类型气藏精细描述，全面分级一体化评价，J72P13H 井盒 1、盒 3 分别试获日产 3.2 万立方米、2.1 万立方米高产气流，锦 66 井区 4 口井自然求产平均日产气 2.5 万立方米，准备出可动用储量 180 亿立方米。高效推进老区滚动扩边、甜点动用，新建产能 3.37 亿立方米，气井生产时率达 98%，年产气 13.6 亿立方米，增加 2.9 亿立方米，气田呈现稳步向上态势。鄂南原油效益开发迈出新步伐，细化储量分类动用政策，评价出红河长 8、长 9 油藏可水驱动用储量 2 600 万吨，优选出泾河 55、泾河 17 西等可动用储量目标区。深化“断缝体”油藏识别描述，针对性开展老井复查，34 口老井补孔测试贡献产量 1.5 万吨。

（陶　然　张新悦）

采气二厂员工正在巡检（闫志洪　摄）

【科技工程保障形成新手段】 2019 年，“四大科技工程”形成攻关体系，获中国石化科技进步三等奖 3 项、工程工艺技术创新与应用项目二等奖 1 项，中国石化科技成果鉴定取得 2 项国际领先、5 项国际先进，申请并获授权一批发明和实用新型专利。完善黄土塬复杂地表致密砂岩油藏三维地震精细保幅处理技术，建立杭锦旗三种差异富集成藏模式，深化大牛地、富县下古奥陶系岩溶储层整体成藏认识，细化鄂南“断缝体”控富控产研究，有力支撑规模增储新局面。储量有效动用技术取得重大突破，同井采注技术释放产能 10 万米^3/日，实现采出液井下分离、直接回注，含水储量有效动用。压采一体化工艺应用 24 口井，作业周期缩短 6—8 天。以储层保护为核心的大幅提高单井产能技术，在 D28–P2 井获得日产 9 万立方米高产气流，为低品位储量高效动用开辟了新途径。针对不同地质特点的密切割精细分段多簇压裂、混合水压裂、穿层压裂、多级注入复合酸压、纤维防砂、超破压注水增能等技术成功应用，增加了储量有效动用手段。

（陶　然）

【生产运行管理创出新水平】 2019 年，适时启动“奋战一百五十天、确保油气全超产”行动计划，提前 2 个月完成当年井位部署，年底前完成次年 82% 的井位部署，系统内单钻机平均实施钻井 4.1 口、增加 43%，全年新井贡献产量 2 亿立方米、贡献率 32.8%，创下新的指标。大牛地二次增压 12 座集气站、三股流工艺流程改造、西二线采出水集输工程、东胜气田天然气处理厂二期等一批重点工程顺利投产。杭西输气干线工程创造出“当年立项、当年设计、当年建设、当年投运”的历史纪录。

（陶　然）

杭西输气干线焊接（闫志洪　摄）

【低成本管理打开新局面】 2019 年，理顺投资管理责任体系，压实职能，推行石油工程综合单价，天然气 10 亿立方米产建投资实现稳步下降。强化投资项目后评价体系作用发挥，塔榆管道增压工程在集团公司后评价验收中被评定为标杆项目。完成资产分类分级评价，核销探井，加速计提废弃井，资产负债率大幅降低。5 个省（区）增值税统一汇算，自用成品油消费税返还，资源税优化，所得税加计扣除，节税增效 7 758 万元。把握市场价格规律，加大询比价力度，低价采储、高价消库，采购资金节约 15%。

（贾家磊）

【安全环保管理步入新阶段】 2019 年，构建公司 HSSE 管理体系，发布管理手册，出台配套制度，厘清空白交叉业务管理职责。提高安全环保专项考核权重至 10%，压实责任、重奖重罚。严格落实承包商安全管理"一把手"承包，领导干部带头管控重大风险，10 项公司级安全风险实现降值目标。利用"平安华北"开展月度全员安全知识考试、通报，落实注册安全工程师激励政策，培训各级干部员工 1 722 人次，评估、发布现场操作程序 514 项。完成绿色企业创建申报，启动绿色基层试点创建，建立水、土等环保指标整体监测规划立方米案，统筹推进绿色清洁生产。取得 5 个关键增储上产区域的采矿权证、试采证，完成 103 宗永久征地取证、富县污水处理站、大牛地钻完井液处理厂环评变更。

（贾家磊）

【完善以价值创造为导向绩效考核体系】 2019 年上半年分解下达生产经营考核、激励、重奖目标体系，调增经营业绩权重至 77%，实现绩效工资 100% 纳入考核兑现；月度考核、亏损借用、年底清算，向生产一线、创效单位倾斜，把生产经营责任压实到最基层单元。

（张新悦）

【党建和谐建设激发新动力】 2019 年，突出华北特色，抓实"对标长庆补短板、增产增效创一流"活动，自觉扛起"加大油气勘探开发力度"的责任，把初心使命坚守成建设大油气田的生动实践。聚焦公司改革发展"十项大事难事"，解决一批长期想解决而没有解决的难题。在集团公司主题教育第二巡回指导组指导的 12 家单位中考核排名第二。党组专项巡视、离任审计，反馈问题整改完成率超过 90%。公司上下再一次深刻反思鄂南会战失利的经验教训，更加认清发展的方向、坚定前进的道路。党建"四大工程"落实落地。强根铸魂立方米面，扎实开展传承石油精神、弘扬石化传统教育，学习陈俊武院士先进事迹、石油师奋斗历程，获中央企业五四红旗团支部、河南省青年文明号等称号。公开竞聘选拔 11 名中层干部、5 名高级专家、31 名专家，年轻中层干部比例提高 4%。大力开展复合型人才培养、技能操作人才向专业技术转型，中国石化第八届五项劳动竞赛中获红旗采气厂、金银牌采气管理区等 10 项荣誉。安装鄂北工区 457 套新风过滤装置，建设员工健康管理信息系统，大幅提高野外伙食补助标准，妥善处置"四供一业"等各类改革中的矛盾问题，职工群众的获得感、幸福感显著提升。

（张新悦）

【结对帮扶工区贫困村】 2019 年，华北油气分公司认真履行社会责任，努力结对帮扶工区当地贫困村，先后向陕西省榆林市榆阳区青云镇殷家墕村和内蒙古鄂尔多斯市杭锦旗独贵塔拉镇巴音庆格利嘎查捐款，用于当地脱贫项目建设，积极为当地经济发展做贡献。积极参加河南省扶贫基金会向贫困村学校捐赠"爱心书屋"教育扶贫公益活动，为农村学生提供课外阅读场地和书籍，树立了中国石化良好企业形象。

（张新悦）

表 1　　华北油气田主要技术经济指标　　亿元

指标名称 \ 年份	2019	2018	2017	2016	2015	2014
工业总产值	67.25	57.28	46.56	46.74	57.97	77.48
华北石油局	2.12	0.62	0.37	0.47	0.62	1.37

续表

年份 指标名称	2019	2018	2017	2016	2015	2014
华北油气分公司	65.13	56.66	46.19	46.27	57.35	76.11
工业增加值	50.77	46.31	31.42	33.98	42.40	56.27
华北石油局	0.19	0.33	−0.34	0.30	0.48	0.97
华北油气分公司	50.58	45.98	31.76	33.68	41.92	55.30
资产总计	191.89	213.58	227.20	282.09	290.36	317.91
华北石油局	3.57	3.66	5.20	5.60	6.54	7.32
华北油气分公司	188.32	209.92	222.00	276.49	283.82	310.59
流动资产	6.02	17.15	11.78	5.99	7.67	15.60
华北石油局	1.98	2.05	2.54	2.59	3.21	3.92
华北油气分公司	4.04	15.10	9.24	3.40	4.46	11.68
固定资产原值	540.24	507.95	485.18	476.21	436.11	406.96
华北石油局	5.52	2.99	6.35	6.64	6.44	6.15
华北油气分公司	534.72	504.96	478.83	469.57	429.67	400.81
固定资产净值	142.38	148.11	157.10	171.40	204.05	225.98
华北石油局	1.87	1.46	2.55	2.93	3.01	3.03
华北油气分公司	140.51	146.65	154.55	168.47	201.04	222.95
销售收入	72.64	65.65	48.40	47.23	59.33	76.96
华北石油局	1.97	2.65	2.13	0.51	0.69	1.32
华北油气分公司	70.67	63.00	46.27	46.72	58.64	75.64
实现利税	73.95	4.56	−8.21	−45.95	−18.72	0.26
华北石油局	0.06	0.17	−0.42	−0.08	0.08	0.39
华北油气分公司	73.89	4.39	−7.79	−45.87	−18.80	−0.13
税　金	3.36	3.19	2.57	2.55	3.14	6.62
华北石油局	0.14	0.16	0.13	0.19	0.23	0.69
华北油气分公司	3.22	3.03	2.44	2.36	2.91	5.93
综合能耗 / 吨标煤·万元 $^{-1}$	0.385	0.371	0.369	0.33	0.32	0.36
华北石油局	0.252	0.248	0.245	0.21	0.20	0.31
华北油气分公司	0.518	0.494	0.493	0.44	0.43	0.41

表2　　华北油气分公司主要生产建设指标

指标名称 \ 年份	2019	2018	2017	2016	2015	2014
油气产量 / 万吨	368.91	336.05	307.14	360.46	363.23	453.5
新增油气生产能力 / 万吨	61.94	50.391	60.918	63.72	60.13	105.49
新增油气探明储量地质储量 / 万吨	442.50	—	633.95	—	—	—
三维地震 / 平方千米	333.00	284.00	685.00	582.00	869.00	1 763.00
二维地震 / 剖面千米	—	889.00	—	—	—	503.00
油气钻井 / 口	171	122	96	112	171	291
探　井	25	19	15	18	23	74
开发井	146	103	81	94	148	217
钻井进尺 / 万米	53.94	44.31	37.32	42.78	66.44	85.98
勘探投资 / 亿元	5.96	3.96	3.91	4.72	6.49	16.31
开发投资 / 亿元	21.74	19.32	13.75	25.26	27.91	44.20

华东油气田

【概况】 华东油气田是中国石油化工集团有限公司华东石油局（简称华东石油局）和中国石油化工股份有限公司华东油气分公司（简称华东油气分公司）的统称，是中国石化常规与非常规油气勘探开发的专业队伍。本部位于江苏省南京市建邺区江东中路315号中泰国际广场6号楼。华东石油局前身为1970年5月6日成立的江苏省石油勘探指挥所，隶属地质部石油海洋地质局管理。1997年1月纳入中国新星石油公司管理。2000年4月随中国新星石油公司整体并入集团公司。2003年5月，华东石油局和华东分公司分别调整为集团公司和股份公司直接管理。2012年11月8日，华东石油局石油工程专业队伍划出，成立中石化华东石油工程有限公司。2015年3月20日，华东分公司开始运行油公司管理体制，更名为华东油气分公司。

截至2019年底，华东石油局和华东油气分公司机关部门实行一体化管理，共设有职能部门和党群部门14个，直属单位（机构）2个，局、分公司所属二级单位10个（华东石油局3个、华东油气分公司7个），用工总量1 680人，其中在职职工1 640人（华东石油局352人，不在岗346人；华东油气分公司1 328人，不在岗34人）；具有各类高级专业职称的371人，中级专业职称的468人。累计2人享受政府特殊津贴。

截至2019年底，华东油气分公司在苏北、下扬子、南黄海探区拥有油气勘探区块9个，总探矿权面积6 313.52平方千米。其中，苏北油气勘查面积1 065.32平方千米，下扬子中古生界油气勘查面积5 026.82平方千米，南黄海油气勘查面积221.39平方千米。登记拥有石油矿产开采权的区块10个，全部在苏北盆地，面积626.03平方千米；在四川、重庆、贵州、山西、陕西、宁夏、内蒙古等地拥有可进行非常规资源勘探的区块8个，其中煤层气勘探区块2个（东道梁、乡宁），总面积405.21平方千米，煤层气资源量445亿立方米；可进行煤层气勘探区块3个（延川南、织金、红果），总面积1 798.44平方千米，煤层气资源量 2 490 亿立方米；页岩气勘探区块 3 个（南川、彭水 1 区、彭水 2 区），总面积 8 121.52 平方千米，预测页岩气地质资源量 2.80 万亿立方米。

华东油气田主要经济指标及主要生产建设指标见表 1 和表 2。

（刘　波）

【领导班子调整】 2019 年 4 月 8 日，华东油气田召开领导班子扩大会议，宣布集团公司党组关于华东油气田领导班子调整的决定：免去申飞龙中共中国石化集团华东石油局委员会委员、华东石油局总会计师职务，解聘申飞龙华东油气分公司副总经理职务，另有任用；任命王雯为中共中国石化集团华东石油局委员会委员，聘任王雯为华东石油局总会计师、华东油气分公司副总经理。8 月 28 日，集团公司党组召开华东石油局、江苏油田干部视频会，宣布华东石油局和华东油气分公司、江苏油田领导班子调整决定：李东海任华东石油局党委书记、华东油气分公司代表；郭彤楼转任华东石油局局长、党委副书记，华东油气分公司总经理；方志雄任江苏石油勘探局有限公司执行董事、党委书记，江苏油田分公司代表。

（刘　波）

【华东石油局工会第六次代表大会召开】 2019 年 2 月 18 日，华东石油局工会第六次代表大会在南京召开，江苏省总工会副主席徐勇出席开幕式并致辞，油气田领导及工会代表共计 106 人参加会议。大会主题是：以习近平新时代中国特色社会主义思想和党的十九大精神为指导，坚定不移走中国特色社会主义工会发展道路，全面贯彻落实中国工会十七大精神，在省总工会、集团公司工委和局党委的正确领导下，团结动员广大职工，开启新征程、建功新时代，为实现华东油气田“三步走”战略规划谱写工会新篇章。大会回顾总结第五次工代会以来的工作，研究部署今后 5 年工会工作任务。选举产生华东石油局工会第六届工会委员会委员，选举产生华东石油局工会第六届工会经费审查委员会委员。大会结束后，华东石油局党委书记郭彤楼主持召开华东石油局工会第六届委员会第一次全体会议，选举产生华东石油局工会第六届委员会常务委员会名单，选举何惠生为华东石油局第六届工会主席，选举曹巍为华东石油局第六届工会副主席。

（刘　波）

【生产经营指标超额完成】 2019 年，华东油气田提交探明石油地质储量 216.50 万吨，完成计划的 108%；控制石油地质储量 206 万吨，完成计划的 103%；预测石油地质储量 338.20 万吨，完成计划的 113%；探明页岩气地质储量 1 117 亿立方米，完成计划的 319%。优化新区产能建设增量增效，新建产能 5.37 万吨。新增经济可采储量 58 万吨、SEC 储量 234 万吨，储量替代率 127%，储采比 5.20。油气单位完全成本 1 694 元 / 吨，降低 284 元 / 吨，降幅 14%。原油盈亏平衡点降至每桶 48.50 美元，为历史最低。经营现金流 21.30 亿元，增加 2.99 亿元，增幅 16%；自由现金流 2.80 亿元，保持为正。华东油气田全年实现收入 35.28 亿元，盈利 5.18 亿元，超额完成生产经营及年度考核目标。华东油气分公司连续 3 年被评为股份公司勘探管理先进单位。

（刘　波）

【油气产量再创新高】 2019 年，华东油气田生产原油 45.34 万吨，超产 3 400 吨，增长 7.40%，连续 10 年持续增长；生产煤层气 3.58 亿立方米，保持稳产；生产页岩气 8.10 亿立方米，增长 58.80%。全年生产油气 162 万吨油当量，再创历史新高。

（刘　波）

【常规油勘探获佳绩】 2019 年，华东油气分公司按照“沿滩边、顺断层、追尖灭”勘探思路，部署实施仓西 3 井、仓西 3-1 井均获高产油流，试油单井日产分别为 18.90 吨、43 吨，落实优质储量 338 万吨，溱潼凹陷西斜坡阜宁组三段岩性油藏勘探获得商业发现，获股份公司商业发现奖。

通过成藏再认识，构造精细解释，落实圈闭，部署殷东 1 井，泰州组一段底块砂岩见丰富油气显示，揭示泰州组较大的勘探潜力，取得溱潼东斜坡泰州组新层系勘探新进展。进一步评价溱潼西斜坡蔡家堡—陈家舍地区阜宁组三段岩性勘探潜力，同时兼顾探索戴南组地层—岩性圈闭，于溱潼西斜坡仓吉阜宁组三段Ⅰ砂组岩性圈闭群部署陈10井，于戴南组、阜宁组三段见油气显示，测试日产油5.50吨，取得溱潼西斜坡戴南组地层—岩性油藏勘探新进展。全年探井成功率60%，提交三级地质储量760.70万吨、完成计划的108.7%，超额完成全年储量任务，获股份公司勘探管理奖。

（刘 波）

【仓西3-1井试获高产工业油流】 仓西3-1井是华东油气分公司部署在溱潼凹陷西部外斜坡吉沟构造带仓西3断块的油藏评价井。2019年6月6日，通过“TCP+DST”二联作测试，二开井自喷，采用直径6毫米油嘴放喷，油压稳定在1.50兆帕，日产油43.97吨，获高产工业油流，实现苏北油区油气勘探再突破。

（刘 波）

【重庆东胜构造带常压页岩气勘探获突破】 2019年，华东油气分公司通过深化重庆南川区块胜页1井和焦页10井钻后评价，优选构造平缓、储层物性好、地应力小、保存好的东胜南斜坡新区带，部署实施探井胜页2HF井。该井采用二级井深结构，转向压裂工艺等提速降本措施，4月15日完成27段压裂，5月3日完成产能测试，获日产气32.80万立方米，刷新国内常压页岩气单井日产气纪录，实现东胜构造带常压页岩气勘探突破，证实四川盆地东南缘复杂构造带是常压页岩气富集高产有利地区，获集团公司商业发现特等奖。

（刘 波）

【焦页10-10HF井获平桥南斜坡中高部位常压页岩气勘探新突破】 2019年，华东油气分公司探索平桥南斜坡带中高部位页岩气勘探潜力，明确富集边界，向南滚动，部署焦页10-10HF井，4月23日完成23段压裂施工，获日产气9.01万立方米，实现平桥南斜坡中高部位页岩气勘探突破。

（刘 波）

【南川地区茅口组取得新层系勘探突破】 大石1HF井是华东油气分公司部署在南川区平桥背斜茅口组的浅层页岩气评价井，储层以“粒间孔缝+黏土成岩收缩孔缝”为主。大石1HF井实施大规模分段酸化压裂，采用分级滑套一体化酸压管柱快速施工。历时35小时，2019年9月21日完成分段酸化压裂施工，9月28日完成产能测试，试获日产22.60万立方米高产商业气流，实现平桥背斜茅口组新类型页岩气勘探的突破，证实南川地区立体勘探的潜力。

（刘 波）

【延川南煤层气田效益稳产】 2019年，延川南煤层气田依据“煤相、构造、水动力、渗透率、地应力”5个关键要素将气田细化为6个区，通过分片承包、对点承包和“一井一分析”管理，对950口生产井精准施策，自然递减得到有效控制，下降0.56%。实施疏解堵点、重复改造、提液降压、大修复产等措施71井次，累计增产624万立方米，措施有效率93%，老井大规模重复压裂、冲击波和氮气扰动2项解堵工艺成效明显。外围滚动扩边，层间挖潜接替，探索下部马家沟组致密气，3口井见到较好显示，延6-3-43井采用清水压裂试采日产1.20万立方米，在马家沟组获突破。通过工艺革新和管理创效，坚持精细管理、挖潜增效，控制老井递减，全年生产煤层气3.58亿立方米，实现煤层气效益稳产。延川南煤层气田获全国石油石化企业信息化优秀技术单位称号。

（刘 波）

【降本增效效果明显】 2019年，华东油气田持续推进全员成本目标管理，落实挖潜增效。优化生产运行组织，降低用电成本，用好大用户直购电政策，年节省电费152万元；优化钻前方案，通过管排铺设井场、软体罐代替清水池等节省建设费和土地费2 870万元；加大退地复垦和企地道路共建力度，节约用地费用9 448万元。开展武隆低密度三维物探、苏北工区侧钻井工程、苏北工区井下作业成本现场写实清单计价，实现科学管理降本。强化“买单制”运行，提升效益经营理念，完成买单制结算1.15亿元。分析油气价格走势，优化销售策略，原油销售增效1 050万元；利用市场需求旺盛有利形势，对自销客户进行推价，煤层气增效3 149万元、页岩气增效4 971万元，合计推价增效8 120万元。

（刘 波）

【改革管理积极推进】 2019年，华东油气田制定考核激励政策，编制《油气田2019年度承包经营绩效考核办法》，实施千分制考核，形成“目标确定、责任落实、精准考核”自主经营承包模式和“聚焦效益、总量控制、分项明确、合作共赢”工作机制；各单位探索开展区块承包、项目组负责制等多种形式经营承包，提高运行效率。评价分析采油（气）厂的经营效益、生产运行、甲方管理、管理效率、体制机制建设，组织效能对标名列上游板块第3名，井下作业、测试、维修3项业务在上游板块专业化队伍评比排第1名。推进机关职能调整、机构整合，压减中层机构3个。推进一体化协同办公体系建设和EPBP深化应用，有序推进南华201区块智能开发，建成以油藏数模为中心、以工作流为支持多专业协同生产决策支持系统。加强重点领域、重大工程项目的审计监督，促进工程项目合法合规，有效控制成本。

（刘　波）

【科技成果显著】 2019年，华东油气田强化科技管理，新立集团公司项目5项、油气田项目37项，“南川复杂构造带页岩气勘探开发关键技术”“焦页10井区页岩气降本增效压裂技术研究”进入中国石化“十条龙”项目。有序推进国家重大专项“彭水地区常压页岩气勘探开发示范工程”攻关。承担的中国石化项目“溱潼凹陷岩性油藏成藏规律与精细评价技术”成果鉴定获国际先进评价。“盆缘构造复杂区常压页岩气勘探攻关团队”获评集团公司优秀创新团队。强化科技成果转化，组织申报成果转化激励和实施新技术奖励共8项，获批转化激励153万元。获省部级科技进步一等奖1项、二等奖1项、三等奖1项，获授权专利40件，其中发明专利4件、实用新型专利36件。

（刘　波）

【安全环保平稳运行】 2019年，华东油气田牢固树立安全生产红线意识和底线思维，以“识别风险，问题整改，杜绝事故”为工作主线，深入开展HSSE管理体系建设。落实风险管控和隐患治理双重预防，完成集团公司重大风险“液碳公司黄桥生产基地隐患治理工程”，实现风险降级。根据集团公司《安全风险评估指导意见》，确定油气田管控重大安全风险1个、较大安全风险5个。安全风险总值由2018年的177下降为167，共实施油气田级安全隐患项目7项。建立安全环保治安保卫监控中心，对各工区现场进行24小时全天候监控。制订油气田“一把手”承包商安全管理风险承包工作方案，推动承包商管控工作落实。

细化“绿色企业行动计划”实施方案（2019版）为31个项目132个任务，成立以主要领导为组长的领导小组，做到方案、人员、资金、措施“四落实”。定期召开总经理办公会研究、解决“绿色企业行动计划”存在的困难和问题。强化绿色企业宣传，建设绿企文化园，营造绿企创建氛围。推进生产现场、生活、办公垃圾分类收集，依法进行环境信息公开。推进警企共建、风险防控、稳定保控，确保新中国成立70周年“迎大庆、防风险、保平安”平稳有序。全年未发生油气田级安全环保事故（件），获江苏省“安健杯”竞赛优胜单位、集团公司绿色企业称号，保持江苏省平安企业称号。

（刘　波）

【庆祝中华人民共和国成立70周年活动】 2019年9月26日上午，华东油气田在南京举行“不忘初心、牢记使命”——华东石油局庆祝中华人民共和国成立70周年座谈会，部分离退休老领导、首席专家、技能大师、党外人士、劳动模范、优秀党员、优秀党务工作者代表及相关部门负责人50余人参加，共话祖国辉煌，齐忆华东历史，畅谈未来，共谋发展。9月26日下午，以“壮丽70年　奋斗新时代”为主题进行文艺汇演，庆祝中华人民共和国成立70周年，华东油气田下属12个单位的员工以自编、自导、自演的方式，通过合唱、舞蹈、诗朗诵、情景剧等多种形式，歌颂伟大祖国，回顾华东历史。活动现场为郭彤楼、陈沪生、邸增栓颁发庆祝中华人民共和国成立70周年纪念奖章，油气田共有31名国家科技进步获得者、离休干部获此殊荣。

（刘　波）

【“不忘初心、牢记使命”主题教育】 2019年，华东油气田认真开展“不忘初心、牢记使命”主题教育。6月13日，在南京召开“不忘初心、牢记使命”主题教育动员视频大会，部署方案，要求坚持以贯彻落实习近平新时代中国特色社会主义思想为主线，贯穿2批主题教育全过程，局党委班子领导带头先学先做、学深实改，坚持将主题教育与中心工作紧密结合，同部署、同推进。6月21日，以视频会形式开展“不忘初心、牢记使命”主题教育专题讲座；开展“主题教育知识竞赛”“党员志愿活动”等活动；开创“1+N”学习调研方法，完成周报和统计报表报送，形成主题教育领导小组工作会议纪要13期，开展集中整顿基层软弱涣散党组织专项工作，整体推进主题教育的全面开展。9月18日，在南京召开“不忘初心、牢记使命”主题教育第1批总结暨第2批部署会。11—12月，班子成员出席指导各二级单位“不忘初心、牢记使命”主题教育专题民主生活会、组织生活会。

（刘　波）

表1　　华东油气田主要经济指标　　亿元

指标名称 \ 年份	2019	2018	2017	2016	2015	2014
工业总产值	31.16	26.52	13.30	9.07	10.35	15.20
华东石油局	1.23	1.04	0.82	0.96	2.60	0.90
华东油气分公司	29.93	25.48	12.48	8.11	7.75	14.30
企业增加值	22.01	17.80	4.82	10.27	–1.94	7.72
华东石油局	2.01	2.08	1.91	1.64	1.82	1.73
华东油气分公司	20.00	15.72	2.91	–0.37	–3.76	5.99
资产总计	95.04	87.73	90.28	94.36	96.44	93.06
华东石油局	14.72	13.95	13.56	13.27	16.00	14.09
华东油气分公司	80.32	73.78	76.72	81.09	80.44	70.97
流动资产	6.41	5.95	5.87	10.43	6.96	7.93
华东石油局	3.86	3.87	3.39	2.78	5.08	6.14
华东油气分公司	2.55	2.08	2.48	7.65	1.88	1.79
固定资产原值	143.89	123.04	113.45	93.43	80.23	72.61
华东石油局	6.66	7.01	6.61	6.64	6.63	6.68
华东油气分公司	137.23	116.03	106.84	86.79	73.60	65.93
固定资产净值	48.76	39.54	39.2	38.39	36.72	35.38
华东石油局	3.16	3.40	3.25	3.54	3.83	4.13
华东油气分公司	45.60	36.14	35.95	34.85	32.89	31.25
销售收入	34.57	29.63	15.79	12.48	13.17	18.79
华东石油局	4.70	4.10	3.3	3.22	3.64	4.49
华东油气分公司	29.87	25.53	12.49	9.26	9.53	14.30
实现利税	7.67	2.98	–18.13	–13.70	–0.51	–1.04

续表

指标名称 \ 年份	2019	2018	2017	2016	2015	2014
华东石油局	0.25	0.39	0.15	0.13	0.60	-0.26
华东油气分公司	7.42	2.59	-18.28	-13.83	-1.11	-0.78
税　金	3.74	1.73	1.02	0.88	1.05	3.13
华东石油局	0.24	0.39	0.31	0.25	0.36	0.08
华东油气分公司	3.50	1.34	0.71	0.63	0.69	3.05

表 2　　华东油气田主要生产建设指标①

指标名称 \ 年份	2019	2018	2017	2016	2015	2014
原油产量 / 万吨	45.34	42.20	36.01	33.01	35.01	35.01
页岩气产量 / 万立方米	80 994.00	54 280.00	—	—	—	—
煤层气气产量 / 万立方米	35 773.00	38 389.00	30 251.00	17 892.00	10 522.00	3 437.00
新增原油生产能力 / 万吨	4.42	6.10	4.44	0.69	6.39	10.08
新增页岩气生产能力 / 万立方米	21 800.00	65 000.00	—	—	—	—
新增煤层气生产能力 / 万立方米	0	36 300.00	—	—	—	—
新增探明石油地质储量 / 万吨	216.47	0	178.68	242.46	517.91	317.85
新增探明页岩气地质储量 / 亿立方米	1 117.47	0	0	0	0	0
二维地震 / 千米	0	10.00	132.00	104.00	600.00	480.00
三维地震 / 平方千米	95.00	100.00	0	0	393.00	101.00
石油钻井 / 口	125	76	94	27	38	647
探　井	30	33	21	17	26	37
开发井	95	43	73	10	12	610
钻井进尺 / 万米	31.65	20.55	23.91	8.26	10.56	103.24

①新增页岩气生产能力、新增煤层气生产能力、新增探明页岩气地质储量为中国石化内审数据，未下公报。页岩气产量于 2018 年正式上报

勘探分公司

【概况】 中国石油化工股份有限公司勘探分公司（简称勘探分公司）是中国石化唯一的专业化油气勘探企业，肩负着中国石化能源资源战略发展重任，业务归口股份公司油田勘探开发事业部管理。

勘探分公司位于成都市高新区吉泰路688号中国石化西南科研办公基地。其前身是南方海相油气勘探项目经理部，成立于1999年5月。2002年4月，中国石化整合南方海相油气勘探项目经理部和滇黔桂油田分公司，成立南方勘探开发分公司。2007年3月，原南方勘探开发分公司和原中南油气分公司勘探研究、勘探管理及部分相关业务人员整合重组成立勘探南方分公司，同年8月迁址成都。2014年7月，中国石化批复同意更名为中国石油化工股份有限公司勘探分公司。

截至2019年底，勘探分公司实有合同制员工463人，在岗合同制员工462人，均为管理和专业技术人员，具有中级及以上专业技术职务任职资格的员工共计377人，在岗员工平均年龄43.4岁。

遵照中国石化的统一安排，勘探分公司主要负责所管理勘查区块内的风险勘探，同时开展国内重点含油气盆地分析、矿权登记、投入不足区块评价、风险井平行论证等工作。截至2019年末，归属勘探分公司管理有效勘查区块20个，总面积4.43万平方千米，总资源量天然气16.99万亿立方米、石油7 765万吨。

2019年，勘探分公司新部署探井12口，完成测试4口井，获工业油气流2口井，探井成功率50%。新增天然气探明储量408.53亿立方米、天然气控制储量421.28亿立方米、天然气预测储量1 042.42亿立方米，分别为年度计划的136%、105%和149%。“綦江东溪构造深层页岩气勘探”获股份公司油气突破特等奖；“元坝气田元陆12井区须家河组三段勘探”获股份公司商业发现二等奖；勘探分公司再次被评为中国石化优秀勘探管理单位。生产经营目标全面完成，全年实施钻井19口，完成进尺60 023米，完成率为100%；完成二维地震采集608.8千米、三维地震采集1 130.75平方千米、非震2 341千米，完成率均为100%；完成投资19.02亿元，控制在年度调整计划内；实现利润274万元，超额完成年度利润目标。2019年，勘探分公司获省部级科技进步一等奖、三等奖及中国石化首次实施新技术奖各1项；“海相天然气勘探创新团队”被评为国务院国资委优秀创新团队。勘探分公司总经理郭旭升当选中国工程院院士；勘探分公司总地质师胡东风获李四光地质科学奖野外奖。

勘探分公司主要经济指标及主要生产建设指标分别见表1和表2。

（侯玉梅）

【油气勘探取得新成果】 2019年，勘探分公司取得“1个重大突破、3个新进展和3个好苗头”油气勘探重要成果。

1个重大突破：綦江东溪构造深层页岩气勘探取得重大突破。2019年1月2日，勘探分公司部署在东溪高陡构造的深层页岩气试验井东页深1井，在五峰—龙马溪组试获日产31.18万立方米高产页岩气流，取得东溪深层页岩气勘探重大突破。该井是国内首口埋深大于4 200米的高产页岩气井。此前，在该区块部署实施的丁页4井和丁页5井相继试获中高产页岩气流，证实丁山构造五峰组—龙马溪组页岩气层具有高压、富气特征，商业开发潜力大，是继涪陵、威荣页岩气田发现之后又一个千亿立方米级增储上产阵地。

3个新进展：①川东北须家河组勘探评价取得新进展；②川东南茅口组热液白云岩勘探取得新进展；③盆外复杂构造区页岩气勘探取得新进展。

3个好苗头：①川东南侏罗系砂岩勘探发现好苗头；②南江山前带勘探发现好苗头；③盆内二叠系新层系页岩气勘探发现好苗头。

（侯玉梅）

【安全环保持续保持平稳】 2019年，勘探分公司实施五大措施保安全环保平稳：①基础管理持续夯实。稳步推进QHSSE体系建设，层层分解落实安全环保责任，持续深入组织开展各类安全主题活动，严格制订执行“两特两重”时期保障方案，安全环保基础管理水平持续提升。②安全监管行之有效。以井控管理、依法合规生产、直接作业环节和高风险作业管理为重点，对15个作业现场实行全覆盖HSSE督查49次，对9个作业现场开展安全量化评分，组织开展涉硫化氢、危险废物等专项检查，实现生产全过程管控和问题隐患整改闭环管理。③承包商管理严格有力。实施承包商安全管理“一把手”负责制，严格承包商安全资质审查，落实承包商HSSE积分考核制度和属地管理责任，承包商安全意识不断增强。④风险管控和隐患整治从严落实。切实加强“一字号”

风险探井安全评估，对识别出的13项企业级风险落实有针对性的管控措施，坚持风险分级承包和动态管理，确保所有风险受控。⑤环保管控合法合规。积极践行绿色发展理念，推进绿色企业创建，严格现场环境风险评估，有效发挥泥浆站运转作用，开展12口井环境影响评价、3口井钻后环保治理、16井次钻中环保治理工作。

（侯玉梅）

【深层页岩气富集机理创新认识】 2019年，勘探分公司继续强化“科技先行”的理念，通过科技创新，持续提升科研对勘探的支撑力度，四川盆地深层页岩气富集机理获创新认识，夯实规模增储上产的基础。①揭示了深层深水陆棚相页岩孔隙发育与保持机理，明确深层页岩能够发育“高孔”优质储层，创新建立“石英抗压保孔”和“储层流体超压”深层优质页岩储层发育模式，首次提出深水陆棚相页岩硅质粒间孔、有机孔“共生耦合”是高效页岩储层形成的关键。②首次建立深层页岩气2类“超压富气”模式，明确深层页岩气具有“高压、高孔、高含气量”特征，揭示深层页岩气以游离气为主；发现超压可以降低页岩储层有效应力，有利于压裂改造。

（侯玉梅）

【四川盆地茅口组获重大科技进展】 2019年，勘探分公司持续加强基础地质与关键技术攻关，在四川盆地下二叠统沉积演化、储层成因机理、成藏富集规律等方面取得创新认识：①强化基础研究，突破前期认识，形成“四川盆地茅口组早期为相对稳定碳酸盐岩缓坡沉积，晚期受峨眉地幔柱分期、分阶段发育演化控制形成隆凹格局，川北地区发育镶边台地沉积”新认识，促进勘探思路的转变。②突破前期以不整合岩溶储层为主的勘探认识，创新建立受开江—梁平陆棚雏形期茅三段台缘高能浅滩型、生屑滩与东吴期基底断裂联合控制的茅三段热液白云岩型、受早期基底断裂与岩溶地貌控制的茅三段岩溶灰岩型、受缓坡相带与相对滞留环境控制的茅一段灰泥灰岩型4种储层发育模式。③建立茅三段高能浅滩型气藏“棚生缘储、近源富集”、茅三段热液白云岩气藏“基底断裂控储、控藏”、茅一段灰泥灰岩气藏“源储共生、岩性控藏”3种新类型气藏富集模式，明确富集规律。

（侯玉梅）

【物探关键技术攻关】 2019年，勘探分公司持续开展物探技术攻关，深层页岩气储层裂缝、地应力、压力系数等地震预测技术取得积极进展。创新形成去强屏蔽处理技术、相控高分辨率反演及气水检测等技术，有效提高储层预测精度。①围绕深层页岩气储层裂缝、地应力、压力系数等地震预测前缘难题，开展基于OVT域的叠前储层预测技术攻关，创新形成基于OVT数据的叠前裂缝五维地震预测技术、基于OA介质的水平应力差异比地震预测技术、岩石物理驱动的压力系数地震预测技术，预测精度得到提高，有效指导丁山、东溪等地区的勘探部署。②创新形成基于Morlet子波的多道匹配追踪算法去强屏蔽处理技术、多属性约束相控高分辨率反演及气水检测等技术，并自主研发形成具有计算效率高、稳定性强和适用性广的算法程序，有效提高该区储层预测精度，有力支撑元坝15井和元坝702井部署。③针对川东南盆内高陡构造带地震成像难点，创新形成最小二乘Kirchhoff叠前时间偏移技术、基于波场匹配的构造约束速度建模方法、角度域保幅高斯束叠前深度偏移技术并开发源程序，提高成像结果的信噪比、保幅性及分辨率，改善高陡构造深度域地震成像质量，支撑石页1井、隆盛三维、石油沟—新场二维等勘探部署研究工作。

（侯玉梅）

【8件发明专利获授权】 2019年，勘探分公司8件发明专利获授权，超额完成年度专利任务。8件发明专利是《叠前地震反演方法及系统》《一种面向AVO反演的地震数据处理方法》《一种脉动增扭马达》《少井区基于统计岩石物理建模的孔隙度预测方法及系统》《叠前地震道集分段式振幅能量补偿方法及系统》《基于叠前纵波各向异性的裂缝预测方法及系统》《一种地层压力预测方法》和《一种裂缝预测方法》。截至2019年底，勘探分公司共申请专利65件，获授权41件，其中发明专利30件，占73.17%、比上年度提高2.2个百分点。

（侯玉梅）

【精益管理挖潜增效】 2019年，勘探分公司全面加强以财务管理为中心的企业管理，坚持“价值导向”强化投资运行管理，投资控制在计划内；持续挖潜增效，6项费用下降6.75%。持续规范研发费用加计扣除等工作，实现税收优惠1 137万元，增长57%。从探井成功率、项目源头设计和管理成本等方面控制勘探损益规模。

（侯玉梅）

【国内率先探索开展储量价值化试点】 2019年8月13日，中国石化在勘探分公司开展兴隆气田储量价值化试点现场交接。勘探分公司与江汉油田分公司签订兴隆气田交接协议，把该气田以储量价值市场化内部交易方式正式流转至江汉油田，标志着中国石化在国内率先探索开展储量价值化试点工作迈出关键步伐。作为中国石化确定的试点区块，兴隆气田储量价值化试点矿权面积400平方千米，地质资源量5 982亿立方米，探明含气面积13.25平方千米，探明地质储量76.53亿立方米，储量价值约17.41亿元。

（侯玉梅）

【持续推进从严管理】 2019年，勘探分公司突出抓规范管理、从严管理、精益管理，进一步打牢管理基础，向管理要效率，以管理促发展。①持续落实依法依规治企措施，加强分公司招标投标管理，组织开展内控执行风险识别；②对近3年涪陵探区探井项目、车辆修理费使用情况、物探研究院内控执行情况进行审计评价；③严肃财经纪律，开展差旅费等费用专项稽核检查；④按照中央和集团公司要求完成驻北京联络处的全面清理撤销工作。

（侯玉梅）

【打造一流专业化油气勘探队伍】 2019年，勘探分公司持续加强干部队伍建设。①全年共提拔调整干部43人次，加大对优秀年轻干部的培养选拔力度，新提拔的基层干部21人以“80后”为主、占比62%，干部年龄结构进一步得到改善。②持续加强人才队伍建设，制定人才横向贯通实施细则，优化人才成长通道，积极组织开展高层次人才和各类专家的选送推荐工作。年内，勘探分公司1人当选中国工程院院士，1人获李四光地质科学奖，1人获中国地质学会青年地质科技银锤奖，1人获中国石油学会第三届全国石油石化优秀科技工作者，1人获闵恩泽青年科技人才奖，1人被评为集团公司突出贡献专家。③持续加强对员工的激励奖励，对15名连续4年考核优秀的员工进行奖励晋档，评选68名业绩贡献突出的员工和专业骨干人才享受激励性年金奖励。④采取有力措施提升员工收入，2019年员工收入增长高于油田板块平均水平。

（侯玉梅）

【扎实组织主题教育】 2019年，根据集团公司党组的统一部署，勘探分公司党委分2批次开展“不忘初心、牢记使命”主题教育。①勘探分公司各级党委中心组和全体党员干部认真学习研讨习近平新时代中国特色社会主义思想和习近平总书记重要论述、重要讲话、重要指示批示精神。举办领导干部脱产读书班和“不忘初心、牢记使命”知识竞赛，结合实际开展4项专题研讨。②勘探分公司领导将主题教育融入“双示范”建设，开展基层上党课、基层宣讲12场次。各单位党政主要领导讲大党课9场次，副职党员干部讲专题党课6场次。支部书记讲党课30场次，汇报学习心得体会1人次。③坚持“四问检视法”，实现领导参加调研、基层宣讲、基层单位接受调研及入职5年内青年科研员工、一线项目部员工访谈座谈“五个全覆盖”。④深入开展13项专项整治，突出抓好“在科研生产、安全环保、日常工作中存在的‘低老坏’现象”的专项整治。深入开展第1批主题教育检视发现问题“六个一回头看”和软弱涣散基层党组织专项整治工作。⑤高质量开好2个批次专题民主生活会、专题组织生活会，认真开展民主评议党员工作。集团公司第十、第十四巡回指导组认为勘探分公司主题教育完全符合中央和集团公司党组的要求。勘探分公司党员、群众对第1批、第2批主题教育的满意率、基本满意率均为100%。

（侯玉梅）

【扎实做好巡视整改落实工作】 2019年5月、6月，中央第二巡视组、党组第一巡视组分别对勘探分公司党委开展下沉调研和常规巡视，勘探分公司纪委积极协助党委做好配合巡视，督促各责任部门全力做好整改落实工作。按照“止损挽损、倒逼改革、追责问责”三步法，坚持问题导向，整改工作取得重要阶段性成效。对照中央巡视反馈意见查摆问题 11 个，制定整改措施 39 条，完成率 89%；立行立改党组巡视反馈问题 19 个，制定整改措施 54 条，完成率 100%；党组巡视反馈意见问题 19 个，制定整改措施 86 条，完成率 100%。在推进整改落实中，对驻苍溪 2 个项目部租房用房进行优化，年节约费用 99.17 万元，清退评审费 0.92 万元，修订完善制度 15 项。

（侯玉梅）

【宣传思想和意识形态建设进一步提升】 2019 年，勘探分公司党委结合“不忘初心、牢记使命”主题教育、凝心聚力抓实抓好宣传思想工作，意识形态管控有力。①加大内部宣传力度增强引领力。编发《南方油气勘探报》24 期、手机报 40 期，微信 68 期，创办奋进勘探子平台。组织开展“外学院士陈俊武、内学劳模孙坤忠”活动，举办孙坤忠先进事迹巡回宣讲活动 3 场次。②加大对外宣传增强形象力。全年在《中国石化报》、石化电视、石化新闻网、石化手机报、中国石化官方微信等刊发新闻 95 篇（条）。《中国石化报》头版头条刊发《联合党建为高效勘探增添新动能》等重点报道。策划东页深 1 井获得重大突破、元坝气田新增探明储量 408 亿立方米的宣传，在央视新闻频道播出，国内媒体报道、转载 1 164 条。③创新宣传方式增强影响力。在苍溪基地和元坝 8 井现场，举办首次公众开放日活动，完成“全国大学生记者训练营”“中国石化奉献在四川”广元市天然气发展展示长廊等宣传活动。参加集团公司企业文化宣讲大赛，排名第 31 位。

（侯玉梅）

【党建考核结果获评 B 档】 2019 年，勘探分公司党委深入开展“不忘初心、牢记使命”主题教育，扎实做好中央巡视下沉调研和党组巡视的迎检与整改工作，持续抓好“铸魂工程”“头雁工程”“夯基工程”“鼓劲工程”“净化工程”“人本工程”“暖心工程”。集团公司党建考核组认为，勘探分公司党委认真履行党建工作主体责任，坚决把党的政治建设摆在首位，贯彻落实中央决策部署和党组要求，注重发挥“把方向、管大局、保落实”作用，围绕中心工作开展形势任务教育，实施人才强企和组织力提升工程，持续推动政治优势转化，切实推进了全面从严治党向纵深发展。考核组还综合考虑了勘探分公司安全环保、经营效益、违纪违规、科技进步、和谐稳定等方面因素，最终按照板块分类、综合得分排队的原则，考核定档为 B 档。

（侯玉梅）

【获全国石油化工科技进步一等奖】 2019 年 12 月 10 日，中国石油和化学工业联合会在北京人民大会堂召开“全国石油和化工科技创新大会”，隆重表彰 2019 年度中国石油和化工行业科技创新的获奖单位和个人。勘探分公司科研团队完成的“四川盆地深层页岩气富集机理及勘探关键技术”项目获 2019 年度中国石油和化学工业联合会科技进步一等奖。

（侯玉梅）

表 1　勘探分公司主要经济指标[①]　亿元

指标名称 \ 年份	2019	2018	2017	2016	2015
资产总计	14.83	12.82	14.37	12.99	13.08
流动资产	14.00	11.98	13.42	12.02	11.97
固定资产原值	2.53	2.78	3.29	3.15	3.05
固定资产净值	0.68	0.75	0.82	0.84	0.98

续表

指标名称 \ 年份	2019	2018	2017	2016	2015
销售收入	18.83	13.68	12.19	13.22	16.60
实现利税	0.05	0.16	0.12	0.14	0.39

①经济指标不含开发

表 2　　勘探分公司主要生产建设指标[①]

指标名称 \ 年份	2019	2018	2017	2016	2015
新增天然气探明地质储量 / 亿立方米	408.53		2 202.16		2 738.48
新增天然气控制地质储量 / 亿立方米	421.28	264.72	174.52	1 443.55	601.11
新增天然气预测地质储量 / 亿立方米	1 042.42	1 527.01	1 115.01	2 435.63	1 043.07
二维地震 / 千米	608.8	699.24	933.19	616	439.93
三维地震 / 平方千米	1 130.75	578.99	873.38	540.28	990.22
新开钻井 / 口	10	10	2	7	6
完井 / 口	7	3	5	7	15
钻井进尺 / 万米	6.00	3.50	1.36	3.88	4.33
勘探投资 / 亿元	18.79	13.62	12.16	13.22	16.55

①生产指标含风险、非常规勘探

燕山石化

【概况】 中国石油化工股份有限公司北京燕山分公司（简称燕山分公司）、中国石化集团北京燕山石油化工有限公司（简称燕化有限公司）统称燕山石化，位于北京市房山区，是集团公司旗下特大型石油化工联合企业，前身为1970年成立的北京石油化工总厂，曾更名为北京燕山石油化学总公司、中国石油化工总公司北京燕山石油化工公司、北京燕山石油化工集团有限公司。北京东方石油化工有限公司（简称东方石化）为燕化有限公司全资子公司，保定石油化工厂（简称保定石化）由集团公司划归燕化有限公司进行管理。

燕山石化拥有生产装置 63 套、辅助装置 68 套，可生产 94 个品种、431 个牌号的石油化工产品，原油加工能力 1 000 万吨 / 年，乙烯生产能力 80 万吨 / 年，是中国石化 12 个千万吨炼厂和 11 个大型乙烯装置之一；聚乙烯生产能力 60 万吨 / 年，聚丙烯生产能力 50 万吨 / 年，合成橡胶生产能力 42 万吨 / 年，苯酚丙酮生产能力 24 万吨 / 年，是中国重要的合成橡胶、合成树脂和高品质成品油生产基地。

截至 2019 年底，燕山石化下设 32 个中层机构，其中 16 个机关部室、10 个直属单位、6 个业务中心，另有股权投资的 11 家合资企业，共有在岗员工 8 883 人（含东方石化、保定石化）。公司直属党委 18 个，在职党支部 204 个，在岗党员 4 857 人。

燕山石化主要技术经济指标及主要产品产量分别见表 1 和表 2。

（王善高）

【领导班子调整】 2019年，集团公司党组共4次调整燕山石化领导班子。1月28日，燕山石化召开干部大会，集团公司副总经理、股份公司高级副总裁凌逸群出席大会，集团公司人事部副主任张仕江宣布领导班子调整决定：李刚任燕化有限公司董事会董事长，建议其为燕化有限公司总经理人选；聘任李刚为燕山分公司总经理；李刚任中共燕山石油化工有限公司委员会副书记；建议李刚为东方石化董事会董事长人选。3月8日，燕山石化召开领导班子扩大会，集团公司党组成员、纪检监察组组长蒋亮平出席大会，集团公司人事部副主任董烨宣布领导班子调整决定：李恩忠任燕化有限公司党委常委、燕山分公司总会计师、燕化有限公司董事会董事；李栋华任燕化有限公司党委副书记、纪委书记，为工会主席人选，任燕化有限公司监事会主席；杨劲松不再担任燕山石化党政领导职务，另有任用。5月24日，发文免去汪剑波中共北京燕山石油化工有限公司委员会常委、委员职务，不再担任燕化有限公司董事会董事、燕山分公司副总经理职务。7月13日，燕山石化党委书记王哲受集团公司委托，宣布领导班子调整决定：赵保成任中共北京燕山石油化工有限公司委员会常委、燕化有限公司董事会董事、燕山分公司副总经理。

（王善高）

【扎实开展“不忘初心、牢记使命”主题教育】 2019年，燕山石化按照中央主题教育工作部署和集团公司党组工作安排，在中央督导组、集团公司巡回指导组的关怀和帮助下，分2批组织16个机关部室、18家二级单位、367个党支部、195名中层领导人员和11 697名普通党员开展主题教育。公司领导班子、机关部室和二级单位领导班子共计开展集中学习研讨310次，累计155学时；开展3期中层领导人员主题教育读书班、2期党支部书记培训班，召开2次主题教育经验交流暨推进会。公司领导班子成员到基层参加学习研讨、专题会等35次；累计深入基层座谈434次，完成调研报告125篇，开展调查研究成果交流会29次；领导干部讲党课138次。

（王善高）

“不忘初心、牢记使命”主题教育动员大会（张明慧　摄）

【全面实施“零用火”作业管理】 2019年1月1日，燕山石化发布《日常检修零用火作业管理实施细则》，在炼油、化工系统全部生产运行装置上正式实施“零用火”作业管理，彻底“叫停”生产运行装置日常检修动火作业，从源头消除生产运行装置区域动火作业重大安全风险源。

（王善高）

【绿色工厂创建成效显著】 2019年，燕山石化积极贯彻中央提出的“创新、协调、绿色、开放、共享”五大发展理念，争做生态文明的践行者、先行者，全年环保业绩连获殊荣。1月，获2018首批绿色发展最具影响力企业品牌称号。2月，先后获“十三五”节能减排先进单位和环境保护诚信企业称号。9月，国家工业和信息化部公布第4批绿色制造名单，中国石化燕山分公司成功入选，顺利跻身绿色工厂“国家队”序列。12月，集团公司第32次HSSE委员会审定27家2019年绿色企业，燕山石化位居化工和材料板块5家企业之列，成功入选集团公司第2批绿色企业名单；同月，被授予2019最具影响力绿色发展企业品牌。

（王善高）

【获2018年度北京市“安康杯”竞赛多项荣誉】 北京市总工会、北京市应急管理局下发《关于表彰2018年度北京市“安康杯”竞赛优胜单位、优胜班组、优秀组织单位、优秀组织个人及安全卫士的决定》。燕山石化获北京市“安康杯”竞赛优胜单位称号；燕山石化合成树脂部第三聚丙烯装置化工二班获北京市“安康杯”竞赛优胜班组称号；公司领导李刚获北京市“安康杯”竞赛优秀组织个人称号。

（王善高）

【获3A级最高企业信用等级评价】 经中国企业联合会有关专家按照标准程序严格审核及系统评价后，燕山分公司和燕化有限公司分别获3A级最高企业信用等级评价。

（王善高）

【获全面质量管理推进40周年杰出推进单位称号】 2019年8月28日，全面质量管理推进暨中国质量协会成立40周年纪念大会在北京召开。大会以“全面质量管理助于高质量发展”为主题，来自全国各地区、各行业的质量管理小组代表，以及日本、韩国、欧洲、美国等海外质量管理机构的质量界代表共2 000余人参加大会。大会对中国开展全面质量管理40年来的先进个人和先进单位进行表彰，燕山石化获全面质量管理推进40周年杰出推进单位称号。

（王善高）

【合成橡胶部顺丁前序化工四班获评2018年度全国质量信得过班组】 根据2018年度中国质量协会质量信得过班组成果典型发表会评审组的评选结果，结合开展质量信得过班组建设的实际情况，燕山石化合成橡胶部顺丁前序化工四班获评2018年度全国质量信得过班组。

（王善高）

【职工创新工作室创建工作卓有成效】 燕山石化刘劲松创新工作室在北京市总工会和北京市科学技术委员会联合开展的“2018年度市级（示范性）职工创新工作室评选、认定暨首都职工自主创新成果征集、评选、推广”活动中，获评2018年度市级（示范性）职工创新工作室。“徐景新创新工作室”和“刘劲松创新工作室”获全国石油石化系统职工“三创”创新工作室称号。

（王善高）

【举行全国安全宣传咨询日活动】 根据国务院安委会办公室关于开展2019年全国“安全生产月”和“安全生产万里行”活动的总体部署，全国安全宣传咨询日活动于2019年6月16日上午在燕山石化举行，活动以“防风险、除隐患、遏事故”为主题，在往年安全宣传互动咨询的基础上，突出危险化学品安全生产宣传，重点内容还包括北京市首届应急科技装备展、京津冀危化事故应急救援综合演练，并首次邀请人大代表、政协委员以及中小学生参加危险化学品企业“安全生产公众开放日”活动。

（王善高）

“6·16”全国安全宣传咨询日活动现场
（北京市应急管理局　提供）

【2名职工获央企先进荣誉】 2019年6月25日，在国务院国资委党委庆祝中国共产党成立98周年暨中央企业“两优一先”表彰大会上，燕山石化杜建强获中央企业优秀共产党员荣誉称号。9月21日，中央企业先进集体和劳动模范表彰大会在人民大会堂举行，燕山石化烯烃部主任刘丰合获中央企业劳动模范称号。

（王善高）

【积极开展京标Ⅶ汽油前瞻研究】 燕山石化高科公司京标Ⅶ汽油前瞻性调和研究工作取得突破性进展，圆满完成京标Ⅶ 92#、95#汽油的实验室研究，为公司未来生产京标Ⅶ汽油提供技术依据。

（王善高）

【圆满完成庆祝新中国成立70周年期间各项政治任务】 燕山石化顺利完成庆祝新中国成立70周年期间的安全环保稳定保障工作和国庆阅兵用油的生产保供任务。4名青年员工和84名职工分别参加预备役阅兵方阵和群众游行方队。针对军用油供应，坚持“军油优先”原则，专门成立由燕山石化领导和军代室负责人为组长的军用油领导小组，负责军用油料开发、生产、销售全过程管理，健全质量保证体系，持续优化生产、储运、检验分析等各环节，在稳定生产的前提下，进一步规范关键工艺操作参数的控制，实行更加严格的质量内控标准。

（王善高）

【发布新版 HSSE 管理体系】 2019 年 11 月 15 日，燕山石化召开 HSSE 管理体系发布会暨 DNV GL 国际安全评级系统（ISRS）宣讲会，正式发布 2019 版 HSSE 管理体系。新编制的 HSSE 管理体系采用基于风险的原则和系统化的方法，融合了职业健康、安全、环境、公共安全、设备完整性和过程安全等管理体系的目标和要求，共分为组织引领、全员尽责，评估风险、治理隐患，管控过程、强化执行，聚焦基层、夯实基础，总结创新、持续改进 5 个部分，涉及 33 个二级要素、190 个三级要素。

（王善高）

【新建百万吨连续重整联合装置中交】 2019 年 12 月 9 日，燕山石化 100 万吨 / 年连续重整联合装置油品升级改造项目建成中交。该项目不仅是北京市 2019 年 100 个高精尖产业重点工程项目之一，也是燕山石化对炼油系统实施全流程优化和清洁化改造、确保首都高标号清洁油品稳定供应、助力北京生态环境治理、提升首都群众幸福指数的民心工程。

100 万吨 / 年连续重整联合装置（李　雪　摄）

（王善高）

【启动全员持证上岗暨岗位练兵项目】 为落实人才强企各项工作，不断强化管理和专业技术人员基本功训练，燕山石化启动全员持证上岗暨岗位练兵项目。岗位练兵题库编制工作共完成 239 个试题大纲、136 591 道题，建立以科室、装置、站或中心等科级单位为单元的岗位专业题库，实现同科室不同岗位人员之间的互学互通，同装置不同专业之间的互学互补，进一步促进“大岗位”目标的实现。

（王善高）

【稀土顺丁橡胶优级品率创新高】 燕山石化合成橡胶部稀土顺丁装置实现一次开车成功，优级品和优 + 一级品率均创新高，分别达 91.6% 和 93%，优级品率同比历史最好水平提高近 5 个百分点，实现高质量连续稳定生产。

（王善高）

【多项竞赛斩获佳绩】 燕山石化合成橡胶部华瑞 QC 小组的成果《降低 MTBE 装置综合损失率》获第二届中央企业 QC 小组成果一等奖。燕山石化合唱团在北京市总工会举办的“我和祖国共成长——首都职工庆祝新中国成立 70 周年合唱比赛”决赛中获小合唱组一等奖。根据燕山石化烯烃部职工实际工作情况创作的音乐剧《巡检路上》在“2019 年北京市安全文艺基层巡演”活动节目征集评选中获一等奖。在“北京力量”北京市第十二届职工文化艺术节——“京彩有我”北京职工主题征文比赛中，燕山石化 3 部作品分获一等奖、三等奖和优秀奖。在 2019 年全国催化重整装置操作工职业技能竞赛（国家级二类竞赛）中，燕山石化炼油部顾冬雪等 3 人组成的代表队获集体优秀组织奖，顾冬雪获个人优胜奖。在 2019 年“职工技协杯”化工分析工职业技能竞赛上，燕山石化检验计量中心选手成绩突出，包揽个人前 8 名。

（王善高）

表 1　　燕山石化主要技术经济指标　　亿元

年份 / 指标名称	2019	2018	2017	2016	2015	2014
原油加工量 / 万吨	936.51	911.33	892.07	820.05	989.95	1 033.31
工业总产值	694.23	629.03	519.21	433.56	532.31	726.90
燕山分公司	664.43	601.34	490.56	402.41	493.16	677.57
燕化有限公司	29.80	27.69	28.65	31.15	39.15	49.33
资产总计	329.56	284.27	324.08	288.18	305.53	297.69
燕山分公司	205.22	177.98	188.98	180.37	204.96	187.61
燕化有限公司	124.34	106.29	135.10	107.81	100.57	110.08
营业收入	606.41	616.14	553.13	466.61	565.39	779.70
燕山分公司	551.37	562.32	499.92	414.18	509.62	715.11
燕化有限公司	55.04	53.81	53.21	52.43	55.77	64.59
实现利税	94.13	128.10	107.05	94.75	151.75	100.95
燕山分公司	101.93	134.99	131.66	101.83	154.50	106.05
燕化有限公司	–7.80	–6.89	–5.58	–7.08	–2.75	–5.10
实现利润	2.28	18.72	29.53	1.16	16.39	0.47
燕山分公司	11.24	26.91	36.52	10.07	21.27	6.93
燕化有限公司	–8.96	–8.19	–6.99	– 8.90	–4.88	–6.46

表 2　　燕山石化土要产品产量　　万吨

年份 / 产品名称	2019	2018	2017	2016	2015	2014
燕山分公司						
汽　油	285.45	276.21	271.04	260.47	296.32	218.84
航　煤	191.03	187.57	190.77	149.79	160.00	152.31
柴　油	173.10	159.77	156.61	152.54	180.35	218.84
商品燃料油	0.58	4.16	3.62	0	1.37	4.69
裂解料	232.72	228.88	244.00	217.49	248.80	235.28
商品液化气	11.62	8.32	11.08	11.80	27.88	31.00
纯　苯	18.51	16.13	16.64	0	17.44	19.00
乙　烯	81.46	79.40	79.33	69.58	78.60	77.63
丙　烯	37.48	37.18	37.34	31.22	52.26	50.57

续表

产品名称 \ 年份	2019	2018	2017	2016	2015	2014
丁二烯	10.57	10.62	10.55	9.36	10.62	11.64
间二甲苯	7.31	6.11	6.15	6.26	5.62	5.18
苯乙烯	7.13	6.77	6.98	6.54	3.79	3.74
乙二醇	2.03	4.62	4.79	4.31	5.71	5.97
苯　酚	17.01	15.77	12.85	12.93	14.91	18.91
丙　酮	10.25	9.52	7.76	7.79	8.99	11.51
低密度聚乙烯	41.50	39.13	38.02	32.65	34.70	28.19
高密度聚乙烯	17.59	17.64	17.51	15.26	17.42	17.32
顺丁橡胶	12.80	12.02	10.44	11.60	13.37	13.22
SBS 橡胶	4.06	3.32	2.07	2.57	2.35	1.50
丁基橡胶	0.98	1.17	0.53	1.18	1.36	2.17
间苯二甲酸	4.74	4.84	4.34	4.23	5.00	4.70
1- 己烯	4.23	2.49	2.22	1.79	2.17	2.00
燕化有限公司						
发电量 / 万千瓦·时	33 400.00	35 423.00	25 628.00	44 831.00	59 278.00	43 637.00

齐鲁石化

【概况】 中国石油化工股份有限公司齐鲁分公司（简称齐鲁分公司）、中国石化集团资产经营管理有限公司齐鲁石化分公司（简称齐鲁石化分公司）统称齐鲁石化，是集团公司直属的集石油加工、石油化工、煤化工、天然气化工、盐化工为一体，配套齐全的大型炼油、化工、化纤联合企业，位于山东省淄博市临淄区中南部，占地面积 21.7 平方千米。其前身胜利炼油厂始建于 1966 年 4 月，1972 年 6 月更名为山东胜利石油化工总厂。1980 年 3 月，山东胜利石油化工总厂更名为齐鲁石油化工总公司，1983 年 7 月划归中国石油化工总公司。1984 年 1 月，齐鲁石油化工总公司更名为中国石油化工总公司齐鲁石油化工公司。1998 年 12 月，齐鲁石油化工公司更名为中国石化集团齐鲁石油化工公司。2000 年 2 月，成立中国石油化工股份有限公司齐鲁分公司、中国石化集团齐鲁石油化工公司。2007 年 12 月，注销中国石化集团齐鲁石油化工公司，成立中国石化集团资产经营管理有限公司齐鲁石化分公司。

截至 2019 年底，齐鲁石化拥有石油化工生产装置 131 套，炼油综合加工能力 1 300 万吨 / 年，乙烯产能 80 万吨 / 年，化工产品年生产能力为合成树脂 110 万吨、烧碱 20 万吨、橡胶 30 万吨、苯类 45 万吨、醇类 43.5 万吨、丙烯腈 21 万吨、腈纶 6.5 万吨，其中丁辛醇、丁苯橡胶、聚氯乙烯（乙烯法）产能位居国内前列，热电装机容量 66 万千瓦。主要生产汽油、航煤、柴油、沥青、聚乙烯、聚丙烯、聚氯乙烯、合成橡胶、合成纤维、丙烯腈、丁辛醇、烧碱、苯类等120余种石油化工产品，其中烧碱、聚氯乙烯产品被评为中国名牌。

截至2019年底，齐鲁石化固定资产原值460.28亿元，净值141.80亿元。2019年完成销售收入714.82亿元，实现利润12.66亿元，上缴税费142.15亿元。设有直属单位20个、机关部门15个、专业机构4个。用工总量17 997人，其中在岗员工15 564人、劳务用工248人；在岗正式员工中，管理人员1 252人、专业技术人员3 578人、技能操作人员10 734人；具有正高级（教授级）职称的54人、高级职称的1 820人、中级职称的2 103人、初级职称的935人。

齐鲁石化主要技术经济指标及主要产品产量分别见表1和表2。

（徐江山　于　萍）

【安全生产标准化一级企业建设】 2019年，齐鲁石化巩固安全生产标准化一级企业建设成果，完成体系内审，发现问题174项，整改封闭161项，推动HSSE管理落地实施。率先在山东炼化企业完成危化品行业安全及职业卫生双体系建设，1月15日，国家应急管理部正式公示齐鲁石化为安全生产标准化一级企业，10月28日，通过山东省省级标杆企业双体系评估工作“回头看”检查，被山东省树立为双标杆企业。负责山东省55家企业双重预防体系评审，编写的原油加工企业双重预防体系实施指南成为山东省地方标准。组织修订齐鲁石化领导班子岗位安全生产责任制和机关部门安全生产责任制，加大考核兑现力度，10个单位、87名责任人因未完成目标被考核；实施问题约谈7次，涉及6个单位、15名责任人。启动“现场直接作业环节违章及风险管控监督”大监督项目，严肃追责违章问题，落实暂时停工培训531人次，21名严重违章承包商人员纳入“黑名单”。严密组织原油管线巡线，“胜辛”原油管线安全运行3 600天，连续10年实现零盗油、零破坏、零占压、零事故。参加中国石化“护网2019”预演习和公安部“护网2019”攻防实战演习，成功抵御针对手机移动办公、计量无线数据采集等关键业务系统的6万余次网络攻击。全年未发生上报淄博市和中国石化的安全事故，齐鲁石化连续7年实现安全环保无事故，连续6年被评为中国石化安全生产先进单位，获评山东省“安全生产月”优秀组织单位。

（徐江山　于　萍）

【绿色企业创建】 2019年，齐鲁石化发布《绿色企业行动计划》和绿色企业行动计划实施方案、任务项目“两清单”，推进绿色企业创建行动。开展5轮绿色企业行动内部审核，全面推进绿色基层创建工作，按期完成绿色企业申报。打破常规实施热电煤场封闭等环保隐患治理项目，获地方政府认可。生化污泥非危鉴定工作取得阶段性成果，化工生化污泥库存降至为零。建成投用中国石化首个绿色标准润滑油库。开展泄漏检测与修复工作，累计检测密封点92万余点次，修复泄漏点230个。源头控制VOC排放，优化装置直供料，停用30余台涉VOC物料储罐。实施芳烃及油品罐区挥发气治理、第三常减压装置含硫污水罐恶臭治理等20余项VOC深度治理项目。深化全员全面健康管理，在生产一线设立应急医疗健康室，为1 613名健康高危人员建立健康监护档案，实施“一人一策”干预和身体异常指标定期跟踪监测。比2018年化学需氧量排放总量降低2.1%，氨氮排放总量降低9%，二氧化硫排放总量降低5.6%，氮氧化物排放总量降低17.8%，加工吨原油耗新鲜水降低2.08%，加工吨原油排水降低4.37%，碳排放降低7.66%。全年废水综合达标率100%，废气综合达标率99.98%，工业固体废物综合利用率79%，危险废物规范处理处置率100%。

（徐江山　于　萍）

【优化增效】 齐鲁石化紧盯生产运行，保持生产装置高负荷平稳运行，全年未发生中国石化级非计划停工，全年加工原油1 203.27万吨，产出汽油247.82万吨、航煤95.98万吨，均创历史新高；合成橡胶产量连续10年国内居首。紧盯市场实现优化增效。以十大优化项目为主线持续优化生产经营，177项优化措施增效3.36亿元，深化“采用联合”，原油、原煤、原盐及化工原辅料采购降本1.13亿元；拓市增销，高标号汽油和低凝点柴油均超配置计划出厂，航煤7月出厂11.5万吨，创历史新高，化工产品产销率超100%。紧盯成本实现管理增效。优化资金运作，上市部分财务费用再次为负，比 2018 年减少 1 254 万元；实施精准监督，审计增效 2 400 万元；盘活达州化肥、废石场等资产，增效 7 891 万元；8 种厂际物料实现直供，炼油丙烯、副产盐酸和低温余热实现优化利用，降本增效 2 100 万元；发挥人力资源优势，持续推进人员、业务“走出去”战略，相对增效 1.23 亿元；业务外包转自干节约费用 1 074 万元。

（徐江山　于　萍）

【科技创新】 2019 年，齐鲁石化生产合成树脂新产品 18.96 万吨、专用料 29.15 万吨，提前完成中国石化下达任务，增效 1.63 亿元。茂金属产品在高密度聚乙烯装置实现“双线”满负荷生产、线型聚乙烯装置试生产成功，全年生产 7.66 万吨，比 2018 年增产 52%，创历史最高纪录。10 月 31 日，随着中国石化“东海牌”石油沥青登陆上海期货交易所，作为“东海牌”石油沥青五大供应商之一的齐鲁石化石油沥青正式进入国内期货市场。加强知识产权管理，获国内专利授权 85 件、国外专利授权 2 件、科技成果奖励 8 项，其中“炼化含硫废气超低硫排放及资源化利用成套技术开发与应用”项目获国家科技进步二等奖。强化创新成果运用，硫黄装置脱硫成套技术应用于 31 家企业、65 套装置；免硫化催化剂超过国外同行水平，应用于国内 5 套装置。推动对外技术许可，收回技术许可费、技术服务费 1 649 万元。

（徐江山　于　萍）

【成功研发低硫重质船用燃料油】 2019 年，按照中国石化低硫船用燃料油生产供应“2+8”家企业的产能布局，齐鲁石化被确定为生产供应企业。组织炼油厂和研究院对低硫重质船用燃料油生产工艺进行调研开发，确定新增船用燃料油调和设施 1 套、对油品罐区和沥青罐区进行适应性改造、对重油装车台装车设施实施改造。8 月 10 日项目开工建设，10 月 31 日船用燃料油调和项目一期工程实现中交，11 月 16 日船用燃料油储运调和系统全线贯通，11 月 19 日进入生产阶段，11 月 28 日产出合格低硫重质船用燃料油产品。该产品研发成功，拓展了产品领域，增强了整体赢利水平。

（徐江山　于　萍）

【智能工厂建设】 齐鲁石化加大智能工厂建设速度，炼化一体化优化、炼化生产集成管控、设备资产全生命周期管理 3 个平台搭建完成。生产计划优化、日效益日优化等 11 个项目先后上线，建立生产作业方案的滚动优化机制，提高公司内部供应链的整体优化能力；完善全面预算系统（二期）流程化审批等功能，促进预算编制标准化；完成 LIMS 系统升级，提高检验数据自动化采集水平；设备完整性平台将 194 项设备管理流程纳入线上管控；15 台衡器过衡业务实现集中管控；化工产品电子提货系统通过引入自助预约、自助提货模式，提高产品出厂效率。中国石化首个无线 4G 专网与融合通信项目在公司上线运行，实现无线技术的智能巡检、数据采集、融合通信等智能场景应用，填补无线网络应用领域空白；门禁一体化管控、视频一体化监控建成投用，5 306 路视频监控完成数字化、智能化升级改造；公司 51 套门禁全部纳入一体化管理平台，重点部位均实现人脸识别功能，改变人员出入管理新模式。拓展“马上就办”智能应用，完成公文系统标准版和个性化升级，增加短信即时提醒等 4 项功能；业务流程管理系统的所有流程全部实现手机端应用，业务审批效率提高。

（徐江山　于　萍）

【深化改革】 2019 年，齐鲁石化统筹推进社区“四供一业”分离移交，供电、供暖和物业移交改造工作全面收尾。物业供暖市场化改革工作稳妥实施，收官运营。《公司后勤业务改革总体框架方案》稳步实施。公司补充医疗保险实现商业化运作。推进运维中心等 6 家单位市场化运营，增收创效 1 341 万元。试点推行设备、工艺技术专业扁平化管理模式。完成新联公司破产清算。推进机构整合，全年精简科级机构 61 个，科级机构降至 372 个。两级机关逐步推行“大科室”制，辅助单位全部实现“四班两倒”，优化整合衡器计量、门岗、后勤服务中心电气等岗位，全年压缩整合岗位 208 个。跨单位优化调整员工 301 人，首批 45 名员工支援海南炼化建设，引进 92 名优秀毕业生，截至年底，用工总量降至 17 997 人，超额完成年度控制目标。

（徐江山　于　萍）

【财务转型推动业财融合】 2019年，齐鲁石化被中国石化列为首批财务转型试点单位。成立以总经理为组长的领导小组，制订财务转型工作方案，明确以职能转型和人员转型为重点的转型总体思路。截至年底，财务组织框架基本搭建完成，以业务需求和业务目标为方向，以持续创造价值为目的，围绕全产业链和全价值链管理，着力推进财务数字化转型，紧盯关键要素，狠抓问题导向，依托预算系统、评价模型、资产系统、价格系统、税务系统，搭建业财融合信息平台，推进管理会计体系建设。1月和6月，根据价格系统显示丙烯市场价格相对走强实际情况，提出停丁辛醇装置丁醇线的建议，实现增效1 900万元；7月，针对高密度聚乙烯产品价格持续走低，茂金属产品价格坚挺的情况，提出1#高密度聚乙烯装置全部生产茂金属产品的建议，实现增效914万元。依托税务系统，重塑工作流程，源头参与管理，业税一体化税务成本管控体系初步成形，全年新增节税6 025万元，比2018年增效3 235万元，上市部分实现全年财务费为负数。依托资产管理系统推动“资产核算型会计”向“资产管理型财务”的转变，对资产实施全生命周期管理，实现资产全员、全过程管理，完成浙江金甬腈纶有限公司腈纶装置资产利旧盘活；利用政策调整租金；统筹推进达化资产处置；推进闲置资产租赁，累计增效8 751万元。

（徐江山　于　萍）

【企地共推炼化一体化项目】 2019年，齐鲁石化全力推动炼化一体化项目论证工作。4月底，配合咨询公司编制完成中国石化驻山东地区炼化产业发展布局规划方案，组织编制1 500万吨/年炼化一体化方案；9月，根据中国石化要求将方案调整为炼油1 600万吨/年（800万吨/年进口油+800万吨/年胜利油）、乙烯120万吨/年方案，10月，上报中国石化。项目及产业集群被列入淄博市“十四五”规划，淄博市成立“淄博市推动与齐鲁石化企地合作发展工作专班”，协调推进项目落实。

（徐江山　于　萍）

【新建煤制氢项目入围山东省新旧动能转换重大项目库】 2019年，齐鲁石化积极推进煤制氢项目，7月完成20万米^3/时煤制氢项目可行性研究报告上报中国石化，总投资概算26.9亿元。根据安评火炬调整的要求完成可行性研究报告修改，10月完成可行性研究报告更新，总投资调整为27.9亿元。9月20日，中国石化发展计划部发起项目“9+1”审查论证流程。10月25日，中国石化物资装备部召开项目大型设备国产化论证会。该项目为齐鲁石化与临淄区国有独资公司淄博齐鲁化学工业区金银谷投资发展有限公司合资项目，其中齐鲁石化占股90%、山东中豪能源公司占股10%，项目成功入围山东省新旧动能转换重大项目库第2批优选名单。

（徐江山　于　萍）

【烷基化装置建成投产】 齐鲁分公司油品质量升级碳四资源综合利用技术改造项目可行性研究报告于2016年12月11日获中国石化批复，批复概算65 662.25万元。项目主要包括：建设40万吨/年烷基化装置（采用杜邦硫酸法工艺技术）及3.5万吨/年废酸再生装置（采用P&P公司湿法氧化剂制酸工艺）各1套；储运系统配套包括建设3台3 000立方米醚后碳四球罐、3台5 000立方米混合异辛烷储罐；4套碳四卸车设施、2套混合异辛烷装车设施，其他公用工程依托现有设施进行适应性改造。2017年10月28日，该项目土建桩基工程开工；2019年3月27日，实现中交；6月6日，新建40万吨/年烷基化装置一次开车成功产出合格产品。截至年底，23 753吨异辛烷销往胜利石化、济南炼化、青岛石化，实现山东区域资源共享。

（徐江山　于　萍）

油品质量升级碳四资源综合利用技术改造项目烷基化装置施工现场（王　斐　摄）

【2# 聚氯乙烯装置恢复开车】 齐鲁石化 2# 聚氯乙烯装置于 2004 年 10 月建成投产，受市场所控，于 2014 年 1 月停运保护。随着聚氯乙烯产品市场形势的好转，齐鲁石化决定 2# 聚氯乙烯装置复工。2019 年 6 月，对装置进行检修，检修项目 698 项，检修费用 1 461 万元。11 月 17 日，2# 聚氯乙烯装置投料开车一次成功。为满足 2# 聚氯乙烯装置开车氯乙烯用量增加要求，齐鲁石化启动新建外购二氯乙烷接卸设施项目，该项目新建 2 台 1 000 立方米二氯乙烷储罐、2 个二氯乙烷卸车鹤位、1 套二氯乙烷脱水塔，总投资 2 997.85 万元（不含税）。新建二氯乙烷接卸和脱水设施于 2019 年 3 月启动，7 月动工，11 月 15 日首批外购二氯乙烷安全卸入储罐。截至年底，接收外购二氯乙烷 6 056 吨，2# 聚氯乙烯装置生产聚氯乙烯 10 253 吨，提高了齐鲁石化整体赢利能力。

（徐江山　于　萍）

【合资合作推进企地共赢】 2019 年，齐鲁石化与地方政府联合，积极推动合资合作项目。① 25 万吨 / 年聚丙烯合资项目。采用中国石化三代环管聚丙烯技术，与淄博东部化工建设有限公司达成合资建设意向，合资合同、公司章程已上报中国石化。②中豪能源公司合资项目。由淄博民通热力有限公司、齐鲁石化、华能国际电力股份有限公司辛店电厂和临淄热电厂 4 家企业达成合资意向，1 月 16 日齐鲁石化与合资方签署项目合资意向书，3 月 21 日项目合同、章程及可行性研究报告上报中国石化。③固体废弃物合资项目。齐鲁石化以 150 吨 / 日污泥干化装置、75 吨 / 日等离子熔融装置及其附属设施资产为股本，与山东管仲投资公司组建合资公司，股权比例为齐鲁石化 75%、山东管仲投资公司 25%，3 月 1 日与合资方签署合资意向书。④热电 1#—4# 机组背压替代改造合资项目。齐鲁石化拟与国有控股公司山东中豪能源公司合资建设，齐鲁石化占股 90%，山东中豪能源公司占股 10%，7 月 21 日项目合资意向书上报中国石化，11 月中国石化批复项目合资意向书。⑤中国石化与中国万达集团公司合资的科鲁尔公司加快推进 13 万吨 / 年丙烯腈（二期）项目进展，可行性研究报告于 2019 年 7 月 9 日获中国石化批复。

（徐江山　于　萍）

【装置运行创纪录】 2019 年，齐鲁石化利用先进控制技术加强装置运行管理，开展小指标竞赛，创出多套装置运行纪录。重油加氢装置连续运行 695 天，创中国石化同类装置最长运行周期；1# 高密度聚乙烯装置 B 线单床运行 673 天，创中国石化气相法聚乙烯连续运行最高纪录；苯乙烯装置安稳运行 911 天，创最长运行周期。装置平稳长周期运行，奠定强化工艺管理基础，助力提高经济技术指标，32 项重点考核指标，19 项创出历史最好水平。

（徐江山　于　萍）

【带动地方经济发展】 2019 年，齐鲁石化在淄博市当地的物资采购金额达 26.91 亿元，涉及物资供应商 199 家，占齐鲁石化总采购额的 39.08%（不含中国石化内部互供），促进了地方相关产业的健康快速发展，增添地方经济活力。齐鲁石化销售各类产品 1 248.01 万吨、销售额 640.79 亿元，其中销往淄博市 464.3 万吨、销售额 222 多亿元，分别约占总销售量的 37.2%、总销售额的 34.7%，带动地方化工产业的进步升级。为周边 539 家企业、25 个村镇的生产和生活提供能源，其中供新鲜水 307.7 万吨、循环水 1.79 亿吨、化学水 14.6 万吨，低压蒸汽 89.7 万吨、中压蒸汽 243.1 万吨，电 6.5 亿千瓦·时，氮气 2 987.4 万标准立方米、风 1 229.9 万标准立方米，为地方企业发展和村镇居民生活提供有力保障。建厂 54 年来，齐鲁石化始终做到依法诚信纳税，是国家最高级别的 A 级纳税信用企业。2019 年，上缴税费 142.15 亿元（其中国家 118.82 亿元，北京 1.69 亿元，山东省 2.93 亿元，淄博市 15.44 亿元，临淄区 1.99 亿元，东营市 1.26 亿元，四川达州 0.02 亿元）。

（徐江山　于　萍）

【履行社会责任】 2019 年，齐鲁石化严格履行鲁中危险化学品应急救援中心管理职能，为地方提供演练指导、检查培训、灭火救援、救灾抢险等服务。全年受理报警 58 起，出动消防车辆 119 台次、消防指战员 906 人次，事故处置成功率达 100%。参加山东省人大安全执法检查，查出问题 50 余项并提出整改建议。1 月 12 日，接山东省应急管理厅指令，抽调专家第一时间赶往东营港附近海域，承担救援韩国籍液化气船“五号气船”泄漏事故处置任务，经过40多个小时的抢险救援，泄漏点封堵完成，险情排除。3月，启动国家应急管理部在山东省的试点项目区域重特大事故现场救援装备库建设，8月，由山东省应急管理厅、齐鲁石化和供货商完成装备库物资验收，12月19日，由国家安全生产应急救援中心完成验收。8月，组织应对台风“利奇马”，12日，接山东省应急管理厅指令，齐鲁石化成立47人抗洪救灾队，奔赴潍坊寿光市，开展为期6天的抗洪救援工作，受到山东省军区的肯定。2018年，齐鲁石化完成所有污水处理场升级改造后，发挥央企责任，挖掘处理潜力，2019年为周边地方企业处理污水347万吨，助力地方经济发展。齐鲁石化秉承开门办企业理念，举办17次“公众开放日”活动，2 800余名社会公众进厂参观，全方位展示齐鲁石化社会形象。

（徐江山　于　萍）

齐鲁石化“公众开放日”期间，山东理工大学师生到橡胶厂参观（桑　琪　摄）

【党建提升见成效】 齐鲁石化党委以问题为导向，全面加强党的政治建设，主动认领中央巡视反馈23项问题，整改完成率91%；规范“三重一大”事项决策，把好方向关、政治关、政策关；完善“五个体系”，做到责任有落实、过程有考核、实效有验证；推行“党建到岗”，落实“一岗双责”，压实党建责任；强化政治监督，抓实巡察主体责任，完成对8个单位、2个机关部门的巡察；公司党委在中国石化党建考核中连续5年被评为A档。全面加强基层组织建设，集中整顿软弱涣散党组织，加强党支部规范化建设，开展党支部分类定级和达标升级，优秀、良好党支部占比91%。加强教育管理和实践锻炼，换岗锻炼从科级干部扩展到处级干部，从内部交流延伸到企地互动。全面加强党风廉政建设，实施十大重点监督项目，查改问题1 687项；组织集中廉洁谈话1 724人次，实现重点岗位和业务的全覆盖；盯住苗头性和倾向性问题，问题约谈81人，诫勉谈话25人；从严执纪问责，党政纪处分27人。

（徐江山　于　萍）

【美好家园建设】 提升民主管理水平，职工代表提案处理落实率、职工代表联系人建议答复满意率均为100%。深化导师带徒，新入职员工全部实现“一年出徒”目标。开展“爱心善捐、共建家园”活动，员工参与率100%；实施普惠走访，规范公司、厂、车间帮扶，彰显组织关爱；深化“走基层、访万家”，为职工解决问题260项，将走访的热度延伸为思政工作的深度。突出精准服务，老同志服务满意率全年保持99.8%以上。开展信访矛盾专项治理“降存量”和关口前移“控增量”，全年初信初访下降26%，越级访下降50%，信访总量下降33%。

（徐江山　于　萍）

表1　齐鲁石化主要技术经济指标　亿元

指标名称 \ 年份	2019	2018	2017	2016	2015	2014
原油加工量/万吨	1 203.27	1 202.68	1 155.29	1 188.37	1 121.89	1 034.29
工业总产值	697.83	755.63	644.61	569.14	585.12	693.55
工业增加值	206.36	243.04	236.71	244.18	220.61	123.08
资产总计	267.31	232.31	239.40	223.91	217.03	219.43

续表

指标名称＼年份	2019	2018	2017	2016	2015	2014
流动资产	83.56	69.91	73.39	61.20	46.07	50.77
固定资产原值	460.28	459.61	457.12	444.23	434.01	391.29
固定资产净值	141.80	142.36	146.89	147.07	153.79	125.88
销售收入	714.82	768.63	650.51	593.00	591.77	698.44
实现利税	148.84	189.75	178.03	194.17	162.67	67.88
税　金	136.18	148.49	146.91	150.91	139.94	86.79

表 2　　齐鲁石化主要产品产量　　万吨

产品名称＼年份	2019	2018	2017	2016	2015	2014
汽　油	247.82	245.74	238.02	229.88	200.49	162.15
柴　油	294.18	301.96	314.30	319.29	322.82	337.40
煤　油	95.98	90.55	85.47	87.80	74.30	72.59
沥　青	102.02	90.03	90.99	105.22	80.67	67.79
硫　黄	14.36	14.06	13.87	13.94	13.73	14.68
乙　烯	85.65	86.85	71.59	87.09	86.19	80.07
丙　烯	35.57	37.88	29.26	38.39	40.96	38.97
聚乙烯	64.05	64.94	53.13	67.14	67.34	62.43
聚氯乙烯	23.90	23.22	20.34	23.12	22.60	22.41
聚丙烯	9.60	9.41	7.93	9.58	9.60	9.17
苯乙烯	21.65	21.90	18.15	20.67	20.63	20.33
合成橡胶	35.12	24.42	27.50	35.64	32.55	36.77
烧　碱	20.52	20.61	18.33	20.04	18.14	16.75
腈纶纤维	3.89	3.59	3.59	5.11	4.58	3.65
丙烯腈	15.74	14.92	15.68	24.84	22.37	10.99
丁辛醇	29.88	33.50	27.73	33.68	31.18	32.46
纯　苯	19.67	21.25	17.41	20.85	22.27	20.10
对二甲苯	8.51	9.59	5.50	4.90	7.21	8.24
发电 / 亿千瓦·时	33.94	38.69	36.01	39.78	38.65	37.04

茂名石化

【概况】中国石化集团茂名石油化工有限公司（简称茂名石油化工有限公司）、中国石油化工股份有限公司茂名分公司（简称茂名分公司）统称茂名石化，位于广东省茂名市，东毗阳江，西临湛江，北连云浮和广西壮族自治区，南临南海。茂名石化东北距广州 362 千米，西南距湛江 121 千米；占地面积 1 617 万平方米，创建于 1955 年 5 月，是国有特大型综合石化企业，1983 年整体并入中国石油化工总公司。

茂名石化拥有炼油生产装置 60 套、化工生产装置 22 套、CFB 锅炉 5 台及 6 台配套汽轮发电机组，同时拥有港口、铁路运输、原油和成品油输送管道及 30 万吨级单点系泊海上原油接卸等较完善的配套系统。原油加工能力 2 000 万吨 / 年，乙烯生产能力 110 万吨 / 年。主要生产汽油、煤油、柴油、润滑油、溶剂油、石脑油、沥青、乙烯、甲苯、聚丙烯、乙二醇、苯乙烯、丁苯橡胶、SBS 等 30 多类石油化工产品。

截至 2019 年底，茂名石化共设 30 个中层机构单位，其中机关部室 14 个、直属基层 8 个、业务中心 8 个，另有合资合作单位 6 个。在岗正式职工总数 7 292 人，其中具有正高级职称的 14 人、副高级职称的 519 人、中级职称的 1 385 人。拥有固定资产原值 494.31 亿元。

茂名石化主要技术经济指标及主要产品产量分别见表 1 和表 2。

（韩泉梅）

【生产总量再创新高】2019 年，茂名石化原料油加工量首次突破 2 100 万吨，达 2 183.36 万吨，增加 138.03 万吨；原油加工量再次突破 1 900 万吨，达 1 990.59 万吨，增加 84.58 万吨；成品油产量首次突破 1 200 万吨，达 1 221.48 万吨，增加 61.76 万吨；成品油出口量首次突破 300 万吨，达 314.76 万吨，增长 19.64%。

（韩泉梅）

【产品产量创历史新高】2019 年，茂名石化全力优化产品结构，多种高附加值产品产量再创历史新高，航煤产量首次突破 350 万吨，达 354.08 万吨，增长 8.60%，连续第 4 年居中国石化炼化企业首位；高标号汽油产量达 157.08 万吨，增加 6.77 万吨；环氧乙烷首次突破 25 万吨，达 27.24 万吨，增长 13.91%；白油首次突破 50 万吨，达 50.86 万吨，增长 29.36%。

（韩泉梅）

【炼油主要技术经济指标提升】2019 年，茂名石化优化产品结构，严抓节能降耗管理，加工损失率、综合能耗、可比综合商品率均达到总部指标。其中，加工损失率 0.33%，下降 0.005%；可比综合商品率 95.72%，增长 0.045%；综合能耗 54.44 千克标油 / 吨，下降 0.6 千克标油 / 吨。

（韩泉梅）

【原油劣质化加工取得新突破】2019 年，茂名石化实施原油劣质化加工方案，优化巴士拉原油替代沙轻原油，实现巴士拉轻原油在 4# 常减压装置配炼加工，减少了沙轻油购买；首次试验巴士拉轻油生产沥青，摸索提高玛雅、沙重等劣质原油加工比例，成功利用劣质原油试产出 70A 级沥青，减少了科威特原油购买，降低了沥青生产成本；利用杰诺、卡宾达等原油作为催化原料，实现不买石蜡基原油，进一步降低了生产加工成本。

（韩泉梅）

【50 万吨 / 年石脑油正异构分离装置开车成功】装置投资 2 900 万元，于 2018 年 7 月开工，2019 年 8 月底建成。2019 年 9 月 9 日，开车成功。装置采用精细蒸馏技术，具有投资省、操作难度小、分离精度高等特点。装置投产后，每年可从汽油调和组分轻石脑油中分离异戊烷，减少 MTBE 外购，实现降本增效。

（韩泉梅）

【全精炼石蜡生产取得突破性进展】2019 年，茂名石化通过提高常减压馏分油分馏精度，优化润滑油生产装置，细化蜡膏掺炼操作，增产高熔点低含油脱油蜡，克服石蜡基原油严重不足、原料品种多、性质不够稳定等不利因素，生产出58#全精炼石蜡和60#全精炼石蜡，创效300万元。

（韩泉梅）

【电热技改工程开工建设】 2019年7月28日，茂名石化电热技改工程项目开工建设。项目总投资9.43亿元，主要建设2台410吨/时高温超高压CFB锅炉并配套建设1台30兆瓦抽背式汽轮发电机组，年操作时数8 000小时。处理后烟气氮氧化物、二氧化硫、烟尘排放浓度不高于50毫克/米^3（标准）、35毫克/米^3（标准）和10毫克/米^3（标准），达到国家超低排放标准。

（韩泉梅）

【10万吨/年高端碳材料项目开工建设】 2019年11月1日，茂名石化10万吨/年高端碳材料项目开工建设。项目总投资9.96亿元，利用华南区域的催化油浆为原料，采用中国石化自有技术建设针状焦生产全流程装置，产品用于生产高功率、超高功率石墨电极和锂离子电池负极材料，是茂名石化炼油产业向高端化发展的重要项目。

（韩泉梅）

【50万吨/年重芳烃轻质化项目开工建设】 2019年12月，茂名石化50万吨/年重芳烃轻质化项目开工建设。项目总投资2.96亿元，建成投产后，可解决汽油调和组分中芳烃含量过高而无法出厂的问题，进一步提升经济效益。

（韩泉梅）

【40万吨/年粗裂解气制苯乙烯项目可研获批复】 2019年5月，茂名石化新建40万吨/年粗裂解气制苯乙烯项目可研获总部批复，批复总投资24.4亿元。主要工程内容包括建设12万吨/年粗裂解气装置、40万吨/年苯乙烯装置及相关配套设施。该项目充分利用茂名石化富乙烷气和纯苯资源，对调整化工板块的产品结构、增强抗风险能力具有重要意义。

（韩泉梅）

【聚烯烃立体仓库项目可研获批】 2019年5月，茂名石化新建聚烯烃立体仓库项目正式获总部批复，批复总投资2.28亿元。主要工程内容包括建设1座库容2.56万吨的立体仓库、出入库输送系统及相关配套设施。项目建设将大幅减少产品移库费用，提高仓储现代化水平。

（韩泉梅）

【100万吨/年汽油轻馏分优化利用基础设计获批】 2019年10月，茂名石化100万吨/年汽油轻馏分优化利用装置可行性研究报告获得批复，批复投资3.97亿元。项目建成后，异构烷烃作为高辛烷值汽油调和组分，辛烷值较原料轻石脑油提高12—14个单位；正构烷烃作为优质乙烯裂解原料，纯度达99%以上，裂解双烯收率较原料轻石脑油提高约10%。

（韩泉梅）

【智能工厂（茂名）提升项目通过验收】 2019年4月30日，智能工厂（茂名）提升项目——设备三维应用系统上线运行，该系统有效提高了设备员工作效率和专业工程师腐蚀决策分析能力；8月5日，日优化管理系统上线运行，实现日优化指令定性和定量制定、下达、跟踪分析等流程化管理和业务协同，促使日优化和日绩效融合；12月24日，智能工厂（茂名）提升项目通过总部专家组验收，完成新一代指挥中心、调度指挥提升、原油加工优化、日效益与优化、设备健康、设备可靠性等15个子项的建设，提升了企业优化协同、设备预测预警、安全管控和物资管理能力。

（韩泉梅）

智能工厂（茂名）提升项目通过总部专家组验收
（颜鲜鲜　摄）

【炼油 10 套生产装置全流程自动化过程监控和控制优化项目通过验收】 2019 年 12 月 25 日，茂名石化炼油 10 套生产装置全流程自动化过程监控和控制优化项目通过验收。项目实施后，10 套装置的平均自控率达 99.5% 以上，进一步提高了炼油装置运行管理和精细化管理水平，达到平稳操作、节能降耗的目的。

（韩泉梅）

【化工丁二烯尾气加氢装置改造项目建成投产】 2019 年 3 月 9 日，茂名石化丁二烯尾气加氢装置开车成功，产品质量合格。该项目首次采用国内自主技术，由国内厂家单独设计、制造和安装。项目对原有丁二烯尾气加氢装置进行扩能改造，改造后装置产能从 4 万吨 / 年提高到 10 万吨 / 年，年创效 2 000 万元，经济效益和社会效益可观。

（韩泉梅）

【新产品和专用料创效 3.24 亿元】 2019 年，茂名石化共有医用注射器聚丙烯 PPB-MT16 等 10 个化工新产品实现首次工业化生产，其中 9 个为顶替进口牌号产品；新产品产量和数量继续位居系统内第一，其中新产品产量 24.94 万吨、占树脂产品比例 16.0%，新产品和专用料 120.59 万吨、占合成树脂总量比例 77.36%、提高 5.94 个百分点，新产品和专用料合计创效 3.24 亿元。

（韩泉梅）

【抗冲透明聚丙烯树脂 PPB-MT02 开发成功】 2019 年，茂名石化成功开发抗冲透明聚丙烯树脂 PPB-MT02，并在装置成功试生产。生产过程采用非对称外给电子体技术和橡胶粒径控制技术，产品具有密度低、不含增塑剂、具有良好透明度和光泽度等特点，可媲美国外 TVK 等公司的产品，填补国内市场空白。

（韩泉梅）

【国内首家成功试产新型医用注射器聚丙烯产品 PPB-MT16-S】 2019 年 3 月 11 日，茂名石化 1# 聚丙烯车间成功试产新型医用注射器高透明抗冲聚丙烯产品 PPB-MT16-S。该产品是国内首次生产的无须改性可直接使用的医用高透明抗冲聚丙烯专用料，具有混合均匀、韧性强、跌落不易破损等良好性能，具有广阔的市场前景。

（韩泉梅）

【开发生产背胶料及多用途注塑料新产品 625-000】 2019 年 5 月 5 日，茂名石化 1# 高压聚乙烯装置成功生产背胶料及多用途注塑料 625-000。该产品具有柔软性强、高抗冲、无异味等优点，能同时满足车饰无纺布背胶用料和食品包装盒盖注塑用料的生产条件。国内该类产品主要依赖进口，下游专用料需求量大，市场前景广阔。

（韩泉梅）

【三元流延膜专用料取代进口产品】 2019 年，茂名石化通过优化原料配比、调整进料速度和助催化剂用量等措施，解决三元流延膜专用料新产品 F4908、F4608 等生产过程中存在的凝胶、结块等行业内难题，提升了产品性能和质量稳定性，已逐步取代新加坡 TPC、韩国三星等公司生产的同类进口产品，在华南、西南地区深受客户欢迎。

（韩泉梅）

【成功试产中熔指透明聚丙烯 PPR-MT08】 2019 年 6 月，茂名石化 2# 聚丙烯装置成功试产中熔指透明聚丙烯产品 PPR-MT08，丰富了透明聚丙烯系列产品种类，填补熔融指数为 8 克 /10 分的产品空白。该产品力学性能优良、透明性好、易于加工，广泛应用于食品、日用品等行业，产品市场广阔，新产品试产后可填补茂名石化在华南地区透明产品市场的空缺，拓宽销售领域。

（韩泉梅）

【专利申请量创历史最好水平】 2019 年，茂名石化持续加快科技创新步伐，加大科技创新激励力度，专利申请工作取得明显成效。全年实现中国专利申请数量 50 件，其中发明专利数 45 件，分别增加 4.17% 和 36.36%；获美国专利授权 1 件，创历史最好水平。

（韩泉梅）

【穿透式管理得到广泛运用实践】 2019 年，茂名石化把穿透式管理作为管控重要工作、提升管理效率和质量的科学理念和有效工作方法，通过各种会议、学习培训等加强宣贯，指导运用，形成领导班子带头推动，核心管理干部努力践行，带动全员自觉贯彻穿透式管理的浓厚氛围，加快提升管理效率和质量；利用培训班、月度工作会等形式，详细解读穿透式管理基本内涵、重要作用、实施途径，以及主管负责制具体运用方法等；通过到各单位调研和问卷调研，挖掘收集典型案例，检查指导各单位穿透式管理运用，穿透式管理理念深入人心，得到广泛运用，有效冲破了三级管理、管理围墙等束缚，对重点工作的管控力、指导力逐步增强，管理质效大幅提升。

（韩泉梅）

【与广东移动签订 5G 战略合作协议】 2019 年 8 月 30 日，茂名石化与广东移动公司签约 5G 战略合作协议，双方将全力推动 5G 技术在智慧工厂的深入应用，全面加快 5G 网络建设，实现茂名石化园区 5G 网络全覆盖，加快 5G 在超高清视频监控回传、监测设备数据的采集，车间巡视检查等应用的落地，推动人工智能、云计算、大数据、互联网边缘计算等新技术在茂名石化工业控制现场调度、生产调度，仓储物流等重点工业场景的应用，助力茂名石化打造 5G 加工业互联网的应用示范标杆。

（韩泉梅）

【“三项制度”改革取得突破】 2019 年，茂名石化完善并严格落实干部、人才能下机制，首次有高层级人才降聘。启动“岗酬”挂钩、“能酬”挂钩、“效酬”挂钩的“三挂钩”薪酬分配体系创建，进行岗位测评、定级和基本薪酬兑现，部分岗位与价值不匹配的问题得到解决，基本薪酬保障功能明显增强；同时，增加能力薪酬，出台能力评价标准和能力薪酬方案，为全面完成符合新时代要求和实际，更加科学的薪酬分配机制建设打下基础。继续推进转岗、减员工作，207 名员工实现转岗，在新进 134 名大学生的情况下，减少合同制员工 267 人。

（韩泉梅）

表 1　茂名石化主要技术经济指标　亿元

指标名称＼年份	2019	2018	2017	2016	2015	2014
原料油加工量 / 万吨						
茂名分公司	2 183.36	2 051.49	1 979.62	1 937.12	1 941.82	1 930.01
工业总产值						
茂名分公司	1 030.97	1 059.95	863.09	732.19	776.12	1 072.99
茂名石油化工有限公司	25.09	18.73	16.64	14.07	13.49	13.46
工业增加值						
茂名分公司	276.21	342.95	366.13	335.41	293.20	210.91
茂名石油化工有限公司	8.55	9.02	6.95	6.38	4.84	5.33
资产总计						
茂名分公司	348.73	340.09	311.87	265.87	235.10	267.38
茂名石油化工有限公司	40.35	41.99	47.89	50.03	48.47	46.55
流动资产						
茂名分公司	138.69	130.43	139.95	97.06	63.93	91.03

续表

指标名称＼年份	2019	2018	2017	2016	2015	2014
茂名石油化工有限公司	10.18	9.73	11.02	12.70	14.48	13.69
固定资产原值						
茂名分公司	414.77	408.77	391.08	382.44	368.46	353.34
茂名石油化工有限公司	79.54	77.59	79.54	72.35	71.40	69.28
固定资产净值						
茂名分公司	118.17	128.17	129.36	137.47	140.68	142.17
茂名石油化工有限公司	31.54	31.50	34.79	29.23	24.35	29.06
销售收入						
茂名分公司①	1 045.23	1 065.67	854.46	726.61	768.44	1052.19
茂名石油化工有限公司	30.81	32.26	29.93	27.49	26.71	27.36
实现利税②						
茂名分公司	344.06	420.11	413.21	381.02	330.84	292.01
茂名石油化工有限公司	3.93	4.82	4.66	4.33	5.52	4.96
税　金②						
茂名分公司	280.84	320.07	301.88	291.08	269.12	277.51
茂名石油化工有限公司	2.31	2.57	2.10	2.09	3.35	2.84
综合能耗 / 吨标煤·万元 $^{-1}$						
茂名分公司	0.53	0.55	0.55	0.55	0.56	0.58
茂名石油化工有限公司	1.28	1.28	1.34	1.34	1.39	1.40

①茂名分公司销售收入不含炼化互供
②茂名分公司实现利税和税金的数据为当年税金实际缴纳数，并含进口原油增值税

表 2　　茂名石化主要产品产量　　万吨

产品名称＼年份	2019	2018	2017	2016	2015	2014
乙　烯	118.20	119.06	117.59	113.03	105.39	114.12
丙　烯	54.24	69.69	66.30	64.92	60.51	64.44
混合芳烃	41.44	45.08	43.23	40.09	40.19	45.47
三苯（化工）	35.47	37.26	35.91	32.84	33.36	38.02
三苯（炼油）	76.29	34.05	4.10	4.31	3.67	3.83

续表

产品名称 \ 年份	2019	2018	2017	2016	2015	2014
聚丙烯	69.10	69.40	67.98	64.92	59.25	59.53
线型聚乙烯	13.87	14.76	19.72	19.83	19.46	20.56
高密度聚乙烯	37.37	36.87	35.00	36.03	32.53	36.42
高压聚乙烯	35.59	36.38	40.99	39.44	35.50	40.59
丁二烯	14.47	14.67	15.02	14.40	13.45	14.12
MTBE	17.43	23.26	16.00	13.98	13.64	9.82
1- 丁烯	1.62	1.51	1.72	1.65	1.65	1.65
乙二醇	5.68	12.26	5.88	3.93	4.00	3.17
环氧乙烷	27.24	23.45	14.41	10.44	11.86	10.68
苯乙烯	12.78	11.11	13.11	11.37	12.81	12.30
SBS 橡胶	7.12	7.62	7.46	7.24	6.64	7.76
顺丁橡胶	9.53	9.05	9.70	8.46	6.35	6.72
液化气	128.29	160.91	148.03	142.50	126.26	118.69
石脑油	187.68	214.45	186.96	193.75	186.17	212.61
汽　油	433.83	422.82	412.67	421.53	421.61	394.51
高标号汽油	157.08	151.14	143.65	274.19	325.51	281.31
煤　油	354.08	323.64	290.03	284.59	268.62	217.32
柴　油	433.57	413.27	444.41	419.28	455.63	528.61
润滑油基础油	35.91	37.78	36.51	35.82	25.67	24.02
石　蜡	4.73	4.26	5.13	8.21	7.55	6.82
商品重油	10.96	11.69	14.12	15.84	19.73	22.39
沥　青	111.39	125.79	146.12	137.81	135.49	101.23
石油焦	77.54	70.66	77.59	70.46	66.49	77.02
硫　黄	22.01	20.22	20.45	19.52	20.04	20.80

镇海炼化

【概况】 中国石油化工股份有限公司镇海炼化分公司（简称镇海炼化）是中国石化旗下的特大型炼油化工骨干企业，位于浙江省宁波市。前身为始建于1975年的浙江炼油厂，1983年划归原中国石油化工总公司。

截至2019年底，镇海炼化拥有2 300万吨/年原油加工能力、100万吨/年乙烯生产能力、4 500万吨/年海运码头吞吐能力和410万立方米罐储能力，构成“大炼油、大乙烯、大码头、大仓储”产业格局，正在向着“建设世界级、高科技、一体化石化基地”的目标扎实迈进。主要生产各种规格的汽油、柴油、航空煤油、液化气、道路沥青、苯类、乙烯、丙烯、丁二烯、环氧乙烷、乙二醇、环氧丙烷、苯乙烯、聚丙烯树脂、聚乙烯树脂等50多种优质石油化工产品。炼油竞争力居亚太地区炼厂第1组群；乙烯装置位列全球乙烯装置（石脑油）第1组群。公司实行公司—运行部扁平化管理，设立14个管理处室（含党群部门）、10个业务中心（含消防支队）、10个生产运行（专业）部以及中国石化镇海基地项目管理部（炼油老区结构调整提质升级项目管理部）。在岗职工5 466人，其中具有高级职称的385人、中级职称的1 024人。

镇海炼化主要技术经济指标及主要产品产量分别见表1和表2。

（汪　珺）

【领导班子调整】 2019年12月16日，集团公司召开视频会议，宣布镇海炼化领导班子调整：吕亮功任镇海炼化代表、党委书记；莫鼎革任镇海炼化总经理、党委副书记；张玉明退出现职，不再担任镇海炼化代表、党委书记。11月13日，集团公司党组研究决定：胡珣任镇海炼化党委副书记、纪委书记，为镇海炼化工会主席人选，任中国石化宁波镇海炼化有限公司监事会主席；王旭江不再担任镇海炼化党委副书记、纪委书记、工会主席、中国石化宁波镇海炼化有限公司监事会主席职务。7月19日，集团公司党组研究决定：孙敏杰任镇海炼化副总经理、党委委员。

（汪　珺）

【中央巡视组到镇海炼化下沉巡视】 2019年5月16日，中央第二巡视组组长薛利、副组长邢孔豪一行4人到镇海炼化开展下沉巡视。工作组一行先后实地调研了镇海炼化百鹭园、100万吨/年乙烯工程联合控制室、扩建项目1#地块施工现场、镇海国家原油储备库以及镇海炼化炼油二部，并听取了镇海炼化公司党委所作的工作汇报。

（汪　珺）

【生产经营再创佳绩】 2019年，镇海炼化累计加工原油2 200.37万吨，增长6.93%，连续10年加工原油突破2 000万吨；生产乙烯115.28万吨，增长16.25%，创开工投产10年来最高纪录；实现营业收入1 134.77亿元，利税269.41亿元，利润80.25亿元。

（汪　珺）

【聚烯烃研发生产创新高】 2019年，镇海炼化开发聚烯烃新产品牌号8个，与2017年并列年度开发新产品数量最多年份；全年累计完成新产品和专用料产销52.53万吨，提高11.4万吨，创历史新高；全年实现差异化增效1.60亿元。截至2019年底，镇海炼化累计开发聚烯烃新产品54个。

（汪　珺）

【“东海”牌沥青登陆上海期货交易所】 2019年10月31日，起源于镇海炼化的中国石化“东海”牌70#A级道路石油沥青在上海期货交易所注册，标志着中国石化作为国内最大沥青生产商成功登陆上海期货交易所。

（汪　珺）

【新建煤焦制氢（POX）装置开车成功】 2019年1月31日，中国石化“十条龙”攻关项目——镇海炼化煤焦制氢（POX）装置全流程一次打通，并成功产出合格产品。装置产氢规模为12万米^3（标准）/时，批复投资15亿元，由中国石化宁波工程公司EPC总承包。装置核心部分水煤浆气化单元采用的SE平推流水煤（焦）浆气化技术为国产化首次工业应用。

（汪　珺）

【新建260万吨/年沸腾床渣油加氢装置一次开车成功】 2019年12月22日，镇海炼化新建260万吨/年沸腾床渣油加氢装置在全渣油工况下柴油合格进罐，标志着中国石化首套、国内第2套沸腾床渣油加氢装置一次开车成功。项目采用Axens

公司 H-Oil 工艺技术，其中 2 台反应器单台重量 2 385 吨，长 71.4 米，外径 5.5 米，壁厚 330 毫米，创造了宁波历史上大件运输之最，也创下了加氢反应器吊装重量之最。装置与实体工程同步建设了 3D 虚拟装置，实现"数字孪生"，成为国内首个基于《石油化工工程数字化交付标准》和以建设期、运维期应用为目标的数字化建设、数字化交付的石化装置。装置的建成投产对镇海炼化提升完善重油加工路线、优化升级产品结构具有重要意义。

（汪 珺）

镇海炼化 260 万吨 / 年沸腾床渣油加氢装置现场（万 里 摄）

【新建 30 万吨 / 年烷基化装置一次开车成功】 装置采用美国杜邦公司 STRATCO 低温硫酸法烷基化专利技术，配套奥地利 P&P 公司 3 万吨 / 年废酸湿法氧化制酸工艺。2019 年 12 月 3 日，装置烷基化单元投料后连续 2 批次烷基化油分析合格；12 月 5 日，废酸再生单元投用。装置的成功投产，对镇海炼化深入实施"绿色企业行动计划"、推进炼油产品结构调整提质增效意义重大。

（汪 珺）

镇海炼化新建 30 万吨 / 年烷基化项目建成（万 里 摄）

【乙烯装置绩效连续第 4 次达到世界领先水平】 根据 2019 年所罗门公司公布的评价认定结果，2017 年，镇海炼化乙烯装置重置资产投资回报率（ROI）、单位高附净现金收益、单位高附现金操作费用和维修效率指数 4 项指标处于第 1 群组，而单位高附净能耗指标处于第 2 群组。按中国石化对世界领先水平的评价标准，镇海炼化为 2017 年度参评 9 家单位中唯一一家乙烯装置绩效达到世界领先水平的企业。所罗门乙烯装置绩效评价每 2 年举行 1 次，全球共 131 套装置参加 2017 年度绩效评价，其中亚太 41 套、欧洲 39 套、南北美 29 套及中东 22 套。

（汪 珺）

【成功投产国内炼厂单系列处理能力最大的硫黄回收装置】 2019 年 3 月 31 日，镇海炼化新建 15 万吨 / 年硫黄装置全流程一次打通并成功产出合格产品。在投用碱法烟气脱硫的情况下，烟气排放二氧化硫浓度最低可达 0.1 毫克 / 米 ^{3}，远低于国家标准 100 毫克 / 米 ^{3}。该装置为国内第 2 套 15 万吨 / 年硫黄回收装置，单系列处理能力并列国内炼厂最大；技术上采用国内领先的"ZHSR 硫回收 + 钠法脱硫"技术，设计烟气二氧化硫排放浓度低于 50 毫克 / 米 ^{3}（标准），硫回收率达 99.95% 以上。装置投产后，镇海炼化硫黄回收总能力达 49 万吨 / 年，居石化行业首位。

（汪 珺）

【扩建 120 万吨 / 年乙烯装置三大压缩机组全部采用国产化】 2019 年 8 月 13 日，中国石化百万吨级乙烯"三机"国产化攻关研制启动会在沈阳召开。根据安排，中国石化将依托镇海炼化扩建 120 万吨 / 年乙烯装置和海南石化 100 万吨 / 年乙烯装置 2 个工程开展百万吨级乙烯"三机"国产化攻关研制，由沈阳鼓风机集团股份有限公司和杭州汽轮机股份有限公司负责设计、制造。由此，镇海炼化扩建 120 万吨 / 年乙烯装置成为中国石化首个三大压缩机组全部采用国产化的 120 万吨级乙烯装置。

（汪 珺）

【聚乙烯淤浆催化剂国产化攻关圆满收官】 2019

年8月15日，镇海炼化历时8年的聚乙烯浆催化剂国产化试用攻关圆满收官，拥有中国石化自主知识产权的上海立得SLC-S和北京奥达BSG 2种型号国产催化剂能够100%浓度生产低密度低熔指、中密度高熔指常规膜料。

（汪　珺）

【算山首站成品油总输送量突破2 000万吨】 截至2019年3月15日，承担甬绍金衢和甬台温2条成品油管道供油任务的镇海炼化算山首站累计输送成品油突破2 000万吨。2013年4月，中国石化甬绍金衢成品油管道投入运行，镇海炼化算山首站当年实现输送成品油（仅柴油）80万吨。2014年2月，算山首站实现汽油、柴油混合输送功能，并于2018年3月甬台温成品油管线投入运行，输送能力得到进一步提升，2018年算山首站成品油输送量创507万吨新高。

（汪　珺）

【镇海炼化管输杭州、宁波两大国际机场航煤突破1 000万吨】 截至2019年4月12日，镇海炼化向浙江机场集团旗下杭州萧山和宁波栎社两大国际机场管输航煤累计达1 011.7万吨。镇海炼化先后建成投用了直供杭州萧山和宁波栎社2条航煤输送管道，其中直供杭州萧山航煤管道于2000年底投用，月供航煤约9万吨；直供宁波栎社国际机场的航煤管道投用于2011年，月供航煤近3万吨。

（汪　珺）

【绿色生产成绩突出】 镇海炼化积极推进“绿色企业行动计划”，对照总部评价指标，严格落实责任，大力打造绿色环保生产装置，根据中国石化绿色装置创建评价体系，2019年镇海炼化包括Ⅲ套常减压、Ⅲ套航煤加氢、催化裂化联合、Ⅲ套连续重整、Ⅰ套芳烃抽提、Ⅶ套硫黄回收、Ⅶ加氢、Ⅱ S-Zorb、Ⅴ加氢、聚乙烯、环氧乙烷/乙二醇等在内的共11套装置符合中国石化“绿色装置”评价指标。2019年，镇海炼化成为中国石化首批10家绿色企业之一。

（汪　珺）

【乙烯工程入选新中国成立70周年百项经典工程】 2019年11月16日，中国施工企业管理协会评选新中国成立70周年百项经典工程，镇海炼化100万吨/年乙烯工程成功入选。评选出的百项经典工程，涵盖桥梁、铁道、公路、市政、建筑等多个类别，囊括天安门广场建筑群、秦山核电站、长江三峡水利枢纽工程、港珠澳大桥等举世闻名的建设工程，无论在设计上，还是在施工技术和工程质量上，在国内都具有领先水平，是社会公认的精品工程。

（汪　珺）

【获中央企业先进集体、中央企业劳动模范称号】 2019年9月21日，国家人力资源和社会保障部、国有资产监督管理委员会联合发文，决定授予500家单位中央企业先进集体、800名个人中央企业劳动模范荣誉称号，镇海炼化炼油五部获中央企业先进集体荣誉，烯烃部乙烯班班长沈凯飏获中央企业劳动模范荣誉。

（汪　珺）

【获2019年度石油和化工行业质量标杆称号】 2019年10月17日，中国石油和化学工业联合会网站发文授予17家企业2019年度石油和化工行业质量标杆称号，镇海炼化榜上有名。这是公司继2012年以来第5次获此殊荣，其中2015年获全国质量标杆称号。

（汪　珺）

【获2018年度能效领跑者标杆企业（乙烯）称号】 2019年7月26日，中国石油和化学工业联合会发布20种化工产品中33个品种的能效领跑者名单，镇海炼化获2018年度能效领跑者标杆企业（乙烯）称号，是镇海炼化连续第7年获此荣誉。

（汪　珺）

【2人入选2018年享受国务院政府特殊津贴人员名单】 根据中国组织人事报网站公布的2018年国务院政府特殊津贴人员名单，镇海炼化孙敏杰和苏鹤昉2人入选。至此，镇海炼化累计已有27人享受国务院政府特殊津贴。

（汪　珺）

【获全国技术能手称号】 2019年4月16日，化学工业职业技能鉴定指导中心组织召开全国技术能手表彰会，镇海炼化仪表中心杨红雨被授予全国技术能手称号。在全国和集团公司组织的各类技能竞赛中，镇海炼化获4个团体第一及个人7枚金牌、4枚银牌、4枚铜牌的历史最好成绩。

（汪　珺）

【连续10年位居宁波市“纳税50强”榜首】 2019年8月6日，宁波创业创新风云榜发布，镇海炼化连续第10年登上宁波市纳税50强企业和市制造业纳税50强企业榜首。

（汪　珺）

【生活区供暖业务社会化、市场化改革圆满完成】 2019年5月，炼化生活区全体业主根据《炼化社区供暖业务改革方案》确定的民主程序，投票表决炼化社区供暖业务改革模式为继续集中供暖，交由第三方独立运营，实行市场化收费；港储部生活小区经全体业主表决不再集中供暖。6月20日，举行供暖移交签约仪式。11月15日，第三方集中供暖提供商——厦门清大控股有限公司开始为4 721户小区住户提供服务。至此，按照国务院国资委关于国有企业“四供一业”分离移交改革的统一部署，始于2017年7月的供暖移交改革工作圆满完成。

（汪　珺）

【中国石化公众开放日镇海炼化站活动参与人次破万】 2019年11月8日，来自中化集团、华能集团等央企和山东、河南等国资委代表逾30人走进镇海炼化，参加第225期中国石化公众开放日活动，至此镇海炼化公众开放日活动参与公众达10 001人次。镇海炼化与镇海区自2013年1月25日始举办公众开放日活动，公开邀请村民（居民）、网民、环保志愿者、青年学生等不同群体实地体验企业的安全环保工作，成为社会公众了解绿色石化、增进理解与认同的重要窗口。

（汪　珺）

表1　镇海炼化主要技术经济指标　亿元

指标名称＼年份	2019	2018	2017	2016	2015	2014
原油加工量/万吨	2 200.37	2 057.50	2 190.18	2 012.41	2 180.32	2 094.57
工业总产值	1 056.62	1 064.56	949.62	751.49	884.05	1 137.04
工业增加值	292.01	338.00	406.75	372.20	358.35	212.85
资产总计	511.34	468.18	456.63	398.08	320.34	350.87
流动资产	244.92	216.14	244.69	191.53	108.57	121.74
固定资产原值	447.32	396.97	401.27	394.26	386.04	382.99
固定资产净值	164.53	132.07	144.16	156.83	166.46	181.67
销售收入	1 134.77	1 137.87	1 031.77	816.69	944.80	1 202.18
实现利税	269.41	325.42	389.51	353.28	342.88	184.09
税　金	205.65	223.37	236.48	219.64	236.37	152.25
综合能耗/吨标煤·万元$^{-1}$	0.52	0.52	0.52	0.54	0.52	0.53

表2 镇海炼化主要产品产量 万吨

产品名称 \ 年份	2019	2018	2017	2016	2015	2014
汽　油	351.70	331.54	336.86	307.69	333.27	308.46
航空煤油	290.33	273.34	246.55	213.31	226.26	218.77
柴　油	600.34	574.00	613.82	567.62	628.86	625.41
石脑油	290.62	257.99	300.40	289.39	293.33	288.75
燃料油	20.65	36.68	29.18	24.41	33．54	38.81
液化气	110.82	111.73	115.36	99.99	105.52	97.22
白色油	—	—	—	—	—	2.70
溶剂油	0	0	0	0.24	1.21	1.64
沥　青	160.75	125.80	135.72	134.53	143.27	126.40
丙　烯	87.38	76.13	85.73	82.94	86.39	77.27
聚丙烯	59.40	50.57	56.55	53.05	54.62	49.41
苯	36.09	34.45	39.90	37.66	38.43	34.43
甲　苯	0	0	0	0.05	1.89	1.53
混合二甲苯	0	0	1.00	1.10	0.81	4.12
邻二甲苯	16.31	14.18	16.74	14.37	16.93	15.16
对二甲苯	56.71	54.54	61.59	55.25	63.01	54.64
硫　黄	24.65	21.90	24.41	21.49	22.53	22.29
石油焦	109.97	107.91	117.91	109.37	123.59	109.99
乙　烯	115.28	99.14	113.18	112.58	113.14	97.06
丁二烯	16.35	13.41	15.76	15.90	15.79	14.15
聚乙烯	51.57	42.67	49.50	49.87	48.44	41.57
环氧乙烷	17.12	13.75	16.72	16.81	15.58	12.37
乙二醇	48.86	43.20	43.79	46.17	51.89	45.06

天津石化

【概况】 中国石油化工股份有限公司天津分公司（简称天津分公司）和中国石化集团资产经营管理有限公司天津石化分公司（简称天津资产分公司）统称天津石化，位于天津市滨海新区（大港），与天津市区和塘沽新港有铁路、公路相通，与天津港南疆石化码头有输油管线相连。其前身为中国石化天津石油化工公司（由天津市石油化学工业公司和天津市石油化纤总厂组成），成立于1983年12月28日，2000年分设为中国石化集团公司天津石油化工公司和中国石油化工股份有限公司天津分公司；2005年，2个公司进行一体化重组整合，实现机构的统一管理；2007年5月22日，注册成立天津资产分公司，10月正式注销中国石化集团天津石油化工公司；2010年6月，2个公司实行一体化管理。

天津石化拥有炼油、化工生产装置54套，原油综合配套加工能力1 250万吨/年，乙烯生产能力120万吨/年（含合资公司），化工产品年生产能力为对二甲苯38万吨、PTA 34万吨、聚酯20万吨、聚醚10万吨，热电装机容量40万千瓦，日供水能力10万吨，原油储存能力27万立方米。主要生产汽油、煤油、柴油、液化气、燃料油、苯类、乙烯、丙烯、环氧乙烷、乙二醇、聚乙烯树脂、聚丙烯树脂等石油化工产品，其中成品油全部达到国Ⅵ质量标准；涤纶短纤维、3#喷气燃料为国优产品；"天仙"牌涤纶短纤维，"津港"牌轻柴油、车用汽油、3#喷气燃料，"大港"牌工业用纯苯被评为天津市名牌产品。

截至2019年底，天津石化共设16个机关部室、6个生产作业部、11个直属专业服务单位，另有2家合资公司；正式职工总数为6 692人，共有专业技术人员1 604人，其中具有高级职称的340人、中级职称的626人。资产总额334.67亿元。

天津石化主要技术经济指标及主要产品产量分别见表1和表2。

（罗　威　王　敏）

【领导班子调整】 2019年1月4日，天津石化召开干部大会，宣布集团公司党组关于天津石化、中沙石化领导班子调整的决定：戴立起任中沙石化总裁（按大Ⅰ型企业正职管理），天津石化党委常委、副总经理；因年龄原因，禹小伟不再担任中沙石化总裁，天津石化党委常委、副总经理职务，任调研员。10月28日，集团公司组织召开天津石化干部大会，调整天津石化、中沙石化领导班子：李永林任天津分公司代表、天津石化党委书记，不再担任天津石化总经理职务；王百森任天津石化总经理、党委副书记；魏冬任天津石化党委常委、副总经理；佟伟任天津石化党委常委、副总经理；高云忠任中沙石化副总裁（按大Ⅰ型企业副职管理）。因年龄原因，关有利不再担任天津石化党委书记兼副总经理、中沙石化监事会监事职务；王立新不再担任天津石化党委常委、副总经理，中沙石化副总裁职务，任调研员。

（罗　威　王　敏）

【生产经营深度优化】 2019年，天津石化完成营业收入566亿元，实现利税60.42亿元、利润10.34亿元。其中，天津分公司利润10.64亿元（炼油板块0.31亿元、化工板块10.33亿元）；天津资产分公司亏损3 000万元，减亏4 000万元。完成原油加工量1 217万吨，创6年来最好水平；汽油、航煤产量再创新高，成品油收率5年来首次超过50%；石脑油外采增幅63%。柴油出口占产量超60%，增幅23%，连续3年排名集团公司第一。吨乙烯原料成本、吨油取水指标名列集团公司前茅；主要生产装置能耗、物耗全面达标，万元产值综合能耗创历史最好水平。

（罗　威　王　敏）

【安全生产水平持续提升】 2019年，天津石化持续深化安全生产长效机制，7项公司级、40项作业部级、3 390项岗位风险实现分级管控，识别覆盖率、等级评估率、措施落实率均为100%。设备腐蚀普查全面覆盖，智能"天眼"监控加快部署，全员安全记分深入推行，"十条措施"细化落地，承包商管控平台正式上线，各类风险隐患全面受控，炼油结构调整项目连续安全施工550天。天津石化连续19年被评为全国"安康杯"竞赛优胜企业。

（罗　威　王　敏）

【世界一流绿色企业建设取得突破】 2019年，天津石化污染防治攻坚战提速加力，主要污染物排放持续削减。有组织废气排放达标率、外排废水达标率、固体废物合规处置率均为100%。热电烟羽治理全面完成，在运锅炉烟气实现"消白"。固废减量化攻关进展明显，危废外委处置减少1/3。

雨污分流整改见到成效，107项雨污混排问题全部销项，六米河水质达到地表Ⅴ类。非常规水资源占工业取水量接近90%，"近零"新鲜水目标基本实现。新能源利用取得突破，首个光伏电站并网运行。成为国内炼化行业唯一一家重污染天气应急绩效评级A级企业，绿色基层创建通过集团公司复审，连续9年获评集团公司环保工作先进。

（罗　威　王　敏）

天津石化为大兴国际机场供应航煤（董　波　摄）

【世界一流管理体系建设成效显著】 2019年，天津石化全面完成业务梳理，改造制度400余项，制度条款化3 000余条，两级制度体系基本建立。管理评审和监督审核认证深入开展，PDCA闭环机制有效运行，体系适宜性、充分性、有效性得到持续保障。整合建立"管理信息化平台"，符合性检查与组织绩效考核紧密结合，100余项手签业务实现信息化。坚持符合性检查与考核联动，严格执行"两个1/3"规则，279项不符合问题被纳入日常考核；顶格考核上报非计划停工，提级处罚公司级安全环保事件，从严考核氛围逐步形成。

（罗　威　王　敏）

【深化改革措施落实落地】 2019年，天津石化持续推进机构整合优化，实现油品储运及长输管道业务整合，启动公用工程业务就近整合；物资装备部、研究院变电所整合到电仪中心统一管理，实现外包业务回归；炼油结构调整项目实行大联合车间模式，技能操作定员水平达到国内先进。分离移交收尾工作进展迅速，供热、供电、供水、物业施工改造进度处于集团公司同类企业前列。推进岗位标准化管理，压减岗位98个，27人从辅助车间流动到生产一线岗位，内部挖潜81人配置到新建装置，人力资源潜能有效释放。

（罗　威　王　敏）

【降本减费成效明显】 2019年，天津石化持续强化资金运作，细化收支管控，加大承兑转出，严控"两金"占用，财务费用正收益首次突破1亿元。优化大宗采购，与国有大矿深化合作，大矿资源采购率100%，煤炭采购降本2 100万元。调整关联交易，降低用水购气成本4 000万元。积极争取政策，促成天津市停征防洪费，再获政府补贴2 000万元；享受民营企业优惠政策，退回港口建设费456万元；打通外采含税石脑油抵税流程，抵减消费税5.5亿元，减少附税增加利润6 600万元；积极争取直购电配额，降低购电成本5 200万元。

（罗　威　王　敏）

【重大项目取得进展】 2019年，天津石化炼油改造项目进入施工高峰，项目进度总体受控。中沙石化乙烯扩能项目获批复，新建大乙烯及下游项目启动可研。CHP法制环氧丙烷项目完成基础设计审查，长周期设备订货工作同步开展。

（罗　威　王　敏）

【科技创新成果丰硕】 2019年，天津石化参与的集团公司重大项目（功能性高分子膜材料关键技术攻关、绿色环保汽车轻量化材料技术开发与应用）和"十条龙"攻关项目（15万吨/年CHP法制环氧丙烷成套技术工业应用）顺利完成，工业水系统大数据技术研究与应用等15个项目通过验收。"高附加值合成树脂关键技术开发及应用"项目获集团公司科技进步一等奖。13个牌号聚烯烃新产品实现工业化生产，其中6个牌号顶替进口。25件专利获授权，创历史新高；气相法聚乙烯技术持续获技术转让收益。

（罗　威　王　敏）

【"两化"融合不断深化】 2019年，天津石化智能工厂建设积极推进，关键机组远程诊断、承包商管控等24个项目完成建设，工艺管理、工程管理等16个项目有序实施。火灾视频智能识别初见成效，首期200个监控点投入运行。“机器换人”加快实施，应用近红外光谱技术，取代轻质油人工分析；现场计量操作转入中央集中控制，进出厂计量实现无人值守。首座5G基站成功开通，“护网行动”成效显著，重要档案原文数字化率100%。

（罗　威　王　敏）

炼油结构调整项目吊装大件（董　波　摄）

【20万吨/年聚丙烯装置开工建设】 2019年4月16日，天津石化20万吨/年聚丙烯装置正式打桩建设。项目总投资6.51亿元，占地50 353平方米。装置采用中国石化第3代环管聚丙烯工艺技术（ST），建成后可生产均聚、无规共聚、抗冲共聚物等70个牌号全系列产品，有效补足现装置不能生产超高融指、膜料类、丙丁共聚等高附加值产品的短板。

（罗　威　王　敏）

【干部人才队伍建设持续加强】 2019年，天津石化坚持正确选人用人导向，从严落实干部选任制度，加强优秀年轻干部选拔培养，干部队伍结构进一步优化，40岁以下中层干部比例由7%提升至10%。专业技术选聘实现全领域覆盖，符合公司人才队伍特点的职业化、差异化、梯次化管理体系逐步健全；年内1人被聘为集团公司技能大师，9人被评为集团公司、天津市技术能手。在国家、集团公司各项业务竞赛中，取得2金、3银、3铜的优异成绩；承办7个工种天津市二类技能竞赛，获7个一等奖、14个二等奖、22个三等奖。

（罗　威　王　敏）

【党建质量持续提升】 2019年，天津石化深入贯彻落实新时代党的建设总要求，认真履行管党治党责任，切实以党建实际成效夯实引领保障基础。结合领导体制调整，积极建立有序衔接、科学高效的议事决策机制，突出党委在公司治理结构中的主导地位，党委“把方向、管大局、保落实”领导作用有效落实。领导班子成员带头落实“双示范”，到基层上党课、教办法、解难题，深入支部抓支部，带动各级党员干部扎实履行党建责任。优化调整基层党组织32个，符合条件的基层干部全部进入支部委员会，基层党政班子一体化建设得到有力推动。组织179名基层党支部书记接受系统性党务培训，首次开展支部委员党建工作述职，在主要生产车间推行党员量化积分管理。扎实推进党支部达标创优上等级工作，“一级评五好、五好争红旗、红旗做示范”的创先争优机制不断深化。

（罗　威　王　敏）

【主题教育扎实开展】 2019年，天津石化严格落实“不忘初心、牢记使命”主题教育部署要求，始终聚焦主题、牢牢抓住主线、紧扣目标任务，贯通落实4项重点措施，精心组织、扎实推进。研究制定学习研讨运行表，明确4个专题20项必学内容，组织各类学习研讨1 417场次；两级班子成员聚焦突出问题，确定调研课题，沉到一线了解掌握情况，深入群众听取意见建议，现场推动解决实际问题；高质量召开专题民主生活会、组织生活会，深刻查摆，自我检视，从严从实开展批评与自我批评；累计查摆问题826项，举一反三深化专项整治，即知即改、立行立改、标本兼治，真刀真枪解决问题。主题教育达到预期目标，取得明显成效，得到集团公司党组巡回指导组的高度评价。

（罗　威　王　敏）

【党风廉政建设引向深入】 2019年，天津石化完善“大监督”体系建设，建立健全集体会诊、联动监督、督办落实等工作机制，深入开展党委巡察，“对账联动”整改问题42项；强化精准监督，针对关键领域开展专项检查，发现并整改问题11项、警示约谈13人。专项整治形式主义、官僚主义问题，公司级会议压减 30%，红头文件减少 17%，检查评比事项压减 50% 以上。

（罗　威　王　敏）

【企业和谐氛围愈发浓厚】 2019 年，天津石化强化意识形态工作，顺利通过集团公司 2 轮网络专项清查。举办“绿企行——走进天津石化”大型主题宣传活动，20 多家中央和地方主流媒体集中报道，展示了企业绿色开放良好形象。工服清洗、一线班组更衣箱提标改造等惠民生实事先后完成；全员健康管理有序实施，健康异常人群实现“一人一策”，首批心脏除颤器（AED）配置到位。迎庆新中国成立 70 周年展演、九运会等活动成功举办。青年中心全面启用，成为“引领凝聚青年、组织动员青年、联系服务青年”的重要阵地。坚持标本兼治、内外联动，维护稳定工作取得突出成效，实现特殊敏感时期“三个决不能”“三个不发生”和“两个为零”的目标。

（罗　威　王　敏）

表 1　　天津石化主要技术经济指标①　　亿元

指标名称 \ 年份	2019	2018	2017	2016	2015	2014
原油加工量 / 万吨	1 217.65	1 214.11	1 202.23	943.16	1 157.61	1 208.26
工业总产值	535.39	571.98	471.08	322.11	442.90	710.59
工业增加值	81.57	111.04	152.49	128.86	128.55	76.40
资产总计	334.67	308.79	282.02	215.83	206.77	235.31
流动资产	104.06	125.86	108.20	54.38	53.81	84.06
固定资产原值	319.63	317.43	306.13	300.27	294.12	289.86
固定资产净值	86.52	94.91	116.91	99.03	101.53	107.72
销售收入	559.01	595.01	400.10	[illegible]	400.44	731.01
实现利税	57.87	100.10	131.12	99.98	108.99	53.81
税　金	47.23	58.97	78.28	70.96	90.93	69.35

① 均为天津分公司数据，不含天津资产分公司数据

表 2　　天津石化主要产品产量　　万吨

产品名称 \ 年份	2019	2018	2017	2016	2015	2014
汽　油	137.68	133.81	130.37	102.07	121.62	106.20
煤　油	209.52	190.85	172.09	125.62	157.42	134.14
柴　油	266.73	263.07	281.41	226.41	294.53	370.52
化工轻油①	393.75	392.64	371.77	295.81	345.42	347.69
商品液化气	32.41	44.90	50.91	37.84	46.53	47.86
石油苯	40.74	41.41	41.84	35.12	39.55	41.19
对二甲苯	33.01	32.50	32.26	26.04	31.03	33.88

续表

产品名称 \ 年份	2019	2018	2017	2016	2015	2014
精对苯二甲酸	29.54	28.44	26.52	24.42	26.05	21.79
聚　酯	23.95	23.53	21.74	18.89	16.27	16.38
聚酯切片	14.57	14.42	12.60	10.10	6.02	5.34
涤纶短丝	9.22	8.87	8.99	8.66	10.20	10.88
聚醚多元醇	5.25	6.19	6.07	5.36	7.38	8.35
丙　烯	17.08	16.96	17.32	13.32	16.64	16.60
乙　烯	22.54	22.64	23.09	17.83	21.08	21.33
聚乙烯	11.85	11.89	12.98	10.64	12.25	11.70
聚丙烯	7.28	6.94	6.99	6.10	7.19	7.08
乙二醇	3.06	3.30	3.85	3.42	3.96	3.47
环氧乙烷	5.33	4.32	4.73	4.18	4.74	5.26

① 化工轻油数据中含尾油产量

中沙石化

【概况】 中沙（天津）石化有限公司（简称中沙石化），是中国石化和沙特基础工业公司以50%∶50%的股比共同出资设立的大型石油化工企业，坐落于天津市滨海新区，成立于2009年10月20日，2010年5月11日正式投入商业运行，截至2019年底，投资总额294.07亿元。

中沙石化拥有主生产装置9套，包括100万吨/年乙烯装置、65万吨/年裂解汽油加氢装置、30万吨/年高密度聚乙烯装置、30万吨/年线型低密度聚乙烯装置、11/28.5万吨/年环氧乙烷/乙二醇装置、45万吨/年聚丙烯装置、35万吨/年苯酚丙酮装置、20/12万吨/年丁二烯抽提/MTBE联合装置、3.5万吨/年苯乙烯抽提装置，以及配套公用工程及辅助设施。中沙石化生产的产品包括气体产品4种、液体产品17种、固体产品3类79个牌号。

截至2019年12月31日，中沙石化共有员工1 433名。2019年生产主要化工产品462.14万吨，实现销售收入205.41亿元人民币。

中沙石化主要技术经济指标及主要产品产量分别见表1和表2。

（张作洋　黄　璐）

【领导班子调整】 中沙石化董事会决议，任命戴立起担任中沙石化总裁，自2019年1月1日起履职；任命高云忠担任中沙石化副总裁，自2019年10月29日起履职。

（张作洋　黄　璐）

【继续保持最佳安全环保业绩】 2019年，中沙石化坚持以人为本、安全发展、绿色发展理念，严格落实企业主体责任和各岗位EHSS职责，安全环保持续保持最佳业绩。全年C级以上事故为零，SHER事故率为零，员工安全工时和承包商安全工时均实现新的安全里程碑，保持国家危险化学品安全生产标准化一级企业称号，环保管理被国家评为重污染天气减排A级企业。

（张作洋　黄　璐）

【乙烯年产量和单月产量双创历史纪录】 2019年，中沙石化乙烯产量达112.8万吨，主要产品产量462万吨，刷新投产以来的历史纪录；尤其是2019年1月，单月乙烯产量10.01万吨，突破自2010年开车以来单月产量最高纪录，为圆满完成全年目标任务奠定了坚实基础。

（张作洋　黄　璐）

【26万吨/年聚碳酸酯项目取得重要进展】 截至2019年底，26万吨/年聚碳酸酯项目累计完成投资57.88亿元，详细设计收尾，关键设备和全部工艺设备订货完成，现场施工完成总体进度的37%，累计完成混凝土浇筑8.6万立方米，钢结构安装6 741吨，二标段地管施工完成，一标段地管施工完成36.49千米。

（黄　璐）

26万吨/年聚碳酸酯项目　氧化碳净化冷箱吊装
（郑大鹏　摄）

【销售创造多项历史纪录】 2019年，面对化工产品市场下滑、竞争激烈的局面，坚决贯彻效益优先、尽产尽销、低库存运行策略，加强产销衔接，优化物流，成功打通厂内铁路直发新疆仓库流程。全年实现产品销售量381.28万吨，超出历史最好水平11.57万吨；年末库存4.28万吨，较历史最好水平再降0.39万吨；全年月平均库存5.54万吨，较历史最好水平再降0.32万吨；年度承兑汇票总额5.37亿元，承兑汇票比例2.32%，均大幅降低，创造了新的纪录。

（黄　璐）

【持续推进新产品开发】 2019年实现新产品开发22项，包括中国石化顶替进口任务7个和SABIC主导开发产品15个，产量达6万吨。其中，包括高性能PE100RC、钛系双峰系列、茂金属系列等多项管材专用料成功进入市场，向娃哈哈、伊利、海尔、美的、金发科技等国内外行业巨头供应。

（黄　璐）

【130万吨/年乙烯扩能改造项目正式开工建设】 2019年9月16日，中沙石化130万吨/年乙烯扩能改造项目正式开工建设。该项目总投资15亿元，施工周期为18个月，预计2021年4月竣工投产。该项目是在已有乙烯装置基础上，通过“脱瓶颈”挖潜改造，年增产乙烯30万吨，建成后乙烯产能将由年产100万吨扩至年产130万吨。

（黄　璐）

【获全国工人先锋号称号】 2019年，中沙石化乙烯装置工艺丙班被中华全国总工会授予全国工人先锋号称号。作为百万吨乙烯项目的开车班组，乙烯装置工艺丙班承担着乙烯装置全流程生产操作任务。班组自2009年5月成立以来，始终保持安全环保事故和生产责任事故为零目标，在装置历年绩效综合排名中位列第一，曾多次获公司级、市级荣誉称号。

（黄　璐）

中沙石化获评全国工人先锋号（赵　鹏　摄）

【开启产品出厂新物流模式】 2019年11月12日，中沙石化第1辆带自有托盘车辆成功装车出厂，开启了产品出厂新物流模式。该模式可实现产品带盘装车，无须人工码垛，装车用时缩短到1/2，有效提升固体产品装车效率。

（黄　璐）

【举办首届安全环保公众开放日活动】 2019年6月27日，中沙石化举办首届安全环保公众开放日活动，来自滨海新区生态环境局、大港一中、当地社区及媒体的50名代表参观装置现场和中央控制室等。通过活动，代表们对化工行业安全环保管理增进了认知和理解，表示将一如既往地支持中沙石化发展，携手共创安全环保、绿色低碳的美丽家园。

（黄　璐）

企业开放日参观现场（赵　鹏　摄）

【启动OMS体系建设】 2019年7月，中沙石化启动综合运营管理系统（OMS体系）建设。OMS体系是引自股东方SABIC的综合工作平台，涵盖人员与组织机构、商业绩效与管理、EHSS管理、资产生命周期管理、持续提升和质量管理等5个维度，将在中沙石化现有SHEM体系基础上进行升级、整合，将关注点从生产阶段拓展到整个生产链、从机械完整性拓展到资产的生命周期、从生产风险拓展到战略决策、企业风险，同时关注成本优化管理。

（黄　璐）

表1　　中沙石化主要经济指标　　亿元

指标名称＼年份	2019	2018	2017	2016	2015	2014
工业总产值	203.71	233.08	221.33	161.51	186.23	257.24
工业增加值	40.08	63.18	77.29	53.97	47.99	24.44
销售收入	205.41	235.01	222.86	163.37	188.68	258.92
税前利润	21.78	39.16	51.14	31.87	27.19	6.13

表2　　中沙石化主要产品产量　　万吨

产品名称＼年份	2019	2018	2017	2016	2015	2014
乙　烯	112.86	110.05	111.62	96.60	108.81	107.71
丙　烯	57.12	56.20	56.82	48.90	56.27	56.60
丁二烯	20.25	20.81	21.41	17.16	20.21	20.27
甲基叔丁基醚	15.67	15.56	15.52	13.04	15.54	15.79
1-丁烯	6.41	6.94	7.21	4.65	6.01	5.86
线型低密度聚乙烯	30.58	29.96	32.88	28.58	34.53	31.25
高密度聚乙烯	31.47	30.22	30.20	27.20	32.44	27.87
聚丙烯	50.80	50.12	50.77	43.23	49.32	49.55
环氧乙烷	11.96	10.13	8.43	7.29	6.19	7.94

续表

产品名称 \ 年份	2019	2018	2017	2016	2015	2014
乙二醇	37.65	34.68	37.64	27.76	35.37	37.67
苯　酚	23.15	21.59	22.03	19.06	21.79	23.99
丙　酮	14.44	13.45	13.73	11.83	13.47	14.89
混合苯	47.00	42.20	42.22	41.01	46.36	46.56
苯乙烯	2.78	2.72	2.68	0.69	—	—

上海石化

【概况】 中国石化上海石油化工股份有限公司（简称上海石化）位于上海市金山区，占地面积9.4平方千米，是集炼油、化工、塑料、化纤生产经营于一体，高度综合的现代化石油化工企业之一，也是中国第1家股票在上海、香港、纽约三地同时上市的股份制有限公司。上海石化前身为创建于1972年的上海石油化工总厂，1993年6月改制为上海石油化工股份有限公司，2000年10月更名为现名。

上海石化下设炼油部、烯烃部、芳烃部、化工部、腈纶部、碳纤维事业部、涤纶部、塑料部、热电部、公用事业部、储运部、环保水务部、物资采购中心和销售中心及IT服务中心、质量管理中心、统计中心、行政事务中心、培训与交流安置中心等单位，并由上海石化资本运营处管理对外投资企业。截至2019年底，上海石化总资产456.36亿元，在册员工总数8 878人，具有原油综合加工1 600万吨/年、乙烯70万吨/年、有机化学品428万吨/年、合成树脂100万吨/年、合纤原料109万吨/年、合纤聚合物59万吨/年、合成纤维26万吨/年生产能力。每年向社会提供成品油、有机化工品、合成树脂、合成纤维4类产品。

上海石化主要技术经济指标及主要产品产量分别见表1和表2。

（陆建梅）

【完成增量配电业务改革试点】 2019年6月18日，由上海石化与上海电力公司等4方股东组建的多元化股权产权结构售配电公司——上海石电能源有限公司举行成立大会，标志着上海石化暂供电区域增量配电业务改革试点任务基本完成。作为上海市唯一一个列入国家首批105个增量配电业务改革试点项目，注册资本10亿元，其中上海石化作为项目业主拥有股比40%，上海电力公司占比40%，申能股份有限公司等其他3家公司合计占比20%。公司正式运营后，除为上海石化暂供电区域提供安全用电外，还将参与上海市购售电业务，促进上海市电力市场良性发展，为配电区域企业发展提供更低价、更优质的电力与供电服务。同时，可开展综合能源服务，包括供热、供冷、供电等基本的能源供应服务以及节能与能效管理、用能大数据分析等增值服务，为配电区域内企业或园区便捷、高效、清洁、安全用能保驾护航。

（陆建梅）

【成立碳纤维及其复合材料创新研究院】 2019年9月5日，国务院国资委和上海市政府深化合作共同推进落实国家战略签约仪式在上海举行。签约仪式上，上海石化董事长、党委书记吴海君与上海市金山区委副书记、区长胡卫国共同为上海碳纤维复合材料创新研究院揭牌。上海碳纤维复合材料创新研究院由上海石化、金山区政府、东华大学等单位共同参与组建。作为重点培育的上海市研发与转化功能型平台，可为碳纤维复合材料生态圈可持续健康发展提供人才、技术、资本、空间 4 轮驱动力，对上海碳纤维复合材料产业的发展形成 3 个“有力支撑”：支撑碳纤维产业链创新，形成对产业链各个环节研发与转化过程的技术服务供给；支撑重大产品研发，开展共性关键技术和产品攻关及应用；支撑创业创新，以资源汇集和专业科技为抓手，引导创新创业活动。

（陆建梅）

【设立应急救援中心】 2019 年 4 月 15 日，上海石化印发《关于设立上海石化应急救援中心的通知》（上海石化企〔2019〕14 号）。依托上海石化现有专职消防队，设立上海石化应急救援中心，加强上海石化应急队伍管理，提升突发事件应急处置能力。上海石化应急救援中心与上海石化消防队合署办公。按照公司应急管理制度要求，应急救援中心建立装备设施、业务训练、日常值班、预案演练、应急救援等管理制度，规范应急救援程序。8 月，上海石化在工艺、设备、电气仪表、消气防、环保、长输管线、防汛防台、应急通信、公共卫生和社会安全等方面完善应急专家库，为公司应急救援处置提供专业指导和技术支持。

（陆建梅）

【与上海移动签约“5G+”战略合作备忘录】 2019 年 10 月，上海石化与上海移动签署“5G+”战略合作备忘录，有效期至 2021 年 5 月底。根据协议，双方发挥 5G 技术优势，致力于 5G 网络覆盖，共同推进上海石化“5G 智慧工厂”计划，促进 5G 技术在智慧安防建设、工业互联网、机器人、柔性生产、增强现实（AR）与虚拟现实（VR）、人工智能与机器学习等领域应用，探究未来 5G 技术引领石化行业发展方向。

（陆建梅）

【推进内部机构改革】 2019 年，上海石化推进内部机构改革。完成碳纤维事业部组建运营；合并党委组织部和人力资源处、化工部和精细化工部；调整法律事务、仪表和电气管理职能，将法律事务管理职能从企业管理处划转董事会秘书室，将仪表专业从电气仪表中心分离，组建成立“上海石化仪控中心”。全年压减科级机构 17 个、班组 50 个。截至 2019 年底，上海石化净减员（包括自愿离职及退休人员）719 人，占年初在册员工总数 9 597 人的 7.49%。

（陆建梅）

【启动 40 万吨 / 年油品清洁化项目】 2019 年 5 月 30 日，项目基础设计获中国石化批复（石化股份计项〔2019〕33 号），批复投资 7.82 亿元。6 月底项目土建开工。项目包括 40 万吨 / 年硫酸法烷基化装置、3.5 万吨 / 年废酸再生装置以及与装置配套的界区外系统。项目建成投产后，将提供高辛烷值、清洁化的汽油调和组分，进一步降低汽油中烯烃和芳烃含量，确保生产的汽油符合成品汽油第 6 阶段质量要求，满足上海市及周边清洁油品的供应，为改善区域环境质量提供支持。项目由中国石化工程建设公司、众一阿美科福斯特惠勒工程有限公司设计，上海中钱联合基础工程有限公司、天津海盛石化建筑安装有限公司、中国石化第十建设公司施工，上海金申工程建设监理有限公司监理，石油化工工程质量监督总站质量监督。

（陆建梅）

【1 500 吨 / 年碳纤维二阶段项目原丝部分投产】 2019 年，上海石化推进 1 500 吨 / 年碳纤维二阶段项目建设。项目二阶段总投资 3.23 亿元，建设内容包括原丝部分原液制备工序增设原液过滤、供纺加热系统，3# 和 4# 纺丝生产线纺丝及后处理设施，氧化炭化部分增设 1 000 吨级生产线及配套尾气焚烧炉。3 月 7 日，原丝部分召开项目启动会，9 月 30 日实现中交。12 月 15 日、31 日，原丝 3# 线、4# 线先后一次开车成功，并产出合格产品，标志着上海石化 1 500 吨 / 年 PAN 基碳纤维项目配套的 4 条原丝生产线全部投产运行。项目由中国石化上海工程公司负责设计，上海金山石油化工建筑有限公司、中国核工业第五建设有限公司负责土建和设备安装，上海金申工程建设监理有限公司承接项目的监理。

（陆建梅）

【成为国内首家生产低硫重质船用燃料油炼化企业】 面对国内外低硫重质船用燃料油的庞大市场需求，上海石化与中国石化石油化工科学研究院开展低硫重质船用燃料油项目攻关。经过近半年时间的项目攻关和设施改造，2019 年 1 月 18 日上海石化成功生产低硫重质船用燃料油，成为国内首家生产该油品的炼化企业。1 月 23 日，首批 6 000 吨低硫重质船用燃料油发往舟山保税港。为做好长期生产准备，上海石化实施低硫重质船用燃料油出厂设施改造，并于 10 月 31 日成功出厂 6 500 吨低硫重质船用燃料油，运往上海高桥码头，供途径上海保税区的船舶加油，标志着上海石化生产的低硫重质船用燃料油正式走向市场。截至 2019 年底，上海石化累计出口低硫重质船用燃料油 3.78 万吨。根据国际海事组织（IMO）《国际防止船舶造成污染公约》规定，自 2020 年 1 月 1 日起，全球船舶必须使用硫含量不高于 0.5% 的船用燃料油。

（陆建梅）

【国内首家成功试生产聚乙烯树脂 C513UV 产品】 2019 年 8 月 14 日，上海石化全资子公司金菲公司利用美国雪佛龙菲利普斯环管淤浆法聚乙烯生产工艺专利技术，成功试生产大中空专用料聚乙烯树脂 C513UV 新产品 150 吨，各项主要质量控制参数均达到预定控制指标要求，成为国内首家生产大中空专用料聚乙烯树脂生产企业，标志着国产大中空专用料又添新产品。大中空专用料聚乙烯树脂主要用于生产吨包装容器和共享托板，受技术等因素限制，国内原料市场上的大中空专用料聚乙烯树脂主要来自美国、新加坡和韩国。

（陆建梅）

【完成国内首个碳纤维加固领域技术规范】 2019 年 3 月，由上海石化和哈尔滨工业大学共同起草的《碳纤维复合材料加固修复化工管道技术规范》在全国团体标准信息平台发布，标志着国内碳纤维行业在加固修复领域首个技术规范建立。该标准规定了碳纤维复合材料加固修复金属化工管道的材料性能指标、设计方法、施工方法、检验与验收方法等方面要求。标准的出台促进了碳纤维加固行业健康发展及上海石化业内影响力。碳纤维复合材料修复化工管道技术具有工期短、操作简便、施工时不影响管道设备正常运行等优点，可规避电焊、动火等特殊作业带来的安全隐患和停车风险。上海石化于 2015 年首次成功应用自产碳纤维复合材料对化工管道进行在线修复，通过与哈尔滨工业大学在碳纤维复合材料补强领域长年合作攻关，实现高校基础理论研究与企业工程实践深度结合与支撑。

（陆建梅）

【参与开发的“以碳纤维及其连续抽油杆研制为核心的新型高效机采系统”获国际工业博览会 CIFF 大奖】 2019 年 9 月 17 日，由上海石化、胜利油田、新大管业科技发展有限责任公司联合开发的“以碳纤维及其连续抽油杆研制为核心的新型高效机采系统”获第 21 届中国国际工业博览会 CIIF 大奖。该新型高效机采系统基于碳纤维高性能材料，集成碳纤维研制技术、碳纤维复合材料抽油杆研制技术，以及配套的设备、部件研制和采油系统设计技术。系统为真正意义上的自主研发、国内外首创，整体技术达到国际先进水平。2014 年起，上海石化协同胜利油田、新大集团等，整合各方优势，首次实现上海石化碳纤维连续抽油杆成功使用。截至 2019 年底，上海石化碳纤维抽油杆成功应用于近 600 口井，取得深抽增油、节能降耗、防腐延寿三大成效，增效近亿元。

（陆建梅）

【开展“不忘初心、牢记使命”主题教育】 2019 年 6 月 12 日，上海石化召开动员大会，部署开展第一批“不忘初心、牢记使命”主题教育。9 月 17 日，部署开展第二批主题教育。22 个直属单位党组织、174 个基层党支部，3 216 名党员参加主题教育。上海石化制订主题教育实施方案，明确总体要求、工作安排和主要任务，形成任务清单、“施工图”等“一案五表”，统筹实施学习教育、调查研究、检视问题、整改落实 4 项举措，做到主题教育高标准起步、高质量开展、高效能推进。上海石化相关做法先后在集团公司炼化企业“不忘初心、牢记使命”主题教育暨组织力提升工程交流推进会、集团公司第二批“不忘初心、牢记使命”主题教育汇报交流会上做交流发言。《中国石化报》、中国石化新闻联播、奋进石化、中新网、上海市经济与信息化委员会网站等刊发消息85篇，集团公司主题教育简报刊发报道6条。在主题教育评估中，第一批、第二批“好”和“较好”率分别为100%和99.2%。

（陆建梅）

表1　上海石化主要技术经济指标　亿元

指标名称 \ 年份	2019	2018	2017	2016	2015	2014
原油加工量 / 万吨	1 519.94	1 437.90	1 435.28	1 430.28	1 479.53	1 417.02
工业总产值	799.47	817.36	684.54	576.95	677.33	877.16
工业增加值	208.95	243.82	278.84	271.30	255.17	154.39
资产总计	456.36	445.40	396.10	341.24	280.22	311.46
流动资产	223.09	253.19	198.85	148.76	81.44	95.10
固定资产原值	470.76	468.18	480.08	472.04	467.61	464.55
固定资产净值	121.49	125.45	123.93	135.02	144.25	156.12
销售收入	1 003.46	1 077.65	920.14	778.94	808.03	1 021.83
利润总额	26.54	67.49	78.51	77.65	42.09	−9.14
所得税	4.29	14.72	16.99	17.97	9.27	−2.14

表2　上海石化主要产品产量　万吨

产品名称 \ 年份	2019	2018	2017	2016	2015	2014
汽　油	346.84	322.92	316.61	287.87	309.76	287.05
航空煤油	187.86	146.82	157.41	159.83	161.30	148.85
柴　油	384.50	373.08	386.38	388.22	426.53	406.53
乙　烯	84.13	77.78	76.69	82.56	83.65	80.44
丙　烯	54.04	50.99	48.82	49.97	53.30	51.02
纯　苯	37.33	34.86	34.06	37.27	35.95	34.75
对二甲苯	66.68	67.30	63.29	67.06	65.97	68.06
乙二醇	28.67	41.52	41.11	36.14	42.15	24.80
聚乙烯	53.73	41.79	47.13	53.10	38.65	39.80
聚丙烯	46.96	49.36	48.18	49.23	45.29	45.09
PTA	32.34	27.00	32.9	31.02	29.54	31.27
合纤聚合物	37.03	41.60	42.45	43.51	41.66	41.70
聚乙烯醇	1.13	0.95	1.20	1.95	2.19	1.58

续表

年份 产品名称	2019	2018	2017	2016	2015	2014
聚　酯	35.90	40.65	41.26	41.56	39.47	40.12
合成纤维	17.67	16.12	17.78	20.53	22.38	23.24
涤　纶	3.94	4.77	4.58	6.47	6.40	7.74
腈　纶	13.69	11.32	13.19	14.05	15.97	15.49

上海赛科公司

【概况】 上海赛科石油化工有限责任公司（简称上海赛科公司）成立于2001年10月29日，位于上海化学工业区内，占地约204万平方米，是由中国石油化工股份有限公司、中国石化上海石油化工股份有限公司和英国石油公司（BP）华东投资有限公司分别按30%、20%、50%的比例出资组建的中外合资公司。2017年10月26日，由中国石化上海高桥石油化工有限公司完成对BP公司拥有股权的收购。上海赛科公司变更为由中国石油化工股份有限公司、中国石化上海石油化工股份有限公司和中国石化上海高桥石油化工有限公司分别按30%、20%、50%的比例出资组建。设有生产部、商务部、财务部、人力资源部、HSSE&Q（健康/安全/保安/环境和质量部）、综合管理部和党群工作部等职能部门。

截至2019年底，员工总数1 246人。拥有设计能力109万吨/年乙烯裂解装置、60万吨/年芳烃抽提装置、65万吨/年苯乙烯装置、30万吨/年聚苯乙烯装置、60万吨/年聚乙烯装置、25万吨/年聚丙烯装置、58.40万吨/年硫酸回收装置、3.5万吨/年苯乙烯抽提装置、5.5万米^3（标准）/时变压吸附氢提纯装置等18套装置，以及配套的动力中心、罐区、空压站、循环水场、污水处理站、变电站、地面火炬、聚合物仓库和行政管理区等公用工程辅助设施。以石脑油和液氨为原料，生产乙烯、丙烯、丁二烯、芳烃、苯乙烯、丙烯腈、聚乙烯、聚丙烯、聚苯乙烯等产品。

2019年，上海赛科公司整体装置总利用率为96.13%，其中乙烯装置利用率为98.81%。销售产品397.27万吨，比上年增长30.18%；销售收入281.62亿元，比上年增长7.66%；平均占用资本回报率23.80%，年末资产负债率19.01%。

2019年，上海赛科公司1人获中共中央、国务院、中央军委颁发的“庆祝中华人民共和国成立70周年”纪念章，1人获共青团上海市委员会、上海青年志愿者协会颁发的“2019上海青年绿色营志愿者服务证书”。

上海赛科公司主要经济指标及主要产品产量见表1和表2。

（曹培利）

【2#丙烯腈装置丙烯腈产量创历史新高】 2019年，上海赛科公司2#丙烯腈装置实施吸收塔尾气（AOG）互通改造项目，解决了环保设施尾气焚烧炉（AOGI）停车期间，反应器需降负荷或停车的难题；持续改进环保设施废水焚烧炉（WWI），大大延长了运行周期，2018年运行周期1—2周，2019年延长至2—3个月，保证AN工厂的废水处理能力，为高负荷运行提供了保证。全年合格丙烯腈产品产量29.13万吨，为历史最高值；原料丙烯单耗1018.6千克/吨丙烯腈，为历年最低。

（申明星）

【国内首创2套丙烯腈装置吸收塔尾气互通】 2019年8月，上海赛科公司丙烯腈装置用1根管线将2套废气焚烧炉（AOGI）联通，修改吸收塔顶放空阀门联锁，实现任意1台AOGI停车时，4台反应器停1台，其余3台负荷降到70%，另1台AOGI焚烧3台反应器气体，保证丙烯腈装置含丙烯腈、丙烯的吸收塔尾气不放空，属于国内第1家。项目实施后，避免吸收尾气放空污染环境，解决下游AOGI设施对反应器长周期运行的制约，保证丙烯腈装置连续运行和产量稳定。

（方　兵）

【乙烯装置裂解炉新增降氮蒸汽喷枪项目完工】 项目于2019年5月15日开工，10月30日完工，投资费用474万元，由众一阿美科福斯特惠勒工程有限公司设计，北京航天石化技术装备工程有限公司供货，宁波工程公司安装。项目内容主要包括11台裂解炉新增共计390个降氮蒸汽喷枪及相关配管安装。项目实施后，解决上海赛科公司乙烯裂解炉烧焦工况下，烟气氮氧化物超标的问题，烧焦期间烟气氮氧化物含量由不少于200毫克/米^3（标准）降低至约60毫克/米^3（标准），符合GB 31571—2015的排放指标要求。

（顾　亮）

【液氨节能换热器投用】 项目于2018年10月开工，2019年11月完工，投资266万元，由中国石化上海工程公司设计，北京燕华工程建设有限公司施工。项目主要内容在低温液氨输送1-丙烯腈与2-丙烯腈装置的加热器上游分别增设低温液氨与冷冻水的换热器，利用−31℃液氨的冷量制冷冻水。通过温度控制阀将8℃的冷冻水回水冷却至4℃，降低冷冻机组的电耗。液氨换热后由−31℃升温至0℃，减少加热蒸汽的消耗。改造后，冷冻机平均功率降低333.2千瓦，按年运行8 000小时、电价0.7元/（千瓦·时）估算，年节约电费186.60万元；液氨蒸发器平均减少蒸汽（4.2兆帕/155℃）消耗为0.85吨/时，蒸汽按259.80元/吨计算，运行8 000时/年，节约蒸汽成本176.70万元/年。同时，增加液氨系统的操作弹性，解决夏季高温期间的液氨卸船困难问题。

（蔡　晓）

【厂界VOCs降至58微克/米^3】 2019年3月，上海赛科公司攻坚小组排摸火炬区域发生的一次VOCs（挥发性有机化合物）监测数据较高的原因，优化调整阀门的安装形式，投用助燃气，消除分段阀泄漏和火炬区域异味。运用LDAR、VOCs检测，对罐区苯系物储罐和本体附件检查消漏，包括量油孔、泡沫注入口、紧急泄压人孔等，共计消除20余个漏点；苯、甲苯、碳六—碳八等储罐优先更换新型呼吸阀，降低苯系物的泄漏率。优化苯的卸船操作程序，在卸船前提前安排公路货运的接收，有效避免船运、公路同时收料的气相集中排放。截至年底，厂界VOCs从上年的133微克/米^{3}降至58微克/米^3，苯系物由上年的35微克/米^{3}降至11.2微克/米^3。

（蔡　晓）

【实施"一岗多能"考核】 2019年，上海赛科公司组织开展操作岗位员工"一岗多能"培训及考核，考核主要内容是生产相关规章制度、HSSE相关规程、基础工艺理论、设备/仪表（使用和维护、故障判断）知识、工艺操作知识及OTS仿真操作。内操岗位的考核形式为理论笔试+OTS（操作培训模拟器培训）测试+面试，外操岗位的考核形式为理论笔试+现场考核。138人参与培训及考核，共计组织开展266人次的专项考核，74人通过上岗能力考核取得职级晋升，合格率为20.16%。截至年底，生产部共有184人取得职级晋升，约占操作工的50%，共有113人取得跨岗位的上岗资格能力。

（石　猛）

【生产信息系统投用】 智能巡检系统于2018年6月启动，2019年2月投用，内容包括：巡检管理、应急和协同管理、图像文件管理等。项目投用后，通过现场的4G网络实现现场电子巡检信息实时上传，在GIS画面上显示现场巡检人员的巡检路线和巡检时间及现场人员的实时位置，通过电子围栏管理对现场人员进出的区域进行提醒，通过远程视频对现场人员发现的问题进行协同处理，通过图片和视频管理实现对现场发现的问题进行记录和保存，实现巡检任务自动下达、巡检内容通过防爆手机填写上传、巡检路线CPS记录、巡检结果查询、电子围栏预警、远程视频通信、现场检查图片上传等功能。

另外，RAP移动应用于2018年9月启动，2019年9月在SMEU装置上线使用，作业预报系统12月在生产部投用。RAP移动应用将原来的现场手工纸质确认变成风险识别、气体检测、人员信息、作业交底、现场审批及作业人员变更等全过程的现场电子化确认，保证了现场作业票确认过程的真实性、严肃性，实现通过防爆手机现场刷卡的方式对现场的能量隔离确认、现场气体检测确认、现场风险和人员确认等现场作业票的确认，并且确保现场作业完成后作业票能够及时关闭。作业预报系统实现对第二天各工厂、各装置的作业类别、作业内容、承包商作业负责人、赛科作业协调人的信息进行准确的预报，对一周后的作业进行初步预报，对各工厂的现场作业计划和安排流程进行规范，同时根据作业预报的内容实现对当天作业和生产运行的风险研判。

（黄雪峰）

【完成石脑油计量站收球系统改造】 项目于2019年6月13日开工，7月5日完工。改造费用约345万元（由中国石化管道储运公司负责出资），由华东管道设计研究院设计，由徐州实华管道特种作业有限公司、北京燕华工程建设有限公司施工。项目主要内容是更换高赛线和镇赛线收球系统的收球筒、阀门、部分管道，将原先需要开挖替换的埋地管线全部改为地面管线，避免开挖作业和受限空间作业。改造后，为定期实施高桥石化至上海赛科公司、镇海炼化至上海赛科公司2根石脑油管线内部通球检测作业创造条件。

（方 强）

【获上海化学工业区产业绿色发展扶持资金805万元】 2019年，上海赛科公司申报上海化学工业区产业绿色发展专项扶持资金，1#锅炉烟气余热回收、高压蒸汽管道保温改造和1–丙烯腈回收塔改造等3个项目获化工区节能补贴资金805万元。2009—2019年，上海赛科公司共有17个项目申请上海市和上海化工区的节能技改扶持资金，实现年节能量13万吨标准煤，累计获得奖励金额3 223万元。

（卢 艺）

【开展年节能宣传活动】 2019年6月17—23日为全国节能宣传周，上海赛科公司围绕“绿色发展，节能先行”的全国节能宣传周主题，开展节能宣传活动。通过张贴海报、全员邮件及微信推送等方式，发布节能宣传周活动信息；以在线学习系统、线下讲座、微信知识竞赛等方式开展节能知识宣贯，普及赛科能源管理体系，培训用能设备节能技术，推广工作和生活中的节能行为，共有991人次参加活动。

（卢 艺）

【生产装置运行良好】 2019年，上海赛科公司各装置运行稳定。7月，线型低密度聚乙烯装置创连续运行230天的长周期运行纪录。全年装置可靠性98.32%，创自2009年扩能改造后的新纪录。全厂能源效率比上年提高5.10%，聚丙烯装置和聚苯乙烯装置单位产品能耗分别达95.83千克标油/吨和41.28千克标油/吨，均创历史最好纪录；2–丁二烯装置、线型低密度聚乙烯装置和高密度聚乙烯装置单位产品能耗分别达293.95千克标油/吨、104.34千克标油/吨和111.01千克标油/吨，均达到2015年以来的最好水平。丙烯产量79.28万吨、丁二烯产量18.06万吨、丙烯腈产量57.35万吨、聚乙烯产量76.50万吨、聚丙烯产量29.83万吨、聚苯乙烯产量34.86万吨、碳五产量19.52万吨、异丁烯产量12.60万吨，分别比上年增长52.93%、46.50%、26.63%、29.19%、32.83%、30.86%、66.67%和56.56%。

（颜小敏 卢 艺）

【获上海化学工业区专项扶持资金144万元】 2019年11月，上海赛科公司申报的抗黄变中空吹塑高密度聚乙烯的开发及工业化项目，被纳入2019年上海化学工业区科技创新和成果转化专项扶持项目，获上海化学工业区专项扶持资金144万元。项目主要目标是开发出满足工业品包装领域应用需求的抗黄变中空吹塑高密度聚乙烯，并实现工业化生产，项目执行期2018年5月至2020年5月。

（沙 俊）

【推进智能工厂建设】 2019年，上海赛科公司申报的“基于4G/5G工业物联网的赛科现场智能管理系统”项目，列入上海化学工业区管理委员会《2019年度上海化工区智慧园区建设专项支持项目》，获上海化学工业区资金支持 118 万元。同时，IT 部门推进 800 兆对讲机信号质量改善和 4G/5G 基站建设项目，12 月 26 日，启用的神工路新建基站，改善了 800 兆对讲机信号质量，以及公用工程罐区、烯烃工厂等部分区域 4G 信号质量。

（宋正宁）

【商务大数据平台上线运行】 商务大数据项目于 2019 年 1 月启动，8 月正式上线，为商务销售和采购提供多维度的数据分析，包括销售 KPI 指标一览表、市场价格趋势分析、投诉分析、客户 / 产品边际贡献分析、账款和账龄分析、应收周转天数分析、采购出入库频率分析、采购周期分析等。商务大数据平台采用基于阿里云的混合云技术基础架构，并结合新型的高性能数据分析设备的技术路线；建设形成可支持敏捷迭代开发落地的应用架构，将现有套装数据服务软件与新技术进行快速结合搭建；采用面向数据应用场景的新型设计规划方法，以成果为导向，推进数据价值挖掘，驱动管理优化行动。上线后，为商务高效敏捷决策提供了数据服务的能力，实现了信息化向数字化的转型。

（王海宁）

【完成档案管理系统升级】 2019 年 2 月系统升级工作启动，12 月上线运行。档案系统升级主要是提升文档检索的性能，使归类更加精细。同时，针对工程项目档案数量大、周期长等特点，系统提供归档模板、离线采集等多种功能，解决了工程项目档案管理的难题。升级后，针对企业在档案业务过程中的收集、管理、保存和利用提供必要的自动化、智能化管理手段，为企业档案规范管理提供支持。

（黄国杰）

【环保平台上线运行】 环保平台于 2018 年 6 月开发，2019 年 6 月上线，由上海赛科公司与上海众达信息产业有限公司共同开发。平台包含的主要功能有环保数据推送上海赛科公司环保地图、实时监控、废水管理、废气管理、大气监测等数据管理、报警管理、报表管理、移动应用等功能。上线后，实现了环保监测点数据的集中管理，包括大气站、地下水、废气、废水、可燃气体、土壤、异味、噪声、放射等监测点数据，各级管理人员及时、方便地获取全部环保数据，实现环保数据报警、展示、统计、分析等功能，满足政府监管和企业自身管理的需要。

（宋正宁）

【过程安全管理系统上线运行】 系统于 2018 年 6 月实施，2019 年 6 月上线运行，由上海稻盛电子科技股份有限公司开发。系统主要包含安全检查和隐患整改两大功能，通过系统的智能提醒，避免人为对需要整改隐患的疏漏。同时，满足外部单位对上海赛科公司隐患整改过程记录检查的合规性要求。

（鲁洪伟）

【发布实施 HSSE 管理体系】 12 月 30 日，上海赛科公司正式发布实施 HSSE 管理体系。《赛科 HSSE 管理体系手册》包括 31 个要素，每个要素明确了管理职责、管理主体、管理内容，实施时纳入公司一体化体系管理。《赛科 HSSE 管理体系手册》是公司 HSSE 管理的纲领性文件，是各级管理者和全体员工在生产经营活动中必须遵循的准则，也是公司的 HSSE 管理承诺，并向地方政府、上级部门等相关方或第三方认证机构对公司的审核提供依据。体系的实施，不断完善和改进公司的 HSSE 管理水平，为实现公司安全发展、绿色发展提供保障。

（田宏霞）

【成立党委组织部】 2019 年 5 月，为进一步加强领导干部队伍的建设和管理，全面落实集团公司“人才强企工程”的战略要求，上海赛科公司成立党委组织部。党委组织部与人力资源部合署办公，承接组织人事和基层党建工作职能，规范选人用人工作，完善干部选拔任用工作程序，加强基层党组织建设和党员教育管理。截至 2019 年底，制定完成《上海赛科干部选拔任用管理办法》《上海赛科岗位交流管理办法》《上海赛科人才强企工程行动方案》等，初步形成干部选拔任用制度框架。

（凌模莹）

【召开公司第一次党代会】 2019 年 10 月 18 日，

中国共产党上海赛科石油化工有限责任公司第一次代表大会在上海化工区大厦召开，86名正式代表和1名列席代表参加会议。党委书记高金平做题为《扎根铸魂推进高质量党建、同频共振实现高质量发展，为建设具有持续竞争力的世界级企业不懈奋斗》的党委工作报告，纪委书记孟宪强做题为《从严监督执纪、营造良好生态，为建设具有持续竞争力的世界级企业提供纪律保障》的纪委工作报告。大会选举由高金平、张明龙、孟宪强、周纪军、陆道庆5名委员组成公司第一届党委，由孟宪强、许劲松、谭碧清、秦忠琴、徐怀兵5名委员组成公司第一届纪委。

（凌模莹）

【开展“不忘初心、牢记使命”主题教育】 2019年6月—2020年1月，根据集团公司党组的统一部署，上海赛科公司党委组织开展了2批“不忘初心，牢记使命”主题教育。公司党委坚持注重统筹结合、注重上下联动、注重前后贯通，突出“透、深、细、实”，通过紧扣主线、聚焦主题，加强领导、精心组织，把学习教育、调查研究、问题检视、整改落实各项任务措施做到位，积极推进中央和集团公司党组决策部署落实落地，推进公司党建工作深度融入中心工作，推进主题教育走深走实。主题教育期间，开展党委中心组专题学习12次，领导班子成员上专题党课6次，调研成果交流5次，学习辅导暨专题研讨4次，对照党章党规找差距专题交流1次，党史、新中国史学习交流1次。同时，以公司正在做的事情为中心，每位班子成员牵头负责一个课题，形成《落实新发展理念》《党建工作提升》《实现本质安全环保》《企业管理系统提升与完善》《加强基层党支部建设》5个专题调研报告，针对存在问题制定整改措施共174项，涉及安全环保、生产经营、改革发展、党的建设等领域。截至2019年底，已完成166项，整改率95.4%；正在推进和落实中的有8项，均将在2020年上半年完成整改。

（黄　璐）

【启动人才盘点工作】 2019年4月起，结合“两个三年、两个十年”的人才工作目标，上海赛科公司全面启动人才盘点工作。召开30场盘点沟通会，梳理145个7+岗位人员的后备人选，筛选专业能力突出、绩效表现优良的各层级骨干员工，构建后备人才三级梯队，明确3年内重点培养人员约115名。与部门负责人和团队经理共同分析制订后备人员培养发展计划，逐步完善公司关键岗位继任者培养方案和各梯队人才培养模式。

（杨劲松　杨　桦）

【完善校招员工培养模式】 2019年，针对往届校招生培养发展中存在的问题和不足，上海赛科公司组织开展3场与主要业务部门负责人和团队经理、生产部高工的访谈讨论，形成生产工艺、机械、仪表、电气、HSSE、质量分析、商务等各专业校招员工的培养模式和方案。运用培训学习、岗位交流、技能实操和导师带教4种手段，确保集中培训与个性培训、专业学习和能力发展、专业深度和横向培养三方面的有效结合。同时，推动业务团队配备校招员工专有导师，并按照培养计划与导师、员工三方定期回顾，确保校招员工打好扎实的专业基础，快速成长。

（杨劲松　杨　桦）

【第1期青年人才培养项目起航】 2019年10月，上海赛科公司第1期青年人才培养项目起航，30位青年员工开展为期1周的培训项目，内容涉及能力测评、课程学习、课题研讨、素质拓展、团队建设等模块，提高学员有效沟通协调、分析解决问题、自我管理和管理他人等方面的能力。

（杨　桦）

【修订发布2019版《员工手册》】 随着国家相关政策的变化和公司管理体系的不断完善，2019年初，上海赛科公司启动《员工手册》的修订工作。在广泛听取员工意见，经公司管理层审核、工会审议后，于11月更新并发布2019年版《员工手册》。2019年版《员工手册》涵盖员工关系的所有方面，包含公司安全、环保、健康等方面的要求，以及与员工切身利益相关的工作时间、休息休假、劳动安全卫生、保险福利、职工培训、员工行为准则等内容。

（沈平英）

【优化资金管理，增加财务收益】 2019年，上海赛科公司合理安排存款方案，优化存款结构，提高资金收益，全年盈余资金收益 3.04 亿元；优化资金管理，推进海关保函工作节约资金成本约 125 万元；与招商银行合作的基于客户融资需求的供应链金融项目，为 10 家客户融资 43 笔，累计融资金额逾 7 000 万元，缓解客户短期资金需求；通过买方付息银行承兑汇票结算应收账款 6.6 亿元，贴现利息由对方承担并直接支付银行，上海赛科公司全额收到票据款项。

（施　倩）

【推进价值管理】 2019 年，上海赛科公司借鉴中国石化兄弟单位经验，从 4 月起，独立召开月度经济活动分析会，突出价值管理导向，聚焦生产经营管理行为对效益的影响。会议汇报并分析了财务、生产、商务等方面的议题，包括各装置的三剂耗用及成本分析、生产商务价值漏损分析、各装置公用工程耗用及成本分析、产品价值链分析等，对标兄弟单位成本效益数据，查找公司存在的差距和不足，制定行动项。全年，讨论产生 38 项行动项，完成 34 项，在强化挖潜增效降本减费，减少安全环保风险，提升公司管理水平和经营业绩等方面取得较好的效果。

（顾浩森）

表 1　　上海赛科公司主要经济指标　　亿元

指标名称＼年份	2019	2018	2017	2016	2015
工业总产值	266.33	236.54	272.47	226.79	229.13
工业增加值	48.05	35.59	76.56	65.61	46.68
销售收入	281.62	261.57	289.96	237.84	236.82
利润总额	45.07	43.03	69.21	50.30	29.19

表 2　　上海赛科公司主要产品产量　　万吨

产品名称＼年份	2019	2018	2017	2016	2015
乙　烯	126.99	95.10	124.51	126.76	127.11
丙　烯	79.28	51.84	67.57	73.25	73.59
丙烯腈	57.35	45.29	53.10	52.28	45.62
苯乙烯	72.19	59.06	76.09	65.53	73.17
聚苯乙烯	34.86	26.64	33.40	30.28	32.10
聚乙烯	76.50	59.22	70.34	75.35	76.28
聚丙烯	29.83	22.46	27.15	28.03	27.89

高桥石化

【概况】 中国石化上海高桥石油化工有限公司（简称高桥石化）地处浦东新区，西临黄浦江，北近吴淞口，占地 4.1 平方千米。高桥石化创立于 1981 年 11 月，是中国第 1 个跨部门、跨行业的特大型石油化工联合企业，1983 年 7 月划归中国石油化工总公司。2000 年 1 月，按照集团公司重组改制的统一部署，上海高桥石油化工公司下属炼油厂、化工厂、供销公司的主业部分分离，成立中国石油化工股份有限公司上海高桥分公司。2003 年 10 月，高桥石化根据扁平化改革的要求，撤销下属单位的工厂建制，实行事业部制管理模式。2007 年 4 月，按照集团公司改革部署，上海高桥石油化工公司实施体制转换，工商注册成立中国石化集团资产经营管理有限公司上海高桥分公司。2010 年 8 月，高桥石化改事业部制管理模式为作业部制管理模式。2016 年 2 月，在上海自贸区金桥开发区注册成立中国石化上海高桥石油化工有限公司，由集团公司旗下的分公司变更为子公司。中国石油化工股份有限公司上海高桥分公司、中国石化集团资产经营管理有限公司上海高桥分公司后续择机注销。

截至 2019 年底，高桥石化在岗员工 4 350 人，离退休人员近 1.4 万人。共有 50 余套生产装置，可生产 200 余种产品，主要产品有汽油、航空煤油、柴油、润滑油基础油、石蜡、合成橡胶、有机化工原料、合成塑料等。拥有年原油加工能力 1 250 万吨，年化工产品生产能力 50 万吨，自备电厂具有装机容量 17.5 万千瓦。先后与德国巴斯夫公司、美国雪佛龙公司、日本三井石化株式会社等成立合资企业。

高桥石化主要技术经济指标和主要产品产量分别见表 1 和表 2。

（魏之臣）

【建立完善 HSSE 管理体系】 2019 年，高桥石化梳理形成 HSSE 管理制度清单，修订完善 HSSE 管理制度，编制发布《高桥石化 HSSE 管理手册》，建立“手册 + 制度”的 HSSE 管理体系。抓好 HSSE 管理方针、目标理念、制度体系的宣贯；健全 HSSE 绩效管理体系，建立全员安全记分管理制度，强化责任意识、管理意识和制度意识，推动 HSSE 体系有效运行。

（魏之臣）

【抓好承包商和直接作业管理】 2019 年，高桥石化落实集团公司《加强直接作业环节安全管理十条措施》，明确现场作业管理“三条底线”要求和施工作业全流程检查标准。建立“安全生产例会”制度和“安全管理看板”制度。实施承包商记分量化考核，严格执行承包商从严从重处罚和清退机制。

（魏之臣）

【抓好风险识别管控和隐患排查整治】 2019 年，高桥石化完善安全风险分级管控和隐患排查治理双重预防机制。建立公司、作业部、装置三级风险清单，建立挂牌督办机制，推进销项降级。健全公司、作业部、装置三级安全隐患清单，发布公司级安全隐患整治计划。建立安全风险研判与承诺公告工作机制，分层级、分专业开展安全风险研判与承诺公告，抓好工作督导和现场作业指导。开展危险化学品安全综合治理，实施安全监控、报警专项整治，完成罐区增加 SIS 系统隐患整改等项目，防范重大风险，提升本质安全水平。

（魏之臣）

【推进绿色企业建设】 2019 年，高桥石化推进污染防治措施落实，加强环保设施运行管理，完善预警指标，抓好现场督查，严密监控厂界大气质量；落实空气质量重污染管控措施，确保平稳达标排放，完成国庆、“进博会”等特殊时期空气质量保障任务。落实土壤和地下水防控要求，提前 1 年完成总部下达的土壤和地下水现状调查任务。加强固危废规范化管理，建成并投用炼油、化工区域危险废物临时贮存库，严格委外处置程序，固危废合规处置率达 100%。

（魏之臣）

【抓好员工健康、公共安全和应急管理】 2019 年，高桥石化完善员工健康管理体系，制定发布《员工健康综合管理规定》《促进员工健康工作方案》和《员工健康服务实施方案》，推进 EAP 工作，实施职业健康、疾病预防、心理干预综合管理，促进员工身心健康。完善公共安全管控机制，开展公共安全风险分级评估和重点目标分级管控达标工作，强化封闭化管理，落实“三防”措施，完成国庆、“进博会”等“两特两重”期间反恐防范任务。

（魏之臣）

【抓好工艺和质量管理】 2019年，高桥石化以确保工艺过程安全为底线，加强工艺平稳性管理，开展完善操作规程、规范操作行为，严肃工艺纪律和操作纪律专项整治行动。推进质量、能源管理体系建设，编制发布新版《质量能源管理手册》。完善质量隐患排查、全过程质量监控机制，抓好原辅料、馏出口、产品质量管控，全年产品质量出厂合格率100%、上级抽查合格率100%。

（魏之臣）

【抓好设备专业管理】 2019年，高桥石化启动设备完整性管理体系建设，制订并实施设备管理2年提升规划，提升设备技术管理、运行管理和检修管理水平。树立“泄漏就是事故”的理念，加强防腐与泄漏管理，采用涡流扫查、LDAR检测等技术，对易腐蚀部位进行检查，对发现的严重减薄部位及时采取修复补强措施，消除设备风险隐患。

（魏之臣）

【抓好物资供应管理】 2019年，高桥石化健全物资供应质量管控机制，严格供应商资格审核和招标评标管理。加强采购物资质量控制，做好特殊物资监造和出厂检验。加强仓储管理，严格收发货流程，杜绝不合格原辅料和物资进入装置和生产现场。细化物资供应管理指标体系，规范采购过程和采购行为，夯实物资供应工作基础。

（魏之臣）

【提高原油采购水平】 2019年，高桥石化加强分析测算，及时调整采购策略，优化原油资源结构。紧盯市场变化，应对原油贴水大幅波动、利比亚原油断供、运费暴涨等异常事件，针对高低硫原油价差缩窄等市场情况，适时提高低硫原油计价比例，降低原油采购价格。

（魏之臣）

【提高生产经营优化水平】 2019年，高桥石化加强市场分析研判，抓好生产经营计划制订、产销节奏调整、库存结构优化等工作，提升效益水平。优化蜡渣油加工流程，努力压产柴油，增产高标号汽油。推动产销研用紧密结合，积极产销高附加值产品。开展低硫船用燃料油生产攻关活动，实现首次生产成功并打通出口流程。

（魏之臣）

【抓好稳增长、保效益工作】 2019年，高桥石化贯彻落实集团公司“稳增长、保效益”专题会议精神，制订“稳增长、保效益”工作方案，明确工作责任、目标任务，全力推动稳定生产做大总量、降低原油原料采购成本、提高生产经营优化水平、提升技术经济指标、严控费用支出、加强对外投资管理6个方面、48项“稳增长、保效益”措施的落实。

（魏之臣）

【提高财务管理水平】 2019年，高桥石化坚持勤俭办企业方针，以“管业务、管合同、管费用”为原则，强化全员成本目标管理。明确费用管理主体和工作责任，健全财务部门总体管控、业务部门专业负责的费用管控机制，严控费用支出。加快财务转型，加强业财融合，建立“价值漏损模型”“装置效益对比模型”，加强生产方案、加工路线等分析测算，为生产经营优化提供依据。加强股权与合资企业管理，抓好合资企业绩效评价与委派人员绩效考核，帮助指导合资企业提高经营绩效，增加股权投资回报。

（魏之臣）

【加强“三基”工作】 2019年，高桥石化制定发布《“三基”工作管理规定》，明确“三基”工作总体目标、重点内容、职责分工、管控要求。制定发布《现场管理规定（通则）》，明确现场管理工作内容、工作要求和工作标准。制定发布《推进基层“三标”建设工作方案》，明确工作分工、细化工作措施。制定发布《体系运行、制度执行、职责履行情况检查标准》，健全专业管理和“三基”工作监督检查机制。

（魏之臣）

【坚持依法治企强化管理】 2019年，高桥石化把防范化解重大风险摆在突出位置，开展法规和制度识别，完善法律风险防范和审核把关机制。开展内控制度执行有效性提升行动，抓好重点领域、关键环节、重要岗位风险识别管控。严格合同管理和招标管理，成立招标监督管理委员会，制定发布《招标监督管理规定》，规范招标活动，严格合同订立审查和合同履行全过程管理，确保依法合规。加强制度建设，修订150余项管理制度，完善公司制度体系。加强业务外包管理，明确管理要求，落实专业管理责任。修订《经济责任审计管理办法》，开展领导干部离任经济责任审计，确保国有资产保值增值。完善改制企业联系机制，坚持规范化、市场化原则，规范与改制企业的业务关系和经济关系。

（魏之臣）

【抓好投资发展和工程管理】 2019年，高桥石化贯彻落实集团公司战略部署，编制公司“两个三年、两个十年”战略规划。修订投资计划管理制度，坚持科学论证和审慎决策，全年压减投资5 842万元。建立安全环保隐患治理项目绿色通道，促进项目科学决策、快速实施。严格工程建设过程管控，推进工程建设制度化、规范化、标准化。

（魏之臣）

【抓好科技创新和信息化工作】 2019年，高桥石化积极承担总部“燃料电池车用高纯氢制取、储运、加注成套技术开发与应用”科技攻关项目。抓好重质润滑油基础油、高牌号全精炼石蜡、低硫船燃、ABS新牌号等高附加值新产品研发。推动信息化和工业化深度融合，完成相关信息化项目建设，服务企业发展和生产经营。完善网络安全防护体系，完成“护网2019”网络攻防演习，开展消除信息孤岛综合治理，保障系统运行和信息资源安全。

（魏之臣）

【深化管理体制改革】 2019年，高桥石化围绕突出主责主业、规范机构设置、加强专业管理，相继调整完善化学水生产运行、煤炭质量检验管理体制；调整完善部门内设机构；调整完善改制企业跟踪管理、规范支持工作体制及化工部派驻人员管理方式。根据总部统一部署，推进石化工程质量监督体制改革和驻京办事机构撤销，完成资产评估与人员划转等工作。通过改革调整，职能部门主责主业进一步突出，管理关系、业务关系、工作关系基本理顺；机构精简取得显著成效，在大幅精简机构的同时，制定发布《部门、单位职责》，推动管理责任和工作责任的落实。

（魏之臣）

【完善绩效管理体系】 2019年，高桥石化坚持目标导向和问题导向，完善组织绩效考核办法和指标体系，推动组织绩效与部门（单位）奖金总额、与员工奖金收入紧密挂钩；坚持严考核、硬兑现，对事故责任人严肃问责处理，充分发挥绩效考核和问责处理的导向作用。组织开展生产系统“安稳长满优”劳动竞赛，建立健全指标体系，严格评价考核，及时奖励兑现，促进安稳生产。

（魏之臣）

【贯彻落实全面从严治党要求】 2019年，高桥石化以“不忘初心、牢记使命”主题教育为契机，全面梳理、查找突出问题，将发现和解决问题贯穿主题教育始终。坚持民主集中制原则，修订公司《“三重一大”决策制度实施规定》，健全议事决策机制；严格执行请示报告制度，严格按制度和程序办事。贯彻落实中央八项规定精神，严格执行集团公司党组及公司实施细则。推进精文减会、规范督查检查考核及评比表彰，落实“马上就办”工作要求，努力为基层减负。

（魏之臣）

【加强干部队伍建设】 高桥石化以提升基层领导班子整体效能为目标，组织开展基层单位领导班子建设专项调研和综合评价。完善《中层领导人员绩效考核实施办法》，建立领导人员关键事项记录机制，健全中层领导人员绩效考核机制。完善规章制度、工作机制与工作措施，加强督促检查，抓好“两保一稳”（保密、保卫、稳定）工作。

表 1　　高桥石化主要技术经济指标　　亿元

指标名称＼年份	2019	2018	2017	2016	2015	2014
原油加工量 / 万吨	1 075.43	868.04	1 054.22	1 040.48	1 042.30	822.35
工业总产值	528.45	471.51	450.98	406.06	447.80	512.21
炼　油	492.06	433.76	404.86	355.36	389.91	434.20
化　工	37.75	38.97	47.64	49.58	56.16	79.46
资产总计	377.44	316.70	254.34	177.93	149.29	181.69
流动资产	132.80	127.45	59.44	81.96	47.71	70.29
固定资产原值	180.75	173.49	172.45	184.17	197.29	194.35
固定资产净值	46.46	44.48	47.07	59.65	69.76	73.64
销售收入	519.43	472.72	450.80	416.27	450.77	510.54
实现利税	126.08	134.73	157.81	136.12	133.53	55.62
税　金	100.68	98.69	126.17	124.77	131.94	73.96

表 2　　高桥石化主要产品产量　　万吨

产品名称＼年份	2019	2018	2017	2016	2015	2014
汽　油	260.73	205.52	253.39	248.25	227.56	184.54
煤　油	153.96	111.09	135.39	132.56	131.62	95.76
柴　油	312.49	263.93	320.76	320.57	334.47	278.59
石油芳烃	7.43	5.94	6.97	6.75	6.42	6.24
润滑油基础油	25.93	21.88	28.30	25.04	26.47	15.59
商品原料油	35.47	22.84	26.36	19.57	23.77	20.61
石　蜡	13.31	10.06	12.81	15.13	8.86	6.08
石油焦	69.16	55.51	69.07	66.93	71.48	55.40
合成橡胶	7.03	6.93	5.24	9.53	12.95	15.19

金陵石化

【概况】 中国石油化工股份有限公司金陵分公司（简称金陵分公司）和中国石化集团金陵石油化工有限责任公司（简称金陵石化有限公司）统称金陵石化，位于南京市东北郊，占地面积 778.93 万平方米。金陵石化成立于1982年1月，1983年7月划归中国石油化工总公司。

金陵石化主要从事石油炼制及石化产品的加工生产和销售，拥有炼油、芳烃、热电、烷基苯等大型生产装置70余套，原油加工能力1 800万吨/年，是中国石化第三大原油加工基地和亚洲最大的洗涤剂原料生产基地，在华东及沿江地区石化产业布局中占有重要位置。

金陵石化生产石油产品30余种，是华东及沿江地区汽油、航空煤油、柴油、溶剂油、液态烃、石油苯、烷基苯等产品的主要供应商之一，是南京及周边地区乙烯、聚丙烯、合成纤维生产的重要原料基地，是南京市首家销售收入突破千亿元的工业企业。产品除供应华东市场外，还远销全国各地，并出口至美国、加拿大及欧洲、东南亚、大洋洲、非洲等30多个国家和地区。

截至2019年底，金陵石化下设14个职能处室、7个专业化管理中心、9个生产运行部、2个工厂、1个辅助生产运行单位。在职职工总数6 089人，共有专业技术人员931人，具有高级职称的正高级（教授级）11人、副高级（高级）397人，中级职称的944人。资产总额266.29亿元。

金陵石化主要技术经济指标及主要产品产量分别见表1和表2。

（许鹏伟）

【经营业绩再创佳绩】 2019年，金陵石化加工原油1 770万吨，生产汽、煤、柴油合计1 138万吨，实现销售收入933亿元，实现税金166亿元，盈利31.7亿元，炼油板块盈利跃居集团公司最前列。其中，金陵分公司盈利30.5亿元（炼油板块盈利29亿元，在集团公司排名第二；化工板块1.5亿元），金陵石化有限公司盈利1.2亿元，在集团公司托管企业中排名第一。

（许鹏伟）

【市场开拓取得突破】 2019年，金陵石化完成综合商品量2 017.3万吨，综合商品率为95.9%，创油品质量升级以来最好水平。加强高标号汽油市场开拓，销售汽油总量477万吨，其中销售$98^{\#}$汽油48万吨，均位列集团公司第一。积极拓展金牌客户，销售高附加值自销产品46万吨，创历史新高，增效2亿元。加强国际市场开拓，实现低硫船用燃料油首次出口，出口产品总量269万吨。

（许鹏伟）

【绿色发展稳步推进】 2019年，金陵石化认真践行绿色发展理念，持续推进“绿色企业行动计划”，获全国2019最具影响力绿色发展企业品牌称号。全力提升本质环保水平，新建投产16个环保项目。扎实推进污染物减排，COD、氨氮、二氧化硫和氮氧化物排放量分别下降2%、14%、40%和17%。强化节能降耗管理，深挖热供料节能潜力，实现渣油流程全部热料直供，蜡油流程热供比例提升至70%，节约标油5 640吨。全年炼油综合能耗下降1%，吨油取水下降17%，创“十三五”以来最好水平。

（许鹏伟）

【安全基础不断夯实】 2019年，金陵石化持续打牢安全管理根基，发布新HSSE管理体系，启动国家安全生产标准化一级企业创建，打造安全生产长效机制。夯实装置平稳运行基础，装置自控率和平稳率提高至90%和99.4%，泄漏率下降至0.1‰，工艺报警数量下降60%，全年未发生非计划停工。推行风险分级管控，总风险值下降33%；推进作业标准化和承包商记分管理，有效保证作业安全。

（许鹏伟）

【人才培训取得新成效】 2019年，金陵石化系统

2019全国催化重整技能竞赛决赛闭幕式（徐　捷　摄）

推进人才强企战略，实施特色培训课程体系开发、“导师制”人才培养跟踪、大师工作室功能完善等系列举措取得积极成效。全年举办公司级培训 52 项、参加培训 2 179 人次，选送参加集团公司经营管理、专业技术研修及高技能人才等培训项目 555 人次。精心组织开展业务竞赛，推进全员岗位练兵，组队参加全国催化重整技能竞赛和江苏化工行业化学分析工技能竞赛取得佳绩，获金牌 3 枚、银牌 6 枚、铜牌 2 枚。

（许鹏伟）

公司低硫重质船用燃料油首次出口（徐 捷 摄）

【车用乙醇汽油组分油正式供应江苏市场】 2019 年 1 月 20 日，金陵石化首批 92# 车用乙醇汽油组分油出厂供应江苏市场。全年销售乙醇汽油组分油 22 万吨，为江苏省推广使用清洁能源提供有力保障。

（许鹏伟）

【第七次党代会圆满召开】 2019 年 3 月 26 日，中国共产党金陵石油化工有限责任公司第七次代表大会胜利召开。大会审议了第六届党委和纪委工作报告，明确公司“两个三年、两个十年”战略发展目标和今后 5 年工作任务，同时选举产生中国共产党金陵石油化工有限责任公司第七届委员会和第七届纪律检查委员会委员。公司领导及各党委（党总支）代表近 180 人参加会议。

（许鹏伟）

【低硫重质船用燃料油首次出口】 2019 年 5 月 5 日，金陵石化首批 8 000 吨低硫重质船用燃料油销往宁波港海关监管保税油库，标志着公司船用燃料油产品顺利打通出口流程。全年出口低硫重质船用燃料油 2.2 万吨，全面满足国际海事组织（IMO）船用燃料油新标准。

（许鹏伟）

【汽油产品首次出口】 2019 年 5 月 12 日，金陵石化 3.5 万吨汽油首次经江北清江码头供应新加坡市场，标志着公司成功打通一般贸易汽油出口流程。全年出口汽油 34.6 万吨，为拉动加工负荷、提高整体效益发挥重要作用。

（许鹏伟）

【Ⅱ A 污水汽提装置扩容改造项目投运】 2019 年 8 月 1 日，金陵石化Ⅱ A 污水汽提装置扩容改造项目中交投用。项目投资 7 000 余万元，每年可处理含硫污水 150 万吨。至此，金陵石化已拥有 3 套污水汽提装置，可实现净化水外排合格率 100%、净化水回用率 75% 以上。

（许鹏伟）

【获江苏省文明单位称号】 2019 年 12 月 19 日，金陵石化获 2016—2018 年度江苏省文明单位称号。金陵石化坚持把文明创建工作纳入企业发展规划，每年制定精神文明建设 30 项奋斗目标，连续 36 年开展精神文明建设成果评比表彰活动，连续 24 年开展全员汇智大讨论活动，连续 6 年公开发布年度《社会责任报告》，先后获全国文明单位、全国工人先锋号、全国绿化模范单位、江苏省扶贫先进单位等荣誉、称号。

（许鹏伟）

表 1　金陵石化主要技术经济指标　亿元

指标名称 \ 年份	2019	2018	2017	2016	2015	2014
原油加工量 / 万吨	1 770.12	1 800.61	1 771.56	1 712.67	1 750.49	1 697.13

续表

指标名称 \ 年份	2019	2018	2017	2016	2015	2014
工业总产值	889.75	1 020.11	787.67	624.77	729.75	972.83
炼　油	792.56	879.08	691.18	563.74	655.25	857.01
化　工	93.70	135.36	90.49	53.88	67.58	110.73
其　他	3.49	5.67	6.00	7.15	6.92	5.09
工业增加值	228.13	291.61	291.08	269.21	262.27	164.31
资产总计	266.29	261.58	250.16	233.91	226.90	220.08
流动资产	85.87	104.16	88.99	78.09	76.29	68.88
固定资产原值	302.60	291.13	283.95	253.92	247.63	240.20
固定资产净值	116.70	117.37	121.15	107.01	112.61	115.79
销售收入	933.14	1 009.37	797.35	638.09	735.18	979.81
实现利税	191.53	261.58	256.69	278.66	272.38	231.24
税　金	165.87	203.20	198.69	228.35	253.58	226.56
综合能耗 / 吨标煤・万元 $^{-1}$	0.29	0.28	0.27	0.27	0.29	0.29

表 2　　金陵石化主要产品产量　　万吨

产品名称 \ 年份	2019	2018	2017	2016	2015	2014
汽　油	476.37	475.67	415.88	398.81	419.44	384.24
煤　油	256.48	253.93	237.35	251.51	242.17	218.61
柴　油	404.80	415.96	437.62	429.65	443.74	434.74
溶剂油	0.99	1.03	0.90	0.95	1.31	1.14
石脑油	126.01	137.01	176.31	197.87	155.00	151.60
商品燃料油	17.44	5.40	0.41	1.50	1.80	3.59
液化气	72.21	86.64	88.88	89.99	93.10	89.52
石油焦	52.51	76.80	87.26	100.36	96.73	108.29
沥　青	141.10	100.45	132.21	101.31	127.07	104.32
苯类合计	97.24	116.79	86.84	47.94	58.27	76.58
烷基苯	20.46	20.51	20.12	21.80	20.17	18.81
轻　蜡	29.09	29.48	25.14	28.49	26.33	27.24

扬子石化

【概况】 中国石化扬子石油化工有限公司（简称扬子石化有限公司）和中国石化集团资产经营管理有限公司扬子石化分公司（简称扬子资产分公司）统称扬子石化，占地面积 12.43 平方千米，位于江苏省南京市北郊，南临长江，北接京沪铁路，与国家级的南京化学工业园融为一体。其前身是成立于 1983 年 9 月的扬子石油化工公司。1998 年，扬子石油化工公司实施资产重组，创立以从事石油炼制及乙烯、芳烃等烃类及衍生物生产加工为主的扬子石油化工股份有限公司和以公用工程为主业的扬子石油化工有限责任公司。2007 年，扬子石化有限公司吸收合并扬子石油化工股份有限公司，扬子石油化工有限责任公司改制为扬子资产分公司。2007 年底，扬子石化有限公司收购淮安清江石油化工有限责任公司（简称清江石化）和泰州石油化工有限责任公司（简称泰州石化）。2012 年，成立南京扬子石油化工有限责任公司（以原塑料厂资产在南京化工园注册设立）。2016 年 8 月，全额收购江苏金浦集团持有的扬子金浦橡胶有限公司（简称扬子橡胶公司）股份。

截至 2019 年底，扬子石化职工总数为 8 987 人，其中在岗经营管理 / 专业技术人员 2 609 人，具有高级及以上职称的 607 人、中级职称的 1 272 人；下设 15 个职能部门、7 个业务中心、8 个生产单位；运营 4 个全资子公司、6 个合资公司；总资产 377.65 亿元。扬子石化有限公司本部拥有 1 250 万吨 / 年炼油、80 万吨 / 年乙烯、140 万吨 / 年芳烃等 58 套大型石油化工装置，可生产合成树脂、合成纤维原料、基本有机化工原料、成品油、合成橡胶 5 类 50 多种产品，是国内主要的纯苯、对二甲苯（PX）、邻二甲苯、精对苯二甲酸（PTA）、乙二醇、丁二烯和环氧乙烷生产商；扬子资产分公司拥有与石油化工生产相配套的 36 万千瓦发电能力、66 万吨 / 日供水及 3 400 米 ^{3}/ 时二级污水生化处理能力；清江石化拥有 100 万吨 / 年特油预处理、62 万吨 / 年催化裂化等 13 套石油化工装置；泰州石化拥有 60 万吨 / 年常减压、14 万吨 / 年酮苯等 6 套石油化工装置；扬子橡胶公司拥有 10 万吨 / 年丁苯橡胶和 10 万吨 / 年顺丁橡胶生产能力。2019 年，扬子石化获江苏省文明单位称号。

扬子石化主要技术经济指标及主要产品产量分别见表 1 和表 2。

（朱军涛）

【生产经营取得新突破】 2019 年，扬子石化强化“平稳运行是最大效益”的理念，不断规范运行管理，装置运行平稳率提高 1.28 个百分点；完成炼油、乙烯、芳烃、聚烯烃、热电等专业技术服务诊断，攻克催化增产丙烯等一批技术难题，27 项技术经济指标创历史最好水平，年节能 7.1 万吨标煤；对 56 个方面工作逐一制定路线图、时间表、任务书，实现 15 套装置年度检修任务按期高质量完成；实施计量专业化重组，修订《质量管理手册》，加强质量过程风险管控和改进提升攻关，连续 5 年保持产成品合格率 100%，质量损失率降至 0.06‰；开展“‘5S’管理推广提升年”工作，设备（设施）故障率下降 0.58 个百分点；分类制定物资采购储备策略，规范框架协议采购和独家采购，整治“白条领用”，总部 9 项考核指标中 6 项达满分值。全年扬子石化有限公司（本部）投入原料 1 482 万吨、销售商品 1 383 万吨。扬子石化实现营业收入 777 亿元、利润 22.73 亿元、税费 93.7 亿元，其中扬子石化有限公司盈利 20.11 亿元，在炼化企业中排名第七，获 2019 年度集团公司炼化企业经济效益优胜单位、化工结构调整优胜单位称号；扬子资产分公司盈利 2.62 亿元，在资产公司所属企业中排名第二。

（朱军涛）

【获中国石化绿色企业称号】 2019 年，扬子石化 HSSE 基础进一步夯实，法治观念不断增强。新版 HSSE 体系颁布实施，涵盖 31 个管理要素的《HSSE 管理手册》通过总部评审并颁布实施，建立隐患整治督办机制，完成公司级以上隐患治理项目 7 个；污染防治能力持续改善，扎实推进绿色企业创建工作，完成长江岸线覆绿、工业炉和燃煤锅炉超低排放、危废中转库改造、劈洪沟与二灰场环境整治等一批治理项目，实现在原油加工量上升情况下，各项主要污染物排放不同程度下降；公共安全和职业健康管理力度加大，抓实7个公司级治安反恐目标防范，实施南厂区封闭化管理，圆满完成70周年大庆等重大活动保障任务。保持职业危害因素检测合格率100%，增设并完善现场门诊部、医疗点和EAP服务站，“大健康”理念深入人心，全员良好HSSE行为习惯逐步养成、HSSE素养能力不断提升，被集团公司评为中国石化绿色企业。

（朱军涛）

【降本提质增效扎实有力】 2019年，扬子石化加大优化挖潜和降本压费力度，取得较好经营业绩，获2019年度中国石化炼油“比学赶帮超”优胜单位称号。全年加工原油1 238万吨；生产成品油683万吨，其中汽油276.97万吨、航煤196.61万吨，均超年度奋斗指标。抢抓市场机遇，放量生产沥青51.18万吨、白油20.67万吨、轻质燃料油7.34万吨，实现增效8 700万元；努力增产高附加值产品，全年生产乙烯84.53万吨、PX105.64万吨，均创历史新高；吨乙烯原料成本下降29.5元；塑料新产品和专用料比例上升至64.35%；PTA时隔7年再次突破百万吨。及时应对市场变化，增销乙烯单体6万吨，减产乙二醇1.37万吨、苯5 700吨；紧盯3类28个项目进展，实现增效5.44亿元。全年，进口原油采购均价比总部平均水平低0.91美元/桶，原油和成品油商储运作、套期保值增利960万美元；择机外采石脑油、低硫蜡油等资源增效1.55亿元；费用管控取得新成效，吨油完全加工费用、吨化工产品完全费用分别比年度指标低13.31元、43.55元；量入为出抓好现金流管理，“两金”占用比总部指标低16.19亿元；用好财税和奖励政策，获总部票据专项奖励1.3亿元，获政府资金奖励补贴和税费减免返还1.36亿元。

年内，扬子石化加快重点工程项目建设，炼化一体化项目有序推进，总体设计获批复，建设准备工作提前启动，轻烃综合利用及新材料改造项目联合可研启动编制，为高质量发展提供有力支撑；烷基化装置高标准建成并一次开车成功。国家危险化学品应急救援基地准点挂牌投用。乙烯醋酸乙烯共聚物（EVA）项目除超高压部分外建成中交。绿色供汽中心、新建石脑油储罐项目分别完成目标进度的64.42%和62.91%。新乙烯及扬巴三期项目、锂电池隔膜项目合资谈判加快推进；与合资企业资源互补持续深化，完成19项合同回顾谈判和2家单位股东审计，实现7家合资企业全部盈利，合计收益5亿元。

（朱军涛）

【科技支撑能力不断增强】 2019年，扬子石化坚持把科技创新作为第一动力，抓关键核心技术攻关。重点科研项目实现突破，千吨级柔性中试装置建成并产出目标产品。超高分子量聚乙烯、合成气制乙醇酸、长链二元酸等重大项目完成工艺包编制，合成气制低碳烯烃项目可研获批；自主特色优势充分发挥，自有茂金属技术聚乙烯产品成功开发。精间苯二甲酸（PIA）试生产一次成功。实验室尾气处理成套技术实现对外转化，对二乙苯成为全球最大供应商。汽车轻量化聚丙烯专用料等6个新产品实现首次工业化试生产，6个顶替进口牌号放量生产2.79万吨。全年，申请专利27件，获专利授权50件。明确智慧扬子建设主架构，制订12个业务域建设方案，启动智慧安环管控等6个系统建设。同步推进系统加固升级等网络安全防护，取得公安部“护网2019”攻防演习“零攻破”优异成绩。

（朱军涛）

【主题教育取得丰硕成果】 2019年，扬子石化党委把开展“不忘初心、牢记使命”主题教育作为重大政治任务，取得丰硕成果。2批主题教育整体高质量开展，总体评价满意率分别为100%和99.3%，得到集团公司第三巡回指导组充分肯定；主题教育成果有效转化为建设新扬子的生动实践，推动学习贯彻习近平新时代中国特色社会主义思想往深里走、往心里走、往实里走，研讨确定了建设绿色和谐卓越奋进新扬子的愿景内涵、分阶段目标和实现路径，完善了中长期产业发展规划和今后一个时期改革重点任务，推动将党的初心和使命转化为建设新扬子的生动实践；2批主题教育问题整改措施完成率达100%和95.2%。特别是聚焦为基层减负，压减报表台账35.9%、减少检查评比67.8%；聚焦群众急难愁盼问题，实施生活区供暖改造、新华东路潮汐车道改造、工作餐改善等一批惠民举措，员工群众的获得感、幸福感、安全感有力提升。通过开展“不忘初心、牢记使命”主题教育的政治洗礼、真改实改的政治考验，广大党员干部的政治站位、政治担当明显提升，做到“两个维护”的思想和行动更加坚定，为新扬子石化建设迈上新台阶打牢坚实的思想政治基础。

（朱军涛）

【党建考核再次获评集团公司A档】 2019年，扬子石化党委全面贯彻落实新时代党的建设总要求，开展“建功新时代、奉献大检修”主题党建，实施特色党建活动38个、党员精品工程26项，有力保障大修任务顺利完成，促进“精品工程”理念落地生根。开展“践行严细实、全力强管理”主题教育，推动“严细实恒”作风落地生根；传承石油精神、弘扬石化传统，组织全员向时代楷模陈俊武学习，化工厂PTA联合装置生产主管焦义平获评感动石化人物。完善纪检监督体制，增配兼职纪委副书记、纪检监督干事，制定《基层党支部落实党风廉政建设责任实施细则》，织密全面从严治党责任体系；启动新一轮基层“微腐败”专项治理巩固行动，召开警示教育大会，深化“送纪下基层”“家庭助廉”活动，修订《职工奖惩规定》。为受到表彰的先进集体、先进个人实施“送荣誉进家庭”1 639人次，该经验做法被《中国石化党建通讯》《工人日报》专题刊载；深入实施EAP计划，完善《EAP知识手册》，持续推动EAP进车间、到班组，该做法获江苏省职工思想政治工作典型案例一等奖；扬子石化入选江苏省新时代产业工人队伍建设改革首批试点单位。积极引导广大青年践行“敬业、担当、创新”的价值观，大力开展“号手岗队”和“啄木鸟行动”等青字号品牌活动，芳烃厂重整装置压缩机岗位获评全国青年文明号。2019年，扬子石化党建考核再次获评集团公司A档。

（张　军）

【干部人才队伍建设取得突破】 2019年，扬子石化全面贯彻落实新时代党的组织路线，锻造“三强”干部，选拔任用机制更加健全。修订《中基层领导人员选拔任用管理规定》，以讲政治、敢担当、重实绩为标准选干部，以整体功能与合力最优为原则配班子，全年调整中层干部83人次，其中机关与基层轮岗交流17人；实行“3+1”小组集体动议酝酿，完善破格提拔条件和公开竞聘人选日常实绩加分项，选拔任用机制更加健全，全年竞争性选拔10名中层干部、36名基层干部，进一步激发了队伍活力，选人用人满意度连年提升；建立干部履职“红黑豆”考核机制，31名中层干部因“黑豆”被扣减年度绩效分，释放了从严信号；严抓新提中层干部首个任职年度履职考核，遴选8人面向全公司公开述职，制定《领导人员容错纠错实施细则》，建立干部教、教干部常态化学习机制，公司领导带头授课，14名中基层干部走上讲台，促进提升了干部队伍综合素质；选拔使用优秀年轻干部，全年新提40岁以下中层干部、35岁以下基层干部分别占33.3%和54.7%，集中调整后备干部5支梯队，队伍年龄、专业、经历结构更趋合理，选送7人参加总部高层次培训班；加强专业技术和技能人才培养、选聘和考核“全链条”管理，全年选聘公司高级专家2名、专家4名、主任师/副主任师49名、主任技师56名，首次组织所有副主任师以上专业技术人员进行年度述职评议。深化“师带徒”结对培养，建立青年人才“一人一案”“双导师”等复合培养机制。

（朱军涛）

【5# 工业白油生产突破20万吨】 2019年，扬子石化通过优化分馏塔及柴油塔塔底汽提蒸汽量、进料温度与回流比等措施，协调质检提高分析效率，提高白油产品的合格率；通过对三常减压蜡油、焦化蜡油和开工VGO三股进料三组分物化性质跟踪、分析原料芳烃含量与白油芳烃含量的对应关系，摸索白油生产与炼厂生产模式转换的切合点，最大化生产5# 工业白油产品。全年共产销5# 工业白油20.77万吨，比上年提高10.16万吨，创历史最高水平。5# 工业白油与国V柴油差价按559元/吨计算，年增效1.16亿元，成为扬子石化创效的主要产品之一。

（朱军涛）

【烷基化装置投料开车一次成功】 该项目是扬子石化汽油质量升级重点项目，总投资6.53亿元，由工程建设公司设计，南京工程公司、扬州市第五建筑安装工程有限公司组织施工，装置采用杜邦硫酸烷基化技术，设计规模为年产30万吨烷基化油，同时配套建设待生酸处理设施。项目可研性报告于2017年4月得到批复；2018年5月开始桩基施工；2019年9月建成中交，11月正式投料开车。

（朱军涛）

2019年11月11日，扬子石化化工厂烷基化装置开车一次成功（杨 晨 摄）

【对二乙苯市场主导地位不断巩固】 2019年，扬子石化抓住国内多套大型对二甲苯装置将陆续投产的市场机遇，检修、生产、销售密切配合，确保检修质量，合理安排销售节奏，克服极热和极寒天气因素，在产品库存不胀库的基础上放量产销，对二乙苯装置运行时间和产量均创历史纪录。全年，对二乙苯累计销售量12 028吨，比上年增长140.95%，创历史新高，其中国内销售量11 423吨、出口605吨，国内市场占有率稳定在90%以上，成为国内对二乙苯市场的主力供应商。

（朱军涛）

【无灰分散剂自营产品首次出口印度】 2019年初，扬子石化化工厂无灰分散剂装置在产品旺销时段，实施集中排产增产的措施，有效克服年中市场淡季欠产和冬季生产等困难，满足了市场需要；同时与业务单位保持良好的联系，提前做好生产计划，优化原料供应渠道和产品贮运安排。按照“拓市场、提负荷、降成本”要求，理顺代加工合作机制，完成历史欠账和年度加工费结算，实现装置盘活目标。同时根据客户需求开展定制化生产，开发高氮、高黏度新产品，自营烯酐产品年内首次出口印度市场，获市场好评，产销量倍增。全年，无灰分散剂累计生产5 205吨、烯酐718吨，较上年分别增长34.4%和102.8%，创历史新高；实现提货量5 620吨，产销率超过95%。

（朱军涛）

表1　扬子石化主要技术经济指标[1]　亿元

指标名称＼年份	2019	2018	2017	2016	2015	2014
原油加工量/万吨[2]	1 357.70	1 337.54	1 143.70	1 334.97	1 037.90	949.70
工业总产值	844.80	845.63	618.29	612.05	645.60	715.98
扬子石化有限公司	825.25	823.33	597.68	591.24	624.20	693.55
扬子资产分公司	19.55	22.30	20.61	20.81	21.40	22.43
工业增加值	163.79	203.46	138.54	198.16	138.84	49.32
扬子石化有限公司	158.46	199.16	134.89	191.69	131.42	41.75
扬子资产分公司	5.33	4.30	3.65	6.47	7.42	7.57
资产总计	377.65	370.70	349.61	327.35	320.87	354.98
扬子石化有限公司	307.63	304.53	287.86	262.48	258.52	292.43
扬子资产分公司	70.02	66.17	61.75	64.87	62.35	62.55

续表

指标名称 \ 年份	2019	2018	2017	2016	2015	2014
流动资产	119.44	142.77	128.30	102.32	76.72	94.67
扬子石化有限公司	106.09	127.06	117.35	87.84	61.40	79.92
扬子资产分公司	13.35	15.71	10.95	14.48	15.32	14.75
固定资产原值	458.54	442.15	462.27	453.09	450.24	445.12
扬子石化有限公司	402.69	389.29	404.37	400.30	397.00	396.07
扬子资产分公司	55.85	52.86	57.90	52.79	53.24	49.05
固定资产净值	149.76	139.31	151.87	159.89	173.51	183.08
扬子石化有限公司	125.38	117.54	126.91	138.75	150.08	162.52
扬子资产分公司	24.38	21.77	24.96	21.14	23.43	20.56
营业收入	777.42	802.51	572.40	546.67	542.88	640.50
扬子石化有限公司	747.31	772.91	547.19	521.04	516.63	613.94
扬子资产分公司	30.11	29.60	25.21	25.63	26.25	26.56
利　税	114.24	153.46	130.45	189.36	123.94	33.88
扬子石化有限公司	110.96	149.31	126.70	184.16	119.35	28.71
扬子资产分公司	3.28	4.15	3.75	5.20	4.59	5.17
税　金	91.51	102.03	98.44	133.98	116.31	60.55
扬子石化有限公司	90.86	101.25	97.74	132.28	114.30	59.00
扬子资产分公司	0.65	0.78	0.70	1.70	2.01	1.55
综合能耗 / 吨标煤 · 万元 $^{-1}$③						
扬子石化有限公司	0.817	0.823	0.86	0.86	0.91	1.08
扬子资产分公司	2.620	2.766	2.79	2.80	2.90	2.59

① 财务数据为合并报表数据
② 原油加工量统计包含清江石化和泰州石化
③ 2011 年开始，综合能耗数据按 2010 年不变价计算

表 2　　扬子石化主要产品产量①　　万吨

产品名称 \ 年份	2019	2018	2017	2016	2015	2014
乙　烯	84.53	84.07	65.17	81.62	82.31	75.66
丙　烯	50.53	40.24	36.88	48.18	38.17	46.91
丁二烯	10.53	11.02	8.68	10.83	10.47	10.53

续表

产品名称 \ 年份	2019	2018	2017	2016	2015	2014
聚乙烯	51.77	48.75	40.64	55.78	54.59	45.19
聚丙烯	49.03	48.15	36.30	48.10	45.88	42.82
精对苯二甲酸	101.17	44.03	55.06	71.38	59.12	69.74
乙二醇	16.64	30.02	22.17	18.67	22.16	16.73
纯　苯	44.18	43.64	35.22	41.59	39.21	38.35
对二甲苯	105.64	99.84	83.54	90.87	73.98	88.17
邻二甲苯	21.53	19.23	14.87	15.85	16.42	13.93
环氧乙烷	16.81	15.08	12.64	14.69	15.07	21.36
柴　油	219.64	223.93	221.23	258.23	193.27	182.29
汽　油	313.71	298.74	239.98	276.88	188.82	155.18
丁苯橡胶	9.55	8.59	9.89	2.66	5.58	9.75
顺丁橡胶②	8.59	7.54	5.05	0	0	0.20

① 产品产量包含清江石化和泰州石化
② 2013 年 6 月开始，顺丁橡胶产品投放市场，2014 年停产，2017 年恢复生产

扬巴公司

【概况】 扬子石化—巴斯夫有限责任公司（简称扬巴公司）位于南京市江北新区新材料科技园，由中国石化和德国巴斯夫以 50%：50% 的股比共同投资建设，成立于 2000 年 12 月，2005 年 6 月正式开始商业运营，累计总投资约 55 亿美元，占地 242 公顷。

扬巴公司正在运营 33 套化工装置，包括 74 万吨 / 年蒸汽裂解装置、38 万吨 / 年环氧乙烷 / 乙二醇装置、40 万吨 / 年低密度聚乙烯 / 醋酸乙烯共聚物装置、30.5 万吨 / 年羟基醇—碳四装置、19 万吨 / 年丙烯酸和 21.5 万吨 / 年丙烯酸酯装置、6.9 万吨 / 年丙酸装置、5 万吨 / 年甲酸装置、3.6 万吨 / 年甲胺装置、4 万吨 / 年二甲基甲酰胺装置、6 万吨 / 年非离子表面活性剂装置、13 万吨 / 年丁二烯抽提装置、8 万吨 / 年 2- 丙基庚醇装置、20 万吨 / 年聚苯乙烯装置和 4 万吨 / 年新戊二醇装置等。所有装置均采用巴斯夫的“一体化”理念，以高效环保的方式生产和利用产品、副产品及能源，降低排放和物流成本，充分发挥协同效应。还拥有 1 个以天然气为主要原料的燃气—蒸汽轮机联合循环发电厂和数个国际码头，保证能源供应和物流运输。

扬巴公司的主要产品有低密度聚乙烯、醋酸乙烯共聚物、乙二醇、丁醇、丙烯酸、丙烯酸甲酯及丁酯、甲酸、丙酸、甲胺、二甲基甲酰胺、苯、甲苯、混合二甲苯、聚苯乙烯、丁二烯、非离子表面活性剂、2-丙基庚醇、超吸水性树脂等，广泛应用于农业、食品、卫生、医药、电子、电器、纺织、洗涤、建筑、汽车、皮革处理、光伏产业等各种领域。

2019年，共销售293万吨化学品和聚合物，实现销售收入196亿元人民币。截至2019年底，扬巴公司共有员工1 942名。

（李时艳）

【乙烯产量创造新纪录】 2019年，扬巴公司蒸汽裂解装置团队以“安、稳、长、高负荷运行”为目标，通过精益管理、可靠性管理、先进控制系统（APC）等各种项目和措施的实施采用，克服种种不利因素，充分挖掘装置现有能力，提高了操作稳定性，延长了运行周期，提高了乙烯收率，最终实现乙烯全年产量再创新纪录，装置能耗亦达到历史最优水平。

（李时艳）

【SAP业务量实现大幅增长】 扬巴公司超吸水性树脂（SAP）装置自投产以来一直面临着国内产能过剩、产品同质化严重等诸多挑战。为此，SAP团队与物流和财务等各方面协同配合，采取多项措施优化生产，不断提高产品质量，开发优质客户，逐渐开拓出量价高速增长的新局面。其中，针对国内本地客户的2个产品牌号N7059和N6830，销售量和销售利润在2019年均取得大幅增长。截至2019年底，SAP装置已实现安全运行6年无任何损失工时事件和工艺安全事件。

（李时艳）

【开发EVA光伏产品新牌号】 扬巴公司醋酸乙烯共聚物（EVA）市场部门始终致力于探索光伏牌号产品的发展趋势和客户需求，并在2019年与国内最大的光伏膜厂家达成合作意向。经过多次调整生产配方和工艺条件、建立全新的产品测试检验方法，扬巴公司第1车光伏牌号产品7110P于9月6日正式出厂。

（李时艳）

【启动产品线上销售】 2019年4月26日，扬巴公司的4个中间体产品（甲酸85%、二甲基乙醇胺、二甲基甲酰胺和羟乙基乙二胺）于巴斯夫1688官方旗舰店上线。新销售模式既吸引了传统线下客户转为线上采购、享受便捷的服务，同时也带来了传统线下模式无法直接服务到的小客户，为公司带来了新的业务增长点。经过半年的流程优化之后，另外8个中间体产品亦于10月28日正式上线，同时还在巴斯夫电商周推出了扬巴专辑，利用网络直播进行产品推广，取得很好的效果。

（李时艳）

【通过海关AEO一般认证复认审计】 2019年11月26日，扬巴公司接到金陵海关的正式通知：扬巴公司符合《海关认证企业标准》的规定要求，通过海关AEO一般认证企业重新认证。

（李时艳）

【探索数字化之路】 扬巴公司于2019年在碳一装置启动了数字化试点：增强现实（AR）项目于9月18日正式上线，实现该装置在装卸车作业的流程优化、风险把控和文档保管的数字化；监控大屏（Dashboard）项目于年底投入使用，成为装置安全管理、节能降耗、提高可靠性的有力保障。另外，二维码扫描应用于9月25日在技术物资中心库房、大型设备备件库和劳保用品库房成功上线，8万多个物料号的物资管理实现扫描应用，大幅减少日常工作中的手工和纸质流程，显著节约用于物料搜索的时间，增加库位利用率，提高管理透明度。

（李时艳）

【签署校企合作协议】 2019年3月21日和12月11日，扬巴公司分别与南京科技职业学院和常州工程职业技术学院签订战略合作协议。校企双方将通过合作为扬巴公司培养年轻人才，从而使毕业生在加入扬巴公司时即已掌握必需的专业知识和基本技能，了解企业的安全文化和基本工艺流程，能够快速开始独立工作。该举措有助于公司应对人员结构的变化，并为公司提供了可靠的人才来源。

（李时艳）

【召开2019年度环境影响对话会】 2019年12月12日，扬巴公司召开2019年度环境影响对话会。周边社区的居民代表、地方政府官员和环保专家应邀到会，听取扬巴公司在环境保护和绿色发展方面的介绍，对扬巴公司高度的社会责任感、环境保护的使命感表示肯定，并就社企沟通等话题进行深入的探讨。

（李时艳）

【“安全行为指数”项目提高安全管理业绩】 自2018年起，扬巴公司开始实施安全行为指数（SAI）项目。将不安全状态和行为分为3个等级，涵盖人员的位置、工具及设备、个人防护装备、工作场所环境、作业行为等五大类。由专业人员每月在不同区域随机检查，记录所有不安全状态和行为、给予打分并及时公布结果。这一举措增强了公司安全管理透明度，加强了业主管理，并显著提高了现场的安全管理业绩。该项目获巴斯夫2019年亚太区安全冠军团队优胜奖。

（李时艳）

【举办“安全周”活动】 2019年5月13—17日，扬巴公司举办主题为“安全，让选择成为习惯”的安全周活动，通过安全培训体验车、信息安全讲座、急救培训与实操、交通安全讲座、最佳实践分享、工作票现场互查、安全实训、安全习惯检查等一系列活动，借助讲座、问答、现场讲解、亲身体验等各种形式传递安全理念，吸引了1 500余名公司员工和承包商员工积极参与。该项年度活动旨在不断深化公司员工和承包商的安全意识，持续改善公司的安全文化，营造更加安全的工作环境。

（李时艳）

【“安全时刻”提高安全意识】 2019年，扬巴公司启动了每季度一次的“安全时刻”活动。在一特定的时间段内，全体员工和承包商分别在各自的工作区域聚集，以一个常见的安全主题作为“话题引发剂”，就生产和生活中的各类安全问题开展学习、讨论和经验分享。通过这种方式反复强化公司员工及承包商人员的安全意识，让大家从小事做起，随时随地关注自己以及他人的安全，直至将安全行为变成一种日常习惯。

（李时艳）

【在2019中国化工园区可持续发展大会上发表演讲】 在2019年11月13—15日于南京召开的中国化工园区可持续发展大会上，扬巴公司总裁康智杰（Uwe Kirchgaessner）做题为《价值链驱动可持续发展》的主旨演讲，阐述扬巴公司如何以可持续发展的方式进行运营管理，并在资源利用、安全管理、风险控制、环境保护等方面不懈努力、持续提升。大会由中国石油和化学工业联合会、中国化工经济技术发展中心和南京江北新区主办，旨在对标世界一流园区，在未来的规划中树立可持续发展理念，全面推行责任关怀体系建设，创建与周边社区的和谐发展环境，促进化工园区高质量发展。

（李时艳）

【在国际节能环保产业发展峰会上发表演讲】 2019年6月26日，扬巴公司总裁康智杰（Uwe Kirchgaessner）应邀出席国际节能环保产业发展峰会并发表题为《资源有效利用——可持续发展的基础》的主旨演讲。峰会由南京市生态环境局和中国环境科学学会主办，主题为“创新绿色技术、引领生态产业”。

（李时艳）

【丙酸扩建项目获中国石化优质工程奖】 扬巴公司丙酸装置扩建项目获2019年度中国石化优质工程奖。该装置的年产能为3万吨，于2017年10月破土动工，2018年12月30日成功开车，并于2019年5月31日举办投产仪式。

（李时艳）

【三度蝉联海尔金魔方奖】 2019年，扬巴公司连续第3年获海尔金魔方奖。该奖项是海尔公司对供应商的最高褒奖，旨在鼓励供应商与海尔一起持续创新、引领行业发展。合作20多年来，扬巴公司凭借稳定的产品质量、优质的服务，成为海尔全球聚苯乙烯树脂供应商中的佼佼者，与海尔共同发展，三度蝉联该奖项体现出了海尔公司对扬巴公司优质产品和服务的高度认可。在追求卓越运营的基础上，扬巴公司聚焦产品创新以满足客户的新需求，通过持续开发新型冰箱内胆专用料、高光料等新产品，赢得了包括海尔、美的、格力等在内的家电行业巨擘的青睐，保持了市场竞争地位。

（李时艳）

【获传化公司优秀合作伙伴奖】 扬巴公司获传化化学集团2019年度优秀合作伙伴奖。全年，传化公司在扬巴公司的采购量有大幅增长，其中专用料比例提高到50%，表明扬巴公司在NIS产品结构优化方面迈出了关键的一步。

（李时艳）

【获评2018年度南京市特种设备安全管理先进单位】 扬巴公司再度获评2018年度南京市特种设备安全管理先进单位，并在2019年6月20日召开的江北新区2019年度特种设备安全管理工作会议上接受了颁奖。

（李时艳）

【在江北新区职工应急处置技能大赛中获奖】 2019年11月28—29日，扬巴公司参与“2019年度南京市职工职业（行业）技能大赛江北新区第三届重点企业岗位职工应急处置技能竞赛”并取得了优异的成绩：扬巴公司团队获10个优秀组织奖中的第1名，唐青春获得个人综合处置三等奖、SCBA+灭火器灭火二等奖、消防水带射水三等奖，徐晨曦获个人综合处置优秀奖、SCBA+灭火器灭火一等奖、CPR三等奖。江北新区共有84家企业共284名选手参与此项赛事。

（李时艳）

【康智杰总裁获中国政府友谊奖】 2019年度“中国政府友谊奖”颁奖仪式于9月30日在北京举行，扬巴公司总裁康智杰（Uwe Kirchgaessner）在人民大会堂接受国务院副总理刘鹤的颁奖，并于当天下午与其他获奖的外国专家一起接受了国务院总理李克强的会见。中国政府友谊奖是中国政府为表彰在中国现代化建设和改革开放事业中做出突出贡献的外国专家而设立的最高奖项，本年度共有来自31个国家的100位外国专家获奖。

（李时艳）

福建炼化

【概况】 福建炼油化工有限公司（简称福建炼化）是由股份公司和福建省石油化学工业公司各出资50%合资设立的具有独立法人单位资格的大型炼油化工一体化企业，位于福建省泉州市泉港区。其前身福建炼油厂始建于1989年1月。福建炼化下设8个机关部门，有1家全资子公司、6家合资公司。本部职工总数167人，其中本科及以上学历的职工144人。

福建联合石油化工有限公司（简称福建联合石化）是由福建炼化、埃克森美孚中国石油化工公司、沙特阿美亚洲有限公司按50%：25%：25%比例合资建设的大型石油化工一体化企业，总投资319.85亿元，占地478.70万平方米，于2007年6月成立，2009年11月投入商业运行，2013年底完成脱瓶颈改造，拥有1 400万吨/年炼油、110万吨/年乙烯裂解、90万吨/年聚乙烯、55万吨/年聚丙烯、77万吨/年芳烃、部分氧化/汽电联产装置（IGCC）等30套炼油及化工联合装置，主要加工沙特原油，生产汽油、柴油、聚乙烯、聚丙烯、对二甲苯、工业用纯苯、丁二烯等石化产品。

福建炼化林德气体有限责任公司（简称福林气体）由福建炼化与林德气体（香港）公司按50%：50%的比例合资建设，于2008年8月正式成立，2010年底正式投入商业运行，主要为福建联合石化和泉港石化园区提供专业气体产品。

福建省福橡化工有限责任公司（简称福橡化工）由福建炼化与福建省石油化学工业公司按49%：51%的比例合资建设，于2011年5月正式成立。

中石化化工销售福建有限公司（简称化销福建）由福建炼化与化工销售公司按10%：90%的比例合资建设，于2012年4月正式挂牌成立。

福建古雷石化有限公司（简称福建古雷石化）由福建炼化与代表台方的旭腾投资公司按50%：50%的比例合资建设，于2016年11月完成工商注册并举行揭牌仪式，2017年12月正式开工建设。2017年7月16日，福建古雷石化与福建漳州港口有限公司按 49%：51%的比例合资成立福建漳州古雷石化码头有限公司。

福建福华气体有限公司（简称福华气体）由福建炼化与联华实业投资香港有限公司按照 50%：50% 的比例合资建设，于 2018 年 3 月 12 日正式注册成立。

福建炼化主要技术经济指标和主要产品产量分别见表 1 和表 2。

（刘　威）

【经营效益连续 5 年完成集团公司调整下达的任务目标】 2019 年，福建炼化深入贯彻集团公司和福建省的安排部署，积极抓好“七个着力”“六个聚焦”措施落实。全年，福建炼化合并报表实现利润 4.92 亿元，连续 5 年完成集团公司调整下达的年度任务目标。福建联合石化公司加工原（料）油 1 153.53 万吨，生产产品 1 048.28 万吨，实现销售收入 564.72 亿元，在消化 2018 年大检修有关费用 2.33 亿元的基础上，实现利润 7.90 亿元，实现税费 78.15 亿元。

（刘　威）

【向股东方分红 13 亿元】 2019 年，福建炼化收到各合资公司分红共计 14.835 亿元，向 2 家股东分红共计 13 亿元，较好地履行了“国有资本投资管理平台”职责，实现国有资本保值增值。

（刘　威）

【古雷项目建设积极推进】 2019 年 8 月 5 日，古雷项目融资文件正式签订；11 月 6 日，项目首台千吨级设备——乙烯装置急冷油塔成功吊装就位，标志着项目大型设备模块化施工及吊装工作全面展开；12 月 20 日，项目 220 千伏总变电站一次受电成功；12 月 24 日，项目乙烯装置超大型设备吊装工作全部完成；12 月 28 日，项目 35 万吨 / 年聚丙烯装置挤压造粒厂房顺利完成主体结构封顶，成为项目首个完成封顶的大型单体建筑。

（刘　威）

【乙烯产量再创新高】 2019 年，福建联合石化乙烯产量达 121.65 万吨，再次创下历史新高。年内，福建联合石化乙烯装置连续 9 个月保持单月乙烯产量 10 万吨以上，连续 8 个月保持平稳率 98.77% 以上，连续 2 个月获集团公司乙烯装置运行专项竞赛第 1 名；各项技术指标也显著提升，乙烯单耗下降 2.4%，乙烯收率达 34.45%，高附加值产品收率达 60.91%。

（刘　威）

【启用二代共享托盘】 福建联合石化是集团公司共享托盘首批试点单位，协助参与制定共享托盘标准、覆膜标准等多项技术指标。2019 年 10 月 18 日，福建联合石化举行聚烯烃产品二代共享托盘出厂仪式。该共享托盘具有强度高、维修成本低、防水、防尘、防滑等一系列优点，也是一款从工厂包装、入库、出库、运输、客户使用的全流程全功能托盘，配备 RFID 芯片，具备在智能立体仓库使用的功能。二代共享托盘的正式启用，不仅有助于提升福建联合石化聚烯烃产品外观形

古雷项目首台千吨级设备乙烯急冷油塔成功吊装（董　铭　摄）

二代共享托盘出厂（张　磊　摄）

象，还大幅降低人工劳动强度，为提高物流效率、更好服务客户创造良好条件。

（刘　威）

【持续推进新产品开发】 福建炼化、福建联合石化积极推进新产品开发工作。截至 2019 年底，已累计成功开发 14 种聚烯烃产品。2019 年 7 月 13 日，福建联合石化成功开发 BOPP 面层专用料聚丙烯牌号产品——1202K；9 月 22 日，成功开发聚丙烯新牌号透明料 3240N 产品。2019 年 11 月 13 日，福建联合石化获 2019 年度聚烯烃行业最具影响力企业称号。

（刘　威）

【客户满意度不断提升】 2019 年，福建联合石化客户满意度再次提升，达 85.3 分。福建联合石化持续深化市场化经营管理机制，秉持“客户至上、合作共赢”的经营理念，坚持把客户服务工作当成企业的生命工程抓好抓实，努力在“超越客户期望，让客户满意”上下功夫，形成较好的工作机制，取得较好的效果。

（刘　威）

【重点项目取得积极进展】 2019 年 5 月 17 日，福建联合石化 6486 燃机烟气脱硝改造项目成功投运；9 月 6 日，30 万吨 / 年烷基化装置项目正式开工建设；12 月 4 日，12 万吨 / 年硫黄回收装置中交；12 月 6 日，厂区污水处理场异味治理项目中交；12 月 28 日，青兰山库区增设事故水搜集池项目中交。

（刘　威）

【安全文化提升】 面对 2019 年初严峻的安全生产形势，福建联合石化开展安全文化提升工作。通过安全大反思、我要安全行动、高管上讲台等活动，推行班组行为标准化管理，发挥劳模安全工作室和实训基地作用，有效扭转 2019 年初安全生产的被动局面，安全行为指数回升到 96.9%。

（刘　威）

【HSSE 管理体系手册正式发布】 2019 年 10 月 30 日，福建炼化 HSSE 管理体系手册正式发布，标志着 HSSE 管理工作进入新阶段，体系化 HSSE 管理全面铺开。福建炼化 HSSE 管理体系手册具有两大特点：①模式创新。该手册不仅对中国石化 HSSE 管理体系要求实现全覆盖，还充分吸取合资企业 OIMS 管理体系的模式与经验，将手册中的要素分为六大部分，将各要素的具体工作按照“PDCA”原则进行编排，实现闭环管理。②探索创新合资企业 HSSE 管理新模式。手册中设置了“合资公司 HSSE 管理”要素，强化对合资公司的 HSSE 风险管控。

（刘　威）

【深化拓展“监督、协调、服务”职能】 2019 年，福建炼化深化拓展“监督、协调、服务”职能，努力筑好投资管理平台。成立古雷项目服务小组，于 2019 年 5 月 9 日首次赴古雷项目现场开展服务，全年共开展服务 16 次。组建涵盖合资公司的专家库，建立承包商资源共享机制。财务协作机制有效运行，取得实效；协助福建古雷石化完成融资签约、首笔增值税退税 9 521 万元。

（刘　威）

【推进改革攻坚】 2019 年，福建炼化持续推进改革攻坚，全面完成驻福州办清理，积极推进驻北京办清理工作。“三供一业”分离移交收尾工作、零星资产处置持续推进。完成福瑞宾馆业务外包，提前实现“十三五”用工总量规划目标。

（刘　威）

【深入开展“不忘初心、牢记使命”主题教育】 认真贯彻“四个到位”要求，成立“不忘初心、牢记使命”主题教育领导小组和办公室，结合实际制订 2 批次主题教育的实施方案及总体运行计划和各小组工作计划，压实主体责任，明确时间表和任务书，做到按表推进、环环相扣、无缝衔接。自觉把学习教育、调查研究、检视问题、整改落实 4 项重点措施贯穿始终，聚焦主题教育专项整治、党委委员调研等检视发现和收集问题清单，推动严抓实改，取得党员干部受教育、各项工作有促进、职工群众得实惠的成效。

（刘　威）

【庆祝新中国成立 70 周年、福建炼化建厂 30 周年】 2019 年 9 月 25 日，福建炼化举办“我和我的祖国”职工书法绘画作品展览；9 月 27 日，举办庆祝新中国成立 70 周年歌咏晚会，通过传唱《我和我的祖国》、举办道德讲堂等多种方式庆祝新中国成立 70 周年。2019 年也是福建炼化建厂 30 周年，通过举办座谈会、文艺晚会和图片书画展等庆祝建厂 30 周年；在建厂 30 周年之际，福建炼化收到集团公司、泉州市委市政府、福建省石化、埃克森美孚、沙特阿美、旭腾公司、林德集团、联华实业等发的贺信。

（刘　威）

【劳模创新工作室建设取得实效】 2019 年，福建联合石化张肇宏劳模工作室职工技能实训基地、黄小滨劳模安全创新工作室正式揭牌。张肇宏劳模工作室职工技能实训基地依托张肇宏全国劳模创新工作室组织建设，是福建联合石化首个职工技能实训基地，具备钳工、电气运行、电气维修、仪表 4 个专业的技能训练设施，功能齐全，作为石化行业设备人才的培训和练兵场所，有力促进职工技能水平不断提升。黄小滨劳模安全创新工作室以福建省劳模、安全工程师黄小滨为主导人，设置包括高处坠落、受限空间作业、脚手架检测等石化行业现场高风险作业安全体验区，改变传统接受 HSSE 教育模式，取得较好成效。

（刘　威）

【获得荣誉】 2019 年，福建联合石化生产部 EO/EG 业务团队获中央企业先进集体称号。福建炼化退休职工马金魁和福建联合石化职工康庆山、张肇宏 3 位全国劳动模范获庆祝中华人民共和国成立 70 周年纪念章。福建联合石化职工张肇宏获评福建省 2019 年八闽工匠人物。

（刘　威）

【助力脱贫攻坚彰显使命担当】 福建炼化认真贯彻落实中央及集团公司、福建省关于脱贫攻坚决策部署，直接投入扶贫资金 140 万元。通过发挥驻村干部作用，持续深化产业扶贫，多次参与扶贫点特色产品集中采购等助力脱贫攻坚。各级各部门到扶贫村开展慰问和帮扶活动 13 次，多次获集团公司和地方政府的报道和表彰。同时，开展 2 次扶贫领域腐败和作风问题专项治理检查，助力脱贫攻坚取得实效。

（刘　威）

表 1　福建炼化主要技术经济指标[1]　亿元

指标名称＼年份	2019	2018	2017	2016	2015	2014
原油加工量 / 万吨	1 035.03	878.01	911.05	933.31	1 076.80	1 130.60
资产总计	133.46	122.60	109.17	87.71	56.27	44.86
流动资产	17.88	8.16	9.92	9.26	1.40	4.36
固定资产原值	3.20	3.19	3.72	3.55	3.55	3.58
固定资产净值	1.81	1.91	2.10	2.03	2.14	2.30
销售收入	619.73	572.60	549.34	462.68	538.23	771.78
实现利税	5.15	16.45	28.01	25.43	14.83	−7.08
税　金	0.23	0.26	0.29	0.26	0.27	0.26
炼油综合能耗 / 千克标油・吨 $^{-1}$	55.79	61.78	67.81	67.45	58.00	53.07

① 资产总计、实现利税、税金为福建炼化本部数据，其余指标包含福建联合石化；分置运营后，福建炼化本部没有工业产品生产，无工业总产值，企业集团工业总产值未做统计

表 2　福建炼化主要产品产量　万吨

产品名称 \ 年份	2019	2018	2017	2016	2015	2014
汽　油	179.97	156.08	152.48	176.42	162.70	183.82
柴　油	246.89	183.25	165.79	166.81	256.94	363.00
航空煤油	127.32	102.50	107.07	99.85	97.38	75.94
石脑油	268.10	216.72	273.90	284.55	296.66	309.52
液化气	23.48	25.01	23.68	24.84	22.78	18.37
燃料油	9.62	7.57	6.69	1.01	0.92	3.23
石油焦	0	0	0	6.49	5.65	14.76
硫　黄	16.60	15.40	16.69	16.67	17.91	20.13
液　氨	0.02	0.02	0.15	0.02	0.02	0.08
丙　烯	68.29	57.07	64.81	62.57	64.38	66.21
聚丙烯	63.43	51.72	61.88	58.47	58.55	60.69
乙　烯	121.67	100.86	120.07	110.01	106.64	102.11
聚乙烯	94.23	79.17	96.52	89.07	90.78	97.95
对二甲苯	82.14	67.44	77.89	72.18	79.04	77.35
苯	42.85	38.81	44.73	40.68	44.77	44.10
丁二烯	15.58	12.75	15.42	14.43	14.82	15.56
乙二醇①	42.51	37.09	45.32	43.64	31.73	—
环氧乙烷①	10.64	4.79	4.07	0.71	—	—

① 福建联合石化环氧乙烷 / 乙二醇装置于 2015 年 3 月 30 日投产

武汉石化

【概况】 中国石油化工股份有限公司武汉分公司（简称武汉分公司）和中国石化集团资产经营管理有限公司武汉分公司（简称武汉资产分公司）统称武汉石化，是集团公司直属大型工业企业和中部地区最大的炼油化工一体化企业。其前身始建于 1971 年，投产于 1977 年，1983 年划归中国石油化工总公司。武汉石化炼油部分位于湖北省武汉市青山区，占地 239 公顷，北濒长江水道，水路交通便利。炼油综合配套能力 850 万吨 / 年，共有 26 套主要生产装置，可生产汽油、柴油、航煤、石脑油、聚丙烯、“三苯”、液化气、硫黄、石油焦等产品。武汉 80 万吨 / 年乙烯工程位于武汉市化工区，占地 294.8 公顷，与炼油厂直线距离 9.8 千米，包括 11 套主体装置及系统配套工程。2014 年 1 月，股份公司与韩国 SKGC 公司合资成立的中韩（武汉）石油化工有限公司（简称中韩石化）开始独立商业运营，武汉分公司受股份公司委托行使股东权利。2019 年，武汉石化完成重大资产重组，将炼油相关业务并入中韩石化，7月1日，新的一体化合资公司开始并表运营。

武汉石化实行两级扁平化管理，一体化合资前共设13个职能部门、5个业务中心、6个生产单位，截至2019年6月30日，共有在岗职工1 770人，具有高级职称的108人、中级职称的451人。一体化合资后，武汉石化设财务资产处、综合管理处2个职能部门，截至2019年12月31日，共有职工69人。

武汉石化主要技术经济指标和主要产品产量分别见表1和表2。

（任丽娜）

武汉石化炼油厂区夜景

【领导班子调整】 2019年6月13日，股份公司发文，解聘刘百强、李炎生、陈伟3人武汉分公司副总经理职务。12月16日，发文聘任杨文德为武汉分公司总经理，解聘管泽民武汉分公司总经理职务，解聘张润副总经理、总工程师职务，解聘陈小青总会计师职务。集团公司发文，杨文德任武汉石油化工厂厂长，免去管泽民厂长职务。

（任丽娜）

【不断夯实安全管理基础】 2019年，武汉石化按照中国石化HSSE管理体系的要求，建设完善公司HSSE管理体系，成立公共安全和物流安全分委会，细化专业安全管理职责。将承包商安全风险作为公司最大风险进行管控，由公司“一把手”总承包，建立承包商绩效评价体系，推行安全生产许可证制度和“伙伴经理”管理模式，严格积分考核。引入智能化安全管理，从严抓好直接作业环节安全，全程管控特殊作业。持续开展四级风险识别和全员隐患排查工作，公司领导带头签订安全承诺书，深入现场开展HSSE观察，提升领导安全引领力。开展“防风险、除隐患、遏事故”为主题的“安全生产月”系列活动，举行装置突发火灾爆炸事故应急演练。深刻吸取江苏响水“3·21”重大事故教训，全面开展“六个一”自查整改活动（开展1次专题安全学习；进行1次基层风险隐患排查；组织1次爆炸风险和泄漏事故演练；对基层事故预案进行1次再评审；组织管理人员、专业人员对所属区域1周1次全面检查；管理处室到包保单位进行1次专项督查）。

（任丽娜）

【推进绿色企业创建工作】 2019年，武汉石化对照2019版《绿色企业评价指南》，重新调整公司“绿色企业”创建“一方案两清单”64项工作。在线监测数据实现实时监控，外排口在线数据达标率超过99.7%。推进环保隐患治理，完成铁路及码头增上油气回收系统、炼油厂界增设大气监测系统。炼油厂区首次成功举行“公众开放日”活动。

（任丽娜）

【积极优化产品结构】 2019年，武汉石化以“增汽航，减柴焦，提高轻烃利用”为导向做大高附加值产品总量，上半年汽油增加2.6万吨，航煤增加5.8万吨，柴汽比降低0.1，降本创效5 100万元。

（任丽娜）

【有序推进装置检修工作】 2019年，武汉石化圆满完成重整装置检修改造，实现一次开车成功。顺利实施烷基化装置小修、4#炉检修改造。按照

烷基化装置抢修后恢复生产

“八分准备、二分实施”的原则提前统筹2020年大检修准备工作，开展检修计划收编、长周期订货、施工单位招投标工作，编制《项目管理手册》和《检修停开工统筹》等。

（任丽娜）

【信息化与工业化进一步深入融合】 2019年，武汉石化积极推进公司信息化建设与应用，不断强化运维管理，确保信息系统安全稳定运行。持续完善“智能工厂”建设规划方案，新建智能巡检系统、智慧工地管理系统、大屏展示系统等九大信息化项目。积极开展深化应用创新创效，持续推进信息孤岛消除专项工作。大力推进一体化合资信息系统整合工作，截至7月1日，完成武汉分公司、武汉资产分公司、中韩石化3家企业经营管理层系统调整，顺利实现合资并账，保证ERP、财务管理、合同管理等系统在资产交割日同步切换，支撑一体化合资经营管理顺利开展。

（任丽娜）

【顺利完成炼化一体化合资】 2019年，武汉石化按照总部的统一决策和部署，积极推进炼化一体化合资项目。4月29日，股东各方和中韩石化完成各自内部审批决策，并在北京中国石化总部办公大楼就武汉炼化一体化合资项目签署合资合营合同、增资协议、资产整体转让协议和公司章程，武汉分公司、武汉资产分公司与炼油业务相关的资产、负债和人员一起并入中韩石化。一体化合资后，股份公司股权占比59%，资产公司股权占比6%，SKGC维持35%股比不变。5月31日，新的一体化合资公司完成工商变更登记。合资后，武汉石化持续开展合资遗留的部分资质证照和不动产权属变更工作，确保公司依法合规经营。

（任丽娜）

【做好“四供一业”移交收尾】 2019年，武汉石化持续推进“四供一业”收尾工作，供电、供水、物业均与接收单位签订正式协议，获国家和集团公司资金批复并全部按协议要求支付给各接收单位。资产与实物移交工作基本完成；各移交项目施工全部启动；生活区按市场化运作引进天然气项目施工基本完成，生活区已达到开通天然气条件。完成物业供暖市场化改革方案，并获集团公司批复，生活区停止供暖，对符合条件居民的一次性补助、物业供暖年度补贴基本发放到位。

（任丽娜）

【“幸福工厂”建设稳步向前迈进】 2019年，武汉石化按照2019年“幸福工厂”建设方案，稳步推进6类共24项具体工作。首次开展肿瘤标志物筛查，完善员工健康档案。调整补充医保方案，增加病种及新增门诊定点医院。组织“一对一”心理咨询服务，“幸福加油站”接待职工近千人次。全面开展一次性餐具限制使用，积极推行垃圾分类处置等。

（任丽娜）

【聚力“两大工程”，发挥党建优势】 2019年，武汉石化党委坚持党建工作不放松，认真落实管党治党责任，不断发挥党建优势，为“三个工厂”建设提供坚强保障，公司党建工作连续2年获集团公司年度考核A类。全面开展“不忘初心、牢记使命”主题教育，认真抓好学习教育、调查研究、检视问题、整改落实4项重点措施的落实，切实将主题教育成果转化为工作成效。大力实施组织力提升工程，开展“一支部一品牌”创建工作，推动全面从严治党向基层延伸。全面推行党员积分管理，引导党员认真履行义务。在合资章程中明确在合资公司中设立党组织。成功召开中韩石化第2次党代会。逐级强化党风廉政建设责任，启动实施基层纪检委员“亮身份、亮业绩”工程，夯实基层监督力量。积极整治形式主义、官僚主义，针对突出问题制定集中整治工作方案和反形式主义重点工作措施。进一步发挥群团组织作用，充分调动职工参与生产建设的积极性。检验计量中心炼化检验室运行四班获全国五一巾帼标兵岗称号；工会获武汉市企业民主管理“五星级”单位称号；团委获湖北省五四红旗团委称号。

（任丽娜）

表 1　　武汉石化主要技术经济指标[1]　　亿元

指标名称 \ 年份	2019	2018	2017	2016	2015	2014
原油加工量 / 万吨	401.96	801.85	797.72	676.41	770.24	788.28
工业总产值						
武汉分公司	200.51	425.16	365.84	265.87	325.11	450.72
武汉资产分公司	1.34	2.97	2.68	2.36	2.61	2.52
资产总计						
武汉分公司	151.76	201.33	187.10	203.09	214.23	268.34
武汉资产分公司	17.73	4.90	5.74	5.80	5.58	6.30
流动资产						
武汉分公司	99.51	107.95	93.4	106.93	116.69	170.96
武汉资产分公司	1.77	1.58	1.91	1.98	1.88	2.94
固定资产原值						
武汉分公司	5.43	94.68	95.11	92.92	88.73	88.02
武汉资产分公司	1.52	7.99	8.32	7.86	8.00	7.70
固定资产净值						
武汉分公司	4.88	40.93	45.8	47.26	46.75	49.31
武汉资产分公司	0.74	0.14	0.50	0.15	0.20	2.03
销售收入						
武汉分公司	204.93	424.43	364.33	265.97	322.62	451.44
武汉资产分公司	3.11	6.60	6.24	5.50	6.05	6.00
实现利税						
武汉分公司	123.52	107.09	109.88	87.99	85.46	60.60
武汉资产分公司	12.59	0.62	0.51	−0.04	0.33	−0.31
税　金						
武汉分公司	44.82	91.48	95.72	79.31	86.63	49.62
武汉资产分公司	0.11	0.25	0.29	0.20	0.27	0.23
综合能耗 / 吨标煤 · 万元 $^{-1}$						
武汉分公司	0.21	0.21	0.21	0.22	0.22	0.23
武汉资产分公司	1.19	1.06	1.33	1.54	0.99	1.01

① 2019 年 7 月武汉石化重组后，下半年武汉分公司、武汉资产分公司与炼油生产经营相关业务转入中韩石化

表 2 武汉石化主要产品产量[1] 万吨

产品名称 \ 年份	2019	2018	2017	2016	2015	2014
汽 油	92.66	180.78	176.31	139.24	146.22	128.94
柴 油	115.98	240.78	251.65	224.39	261.51	267.09
航 煤	51.42	92.17	89.19	68.95	79.71	57.74
化工轻油	96.82	185.81	197.36	171.30	181.80	192.92
燃料油	0.99	3.99	0	0.34	2.64	1.59
溶剂油	0	0	0	0	−0.04	0.06
液化气	14.13	26.52	24.44	24.39	26.34	28.05
聚丙烯	5.72	11.36	11.84	9.21	11.02	11.21
硫 黄	2.80	5.87	5.99	4.76	4.76	5.18
苯 类	0.54	1.13	0.89	0.56	1.63	3.04
焦 炭	28.23	59.26	58.87	48.92	57.19	61.67
MTBE	1.90	4.35	3.98	3.58	3.88	4.82
丙 烷	0.49	2.09	2.02	1.36	0.93	1.23

① 2019 年下半年武汉分公司、武汉资产分公司与炼油生产经营相关业务转入中韩石化

中韩石化

【概况】 中韩（武汉）石油化工有限公司（简称中韩石化）由中国石化和韩国 SK 综合化学株式会社以 65%：35% 的股比合资成立，2013 年 10 月 28 日工商注册，投资总额 186.3 亿元，注册资本 62.7 亿元，2014 年 1 月 1 日正式独立运营。2019 年，中韩石化通过一体化合资项目完成对武汉石化炼油资产并购，7 月 1 日开始并表运营，成为中部地区最大的炼油化工一体化企业。

中韩石化有 2 个厂区。其中，炼油厂区前身为武汉石化，投产于 1977 年，位于湖北省武汉市青山区，占地 239 公顷。炼油综合配套能力 850 万吨 / 年，共有 350 万吨 / 年 1# 常减压、500 万吨 / 年 2# 常减压、110 万吨 / 年 1# 催化裂化、100 万吨 / 年 2# 催化裂化、180 万吨 / 年催化原料加氢处理、180 万吨 / 年加氢裂化、150 万吨 / 年 S-Zorb 汽油吸附脱硫等 26 套主要生产装置，可生产汽油、柴油、航煤、石脑油、聚丙烯、“三苯”、液化气、硫黄、石油焦等产品。化工厂区位于化学工业区，占地 294.8 公顷，与炼油厂直线距离 9.8 千米，拥有 80 万吨 / 年乙烯、55 万吨 / 年裂解汽油加氢、15 万吨 / 年碳五分离、13 万吨 / 年丁二烯抽提、35 万吨 / 年芳烃抽提、8/3 万吨 / 年 MTBE/1- 丁烯、30 万吨 / 年高密度聚乙烯、30 万吨 / 年线型低密度聚乙烯、15/28 万吨 / 年 EO/EG、20 万吨 / 年 JPP 聚丙烯、20 万吨 / 年 ST 聚丙烯、2.7 万吨 / 年苯乙烯抽提共 12 套主体生产装置及相应的系统配套装置，生产聚乙烯、聚丙烯、环氧乙烷、乙二醇、丁二烯、苯乙烯、“三苯”等产品。

中韩石化实行两级扁平化管理，一体化合资前，设 8 个职能部门，截至 2019 年 6 月 30 日，共有在岗职工 1 073 人；一体化合资后，共设 14 个职能部门、6 个业务中心和 12 个生产运行部，

截至 2019 年底，共有员工 2 793 人，其中包含股份公司委派 4 人、SKGC 委派 13 人。

中韩石化主要技术经济指标及主要产品产量分别见表 1 和表 2。

（任丽娜）

中韩石化化工厂区远景

【领导班子调整】 2019 年 6 月 13 日，股份公司下达委派和提名意见书，提名刘百强、李炎生、陈伟 3 人为中韩石化副总经理。党组发文决定：刘家海任中共中韩（武汉）石油化工有限公司委员会书记（兼）；免去李炎生书记职务，不再担任工会主席职务。10 月 24 日，下达委派人员调整意见书，刘百强不再担任中韩石化副总经理职务。12 月 16 日，下达委派和提名意见书，委派杨文德为中韩石化董事会董事，提名为中韩石化总经理；管泽民不再担任董事会董事和总经理职务。

（任丽娜）

【连续安全生产创新业绩】 2019 年，中韩石化牢固树立安全生产红线意识，不断夯实 HSSE 管理基础，修订 HSSE 管理体系，实施全员安全记分管理，夯实全员安全生产责任。加大隐患排查治理力度，深刻汲取江苏响水“3·21”重大事故教训，开展“六个一”自查整改，检查并整改问题 1 507 项；加快推进重大安全隐患治理，风险总值较上年降低 80。强化承包商管理，实行承包商风险“一把手”承包制，建立承包商绩效评价体系，推行“伙伴经理”管理模式。严格执行“直接作业环节十条措施”规定，规范 JSA 分析，特殊作业全程管控。持续关注员工职业健康，配备健康体检设施和急救设备。截至年底，炼油实现连续安全生产 3 123 天，乙烯实现连续安全生产 2 560 天。

（任丽娜）

【实现绿色企业“双创建”目标】 2019 年，中韩石化以“绿色企业行动计划”为抓手，全面推进环保管理水平提升。大力开展绿色企业创建，启动绿色基层创建工作，通过集团公司绿色企业评审，获集团公司绿色企业称号和国家工信部颁布的绿色工厂称号。强化环保管理，加强源头管控、过程监管和结果考核，稳定达标排放能力不断提高，主要污染物排放量低于许可限值。打好污染防治攻坚战，加快推进环保隐患治理，3 套 CFB 锅炉完成超低排放改造。开展“固废规范化管理年”活动，危险废物全部收集并合规处理，新烷基化装置配套危废仓库、化工危废库建成投用。举办中韩石化第 110 期“公众开放日”暨社会责任报告发布会，被授予武汉市生态环境教育示范基地称号。成功承办国家生态环境部组织的全国环保设施和城市污水垃圾处理设施向公众开放现场会，得到国家生态环境部和集团公司充分肯定。

（任丽娜）

【全力保障第七届世界军运会】 2019 年 10 月 18—28 日，武汉市举办第七届世界军人运动会。中韩石化严格落实国家、湖北省、武汉市有关要求，主动作为，强化举措，全力为军运会创造良好生态环境。提前制订保障工作方案，加快环保设施建设；提前开展隐患排查，加大隐患治理力度；提前与销售方协商，保障产品出厂顺利。领导干部值班带班，异常情况升级管控，加强公共安全管理，大气环境质量实时监测。严格落实减产要求，炼油降低负荷 30%，乙烯减产 20%。确保安全平稳生产，污染物大幅削减，得到军运会空气保障小组和武汉市政府充分肯定。

（任丽娜）

【设备完整性管理持续加强】 2019 年，中韩石化不断完善设备完整性管理体系建设，开发 10 余项功能模块，进一步夯实设备可靠性评价基础。强化专业管理，预防性维修计划完成率 97% 以上，提前发现隐患 200 余项。切实开展设备技术攻关，炼油高温机泵和烃泵增上在线监测设施；乙烯“三机”连续运行 771 天，创国内先进水平。认真筹备 2020 年大检修工作，推行项目化管理模式，第 1 批和第 2 批检修计划全部下达，完成长周期设备订货、主体施工承包商招投标、重点施工项目双向交底等准备工作。设备运行可靠度明显提升，获全国石油化工企业设备管理创新示范单位称号。

（任丽娜）

【优化生产增效显著】 2019 年，中韩石化克服装置处于长周期运行末期的不利影响，多措并举优化运行，抢抓市场有利机遇，努力增产增效。优化原料采购，紧盯国际原油市场价格走势，首次实现原油顺序输送。积极推动沿江区域资源优化，高质量保供乙烯原料，乙烯、“双烯”、高附收率均创历史最高。优化产品结构，炼油以“增汽航，减柴焦，优化化工轻油，提高轻烃利用”为导向，大力增产汽油、航煤，降低柴汽比，汽油、航煤产量创历史最好水平。化工全年生产乙烯 88.9 万吨，生产环氧乙烷产品超 17 万吨，均达投产以来最好水平；贴近市场生产树脂新产品和专用料 63.4 万吨，占比 63%。持续推进全流程优化增效，依托中国石化、SK 母体公司开展优化工作，成立 4 个优化攻关小组，设立 43 项优化目标，完成 29 项，降本增效 7 110 万元。

（任丽娜）

【全价值链管理取得实效】 2019 年，中韩石化以年度成本费用指标为管控目标，持续推进全员全价值链管理。针对生产主要成本费用，实施挖潜措施 42 项，完成 17 项。物资采购通过配件国产化、备件改代利库等手段，节约采购资金。强化资金运营管理，灵活使用金融工具，提高资金使用效率，节约资金成本 4 453 万元。积极落实税收优惠政策，收回财政补贴资金，全年收益 1.9 亿元。加大低效、无效、负效资产清查处置，盘活存量资产，收回资金 1.18 亿元。

（任丽娜）

【科技创新成果丰硕】 2019 年，中韩石化大力开发新产品，开发新产品 8 个，创效 1.7 亿元；开发新型防水卷材高端专用料，主要性能达到进口产品标准，发布后获广泛好评。向国家知识产权局申报专利 15 件、软件著作权 1 项，炼油科技创新应用项目“硫黄回收克劳斯尾气一体化电化学氧化配合吸收及再生超洁净排放技术开发及应用”获武汉市首届职工创业创新大赛一等奖，乙烯 5 项科技项目通过总部验收，其中国家重点项目——高端聚乙烯树脂产品的开发，填补国内空白；参与的“绿色高效百万吨级乙烯成套技术”获集团公司科技进步特等奖。

（任丽娜）

中韩石化生产的 TPO 防水卷材应用在乙烯中控室屋顶

【“两化”融合稳步推进】 2019 年，中韩石化积极推进信息化与工业化深度融合，完成炼油“智能工厂”建设规划方案，实现消除 80% 信息孤岛的目标。按照“依法合规、同步推进、平稳过渡、整合提升”原则开展武汉炼化一体化合资信息系统整合工作。深化应用创新创效第一阶段行动顺利收官，推进智能巡检系统升级，实现“五位一体”巡检；实时数据深化应用，在生产调度指挥、装置管理等层面成功实践，得到总部的肯定和推广；推行电子考勤系统，STPP、2# 焦化等装置投用先进过程控制系统，积极探索智慧工地建设，苯乙烯装置实现数字化交付，“智能工厂”建设方向进一步明确。

（任丽娜）

【炼化一体化合资顺利完成】 2019 年，中韩石化贯彻落实集团公司关于一体化合资项目的决策和部署，精心组织，科学统筹，强力推进，4 月 29

日，股东各方和中韩石化就武汉炼化一体化合资项目签署合资合营合同、增资协议、资产整体转让协议和公司章程。5月31日，中韩石化完成工商变更登记。6月6日，在国务院国资委完成中韩石化国有产权变更登记备案。6月14日，完成商务部备案和安全生产许可证变更。7月1日开始并表运行。合资后依据“三重一大”实施细则和公司章程及时调整公司决策模式、议事规则、职责分工等工作，按照“三整合一分区”（机构整合、制度整合、管理整合，生产运行管理分区）的思路，整合设置14个职能部门、6个业务中心和12个运行部，减少职能部门6个、业务中心2个，公司机构进一步精简。

（任丽娜）

【积极推进重点项目建设】 2019年，中韩石化全力推进炼油结构调整和乙烯脱瓶颈改造两大项目，取得阶段性成果。70万吨/年气分装置、30万吨/年离子液烷基化装置分别于12月8日和2020年1月19日产出合格产品；航煤穿江管线成功投用；国家应急救援基地建成中交；280万吨/年催化装置基础设计获批。新建2.7万吨/年裂解汽油抽提项目一次开车成功，7月15日产出合格产品。乙烯110万吨/年脱瓶颈改造项目统筹推进，完成总体进度的33.41%；32个主项基础设计全部获批，完成28个主项详细设计，17个主项已经开工；长周期、次长周期设备订货全部完成；配套工程同步推进，10#泊位现场施工已完成总体进度的50%。

（任丽娜）

【做实事解难事建设“幸福工厂”】 2019年，中韩石化按照2019年“幸福工厂”建设方案，积极为员工办实事解难事，员工获得感进一步提高。举办武汉石化第12届暨中韩石化第1届职工运动会，2 800余名员工和家属参加；组织开展健步行、迎春趣味闯关等活动。成立食堂管理委员会，就餐满意度大幅提升；提升完善工装清洗服务；增配公共单车100辆；乙烯通勤车车棚建成投用；首个母婴室投入使用；更新投用5辆通勤车。首次开展肿瘤标志物筛查，EAP服务进一步贴近基层、贴近员工，员工身心健康同步关怀。组织离退休职工开展文娱活动3 000余人次。

（任丽娜）

表1　中韩石化主要技术经济指标①　亿元

指标名称 \ 年份	2019	2018	2017	2016	2015	2014
原油加工量/万吨	411.95	—	—	—	—	—
工业总产值	311.43	170.97	161.24	117.18	139.70	182.70
资产总值	269.03	153.63	152.34	161.75	170.72	187.13
资产负债率/%	55.92	15.19	26.09	46.50	57.47	70.20
销售收入	310.16	171.33	161.39	117.03	140.77	183.65
利　润	8.91	25.05	36.43	20.72	22.56	1.83
上缴税金	26.94	16.59	20.11	11.39	14.58	5.13
综合能耗/吨标煤·万元$^{-1}$	0.785	1.69	1.69	1.74	1.72	1.71

① 2019年7月1日，中韩石化一体化合资公司开始并表运营后，原武汉分公司、武汉资产分公司炼油生产经营相关业务并入中韩石化

表 2　　中韩石化主要产品产量[①]　　万吨

产品名称＼年份	2019	2018	2017	2016	2015	2014
汽　油	94.19	—	—	—	—	—
柴　油	125.44	—	—	—	—	—
航　煤	53.15	—	—	—	—	—
化工轻油	86.99	—	—	—	—	—
燃料油	2.46	—	—	—	—	—
液化气	16.75	—	—	—	—	—
硫　黄	2.99	—	—	—	—	—
焦　炭	29.23	—	—	—	—	—
丙　烷	0.28	—	—	—	—	—
环氧乙烷	17.05	16.55	15.32	12.14	13.68	13.79
乙　烯	88.95	88.40	86.70	72.89	85.34	83.09
丙　烯	50.55	46.20	45.65	37.78	43.05	43.33
1- 丁烯	3.08	2.93	3.61	2.63	2.53	3.09
丁二烯	12.77	12.12	12.91	10.57	10.84	11.33
异戊二烯	1.37	1.48	1.56	1.31	1.45	1.17
间戊二烯	1.17	1.48	1.41	1.37	1.59	2.10
双环戊二烯	0.76	1.12	1.10	1.00	1.09	1.04
苯	17.77	16.67	16.49	14.08	18.07	17.56
甲　苯	8.17	8.14	8.43	6.49	8.18	8.38
二甲苯	4.31	5.80	6.28	5.61	6.10	6.26
甲基叔丁基醚	9.76	7.49	8.38	7.30	6.96	7.31
高密度聚乙烯	29.82	29.59	28.83	24.30	27.74	26.59
线型低密度聚乙烯	30.04	30.98	30.17	26.56	30.53	31.21
聚丙烯	47.47	39.79	41.47	34.41	40.84	41.08
乙二醇	19.61	20.45	21.87	18.70	22.66	23.33

① 2019 年 7 月 1 日中韩石化一体化合资公司开始并表运营后，原武汉分公司、武汉资产分公司炼油生产经营相关业务并入中韩石化

巴陵石化

【概述】 中国石油化工股份有限公司巴陵分公司（简称巴陵分公司）和中国石化集团资产经营管理有限公司巴陵石化分公司（简称巴陵资产分公司）统称巴陵石化，位于湖南省岳阳市云溪区和岳阳楼区，紧邻京广铁路、京广高铁、107国道、京珠高速和随岳高速，西靠洞庭，北倚长江，厂区总面积9.45平方千米，是一家大型石油化工、煤化工联合企业，是国内最大的锂系橡胶、己内酰胺生产企业和重要的环氧树脂生产基地。

巴陵石化下辖炼油部、橡胶部、树脂部、己内酰胺部、煤化工部等10个直属单位，以及合资企业浙江巴陵恒逸己内酰胺公司。固定资产原值185亿元，净值85亿元；有在册员工9 481人（在岗7 049人）、离退休10 321人；有主要生产装置49套，配套建有2个区域热电中心、3个污水处理中心等公用工程。分为5条产品链，上市部分包括煤化工和己内酰胺。其中，煤化工产品链有日投煤2 000吨煤气化（年产氢气10万吨）、42万吨/年合成氨、26万吨/年双氧水等装置；己内酰胺产品链有年产50万吨己内酰胺（含合资企业20万吨）、5.3万吨聚酰胺、45万吨环己酮、80万吨硫铵等装置。未上市部分包括炼油、合成橡胶和环氧树脂。其中，炼油产品链有年综合加工能力200万吨炼油，年产12万吨苯乙烯、6万吨聚丙烯、6万吨MTBE等装置；合成橡胶产品链有年产20万吨SBS、5万吨SEBS、4万吨SIS、2万吨SEPS、3万吨SSBR等装置；环氧树脂产品链有年产10万吨环氧树脂、9万吨烧碱、3.2万吨氯丙烯、2.8万吨氯丙烷等装置。

截至2019年底，巴陵石化获得国家科技进步一等奖、国家技术发明一等奖各1项，国家科技进步二等奖6项，累计获得国家、省部级科技进步奖136项，拥有授权专利405件。SEBS成套技术开发等项目被列入“863”计划，SIS、SEBS被评为国家重点新产品，SBS、己内酰胺、环氧树脂等一批产品被评为国家级新产品。锂系橡胶规模亚洲第一、世界第二，生产技术及其催化剂综合技术居世界先进水平，品种牌号国内最全，质量最好；己内酰胺规模为国内最大，掌握了以环己酮氨肟化、磁稳定床精制为核心的绿色生产成套技术；环氧树脂具有成龙配套优势；煤化工开发了多元配煤工艺技术。

2019年，巴陵石化产品总量达474万吨，实现营业收入266亿元，上缴税费25亿元。

巴陵石化主要技术经济指标和主要产品产量分别见表1和表2。

（陈 搏 李 建）

【领导班子调整】 2019年3月，经集团公司党组研究并征得中共湖南省委同意，决定免去阳忠的巴陵分公司党委副书记、委员、纪委书记职务，不再担任巴陵分公司工会主席职务，另有任用。4月，经集团公司党组研究，并征得中共湖南省委同意，决定谢莉任巴陵分公司党委副书记兼纪委书记，为巴陵分公司工会主席人选。7月，鉴于年龄原因，经集团公司党组研究并征得中共湖南省委同意，皮明生不再担任公司总会计师职务。10月，经集团公司党组研究并征得中共湖南省委同意，胡腾飞担任公司总会计师职务。

（陈 搏）

【扎实开展“不忘初心、牢记使命”主题教育】 巴陵石化紧扣学习贯彻习近平新时代中国特色社会主义思想这一主线，贯彻“守初心、担使命，找差距、抓落实”的总要求，坚持以上率下、精心组织、务求实效，两级党委中心组集中学习研讨147次，处级以上党员干部调研129次，整改落实各类问题463个，党支部为职工群众办实事解难题450件。举办“牢记初心使命、建设一流企业”主题党日活动，回顾建厂50周年奋斗历程，表彰了一批先进人物和一线倒班职工代表。通过主题教育，广大党员干部进一步增强“四个意识”、坚定“四个自信”、做到“两个维护”，对把党的初心和使命落实到实践中的自觉性更加坚定，为推进企业改革发展注入了强大力量。巴陵石化主题教育被集团公司党组巡回指导组评定为A档。

（陈 搏）

【积极接受党组常规巡视】 巴陵石化把迎接配合巡视作为重要政治任务，认真完成党组第一巡视组交付的各项工作。同时，配合做好原总经理李大为离任经济责任审计相关工作。巴陵石化坚持立行立改、举一反三，将问题整改转化为改革发展成效。广大党员干部在巡视和审计中，进一步提高了政治站位，展现了良好风貌。

（陈　搏）

【己内酰胺搬迁升级项目签订入园协议和补偿框架协议】 2019 年 12 月 5 日，巴陵石化与岳阳市签订《中国石化巴陵石化公司己内酰胺产业链搬迁与升级转型发展项目入园协议书》《中国石化巴陵石化公司己内酰胺产业链搬迁与升级转型发展项目补偿框架协议》，湖南省副省长陈飞、中国石化高级副总裁雷典武，岳阳市、巴陵石化主要负责人等参加签约仪式。同年 5 月 20 日，湖南省将己内酰胺产业链搬迁与升级转型发展项目列入省重点建设项目。

（陈　搏）

【上市、未上市部分均实现盈利】 2019 年，巴陵石化产品总量达 482 万吨，实现营业收入 266 亿元。公司整体盈利 7 192 万元，完成总部下达的效益指标，其中上市部分盈利 52 万元、未上市部分盈利 7 140 万元。

（陈　搏）

【生产运行取得新提高】 2019 年，巴陵石化全年未发生上报安全事故，连续 5 年获评中国石化安全生产先进单位，连续 7 年获评湖南省安全生产先进单位。全年生产炼油产品 179 万吨、化工产品 401 万吨（含巴陵恒逸 50% 权益产量 106 万吨），其中合成橡胶 31.5 万吨、环氧树脂 9.6 万吨，己内酰胺日产量提升至 900 吨以上，煤气化装置实现 B 级联运 226 天，均刷新历史纪录。

（陈　搏）

【经营运作取得新提升】 2019 年，巴陵石化克服国庆、军运会等特殊时期影响，保证了原料稳定供应。狠抓采购降本，加强分析检验和途耗管理，采购低价优质海洋油 68.9 万吨，实现大宗化工原料、煤炭、化工辅料、一般物资等采购降本 1.03 亿元。坚持稳住主渠道、开发新客户，推动产品全产全销，环氧树脂销量同比增长 4.9%、连续 9 年保持增长，合成橡胶销量增长 10.5%，出口产品 3 万吨、增长 4.6%。组建产供销联合工作小组，销售医用 SEBS、美缝剂用树脂等 8 类新产品 1.3 万吨，创效 3 028 万元。

（陈　搏）

【项目发展取得新突破】 2019 年，巴陵恒逸己内酰胺扩能改造项目二期顺利投产，年产 5 万吨 SEBS 新装置完成桩基和基础施工，公司生产运营指挥中心投入运行，年产 2 万吨 SEPS 装置建设项目获集团公司优质工程奖。在总部的指导下，与上海石化一道，推进华东地区弹性体新材料项目；福建己内酰胺项目纳入古雷炼化一体化项目二期。

（李　建）

【科技创新取得新进展】 2019 年，巴陵石化浆态床双氧水工业示范装置一次开车成功，医用 SEBS 材料成功替代进口，2 个项目顺利“出龙”。环保型环氧氯丙烷新工艺、年产 30 万吨氨肟化己内酰胺成套技术具备工业化应用条件。开发新产品新牌号 16 个，生产 1.3 万吨，顶替进口 3 500 吨。申请专利 44 件（其中发明专利 39 件），获授权专利 28 件（其中发明专利 23 件）。

（李　建）

【内部改革取得新成效】 2019 年，巴陵石化有序推进物业、供暖市场化改革，督促推进“三供”业务分离移交改造，撤销驻京办、驻长办，深入开展改革“回头看”，大力推进“三项制度”改革，成立电气中心、造价中心，实施无线通信设备集中管理，完成工程建设质监系统改革。

（陈　搏）

【党的建设取得新进步】 2019 年，巴陵石化认真落实全面从严治党责任，制定公司《加强党的政治建设细化措施和责任分工》，抓好党委中心组学习，坚持“三会一课”制度，推动党的政治建设落到实处。实施组织力提升工程，抓实“一岗双责”，开展“双示范”创建，推动党支部建设与“三基”工作相融互促。坚持班子带头、以上率下，公司上下逐步形成思想同心、目标同向、行动同步的良好氛围。落实意识形态工作责任制，开展传承石油精神、弘扬石化传统教育，深入学习陈俊武院士先进事迹，凝聚正能量。完善“大监督”工作格局，逐级建立责任区409个，“两个责任”不断压实。

（陈　搏）

【总部批复同意设立巴陵石油化工有限公司】 2019年12月31日，中国石化批复同意巴陵石化重组上市与未上市部分，按照股份公司股比55%、资产公司股比45%的方式，设立巴陵石油化工有限公司。

（李　建）

【获多项荣誉】 2019年，巴陵石化获评中国石化2018年度安全生产先进单位、中国石化2018年度财务管理先进单位、中国石化网络安全管理A级企业、中国石化2018年度炼化企业创效进步优胜单位、中国石化2018年度合成材料产品结构调整优胜单位。职工书屋获全国工会最美职工书屋称号。橡胶部被授予中央企业先进集体称号；树脂部实验室获中国石化工人先锋号称号。总经理李德刚被授予湖南省五一劳动奖章，己内酰胺部己内酰胺车间运行二班班长赵进被授予湖南省实体经济企业优秀班组长称号。

（李　建）

【内外环境不断改善】 2019年，巴陵石化积极开展“建功新时代、建设新巴陵”劳动竞赛，举办“与共和国同行”全国职工主题阅读专场活动，构建“四建两访”帮扶工作体系，为连续生产倒班岗位设置茶水角，提高体检标准，开展“青春心向党、建功新时代”系列活动，有效发挥群团作用。持续加强离退休工作，保障老同志政治和生活待遇。抓实信访维稳工作，保持企业稳定、队伍稳定。解决“马路工厂”全封闭问题，扎实推进“厂中村”拆迁，协调云溪区公交正式开进社区，抓好改制企业协调，多维度对驻点村开展扶贫，企地合作不断深化。

（陈　搏）

表1　巴陵石化主要技术经济指标[1]　亿元

指标名称　　年份	2019	2018	2017	2016	2015	2014
原油加工量/万吨						
巴陵资产分公司	189.18	195.60	162.18	178.99	180.37	159.72
工业总产值						
巴陵分公司	39.25	49.12	38.94	29.98	31.11	46.47
巴陵资产分公司	166.42	180.34	142.98	125.07	129.00	152.41
炼　油						
巴陵资产分公司	96.29	97.51	75.49	71.31	70.10	82.75
化　工						
巴陵分公司	30.33	43.47	31.21	23.25	26.46	39.37
巴陵资产分公司	70.13	82.83	67.49	53.76	58.90	69.65
化　肥						
巴陵分公司	8.92	5.65	7.73	6.73	4.65	7.11

续表

指标名称 \ 年份	2019	2018	2017	2016	2015	2014
工业增加值						
巴陵分公司	4.12	3.94	−0.24	−1.08	−1.95	−1.61
巴陵资产分公司	39.98	44.86	39.28	45.56	51.71	35.42
资产总计						
巴陵分公司	42.50	37.85	31.72	30.16	41.17	44.27
巴陵资产分公司	61.62	56.90	63.69	54.22	48.53	65.14
流动资产						
巴陵分公司	3.91	4.95	3.25	4.13	3.34	4.84
巴陵资产分公司	20.99	16.21	24.28	14.82	9.38	14.97
固定资产原值						
巴陵分公司	76.73	75.02	70.58	70.51	70.00	69.15
巴陵资产分公司	107.84	104.26	100.89	99.50	98.25	95.41
固定资产净值						
巴陵分公司	37.02	35.79	31.72	31.67	33.18	34.39
巴陵资产分公司	47.96	47.22	46.77	47.10	49.15	48.22
销售收入						
巴陵分公司	96.74	109.16	94.43	73.10	33.84	47.76
巴陵资产分公司	169.53	185.40	147.07	130.60	134.04	160.17
实现利税						
巴陵分公司	0.88	1.83	−1.22	−20.72	−7.53	−7.56
巴陵资产分公司	23.65	29.33	24.39	31.68	37.35	19.13
税　金						
巴陵分公司	0.87	1.53	0.56	0.57	0.16	0.17
巴陵资产分公司	22.94	28.31	22.93	28.11	34.24	25.90
能耗 / 吨标煤 · 万元 $^{-1}$						
巴陵分公司	2.37	2.32	2.46	2.61	2.62	2.56
巴陵资产分公司	0.77	0.77	0.82	0.81	0.80	0.83

① 数据不含混合所有制企业

表 2　巴陵石化主要产品产量　万吨

产品名称 \ 年份	2019	2018	2017	2016	2015	2014
巴陵资产分公司						
汽油组分油	45.83	46.66	37.57	43.38	42.71	29.74
柴油组分油	49.94	48.98	43.11	48.29	45.03	11.67
燃料油	3.19	2.87	2.56	3.01	12.66	50.15
石脑油	22.67	27.68	20.32	17.77	15.39	24.99
液化气	16.23	18.64	14.01	18.36	19.60	16.70
干　气	4.32	4.88	4.23	3.70	2.69	2.90
丙　烯	9.25	10.21	8.01	9.23	9.26	7.97
溶剂油	—	—	0.51	1.60	3.33	3.27
合成橡胶	31.54	28.28	25.27	26.16	25.34	24.81
SEBS 热塑弹性体	7.26	6.58	5.17	4.49	17.96	18.10
环氧树脂	9.55	9.33	9.21	7.94	6.50	5.85
环己酮	9.99	11.05	10.00	11.14	10.91	11.29
烧　碱	9.43	8.58	7.45	7.73	7.46	7.22
盐　酸	1.01	0.68	0.41	0.74	1.05	3.85
液　氯	7.99	7.43	6.45	6.48	6.19	11.47
聚丙烯	5.52	6.73	5.40	6.06	6.60	5.39
氯丙烯	3.11	3.62	3.55	3.62	3.03	3.47
环氧氯丙烷	2.70	2.62	2.22	1.81	2.31	1.22
巴陵分公司						
合成氨	29.47	28.37	28.70	35.02	35.99	35.78
己内酰胺	26.49	28.22	23.49	24.76	22.87	27.09
尼龙 6 切片	11.04	10.53	4.93	4.60	3.98	4.69
硫酸铵	36.12	39.95	32.98	33.95	32.08	38.04
环己酮	12.78	11.25	8.54	8.41	7.38	8.23
双氧水	23.51	28.35	24.24	25.75	18.23	23.53

长岭炼化

【概况】 中国石油化工股份有限公司长岭分公司（简称长岭分公司）和中国石化集团资产经营管理有限公司长岭分公司（简称长岭资产分公司）统称长岭炼化，坐落在湖南岳阳风景秀丽的洞庭湖畔，北临长江，南靠京广铁路，与武广高速铁路、107 国道、京珠高速公路相邻，水陆交通便利。长岭炼化前身为长岭炼油厂，始建于 1965 年，1971 年 5 月建成投产。2000 年 4 月，按照集团公司整体重组改制的要求，炼油主业部分重组改制为长岭分公司，存续部分改制为中国石化集团长岭炼油化工有限责任公司（简称长岭炼化公司）。2007 年 5 月，按照体制转换的要求，长岭炼化公司改制为长岭资产分公司。截至 2019 年底，长岭炼化有正式员工 3 489 人，其中长岭分公司 2 417 人、长岭资产分公司 1 072 人。

长岭炼化拥有炼油化工生产装置 35 套，原油加工能力 800 万吨 / 年，拥有 13 万吨 / 年聚丙烯、20 万吨 / 年改性沥青、10 万吨 / 年乳化沥青、10 万吨 / 年环氧丙烷生产能力，是中南地区重要的石油化工产业基地。主要生产汽油、柴油、航煤、石脑油、液化石油气、“三苯”、沥青、环氧丙烷、乙酸酯等 60 余种产品，有 17 种产品获省部级以上优质产品称号，其中出口轻柴油和 6# 抽提溶剂油获国家金质奖，石油甲苯、二甲苯和 120# 溶剂油等产品获国家银质奖。“东海”牌改性沥青铺上了奥运会国家体育场鸟巢的主跑道；高铁专用乳化沥青成功应用于武广高铁建设，实现高铁专用乳化沥青的国产化，打破日本、德国的垄断。10 万吨 / 年双氧水法制环氧丙烷装置，拥有完全自主知识产权，打破国外技术垄断，填补国内空白。

2019 年，长岭炼化共加工原料油 885.1 万吨，生产高标号汽油 84.8 万吨、航煤 98 万吨，创历史最好水平，实现炼油盈利 6.07 亿元；生产环氧丙烷 2.9 万吨、乙苯 8.04 万吨，实现化工盈利 524.5 万元。

长岭分公司主要技术经济指标及主要产品产量分别见表 1 和表 2。

（李　晓　邵昌睿）

【领导班子调整】 2019 年 4 月 9 日，长岭炼化召开班子（扩大）会，集团公司人事部领导宣读集团公司党组调整长岭炼化领导班子决定：聘任赵国平为长岭分公司副总经理、总会计师，任长岭炼化董事会董事，中共长岭炼油化工有限责任公司委员会委员。10 月 29 日，集团公司召开视频会宣布长岭炼化领导班子调整决定：王妙云任长岭炼化董事长，分公司代表、党委书记；刘百强任长岭炼化副董事长、总经理、党委副书记。

（李　晓　邵昌睿）

【主题教育走深走实】 2019 年，长岭炼化扎实推进“不忘初心、牢记使命”主题教育，制订实施方案及工作清单，明确从党委班子成员到普通党员 4 个层面的工作任务及具体要求，聚焦“建设优秀企业”目标，结合企业改革发展实际，将主题教育各项工作表单化、具体化；抓好主题教育的统筹协调、宣传报道、提炼汇报，对 29 家基层单位党组织、143 个基层党支部全覆盖指导，确保主题教育扎实有序推进。长岭炼化主题教育得到中国石化党组巡回指导组的充分肯定。

（李　晓　邵昌睿）

【喜迎祖国七十大庆】 2019 年，长岭炼化美化亮化地区环境，营造喜迎国庆浓厚氛围，积极组织红歌会、书画展、座谈会等活动，组建合唱队，一曲《我为祖国献石油》获湖南省“我和我的祖国　湖南百万职工同声唱”总展演人气金奖。开办“壮丽七十年　奋斗新时代”“我和我的祖国”等栏目，组织系列深度报道，系统回顾公司改革发展成就，刊发员工见证祖国发展变化的所见所感，激发干部职工家国情怀。积极做好对外宣传报道，展示发展成就，宣传企业良好形象，专题报道《长炼：洞庭明珠辉映江南》累计传播过百万人次，社会影响得到较大扩展。

（李　晓　邵昌睿）

【生产经营稳中有进】 2019 年，面对复杂的市场环境和严峻的外部形势，长岭炼化全体干部员工传承苦干实干优良传统，坚持真抓实干良好作风，强化资源统筹，仪长原油线首次实现原油顺序输送；强化平稳操作，组织全流程和能量平衡标定，初步构建装置运行量化评价体系；强化优化调整，完成 11 套装置停工消缺；强化重点突破 100 万吨 / 年重整项目、长岭炼化—黄花机场航煤管线项目、码头提质改造项目稳步推进；强化精益管理，节能、工艺、质量等管理成效明显，生产经营各项工作扎实有序开展。全年加工原料油 885.1 万吨，实现销售收入 449 亿元，上缴税收 92.6 亿元，较好完成年度目标任务。

（李　晓　邵昌睿）

【安全生产态势平稳】 2019 年，长岭炼化安全生产实现“四无”目标，为生产经营创效奠定坚实基础，提供有力保障。建体系，抓落实，完成 HSSE 管理手册编制和 87 项管理制度承接；控风险、除隐患，建立十大风险清单；盯现场、严管理，落实集团公司“十项措施”要求；抓关键、提质量，推进 3 年环保行动计划、绿色企业创建和“两特两重”升级；夯基础、强素质，做好职业健康管理。全年事故总数和未遂事故均呈下降趋势，未发生上报集团公司级及以上事故，各项安全环保考核指标全面完成，被评为湖南省安全生产工作先进单位。

（李　晓　邵昌睿）

【绿色发展成效显著】 以创建绿色企业、推进长江大保护为抓手，深入推动 3 年环保行动计划。落实“一方案、两清单”，加大工作考核力度，加快环保治理建设。积极推进长江大保护，主要领导带队开展专题调研，形成整体整治方案，实施锅炉燃气化改造、沥青烟气集中回收治理、罐区污水喷淋水回收治理改造等一批环保提质改造项目。实施岸线“复绿”工程，开展“堤边保洁”等志愿活动。召开绿色企业创建启动会，发布绿色企业行动计划，制订实施方案、项目清单，落实任务，持续提升清洁生产水平。举办“同建绿色企业，共享碧水蓝天”知识竞赛，环保理念更加深入人心。

（李　晓　邵昌睿）

【深化改革激发活力】 深化国企改革，激发内生活力，加快“瘦身健体”，重塑管理流程，企业效率效能持续提升。“三定”改革持续深化，加强政策宣讲宣贯，做好员工思想沟通，减员工作成效明显，截至 2019 年底，长岭炼化用工总量 3 489 人，在岗员工减少 383 人。分离移交工作取得实质突破，供水、供电分离移交全面完成，供气改造接近尾声，物业及供暖市场化改革工作全面实施，市政、社区移交改造全面启动。

（李　晓　邵昌睿）

【科技生产紧密结合】 2019 年 10 月 19—20 日，长岭炼化邀请众多知名院士、专家学者汇聚一堂，聚焦“转型升级与企业发展”主题，学习交流石化行业的前沿科技，思考探讨石化产业实现可持续发展、迈向高质量发展的理念路径。聚焦生产经营需要开展科技攻关，构建科研管理体系，完善科研流程，规范课题管理，确保课题立项与实施质量，助推转方式调结构、提质增效。成立科技管理委员会、技术管理委员会，修订《长岭炼化科技创新项目管理办法》，建立专家评审机制，探索课题长制，有效提高科研课题质量，取得一批新的科研成果。其中，油浆膜过滤装置实现长周期运行并通过总部评议；自主开发的“重整生成油 FITS 加氢脱烯烃技术”在石化系统推广；国产液力透平在渣油加氢装置的成功应用获中国石化首次实施新技术奖励；“化工工艺本质安全化关键技术”获中国石化科技进步一等奖。

（李　晓　邵昌睿）

【企业管理不断加强】 以建设优秀企业目标引领，持续加强理念宣贯，全面推动措施落地，各专业管理水平稳步提升。财务管理聚焦提质增效、降本减费等关键环节积极推进财务转型；设备管理以风险管控为核心，推进设备完整性体系建设为抓手，针对关键要素开展工作；工艺管理积极推进信息化、智能化建设，对操作管理系统进行深度优化，取得初步成效。人才强企工程稳步推进，召开人才强企工程推进会、科技人才和高层级人才座谈会等一系列会议，明确人才强企目标方向和实施路径，制订实施方案，出台支撑制度，推动人才强企工程落地，完善高层级人才绩效考核办法，加大年青人才培养使用力度，创新“炼塔杯”技术比武，为建设优秀企业提供强有力的人才保障。

（李　晓　邵昌睿）

【党建质量稳步提升】 坚持“融入中心、进入管理、迸发活力”，以价值导向为准则，以年度思想政治工作方针目标展开图为蓝本，持续推动党建深度融入中心工作；紧盯党支部建设，大抓基层党建，发布《党支部工作作业指导书》，开展创建“双示范”党支部、深化“一支部一品牌”活动、党建知识晨分享等，持续推动党建工作质量提升；以“一人一事”思想政治工作为着力点，掌握员工思想动态，做好思想教育、文化引领，营造严肃活泼的工作氛围。深入“反四风”，构建常态化反腐机制，开展“讲规矩、守纪律、重执行”教育，落实廉洁提醒，全面加强监察，营造了风清气正的政治生态。

（李　晓　邵昌睿）

【关爱员工彰显担当】 致力为职工群众办实事、做好事、解难事，2019 年，持续开展困难救助、金秋助学、为高考学子赠书赠箱、为退休职工赠送影集、为一线员工送清凉、送温暖等活动，推动工作餐就餐模式改革、工装集中清洗，组织职工“健步走”，长岭炼化工会被定为全总基层联系点。积极践行国家脱贫攻坚战略部署，做好对口帮扶点脱贫工作，派遣干部驻点，领导结对帮扶，开发扶贫产业，开展消费扶贫，购买黄桃等产品为员工送温暖，对口单位平江县三里村贫困率降低至 0.31%，公司驻点扶贫干部被评为感动石化人物。

（李　晓　邵昌睿）

表 1　　长岭分公司主要技术经济指标　　亿元

指标名称＼年份	2019	2018	2017	2016	2015	2014
原油加工量 / 万吨	743.91	752.12	606.11	660.55	696.33	639.36
工业总产量	448.93	475.92	333.57	329.72	357.28	392.81
炼　油	441.27	466.29	327.45	316.29	348.14	382.82
化　工	7.65	9.62	6.12	8.79	9.15	9.99
工业增加值	133.02	145.82	117.05	142.75	123.17	69.20
资产总计	81.56	79.91	92.89	87.18	86.12	90.16
流动资金	15.88	17.03	25.56	18.45	16.09	18.52
固定资产原值	123.61	123.27	123.54	120.19	117.40	110.83
固定资产净值	48.38	53.25	58.55	60.05	62.99	61.35
销售收入	445.24	480.07	332.72	329.99	356.02	393.47
实现利税	97.26	121.02	95.32	112.27	94.63	54.16
税　金	92.53	104.44	84.56	99.83	97.52	66.01

表 2　　长岭分公司主要产品产量　　万吨

产品名称＼年份	2019	2018	2017	2016	2015	2014
汽　油	280.12	278.61	220.76	239.73	228.33	199.02

续表

产品名称 \ 年份	2019	2018	2017	2016	2015	2014
柴 油	219.22	221.37	193.40	258.99	287.41	243.25
航 煤	98.85	82.43	64.36	63.35	51.69	38.98
商品液化气	67.12	68.88	56.40	60.35	54.03	41.51
重 油	0.13	0.49	1.05	0.78	1.69	1.85
石油焦	31.18	34.15	31.19	33.05	34.56	29.68
三 苯	19.29	26.14	20.88	20.86	22.35	14.31
溶剂油	—	—	0.08	1.19	2.73	2.28
聚丙烯	13.22	13.77	7.90	14.31	13.88	10.93
工业硫黄	5.58	5.87	4.73	5.08	4.48	4.49
沥 青	10.69	6.98	9.52	5.62	5.84	3.21

仪征化纤

【概况】 中国石化仪征化纤有限责任公司（简称仪化有限公司）和中国石化集团资产经营管理有限公司仪征分公司（简称仪征资产分公司），统称仪征化纤，位于江苏省仪征市，占地10平方千米。其前身为仪征化纤工业联合公司，于1978年筹建，1981年设立，1993年进行股份制改组，分为上市部分（仪征化纤股份有限公司）和非上市部分（仪化集团公司）。1997年加入东联集团，1998年整体加入集团公司。2000年，仪征化纤股份有限公司更名为中国石化仪征化纤股份有限公司，成为股份公司的控股子公司。2006年，仪化集团公司进行体制转换，更名为中国石化集团资产经营管理有限公司仪征分公司。2014年，中国石化仪征化纤股份有限公司进行重大资产重组，成为股份公司的全资子公司。2015年4月，更名为中国石化仪征化纤有限责任公司。

仪化有限公司定位中国石化中高端聚酯生产基地和特种纤维生产基地。拥有100万吨/年PTA产能，240万吨/年聚酯产能（含聚酯切片、短纤、中空、瓶片），高性能聚乙烯纤维产能3 300吨/年、对位芳纶产能1 000吨/年及MAH产能10万吨/年。聚酯产品差别化率达99%以上，质量整体处于国内领先地位，其中涤纶短纤产销量全球第一。高性能聚乙烯纤维和对位芳纶为完全自主知识产权，高性能聚乙烯纤维采用国内唯一干法工艺技术。

仪征资产分公司下属PBT部、仪化东丽公司、仪化博纳公司3个生产单位和离退休管理中心。PBT部主要产品为工程塑料（PBT），产能16万吨/年；仪化东丽公司是资产公司和日本东丽各以50%股权合资设立，主要产品为聚酯薄膜，产能4.5万吨/年；仪化博纳公司是资产公司与英国博纳公司以40%∶60%股权设立，主产品为聚丙烯织物和人造草坪纱，产能1亿米^2/年。

仪征化纤实行一体化管理，下设16个二级单位（含2个合资企业）、3个直属机构和13个机关处室。截至2019年12月底，2个公司用工总量7 396人，其中在岗职工6 203人。

仪征化纤主要技术经济指标和主要产品产量分别见表1和表2。

（黄 斌）

【领导班子调整】 2019 年 12 月，股份公司发文决定：杨勇、毛绪国任仪化有限公司副总经理；解聘张忠安的仪化有限公司副总经理职务，任调研员；同意卢立勇辞去仪化有限公司调研员职务。2019 年 12 月 16 日，集团公司党组发文决定：郭晓军任中共中国石化仪征化纤有限责任公司委员会副书记（兼）。股份公司发文决定：郭晓军任仪化有限公司总经理，解聘万涛的仪化有限公司总经理职务（仍任执行董事）。

（黄　斌）

【扎实开展"不忘初心、牢记使命"主题教育】 2019 年，仪征化纤党委聚焦"不忘初心、牢记使命"主题教育主线，把握总要求，突出学习教育求深、调查研究求实、检视问题求准、整改落实求严，确保主题教育全覆盖、高质量、有成效。坚持以学习贯彻习近平新时代中国特色社会主义思想为主线，持续跟进学习党中央大政方针和集团公司决策部署，及时学习宣传十九届四中全会精神，注重个人自学、集中学习、专题研讨有机融合、递进深化，促进党的科学理论在广大党员内心深处扎根。聚焦重点关键问题，两级班子深入市场和现场，开展专题调研 202 次，形成调研报告 69 份，制定改进措施 297 项，推动调研成果转化为破解难题的实招硬招。坚持把"查、改"贯穿始终，组织深入检视剖析，上下联动开展专项整治，深挖根源、列出清单、销项管理，公司上下共查改各类问题 526 项。公司 2 批主题教育总体评价满意率分别达 100% 和 99.8%。

（黄　斌）

【接受党组巡视抓实问题整改】 2019 年 6 月，集团公司党组对仪征化纤开展专项巡视，9 月正式反馈巡视意见，指出公司存在的问题。公司党委自觉接受政治体检，研究制订巡视整改落实工作方案，明确整改落实的任务书、时间表，逐条分解到班子成员、责任部门和责任人，召开党委常委会、巡视整改领导小组会、整改专题会进行研究部署，定期督办、对账销号、从严问责，雷厉风行推进整改落实。

（黄　斌）

【公司连续 3 年实现盈利】 2019 年，仪征化纤坚决贯彻国家产业经济政策和中国石化党组的决策部署，埋头苦干、攻坚克难，取得好于预期的经营业绩，巩固了创效增盈的良好态势。2019 年，仪化有限公司实现营业收入 164.8 亿元，盈利 356 万元；仪征资产分公司实现营业收入 10.6 亿元，盈利 34 万元，均完成集团公司下达的效益指标，连续 3 年实现企业盈利。2019 年，被股份公司授予化工结构调整优胜单位称号。连续 3 年被集团公司授予炼化企业创效进步优胜单位称号。

（黄　斌）

【经营总量创历史最高水平】 2019 年，仪征化纤积极应对市场竞争，坚定不移做大总量，狠抓生产运行管理，保持关键装置高负荷稳定运行，全年生产销售聚酯产品 210 万吨、MAH 12.7 万吨、PBT 11.3 万吨、高纤 2 670 吨，经营总量创历史最高水平。

（黄　斌）

【优化经营挖潜增效成效显著】 2019 年，仪征化纤紧盯效益目标，精准研判市场形势，狠抓经营优化，每天跟踪分析市场变化，动态优化原料结构和产品结构，合理安排装置检修，及时转产有效益有市场产品 5.25 万吨，增效 1 717 万元。狠抓市场开拓，坚持平进平出、不赌市场，坚持低库存运行，突出量效综合平衡，以销定产、以效排产、以产促销，在激烈竞争中稳住了销量、巩固了份额，公司产品价格普遍高出市场均价。狠抓降本减费，实施 10 类 56 项降本增效措施，累计挖潜增效 1.01 亿元。

（黄　斌）

【获中国石化绿色企业称号】 2019 年，仪征化纤投入 4.35 亿元，实施水体风险防控改造、PTA 氧化尾气深度治理等 17 个环保隐患治理项目。全年 COD、氨氮等主要污染物指标全部达标排放，危险废弃物 100% 合规处置。实施国家重点用能单位"百千万"行动计划，完成 5 项"能效倍增"计划，年节约标煤 2 455 吨。积极响应地方政府秋冬季大气管控要求，圆满完成新中国成立 70 周年、上海进博会等重大活动期间空气质量保障任务。12

月27日，仪征化纤通过中国石化HSSE委员会审定，获中国石化绿色企业称号。连续5年在江苏省企业环保信用评价中被评为“绿色”。

（黄 斌）

【安全生产实现“四个零”目标】 2019年，仪征化纤深刻吸取盐城响水“3·21”事故教训，以“识别大风险、消除大隐患、杜绝大事故”为主线，以推进HSSE管理体系有效运行为抓手，强化责任落实和制度执行，强化风险分级管控和隐患排查治理，从严重点项目和关键环节风险管控，严抓承包商和直接作业环节管理，全年开展应急演练1 426次，组织AED使用、心肺复苏等专项培训1 203人次，全年考核承包商1 715次，清退黑名单人员346名，实现全员（含承包商）死亡事故为零、重伤事故为零、轻伤事故为零、急性职业中毒和放射事故为零的目标。

（黄 斌）

【提升质量为社会提供优质产品】 2019年，仪征化纤围绕客户需求，不断完善质量管理体系，制订实施质量攻关和改进计划，全年出厂产品合格率达100%。聚酯切片（含瓶片）、涤纶短纤维（含中空）为江苏省名牌产品。国家、省市及中国石化总部质量监督抽查抽检合格率达100%。

（黄 斌）

【市场化改革激发企业内生活力】 2019年，仪征化纤坚持市场化方向，全面推进“三定”工作，用工总量减少240人，完成总部下达的控制目标。探索三类岗位差异化考核机制，在PBT包装、短纤发货等岗位试点承包经营，完善销售、科研的考核激励措施，解放了生产力，调动了积极性。分拣中心市场化改革实现人均劳效和职工收入同步提升。水务部以市场化激发内部动力，实现对外创收727万元。

（黄 斌）

【创新驱动打造科技创新型企业】 2019年，仪征化纤突出创新支撑引领，攻克自主关键核心技术难关，直纺原液着色纤维技术全面突破、绿色环保聚酯催化剂项目完成验收、MAH色相稳定周期再创纪录、50万吨/年瓶片液相增黏技术研发进展顺利。全年研发新产品15个，累计增效9 400多万元。产品差别化率为96.4%，高附加值产品产量占总产量的38.6%，销量占总销量的38.8%。持续推进装备技术进步，试点短纤机器人修板，改造升级13套DCS系统，探索高配装置无人值守，建成正丁烷智能罐区，提升了自动化水平。

（黄 斌）

【“千吨级对位芳纶工业化示范装置成套技术开发”成功“出龙”】 2019年11月20日，历经16年的创新攻关，中国石化“十条龙”项目之一、具有仪征化纤自主知识产权的“千吨级对位芳纶工业化示范装置成套技术开发”，顺利通过项目鉴定委员会鉴定，成功“出龙”，成为公司科技创新亮丽名片。项目鉴定委员会认为，该项目突破了国外的技术封锁，填补了国内空白，整体技术水平达到国际先进水平。

（黄 斌）

【6万吨/年PBT项目顺利建成投产】 2019年5月20日，采用仪征化纤自主研发的PBT成套工艺技术建设的6万吨/年PBT项目投料开车一次成功。投产后，仪征化纤能够更好地发挥新装置技术优势，生产高黏等高附加值PBT产品，满足快速增长的纺丝、光缆等产品的市场需求，进一步巩固在国内PBT市场的龙头地位。

（黄 斌）

【实现国内首家PBST工业化连续生产】 2019年2月，仪征化纤在3万吨/年柔性化改造装置上成功实现PBST工业化连续生产，成为国内首家实现

PBST 工业化连续生产的企业。

（黄　斌）

【直纺线生产阳离子纤维首获成功】 2019 年 3 月，仪征化纤首次在直纺生产线上成功试生产常压易染阳离子聚酯短纤维，获得市场和用户认可，为公司阳离子短纤维实现规模化生产，提升仪化短纤产品市场竞争力奠定了基础。

（黄　斌）

【原液着色技术开发通过行业鉴定】 2019 年，仪征化纤开展的“熔体直纺高品质深染原液着色聚酯产业化技术开发”项目，通过中国纺织工业联合会组织的鉴定，并被中国纺织工业联合会授予中纺联科技进步二等奖。运用该技术生产的原液着色化学纤维通过中国化学纤维工业协会“绿色纤维认证”。

（黄　斌）

【纤维新品在“国际纱线展”受关注】 2019 年 3 月 12—14 日，中国石化化工销售公司会同石化展览办公室，首次组织系统内合成纤维相关企业联袂同台亮相上海国家会展中心举办的中国国际纱线展，仪征化纤作为主要参展单位出席展会。展览中，仪征化纤改性聚酯常压易染阳离子涤纶短纤、超高分子量聚乙烯纤维等新产品受到访客特别关注。在展会期间举办的中国纤维流行趋势（2019/2020）发布会上，仪征化纤“白斯特”品牌全谱蓄热聚酯短纤维入选中国纤维流行趋势。

（黄　斌）

【获行业绿色贡献度银钥匙奖】 2019 年 3 月 11 日，在中国化学纤维工业协会第六届第五次理事会暨中国化纤行业高质量发展论坛上，仪征化纤被授予 2019 年度“中国化学纤维工业协会·绿宇基金”绿色贡献度银钥匙奖。

（黄　斌）

【扎实推进全面从严治党向纵深发展】 2019 年，仪征化纤党委坚持以习近平新时代中国特色社会主义思想为指引，深入贯彻落实党的十九大和十九届二中、三中、四中全会精神，扎实推进全面从严治党向纵深发展。严格落实党建工作责任制，狠抓党建质量和实效，党建工作迈进集团公司先进行列。坚持好干部标准，加强领导班子配备和优秀年轻干部选拔培养和各级专家队伍建设，干部队伍综合素质和年龄结构进一步优化。推进组织力提升工程，开展“双示范”创建，抓实党支部分类定级，集中整治党组织软弱涣散现象，任届期满党组织班子全部完成换届。强力正风肃纪，拓展党委巡察广度深度，发现并解决了一批深层次问题；开展“微腐败”专项整治，实施纠正“四风”专项行动，保持了反腐败高压态势；大力为基层减负，清理压减各类报表台账 20%，公司级会议、文件、检查评比数量分别下降 16%、15% 和 60%。强化意识形态管理，加强形势任务教育，做好舆论引导，打牢了团结奋进的思想基础；组织庆祝新中国成立 70 周年系列活动，开展传承石油精神、弘扬石化传统教育，大力宣传学习陈俊武先进事迹，唱响了主旋律，凝聚了正能量。加强对群团工作领导，扎实开展群众性创新创效活动和“青”字号活动，群团组织作用有效发挥。真心关爱员工，累计帮扶慰问 1 402 人，发放帮扶资金 298 万元。坚持发展企业、造福员工、回报社会，积极参加扶贫公益事业，务实推进文明创建，持续开展“公众开放日”，展现了高度负责任的企业形象。努力化解矛盾纠纷，保持了大局稳定。

（黄　斌）

【开展庆祝新中国成立 70 周年系列活动】 2019 年 9 月 28 日，仪征化纤隆重举行“壮丽七十年、奋斗新时代”庆祝新中国成立 70 周年职工合唱比赛，1 000 多名干部职工、16 支代表队欢聚一堂，唱响了爱党、爱国、爱社会主义的时代最强音，比赛同时采用微信直播方式，吸引近 2 万人次在线观看，点赞数近 4 万次。此外，积极参加“中国石化奉献在江苏”6+1 系列宣传活动，制作的《我和我的祖国》快闪视频被“学习强国”平台转载。

（黄　斌）

【讲好品牌故事展示国企形象】 2019 年，仪征化纤借助各类媒体优势，讲好仪征化纤“壮丽七十年、奋进新时代”的辉煌故事。代表中国石化参加在上海展览中心举办的中国品牌发展国际论坛品牌故事分论坛，分享《仪征化纤为美好生活添彩》品牌故事。参与拍摄《芳烃为美好生活添彩》公益广告片在央视各频道热播。参与制作的工业纪录电影《他们正在改变中国》在爱奇艺、喜马拉雅等平台上线后广受好评。官微发布“仪化名片”，讲述了仪征化纤 8 个“新中国第一”的故事，展示了仪征化纤产业报国、尽责担当的国企形象。

（黄　斌）

【4 幅摄影作品入选国务院国资委“奋斗者 2019 视觉新国企”专题展览】 为庆祝中华人民共和国成立 70 周年，由国务院国资委新闻中心主办的“东风杯奋斗者 2019 视觉新国企摄影展”于 2019 年 10 月 12 日评选揭晓，仪征化纤《特纤女先锋》《焊工礼赞》《协奏曲》《较劲》4 幅反映生产与建设的摄影作品入选。

（黄　斌）

【“公众开放日”活动广受社会好评】 2019 年，仪征化纤作为中国石化公众开放日示范单位，持续完善机制，常态化组织开展“公众开放日”活动。全年共组织 14 期、接待江苏省高校环保团体、仪征环保公众监督员等社会公众 1 113 人次，展示了仪征化纤绿色、科技、负责任的形象，赢得了社会公众的好评。

（黄　斌）

【获江苏省文明单位和幸福企业荣誉称号】 2019 年，仪征化纤着力强化以爱岗敬业、诚实守信为重点的员工道德建设，持续开展社区“文明和谐示范小区”创建和“文明家庭”评选，持续推进企业文化建设的常态化、规范化，企业精神文明建设取得显著成效。仪征化纤获 2016—2018 年度“江苏省文明单位”称号和 2018 年度“幸福企业”单位荣誉称号。

（黄　斌）

【关爱职工增强企业凝聚力】 2019 年，仪征化纤坚持“以人民为中心”的发展理念，积极营造快乐工作、健康生活的环境与氛围。组织 685 名职工进行疗休养，组织 3 500 名职工进行体质测试，为 8 000 多名职工进行职业健康体检，成立心理援助志愿者协会，开展“心灵瑜伽班”等系列心理健康专业辅导活动，开展 3 800 人参加的“与祖国同行”职工健步走活动，提升了广大职工的归属感、获得感和幸福感，增强了员工对企业发展信心。3 626 名员工思想问卷结果显示，93.88% 的员工表示对企业发展有信心，92.86% 的员工对当前工作生活满意，比 2018 年分别提高 5 个百分点和 13 个百分点。

（黄　斌）

【多名优秀员工受表彰】 2019 年，仪征化纤多名优秀员工受到中国石化、行业及江苏省表彰。周美进、司虎被集团公司授予中国石化突出贡献专家称号和闵恩泽青年科技人才奖。夏峰伟、乔成斌和曹飞 3 人分别获“中国化学纤维工业协会·三联华鼎卓越基金”优秀工程师、杰出技术工人和优秀技术工人称号。周刚获 2018 年度江苏省机冶石化系统十佳行业工匠称号，居发勇“涤纶短纤维卷绕网络器压丝生头技术”操作法获江苏省科学技术三等奖。

（黄　斌）

【仪化社区九旬老人入选中国好人榜】 中国石化退休职工、仪化社区 92 岁高龄的老人倪克龙，开理发店 13 年，坚持每次理发只收 2 元钱，遇到腿脚不便的居民就上门服务，分文不取。老人平时生活十分节俭，却把开理发店 13 年来所有的经营收入全都捐出。2019 年 3 月，倪克龙老人获江苏慈善之星称号。2019 年 6 月，央视《道德与观察》栏目对老人的事迹进行专题报道。倪克龙入选 2020 年 1 月中国好人榜。

（黄　斌）

【精准扶贫履行社会责任】 2019 年，仪征化纤累计投入扶贫资金 230 万元，定点结对帮扶淮安市淮安区复兴镇复兴居委会，帮助其修建农田过路涵闸和泵站、下水道、路灯等基础设施、投资当地优质企业、回购厂房出租增加村集体收益等。截至 11 月底，复兴村贫困户全部脱贫，复兴居委会已经成为该镇最富裕的村。

（黄　斌）

表 1　　仪征化纤主要技术经济指标　　亿元

指标名称 \ 年份	2019	2018	2017	2016	2015	2014
工业总产值						
仪化有限公司	157.89	175.46	152.77	125.61	122.26	153.48
仪征资产分公司	10.40	9.50	8.88	7.72	6.86	5.98
工业增加值						
仪化有限公司	17.74	22.13	19.30	14.98	11.00	6.05
仪征资产分公司	1.16	1.70	1.02	0.44	0.17	−0.21
资产总计						
仪化有限公司	83.72	80.41	83.03	82.73	79.50	91.87
仪征资产分公司	11.18	11.99	13.14	11.82	12.19	12.20
流动资产						
仪化有限公司	21.83	22.05	26.76	27.84	23.48	33.03
仪征资产分公司	1.46	2.44	3.28	1.91	2.26	2.63
固定资产原值						
仪化有限公司	160.96	154.99	151.68	151.05	153.99	151.62
仪征资产分公司	11.75	10.15	12.82	16.81	16.73	16.08
固定资产净值						
仪化有限公司	35.8	47.03	33.17	35.47	36.78	38.57
仪征资产分公司	4.96	6.21	8.23	9.98	9.97	9.59
销售收入						
仪化有限公司	164.84	180.12	157.57	130.17	123.17	154.87

续表

指标名称 \ 年份	2019	2018	2017	2016	2015	2014
仪征资产分公司	10.60	9.77	9.13	6.83	7.06	6.23
实现利税						
仪化有限公司	2.52	4.67	4.03	–2.31	–4.37	–20.31
仪征资产分公司	0.11	1.41	–0.87	–0.87	–1.22	–1.92
税　金						
仪化有限公司	2.48	3.66	3.97	3.55	2.83	1.93
仪征资产分公司	0.11	0.34	0.27	0.24	0.21	0.24
综合能耗 / 吨标煤・万元 $^{-1}$						
仪化有限公司	0.89	0.89	0.92	0.98	0.94	0.97
仪征资产分公司	0.10	0.10	0.11	0.11	0.11	0.12

表 2　　仪征化纤主要产品产量　　万吨

产品名称 \ 年份	2019	2018	2017	2016	2015	2014
涤　纶	250.70	238.08	235.43	236.61	229.46	232.14
聚酯切片	130.35	126.18	125.80	126.78	118.47	116.66
瓶级切片	35.97	34.36	33.17	34.94	35.94	37.98
涤纶短纤维	75.42	70.09	68.93	74.89	75.05	75.09
中空纤维	8.96	7.45	7.52	7.14	6.78	7.34
涤纶长丝	—	—	—	—	—	1.39
加弹丝	—	—	—	—	—	1.02
高　纤	0.31	0.23	0.23	0.17	0.11	0.12
顺酐（MAH）	12.58	12.52	10.09	6.05		
PTA	99.05	86.91	94.31	102.48	94.00	101.51
PBT 树脂	12.64	9.41	9.14	8.60	8.39	5.69
四氢呋喃	0.81	0.60	0.59	0.64	0.65	0.52

南化公司

【概况】 中国石化集团南京化学工业有限公司（简称南化公司）坐落于江苏省南京市六合区，占地面积3.79平方千米，由原南化公司与南京化工厂于2005年5月重组成立。原南化公司的前身是近代著名爱国实业家范旭东先生于1934年创办的永利化学工业公司铔厂。南京化工厂的前身是始建于1947年的国民政府资源委员会中央化工厂筹备处京厂。原南化公司、南京化工厂分别于1998年、1999年进入集团公司。2005年，2个企业合并后，南京化工厂整体搬迁到江北南化公司厂区内，原厂2007年停产拆除。

南化公司是国内无机化工、有机化工、精细化工的生产基地。主要产品有三大系列：一是以煤、盐、硫黄为原料的无机化工产品，年产量分别为合成氨30万吨、氢气9万吨、硫酸50万吨、稀硝酸37.5万吨、浓硝酸22万吨、烧碱10万吨；二是以苯为原料的有机化工产品，年产量分别为苯胺25万吨、硝基苯35万吨、环己酮16万吨、氯化苯12万吨、硝基氯苯15万吨、环己胺6 500吨、己内酰胺40万吨（合资）；三是以橡胶助剂为主体的精细化工产品，年产量分别为RT培司3万吨、防老剂TMQ 3万吨、防老剂6PPD/4010NA 3万吨、表面活性剂2 000吨。

南化公司还是国内石油化工、精细化工科研与设备制造基地。有以气体净化、铜系催化剂研发为主的化工研究院；有以石油化工压力容器制造为主，被集团公司定位为中国石化大型非标设备制造基地的化工机械厂。

南化公司下设15个机关部门。化工主业实行公司—运行部二级管理，下设煤化工、苯化工、橡胶化学品、环己酮、油田化学品5个生产运行部，检验、检维修、动力3个辅助生产运行部，储运1个业务运行部，销售、物资装备2个业务中心。非化工主业实行分、子公司管理，下设化工机械厂1个分公司和研究院公司、化机公司2个子公司。合资合作企业有南京福邦特东方化工有限公司，托管集体企业有江苏南化永大实业公司。

截至2019年底，南化公司资产总额52.74亿元；在职员工6 271人，其中在岗员工4 056人、不在岗员工2 212人、其他从业人员3人；离退休人员17 707人；二级党委（直属党总支）18个，基层党支部153个；有党员总数5 184人，其中在职党员1 755人、离退休党员3 429人。

南化公司主要技术经济指标和主要产品产量分别见表1和表2。

（耿汉学）

【领导班子调整】 根据工作需要，经集团公司党组研究决定，2019年1月7日，任命叶晓东为南化公司党委书记、公司副总经理（兼）；7月12日，叶晓东暂主持南化公司党政全面工作；10月31日，任命叶晓东为南化公司执行董事、党委书记，杨正刚为南化公司总经理、党委副书记（兼）。

（耿汉学）

【多产品取得新突破】 2019年，南化公司跃居合成氨产品成本行业先进行列，市场竞争能力大幅度提升；提升苯胺产品战略客户供应量，全年向上海联恒异氰酸酯有限公司增加供应35 308.176吨，增效2 494万元；加大与化销江苏分公司协调，苯胺等3个产品实现逆市出口增量；成功开发固特异欧洲工厂等橡胶助剂高端用户；化机公司首次制造壳牌工艺EO反应器，单台重量1 245吨，为历史最重。

（耿汉学）

EO反应器在南化公司6#码头装船发运（田蓉蓉　摄）

【环保管理扎实推进】 2019年，南化公司环保治理项目硫酸尾气酸雾改造成功；江苏省国控重点污染源企业环保信用评价，南化公司继续保持蓝牌；南化公司新危险废物库建成并通过验收，危险废物库存量下降50%，危废合法处置率100%；南化公司被中国环境报社评为2019年度环境社会责任企业并获绿色企业管理奖。HSSE管理体系一次性通过第三方机构评审、集团公司验收。全年，共举办公众开放日52次，接待社会公众2 302人。

（耿汉学）

【氯碱系统大修后实现一次开车成功】 2019年7—9月，南化公司进行氯碱系统大修，58天完成753项检修作业，实现安全、环保、优质、高效、节约、一次开车成功的目标。

（耿汉学）

【科研创新取得新成果】 2019年，南化公司完成专利申请160件、获授权68件，另外获国际专利授权1件、PCT（专利合作条约）申请3件，授权量和PCT申请量均创历史新高。获市发明专利优秀奖、省专利优秀奖、第21届中国专利优秀奖各1项，获中国石化技术发明三等奖、前瞻基础三等奖各1项，获南京市标准化项目一等奖2项。

（耿汉学）

【技改增效成效显著】 机泵节能改造104台，每小时节电1 492千瓦·时；技改项目竣工验收项目数超额完成年度奋斗目标，煤化工部利用PSA解吸气和液氮洗尾气替代天然气获得成功。

（耿汉学）

【从严管理迈上新台阶】 2019年，南化公司全面加强从严管理：以安全隐患控制为源头，加强禁烟禁火、禁手机管理，严守安全环保底线；加大劳动纪律、手机管理、节能降耗、现场卫生等检查力度；开展定置化管理，形成规范有序的现场文化；完善承包商自我约束机制，控制隐患风险；每月一次预案演练，做到演练常态化。

（耿汉学）

【推进体制机制改革】 2019年，南化公司完成煤化工部、储运部、动力部、苯化工部4家单位机构扁平化改革，完成设备工程处、生产技术处、科技发展处、群众工作处、财务计划处5个部门职能优化。将机械动力处、项目管理中心管理职能整合到设备工程处；将工会、团委·武装部管理职能整合到群众工作处（工会会计管理职能整合到财务计划处），合署办公。

（耿汉学）

【推行新班组建设】 2019年，南化公司实施班组赋能，激发基层活力，制订并推进班组建设3年规划，重点打造42个试点班组，提升基础能力和整体素质，推进班组建设逐步融入日常管理，提升管理质效，逐步打造“始于精气神、敬于高技能、合于懂尊重、久于守规矩、终于高绩效”的班组。

（耿汉学）

【推进人才强企工程】 2019年，南化公司畅通人才成长通道，建立健全人才培养、选拔和考核机制，自2月起，围绕“党建、安全、环保、工艺参数、设备指标、经济运行”组织党政正职每月1次考试，促进领导人员认清自身履职状况，补短板、改不足；上半年，邀请第三方专业公司对460位科处级、“85后”主管年轻干部“画像”测评，提高人才识别科学化水平，选拔任用优秀年轻干部；全员开展应知应会考试，督促职工加强理论学习。

（耿汉学）

【持续推进人力资源优化与业务承揽】 2019年，通过石化系统内人才配置，输出镇海炼化分公司、共享南京分公司和石油化工工程质量监督总站等51人；承揽海南炼化污水水务系统、共享南京分公司部分岗位业务，组建承揽团队。储运部积极作为，对外创收实现1 118万元，为公司创效；检维修部利用自身技术、人力资源优势，首次承揽业务成功。

（耿汉学）

【庆祝中华人民共和国成立70周年】 南化公司通过承办中国石化驻苏企业“爱我中华、振兴石化”

升国旗仪式（裴　昱　摄）

健步走活动、举办“逐梦新南化、奋进新时代”职工文艺汇演、举行庄严的升国旗仪式、组织职工参观“江苏省庆祝中华人民共和国成立 70 周年成就展”等方式，庆祝中华人民共和国成立 70 周年，增强广大职工的爱国主义意识，为祖国贡献力量。

（耿汉学）

【典型宣传有声有色】 通过开展“三个讲清楚”形势任务教育、深化“转观念、勇担当、创一流”专题讨论，统一思想，凝聚力量；通过尽责典型事迹报告会、“我身边的劳模、工匠精神”演讲比赛、每季开展“尽责之星”表彰、“四大信条”同人说等，弘扬劳模、工匠精神，形成“比学赶帮超”的浓厚氛围，体现南化人“忠诚、尽责、担当、服务、团结”的新时代红色职业化精神。

（耿汉学）

【多人次、集体获得上级荣誉】 2019 年 5 月 17 日，南化公司被授予南京市平安企业称号；12 月，被列为中央企业工业文化遗产；12 月，保持江苏省文明单位称号。检验部实验室通过国家认可委员会复审，CNAS 体系持续有效。代秀洋获江苏省五一劳动奖章，桂普春、宋国光、董林获南京市五一劳动奖章，赵越、孔庆广获江苏省机冶石化系统化医煤炭行业工匠称号，于杨获第 11 届侯德榜化工科学技术青年奖。

（耿汉学）

【开展“不忘初心、牢记使命”主题教育】 按照中央统一部署和集团公司党组安排，通过学习教育、调查研究、检视问题、整改落实等措施，自上而下分 2 批开展“不忘初心、牢记使命”主题教育，引导公司各级党员干部和全体党员守初心、担使命，攻坚克难，干事创业。

（耿汉学）

表 1　南化公司主要技术经济指标　亿元

指标名称＼年份	2019	2018	2017	2016	2015	2014
工业总产值	51.16	56.78	56.15	41.57	70.17	87.42
工业增加值	14.07	14.45	8.73	6.19	6.74	12.26
资产总计	52.72	55.55	59.43	61.81	61.15	97.57
流动资产	12.76	13.94	14.91	12.71	13.45	18.75
固定资产原值	114.66	112.99	114.81	113.94	111.18	125.03
固定资产净值	55.99	57.49	61.55	64.47	65.01	68.98
销售收入	57.13	61.20	58.34	48.13	52.33	87.44
实现利税	−1.43	−1.12	−7.05	−5.67	−2.34	−6.34
税　金	1.76	2.44	1.84	1.80	2.51	2.64
综合能耗 / 吨标煤・万元$^{-1}$	2.03	2.12	2.10	2.17	2.01	2.12

表 2　南化公司主要产品产量　万吨

产品名称＼年份	2019	2018	2017	2016	2015	2014
硫　酸	31.85	33.85	40.65	40.60	43.89	41.80
浓硝酸	20.71	18.29	20.04	15.99	15.52	19.12
稀硝酸	62.85	59.59	58.84	57.72	60.01	72.87
盐　酸	8.16	7.42	10.17	10.91	11.96	16.29
磷　酸	关停	关停	关停	关停	关停	关停
烧　碱	6.01	5.35	7.41	8.13	8.12	9.39
纯　碱	划转	划转	划转	划转	109.05	112.69
氢　气	7.24	6.86	7.57	8.38	7.16	5.85
合成氨	29.67	22.58	24.68	29.88	25.38	19.29
硝酸铵	关停	关停	关停	关停	3.16	8.75
NPK 复合肥	关停	关停	关停	租赁	租赁	8.67
氯化苯	7.22	6.49	9.10	10.18	10.08	11.69
环己酮	14.94	14.99	14.20	15.13	14.02	11.36
苯　胺	20.81	19.77	20.81	13.29	13.94	22.24
环己胺	0.62	0.61	0.59	0.49	0.48	0.53
硝基苯	30.27	30.18	31.14	20.26	21.07	32.30
对硝基氯化苯	3.30	4.20	6.54	7.06	6.84	8.68
邻硝基氯化苯	1.81	2.28	3.51	3.88	3.66	4.72
RT 培司	1.29	1.12	1.08	0.63	0.76	0.87
橡胶促进剂总量	关停	关停	关停	关停	关停	关停
防老剂 TMQ	3.11	3.05	3.01	3.00	3.01	3.02
防老剂 6PPD	1.72	1.49	1.47	0.84	0.91	1.07
防老剂 4010NA	0.12	0.10	0.06	0.05	0.16	0.15
化工设备制造	1.31	1.37	1.15	0.92	1.74	1.52

广州石化

【概况】 中国石油化工股份有限公司广州分公司（简称广州分公司）与中国石化集团资产经营管理有限公司广州分公司（简称广州资产分公司）统称广州石化，其前身广州石油化工总厂成立于1973年6月18日。现厂区占地面积445万平方米，有主要生产装置62套，是华南地区重要的进口原油加工基地和国Ⅵ标准清洁燃料生产基地。主要石油产品有汽油、柴油、航空煤油、液化气等60种；化工产品有聚乙烯、聚丙烯、聚苯乙烯3类70种。

截至2019年底，广州石化原油综合加工能力1 275万吨/年，乙烯生产能力22万吨/年，拥有惠州大亚湾15万吨级和30万吨级深水泊位原油码头各1个；拥有29.9万千瓦自备热电站。累计加工原油2.70亿吨，上缴利税（不含海关增值税）1 520.19亿元。

截至2019年底，广州石化设有13个管理部门、4个职能中心、3个专业中心、8个作业部及代管1家公司。共有在册职工4 358人，其中具有正高级职称的15人、副高级职称的347人、中级职称的705人，专业技术人员1 130人，技能操作人员2 783人。

广州资产分公司主要经济指标见表1，广州分公司主要技术经济指标及主要产品产量分别见表2和表3。

（邓志伸）

【领导班子调整】 2019年7月13日，集团公司、股份公司分别发文调整广州石化领导班子：委派丘仲宜为广州分公司代表，解聘其兼任的广州分公司副总经理职务，免去其兼任的广州资产分公司副总经理职务；田宏斌任广州分公司总经理、广州资产分公司总经理、广州分公司党委副书记，解聘其广州分公司副总经理职务；董雪林、刘琤任广州分公司副总经理、广州分公司党委常委；解聘陈尧焕广州分公司总经理职务，免去其广州资产分公司总经理、广州分公司党委副书记、常委职务，另有任用；解聘周峰广州分公司副总经理职务，免去其广州分公司党委常委职务，另有任用。11月12日，集团公司党组对广州石化领导班子进行补充调整：张勇任广州分公司总会计师、党委常委。

（邓志伸）

【完成成本效益目标】 2019年，全球经济增速放缓，原油价格宽幅震荡，国内炼油产能过剩加剧，化工产品价格持续下跌，市场竞争更加激烈。广州石化成品油配置额度受限，炼油I系列大修改造和化工区装置消缺，影响企业效益的进一步提升。面对困难和挑战，广州石化统筹抓运行、拓市场、降成本、控风险、促改革、强管理，生产经营、深化改革、发展建设、党建工作取得新成绩，企业保持良好的发展势头。全年加工原油1 186万吨，生产乙烯20.77万吨，实现营业收入585.7亿元、利润17.43亿元（其中炼油13.33亿元、化工3.83亿元，广州资产分公司2 737万元），再次实现炼油、化工和资产3个板块同时赢利，全面完成总部下达的各项成本效益目标。

（邓志伸）

【迎来新的发展机遇】 2019年，广州石化积极破解企业发展难题，通过加强与总部和地方政府的沟通协调，广东省同意集团公司重新评估广州石化发展定位，集团公司将广州石化纳入打造世界一流绿色能源化工示范企业，广州石化迎来新的发展机遇。

（邓志伸）

【实施装置适应性改造】 2019年，广州石化按照“原料清洁化、生产过程清洁化、产品清洁化”的发展思路，实施部分装置的适应性改造。轻催高负荷配套改造、轻催旋分更新改造、重整二原料和反应产物换热器更新、焦化三装置消瓶颈改造等项目在2019年炼油大修同步完成实施。

（邓志伸）

【推进安全环保项目】 完成焦化三装置增设密闭除焦系统改造、轻催烟气深度除尘等项目；新建硫黄回收系统环保治理项目中，污水汽提装置建成投用；化工危险废物临时贮存场项目完成建设；炼油含油污水管网防渗及可视化、动力一站锅炉煤改气环保改造项目取得进展。

（邓志伸）

【推进节能优化项目】 完成车用乙醇汽油生产技术路线优化调整；下达B1110A、B1110C裂解炉改造项目实施计划；氢燃料电池供氢中心项目可研报告获批。炼油Ⅰ系列大修及化工消缺期间，同步实施技措项目88项；上报总部炼油中心控制室项目可研报告。

（邓志伸）

【推进绿色企业创建行动】 2019年是广州石化绿色发展之年。广州石化践行生态文明建设理念，编印《广州石化安全绿色健康文化理念》《珠江鱼的故事》《烟囱的故事》等企业文化材料，组织职工学习，提升员工环保意识、调动全员参与“创绿”的积极性，培育绿色企业文化。实施“一方案两清单”，提升企业综合污染防治水平。落实总部“固废规范管理年”要求，推动“五龙治废”工作，规范废物（垃圾）管理，固废减量化、资源化、无害化工作取得进展，全年固废产生量削减14.89%，危险废物妥善处理处置率100%。“无异味工厂”创建取得阶段性成效，外部环保投诉下降30%。开展环保污染攻坚战，二氧化硫、氮氧化物、颗粒物、COD等主要污染物排放总量分别为119.63吨、935.13吨、50.45吨和62.93吨，均优于排污许可证指标。年内，广州石化获评2019年中国石化绿色企业，通过广东省环保信用评级绿牌企业公示。

（邓志伸）

【主题教育获好评】 2019年，广州石化按照“不忘初心、牢记使命”主题教育要求，抓好“解决小诉求、凝聚大力量”“员工满意食堂建设”“美化更衣室”“厕所革命”“职业健康大行动”等民心工程，办好8件实事，营造“企业关爱员工、员工奉献企业”的良好局面；完成26个整改项目共99条整改措施，促进了安环、效益、和谐、稳定等工作。主题教育得到集团公司巡回指导组的高度评价，第1批综合评价为“好”，第2批评价为“真正好、全面好、长久好”。编印的《铭记习仲勋老书记重托　让南粤明珠更加璀璨——南粤明珠的故事》作为主题教育学习辅导材料，得到总部领导的关注和肯定。

（邓志伸）

【改革迈出重要步伐】 2019年，广州石化调整直属单位和下设机构，压减机关管理处室，优化整合业务中心，区域化优化炼油三部、化工二部、公用工程部。减少中层机构7个，减少科级单位24个。以“三定”工作为基础，以健全岗位、能力、绩效管理体系为支撑，与人才强企工程相协同，推进管理人员能上能下、员工能进能出、收入能增能减制度改革。完成供水、供电系统改造和物业维修改造；完成驻京联络处注销和资产处置相关工作。

（邓志伸）

【实现安全绿色效益大修】 2019年10月10日，广州石化炼油Ⅰ系列及化工区共34套装置大修改造开始，其中炼油Ⅰ系列大修总工期56天、化工区总工期25天，涉及装置大修改造及消缺检修项目5 500多项、技改项目54个。广州石化严格落实网格化管理，聘请第三方安全监管，提升监管有效性，确保了大修全过程安全；完善“绿色检修”措施，加强开停工过程管理，确保大修实现“气不上天、油不落地、水不超排、渣不乱丢、声不扰民”的环保目标；加强对炼油Ⅰ系列装置大修改造和化工区装置消缺期间装置停车、开车组

广州石化炼油Ⅰ系列装置停工大修改造现场（邓志伸　摄）

织，同时加强对在运装置运行管理，最大限度减少大修对效益的影响。

（邓志伸）

【优化运营取得实效】 在原油加工边际效益明显的情况下，努力实现增产增效。合理安排产品出口和手册核销，实现国内和海外资金平衡。优化生产组织，累计实施优化 71 项，创效 3.05 亿元。优化原料增效益，调整裂解原料组分，增加轻石脑油和尾油比例，吨乙烯原料成本降低 18 元。优化产品结构增效益。加大汽油调和优化力度，增产增销汽油、航煤，压减柴油，全年增产汽油 9.90 万吨，多创效 3 960 万元；增产航煤 7.91 万吨，多创效 1 582 万元；生产柴汽比 1.06，下降 0.15 个单位，创历史最好成绩；高标号汽油占汽油总量的 37.40%，在股份公司排名第四。做好渣油平衡，保持较高沥青产销量，全年销售沥青 70.40 万吨，增加 6.20 万吨，多创效 640 万元。通过提高专用料、新产品排产量，全年生产新产品 6.48 万吨、专用料 34.93 万吨，超计划完成生产任务。

（邓志伸）

【企业管理上新台阶】 从严从紧分解落实预算目标，预算管理绩效得到提升。加强现金流管理，全年背书转让 4.94 亿元，增加 1.75 亿元，降低资金占用规模 1.02 亿元，获总部奖励利息 1 482 万元、增长 55%。通过政策争取、收支统筹、票据转让和“两金”管控等手段，全面完成现金流、“两金”占用等考核指标。全年获财政奖励和税收优惠超过 8 600 万元。

（邓志伸）

【有效防范经营风险】 加强制度建设，对 59 项公司制度进行修订，提升管理规范化水平。严格执行内控流程和“三重一大”决策制度，防范重大风险。充分发挥财务、审计、法律、内控、监察等立体监督职能，确保依法合规经营。开展信息系统维护费、废旧物资回收处置专项审计，合同管理、大修剩余物资和“五龙治废”专项督查、“三重一大”决策制度执行情况检查等，促进公司防控风险、提升管理。

（邓志伸）

【产品拓市扩销效果显现】 坚持“量效兼顾、量价双收”，优化营销策略，加强产销联动，加强库存管理、规避经营风险，全年航煤、汽油、沥青等产品刷新多项销售出厂纪录。市场推广取得新成效，PPR4220 放量生产，产量增加 7 800 吨，增效 900 万元；DNDA-2020 首次出口到特百惠欧盟市场；98# 汽油持续稳定供应香港。

（邓志伸）

【节能减排成效明显】 抓好现场漏点治理和蒸汽优化等，推进“能效提升”项目实施，蒸馏一项目改造完成并投入运行。单因耗能 7.03 千克标油 / 吨，温室气体排放量下降 6.8%。获评广东省节水型企业、工业和信息部重点用能行业领跑者企业，连续 5 年获评原油加工行业能效标杆企业。

（邓志伸）

【科技创新取得新成绩】“FCC 再生烟气深度除尘除雾及气溶胶等次生污染物协同控制技术”“延长柴油加氢装置运行周期关键技术开发与应用”等 5 个总部科技项目通过总部技术鉴定。“炼化企业胺液系统及酸性水汽提节能与长周期高效运行技术”项目获集团公司 2018 年度技术发明三等奖。新产品开发取得新进展，聚丙烯埋地排水排污管材料 B1600、超高流动性薄壁料 S990、聚苯乙烯导光板料 500T 等 3 个新产品成功顶替进口。

（邓志伸）

【建设有温度企业】 广州石化致力营造安全健康有保障、事业建功有平台、员工冷暖有人知、困难帮扶有体系、诉求建言有渠道、展示风采有舞台的工作局面，着力构建企业与员工的利益、事业、命运共同体，做到“每个诉求都有回应”。2019 年，共收到员工诉求 1 584 项，解决 1 505 项，在办 79 项，办结率 95.01%。先后实施“员工满意食堂建设”“美化更衣室”“厕所革命”“职业健康大行动”、单身公寓噪声治理、D 座文体设施完善等一系列民心工程，149 间更衣室、512 间厕所全面提级提档，职代会承诺为员工办好的 8 件实事基本完成。完成三多路怡德苑房产证办理、南门停车场新增停车位 500 多个改造等。通过实施一系列民心工程，职工获得感、幸福感、安全感明显提升。有温度企业建设取得明显成效，巩固发展了“企业关爱员工，员工奉献企业”的良好局面。

（邓志伸）

【成功举办中国石化公众开放日启动仪式】 2019年4月22日，第50个“世界地球日”当天，中国石化公众开放日第四季在广州石化主会场正式启动。中国石化、地方政府部门、媒体代表、公众代表共120多人参加启动仪式、参观现场和纪念新中国成立70周年“快闪”活动。整个过程组织顺畅无差错，活动主题鲜明、精彩纷呈，别具一格，成功展示了中国石化智慧、绿色、开放的企业形象，受到社会和公众的一致好评。网易对启动仪式进行全程直播。启动仪式结束后2个小时，公众点击率达600万人次，产生极大反响。

（邓志伸）

4月22日，中国石化公众开放日第四季在广州石化主会场正式启动（钟勇浜　摄）

【成本管控更有效】 广州石化做好原油降本及资源保障工作，全年原油入库价3 321.13元/吨，比股份公司平均入库价低65.71元/吨。抓好采购物资质量管理、招标管理、储备管理等重点工作，全年完成采购额60.3亿元，节约采购资金4.0亿元。改代利库513万元，库存管理持续优化。物资采购管理对标评估在17个炼化企业中排名第三，采购策略被总部评为“优秀”。年内，广州石化获评集团公司全面目标成本管理先进单位。

（邓志伸）

【强化职业健康工作】 持续开展“职业健康大行动”，强化防硫化氢中毒、噪声治理、人身伤害专项整治和防暑降温等工作，落实一线职工休养等机制，员工身心健康持续改善。全年没有新增职业禁忌和疑似职业病案例。

（邓志伸）

【深化设备管理】 设备完整性体系建设得到推进，并完成中期验收，设备管理信息平台进一步完善，设备管理更加规范和高效。开展设备隐患排查和治理，组织对高故障设备、难点问题技术攻关。全面推行动设备运行预警管理，实施预知性维修。加大关键设备特护攻关，有效降低机组故障率。抓好设备强检、定检，提高设备可靠性。全年设备完好率99.6%。

（邓志伸）

【深化“两化”融合】 2019年，广州石化加强监督检查、统筹协调，确保“两化”融合体系有效运行，9项新型能力量化指标均完成年度目标值。通过国家工信部再评定审核，取得“两化”融合证书。开展仓储规范化和物资域孤岛治理工作，促进物资采购业务规范化、流程化，业务操作准确、高效。开发智能营销功能，实现产品高效交付，提升了营销效率和客户服务水平。深化“互联网+”科技与绿色生产融合，助推企业安全、优化生产、绿色生产。信息化创新创效行动成效显著，广州石化被集团公司授予深化应用创新创效示范企业称号。

（邓志伸）

【获得荣誉】 2019年，广州石化被评为全国模范劳动关系和谐企业、集团公司全面目标成本管理先进单位、中国石化绿色企业、广东省节水型企业、工业和信息部重点用能行业“领跑者”企业，连续5年获评原油加工行业能效标杆企业。广东省工业和信息化厅公布2018年度行业能效“领跑者”企业名单及主要产品能效指标，广州石化获评能效“领跑者”。

（邓志伸）

表 1　　广州资产分公司主要经济指标　　亿元

指标名称＼年份	2019	2018	2017	2016	2015	2014
资产总计	5.95	5.91	6.15	6.22	5.84	5.70
流动资产	1.22	1.00	1.09	1.10	0.85	0.70
固定资产原值	6.69	6.69	6.80	6.56	6.50	6.40
固定资产净值	4.38	4.55	4.76	4.65	4.54	4.60
主营业务收入	4.31	5.29	4.65	4.23	4.73	6.00
实现利税	0.53	0.23	0.07	−0.0024	0.07	0.10
税　金	0.26	0.15	0.31	0.29	0.33	0.40

表 2　　广州分公司主要技术经济指标　　亿元

指标名称＼年份	2019	2018	2017	2016	2015	2014
原油加工量 / 万吨	1 186.01	1 261.37	1 173.81	1 223.64	1 210.00	1 261.20
工业总产值	586.05	636.02	486.50	425.54	470.12	653.00
工业增加值	180.68	211.82	207.15	197.86	191.42	121.00
资产总计	218.14	188.81	246.15	223.24	152.19	142.55
流动资产	108.69	118.85	171.13	145.01	69.58	54.55
固定资产原值	224.28	221.83	218.50	216.36	207.03	207.22
固定资产净值	51.62	56.95	61.69	69.35	66.61	74.08
主营业务收入	579.65	628.99	478.23	428.80	460.89	649.29
实现利税	143.62	243.15	219.62	213.08	207.31	183.96
税　金	128.48	202.96	177.86	177.46	184.99	186.66
综合能耗[①] / 吨标煤·万元 $^{-1}$	0.39	0.39	0.41	0.39	0.42	0.42

① 综合能耗是指不变价的能耗

表 3　　广州分公司主要产品产量　　万吨

产品名称＼年份	2019	2018	2017	2016	2015	2014
汽　油	313.46	303.56	252.24	260.22	249.02	240.50
煤　油	205.23	197.32	176.81	179.85	177.65	167.57

续表

产品名称 \ 年份	2019	2018	2017	2016	2015	2014
柴　油	346.00	363.60	352.76	378.50	372.77	427.88
液化气	46.91	55.53	49.47	49.88	53.00	51.51
沥　青	70.85	64.06	54.95	62.61	61.92	47.55
石油焦	65.79	86.53	86.05	92.20	89.85	97.90
乙　烯	20.77	22.52	22.61	22.13	20.16	22.21
聚乙烯	17.30	19.52	19.69	20.95	19.44	21.58
聚丙烯	36.52	37.76	33.37	21.44	20.05	21.56
聚苯乙烯	6.25	6.61	6.46	5.66	6.06	6.91

洛阳石化

【概况】 中国石油化工股份有限公司洛阳分公司（简称洛阳分公司）和中国石化集团资产经营管理有限公司洛阳石化分公司（简称洛阳资产分公司）统称洛阳石化，是集团公司直属的油、化、纤一体化石油化工企业。

洛阳分公司前身是国家第5个“五年计划”期间批准建设的单系列500万吨/年洛阳炼油厂，于1978年动工建设，1993年建成500万吨/年炼油工程，2000年建成20万吨/年化纤工程，2010年形成800万吨/年炼油能力。截至2019年底，洛阳石化原油加工能力800万吨/年，化工、化纤装置主要有26万吨/年芳烃抽提、24.5万吨/年对二甲苯（PX）、32.5万吨/年精对苯二甲酸（PTA）、20万吨/年聚酯（PET）、10万吨/年短纤维和14万吨/年聚丙烯装置。主要产品有汽油、柴油、航空煤油、轻燃料油、石脑油、石油醚、液化气、道路沥青、丙烯、硫黄、石油焦、聚丙烯、对二甲苯、精对苯二甲酸、涤纶短纤维等。

截至2019年底，洛阳分公司共设13个处室、6个中心、9个运行部；洛阳资产分公司下辖集体企业惠康物业管理公司。洛阳石化有合同制员工3 179人（包含合资公司合同制员工24人、洛阳资产分公司合同制员工163人），其中具有高级及以上职称的286人、中级职称的531人。公司党委下设直属党组织27个、基层党支部126个，有党员3 523人。

洛阳石化主要技术经济指标及洛阳分公司主要产品产量分别见表1和表2。

（徐子晴）

【生产经营成效明显】 2019年，洛阳石化实施汽油生产优化等挖潜增效项目35个，增效1.7亿元。开展平稳运行攻关，非计划停工次数降低26.6%，重要参数平稳率保持99%以上，仪表自控率达96%以上。持续优化产品结构，高标号汽油销售计划完成率111.65%。强化资金管理，通过票据流转、缓交税款、利用优惠政策累计增收节支9 533万元。全年加工原油550万吨，生产成品油397万吨，生产化工、化纤产品79万吨，实现营业收入300亿元，实现利税74.12亿元、利润1.15亿元（其中炼油1.05亿元、化工1 014万元、洛阳资产分公司176万元）。

（徐子晴）

【安全环保水平持续提升】 2019年，洛阳石化完成新版HSSE管理体系发布，启动全员安全记分管理，持续推进绿色基层创建，完成清洁生产审核。装置大检修期间，实行三级网格化管理、引进第三方安全监督、定期召开检修HSSE例会等措施，实现检修改造及项目建设的安全预定目标，全年上报安全环保事故为零。落实地方政府重度污染天气应急管控措施，各项污染物均稳定达标排放。组织“公众开放日”活动，树立良好的社会形象。强化职业健康管理，作业场所监测合格率98.44%。强化消气防管理，加强公共安全管控，未发生火灾及公共安全事件。

（徐子晴）

【全面完成“四年一次”检修改造】 2019年4月20日—6月26日，洛阳石化完成“四年一次”检修改造。装置检修改造投资规模超过12亿元，参战人员高峰时超过1.5万人，为历年最多。共完成炼油、化工、化纤生产装置及公用工程、辅助系统的5 365项检修计划，同步完成炼油结构调整改造项目、国VI油品质量升级项目、103项技改技措项目和63项更新项目，为新一周期高负荷稳定运行和流程优化创造了条件。

（徐子晴）

【有序推进炼油结构调整项目建设】 炼油结构调整项目总投资45.25亿元，主要以800万吨/年原油加工能力为依托，通过新建项目和现有装置改造，将加工能力提升至1 000万吨/年，实现装置结构的优化调整和油品质量升级。新建工艺装置包括：260万吨/年渣油加氢装置、120万吨/年连续重整联合装置[含8万米^3（标准）/时氢提浓]、45万吨/年芳烃抽提装置、12万吨/年乙苯装置、10万吨/年硫黄回收装置。改造装置包括：常减压蒸馏装置由800万吨/年扩改至1 000万吨/年，1#催化装置由140万吨/年扩改至180万吨/年（含新建制氧站），2#催化装置由140万吨/年扩改至160万吨/年，220万吨/年蜡油加氢改造为150万吨/年中压加氢裂化装置，航煤加氢装置由80万吨/年扩改至120万吨/年。厂内配套改造工程主要内容有储运系统改造、供热供风供氮系统改造、新建1套含盐污水处理场、1座中心控

2019年11月3日，新建260万吨/年渣油加氢装置反应器吊装（马　磊　摄）

制室等。2019年，炼油结构调整项目建设完成投资近20亿元，总体进度完成84.3%，工程质量合格率、投资控制完成率均为100%。其中，厂内配套改造项目中心控制室建成投用。

（徐子晴）

【新建20万吨/年烷基化装置投产】 新建20万吨/年烷基化装置是洛阳石化炼油结构调整油品质量升级改造项目的重要组成部分，总投资3.8亿元，采用中国石化自有硫酸烷基化技术，主要产品为烷基化油，辛烷值高，不含烯烃、芳烃，敏感性小，调和性和挥发性好，燃烧清洁，是调和高标号汽油的理想组分。该项目基础设计于2018年3月获批复，4月20日开始桩基施工。2019年3月30日，装置建成中交，比定额工期缩短3个月；7月23日，装置顺利投产。

（徐子晴）

【完成芳烃吸附成套技术国产化改造】 2019年8

月5日，洛阳石化芳烃吸附成套技术国产化改造顺利完成，并实现一次开车成功，生产出合格产品。该项目是集团公司2018年立项的科技攻关“十条龙”项目。改造更换了吸附剂和格栅，更新了旋转阀控制系统，增加了抽余液调节阀和吸附塔床层压降在线监控等，实现吸附系统的全部国产化，是吸附系统成套国产化技术在同类装置的首次应用。

（徐子晴）

【科技创新成效显著】 围绕生产实际和市场需求，组织开展创新创效攻关活动，科技创新对效益的贡献率不断提升。聚丙烯新产品开发取得新突破，自主研发的超高流动性高结晶聚丙烯新产品MN150投入市场。参与的“高附加值合成树脂关键技术开发及应用”“有机超滤膜开发与工业应用”分获集团公司科技进步一等奖和二等奖。全年获专利授权5件。12月27日组织召开科技大会，明确科技创新的主攻方向、平台建设、激励机制，表彰洛阳石化科技标兵、洛阳石化青年科技人才、优秀技术团队。

（徐子晴）

【完成“四供一业”分离移交年度目标任务】 2019年，洛阳石化按照国家和总部相关政策要求，稳妥推进“四供一业”及企业办社会职能分离移交工作。完成自来水公司股权移交、社区物业供暖市场化改革，协调配合接收方按期完成供暖、供水改造，供电改造收尾及物业改造加快推进，完成集团公司下达的年度目标任务。

（徐子晴）

【推进劳动用工改革及“三定”工作】 2019年，根据新建装置、业务划转、机构调整等情况，动态调整11个单位的定员。修订完善职工调配、岗位职责等制度，组织编制《岗位说明书》，完善岗位类别划分及用工配置规范，梳理规范岗位名称，促进人、岗、事相匹配，实现专业技术、技能操作缺员岗位竞争上岗常态化。定期核算超员率，加大超员率与单位奖励、年终兑现、绩效考核的挂钩力度，持续通过承揽业务、低效资产租赁等形式盘活人力资源，公司用工总量较上年底净减少198人，超员率较上年下降9.56%。

（徐子晴）

【人才队伍建设成果显著】 2019年，洛阳石化继续推进实施《人才强企工程行动方案》，开展新一轮高层次专业技术、技能操作人员选聘，高层次人才总量达98人，实现数量、质量双提升，各层次、各专业高层次人员基本配齐，人才成长通道全部打通。完善干部管理制度体系，全年调整领导干部53人次，干部总量压减比例达9.1%。加大年轻干部选拔力度，新提拔中层干部中40岁以下人员占比36.4%，新提拔基层干部中35岁以下占比100%。强化全员素质提升，举办首届中青年干部培训班，以及渣油加氢、加氢裂化、乙苯、苯乙烯等专业培训班（研修班），完成技能操作人员上岗复合性轮训，开展班组长及技师轮训。成立10个技能大师、技师工作室，全年获QC及创新成果61项。在集团公司业务竞赛中获得个人2金、1银、1铜的好成绩。

（徐子晴）

【党建工作持续加强】 强化政治建设，落实党组关于加强党的政治建设22项重点措施，对照中央巡视中国石化反馈问题举一反三自查整改，完成9个方面问题48项措施整改。围绕安全环保、效益成本、检修改造、项目建设工作，开展“同创共建”“党建共建”，政治优势有效转化为发展优势。实施组织力提升工程，将“五抓五提升”分解为5个子工程38个项目，明确责任及进度，逐项推进落实。落实“543”工作思路和“三带三融合”要求，把党建“三基本”和“三基”管理有机结合，开展基层党组织分类定级和党支部书记述职评议，排查整顿软弱涣散基层党组织，完成整改措施162项。建立“日常监督＋项目化运作”的“大监督”模式，累计督促整改问题48项，完成总部项目建设专项监督检查问题整改41项。集中整治安全环保领域形式主义、官僚主义，累计查摆问题229项。

（徐子晴）

【开展“不忘初心、牢记使命”主题教育】 按照中央和集团公司统一部署，结合实际，制订主题教育实施方案，成立主题教育领导小组及运行机构，召开主题教育启动会，组建“1+2”读书班，学习研讨、相互启发。班子成员聚焦6个方面突出问题，深入基层开展调研，牵头推进8项专项整治，将主题教育检视问题与中央巡视反馈举一反三自查问题、党建考核反馈问题结合联动整治，推动2批主题教育前后衔接、上下贯通、整体推进。2批主题教育累计梳理问题1 253项，整改落实率93.22%，解决了一批制约企业经营发展、关系群众切身利益的难题。

（徐子晴）

【召开共青团洛阳石化第七次代表大会】 2019年12月20日，中国共青团洛阳石化第七次代表大会召开，审议并通过第六届委员会工作报告，选举产生共青团中国石油化工股份有限公司洛阳分公司第七届委员会。贾征当选共青团中国石油化工股份有限公司洛阳分公司第七届委员会书记。

（徐子晴）

【开展庆祝新中国成立70周年系列活动】 2019年，为庆祝新中国成立70周年，洛阳石化举办系列庆祝活动，组织“我和我的祖国”职工大合唱，为20位获国家“庆祝中华人民共和国成立70周年”纪念章的退休老同志颁发纪念章。全年共举办文艺、戏曲演出、电影招待会、书美影展览等32场次，组织文艺志愿者深入社区开展送文化活动15场次，开展年度职工乒乓球、羽毛球、毽球比赛，承办河南省男子篮球联赛，丰富职工业余文体生活。加强稳定工作，确保了庆祝建国70周年期间“三个决不能，三个不发生”的目标。

（徐子晴）

2019年9月20日，洛阳石化炼油结构调整项目参建单位员工在施工现场举办“礼赞新中国”合唱活动

（赵鹏钧 摄）

【持续推进和谐企业建设】 2019年，洛阳石化继续落实民主管理，职代会提案建议得到较好落实。坚持发展成果与职工共享，职工收入继续保持增长，全年困难帮扶、走访慰问11 565人次、金额1 400余万元。组织开展“奋勇攻坚、争创一流”“我为检修做贡献”等劳动竞赛，促进了生产经营任务完成。继续用心用情为离退休老同志落实待遇、做好服务。

（徐子晴）

【对口扶贫村实现脱贫摘帽】 落实国家精准扶贫精神，继续选派驻村书记做好洛宁县小界乡苇山村扶贫工作。投入48.6万元完成苇山村饮水设施改造，使全村157户实现集中供水。积极推进消费扶贫，采用“党日活动＋消费扶贫＋走进山村”形式，组织洛阳石化党员职工到苇山村开展党日活动，采购扶贫农副产品30.32万元，其中苇山村9.96万元。2019年，苇山村实现脱贫摘帽，并被确定为河南省乡村振兴示范村。

（徐子晴）

表1 洛阳石化主要技术经济指标 亿元

指标名称 \ 年份	2019	2018	2017	2016	2015	2014
原料油加工量／万吨	549.47	694.68	670.69	626.77	510.80	707.00
工业总产值	300.53	357.90	296.86	232.91	210.37	390.13
炼　油	276.57	323.99	267.11	209.56	191.43	353.79

续表

指标名称 \ 年份	2019	2018	2017	2016	2015	2014
化　工	23.97	33.91	29.75	23.35	18.94	36.34
工业增加值	80.96	106.55	105.29	88.68	60.23	53.31
资产总计	106.18	77.30	71.70	67.64	76.23	86.76
流动资产	23.49	32.09	29.40	22.68	25.35	33.56
固定资产原值	161.34	156.93	161.82	161.40	160.54	160.94
固定资产净值	32.92	32.94	37.29	40.63	45.30	48.37
销售收入①	300.13	325.19	301.40	236.52	289.53	477.60
实现利税	74.12	90.62	95.78	75.69	45.26	38.81
税　金	73.36	85.77	87.17	62.48	63.55	60.00
综合能耗②/吨标煤·万元$^{-1}$	0.47	0.49	0.48	0.53	0.55	0.51

① 包括洛阳资产分公司
② 从 2011 年起万元产值能耗改为 2010 年不变价格

表 2　　洛阳分公司主要产品产量　　万吨

产品名称 \ 年份	2019	2018	2017	2016	2015	2014
$92^{\#}$ 汽油	115.62	125.73	108.32	29.44		
$93^{\#}$ 汽油	—	—	—	64.85	65.34	95.21
$95^{\#}$ 汽油	58.96	61.38	58.82	23.23	—	—
$97^{\#}$ 汽油	—	—	—	46.98	50.99	64.35
$98^{\#}$ 汽油	1.63	5.78	12.79	9.70	11.59	12.88
$3^{\#}$ 喷气燃料	62.71	66.66	62.80	62.78	49.48	72.63
分子筛料	—	—	—	—	—	1.59
$0^{\#}$ 柴油	156.01	170.77	174.48	139.96	137.25	182.62
$-10^{\#}$ 柴油	2.54	1.89	1.95	3.84	1.18	8.66
$-20^{\#}$ 柴油	—	—	—	—	—	-0.06
$2^{\#}$ 燃料油	—	5.75	0.49	—	—	—
炉用燃料油	3.80	2.11				

续表

产品名称 \ 年份	2019	2018	2017	2016	2015	2014
4# 燃料油	—	—	1.60	—	—	—
化工石脑油	11.28	14.24	12.96	13.54	10.78	15.43
溶剂油	—	—	—	—	—	-0.04
工业白油	—	—	—	4.58	5.02	2.74
粗白油	—	—	5.08	2.71	—	—
工业己烷	—	—	—	1.09	0.97	10.62
石油醚	2.09	6.65	7.21	8.45	5.50	—
商品重油	—	0.11	0.58	0.11	1.04	0.75
沥　青	15.84	13.99	16.33	14.39	20.80	29.93
液化气	45.06	51.22	46.44	43.86	27.88	42.04
丙　烯	13.36	17.20	15.53	13.99	9.20	13.03
硫　黄	4.66	5.35	5.00	3.97	2.41	4.41
液　氨	0.33	0.35	0.32	0.26	0.24	0.33
聚丙烯	13.29	14.92	15.70	15.24	10.21	13.39
纯　苯	5.98	8.47	8.53	7.34	6.89	8.96
对二甲苯	10.71	14.21	15.07	13.58	11.59	16.48
邻二甲苯	0.98	2.80	2.28	—	—	0.98
精对苯二甲酸	15.91	19.91	16.02	20.08	17.98	23.31
聚　酯	9.32	10.86	10.74	10.50	9.31	10.33
涤纶短纤维	9.19	10.79	10.58	10.36	9.13	10.19

安庆石化

【概况】 中国石油化工股份有限公司安庆分公司（简称安庆分公司）和中国石化集团资产经营管理有限公司安庆分公司（简称安庆资产分公司）统称安庆石化，始建于1974年7月，是安徽省最大的中央直属生产企业、最大的石化产品生产基地。

截至2019年12月底，安庆石化拥有年综合加工能力800万吨的炼油装置，日处理煤2 000吨的壳牌粉煤气化装置，以及年产33万吨合成氨、

21 万吨丙烯腈、7 万吨腈纶、10 万吨乙苯—苯乙烯等主要生产装置 70 余套。同时拥有 20 万千瓦发电机组、吞吐能力 382 万吨 / 年的油品化学品码头、80 万吨 / 年的卸煤码头和日产 24 万吨的供水系统，以及全长 13 千米的厂内铁路专用线。在册员工总数 4 394 人，固定资产原值 224.32 亿元、净值 111.25 亿元，累计上缴国家和地方税金超过 936 亿元。

安庆石化主要技术经济指标和主要产品产量分别见表 1 和表 2。

（关广磊）

【优化运营成效显著】 2019 年，安庆石化全力克服装置运行末期的不利影响，开稳开满开优创效装置。2# 常减压、航煤加氢、蜡油加氢等装置连续运行均超 1 000 天，催化柴油加氢转化、苯乙烯等装置连续运行超 600 天，1# 催化裂化获集团公司同类装置竞赛第 3 名，热电、公用工程、物流等系统保持稳定运行。充分发挥重油加氢装置吃重能力，平均掺渣提高 5 吨 / 时。高标号汽油产销量增加 12 万吨，增效超 5 000 万元。航煤月均销量增幅达 20.2%，销售总量实现新突破。丙烯腈、硫酸铵出口量及腈纶高附加值产品比例再创历史新高。全年累计加工原油 658.13 万吨，实现营业收入 401.63 亿元、税费 105.26 亿元、利润 6.94 亿元。

（关广磊）

【安全环保再上新台阶】 2019 年，安庆石化成功构建 HSSE 管理长效机制，修订发布运行 HSSE 体系管理手册，全面落实加强直接作业环节安全管理 10 条措施，抓实承包商重大风险“一把手”管控 66 项举措。扎实推进隐患治理，66 项隐患治理项目按节点完成，5 项大风险实现销项或降级，安徽省“铸安”1 号工程——危险化学品码头及油气输送管线迁建项目顺利投用，安全风险总值下降 10%。积极推进绿色企业创建，VOCs 和厂区异味综合整治成效明显，废气、废水综合达标率和固废处理处置率均达 100%，安全环保实现“五个重大事故”为零。

（关广磊）

【检修改造全面告捷】 2019 年，安庆石化面对建厂以来规模最大、任务最重的检修改造，以检修“八落实”为抓手，早准备、细安排，高标准、严要求，成立 10 个专业管理组，制定 14 项检修策略，严格安全、环保、质量和工期管控。抓实网格化管理、推行动态风险识别、强化源头质量管控、开辟物资绿色通道，组织开展“四比四创”劳动竞赛、现场保廉督导、领导干部 8 小时以外履职督查，成功完成 79 套主辅装置的检修任务，实现 4 973 个检修项目、87 项技改技措项目的顺利收官，总体达到“四好一成功”的既定目标。

（关广磊）

检修改造开车后的装置现场

【降本减费持续深入】 2019 年，安庆石化大力推进全员成本目标管理，持续完善预算管控和降本减费长效机制，吨油变动费用 106.89 元、降低 9.46 元，吨化工产品变动费用 1 034.01 元、降低 18.01 元，全年累计节约费用 7 876 万元。密切跟踪国际油价走势，适时采购机会油种，实现原油采购降本 3 655 万元。用好低利率优惠贷款等措施，节约财务费用 1 937 万元。拓宽来煤渠道，创新配煤方式，首次实现行业内四元配煤，原料煤采购成本降低 2 812 万元。持续深化节能减排降耗工作，狠抓蒸汽系统优化，炼油业务加工损失率及储运损失率明显降低。

（关广磊）

【转型发展扎实推进】 2019 年，安庆石化完成投资 8.48 亿元；实施技术开发 23 项，申报发明专利 6 件，其中 1 项获中国石油和化学工业联合会科技进步三等奖。Ⅲ硫黄扩能改造、煤气化装置原料煤输配煤系统改造等重点项目可研、热电 3# 机延寿改造基础设计获总部批复，催化裂解新型反应器项目顺利投用，新生产调度指挥中心高标准建成投用。炼油转化工结构调整项目“9+1”专项论证全面完成，炼化主体工程完成备案、节能报告获安徽省发改委批复。

（关广磊）

【圆满完成老码头及管廊带拆除工作】 2019年6月，安庆石化老码头及管廊带拆除工作正式启动，内容主要包括8.8千米管廊带管线21根，2.8千米管廊带管线10根，港贮码头油罐38台，20吨锅炉2座，35千伏变电所1座，供排水装置各1套，消防泵站1座，水上部分码头5座、泊位8个。在地方政府的大力支持下，安庆石化组织专业施工队伍，在确保安全、环保的前提下，科学安排网络，创新方式方法，11月3日管廊带及老码头全部拆除完毕，实现安全、环保、优质、高效的拆除目标，彻底消除管线穿城而过的重大安全隐患。

（关广磊）

【1项技术成果获授权中国发明专利】 2019年，安庆石化申请的“免蒸馏非显色检测水溶液中微量易释放氰与总氰装置以及方法”发明专利获国家知识产权局授权。

（关广磊）

【安合航煤管线成功投用】 2019年3月6日，安庆石化首批7 149吨航煤顺利完成安庆站—合肥油库的输转，标志着安合航煤管线一次投用成功。该管线的正式投用，既解决了合肥新桥机场传统公路运输航煤风险大、成本高的困难，又消除了安庆石化航煤资源出厂的瓶颈，顺应市场发展、实现多家共赢。

（关广磊）

【首次产出国Ⅵ标准98#车用汽油】 2019年4月27日，安庆石化首批3 014吨国Ⅵ标准的98#车用汽油，经取样分析检验，各项指标均满足内控要求，标志着安庆石化产品质量升级迈上新台阶。

（关广磊）

【持续深化人才强企工程】 2019年，安庆石化持续完善培训、培养、激励、提拔等制度规定，不断优化干部队伍结构。抓实职工培训，开展周末讲坛30期、专业专项培训94期、送外培训317人次。加强技术人才建设，开展首届“十大技术明星”评选，建立专家选聘、专业技术职位聘任常态化机制，全年完成专业技术职位聘任813人次。深入开展业务竞赛、技能比武和操作培训考核，陈敦平获评安徽省江淮杰出工匠，曹婷婷获集团公司2019年环境监测工竞赛金奖，斯永林、杨甄陶获安徽省技能大奖，龚荣庭工作室、陈敦平工作室分别获评中国长三角地区劳模创新工作室、安徽省技能大师工作室。龚荣庭获全国五一劳动奖章。

（关广磊）

【党的建设与时俱进】 2019年，安庆石化扎实开展“不忘初心、牢记使命”主题教育，认真接受集团公司党组“狠抓落实”专项巡视，全体党员干部进一步树牢“四个意识”、坚定“四个自信”、做到“两个维护”。大力推进组织力提升工程，建立“融入中心抓党建，检视问题抓整改”长效机制，开展大修改造党建共建，党员先锋模范作用得到较好发挥。不断强化法治央企建设，加强执纪监督，集中整治形式主义、官僚主义，开展基层减负，践行“马上就办”，实现作风转变。

（关广磊）

【成功召开中国共产党安庆石油化工总厂第七次代表大会】 2019年10月26—27日，安庆石化召开中国共产党安庆石油化工总厂第七次代表大会。大会的主题是：高举中国特色社会主义伟大旗帜，牢记初心使命，推进党的建设，带领全体党员和职工，以奉献奋进姿态决胜全面可持续发展，为打造一流企业而努力奋斗。安庆石化党委书记成雷代表中国共产党安庆石油化工总厂第六届委员会向大会做题为《牢记初心使命，推进党的建设，以奉献奋进姿态决胜全面可持续发展》的工作报告，回顾了第六次党代会以来的工作，明确了今后5年总厂党委工作的总体安排。大会选举出中国共产党安庆石油化工总厂第七届委员会委员、纪律检查委员会委员。

（关广磊）

【企业保持和谐稳定】 2019年，安庆石化持续改善职工工作环境，提高一线倒班津贴、夜餐费标准，提升职工幸福指数。开展节日普惠慰问，开辟“普惠有约”通道，抓好职工疗休养、夏送清凉、金秋助学等工作。提高职工慰问标准，全年慰问困难职工179人次，提供医疗互助435人次，组织职工体检4 757人次。开展十大劳动模范、十佳优秀班长、讲奉献十件好事评选，深化“安康杯”、工人先锋号竞赛，激发干事创业热情。推进“三供一业”和学前教育分离移交，加强信访维稳，抓好扶贫攻坚、抗洪防汛、文明创建等工作，彰显央企责任担当，构建和谐企业。

（关广磊）

【持续开展“公众开放日”活动】 2019年，安庆石化按照集团公司“公众开放日”活动的规范要求，精心组织策划13期“公众开放日”活动，接待政协委员、公务人员、在校学生、社区群众等524人。结合不同参观人群开辟适宜的精选路线，优化讲解内容，更新活动展板，充分展示安庆石化三次创业的艰辛历程和推进绿色低碳、加快转型升级的责任担当，进一步增进社会公众对企业的理解和支持，持续提升“公众开放日”活动的对外影响力，擦亮企业名片。

（关广磊）

【“李记”事迹在中央电视台《新闻联播》头条播出】 2019年4月7日晚，安庆石化职工许惠春以“李记”为名默默捐款近30载，直至逝世才被知晓的事迹在中央电视台《新闻联播》头条播出。报道以“平民英雄，成就不平凡的人生”为题，讲述了许惠春老人平凡而伟大的一生。“李记”许惠春被授予第七届全国道德模范提名奖，荣登2019年5月“中国好人榜”，获安徽省第五届道德模范称号，获评第五届感动石化人物。

（关广磊）

【扎实推进扶贫工作】 2019年，安庆石化认真贯彻落实集团公司、地方政府关于脱贫攻坚的决策部署，着力“单位帮扶、干部驻村、整村包保”工作，精准施策、合力攻坚，捐赠扶贫资金160万元、协调帮扶资金60万元，组织开展消费扶贫202.21万元，为三县三镇五村（岳西黄龙村，潜山三里村、天柱村，望江武昌村、花园村）“县摘帽、村出列、户脱贫”履职尽责，取得良好的社会效益。潜山市顺利实现“摘帽”，望江县“摘帽”申请通过市级初审，安庆石化驻潜山市三里村扶贫工作队获安徽省属单位脱贫攻坚先进集体称号。

（关广磊）

【开展“辉煌七十年、奋进新时代”主题活动】 围绕庆祝新中国成立70周年，精心组织系列文化活动，在“辉煌七十年、奋进新时代”职工环湖绿色行活动中，18个方阵800多名职工积极参与，现场齐唱《我和我的祖国》，展出职工书法美术摄影优秀作品，并在安庆直播网同步直播，累计4.69万人在线观看，广大职工更加坚定了爱党爱国、爱厂爱岗信念。

（关广磊）

在校学生在“公众开放日”活动中参观厂史馆

开展“辉煌七十年、奋进新时代”职工环湖绿色行活动

表 1　　安庆石化主要技术经济指标　　亿元

指标名称 \ 年份	2019	2018	2017	2016	2015	2014
原油加工量 / 万吨	658.13	727.46	750.58	538.41	689.31	748.00
工业总产值	394.68	451.14	400.90	254.90	345.12	473.94
炼　油	345.62	391.31	346.17	218.96	301.72	417.21
化　工	35.74	45.13	40.88	24.13	31.06	43.05
其　他	13.32	14.70	13.85	11.81	12.34	13.68
工业增加值	130.57	156.33	150.27	109.59	126.91	58.25
资产总计	141.44	132.62	142.49	134.98	132.96	144.68
流动资产	17.56	22.82	32.61	29.14	25.01	33.14
固定资产原值	224.32	220.84	210.16	206.41	200.64	195.29
固定资产净值	111.25	114.20	110.53	111.21	112.72	114.80
营业收入	401.63	464.23	411.76	261.71	355.70	485.10
实现利税	111.75	140.35	142.99	95.78	111.60	82.75
税　金	104.81	117.90	124.48	90.27	115.86	85.61
炼油综合能耗 / 千克标油·吨 $^{-1}$	76.98	76.93	73.31	77.20	77.54	80.36

表 2　　安庆石化主要产品产量　　万吨

产品名称 \ 年份	2019	2018	2017	2016	2015	2014
汽　油	249.15	269.61	243.43	176.38	216.55	230.85
柴　油	181.56	183.22	251.65	197.19	280.02	302.43
航　煤	39.57	40.37	34.83	12.98	0.44	—
燃料油	5.66	3.37	0.34	0.97	1.74	4.27
原料油	19.09	28.23	36.34	20.48	18.82	10.90
液化气	64.58	75.07	67.64	48.23	58.34	60.81
石油焦	23.35	27.56	28.98	22.30	32.84	34.21
合成氨	25.73	26.30	28.85	25.19	20.82	25.50
丙烯腈	20.17	21.80	23.64	18.07	22.51	22.45
腈　纶	4.02	4.40	3.98	4.13	6.41	6.58
苯乙烯	9.17	10.08	10.52	7.28	9.63	9.50

海南炼化

【概况】 中国石化海南炼油化工有限公司（简称海南炼化）位于海南省西北部洋浦半岛的洋浦经济开发区，毗邻北部湾，位于新加坡—香港—上海—大阪国际海运主航线上，拥有天然的深水良港和避风港，地理和海运条件优越，同时享受保税港区、经济特区和开发区的全部优惠政策。海南炼化一期占地 2.5 平方千米，投资 116 亿元，成立于 2003 年 10 月 31 日，原名海南实华炼油化工有限公司。2004 年 4 月 26 日，海南炼油项目奠基开工。2006 年 2 月 28 日，公司名称注册变更为中国石化海南炼油化工有限公司。2006 年 9 月 28 日，全部装置和系统一次投料试车成功，打通全流程，投入商业运行。2008 年 7 月 1 日，海南炼化通过总部组织的项目竣工验收，正式投入商业运营。2011 年 12 月 22 日开工建设中国第 1 套自主知识产权的芳烃联合装置，2013 年 12 月 27 日建成投用，标志着中国石化成为全球第 3 家拥有自主知识产权芳烃成套生产技术的企业。2016 年 9 月，海南炼化第 2 套芳烃项目获批复，2019 年 9 月 27 日建成投产，芳烃总生产能力达 160 万吨 / 年。2018 年 12 月 26 日，100 万吨 / 年乙烯及炼油改扩建工程获总部批复，正处于建设当中。

海南炼化采用全加氢型加工流程工艺，主要加工中东和非洲的进口原油，生产和销售各种规格的汽油、柴油、煤油、石脑油、苯、液化气、燃料油、聚丙烯、对二甲苯、邻二甲苯、苯乙烯等石油化工产品。截至 2019 年底，海南炼化原油综合加工能力 920 万吨 / 年，拥有 30 套炼油化工生产装置及相应的油品储运设施、公用工程系统，自备的深水码头位于洋浦神头港区，共拥有包括 30 万吨级原油泊位、10 万吨级成品油泊位在内的泊位 8 座，年吞吐能力 3 030 万吨。还拥有总罐容 110 万立方米的原油和超过 100 万立方米成品、半成品储存能力及相应的输转设施。

海南炼化主要技术经济指标及主要产品产量分别见表 1 和表 2。

（郑立婕）

【领导班子调整】 2019 年 5 月 27 日，海南炼化召开领导班子调整会，集团公司人事部宣布公司领导班子调整：根据工作需要，集团公司党组、股份公司任命汪剑波为海南炼油党委委员，经董事会审议通过，聘任汪剑波为海南炼油副总经理。

（郑立婕）

【多项指标创历史最优水平】 2019 年，海南炼化推进精益管理，持续强化管理、降本减费、增效创收，原油加工量、对二甲苯产量创历史新高，吨油完全费用、综合商品率、原油储运损失率、炼油综合能耗、物资供应绩效、投资完成率、利润等在炼化企业排名均创历史最优水平，获集团公司节能环保先进单位、经济效益优胜单位、创效进步优胜单位、人均劳效优胜单位、水务信息化建设优秀奖、"综合成本管理奖"领先奖和进步奖等荣誉称号。

（郑立婕）

【百万吨乙烯项目进展顺利】 2019 年，海南炼化全力推进 100 万吨 / 年乙烯及炼油改扩建工程。1 月 21 日，召开项目总体设计启动会，12 月 10 日召开总体设计审查会；配套公寓项目、220 千伏及外线总变初步设计、码头项目初步设计及引堤施工图设计完成；成立乙烯项目管理部，项目用地、用海、岸线等行政审批手续基本办结；19 项工艺技术许可谈判全部结束，启动 14 套国内技术工艺

海南炼化 100 万吨 / 年乙烯及炼油改扩建工程工地现场
（林鸿冠　摄）

包和 3 套引进技术工艺包编制工作；现场勘察、场地清表及回填、试夯施工全部完成，强夯施工已展开；截至年底，累计完成投资 6.7 亿元，完成股东方注资工作。

（郑立婕）

【二套芳烃项目顺利建成投产】 2019 年，海南炼化加快推进第 2 套 100 万吨 / 年芳烃项目建设。3 月 15 日，项目顺利完成中交，转入试生产；9 月 27 日，装置打通全流程，对二甲苯产品分析合格，标志着海南炼化二套芳烃项目实现一次开车成功，顺利完成由施工建设到商业运行的转变。该项目投产后，海南炼化拥有 160 万吨 / 年对二甲苯生产能力，成为中国石化最大的芳烃生产基地。国务院国资委网站、《中国能源报》、凤凰网、澎湃新闻、《中国日报》《中国证券报》、新浪财经、今日头条等媒体对项目建成投产进行采访报道。

（郑立婕）

海南炼化 100 万吨 / 年芳烃项目建成投产（林鸿冠　摄）

【深入推进内部改革】 2019 年，海南炼化解放思想、稳妥推进，内部改革取得实效。发布实施完善人才成长通道建设方案及专业技术、技能操作人才管理等制度，取消机关科室设置，64 名科级干部由管理岗位转为专业技术岗位；加强岗薪联动和年轻优秀干部的选拔任用；强化全员素质和能力培训，加快安全仿真与实操培训基地建设；完成实华嘉盛清算注销、业务衔接等工作；推进"马上就办"和规范检查、考核、评比、会议管理，机关效率和为基层减负力度进一步提升。

（郑立婕）

【中国石化公众开放日（海南炼化站）启动并获良好成效】 为建立良好的公共关系、树立企业品牌形象、有效促进内部管理，按照集团公司要求，2019 年 3 月 29 日，海南炼化举办中国石化公众开放日（海南炼化站）第 1 期活动。全年，海南炼化共举办 11 次公众开放日活动，接待 2 000 人次。

（郑立婕）

【中央大型媒体记者团采访报道】 2019 年 4 月 16 日，为深入宣传习近平总书记"4·13"重要讲话精神和海南自由贸易区建设成就亮点，海南省组织来自《人民日报》、新华社、《求是》杂志、中央电视台等 36 家中央主要媒体及部分省市重点新闻单位的 50 名媒体记者，开展"逐浪先行海之南——百家媒体看海南"大型媒体采访活动。中央大型媒体记者团走进海南炼化，深入宣传报道海南炼化在海南自贸区（港）建设一年中所取得的亮点成效。

（郑立婕）

【开展"不忘初心、牢记使命"主题教育】 2019 年，海南炼化开展"不忘初心、牢记使命"主题教育。6 月 14 日，召开"不忘初心、牢记使命"主题教育动员会，随后自上而下分 2 批进行，历时 6 个月，将学习教育、调查研究、检视问题、整改落实 4 个重点措施贯穿主题教育全过程，实现全覆盖、零死角、有实效，为推动公司实现更高质量、更有效益、更可持续发展提供坚强保证。

（郑立婕）

【获 2018 年度能效"领跑者"企业（对二甲苯）称号】 2019 年 7 月 25 日，2018 年度石油和化工行业重点耗能产品能效"领跑者"标杆企业名单发布，共涉及 20 种 33 个产品，展示了国内重点耗能行业的节能成就。海南炼化名列对二甲苯生产企业第 1 名，获能效"领跑者"企业称号。

（郑立婕）

【国家级危险化学品应急救援洋浦基地项目正式投用】 2019 年 9 月 9 日，由海南炼化负责建设的国家危险化学品应急救援洋浦基地正式投入使用。基地占地 78 亩（5.2 万平方米），总投资 2.25

亿元，配置救援队员 150 人，对提升海南省危险化学品应急救援能力、保障国家和人民财产安全、维护国家能源战略稳定具有重要意义。

（郑立婕）

【8 万吨 / 年硫黄回收装置项目正式开工】 2019 年 9 月 20 日，海南炼化 8 万吨 / 年硫黄回收装置项目举行开工仪式，标志着项目正式进入开工建设阶段。该装置是在原有 1 套 9.5 万吨 / 年硫黄回收装置的基础上，贯彻可持续发展战略，坚持安全生产与环境保护并重原则，积极落实企业节能减排目标，确保公司油品质量升级改造工程的主要环保装置之一。项目总投资 2.26 亿元，主要建设包括硫黄回收、尾气处理、烟气处理 3 个部分内容。

（郑立婕）

【在全国催化重整技能竞赛中获佳绩】 2019 年 10 月 10—12 日，2019 年中国技能大赛全国催化重整装置操作工职业技能竞赛在石家庄炼化举行。海南炼化选派参赛选手获 2 枚个人银奖、1 枚个人优胜奖，海南炼化代表队获团体第 10 名。

（郑立婕）

【后勤基地项目正式奠基开工】 经过前期与政府的协调沟通，海南炼化后勤基地项目基本解决土地清表、房地产政策严控等问题，成功取得项目建设规划许可。2019 年 11 月 12 日，后勤基地项目正式奠基开工，对公司提升保障能力、改善民生配套具有十分重大意义。

（郑立婕）

【成功申报“全国工会职工书屋示范点”】 2019 年 11 月 28 日，海南炼化获“全国工会职工书屋示范点”授牌，并获全国总工会向职工书屋赠送图书，对公司主动扛起央企社会责任、政治责任给予高度肯定。

（郑立婕）

【中国工程院洋浦石化产业院士专家组调研】 2019 年 11 月 28 日，以中国工程院王基铭院士为组长的中国工程院洋浦石化产业中下游延伸及新材料发展战略研究项目院士专家组到海南炼化调研，袁晴棠、李大东、胡永康、杨启业、孙丽丽等中国工程院院士，中国工程院、海南大学等单位专家参加调研。院士专家组就洋浦石化行业下一阶段规划发展、产业链延伸及新材料基地规划及公司后续发展方向等内容进行研究并提出政策和发展建议，对推动洋浦建成国家级石化产业基地和油品自由贸易港区、海南全岛自由贸易区建设具有重要意义。

（郑立婕）

【马来西亚政府代表团一行参观考察】 2019 年 11 月 29 日，在集团公司国际合作部的安排下，马来西亚砂捞越州首席部长一行 25 人到海南炼化参观考察，就中国石化炼油技术及中国石化技术在海南炼化的应用情况等方面进行交流座谈，为展示中国石化炼化技术和工程能力，更好推介中国石化自有技术，推动中国石化技术输出起到积极作用。

（郑立婕）

【第二次团代会召开】 2019 年 12 月 20 日，共青团中国石化海南炼油化工有限公司第二次团员代表大会开幕。大会回顾了海南炼化共青团和青年工作取得的成绩，展望了下一阶段工作，选举产生共青团海南炼化第二届委员会委员。

（郑立婕）

表 1　　海南炼化主要技术经济指标　　亿元

指标名称 \ 年份	2019	2018	2017	2016	2015	2014
原油加工量 / 万吨	927.63	865.74	791.70	900.38	901.43	903.25
工业总产值	494.76	502.89	386.10	382.42	427.19	575.93

续表

年份 指标名称	2019	2018	2017	2016	2015	2014
炼　油	486.04	497.84	328.68	376.82	424.32	570.58
化　工	84.95	79.33	58.42	380.14	65.64	112.45
工业增加值	114.00	122.50	96.20	101.03	89.48	63.42
资产总计	304.26	212.39	121.76	114.28	122.67	155.95
流动资产	209.23	120.72	41.92	34.45	30.86	54.56
固定资产原值	183.65	154.27	148.40	148.11	145.83	144.76
固定资产净值	76.67	57.63	61.65	71.47	79.21	87.98
销售收入	497.13	485.74	319.66	277.31	314.78	440.87
实现利税	101.43	120.04	107.69	110.22	95.46	46.59
税　金	82.45	84.84	85.27	86.22	90.51	57.62

表 2　　海南炼化主要产品产量　　万吨

年份 产品名称	2019	2018	2017	2016	2015	2014
汽　油	270.05	254.24	224.41	232.94	235.79	218.06
柴　油	266.47	249.50	222.46	260.78	260.82	267.62
煤　油	157.07	142.25	133.09	151.19	150.21	138.64
液化气	62.04	59.26	54.69	57.96	68.07	62.31
燃料油	18.00	15.02	14.75	17.06	17.52	20.64
石脑油	19.53	20.28	9.90	5.40	17.81	26.50
硫　黄	5.91	6.51	5.43	6.80	6.56	6.59
对二甲苯	92.35	68.05	59.94	66.48	67.54	75.68
邻二甲苯	11.02	6.57	7.37	7.77	6.20	10.50
苯	13.23	14.23	14.65	14.63	15.53	17.20
聚丙烯	23.29	21.84	19.72	20.90	22.09	21.84
有机热载体	18.53	8.98	18.41	17.33	14.53	14.27
发泡剂	2.59	2.97	6.49	4.22	7.79	1.37

青岛炼化

【概况】 中国石化青岛炼油化工有限责任公司（简称青岛炼化）成立于2004年，是中国石化、山东省、青岛市共同出资设立的特大型石油化工联合企业（出资比例为85%：10%：5%），位于青岛经济技术开发区重化工园区，总占地290公顷，毗邻青岛港，位置优越，配套完备，交通便捷。青岛炼化是中国石化系统内单套装置规模最大、体制机制最新、用工定员最少的炼化企业之一，1 000万吨/年大炼油项目是中国批准建设的第1个单系列千万吨级炼油项目，总投资125亿元，于2008年6月正式投产。青岛炼化采用较为先进的管理体制机制，组织机构扁平，采用两级管理组织架构，设8个机关职能部门、5个直属机构、7个二级单位；职工数量600余人。

青岛炼化工艺路线采用“焦化+CFB锅炉+催化”方案，主要加工进口高硫原油，截至2019年底，原油综合配套加工能力达1 200万吨/年，拥有22套生产装置和相应的公用工程及辅助设施，每年可生产汽、煤、柴成品油800多万吨，生产聚丙烯、苯乙烯、混苯、硫黄等各类石化产品300多万吨。车用汽、柴油质量可全部达到国Ⅵ标准。

青岛炼化主要技术经济指标及主要产品产量分别见表1和表2。

（王鑫磊　刘　煜）

【领导班子调整】 2019年10月23日，集团公司党组和股份公司发文，决定：赵培录任青岛炼化董事会董事长，建议赵培录不再担任青岛炼化副总经理职务；免去孟祥德青岛炼化党委副书记、委员职务，不再担任青岛炼化董事会董事长、董事职务，任调研员；建议孟祥德不再担任青岛炼化总经理职务；建议李振民为青岛炼化副总经理（按大Ⅰ型企业正职管理）人选。11月6日，青岛炼化以书面形式召开五届六次股东会，决定赵培录任青岛炼化董事会董事长，为青岛炼化法定代表人；孟祥德不再担任青岛炼化董事会董事长、董事职务。11月12日，青岛炼化以书面形式召开五届六次董事会，聘任李振民为青岛炼化副总经理，解聘孟祥德的青岛炼化总经理职务，解聘赵培录的青岛炼化副总经理职务。

（王鑫磊　刘　煜）

【获评中央企业先进集体】 2019年9月21日，中央企业先进集体和劳动模范表彰大会在人民大会堂举行，青岛炼化被人力资源和社会保障部及国务院国资委联合授予中央企业先进集体称号。

（王鑫磊　刘　煜）

【高标准完成“四年一修”】 2019年5月25日—8月8日，青岛炼化完成第2次全厂性“四年一修”。大检修是青岛炼化开工投产以来的第3次大检修，也是时间最长、项目最多、难度最大的一次系统性检修改造，其中检修项目4 712项，同步实施改造项目178项。青岛炼化深入贯彻“安全、绿色、优质、文明、廉洁、节约”的检修理念，务实创新、科学统筹，实现停检开全过程“零伤害”“不扰民”和“不对天放、不对地排”“厂区无异味”的安全绿色检修目标。

（王鑫磊　刘　煜）

青岛炼化“四年一修”检修现场（刘　强　摄）

【生产经营业绩突出】 2019年，青岛炼化加工原油931万吨，实现营业收入399亿元，实现利税80亿元，利润总额（14.17亿元）和吨油利润（155元）均保持集团公司炼油板块先进水平。面对严峻的市场形势，青岛炼化开足马力，创造日加工3.4万吨的历史最高加工负荷纪录。全年出口成品油293万吨，柴油、保税航煤出口量均创历史新高。获中国石化炼化企业人均劳效优胜单位、炼油“比学赶帮超”优胜单位称号。

（王鑫磊　刘　煜）

【安全业绩持续向好】 2019 年，青岛炼化发布全新 HSSE 管理体系，常态化落实风险分级管控和隐患排查治理体系建设要求，重大风险总值下降 13%，顺利实现第 3 个运行周期安稳运行 1 400 天的目标。扎实开展安全教育培训，打通承包商现场管控最后 1 千米，通过实地采访等形式，给予一线施工人员敢于对风险说“不”的权利；推行施工人员独立 JSA 分析验证制度，抓实双向交底，实现“要我安全”向“我要安全”到“我会安全”的转变。全面加强国家危险化学品救援基地建设，强化全员消气防技能训练，综合应急能力持续提高。代表青岛市参加首届全省危险化学品救援技术竞赛获季军，位列 16 支地市代表队第 1 名，受到地方书面表扬。

（王鑫磊　刘　煜）

【绿色企业创建通过验收】 2019 年，青岛炼化加快实施“一方案两清单”项目，20 个污染防治攻坚战项目按期完成；积极培育绿色文化，逐步将绿色理念转化为员工工作和生活中的行动自觉。12 个“能效提升”项目顺利落地，炼油综合能耗实现 55.34 千克标油 / 吨再创历史最优，碳排放总量和排放强度均实现降低。连续第 7 年荣膺中国石油和化学工业联合会发布的“能效领跑者标杆企业”榜首，绿色企业创建顺利通过集团公司验收。

（王鑫磊　刘　煜）

【人才强企工程深入推进】 2019 年，青岛炼化进一步完善专业技术和技能操作职位选聘相关制度，机关招聘和基层选聘程序更加规范；创新设置运行工程师岗位，为年轻人才培养加长了板凳；积极推进人才跨序列流动，促进了各类人才各展其长、各尽其能，高质量发展的内生动力更加强劲。

（王鑫磊　刘　煜）

【企业发展呈现良好局面】 2019 年，青岛炼化进一步深入贯彻“融入地方、合作共赢”理念，青岛新机场航煤管道配套设施项目按期建成，密闭除焦等重点项目顺利投用，推动筹建“青岛船用燃料油保税基地”，积极发挥企业自身优势助力地方发展，企地关系持续向好。一体化发展方案论证稳步推进，高质量发展前景更加广阔。

（王鑫磊　刘　煜）

【重大重要风险有效管控】 2019 年，青岛炼化不断优化完善内部控制和风险控制矩阵，内控制度执行有效性得到提升，梳理出 37 项重大重要风险和涉及的 67 项主要风险点，均有效落实管控措施；常态化开展培训交流，全员内控风控意识不断增强。

（王鑫磊　刘　煜）

【企业管理规范高效】 2019 年，青岛炼化坚持把加强党的领导和完善公司治理有机统一，党委参与企业重大决策机制运行良好。全面推进合规管理体系建设，制定实施《全面依法依规治企强化管理实施办法》，完善公司治理结构，规范决策机制，依法治理能力得到提升。定期开展执行情况检查，促进制度落地，管理体系有效运行。业务外包顶层设计进一步优化，审计监督和依法依规治企更加完善。

（王鑫磊　刘　煜）

【科研开发取得实效】 2019 年，青岛炼化开展科研项目 31 项，向集团公司申报成果转化奖 4 项，获 3 件专利授权；围绕实际问题开展技术攻关，“非开挖燃料油辽河路埋地管道防凝堵研究和实践”“卫材级无纺布专用料添加剂配方优化”等科研项目取得新突破。

（王鑫磊　刘　煜）

【“两化”融合步伐加快】 2019 年，青岛炼化大力开展深化应用创新创效行动，被集团公司评为从第一阶段到第二阶段“持续优秀企业”。计量管理、实时数据库等系统实现大幅度升级，“护网 2019”行动圆满完成。按照“数据 + 平台 + 服务 + 应用”的模式，以 1 个平台（智能制造平台）和 3 条业务主线（一体化优化、集成管控、全生命周期资产管理）为主要内容，深入推进智能工厂建设，信息化和工业化高层次深度融合步伐加快。

（王鑫磊　刘　煜）

【“不忘初心、牢记使命”主题教育高质量开展】 2019年，青岛炼化紧紧围绕学习贯彻习近平新时代中国特色社会主义思想主线，认真学习领会党的十九届四中全会精神，做到抓思想认识到位、抓检视问题到位、抓整改落实到位、抓组织领导到位。奔着问题去、盯着问题改，努力将“不忘初心、牢记使命”主题教育成果转化为发展动力，企业政治生态和员工面貌发生了新变化，助推生产经营和企业管理取得新成效。

（王鑫磊　刘　煜）

【党建工作继续夯实】 2019年，青岛炼化坚定不移加强党的领导，层层传导压实党建责任，大力推动组织力提升和“三基本”建设，扎实开展基层软弱涣散党组织整顿工作。深化与承包商、驻地政府、合作单位基层党组织共建，促进了交流，凝聚了共识。有效发挥宣传引导作用，系统推进精神文明建设，组织开展庆祝新中国成立70周年系列活动。党风廉政建设严抓不懈，作风建设持续向上向好，严格落实中央八项规定精神，持之以恒反“四风”，常态化开展形式主义、官僚主义集中整治，积极践行“马上就办”，务实去华蔚然成风。组织开展全员消费扶贫，进一步发挥群团优势，用心打造“职工之家”“青工之家”，凝心聚力共建幸福企业。

（王鑫磊　刘　煜）

表1　青岛炼化主要技术经济指标　亿元

指标名称＼年份	2019	2018	2017	2016	2015	2014
原油加工量 / 万吨	931.15	1 160.97	1 172.16	1 131.91	948.69	1 127.01
工业总产值	399.89	536.35	423.95	324.35	327.81	546.90
工业增加值	85.33	139.83	174.05	166.89	135.47	100.71
资产总计	189.51	201.74	185.22	122.66	120.87	142.56
流动资产	125.15	132.73	105.74	34.15	22.59	37.56
固定资产原值	159.23	157.34	155.91	154.53	150.79	145.73
固定资产净值	50.67	59.06	68.24	77.78	84.45	89.51
销售收入	398.90	538.26	427.92	330.79	331.18	548.73
实现利税	80.43	152.85	183.24	171.21	123.93	87.61
税　金	69.74	105.30	133.14	131.21	108.92	89.90
综合能耗 / 千克标油·吨$^{-1}$	55.34	55.30	55.66	56.19	57.10	57.20

表2　青岛炼化主要产品产量　万吨

产品名称＼年份	2019	2018	2017	2016	2015	2014
汽　油	273.38	343.03	336.98	332.14	276.59	338.71
柴　油	211.09	251.76	280.28	274.93	249.27	313.41
煤　油	144.00	188.59	186.44	170.07	126.48	126.94
液化气	68.33	84.22	81.59	81.30	69.91	89.24

续表

产品名称 \ 年份	2019	2018	2017	2016	2015	2014
石脑油	12.60	14.02	14.99	11.36	10.35	13.74
商品石油焦	45.60	64.35	67.09	64.00	52.25	69.35
发泡剂	4.46	8.62	11.07	10.94	10.33	5.89
纯　苯	0.05	0.67	0.22	—	—	—
混合二甲苯	21.82	29.37	31.29	29.55	26.95	29.32
硫　黄	17.18	20.99	20.95	21.05	17.01	20.84
聚丙烯	15.86	20.02	20.59	19.54	17.80	19.88

石家庄炼化

【概况】 中国石油化工股份有限公司石家庄炼化分公司（简称石家庄炼化分公司）和中国石化集团资产经营管理有限公司石家庄分公司（简称石家庄资产分公司）统称石家庄炼化，位于河北省省会石家庄市东南 25 千米处，其前身为石家庄炼油厂，始建于 1978 年，1983 年建成投产，同年 7 月 1 日划归中国石油化工总公司。1997 年采用局部改制方式募集发起设立石家庄炼油化工股份有限公司，上市筹集资金投入到当年河北省人民政府与中国石油化工总公司合资设立的石家庄化纤有限责任公司（简称石家庄化纤公司），共同建设石家庄 5 万吨 / 年己内酰胺工程。石家庄化纤公司股权几经变更，2009 年 3 月转换成为股份公司的分公司。根据集团公司改革重组的统一部署，2006 年注销石家庄炼油厂，注册成立石家庄资产分公司，2007 年注册成立石家庄炼化分公司。2009 年 5 月，根据“一企一制”的整体要求，石家庄化纤公司整体、石家庄资产分公司部分资产和人员被整合并入石家庄炼化分公司。

截至 2019 年底，石家庄炼化共设生产技术处、计划经营处、安全环保处、设备工程处等机关职能部门 12 个，行政事务中心、物资采购中心、质量检验中心等直属机构 6 个，炼油运行一部、化工运行部等二级单位 9 个。上市部分职工 2 352 人（含劳务工 221 人），其中具有高级职称的 221 人、中级职称的 377 人。存续部分职工 50 人，其中具有高级职称的 1 人、中级职称的 7 人。

石家庄炼化原油加工能力已达 800 万吨 / 年，己内酰胺生产规模达 20 万吨 / 年，拥有常减压、催化裂化、蜡油加氢、渣油加氢、连续重整、柴油加氢等 28 套炼油生产装置，以及双氧水、氨肟化等 11 套己内酰胺生产线装置。主要产品有汽油、柴油、航空煤油、聚丙烯、液化气、己内酰胺、聚酰胺切片等 30 多个品种和牌号。

石家庄炼化分公司主要技术经济指标及主要产品产量分别见表 1 和表 2。

（张智玮）

【领导班子调整】 2019 年 10 月 30 日，石家庄炼化召开干部大会，宣布领导班子调整的决定：免去孙明荣党委书记、委员职务，同时解聘孙明荣副总经理职务，另有任用；总经理胡正海暂时主持石家庄炼化党政全面工作。

（张智玮）

【生产经营业绩持续向好】 在延迟焦化装置停运的不利形势下，石家庄炼化克服困难优化加工流程，原油加工量创历史新高；抢抓市场机遇，挖潜创效、降本减费，2019年生产经营继续保持稳中向好的发展态势。实现营业收入336.61亿元；利税89.89亿元，利润总额2.83亿元，税金87.06亿元。加工原油618.66万吨，生产已内酰胺10.02万吨、聚酰胺切片2.18万吨、聚丙烯18.28万吨、“三苯”34.92万吨。资产负债率由年初的61.09%下降到年末的59.84%。

（张智玮）

【产品结构持续优化升级】 石家庄炼化坚持以市场为导向，积极推进供给侧结构性改革，持续优化调整产品结构，增产高附加值产品。航煤收率增加0.94个百分点、再创新高，车柴收率增加0.57个百分点，异辛烷、芳烃收率增加0.12个百分点，轻石脑油、轻质燃料油等低附加值产品产率降低0.24个百分点。稳定量产MT20B、Y37等聚丙烯高端产品，成功开发高熔指透明料PPR-MT40B新产品，聚丙烯产品差异化率达66.8%、提高14.0个百分点；聚丙烯外贸出口量达3.5万吨。做好大颗粒硫铵产销创效143万元，开发中颗粒硫铵，实现产品差异化。

（张智玮）

【全流程优化得到持续推进】 石家庄炼化把握关键装置、重点环节，克服困难，优化加工流程，实施减压深拔、减渣分储分炼，渣油加氢高负荷、高残炭运行，催化高活性、高苛刻度生产，原油加工量达618.7万吨；累计外采石脑油4.5万吨、蜡油10.1万吨，保证重整、催化高负荷运行，增效6 726万元。硫酸烷基化装置实现长周期稳定运行，各项指标达到国际先进水平。

（张智玮）

【降本减费成效显著】 石家庄炼化牢固树立“长期过紧日子”的思想，努力提升成本优势。紧贴市场、科学调整原油采购策略，捕捉机会油种，踏准节奏抓好原油采购；合理利用商储原油，开展库存运作；实现原油降本1.76亿元。拓宽思路，回炼污油3 150吨；细化操作压减浮渣，浮渣产量降低3 539吨。着力提升重整氢气利用率，压减外购氢气量，降本近593万元。统筹优化蒸汽系统，蒸汽消耗降低26吨/时；实施节能改造，开好节能设施，电力消耗降低约2 213千瓦；大力压减新鲜水用量，吨油取水由0.45吨降至0.35吨，日均新鲜水耗量降低近48%；优化压缩风、氮气系统，用量分别降低消耗1 493米^3/时、400米^3/时。综合利用财政税收政策，直接降本创效3 138万元；直购电节约电费1 800万元；争取政策、补充资本金5 900万元，资产负债状况明显好转。

（张智玮）

【正式建立并发布HSSE体系手册】 2019年11月1日，石家庄炼化正式建立并发布《HSSE管理体系手册》，其中确定“零伤害、零污染、零事故”的HSSE目标，“组织引领、全员尽责、管控风险、夯实基础”的HSSE方针，以及“安全第一、环保优先、身心健康、严细实恒”的HSSE理念；进一步明确领导引领力、HSSE组织、HSSE责任等32个关键要素，每个要素明确管理职责、管理主体、管理内容，实施时纳入企业一体化体系管理，专业安全管理与安全专业管理进一步融合。

（张智玮）

【800万吨/年炼油项目通过环评验收】 2019年6月，石家庄炼化完成800万吨/年炼油项目变更环境影响分析报告；7月31日，河北省生态环境厅正式同意该项目变更环境影响分析备案。8月，石家庄炼化停运延迟焦化装置，并组织该项目竣工环保验收监测及环境质量现状监测。9月26日，集团公司能环部组织对该项目水、大气、噪声污染防治设施进行自主验收，并对该项目验收情况进行了公示。12月20日，河北省生态环境厅出具固体废物污染防治设施竣工环境保护验收意见。至此，800万吨/年炼油项目环境保护验收工作全部完成。

（张智玮）

【落实环保责任建设绿色企业】 石家庄炼化坚持绿色清洁生产，大力推进绿色企业建设。实施LDAR技术升级，提升检测效率和数据质量；投用19个定点环境监测站，实现厂界大气污染物的自动化监测，逐步搭建起大气污染物智慧监测预警与溯源综合管控平台。润滑油液袋周转箱完全替代钢桶，实现“绿色润滑”；全面启动绿色基层创建工作，建立4个基层试点。建成投用炼油VOCs废气治理等19项环保项目，厂区环境得到有效改善。

（张智玮）

【科技创新、技术攻关取得阶段性成果】 石家庄炼化积极推动技术应用与创新，所承担的中国石化“十条龙”科技攻关项目“浆态床双氧水成套技术开发”顺利“出龙”；SINOALKY硫酸烷基化工艺技术及其工业应用、选择性生产烷基化原料的裂化催化剂研发、炼化企业氢气系统智能优化技术分别获中国石化科学技术进步一等奖、技术发明二等奖和科技进步三等奖，获科技成果转化奖励和报酬111万元。

（张智玮）

【专业管理深度进步明显】 对技术文件进行全面诊断，推进文本化管理；不定期随机发放巡检督查牌，提升巡检质量；治理高频报警，报警频次降低近40%；工艺防腐、炉水质量、蒸汽质量等合格率大幅提升，工艺操作平稳率、在线仪表投用率、自控率均达99%，先进控制排名进入集团公司前列，工艺稳定性持续提升。编制防腐手册，持续做好测温、测厚、机组状态监测等预防性检查；深化每周设备专业现场检查，做到设备问题早发现早处理；抓好重点设备维护，3#催化烟机累计发电量达930.6万千瓦·时。深化信息化应用，大力推进创新创效行动，形成创新创效成果15项，绩效提升案例20项。

（张智玮）

【首届全国催化重整技能竞赛在石家庄炼化举行】 2019年10月10—12日，2019年全国催化重整装置操作工职业技能竞赛决赛在石家庄炼化举行，来自中国石化、中国石油、中国海油、中化集团的42家企业126名选手参赛。获金奖的选手共12名，其中中国石化占8名。竞赛是该工种的首次全国性竞赛，由中国石化、中国就业培训技术指导中心主办，石家庄炼化承办，以“技能开创未来”为主题，旨在弘扬精益求精的工匠精神，全面提升催化重整专业人员职业素养和技能水平，设置理论考试、DCS仿真操作、安全应急处理虚拟现实应急演练、现场答辩等科目。

（张智玮）

【顺利引入中国石化直供天然气】 2019年11月13日，石家庄炼化天然气管线与华港燃气公司实现管线贯通，顺利引入中国石化直供天然气。将改变石家庄炼化以往由河北省天然气公司供气的单一模式，有效缓解冬季天然气供应的紧张局面。

（张智玮）

【成功引入城市中水】 2019年7月19日，石家庄炼化成功引入城市中水，引入量约180吨/时。城市中水引入企业中水系统后，分含盐系列和含油系列替代新鲜水，用于生产化学水和循环水补水，有效地降低吨油取水，每月可节约新鲜水13万吨、节省水费40万元，实现环保与经济效益双提升。

（张智玮）

【在各类技能竞赛中再创佳绩】 2019年，石家庄炼化在各类技能竞赛中屡创佳绩，共夺得1金、3银、1铜。在全国催化重整技能竞赛中，姜殿坤、刘猛、张宇3人分获金、银、铜奖，并获团体第5名。在集团公司2019年作业安全分析（JSA）比武中，刘吉艳夺得银牌，石家庄炼化代表队获炼化板块团体第8名。在集团公司内控风控竞赛中，武丽彩获个人银牌。

（张智玮）

【形成新时代石炼化企业精神】 在深入开展“不忘初心、牢记使命”主题教育之际，石家庄炼化坚持以习近平新时代中国特色社会主义思想为指导，准确把握企业从“建起来”“大起来”到“强起来”的历史进程，结合前期“提质精进、志创一流”全员大讨论成果，进一步凝练形成以“忠诚、尽职、精进、担当”为核心要素的新时代石炼化企业精神。忠诚，要做到爱党爱国、忠于企业；尽职，要做到爱岗敬业、恪尽职守；精进，要做到精益求精、全面过硬；担当，要做到主动作为、奋进向上。

（张智玮）

【改革管理创新有序推进】 石家庄炼化持续优化管理体系，自上而下逐步建立起管理止损机制，对于出现的一般问题做到“三不放过”，找准原因、落实预防措施；重要问题做到“四不放过”，明确责任、逐级倒查追究。出台人员优化激励办法，推动职能处室瘦身健体，管理人员数量得到有效控制；有序推动基层管理优化，引导管理人员向装置下沉，运行部管理更加务实；优化主生产装置人员结构，职工队伍的年龄、专业分布趋于合理。成立合资合作建设项目部，初步完成合资公司前期体系建设。“三供一业”分离移交改造加快实施，剥离企业办社会职能、解决历史遗留问题稳步推进。

（张智玮）

【主题教育达到预期目标】 石家庄炼化坚持问题导向，高站位认识、高标准要求、高质量落实，推动“不忘初心、牢记使命”主题教育走深走实。学习新思想贯穿于主题教育全过程，坚持学原著、悟原理，深入学习习近平新时代中国特色社会主义思想，成立党委理论中心组主题教育读书班，设置课题开展专题研讨，分 3 期开展中基层领导干部政治轮训，广大党员思想受到洗礼。刀刃向内推动自我革命，召开座谈会、设置意见箱，多渠道征求意见；对照党章党规、对照初心使命，深刻检视剖析，进一步增强党员领导干部的政治纯洁性；集中排查软弱涣散基层党组织，坚决整治利用名贵特产谋取私利行为；不折不扣抓好中央巡视反馈问题整改，坚决撤销驻京办；对照中央巡视反馈意见，全面检视排查问题，所有问题均得到有效整改；落实中央精神，实现与民营企业、中小企业无分歧欠款应清尽清。持之以恒加强作风建设，下大力气整治形式主义、官僚主义，仅保留 10 项评先、评比活动，压减报表、台账、记录等共计 61 项，近 30% 的文件、简报被削减，会议数量降低 5%，基层切切实实得到减负。

（张智玮）

【党建融入中心更为有效】 石家庄炼化深入推进党建质量提升工程，编制支部标准化建设指导手册，实践“标准 +”，炼油运行五部等 3 个党支部晋升品牌支部，进一步打造炼油运行二部等 8 个示范党支部。围绕安全环保主题，组织党员讲案例比赛；推动与承包商、上级机关等共同创建党建共建阵地，党建与生产经营进一步融合。开展“我和我的祖国”职业故事汇等系列活动，热烈庆祝新中国成立 70 周年。深入学习陈俊武先进事迹，开展“争做精进工匠，岗位建功立业”主题活动；开展“提质精进、志创一流”全员大讨论，弘扬石化传统教育，选树张进有、沈培靖、张胜会等一批先进典型人物，浓厚干事创业的文化氛围。

（张智玮）

【安定团结氛围日益浓厚】 成功举办第 21 届区域运动会，开展消防技能、“大干红五月”等系列劳动竞赛，进一步丰富团员青年活动载体，增强职工归属感。推进“走基层、访万家”，深入职工家庭，和谐干群关系；帮扶慰问 308 人次，发放救助 46.7 万元，真困难得到真帮助。把握极少数不稳定个体，重点做好思想工作，加强企地联动，维护特殊敏感时期区域和谐稳定。

（张智玮）

表 1　石家庄炼化分公司主要技术经济指标　亿元

指标名称 \ 年份	2019	2018	2017	2016	2015	2014
原油加工量 / 万吨	618.66	614.16	476.31	600.10	578.28	292.20
工业总产值	340.78	361.05	236.13	247.64	255.61	154.86
工业增加值	105.83	119.07	96.35	111.69	83.05	13.94
资产总计	124.11	128.88	156.07	129.12	127.52	154.93
流动资产	38.70	38.96	60.94	33.94	25.57	47.52

续表

指标名称 \ 年份	2019	2018	2017	2016	2015	2014
固定资产原值	164.62	166.04	165.82	161.42	153.76	149.74
固定资产净值	69.68	77.21	78.97	81.52	88.70	86.04
销售收入	336.61	351.63	235.06	246.29	256.77	152.01
实现利税	89.99	104.00	82.85	95.16	66.72	3.03
税　金	87.06	90.92	74.60	91.46	85.46	23.03
综合能耗 / 吨标煤・万元 $^{-1}$	0.31	0.32	0.33	0.33	0.38	0.45

表 2　石家庄炼化分公司主要产品产量　万吨

产品名称 \ 年份	2019	2018	2017	2016	2015	2014
汽　油	199.36	199.09	149.97	188.67	173.40	68.05
煤　油	64.53	58.29	42.64	57.90	44.15	13.50
柴　油	162.65	164.62	135.28	174.59	194.16	108.87
燃料油	21.10	13.69	9.69	6.56	1.93	3.56
液化气	45.08	54.29	43.58	47.96	42.79	17.68
硫　黄	7.86	8.02	5.90	7.86	6.41	2.31
精丙烯	18.12	18.08	12.97	15.27	15.87	7.22
聚丙烯	19.08	18.83	13.49	16.17	15.19	2.86
石油焦	13.84	21.88	17.50	25.94	22.66	13.57
沥　青	8.68	0	0.38	5.04	0.49	0
己内酰胺	10.02	11.08	7.25	7.10	3.67	2.89
硫　铵	14.78	16.69	11.11	11.23	6.11	7.50
切　片	2.18	2.19	1.53	1.43	0.85	0.67
苯	5.70	5.54	4.49	4.58	4.63	1.67
甲　苯	11.34	10.54	5.73	3.98	4.18	2.39
二甲苯	17.91	18.25	8.94	4.22	8.05	2.91

荆门石化

【概况】 中国石油化工股份有限公司荆门分公司　（简称荆门分公司）和中国石化集团资产经营管理

有限公司荆门分公司（简称荆门资产分公司）统称荆门石化，位于湖北省荆门市掇刀区，生产区占地面积 4.61 平方千米。荆门石化是国家“三线”建设时期的战备炼油厂，1970 年正式动工建设，1983 年由石油工业部划归中国石油化工总公司，1993 年成为国家特大型企业，2000 年重组改制为荆门分公司和中国石化集团荆门石油化工总厂。建厂 49 年来，荆门石化已发展成为中国石化系统内加工手段最为齐全、生产灵活性较大的企业之一，是中部地区最大的润滑油基础油、特种产品生产基地。

截至 2019 年底，荆门石化设有机关处室 14 个、业务中心 5 个、运行部 8 个；在岗员工 3 881 人，其中在岗经营管理人员 339 人、专业技术人员 743 人、技能操作人员 2 799 人。共有 49 套生产装置（其中燃料油系统 28 套、润滑油系统 14 套、综合利用 5 套、化工装置 2 套），主要加工仪长管输油、南阳原油、江汉原油，生产燃料油、润滑油基础油、石油蜡、聚丙烯等 20 多个品种、100 多个牌号的产品，成品油主要供应湖北、湖南、河南、四川、重庆、贵州等地区。

荆门石化主要技术经济指标及主要产品产量分别见表 1 和表 2。

（孔峥臻）

【领导班子调整】 2019 年 3 月 26 日，谯培武任中共荆门石油化工总厂委员会委员、荆门分公司总会计师，赵国平调长岭炼化任职。

（孔峥臻）

【扎实开展“不忘初心、牢记使命”主题教育】 坚持以习近平新时代中国特色社会主义思想为指引，按照“守初心、担使命，找差距、抓落实”的总要求，把学习教育、调查研究、检视问题、整改落实 4 项重点举措贯穿全过程，推动了广大党员干部以干事创业实际行动践行初心使命。①坚持主题教育和中心工作相结合。紧密结合企业生产经营重点工作，聚焦提升干部职工保安全、创效益、促发展的精气神，切实把主题教育的效果体现到工作实绩上来，实现“两促进、两提升”。②坚持抓实“关键少数”与管好“绝大多数”相结合。在狠抓领导干部“关键少数”强化示范引领的同时，管好普通党员“绝大多数”，实现主题教育全覆盖。③坚持规定动作和突出特色相结合。规定动作做扎实、不走样，自选动作有创新、有特色，确保主题教育取得实实在在的成效。2 批主题教育总体满意率分别达 97.5% 和 92.5%，得到集团公司党组巡回指导组和全厂干部职工的高度认可。

（孔峥臻）

【完成生产经营任务】 2019 年，荆门石化加工原料油 532.96 万吨（原油 510.53 万吨）、增长 5%，实现销售收入 298.51 亿元、增长 9%，实现净利润 0.57 亿元、税费 75.55 亿元（持续名列湖北省第四、荆门市第一）。

（孔峥臻）

【狠抓 HSSE 管理提升】 2019 年，荆门石化强化红线意识、底线思维，全面落实 HSSE 责任制，认真落实领导人员 HSSE 行动计划，积极推进 HSSE 管理体系建设和运行，切实扭转 HSSE 工作被动局面。安全方面，开展“大反思大整改大提升”讨论活动，强化全员警示教育。加大事故问责力度，对发生事故单位的主要责任人先停职后调查，责任追究 22 人次。全面开展安全生产集中整治工作，严格落实《加强直接作业环节安全管理十条措施》，认真做好承包商安全专项审计，抓实“一把手”承包承包商安全管理风险工作。建立全员 HSSE 业绩档案，推行安全记分管理，坚持查思想、查管理、查技术，切实增强安全生产思想行动自觉。环保方面，推进“绿色企业行动计划”实施，正式发布“一方案两清单”；优化环保隐患治理方案，扎实推进环保隐患和问题整改；狠抓源头管控和末端治理，通过生产过程管控实现污水处理场外排污水提前达新标；加强对环保在线仪的管控与考核，因工况原因造成的超标大幅减少；全力推进固废规范化管理，启动生产区土壤和地下水调查，认真做好环境风险评估和管控；外排污水水质不断好转，外排污水和边沟排水综合合格率保持 100%，氨氮、二氧化硫等主要污染物排放总量分别下降 54.49% 和 18.79%。

（孔峥臻）

【全力推进重点项目建设】①“五大项目”基本完成。荆门—襄阳成品油管道于2019年6月28日正式投用，打通成品油管输出厂新通道；15万吨/年硫酸装置于8月14日开车成功；55万吨/年润滑油高压加氢装置于10月27日开车成功，提高特种油品质量、做大特种油品迈出坚实步伐；280万吨/年重油催化裂化装置进入生产准备阶段。②合资项目稳步实施。20万吨/年烷基化装置于6月17日建成投产，进入资产评估工作阶段；10万吨/年乙苯—苯乙烯项目可行性报告已经上报集团公司。③配套项目加快推进。荆门盈德煤制氢建成投产，外购氢气、氮气入厂消除了企业发展中的氢气资源限制瓶颈；1#蒸馏装置异地隐患治理及适应性改造、进厂原油管道规划项目正加紧进行前期工作。

（孔峥臻）

【装置优化运行水平不断提高】①加强装置运行管理。狠抓原料、公用工程、人员、设备、市场、方案六大稳定，编制生产操作负面清单，强化“三大纪律”管理，非计划停工次数减少60%。②加强异常管理。对“小偏差、小异常、小波动”实行专题分析，并结合异常进一步完善岗位操作法和应急预案。加强平稳率统计分析及考核，合理确定每套装置平稳率基准值，全年装置平稳率达98.58%、提高0.61%。③推进设备完整性管理。通过成立设备完整性预推广团队，完善设备绩效指标（KPI）管理，扎实开展基于风险的设备分级、定时性事务、缺陷管理、预防性维修等工作，加强工艺和设备深度融合，对造成设备故障原因进行深层次分析，解决了制约连续重整、2#聚丙烯、制氢、焦化等装置长周期运行的问题。④抓好节能降损。组建新的节能降损工作组，建立能源监控平台，完善运行部、区域、装置三级节能降损管理网络，提高装置热供料比例，紧盯原油计量、热联合、热供料和蒸汽、瓦斯、氢气系统平衡等重点环节，加强节能降损现场管理和过程考核，单因耗能降至7.544千克标油/吨。

（孔峥臻）

【生产经营创效能力有效提升】①狠抓资源统筹。通过PIMS、桌面炼油系统测算及国际原油市场变化趋势制定采购策略，跟踪高低硫价差变化，优化资源渠道，有效降低采购成本。针对江汉油田、河南油田减产，洪荆线输油能力不足等问题，合理控制加工节奏和厂内原油库存，积极拓展原料油外购渠道满足新建装置投产原料需求，原（料）油资源进厂总量增长6%。②狠抓降本增效。推行零基预算，严格合理费用开支管理，实行成本管理团队负责制，紧盯采购、能耗、修理费等重点管控领域，减少成本费用5 500万元；认真做好外购原料油效益测算和装置生产方案效益测算，实现机会效益和比较效益4 200万元。③狠抓流程优化。通过优化重油加工流程、柴油加工流程、燃料油系统和润滑油系统负荷、润滑油基础油加工流程，综合商品率提高0.1%，高价值产品收率提高0.3%，柴汽比降低0.08，1#蒸馏装置航煤收率达11%以上。

（孔峥臻）

【全面深化改革持续纵深推进】①积极开展综合改革试点工作。进一步优化组织管理模式，组建计划经营处和特油部。用好激励约束手段，组建8个管理团队，有效推动17项改革试点工作。②积极深化“三项制度”改革和“三定”工作。加大年轻干部选拔力度，新提中层干部中40岁以下比例达1/3；全面启动岗位价值评估工作，分流安置富余人员83人、新增人力资源输出320人次。③积极推进人才强企工程。推进工程路线图和方案实施，制定《荆门石化人才成长通道横向贯通实施细则》，启动一岗（专）多能培训。④做好分离移交收尾工作，供水、物业维修改造基本完成，稳妥实施物业供暖市场化改革。

（孔峥臻）

【不断加大科技攻关力度】2019年，荆门石化共开展39项科技开发项目，“轻中质白油产销研用及质量升级创新团队”被评为中国石化优秀创新团队，“中间基油生产优质高黏度基础油加氢处理催化剂及工艺技术”项目获中国石化科技进步奖二等奖，获授权实用新型专利3件。

（孔峥臻）

【党建与和谐企业建设成效显著】坚持党对国有企业的领导不动摇，将企业生产经营、改革发展的重点难点作为谋划推进党建工作的着力点，党委“把方向、管大局、保落实”作用得到充分发挥。实施“组织力提升”工程，制订“一年抓短板强弱项、两年抓巩固促提升、三年抓深化上台阶”的组织力提升规划。全面抓好中央巡视反馈问题的整改工作，开展贯彻落实中央八项规定精神情况“回头看”，加强对重点领域和关键环节的监督。认真落实“基层减负年”要求，各类会议检查考核评比数量压减50%以上。加强对群众工作的领导，加大职代会决议事项的办理力度，认真做好“走基层、访万家”“职工之家建设”和EAP工作，广泛开展职工喜闻乐见的文体活动，提升了职工群众对企业的认同感、归属感。向四川宜宾地震灾区紧急调运2批次、3 000多吨救灾用油，彰显了央企的责任与担当。严格落实信访维稳工作责任，坚持抓早抓小抓苗头，保证了队伍稳定、企业和谐。

（孔峥臻）

表1　荆门石化主要技术经济指标　亿元

指标名称＼年份	2019	2018	2017	2016	2015	2014
原（料）油加工量/万吨	532.96	500.65	533.90	485.04	494.93	472.36
工业总产值	274.12	270.28	253.27	195.43	216.26	271.33
资产总计	92.73	80.49	86.51	65.84	56.13	55.66
流动资产	16.09	20.09	35.99	17.51	12.99	15.75
固定资产原值	110.78	96.16	96.42	81.81	79.24	76.15
固定资产净值	47.39	36.71	40.91	30.57	30.27	30.40
销售收入	298.51	295.15	271.05	216.14	235.97	298.62
实现利税	76.01	78.22	88.59	79.06	75.69	43.70

表2　荆门石化主要产品产量　万吨

产品名称＼年份	2019	2018	2017	2016	2015	2014
汽　油	184.05	169.30	171.85	150.63	152.42	131.07
柴　油	131.47	134.11	148.72	146.01	157.10	153.58
煤　油	44.49	32.54	31.70	29.30	28.04	27.10
石　蜡	8.27	8.83	9.31	6.40	8.01	9.78
润滑油基础油	8.23	10.99	11.43	7.79	7.15	12.95
石油焦	25.22	24.98	30.72	29.31	28.58	31.06
聚丙烯	13.00	11.56	11.57	11.69	11.57	10.31

川维化工公司

【概况】 中国石化集团重庆川维化工有限公司（简称川维化工公司）位于重庆市长寿区，其前身为中国石化集团四川维尼纶厂，是 20 世纪 70 年代初引进的四大化纤项目之一，主要装置从英、法、德、日等国引进，1974 年破土动工，1979 年建成投产，1983 年竣工验收，同年整体进入中国石化。2017 年 11 月完成公司制改革，下设 24 个二级单位，包括 12 个职能部门、6 个专业中心和 6 个生产运行部。

川维化工公司是中国石化唯一的天然气化工企业，也是国内最大、最具代表性的天然气化工企业。天然气加工能力为 15.5 亿米^3/ 年（含合资企业），主要产品产能为甲醇（MeOH）87 万吨 / 年、乙酸乙烯酯（VAc）50 万吨 / 年、聚乙烯醇（PVA）16 万吨 / 年、乙酸乙烯酯—乙烯共聚乳液（VAE）6 万吨 / 年、乙酸甲酯（MeOAc）24 万吨 / 年、液氨 20 万吨 / 年、维纶纤维 2 万吨 / 年。截至 2019 年 12 月底，企业资产总额 59.22 亿元，资产负债率为 51.67%。有 3 家在营合资企业，分别是与英国 BP 公司合资的扬子江乙酰化工有限公司、与德国林德合资的重庆川维林德气体有限责任公司、与索尔维合资的重庆华利维盛油田化学科技有限公司。在岗合同制员工 2 514 人。

川维化工公司主要技术经济指标及主要产品产量分别见表 1 和表 2。

（邵　鹏　毛万铃）

【领导班子调整】 2019 年 3 月 5 日，集团公司党组对川维化工公司领导班子进行调整：许毅任中共重庆川维化工有限公司委员会书记，免去其川维化工公司总经理职务（仍任执行董事）；严红任川维化工公司总经理，任中共重庆川维化工有限公司委员会副书记（兼），免去其中共重庆川维化工有限公司委员会书记职务；秦庆伟任中共重庆川维化工有限公司委员会委员、川维化工公司副总经理。8 月 31 日，集团公司党组再次对川维化工公司领导班子进行调整：免去许毅中共重庆川维化工有限公司委员会书记、委员、川维化工公司执行董事职务，另有任用。12 月 16 日，集团公司党组任命杨宇桐为中共重庆川维化工有限公司委员会委员、川维化工公司常务副总经理。

（邵　鹏　毛万铃）

【“三定”工作全面完成】 2019 年 12 月 31 日，最后一批专业技术、技能操作人员竞聘到岗，标志着川维化工公司“三定”工作全面完成。按照“做精机关、做实基层”的总体思路，川维化工公司 2 000 余人重新竞聘上岗，且机关人数严格控制在员工总数 10% 以内，实现人力资源的优化配置。

（邵　鹏　毛万铃）

【EVOH 产品正式进入市场】 2019 年 7 月 30 日，川维化工公司开出首个 EVOH 销售订单。川维化工公司自 2012 年启动 EVOH 中试项目以来，历经小试放大、中试开发及客户试用等阶段，成功进入市场，成为全球第 4 家、中国大陆首家可以自主生产及销售 EVOH 的企业。

（邵　鹏　毛万铃）

【低温水溶纤维实现首次出口】 2019 年 6 月 21 日，川维化工公司将第 1 批低温水溶纤维产品顺利发往欧洲，实现首次出口。低温水溶纤维是维纶高端产品，在国内属独创，可广泛应用于造纸、医用无纺布、高端纺织等方面，满足市场对高质量、高环保性能产品的需要。

（邵　鹏　毛万铃）

【乙炔技术许可乌兹别克斯坦项目一次开车成功】 2019 年 12 月 23 日，位于乌兹别克斯坦中部的纳沃伊市的 4.7 万吨 / 年乙炔装置打通全流程，产出合格的乙炔产品，实现一次开车成功。该项目是川维化工公司通过天然气化工核心技术技术许可方式在海外成功建设的第 1 个项目。

（邵　鹏　毛万铃）

【首个超低排放改造项目建成投运】 2019 年 7 月 31 日，川维化工公司 2# 燃煤锅炉点火升炉一次成功，顺利并网运行，烟气排放满足国家超低排放要求，标志着川维化工公司首个超低排放改造项目顺利建成投用。超低排放改造项目总投资概算2.4亿元，对3台燃煤锅炉进行超低排放改造，是践行新发展理念、推进绿色发展的关键项目。

（邵　鹏　毛万铃）

【废硫酸再生循环利用装置通过竣工验收】 2019年12月28日，川维化工公司废硫酸再生循环利用装置通过竣工验收。该装置的建成投用，不仅彻底消除公司废硫酸处置难的环保瓶颈，而且实现硫酸内部循环使用，践行了“创建绿色企业，发展循环经济”的环保目标。

（邵　鹏　毛万铃）

【油气田特种化学品项目合资公司成立】 2019年8月1日，重庆华利维盛油田化学科技有限公司举行揭牌仪式。该公司由川维化工公司与索尔维投资有限公司出资组建，拟在重庆长寿经开区技术开发区建设一期2万吨/年油气田特种化学品生产装置，充分发挥双方在原料、技术等方面优势，共同打造集研发、生产、销售和服务于一体的油气化学品研发和生产基地。

（邵　鹏　毛万铃）

表1　川维化工公司主要技术经济指标①　亿元

指标名称 \ 年份	2019	2018	2017	2016	2015	2014
天然气加工量/亿立方米	11.07	10.42	12.13	10.37	10.13	9.92
工业总产值②	54.15	56.71	56.45	41.52	43.02	49.49
工业增加值	13.95	12.89	13.45	5.64	2.71	5.91
资产总计	59.22	59.37	64.39	69.11	71.31	90.24
流动资产	6.46	6.24	4.70	8.95	5.52	8.58
固定资产原值	108.45	107.19	110.03	107.83	106.31	101.47
固定资产净值	51.87	54.20	57.54	59.27	62.16	61.14
营业收入	59.15	60.09	60.17	45.63	49.22	53.70
实现利税	3.19	4.62	3.77	–5.65	–7.15	–5.10
税金及附加	2.07	3.57	3.10	1.85	2.04	1.72
综合能耗/吨标煤·万元$^{-1}$	2.846	3.02	2.84	3.05	3.03	3.21

①数据不含合资企业

②工业总产值数据以现价计算

表2　川维化工公司主要产品产量　万吨

产品名称 \ 年份	2019	2018	2017	2016	2015	2014
甲　醇	80.62	74.07	87.39	68.84	69.10	68.43
醋酸乙烯	50.46	47.13	52.88	47.74	46.90	43.80
聚乙烯醇	14.72	15.74	15.75	14.13	12.37	12.79
醋酸甲酯	7.60	8.52	17.83	15.36	11.57	13.52

续表

产品名称＼年份	2019	2018	2017	2016	2015	2014
醋酸乙烯—乙烯共聚乳液	6.17	6.24	6.35	5.60	5.93	5.45
维纶纤维	1.18	1.98	2.05	1.83	1.34	1.62
液　氨	10.64	7.66	13.86	11.58	6.67	0.38

九江石化

【概况】 中国石油化工股份有限公司九江分公司（简称九江分公司）和中国石化集团资产经营管理有限公司九江分公司（简称九江资产分公司）统称九江石化，地处江西省九江市东郊，占地面积4.08平方千米。其前身为九江炼油厂，于1975年经国家批准筹建，1980年10月建成投产，1991年10月更名为中国石化九江石油化工总厂，1998年更名为中国石化集团九江石油化工总厂。2000年，根据中国石化整体重组改制部署，中国石化集团九江石油化工总厂主要经营性业务划入集团公司上市部分，组建九江分公司。2007年，非上市部分设立九江资产分公司。

截至2019年底，九江石化共有机关处室13个、专业中心7个、运行部12个，用工总量2 510人。九江分公司主营业务有炼油、化工生产经营，原油一次加工能力1 000万吨/年、综合加工能力800万吨/年，主要生产装置有常减压、催化裂化、连续重整、延迟焦化、汽柴油加氢、吸附脱硫、渣油加氢、加氢裂化、煤制氢、聚丙烯、苯乙烯、烷基化等；主要产品有汽油、柴油、航煤、燃料油、沥青、液化气、“三苯”、石油焦、硫黄、聚丙烯、苯乙烯、烷基化油等。九江资产分公司主要业务有供水、排水。

九江分公司主要技术经济指标及主要产品产量分别见表1和表2。

（罗　玲）

【领导班子调整】 2019年3月，周荣任中共九江石油化工总厂委员会副书记兼纪律检查委员会书记，为九江石化石油化工总厂工会主席人选；赖万寿调离。8月，陈小青任九江石化总会计师、中共九江石油化工总厂委员会委员；马新华调离。

（罗　玲）

【经营业绩进位领先】 2019年，九江石化积极应对国内炼油产能严重过剩、市场竞争全面升级的严峻形势，把控生产节奏，做大加工总量，优化生产经营，全力拓市扩销，深化降本减费，装置保持安全平稳高效运行，完成加工总量848.57万吨，其中加工原油786.60万吨，均创历史新高。九江分公司实现利润8.80亿元，首次进入集团公司炼油板块前十，位列沿江企业第一；九江资产分公司实现利润1 084.84万元，合资公司、宾馆板块均实现盈利。九江石化实现全级次扭亏为盈，全年上缴税费123.41亿元，连续第4年位居江西省首位。

（罗　玲）

【海外市场拓市扩销创历史最好水平】 2019年，九江石化积极拓展海外市场，打通低硫船用燃料油（MGO）销售渠道，聚丙烯和航煤分别出口3.4万吨和12.0万吨，创历史最好水平。

（罗　玲）

【构建HSSE管理体系】 2019年，九江石化贯彻落实集团公司《加强直接作业环节安全管理十条措施》，组织承包商签订《“十条措施”承诺书》，全年考核承包商176次，直接作业违章下降明显。10月30日，发布HSSE体系，制定“十个从严”管理措施，推行《九江石化职工安全记分管理实施细则（试行）》，强化全员安全责任。开展专项隐患排查21次，共发现隐患避免事故109起。累计完成安全隐患治理29项，安全风险总值下降31.60%。抓好危险化学品管理，顺利通过江西省危险化学品安全生产标准化二级企业复审。加强应急管理，建立“逢五演练”工作机制，组织公司级应急演练2次、企地演练3次。加强职业卫生管理，排查健康高危人员103人，有毒有害岗位职业健康体检率100%。全年未发生公司级及以上安全事故。

（罗　玲）

【培育绿色文化】 2019年，九江石化按照集团公司“绿色企业行动计划”扎实推进绿色企业创建。修订《九江石化环境保护管理办法》等7项制度，完善环保管理制度及考核体系。强化环保装置精细管理，持续推进清洁生产，污水处理场来水COD、油含量分别下降17.84%和10.43%；CFB锅炉外排烟气达到超净标准，硫黄装置尾气二氧化硫减排53.40%。投用芳烃中间罐油气回收、2套无动力VOCs及异味治理设施，VOCs及异味治理取得进步。开展绿色装置、绿色罐区、绿色实验室、绿色港口等评选工作，推进绿色基层创建。实施码头岸线环保综合整治，打造长江最美岸线“石化名片”受到多方好评。全年未发生环境污染和生态破坏事件，建设项目“三同时”执行率100%。

（罗　玲）

【油品质量升级改造工程获2项国家级殊荣】 2019年10月15日，九江石化800万吨/年油品质量升级改造工程获2018—2019年度国家优质投资项目奖，为年度内中国石化唯一一家炼化获奖企业。12月8日，油品质量升级改造工程被授予2018—2019年度国家优质工程奖。

（罗　玲）

【烷基化装置实现一次开车成功】 2019年3月31日，九江石化30万吨/年烷基化装置在中国石化同期建设的3套同类型装置中，率先一次开车成功产出合格产品，为九江石化国Ⅵ车用汽油生产提供更优质更清洁的调和组分油。12月，烷基化项目获评集团公司优质工程。

（罗　玲）

九江石化30万吨/年烷基化装置（汪光华　摄）

【芳烃项目可行性研究报告获批复】 2019年5月22日，九江石化89万吨/年芳烃项目可行性研究报告获批复，项目总投资40亿元。主要建设内容包括90万吨/年芳烃抽提、581万吨/年二甲苯分馏、131万吨/年歧化（包括苯—甲苯分馏）、518万吨/年吸附分离、419万吨/年异构化单元，配套公用工程在现有设施基础上通过改造扩建、填平补齐解决（包括第二油品码头改造、新建CFB锅炉等项目）。6月1日，芳烃项目配套物资仓库拆还建工程开工，9月30日完成中交。11月，芳烃项目建设场地搬迁工作全部完成，12月建设场地“四通一平”封闭化完成。

（罗　玲）

【获国家智能制造标杆企业称号】 2019年，九江石化持续推进智能工厂建设，积极打造智能工厂升级版，实施填平补齐、完善提升项目15项，其中13个项目上线运行。圆满完成国家公安部组织的“2019护网行动”，未发生网络安全事件。信息系统深化应用继续保持总部炼化企业先进行列。12月12日，九江石化荣膺国家智能制造标杆企业称号，为石化行业唯一入选的企业。

（罗　玲）

【企业管理不断提升】 2019年，九江石化不断强化“三基”管理，制订“1+10”系统推进“三基”工作总体方案，完善上下联动、横向协同的“三基”工作组织体系。巩固提升“三基”工作的专业性，在8个专业领域机制化开展“三基”“比学赶帮超”活动。全年，检查发现“三基”问题

2 649 个。以防控重大风险为核心，实施内控制度执行力提升行动，加强风险识别和监控预警。全年修订完善公司制度 192 项，制度体系建设进一步提升。一体化管理体系一次性通过年度监审。规范业务外包和关联业务管理，清理 30 余项外包业务，明确管理责任主体，防范法律风险。完成民企清欠工作，清欠款项 2 315 万元，做到零拖欠零新增。

（罗 玲）

【初步建成智能物资管理系统】 2019 年，九江石化初步建成智能物资管理系统，采购效率得到提升；同行业横向对标追标，物资采购指标居中国石化 5 家沿江炼化企业第 1 位。

（罗 玲）

【持续做好“三定”工作】 2019 年，九江石化实施定员对标与达标奖励推进减员，提前退休和解除合同 30 人。优化调整机动处、人力资源部等 8 家单位组织机构，优化码头运行部、水务运行部 2 家单位岗位设置。稳妥实施有毒有害岗位人员提前退休 18 人。截至 12 月底，用工总量 2 510 人，完成总部下达的 2 519 人控制目标。

（罗 玲）

【完善薪酬激励机制】 2019 年，九江石化强化绩效考核导向，推进年度绩效及素质达标考核与年终奖挂钩兑现。建立和完善各类人员激励机制，优化基本薪酬运行。完善在岗员工休假疗养、企业年金管理、物业服务、供暖市场化等工资外津补贴福利制度。

（罗 玲）

【实施人才强企工程】 2019 年，九江石化强化人才成长通道建设，“三支队伍”纵向畅通、横向贯通的机制日趋成熟，累计竞聘选拔 56 人。“培训季”和“技能三强”等全员素质提升培训成效凸显，首次获国家级技能竞赛奖牌。持续发挥“青字号”品牌活动作用，助力青年成长成才。

（罗 玲）

【“四供一业”等改革清理工作圆满完成】 2019 年，九江石化圆满完成“四供一业”及其他办社会职能分离移交和物业服务、供暖供热社会化市场化改革，改革过程有序受控，改革成效反响积极。关停驻京办，停止浔庐宾馆经营。注销石油化工工程质量监督总站九江分站，完成集团公司法人压减硬任务。

（罗 玲）

【主题教育扎实有效】 2019 年，九江石化按照中央和集团公司党组统一部署，分 2 批开展“不忘初心、牢记使命”主题教育，共举办 8 期读书研讨班，党委中心组集中学习讨论 31 次，形成调研报告 38 篇，盘点梳理问题 413 项，开展专项整治项目 27 项。通过开展主题教育，进一步筑牢了初心使命，凝聚了奋进力量，夯实了工作作风，提升了工作实效，提高了群众满意度，促进了企业发展。

（罗 玲）

【“党建力量”体系理论研究获管理成果奖】 2019 年，九江石化进一步深化“党建力量”体系理论研究，加强“党建力量”体系宣传，持续固化“党建力量”核心优势，推进党建与中心工作深度融合，“党建 + 安全”“党建 + 环保”“党建 + 质量攻关”等特色活动成效显著。“党建力量”体系理论研究成果获评 2019 年全国国企管理创新成果第一等级和中国石化第 28 届管理现代化创新成果一等奖。

（罗 玲）

九江石化举办“党建力量”知识竞赛决赛暨颁奖会

（汪光华 摄）

【推进基层减负】 2019年，九江石化践行“马上就办”，加快公文流转，优化业务流程设置，提高管理效能；规范会议管理，统筹督查检查考核及评比表彰，压减合并报表台账，推进基层减负，会议数量明显减少，质量和效率得到提升，检查评比较2018年减少一半，报表台账压减30%。

（罗　玲）

【宣传思想文化建设成效显著】 2019年，九江石化积极组织开展“千百十”形势任务教育宣讲，举办庆祝新中国成立70周年暨“转观念、勇担当、创一流”卓越风采报告会，统一思想、凝聚共识、汇集力量。积极申报江西省工业旅游项目，争创省级工业旅游示范基地。保持全国文明单位称号，连续5届获评江西省文明单位。雷锋同志生前战友、九江石化退休干部周天佑入围第2届“感动九江”网络人物评选。

（罗　玲）

【党风廉政建设不断深化】 2019年，九江石化夯实“两个责任”，强化作风建设，驰而不息纠治“四风”。构建“大监督”格局，扎实推进“7+4”专项监督治理项目，强化岗位廉洁风险防控。用好监督执纪“四种形态”，全年共处理安全环保事故、劳动纪律问责14人，党政纪处分及组织处理共计37人次，着力打造风清气正、干事创业的政治生态。

（罗　玲）

【民生工程不断提升】 2019年，九江石化真心服务员工，做好精准帮扶、互助保障工作，困难补助1 175人次，帮扶救助214人次，金秋助学9户，累计发放134.64万元。及时发放物业供暖补贴，广大员工共享改革成果；完成社区物业维修改造及道路黑化，督促协调物业公司加强社区绿化保洁管理。积极推动第一批房改房、集资建房办理确权手续，已办理集资建房总证。改革工作餐运行模式，提升工作餐标准和质量。

（罗　玲）

【和谐稳定持续巩固】 2019年，九江石化提高政治站位，防风险、保安全、迎大庆，抓好生产安全和公共安全。层层压实维稳责任，加强风险排查，落实防范措施，确保特殊敏感时期“四个不发生”，为庆祝新中国成立70周年营造了和谐稳定环境。加强社会治安综合治理，连续3年获评江西省平安建设（综治工作）先进单位。

（罗　玲）

表1　九江分公司主要技术经济指标　亿元

指标名称＼年份	2019	2018	2017	2016	2015	2014
原油加工量/万吨	786.60	766.59	698.72	725.01	555.50	471.26
工业总产值	444.84	456.60	351.60	311.47	264.31	295.18
炼　油	418.94	429.84	333.46	295.78	250.70	281.65
化　工	25.90	26.76	18.14	15.69	13.61	13.53
工业增加值	160.01	157.39	137.88	139.26	99.30	52.91
资产总计	117.46	122.98	169.79	146.81	126.24	105.75
流动资产	17.85	23.95	66.33	41.77	19.32	25.43
固定资产原值	162.84	158.12	158.82	145.66	133.74	76.90
固定资产净值	88.79	92.94	98.99	93.50	88.18	32.21
销售收入	443.41	457.38	354.37	326.06	266.03	299.06

续表

指标名称 \ 年份	2019	2018	2017	2016	2015	2014
实现利税	124.90	142.98	131.06	137.38	88.46	48.80
税　金	116.10	122.74	114.86	118.23	86.80	45.08
综合能耗 / 吨标煤・万元 $^{-1}$	0.37	0.36	0.36	0.35	0.34	0.31

表 2　　九江分公司主要产品产量　　万吨

产品名称 \ 年份	2019	2018	2017	2016	2015	2014
98# 汽油	0.05	—	0.95	2.32	0.22	—
97# 汽油	—	—	—	57.55	66.76	58.07
95# 汽油	62.40	61.41	50.81	18.40	—	—
93# 汽油	—	—	—	104.84	125.78	103.95
92# 汽油	181.90	176.65	152.14	34.88	—	—
柴　油	293.81	289.44	288.26	307.32	211.92	179.61
煤　油	70.73	67.15	57.47	54.95	34.17	24.35
燃料油	8.09	1.41	0.24	—	0.20	1.40
液化气	42.70	42.81	40.61	42.02	32.18	26.51
沥　青	8.44	8.34	6.65	4.49	8.35	12.10
聚丙烯	11.34	11.21	10.22	11.18	10.53	9.23
苯　类	24.79	19.88	14.30	20.51	13.65	5.96
硫　黄	6.21	6.35	5.69	5.75	3.21	2.67
石油焦	32.11	34.69	31.23	32.26	32.24	31.60
石脑油	35.34	39.99	24.16	25.41	2.23	0.29
戊烷发泡剂	12.21	12.28	13.58	13.66	7.13	5.15

湖北化肥

【概况】 中国石油化工股份有限公司湖北化肥分公司（简称湖北化肥分公司）暨中国石化集团资产经营管理有限公司宜昌分公司（简称宜昌资产分公司）统称湖北化肥，位于湖北省枝江市，紧邻沪渝高速和 318 国道，南距长江约 1.5 千米，铁路专用线由枝江车站接轨至厂卸煤线站台，交通优势十分明显。湖北化肥前身为湖北省化肥厂，于 1974 年 10 月动工建设，1979 年 8 月投产，1983 年 7 月 1 日整体并入中国石油化工总公司。2000 年和 2006 年分别实施燃料、原料路线“煤代油”改造。2014 年 3 月，20 万吨 / 年合成气制乙二醇示范装置投产后，退出化肥业务，实现由化肥向化工转型。2017 年 11 月，合成气制乙二醇项目“出龙”，企业产品结构调整获得重大突破。

截至 2019 年底，湖北化肥拥有 30 万吨 / 年合成氨装置、52 万吨 / 年尿素生产装置、日处理 2 000 吨煤的煤气化装置、20 万吨 / 年乙二醇装置、2 台 240 吨 / 时生产能力高压煤粉锅炉和 1 台 220 吨 / 时生产能力高压煤粉锅炉、2 台 2.5 万（千瓦・时）/ 时的汽轮发电机组的公用工程装置、配套有产氧能力为 4.8 万米 ^{3}（标准）/ 时和 6 000 米 ^{3}（标准）/ 时的 2 套空分装置、1 条 23 千米的自有专用铁路线和工业编组站、5 座码头、1 个罐区。主要产品为乙二醇、合成氨，副产品二乙二醇、草酸二甲酯、粗乙醇、硝酸钠、氮气、氧气、氩气、硫黄等产品。

截至 2019 年底，湖北化肥设 10 个职能处室、4 个业务中心、5 个运行部共 19 个直属单位。有合同制员工 867 人，其中具有高级职称的 52 人、中级职称的 179 人，高级技师 28 人、技师 90 人。

湖北化肥主要技术经济指标及主要产品产量分别见表 1 和表 2。

（张　英）

【装置运行创长周期纪录】 2019 年，湖北化肥煤气化装置累计运行 346 天，居全国第一；煤气化装置 A 类长周期运行 202 天，乙二醇装置最长连续运行 133 天，创企业新纪录；煤气化、乙二醇装置最高负荷率分别达 104.2% 和 105.6%。4 月，氨醇合计平均日产量达 1 253 吨，创企业新高。

（李继忠　张　英）

【开展“精益管理提升年”活动】 2019 年，湖北化肥突出“抓作风、抓人才、抓支部、抓创建、抓文化”和“提升规范管理水平、提升风险防范水平、提升投资管理水平”，开展“精益管理提升年”活动，落实 32 项重点工作，促进精益管理水平持续提升。

（李继忠　张　英）

【HSSE 管理体系发布】 2019 年，湖北化肥成立 HSSE 管理体系建设领导小组和工作小组，完成 14 项制度修订、64 项制度承接、32 个关键要素编制工作，通过集团公司 HSSE 管理体系审核。9 月 30 日，发布《湖北化肥 HSSE 管理体系手册》，HSSE 管理体系体现了安全发展、绿色发展和可持续发展的精神，是湖北化肥 HSSE 管理的纲领性文件，是各级管理者和全体员工在生产经营活动中应遵循的准则，标志着公司 HSSE 管理由制度管理向体系管理的转变。

（李继忠　张　英）

【“三项制度”改革深入开展】 2019 年，湖北化肥制定《关于适应新时代要求大力发现培养选拔优秀年轻干部的实施意见》，健全年轻干部选育管用机制，突出实干实绩，新提拔的基层干部 35 岁以下年轻干部达 2/3。印发《领导干部末位淘汰实施细则》，推进干部能上能下重点制度落地。调整专项奖项目，增加党建、现金流等考核指标，强化专项奖考核分配监督。完善特人特薪管理和激励性年金评选办法，强化价值和贡献导向，薪酬分配制度改革不断深化。出台 2020 年“三定”方案，开展岗位价值评估，启动新一轮“三定”工作。完成技能操作人员竞争上岗，向贵州能化项目建设输出 38 名骨干，实现人力资源在系统内优化配置。

（李继忠　张　英）

【为基层减负取得显著成效】 2019 年，湖北化肥按照党中央和集团公司党组关于解决形式主义突出问题为基层减负的要求和部署，制订和落实《湖北化肥为基层减负实施方案》《关于为基层减负压减报表台账过程记录的补充通知》，着力为基层减负，全年检查、评比、文件、会议、台账分别减少 57.1%、54.2%、30.2%、30.1% 和 17.8%。

（李继忠　张　英）

【科研取得新成果】 2019 年，湖北化肥“煤制乙二醇污水处理生物流化床技术”通过集团公司鉴定验收，被评为集团公司科技进步二等奖。评定湖北化肥科技进步一等奖 1 项、二等奖 3 项、三等奖 5 项、优秀奖 7 项。11 件实用新型专利获授权。

（李继忠　张　英）

【精神文明建设成果丰硕】 2019 年，湖北化肥煤气化部获中国石化工人先锋号称号。汪斌劳模创新工作室被授予湖北省示范性职工（劳模、工匠）创新工作室称号。尹爱华被评为荆楚工匠。刘波和汪斌被评为宜昌好人，刘波被授予枝江楷模称号。

（李继忠　张　英）

【扎实开展“不忘初心、牢记使命”主题教育】 2019 年，湖北化肥根据党中央和集团公司党组部署，扎实开展“不忘初心、牢记使命”主题教育，组织 13 次中心组（扩大）学习研讨，公司领导开展 13 次专题调研，均撰写调研报告；各支部开展 180 余次递进式学习，中层干部撰写 19 篇调研报告。实施公司专项整治 2 项、基层单位专项整治 19 项，整改问题 160 个。通过测评，主题教育满意度 99.9%。

（李继忠　张　英）

【着力打造“两强”文化】 2019 年，湖北化肥在宣贯中国石化核心价值理念的基础上，着力培育“顽强、图强”的企业文化，举办弘扬工匠精神演讲会、“传承石油精神，弘扬石化传统”先进典型人物宣讲会，庆祝建国 70 周年“我和我的祖国”系列群众活动，全面更新 VI 品牌标识、文化墙，使“顽强、图强”文化成为全体干部员工的共同追求。

（李继忠　张　英）

【发布“绿色企业行动计划”】 2019 年 8 月 21 日，湖北化肥向社会发布“绿色企业行动计划”。从绿色发展、绿色生产、绿色服务、绿色科技、绿色文化 5 个方面，努力打造“清洁、高效、低碳、循环”的绿色企业，力争 2020 年完成绿色企业创建，至 2023 年进入行业绿色发展前列。

（李继忠　张　英）

【助力打赢脱贫攻坚战】 2019 年，湖北化肥深入贯彻落实党中央、集团公司党组年度扶贫工作部署安排，履行国有企业的政治责任和社会责任，投资 10 万元帮扶枝江市石半坡村发展脐橙产业，栽种脐橙苗 120 亩（8 万平方米）。开展消费扶贫，购买贫困地区农产品 13.8 万元，为打赢脱贫攻坚战贡献力量。

（李继忠　张　英）

表 1　湖北化肥主要技术经济指标　亿元

指标名称 \ 年份	2019	2018	2017	2016	2015	2014
工业总产值						
湖北化肥分公司	14.80	17.70	13.84	8.06	5.52	6.58
宜昌资产分公司	5.72	5.99	4.78	3.39	2.50	2.98
工业增加值						
湖北化肥分公司	−0.71	0.95	−0.60	−1.58	−1.86	−1.91
宜昌资产分公司	0.96	0.87	0.97	0.30	0.18	0.24
资产总计						
湖北化肥分公司	21.66	20.47	21.97	25.20	25.78	25.67
宜昌资产分公司	5.24	5.50	6.05	5.70	5.58	5.97
流动资产						
湖北化肥分公司	4.36	2.68	3.78	2.89	3.06	1.78
宜昌资产分公司	0.73	0.80	0.68	0.53	0.06	0.21

续表

指标名称 \ 年份	2019	2018	2017	2016	2015	2014
固定资产原值						
湖北化肥分公司	55.82	53.73	53.00	52.39	51.35	50.54
宜昌资产分公司	11.16	10.08	10.18	10.14	10.18	8.90
固定资产净值						
湖北化肥分公司	13.77	12.91	13.02	18.99	19.52	20.14
宜昌资产分公司	4.56	3.89	4.23	4.70	5.30	4.55
销售收入						
湖北化肥分公司	18.39	21.38	17.23	10.49	6.98	8.82
宜昌资产分公司	7.67	8.19	6.81	4.64	3.64	4.15
实现利税						
湖北化肥分公司	−4.26	−2.10	−8.92	−5.22	−5.25	−4.61
宜昌资产分公司	0.16	0.05	0.11	−0.70	−0.72	−0.55
税　金						
湖北化肥分公司	0.08	0.10	0.06	0.04	0.05	0.05
宜昌资产分公司	0.06	0.08	0.10	0.09	0.04	0.06
综合能耗 / 吨标煤・万元 $^{-1}$						
湖北化肥分公司	5.05	5.60	5.81	6.10	6.33	6.61
宜昌资产分公司	1.61	1.56	1.73	1.81	1.87	1.88

表 2　湖北化肥主要产品产量　万吨

产品名称 \ 年份	2019	2018	2017	2016	2015	2014
湖北化肥分公司						
乙二醇	14.79	13.96	12.20	8.34	5.16	3.47
合成氨	22.91	17.70	14.03	13.28	7.98	14.55
尿　素	—	—	—	—	—	9.27
宜昌资产分公司						
蒸　汽	454.49	462.43	392.86	339.64	256.00	255.10
电 / 亿千瓦・时	2.07	1.91	1.53	1.65	1.16	0.62

济南炼化

【概况】 中国石油化工股份有限公司济南分公司（简称济南分公司）和中国石化集团资产经营管理有限公司济南分公司（简称济南资产分公司）统称济南炼化，始建于1971年，1975年投产，1983年划归中国石油化工总公司，1998年留转至集团公司，2000年根据重组改制方案，企业进行主辅分离，主业即进入股份公司，成为济南分公司，辅业部分于2006年11月经过体制转换，成为济南资产分公司。

济南炼化位于山东省济南市历下区，占地面积2.4平方千米，距市中心11千米，地处胜利、中原两大油田之间，自备铁路与胶济线相连，厂区南北有济王路、309国道和济青高速公路，距济南遥墙国际机场15千米，地理位置优越，交通运输四通八达。

截至2019年底，济南炼化固定资产原值91.16亿元，具备750万吨/年原油一次加工能力，拥有常减压、催化裂化、柴油加氢、蜡油加氢、润滑油加氢、S-Zorb、逆流连续重整、润滑油系列、聚丙烯等30余套主要生产装置，可生产汽油、柴油、液化气、航空煤油、石油焦、聚丙烯、硫黄、润滑油基础油等50余种产品，产品出厂合格率始终保持100%。济南分公司在岗职工人数为1 515人，其中各类专业技术人员286人（具有高级职称的77人、中级职称的145人）；济南资产分公司在岗职工人数为85人，其中各类专业技术人员13人（具有高级职称的3人、中级职称的4人）。

济南炼化主要技术经济指标及主要产品产量分别见表1和表2。

（孙丽颜）

【获批山东省化工重点监控点】 化工重点监控点，是指处于省政府公布的化工园区和专业化工园区之外，符合国家产业政策、技术水平高、规模总量大、税收贡献突出、安全环保措施完善的化工生产企业。被认定为监控点的企业，在项目审批、建设和管理方面参照化工园区执行。2019年，济南炼化充分认清省级化工重点监控点申报认定工作的极端重要性，全力协调解决企业卫生防护距离等争议问题，10月24日，山东省化转办组织第三方机构进行现场核查；11月22日，获山东省第2批拟认定化工重点监控点公示；12月30日，获山东省政府批复，项目审批、建设和管理参照化工园区执行，为公司就地高质量发展奠定坚实基础。

（孙丽颜）

【“中国石化绿色企业”创建】 2019年，济南炼化全面落实中国石化“绿色企业行动计划”，对标《绿色企业评价指南（2019版）》《2019年绿色企业审核验收工作方案》，修订完善公司绿色企业行动实施方案和59项任务清单、63项项目清单，从绿色发展、绿色能源、绿色生产、绿色服务、绿色科技和绿色文化6个方面，高标准推进绿色企业创建，9月上报《绿色企业自评报告》，10月通过集团公司预审，11月22—24日通过集团公司绿色企业和清洁生产现场审核验收，顺利获评中国石化绿色企业称号。

（孙丽颜）

【至济南机场航煤管线贯通输油】 管线设计输量60万吨/年，远期输油能力120万吨/年，全长30千米，于2017年9月开工建设。2019年4月29日，管道工程正式启泵投产，开启航煤管输供油新模式。该管线是济南地区首条连接炼化厂和空港的专属管线，也是中国石化与中国航油合作铺设的首条管线。航煤管道的投用，有效提高了济南炼化航煤出厂效率、巩固扩大了地区市场份额，为公司进一步做大航煤产量、提高经济效益、迈向高质量发展奠定基础。

（孙丽颜）

【生产经营优化成效明显】 2019年，济南炼化咬定全年效益目标不放松，持续动态优化，强化产销协同，努力开源节流，原油加工量创历史新高，圆满完成总部下达的利润指标，汽油收率提高3.7%，车柴比例100%，柴汽比降至0.74；开发销售95#乙醇汽油组分油，航煤出厂量再创新高，Y40X综合性能持续改进；汽煤柴油计划完成率在华北片区名列前茅，润滑油副产品均价远高于周边同类产品，环保型橡胶增塑剂量价齐升。

（孙丽颜）

【“不忘初心、牢记使命”主题教育有力有效】2019年，济南炼化把主题教育作为首要政治任务，高起点开局、高标准实施、高质量推进，坚持目标导向抓学习教育，通过专题培训、读书班等形式读原著、学原文、悟原理，做到了对党的理论深学细研；坚持问题导向抓调查研究，积极落实员工关注的热点难点问题，完成了提高工作餐标准、基层卫生间改造等涉及员工利益的好事实事，做到了为企业职工排忧解难；坚持从严要求抓问题检视，制定“一二三四”找差距工作法，做到了真刀真枪剖深析透；坚持效果导向抓整改落实，积极推进巡视反馈问题整改，认真抓好专项整治，做到了真查真改日进日新。通过主题教育，公司党员、干部理论武装有了新进步，思想政治有了新加强，干事担当有了新作为，服务职工有了新提升，清正廉洁有了新形象，推动发展有了新成效。

（孙丽颜）

【“管理提升年”取得实效】2019年，济南炼化开展“管理提升年”活动，修订12个职能处室、6个专业中心、8个运行部工作职责，修订全员岗位说明书；梳理形成《管理提升重点工作清单》，91项重点提升工作基本完成；开展内控制度执行有效性提升行动，综合开展“三基”工作检查、管理体系内部审核、内控检查，一体化管理、内控管理扎实有效；以“限时办结”为抓手，大力践行“马上就办”，公文管理系统配套提升、请示报告办理监督管理系统运行成效良好；强化全面风险管理，制定落实风险防控措施，风控体系进一步完善；开展“压减报表台账为基层减负”工作，合并优化压减各类报表台账约21%，严细精益管理水平进一步提高。

（孙丽颜）

【“四供一业”分离移交攻坚收尾】2019年，济南炼化按照国家和集团公司统一部署，在最大限度维护员工利益的前提下，多方沟通协调，厘清责任边界，积极稳妥做好企业办社会职能剥离，推动地方政府和接收单位加快维修改造、管理职能业务运营到位，按期完成物业供暖市场化改革。

（孙丽颜）

表1 济南炼化主要技术经济指标 亿元

指标名称 \ 年份	2019	2018	2017	2016	2015	2014
原油加工量／万吨	528.17	441.40	364.63	501.49	504.32	500.69
工业总产值	272.87	244.61	172.30	208.73	226.98	293.69
工业增加值	94.91	84.34	70.53	109.19	103.06	67.16
资产总计	65.67	59.13	51.91	45.39	44.44	49.93
流动资产	20.53	17.25	11.17	11.47	9.24	13.34
固定资产原值	91.16	86.36	75.33	73.91	72.54	68.59
固定资产净值	38.08	38.80	30.72	31.32	33.08	32.46
销售收入	280.08	242.43	172.63	208.70	225.30	292.77
实现利税	89.13	76.90	64.28	102.04	93.73	60.64
税　金	82.79	69.61	59.93	86.16	86.23	57.68

表 2　济南炼化主要产品产量　万吨

产品名称 \ 年份	2019	2018	2017	2016	2015	2014
汽　油	186.28	142.22	108.36	162.60	163.74	157.60
柴　油	138.97	136.71	129.54	174.39	190.61	197.03
沥青料	18.61	15.38	9.46	14.04	11.98	10.63
液化石油气	33.15	22.42	18.06	31.32	31.68	29.15
润滑油基础油	10.01	10.81	6.80	8.99	5.47	6.08
聚丙烯	11.51	9.53	7.54	12.11	12.01	11.63
化工轻油	7.52	7.40	5.37	7.09	7.10	8.63

中原石化

【概况】 中国石化中原石油化工有限责任公司（简称中原石化），是股份公司控股的企业，位于河南省濮阳市，占地面积 173 万平方米。1987 年国家批准立项建设，1996 年建成投产，1998 年 4 月划归集团公司，2005 年 1 月进入股份公司。截至 2019 年底，公司注册资本金 24 亿元，其中股份公司占 94.99%、河南省投资集团占 3.51%、中原银行占 1.50%。

截至 2019 年底，中原石化有新、老 2 套生产系统。老系统为石油化工生产路线，主体装置 1996 年建成投产，先后进行 2 次技术改造，有 10 套化工生产装置，乙烯装置设计规模为 18 万吨 / 年，经过技术改造和技术攻关，实际产能超过 21 万吨 / 年；聚乙烯设计能力为 26 万吨 / 年，聚丙烯装置设计能力为 6 万吨 / 年，另有汽油加氢、苯抽提、制氢、1- 丁烯、催化裂解制烯烃（OCC）5 套副产品深加工装置。新系统为煤化工生产路线，包括 1 套 60 万吨 / 年甲醇制烯烃（S-MTO）装置和配套的 10 万吨 / 年聚丙烯装置，分别于 2011 年 10 月 10 日和 9 月 20 日投产。主要有聚乙烯、聚丙烯、苯、MTBE、氢气等产品。中原石化设 11 个机关部室、6 个运行部和 5 个中心。用工总量 1 268 人。

中原石化主要经济指标及主要产品产量分别见表 1 和表 2。

（李继增）

【领导班子调整】 2019 年 10 月，集团公司党组对中原石化领导班子进行调整：孙磊任公司党委委员、总会计师。调整后的中原石化领导班子由胡明生、王家纯、尹光耀、刘焕荣、孙磊组成。

（李继增）

【连续 6 年实现盈利】 2019 年，中原石化深入学习贯彻习近平新时代中国特色社会主义思想和党的十九大精神、党的十九届三中、四中全会精神，贯彻落实集团公司“两个三年、两个十年”的战略部署，坚持稳中求进总基调，强化生产经营管理、改革发展稳定，各项工作取得较好成效。全年生产乙烯 28.4 万吨、丙烯 17.6 万吨、聚乙烯 22 万吨、聚丙烯 18.8 万吨，实现营业收入 41.5 亿元，利润 553 万元；吨产品完全加工费为 1 796 元，较上年降低 54 元；资产负债率由年初的 47.36% 下降至 45%，下降 2.36 个百分点，财务状况和资产质量进一步改善。

（李继增）

【连续 19 年无上报安全事故】 2019 年，中原石化坚持把安全环保摆在更加突出位置，实施推进HSSE管理体系，深化双重预防机制建设，以“识别大风险、消除大隐患、杜绝大事故”为主线，压实安全生产责任，风险总值下降6.16%。落实“防风险、除隐患、保平安、迎大庆”措施，严控“两特两重”期间施工作业。狠抓安全监管，落实《加强直接作业环节安全管理十条措施》和《全员安全记分管理办法》，做实承包商安全风险管控“一把手”工程。强化应急救援能力提升，严格公共安全管理，连续19年无上报安全事故，获集团公司安全生产先进单位称号。

（李继增）

5月31日，中原石化在厂区办公楼前公司举行2019年“安全生产月”和“安全生产万里行”活动启动仪式

【环保工作获先进单位称号】 2019年，中原石化严格落实京津冀及周边地区“2+26城市”大气污染治理要求，扎实推进环保隐患治理项目、现场排污管理，无行政处罚和环境违法情况发生。扎实推进“绿色企业行动计划”，承办河南省VOCs企业治理监管现场观摩会，树立公司良好形象。获集团公司节能环保先进单位称号；被评为环保绩效B级、河南省环境教育基地、濮阳市“绿色”标识企业。

（李继增）

【新产品开发成效显著】 2019年，中原石化深入实施创新驱动战略，大力开发新产品，产品逐步迈上中高端。新开发出聚丙烯PPR-EP01、PPH-EH01、PPB-MP01共3个新产品，做大低灰分聚丙烯、奶茶杯专用料等品种优势，PPH-FC03、PPR-MT75等3种高端产品通过国家认证，电容器膜料进入日本市场。申报的4件实用性专利，国家知识产权总局正在受理。

（李继增）

【精益管理扎实有效】 2019年，中原石化坚持全面依法依规治企，强化风险管理，业务外包管理进一步规范。开展制度、体系和流程优化，修订制度150项，梳理废止制度42项。强化日常岗检机制，推进“三基”工作与安全生产、基层党建深度融合，一体化体系运行质量得到提升。注重市场信息分析研判，依托PIMS软件及“日效益测算”模型，持续做好原料等结构优化，生产两聚专新料21.9万吨，产品结构优化增效6 616万元。加强资金管理，强化“两金”占用管控，公司贷款较年初减少1.25亿元。深化资产分类管理，落实低效、无效、负效资产创效措施，低效、无效、负效资产较上年减少5 122万元。推进全面预算和全员成本目标管理，落实33项挖潜增效措施，实现挖潜增效5 846万元。

（李继增）

【改革工作深入推进】 2019年，中原石化围绕市场化经营机制，扎实推进“三项制度”改革。完成业务中心区域集中改革，精简班组13个，初步实现岗位管理“操作系统化、运维集中化”；完善待岗离岗机制，“减人不减资”激励76人次32万元；开展规范用工专项治理，调整岗位54人，人力资源进一步盘活。完善激励约束机制，实施特殊激励奖，开展价值导向考核试点模拟运行，绩效考核指挥棒作用进一步发挥。实施检维修专业化管理，设备管理水平进一步提高。强化沟通协调，“四供一业”分离移交进入收尾阶段。

（李继增）

【开展“不忘初心、牢记使命”主题教育】 2019年，在党组第二巡回指导组的指导下，中原石化党委认真落实中央和集团公司党组关于主题教育的各项部署要求，牢牢抓住深入学习贯彻习近平新时代中国特色社会主义思想主线，紧紧围绕“守初心、担使命，找差距、抓落实”总要求，坚持高标准，精心组织，周密安排，达到了“理论学习有收获、思想政治受洗礼、干事创业敢担当、为民服务解难题、清正廉洁作表率”的目标。公司第 1 批、第 2 批主题教育总体评价满意率分别为 98.39% 和 97.97%。

（李继增）

【党的建设更加有力】 2019 年，中原石化党委坚决贯彻中央要求和集团公司党组重大决策部署，把落实加强党的政治建设重点措施贯穿到党的建设全过程，落实到生产经营、改革发展等方面，充分发挥党委“把方向、管大局、保落实”作用。扎实推进党组巡视问题整改，37 个问题 141 条整改措施全部完成。严抓驻京办事处专项清理及问题整改，按照“三个一律”要求，撤销北京办事处，处理违纪人员，工作人员全部撤回企业，资产按程序处置。实施基层“组织力提升工程”，大力开展“五抓五提升”，积极开展“双示范”创建，助推公司“顽疾”治理、产品开发等中心工作完成。落实党风廉政“两个责任”，深化完善大监督格局，严格执纪审查，确保党风廉政建设和反腐败工作向纵深推进。

（李继增）

【强化干部人才队伍建设】 2019 年，中原石化党委按照“三强”干部队伍建设要求，修订完善《中层领导班子和中层领导人员管理办法》等制度，进一步健全干部管理制度体系。强化干部人才队伍建设，加大年轻干部重点培养任用力度，启动“春蕾行动计划”。加大中层干部履职考核、管理力度，同职级中层季度奖金最高差 25%，对季度绩效排名靠后的中层人员提醒谈话 24 人次。认真贯彻落实集团公司人才强企工程动员部署视频会精神，结合企业实际，实施人才强企工程行动方案和人才发展通道建设方案，优化 3 支通道建设和职位设置，打通高层级专业人才成长空间。充分发挥工作室在人才培养和破解难题上的重要作用，“王震工匠工作室”获濮阳市示范性创新工作室称号。

（李继增）

【落实中央“基层减负年”要求】 2019 年，中原石化党委坚持“严”字当头抓作风，制定下发《公司党委关于解决形式主义突出问题为基层减负的重点措施》，强化形式主义、官僚主义突出问题整治，全年压减会议 52.5%，精简文件 39.1%，简报数量为零。压减报表台账 20%，检查减少 50%，评比减少 38%，为基层减负取得实效。

（李继增）

【圆满完成精准扶贫任务】 2019 年，中原石化党委通过开展派驻“第一书记”、投资扶贫项目、扶贫慰问、“送温暖献爱心”主题党日活动、消费扶贫等方式，帮助困难群众实现脱贫，54 户 243 人已实现脱贫，完成年度扶贫项目经营业绩。

（李继增）

【改制企业党组织全部属地化管理】 2019 年，为防范国有企业经营风险、规避关联交易，进一步理清管理责任，中原石化党委按照中国石化“改制企业党的组织关系，原则上要移交地方管理”的工作要求，积极与地方做好协调、沟通，通过地方组织部门验收、改制企业自查、周例会对接等工作的开展，满足濮阳市相关党委组织部门的移交要求。11 月 5 日，中原石化 3 个改制单位党组织全部实现属地化管理。

（李继增）

表 1　中原石化主要经济指标　亿元

指标名称 \ 年份	2019	2018	2017	2016	2015	2014
工业总产值	41.37	41.69	45.26	37.10	34.62	45.19
工业增加值	4.70	4.70	7.25	8.86	6.63	5.15
资产总计	20.46	16.91	19.46	20.51	20.64	21.63
流动资产	3.08	3.06	4.07	3.65	3.64	3.26

续表

指标名称 \ 年份	2019	2018	2017	2016	2015	2014
固定资产原值	67.02	67.03	70.06	69.54	69.48	69.69
固定资产净值	21.23	22.43	24.57	25.54	26.98	28.15
销售收入	41.32	41.95	45.38	36.8	34.69	44.87
实现利税	1.10	1.37	4.38	5.80	2.34	1.40
税　金	1.05	1.32	1.71	2.13	1.71	1.32

表 2　中原石化主要产品产量　万吨

产品名称 \ 年份	2019	2018	2017	2016	2015	2014
聚乙烯	22.01	17.23	23.86	27.06	24.08	24.49
聚丙烯	18.85	14.45	19.11	18.22	16.93	16.51
乙　烯	28.41	25.18	29.73	27.11	23.46	23.58
丙　烯	17.68	13.80	18.84	17.52	16.73	16.39
$1^{\#}$ 苯	8.04	8.78	9.24	7.42	6.68	6.42
$2^{\#}$ 苯	5.70	6.39	6.78	5.55	4.64	4.68
碳　四	3.83	4.12	4.15	3.65	3.16	2.84
碳　五	1.81	1.75	1.79	1.52	1.66	1.51
碳　六	1.03	1.05	1.22	1.08	1.00	0.65
碳　九	0.70	0.65	0.68	0.57	0.51	0.60
裂解焦油	1.39	1.74	1.73	1.15	0.85	0.74
1-丁烯	0.57	0.42	1.11	1.57	1.28	1.17
2-丁烯	4.14	2.37	4.52	4.62	4.58	3.65
MTBE	1.49	1.25	0.88	1.24	1.14	0.97
纯　苯	2.88	3.31	3.29	2.63	2.07	2.13
$3^{\#}$ 苯	1.69	2.00	2.27	1.78	1.45	1.59

沧州炼化

【概况】 中国石油化工股份有限公司沧州分公司（简称沧州分公司）暨中国石化集团资产经营管理

有限公司沧州分公司（简称沧州资产分公司）统称沧州炼化，位于河北省沧州市，占地 3 062 亩（204.13 万平方米），地处胜利、中原、大港、华北四大油田之间，东临黄骅港、曹妃甸港、天津港，紧依京沪高铁和京九、京沪、朔黄、邯黄等 5 条铁路及大广、京福、津汕等 7 条高速公路，地理位置优越，交通便利。

沧州炼化始建于 1971 年，1975 年 10 月建成投产，建厂初期生产规模 50 万吨 / 年。1984 年 1 月 1 日，沧州炼化正式划归中国石油化工总公司。2000 年 1 月，按照集团公司统一部署，企业资产重组为上市部分中国石油化工股份有限公司沧州分公司和存续部分中国石化集团沧州炼油厂。2007 年 8 月，存续部分沧州炼油厂体制转换为沧州资产分公司。2009 年 7 月，中国石化集团资产经营管理有限公司与日本东丽精细化工株式会社合资组建沧州东丽精细化工有限公司（简称 TFCC），委托沧州资产分公司代为管理。

截至 2019 年底，沧州炼化有在职职工 1 469 人、离退休职工 847 人；有职能处室 11 个、业务中心 4 个、基层单位 7 个；有党支部 23 个、在职党员 525 人，离退休党总支 1 个、离退休党员 305 人。

截至 2019 年底，沧州炼化资产总额 43.37 亿元，原油一次加工能力 350 万吨 / 年。主体装置有：350 万吨 / 年常减压、120 万吨 / 年催化裂化、120 万吨 / 年延迟焦化、160 万吨 / 年和 60 万吨 / 年 2 套柴油加氢、40 万吨 / 年逆流床连续重整、30 万吨 / 年气体分馏、5 万吨 / 年 MTBE 装置、2 万吨 / 年硫黄、2 万米^3（标准）/ 时制氢、8 万吨 / 年苯抽提、90 万吨 / 年 S-Zorb、12 万吨 / 年干气脱硫、6 万吨 / 年焦化液化气脱硫、20 万吨 / 年液化气脱硫、200 吨 / 时溶剂再生、60 吨 / 时污水汽提、7 万吨 / 年小本体聚丙烯。TFCC 主要装置年产 1 万吨二甲基亚砜。

沧州炼化主要产品有汽油、柴油、石脑油、液化石油气、聚丙烯、石油焦、硫黄、燃料油等。TFCC 主要产品是电子级和医药级二甲基亚砜。

沧州炼化主要技术经济指标及主要产品产量分别见表 1 和表 2。

（贲洋洋）

【领导班子调整】 2019 年 11 月 11 日，集团公司调整沧州炼化领导班子：周庆水主持沧州炼化党政全面工作；免去张昆中共沧州炼油厂委员会书记、委员职务，解聘其沧州分公司副总经理、沧州炼油厂副厂长职务，另有任用；张波任中共沧州炼油厂委员会常务副书记、沧州分公司副总经理、沧州炼油厂副厂长；免去张志刚中共沧州炼油厂委员会委员职务，解聘其沧州分公司副总经理、沧州炼油厂副厂长职务，任调研员；胡佳任中共沧州炼油厂委员会委员、沧州分公司副总经理、沧州炼油厂副厂长；秦红宾任中共沧州炼油厂委员会委员、沧州分公司总会计师。

（贲洋洋）

【生产经营】 2019 年，沧州炼化加工原（料）油 276.67 万吨，主营业务收入 145.91 亿元，实现利润 1 336.19 万元（其中上市部分赢利 167.68 万元、存续部分赢利 1 168.51 万元），上缴税费 40.63 亿元。

（贲洋洋）

【降本减费】 2019 年，沧州炼化深化全员成本目标管理，落实“零基预算”要求，强化成本费用刚性考核，全年吨油完全费用 316.17 元，比总部下达指标低 10.83 元，非生产性费用支出降低 11%。

（贲洋洋）

【安全生产】 2019 年，沧州炼化制定发布 HSSE 管理体系，修订完善安全生产责任制，强化领导干部安全引领力，颁布《全员安全记分管理细则》，加强安全风险识别管控和隐患治理，落实“一把手”承包商安全管理重大风险，严格执

行《加强直接作业环节安全管理十条措施》，改进完善现场“挂绿牌”机制，强化公共安全管理，安全生产总体稳定，未发生上报事故。获河北省“安全生产月”活动先进单位称号。

（责洋洋）

【环境保护】 2019年，沧州炼化积极践行绿色发展理念，认真贯彻落实国家渤海综合治理攻坚战行动计划，大力推进绿色企业创建，全面落实环境风险管控，完成催化裂化烟气脱硫综合塔更新、燃气锅炉烟气超低排放等环保隐患治理项目，规范危险废物处置，持续深化“环保风暴、绿色革命，为生存而战”活动，各项排放指标全部达到特别排放限值要求，全年二氧化硫和氮氧化物排放量分别减少8%和10%，危险废物减少22.90%，顺利通过河北省清洁生产评估。

（责洋洋）

【企业管理】 2019年，沧州炼化深入开展“从严管理、精益管理年”活动，建立健全全面风险管理体系，开展内控制度执行有效性提升行动，抓好经济责任审计发现问题整改，建设精益管理平台，启动新班组建设，探索建立星级评价体系，从严管理、精益管理理念深入人心。

（责洋洋）

【深化改革】 2019年，沧州炼化稳步推进“三定”工作，发布新版定员标准，配套制定劳动定员考核办法，完善离岗人员分流安置方案，促进员工合理流动。扎实做好“四供一业”分离移交收尾攻坚，物业、供暖市场化改革平稳推进，石化新村供热、物业维修改造基本完成。

（责洋洋）

【“两化”融合】 2019年，沧州炼化积极推动“两化”深度融合，消除信息孤岛32个，装置自控率、控制平稳率均提升至98%以上。建立智能电子提卸货平台，实现汽运产品出厂电子化。

（责洋洋）

【项目建设】 2019年，沧州炼化下达固定资产投资2.73亿元，完成投资2.64亿元，实施建设项目64项。严格建设项目全过程管理，管理成果在集团公司管理现代化创新成果评选中获二等奖。油品质量升级改造项目重整装置搬迁改造工程于2017年10月27日开工建设，2018年12月18日建成中交，2019年3月17日正式投产，被集团公司评为优质工程。

（责洋洋）

【队伍建设】 2019年，沧州炼化实施人才强企工程，完善选拔任用办法，加大竞争性选拔力度和领导人员交流轮岗力度，强化年轻干部培养使用，45岁以下干部占49%、40岁以下占35.60%、35岁以下占10.60%。深化人才成长通道建设，改进高层级专业技术人员选聘和作用发挥机制，组织专业技术比武，选派有潜质的年轻骨干参加集团公司业务竞赛及高层次技术培训，专业技术队伍整体上水平，在集团公司作业安全分析（JSA）比武中获银牌1枚。改进技能操作人员选聘机制，加强班组长队伍建设，强化岗位练兵，员工操作技能水平和应急处置能力不断提升，在全国催化重整操作工职业技能竞赛中获铜牌1枚。

（责洋洋）

【和谐企业】 2019年，沧州炼化持续健全走访和帮扶救助机制，走访1 012人次，帮扶救助困难员工115人次、34.50万元，员工幸福感、获得感持续增强。积极履行社会责任，深入开展消费扶贫，助力打赢脱贫攻坚战，累计消费扶贫52.53万元。抓好民企清欠工作，以极高的政治站位，加大清欠力度，按期完成工作任务。全面升级“公众开放日”活动，加入中国石化第四季活动，展现了安全、绿色、开放的企业形象。

（责洋洋）

【主题教育】 2019年，沧州炼化根据集团公司党组统一部署，分2批开展“不忘初心、牢记使命”主题教育，共有23个基层党组织、703名党员干部参加。在总部巡回指导组的指导下，主题教育取得较好成果，2批好评率分别为99%和99.78%。

（赉洋洋）

【党建工作】 2019年，沧州炼化认真学习贯彻习近平新时代中国特色社会主义思想和党的十九大精神，将坚持党的领导、加强党的建设贯穿始终，坚定不移推动全面从严治党向纵深发展。严格落实民主集中制，贯彻执行“三重一大”决策制度，召开党委会、领导班子会80次，研究事项278项。召开党建工作会议，签订党建责任书，编制党建工作实务手册，落实“双挂钩、双考核”，党建工作有序开展。纵深推进宣传思想工作，抓好形势任务教育，落实全员谈心谈话，推进思想政治工作与EAP服务融合，讲好“沧炼故事”，开展庆祝建国70周年系列活动，唱响主旋律，汇聚正能量。强化基层党组织建设，落实党支部“五项任务”，开展标准化党支部建设和“双示范”创建，组织党支部分类定级考评，加强基层班组党员力量覆盖，党员班组覆盖率100%。坚定不移净化政治生态，彻底肃清流毒，大力整治形式主义、官僚主义，健全完善“大监督”运行机制，用好监督执纪“四种形态”，企业政治生态持续好转。深入推进党建工作融入中心，开展“亮身份、比贡献”“主题党日”活动，全面落实党员量化考核和积分管理，探索实施党建共建，党建保障作用有效发挥。

（赉洋洋）

表1　沧州炼化主要技术经济指标　亿元

指标名称＼年份	2019	2018	2017	2016	2015	2014
原油加工量/万吨	266.12	270.98	239.12	263.64	221.13	300.75
工业总产值	146.66	150.29	112.41	109.82	89.92	176.34
沧州资产分公司	5.49	5.57	3.24	3.21	2.61	4.45
沧州分公司	141.17	144.72	109.17	106.61	87.31	171.89
工业增加值	47.80	46.58	39.36	51.38	28.52	27.83
沧州资产分公司	0.94	0.62	0.66	0.77	0.57	0.72
沧州分公司	46.86	45.96	38.70	50.61	27.95	27.11
资产总计	43.37	42.49	37.85	37.10	33.92	43.77
沧州资产分公司	3.58	3.82	3.65	3.16	3.20	3.61
沧州分公司	39.79	38.67	34.20	33.94	30.72	40.16
流动资产	17.15	16.29	16.68	18.77	14.87	23.76
沧州资产分公司	0.43	0.63	0.59	0.65	0.56	0.70
沧州分公司	16.72	15.66	16.09	18.12	14.31	23.06

续表

指标名称 \ 年份	2019	2018	2017	2016	2015	2014
固定资产原值	49.80	45.66	42.58	43.69	43.38	41.75
沧州资产分公司	5.76	5.58	5.62	5.58	5.56	5.48
沧州分公司	44.04	40.08	36.97	38.11	37.82	36.27
固定资产净值	21.37	19.21	16.94	15.53	16.71	16.49
沧州资产分公司	2.63	2.54	2.35	2.40	2.35	2.26
沧州分公司	18.74	16.67	14.59	13.13	14.36	14.23
销售收入	145.91	151.20	114.06	110.14	92.38	177.69
沧州资产分公司	5.95	6.12	3.53	3.52	2.93	4.72
沧州分公司	139.96	145.08	110.53	106.62	89.45	172.97
实现利税	40.76	44.25	40.08	47.30	24.73	23.14
沧州资产分公司	0.24	−0.08	−0.03	0.09	−0.13	−0.11
沧州分公司	40.53	44.33	40.12	47.21	24.86	23.25
税　金	40.63	41.41	37.47	43.13	34.85	31.01
沧州资产分公司	0.12	0.12	0.12	0.33	0.32	0.33
沧州分公司	40.51	41.29	37.36	42.80	34.53	30.68

表 2　沧州炼化主要产品产量　万吨

产品名称 \ 年份	2019	2018	2017	2016	2015	2014
沧州资产分公司						
聚丙烯	5.61	5.50	2.95	3.17	2.38	3.39
氮　气	2.41	2.12	1.83	1.93	1.95	2.13
净化风 / 万立方米	15 191.57	12 086.50	10 608.00	7 311.00	3 945.00	4 700.00
非净化风 / 万立方米	—	—	—	2 571.00	5 419.00	6 050.00
沧州分公司						
汽　油	89.42	75.79	67.65	74.47	48.08	71.29
柴　油	91.44	86.68	79.79	100.61	90.74	127.80
石脑油	5.00	23.20	18.60	22.12	18.38	26.24
液化气	18.77	18.01	14.52	18.21	12.93	16.98
铝箔油料	—	—	—	1.80	6.57	3.23

续表

年份 产品名称	2019	2018	2017	2016	2015	2014
石油焦	23.83	24.85	21.91	23.53	16.67	20.52
硫　黄	1.55	1.69	1.14	1.27	0.83	1.16
粗白油	—	—	7.74	4.66	4.66	—
燃料油	13.29	12.86	—	—	—	—
$4^{\#}$ 燃料油	—	—	11.66	1.74	—	—
正己烷	—	—	0.14	0.04	—	—

润滑油公司

【概况】 中国石化润滑油有限公司（简称润滑油公司）是股份公司下属全资子公司，是集研发、生产、销售和服务为一体的专业化润滑油公司。2002 年 5 月，股份公司按照“统一计划安排、统一资源配置、统一市场开拓、统一品牌形象、统一产品开发”的原则，对润滑油业务实施专业化重组，成立润滑油分公司。2014 年 3 月 4 日，在润滑油分公司基础上改制成立润滑油公司。本部位于北京市海淀区安宁庄西路 6 号。

2019 年，润滑油公司调和能力 187 万吨 / 年，包装油脂生产能力 154 万吨 / 年，生产和销售包括内燃机油、工业油、船用油、金属加工液、润滑脂和合成润滑油脂等 21 类、2 000 多个品种的“长城”润滑油脂产品。

截至 2019 年底，润滑油公司下设 12 个管理部门、4 个运营管理中心、7 家区域分公司、3 家合资公司和 1 家海外（新加坡）全资子公司，拥有 11 家生产工厂、4 家研发机构。有在岗正式职工 3 067 人，其中专业技术人员 1 841 人，博士学历 27 人、硕士 393 人、本科 1 168 人，高级专业技术资格人员 386 人（其中正高 25 人）。

润滑油公司主要技术经济指标见表 1。

（王笑博）

【领导班子调整】 2019 年 8 月 31 日，根据股份公司《关于夏世祥等 3 人职务任免的通知》，夏世祥任润滑油公司执行董事；聘任苟连杰为润滑油公司总经理；根据股份公司《关于夏世祥、宋云昌职务聘任解聘的通知》，夏世祥任中国石化汽车行业技术合作中心主任，解聘宋云昌中国石化汽车行业技术合作中心主任职务。根据集团公司党组《关于夏世祥等 3 名同志职务任免的通知》，夏世祥任润滑油公司党委书记；苟连杰任润滑油公司党委副书记（兼），免去其原中共中国石化润滑油有限公司委员会书记职务。

（王笑博）

【启动深化管理体制改革】 2019 年 12 月 18 日，润滑油公司召开深化管理体制改革启动会，推动“双百改革”继续深入，按照“系统化运作、区域化经营、专业化服务、平台化支撑、属地化管理、市场化保障”的“六化”模式，推进组织架构调整与职能优化。调整机关职责，明确“战略引领、平台化支撑、统筹协调”的定位。设置综合管理部、党群工作部、综合计划部、财务资产部、科技开发部、企管法律部、人力资源部（党委组织部）、安全环保部、市场营销部、物资供应部、审计部、纪检监察部 12 个机关部门。新设国际业务中心、大客户业务中心、新零售发展中心（长城科技公司）、综合服务中心 4 个运营管理中心。构建区域化经营和属地化管理模式。设置华北、华东、华中、华南、西南、西北、东北 7 个区域分公司，以市场销售为核心，统筹负责区域内生产经营、技术支持和管理。机关为基层赋能，明确区域分公司“放、管、服”管理清单。

（王笑博）

【推进绿色企业创建工作】 2019年，润滑油公司按照绿色企业行动六大计划要求，以合成油脂分公司为试点，制定《润滑油公司绿色企业评价细则》，逐步推广到上海、茂名、武汉和天津分公司。截至2019年底，上述5家直属单位已基本达到绿色企业评价标准。探索绿色润滑，形成绿色润滑服务方案，为燕山石化、石家庄炼化、福建联合石化等企业提供加注服务，消减钢桶用量，炼化企业环保包装使用率达86%；开发绿色产品，可生物降解工业齿轮油、船用尾气处理液、食品级润滑脂和液压油、环保型铁路润滑脂、低硫燃油配套用系列船用油在相关领域获得应用；探索废油循环利用新途径，争取回收再生处置资质。

（王笑博）

【高端装备合作开发取得新突破】 2019年，润滑油公司围绕“两个三年、两个十年”战略目标，积极推进高端新兴行业和重点行业开发，自主技术填补国内技术空白，冲破技术垄断，在高铁、风电、机器人、电动车和热能领域配套应用取得进展。与OEM客户同步开发国Ⅵ排放标准发动机油，高低温仪表油成功配套大疆无人机。在超高压乙烯压缩机组、西门子空分装置等关键设备的应用打破外油垄断。合成航空发动机油顺利通过美国CFM公司的台架试验，成为全球首个通过该试验的非欧美油品。高铁齿轮油成为唯一获青岛四方全部13款动车车型技术准入的润滑油品。风电齿轮油成功取得南高齿技术认证，完成金风科技1.5兆瓦风电机组挂机试验。机器人减速机专用油首次配套ABB汽车行业用工业机器人。

（王笑博）

【海外市场保持两位数增长】 2019年1月7日，润滑油公司中标戴姆勒集团在亚洲及大洋洲的唯一商务车生产基地——福建奔驰汽车工业有限公司商务车全系列售后服务用油，成为首个为福建奔驰服务的中国品牌。全年，持续扩大“一带一路”中资项目和国际知名设备制造商的合作，聚焦国际型企业拓展高端合作，依托国内市场品牌优势，充分发挥新加坡公司区位优势和海外发展平台支持作用，积极推进亚太、中东、非洲等“一带一路”沿线市场开发。全年中资企业海外配套销量增长58.7%，海外市场总销量增长23%。

（王笑博）

【中国润滑油产业创新联盟成立】 2019年12月8日，由国家工业和信息化部倡导，润滑油公司协助中国石油和化学工业联合会筹备，联合包括高校与科研院所，基础油、添加剂供应商，润滑油生产企业、冶金、汽车、电力、煤炭及高端制造业等企业及相关协会学会共同组建成立了中国润滑油产业创新联盟。该联盟将发挥连接政府与企业、行业的平台作用，开展行业调研规划、技术咨询服务、创新应用、制定行业标准规范；支持润滑油产业向高科技创新转型发展，协同推进国产品牌润滑油脂在高端制造业的应用和替代，推进建立自有行业标准和推进中国润滑油产业国际化发展步伐，服从国家战略，走出国门。

（王笑博）

中国润滑油产业创新联盟成立（郑德辉　摄）

【发布国Ⅵ排放标准新产品】 2019年3月6日，在杭州召开“尊龙智变·领创未来”为主题的长城润滑油2019年商用车用油新品发布会，发布全面符合国Ⅵ排放标准、最长换油周期分别延长至10万和15万千米的尊龙CK-4级柴机油T700、L1500两款新产品。2019年，润滑油公司坚持科技引领目标，根据OEM客户和国内外市场需求，紧跟产业链发展趋势，同步推进研发新产品23

个，投放市场的新产品超过 50 个。

（王笑博）

【中国石化客户服务中心正式开通人工服务】 2019 年 7 月 10 日，依托润滑油公司客户服务中心成立的中国石化客户服务中心，正式开通人工服务（95388-0），标志着中国石化统一客户服务体系正式建立，实现电话转接、单据传递、信息共享等方面的无缝链接，将进一步提高客户服务水平和中国石化品牌整体形象。客户通过拨打 95388 热线电话，可以一键式解决化工销售、润滑油、加油卡、易派客等相关业务问题，进一步提升客户体验。

（王笑博）

【润滑油天津南港项目签订投资合作协议】 2019 年 11 月 19 日，润滑油公司同天津滨海新区经济技术开发区签订润滑油天津南港项目投资合作协议，建设高技术含量、高附加值的高端精细化工项目，打造润滑油公司未来的“价值高地”。润滑油公司执行董事、党委书记夏世祥与天津经济技术开发区党委书记、主任郑伟铭出席并见证签字仪式。

（王笑博）

南港项目签约仪式（郑德辉　摄）

【参与新中国成立 70 周年系列活动】 在庆祝新中国成立 70 周年系列活动中，在官方微博、抖音上推送《师傅的不传之秘》《追高铁的人》故事，展现央企责任担当，服务大国重器的奉献精神和爱国情怀。报送《60 年不忘初心　为中国梦加油》参加国务院国资委宣传局“我和我的祖国”首届中央企业故事大赛优秀故事展播，推送《我与“一带一路”——新加坡港认国旗的父与子》在央视财经频道播出，并入选学习强国平台。国庆前，润滑油公司按时完成军品生产、发运工作，顺利完成新中国成立 70 周年阅兵润滑保障和补给任务。

（王笑博）

【开展主题教育活动】 2019 年 6 月 17 日，润滑油公司在集团公司第 10 巡回指导组的指导下，召开“不忘初心　牢记使命”主题教育动员会，把握“12 字”总要求，紧扣“五句话”目标，坚持 4 个“贯穿始终”，推进 4 项重点措施落地，聚焦“‘联量计酬’等改革措施推进过程中存在的问题”“年度重点工作推进过程中存在的差距”“优化运营、降本压费等措施落实情况和存在问题”“安全环保、质量、市场、运营等方面存在的风险”“党建与经营深度融合存在的差距与不足”5 个课题形成 7 个调研报告和“守初心担使命、打造世界一流；深化供给侧结构性改革、全力推进高端突破，助力国家产业升级；坚定推进深化改革，提升企业发展活力和内生动力；强化风险管控，确保企业健康运行”研讨成果，完成第 1 批主题教育规定动作，测评总体评价满意率达 99.4%。

（王笑博）

【获工信部润滑油行业 2019 全明星品牌】 4 月 15 日，润滑油公司连续第 9 年获得工业和信息化部 C-BPI 中国润滑油行业全明星品牌荣誉称号。长城润滑油在 C-BPI（中国品牌力指数）年度评选中获 519.8 分，为润滑油 / 机油领域第 1 名。中国国际贸易促进委员会、中国品牌建设促进会、中国资产评估协会等单位联合发布 2019 中国品牌价值评价信息，长城润滑油品牌价值 71.64 亿元，增长 5 亿元，位列润滑油行业第一品牌。在世界品牌实验室“中国 500 强品牌”评选中，长城润滑油品牌价值由 2005 年的 81.76 亿元增长至 2019 年的 306.97 亿元，品牌价值增长了 275%。

（王笑博）

【品牌公益形象内涵延伸】 润滑油公司利用航天背书，推进品牌航天公益形象落地，丰富品牌内涵，传递品牌温度。2019 年先后组织中国石化对口援建的贫困县——湖南凤凰思源实验学校的学生参加2019年第12届长城润滑油中国航天员体验营活动。10月17日，组织卡车司机参加第9届中国石化长城润滑油航天助威团，观礼长征三号乙运载火箭运送通信技术试验卫星四号发射升空，12月18日，携手公益顺风车发布“2020春节回家顺风车”公益行动。

（王笑博）

【举办第4届“最美长城人”表彰活动】 2019年1月29日，在北京举办“改革潮　新时代　当先锋——润滑油公司第4届最美长城人颁奖典礼”，向获得2018年先进集体、先进党组织的单位，以及先进个人、道德人物、营销标兵、科研标兵、优秀共产党员代表进行颁奖。通过《初心》《改革》和《梦想》3个片段，展示长城人牢记初心使命，从服务航天军工到中国制造2025，代代相传长城精神，以诚信为本，担当行业发展重任，获“全国诚信之星”荣誉的平凡历程。鼓励全体干部员工以“全国诚信之星”荣誉为起点，持续推进技术引领、服务社会，带队中国企业诚信经营，打造世界一流润滑油公司的坚定信心。

（王笑博）

第4届“最美长城人”颁奖典礼（郑德辉　摄）

表1　润滑油公司主要技术经济指标　亿元

指标名称＼年份	2019	2018	2017	2016	2015	2014
工业总产值	136.78	136.06	134.71	126.23	129.99	152.54
工业增加值	20.70	22.07	23.32	24.22	25.79	25.21
资产总计	92.19	92.47	85.52	84.04	78.10	83.21
流动资产	47.57	57.94	53.00	49.25	43.85	50.36
固定资产原值	48.10	44.24	40.97	46.65	40.36	38.83
固定资产净值	25.30	23.37	21.81	26.21	21.82	21.80
销售收入	196.18	181.90	164.81	155.21	160.52	199.59
实现利税	12.88	11.79	14.10	15.93	16.61	13.00
税　金	6.71	6.67	8.08	8.42	9.07	5.56
综合能耗/吨标煤·万元$^{-1}$	0.015	0.015	0.015	0.02	0.02	0.02

青岛石化

【概况】 中国石化青岛石油化工有限责任公司（简称青岛石化）位于青岛市李沧区，占地面积0.94平方千米，厂区临近黄岛油港，与黄岛油港、青岛港码头分别有输油管线相连，自备铁路专用线与胶济铁路相连，厂外公路与济青、青银高速公路相接。青岛石化前身为创建于1962年的青岛市手工业管理局炼油厂，1966年4月改名为青岛石油化工厂。2000年12月，青岛石化整体划转集团公司，企业名称先后为中国石化集团青岛石油化工厂、中国石化集团青岛石油化工有限责任公司。2010年3月，青岛石化正式成为股份公司全资子公司，并更名为现名。

截至2019年底，青岛石化下设11个机关职能部门、4个直属机构和5个二级单位。资产总额为42.26亿元，在册员工总数为877人，其中在岗员工823人。原油加工能力为500万吨/年。生产装置主要包括500万吨/年常减压蒸馏、160万吨/年延迟焦化、140万吨/年重油催化裂化、100万吨/年汽柴油加氢精制、60万吨/年柴油加氢精制、60万吨/年催化汽油选择性加氢脱硫、25万吨/年催化重整、20万吨/年及15万吨/年气体分馏、7万吨/年聚丙烯等16套。产品主要有汽油、柴油、低硫船用燃料油、石脑油、石油焦、石油液化气、车用液化气、丙烷、丙烯、聚丙烯、工业硫黄、纯苯、MTBE等近20个品种。

青岛石化主要技术经济指标及主要产品产量分别见表1和表2。

（徐彩滨）

【领导班子调整】 2019年10月30日，集团公司召开视频会，宣布对青岛石化领导班子调整的决定。经集团公司党组批准，青岛市委同意，李振民任青岛石化执行董事、党委书记，兼任青岛炼化副总经理（按大Ⅰ型企业正职管理），不再担任青岛石化副总经理职务；孟祥德不再担任青岛石化执行董事、总经理、党委副书记职务；施利春任青岛石化党委副书记、纪委书记、工会主席。

（徐彩滨）

【企业转型迈出新步伐】 2019年，青岛石化认真贯彻集团公司“两个三年、两个十年”战略部署，落实总部“拓船燃”策略，抢抓市场机遇，把推进实施低硫船用燃料油项目作为决胜可持续发展的头等大事，每周召开2次专题推进会，研究对策、攻坚克难，各专业深度介入，确保项目建设安全、质量、进度受控，全力推动低硫船用燃料油项目建成，并于11月15日产出合格产品，实现开车一次成功，有力推动转型发展。

（徐彩滨）

【创效增效取得新成绩】 2019年，青岛石化通过优化原油采购、强化市场导向、优化产品结构实现创效增效。优化选择性价比好的原油，降低采购成本约1.1亿元；研判原油价格变化趋势，及时调整采购节奏，增利1 400万元。开好月度经济活动分析会、计划排产会，以市场为导向，以计划为龙头，推进全产业链创效增效。测算并择机实施优化方案127个，实现增效6 265万元。优化产品结构实现创效增效，可比综合商品率增长0.52%，成品油产量增加5.4万吨，液化气产量增加1.4万吨，丙烯类产量增加1.6万吨，石油焦产量减少2.4万吨。

（丁　昊）

【成本费用管控措施到位】 2019年，青岛石化加强预算的事前、事中控制，严控费用支出，实现炼油单位完全费用337.34元/吨，较年度预算指标降低21.06元/吨。严控“两金”占用，存货水平降低3亿元；开展汇总征税，减少资金占用9.21亿元，财务费用降低1 420万元。持续抓好班组经济核算和装置成本分析，推动基层单位成本管控措施落到实处。

（丁　昊）

【安全环保工作受控】 2019年，青岛石化持之以恒抓好安全环保生产，未发生非计划停工和上报集团公司级事故，实现废水、废气稳定达标排放，危废、固废规范化处置。①抓好直接作业环节管控和承包商管理。抓细抓实《加强直接作业环节安全管理十条措施》，落实主要负责人抓承包商安全风险责任，强化承包商监管。全年列入黑名单承包商单位1个，承包商人员8名；约谈承包商单位4个，因严重违章停工整顿承包商3次。②抓好风险管控和隐患整改。强化安全合规性排查治理，制定落实风险管控措施，完成安全隐患治理项目10项。组织专项检查21次，发现问题112项，整改完成106项。通过山东省安全生产标准化二级企业达标验收。积极组织全员安全诊断，全年提出诊断建议 4 955 条，奖励 24 万元。③抓好环保管理。修订绿色企业行动计划“一方案两清单”，开展“公众开放日”“绿色企业知识进班组”活动。投用 7 套废气在线监测仪表；投资 1 700 余万元，完成锅炉低氮燃烧器改造、储罐高效浮盘密封改造等污染治理项目。定期开展罐区 VOCs 检测、装置泄漏检测和厂区网格化检测，对发现的问题实施闭环管理。全年外排废水达标率 100%，外排废气达标率 99.98%，危险废物处置率 100%。④抓好职业健康管理。全年检测职业病危害因素 2 704 点次，采取有效措施改善作业现场环境。组织职业健康体检 800 人次，员工健康查体 910 人。

（丁　昊）

【专业管理进步明显】 2019 年，青岛石化持续抓好专业管理，提升管理水平。①加强运行平稳率、工艺报警率和装置自控率管理。通过周例会讲评和“比学赶帮超”竞赛，激励各作业部抓细抓实装置平稳运行，全年获总部竞赛奖牌 165 枚，增加 41 枚。持续开展“工艺纪律周检”活动，推动规范化管理，单装置日均报警数量下降 86.75%。利用实时数据库和 MES 系统，实现关键装置仪表自控率自动监控统计，自控率由 89% 提升至 92% 以上。②抓好设备完整性管理。完善制度，填补节假日“机电仪管操”五位一体联合巡检空白。开展“每月一题”专项培训，提高维保、技术和技能人员业务本领。开展设备“最差十台机泵”攻关治理等活动，有效提升设备巡检和运维水平。③加强投资管理。每月调度投资项目实施进度，首次实现当年项目当年全部完成。④提升信息化应用水平。抓好信息系统集成和提升，推进信息系统深化应用。推进 MES、计量管理、OA 等系统功能升级完善，新增优化 BPM 系统流程 20 个。

（丁　昊）

【经济技术指标持续提升】 2019 年，青岛石化认真落实总部现场指导意见，结合管理体系外审和集团公司“四不两直”安全检查情况，召开 3 次对标对表专题会，盯问题、查根源、压责任，确定各单位对标追标夺标任务，定出 46 项管理提升、创效增效措施，推动主要经济技术指标持续提升。全年 9 项公司级指标均完成年初目标，其中单位完全费用降低 9.28%，综合能耗比年初降低 3.3%；18 项公司关键绩效指标中，16 项优于基本目标，6 项达到奋斗值。

（丁　昊）

【“三基”“三标”建设扎实推进】 2019 年，青岛石化采取有效措施，持续加强“三基”工作、推进“三标”建设。以基本功训练、素质提升与能力培养为核心，组织基层单位每季度开展岗位融合培训考试、专业技能竞赛、班组长培训，有效提升员工技能素质。组织开展巡检竞赛、污泥浮渣回炼竞赛、瓦斯压控竞赛等活动，奖优罚劣，调动了一线员工积极性。围绕制度执行情况，扎实开展处室岗检，加大通报力度，推动各项制度落实落地。下发“三标”建设实施方案，形成年度任务清单，每月讲评并纳入绩效考核，推动“三标”建设取得扎实进步。

（丁　昊）

【干部建设不断加强】 2019 年，青岛石化认真落实集团公司组织人事工作会议精神，进一步加强干部队伍建设，抓好干部全过程监督管理。修订《公司中层领导人员选拔任用实施细则》，充分发挥党组织领导和把关作用。推进年轻干部选拔任用常态化，全年新提拔中基层领导人员 10 人，其中“80 后”6 人、占比 60%，进一步优化年龄结构，激发了活力。组织党支部书记培训班和专题讲座，强化中基层领导人员党性修养和综合素质；选派不同层级干部参加集团公司“三强”干部能力提升培训；加强干部复合锻炼，对 9 名干部进行轮岗。推进干部能上能下，加强“下”的预警管理，针对安全环保、日常管理工作不到位等情况实施谈话提醒 18 人次，考核 22 人，营造了守纪律、敢担当的干事创业氛围。

（徐彩滨）

【人才队伍建设成效明显】 2019 年，青岛石化制定《公司人才成长通道横向贯通实施细则》，构建形成三支人才队伍纵向畅通、横向贯通的发展机制，促使优秀人才脱颖而出。全年共选聘专家 10 名、高级主管 3 名、主管和副主任师 12 名，有 1

名管理序列人员转聘专业技术序列，6名专业技术序列人员选聘管理序列职位。组建政工序列职称评审委员会，首次组织评审，为党务政工人员成长搭建通道。

（徐彩滨）

【用工结构更加优化】 2019年，青岛石化下发《操作岗位人员优化方案》，明确短期和中长期用工补充及优化目标。制定《员工上岗管理办法》，完善班组长竞聘上岗程序，建立健全员工上岗与考核淘汰机制。青岛石化在炼油板块优化用工专项评比中位列第四，获优化用工奖励446万元。鼓励核心员工、骨干员工扎根生产一线，合理调整部分职位、岗位基本薪酬等级。大幅提高夜班津贴和倒班津贴，主要生产岗位夜班津贴由每班40元调至90元，一线岗位倒班20年员工倒班津贴由每月70元调至200元、倒班30年员工由每月150元调至400元。

（徐彩滨）

【扎实开展“不忘初心、牢记使命”主题教育】 2019年，青岛石化认真落实党委主体责任，把开展“不忘初心、牢记使命”主题教育作为重大政治任务，按照集团公司党组和巡回指导组部署，抓好各项工作推进与落实。召开9次党委会研究部署主题教育重点工作，每周召开领导小组会议，统筹协调、有序推进主题教育开展。坚持先学先做、一级带一级，领导班子成员落实“一岗双责”，带头领学促学、主持基层研讨、深入调查研究，督导基层学习研讨、问题检视，整改落实，形成以上率下、上下联动抓主题教育的良好局面。为引领推动问题检视更好地融入中心，党委召开检视问题专题会；召开2次调研成果交流会，针对调研中发现的普遍性问题，确定有效对策措施，全力推动调研成果转化。2批主题教育贯穿4项重点措施，做到抓思想认识到位、抓检视问题到位、抓整改落实到位、抓组织领导到位，取得丰硕成果，党员干部初心使命更加坚定。突出查改贯通、标本兼治，2批主题教育检视问题202项，完成整改199项，立行立改192项全部整改，让干部员工感受到了实实在在的成效。

（徐彩滨）

【党的建设成效显著】 2019年，青岛石化认真贯彻新时代党的建设总要求，坚定不移推进全面从严治党和党建质量提升，党的建设不断取得新成绩。①持之以恒抓好政治建设。认真贯彻《关于新形势下党内政治生活的若干准则》《中国石化加强党的政治建设重点措施》，把政治建设摆在首位，增强“四个意识”，坚定“四个自信”，做到“两个维护”，把坚持党的领导、加强党的建设贯穿改革发展全过程各方面。制定发布《公司党委贯彻落实中国共产党重大事项请示报告条例实施细则》《公司党务公开实施细则》，严格制度规定落实，自觉维护党中央集中统一领导。始终把加强理论学习、提高政治素养作为政治责任，坚持带头学、带头讲、带头干，真正学懂弄通做实习近平新时代中国特色社会主义思想和党的十九大、十九届四中全会精神。组织好党委中心组集中学习，在深入研讨上下功夫，班子成员带头发言谈体会、谈认识，增强集中学习的针对性、系统性、实效性，中心组全年学习研讨25次，其中专题研讨20次。聚焦解决突出问题，把党委中心组学习办到一线，提升了学用结合实效。②加强统筹谋划。召开全年党建工作务虚会，统筹谋划好党的建设，确定了“抓提升、促转变、保发展”的年度工作主旋律；贯彻全面从严治党要求，完善“大监督”格局，深入推动党风廉政“两个责任”落实；坚持党管意识形态原则，落实意识形态工作责任制，管好企业各类媒体，把握舆论宣传主动权。管好企业重大决策，完善《公司“三重一大”决策制度实施细则》，落实“三重一大”决策前置审议要求，该上会审议的严格按程序提交党委会审议。围绕全年中心任务，党委研究提出25项重点分解安排，明确责任领导、责任部门，做好全过程跟踪督导，推动部署落实落地。③压实党建责任。按照“一岗双责”要求，领导班子成员每季度到基层联系点开展党建督导，总结经验做法、剖析问题不足。党委每半年听取党委成员在分管领域履行党建工作责任制情况汇报。党委书记与党委成员、党支部书记签订党建工作责任书，一级抓一级，层层抓落实。把履行党建责任情况作为支部书记抓党建述职评议、领导干部年度述职的重要内容，加大党建绩效评价力度，传递党建压力。围绕形势任务，年内重点开展“转观念、勇担当、创一流”全员大讨论活动，党支部和党员干部围绕“五问”，深入对照、反思、剖析，大讨论取得成果108项，员工参与率100%，激励了全员担当作为，提升了党建实效。④加强“三基本”建设，融入中心抓牢基层党建。按照中央企业党的“三基本”建设行动规划，制订《公司加强党的“三基本”建设实施方案》，确定36项具体措施，强化责任落实、夯实基层基础，有效提升党的组织、党的工作覆盖质量。召开加强“三基本”建设扩大会，全面分析218项绩效考核指标对标先进存在的差距，确定各单位对标追标夺标任务，进一步压实各支部融入中心工作、保证重点任务落实的责任，促进了“两个作用”发挥。以基本组织、基本队伍、基本制度为重点，优化支部运行，严格“三会一课”，加强支部结对共建，完成党建建档，完善党支部议事规则，抓好党员量化考评和“党员示范岗”创建，提升了党建标准化、规范化水平，打造了坚强的战斗堡垒。针对基层主题实践活动、主题党日活动进行总结讲评，推广典型做法，提升了融入中心抓基层党建的实效。

（徐彩滨）

表1　青岛石化主要技术经济指标　亿元

年份 / 指标名称	2019	2018	2017	2016	2015	2014
原油加工量 / 万吨	268.61	260.27	223.77	265.64	212.73	308.56
工业总产值	144.27	141.22	99.21	109.36	89.91	172.25
工业增加值	49.36	53.87	44.54	55.69	34.54	33.61
资产总值	42.26	36.40	39.18	39.87	44.64	51.58
流动资产	25.29	17.82	18.60	17.45	19.90	25.48
固定资产原值	48.02	47.11	46.77	45.82	45.03	44.33
固定资产净值	13.45	14.71	16.51	18.23	20.06	22.12
销售收入	144.50	142.65	98.53	110.10	90.34	171.07
实现利税	48.76	38.11	36.28	47.67	31.34	28.95
税　金	48.31	34.70	34.49	43.01	37.57	34.97
综合能耗 / 吨标煤·万元 $^{-1}$	0.313	0.278	0.270	0.277	0.306	0.282

表2　青岛石化主要产品产量　万吨

年份 / 产品名称	2019	2018	2017	2016	2015	2014
汽　油	95.43	95.28	77.06	90.79	59.91	84.70
柴　油	86.41	72.72	59.60	96.65	78.65	124.28
出口柴油	—	8.43	13.93	—	—	—
石脑油	6.79	4.43	1.45	2.28	4.20	4.57
低硫船用燃料油	0.22	—	—	—	—	—

续表

产品名称 \ 年份	2019	2018	2017	2016	2015	2014
苯	1.07	1.28	0.68	0.89	0.56	1.08
燃料油	9.54	3.95	4.71	3.15	7.13	8.02
石油焦	25.71	27.86	23.74	25.67	21.94	34.99
硫　黄	1.60	1.54	0.96	1.17	0.94	1.47
液化气	18.90	17.74	14.68	16.34	12.01	16.19
车用液化气	5.15	5.00	4.11	4.59	3.39	4.72
丙　烯	2.71	0.91	1.09	1.10	1.70	2.32
聚丙烯	6.11	6.28	4.97	6.53	4.05	5.62

湛江东兴公司

【概况】 中国石化湛江东兴石油化工有限公司（简称湛江东兴公司）位于广东省湛江市，地处广东省西南部、雷州半岛北部，是中国石化在粤三大炼化企业之一，主营业务为石油提炼加工和石化产品销售。其前身为私营炼油企业，2002 年 3 月经国务院和原国家计委批准同意，被集团公司收购。2007 年 11 月 22 日，集团公司将其拥有的湛江东兴公司 75% 的合同权益转让给股份公司。2008 年，湛江东兴公司经国务院国资委同意实施权益变更，完成工商变更登记。湛江东兴公司中外合作双方变更为中国石油化工股份有限公司和中国石化盛骏国际投资有限公司，合作权益比例变更为 75% 和 25%，同时公司名称由“湛江东兴石油企业有限公司”变更为现名。

截至 2019 年底，湛江东兴公司原油一次加工能力为 500 万吨 / 年，拥有 500 万吨 / 年常减压蒸馏、150 万吨 / 年重油催化裂化、50 万吨 / 年连续重整、200 万吨 / 年柴油加氢、14 万吨 / 年聚丙烯、6 万吨 / 年乙苯—苯乙烯等 24 套生产装置，主要生产汽油、柴油、聚丙烯、石脑油、液化气、苯乙烯、硫黄等 9 类 50 多种产品，资产总计 114.98 亿元，下设 10 个机关处室和 12 个基层车间，在职员工总数为 761 人。

2019 年，湛江东兴公司累计加工原油 397.62 万吨，实现现价工业总产值 233.70 亿元，实现销售收入 232.78 亿元。

湛江东兴公司主要技术经济指标及主要产品产量分别见表 1 和表 2。

（林益涵）

【领导班子调整】 2019 年 7 月 13 日，集团公司党组决定：吴潮汉任湛江东兴公司总经理、党委副书记。调整后的湛江东兴公司领导班子由吴惜伟、吴潮汉、吕建成、易荣培、申涛、蒋喜文组成。

（林益涵）

【生产经营业绩喜人】 2019 年，湛江东兴公司着力抓安全环保、优化挖潜、提质增效、降本减费、大修改造和党的建设，取得可喜业绩。全年累计加工原油 397.62 万吨，实现销售收入 232.78 亿元，实现利税 86 亿元、利润 11.6 亿元；全厂大修改造任务安全优质完成并实现一次开车成功；常减压装置和 1# 气分装置在股份公司 30 家炼油企业装置达标排名分别排第 5 位和第 4 位。

（林益涵）

【安全生产管理根基更加牢固】 2019年，湛江东兴公司坚持安全生产首要地位，狠抓责任落实、制度执行、风险识别、隐患整治、现场监管和季节性安全防范等工作，夯实安全管理根基，连续18年实现安稳生产，连续第12年被评为集团公司安全生产先进单位。从严抓HSSE管理体系建设，及时修订HSSE责任制等安全管理制度39项，持续规范HSSE管理；从严抓制度执行和责任落实，以“工艺纪律、操作纪律、劳动纪律、巡回检查、设备维护保养”等制度执行检查及考评作为严管抓手，狠抓月度检查考核兑现，全员制度执行更自觉、责任落实更到位。从严抓现场安全管理，强化双边工程、高处、用火及进入受限空间等直接作业环节监管、作业许可和作业前JSA分析执行的检查，以“零容忍”态度严惩“三违”，全年督查项目3 025项（不含大修期间），查处承包商违章170项，考核63家（95人次），清退2人。从严抓好风险隐患排查整治，深入开展安全专项检查、“十大风险”排查整治工作，把隐患消除在萌芽状态，全年公司级隐患销项5项、降级5项，及时发现并处置聚丙烯D201压力膜盒法兰泄漏等安全隐患24项，即时奖励员工1.15万元。

（林益涵）

【绿色发展水平不断提升】 2019年，湛江东兴公司坚持安全第一、生态优先，严守环保合法底线，严抓危废合规处理，全年环保提标投入4 210万元，低浓度污水处理气浮装置等10个项目成功投运，企业绿色发展和清洁生产水平稳步提升，第7次获广东省环保信用绿牌。着力抓科研促提升，加强与石油化工科学研究院、催化剂齐鲁分公司合作，研发的增强型RFS硫转移剂和新型脱硝剂产品，可在臭氧发生器不投用条件下，实现2套催化脱硫脱硝装置入口烟气氮氧化物浓度、外排废水总氮均值分别降至60毫克/米^{3}和25毫克/分米^3。着力抓优化操作促提升，强化环保装置精益管理，外排指标不断提升，污染物排放总量大幅削减，全年外排废水COD、总氮、总磷分别下降7%、53%和89%。强化危废贮存、外委转移及处置全过程管控，把环保、合规条款固化于合同，有效防范违规处置风险，全年依法合规转移和处置固废3 399吨，费用884万元。

（林益涵）

【生产运行优化成效显著】 2019年，湛江东兴公司紧紧围绕效益目标，着力在精益优化、挖潜增效、增收节支上下功夫，全年实现利润11.6亿元，吨油利润283元，连续3年领跑炼油板块。着力抓全流程、单套装置运行优化，深化PIMS模型应用，强化测算和优选油种，狠抓生产运行优化，最大限度增产高价值产品，全年产销95$^{\#}$汽油39万吨，占汽油销售比例的26.2%，提高2.1%，为优化增效奠定基础。强化全员、全过程、全方位成本体系建设，着力抓全员成本目标管理，深挖成本潜力，全年开展汽油吸附脱硫装置低温热利用等降本增效项目17项，累计增效6 581万元。强化市场分析研判，提升价优产品产销优化，做大醚后碳四销售总量，全年销售醚后碳四16.3万吨，占液化气销量的64%，与民用气相比增效5 820万。

（林益涵）

【提质改造升级取得新进展】 2019年，湛江东兴公司按照“质量第一、效益优先”的要求，推动企业高质量发展，航煤生产认证顺利完成，2$^{\#}$催化装置提质增效升级、碳五碳六异构化装置、低硫船用燃料油等结构调整项目顺利实施，装置结构优化和提质升级发展迈出坚实步伐。利用全厂大修机会，实施常减压加热炉提标改造，使加热炉排烟温度降至95℃以下，热效率提升至94%以上，常减压装置在总部同类装置竞赛排名中由第9位上升至第5位。着力抓连续重整装置加热炉升级和装置立式换热器提标改造，项目实施后，立式换热器换热效率大幅提高，热端温差由70℃降至27℃，加热炉排烟温度降至100℃，炉效率达94.6%以上。

（林益涵）

【技术攻关创新取得新成效】 2019年，湛江东兴公司坚持问题导向，强化新技术应用及攻关，以解决生产难题为科研攻关切入点，攻克蒸汽、瓦斯、氢气系统平衡优化、催化原料重油乳化进料等10项科研难题，创效1 900万元。其中，自主知识产权的污水处理技术，不仅解决了污水回炼难题，还降低了资金占用和环保风险，全年处理高氨氮、高氯离子污水6.2万立方米、碱渣污水

0.2 万立方米，降本 1 235 万元。实施柴油加氢装置汽提蒸汽改造，有效降低分馏炉瓦斯消耗用量，年节约瓦斯 1 560 吨，降本 350 万元。着力抓汽油吸附脱硫装置稳定塔、溶剂再生系统低温热混合利用技术攻关，项目实施后，2# 溶剂再生系统 0.35 兆帕蒸汽用量降至 8.5 吨 / 时（降幅达 32%），年节约蒸汽 3.5 万吨，降本 526 万元。

（林益涵）

【节能降耗再上新水平】 2019 年，湛江东兴公司围绕装置精益管理的目标，强化全系统、单装置节能降耗管理，提升装置指标水平。狠抓节能降耗减排管理，精心组织连续重整装置增压机余隙调节等 11 项节能项目优化，抓好余热锅炉排烟温度管控等 5 项措施落实，年节约蒸汽 6.6 万吨、节约用电 740 万千瓦·时，增效 1 797 万元。着力提高烟机运行效率，全年 2 套催化装置烟机同步运行率分别为 99.6% 和 98.6%，节约用电 408 万千瓦·时，节约电费 316 万元。抓住大修机会，加强与湛江市供电局协调，及时申报停运、解封 110 千伏供电线路，节约电费 132 万元。全年综合能耗 63.59 千克标油 / 吨，比达标指标低 3.91 个单位。

（林益涵）

【降本减费迈上新台阶】 2019 年，湛江东兴公司狠抓生产经营全过程、全要素管理，不断向管理要效率，努力挖掘降本减费潜力。抓住高低硫原油差价缩小的机遇，做大布伦特计价原油采购比例，全年原油采购均价 67.8 美元 / 桶，与总部采购价差由上一年的 2.8 美元 / 桶降至 1.9 美元 / 桶，缩小 0.9 美元 / 桶，节约成本 2 761 万美元。强化“三剂”管理，狠抓降耗措施落实并纳入效能监察，全年“三剂”费用 1.05 亿元，单位费用 25.67 元 / 吨，比预算指标低 1.69 元 / 吨，节约 999 万元。抓住大企业直供电政策落实，全年节约电费 1 350 万元。积极盘活闲置加氢反应器资产，并顺利完成资产转让，实现收益 302 万元。严格招标选商、储物于商和库存利旧管理，全年采购物资 8.7 亿元，节约资金 5 347 万元。

（林益涵）

【全厂大修改造任务如期完成】 2019 年，湛江东兴公司按照中国石化的统筹安排，于 7 月 3 日—9 月 3 日进行为期 62 天的全厂停工大修改造。大检修项目 2 162 项，概算费用预算 1.55 亿元，全部完成；同步实施改造项目 138 项，概算总投资 5.9 亿元，完成 137 项；设备更新项目 114 项全部完成。湛江东兴公司党委结合开展“不忘初心、牢记使命”主题教育的契机，把主题教育深入融合到大修改造工作中，各党支部成立 17 支大修党团先锋队、48 个党团先锋小组，围绕大修“重点难点、急难险重”任务，积极发挥党支部的战斗堡垒和党员先锋模范作用。各级领导班子发挥头雁作用，引领广大员工战高温斗酷暑，扎实抓大修准备、装置环保停工及开工管理、大修安全管理、大修质量及进度管控、宣传和后勤保障等工作，积极解决大修初期施工力量组织困难、大修进度滞后等问题，统筹抓好大修施工方案和施工力量组织优化，全厂大修改造任务安全优质完成并实现安全环保一次开车成功，大修期间基层车间科级干部加班人均 400 小时，基层车间员工加班最多达 784 小时。

（林益涵）

【主题教育取得实效】 2019 年，湛江东兴公司按照集团公司“不忘初心、牢记使命”主题教育要求和党组领导在湛江东兴公司召开的主题教育调研座谈会上讲话的精神，领导班子以上率下，带领各级党员干部聚焦“学习上入脑入心、研讨上凝心聚力、调研上求准求真、检视上从严从实、整改上落实落地”，扎实推进主题教育，主题教育期间领导班子组织处级干部集中学习研讨 14 次，下基层调研 50 余次，召开调研座谈会 7 场，交流调研成果 10 次，讲形势任务 7 场、专题党课 6 场、谈心谈话 30 人次，各党支部开展学习研讨 60 余次，湛江东兴公司主题教育的做法和经验先后 12 次被中国石化主题教育简报、《中国石化报》等媒体刊登，并受到集团公司指导组好评。

（林益涵）

【党建质量持续提升】 2019 年，湛江东兴公司不断强化党的政治、思想、组织、作风和纪律建设，持续提升党建质量。压实管党治党责任，党委着力抓班子领导力、基层组织力、队伍创造力的发挥，从思想、制度、内容、机制4个方面强化党建与中心工作融合，推动党的建设与改革发展同频共振、互促提升，有效转化为企业发展的核心竞争力。强化党的政治建设，党委中心组学习24次，党支部学习200余次，召开党小组会99次，讲党课77余次，党员干部政治理论素质明显提高。基层组织力持续提升。加强基层党组织建设，着力抓党员量化积分管理和考核，通过党员先锋活动、党员责任区等载体，积极推动党建融入安全环保、急难险重、优化增效等中心工作，全年确立36个党员专项特色活动并通过评审，兑现了奖励。强化基层党组织保障，增设各机关处室党小组，配备重整、加氢、硫黄基层车间党支部专职书记，并通过优化调配，消灭了基层党员空白班组，248名党员年度民主评议全部合格，基层党组织的战斗力不断增强。

（林益涵）

【人才队伍建设持续深化】 2019年，湛江东兴公司坚持党管干部原则，大力选拔敢于负责、敢于担当、善于作为、业绩突出的干部，加强“75后”“80后”干部选拔培养，促进领导干部梯次配备更加合理、专业结构更加优化、素质能力有效提升，全年干部调整30人次，选聘主管、副主任师14人和高级主管、主任师3人，聘任主管技师38人。抓实“双培养”工作，完善复合培养、创先争优等机制，激励党员成为生产经营能手、业务骨干积极向党组织靠拢，建立入党积极分子台账，确保新发展党员质量和生产一线党员全覆盖，全年培养入党积极分子20人，发展预备党员18人。

（林益涵）

【党风廉政建设持续加强】 2019年，湛江东兴公司坚持从严治党与从严治企相结合，强化执纪监督和巡视反馈问题整改，认真落实中央八项规定精神，驰而不息纠正“四风”，以“零容忍”态度惩治腐败。扎实抓好巡视问题整改，对照4个方面13个问题，细化梳理问题122项，全部问题已完成整改。抓实廉政教育，先后组织季度廉政教育课、观看中国石化警示教育视频大会、广东省纪委警示教育片等，教育员工近280余人次，警醒广大党员引以为戒，不断增强红线意识；紧抓中秋、春节等关键时间节点，通过通知公告、廉政提示等方式，及时传达上级组织精神，向党员干部发信号、划红线，营造崇廉尚俭的节日氛围，净化节日风气；狠抓形式主义、官僚主义整治，收集意见建议95项，完成整改91项。

（林益涵）

【精准扶贫工作扎实有力】 2019年，湛江东兴公司以实施乡村振兴战略为抓手，继续做好对口帮扶雷州市北和镇贤洋村，并配合佛山顺德工作组帮扶北和镇南边黄村，全年投入120万元（含中科炼化50万元）先后实施农田道路硬底化、农用电线路改造、农田灌溉储水池、公共服务中心、大棚辣椒种植等一系列项目，扶贫特色产业蓬勃发展，实现贤洋村总脱贫39户166人，南边黄村3年总脱贫49户197人，两村脱贫率均达100%，贫困人口个人可支配收入均达到全省农村居民可支配收入60%以上，实现3年扶贫攻坚的目标，其中湛江东兴公司对口帮扶的贤洋村被授予湛江市文明村称号。

（林益涵）

【和谐企业建设持续巩固】 2019年，湛江东兴公司坚持真困难真帮助原则，关心关爱员工，组织互助保障计划，全年帮扶困难员工67人次，发放补助金8.58万元。强化企业民主建设，着力抓职代会提案（建议）落实，全年征集3项提案和78项建议并逐项落实。扎实抓好“转勇创”、EAP、青工政治轮训和“走访”“走访寻”等工作，举办球类比赛和春节团拜会等健康向上文体活动。强化意识形态教育和宣传工作，“奋进湛江东兴”平台活跃度在总部96家企业中排A类12名，并在集团公司作为优秀使用单位进行经验交流。坚持开门开放办企业，举办4期“公众开放日”活动，“绿色石化、智慧能源”的石化新形象广为传播。中科苑第1批次分房顺利完成，员工收入稳步增长、幸福指数不断攀升，企业凝聚力更强。

（林益涵）

表 1 湛江东兴公司主要技术经济指标 亿元

指标名称 \ 年份	2019	2018	2017	2016	2015	2014
原油加工量 / 万吨	397.62	478.96	484.47	484.69	381.10	457.67
工业总产值①	233.70	290.39	256.89	224.06	190.02	290.60
工业增加值	90.49	124.46	127.58	117.31	82.80	60.41
资产总值	114.98	112.37	79.74	72.66	57.77	72.99
流动资产	71.06	78.81	51.61	44.07	23.83	36.36
固定资产原值	63.94	63.79	62.83	62.68	61.77	62.69
固定资产净值	19.20	21.21	23.23	24.96	26.87	28.95
销售收入②	232.78	290.77	256.31	223.81	191.34	290.23
实现利税③	86.00	119.82	122.86	112.59	77.98	53.30
税　金③	74.40	98.38	97.34	95.39	74.30	57.13
综合能耗 / 千克标油・吨 $^{-1}$	63.59	62.63	63.30	62.74	66.04	64.22

①工业总产值按现价计算
②销售收入均不含海外销售部分
③ 2016 年数据有调整

表 2 湛江东兴公司主要产品产量 万吨

产品名称 \ 年份	2019	2018	2017	2016	2015	2014
汽　油	149.84	180.03	181.67	169.98	133.60	139.92
柴　油	174.40	205.13	209.68	219.47	171.54	217.83
化工轻油	4.39	2.63	7.30	3.48	4.51	10.58
苯乙烯	4.10	6.03	6.15	6.14	4.49	5.12
芳　烃	4.14	1.99	0	0	0	12.40
聚丙烯	9.80	12.55	13.39	14.02	11.07	12.21
液化石油气	25.47	29.85	30.26	29.22	23.58	26.48
燃料油	7.99	6.60	3.99	6.67	9.12	26.12

中科炼化

【概况】 中科（广东）炼化有限公司（简称中科炼化）地处广东省湛江市东海岛，是中国石化、广东省的重点建设工程，一期项目为 1 000 万吨 / 年炼油和 80 万吨 / 年乙烯，以及储运、热电、污水处理、码头、铁路等公用工程及配套设施。占地面积435公顷，总投资385.5亿元，年产值可达600亿元，可实现利税260亿元。

2016年12月，中科炼化项目正式开工建设。2019年12月底，中科炼化项目建成中交。项目包括1 000万吨/年常减压等19套炼油装置、80万吨/年蒸汽裂解等10套化工装置，同时建设18万米^3/时POX装置及配套工程纳入项目管理。配套公用工程及辅助设施包括4台450吨/时CFB锅炉和3套100兆瓦汽轮发电机、10个码头泊位。另外配套1条运量为79.9万吨/年、远期159.8万吨/年中科炼化湛江东海岛铁路专用线。

中科炼化分为负责公司管理和生产准备及负责项目实施的项目管理部2套组织架构运行。设有办公室、计划经营部等10个职能部门、12个运行部（中心）；项目管理部设置有综合管理部、控制管理部等9个职能部门及14个项目分部。截至2019年底，中科炼化在册员工1 549人，其中具有高级职称的131人、中级职称的267人。项目累计完成投资302.76亿元。

（刘夏甜）

【领导班子调整】 2019年7月，集团公司对中科炼化领导班子进行了调整：聘任张悦为中科炼化副总经理，解聘王光中科炼化副总经理职务。调整后的中科炼化领导班子由吴惜伟、陈晓文、曾松、郭新、朱华周、方云、张悦、邓瀚深组成。

（刘夏甜）

【项目如期建成中交】 2019年，中科炼化讲政治、顾大局，科学组织“大干150天”劳动竞赛，克服基础材料涨价、物资供应紧张和劳动力不足等实际困难，积极拼抢进度，现场施工人数近3万人，9月、10月单月焊接量均超过200万吋径，创造了中国石化建设史上的奇迹。项目累计完成混凝土浇筑107万立方米、钢结构安装15.6万吨、设备安装7 940台（套）、管道制安753万吋径。12月，29套主要工艺装置实现中交。

（刘夏甜）

【生产准备扎实有效推进】 2019年，中科炼化按照“七到位”要求，健全投料开车三级组织机构和问题高效协调解决机制，班子成员挂钩运行部督战，投料开车各项准备工作稳步推进。全面优化一、二级开车统筹，确定气密、水洗、吹扫、单机开车和联动开车时间，装置开车统筹时间更为科学。组织员工全面介入现场、熟悉装置，开展“三查四定”，共发现问题6万余项，查出重大质量问题32项，从源头上消除装置缺陷和投料开车隐患。扎实做好装置及系统开车推演、风险评估和应急演练，总体开车方案通过总部审查。提前开展产品市场调研，落实产品流向，与下游企业签订合作意向。

（刘夏甜）

【安全态势持续向好】 2019年，中科炼化始终坚持“安全为天，质量是命，工期就是军令状”的理念，狠抓安全质量管控，强化安全教育培训，全年开展承包商入场安全培训276期共54 197人次，通过率94%；开展全员个体劳动保护知识培训6期及安全生产警示日活动3期共1 288人次，参与率80%；完成98名管理人员危险化学品生产

中科炼化厂区（聂冬生　摄）

经营单位安全管理取证工作。实施 HSE“黑名单”制及承包商累计积分考核办法，全年对 32 家承包商进行安全约谈，向 18 家承包商总部发出安全警示函。全面推进员工健康管理，跟踪完成 390 项职业病危害预评价及防护设施设计审查问题整改，做好职工职业健康体检及健康监护档案。在工程建设全面铺开、现场安全和质量监管压力倍增的情况下，全年实现上报事故事件“四个为零”目标，累计实现 6 051 万安全人工时，工程质量全面受控。

（刘夏甜）

【质量管理体系更加完善】 2019 年，中科炼化狠抓各参建单位质量管理体系建设，确保施工质量全过程受控，全年组织质量体系专项检查 7 次，查出问题 509 项，有效促进了参建单位质量管理体系的完善。落实质量责任制，确保全员质量责任落实到位，真正做到“上道工序为下道工序负责，下道工序为上道工序把关”，把质量事故提升到与安全事故同等高度去对待，始终坚持“质量第一”“今天的质量就是明天的安全”思想。

（刘夏甜）

【内部管理更加规范高效】 2019 年，中科炼化完成人力资源管理体系建设；全面推进组织岗位设置，实施薪酬体系、绩效体系和人才成长体系建设。抓实业务外包管理，完成 24 项业务的招标选商工作，进度满足生产运营需求。全面推进制度建设，共完成 3 批次制度和项目程序文件制定，公司规章制度达 283 项，生产运营配套制度已基本建立。大力践行“马上就办”，重点在深度、广度和针对性上下功夫，丰富手段、加大监督、强化考核，管理效率大幅提升。全面推进“三标”建设，丰富了内涵、拓宽了范围、完善了标准，实现企业管理高标准起步。

（刘夏甜）

【依法依规治企全面深入】 2019 年，中科炼化全面落实依法依规治企要求；全面落实“三重一大”决策合法合规性审核制度，实现“三重一大”决策事项、规章制度、合同的法律审核率达 100%。组织开展合同管理专项治理，对 1 500 多份合同进行全面体检，有针对性地提出整改措施，确保发现问题、整改问题、解决问题，通过立行立改做到举一反三，有错必纠；扎实推进合同管理基础工作，实现合同审批上线率、法律审查率、合同付款审批上线率 3 个 100% 目标，合同管理水平全面提升。

（刘夏甜）

【“智能工厂”建设稳步推进】 2019 年，中科炼化以打造智能工厂 2.0 为目标，突出强化组织领导

罐区夜景（聂冬生　摄）

和顶层设计，完善“智能工厂”规划方案。严格按照“六统一”原则消除信息孤岛。开展深化应用创新创效行动，提升经营管理水平，为生产高效运行奠定信息化基础。

（刘夏甜）

【队伍整体素质不断提升】 2019年，中科炼化以人员精干、管理高效为方向，高效抓好队伍组建和培训，认真把好选调关，员工总人数达1 549人，满足了开车用人需求；按照“三个下功夫”要求，以提升装置驾驭能力为重点，扎实抓好员工培训，通过强化培训带班管理，实行周跟进月督办季考核，实施个性化培养、多样化教学及实战化演练，共组织仿真培训2.99万人次，训练总时长3.2万小时，共有933名员工考取实习装置上岗资格，738人次取得特殊工种资格证，192名员工取得装置上岗资格，实习岗位取证通过率、特殊工种取证进度完成率均实现100%，员工实战能力显著提升。坚持党管干部原则，严把选人用人育人关，全年共调整选拔任用干部2批次166人次，其中提拔中层干部36人、基层干部130人，各级领导干部基本配备到位。组织开展专业技术职务任职资格评审工作，全年4人取得高级工程师任职资格、36人取得工程师任职资格。

（刘夏甜）

【主题教育活动成效显著】 2019年，中科炼化按照党中央和集团公司党组统一部署，分2批次扎实开展“不忘初心、牢记使命”主题教育，取得实实在在的效果，获集团公司第五巡回指导组和第七巡回指导组的高度评价。公司党委中心组开展集中学习研讨12次，19个党支部累计学习研讨291次。公司班子确立4项重点课题，共开展调研21次，形成4份高质量调研报告，各党支部形成34份调研报告。共收集各类意见建议353条，召开对照党章党规找差距专题会20场，累计检视问题476个。将专项整治与中央巡视反馈意见整改、党组巡视反馈问题整改、党建考核反馈问题整改等一体同步推进，共梳理73个问题，制定165项整改措施，各项整治任务基本见底清零。

（刘夏甜）

【党建工作水平全面提升】 2019年，中科炼化充分发挥党委“把方向、管大局、保落实”作用，全年党委会前置审议“三重一大”决策事项共11项，共研究决定50项工作。全年中心组共组织学习22次，学习时长达98小时；举办处级干部政治能力提升班、青年干部政治理论培训班，组织支部书记参加总部基层支部书记轮训班，全面提升领导干部政治素养和政治能力。用心打造“党建共建共促”特色品牌，全年公司党委召开党建共建共促协调会6次，各支部开展党建共建共促活动51次，有力地推进了项目建设。大力实施“组织力提升工程”，在整顿软弱涣散基层党组织过程中共排查出问题36项并全部整改完成，组织做好“基本合格”党员帮扶工作，实现没有“零党员”班组的目标；扎实推进党支部分类定级考核，将考核结果与单位绩效挂钩，对排名靠后的党支部实施结对帮扶，全面提升基层党建水平。群团组织围绕项目开展劳动竞赛，组织好“两士两星两优”和“中科金点子”合理化建议评选，组建青年突击队，开展现场慰问和志愿服务活动，有力促进了项目建设。

（刘夏甜）

【党风廉政建设不断加强】 2019年，中科炼化突出强化党风廉政建设，建立健全“大监督”工作格局，一体推进“三不”机制，着力识别和防范廉洁风险，召开季度廉洁教育大会3次，组织新提拔干部任前廉洁谈话81人次，组织94名干部、高风险岗位人员到茂名监狱接受警示教育，党支部“班前”廉洁喊话成为常态，开展家庭助廉活动，提升员工的廉洁意识，营造了风清气正的政治生态。

（刘夏甜）

【内外部环境更加和谐】 2019年，中科炼化高度重视意识形态领域工作，组织开展“转观念、勇担当、创一流”大讨论、“我为决胜建成中科项目做贡献”、学习陈俊武先进事迹等活动，教育引导广大员工为项目建设做贡献；深入挖掘项目建设的经验典型，先后在公司外媒体刊发稿件200余篇，展示了中科炼化良好的企业形象。集团公司、地方政府及社会各界对中科项目高度关注，全年共接待300多个团组到厂参观指导；地方政府先后召开15次联席会、协调解决40多项难点问题，为公司员工子女入学提供了优惠政策，为厂区综治维稳提供了大力支持帮助，为项目推进提供了良好的外部环境。坚持“以人为本、造福员工”的发展理念，以守护员工利益保障员工福祉为己任，尽最大努力做好员工吃住行保障工作；领导带头转变工作作风，深入建设、培训、生产准备一线，做实联系、挂钩、承包工作，经常与基层员工座谈、交心，帮助员工解决实际困难，温暖了人心，激发了士气；健全员工保障体系，对困难员工、家庭实施帮扶救助。

（刘夏甜）

【第一次党代会、第一届职代会第一次会议召开】 2019年1月，中国共产党中科（广东）炼化有限公司第一次代表大会、中科（广东）炼化有限公司第一届职工代表大会第一次会议召开。党代会审议并通过《公司党委工作报告》《公司纪委工作报告》的决议，选举产生公司第一届党委委员、纪委委员。

（刘夏甜）

北海炼化

【概况】 中国石化北海炼化有限责任公司（简称北海炼化）地处广西北海市铁山港区临海工业区，距北海市区约40千米，南邻铁山港码头。北海炼化始建于1989年，原名北海石油化工厂，原油加工能力为60万吨/年。1998年5月划归集团公司。2002年7月，划入股份公司，成立中国石油化工股份有限公司北海分公司。按照中国石化的战略部署，于2009年7月组建北海炼油异地改造项目筹备组，实施北海炼油异地改造石油化工（20万吨/年聚丙烯）项目。项目于2010年3月土建开工，2011年9月底建成中交，2012年1月1日全面投产。2011年12月31日，中国石化对北海炼油异地改造项目筹备组与北海分公司进行整合后，与北海市人民政府共同出资组建中国石化北海炼化有限责任公司。2016年1月，北海炼化完成首次装置大检修及产品质量升级改造，原油加工能力由改造前500万吨/年提升到640万吨/年，产品质量由国Ⅳ提升到国Ⅴ标准。2018年9月，成品油产品质量由国Ⅴ提升到国Ⅵ标准，汽油质量达国Ⅵb标准。

截至2019年底，北海炼化共有合同制员工746人，其中硕士研究生以上10人、本科287人、专科203人、中专及以下246人。具有正高级职称的4人、副高级职称的62人、中级职称的145人、初级职称的168人。职工平均年龄42.8岁。设有8个职能部门、5个运行部和4个业务中心。有常减压、催化裂化、延迟焦化、连续重整、柴油加氢、聚丙烯等16套生产装置和污水处理、余热回收等44套辅助系统。配套项目有320万立方米原油商业储备基地、设计年吞吐能力为150万吨的铁山港石化码头、北海—南宁成品油管道及湛江—北海原油管道。主要产品有成品油、石油焦、硫黄、聚丙烯、苯、液化石油气、石脑油、沥青等。

北海炼化主要技术经济指标及主要产品产量分别见表1和表2。

（覃辉平）

【领导班子调整】 2019年11月12日，北海炼化召开领导班子（扩大）会，集团公司人事部朱明宣读股份公司文件、集团公司党组干部任免文件：蒋文军任北海炼化党委委员、副总经理。调整后的北海炼化领导班子由张忠和、李继炳、麦郁穗、蒋文军、姜红、韦巍组成。

（覃辉平）

【党的建设全面加强】 2019年，北海炼化认真贯彻落实习近平总书记“两个一以贯之”的重要论述，完善重大事项决策机制，推动加强党的领导和完善公司治理相统一，提升公司治理水平，促进企业经营业绩稳步提升。全面落实“党委研究讨论是董事会、经理层决策重大问题前置程序”

和总部要求，出台党委议事规则，完善党委会制度、领导班子会制度，对公司重大事项决策程序、事项进行清单式检查和整改，强化制度落地执行，提高了公司依法、科学、民主决策水平。以加强党的政治建设为统领，以“不忘初心、牢记使命”主题教育为抓手，全面推进企业党的建设，为推动企业高质量、全面可持续发展提供坚强的政治保证。主题教育成果明显。精心策划，分2批扎实开展“不忘初心、牢记使命”主题教育，深学笃用习近平新时代中国特色社会主义思想，自觉做到学思用贯通、知信行合一，切实提升了运用党的创新理论指导实践、推动工作的能力。党委班子认真对照中央“18个是否”、集团公司党组“6个是否”的标准，对照党章及党规党纪，以“刀刃向内”的自我革命精神找差距、抓整改，共检视问题14项，完成调研课题7个、调研报告6份，走访调查发现解决问题9个，有效推动了调研成果转化。组织建设得到加强。坚持民主集中制原则，严格执行“三会一课”、谈心谈话、民主评议党员、组织生活会等制度，切实强化了党内政治生活。严格党委班子成员联系点制度，推动基层党组织全面进步、全面过硬。突出“找差距”“抓落实”，整治软弱涣散基层党组织，查摆软弱涣散具体表现11项，提升了基层党组织战斗力。队伍作风明显改进。精准聚焦主要任务，着力解决生产经营管理中的重点、难点、热点问题，全面完成中央巡视问题反馈、党建检查考核问题反馈、主题教育专项问题整治、前任公司领导离任审计查出问题等整改落实。认真落实“马上就办”，重点解决形式主义、官僚主义突出问题，为基层减负取得明显效果。公司一周会议数量减少46%，台账报表减少5.2%，红头文件减少55%，各类评比表彰总量减少50%。

（覃辉平）

【安全生产总体保持稳定】 2019年，北海炼化牢固树立“发展决不能以牺牲安全为代价”的安全红线意识，认真落实中央“防风险，保平安，迎大庆”总体部署要求，全年安全总体保持平稳，未发生各类上报事故，实现“四零”目标；实现2012年开工投产以来连续安全生产2 921天。加强HSSE管理体系建设。精心组织编写《HSSE管理手册》，如期完成HSSE体系建设。积极引入项目监理，实施属地管理、专业管理、现场督查、安全管理和施工单位及监理单位管理的“411”管理模式，形成属地、监理和公司三级安全管控体系，提升了专业管理水平。深化主体责任落实。强化领导干部安全引领作用，全年处级以上领导干部到基层参加活动、指导工作295人次。压实现场管理责任，从强化专业安全责任、属地安全责任、安全监督责任多个维度，全面落实安全管理“十条措施”，认真推行日巡查、周联检、月综检和安全督查，全年共查处各类违章598项，处罚金额33.61万元，现场违章违纪明显减少，作业人员安全意识明显增强。强化隐患排查治理。组织开展风险隐患排查治理，梳理形成2019年主要风险清单和隐患治理项目清单，全年完成安全隐患治理项目18项。坚持开展“我为安全做诊断”活动，及时发现各类问题1 700多项，表彰公司级先进1 786人次，奖励金额31.9万元。维保单位和公司员工“我要安全”意识进一步增强。强化应急管理，进一步提升了员工应急处置能力。加强公共安全管理，确保了“两重两特”期间安全生产，“防风险保平安迎大庆”得到较好落实。强化专业管理。充分发挥设备专业团队优势，加强设备预防性维修，加强泄漏管理，设备管理水平有效提升，“十大”项目攻关取得明显成效。加强电气仪表管理，确保了台风雷雨等恶劣天气供电系统安全运行。加强工艺技术管理，完善工艺报警、联锁参数设置，深化工艺变更管理，确保了生产操作安全平稳。

（覃辉平）

【绿色发展扎实推进】 2019年，北海炼化牢固树立“绿水青山就是金山银山”的绿色发展理念，立足“控”“管”强化环保管理，环保工作取得新成效，获2019年集团公司节能环保先进单位称号。创新环保管理体制机制。突出专业环保管理，进一步明确环保专管领导和环保专员，健全组织网络，明确职责分工，进一步强化和提升了环境管理水平。强力推进绿色企业创建。健全完善创建组织机构，出台绿色企业创建“一方案、两清单”，量化细化创建目标，落实落细工作责任，定期召开绿色企业创建月度工作会、工作小组例会，协调、解决创建过程中面临的困难和问题。积极引入第三方指导督促创建工作落实。建立绿色企业创建工作约谈机制，对创建工作不力的领导干部进行约谈，并纳入年底干部考核，有效推进绿色企业创建工作。严格排放源头及过程管控。坚持“抓源头、管过程”，严格废气、废水、固废源头管控，加强过程控制，确保了全年污水处理场及各环保设施平稳运行。加大环保治理和技术改造力度，完成硫黄烟气处理项目、中间苯罐区VOCs治理、重整再生烟气治理，以及循环水、化学再生水收集4个项目改造，顺利实施S-Zorb烟气排放改造，全年共投资环保隐患治理项目4 994万元，完成项目16项。逐步规范LDAR监测修复管理，共检测各类动静密封点55万多个（次），发现并修复泄漏点716个（次）。全年环境污染、生态破坏事故为零；外排工业废水达标率100%；外排有控废气达标率99.95%。强化节能管理。贯彻落实总部绿色低碳发展战略，持续推进能源管理体系建设，能源管理体系获第三方体系认证。加大能耗指标对标力度，全年万元产值能耗0.18吨标煤，较上年降低10.6%。

（覃辉平）

3月22日，北海炼化开展“探秘智慧能源”“公众开放日”活动，邀请北海市铁山港税务人员到公司参观交流

【经营质量稳步提升】 2019年，北海炼化坚持“稳”字当头，稳中求安、稳中求优、稳中求效，经营质量和效益稳步提升，进一步夯实企业高质量发展的基础。优化原油采购。健全原油采购决策机制，创造性地建立基于性价比的原油决策体系，在保证混合原油性质稳定、生产平稳平衡的前提下，追求原油价格和原油成本最低，全年降低采购成本1.4亿元。针对国际原油高低硫价差大幅缩窄，及时优化高低硫计价比例，全年采购DTD计价原油比例达41.20%，比上年提高11.08个百分点。优化生产经营。科学统筹、周密安排、精心组织完成催化装置检修及S-Zorb装置消缺工作。结合市场变化，引入产品赢利空间概念，加强效益测算，强化产品赢利导向和效益增值。坚持原料稳定优化导向，注重控制和平稳原油、装置原料性质，充分挖掘装置的生产潜力，保持“安稳长满优”，全年原油加工量超年度计划1.02万吨。优化产品结构，提高高价值产品产量。全年汽柴煤合计收率75.36%、提高0.84个百分点，其中高标号汽油比例30.84%、提高1.18个百分点。MN60牌号聚丙烯生产比例达20.31%，提高了12.64个百分点。积极沟通、协调和争取，取得有利于公司的成品油销售配置计划，全年汽柴煤销售总量提高0.92个百分点。突出价值管理。开展业财融合，着力挖潜增效，全面推进全员成本目标管理，深入开展班组经济核算和主要装置价值核算，全力推进降本挖潜增效措施落实，全年挖潜增效2.44亿元，炼油单位完全费用相比集团平均水平低79元。合理利用商储原油“高借低还”开展库存优化增效，全年增效1.52亿元。加强物资招标采购管理，全力抓好物资保供，库存规模持续保持低位，全年节约采购资金3 398.29万元。

（覃辉平）

【发展建设步伐加快】 2019年，北海炼化坚持战略引领，全力推进结构调整项目，推动了企业高质量、可持续发展进程。项目建设成效显著。结构调整项目正式土建开工，进入实质性实施阶段。铁路专用线正式商业运营，拓宽了产品销售半径。焦化装置、聚丙烯、MTBE等装置改造和原油预处理装置节能技术改造前期工作积极推进。8万吨/年硫黄回收装置、25万吨/年乙苯—苯乙烯等项目完成可研报告并上报总部审批。积极跟踪、全力推进技改技措项目落实。全年完成固定资产投资4.5亿元。大修改造准备落实到位。健全大修组织网络，精心组织完成大修计划和大修生产开停工方案的编制和审核，完成大修合同签订。积极落实人力、器具、施工交底等工作，定期召开大修专题会议，协调解决大修改造项目的难点问题，完成大修关键项目的梳理和施工方案、施工统筹编制。有序推进物资采购，第1批大修物资订货全部完成，同步改造项目物资订货完成96%。科技创新稳步推进。成立科技协会，围绕生产经营难点和增效瓶颈，持续推进科研开发和科技攻关取得新成果。烟气脱硫装置外排烟气拖尾及下坠研究、催化装置增产低碳烯烃研究等自筹项目已处试验阶段；依托VOCs治理与新鑫能源、中航化联合申报北海市科技局石化重大科研项目获批复；聚丙烯产品MN60成功在广州国际橡塑展亮相；“催化装置降低氮氧化物催化剂工业应用”项目获中国石化2018年科技进步奖三等奖。智能工厂建设取得新成效。发布《北海炼化2019年智能工厂建设白皮书》，围绕“六个”核心业务有序推进智能工厂和信息化项目建设。常减压、延迟焦化、MTBE/气分、聚丙烯4套装置先进控制系统（APC）、工艺管理系统建设、智能调度指令等系统成功投用，全年完成信息化项目建设25项。北海炼化在总部板块深化应用创新创效行动计划综合排名提升明显。

（覃辉平）

【结构调整改造项目开工】 2019年9月24日，北海炼化结构调整改造项目开工。该项目是北海炼化“两个三年、两个十年”发展战略的重要工程。项目建设投资9.87亿元，主要新建120万吨/年LTAG联合装置、3万米^3（标准）/时制氢装置及相应的配套设施。

（覃辉平）

【铁路专用线正式商业运行】 2019年12月27日，北海炼化举行铁路专用线商业运行开通仪式。铁路专用线（厂内部分）共10股道，铁路等级为Ⅳ级，出厂产品运至铁山港站进行编组，后经玉铁线、南昆线、黎湛线等线路运往各地。铁路专用线开通后，北海炼化形成了产品管道运输、公路运输、海上运输及铁路运输一体化物流运输体系，对企业转型发展具有极其重要的推动作用和现实意义，为推动企业高质量、可持续发展奠定坚实基础。

（覃辉平）

【从严管理成效显著】 2019年，北海炼化认真贯彻集团公司年度工作会精神，坚持依法合规从严治企，扎实推进企业管理科学化、规范化、信息化。管理基础进一步夯实。基于党组“安全环保仍处于必须严管阶段”的科学判断，结合吸取江苏响水“3·21”化工厂爆炸事故教训，针对公司实际，组织各党支部，发动全体员工开展“从严管理”大讨论，在公司网站开展“从严管理大家谈”，并在下半年“不忘初心、牢记使命”主题教育中，进一步深入推进大讨论活动。通过多种形式、分层讨论，统一了广大员工思想认识，从严管理深入人心，形成浓厚的从严管理氛围。全方位落实以狠抓劳动纪律为突破口，狠抓现场直接作业管理为重点的各项专业管理，进一步促进从严管理措施落实落细，提升了专业管理水平，有效遏制“低、老、坏”现象，推动公司安全文化更加积极向上。修订绩效考核管理办法，建立以安全环保生产为基础，挖潜增效为导向的绩效考核体系，完善分配激励机制，提升了员工工作的积极性。全面梳理业务流程，明确职责分工，规范工程项目管理，有效促进项目建设进度。内部管控深入推进。持续推进一体化管理体系建设，全年修订制度347项、新建34项，废止39项，制度体系更加完善。风险防控扎实有效。严防资金风险，加快资金回笼，全年资金创效3.07亿元，多创效1 318万元，比年初职代会奋斗指标多创效700万元。深入研究税收优惠政策，全年税务管理创效3.6亿元。严控法律风险，及时完成北海分公司注销工作，开展法律法规合规性评价1 000余项，审核规章制度381项、经济合同1 087份，办理授权委托12项。全面加强日常监管，全年开展专项审计5次，完成S-Zorb工程、检维修及技改技措项目等预（结）算审核964份，审减额1 999万元。实施产品全过程质量管控，产品抽检合格率100%，聚丙烯产品Cpk指标同比前进5位，进步明显。车用汽油全部达到国Ⅵb标准。

（覃辉平）

【智能营销系统上线运行】 北海炼化智能营销系统在2018年下半年开始规划建设，该系统通过多项营销功能整合，实现在线开单、在线预约、电子单据管理、回单管理和服务评价等功能，同时与炼油销售、化工销售和华南销售 ERP 互联互通，与计量、LIMS、门禁系统等实现信息共享，实现原料进厂管理、地磅集中监控管理，优化了产供销业务流程，提升了流程效率，减轻了产品发运工作人员劳动强度。2019 年 1 月 9 日，北海炼化智能营销系统上线运行。客户通过安装手机客户端、扫描二维码后即可实现在线开单、网上预约，凭身份证就能到北海炼化提货，减少了排队等候时间，提升了物流发运效率。

（覃辉平）

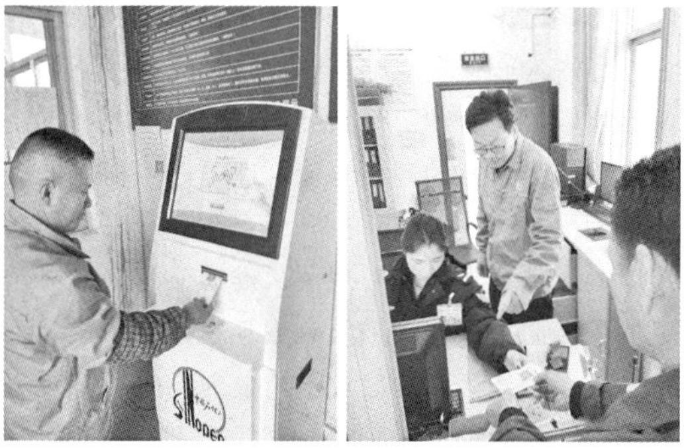

1 月 9 日，北海炼化智能营销系统上线运行

【智能工厂建设白皮书发布】 2019 年 3 月 5 日，北海炼化发布 2019 年智能工厂建设白皮书。2019 年，北海炼化围绕经营决策、生产链、生产管控、能源管理、安全环保、设备管理 6 个核心业务开展 11 项智能化项目建设，初步建成以提质增效为目标，具有感知、预测、协同和生产优化能力的工厂。在生产营运管理智能化应用上，建设生产计划一体化系统、智能营销系统；在生产管控智能化应用上，围绕“效益最大化”建设具有生产优化、调度优化、协同优化管理系统，推进常减压、延迟焦化、MTBE/ 气分、聚丙烯 4 套装置先进控制系统（APC）建设及投用工作，提高装置的运行自动化和生产平稳率；在安全环保管理智能化应用上，建设气体泄漏安全监测预警系统，实现生产装置气体泄漏风险监控可视化；加强 VOCs 泄漏的监测和监管，实现实时在线泄漏、维修管理，确保装置安全、环保运行；在设备管理智能化应用上，深化应用设备管理系统（EM）、大机组监测系统，设备防腐监测系统、LDAR 系统（泄漏检测与修复），提升应用创新创效；拓展智能仪表 SAMS 系统应用，实现设备运行动态综合监控、异常报警管理，故障自动诊断，最终实现设备的预防性维修。

（覃辉平）

【柴油加氢真空脱水塔项目顺利投用】 北海炼化 260 万吨 / 年柴油加氢装置分馏部分采用单塔汽提方式，产出的精制柴油含水量在 150×10^{-6} 左右，为消除质量隐患，进一步提高精制柴油出厂质量，使出厂精制柴油含水量降到 100×10^{-6} 以下，北海炼化专门增设柴油加氢真空脱水塔项目。该项目由湖南长岭设计院设计、北京燕化正邦设备检修有限公司承建，于 2018 年 11 月正式开工建设。2019 年 3 月 21 日，北海炼化柴油加氢真空脱水塔项目顺利中交并投入运行。

（覃辉平）

【“不忘初心、牢记使命”主题教育】 2019 年 6 月 14 日，北海炼化召开“不忘初心、牢记使命”主题教育动员会。公司党委班子成员，副总师（含总经理助理、首席专家、安全总监），各单位（部门）班子成员、基层代表共计 55 人参加会议。9 月 7 日，北海炼化党委围绕“不忘初心、牢记使命”主题召开专题民主生活会。

9 月 17 日，北海炼化召开“不忘初心、牢记使命”主题教育第 1 批总结暨第 2 批部署会议。会议传达了习近平总书记重要讲话和中央、集团公司主题教育工作会议的主要精神，总结分析主题教育第 1 批的工作，部署安排第 2 批的工作。会议通报了主题教育期间召开民主生活会情况。公司领导班子成员、总经理助理、安全总监、副总师及各部门各单位班子成员、基层党员代表 120 余人参加。

（覃辉平）

【队伍建设不断加强】 2019 年，北海炼化党委坚持聚焦强基固本，着力推进人才强企工程，“三强”人才队伍建设取得新成效。统一了思想认识。紧扣公司发展战略和使命任务，以提高企业效益、增强企业竞争力为工作的出发点和落脚点，组织开展“转勇创”大讨论，引导广大员工进一步认清形势、统一思想，为全面完成 2019 年目标任务凝聚强大合力。提升了队伍素质。进一步实施管理及专业技术职位公开竞聘工作，加强毕业生引进招聘力度，队伍结构更趋合理。依托总部培训资源，加强人才培训培养，全年共选派管理干部、业务骨干参加高研班、交流会和培训班353人次。充分挖掘自身资源，加强员工内部培训，有效提高技能操作队伍的整体素质。实施新员工见习期培训激励机制，每月考试排名，对排位前9名的学员和排位前3名的师傅进行奖励，激发了员工培训的积极性。加强队伍专业技能培训，全年危险化学品作业取证通过率100%；参加特种作业和特种设备作业取证、复审培训445人次，全部取得合格证书。改进了队伍作风。坚持将廉政教育融入日常，抓常抓长。定期开展廉洁从业警示教育，组织廉洁共建座谈和党风廉政建设谈话，提高了干部职工的廉洁自律意识，构筑了坚强的纪律阵地。集中整治形式主义、官僚主义，查改问题72项。严格公务接待、公车管理、请销假等制度，加强队伍作风建设，促进各项工作规范高效运转。

（覃辉平）

【和谐企业建设扎实推进】 2019年，北海炼化坚持以人民为中心的思想，注重维护职工的切身利益，健全职工工资增长与企业效益挂钩机制，提升了职工群众的幸福感和获得感，获北海市2019年AAA级劳动关系和谐单位称号。坚持开展“送温暖”活动。组织开展“走基层、访万家”、帮扶救助、“送温暖”等活动，看望慰问困难职工、离退休人员和患病职工，尽心尽力为职工排忧解难。全年发放互助金32.6万元，发放医疗互助保障补助金17.5万元。真心实意做好事办实事。加强与教育部门的沟通协调，帮助解决员工子女入学问题。高度重视职业病危害防控工作，严格落实职工职业健康体检制度，建立EAP工作室，积极推进职工帮助计划（EAP），促进了职工身心健康。加强倒班公寓的优化与管理，美化阳光海岸小区，消除安全隐患；完善机关部门办公设施，规范中控室、外操间管理，在中控室、外操间配备咖啡、茶叶、糖果、饼干等食品，改善了员工工作环境和条件。加强食堂管理，做好非洲猪瘟疫情的应对工作，确保食品安全。加强企地和谐共建。加强消防宣传培训，组织举办消防咨询日和消防宣传日等活动，参加人员近2万人次。坚持开展“公众开放日”活动，共接待各类参观考察1 032人次，增进了社会各界对公司的了解，树立了企业的良好形象。认真履行央企社会责任，积极开展“希望工程，圆梦行动”、企校共建、消费扶贫等活动，全年消费扶贫及对外捐赠61.78万元，形成企地和谐发展的良好局面。充分发挥群团组织作用。积极推进民主管理，深化厂务公开，广泛开展民主评议、合理化建议征集等活动，激发了员工为公司发展献计献策的积极性。结合厂情组织开展除夕包饺子、新春联欢晚会等文体活动，凝聚了员工队伍，促进了企业和谐发展。

（覃辉平）

12月27日，北海炼化举行铁路专用线商业运行开通仪式

表1　北海炼化主要技术经济指标　亿元

指标名称 \ 年份	2019	2018	2017	2016	2015	2014
原油加工量/万吨	636.02	640.17	650.03	583.88	476.57	521.20
工业总产值	358.40	375.00	322.83	251.81	216.41	303.86
工业增加值	119.93	152.14	184.21	135.90	117.84	105.20

续表

年份 / 指标名称	2019	2018	2017	2016	2015	2014
资产总计	180.92	171.37	168.11	134.96	91.19	82.09
流动资产	140.28	130.09	124.02	88.27	42.97	37.33
固定资产原值	63.31	61.88	58.71	56.22	51.58	47.44
固定资产账面价值	34.51	37.44	38.32	39.78	38.84	38.08
销售收入	358.12	376.06	325.79	250.44	218.03	302.50
实现利税	170.68	181.34	144.86	122.38	94.38	56.12
税　金	154.32	152.44	113.60	96.95	84.70	56.09
综合能耗 / 吨标煤·万元 $^{-1}$	0.177	0.198	0.20	0.196	0.20	0.21

表 2　　北海炼化主要产品产量①　　万吨

年份 / 产品名称	2019	2018	2017	2016	2015	2014
汽　油②	224.64	225.96	223.72	190.41	143.27	153.30
98# 汽油	3.60	3.46	6.83	4.57	2.95	4.15
97# 汽油				17.24	19.12	15.06
95# 汽油	65.68	63.22	53.13	4.68		
93# 汽油				120.13	121.19	134.09
92# 汽油	155.36	154.68	163.76	43.77		
0# 柴油②	267.34	258.88	265.25	252.25	212.49	235.76
3# 喷气燃料	13.33	15.20				
化工轻油	3.34	4.16	6.37	6.91	3.20	8.43
船用燃料油	2.70	1.50			0.10	0.89
液化石油气	40.64	42.09	40.25	36.63	25.98	28.32
商品干气	2.59	1.49	1.40	1.33	1.42	0.67
聚丙烯	15.63	16.46	15.54	13.23	10.11	11.50
石油苯	3.16	3.30	3.12	2.66	3.00	2.53
石油焦	52.36	51.12	56.84	49.65	41.79	49.58
工业硫黄	6.94	6.73	6.99	6.33	3.14	5.81
沥　青	3.95	11.61	6.76	3.00	10.44	4.38

① 90# 汽油、4# 轻燃料油、溶剂油、混合芳烃、重油（7# 燃料油）、混合碳五、甲基叔丁基醚连续多年未生产，产品名称不再列入

② 收录的汽、柴油统一按标号统计产量，不再分级统计

塔河炼化

【概况】 中国石化塔河炼化有限责任公司（简称塔河炼化）地处新疆库车市，是中国石化在西北五省（自治区）唯一的炼化企业。其前身是筹建于1993年的地方股份制企业——新疆塔里木油气化工有限公司，1998年11月被西北石油局全资收购，2003年12月整体划转股份公司，2004年4月30日设立中国石油化工股份有限公司塔河分公司（简称塔河分公司）。2012年6月25日，股份公司对塔河分公司进行改制，与新疆阿克苏地区共同出资组建塔河炼化。

截至2019年底，塔河炼化拥有炼油生产装置18套，原油加工能力500万吨/年，焦化处理能力340万吨/年，汽、柴油混合加氢精制能力270万吨/年，催化重整能力60万吨/年，二甲苯生产能力52万吨/年，A级沥青生产能力40万吨/年，汽油异构化能力30万吨/年，航煤生产能力30万吨/年，硫黄生产能力8万吨/年。塔河炼化以加工塔河油田重质原油为主，可生产汽油、柴油、3#喷气燃料、化工轻油、沥青、石油液化气、石油焦、硫黄、二甲苯等10余种产品，产品通过企业铁路专用线销往全国各地。

截至2019年底，塔河炼化有领导班子成员7人，总法律顾问兼副总会计师1人，安全总监兼副总工程师1人，副总工程师1人；下设5个机关部门、3个业务中心、4个生产作业部。共有在册员工1 028人，其中教授级高级工程师2人，具有高级职称的30人、中级职称的153人、初级职称的281人；高级技师7人、技师32人，高级工404人、中级工320人、初级工95人。

塔河炼化主要技术经济指标及主要产品产量分别见表1和表2。

（刘希军）

【领导班子调整】 经集团公司党组研究并征得中共新疆维吾尔自治区委员会同意，2019年3月5日，决定：付德明任塔河炼化党委书记、副总经理（兼），邵国刚不再担任塔河炼化党委书记、委员、副总经理职务，任巴陵分公司调研员。10月23日，决定：纪英顺任塔河炼化党委副书记兼纪委书记、监事，工会主席人选，施利春不再担任塔河炼化党委副书记、委员、纪委书记、工会主席、监事职务，另有任用；盖金祥任塔河炼化党委委员、副总经理、总工程师，丁智刚不再担任塔河炼化党委委员、副总经理职务，另有任用。塔河炼化新一届领导班子由丛煜、付德明、纪英顺、盖金祥、冯兵、高宏义、张怀玺组成。

（刘希军）

【生产总量创历史新高】 2019年，塔河炼化原料油加工量首次突破480万吨，达482.75万吨，增加58.21万吨；原油加工量首次突破470万吨，达470.15万吨，增加52.03万吨；生产商品总量460.87万吨，增加56.19万吨。实现营业收入190.60亿元，增加16.57亿元；实现利润8.70亿元，增加1.97亿元；应缴税费62.38亿元，增加6.95亿元。

（刘希军）

【生产经营指标持续提升】 2019年，塔河炼化以奋力提指标、再创新业绩为目标，扩大竞赛指标范围，细化措施方案，加大奖励力度，发动全员深入开展专题劳动竞赛活动，技术经济指标和装置达标水平持续提升，关键技术经济指标全部达到股份公司考核目标。综合商品率95.47%，提升0.15个百分点；综合损失率0.46%，提升0.04个百分点；综合能耗53.74千克标油/吨，提升3.37个单位；单因耗能8.30千克标油/吨，提升0.83个单位；吨油完全费用231.16元，提升44.41元。综合损失率、综合能耗、单因耗能、轻质油收率等指标创塔河炼化历史最好水平。股份公司授予塔河炼化2019年度炼化企业创效进步优胜单位、人均劳效优胜单位、“比学赶帮超”优胜单位3项称号。

（刘希军）

【安全管理扎实有效】 2019年，塔河炼化牢固树立“发展决不能以牺牲安全为代价”红线意识，以“识别大风险、消除大隐患、杜绝大事故”为工作主线，以全面推进 HSSE 体系建设和从严落实直接作业管理十项措施为抓手，狠抓生产装置安全运行和作业施工过程风险管控，保持安全生产形势稳定。全面推进 HSSE 体系建设，顺利通过集团公司评审验收并按期发布实施。实施关键装置定点联系、承包重大安全风险隐患、重大危险源"源长制"、承包商风险"一把手"管控等措施，发挥各级"一把手"安全引领示范作用，提升了各岗位落实安全生产责任制的穿透力。按照风险分级管控和隐患排查治理双重预防机制管理要求，科学识别风险，逐级建立风险清单，并实施分级、分专业管控，识别的 5 项重大安全风险，销项 2 项、降级 2 项，风险总值由 142 降至 94、削减 33.80%，完成集团公司要求塔河炼化重大风险总值削减 5% 的目标。全年投入资金 1 485 万元，按期完成 4 项集团公司级安全隐患和 5 项公司级以下安全隐患治理任务。持续深入开展全员安全诊断工作，有 786 人参与安全诊断，参与率 86.66%；评选公司级优秀安全诊断建议 210 条，发放安全诊断奖励 8.70 万元。加强承包商安全风险管控，严抓承包商专业安全培训，严把承包商入厂安全教育关，推进承包商"黑名单"管理和约谈机制，将承包商及个人的安全行为纳入积分制考核，督促承包商落实现场作业安全管理要求，坚决遏制承包商直接作业环节事故发生。开展 2019 年安全生产警示日活动，确定 5 月 6 日为塔河炼化安全生产警示日。定期开展安全演练，全年开展公司级应急演练 2 次、综合演练 18 次、专项演练 16 次、现场处置方案演练 1 次，参与演练 1 027 人次。强化 HSSE 教育培训，172 人取得特种作业操作证，106 人取得安全管理资格证书，持证率 100%。强化反恐防范和门禁管理，公司治安状况保持稳定。加强职业病危害因素监测，设立 93 个职业危害因素监测点，持续监测硫化氢、非甲烷总烃、噪声等 8 种职业危害因素，监测结果合格率 96%，监测结果告知率 100%。

（刘希军）

液化气装车泄露应急演练（雷从营　摄）

【积极推进绿色企业达标创建】 2019 年，塔河炼化按照集团公司绿色企业达标创建工作指导意见，修订完善绿色企业"一方案两清单"，明确绿色企业创建各阶段奋斗目标，通过开展绿色企业自评、专项问题整治和绿企现场服务等工作，积极推进绿色企业行动计划。坚持问题导向，科学精准施策，持续开展污水达标攻关，将化学水、循环水系统添加药剂更换为低磷药剂，化解水系统总磷超标风险；针对污水处理场硫化物偏高问题，排查切断火炬分液罐等高硫废水，筛选使用高效硫化物去除药剂，实现污水处理场在高硫废水冲击下的稳定达标运行。狠抓污水达标及回用水管理，全年外排污水回用率由 36.70% 上升至 56.24%，外排废水量减少 14 万吨，外排废水首次实现 100% 达标排放。开展厂区土壤及地下水检测，摸清了土壤及地下水环境现状。扎实开展"固废规范化年"活动，抓实固废填埋场危险废物转移处置工作，全年转移填埋场危险废物 1.5 万吨。积极拓展危险废物处置渠道，积压多年的废填料、废树脂、废试剂等危险废物得到安全处置，全年妥善处理各类危险废物 2 693 吨。

（刘希军）

【挖潜增效成效显著】 2019 年，塔河炼化坚持"从严管理出大效益、精益管理出最大效益"理念，强化生产全过程、全要素管控，持续挖掘节能降本减费潜力。推行作业部班组经济核算，优化整合所有成本管控点，抓细抓实挖潜增效工作，全年压降费用 6 145 万元。采取物资代储、废旧物资处置、加强资金管控等措施，增加可计量现金流 4 381 万元。用好用足税收优惠政策，抵减（免）所得税 7 207 万元。强化存货库存管控，减少资金占用，年末"两金"占用 5.88 亿元，取得近 4 年最好水平。提升 1# 加氢、2# 加氢和重整装置直供料比例，分别达 40.52%、80.32% 和

50.84%，分别提升 17.48、1.50 和 35.61 个百分点，提高了全厂用能水平。控制电量消耗，吨油电耗 71 千瓦・时，降低 4.4 千瓦・时；积极推动直供电交易，直供电比例首次达 100%，电价 0.33 元 /（千瓦・时），降低 0.04 元 /（千瓦・时），电耗电价均创新低。摸排处理水系统漏点降低水耗，全年吨油取水量 0.51 吨，减少 0.12 吨；污水回用率 57.43%，上升 7.23 个百分点，炼油装置首次实现新鲜水零消耗。实施焦炭塔底盖机节汽改造，优化改造蒸汽管网，锅炉负荷平均 98 吨 / 时，降低 13 吨 / 时。统筹优化干气系统，吨原料油燃料消耗 43.97 千克，降低 4.59 千克，实现夏季炼厂气零排放。紧贴市场调整产品结构，增产汽油、航空煤油、低凝柴油等高价值产品，全年销售汽油 58.34 万吨、航空煤油 18.30 万吨、低凝柴油 9.36 万吨，比年度计划分别增长 8.84 万吨、4.35 万吨和 5.36 万吨。

（刘希军）

【企业管控效能不断增强】 2019 年，塔河炼化结合组织机构整合，按照业务驱动和效率优先原则，以业务为主线，重新界定机构职责，减少业务流转环节，提升了管理效能。坚持立改废并举，优化完善制度体系，增加党务公开、全员安全记分、生态保护、物资绿色采购等管理要求，规范“三重一大”决策、投资管理、生产安全事故（事件）管理、合同管理、业务接待等管控程序，在用制度从 578 件降至 518 件，管理制度更加精简高效。强化内外部审核，督促闭环整改，整改不符合项 13 项、问题项 133 项。改进绩效管理，突出差异化考核，实行指标动态调整、三级考核评价，横向考核到各个单位，纵向评价至每位员工，让“人人肩上扛指标、个个肩上有担子”，有效促进生产经营指标的提升。在集团公司炼油板块“比学赶帮超”指标竞赛中，全年获红旗 90 个、增加 68 个，相应减少黄旗 53 个。开展内控风控岗位练兵，提升了全员内控风控意识和能力；聚焦投资、财务、采购、销售等重点领域，强化制度刚性约束，加强重大重要风险管理，识别并管控重大重要风险 30 项，全年未发生重大风险和系统性风险。强化法律风险责任制落实和合同管理，实现合同签订率、履约率 100%。强化物资采购管理，评价指标明显提升，框架协议采购达标率 80.20%，提升 6.51 个百分点。拓展物资代储于商业务，代储物资规模达 1 900 万元，大大减少资金占用。落实“马上就办”督促措施，转变了工作作风，提升了工作效率。助力操作管理系统上线运行，实现操作资源共享，减轻了基层工作强度，提升了公司信息化应用水平。践行“每一滴油都是承诺”的质量理念，全年在国家、地方和集团公司产品抽检中合格率保持 100%。

（刘希军）

【连续重整装置增上二甲苯分离设施一次开车成功】 2019 年 6 月 19 日，塔河炼化连续重整装置增上二甲苯分离设施开车一次成功，产出合格产品。项目充分依托 60 万吨 / 年连续重整装置现有设施，新增二甲苯分离单元，设计规模 52 万吨 / 年，主要由重整生成油脱烯烃、产品分馏、储运及公用工程配套等部分组成。项目采用中国石化自有重整生成油加氢脱烯烃技术。项目投产后，满足了塔河炼化国Ⅵ车用汽油质量升级需要，填补了塔河炼化化工产品空白。

（刘希军）

【航空煤油首次供应军队】 2019 年 10 月 18 日，塔河炼化举行航空煤油首供军队发车仪式，标志着塔河炼化成功打通航空煤油供应军队流程，首次向军队供应航空煤油。全年，塔河炼化累计向军队供应航空煤油 2 996 吨。

（刘希军）

航空煤油首供军队发车仪式（雷从营　摄）

【实施机关“大部制”改革】 2019 年，塔河炼化在充分调研论证的基础上，制订机关“大部制”

改革方案。方案报总部同意后，塔河炼化于 4 月 29 日召开机关机构改革暨干部任职宣布大会，实施机关“大部制”改革，整合机关 10 个职能处室为 5 个部门。组织机构及业务职能调整后，塔河炼化中层组织机构由 17 个精简至 12 个，建立了“机关精、中心少、操作优”的轻型定员分布架构。

（刘希军）

【加强队伍建设】 2019 年，塔河炼化出台向生产一线倾斜改革举措，鼓励员工向一线流动，夯实基层根基，全年平级调整中层领导人员 15 名、基层领导人员 8 名。修订干部选拔、绩效考核等制度，对正副职实行考核维度和权重分配的差异化设置，引入结果修正机制，按“ABCD”档进行分布，年终拉开一定差距，提升了干部管理水平。建立优秀青年人才库，完善发现储备、培养锻炼、选拔使用和管理监督制度体系，全年任用 35 岁以下中层副职 2 人，40 岁以下中层干部比例由 10.8% 提高到 13.9%。落实年度培训计划，通过举办各层级培训班、开展专项岗位练兵、参加集团公司竞赛、校企合作培养等方式，努力打造本领过硬的员工队伍。全年公司内部举办各层级培训班 233 个共 439 期，累计培训员工 1.2 万人次；选送 60 人次参加集团公司企业在线认证师、兼职教师、技能训练指导老师、网络学院管理员等培训班，有效提升了公司师资力量和培训授课水平。开展全员岗位练兵，强化基本功训练，全年组织开展内控风控、公文处理、环境监测等 25 个专项岗位的练兵活动，营造了苦练本领、提升技能、争当工匠的浓厚氛围。选拔 22 人分别参加 6 个集团公司级以上层级的技能竞赛，在集团公司环境监测工技能竞赛中，参赛选手获个人银奖、团体铜奖的好成绩。加强校企合作培养，与中国石油大学（北京）克拉玛依校区达成合作意向，通过加强交流学习、人才培养、实践锻炼，积极推动科技成果转化，将塔河炼化打造成高校师生的实践基地，把学校打造成塔河炼化人才培养的摇篮。

（刘希军）

【党建质量持续提升】 2019 年，塔河炼化党委认真落实集团公司年度工作会议和“基层党建推进年”工作部署，围绕“两个三年、两个十年”发展目标，扎实开展“不忘初心、牢记使命”主题教育，自觉接受党组巡视，持续压实责任、提升质量、彰显实效。①政治建设在务实笃行中不断提升。强化理论武装，全年党委中心组学习 22 次，撰写学习心得 60 篇，编发政治学习计划 12 次，切实增强“四个意识”，坚定“四个自信”，做到“两个维护”。修订重大事项请示报告和“三重一大”决策等制度，落实企业重大事项党委前置审议程序，召开党委会 23 次，审议重要事项 95 项，切实发挥党委“把方向、管大局、保落实”的作用。严格落实“一岗双责”，党委成员深入一线讲党课、调查研究、“回头看”，保证了公司中心工作稳步推进。公司党委制订“一案、两表、三单”实施方案，深入开展“不忘初心、牢记使命”主题教育，全年开展 10 次专题研讨、7 次革命传统教育、17 次专题调研，检视问题 479 项，整改 453 项，成果转化率 94.57%。②组织建设在凝心聚力中不断巩固。牢固树立“党的一切工作到支部”鲜明导向，强化基层党组织政治功能，开展组织力提升和“双示范”创建工作，突出问题导向，找准差距不足，切实提高民主生活会质量，增强党的凝聚力。选派 6 名新任职书记参加集团公司示范班培训，36 名基层党组织书记参加公司举办的“强党性、提素质、促进步”培训班，19 名支委外出集中轮训，不断提升党务政工人员综合素质和业务能力。结合集中整顿软弱涣散基层党组织部署要求，排查基层班组党员覆盖情况，实现大班党员全覆盖；严格规范“三会一课”、主题党日等组织生活制度；利用党务共享平台，及时检查评阅，规范组织生活。③党政融合在同频

在库车林基路纪念馆开展“感怀先烈、砥砺奋进”红色爱国主义教育（雷从营　摄）

共振中不断深入。党政工团联合开展“奋力提指标、再创新业绩”劳动竞赛，各项生产指标取得明显进步。公司党员以“党员示范岗”“党员责任区”为载体，践行“一名党员就是一面旗”“党员身边无事故”的承诺，带动身边职工群众履行好岗位责任。

（刘希军）

【党风廉政建设】 2019年，塔河炼化认真落实“两个责任”，强化监督执纪问责，深入推进党风廉政建设和反腐败工作。①管党治党责任不断夯实。压紧压实党委主体责任，年初召开党风廉政建设专题会议，全面部署党风廉政建设工作；公司班子成员同14个党支部签订《党风廉政建设责任书》，各单位领导干部与存在廉洁风险的岗位人员共计247人签订《廉洁自律承诺书》；公司党委专门听取纪委工作汇报2次、班子成员履行“一岗双责”情况报告1次，党委成员上讲台讲廉政党课，自觉接受组织和群众的监督；与25名处级干部、72名科级干部、110名关键岗位人员进行廉洁谈话，及时督促提醒、敲响纪律警钟。②作风建设持续稳步提升。修订履职待遇、业务接待等4项规章制度，进一步规范了相关标准；公司各单位认真组织学习违反中央八项规定精神案例，以案示警，起到了强纪律、保高压作用；开展专项整治，走访调研122人次，查找形式主义、官僚主义问题196项，整改率达93%；优化机关作风测评，强化测评结果运用，机关作风不断提升。③纪检监督职责不断扩展。创新监督方式，定期统计各党组织运用监督执纪“第一种形态”开展谈话情况，不定期与兼职纪检监察员座谈了解各单位党风廉政建设工作情况，不断强化党组织对党员干部的日常教育、管理和监督；压实专责监督，发挥业务部门职能监督和整体监督优势，开展扶贫领域腐败和作风问题专项治理、职工公寓楼监督等专项监督；聚焦重点监督，重点针对合同管理、招投标管理、投资计划管理进行监督，开展谈心谈话6次，督促建立制度1项，规范了招投标及合同管理工作。④廉洁警示教育扎实有效。持续宣贯《中国共产党纪律处分条例》、集团公司职工处分规定，组织党员干部学习违法违纪案例、通报；坚持向客商寄发廉洁倡议书，并收到284份廉洁承诺反馈，营造了浓厚的敬廉、守廉的廉洁文化氛围。坚持任前谈话、关键节点谈话、关键岗位人员谈话机制，全年开展21名新任职干部任前谈话、207人次节前谈话、30余人次关键岗位人员提醒谈话；组织165名党员领导干部和关键岗位人员分2批次开展“不忘初心、牢记使命”廉洁警示教育；举办干部家属廉洁警示教育讲堂，向65名领导干部家属讲解当今反腐败形势及腐败给家庭带来的危害，做到了早提醒、早警示。

（刘希军）

【宣传思想文化工作】 2019年，塔河炼化充分运用“一网一报两微”媒体，宣传公司发展热点、工作重点、先进亮点和关注焦点。举办13期公众开放日活动，邀请社会各界人士503人次参观企业，擦亮中国石化“公众开放日”示范单位品牌。全面落实意识形态工作责任制，编印《小塔讲形势》《明白纸》宣传册，举办“传承石油精神、弘扬石化传统”演讲比赛暨先模事迹报告会，开展全员形势任务教育测试和微信知识答题活动，分层分级抓好企业改革发展、员工切身利益等宣传教育，激发员工干事创业热情。稳步推进EAP工作，开放“戈壁心泉”心理咨询室，每周由公司10名三级心理咨询师轮流坐班，全年共解决员工情感问题14起，成功化解2起情感危机事件，为公司员工及家属提供了心理健康保障。

（刘希军）

举办“传承石油精神、弘扬石化传统”演讲比赛暨先模事迹报告会（雷从营　摄）

【和谐企业建设】 2019年，塔河炼化落实提案征集和职工代表巡视工作制度，职代会征集提案

41 件，均逐一答复解释。建立“走基层、访万家”工作长效机制，坚持开展“冬送温暖、夏送清凉”、节日慰问活动，关心关爱一线员工和特殊群体。全年走访慰问困难员工、劳动模范、少数民族、退伍军人等群体 800 余人次。协调解决 21 名员工子女上学难入托难问题，举办第 3 期员工子女暑期托管班，消除员工的后顾之忧。持续改善员工生活条件，优选 4 家医院，扩大了员工健康体检选择范围；举办 2 次“易捷内购会”，满足员工购物需求；优化员工福利发放方式，完善实物福利套餐式选购机制，完成消费扶贫任务。充分发挥文联体协优势，举办元旦长跑、春节晚会、“塔河杯”青年写作大赛、“你好夏天”交友联谊、激情夏日等形式多样的文化活动，进一步增强了员工的幸福感、获得感。举办“我和我的祖国”大合唱、“忆传统、讲厂史、话变化”宣讲会等 13 项系列活动，庆祝共和国 70 华诞和塔河炼化成立 15 周年，凝聚了力量，鼓舞了士气。办公生活区实施“亮化工程”，新建职工公寓楼投入使用，倒班宿舍实现单人入住，进一步改善员工居住环境。选树先进典型，塔河炼化炼油第二作业部获评全国工人先锋号，炼油第一作业部获新疆维吾尔自治区开发建设新疆奖状、炼油第一作业部焦化单元获评新疆维吾尔自治区工人先锋号，生产技术处获评集团公司年度先进集体。

（刘希军）

【履行社会责任】 2019 年，塔河炼化自觉履行中央驻疆企业的社会责任，持续开展军企共建、校企共建、脱贫攻坚工作。响应新疆维吾尔自治区党委号召，连续第 6 年开展“访民情、惠民生、聚民心”（简称“访惠聚”）驻村工作，抽派 25 名骨干组建“访惠聚”驻村工作队，分别在南疆地区的 9 个贫困村长期驻村帮扶；使用扶贫资金 238 万元，实施 7 个扶贫项目，开展哈密瓜种植、芦花鸡和脱瘟鸡养殖、创业市场及配套设施建设等工作，带动 1 675 名贫困人员增收脱贫，村集体经济平均增收 19 万元 / 年；积极开展“民族团结一家亲”活动，全年干部下沉 870 人次，走访帮扶贫困户 980 余次，较好地履行了中国石化驻疆企业的政治责任和社会责任，融洽了企地关系，促进了民族团结。

（刘希军）

向莎车县阿瓦提镇诺代 17 村扶贫捐赠 40 万元
（冯树宁　摄）

表 1　　塔河炼化主要技术经济指标　　亿元

指标名称 \ 年份	2019	2018	2017	2016	2015	2014
原油加工量 / 万吨	470.15	418.12	420.88	429.59	411.02	425.69
工业总产值	189.05	173.28	145.36	124.33	134.14	188.08
工业增加值	78.27	69.63	71.83	76.56	81.70	39.74
资产总计	83.90	84.62	72.71	66.32	54.69	57.96
流动资产	45.14	43.72	30.30	21.13	7.91	9.27
固定资产原值	71.16	69.56	69.25	68.34	64.64	59.81
固定资产净值	36.93	35.63	38.20	41.39	42.01	40.28
销售收入	189.77	174.03	144.82	126.34	134.19	187.15

续表

指标名称 \ 年份	2019	2018	2017	2016	2015	2014
实现利税	71.08	61.03	65.02	70.22	77.72	34.54
税　金	62.38	55.43	56.49	59.94	58.93	33.55
综合能耗 / 千克标油·吨$^{-1}$	53.74	57.11	55.99	55.56	55.61	54.49

表 2　塔河炼化主要产品产量　万吨

产品名称 \ 年份	2019	2018	2017	2016	2015	2014
汽　油	58.12	45.46	47.80	49.75	42.00	31.00
3# 喷气燃料	18.28	12.74	10.18	8.66	7.39	1.82
柴　油	226.57	197.02	197.33	209.81	202.13	219.45
石脑油	0.07	0.57	—	—	0.42	20.20
重整生成油	7.33	16.36	12.25	7.20	—	—
沥　青	18.54	19.01	28.01	23.04	21.29	17.31
重交沥青	1.78	—	—	—	—	2.78
石油焦	107.78	97.59	96.10	100.37	97.44	102.52
硫　黄	4.45	4.08	4.09	4.25	4.00	4.27
商品液化气	13.01	12.08	12.10	12.47	12.57	14.12
石油苯	—	—	—	—	—	0.15
二甲苯	6.70	—	—	—	—	—

炼油销售公司

【概况】 中国石化炼油销售有限公司（简称炼油销售公司）是中国石化下属专业化全资子公司，于 2012 年 6 月 28 日挂牌成立，注册地在上海市。在全国设有 4 个区域性子公司，本部设有 17 个职能部门，29 个代表处，拥有合同制员工 390 人。炼油销售公司集产品研发、运输、采购、销售、服务为一体，主要负责中国石化系统内液化气、石油焦、沥青、硫黄、异辛烷、石蜡等石油炼制产品的统一采购和供应。

炼油销售公司专注炼油产品销售领域，以“服务企业、服务客户”为宗旨，依托中国石化 30 余家企业建立代表处，并依此服务全国市场，营销网络健全。公司拥有一支素质过硬、技术精湛的营销和科研团队，为企业和客户提供完整的产品开发、生产、应用、售后等整套营销解决方案；拥有国家级实验室和产品研发中心，产品多次获国家和地区科技进步奖；集成先进的信息资源，凭借优势物流网络，为企业和客户提供铁路、公路、船运等全方位运输和仓储支持；与中国铝业、中国交通集团等世界 500 强公司建立战略合作关系，并积极参与国际市场的竞争与合作，先后与多个国家和地区开展技术合作与交流，产品远销海内外。率先通过 ISO 9001 质量管理体系认证，并实施 QHSE 管理，是销售企业中率先通过并实施认证的企业之一。

炼油销售公司秉承“诚信规范，合作共赢”的经营理念，按照“诚信经营、真诚服务、合作共赢，以人为本、精细管理、永不满足”方针，发扬“严、细、实”的优良作风，专注发展炼油产品销售事业。

2019 年，炼油销售公司产品销售总量 4 129.42 万吨，营业收入 899.00 亿元，完成利税 8.23 亿元；主要产品的市场占有率均居国内前列。

炼油销售公司主要经营指标见表 1。

（黄春峰）

【生产经营】 2019 年实现产品经营总量 4 129.42 万吨，经营总量创历史新高。其中，液化气产品销售 1 109.44 万吨，石油焦产品销售 1 309.29 万吨，沥青产品销售 937.02 万吨，硫黄产品销售 602.53 万吨，异辛烷产品销售 151.10 万吨，石蜡产品销售 20.04 万吨。经营效益取得新提升，营业收入达 899.00 亿元，完成利润 6.17 亿元，均创历史新高。

（黄春峰）

【“东海”牌沥青成功应用于北京大兴国际机场航站楼和高速公路项目】 炼油销售公司积极开拓首都重大工程项目市场，“东海”牌沥青成功应用于北京大兴国际机场航站楼和高速公路项目。北京大兴国际机场航站楼和高速公路项目设计采用 SBS 改性沥青，指标要求达到美国公路战略研究计划（SHRP）性能分级（PG）76—28，沥青路面抗高温 76℃，耐低温 -28℃，对沥青的高温和低温要求高，炼油销售公司从沥青原料组成、针入度、低温延度、与 SBS 改性剂的配伍性等指标入手，进行个性化设计和生产优化，确保改性沥青高低温综合性能满足北京的气候环境和极端气象条件。

（黄春峰）

【“东海”牌沥青参加 2019 交通科技博览会展览】 2019 年 6 月 14—16 日，由中国科学技术协会、交通运输部和中国工程院主办的 2019 交通科技博览会在北京国家会议中心举行，“东海”牌沥青在博览会上进行专题展示。炼油销售公司通过展板展示、媒体展播、产品推介和发放产品宣传资料等形式，让中国交通行业内外客户了解“东海”牌沥青的技术特点、产品优势和市场前景。

（黄春峰）

【“东海”牌沥青成功进入海南市场】 2019 年 7 月 1 日，随着海南省文琼高速龙湾互通沥青路面铺筑完成，标志着“东海”牌沥青海南示范工程顺利竣工。“东海”牌沥青海南示范工程实现“东海”牌沥青在海南省高速公路上、中、下面层整体应用零的突破，打破进口产品的垄断，为进一步推广“东海”牌沥青应用奠定基础。

（黄春峰）

【“东海”牌沥青成为中国石化首个上海期货交易注册品牌】 2019 年 10 月 31 日，上海期货交易所发布公告，同意中国石化“东海”牌石油沥青注册，标志着中国石化作为国内最大沥青生产商成功登陆上海期货交易所，“东海”牌沥青也成为中国石化首个在上海期货交易所注册的期货交易品牌。炼油销售公司与上海期货交易所通过优化准入通道，启动齐鲁石化、茂名石化、镇海炼化、上海石化、金陵石化 5 家中国石化沥青重点生产企业的期货品牌注册工作，获批注册成功。

（黄春峰）

【“东海”牌沥青成功应用于中巴经济走廊最大交通基础设施项目】 炼油销售公司通过与国内企业海外工程建设单位合作等方法积极开拓国外市场，参与巴基斯坦 PKM 高速公路项目（苏库尔—木尔坦段）建设。巴基斯坦 PKM 高速公路是巴基斯坦南北交通大动脉，是“一带一路”倡议重点工程，是中巴友好合作的典型示范工程。巴基斯坦 PKM 高速公路铺设“东海牌”沥青，这是中国散装沥青第 1 次在巴基斯坦大规模使用。炼油销售公司通过严把质量关，采用陆海联运，及时将中国石化“东海”牌沥青送到铺筑现场，并组织施工。

（黄春峰）

【加强制度合规管理】 2019年3月，炼油销售公司上线集团公司新版制度管理信息系统，从制度立项、起草、预审、会签、审核、签发、宣贯、承接和评估等各环节均在线办理，实现制度全生命周期管理。在制度审核过程中增加制度管理员校验的环节，严把制度立项与审核关，进一步提升制度文本规范性。2019年制（修）订制度共160项。

（黄春峰）

【深化培训体系建设】 加强矩阵式培训体系建设，组织机关和代表处员工综合业务素质和业务能力提升培训班；分层分类举办重点培训项目，开设中高层领导人员、中层助理和业务骨干能力提升培训班；开设专业知识讲座，由54位专家和业务骨干上讲台授课。2019年共组织培训项目77个，培训1 801人次。

（黄春峰）

【开展主题教育】 根据党中央和集团公司党组的统一部署，炼油销售公司“不忘初心、牢记使命”主题教育分2批有机衔接进行，历时6个多月时间。在集团公司党组第1批主题教育第八巡回指导组、第2批主题教育第六巡回指导组的指导下，炼油销售公司党委带领各党支部和广大党员干部，紧扣主题教育的总要求、主题主线、重点举措和目标要求，注重组织推动、聚焦主题、问题导向和从严从实，有力有序、扎实深入地开展主题教育。集团公司主题教育第八巡回指导组对炼油销售公司第1批主题教育组织开展评估测评，总体评价满意率“好和较好”占比100%；第2批主题教育结束时组织公司43%的员工测评，总体评价满意率“好和较好”占比98.8%。

（黄春峰）

【持续推动党建工作与中心工作深度融合】 完善融合机制，坚持探索党建工作在重大活动、重点任务、关键时期中充分发挥保障作用的机制，推动党支部和广大党员勇于担当，圆满完成新中国成立70周年庆祝活动、第2届中国国际进口博览会、部分省市国家安全环保重点检查等“两重两特”期间安全稳定工作，在疏堵保畅的同时，履行好政治责任、经济责任和社会责任；提升融合能力，加强炼油销售公司党委成员所在党支部和联系党支部“双示范”创建活动，把抓实“关键少数”与抓实基层党支部结合起来，充分发挥领导干部的带头作用和“一岗双责”，领导班子成员定期到联系党支部，通过调查研究、上党课、参加组织生活会等方式，促进党建质量和中心工作双提升；创新融合载体，以党支部为纽带，与生产企业、客户等产业链合作方，通过党建共建实现发展共赢，2019年结对共建15个党支部。

（黄春峰）

表1 炼油销售公司主要经营指标 万吨

指标名称 \ 年份	2019	2018	2017	2016	2015	2014
经营总量	4 129.42	4 014.61	3 683.04	3 395.58	3 226.55	3 154.69
液化气	1 109.44	1 121.59	1 015.67	942.93	873.42	853.26
石油焦	1 309.29	1 329.73	1 288.33	1 253.94	1 167.46	1 155.62
沥　青	937.02	812.60	807.34	742.04	749.37	655.59
硫　黄	602.53	576.42	506.41	432.92	412.43	463.11
异辛烷	151.10	153.57	44.05			
石　蜡	20.04	20.71	21.24	23.75	23.87	27.11
营业收入 / 亿元	899.00	951.92	724.85	481.41	602.14	809. 97

北京石油分公司

【概况】 中国石化销售股份有限公司北京石油分公司（简称北京石油分公司）主营汽油、柴油、航煤、天然气、润滑油、燃料油、非油品及充电业务，是首都成品油市场供应主渠道。

北京石油分公司的前身是北京市属石油集团有限公司，成立于1950年4月。1998年9月，成建制划转集团公司。2000年2月，成立中国石油化工股份有限公司北京石油分公司。2006年12月，非上市部分成立中国石化集团资产经营管理有限公司北京石油分公司，2009年7月实行上市与非上市一体化管理。2014年12月，公司名称变更为中国石化销售有限公司北京石油分公司。2019年1月，公司名称变更为现名。

截至2019年底，北京石油分公司资产总额156亿元，有员工5 600余人，拥有在营油库6座、库容34万立方米，加油站568座，充电站2座，加气站34座，便利店510个，汽、柴油长输管道151千米，航煤管线98千米。实现安全生产“十六连冠”，6次获评集团公司绩效考核A类单位，连续3次获评集团公司党建考核A类单位。

2019年，北京石油分公司有效应对市场竞争，积极创新商业模式，较好完成各项经营发展指标。全年，完成油气经营总量523.51万吨，下降2.4%；机出零售量326.03万吨，增长0.5%，零售市场占有率61.1%；非油品基础商品营业额（含线上）11亿元，增长15.6%；实现利润总额5亿元。

北京石油分公司主要经营指标见表1。

（毛　琳）

【圆满完成新中国成立70周年服务保障工作】 2019年，北京石油分公司研究制订服务保障方案，全力做好阅兵核心区加油站安全保卫工作，承担为游行观礼车、模块车和天安门广场临时车辆供油任务，近20名相关工作人员为国庆工作用车配送88车次、油品132吨，3位员工参加国庆群众游行，展现了石化员工的精神风貌。获北京市70周年大庆安保先进单位称号。

（毛　琳）

【新零售平台平稳运行】 2019年，北京石油分公司“易捷加油”新零售平台正式投入运行，平台具备一键加油和易捷购物双重功能。截至年底，累计发展一键加油客户205万人，加油客户综合持卡比例达77%；平台商品超过2.2万个库存保有单位（SKU）。一键加油月活跃客户101万人，易捷购物客户90万人，网购站配在全部在营站推广，占订单总数的比例达50%左右。

（毛　琳）

【零售稳步增量】 2019年，北京石油分公司开展一键加油大数据精准营销。实现流失认定由“粗放”到“精细”，召回力度由“统一”到“差异”，共回流客户42万人，活跃客户增长了31万人。一键加油用户达205万人，日均销量2 550吨，其中运营客户12万人，日均销量978吨，运营客户市场份额由15%提高至45%。开展21站次短期高强度“点对点”竞争，在重点高速路和省际加油站开展柴油持卡客户的油非互促营销，实现增量6.9万吨。

（毛　琳）

【全力丰富商品体系】 2019年，北京石油分公司坚持刚需高频全覆盖的品类规划，新引进品牌677个，全年引进商品达2.2万个SKU；引入智慧停车、违章代办等服务项目，新增近200个洗车合作网点，引进22项免费增值服务资源；成功引进韩国乐天集团免税商品，开展跨境电商业务，“易享全球”频道正式上线；与海尔等知名品牌开展直营模式合作，一线品牌的覆盖率从23%提高到92%；强力推进扶贫，引入136个国家级贫困县商品751个SKU，实现销售额近7 000万元。

（毛　琳）

【新零售实现转型突破】 2019年，北京石油分公司形成了油品非油品融合、线上线下融合的新零售商业模式，重构“人货场”，实现200余万线下用户转移到线上，将便利店消费场景转移到线上，拓展了网购店提、网购店配、网购到家等新购物模式，60% 以上的自配订单实现 1 小时内的店出极速配。将便利店商品线下库存实时化，初步实现线上线下一盘货和仓店一体化。

（毛　琳）

【加大市场开发力度】 2019 年，北京石油分公司与全球 E 家机械公司签署战略合作协议，联合开发工程机械用油市场，锁定意向客户 286 家，新增销量 1.6 万吨。聚焦开发社会加油站市场，实现社会加油站销量 17.62 万吨。努力做大天然气业务，通过抢开站点、以批带零等方式实现天然气零售销量 7.8 万吨，成功中标石景山环卫加气站，实现在公交市场之外天然气零售业务零的突破，加强与天然气分公司的合作，推动天然气直批业务快速发展。

（毛　琳）

【攻坚克难网络发展】 2019 年，北京石油分公司运用品牌、资源、新零售平台等优势，全年发展加油（气）站 22 座，抓住中央企业、高等院校剥离非主营业务契机，突破性取得中国电科集团大山子加油站的产权。通过油非整体合作，获龙禹公司 10 座加油站经营权，发展轻资产合作 4 座，填补了网络空白。集中办理六环路及高速路沿线 17 座加油站的营业执照及 22 座加油站的成品油经营资质，解决加油站合规经营问题。

（毛　琳）

【统筹推进抓改造】 2019 年，北京石油分公司通过调整工程管理体制，统一设计、统一管理，制定工期鱼刺图，于 9 月 13 日提前完成所有加油站防渗改造工作。开展集中培训和施工站一对一培训，推行“检查之检查”，加强对承包商的考核，强化现场安全监督，实现防渗改造工作零伤害、零污染、零事故。

（毛　琳）

【经络管理逐步细化】 2019 年，北京石油分公司探索新型管理模式，推动经络管理从概念理念向操作规范深化，瞄准客户、员工、资产、对外关系 4 个对象，立足岗位查找痛点，大力实施消痛疏堵。分层次、分业务线条进行对接，对痛点进行梳理分析，形成上下贯通的痛点清单。每月召开油品经营、新零售、区公司、党群部门、HSSE 及风险管理 5 个例会，轮流撰讲经络故事，听取痛点梳理排序、重要痛点消除等情况汇报。建立“一对一”沟通机制，各部门主动瞄准一线问题，运用经络管理推动日常工作的开展。

（毛　琳）

【提升安全环保数质量管理水平】 2019 年，北京石油分公司大力推进 HSSE 体系建设，编制完成《HSSE 管理手册》，修订实施各级安全环保责任制、安全操作规程 3.0 版。印制操作规程活页夹和口袋书，广泛开展“我为安全做诊断”“我为操作规程做诊断”活动。抓好“两特两重”期间安全环保工作，强化物流保障，确保万无一失。严格油品数质量管理，强化外采油取样检测，加油机检查合格率、油品检查合格率均为 100%。

（毛　琳）

【顺利通过绿色企业创建验收】 2019 年，北京石油分公司积极响应集团公司“绿色企业行动计划”，于 9 月 13 日完成加油站防渗改造工程。针对国家生态环境部环保督察暴露的加油站证照问题，加强与北京市沟通协调，推动解决部分站库证照不规范、经营资质不齐全、环保手续缺失等历史遗留问题。不断强化环保设施运行管理、落实环保监管、推进污染减排，委托安全工程研究院开展现状评价，层层建立环境风险清单，合规处置危险废物、含油污水和固体废物，强化地下水及土壤治理，顺利通过绿色企业创建验收，获中国石化绿色企业称号。

（毛　琳）

【发挥价值引领作用】 2019 年，北京石油分公司深入推进业财融合，坚持算大账、算细账，抓好区公司利润模拟测算，及时调整营销资源，深化油非互促，引领价值创造。完善日分析、日报表，月通报、月度专题分析制度，密切关注毛利、价格、成本、费用和预算执行情况，及时对经营成果进行反馈。开通微信、支付宝等移动支付，节约手续费 2 350 万元。积极推动银行机构 ETC 业务登录“易捷加油”平台，引入光大银行优惠资源。认真清理民营企业欠款，抓好资产清查，强化资产管理基础工作。

（毛 琳）

【提高风险防控效能】 2019年，北京石油分公司聚焦资源采购、工程建设、合资企业、重大投资等重点领域，排查梳理重大风险管控清单，强化审计、法律、监察、财务等职能监督，修订完善规章制度，及时预警防范风险。全年组织开展合资企业等各类审计项目11项，总结归纳共性问题狠抓整改，实现审计增收节支6 737万元。开发实施风险防控信息系统，较好规避加油卡套现行为。推进合同标准文本建设，实现合同管理风控前移，合同审批效率不断提高。

（毛 琳）

【推动科技创新】 2019年，北京石油分公司实现“易捷加油”新老平台平滑迁移，打通加油卡与电子账户数据通道，完成便利店云POS改造，电子发票实时同步商品信息，改进客户体验。一键加油和电子钱包功能被销售公司采用，在全系统推广。457座加油站安装液位仪系统，自动计量应用取得突破。积极开展“加油机械臂”技术交流，技术方案初步确立。

（毛 琳）

【改进体制机制】 2019年，北京石油分公司围绕推进综合改革试点和转型发展，成立新零售中心（模拟），研究提出易捷北京分公司组建初步方案。选取4个区公司，开展片区经理管理体制试点，不断理顺管理关系，优化部门职能设置，启动人才强企和人力资源价值增值工作。强化合资企业管理，加强与股东单位沟通协调，推动解决部分合资企业历史遗留问题。

（毛 琳）

【全面强化从严治党】 2019年，北京石油分公司以开展“不忘初心、牢记使命”主题教育为契机，大力推进企业党建工作，认真落实党委主体责任和纪委监督责任，推动全面从严治党向基层延伸。公司党委率先垂范，严格执行“三重一大”决策制度和向党组请示报告制度，注重强化民主集中制原则，不折不扣贯彻落实党组决策部署。严肃党内政治生活和组织生活，组织党员结合践行“六项承诺”、落实党员带头、推动消痛疏堵开展学习讨论。对直属党组织党建工作开展全面考核，深入开展软弱涣散党支部排查工作，强化党建质量和效果评价。

（毛 琳）

【加强思想宣传政治工作】 2019年，北京石油分公司深入开展“转观念、勇担当、创一流”专题讨论和“说说你心目中一流的北京石油”“立足岗位，我对客户和员工的价值是什么”大讨论，坚持围绕中心抓好外宣工作，认真组织企业开放日活动，举办“易捷加油”平台建设、绿色企业行动等新闻发布会，展示良好社会形象。持续开展理想信念教育和石油石化优良传统教育，大力宣传“时代楷模”陈俊武院士先进典型。切实发挥统战、工会、共青团作用，在集团公司“易捷杯”扶贫营销创新大赛中获得团体金奖。

（毛 琳）

表1 北京石油分公司主要经营指标

指标名称 \ 年份	2109	2018	2017	2016	2015	2014
成品油销售总量/万吨	512.67	536.00	513.23	506.70	604.85	582.90
零售量	353.60	324.00	322.77	360.10	306.01	309.60
销售收入/亿元		387.00	324.00	311.00	359.00	466.00
利润/亿元	5.00	7.22	10.10	10.90	6.70	4.20

续表

指标名称 \ 年份	2109	2018	2017	2016	2015	2014
吨油费用 / 元	440.00	387.00	436.00	383.00	279.00	277.00
资产总额 / 亿元	156.00	151.00	156.00	143.00	138.79	129.60
加油站总数 / 座	568	567	562	563	564	566
在营油库数量 / 座	6	7	7	8	9	9

天津石油分公司

【概况】 中国石化销售股份有限公司天津石油分公司（简称天津石油分公司）是股份公司所属销售企业，主要经营成品油、润滑油、燃料油、天然气的零售、直销、批发业务及其他非油品业务，是天津地区最大的成品油经营企业。其前身为天津石油集团有限公司，始建于1950年10月，1998年6月上划集团公司，2000年4月改制为中国石油化工股份有限公司天津石油分公司，2014年5月调整改制为中国石化销售有限公司天津石油分公司，2019年1月股改变更工商登记为中国石化销售股份有限公司天津石油分公司。截至2019年底，天津石油分公司拥有加油站566座，油库4座，设12个职能处室、3个专业中心，在岗员工4 738人，资产总额103亿元。

2019年，天津石油分公司以“打造平台经济，破题效益效率，激发创造活力，全力促进企业健康可持续发展”为工作主线，面对风险挑战明显上升的内外部环境，扎实开展“不忘初心、牢记使命”主题教育，聚焦“守初心、担使命，找差距、抓落实”总体要求，坚持“以深化‘三项制度’改革为抓手，以转变思路、创新发展为主题，以精益管理、拓市增效为核心，以党政融合、齐抓共管为根本”，企业治理能力、市场把控能力、多元创效能力和持续发展能力逐步提升，实现逆势稳量。实现成品油销售237.46万吨，完成销售公司下达任务的92.8%。其中零售195.71万吨，完成销售公司下达任务的99.4%；直销批发41.76万吨，完成销售公司下达任务的70.8%；非油品实现总销售额6.62亿元，增加0.19亿元，增幅3%。天然气销售4 959万立方米，其中LNG销售4 695万立方米，增加965万立方米，增幅26%。实现考核利润2 011万元，完成销售公司下达任务的20.1%。全年实现销售收入178亿元。2019年，天津石油成品油市场占有率达52.2%，比2018年底提高0.2个百分点，实现稳中有升；机出零售量增幅0.93%，实现连续4年正增长，系统区内排名第五，较上年上升2位；零售市场占有率60.5%，保持区域市场主导地位。天津石油分公司获集团公司维护稳定工作先进单位称号，获集团公司青春助力扶贫营销创新大赛优秀组织奖、团体金奖，获第九届“榜样天津”最具社会责任企业奖等荣誉称号。

天津石油分公司主要经营指标见表1。

（赵　莹）

【细分客户开展精准营销】 2019年，天津石油分公司针对出租车、网约车在内的运营型车辆群体具有消费频率较高、累计消费金额较大这一特点，为出租车、网约车量身制订专属营销活动方案，带动汽油销量，扩大APP客户规模。6—12月期间，实现销量1.2万吨，其中网约车司机群体90%为纯新增销量。

（赵　莹）

【完善汽服网点开发自主洗车品牌】 2019年，天津石油分公司为提升经营附加值，扩展汽车服务领

“易洗车”自主品牌

域业务，加速推进洗车网点的建设，新建汽服洗车点66座，开发“易洗车”自主品牌。截至年底，实现汽服运营站点共117座，覆盖站点共计350座，洗车服务54万次，带动汽油增量2.8万吨。

（赵　莹）

【打造百强加油站】 2019年，天津石油分公司实施“一站一策”，充分挖掘每座加油站的创效潜能，因站制宜推行差异化市场战略，构建骨干网络。从加油站品牌形象、基础管理、经营指标、综合服务4个方面进行重点提升，全年打造了91座百强加油站，有效提高市场整体竞争能力，巩固和发展了区域零售市场引领地位。

（赵　莹）

【实现“加油天津”APP上线】 2019年6月，“加油天津”APP正式上线，销售成效显著。天津石油分公司坚持营销推广与功能完善并重的思路，借助首单立减优惠、APP“车主日”优惠及运营型车辆营销等活动，引入中国工商银行、兴业银行等银行合作资源，给予APP用户专属优惠，推进APP用户规模不断扩大。截至年底，“加油天津”APP注册数量达42万人，APP充值额3亿元，实现销量3.2万吨，油品消费额实现近2.73亿元（实付金额），沉淀资金达2 200万元。

（赵　莹）

【精简账册表单为基层减负】 2019年，天津石油分公司经过多次研讨和梳理精简，加油站手工账表由47张减少至17张，每日填写账表由14张减少至5张，每月填写账表由10张减少至1张，不定期账表由20张减少至10张，加油站每天固定填写的手工台账，填写时间由2小时左右缩短至40分钟以内。通过精心细致调研，配置升级零售、管控、液位仪三大系统，极大减轻员工每日结账的工作量，结账时间由每天3小时缩短至20分钟，有效为基层负担。

（赵　莹）

【全面推进副站长选聘完善人才成长通道建设】 2019年，天津石油分公司结合加油站现场管理和员工队伍建设需要，制定《关于在加油站设立副站长岗位的指导意见》，在自营自管加油站全面设置副站长，明确岗位职责和补贴标准。通过考核评聘，各分公司共计210名加油站副站长全部聘任到位。副站长岗位设置，在强化加油站现场管理同时，有效提升基层员工队伍综合素质，进一步拓宽加油站员工晋升通道。

（赵　莹）

【稳步推进公司绿色发展】 2019年，天津石油分公司强化领导引领，增大环保投入，保障公司绿色生产，实现气不上天、水不外排、油不入地。践行企业责任，着力打造示范绿色基层加油站和绿色油库，为顾客提供绿色服务，从节约能源、节约用水、绿色采购、绿色交通、绿色建筑、绿色办公等多方面全面践行低碳工作。

（赵　莹）

【创新考核模式实行员工管理积分】 2019年，天津石油分公司紧紧围绕公司发展过程中的热点、难点和短板，采取“积分”评价方式，与先进指标、专项检查评比等挂钩，采取易捷商品等多种形式兑现积分，并将管理积分作为岗位竞聘、评先评优参考依据。全年，天津石油分公司累计积分15万分，扣罚积分1 000分。

（赵　莹）

【优化体制机制提升工作效率】 2019年，天津石油分公司将客服中心调整纳入公司统一管理，职责由原来处理客户投诉扩展到适用于对公司各层级服务和经营管理工作中出现的各类投诉（诉求）

行为，强化了及时反馈和跟踪协调推动解决的闭环管理。全年受理加油站上报脱销 931 起，与 2018 年相比减少 1 237 起，降幅为 57.06%，有力保障了经营。

（赵 莹）

【持续推进机关基层骨干员工双向挂职交流】 2019 年，天津石油分公司推进机关基层骨干员工的双向挂职交流，4 名机关骨干、5 名优秀基层员工进行岗位交流，培养复合人才。

（赵 莹）

【自主开发审计辅助核对系统】 2019 年，天津石油分公司为降低经营风险，将事后审计逐步向事中审计前移，自主开发审计辅助核对系统，几秒钟就可以完成对每天全部加油站数据的核对工作，发现销售流水未日结、充值未日结、加油站少缴现金、配送站管控等问题，提高了数据核对工作效率，加强资金清账监管力度，有效堵住出血点。

（赵 莹）

【配合开展打击非法加油加气专项行动】 2019 年，天津石油分公司积极配合公安部门，通过市公安局领导带队督查、部门联合执法、镇街摸排等方式，开展打击非法加油加气专项行动，共参与打击整治非法加油加气行动 591 次，打击非法流动加油车 125 辆，处罚非法自建油罐 48 座，查处非法加油站 2 座，收缴非法油品 900 余吨，严厉打击非法加油站点，为乙醇汽油的销售创造良好的外部市场环境，保障了成品油市场的健康运行。

（赵 莹）

【降本减费挖掘效益增长新动力】 2019 年，天津石油分公司制订并落实《关于印发天津石油分公司 2019 年度降本减费工作实施方案》，细化业财融合维度，加大量价统筹、量效平衡测算力度，通过梳理优化长期资产，收回资金，增加利润 5 787 万元；通过梳理历史遗留项目，深挖效益潜力 7 680 万元；通过转回合同制人员薪酬和公积金采取直接发放、直接缴纳的方式管理，节省人事代理费 28 万元。

（赵 莹）

【深入开展机关服务基层活动】 2019 年，天津石油分公司为帮助基层解决实际困难，促进机关人员转变作风、尽职履责，凝心聚力共同推动企业高效发展，持续开展“机关人员深入一线服务基层”活动，机关管理人员每月定期到站内加油服务，累计 2 000 余人次下基层定点服务，遍及 14 个区县，征集基层反馈问题、意见、建议和急需解决事项共计 262 项，在一线加油超过 8 000 小时；党委书记直接与基层 ME、站长代表面对面交流 2 次，职能处室、专业中心负责人现场答疑、会后落实反馈，形成了机关服务基层、全员服务客户的良好氛围。

（赵 莹）

【结对帮扶精准扶贫】 2019 年，天津石油累计投入约 107 万元扶贫资金，分别与甘肃省庆阳市庆城县驿马镇和天津市蓟州区上仓镇南王庄村结对帮扶。派出 2 名扶贫干部组成帮扶小组到蓟州区上仓镇南王庄村专职进行帮扶，助力地方政府解决“两不愁、三保障”问题，为帮扶村配备办公设备，提升村里的办公条件；打造深水井一眼，让全体村民喝上干净放心的地下水；申请资金 69 万元，为帮扶村建设 300 平方米党群活动中心，有效助力帮扶村开展村政和党组织活动。采购甘肃省庆阳市庆城县驿马镇农产品 8.29 万元，帮助销售 9.44 万元易捷商品。

（赵 莹）

表 1 天津石油分公司主要经营指标

年份 指标名称	2019	2018	2017	2016	2015	2014
成品油销售总量 / 万吨	237.46	253.80	263.40	286.54	344.00	334.10
零售量	195.71	196.50	194.20	190.20	186.40	210.20

续表

指标名称 \ 年份	2019	2018	2017	2016	2015	2014
销售收入 / 亿元	178.00	195.00	163.60	161.00	195.00	254.70
利润①/ 亿元	0.20	1.02	1.44	2.01	1.54	0.86
吨油费用②/ 元	553.00	506.00	472.00	362.00	333.00	329.00
加油站总数 / 座	562.00	564.00	560.00	560.00	560.00	557.00
自营加油站数③	474.00	476.00	475.00	474.00	488.00	490.00

① 考核利润
② 考核口径吨油费用
③ 年末自有加油站保有量

河北石油分公司

【概述】 中国石化销售股份有限公司河北石油分公司（简称河北石油分公司）本部位于河北省石家庄市，其机构前身成立于 1949 年。1998 年 6 月 27 日正式划归集团公司管理。2000 年 5 月 23 日，按照集团公司企业重组改制精神，其主营业务重组成立河北石油分公司，其存续部分称中国石化集团河北石油有限责任公司。后者于 2006 年更名为中国石化集团资产经营管理有限公司河北石油分公司。2014 年按照中国石化混合所有制改革部署，变更为中国石化销售有限公司河北石油分公司；2019 年按照股改要求，再变更为中国石化销售股份有限公司河北石油分公司。

河北石油分公司是河北省成品油市场供应主渠道，主要经营汽油、柴油、润滑油、天然气和非油品业务，兼营汽服、餐饮等多种业务。

截至 2019 年底，河北石油分公司下设 12 个职能处室和 3 个专业中心，除 11 个省辖市分公司外，组建成立雄安分公司。拥有资产总额 141.65 亿元，15 座油库遍布于全省各主要交通枢纽和城镇，总容量达 63.5 万立方米；建有 13 条铁路专用线共 21 889 米；拥有加油站点 1 796 个，销售网络覆盖全省城乡各地。2019 年销售成品油 597.36 万吨，其中零售 450.85 万吨。

河北石油分公司主要经营指标见表 1。

（陈　潇）

【领导班子调整】 2019 年 3 月 8 日，河北石油分公司召开干部大会，宣布集团公司党组对河北石油分公司主要领导调整决定：张伟成任河北石油分公司代表、党委书记；陈伟任河北石油分公司总经理、党委副书记。河北石油分公司原总经理、党委副书记田凤林，党委书记、副总经理张志刚转任调研员。4 月 8 日，集团公司党组任命王彦兴为河北石油分公司党委副书记、纪委书记，推荐其为工会主席人选。调整后的河北石油分公司领导班子由张伟成、陈伟、杨炳华、洪威、李志英、王彦兴组成。

（陈　潇）

【量价兼顾提质增效】 2019 年，受国际油价宽幅震荡、资源供大于求、不公平竞争延续等因素影响，市场竞争更趋激烈。河北石油分公司聚焦总部“量效兼顾、量价双收”“打赢三大战役”核心要求，坚持改变自己、影响他人，内部强基固本、苦练“内功”，外部企地企间联手、改善经营环境，在观念转变、经营管理、网络发展、深化改革、安全环保稳定、全面从严治党等多重目标上聚力推进，止住经营下滑势头，员工薪酬增长 9%，达到企业减亏、员工增收目标。全年销售成品油 597.36 万吨，增幅 1.8%，完成计划的 104.7%。其中，机出零售 434.79 万吨，降幅

0.4%，完成计划的 100%，非机出零售 16.06 万吨；直分销 146.51 万吨，增幅 12.4%，完成计划的 126.9%。销售天然气 1.29 万吨，增幅 24.6%。非油品营业额 24.5 亿元，降幅 20%，完成计划的 80%。差价收入 23 亿元，报表利润 –14.54 亿元。

（陈　潇）

【整体合力明显增强】 以思想破冰引领行动突围，组织开展“不忘初心、牢记使命”主题教育、大讨论活动，厘清发展“六方面关系”，使“欲他救、先自救”“改变自己、影响他人”理念深入人心。定位省公司作战部、作战指挥部，地市公司作战部功能，固化省市机关“日碰头、周例会、月分析、季专题”制度，对 35 项扭亏脱困措施和“三优”建设实行周督办，强化“上升一级看问题”“算账文化”“狼性文化”，工作节奏明显加快、工作力度明显加大、工作进程明显提速，风清气正、干事创业氛围加速形成。坚定不移推进“打非治违”，全年清理非法经营、假冒标识站点 2 905 个，拘留 233 人，罚没油品 593 吨；深化竞合关系，与同业经营者从 5 个方面开展全方位合作；密切政企合作，成立 1 家合资公司，同 4 家地方国企签订合作协议，营商环境明显改观。

（陈　潇）

【经营质量稳健提升】 提高资源统筹能力，强化预算目标刚性引领，“以日保周、以周保月、以月保年”。精准研判市场，统筹配置、集采、自采、串换等资源，全年降本 14.8 亿元。优化一、二、三次物流。克服衡水油库迁建、张家口油库铁路停用、邢台油库改造、环保限行、限时卸油不利因素影响，通过就厂直配、资源串换、管道扩距、压减铁路运输、严控运杂费支出等节费 4 435 万元，吨油费用降低 9.4 元。“三区九类”细化汽油“一域一策”营销策略，统筹实施柴油“一路一策”；大力推动油滴隐性营销战略，大幅削减直降、满减等显性优惠，2019 年底汽、柴油油滴让利占比为 73% 和 6%，分别提高 50 个百分点和 3 个百分点，“量效兼顾”成效凸显；开展联合营销，累计回馈客户 2 164 万元，其中合作方让利 1 978 万元。全年获零售红旗 11 面、历史最多。直分销上，网上抢单约单、竞标客户采购、开展营销竞赛，加大雄安新区、张家口冬奥会重点区域新客户开发力度，直分销市场规模扩大，其中汽油销量超 22 万吨。

（陈　潇）

【转型发展获新突破】 以培育优秀网络、优秀门店、优秀客户为抓手，转型综合服务商。布局环京津、张家口冬奥会重点区域，以罩棚亮化、丰富汽油品号、更换多枪机、便利店改造为主，“一站一策”，打造 163 座形象规范、功能完善、品牌彰显的优秀门店。组织年货节、赖茅及格力专题营销活动，实现销售额 4.3 亿元；发力整车销售，销售额突破 3 亿元；实施“万人创业”，开设员工微店 11 741 家；攻坚高速站非油品经营“禁区”，有 14 座高速站便利店投入运营。在稳量同时，着力提升非油品创效能力，大幅降低采购成本、在营商品毛利率全部高于 30%，重点打造自有品牌商品、降低物流成本、加强损耗管理等，非油品实现毛利 0.36 亿元，增加 1.69 亿元。

（陈　潇）

【深化改革有序推进】 优化整合机构设置，对职能相近、联系紧密部门优化调整，省公司机关由原来 18 个精简至 15 个；理顺非油品业务、绩效考核、“他有我管”职责分工等，达到权责清晰、精简高效、运转顺畅预期；组建雄安分公司，顺利撤销北戴河培训中心。推进“三项制度”改革。用人上，首次对 6 名中层副职、省公司机关 63 名主管以上干部实行竞争上岗，19 名到龄中层领导人员规范退出，15 名原主管主动退出；用工上，严格总量控制，全面推进驻站式委托管理、大班制改革，累计优化员工 1 708 人，加油站人均零售量 561 吨 / 年，提高 32%；分配上，构建“1+3”综合绩效考核及切块薪酬兑现体系，严禁条线间薪酬相互侵占；拉大地市公司之间、部门之间、个人之间收入差距，地市综合绩效考核差距由原来 15% 增加到 40%，考核激励导向凸显。有序推动重点改革工作，“四供一业”87 项维修改造项目进入收尾阶段；严格合资公司管理，桑梓公司首次摘掉“亏损”帽子。

（陈　潇）

【网络发展取得新进步】 增量发展上，重点推广合资合作、短租短付、“他有我管”轻资产发展模式，有5座合作站投营、3个项目进入实质运作阶段，租赁加油站33座、“他有我管”站12座；对重点区域、战略位置规划站点，坚持自主发展，竞拍成功5宗加油站用地；加强同龙禹公司沟通，将其域内19座站全部纳入河北石油分公司经营。存量网络上，坚持守土有责，顺利迁建加油站3座，长期歇业站复营10座；成功续租50座，维护了网络稳定。推进重点项目建设，衡水油库、张家口油库迁建项目顺利推进；邢台油库脱瓶颈改造完成；完成270座加油站防渗改造；6个乙醇汽油改造、6个98#汽油添加剂项目有序推进。

（陈　潇）

【安全环保基础稳固】 发布实施HSSE管理体系，推行安全记分管理、地市公司主要负责人HSSE考核办法，明确安全底线、红线；推进隐患治理，9个总部监管的隐患项目全部整改到位；攻坚“低老坏”顽疾，在8个方面重点整治；加大“四不两直”检查力度，有效提高检查质量。狠抓数质量管理，严把进货损耗关、密度关，强化库存监督盘点，13座油库自动计量系统上线运行，加强损耗排位后20名加油站监管，确保综合损溢率处于合理水平。补办609项库站环评手续，手续完成率提高至78%。全年接受国家、省市质量抽检894站次、环保检查740次，检测结果全部合格，未发生一起被国家应急、环保部门通报事件。在销售板块HSSE管理能力年度综合评价中获B+评级。

（陈　潇）

【规范管理上新台阶】 加强“三基”管理，结合机构调整，全面梳理部门职责，完善岗位绩效考核；重新修订“三重一大”制度、内控控制点400项；强化合资公司审计监管，完成4位原负责人离任审计；实行整改清单化，按时完成集团公司巡视、主题教育调研、党建考核、销售公司审计反馈问题等；全面依法依规治企，审核经济类合同1 798份；加强岗位技能竞赛，持续推进油库“三比三看三提升”活动。完善营销、管理2个平台功能，深化液位仪系统应用，开发V20远程盘点功能；消除信息孤岛、破除数据壁垒，推进稽核系统建设，实现经营数据差异预警，提高智能监管水平；强化信息安全，圆满完成“护网2019”行动。

（陈　潇）

【精细管理挖潜增效】 加强加油卡发票管理，资金差异预警监管模式获总部认可并推广；控制流动资产增长，严格“两金”占用，把控收付款管理，超额3.79亿元完成总部现金流控制目标；加强费用管控，建立以吨油可控费用为核心的费用管控机制，强化量费联动，引导向市场、向管理要费用；推动收款模式优化、电票结算、出租闲置资产等，全年挖潜创效2 600万元；加强债权管理，成功收回法院扣款等长期拖欠款1 425万元；甩掉历史包袱，顺利处置资产0.8亿元，消化年初库存潜亏1亿元；清理民企欠款，核销不需支付款项1 600万元。

（陈　潇）

【政治保障坚强有力】 高标准起步、高效率运行、高质量落地开展“不忘初心、牢记使命”主题教育，学习教育深学细悟，调查研究寻计问策，检视问题对标找差距，整改落实动真碰硬，总体评价满意度99.8%。聚焦党委“把方向、管大局、保落实”作用有效发挥，主动认领中央巡视集团公司党组反馈有关问题，研究细化集团公司巡视反馈意见整改方案，扎实做好“后半篇文章”，136项整改措施已完成132项，整改完成率97.06%。全员参与销售系统遵章守纪知识竞赛，获销售公司一等奖。调整11家地市公司领导班子，地市公司党委全部按期完成换届选举，成立雄安分公司党委。推进人才强企工程，完善干部选拔任用制度，一批年轻干部脱颖而出，新提拔12名中层领导人员中，40岁以下干部占41.6%，中层干部平均年龄由年初48.9岁降至46.1岁。落实管党治党“两个责任”，驰而不息纠“四风”，大力整治形式主义、官僚主义，督查检查、评比表彰分别缩减53%和63%。弘扬劳模精神、工匠精神，保定高阳县公司获中央企业先进集体称号，22个先进集体或个人被评为集团公司级荣誉。销售扶贫商品4 901万元，彰显企业社会责任。抓实维稳防控，信访积案化解取得新进展，确保了“一带一路”高峰论坛、中央巡视组巡视集团公司党组、庆祝新中国成立70周年等重大敏感期间信访“零进京、零聚集”，信访稳定形势实现根本性好转。

（陈　潇）

表1　　河北石油分公司主要经营指标

指标名称＼年份	2019	2018	2017	2016	2015	2014
成品油销售总量/万吨	597.36	586.70	608.68	608.10	649.10	650.90
零售量	450.85	456.03	482.17	503.00	506.80	529.30
销售收入/亿元	414.72	405.26	382.25	334.90	379.22	494.11
利润/亿元	−14.54	−14.98	−4.91	0.68	0.03	2.30
成品油吨油费用/元	506.00	463.00	427.00	367.00	368.00	358.40
加油站总数/座	1 796	1 796	1 796	1 796	1 796	1 825

山西石油分公司

【概况】 中国石化销售股份有限公司山西石油分公司（简称山西石油分公司）本部位于山西省太原市万柏林区大王路8号，前身为成立于1951年的中国石油公司太原支公司，1991年改为山西省石油总公司，1998年整体上划集团公司，2000年10月重组改制为中国石油化工股份有限公司山西石油分公司，按照中国石化油品销售系统改革重组安排，2014年更名为中国石化销售有限公司山西石油分公司，2019年更名为现名。

山西石油分公司为中国石化在山西唯一的、也是全省最大的成品油销售企业，承担着成品油资源配置、供应的主要任务，主营汽油、柴油、煤油、润滑油、天然气及非油品业务。

截至2019年底，山西石油分公司下辖11个市分公司、91个县（区）公司，用工总量8 189人，共有在用油库13座、在营加油站1 317座、非油品便利店1 087座，资产总额96.62亿元。

山西石油分公司主要经营指标见表1。

（王喜梅）

【领导班子调整】 2019年3月26日，集团公司党组决定免去徐光中共山西省石油分公司委员会委员职务，股份公司决定解聘徐光山西石油分公司副总经理职务。山西石油分公司领导班子由董光明、吴劲松、徐福斌、郝润明、马建祥、韩祥峰、邓红平7人组成。

（王喜梅）

【强化系统思维狠抓经营统筹协调】 2019年，山西石油分公司强化系统思维，加强各业务线条、各经营要素的统筹协调。运作采销存统筹上，建立进销存价联动机制，用好资源顺推模型，把握采调节奏，把控库存水平，扩大外采效益；营销统筹上，以APP为抓手，推进以油促非、以非促油、线上线下融合；量价统筹上，合理统筹量价关系，减少非理性竞争；物流运行统筹上，优化资源流向，拓展管输扩距，全口径降低物流费用；市场环境统筹上，推动政府“打非治违”，经营环境得到改善。

（王喜梅）

【优化竞争策略奋力推进市场攻坚】 零售不断优化竞争策略，集中开展“双差”整治，培育打造星级站，在激烈竞争形势下基本守住了市场底线；

直分销坚持梯次定价、“一户一价”，开展会员积分、APP 抢单、全商品营销，实现量效齐增；天然气销售强化“一户一策”营销，完善加气站手续提高在营率；非油品业务强化结构调整、业务拓展，实行门店培育计划，推行标准化分类管理，开展主题营销及核心商品促销，加快拓展汽服、广告业务。

（王喜梅）

【压实目标责任持续抓好网络发展】 2019 年，山西石油分公司出台网络发展专项奖励办法，积极协调政府落实“拆一还一”维护网络稳定，开展双改施工、证照补办、发展遗留问题整改攻坚。

（王喜梅）

【理清职能定位深化改革提高效率】 2019 年，山西石油分公司深化体制改革，理清职能定位，明确机构设置，调整管控模式，实现审计监督业务一级管理；进一步深化“三项制度”改革，“三能”机制建设稳步推进；开展全员竞争上岗、扩大家庭驻站式委托管理、完成油库“大班制”改革；完善考核分配和对标管理体系，将考核结果与薪酬分配直接挂钩，进一步打破平均主义“大锅饭”，人均收入稳步增长，改革活力逐步释放。

（王喜梅）

【推进成本目标控制深化精细管理】 整合上收油库收发存业务，精细密度管理；强化损溢管理，多渠道优化资金管理，积极应对法律纠纷，强化工程造价审计。

（王喜梅）

【提升安全意识强化风险防控】 落实绿色企业创建“一方案两清单”，30% 加油站初步达到绿色基层标准；狠抓油库自动计量系统建设，实现设备安装、数据接入“两个到位”；强化非油品数质量及食品安全管理，践行“易捷万店无假货”承诺；健全完善审计整改闭环管理机制，不规范关联企业、遗留项目清理整改取得新进展。

（王喜梅）

【开展主题教育大力提升党建质量】 2019 年，山西石油分公司开展“不忘初心、牢记使命”主题教育，实现“理论学习有收获、思想政治受洗礼、干事创业敢担当、为民服务解难题、清正廉洁作表率”各项目标；接受总部巡视巡察，全面推进问题整改；全面实施“组织力提升工程”，基层党组织软弱涣散现象得到有效整治；完善“五位一体”大监督体系，开展“四查”“双严”、扶贫领域腐败和作风问题等专项检查；强力推动维稳工作，实现“两特两重”时期零进京上访。

（王喜梅）

【第一次党代会召开】 2019 年 1 月 12—13 日，中国共产党中国石油化工股份有限公司山西石油分公司第一次代表大会在太原召开，会议选举产生公司党委新一届委员会和纪律检查委员会，省、市公司 115 名党员代表出席大会。

（王喜梅）

【第一次团代会召开】 2019 年 4 月 27 日，山西石油分公司第一次团代会召开，与会代表审议通过题为《不忘初心跟党走，勇立潮头建新功，为公司实现全面可持续发展贡献青春力量》的工作报告。28 日，省公司团委举办共青团干暨青工政治轮训班，350 余人次参加培训。

（王喜梅）

【印发《山西石油分公司“两个三年、两个十年”发展目标规划》】 2019 年 1 月 29 日，山西石油分公司印发《山西石油分公司“两个三年、两个十年”发展目标规划》，确立了今后较长一段时期引领公司发展的行动纲领。第一个三年，即 2018—2020 年，实现公司可持续发展，重点打好市场开拓、网络发展、深化改革、降本增效、风险防控攻坚战，推动企业扭亏脱困取得实质性突破，制约企业可持续发展的各种问题得以解决。第二个三年，即 2021—2023 年，实现公司全面可持续发展，油气市场地位更加牢固，非油品创利能力明显增强，基本完成向综合服务商转型的结构调整和布局完善。第一个十年，即 2024—2033 年，实现公司提质增效转型发展，“油气氢电非”五大业务互补互促、融合发展，加快向综合服务商转型，“四大”变革基本完成，业务形态更加多元，服务功能更加完善，市场地位更加稳固，效益效率稳步增长，非油品成为公司利润重要来源，各项考核指标在华北4家销售企业名列前茅。第二个十年，即2034—2043年，实现公司高质量发展，“四大”变革全部完成，企业向综合服务商成功转型，治理能力、经营质量、财务指标、人才管理和党建工作等更为优异，管理实现精益化、智能化，整体综合竞争力凸显，各项考核指标达到销售企业平均先进水平。

（王喜梅）

【承办集团公司2019年“院士行”活动】 2019年9月1—12日，山西石油分公司承办集团公司2019年“院士行”活动。为确保院士健康安全和活动顺利举行，山西石油分公司事先实地调研、制订周密工作方案，针对院士年龄结构偏大特点，协调定点医院派遣专门医务人员提供随行医疗保障服务，商请活动目的地单位开辟绿色通道。活动历时12天，安排16名院士及其亲属参观山西博物院、山西青铜博物馆、晋祠博物馆、平遥古城等山西人文历史古迹，“院士行”活动安排实现任务压茬推进、流程无缝衔接、过程安全平稳、服务善始善终，得到集团公司和莅临院士的良好评价和充分肯定。

（王喜梅）

【山西省内首家“ETC+无感加油”加油站正式上线】 2019年12月9日，山西省内首家“ETC+无感加油”系统在晋中公司猫儿岭加油站正式上线。车主只需提前在“无感支付”微信小程序或建行手机银行APP无感出行绑定车辆信息，进入油站即可完成车辆自动识别、快速支付等功能，整个过程车主无须下车，无须掏银行卡或现金，从加完油到付款只需3秒钟。“ETC+无感加油”颠覆了传统加油业务流程，为车主提供了加油全程无须下车、快速驶离的全新体验。

（王喜梅）

【晋城油库搬迁项目开工奠基】 山西石油分公司所属晋城油库始建于19世纪60年代。2013年3月，晋城市政府下达油库搬迁通知，2015年晋城油库搬迁项目被山西省政府列为“2015年省政府重点工程”项目。山西石油分公司深入细致论证晋城油库搬迁选址与设计，积极协调办理规划、安全、环评等相关手续，持续推进落实投资和政府补贴资金，反复沟通解决影响项目推进的油库铁路专用线等堵点问题。2019年12月18日，晋城油库搬迁项目开工奠基仪式在晋城市泽州县大东沟镇贾泉村隆重举行，标志着适应城市规划与安全环保需要、满足地方经济发展、扩大和保障区域能源储备的重点工程项目切实落地。

（王喜梅）

【太原滨河加油站17天完成升级改造】 2019年，山西石油分公司针对一批大要站功能单一、设备老化、通过率低，难以适应车流量不断增大、消费者需求日趋多元的市场变化现状，确定实施提量升级改造计划。超前谋划所属最大汽油站太原滨河加油站改造方案，为最大限度降低停业损失，改造期间日夜连轴施工，严格施工监管，仅用17天时间保质保量完成升级改造。4月29日，滨河站重新开业，改造后的滨河站功能多元、设备先进、服务优质，成为中国石化在太原的一张靓丽名片。

（王喜梅）

表1　山西石油分公司主要经营指标

指标名称＼年份	2019	2018	2017	2016	2015	2014
成品油销售总量/万吨	364.00	395.00	381.77	409.92	479.87	485.81
零售量	238.00	273.60	275.63	282.06	300.03	333.46
销售收入/亿元	246.53	277.45	230.74	224.11	269.33	359.24

续表

指标名称 \ 年份	2019	2018	2017	2016	2015	2014
利润 / 亿元	−9.80	−13.50	−6.90	−2.78	−3.53	0.06
吨油费用 / 元	445.00	430.00	491.10	417.00	331.00	356.00
在营加油站总数 / 座	1 317	1 385	1 211	1 373	1 380	1 369

上海石油分公司

【概况】 中国石化销售股份有限公司上海石油分公司（简称上海石油分公司）位于上海市黄浦区中山东一路 24 号甲。其前身系创建于 1953 年 10 月的中国石油公司上海分公司。1983 年，其煤炭经营业务划归上海市燃料油公司后更名为上海市石油公司。1995 年 11 月，上海市原区县石油公司行政业务统一集中管理后成立为上海市石油（集团）有限公司。1998 年 9 月，上海石油（集团）有限公司成建制上划集团公司更名为中国石化上海石油（集团）公司。1999 年 8 月，原中国石化华东销售公司高桥石油站等经营性资产划入中国石化上海石油（集团）公司。2000 年 2 月，中国石化上海石油（集团）公司主辅分离，改制上市，主营业务部分组建为中国石油化工股份有限公司上海石油分公司，辅助业务部分组建为中国石化集团上海石油有限责任公司（后更名为中国石化集团上海石油资产分公司）。2014 年 5 月，中国石油化工股份有限公司上海石油分公司更名为中国石化销售有限公司上海石油分公司。2019 年 2 月，中国石化销售有限公司上海石油分公司更名为中国石化销售股份有限公司上海石油分公司。

上海石油分公司是上海市成品油市场供应主渠道，主要从事汽油、柴油、天然气和液化气的零售、批发、直销配送、仓储业务及非油品销售业务。

截至 2019 年底，上海石油分公司共设有 14 个管理处室、2 个专业中心、1 个管理中心和 6 个分公司。拥有员工 3 711 人，其中合同制员工 3 462 人、其他用工 249 人。拥有在营油库 4 座，总库容 64.41 万立方米。在营加油站 590 座，在营易捷便利店 467 家。

2019 年，上海石油分公司完成经营总量 543.64 万吨，其中成品油 542.6 万吨、减少 0.5%。成品油零售 440.59 万吨，增长 0.6%；直分销 102.01 万吨，减少 4.80%。非油品全口径营业额 16.03 亿元，增长 17%。实现报表利润 9.6 亿元，费用总额 19.55 亿元，吨油费用 334 元。

上海石油分公司主要经营指标见表 1。

（徐　珏）

【深化体制机制改革】 2019 年，上海石油分公司制订《上海石油分公司全面深化改革实施方案》，为公司中长期发展勾画明确的发展方向与路径。健全加油站契约化管理机制，推动委托管理工作不断走深走实。实施财务转型改革，深化业财融合，发挥财务价值引领作用，构建共享、保留、外包“三位一体”财务管理新模式。推行客服业务委托管理，在原有业务职能基础上，承接公司库站报修等工作。推进数质量检测业务市场化运作，以恒科公司为平台，探索以协作实验室的方式强强联合，开展油气回收等新业务检测，全面提升检测服务范围与水平。推进维修业务改革，逐步实行库站维修业务市场化运作、社会化服务。强化人事监管，突出做好库站内部用工分配制度改革，推进“三定”方案实施落地。企业人均劳效增长 15.6%、员工收入水平增长 11.21%。

（徐　珏）

【构建上海易捷特色经营模式】 2019 年，上海石油分公司坚持突出自有品牌，通过优化商品结构、

第 1 座无感支付无人便利店正式营业

做大重点商品、加大营销活动力度等措施，努力拓展基础品类销售，提升非油品销售活力，全年非油品基础品类营业额突破 15 亿元，增幅 17%。全面实施可视化系统升级，对门店配送频次进行调整，提升门店运营效率。丰富门店支付方式，逐步实现以无现金化和移动扫码支付等为主的新零售业态支付类型，第 1 座无感支付无人便利店正式营业。积极推进加油站充电桩布局，深度融合线上线下业务，深化与百联的线上业务合作，实现微商城的线上支付功能。实施中央仓前瞻性建设，着力打造适合上海石油分公司自身条件的现代化非油品仓储物流模式。

（徐　珏）

【经营质态进一步优化】 2019 年，上海石油分公司强化资源运筹调控。抓好采销联动，做实资源外采，全年实现外采降本创效 18.97 亿元，上海—江苏加油站跨省配送业务实现新突破。精准施策抢抓零售销量。有效落实汽油“一域一策”与柴油“一路一策”，用活出租车专用卡、集团个人卡与柴油联名卡，综合持卡加油比例增幅 3.7%，高标号汽油创效 7.29 亿元。主动参与市场竞争，在维持面上稳价的基础上，集中资源果断应对重点区域价格竞争，坚决维护市场份额。优化营销模式，积极探索“他有我营”轻资产发展合作模式，与 2 家规模化社会单位共计 11 座加油站签订合作协议，市场占有率有效提升。

（徐　珏）

【有效维护市场环境】 2019 年，上海石油分公司借助上海市“扫黑除恶”专项行动、中央生态环保督察组进驻上海等有利契机，联合政府部门打击取缔非法流动加油车、违法加油点及轻烃内部站，协助海关、海警部门处理罚没走私油品 4 390 余吨。

（徐　珏）

【加油站油库效能提升】 2019 年，上海石油分公司重点突破加油站悬挂式加油项目，5 座应用悬挂加油机技术的加油站均已投营。上海石油分公司在有条件的加油站大力发展全自动洗车项目，1 座加油站初步完成“智慧”化改造。持续开展智慧油库建设，杨浦油库实现平台发油一卡通、油罐收发一键通，消防自动化，各类系统集成和提升等整体功能。所属油库完成自动计量系统建设，相关业务数据直接系统抓取，提高油库数量管理的准度和精度。所属油库生物柴油、工艺优化、自动化升级等改造规划设计正在稳步推进。

（徐　珏）

应用悬挂加油机技术的加油站

【MQHSSE 工作有效开展】 2019 年，上海石油分公司发布 HSSE 管理体系，严格落实安全生产责任制。狠抓数质量管控，全年汽柴油综合损耗率为 -0.03%，63 座加油站获加油站行业诚信计量示范单位称号。狠抓现场管理与公共安全管理，加强联防联治，全力做好迎大庆、护进博专项保障。打好加油站综合防渗及综合改造攻坚战，年末实现改造完成率 98.9%。全面推广清洁能源，推动生物柴油进公交、进环卫，有效稳定柴油销售。推进加气站改建工作，全面实施加油站截污纳管改造并布设地下水监测井，上海石油分公司获中国石化绿色企业称号。

（徐　珏）

【油氢合建站示范运行】 2019年，上海石油分公司重点推进氢能源开发，深度参与上海加氢站点规划布局。与嘉定、金山、崇明及浦东临港开发区达成共同开发示范项目合作意向。11月，安智、西上海2座油氢合建站竣工并投入试运行，为打造上海氢能港、实现长三角氢能走廊规划目标、助力长三角一体化国家战略提供有力实践。

（徐　珏）

西上海油氢合建站

【培育转型升级发展的新引擎】 2019年，上海石油分公司全力抢占网络增量，深化企地合作，协调政府部门落实“拆一还一”1座、原地缩建1座，新建开业7座，通过定向招拍挂取得加油站出让用地4宗。妥善解决土地征用等问题，土地征收货币补偿金额远超预期。大力推进低效无效站及闲置房地产创新转型，充分利用政策支撑，试点工业用地盘活项目，利用闲置油库土地合作开发科创园区，“出租—装修—运营—收回”模式盘活闲置房产取得实质性进展。

（徐　珏）

【降本增效工作成效显著】 2019年，上海石油分公司创新加油站上门收款方式，全年降费近1 000万元。强化日常修理费管控，全年降费20%。落实低效、无效、负效资产提质增效，亏损子企业由上年末17家减至6家。切实做好应收应付清收工作。加强信用额度动态管理，实行款到发货，降低经营风险。认真梳理应付民营企业账款情况，建立约谈举报机制，实现年末“零清欠”目标。积极落实个税新政。确保免税项目应享尽享，实现减免所得税近3 400万元，系统升级及商品税率调整实现综合降税5 400万元。

（徐　珏）

【增强企业发展内生动力】 2019年，上海石油分公司贯穿全年开展“全面从严管理、全员履职担当”综合整治，组织开展“四查”专项治理与“转观念、勇担当、创一流”工作。聚焦“进一步转变机关工作作风，筑牢为基层服务的思想基础”开展调研，并在第2批主题教育中部署开展基层管理人员思想观念上存在突出问题集中整治活动。扎实开展管理提升年活动，以加油站规范化管理“百日竞赛”活动为抓手，以查促改推动基础管理水平跃上新台阶。强化股权管理，全年收回股利2.15亿元。顺利完成5户压减法人项目，超指标提前完成“压减法人”攻坚战。持续推进企业内部风险管控“两单建设”，突出抓好重点领域、重点人员、重要环节风险防范。优化监督手段、整合监督资源，运用“四种形态”切实抓好执纪问责，构建集中统一、权威高效的“大监督”格局。

（徐　珏）

【人才队伍建设更显活力】 2019年，上海石油分公司着力完善干部人才管理体系建设，优化队伍年龄结构，深化机关专业技术人员与基层机关工作人员双向交流、年轻干部挂职轮岗、中青年干部“双月一训”及师带徒带教培养模式。创新大学生培养模式，将加氢示范站打造为新入职大学生培育基地。加强管理与考核，将干部能上能下制度真正落实落地。推进专业技术队伍建设，推动专家在岗位上充分发挥作用。加强技能操作序列队伍建设，完成主管技师、技师选聘工作，促进技能人才投入创新创效实践。建立站长站运行机制，加大后备人才培养力度，树立优胜劣汰良性竞争导向。

（徐　珏）

【全面从严治党向纵深发展】 2019年，上海石油分公司以深入开展“不忘初心、牢记使命”主题教育为载体，以提升基层党组织组织力为重点，突出政治功能，聚焦打通全面从严治党“最后一公里”，接续抓重点、补短板，抓规范、提质量，抓创新、树品牌，抓融合、求实效，坚定不移推动基层党建工作质量提升，为全面深化改革、可持续高质量发展、完成经济目标任务发挥引领推动作用。加油站行业首次获上海市政府授予上海市文明行业称号；上海石油分公司获 2017—2018 年度文明单位称号。

（徐　珏）

表 1　　上海石油分公司主要经营指标

指标名称＼年份	2019	2018	2017	2016	2015	2014
成品油销售总量 / 万吨	543.64	545.40	531.32	503.20	486.21	459.04
零售量	440.59	437.90	435.68	418.06	385.54	361.39
销售收入 / 亿元	390.69	411.59	345.07	302.40	300.65	359.64
利润 / 亿元	9.60	10.00	10.71	12.50	10.59	7.00
吨油费用 / 元	334	313.00	314.00	312.00	277.00	286.00
资产总额 / 亿元	171.46	136.86	143.29	135.73	124.61	113.34
在营加油站总数 / 座	590	590	584	587	583	583
在营油库数量 / 座	4	4	4	4	4	5

江苏石油分公司

【概况】 中国石化销售股份有限公司江苏石油分公司（简称江苏石油分公司）位于江苏省南京市鼓楼区中山北路 395 号，主营油品销售。其前身中国石油公司江苏分公司成立于 1953 年，1997 年加入中国东联集团有限公司，1998 年整体划转集团公司。

江苏石油分公司下设南京、无锡、徐州、常州、苏州、南通、连云港、淮安、宿迁、盐城、扬州、泰州、镇江、江阴 14 个区域分公司。2004 年，与壳牌合资组建中国第 1 家经国务院批准的从事成品油零售业务的中外合资公司——中石化壳牌（江苏）石油销售有限公司。

截至 2019 年末，江苏石油分公司总资产 392.76 亿元。在营加油站 2 695 座，在营油库 19 座，成品油管线 1 100 千米；各类用工总数 17 099 人，其中在岗正式工 2 727 人；设立 16 个二级党委（含机关党委），党员总数 3 338 人。2019 年，实现销售收入 1 173.9 亿元。

江苏石油分公司主要经营指标见表 1。

（张　白）

【量效规模稳健增长】 2019 年，江苏石油分公司实现成品油销量 1 639 万吨、增长 3.8%，其中零售量 1 300 万吨、增长 1.2%，直分销量 339 万吨、增长 15%。非油品基础品类销售 43.6 亿元、增长 2%。天然气销售 4.08 亿立方米、增长 16%。吨油费用 281 元。实现报表利润 34.9 亿元，ROE 为 22%。

（张　白）

【市场竞争接受考验】 2019 年，江苏石油分公司强化市场竞争组织工作，针对主要竞争对手非理性降价竞争，灵活应对、综合施策，灵活把握外采节奏和量价关系，外采资源 419 万吨、增长

11%。树立“打仗思维”，分战区组织苏北阻击战、苏中遭遇战、苏南保卫战，从整体上主导区域市场，自营机出量1 018.9万吨，较好地稳定了市场份额，为打好效益保卫战奠定了坚实基础。

（张　白）

【油品经营稳步提升】 2019年，江苏石油分公司扎实做好零售经营工作，高标号汽油零售量293.3万吨、增长5.7%。新增轻资产站59座，开业61座。利用第三方营销合作有效资源1.08亿元。新增持卡客户26.8万个。实现微信、支付宝等支付方式全覆盖，适应市场变化、满足服务需求。洗车网点超700个，覆盖率26%，年洗车量超千万台次。直分销业务灵活切换推价引领市场、价格贴近市场2种经营模式，持续开展客户走访，落实省地县三级客户维护责任，稳定成品油经营规模。

（张　白）

【非油品业务结构优化】 调整非油品发展导向，突出效益质量，立足“四个做实”，可持续发展基础进一步夯实，经营结构进一步优化。基础品类交易额提高2.3个百分点，销售毛利率提高1.1个百分点。实施大店培育计划，千万级门店达26个。尾气处理液、燃油宝、卓玛泉等核心商品销售保持板块领先。举办江苏特色商品展销会，部分江苏特色商品通过易捷渠道走向全国。启动门店运营标准化工作，完成550座门店“三优”计划。完成南京、宿迁中央仓设施设备升级。易捷咖啡首批门店落户苏州。

（张　白）

江苏特色商品推广联盟启动仪式

【天然气业务保持领先】 按照“强化直销、稳定零售、发展点供、区外补充”思路，实现天然气经营规模稳步增长，进一步巩固天然气业务在板块内的领先地位，天然气销售首次突破4亿立方米，经营总量连续4年保持板块第一。全年新增LNG点供项目7个。

（张　白）

【网络建设成效明显】 2019年，新增开业加油（气）站50座、充电站2座、形象示范站30座。新增储备项目39个，其中公开竞拍8个、定向挂牌22个。消解各类督办项目17个，减少、化解投资风险5 459万元。盘活闲置土地10宗。盐城上冈库建设主体竣工，江阴滨江库开工建设，常州钟楼库完成结构调整。常宜管线建设筹备进展顺利。建成、投营城市综合体项目21个。全年完成1 284座站点防渗改造。

（张　白）

【各项改革积极推进】 徐州、南通分公司试行职业经理人改革，机制作用开始发挥。县公司管理体制改革进一步深化，市场主体责任进一步压实。进一步深化小站管理体制改革，改革小站驻站管理率92.6%。持续改善用工结构，用工持续深化，人均经营总量、零售量分别增长8.2%和5.0%。非油品模拟市场化考核、扬州试点管理公司转型发展、宿迁试点综合客户经理管理体制改革等工作取得进展。

（张　白）

【安环责任从严从实】 深刻汲取南京“1·11”闪爆事故教训，开展“百日安全整治行动”“我身边的风险”大讨论、大排查，实行“十必须、十严禁”等多项硬措施，完善安全督查管理办法，建立降值考核机制，压实风险管控措施。实施重大作业风险领导承包制、机械清罐作业、作业票微信签到等制度，强化站长施工现场违章作业叫停制度。开展企地应急预案演练，规范油库重点要害部位封闭化管理，促进公共安全及治安管理常态化。库站环保手续不全问题基本解决。获绿色企业、环保先进企业称号。

（张　白）

【精益管理持续强化】 发出“牢固树立过紧日子”倡议，推动全员树立管理创效意识，2019年实现管理创效1.79亿元。商品存货管理、损耗管理得到加强与规范，油气回收8 405吨、增加34吨，回收率1.0‰，形成经济效益5 000余万元。严格供应商管理，建立供应商约谈制度，确保油品质量100%合格，完成通桥、栖霞等10座油库自动计量设备安装调试；地罐交接准确率提升至98%，提高14个百分点。采取租库收发、优化流向、统一调度、跨省配送等措施，确保市场供应平稳。吨油进销运杂费较预算节约0.4元。关停8座低效加气站点，天然气综合损耗下降0.53个百分点。

（张　白）

【党的建设全面加强】 扎实开展主题教育活动，深学细研《学习纲要》《论述选编》等必读书目，组织党员干部集中赴延安、上海一大会址现场学习。修订党政两个议事规则，完善党委、班子成员党建责任清单，两级党委“把方向、管大局、保落实”更显张力。调整、充实13名处级干部，部分岗位试行职级分离办法锻炼年轻骨干，重新启动、选聘一批专家、主任师。按照融入库站一线、融入县域发展、融入项目建设要求，党委领导力、基层组织力、队伍创造力得到进一步提升。“假如我是客户”、全员大学习等讨论、倡议活动引起反响。“传承石油精神、争当最美奋斗者”等微党课竞赛活动，初步形成奋斗文化。“中国石化奉献在江苏”主题宣传活动社会反响良好，举办8期社会公众开放日活动。群团组织建设活力进一步彰显。信访稳定形势较上年有明显好转。党建考核获评集团公司A类，被国务院国资委授予中央企业先进集体称号。

（张　白）

表1　　江苏石油分公司主要经营指标

指标名称＼年份	2019	2018	2017	2016	2015	2014
成品油销售总量/万吨	1 639.30	1 579.05	1 539.60	1 459.90	1 350.80	1 317.10
零售量	1 299.60	1 283.50	1 249.90	1 197.10	1 137.10	1 109.60
销售收入/亿元	1 173.90	1 191.50	1 008.80	861.00	837.00	1 014.00
利润/亿元	34.90	38.02	41.50	38.00	24.00	19.20
吨油费用/元	283.00	271.60	260.50	267.00	264.00	265.00
加油站总数/座	2 695	2 564	2 450	2 363	2 227	2 209

浙江石油分公司

【概况】 中国石化销售股份有限公司浙江石油分公司（简称浙江石油分公司）前身为建于1950年的中国石油公司杭州支公司。1985年成立中国石油化工销售公司浙江省石油公司。1990年更名为浙江省石油总公司。1998年8月与省内各地（市）、县石油公司成建制划转集团公司。2000年4月更名为中国石油化工股份有限公司浙江石油分公司。2014年5月更名为中国石化销售有限公司浙江石油分公司。2019年1月更名为中国石化销售股份有限公司浙江石油分公司。

浙江石油分公司主要经营成品油、天然气及其他化工产品，兼营加油站便利店非油品、洗车和餐饮等，是浙江省内最大的成品油销售企业。本部位于浙江省杭州市河坊街58号，截至2019年底，设立14个职能处室、4个专业中心和4个直属单位，下辖12家分公司和1家合资公司，从业人员 18 111 人，其中委托经营公司员工 10 880 人。有定位油库 20 座，油罐容量 155 万立方米；铁路专用线 4 条，油库码头 11 座；各类加油（气）站等终端网点 2 070 座，其中纯加气站 59 座。已建成镇海炼化经宁波至杭州（康桥油库）、上海石化经浙江嘉兴至湖州、宁波经绍兴和金华至衢州、龙游至常山、绍兴至杭州、宁波经台州至温州、诸暨至桐庐 7 条成品油输送管道，合计长度 1 424 千米。至此，浙江石油分公司已构建起覆盖浙江 9 个地市的“两纵两横三专线”的成品油管网，年累计输送成品油达 1 181.1 万吨，管输比例达 73%。

2019 年，浙江石油分公司累计营业收入 1 152 亿元。连续 4 年获销售企业党建工作年度先进红旗，连续 3 年在集团公司党建考核中获评 A 档企业。

浙江石油分公司主要经营指标见表 1。

（舒志国）

【较好完成全年经营目标】 2019 年，浙江石油分公司面对困难和挑战，有效完成各项任务目标。全年共销售成品油 1 635 万吨，增长 4.5%。其中零售 1 180 万吨，增长 3.4%；直分销 455 万吨，增长 7.4%。天然气经营量 3.64 亿立方米，增长 18.8%。非油品交易额 84.5 亿元、增长 15.7%，其中基础品类销售额 39.3 亿元、增长 3.5%。报表利润和实际利润居销售系统前列。全年未发生安全、环保、数质量上报事故。

（舒志国）

【实现效益应收尽收】 2019 年，浙江石油分公司强化市场预判，统筹资源和库存运作，抓住每一个阶段性资源收紧的机遇，果断扩销推价，推动各项经营指标在同类企业中领先。9 月提前外采，有效应对市场剧烈波动；第四季度抓住旺季扩销推价，经济效益创近年最佳水平。

（舒志国）

【实现量价双收】 2019 年，浙江石油分公司面对系统外发起的长达 5 个月、最高优惠幅度达 2.4 元的空前激烈的价格战，知己知彼、因地制宜制订应对方案；油、卡、非联动，细分竞争品类，提高竞争精准度；抓住政策调整、消费旺季到来机遇，优化量价互动，实现量价双收。

（舒志国）

【非油品业务不断做大做强】 2019 年，浙江石油分公司坚持非油品业务可持续的商业模式。打造以主题营销、核心商品和新品促销为主的营销体系，全年开展 6 档主题营销活动，共带动营业额 17.3 亿元，其中“易享节”当天实现销售额 9 245 万元。在做大规模的同时，全年非油品业务报表利润居系统首位。

（舒志国）

【在全国销售系统首推付费车主权益卡】 2019 年，浙江石油分公司为增加客户黏性，提升油品和非油品销量，在全国销售系统推出首个付费会员产品——车主权益卡。该卡整合加油、汽服、购物、旅游等多方面权益，深受客户青睐。全年发卡超过 10 万张，锁定油品销量 5 万吨。

（舒志国）

【新能源业务发展取得新进展】 2019 年，浙江石油分公司坚持“按需发展”的理念，积极拓展新能源业务，以战略眼光建设“油气氢电非”综合服务体，率先在嘉兴嘉善建成全省首座加氢站；同时与国家电网签订战略合作协议，全年共发展具有充电功能的综合供能站 158 座。天然气直分销业务覆盖全省 40 个县市，净增直分销客户 32 家，发展排他性点供项目 3 个，带动 LNG 直分销增长 45%。

（舒志国）

2019 年 9 月 6 日，浙江省首座加氢站——中国石化浙江嘉兴嘉善善通加油加氢站正式建成（金丹红　摄）

【终端网络结构进一步优化】 2019年，浙江石油分公司在供地政策不利的形势下，仍争取网点61座，当年建成35座，新取土地11宗。同时以防渗改造为契机，通过净增汽油罐容2 626立方米、汽油油枪1 572把，优化油站布局54座，促进零售增量，提升小站、培育大站。

（舒志国）

【物流优化降本增效成效明显】 2019年，浙江石油分公司继续开展物流优化，充分发挥管输的独特优势，管输比例连续3年实现2%的年增幅，铁路发货量降低4%，全系统进一步优化一、二次物流，全年降本增效7 466万元。

（舒志国）

【推进新“一站一策”工作提升油站竞争力】 2019年，浙江石油分公司在全省推进新“一站一策”工作。以顾客满意、对标竞争为切入点，重点聚焦“发展、改造、功能、营销、服务、用工与考核”6个维度，优化要素配置，提升客户体验，让每座站在辐射范围内各方面领先竞争对手。全年共打造省级示范站10座、地市级示范站382座。

（舒志国）

【持续净化市场经营环境】 2019年，浙江石油分公司持续深化“打非治违”工作，积极协调政府完善立法，出台“打非治违”文件、行动方案27个，查处违规站13座、黑窝点556个、非法车船820个，罚没油4.5万吨。经营环境明显好转，市场价格明显回升，柴油逆市增量7.4%。

（舒志国）

【安全风险防控工作进一步抓实抓细】 2019年，浙江石油分公司聚焦重点、难点，严格落实安全作业“十条措施”，深入开展“举一反三”，以制度立废并改和表单化、思维导图等形式狠抓问题整改。全年检查库站1 001座次，整改问题1.4万条，组织HSSE培训8.2万人次。面对超强台风和管道沉降等突发事件，提前部署，靠前指挥，政企协同、果断决策，将风险损失降到最低。同时持续完善风险防控体系，规范经营，促进依法治企。

（舒志国）

【油品数质量连续8年实现零损耗】 2019年，浙江石油分公司高标准把关油品数质量，更新外采油警戒线指标，从严处置质量存疑和卡标油品，妥善处理管输混油等情况；统一标准，加强分析，全环节推进降耗。全年接受各级油品抽查869批次，全部合格，连续8年实现零损耗。

（舒志国）

【“三项制度”改革持续推进】 2019年，浙江石油分公司持续推进劳动用工改革。通过大班组改革、竞聘上岗等，推进油库用工优化，人均吞吐量提升40%。加强人事、分配制度顶层设计。推进省、分两级机关“三定”工作，修订《中层领导人员绩效考核管理办法》，全年提拔处级干部23人，职务调整12人，退出现职8人；新提拔干部中40岁以下占比26%。完善三级后备人才库，开展年轻干部双向交流28人。进一步优化分、支公司绩效考核体系，完善基层员工薪酬总量决定机制和增量薪酬工效挂钩机制。

（舒志国）

【主题教育工作扎实开展】 2019年，浙江石油分公司扎实开展“不忘初心、牢记使命”主题教育，2个阶段主题教育紧密衔接，落实“四个到位”。以广泛调研为抓手，收集6个大类60个小类251条问题和建议，明确整改方案和期限，整改完成率91%，促进主题教育与中心工作同频共振，有效提升基层组织力，得到集团公司巡回指导组的充分肯定。

（舒志国）

【先进典型学习和选树开展到位】 2019年，浙江石油分公司在积极开展陈俊武先进事迹学习和讨论外，还在全省系统评选杭州俞虹、宁波赖波波、嘉兴何春燕、金华金红军、衢州陈小俊、南阳油库李伯见6位“浙石工匠”，分别拍摄微视频下发各分公司学习，并通过内部杂志宣传他们的先进事迹，培养工匠精神，营造见贤思齐氛围。

（舒志国）

【精益管理实现管理创效】 2019年，浙江石油分公司持续深化“管理为经营服务”的理念，立足实际，立废并改内控控制点506个，优化权限21项，为经营松绑。对精准营销、资产创效、税费资金等各领域全面开展财务分析，助力经营创效。加强信息化建设，通过ERP实现全业务、多维度实时对账、精准算账，丰富微信平台和电子钱包功能，强化系统安全保障能力，优化加油卡系统，圈存时长每天缩减到30分钟内。通过制定专项奖励办法，增强全省系统降本增效的意识，全年实现存款利息收入3亿元，POS刷卡费用下降23.5%，减免各项税费7 800万元，清理瘦身4 632万元，盘活闲置资产227万元。

（舒志国）

【宣传舆论引导作用发挥较好】 2019年，浙江石油分公司按照内聚力量、外树形象的要求，积极开展新闻宣传工作。重点围绕主题教育、新中国成立70周年、应对超强台风等重大事件进行系列宣传报道；牵头7家驻浙企业召开《中国石化在浙江》白皮书发布会，传播中国石化“国企为国、在浙兴浙”的理念；利用新媒体唱响石化好声音，全省系统在销售公司朝阳E站责编成绩居第1位，在集团公司官方微博、微信和抖音等新媒体平台上稿总数居全系统前列。4篇推文在集团微信单篇阅读量突破10万次。浙江石油分公司新闻宣传综合成绩位居销售系统第一。

（舒志国）

【风清气正的政治生态逐渐形成】 2019年，浙江石油分公司不断修订完善党风廉政建设考核细则73项，构建“五位一体”“大监督”格局，开展专项治理8个、监督项目16个、“微腐败”督查2 185站次；举办《职工处分规定》宣贯12场、“微腐败”警示教育243场；驰而不息纠正“四风”，针对性完善措施121项。

（舒志国）

表1　浙江石油分公司主要经营指标

指标名称＼年份	2019	2018	2017	2016	2015	2014
成品油销售总量/万吨	1 635.00	1 564.80	1 554.90	1 509.50	1 491.60	1 483.00
零售量	1 180.00	1 141.20	1 152.90	1 151.80	1 172.00	1 164.00
报表利润/亿元	34.50	33.32	34.06	34.02	30.06	27.50
吨油费用/元	274.00	276.00	274.00	265.00	256.00	244.00
加油站总数/座	2 070	2 085	2 080	2 078	2 076	2 071

安徽石油分公司

【概况】 中国石化销售股份有限公司安徽石油分公司（简称安徽石油分公司）前身是中国石油公司安徽支公司，成立于1952年，1998年6月成建制划转集团公司，2000年改制重组为中国石化股份有限公司安徽石油分公司，2009年升格为大Ⅰ型（正局级）企业，2014年重组为中国石化销售有限公司安徽石油分公司，2019年1月更名为中国石化销售股份有限公司安徽石油分公司，本部位于安徽省合肥市。主营汽油、柴油、天然气和非油品业务，兼营油库及加油站的设计及经营润滑油、汽车清洗服务等多种业务，是安徽省内最大的成品油销售企业。

截至2019年底，安徽石油分公司下设12个管理部门、5个专业中心，下辖16个市级分公司，有高速石化、滁宁石化等合资公司；用工总量8 755人，其中合同制员工5 818人；总资产175.7

亿元，资产负债率55%；在营油库16座，库容总量65.43万立方米；铁路专用线6条，接卸油码头2座；在营加油站1 527座；在营便利店1 174座。

2019年，安徽石油分公司成品油经营总量662.7万吨，天然气1.11亿立方米。其中，成品油零售量505.7万吨，直销批发量157万吨。销售收入468亿元，吨油费用325元，报表利润9.3亿元。获集团公司安全生产先进单位和绿色企业称号，在销售企业“比学赶帮超”评比中获优秀组织奖，再获安徽省十大服务行业居民最满意供油公司和金口碑奖称号。

安徽石油分公司主要经营指标见表1。

（邢大金）

【经营创效实现新突破】 2019年，安徽石油分公司在集团公司党组、销售公司的坚强领导下，强化经营“一盘棋”意识，深化业务财务一体化运作，平衡配置和外采资源，加强零售直批互动，增强各地市公司效益意识和算账意识，提高经营创效能力。全年实现成品油经营量662.7万吨，增长6%；实现报表利润9.3亿元，利润总额销售企业排名第7位，华中地区居第1位。

（邢大金）

【销售能力实现新提升】 2019年，安徽石油分公司坚持转观念、善竞争，树立品牌自信、质量自信和价格自信，积极应对“价格战”，优化竞争策略，拓展销售规模，减少降价损失，巩固市场主导地位。细化“一域一策”“一站一策”，构建加油站“经营战略图”“竞争态势图”“市场格局图”，按照竞争激烈区、绝对控制区、相对平衡区差别应对，全年销售汽油351.5万吨、增长4.6%，其中汽油零售307.3万吨、增长2.6%。落实“一路一策”，坚持打造柴油增量领头站，实现“一座站控制一条线”目标，全年销售柴油302.6万吨、增长4.6%，其中柴油零售198.4万吨、增长0.4%。

（邢大金）

【非油品业务取得新业绩】 2019年，安徽石油分公司按照总部下达任务，全面落实目标分解，坚持做大规模、做实门店、做强自有商品，扩大易捷品牌宣传，丰富商品品类，拓展团购营销渠道，加大综合平台开发，完善APP、微信服务功能，加强线上线下互动，推进油非融合，非油品保持良好增长势头，全年实现全口径交易额36.5亿元，增长36%，增幅区内公司排名第一。

（邢大金）

【汽服业务稳步推进】 2019年，安徽石油分公司统筹推进汽服业务，开展全省加油站快速洗车业务摸查，引进快速洗车合作商，新增快速洗车站点125座，累计投营147座。加强汽服运营管理，开展汽服卡开卡送洗车、充值优惠等活动，拓展易捷汽服会员，并开展加油送洗车活动，提升加油站服务功能。

（邢大金）

【网络发展获得新进展】 2019年，安徽石油分公司坚持外延发展，优化网络布局，全年新发展加油（气）站101座，完成销售公司下达年度任务的184%；获取土地36宗。加强内涵挖潜，新发展投营加油站101座、加气站2座，复营闲置、歇业加油站14座。持续加强储运设施建设，合肥油库航煤改造一期、二期相继投产，填补航煤经营的空白；六安油库投油运行，结束六安公司长距离配送的历史，该项目获评集团公司优质工程。

（邢大金）

建成投营的六安油库

【加油站防渗改造基本完成】 2019年，安徽石油分公司坚持“三统筹、六到位”，加快加油站防渗改造，综合考虑提量改造、隐患治理，减少加油站改造歇业次数，实现“只改一次”的目标，提升改造创效意识。全年完成防渗改造加油站572座，平均改造工期26.2天，累计防渗改造加油站达1 138座，总完成率92%。

（邢大金）

【深化改革增添新动能】2019年，安徽石油分公司稳步推进“三项制度”改革，开展“三定”工作，省市两级机关事权进一步优化明晰。继续推动加油站委托管理，实现委托管理站1 011座，其中家庭驻站式委托站491座，人均零售量由2018年的601吨提升至2019年的716吨。推行油库大班组制改革，关闭3座低效县级油库，提升油库运营效率。加大优秀年轻干部培养选拔，举办2期“三强”青年人才提升培训班，探索见习经理制度，加大“80后”年轻干部的培养，逐步提高“80后”干部比重。

（邢大金）

【信息化建设加快步伐】2019年，安徽石油分公司实施“两化”融合贯标项目，顺利通过贯标认证；推进加油卡升级换代及站级一体化项目，拓展微开票系统、徽友营销平台、掌上石化APP和智慧学习平台，试点打造智慧加油站；继续推进高清视频监控系统建设，省公司应急指挥中心投用，实现远程指挥与监管。

（邢大金）

【安全环保工作扎实有效】2019年，安徽石油分公司全面抓实“党政同责、一岗双责、齐抓共管、失职追责”，推进HSSE管理体系建设，实施全员安全记分制，强化领导安全引领力，落实地市公司“一把手”承包商安全重大风险承包，贯彻直接作业环节安全管理10条措施，加大“三违”问题曝光，构建风险管控和隐患排查治理双重预防机制，全年未发生上报等级安全事故。践行绿色低碳发展，完成油库雨污分流改造，加强长江沿线码头趸船污水治理，淘汰落后顶水工艺及高能耗电机设备，规范扬尘治理和“三废”处置，推进库站油气回收装置应用，获集团公司绿色企业称号。

（邢大金）

【财务管理作用有效发挥】2019年，安徽石油分公司发挥财务管理作用，加强财务分析，推进资产挖潜增效和分类创效，追回政府拆迁补偿资金1.22亿元；强化全员成本目标管理，大力实施降本减费，公务性支出继续下降，落实国家政策减税4 260万元。加强合资企业管理，实现投资收益1.04亿元。落实国家及总部专项工作部署，专项清理拖欠民营企业账款和农民工工资，相关款项及时清理。

（邢大金）

【从严管理活动深入开展】2019年，安徽石油分公司开展加油站“从严管理·遵章守纪”活动，严厉查处油卡套现、套券、套票等违规违纪行为，惩治基层“微腐败”，全年共查处358起违反“十项管理禁令”行为，严肃处理429人次，其中开除或辞退90人、免职15人、降职22人，扣罚322人次、49.63万元，加油站风气有很大好转，提升加油站现场管理和服务水平。

（邢大金）

【“比学赶帮超”推动有力】2019年，安徽石油分公司增强争先进位意识，发扬“见红旗就扛，有第一就争”的精神，各线条各地市公司你追我赶，跟目标比，跟历史比，跟先进比，充分调动各层面工作积极性，有效推动重点工作落实和任务指标完成。在销售公司“比学赶帮超”评比中夺得月度季度红旗23面、年度红旗10面，并获优秀组织奖；在销售公司“两力”评价中，合肥、安庆、池州公司进入区内地市公司综合竞争力前50名，滁州、池州、宣城、马鞍山、芜湖、合肥公司进入区内地市公司发展进步能力前50名。

（邢大金）

【主题教育收获新成果】2019年，安徽石油分公司贯彻党中央和集团公司党组部署，紧扣“守初心、担使命，找差距、抓落实”12字总要求，按照“不划阶段、不分环节”的要求，坚持问题导向，强化与实践结合，将学习教育、调查研究、检视反思、整改落实4项重点措施贯穿始终，分2批共有147个在职党组织和2 200多名在职党员进行了“不忘初心、牢记使命”主题教育，2批主题教育评价满意度分别为98%和97.9%，实现主题教育的目标。

（邢大金）

【管党治党展现新形象】 2019年，安徽石油分公司坚持以党的政治建设为统领，教育广大党员干部增强“四个意识”、坚定“四个自信”、做到“两个维护”。坚持“融入中心抓党建，抓好党建促发展”，健全党建责任体系，完善党建工作“一岗双责”责任制，签订党建工作责任书，树立大抓基层的鲜明导向，形成省公司党委、地市公司党委、基层党组织分级负责、齐抓共建的责任体系。党内政治生活做到经常化、严肃化，提高党内政治生活质量。落实民主集中制和“三重一大”决策制度，提高了科学决策水平。加强党风廉政建设，落实管党治党“两个责任”，加大纪检信访举报核查，科学运用“四种形态”，营造风清气正的氛围。

（邢大金）

【队伍建设持续加强】 2019年，安徽石油分公司认真贯彻全国和总部组织人事工作会议精神，按照国有企业好干部标准，坚持“老中青”相结合，及时优化班子配备，加强班子建设，提升地市公司领导班子战斗力凝聚力，全年调整提拔地市公司领导班子成员30名。出台人才成长通道建设实施方案和专家选聘管理办法，打通专业技术、技能操作人才成长通道，激励员工成长成才，全年取得中级职称及以上人员40人，取得技师及以上人员21人。举办庆祝建国70周年篮球赛、羽毛球赛、书画赛，开展“传承石化优良传统”微党课比赛以及团员青年“青春助力扶贫”比赛，展现员工良好风貌。

（邢大金）

表1　　安徽石油分公司主要经营指标

项目＼年份	2019	2018	2017	2016	2015	2014
成品油销售总量/万吨	662.70	635.10	610.40	592.59	587.54	560.03
零售量	505.70	496.38	484.40	472.72	459.66	446.33
销售收入/亿元	468.00	463.78	397.86	337.94	350.00	422.00
报表利润/亿元	9.30	6.82	9.58	9.39	6.66	9.66
吨油费用/元	325.00	328.00	311.00	326.00	294.00	297.00
加油站总数/座	1 776	1 657	1 598	1 566	1 512	1 511

福建石油分公司

【概况】 中国石化销售股份有限公司福建石油分公司（简称福建石油分公司）的前身为福建省石油总公司，成立于1952年10月13日。1998年7月成建制划归集团公司。2000年3月，重组为中国石油化工股份有限公司福建石油分公司。2007年7月24日，成品油业务划入由中国石化和埃克森美孚、沙特阿美合资成立的中石化森美（福建）石油有限公司（简称中石化森美公司）。福建石油分公司和中石化森美公司两家公司合称福建石油。2014年6月，中国石化销售业务重组，中国石油化工股份有限公司福建石油分公司更名为中国石化销售有限公司福建石油分公司。2019年1月，中国石化销售有限公司股改，中国石化销售有限公司福建石油分公司相应变更为中国石化销售股份有限公司福建石油分公司。

2019 年，福建石油分公司设有 10 个机关部门和 1 个直属机构，下辖 10 个二级单位。中石化森美公司设有 16 个本部职能部门及 9 个地市分公司。福建石油用工总量 2 593 人，离退休 2 546 人。此外，全省 1 043 座代理制加油站用工 5 647 人。在营加油站 1 123 座，油库 13 座、库容 58.47 万立方米，成品油管道 326 千米，资产总额 168.28 亿元。

2019 年，福建石油成品油销售总量 565.00 万吨，完成计划的 100.5%，增长 2.8%。利润 17.63 亿元，完成年初下达计划的 117.5%，利润总额在销售企业省市公司中排名第四。全年，福建石油坚守安全、稳定、有进步、可持续的工作目标，在拓市增效、深化改革、网络发展、精益管理、风险化解等方面工作成效显著。福州、宁德分公司进入销售企业地市“两力”榜单前 20 名。连续第 18 年获集团公司安全生产先进单位称号，获中国石化绿色企业称号。

福建石油主要经营指标见表 1。

（张若虞）

【领导班子调整】 2019 年 3 月 5 日，福建石油分公司主要领导调整，海南石油分公司原党委书记刘春波调任福建石油分公司，任党委书记、副总经理。

（张若虞）

【产销协同创效益】 2019 年，福建石油遵照集团公司、销售公司战略部署，深入产销合作，共同应对成品油红海市场。持续加强与中国石化在闽炼厂——福建联合石化的沟通联系，及时反馈终端市场需求，助力福建联合石化优化产品结构，充分发挥产销一体化优势，实现中国石化在闽效益最大化。全年，接收配置资源 332.28 万吨。

（张若虞）

【积极配合“打非治违”】 主动作为，企地联动，陆海并举，积极配合政府“打非治违”，全年配合执法部门查处走私和非法经营成品油案件 443 起，协助执法部门扣押罚没油品近 1.5 万吨，协助处置罚没油品近 8 500 吨，较好地维护市场秩序，规避错位竞争，直分销供社会加油站汽油销量增长 34%，柴油终端客户销量增长 18%。

（张若虞）

【直分销做好稳价托市】 直分销因时因势采取采销联动、采销分离策略，以稳价托市、提质增效为着力点，全面压实终端，全年新增终端客户近 700 个，终端客户销量的经营占比达 87%，全年直分销量达 141.8 万吨、增长 0.9%，业务口径毛利增长 63%。

（张若虞）

【积极参与零售市场竞争】 零售坚持“面上稳、点上狠”的策略，建立量价互动模型，做实汽油“一域一策”、柴油“一路一策”，提高价格竞争的有效性和精准性；对非理性竞争行为，积极应对，以打促和；全面做实做细改造站分流回流方案，大力打造综合服务站、亲情服务站，力争稳量增量。通过综合施策，全年实现零售量 419 万吨，其中自营机出零售量增长 3%，增幅在销售板块华中片区位列第一。

（张若虞）

【扩大非油品经营规模】 以福建中森美商贸有限公司为依托，全面拓展烟草直营业务，莆田溢通尾液代工厂落地运营，全面降低经营成本，稳步发展汽车、轮胎销售，打造非油品新的利润增长点。持续开展主题营销和团购业务，着力做大自有品牌，扩大基础品类销售规模，全年实现非油品营业额 15.6 亿元、增长 9%，其中基础品类营业额增长 29%，增幅居销售企业省市公司第一，实现利润 7 382 万元、增长 59.7%。

（张若虞）

【安全生产平稳运行】 以“零伤害、零污染、零事故”为目标，抓实本质安全。修订完善 HSSE 管理体系，优化调整 HSSE 专业分委会，细化并压实安全责任，狠抓承包商和直接作业环节安全管理，加大风险评估和隐患排查治理力度，加强应急物资储备和应急管理能力培训。2019 年实现全年无上报等级事故，被福建省政府评为安全生产目标责任制考核优秀单位，连续第 18 年被集团公司评为安全生产先进单位。

（张若虞）

【绿色环保再添佳绩】坚持“绿水青山就是金山银山”的绿色发展理念，扎实推进绿色企业创建工作，完善环保设施，奉献清洁能源，推动绿色节能，获中国石化绿色企业称号。并在新华网、中国环境科学学会主办的中国绿色企业峰会上被评为2019年度最具影响力绿色企业。在满足环保要求的同时，将防渗改造、提量改造、隐患整改相结合，着力提升网点的连续高效运营能力。全年改造站点493座，单站平均工期23.7天，较销售企业平均工期少3.3天，任务目标完成率在销售企业省市公司中位列第一。

（张若虞）

【深化改革取得新突破】坚持“两个一以贯之”，以依法合规、协同发展、提升整体竞争力为目标，着力推动省公司机关融合改革。“不影响各方利益、不增加各自成本，不干涉两家公司独立运行”和“行政统筹协调、党委组织保障、资源互补共享、人员统筹使用、任务统一部署、考核统一标准”的“三不变、六统一”的省公司融合改革方案顺利实施，服务支持、保障监控共11个部门实现合署办公。各部门职能重新定位，修订完善制度67项、废止制度100余项，业务流程从400个优化缩减至200个以下，运行效率大幅提升，管理成本明显下降，也为下一步机关“三定”打下坚实的基础。稳步推进“三项制度”改革，全年改革站点160座，优化用工1 300人，改革站点员工平均增收25%。截至2019年底，人均零售量达667吨，增长27%。

（张若虞）

【可持续发展能力显著增强】坚持审慎投资的原则，立足长远着眼当前，挖历史遗留项目、稳存量、抓增量、提质量。通过收购、新建、新租赁、“他有我营”、橇装站建设等措施，新建投营加油站28座，迁建重建恢复投营加油站9座，净增加油站37座；19座年内租赁到期站，除1座因规划拆除外，其余站点全部成功续租，同时利用防渗改造的机会，14座未到期站点实现提前续租，与福建省高速公司成立联营公司，较好地维系高速站点的经营权，有效保护公司整体经营环境。截至2019年底，全省在营加油站达1 123座。科学理性做好投资决策，为后期经营创效提供网点保障，全年通过招拍挂取得重要战略地块3宗。

（张若虞）

【开源节流成效显著】业财联动做强平台优势，银行上门收款费用降幅74%，引入银行投放营销资源3 766万元，支持并丰富营销手段，增强客户黏性。加大集中采购力度，单一采购率下降至8%，单一采购合同金额大幅下降，仅占集中采购总合同金额的2%，引入竞争性谈判，降低采购成本，全年节约采购预算4 782万元；加强对造价审核咨询机构的管理，严格把好初审和终审质量关，全年节约投资1 900万元。统筹优化一、二次物流流向，全年节费1 845万元。

（张若虞）

【人才队伍全面优化】大力加强“三支队伍”建设，落实人才强企工程。制订并完善人才成长通道建设实施方案、专业技术职位选聘管理细则、中层及机关一般员工绩效考核办法等制度，构建起相互配套、相互补充、相对完善的人力资源管理制度体系。着力培养复合型人才，举办各专业线条培训，积极参加技术比武，2019年共有近8 000人次参加培训和技术比武，在集团公司、销售公司的决赛中，获金牌1枚、铜牌1枚。大力选拔德才兼备干事创业的干部，共调整任用32名中层人员，其中“75后”“80后”19人，占比59.4%，7个地市公司班子配备“80后”干部，建立公司各级干部后备人才库，向集团公司推荐优秀年轻干部10人，为福建石油发展打下坚实的人才基础。

（张若虞）

【党建工作持续深入】以习近平新时代中国特色社会主义思想为指引，全面加强党的政治建设。坚持高标准、严要求，扎实开展“不忘初心、牢记使命”主题教育，扎实做好各项工作，坚持高站位、高标准、高质量，使广大干部员工“四个意识”更加牢固，“四个自信”更加坚定，“两个维护”更加坚决。完成合资公司党委换届工作，健全完善党建工作制度体系，切实突出党委把方向、管大局、保落实作用，使“一以贯之加强党的领导”在中石化森美公司得到真正落地。着力加强基层党建，提升组织力，筑牢基层战斗堡垒，坚持做到“一围绕、一促进、两发挥”，党建充分融入中心工作。

（张若虞）

【廉洁建设不断加强】 狠抓作风建设，认真落实中央八项规定精神，紧盯关键少数，杜绝享乐主义、奢靡之风，集中整治形式主义、官僚主义，认真落实“马上就办”要求，强化机关作风建设，切实为基层减负，整合、取消基层超 60% 共计 240 余种账册表单。强化政治监督，落实主体责任，确保党中央大政方针和集团公司党组、公司重大决策的落实落地。监督资源有效整合，“大监督”工作有序推进，工程、采购等 8 个重点领域业务的日常监督进一步加强，“微腐败”专项治理工作持续深化。监督执纪“四种形态”运用更加精准，把握“三个区分开来”，用好容错纠错机制，做到既严格执纪问责，又调动干部干事创业积极性；不断推进“三不”机制建设，企业政治生态和管理生态持续向好。

（张若虞）

表 1　　福建石油主要经营指标①

指标名称 \ 年份	2019	2018	2017	2016	2015	2014
成品油销售总量 / 万吨	565.00	549.95	537.42	512.36	598.05	599.67
零售量	398.12	383.87	389.71	394.10	461.61	463.43
销售收入 / 亿元	402.37	407.08	347.30	302.37	366.62	480.61
利润 / 亿元	17.63	19.40	21.57	16.54	10.28	16.40
费用总额 / 亿元	21.78	19.71	19.01	18.16	18.53	18.36
吨油费用 / 元	384.00	357.00	353.00	353.00	299.00	285.00
加油站总数 / 座	1 123	1 100	1 090	1 059	1 056	1 038

①合并后的数据去除中石化森美公司和福建石油分公司重复计算部分

江西石油分公司

【概况】 中国石化销售股份有限公司江西石油分公司（简称江西石油分公司）前身为江西省石油总公司，成立于 1950 年 10 月，是江西省专营成品油的国有大型企业，1998 年 10 月成建制划转集团公司。非上市部分于 2007 年 4 月份转制为中国石化集团资产经营管理有限公司江西石油分公司，由股份公司托管。2014 年 5 月，按照改革重组步骤安排，中国石油化工股份有限公司江西石油分公司更名为中国石化销售有限公司江西石油分公司。2019 年 3 月，根据销售公司股改事项安排，中国石化销售有限公司江西石油分公司更名为中国石化销售股份有限公司江西石油分公司。

江西石油分公司主营成品油销售、储运及便利店等非油品业务，是江西省成品油供应主渠道。截至 2019 年底，下辖 12 个市级分公司、1 个石油技校（销售公司培训基地）、1 个全资子公司、99 个县（区）分公司，实行省、市二级分公司管理。在营加油加气站 1 294 座，在营油库 14 座、总库容量 62.16 万立方米。资产总额 156.06 亿元。在岗员工人数 6 832 人。

江西石油分公司主要经营指标见表 1。

（郑浩然）

【领导班子调整】 2019年3月5日，周荣不再任江西石油分公司党委副书记、纪委书记、工会主席，调出另有任用；赖万寿交流至江西石油分公司任党委副书记、纪委书记、工会主席。

（郑浩然）

【获销售公司“比学赶帮超”优秀组织奖】 江西石油分公司坚持以市场化机制解决市场变化带来的问题，聚焦“双基双效”，践行“三抢三抓三突破”，深化改革、攻坚市场，推动各项目标任务完成，夺得零售量、直分销经营、新业务拓展3面年度先进红旗和加油站管理与服务、利润、吨油费用3面年度进步红旗。继2018年获综合进步奖后，再获优秀组织奖，7家地市公司进入区内销售企业“两力”排行榜50强，为历史最好。

（郑浩然）

【成品油经营总量屡创新高】 江西石油分公司把谋划打赢市场攻坚战作为最大职责，强化“和平是要靠战争来保卫、来赢得”的理念，全力做大零售创效，以奋进的姿态攻坚市场、扩销增效，实现“排名华中前列、对标全国先进”的奋斗目标。全年经营总量再次突破600万吨，达618.8万吨，增长2.1%。零售量492万吨，其中机出零售增长2.2%，零售量和机出零售量增幅在华中区域均列第1名，在区内销售企业分列第4名和第5名。直分销126.7万吨，增长2.7%。天然气经营量2 063万立方米，增长19.4%。全年实现营业收入近443.43亿元。

（郑浩然）

【非油品业务多元发展】 江西石油分公司围绕客户需求，立足门店，拓展汽服、广告、整车销售、旅游、店中店、保险等多元业务组合，做深做实线上线下融合，非油品全口径营业额23.8亿元，增幅8%；基础品类营业额16.9亿元；非油品利润8 567万元。借助“易捷”渠道助力江西特色商品“走出去”，销售1 100余万元。依托专业运营优势和渠道优势，实施“精准扶贫”，销售国家贫困县商品1 400余万元，助力脱贫攻坚。

（郑浩然）

【“打非治违”成效显著】 江西石油分公司省市县三级紧密配合，积极收集证据材料，加强与政府部门沟通，全力配合政府打击行动，推进保持“打非治违”高压态势，提高工作成效。全年累计协助政府部门查处非法流动车727辆、自备罐437个、非法加油站100座、油源窝点75个、收缴油品4481吨、罚款金额461万、刑拘35人。

（郑浩然）

【“新零售”模式再上台阶】 江西石油分公司按照“融合、共享、跨界、赋能”的总体思路，以“加油江西APP”为平台，搭建以客户为中心、以积分为纽带，以线下导流线上，线上线下互动形成合力“盟友圈”的“新零售”基本模型。在宜春试点的“新零售”模式获集团公司时任董事长批示，要求销售企业推广并获销售企业经营成果一等奖。

（郑浩然）

【体制机制改革富有特色】 江西石油分公司敢于动真碰硬，勇于破题闯关，刀刃向内，动存量真改革。省公司中层季度业绩述职、中层干部公开竞聘、地市公司机关人员全员公开竞聘、科级干部全体起立、专业技术和技能操作专家和高级专家选聘、考核末位淘汰、省公司机关部门合署办公等开创性工作有序推进，办成许多过去想办而没有办成的事情。薪酬切块管理、分类管控，人工成本、薪酬总额随效益效率能高能低，员工收入随业绩贡献能增能减的联动机制得到落实。推行油库综合班组、加油站驻站式改革，优化用工总量，减少用工1 127人，人工类成本利润率提升454%，人均机出零售量731吨、提升21.23%。

（郑浩然）

【网络优势持续巩固】 江西石油分公司灵活处理外部高价拍地与内部严控投资之间的矛盾，精准把握投资重点，进一步强化投资回报意识，重点关注投资回报率，确保所有投资及时产生收益。全年新发展加油（气）站39座，投营51座，其中当年发展当年投营28座；投营充电站3座；累计取得加气站路条43座，建成27座，在营加气站13座；发展“他有我营”11座，投营11座；

协议出让加油站土地 11 宗，竞拍取得 16 宗，阻止加油站违规挂牌 7 宗，解决加油站或土地等历史遗留问题 16 个。与赣粤高速签订战略合作协议补充协议，维护高速公路网点稳定。与省公路局签订战略合作协议，明确全省重点路段普通公路服务区加油站选用“中国石化”品牌，宜春、萍乡等率先与当地公路部门达成合作协议。赣州安远合资公司取得加油站用地 2 宗，县域合资项目落地。完成双罐双线改造 357 座，已改在改率 99.55%；单站改造平均停业 27 天，缩短 15.8 天。4 座油库脱瓶颈项目竣工投产。管道三期萍乡、宜春、上高、樟树配套库可研已上报，宜春库完成总部对接。

（郑浩然）

【安全环保稳中有进】 江西石油分公司针对当前安全管理形势，提出安全生产处于严管严查严问责阶段。建立 HSSE 管理新体系，明确职能部门、地市公司、县公司、库站职责及业务流程。实施上下联动“复核”式督查，风险总值下降 26，降值率 26.3%。加强应急能力建设，组织应急演练 1.3 万余次。做好新中国成立 70 周年大庆各项 HSSE 工作，筑牢公共安全管理根基。完成 1 314 座库站环保“三同时”及环境应急预案备案，在销售企业率先实现环保手续完善率 100% 的目标。排查 11 座生态红线区加油站，新建 10 座危废暂存间，推动绿色企业创建。启动液位仪应用封闭运行，地罐封闭运行率 98.9%。加油站进货验收系统使用率、系统自动取数率、系统准确率、综合指标等均超过 95%。销售企业年度比对试验综合排名第四。

（郑浩然）

【风险防控体系愈加完善】 江西石油分公司始终将风控体系、内控制度、监督机制视为企业健康发展的绝对保障，着力加强风险意识和依法依规治企意识，完善资金运营内控制度，推动防治结合，抓紧补短板、堵漏洞、强弱项，以“四查”专项治理为抓手，制定“微腐败”风险排查表，明确 16 个大类、44 个小类、67 项关键业务流程风险点，做实风险排查。

（郑浩然）

【控本降费持续用力】 江西石油分公司持续推进降本节费，综合费用较年度预算下降 6.28%。其中，上门收款费用下降 16.3%，公务性支出下降 13.57%。加强税收税率调整衔接，降低税收成本 1 347 万元。优化存货资金占用，经营现金流净额增加 12.5 亿元。主营业务利润率 6.21%。盘活闲置资产，加强资产出租管理，实现租赁收入 720 万元，增长 16%。调整零售损溢指标考核模式，零售环节降耗 3 526 吨。加强损溢管理，保管环节增加溢余 1 124 吨。密切跟踪九江石化油源密度，实现密度创效 1 259 万元。发挥审计监督和服务职能，促进增收节支 4 673 万元。

（郑浩然）

【主题教育取得实效】 江西石油分公司坚决贯彻中央部署和集团公司党组要求，聚焦根本任务，把稳总要求，扣紧具体目标，贯穿始终抓 4 项重点措施落地，以 6 个“三加一”措施保障主题教育高站位起步、高标准运行、高质量落地，达到预期目标。在党组巡回指导组主题教育组织开展的内部随机填表测评中，总体评价满意率 100%，巡回指导组评价为“好”。

（郑浩然）

【党建引领凝心聚力】 江西石油分公司牢记初心使命，坚持“融入中心抓党建、齐心协力抓经营”，以“把方向、管大局、保落实”为主线，压实责任、促进融合、担当作为，把加强党的建设融入企业经营管理全过程，提高政治站位，突出思想建企，深化系统管理，强化党建提升。加强公众开放日、“情暖驿站、满爱回家”等品牌活动的组织和传播。强化监督执纪问责，大力惩治“微腐败”，处罚科级管理人员 215 人次，给予 53 人行政处分，解除劳动合同 297 人。处理信访和问题线索 18 件，数量连续 4 年呈下降趋势。对余微案 22 名责任人做出处分。投入扶贫、对外捐赠资金 495 万元，并把 40 余名贫困户适龄孩子招入石油技校免费就读。评选全省十大劳动模范，选树先进典型。举办主题劳动竞赛暨第 2 届员工运动会，激发进取精神。坚持“真困难、真帮助”，发放帮扶救助金 67.5 万元。狠抓敏感时期维稳，来访批次下降 45.1%。

（郑浩然）

表 1 江西石油分公司主要经营指标

指标名称 \ 年份	2019	2018	2017	2016	2015	2014
成品油销售总量 / 万吨	618.80	605.80	591.70	580.80	590.30	586.50
零售量	492.00	482.40	474.00	477.50	487.40	487.50
销售收入 / 亿元	443.43	448.62	372.00	333.00	400.40	445.00
利润 / 亿元	5.65	1.00	5.05	6.05	4.02	6.88
吨油费用 / 元	357.87	351.02	346.00	343.00	329.00	340.00
加油站总数 / 座	1 535	1 484	1 438	1 406	1 384	1 401

山东石油分公司

【概况】 中国石化销售股份有限公司山东石油分公司（简称山东石油分公司）始建于 1953 年，位于山东省济南市，1992 年 11 月，被山东省政府确定为正厅级单位、国有大型 I 类企业。作为成品油销售主渠道，山东石油承担着山东省成品油供应保障任务，是省内最大的成品油销售企业，经过半个多世纪的发展，已形成布局合理、功能完备、流向通畅、保障有力的成品油营销网络。截至 2019 年底，山东石油分公司下辖 17 个市公司、138 个县公司（市片区）。共有在营加油站 2 554 座、加气站 67 座，油库 19 座（库容量 130 万立方米）、加气母站 2 座。控股及参股合资公司 37 家。企业资产总额 247 亿元。

山东石油分公司经营范围包括汽油、柴油、煤油的批发零售；天然气经营及非油品产品经营等。

2019 年，山东石油分公司面对省内成品油资源过剩常态化、经营环境复杂化、竞争态势白热化的严峻形势，在剖析企业面临的内外部问题和矛盾基础上，将转变思想观念作为企业扭亏脱困的根本出路，以“思想聚魂、改革聚力、经营聚效、管理聚责”为工作主线，全力投身市场攻坚战，主要经济指标完成较好，实现大幅度减亏 23 亿元，获销售企业 2019 年度“比学赶帮超”工作综合进步奖。全年销售成品油 951.63 万吨、天然气 2.16 亿立方米，实现非油品交易额 41.82 亿元。

山东石油分公司主要经营指标见表 1。

（张玉龙）

【领导班子调整】 2019 年 4 月，赵霞敏任山东石油分公司党委委员、副总经理。

（张玉龙）

【量效兼顾提升经营水平】 2019 年，山东石油分公司在领悟落实党组“量效兼顾、量价双收”核心要求的过程中，面对恢复市场秩序的艰巨性和长期性，不断强化“没有量的价是无用的价，没有价的量是无效的量”的经营理念，梳理对比近 5 年经营策略的利弊得失，反复研讨探索，在实践中明确“量是基础、价是保障、效是目标”的经营原则，制定“引领市场回归理性竞争，避免大幅度丢失机出量和市场份额，避免大额效益亏损”的经营策略，确定“消纳配置资源、保持稳定的零售市场占有率、实现效益最大化”的经营目标，理性应对市场变化，主动承担“防火墙”责任，采取“有进有退”的营销策略，找准竞争对手和合作伙伴，争让有道，不走极端，既不盲目推价，也不盲目降价，带动山东成品油零售市场走出恶性竞争的泥潭。全年完成配置计划的 111.8%，自营机出量 571.51 万吨，直分销量 266 万吨，报表

利润 –4 亿元，减亏 23 亿元，完成利润目标任务的 133%。

（张玉龙）

【零售核心创效能力显著提升】 2019 年，山东石油分公司机出零售量价策略优化成效显著，零售核心创效能力显著提升。建立市场沟通监控机制，坚持“坚守枪量、保护价差、灵活微调、服务取胜”的经营策略，结合成品油经营者、消费者的心理预期，与社会经营主体沟通，上门交流十几万站次，使零售市场一步步回归效益临界值，市场份额趋向再平衡。全省综合价格不到位额度 21.71 亿元，减少 19.62 亿元，降幅 47.56%。开展“库站管理反省月”活动，逐站逐库查找问题，多维度解决制约量效提升的瓶颈问题。每周召开零售经营视频会，对零售管理工作点评到县，做到“一件事一件事去盯”，采用“让利量价模型”分析竞争策略点评到站，做到“一分钱一分钱去抠”。丰富竞争手段，努力做好老站增量和服务增效。

（张玉龙）

【直分销经营异军突起】 2019 年，山东石油分公司直分销经营坚持“量效兼顾、量价双收”的经营理念，以客户为中心，精准掌控销售节奏，做优做精目标市场，完善考核激励手段，丰富客户服务内涵，强化基础管理水平，经营量达到历史峰值，远超正常增长幅度。全年油库销售 251.5 万吨，完成累月计划的 102.5%，增加 40.3 万吨、增幅 19.1%。按照外采成本计算，实现毛利 5.77 亿元。

（张玉龙）

【资源运作创效取得显著成效】 2019 年，山东石油分公司树牢“大资源、大销售、大平衡、大优化、大节费”经营理念，强化市场预判，厚植“算账意识”，深化价值引领，用“一盘棋”的思维谋划资源创效的大格局。改变“当进当销”的资源运作模式，统筹沿海和内陆资源，优化采销联动，合理把握外采节奏，加强进销存滚动平衡管理，库存结构优化和整体把握能力持续增强，增强对山东地炼资源的议价和把控能力，提高外采效益，实现预期经营成果。全年资源运作实现价差收入 9.88 亿元，通过加大串换、代采等方式，多创效益 1.5 亿元。山东石油分公司库存运作节奏和效果成为销售公司解读资源运作的案例。

（张玉龙）

【天然气经营量突破 2 亿立方米】 2019 年，山东石油分公司天然气经营密切关注全省各市社会母站及 LNG 资源价格变化，结合销售情况及时调整优化进货渠道，压低进货成本。强化单站分析，对低销亏损 CNG 站实施“停业保证”措施，努力扩大 LNG 零售经营规模，全年 LNG 零售销量增幅 72.23%。把握经营节奏，统筹资源运作，强化市场监控，上推销售价格，迎难而上，全力做好冬季天然气营销。强化客户沟通，努力提高母站开工率。全年天然气经营量 2.16 亿立方米，增幅 32.16%，完成总部下达年度任务的 133.72%。

（张玉龙）

【非油品经营质量逐步提升】 2019 年，山东石油分公司非油品逐步完善规范商品采购体系，围绕“提升便利店商品竞争力”，从内部梳理采购流程和外部加强供应商管理 2 个方面，提升采购效益。深入开展营销活动，囊括重大节日、重点商品、线上线下全渠道等重要营销要素，逐步构建点、线、面“三位一体”、省市统分结合的营销体系，营销效果有效提升。在去虚量方面效果明显，逐步向做实做优方向转变，核心自有品牌商品规模、盈利相对较为突出。全年，山东石油分公司重点商品实现销售 9.38 亿元、占比基础品类的 39.31%，重点商品毛利额 2.99 亿元、占基础品类毛利额的 76.34%、平均毛利率 31.82%。

（张玉龙）

【网络发展实现突破】 2019 年，山东石油分公司投资发展工作坚持“严谨高效规范操作，内涵外延发展并重，当期与长远统筹兼顾”的原则，增强跟进意识，拓展发展思路，创新发展模式，严格施工现场安全管理，取得较好发展成果。2019 年发展加油（气）站 101 座（加油站 85 座、加气站 16 座）。新投营加油站 80 座，新增加气站 8 座。规模以上改造加油站 173 座，完成计划的 173%；规模以下 643 座，完成计划的 214%。

（张玉龙）

【安全形势平稳有序】 2019年，山东石油分公司以“零伤害、零污染、零事故”为目标，坚持“组织引领、全员尽责、管控风险、夯实基础”的HSSE方针，落实集团公司、销售公司HSSE工作部署，组织HSSE宣讲与培训，严格施工现场安全监管，强化库站作业现场管理，推进绿色企业创建，完成HSSE管理体系建设任务。总结上合组织青岛峰会经验，强化公共安全常态化管理，落实值班带班制度，干部员工恪尽职守，圆满完成海军节青岛阅兵和国庆70周年安保任务，成功抵御“利奇马”台风的侵袭。全年未发生等级安全事故、环保事件、公共安全事件，实现平稳运行。

（张玉龙）

【管理创效成果明显】 2019年，山东石油分公司致力于管理生态再造，坚持跳出经营抓经营，把管理创效提高到新的高度。健全风险责任机制，规范重点领域和关键环节管控，明确要求油价和工程造价神圣不可侵犯。推进业财融合，构建财务与业务AB角工作机制，省市公司建立日晨会、周例会、月度策划会和分析会的“四会”制度。开展“企业出血点清理排查”专项行动，切实发挥财务、审计、监察“三把剑”的作用。开展“油库清理治理”专项行动，彻底进行油库盘点，建立油品初始化数据，重新制定密度、溢余油管理制度，全年增加折算收益数亿元。开展“物流运费清理”专项行动，压减不合理运距运价，全年降低运输成本4 637万元。加快加油站“站级一体化”信息系统建设，用效率的提升带动效益的提升。

（张玉龙）

【算账文化落地开花】 2019年，山东石油分公司作为首批财务转型试点单位，大力推进算账文化建设，着力转变思想观念和经营管理理念，培养全员算账的意识，培育算账的文化，以财务转型助力企业走出困境。召开“算账文化”现场经验交流会，明确省、市、片区、加油站4个维度细化算账文化实现路径，分别算好客户、营销、考核、薪酬等明细账，发挥企业资源潜能，实现员工利益与企业利益的联动。探索建立“山东石油多层级算账模型”和加油站、客户经理量利薪模型图表，做到“一片一策”“一站一表”，助力各层级员工熟练掌握算账方法。推广应用成果和先进经验，不断优化提升营销政策和量效效果。

（张玉龙）

【县区公司“基石”作用有效发挥】 2019年，山东石油分公司针对县区公司职能弱化、竞争意识不强、服务观念淡漠等问题，围绕现场管理、对外协调和网点发展3项主要职责，向县区公司赋能，进一步理顺县区公司经营管理工作职能，突出县区公司“现场指挥者”作用，通过赋予县区公司经理、支部书记必要的经营管理决策权、人事调整权等，加快政策落地效率，充分发挥县区公司在经营管理活动中的“基石”作用。加强县区公司干部队伍建设，重视县区公司队伍的素质培养，明确市公司班子成员必须要来自于优秀的或曾经优秀的县区公司经理、书记，来自有直接管理加油站、油库等基层经历的干部，县区公司要成为今后产生干部的摇篮。

（张玉龙）

【体制机制逐步理顺】 2019年，山东石油分公司进一步厘清省公司部门之间的权责界面，简化管理流程，打破部门壁垒，理顺省公司各部门之间的41项交叉职责，构建“主办部门吹哨、协办部门报到”的协作联动机制。开展省市县三级公司权责厘清工作，明确省市县站分别作为决策者、协调者、执行者和现场操作者的角色定位，明晰工作界面和权责，推动县区公司层面简政放权，将大部分经营指挥权和管理权下放到县区公司，基本构建“主体责任明确、职权划分清晰、运行顺畅高效”的经营管理秩序。

（张玉龙）

【“三项制度”改革行稳致远】 2019年，山东石油分公司以“三项制度”改革为抓手，努力构建“三能”机制，机关瘦身、用工优化、劳效提升“三个20%”的目标顺利实现，有效激发了员工队伍活力。围绕“机关瘦身20%”深化改革，干部能上能下初见成效；围绕“用工优化20%”深化改革，人员能进能出取得突破；围绕“劳效提升20%”深化改革，收入能增能减逐步实现。

（张玉龙）

【党的政治优势充分发挥】 2019年，山东石油分公司党委坚持以习近平新时代中国特色社会主义思想为指引，扎实开展“不忘初心、牢记使命”主题教育，力戒形式主义、官僚主义，得到广大党员干部、员工群众的热烈响应和大力支持，2批主题教育总体评价满意率分别为97.2%和98.4%。召开山东石油分公司第一届党代会、第一届团代会，谋划今后5年党建、工建、团建工作思路。积极推动作风转变，开展省公司机关“群奋进、重行动、求实效”活动，加强群团共建，落实“党建带工建、带团建”制度，组织开展各项劳动竞赛、“号手岗队”等“青字号”重点工作。推动和谐建企，实现重要敏感时期“进京零上访”，2019年集团公司进京上访统计排名下降8位。

（张玉龙）

【持续强化党风廉政建设】 2019年，山东石油分公司持续加强党风廉政建设，强化落实“两个责任”，对聊城、潍坊公司开展了党委巡察工作。完善“线索收集、问题处理、跟踪回访、综合研判”工作机制，逐级签订责任书，开展谈心谈话，组织警示教育。大力整治基层“微腐败”，全省系统查处违规违纪问题减少49%。持续加强巡视整改，中央巡视反馈问题落实到山东石油分公司的整改任务已按要求完成，集团公司巡视反馈问题整改完成率96.8%，销售公司巡察反馈问题整改完成率75%。

（张玉龙）

【品牌建设成绩突出】 2019年，山东石油分公司持续加强品牌建设，牵头组织“中国石化在山东”主题宣传，以“智慧能源，至美生活”为主题开展“公众开放日”活动，搭建企地沟通合作桥梁，被评为中国石化公众开放日示范单位。有效抓好舆情管控，协助集团公司处理舆情1起，处理内部舆情6起，下降62.5%。倡导“爱心加油站、公益学雷锋”等活动，建设推广环卫工人驿站，志愿服务活动常态化、品牌化。落实党中央、国务院关于打赢脱贫攻坚战3年行动的决策部署和全省脱贫攻坚推进会议精神，连续第7年向菏泽单县派驻4任第一书记，帮助所在村镇做好帮扶工作。

（张玉龙）

表1 山东石油分公司主要经营指标

指标名称 \ 年份	2019	2018	2017	2016	2015	2014
成品油销售总量/万吨	950.63	964.20	1 086.40	1 084.29	1 066.40	1 252.05
零售量	684.71	718.90	802.80	826.57	822.00	867.90
销售收入/亿元	657.97	698.98	648.12	597.59	630.00	905.69
利润/亿元	−4.00	−26.96	−8.93	8.67	6.12	10.61
吨油费用/元	381.71	369.36	313.50	295.00	303.00	266.00
加油站总数/座	2 708	2 621	2 549	2 572	2 550	2 578
自营加油站数	2 554	2 489	2 417	2 440	2 431	2 459

河南石油分公司

【概况】 中国石化销售股份有限公司河南石油分公司（简称河南石油分公司）位于河南省郑州市，是中国石化销售公司在河南省的唯一成品油销售分支机构。其前身为1950年7月成立的中国石油贸易分公司郑州分公司，1998 年划归集团公司，2000 年 5 月注册成立中国石油化工股份有限公司河南石油分公司，2014 年随中国石化销售股份有限公司混合所有制改革变更为中国石化销售有限公司河南石油分公司。截至 2019 年底，河南石油分公司共设 19 个日常管理部门，下辖 19 个市分公司和 108 个县分公司，共有合同制员工 8 829 人，拥有在营加油站（点）1 874 座、加气站 55 座、加气母站 1 座、“易捷”便利店 1 693 座，在用油库 22 座、库容 93.16 万立方米；资产总额 200 亿元。

河南石油分公司经营管理范围为汽油、煤油、柴油的批发、零售；燃气经营；零售预包装食品；卷烟、雪茄烟的零售；国内版图书报刊、电子出版物、音像制品的零售；润滑油、燃料油、沥青的销售；石油化工品的销售、日用百货便利店经营，纺织、服装、日用品、五金、家用电器及电子产品、充值卡的零售，彩票代理销售、委托代理收取水电费、票务代理服务，广告服务；汽车清洗服务，技术及信息的研究、开发、应用。

河南石油分公司主要经营指标见表 1。

（韩　笑）

【经营整体保持稳定】 2019 年，河南石油分公司实现油气经营总量 776.2 万吨，增长 0.8%；成品油经营量 765.2 万吨，增长 0.4%。天然气经营量 1.3 亿立方米，增长 40%。非油品营业收入 28.8 亿元，降幅 4%。实现报表利润 2.1 亿元，吨油费用 399 元。获销售公司“比学赶帮超”红旗 27 面，被集团公司评为 2019 年度安全生产单位和节能环保先进单位；销售公司“两力”评比中，郑州公司综合竞争力排名第 42 位，信阳、商丘、漯河 3 家公司发展进步能力排名分别为第 6 位、第 9 位、第 42 位。

（韩　笑）

【巩固零售终端占有】 2019 年，河南石油分公司坚持以市场为导向，以客户为中心，以价值为遵循，精准研判市场，统筹经营要素，坚守份额底线，实现零售经营工作稳中有进、逆势向好，零售经营量效保持华北区领先地位。经营规模稳中有升。全年零售机出经营量 572.1 万吨，经营规模提升至销售公司第 4 位次；“他有我营”销售 13.8 万吨，增加 7.1 万吨，增长 104.86%。市场整顿推进步稳蹄疾。全年累计打击“自流黑”2 565 座，其中黑站点 590 座、黑窝点 882 座、自建罐 138 个、流动车 955 辆，罚没油品 5 237 吨；许昌“加油站涉税数据管理云平台”全面上线，社会站增值税申报额增长近 100%，为政府加强市场监管、为公司营造公平竞争环境提供了有力支撑。经营质量把控有效提升。2019 年盈利地市增加 4 家，整体效益较 2018 年有较大幅度提升；全省汽油价差收窄 0.04 元 / 升（含油非），减少让价 1.7 亿元，柴油价差收窄 0.22 元 / 升，减少让价 6.1 亿元；坚持“点狠面稳”工作总基调，实现 30 个县公司收编市场，带动全年汽油增幅提升 1.3 个百分点。体制机制改革稳步推进。零售市县两级考核体系逐步建立，加油站全联量薪酬考核稳步推进；“加油河南”APP 上线，线上线下加快融合，实现平台注册会员 61 万人，其中绑卡会员 40 万人，平台效应初显。经营业绩评比稳步提升。获销售公司“比学赶帮超”红旗 5 面，组织参加销售公司加油站操作员职业技能竞赛，获中国石化业务技能竞赛团体第 4 名，个人 2 金、1 铜佳绩。

（何鸿耀）

【做大非油品规模增效益】 2019 年，河南石油分公司统筹抓好店销和团购，基础品类实现销售额 15.6 亿元，规模区内排名第 10 位。持续开展“i· 系列”（i· 回家、i· 清凉、i· 旅行、i· 团圆）主题营销活动，其中“i· 回家—年货节”带动年货商品 2.46 亿元、增长 35%；“i· 清凉—整箱水”拉动水饮销售突破 7 305 万元，并实现淡季乳制品销售 1 590 万元、增长 230%。出台环保产品、鸥露纸等核心重点商品品牌化营销活动，带动核心商品 4 亿元、增长 15%，赖茅酒 1.13 亿元，区内排名第 2 位，实现了高基数高增长，尾气处理液销售 1.52 亿元，区内排名第 5 位，增幅连续 3 年排名前列。打造豫货特色名片，成功举办第三届春茶品鲜活动、第二届山药文化节、灵宝寺河山苹果采摘节，与 9 家省市公司开展商品互供业务合作，与仰韶酒业、蓝天茶叶签订战略合作协议，持续做大豫货特色商品销售规模。

（权　璐）

【深化业财融合】 2019年，河南石油分公司围绕省分公司“量效兼顾、量价双收”的总体要求，以价值管理为统领，立足财务转型，深化业财融合。通过构建“三大财务团队”，支撑服务主体业务，强化经营服务，发挥业财协同创效机制效能。将费用视同创效资源，组织全省按高、低、无、负4类对费用探索分类评价，提升费用预算资源使用效能。通过算好“三本账”服务高质量发展，深化存量资产分类评价管理，持续推动低效无效负效资产提质增效。强化资金、商品、资产差异监管，夯实财务基础管理，持续提升财务风险防控能力。圆满完成财务共享平稳衔接和逾期民营企业欠款清理专项工作。

（宋廷刚）

【安全生产总体平稳】 2019年，河南石油分公司坚守安全环保底线，肩扛“三铁”（铁律、铁面、铁心）、践行“三严”（严监管、严考核、严问责）。全面落实“12345”工作部署，不断强化主体责任落实、不断加大安全环保投入、不断加强考核问责、不断夯实HSSE管理基础、不断强化对安全环保领域形式主义的整治，风险管控能力进一步增强，HSSE管理水平得到较大提升，持续保持河南石油HSSE平稳工作态势。河南石油分公司先后获集团公司安全生产先进单位、节能环保先进单位称号，为集团公司首批完成HSSE管理体系创建并发布的企业。在省应急厅组织的知识竞赛中获河南省安全生产示范单位称号；在全国危化品知识竞赛和应急管理普法竞赛中，总积分均居集团公司第1名；在销售企业HSSE能力评价中位列第6名。

（王玉伟）

【严格数质量管理】 2019年，河南石油分公司以“狠抓基础管理，严防数质量风险”为中心，从“加油站液位仪四率提升，油库液位仪功能完善”入手，不断强化数质量管理。在各级政府职能部门质量抽检、总部质量检查、加油机防作弊检查、准确度检查中均做到合格率100%；实现全年数质量工作平稳运行，没有发生上报总部级别的数质量事故（事件），LIMS系统和损耗管理保持销售系统中等偏上水平，油库和加油站液位仪综合排名销售公司第5名。

（柴晓华）

【人才队伍保障支撑作用显著增强】 2019年，河南石油分公司探索新领导体制下市公司运行机制。完善新形势下企业治理模式，11家市分公司推进党委书记、分公司代表由1人担任的新领导体制；强化“班长”培养配备，对已具备正职任职资格但仍需要增加阅历磨炼的年轻干部，实行职务与职级分离的政策，先任职待条件成熟后再晋升职级。狠抓“三强”干部队伍建设。通过“带、育、用、管”强化干部队伍建设。建立常态化干部运行状况分析机制，对大专及以下学历和未参加职称评审的干部下达督办函；修订并印发《河南石油分公司处级干部选拔任用暂行办法》，明确干部提拔须近3年年度绩效考核评价均为B档及以上，凡在廉洁自律方面存在问题的干部，在选拔任用中一票否决。严格干部职数管理，处级干部职数由2018年控制数127人调整为122人，实际为121人；科级干部职数由2018年的768人减少到745人。加快年轻干部培养。加大年轻干部选拔力度，全年共提拔干部19人，其中45岁以下干部11人，年轻干部比重由年初的25%提升到32%，12家单位班子中配备有“75后”成员，郑州、开封、鹤壁3家单位配备有“80后”成员。开展第2批机关和基层双向挂职。组织机关12名具有较强发展潜质的干部到基层挂职锻炼，从基层选拔10名优秀年轻干部到机关锻炼，通过机关和基层双向挂职锻炼，提升干部能力，淬炼干部作风。

（李志伟）

【有效推进厚植发展优势】 2019年，河南石油分公司坚持重资产合作、轻资产合资、闲资产盘活、废资产处置的多元发展思路，终端网络呈现高效可持续发展态势。全年新增加油（气）站156座，取得土地26宗，新增投营站131座，其中新增站投营74座；新增合资公司7家，新投营合资站7座，拓展了外延发展渠道。完成防渗改造210座，统筹推进15项专项改造；维护租赁站网络稳定，40座加油站成功续租；推进“拆一补一”，完成还建加油站6座，取得还建土地8宗，退线重建加油站1座；新增盘活土地39宗。濮阳、洛阳油库扩容改造工程顺利投产，焦作7004油库改建项目工程完工，推进驻马店油库迁建；21座油库自动计量信息系统升级改造完成，改造完成率和数据联网上线率居区内第一。

（梁　博）

【加强“两化”深度融合】 2019年，河南石油分公司严格遵照国家有关“两化”融合的可持续竞争优势、战略执行等基本原则，突出绩效导向、内涵发展、“两化”融合，创新建立具有鲜明石化特色、上下一体、科学高效的信息化应用管理体系，取得国家工信部“两化”融合贯标评定证书。持续加强信息化建设，从基层减负出发，建立“厚平台+薄应用”的信息综合平台，开发无线手持终端，客户通过率提高，基层减负成绩显著，客户服务水平有效提升，平台引流创效能力显现；强化客户管理，上线直分销管理系统，实现对客户的销量、价格、行业、偏好等进行统计分析，对客户自动进行分级分类。

（陈祝春）

【主题教育走深走实】 2019年，河南石油分公司各级党组织聚焦根本任务，紧扣“12字总要求”和“5句话目标”，精心组织、有力推动，学习教育走心走实、调查研究求真务实、检视问题动真碰硬、整改落实真抓实改，检视整改问题745项。以爱国之心、强党之志、兴企之责，学党史国史，诵唱红歌、重温入党誓词、参观红色教育基地、精心服务客户、落实为基层减负15项措施，省市两级领导班子以上率下做“六个表率”，引领党员干部不忘初心再出发、牢记使命勇担当，广大党员干部经受了一次严格的政治锤炼和深刻的党性洗礼。

（代　东）

【强化“狠抓落实”巡视整改】 2019年，配合做好中央第二巡视组下沉调研、集团公司巡视和销售公司巡察工作。河南石油分公司党委认真组织学习党组关于巡视整改有关会议文件精神，对照巡视反馈的7个方面26个问题，制订问题整改落实工作方案，梳理细化为47个具体问题、制定167项整改措施。班子成员把自己摆进去，举一反三，逐一认领整改任务清单。截至2019年底，完成41个问题整改、整改率87.23%，完成157项措施整改、整改率94%。移交信访50件，已处置50件，初核50件，办结45件，正在办理5件。立案2件，追责问责3人。挽回经济损失1 395万元，修订完善制度27项。

（代　东）

【深化考核分配制度改革】 2019年，河南石油分公司构建分板块差异化考核模式。实施切块考核。推进机关、零售、非油品、直分销、油库、天然气六大板块分块考核，薪酬切块，精准激励，凸显各板块劳动效能，助推用工优化。聚焦关键指标，对零售、非油品、直分销、天然气按照业务特点设置联量、联效考核指标，对油库突出吞吐量指标，实现多销多得、多创效多得的导向效果。拓宽领导班子人员考核评价体系。强化四大能力考核，突出对领导班子人员拓市创效能力、安全数质量管理能力、可持续发展能力、人均劳效提升能力的考核，加大人均劳效指标考核权重，逐级传递改革压力，确保改革顺利推进。完善评价机制。为避免出现考核结果与付出努力、贡献、难度不匹配的情况，建立正职对副职人员年度分管工作评价机制，确保副职人员考核评价更加合理、科学。落实“两个倾斜”，加大考核激励力度。强化目标引领，向创效部门倾斜，细化机关经营部门创效目标责任，优化经营创效目标与管理部门考核联动机制，月度部门兑现系数最大相差34%，促进“机关创大效益、机关造大环境”理念落地见效。坚持动态考核，向经营一线倾斜，针对省分公司不同市场状况和经营环境出台的经营策略，配套考核办法同步进行调整，引导地市公司落实经营政策，确保经营活动取得效果。

（车子明）

【规范证照管理】 2019年，河南石油分公司推进证照名称变更工作，截至年底，全省各级营业执照、危化证全部变更完成，零售证变更比例达95%；缺失证照补办工作成效显著，营业执照、危化证100%完成，成品油零售证办理完成5个、递交商务厅受理9个，完成环评手续6个，证照补办工作被销售公司作为典型经验在系统内转发。

（车子明）

【加强职工教育培训】 2019年，河南石油分公司共组织各类培训2 416期，培训学员85 186人次。其中，培训中心举办培训88期，培训学员3 532人次，培训计划完成率达94.02%。加强与总部相关部门和各大培训中心的沟通协调，对企业急需的培训项目争取培训名额，共选派70人次参加总部重点人才培训，选派318人次参加总部岗位适应性培训。

（刘晓丽）

【为十一届全国民族运动会助力加油】 2019年9月8—16日，第十一届全国民族运动会在郑州市举行，河南石油分公司成为赛会指定成品油供应商。河南石油分公司全力提供清洁能源、优质油品等物资保障，同时以"为美好生活加油"为主题，认真组织员工参加志愿服务，开展一系列品牌营销，突出企业文化、地域文化与赛会主题相融合的特色，为中原出彩助力加油，为中国石化的品牌形象和企业文化注入新的激情和活力。

（韩　笑）

表1　河南石油分公司主要经营指标

指标名称 \ 年份	2019	2018	2017	2016	2015	2014
成品油销售总量 / 万吨	765.20	762.50	757.00	741.20	738.60	769.70
零售量	602.80	618.00	622.50	617.20	603.20	616.30
销售收入 / 亿元	530.00	548.90	485.48	418.70	437.10	575.19
利润 / 亿元	2.10	–5.85	1.29	1.50	3.60	6.22
吨油费用 / 元	399.00	390.00	392.00	392.00	362.00	370.58
在营加油站（点）总数 / 座	1 874	1 851	1 843	2 582	2 835	2 928
在营加气站总数 / 座	56	51	48	45	42	36

湖北石油分公司

【概况】 中国石化销售股份有限公司湖北石油分公司（简称湖北石油分公司）位于湖北省武汉市，前身是成立于1953年的湖北省石油总公司。1998年7月整体划归集团公司管理，2000年4月按照中国石化整体重组上市要求，改制为中国石油化工股份有限公司湖北石油分公司；2008年原武汉石油集团股份有限公司（深交所上市公司）退市后并入湖北石油分公司；2015年1月按中国石化推进销售企业混合所有制改革要求，变更为中国石化销售有限公司湖北石油分公司，2019年3月变更为中国石化销售股份有限公司湖北石油分公司。

湖北石油分公司是湖北省成品油销售的主渠道企业，主要经营成品油和天然气的销售、储运及便利店等业务，经营服务网络覆盖湖北省所有地区。截至2019年底，下辖武汉、宜昌、荆州等16家市州分公司，74个县级公司和25个零售管理片区，在营油库13座、库容40万立方米，在营加油（气）站1 873座（其中加气站59座）、便利店1 674座，承担着湖北省成品油资源配置和市场供应的主渠道责任；资产总额159亿元，资产负债率60.9%，全口径用工总量12 146人；2019年成品油经营总量713.8万吨，非油品营业额30.8亿元，实现报表利润1.37亿元。

湖北石油分公司主要经营指标见表1。

（左小南）

【领导班子调整】 2019年10月23日，郭自强不再任湖北石油分公司副总经理，调出另有任用；王飞任湖北石油分公司副总经理。

（左小南）

【市场攻坚取得新进步】 2019年，湖北石油分公司坚持“量效兼顾、量价双收”总体要求，牢固树立“升升拓市、分分创效”经营理念，实施品类营销，强化汽油“一域一策”、柴油“一路一策”分类指导。销售成品油713.8万吨、减少2.4%，其中零售578.9万吨、减少1.8%；天然气销售1.24亿立方米、增长14%。通过省公司强化业财融合，统筹资源运作，市州公司精准营销，全年减少各类营销投入4.4亿元、减幅21%，实现报表利润1.37亿元。面对成品油低价资源冲击、社会资本抢滩布局的严峻竞争形势，湖北石油分公司坚决落实集团公司、销售公司统一部署，守土尽责，积极有效处理竞合关系，持续推进市场整顿，在稳住市场份额60%以上的基础上，综合价格到位率从2019年下半年开始一直居于华中地区前列，超过区内平均水平；累计取缔非法网点258座，查处非法油品2 504吨，市场秩序有所好转，为销售企业整体竞争策略的实现发挥“华中屏障”作用。

（左小南）

【非油品销售实现做大做优】 2019年，湖北石油分公司坚持“稳总量、调结构”，通过做实门店，提升经营质量，通过搭建多业态融合平台，推动湖北石油分公司向综合服务商转型升级，通过统筹营销资源，实现“非油做大做强”。全年实现非油品营业额30.8亿元、增长5%，其中基础品类营业额22.96亿元，规模在区内排名第四；毛利3.07亿元、增长8%，门店日均销售额从2 028元增长到2 390元，核心商品营业额增长9%。多层次加强跨界融合，打造102座“放心粮油店”，全省粮油产品月销售额增长至2 000余万元，实现汽车销售9 334万元、增长254%。积极开发引进湖北特色商品，“荆楚优品”成为湖北石油分公司非油品新的量效增长点。

（左小南）

【创新推出“加油湖北”APP营销平台】 2019年6月，湖北石油分公司“加油湖北”APP正式上线，利用互联网技术与新营销理念，在线上开展油品与非油品营销推广，与线下加油站网点互为补充，实现营销、销售、服务能力全面提升。截至年底，“加油湖北”APP注册会员达308万人，绑卡会员132万人，实现APP加油消费22.9亿元、非油品消费1.14亿元，油非互动带动比提升至220%，以“加油湖北”APP为代表的信息化建设成为助力营销的硬核支撑。“一键加油”“闪付”“POS”等便捷的支付方式进一步提高油站通过率，线上消费、自助电子发票等功能避免高峰期店内排队现象，提高服务效率。

（左小南）

【企业管理实现新提升】 2019年，湖北石油分公司牢固树立安全绿色发展理念，不断健全HSSE管理体系，强化责任落实、风险管控、隐患治理、考核奖惩。整合建立督查监控中心，搭建全方位全天候视频监控平台，通过持续强化督查工作，从严管控作业现场，抓实问题销号整改，形成较强震慑力，在销售企业HSSE管理能力测评中保持B级单位。黄石公司在西塞山油库成功承办“中国石化、黄石市政府突发环境事件联合应急演练”，得到集团公司、销售公司和省市政府的充分肯定。坚持“强基础、防风险、促发展”，全面开展打击违反禁令专项活动，查处违纪行为201起，处理违纪人员266人，其中解除劳动合同38人。加强资产管理，2019年盘活低效闲置土地164宗，实现租金收入2 606万元、资产处置收入4 008万元。细化降本压费，全年取消和优化上门收款站点638个、节费1 500万元，推动减税降费政策落地、降费1 110万元。

（左小南）

【绿色企业创建取得新成效】 2019年，湖北石油分公司落实习近平总书记“共抓长江大保护”的指示精神，践行集团公司“绿色行动计划”，加快推动绿色企业创建。制订共抓长江大保护重点油库项目建设方案，成立领导小组，组建省公司油库建设项目管理中心。制订“十三五”保留15座油库的布局规划，规划库容99.8万立方米。高质量完成724座加油站地埋罐防渗改造，统筹进行硬件改造，提升加油站窗口形象。修订完善20余项环保管理制度，发布绿色企业创建“一方案两清单”。推进绿色库站建设，建成2座绿色标杆油库和15座绿色标杆加油站。全面完成环保手续补办工作任务，全省1 885座在营库站持证率100%。

（左小南）

【国家质量提升示范项目取得新进展】 2019年，湖北石油分公司在全国成品油销售领域首家创建国家质量提升示范项目，建立全国成品油流通企业首套质量标准体系。9月，项目高分通过湖北省市场监督管理局的初评。编制《质量文化建设纲要》和宣传口袋书，在消费者权益保护日、中国石化“质量日”、全国“质量月”等特定时间节点开展质量文化活动，践行“每一滴油都是承诺”。首次提出商品、服务、安全、环境4个质量标准，制定275项具体标准。2017—2019年，湖北石油分公司迎接外部油品质量抽检2 519批次，合格率100%。制定全国首个“质量共治”检查规范，开展“质量共治”活动，邀请政府部门、媒体、顾客以及技术服务机构代表共同参与，对4家质量提升示范单位开展检查评价，形成“政府主导、部门联动、企业主体、行业自律、社会参与”的质量管理新机制。

（左小南）

【全力保障世界军运会安全运行和稳定供应】 2019年10月，湖北石油分公司提高政治站位，强化责任担当，全力实现第7届世界军人运动会期间“保安全、保环保、保稳定、保供应、保舆情、保服务”的“六保”工作目标。制订军运会安全保障总体方案，严格落实信息日报制度。加强企地协调联动，定期开展防恐专项预案演练，提高库站员工应对处置突发事件的能力。确定武汉市55座加油站重点保供，开设专用通道及专用加油枪，全力保障军运会工作车辆用油。克服道路限行困难，协调资源配送，增设5台保供应急备用车辆，防止加油站脱销断档。靓化军运会场馆沿线60座加油站，结合湖北文化特色重点打造武汉月湖桥加油站、黄浦路加油站等功能齐全的综合服务站。严格执行“早发现、快化解、妥处置、防蔓延”的舆情监测、研判和处置机制，管控负面舆情，确保特殊时期湖北石油分公司运营安全平稳有序，为服务和保障第7届世界军运会贡献力量。

（左小南）

2019年10月，湖北石油分公司全力保障第7届世界军运会期间油品供应，设立保供站点、开设专用通道，完成“六保”目标

【网络发展取得新突破】 2019年，湖北石油分公司加速推进库站项目建设，网络质量和形象持续改善。坚持高质量发展零售网络，通过抓优质网点争夺、抓合资公司落地等措施，全年发展加油（气）站53座、新投营加油站40座、加气站2座，取得加油站建设用地9宗，新成立合资公司5个，锁定规划项目17个，湖北石油分公司首座智慧加油站武汉琴台二站建成投用，武汉、襄阳公司加氢业务迈开第一步。坚持高标准推进库站改造，全年完成加油站防渗改造724座，油库自动计量系统改造8座。坚持高站位实施油库迁建，积极响应“长江大保护”号召，年内改造迁建油库4座，其中余家湖油库已顺利投营，十堰白浪油库升级改造顺利开工，荆州柳林洲、宜昌王家河油库改造迁建有序推进。

（左小南）

【深化改革迈出新步伐】 2019年，湖北石油分公司坚持刀刃向内，系统谋划、统筹实施“三项制度”改革。省公司率先开展机关改革，精简机构3个，机关员额由249人减少到182人，各市州公司机关因地制宜优化整合，减员210人。完成委托家庭管理站595座，减少加油站用工1 428人，加油站人均零售量提高到687吨、上升19%。坚持量效定薪、以薪控员，一线员工月均收入4 105元、增长15.2%，“工资靠挣、多劳多得、正向激励”的薪酬分配机制初步建立。不断加强干部队伍建设，坚持梯次合理、老中青相结合，择优选配“一把手”15人，调整中层干部14批92人次，新提拔“75后”中层干部7人、“80后”科级干部63人。坚持干部资源“一盘棋”，积极推动上挂下派和干部交流69人次，省市公司大力开展关键及敏感岗位轮岗交流67人次，有效促进人才资源的合理优化配置，人才合理流动机制初步形成。

（左小南）

【精准扶贫彰显新形象】 2019年，湖北石油分公司组建92个驻村帮扶工作队，派出工作人员303人，实施扶贫项目87个，共为101个对口贫困村投入扶贫资金440余万元，帮助6 000余人脱贫，1.4万余人受益。出台扶贫工作管理办法，严把扶贫项目和资金使用关，确保项目审批到位、资金使用规范。积极开展项目调研、规划、设计和实施，突出抓好基础设施建设，着力改善生产生活条件和村居环境。积极协助调整产业结构，发展特色产业，因地制宜帮扶建立稻虾合作基地、油茶基地，种植茶叶、烟叶、药材等，发展家禽养殖产业等，大幅提高村民收入水平。以购买、销售农副产品等方式，有效开展消费扶贫，帮助销售贫困地区农产品2 207万元，购买农产品104万元。与十堰市政府协商新建3座扶贫加油站，2座已于5月正式营业，每年向2个贫困村分别支付20万元土地租金，并定向招聘2名贫困人员，彰显中国石化履行央企责任的良好形象，赢得各地政府和村民一致好评。

（左小南）

【坚定不移深化全面从严治党】 2019年，湖北石油分公司认真学习贯彻习近平新时代中国特色社会主义思想，充分发挥党委“把方向、管大局、保落实”作用，坚持以作风建设为突破口，持续强化“双严”管理，创新开展“两个双工程”，丰富主题党日、发挥党员先锋模范作用，推进党建与中心工作深度融合。扎实推进“不忘初心、牢记使命”主题教育，组织开展“专题学习研讨、革命传统教育、专题辅导、先进事迹报告会、警示教育”等系列活动，党员干部干事创业、担当作为的精气神明显提升。结合建国70周年和武汉军运会，开展“传承石油精神、弘扬石化传统”专题教育。落实党风廉政建设主体责任、监督责任，加强专职纪检人员配备，整合监督力量，围绕中心开展专项监督。做实做细日常监督，建立业务部门权力清单，实施敏感岗位人员交流，建立与地方纪委监委日常沟通联系机制。

（左小南）

表1　　湖北石油分公司主要经营指标

指标名称＼年份	2019	2018	2017	2016	2015	2014
成品油销售总量/万吨	713.80	724.72	721.70	698.43	699.24	666.80
零售量	578.90	589.35	589.00	590.60	591.64	564.58
利润/亿元	1.37	0.08	3.10	5.02	6.53	7.15
销售收入/亿元	519.00	539.65	468.38	404.32	430.26	531.41
吨油费用/元	353.00	341.00	340.00	337.00	324.00	326.00
加油站总数/座	1 990	2 257	2 197	2 144	2 113	2 176

湖南石油分公司

【概况】 中国石化销售股份有限公司湖南石油分公司（简称湖南石油分公司）位于湖南省长沙市湘春路 113 号。其前身为成立于 1950 年 7 月的中国石油公司长沙分公司，1998 年 7 月整体划归集团公司，2000 年 2 月随同集团公司重组改制和主辅分离，分设为中国石油化工股份有限公司湖南石油分公司（上市公司）和中国石化集团湖南石油总公司（存续公司）。后者于 2007 年改组转制为中国石化集团资产经营管理有限公司湖南石油分公司（简称湖南石油资产分公司），2009 年 7 月，湖南石油资产分公司交由湖南石油分公司托管。2014 年 5 月 14 日，按照集团公司对销售公司实施改革重组的要求，公司名称由中国石油化工股份有限公司湖南石油分公司更名为中国石化销售有限公司湖南石油分公司。2019 年 4 月，更名为中国石化销售股份有限公司湖南石油分公司。

截至 2019 年底，湖南石油分公司下设 15 个地市级分公司、89 个县级公司；省公司机关设立 17 个部门（中心）。用工总量 11 648 人；资产总额 213 亿元；在营加油站 1 736 座、油库 21 座、易捷便利店 1 639 座。拥有湖南省最完善的成品油销售网络，是湖南省成品油经营主渠道企业。主要从事成品油的销售，法律法规允许的石油制品、润滑油、化工产品销售、储存，车用燃气经营，以及非油品（烟酒、饮料、百货、食品、汽车用品、润滑油、其他服务）销售业务。

2019 年，销售成品油 763 万吨、增长 1.7%；实现利润 6.1 亿元，上缴税费 5 亿元；非油品营业额 36.3 亿元、增长 11%。

湖南石油分公司主要经营指标见表 1。

（夏良春）

【统筹油气经营实现拓市创效目标】 紧贴国际国内油气市场深刻变革，突出“转观念善竞争”总体要求，牢固树立适应竞争需要的行商理念、执行理念和算账理念，聚焦关键指标，完成“理念＋统筹＋操作＋执行”的整套经营体系革新，构建稳固有序的全省一盘棋统筹体系。依靠总部统一的资源配置和覆盖全省的供应网络，有效保障了工农业生产、交通运输等生产生活用油。加速推进“加油湖南”APP 上线，进一步提升服务效率，满足广大消费者方便快捷的消费需求。持续开展“四联四保”专项工作，推动“一站一策”有效落地落细，有效提高加油站最小经营单元的经营质量。全年实现成品油经营总量 762.8 万吨、增长 1.7%；其中零售量 594.9 万吨、增长 1.2%，直分销 167.9 万吨、增长 3.5%。全方位优化营销方案，加强细节管理，天然气在营站点的销量增幅均超过 40%。

（夏良春）

【转型升级步伐进一步加快】 2019 年，结合销售系统非油品业务改革要求，重新构建新业务发展组织体系，细化完善品类经理和项目经理体系。以年货节、易享节等大型综合营销活动为抓手，全方位构建营销体系，营销活动提质增效能力进一步增强。广泛拓展易捷自有品牌商品销售渠道，推进海龙燃油宝、卓玛泉、欧露纸等核心重点商品进机场、进高铁、进会场，核心重点商品销售额增长 14%。打造样板门店，分类定级实施门店攀升计划，单店日均零售额增长 23%。加快推进综合服务体建设，广告业务实现“零突破”，餐饮、汽服营业额分别增长 40% 和 97%。与同仁堂、轻工盐业、京东等实现异业合作，易捷网上商城成功上线运行。全年非油品利润达 1 亿元，逐步发展为稳定的经营增长点。

（夏良春）

【轻资产网络发展实现新突破】 2019 年，面对网点发展拿地手续难、成本高等困局，湖南石油分公司大力推行合资合作、综合挖潜、“他有我营”等轻资产发展方式，持续巩固和加强终端网络建设。与全省 22 个市州县签订合作协议，锁定加油站 266 座，与市州层面的战略合作已实现全覆盖。发展自有加油站 40 座、新投营加油站 26 座。平安、超额完成 475 座加油站以双罐双线为主的综合改造任务，平均停业时间由 38 天减少到 23 天。湘潭油库实现投油，新建道县油库顺利投营，储运设施脱瓶颈成效初显。试点新能源项目，建成湖南首个太阳能光伏发电加油站。

（夏良春）

【压实责任提升精细精益管理水平】 构建“三突出、四强化”全面风险管理体系，各类人防技防能力不断增强。坚持运用红旗和效益导向，“比学赶帮超”扎实开展，取得各类红旗 47 面，位列销售系统第 3 名，红旗数量和排名均创历史最佳，湖南石油分公司首次获评销售系统标杆企业。开展“管理量变年”活动，14 项关键经营管理指标达到预期提升目标。强化审计整改“回头看”，加大综合督查工作力度，问题闭环管理能力逐步增强。压实全员目标成本管理责任，加强优化物流降费和损耗控制，开展资产分类评价，湖南石油分公司高效资产占比持续提升。

（夏良春）

【全方位提升安全和环保引领能力】 严格执行现场作业“三违”行为即时处罚制，狠抓现场监督，全年施工项目 475 项、动火作业 1 479 次、起吊油罐和高处作业上万人次，无一例安全责任事故。连续 11 年被湖南省委、省政府评为安全生产工作先进单位，被集团公司评为安全生产先进单位。强化“绿水青山就是金山银山”的环保理念，投入大量资金完成油库、加油站油气回收改造和防渗改造，绿色企业创建验收合格。

（夏良春）

【“三项制度”改革深入推进】 统筹推进以省公司部门副职公开竞聘为代表的各级干部选拔，加快推进干部队伍年轻化进程。持续推进加油站委托管理扩面，精简优化机关和油库人员，疏通离岗人员分流安置渠道，有效提高劳动效率。实施人才素质提升规划，持续提升员工职业技能，799 人顺利通过职业技能鉴定，通过率达 75%。以岗位价值为引领，突出业绩导向，推进实施差异化考核。“三项制度”改革措施延伸至合资公司，进一步提高劳动效率和创效能力。

（夏良春）

【全面从严治党促进政治优势转化】 坚持用习近平新时代中国特色社会主义思想武装头脑，扎实开展“不忘初心、牢记使命”主题教育，树牢“四个意识”，坚定“四个自信”，做到“两个维护”。优化完善“五抓五提升”履责体系，聚焦基层基础，不断抓实抓牢基层党组织建设。严肃监督执纪问责，不断巩固反腐败的高压态势。集中整治形式主义、官僚主义，采取“限时办结”“马上就办”等六大类措施，推行简政放权，切实为基层减负。大力传承石油精神，弘扬石化传统，加强企业文化建设，持续打造企业和人的“奋斗共同体”。举行庆祝新中国成立 70 周年活动，切实抓好青年作用发挥，持续加强基层“家文化”建设，群团组织建设活力进一步提升。湖南石油分公司首次在集团公司考核中被评为 A 类企业。

（夏良春）

【履行国企责任积极主动回报社会】 主动担当湖南全省油气保供主渠道重任，在元旦、春节水运等运力紧张时期，在五一、十一等节假日高速公路和各城区车辆突发性聚集的关键时刻，在偏远地区和农耕重点地区，突出保民生、保稳定、保畅通，坚决担负起油品供应重任。积极参与扶贫攻坚战，2019 年共派出驻村扶贫干部 55 人，直接投入扶贫资金 420 万元，支持各类扶贫产业发展。

（夏良春）

表 1　湖南石油分公司主要经营指标

指标名称 \ 年份	2019	2018	2017	2016	2015	2014
成品油销售总量 / 万吨	762.80	750.00	743.20	733.00	710.40	687.40
零售量	594.88	587.60	593.60	603.50	595.20	566.00

续表

年份 指标名称	2019	2018	2017	2016	2015	2014
销售收入 / 亿元	553.45	558.00	493.00	427.00	432.70	525.00
报表利润 / 亿元	6.11	0.09	5.00	7.51	7.50	7.35
吨油费用 / 元	384.00	371.00	350.00	351.00	346.00	348.00
在营加油站总数 / 座	1 736	1 649	1 627	1 577	1 567	1 564

广东石油分公司

【概况】 中国石化销售股份有限公司广东石油分公司（简称广东石油分公司）前身是成立于 1950 年 6 月的中国石油贸易公司广州分公司，1961 年 11 月更名为广东省石油公司，1992 年 8 月改组为广东省石油企业集团公司，1998 年 7 月，广东省石油企业集团公司及其属下的 116 家市、县公司整体划归集团公司。2000 年 3 月，重组为中国石油化工股份有限公司广东石油分公司和广东省石油企业集团公司。2014 年 5 月，更名为中国石化销售有限公司广东石油分公司。2019 年 8 月，更名为中国石化销售股份有限公司广东石油分公司。

截至 2019 年底，广东石油分公司下设 13 个综合管理部门和专业中心，21 家地市级分公司和 1 个仓储分公司。用工总量 16 365 人，有在营加油站 2 347 座、易捷便利店 2 238 座，资产总额 436 亿元。

2019 年，广东石油分公司实现油气总销 1 753.7 万吨，非油品交易额 183.4 亿元。实现销售收入 1 259 亿元；报表利润 33.7 亿元。

广东石油分公司主要经营指标见表 1。

（刘琼芝）

【油气总销实现历史性突破】 2019 年，广东石油分公司坚持“市场第一、客户至上”的经营理念，精准研判走势，优化资源配置，灵活运用营销策略，增强竞争实效。全年实现油气总销 1 753.7 万吨、增长 2.7%，成品油总销 1 733.3 万吨、增长 2.8%，有效保持成品油市场主导优势。其中，零售完成 1 285.5 万吨，直分销完成 447.8 万吨、直分销增长 26.3%。经营规模居中国石化油品销售系统首位。连续 4 年位居集团公司直属单位领导班子及党建考核 A 档。连续 7 年在销售公司“比学赶帮超”活动中被评为标杆企业。

（刘琼芝）

【强化营销管理捍卫市场主导地位】 2019 年，广东石油分公司发挥线上优势，实施会员平台营销，开展“金猪充值能量包”“柴油豆营销”等六大类会员制营销措施，精准触达会员客户 232 万人，“柴油豆”活跃会员 32 万人，拉动高标新客户 29 万人，带动零售稳量增量 48 万吨。深度推进跨界融合，与广州移动、兴业银行等共同打造“超星会员”项目，通过电子加油券、企业券包等方式全面拓展外部渠道，引入外部营销资源 3.1 亿元。坚持“稳存量，抢增量”，大力开发社会加油站、集团战略客户和终端用户，新增及回流优质客户 2 909 个，新增及回流销量约 66.5 万吨。

（刘琼芝）

【非油品创新发展成效显著】 2019 年，广东石油分公司继续深化油非融合，不断优化商品品类，持续培育新的业务增长点，推动企业向现代化综合服务商转型。全年实现非油品交易额 183.4 亿元，增长 16.5%；毛利额 9.6 亿元，增长 15.4%；实现线上平台交易额 4 亿元，增长 39%；投入油非互动营销资源 6.8 亿元，带动非油品营业额 15.8 亿元；“加油广东”APP 会员数达 1 141 万人。营业规模、毛利规模均保持中国石化油品销售系统首位。

（刘琼芝）

【稳步推进车生态项目】 2019年，广东石油分公司稳步推进车生态项目，全年新增汽服网点112座，汽服网点零售量增幅比全省平均高3个百分点，累计建成综合服务站315座，基本实现“县县有综合服务站、市市有旗舰站”的奋斗目标。规范保险兼职代理合作，承保业绩超1.4亿元，为客户提供保险服务的同时增加一线员工收入超3 500万元。精心筹划打造“卡车之家”公益品牌及“免费洗车”营销品牌，全年共投营“卡车之家”8座，日均服务1 280人次、拉动柴油增量1.2万吨；洗车网点布局达397座，每日服务车辆1.7万台，送出免费洗车456万台次，平均用券率52%。

（刘琼芝）

【流程再造夯实企业管理基础】 2019年，广东石油分公司以“提高组织运行效率+管理增值”为原则，启动流程再造项目，搭建1—4级业务共615项的业务架构，绘制出面向业务的端到端流程框架和流程地图，开始搭建以市场、客户、业务发展为核心的流程管理体系。推进机关大部制整合，省公司层面优化整合8次，整合商客中心、实物资产处、物流中心、数质量科技处、驻京办等机关及附属机构9个；市公司层面，中型及以上公司管理部门由9—13个精简为7—9个，小型公司仅设4个管理部门，省市两级机关共减少用工262人。

（刘琼芝）

【打造专业化中台提升企业效能】 2019年，广东石油分公司成立氢能办公室、大数据应用中心和运维中心，打造专业化中台，实现“资源优化和管理效率”双提升。

（刘琼芝）

【坚持质量效益持续优化网络布局】 2019年，广东石油分公司外拓内优、多措并举、突出质量，坚持以发展质量和效益为中心，加快新能源布局，建成投营全国首座“油电氢非”综合能源站——樟坑油氢合建站，截至2019年底已平稳服务超5 860车次，总加氢量超36吨，为国内采用“油氢合建”方式建设加氢站的模式提供有益借鉴。抢占空白网点，统筹防渗改造，争取闲置资产置换，有效提升网络创效能力。全年新增72个油气网点（含储备），其中“他有我营”站21座。

（刘琼芝）

【突出价值管理提升资源创效能力】 2019年，广东石油分公司坚持事前算赢、挖潜创效，充分发挥价值管理的引领作用，全面提升创效能力。全年实现报表利润33.7亿元，完成总部下达目标；吨油费用385.7元，对比总部目标少3.6元。推动盘活创效措施落地，全年落实资产处置收入3.8亿元，其中上市部分实现资产处置净收益1.9亿元，创历史新高。

（刘琼芝）

【推进绿色企业和谐发展】 2019年，广东石油分公司率先制定实施广东石油HSSE体系，严格落实风险分级管控，关注加氢站、综合汽服等新业态风险，通过“四不两直”、编写抽油作业指导意见书等措施，全力抓好防渗改造施工现场全流程监管，不间断开展后勤专项安全检查工作，持续推进绿色企业和谐发展，全年上报等级安全环保事故为零。加强数质量过程管理，聚焦风险防控，推进油库自动计量，加油站接卸油准确率提升97%以上，集团公司及各级政府质量抽检合格率达100%，油品总损耗率为-0.14%，处于销售企业先进水平。被集团公司评为节能环保先进单位、中国石化绿色企业。

（刘琼芝）

【健全安全管理体系】 2019年，广东石油分公司高度重视、提前谋划、细致部署，建立健全安全管理体系，加强专业培训，配齐配强施工管理人员，夯实安全管理基础，全年完成1 356座加油站防渗改造，未出现一起安全事故。被集团公司评为安全生产先进单位，连续4年获销售企业HSSE管理能力评价“A级企业”称号。

（刘琼芝）

【人才强企工程取得阶段性进展】 2019年，广东石油分公司围绕“全面推进‘三项制度’改革”和“人才强企工程”两大主题，强化精准选用，“一企一策”选优配强领导班子，全年完成中层领导人员调整109人次，有效避免部分单位领导班子“盖层”“断层”现象。中层领导干部“75后”“80后”比例达51.1%。盘活用工存量，以委托管理和大班制改革为落脚点，优化加油站用工2 475人，人均劳效增长10.4%。分公司机关引入人均经营量考核指标，加油站采取人均劳效与收入全额挂钩，2019年人均收入增幅8.5个百分点。打造朝阳学院计划，加快建立与人才培养开发相适应的教育保障机制。出台青年英才计划，建立167名英才库，打通年轻干部成长绿色通道。推行机关人员培养计划，严把准入门槛、增加岗位历练、强化考核激励，使创新奉献的员工真正获得改革实惠。

（刘琼芝）

【企业品牌形象持续提升】 2019年，广东石油分公司重视宣传思想文化建设工作，不断提升企业品牌形象。连续第8年开展中国石化“情暖驿站·满爱回家”公益活动，全年开展“公众开放日”“智慧加油站”“碧水蓝天”等主题宣传13次，充分展示企业形象，获社会广泛好评。与团省委实施广东省志愿者联合激励计划，实施精准扶贫，投入385万元帮扶25个对口扶贫村脱贫致富，取得良好社会效应。深入开展青年文明号创建活动，共有21家单位被评为广东省青年文明号。开展纪念五四运动一百周年系列活动，组织青年员工参加技术比武竞赛。

（刘琼芝）

【深入开展主题教育获党组100%满意率】 2019年，广东石油分公司扎实推进主题教育走深走实，高站位谋划党建工作，切实做到“组织领导到位、思想认识到位、检视问题到位、整改落实到位”的“四到位”。统筹谋划全省系统党建工作，开展“六内六外”党建联建联创，突出抓基本制度落实、抓基本队伍培养、抓基本组织强化的“三基本”建设，全面提升基层组织力。落实意识形态责任制，召开“明形势、勇担当、守底线”形势任务教育大会，大力开展爱国主义教育，传承石油精神、弘扬石化优良传统教育，深入挖掘选树先进典型。在党组巡回指导组对广东石油第一批主题教育开展的评估中，总体评价满意率为100%。

（刘琼芝）

表1　广东石油分公司主要经营指标

指标名称＼年份	2019	2018	2017	2016	2015	2014
成品油销售总量/万吨	1 733.32	1 686.01	1 639.04	1 576.64	1 525.50	1 546.52
零售量	1 285.49	1 331.46	1 300.81	1 268.72	1 241.90	1 195.37
销售收入/亿元	1 259.00	1 286.45	1 075.33	941.58	963.34	1 225.76
报表利润/亿元	33.70	34.44	35.02	33.17	28.76	27.26
报表吨油费用/元	391.77	379.36	380.17	384.06	374.72	343.47
在营加油站总数/座	2 347	2 272	2 247	2 226	2 236	2 233
自营加油站数	2 198	2 198	2 175	2 162	2 174	2 169
联营加油站数	74	74	72	64	62	64

广西石油分公司

【概况】 中国石化销售股份有限公司广西石油分公司（简称广西石油分公司）位于广西壮族自治区首府南宁市，前身是成立于1952年的广西壮族自治区石油总公司，1998年划归集团公司，1999年按照集团公司重组改制、主辅分离的原则，组建广西石油分公司。2009年整合上市、非上市部门职能，推进了一体化管理改革。2014年根据集团公司油品销售业务重组工作部署，变更为中国石化销售有限公司广西石油分公司。2019年根据销售公司股改要求，更名为中国石化销售股份有限公司广西石油分公司。

截至2019年底，广西石油分公司设13个职能处室和3个专业中心，下辖14个地级分公司和103个片区，组建联营公司24个。主要经营汽油、柴油、天然气、润滑油和燃料油的批发零售及加油站便利店非油品业务等。共有在岗员工4 475人，拥有在营加油站1 306座、便利店1 183座，在用轻油油库13座、总库容52.29万立方米；资产总额142.64亿元，全年完成固定资产投资9.63亿元。

2019年，广西石油分公司销售成品油699.04万吨，其中零售537.83万吨、直分销161.21万吨；销售天然气1.45亿立方米；非油品业务营业额29.16亿元；全年实现销售收入502.35亿元，报表利润9.04亿元。

广西石油分公司主要经营指标见表1。

（唐倩倩）

【领导班子调整】 2019年10月，集团公司以视频会形式召开广西石油分公司干部大会，宣布党组关于广西石油分公司领导班子调整的决定：李玉杏任广西石油分公司代表、党委书记；苏云河任广西石油分公司总经理、党委副书记；邓德选任广西石油分公司党委副书记兼纪委书记，广西石油总公司工会主席人选。广西石油分公司新一届领导班子由李玉杏、苏云河、林东、卢品宝、李新强、邓德选、章丽莉7人组成。

（唐倩倩）

【成品油经营实现新增长】 2019年，广西石油分公司面对严峻的市场挑战，敢于竞争、善于竞争，实现成品油销量699.04万吨、增长3.4%。针对竞争对手挑起的价格战，坚持“面上稳、点上狠”的竞争策略，先打再谈，边打边谈，以打促和，以战止战，有效捍卫市场主渠道地位。全面上线微信加油卡，通过大数据分析完成客户消费精准画像，强化主动营销意识，深入开展加油卡“六进”活动、超前谋划季节性和节假日营销、拓展免费洗车等增值服务，促进零售销量537.83万吨、增长5.9%、增幅列区内企业第二。不断完善直分销量价互动机制，加大客户开发维护力度，实现新增客户741个、新增销量25万吨，重点客户稳定率超过80.2%、锁定销量93.90万吨。

（唐倩倩）

【非油品业务经营质量持续提升】 2019年，广西石油分公司全口径非油品交易额21.96亿元、增长9.2%，增幅列区内销售企业第五。专题开展低效门店综合治理，强化品类结构及人员销售技能，门店运营质量大幅提升，吨油基础品类营业额低于200元的门店从730座减少到422座，减幅达42.2%。多渠道加大自有品牌营销推广力度，广西“良大头”粮油销售5 990万元，增长97.9%；易小果品牌产品形成4个系列23个品类，在天猫、京东、淘宝开设旗舰店，走向全国13个省市，实现销售1 848万元。引进“小猫”洗车等新业态，大力拓展汽车销售、广告、店中店等新兴业务，拓展非油品量效新增长点。

（唐倩倩）

【天然气业务实现大跨越】 2019年，广西石油分公司天然气销量首次突破亿立方米大关，达1.45亿立方米，增长92.3%。努力做大天然气零售新份额，率先布局广西LNG加气走廊，优先发展“源头型、通道型、客户型”站点，完善加气网络布局，解决客户加气难的痛点；地毯式摸排走访公交车、出租车等行业客户，“一客一策”制定营销措施，新增客户52家，实现全年天然气零售

3 877 万立方米、增长 38.7%，车用气零售市场占有率达 28%、提高 6%。探索性推出全额投资、联营合作、设备入股、以租代售等点供项目新模式，实现营销服务“私人订制”；加快项目建设投营全环节提速，形成点供项目梯队，全年新投营 3 个、建设 3 个、储备 7 个，实现销量 2 672 万立方米，增长 11 倍。

（唐倩倩）

广西石油分公司西陇 LNG 气化站项目平稳运营

【亚美森咖啡首家国内门店投营】 2019 年 9 月，广西石油分公司发挥与东盟陆海相连的区位优势，积极响应“一带一路”倡议，和泰国石油合作，于 9 月 26 日在南宁竹溪加油站投营亚美森咖啡首家国内门店。该店保持泰国亚美森咖啡“taste of nature”概念，并推出榴莲黄金杯、雪顶珍珠泰茶等甜品饮料，让顾客感受到原汁原味的泰式风情，也成为当地市民新的打卡地。开展丰富多彩的促销活动，推动油品、非油品和咖啡之间的互动销售，开业 2 个月，累计销售咖啡 2 万杯，营业额 60 万元，咖啡业务成为广西石油分公司公司非油品业务的新增长点。

（唐倩倩）

南宁竹溪加油站亚美森咖啡开业

【百余座司机驿站成为新名片】 2019 年，广西石油分公司紧盯本地成品油市场变化、不同路网柴油消费变化和长途货车司机需求变化，精心谋划、扎实推进百余座司机驿站建设。提供差异化优质服务，在司机驿站统一配置烘洗一体机、厨具、架床等“七大件”，较好地解决长途货车司机洗衣、吃饭、住宿、出行等方面的问题。打造价格优惠、充值返利、电子券等“10+X”营销工具包，做好“价格优惠引客”文章。司机驿站深受客户欢迎，并得到自治区总工会在联合打造升级版“货车司机职工之家”上的大力支持，成为经营扩销增量和品牌形象提升的新名片。截至年底，已打造司机驿站 101 座，全年贡献机出柴油销量 77.7 万吨。

（唐倩倩）

【网络发展优势巩固提升】 2019 年，广西石油分公司新发展加油（气）站 40 座，新投营 46 座，均提前超额完成全年任务目标。贯彻落实“融入地方、借势发展”的工作理念，积极拓展企地合作，和广西交投集团等地方国企发展加油站 15 座、储备发展 16 座。全面抢抓“乡村振兴”“脱贫攻坚”等发展机遇，积极推进“加油站 + 扶贫”农网发展模式，20 座加油站项目稳步推进，8 座加油站实现低成本续租。强化土地竞拍工作，参与土地竞拍 33 宗，成交 7 宗，用好“行政 + 法律 + 市场”手段，有效应对社会资本强势介入网络发展的乱象，成交 7 宗。着力推进轻资产项目合作，新发展“他有我营”加油站 14 座，“他有我营”在营站达 24 座。

（唐倩倩）

【精益求精促进降本增效】2019年，广西石油分公司突出精益求精，管理创效水平不断提高，实现报表利润9.04亿元，增长9.5%。深入推进业财融合，科学应用以资源顺推法为核心的动态多维毛利测算体系，模拟测算各环节量价互动条件，更好地服务经营、指导经营、支撑经营。通过实行加油站员工自主交款、开展加油站货款结算招标、加强税务筹划、推广现有液位仪探棒利旧使用等多种方式，全方位细化降本减费。深化全口径物流优化，开展配置、集采、外采、与中国石油互供等各类资源“大平衡”运作，资源创效能力提升，外采降本14亿元，增长9.5%，汽油采零差、采批差和柴油采批差均位居西南地区销售企业第一。

（唐倩倩）

【“打非治违”工作取得实效】2019年，广西石油分公司持之以恒推进“打非治违”工作走深走实。推动自治区政府转变打非方式，从原来的“露头就打”转变为“深挖源头，集中打击”，并相应出台专项整治方案，公安、商务等部门负责具体落实。全力推进税务部门严查社会经营单位的偷税漏税行为，共计向842座社会油站下达自查通知书，征缴税款超过2 800万元，促使18座社会油站成回流客户。通过经营线索、深挖根源，查封“自流黑”2 202个，刑拘1 045人，关停社会油库2座、油站38座，罚没油品5 190吨、增长25.6%，特别是百色、梧州查处2起案值超过亿元的大案，促进市场秩序加快好转。

（唐倩倩）

【安全环保管理稳中向好】2019年，广西石油分公司多措并举强化安全生产工作，全年企业运营安全平稳，并在2019年度广西壮族自治区重点企业安全考核工作中被评为优秀。开展HSSE管理体系建设，完成HSSE管理手册编制，HSSE责任制、管理制度及操作规程修订率达80%以上。紧盯关键人物和重要环节，持续深化对承包商的监督考核，坚决落实承包商安全管理风险“一把手”负责制，严格执行承包商准入、退出机制。强化隐患排查治理，及时发现并整改消除一体式密闭操作井油气浓度超标、侧翻漏水及施工用电不规范、静电接地不标准等隐患，提升了安全保障能力。全面强化环保管理，有序开展污水处理、地下水土检测及部分油气回收在线监测等工作，积极推进绿色企业创建。

（唐倩倩）

【数质量管理日益细化】2019年，广西石油分公司严格封闭液位仪运行专项考核，推进液位仪深化应用，各项指标持续排名销售系统前列。深化各环节损耗管理，特别是狠抓每月超耗索赔、高频次超耗车辆治理等工作，运输超耗频率下降12.6%。油库自动计量提升改造全面完成，油品综合溢余率达0.04%，系统外抽检332批次100%合格，首次获销售企业数质量管理年度先进红旗。

（唐倩倩）

【体制机制改革激发企业活力】2019年，广西石油分公司坚持改革与稳定并举，全面激发体制机制活力。制订下发地市公司大部制改革实施方案，建立机关部门“减人不减薪、增人不增薪”的薪酬分配机制，指导地市公司有序推进机关部门整合、人员分流等工作，地市公司机关科室由12个压减至5—6个。按照“成熟一个、推进一个”的原则积极推进357个站进行家庭驻站式改革，销量在3 000吨以下的310个加油站全部实现家庭驻站式管理。不断优化调整加油站全额连量计酬方案，更好地调动员工“多卖一升油”的积极性。截至年底，加油站员工人均劳效达746吨，较上年末提高15.8%。

（唐倩倩）

【机关作风建设全面提升】2019年，广西石油分公司推进“马上就办、办就办好”落地见效，机关办文、办事及管理效率大幅提升。建立持续改进工作机制，收集基层意见和建议，梳理物资采购、非油品团购等工作流程137项，优化审批流程79项，物采周期从原来的数月压缩到1个月以内，非油品团购从9个审批环节减少到4个；撤并各类系统16个，取消加油站台账62个（其中纸质台账23个），减轻基层负担。提出加快办文、办事时效的“十二项工作要求”，定期通报文件和重点工作办理情况，OA请示件办理时间平均缩短3天，督办事项 100% 按时完成，基层满意度明显提升。

（唐倩倩）

【切实践行央企责任担当】 2019 年，广西石油分公司始终秉承“国企为国、在桂兴桂”的理念，连续 16 年组织开展“情暖驿站 · 满爱回家”春运专项服务工作，并获评集团公司 2018—2019 年度优秀志愿服务项目。加大精准扶贫力度，投入扶贫资金 323 万元，消费扶贫 2 760 万元，28 名干部奋战在扶贫一线。通过建设扶贫加油站项目，有效解决“三农”用油需求及当地贫困家庭的人口就业。利用加油站和易捷便利店渠道优势，引入 160 多种广西名特优农产品销售，年营业额超 6 000 万元。

（唐倩倩）

【党建工作持续加强】 2019 年，广西石油分公司全面从严，党建工作扎实有效，首次获销售企业党建工作年度先进红旗。扎实开展“不忘初心、牢记使命”主题教育，引导党员干部以习近平新时代中国特色社会主义思想武装头脑、指导实践和推动工作，特别是通过“向上”对标对表、“向下”听取民意、“向内”自我剖析等方式查找问题并制定整改措施，截至年底，整改落实率达 100%。构建区地县三级监督体系，加强重点领域关键环节监督，约谈 26 家施工承包商、非油品供应商和物流承运商，不断巩固风清气正干事创业政治生态。

（唐倩倩）

表 1　　广西石油分公司主要经营指标

指标名称 \ 年份	2019	2018	2017	2016	2015	2014
成品油经营量 / 万吨	699.04	675.74	648.59	638.61	590.24	585.74
零售量	537.83	507.90	502.35	491.35	486.50	482.76
销售收入 / 亿元	502.35	511.22	415.71	367.21	359.46	442.80
利润 / 亿元	9.04	6.83	9.20	10.11	10.00	11.82
吨油费用 / 元	339.32	305.81	311.54	314.74	320.58	330.83
加油站总数 / 座	1 306	1 278	1 251	1 233	1 213	1 172

海南石油分公司

【概况】 中国石化销售股份有限公司海南石油分公司（简称海南石油分公司）位于海口市滨海大道 177 号。其前身中国石油公司广东省海南公司创建于 1953 年，1988 年海南建省挂牌成立海南省石油总公司。1998 年 9 月划转集团公司。1999 年 7 月，集团公司将海南省石油总公司和海南经济开发公司的部分资产重组。2000 年实行主、辅分离，主业成立中国石油化工股份有限公司海南石油分公司，辅业为中国石化集团海南石油总公司（简称海南石油总公司）。2006 年，海南石油总公司整体转制为中国石化集团资产经营管理有限公司海南石油分公司（简称海南石油资产分公司）。2009 年 9 月，海南石油资产分公司委托股份公司海南石油分公司管理。2014 年 6 月，中国石化油品销售业务重组，中国石油化工股份有限公司海南石油分公司更名为中国石化销售有限公司海南石油分公司。2019 年 2 月，按照销售公司改制上市要求，中国石化销售有限公司海南石油分公司更为现名。

海南石油分公司主营汽油、柴油、天然气、燃料油、润滑油及其他化工化纤产品的零售；经营日用百货便利店，汽车清洗服务，销售预包装食品、散装食品、乳制品的经营；零售保健食品、卷烟、雪茄烟的零售等。是海南省最大的成品油批发零售企业，负责海南全省的成品油供应，销售网络覆盖海南省陆、海两域。

截至 2019 年底，海南石油分公司资产总额 34.11 亿元，拥有油库 4 座、在营加油（气）站 289 座、液化气站 23 座，用工总量 1 651 人。共设有 12 个职能处室，5 个专业中心，4 个区域公司。

海南石油分公司主要经营指标见表 1。

（李春贻）

【领导班子调整】 2019 年 3 月，于永生调任海南石油分公司常务副书记，原党委书记刘春波调出另有任用。海南石油分公司新一届领导班子由史东斌、于永生、黄流雄、李峰玲、崔勇、彭彬 6 人组成。10 月，原副总经理彭彬鉴于年龄原因，任调研员。

（李春贻）

【总体运行平稳】 2019 年，海南石油分公司受经营主体多元化、新能源革命、海南限房限车限行、大规模停业防渗改造、资源严重过剩等多重因素的影响，市场竞争局面更加复杂严峻。海南石油分公司迎难而上，攻坚克难，取得较好的经营效果，保持市场份额基本不降，改革发展、风险防控等各项工作协调推进。全年成品油经营量 154.4 万吨、占市场份额的 70.2%，实现利润 3.1 亿元、完成年初预算的 104.3%。

（李春贻）

【液化气销售成为利润支撑点】 2019 年，海南石油分公司液化气销售成绩突出，全年销量 20.2 万吨，实现利润 8 747 万元，占公司整体利润的近 1/3，成为公司利润的重要支撑点。

（李春贻）

【发展车用天然气业务】 2019 年，海南石油分公司为顺应海南清洁能源发展趋势，积极探索未来转型发展新业务，大力发展车用天然气业务。全年新增海口广场、海口龙桥东、海口龙桥西 3 座天然气站，天然气销量 2 135 万立方米，增幅 27%。

（李春贻）

【非油业务稳步增长】 2019 年，海南石油分公司通过打造精品店、智慧店、样板店及“微改造”等措施，持续挖掘门店创效潜力。持续打造综合服务站、汽服站、店中店，引进多种业态多种品类，精心策划非油互促、主题促销等各类活动。利用“加油海南”APP 营销平台，推动线上线下融合发展。全年实现利润 3 370 万元，营业利润率 11.6%。

（李春贻）

【加油站防渗改造任务基本完成】 2019 年，海南石油分公司双层罐改造项目比上年增加一倍多，年初与销售公司签订“改造 138 座站，平均工期 28 天”责任状，任务十分艰巨。公司克服经营、安全环保等多重压力，统筹安排加油站防渗改造，既加快环保治理又保证工地安全平稳。全年完成改造任务，平均工期 29 天，完成率 99%。

（李春贻）

【安全管理取得显著成效】 2019 年，海南石油分公司全年未发生一起安全、环保、质量上报事故，实现海南石油分公司安全环保形势总体稳定，在销售企业 HSSE 综合管理能力测评中保持 B 级，名次比上年上升 5 位。

（李春贻）

【持续推进加油站委托管理】 2019 年，海南石油分公司持续推进加油站委托管理，全年完成 30 座驻站式改革，优化用工 182 人；实施油库大班组运行模式，优化用工 10 人，有效提高人均劳效。

（李春贻）

【深化区域公司改革】 2019 年，海南石油分公司深化区域公司改革，试点开展改革优化工作，制订并印发《琼北、琼南区域公司改革优化试点方案》，优化机构设置和人员配置，进一步加强片区管理力量，片区管理效能逐步显现。

（李春贻）

【高质量开展主题教育】 2019 年，海南石油分公司按照党中央和集团公司党组的统一部署，紧扣“守初心、担使命、找差距、抓落实”总要求，深入开展“不忘初心、牢记使命”主题教育。主题教育统筹推进，分批次分阶段进行，按照学习教育、调查研究、检视问题、整改落实 4 个阶段重点措施落实。第 1 批举办 8 期读书班，设置 6 个集中研讨专题，形成 6 份调研报告；检视问题清单 135 项，专题民主生活会征求意见 18 项，认领中央巡视反馈问题 11 项，整改率 95.1%。第 2 批开展学习 64 次，形成调研成果 21 个，检视问题 190 项，整改率 80.5%。2 批主题教育达到“理论学习有收获、思想政治受洗礼、干事创业敢担当、为民服务解难题、清正廉洁做表率”目标，集团公司党组巡回督导组多次现场指导，给予高度评价。

（李春贻）

【推进人才梯队建设】 2019 年，海南石油分公司推进人才梯队建设，进一步加强各层级后备干部队伍建设，加快解决盖层、断层问题。制定培养优秀年轻干部的实施办法，规划和选定有培养潜力的优秀年轻干部，竞争性选拔关键、重点业务领域年轻干部，不断优化干部队伍结构，健全人才发展机制。海南石油分公司与海南大学合作，相继举办青年干部“青苗计划”和中层干部“三强计划”培训班，培训人员 108 人，拓展干部知识面，增强履职能力，为人才培养打造更高的平台。

（李春贻）

【加强意识形态工作】 2019 年，海南石油分公司加强意识形态工作，坚守舆论宣传阵地，肃清网上流毒，扩大正面宣传，强化舆情监控。通过举办公众开放日、“中国石化奉献在海南”等专题活动，树立公司良好的品牌形象。开展“转变工作作风，整治形式主义官僚主义”大讨论活动，整治工作推诿拖拉、效率低下等现象，不断改善机关作风。

（李春贻）

【深入开展“微腐败”专项治理】 2019 年，海南石油分公司深化重点领域监督，深入开展“微腐败”专项治理。对公司招投标、工程建设、直分销业务、成品油外采、防渗改造等重点领域加强监督，对套卡套券等违规行为坚决查处。高度重视公司在“强防促”和经营检查中暴露出的问题，全面仔细排查业务环节相关岗位间监督制约的有效性和管理薄弱环节、操作流程节点等风险，狠抓整治，切实提高风险管控水平。开展形式多样的廉洁教育和警示教育，使广大党员干部知敬畏、守底线，防微杜渐。

（李春贻）

【“加油海南”APP 成功上线】 2019 年 7 月 28 日，“加油海南”APP 成功上线，并于 8 月 2 日召开“加油海南”APP 新闻发布会，进一步推广营销，实现“油”遍天涯、“惠”及海角的活动目标。截至年底，线上注册 23 万余人、绑卡 8 万余人，累计加油 77 万笔，加油金额 1.9 亿元；商城消费 0.8 万笔，消费金额 52 万元。

（李春贻）

“加油海南”APP 新闻发布会现场

表 1　海南石油分公司主要经营指标

指标名称 \ 年份	2019	2018	2017	2016	2015	2014
成品油经营总量 / 万吨	154.40	161.40	168.87	158.76	144.89	138.73
零售量	119.10	123.08	123.72	119.56	115.72	114.55
销售收入 / 亿元	123.18	133.67	122.47	104.91	99.64	120.89

续表

指标名称＼年份	2019	2018	2017	2016	2015	2014
利润 / 亿元	3.10	3.40	5.07	4.55	3.54	3.45
吨油费用 / 元	363.00	344.00	331.00	325.00	338.00	342.00
加油（气）站总数 / 座	289	306	303	307	300	291

贵州石油分公司

【概况】 中国石化销售股份有限公司贵州石油分公司（简称贵州石油分公司）位于贵阳市南明区解放路21号，主营成品油、天然气、非油品销售，是贵州省最大的成品油经营企业。其前身为贵州省石油总公司，1998年划归集团公司，成为中央在黔企业。2000年，贵州省石油总公司以石油主业和优良资产为核心，成立中国石油化工股份有限公司贵州石油分公司。2014年，更名为中国石化销售有限公司贵州石油分公司。

截至2019年底，贵州石油分公司共设14个职能部门和4个专业中心，下属9个市（州）分公司，共有员工11 309名员工；在营加油站967座，在营成品油油库10座（其中管道下载油库6座）、总库容40.4万立方米；在营易捷便利店952个，非油品物流配送中央仓1座。资产总额119.56亿元。

2019年，贵州石油分公司实现成品油销售总量573.9万吨，增长2.5%。其中，零售423.3万吨，增长1.2%；直分销150.6万吨，增长6.2%；非油品营业额（全口径）17.8亿元，增长17%；天然气销量9 449万立方米，增长20.7%。吨油费用385元。实现利润12.8亿元、增长1%。获中国石化销售企业“比学赶帮超”年度标杆企业荣誉，获销售企业审计专业技术比武决赛个人金牌1枚，获销售企业“一线工作法”二等奖1项、三等奖2项。获集团公司青春助力扶贫营销创新大赛团体铜牌1枚、管理现代化创新成果二等奖1项。获中国企业家联合会企业信用评价AAA级信用企业称号，名列“2019贵州100强企业”前10强，领跑贵州省石化能源流通行业。

贵州石油分公司主要经营指标见表1。

（施延吉）

【领导班子调整】 2019年5月，集团公司党组对贵州石油分公司领导班子进行调整：张家顺任贵州石油分公司代表、党委书记，不再担任贵州石油分公司总经理、党委副书记（兼）；裴留义不再担任贵州石油分公司党委委员、党委书记、副总经理（兼）职务，任贵州石油分公司调研员。11月，原贵州石油分公司党委委员、党委副书记、纪委书记、工会主席邓德选调任广西石油分公司；李力波任贵州石油分公司党委委员、党委副书记、纪委书记、工会主席。调整后，贵州石油分公司领导班子由张家顺、张宏良、罗洪战、李力波、冯云、周麟6人组成。

（施延吉）

【经营量效再上新台阶】 2019年，贵州石油分公司按照集团公司各项工作部署，围绕“量效兼顾、量价双收”的总体要求，坚持市场领先，提升价值创造，全年成品油经营总量增幅2.5%，各项经营指标实现预期。在资源组织上，强化油价走势研判，合理把控采销节奏，全面落实全口径资源优化，全年累计调入资源575万吨，深化开展一、二、三级物流优化，综合成效1.01亿元。在零售市场开拓上，深入开展“深化县区管理，创客户满意加油站”活动，推行加油站“三到位”服务，全面开展“稳汽油、抢柴油、守市场、保收入”专项工作，综合运用充值优惠、APP赠券、一单一批、灌桶客户优惠等营销手段，积极应对市场竞争；开发信息云加油卡客户档案管理模块，通过自动取数，实现省、地、县、站分级维护，提升客户预警维护的准确性和有效性；配合地方政府推广甲醇汽油，全年销售 4 064 吨。在直分销市场控制上，落实重点客户及项目开发维护责任、完善阶梯定价机制、深化“一户一价一策”应用，把握销售节奏，销售环节累计推价 62 次，直分销增幅 6.2%。在天然气业务上，找准天然气直分销和点供用户拓展切入口，累计开发终端客户 19 个，销售 1 470 万立方米。在维护经营环境上，配合政府职能部门开展“打非治违”专项行动 338 次，查抄非法经营窝点 224 个，查处非法流动罐车 264 台，拆除非法自建罐 414 个，收缴非法成品油 3 105 吨，回流客户 132 个。

（施延吉）

【非油品经营管理双提升】 2019 年，贵州石油分公司坚持“做实做细做好”非油品业务的基本原则，发挥“商品组合、服务组合、运营组合”三大优势，非油品经营管理实现双提升。围绕“月、季、年”专项营销活动，强化易捷品牌认知和引流，基础品类增幅 17%、烟草增幅 13%、自有品牌商品增幅 27%，多项指标排名销售系统前列。积极拓展新业务，澳托猫汽服合作站点在营数、综合服务站计划完成率、广告销售业务等均排名前列。建立省、市、县三级运营督导管理体系，开展专项检查 4 011 站次，借助专业公司开展第三方盘点 510 站次，盘点差异率降至 9%。

（施延吉）

【网络发展取得新进展】 2019 年，贵州石油分公司按照集团公司战略部署，以“质量和效益”为原则，全力发展网络，争抢加油（气）站，筑牢保障企业高质量发展的网络基石。强化投营时点考核，集中会审难点问题，全年竣工投营加油（气）站 66 座，增长 150%。紧盯合资项目的实施，投营 20 座，在建 39 座，取得加油（气）站规划 43 座。持续落实扫盲、迁建置换项目，10 年以上未建站县区摘帽 5 个（道真、绥阳、务川、正安、丹寨），迁建置换项目新增投营 12 座。积极推进油库建设，完成毕节油库征地拆迁、大龙油库场平工程、郑屯油库扩容改造前期手续办理。

（施延吉）

【夯实安全环保基础】 2019 年，贵州石油分公司进一步强化安全环保管理，实现 HSSE 及设备管理工作运行总体平稳，未发生安全环保上报等级事故。按照安全标准化库站建设要求，全力打造标准化加油（气）站 45 座、标准化油库 10 座，强化 HSSE 管理标杆作用。深入开展“低老坏”专项整治，狠抓施工安全管理，加强承包商考核，清退承包商 1 家、暂停投标资格 4 家，通报批评和约谈 8 家，处罚承包商 29.8 万元。创新督查机制，全年共督查库站 3 258 座次，实施“回头看”复查跟进整改，形成闭环管理，确保整改销项。聚焦“绿色发展、绿色能源、绿色生产、绿色科技、绿色服务、绿色文化”6 个方面，推进绿色企业创建，恪守环保合法依规，全年投入环保治理资金 4 710 余万元，推动地罐防渗、清污分流、油气回收改造等污染防治工作，为创建绿色企业夯实基础。

（施延吉）

【油品数质量管理水平稳步提升】 2019 年，贵州石油分公司以质量管理体系运行为主线，抓好“验收、接卸、储存、运输、销售”全过程数质量监督与控制，确保购进销售油气质量合格率 100%。投入 480 万元用于质检设备升级并全部投入使用，实施加油（气）站全覆盖抽检，全年内外部抽检样品 5 153 个，质量检验全部合格。加强库站损溢管理，各环节损溢均在销售公司下发控制指标内实现同比下降。954 座加油站完成液位仪安装及系统联调，油品计量实现自动化、信息化管理，有效提高进货验收准确率。104 座加油站推出“爱跑”品牌 98# 汽油，满足消费者对高品质油品的需要。

（施延吉）

【夯实企业基础管理】 2019 年，贵州石油分公司强化基础管理水平，加强风险防控，提升企业品牌形象，各项管理工作取得突破。通过开展“深化县区公司管理，创客户满意加油站”主题活动，提升基层管理及服务水平。强化财务审计监督，加强业务前端资金监管对账，完成284个银行账户梳理和名称变更。强化异常数据监管，建立信息云数据修改审批流程，加大加油卡套现、资金互串、泵码错录等风险防控，全年开展各类审计项目582项，工程审减金额3 940万元。完善制度体系，梳理集团、销售公司在用制度463项，修订、完善和承接在用制度301项，完善标准合同文本52个，使用率提升至92.3%。制定合资公司内部控制权限指引，下发基本制度清单42项，对全省合资公司40个建设项目开展合规检查。落实“马上就办”工作要求，制定“工作不到位检讨办法”，建立“曝光台”，强化工作作风监督。

（施延吉）

【信息化建设进一步提升】 2019年，贵州石油分公司深入信息化建设，完成7座油库油罐自动计量系统升级改造，实现温度、密度、高度等参数自动采集换算。完善信息云平台、营销决策管理平台等7个模块信息化建设项目，减少无效重复劳动，提高工作效率。强化网络信息安全管理，完成“2019护网行动”网络安全攻防演习和建国70周年网络安全保障工作，成功承办总部信息系统综合应急演练，完成24个统建信息系统和6个自建信息系统用户账号的统一集成。完成加油卡新管控项目和电子钱包项目试点加油站的测试工作，实现多种交易支付手段的开通，极大丰富了客户体验。

（施延吉）

【干部人才队伍建设持续增强】 2019年，贵州石油分公司以深化“三项制度”改革为核心，不断夯实人才强企工程基础，为企业高质量发展提供坚强保障。通过改进干部考察方式，对省公司机关和7个地市分公司部分职位开展专项考察，对5个地市分公司领导班子进行调整优化和力量补充，全年调整配备中层正职2人、中层副职11人、中层助理11人。加大干部考核调整退出力度，对不担当、不作为、慢作为干部及时调整，全年基层领导人员考核退出10人。实施年轻干部“百人”培养项目，跟踪培养年轻干部112人，坚持干部配备“两个优先”，中层干部40岁以下占比达28%。全年举办各类人才培训1 150期，开办系列讲座11期，参培2.5万人次。统一新进员工培训课程大纲，加油站站长、员工岗前培训教材，开发微课52个，新增兼职讲师108人。加强技能人才培养，技能操作人员转专业技术岗位41人，持证率增长13.5%，新增高级职称7人、高级技师2人、技师30人。

（施延吉）

【推进企地合作】 2019年，贵州石油分公司深化企地合作，全年取得加油站合资合作项目43个，建成投营20座，加强与各行业企业的战略合作，促进双方业务发展和服务延伸。与贵州六盘水市人民政府签订战略合作协议，在产业扶贫、网络建设、新兴产业培育等领域扩大合作；与中国移动贵州公司签订“党建和创”暨战略合作协议，开展党建共建，在基础信息数据、5G网络建设、业务移动平台应用等方面深化合作；携手中国工商银行围绕ETC智慧加油、无感支付等项目深化合作；与贵州现代物流产业集团签订合作协议，围绕完善贵州省重点物流园区及重要物流、交通节点的基础设施配套，合作开展加油（气、电）站建设、经营，及物流运输单位客户服务等业务。

（施延吉）

【发挥党建核心作用】 2019年，贵州石油分公司党委深入学习贯彻习近平新时代中国特色社会主义思想，坚持以政治建设为统领，以实施“组织力提升工程”为主线，持续推进“1+9”先进基层党组织打造计划，推进贵州石油高质量可持续发展。认真开展“不忘初心、牢记使命”主题教育，把学习教育、调查研究、检视问题、整改落实贯穿全过程。认真履行全面从严治党主体责任，制定160项党建工作责任清单，立项“1+1+X”党建项目172项，完成158项。推进支部“双示范”建设，把加油站“三到位”服务列为书记工程。扎实推进“基层减负年”和“马上就办”工作落实，对基层需要省公司重点帮扶问题进行对接，打通服务基层的“最后一公里”；基层党支部组建“机关支前队”“党员突击队”等帮扶队伍120支，深入基层一线开展帮扶活动。完善“大监督”组织机构建设，强化监督委工作问责，抓好处级以上干部廉洁活页夹“画像”，认真开展廉洁警示教育，强化党风廉政建设。发挥群团凝聚作用，开展“石化健步行”，举办“以梦为马、不负韶华”演讲比赛、青年“金点子”短视频评选、“七一”党建知识竞赛等活动。拨付帮扶救助资金 102.6 万元，对 165 名困难职工、151 名特困职工和 29 名遗属进行帮扶。开展“壮丽 70 年，中国石化奉献在贵州”主题宣传及“公众开放日”活动，邀请客户、媒体代表走进企业，品牌形象进一步提升。

（施延吉）

【彰显企业担当】 2019 年，集团公司大力支持贵州省委省政府精准扶贫工作，全年向 9 个地州市 51 个扶贫项目共捐赠 247.8 万元扶贫资金。毕节威宁石门坎站、安顺紫云大营站等扶贫加油站建成落地，吸纳 15 名贫困子女就业，回报村集体上百万元。通过贵州省慈善总会向退役军人援助关爱基金，获“善行贵州”爱心企业荣誉。为铜仁木印江杉树镇大寨村、黔东南三穗巴仙村、黔西南普安县营山村等扶贫帮扶点筹集资金用于地方基础设施建设，18 名扶贫干部深入贫困地区开展对口帮扶。7 月 1 日，中国石化台江县公司党支部被黔东南州国资委党委授予脱贫攻坚先进基层党组织称号。7 月 8 日，捐资 180 万元爱心援建的黔东南州黎平县新红军桥正式通车。“7·23”六盘水特大山体滑坡事故中，作为首批驰援的在黔央企，先后为抢险救援无偿供应油料近 20 吨，捐赠 18.4 万元救援物资，彰显央企责任担当。引进 200 多种地方农特产品进入易捷便利店和线上 APP 平台，实现销售额 2.4 亿元，为推进“黔货出山”、助力产业扶贫做出应有贡献。

（施延吉）

表 1　　贵州石油分公司主要经营指标

指标名称 \ 年份	2019	2018	2017	2016	2015	2014
成品油销售总量 / 万吨	573.90	559.90	551.50	519.30	483.60	458.90
零售量	423.30	418.10	412.10	385.60	367.90	358.50
销售收入 / 亿元	422.95	431.52	370.00	304.54	296.60	354.02
吨油费用 / 元	385.00	372.00	361.00	321.00	306.00	298.00
在营加油站总数 / 座	967	902	895	871	850	827

云南石油分公司

【概况】 中国石化销售股份有限公司云南石油分公司（简称云南石油分公司）本部位于云南省昆明市国贸路 865 号。其前身云南省石油总公司建立于 1952 年 7 月，1998 年 6 月整体划转集团公司，2000 年 2 月按照主辅分离、改制上市的要求，主营业务部分组成中国石油化工股份有限公司云南石油分公司。2014 年 5 月按照销售公司改制上市有关要求，更名为中国石化销售有限公司云南石油分公司，2019 年 4 月更为现名。

云南石油分公司是中国石化设在云南的直属销售企业，主营汽油、柴油和非油品的零售、直销配送、批发和仓储业务，是云南省内最具实力的成品油主渠道销售企业。公司下辖 16 个州市分公司和 116 个县分公司。截至 2019 年底，云南石油分公司全口径用工总量 10 117 人，在营加油站 1 303 座，在营油库 11 座、总库容 61.13 万立方米，资产总额 171.62 亿元。

2019 年，云南石油分公司实现成品油经营总量 716.41 万吨，其中零售 558.32 万吨、直销 74 万吨、分销 84.09 万吨。非油品全口径交易额

28.67 亿元。实现销售收入 511.58 亿元，报表利润 7.60 亿元。

云南石油分公司主要经营指标见表 1。

（徐长青）

【领导班子调整】 2019 年 3 月 11 日，集团公司党组对云南石油分公司领导班子做出调整：委派杨惠明为云南石油分公司代表、党委书记，解聘其副总经理职务；丁建华任云南石油分公司总经理、党委副书记（兼）。解聘张伟成云南石油分公司总经理职务，另有任用；解聘史永明云南石油分公司副总经理职务，任调研员。11 月 7 日，刘踊林任云南石油分公司副总经理。公司新一届领导班子由杨惠明、丁建华、何忠祥、刘踊林、伏韬、杜嘉良、戴树华组成。

（徐长青）

【深度融入地方发展】 云南石油分公司新一届领导班子成立后，按照集团公司党组“融入地方、促进共赢发展”的要求，积极加强与地方党委、政府的沟通协调，主动到各州市党委、政府及省级政府部门拜访交流，依托中国石化资源、品牌、渠道等发展优势，打好合资合作、扶贫攻坚、产业合作和环境保护“四张牌”，深化与地方政府在营销网络建设、市场供应、特色商品销售、扶贫攻坚、市场净化等方面的合作，推进干部交流挂职等工作，促进企地合作取得明显效果，为云南石油分公司发展营造了良好的外部环境。

（徐长青）

【成品油销量突破 700 万吨】 2019 年，面对省内资源投放不断增加、油站大规模防渗改造、市场价格战频发、不公平竞争有所反弹的严峻形势，云南石油分公司领导班子团结带领全体干部员工，坚决贯彻集团公司“量效兼顾、量价双收”的要求，积极落实销售公司“精准、精细、灵活”的竞争策略，顺应市场革命发展大势，积极融入云南经济社会发展大局，全力扩销增量、降本增效，取得了前所未有的业绩，成品油销量突破 700 万吨，达 716.41 万吨，经营规模从销售企业第 9 位提升到第 7 位。

（徐长青）

【着力提升经营创效水平】 2019 年，云南石油分公司在每日研判市场的基础上，以资源顺推模型为抓手，统筹平衡购销调存价，持续提高经营水平。精准捕捉采购时机，动态优化库存管理，按照“所有权库存保效、实物库存保供”的原则，将所有权库存运作与实物库存周转分离，平衡经营量效，努力实现总价差最大化。合理安排调运策略，科学把握销售节奏，动态平衡每日进销存。推动业务与财务联动分析，通过资源、销量预算指标与实际进度的差异比较，动态掌握吨油价差和月度总差价收入，指导业务突出当期销售重点。

（徐长青）

【着力提升客户满意度】 2019 年，云南石油分公司牢固树立以客户为中心的理念，适应消费变化，创新服务方式，满足客户需求。整合非机出经营，对价格、营销政策、客户管理执行全省一套标准。开发使用“云南石油”APP，优化微信小程序，取消自助站打小票加油，推进加油卡升级换代及站级一体化项目，优化客户体验。从设计源头着手，引进国内先进设计单位做好加油站形象靓化，通过油枪布局调整、车道下埋油罐等手段，使加油站通过率提升 40% 以上。引入“神秘顾客”暗查，狠抓视频督查，提升加油站服务水平。

（徐长青）

【着力提升网络发展质量】 2019 年，云南石油分公司确立“网络份额不降”行动目标，抓住云南省推进“五网会战”、实施“四个一百”重点项目的重大机遇，调整网络发展思路，提高加油站设计水平，通过合资合作、产业扶贫、品牌输出等方式，大抓乡村、县域市场网络开发，全年投营加油（气）站 62 座。全力以赴抓好加油站防渗改造，按月分解，逐月落实，督促、指导各州市分公司在确保安全、质量的前提下，有效缩短停业时间，全面提升改造效率，全年完成 621 座，平均工期 28.7 天。

（徐长青）

【着力推进体制机制改革】 2019 年，云南石油分公司聚焦活力效率主动改、主动调，加油站人均零售量从 636 吨提升到 761 吨。精干管理机构，中层机构由 37 个整合为 31 个，州市分公司机关科室由 137 个压减至 94 个，县公司由 131 个压减至 116 个。实施驻站式委托家庭管理 301 座，完成 11 座油库大班制改革，变更非油品委托经营模式 847 座。首次将汽油营销 0.2 元 / 升以内的价格营销权限下放至州市公司。调整费用、付款、信用管理、收发文审批权限，将部分合同审批、签订权限下放给领导班子成员。精简零售经营网点账册表单 17 项。

（徐长青）

【狠抓重点领域严查严管】 2019 年，云南石油分公司坚持以问题为导向，从岗位、职责、流程、制度、执行、考核等基础工作抓起，推动管理从“宽松软”向“严紧硬”转变。深入开展安全大讨论，调整完善专业分委会设置，制定全员安全计分实施细则、“低老坏”和重复性问题管理办法。深化库站液位仪运用，油库自动计量系统如期上线，加油站液位仪“三率”大幅提升。完成公路运输承运商、修理费、合资企业、防渗改造、油库收发油、加油站基础管理、食堂运营等审计项目 23 项，发现问题风险点 100 余项，问责 170 人。梳理各项管理制度 796 个，修订完善 73 个。

（徐长青）

【狠抓机关作风建设】 2019 年，云南石油分公司“动真碰硬”、持续用力加强作风建设。修订机关部门职责，明确油库管理职责，梳理划分各部门对合资公司、便利店和加油站视频监控管理职责。推行文明办公、绿色办公，严格机关考勤，对违反规定的干部员工定期全省通报。大力精文减会，践行“马上就办”，文件数量下降 5.4%，会议次数缩减 35%。狠抓重点工作督办，每月编发督办工作简报，切实提高工作执行力。安排省公司机关处室到二级单位帮扶指导。

（徐长青）

【通过集团公司绿色企业创建评审】 2019 年，云南石油分公司认真学习贯彻习近平生态文明思想，积极响应集团公司绿色发展的要求，深入实施“绿色企业行动计划”，依据《中国石化绿色企业评价指南》标准及“一方案两清单”要求，明确“全面摸查，做好规划，倾力整治，筑牢基础”的工作思路，脚踏实地推进绿色企业创建。11 月 13 日，集团公司绿色企业创建现场审核第 6 组到云南石油分公司进行现场核验。12 月 27 日，集团公司第 32 次 HSSE 委员会审定 27 家 2019 年绿色企业，云南石油分公司入选。

（徐长青）

【扎实开展主题教育】 云南石油分公司“不忘初心、牢记使命”主题教育自 2019 年 6 月 10 日启动，历时半年多时间，分 2 批有机衔接进行，共有 17 个二级党委（总支）、182 个党支部、3 900 余名党员参加。在集团公司第四、第十巡回指导组的指导帮助下，聚焦“12 字”总要求、紧扣“5 句话”目标、落实 4 项重点措施，编发指导提纲 5 份、重点工作安排意见 6 期，赴州市分公司指导 48 次，2 批主题教育总体检视问题 120 个，能够立行立改的 98 个问题已整改完毕，取得较好成效。

（徐长青）

【发挥党建核心作用】 2019 年，云南石油分公司高举习近平新时代中国特色社会主义思想伟大旗帜，全面贯彻新时代党的建设总要求和党的组织路线，以全面从严治党为主线，以政治建设为统领，认真学习宣传贯彻党的十九大精神及十九届四中全会精神，落实集团公司党组各项工作部署，坚持融入中心、前移重心、凝聚人心，强化党委（总支）领导力、基层组织力、队伍战斗力，开展党支部“双示范”创建及“示范支部书记行”动活动，高质量实现两个全覆盖，扎实推进党的建设各项工作。

（徐长青）

【优化干部人才队伍结构】 2019 年，云南石油分公司坚持全省干部资源“一盘棋”原则，推进干部交流，促进班子结构优化、管理模式融合和复合型干部培养。完成 6 批次共 82 人次的中层管理人员的任职调整，提拔的 15 人中有“75 后”年轻干部 10 人，“加长板凳”公开选聘 4 个二类州市公司 9 个班子副职岗位，选聘高级专家 1 名、专家 1 名。联合举办 3 期 60 名中层管理人员培训，建立岗位练兵知识题库。推进机关岗位任职达标，促进机关基层双向交流。

（徐长青）

【内聚人心外树形象】 2019年，云南石油分公司以“让客户更满意，让员工更幸福，让云南石油更美好”为愿景，推进企业文化阵地建设，筑牢公司品牌和企业形象根基，提高员工的凝聚力、归属感和幸福感。参加2019年南亚、东南亚国家商品展暨投资贸易洽谈会，组织庆祝新中国成立70周年系列活动，开展传承石油精神、弘扬石化传统教育，大力宣传“感动石化人物”赵甸生等先进典型，做好维护稳定、离退休、保密、档案等工作，发挥统战、工会、共青团作用。派出驻村工作队员18人，定点扶贫项目22项，帮扶建档立卡户726户，投入帮扶资金71.7万元。云南文山石油分公司获全国民族团结进步模范集体称号。

（徐长青）

9月25日，云南石油分公司巴斯巴加油站站长赵甸生当选“感动石化人物”

表1　云南石油分公司主要经营指标

指标名称＼年份	2019	2018	2017	2016	2015	2014
成品油销售总量/万吨	716.41	643.07	654.52	657.43	591.57	588.65
零售量	558.32	510.95	510.23	518.16	498.23	488.30
销售收入/亿元	511.58	488.67	433.78	391.20	379.82	457.91
报表利润/亿元	7.00	7.00	0.05	10.61	0.61	12.60
吨油费用/元	376	393	390	380	376	369
加油站总数/座	1 352	1 351	1 314	1 268	1 231	1 229

燃料油公司

【概况】 中国石化燃料油销售有限公司（简称燃料油公司）是集团公司于2010年5月27日注册成立的燃料油经营专业化公司，负责股份公司燃料油的集中销售。2014年4月1日，根据中国石化油品销售业务重组的总体部署，成为中国石化销售有限公司的全资子公司。本部位于北京。

截至2019年底，燃料油公司设8个管理部门、3个业务中心，下辖辽宁、天津、山东、江苏、上海、浙江、福建、广东8个分公司和浙江舟山、新加坡2个全资子公司，2015年与BP成立BP-SINOPEC合资公司。用工总量697人；在营油库48座，库容总量196万立方米，在中国沿海80多个港口、海外40多个重点港口具备供油服务能力；总资产113.8亿元。2019年经营总量2 304万吨，营业收入802亿元。

燃料油公司主要经营指标见表1。

（李俊春）

【内贸业务量效大幅增长】 2019年，燃料油公司内贸业务经营量333万吨，盈利能力大幅提升。“访企业、送服务、拓业务、创效益”工作成效显著，进一步扩大石化资源经营、开展原料供应业务，实现首单海警供油，为经营扩量增效打下坚实基础。船供油终端业务大幅增长，实现资源与市场跨区衔接，内贸船供油经营量增长超过30%。“我要加油”平台成交量增长15%，6座自有水上站全部实现盈利。

（李俊春）

【保税业务量效创历史新高】 2019年，燃料油公司保税油销量542万吨、增长3%，在中国市场占有率达40%、提高4个百分点。抓住高硫价差飙升时机，及时实现效益高位兑现，抢占低硫资源切换期市场先机。全力以赴推进低硫船燃生产，实现上海、金陵、高桥、青岛等企业资源规模化出厂，全面对接“8+2”炼厂打通出口监管仓、“两仓合一”等流程。与20多家船东签订低硫长约，终端、长约比重均超过50%。创建多维数据分析模型，密切监控进销敞口，实施相应保值策略，有效控制经营风险。面对配送量大幅增加的压力，不仅做到不影响业务执行还提前完成低硫储运切换，配送服务效率进一步提高。

（李俊春）

2019年10月5—7日，在新中国成立70周年之际，燃料油公司在上海中国极地研究中心码头为“雪龙2号”首航供油，助力国家新一轮南极科考

【国际化经营能力持续提升】 2019年，燃料油公司海外业务经营量1 392万吨，占公司经营总量的59%。与招商集团、斯里兰卡John Keells集团签订战略协议延伸产业链合作，与吉布提临港工业自贸区、中国海外港口等保持密切联系，公司境外“朋友圈”不断扩大。新加坡公司签订低硫长约订单，加大终端销售力度；与国内联动，恢复山东地炼原料供应业务，与印尼石油天然气集团、九丰能源、新疆广汇等开展LNG进口合作。BP-SINOPEC合资公司船供油业务量利占比持续提升，ARA区域业务创效能力表现突出。完成斯里兰卡公司注册、办公选址、驳船投资、税收登记等前期工作，推进仓储设施改造，做好运营起步准备。

（李俊春）

【多元业务发展进一步加快】 2019年，燃料油公司天然气业务转型加快，清洁能源公司争取到有竞争力的一手资源，为终端客户开发和扩量增效提供支撑，全年开发新客户63家，完成天然气销售3.2亿立方米、增长52%。润滑油业务强化大连、舟山、江阴、福州网点运营，扩大保税代储代供，开拓江南造船厂、长江航道局等内贸业务，销量增长近30%。北方能源合资公司快速设立大连保税区、中央大道、营口等10个自有品牌展示中心或实体店，完成易捷跨境电商平台改版运营，实现销售额1 500万元。非油品大力推销易捷商品，注册并推进“晶达”商标油漆销售，自主品牌“咖之桥”咖啡初步形成规模经营，“好健康”“肽添力”等代理产品投放力度加大。

（李俊春）

【网络发展基础进一步夯实】 2019年，燃料油公司全面迎接低硫时代，做好仓储布局和运力准备，新增租赁青岛红星、龙口港、海南洋浦、湛江港45万立方米储罐。新增自有运力2.2万吨，坚持购置与租赁相结合，进一步提高社会运力的掌控力。水上零售网络得到扩大，从广东石油划转24座水上加油站、与安徽石油达成2座水上站划转协议。加快船用天然气网络布局，与湛江港签订天然气项目战略合作协议，在舟山六横岛布局船用LNG加注中心项目，完成山东“微山一号”油气趸船建设，与中长燃开展张华浜加气站项目合作。

（李俊春）

【基础管理水平不断提高】 2019年，燃料油公司聚焦抓基层、打基础、强管理，连续3年召开“三基”工作现场会，加强制度全生命周期管理，组织实施加油站系统和总部试点项目，加强合资公司管理，持续提升规范化管理水平。落实“马上就办”精神，深入开展“比学赶帮超”工作，推动效率提升和作风转变。设立风险管理部，做好金融衍生品等重点风险防控。开展非油品业务及相关费用专项审计，做好重大项目法律尽职调查，结合新业务开展制定标准合同文本，加强业务合规管理。

（李俊春）

【QHSSE管理水平持续提高】 2019年，燃料油公司持续加强HSSE管理体系建设，编印公司管理手册，组织开展综合性管理能力测评考核，进一步推进管理责任落实。全面完成环保“三同时”手续补办，公司环保手续完善率达100%。从严承包商及施工作业管理，提高施工现场安全管理水平和作业规范程度。数质量管理进一步加强，完成公司LIMS系统上线运行，油品质量监督抽查合格率100%。公司获集团公司2019年度安全生产先进单位称号。

（李俊春）

【人才强企工程有效推进】 2019年，燃料油公司大力推进人才强企工程和“三项制度”改革，市场化体制机制建设更加深入有效，舟山有限公司岗级分离机制取得成功，海外职业经理人选聘工作顺利实施。加强优秀年轻干部培养使用，全年提拔和平级重用中层干部8人，40岁以下人员在新提拔中层干部中占1/4。人才成长通道建设全面启动，选聘专家2人、主任师及高级主管3人，新评聘主办（中级客户经理）及以上职位34人，客户经理队伍达100人。技能鉴定培训覆盖率100%，136人实现技能等级认证提升。3名员工到新加坡直接参与业务实操，14名新毕业大学生到舟山开展业务实岗培训，国际化人才培养取得初步成效。

（李俊春）

【党建工作得到进一步加强】 2019年，燃料油公司坚持“规范引领、深度融合、注重实效”原则，扎实开展“不忘初心、牢记使命”主题教育，认真落实“守初心、担使命、找差距、抓落实”总要求，实现解决思想问题与解决实际问题相结合、主题教育与生产经营相促进。公司第1批、第2批主题教育开展情况，得到集团公司巡回指导组较高评价。建立“年初安排、月度例会推进、半年点评、年底考核”运行机制，形成党政工团齐抓共管的大党建格局。大力实施“组织力提升工程”，强“三基本”建设，落实“三会一课”制度，深化党员先锋岗、责任区建设，党支部战斗堡垒作用和党员先锋模范作用得到充分发挥。

（李俊春）

【“两个责任”进一步压实】 2019年，燃料油公司全面完成中央巡视反馈问题自查整改和海外巡视问题逐一整改，积极推进落实主题教育9个方面问题的专项整治。贯彻落实集团公司党风廉政建设和反腐败工作会议精神，常态压实“两个责任”，持续完善“大监督”运行机制。开展问责追责，全年公司纪委共初核问题线索6件，其中2件转立案进行处理、3件经核查失实、1件按纪检监察组要求继续开展核查。全方位开展廉洁从业教育，持续打造风清气正干事创业政治生态。

（李俊春）

【思想引领和舆论引导不断深化】 2019年，燃料油公司紧扣低硫资源战略、业务亮点、工作突破等中心任务抓宣传，积极为公司发展营造良好内外部环境。开展“忆创业、聚合力、庆七一”系列活动，组织“远学陈俊武、近学身边人”活动，掀起传承石油精神、弘扬石化传统学习热潮。统筹推进5项群众性劳动竞赛，32人获得荣誉，邓峰获销售企业审计比武金牌，山东淄博龙泉班组获集团公司工人先锋号称号。召开共青团第二次代表大会，开展弘扬“五四”精神、青工政治轮训、志愿服务等系列活动，引导青年员工传承红色基因，全球船供油业务中心获集团公司青年文明号称号。

（李俊春）

表 1 燃料油公司主要经营指标

指标名称＼年份	2019	2018	2017	2016	2015	2014
经营总量 / 万吨	2 304.00	2 191.00	2 199.00	1 909.00	1 881.00	2 032.00
保税油经营量 / 万吨	542.00	525.00	403.00	293.00	318.00	322.00
营业收入 / 亿元	802.00	761.00	557.00	384.00	458.00	856.00
报表利润 / 亿元	3.50	3.07	1.00	0.06	−3.00	0.16
资产总额 / 亿元	113.80	89.50	106.00	126.00	138.00	101.00

辽宁石油分公司

【概况】 中国石化销售股份有限公司辽宁石油分公司（简称辽宁石油分公司）成立于 2009 年 12 月 18 日，是国有大Ⅰ型石油流通企业，其前身为成立于 2002 年的中国石化销售东北分公司，本部位于辽宁省沈阳市。省公司机关设 14 个职能部门，对外注册有 14 家地市分公司，其中 7 个地市实行一托二管理模式，经营范围覆盖全省所有地市；设有 6 家合资公司和 1 家全资子公司，主要负责辽宁地区成品油零售、直销、批发及车用天然气、润滑油、燃料油、非油品销售等业务。授权管理辽宁经济开发公司、销售实业东北分公司 2 家存续企业。

截至 2019 年底，辽宁石油分公司共有员工 1 930 人，公司党委下设 7 个党总支、29 个党支部，党员总数 392 人，基层党组织覆盖率达 100%；资产总额 51.05 亿元；自有在营成品油油库 5 座，总库容 20.21 万立方米；加油（气）站总数达 435 座，在营站达 410 座。

辽宁石油分公司主要经营指标见表 1。

（陈荐舒）

【主要经营指标完成情况】 2019 年，辽宁石油分公司经营总量 229 万吨，增长 11%。成品油经营量 227 万吨、增长 11%，其中零售 148 万吨、增长 9%（自营机出 109 万吨、增长 4%），直分销 79 万吨、增长 15%；天然气经营量 3 325 万立方米，增长 17%。实现全口径非油品交易额 4.1 亿元，增长 4%，其中基础品类 2.9 亿元、增长 35%。吨油考核费用 301 元、下降 7 元，实现报表利润 6 051 万元、增长 97%。全年新发展加油（气）站 21 座，加油（气）站总数达 435 座，在营站达 410 座。存续企业持续盈利，实现利润 55 万元。各合资公司均取得较好的经营业绩。

（陈荐舒）

【经营量效再创新高】 2019 年，辽宁石油分公司认真贯彻落实集团公司党组提出的“量效兼顾，量价双收”部署要求，各项经营量效指标均创历史新高。资源方面，持续开展集采地付业务，全年地付 22.5 万吨，综合创效 1 540 万元。科学研判市场变化，抢抓时机开展外采业务，全年实现外采创效 495 万元。适时开展乙醇竞价采购业务，降低成本 1 700 万元。加大与中国石油资源互供力度，互供资源 42 万吨，实现物流节费 501 万元。零售方面，牢固树立“零售是创效的根本、是稳量的基础”理念，前 3 个季度，坚持以量为主抢夺市场份额，确保总部考核兑现。第四季度，突出以效益为中心，紧盯价格到位率。直分销方面，坚决贯彻“汽油增量创效、柴油保量稳价”的经营策略，全年累计购油客户 1 788 个、增幅 10%，终端客户比重提高 3%。新开发客户 515 个，新增销量 11.36 万吨。全省社会加油站开单率 56%，增幅 5%。

（陈荐舒）

【转型创新持续提升】 2019年，辽宁石油分公司全力拓宽非油品经营模式，线上线下互动，开展跨界融合，创建“品牌+业态”相融合的新局面。通过“加油站+易捷+洗车+快餐+广告”新模式，有效丰富加油站服务范围，大连天元、鞍山启明易捷首批肯德基加盟餐厅的投营，创造销售企业由“房东”变“老板”的里程碑，被列入易捷年度十大新闻；军营超市合作进入新阶段，在取得北部战区军营超市合作商入围资格后，又中标辽东区域军营超市运营权，被易捷公司确定为非油品经营新渠道和发展新方向；优化并实施以油非融合为核心的营销体系，实现营销活动有预热、有重点、有收效，实现创效6 000余万元；顺利完成024便利店的交接和运营，“站外店+咖啡店”“站外店+快餐店”等陆续面向大众，打造易捷站外品牌连锁的新模式；深挖客户需求，取得抚矿集团年需求近千万的润滑油销售订单。

（陈荐舒）

【天然气业务有序推进】 2019年，辽宁石油分公司充分发挥天然气资源保供、数质量方面优势，化解社会站低价冲击矛盾，取得高速公路LNG加气业务独家供气权，统筹推进自有站LNG走廊建设，为后期交通运输加气业务发展做好准备。通过对经营网点数据的每日监测和完善点供项目工艺等措施，持续保障安全稳定运营。

（陈荐舒）

【网络发展积极有为】 2019年，辽宁石油分公司灵活采取长期保有和轻资产发展方式，不断优化终端网络结构和布局。编制《两个三年、两个十年发展规划》；以城区重点部位为发展重心，抢占沈阳鸭绿江、大连港九等中心城区加油站，特别是与吉力石油合作，一举拿下沈阳4座城区加油站，网络发展取得重大突破；拓宽轻资产发展思路，深挖辽中、绥中等具有投资潜力区域，尤其是以创新方式发展马家联合5座加油站；加大空白区域开发力度，填补锦州黑山地区网络空白；积极探索绿色环保新能源转型升级，在发展LNG加气站、增加光伏发电、充电桩功能等方面均有新突破，开展加氢站建设可行性调研；沈阳分公司成功收回工农路项目土地出让金760余万元，解决长达13年的历史遗留问题。

（陈荐舒）

【超额完成双层罐改造任务】 2019年，辽宁石油分公司成立防渗改造项目小组，对施工现场实行全方位、全环节立体监控，强化施工现场检查，规范承包方、监理方施工标准化，切实落实“零违章、零事故”的管理理念。全年完成防渗改造136座、完成任务指标的121%，平均工期25天、较任务指标缩短7天，超额完成销售公司下达的防渗改造任务。

（陈荐舒）

【狠抓安全环保数质量工作】 2019年，辽宁石油分公司狠抓HSSE体系建设，持续开展HSSE绩效考核。重新修订完善14个职能处室、232个岗位人员的HSSE责任，确保“两特两重”期间生产经营安全平稳运行；在集团公司年度HSSE检查中，排名销售企业第11名、区外第1名；制定自然灾害和极端天气预警响应机制，有效应对“利奇马”“玲玲”台风等极端恶劣天气，特别是铁岭分公司众志成城、齐心协力，妥善应对历史罕见的龙卷风侵袭；累计完成28座加油站环保手续补办和148座加油站环境应急预案备案工作，实现全部自营库站手续持有率100%，环保预案备案率100%。“绿色企业”一次性创建成功，在参创的16家销售企业中排第4名、区外第1名；狠抓接卸油全过程损耗，推进油库自动计量、深化加油站液位仪系统应用，强化对防渗改造复营站和合资合作站油品质量监管，福爱尔公司通过承担“打非治违”检测、内外部油品检测、油气回收检测，实现综合创效373万元，并得到政府有关部门的高度认可。

（陈荐舒）

【深化改革有序推进】 2019年，辽宁石油分公司把“三项制度”改革作为重中之重来抓，进一步完善市场化经营机制。加大干部交流和人才培养，全年调整省公司处室、地市公司班子及派往合资公司主要负责人15人次，选派骨干员工7人到销售公司、香港公司交流学习；落实“招聘引进一批、组织选拔一批、竞聘上岗一批、培养储备一批”的“四个一批”工作安排，已基本解决干部“断层”导致的选配矛盾问题；全年新增家庭委托站22座，总数达128座，累计减少用工415人，委托站费用减少770万元、降幅12%；合理调整企业内部收入分配关系，重点向效益好、劳效高、贡献大、进步快的单位及关键岗位、骨干人才倾斜，员工收入明显提高。

（陈荐舒）

【聚焦成本效率降本减费】 2019年，辽宁石油分公司树立一切费用皆可控观念，成本管控持续强化。吨油费用处于历史最低水平，降幅排销售企业第2名、区外第1名；通过非武装押运和自主缴款改革，节约上门收款费用400余万元；通过资金运作获资金效益328万元及总部奖励303万元；扎实推进资产重分类评价工作，全年高效资产站183座，增幅12%；税收减免实现突破，全年累计减免各项税费300万元，增加259万元；崇山东路办公楼加固改造项目按照工期要求，保质保量稳步推进，预计每年节省租赁费400余万元；开展防渗改造等专项审计，平均审减率为18%，实现综合降费1 393万元。

（陈荐舒）

【加强企业文化建设】 2019年，辽宁石油分公司精心组织元宵联欢会、篮球巡回赛、诗歌朗诵等活动，丰富员工的业余文化生活；策划开展郭明义主题宣讲、学习强国知识竞赛、携手省文联书法名家走进雷锋旅等活动，为新中国成立70周年献礼。持续开展对基层员工“冬送温暖、夏送清凉”活动，让一线员工真切感受到企业的关怀与关爱。在实施家庭委托管理改革过程中，坚持“先生活、后生产”的人文关怀理念和EAP管理，确保员工队伍和谐稳定。

（陈荐舒）

【政治生态明显好转】 2019年，辽宁石油分公司按照中央和集团公司党组“不忘初心、牢记使命”主题教育提出的总要求、目标任务、方法步骤，以学习贯彻习近平新时代中国特色社会主义思想为主线，以肃清纪波流毒和影响为抓手，提出政治生态4个阶段的判断，明确政治生态根本好转的“八个维度”，从班子建设、选人用人、管理监督、经营业绩等方面采取有力措施，确保干部队伍人心不散、作风建设持续好转、企业全局保持稳定、经营业绩实现突破，政治生态实现明显好转。分2个阶段对24名案件相关人员进行党纪政纪处分和组织处理，对与纪波有特定关系的相关人员、有业务往来的供应商和承包商进行梳理和清除。

（陈荐舒）

【管党治党效果显著】 2019年，辽宁石油分公司始终把党的政治建设摆在首位，落实全面从严治党要求。聚焦主题教育主线，扎实推进学以致用、融会贯通，确保2批主题教育统筹有效、运行有序；充分发挥集体智慧，紧盯难点问题，梳理汇总中央巡视组、集团公司党建考核、专项审计、专项整治等方面问题52个，制定措施118条，整改完成率为89%。主题教育8个专项整治方案中，5个专项整治方案全部整改完毕，整改措施完成率为94%；把整顿软弱涣散基层党组织作为抓好中央巡视反馈问题整改、提升基层党支部组织力的重要措施，务求整改实效；扛好意识形态管控重任，坚持廉洁警示教育常态化，保持纠正“四风”的高压态势。组织开展170名副科级以上人员“四风”突出问题自查自纠工作；进一步加大对基层“微腐败”的整治力度和重点领域、关键环节监督提醒，做到正风反腐驰而不息。

（陈荐舒）

【积极践行央企社会责任】 2019年，辽宁石油分公司履行央企社会责任，通过养牛产业扶贫、基础设施建设、教育扶贫等有效措施，助力定点贫困户244人整体实现脱贫目标；在沈阳市浑南新区的棋盘山风景区山火救援过程中，省市两级公司领导深夜赶赴距离火灾地点最近的世园会加油站现场指挥，开通24小时应急救援用油绿色通道，随时满足消防官兵和政府救援力量的用油需求。紧急调配矿泉水、面包等应急保障食品共73箱，为救援队伍提供免费简餐和热水服务，顺利完成本次救援保障工作任务，得到辽宁省应急指挥中心、沈阳市应急管理局、棋盘山森林消防大队、棋盘山管委会等各单位的充分认可和一致好评。

（陈荐舒）

表 1　　辽宁石油分公司主要经营指标

指标名称＼年份	2019	2018	2017	2016	2015	2014
经营总量 / 万吨	229.00	207.02	192.35	180.84	172.19	174.60
零售量	148.00	135.90	128.81	126.38	125.16	126.71
直销总量	79.00	68.66	59.71	54.46	22.49	34.74
吨油费用 / 元	301.00	308.00	315.00	389.00	410.00	418.00
报表利润 / 万元	6 051.00	3 067.00	1 216.00	14 152.00	15 522.00	8 357.00
加油（气）站总数 / 座	435	414	389	366	366	365

四川石油分公司

【概况】 中国石化销售股份有限公司四川石油分公司（简称四川石油分公司），于 2010 年 1 月 17 日正式揭牌成立，本部设在四川省成都市。其前身是 2002 年由原中国石化销售三川公司、新星公司重组成立的中国石化销售川渝分公司；2011 年，四川石油分公司升格为大Ⅰ型企业。

四川石油分公司主要负责中国石化在四川省境内的成品油、车用天然气、润滑油、非油品（便利店、汽服、服务区）销售等经营业务及仓储、销售网点建设工作。截至 2019 年底，公司机关设 11 个部室、5 个直属机构，下辖 21 家地市级公司。拥有加油（气）站 521 座，油库 11 座、库容 27 万立方米，资产总额 101.43 亿元，用工总量 2 643 人。

2019 年，四川石油分公司实现油气经营总量 306 万吨，其中成品油销售 288 万吨、天然气销售 2.36 亿立方米，非油品全口径交易额 8.2 亿元。实现销售收入 203.85 亿元，报表利润 1.25 亿元。

四川石油分公司主要经营指标见表 1。

（赵孟闪）

【领导班子调整】 2019 年 7 月 19 日，四川石油分公司召开干部大会，宣布柴志明任四川石油分公司代表、党委书记，姜晖任四川石油分公司总经理、党委副书记。四川石油分公司新一届领导班子由柴志明、姜晖、赵大毅、张展、冯臣 5 人组成。

（赵孟闪）

【油气经营总量突破 300 万吨】 2019 年，四川石油分公司全力拓市扩销，强化采销存把控，实行分区域精准营销，加强油气大站培育，探索开展定采定销业务，积极拓展 LNG 市场，全年实现油气经营总量 306 万吨，创历史新高。其中，成品油零售 168 万吨、增长 7.69%，直分销 120 万吨、增长 7.64%。获销售公司“比学赶帮超”综合进步奖。

（赵孟闪）

【成功创建绿色企业】 2019 年，四川石油分公司深入实施“绿色企业行动计划”，围绕“绿色发展、绿色能源、绿色生产、绿色服务、绿色科技、绿色文化”6 个方面，制订创建方案、项目清单和任务清单，建立健全环保管理体系，完善环保管理组织架构，全面销售国Ⅵ标准成品油，大力拓展天然气清洁能源市场，推进加油站防渗改造，强化危险废物处置全过程管理，完成土壤、地下水、大气环境监测，加强绿色文化宣贯，加大环保领域补短板力度，获中国石化绿色企业称号。

（赵孟闪）

【非油品交易额突破 8 亿元】 2019 年，四川石油分公司围绕构建“人・车・生活”高价值生态圈，坚持做实做精门店，推行品类经理制，优化商品结构，精心部署“易享节”“会员周”，强化重点商品营销，单店日均营业额达 2 807 元，燃油宝、尿素销售排名系统前列；打造核心门店 38 座、二代门店 17 座，发展站外店 24 座，百万元店达 155 座；全年非油品全口径交易额 8.2 亿元、增长 14%，非油品营业收入和利润实现两位数增长，主要指标继续保持区外领先。

（赵孟闪）

【网络发展稳步推进】 2019 年，四川石油分公司以建设高质量网络为目标，紧盯社会加油站市场，灵活采取“他有我营”、租赁经营、合资合作等多种方式发展网络，全年新发展加油（气）站 34 座，其中自有项目 13 座；新增储备项目 6 个。有序推进油库建设，实施油库脱瓶颈改造，简阳油库竣工验收，遂宁蓬溪油库基本建成，内江双才油库进展顺利，绵阳新皂油库取得可研批复。年内完成加油站防渗改造 148 座。

（赵孟闪）

【强化安全数质量风险防控】 2019 年，四川石油分公司认真落实“识别大风险、消除大隐患、杜绝大事故”要求，吸取系统内外安全事故教训，加强重点领域、“两特两重”时期安全管理，落实领导干部带班值班工作，完善应急处置管理体系，持续推进油库（母站）管理提升活动，狠抓承包商管理，开展库站危害因素检测，完成新版 HSSE 管理体系修订与发布，安全基础管理更加扎实。严控油品各环节质量关，打通外采油前置化验，油品出库、销售合格率 100%。企业 HSSE 能力测评保持 B 级，被四川省政府评为中央在川企业安全生产先进单位。

（赵孟闪）

【管理质效持续提升】 2019 年，四川石油分公司对照从严管理、精细管理、精益管理要求，把补短板、强弱项作为提升管理质效的重点，建立省公司领导班子周例会制度，加强文件和事项督办，公司运转更加高效。开展内控制度执行有效性提升行动，加强“资金池”管控，做实资金日清日结，确保资金安全；坚持全面成本管理，大力推进挖潜增效、降本增效，强化资产运营创效、审计管理创效，全口径吨油费用降低 2%，吨油现金费用降低 13%，净资产收益率提高 1.6 个百分点，实现流动资金“零贷款”。

（赵孟闪）

【组织开展“打非治违”】 2019 年，四川石油分公司多平台借力、多渠道发声，按照“推、打、报”三步法，逐县、逐市推动政府出台专项整治文件 20 份。携手主营单位，协助政府通过道路设卡检查、调查取证突击、站点质量抽检等行动，全年摸排违法信息 500 余条，协助政府职能部门查获非法自建罐 60 个、非法流动加油车 83 辆、违规违法经营加油站 12 座，查处油品 1 253 吨。积极营造“打非治违”舆论氛围，各大主流媒体累计报道 27 篇，其中国家级媒体报道 3 篇、省级媒体 3 篇、市县级媒体 21 份。德阳“8·11”行动与绵阳市专项整治行动得到“CCTV4 国际频道”“CCTV12 法制频道”的关注和报道。

（赵孟闪）

【历史遗留问题陆续解决】 2019 年，四川石油分公司继续加大历史遗留问题解决，设立法律事务办公室，集中专业人才队伍，积极应对 25 个诉讼案件，达陕高速、名山服务区等 7 个案件顺利结案，挽回直接损失 1.3 亿元，涉诉案件全部胜诉。强化“一站一策”分析，有理有据维护公司网络稳定，蓉武、昭宝、竹林湾、江门、嘉明 5 座站成功投营；完成皂角铺油库迁建谈判，有效保障公司合法权益；53 个历史遗留问题彻底解决 11 个，取得实质进展 29 个，全额追回欠款和赔偿 2 287 万元。

（赵孟闪）

【深化“三项制度”改革】 2019 年，四川石油分公司以提高人均劳效为目标，持续推进用人、用工和分配“三项制度”改革，严控用工入口关，稳妥推进加油站委托家庭管理改革，全面实施油库大班组运行，全口径用工总量净减少 249 人，人均油气零售量提升至 667 吨、增长 38%；构建市场化分配体系，完善加油气站全额联量计酬，实施油库多联计酬分配，基层员工人均年收入增长 27%。完善地市公司管理体制，成建制恢复德阳公司，调整广元、阿坝片区公司管理，管理架构进一步优化。

（赵孟闪）

【加快实施人才强企工程】 2019年，四川石油分公司优化地市公司领导班子配备，加大优秀年轻干部培养选拔，中层干部提拔7人、调整14人，转重要职务11人，“75后”“80后”干部占比高于销售企业平均水平。采取内部培训、联合培训、竞赛比武、岗位大练兵等措施，推进各类人才队伍培养，全年省公司举办培训班53期、培训员工2 500余人次，45人取得中高级职称，146人通过中级工及以上技能鉴定。在集团公司加油站操作员业务竞赛中，取得团体第一，个人3金、3银的成绩。四川石油分公司获2019年销售企业职业技能竞赛和技术比武最佳进步奖。

（赵孟闪）

【加强企业品牌形象塑造】 2019年，四川石油分公司开展“庆祝新中国成立70周年·中国石化奉献在四川”主题宣传，《四川日报》刊登整版文章、四川电视台播放企业宣传片，充分展示了企业形象；举办7期公众开放日活动，参与人数500余人，取得良好社会效应。参加“千万网民心中的四川奇迹——新中国成立70周年·影响四川十大工程”大型网络评选活动，简阳油库以22万余票获工业与科技榜第3名。

（赵孟闪）

【党的建设更加扎实】 2019年，四川石油分公司坚决贯彻中央和党组部署要求，深入学习贯彻习近平新时代中国特色社会主义思想，扎实开展“不忘初心、牢记使命”主题教育，总体评价满意率95.3%。以“组织力提升工程”为抓手，开展“七标”党支部建设，建立支部书记例会机制，片区支部独立设置率提升至84%，5 000吨以上有党员加油（气）站比例提升至63%。开展“百名干部形势任务教育行”活动，聚焦“未来战略”“党建思想”“经营创效”“安全责任”四大主题，组织省市两级干部120余人进片区、入库站宣讲形势任务。改进升级地市公司巡察，常态化开展廉洁教育，组织“遵章守纪大讨论大学习”活动，实施5个专项治理，企业政治生态全面好转。

（赵孟闪）

【扎实做好定点扶贫工作】 2019年，四川石油分公司切实履行企业政治和社会责任，抓好凉山彝族自治州布拖县作史村定点扶贫工作，设立驻布拖县扶贫干部临时党支部，帮助修建入户路、幼儿园，组织县农特产品公司人员参加中国石化系统易享节启动仪式暨扶贫产品购销会，助推扶贫产品进入集团公司集采平台，捐赠20吨农作物化肥，全年投入扶贫资金74.95万元，其中消费扶贫20.42万元，在四川省委年度扶贫工作考核中评价为“好”。

（赵孟闪）

表1　　四川石油分公司主要经营指标

指标名称 \ 年份	2019	2018	2017	2016	2015	2014
成品油销售总量/万吨	288.00	268.00	263.00	257.00	244.00	216.00
零售量	168.00	156.00	157.00	152.00	139.00	136.00
销售收入/亿元	203.85	204.81	164.27	142.30	144.10	164.23
利润/亿元	1.25	0.10	2.30	2.50	2.12	1.21
吨油费用/亿元	412.00	422.00	409.00	408.00	411.00	404.00
加油站总数/座	521	514	499	487	452	429

重庆石油分公司

【概况】 中国石化销售股份有限公司重庆石油分公司（简称重庆石油分公司）组建于2009年12月，前身是中国石化销售川渝重庆分公司。2012年10月升格为大I型企业。

重庆石油分公司集仓储、物流、销售、服务于一体，主要负责重庆地区成品油批发、直销、零售，车用天然气、非油品销售，液化天然气生产、销售等业务。截至2019年12月31日，公司资产总额87亿元，拥有员工2 973人；下设7个分公司、7个独立运行的控股合资公司（惠通、渝辉、和光、通汇、城盛、欣地、中铁建）；在营加油（气）站340座（其中气站47座，占比13.82%），在营油库6座、库容14.24万立方米。在营的长寿CNG母站及涪陵LNG工厂日生产能力分别为40万立方米、100万立方米，油气网络覆盖重庆市38个行政区县。

2019年，重庆石油分公司经营总量292.3万吨，市场份额30%。其中，销售成品油262.97万吨、天然气3.88亿立方米。非油品营业额6.45亿元；利润4.12亿元。净资产收益率6.84%，总资产报酬率4.78%。未发生安全环保数质量上报等级事故。

重庆石油分公司主要经营指标见表1。

（朱丽娟）

【深化改革不断释放创新发展活力】 2019年，重庆石油分公司坚持深化改革促动发展活力释放，通过机构调整优化，在市公司层面将非油品中心剥离独立运行，将党委组织部职能划归政工处；分公司层面整合设置“党政办公室”，完善基层党建工作职能。通过严格落实“三定”、规范外包用工、推行油库大班组运行等措施，人均劳效提高14%，基层员工收入增长23%。进一步强化队伍建设，明确三支人才队伍各层级管理职数，对市公司2个处级岗位、8个管理岗位和分（子）公司15个机关管理岗位、127个加油（气）站站长岗位组织了公开竞聘，完成两级机关所有借用人员的考评调整，制订青年干部培养计划，激发队伍活力。

（朱丽娟）

【油品经营质量显著提升】 2019年，重庆石油分公司坚持“以市场为导向”的思路，统筹资源创效，完成外采118万吨，差价收入3.6亿元。紧盯零售稳量稳效，机出零售151.97万吨、增长7.45%，重视直分销提量增效，科学决策、抓牢终端，全年完成直分销111万吨、增长13.8%，差价收入达1.59亿元。“重庆加油”APP绑卡62.53万张，发卡量增长8.7%。

（朱丽娟）

【天然气量效高速增长】 2019年，重庆石油分公司按照“稳零售、拓直批、增点供”的思路，聚焦产能、精准营销，天然气业务继续保持高速增长，销量超奋斗目标7.8个百分点，居销售系统第2位；差价收入达2.48亿元，占重庆公司差价收入的18%。全年实现直分销量2.26亿立方米，新签订独家终端客户6户，收购工业气化站1座。

（朱丽娟）

【非油品业务焕发生机活力】 2019年，重庆石油分公司设立非油品中心，分季节组织“年货节”“水饮节”等5档营销活动，商品销售额1.4亿元；非油品整体毛利水平提升35%，油非互促投入产出比提升20%。首家“车和美”汽车商城累计销售汽车125台，销售额1 180万元；新增汽服网点54座，新增综合服务站10座；新增散装尾液加注机12台；餐饮销售突破零，销售额达442万元。

（朱丽娟）

【网络终端优势持续巩固】 2019年，重庆石油分公司完成投资2.98亿元，新投营加油（气）站19座（自建10座、轻资产9座），在建11座。新增加油（气）站建设用地5块，取得建设经营权6座，投营“他有我营”站6座。涪陵LNG工厂二期项目启动可研。酉阳麻旺油库完成消防、防雷验收，取得危化证与房产证；永川双石油库工程建设进入收尾阶段。完成自 2016 年以来 91 个改造项目前期论证造价审核、124 个项目结算初审和 45 个改造项目预算审核。首个加氢站试点项目获重庆市经信委批复，选址意见和可研编制初步完成。

（朱丽娟）

【企业实现安全平稳运行】 2019 年，重庆石油分公司坚持问题导向，强化风险防控，扎实推进依法依规治企，企业运行总体平稳。完成 HSSE 管理体系建设并通过集团公司审核发布；污水达标排放、危废全部实现合规处置。液位仪系统应用“三大率”提升至 95% 以上，油品数质量抽检 100% 合格，安全环保形势总体稳定。9 家企业扭亏治亏取得实效，法人压减工作完成总部下达年度目标 2 家，引进聚合支付、支付宝业务，价值管理延伸至分（子）公司和基层一线。废止制度 20 项，新增制度 21 项，制度体系更加完备。成功打造高性能智慧油站 2 座，建成基本配置智慧油站 84 座，所有站点实现便利店系统云化应用，“码商”业务上线成功，信息支撑作用更加明显。

（朱丽娟）

【党的政治优势转化取得新成果】 2019 年，重庆石油分公司从抓实主题教育、突出问题整改、集中四风整治、强化廉洁建设、营造和谐氛围五大方面着手，全面从严落实党建工作责任，党的建设与中心工作进一步融合。对照党章检视问题 270 项，全年整改问题 173 项，解决具体问题 158 个。对党组巡视巡察指出的狠抓统筹落实有不足、党建与中心工作的双向融合有差距等六大方面问题，研究细化整改措施 22 项。解决基层员工反映强烈的账表册繁杂、向基层重复要数据等关键问题 5 项。处置信访件 8 件。

（朱丽娟）

【召开改革工作推进会】 2019 年 3 月 12 日，重庆石油分公司召开 2019 年改革工作推进会，宣布成立重庆石油分公司改革领导小组，并对 16 项改革文件进行现场解读和分组讨论。

（朱丽娟）

【首座汽车加盟店开业】 2019 年 4 月 23 日，重庆石油分公司与长安汽车合作打造首座汽车商城——“车和美”重庆渝北黄泥磅中国石化店开业。该店位于黄泥磅红黄路 150 号中国石化黄泥磅加油站内，是长安汽车全新打造的线上线下一体化汽车新零售平台。商城集线上整车展示、交易，线下体验、交付于一体，为用户提供一站式“选、购、用、养、换”全生命周期的车生活服务。

（朱丽娟）

【“狠抓落实”专项巡视工作动员会】 2019 年 5 月 8 日，集团公司党组第四巡视组对重庆石油分公司党委开展“狠抓落实”专项巡视工作动员会，公司党委书记陶振兴主持会议。党组第四巡视组副组长雍自强做动员讲话；组长沈希军代表集团公司党组巡视工作领导小组，传达集团公司党组巡视工作会议精神，对做好巡视工作提出要求。

（朱丽娟）

【举办第一届职工运动会】 2019 年 5 月 22—23 日，重庆石油分公司第一届职工运动会在重庆市涪陵区奥体中心成功举办。

（朱丽娟）

【首座全新智慧加油站开业】 2019 年 8 月 22 日，重庆石油分公司首座全新智慧加油站——唐家沱加油站开业，该站位于重庆市江北区海尔路 422 号，是中国石化重庆地区功能最齐全最先进的智慧加油站。

（朱丽娟）

【中国石化扶贫商品展销会暨易捷第二届易享节在重庆举行】 2019 年 9 月 10 日，由集团公司主办、重庆石油分公司承办的“易彩纷呈　捷伴同行——中国石化扶贫商品展销会暨第二届易享节启动仪式”在重庆举行。集团公司党组副书记、副总经理李云鹏，股份公司副总裁、销售公司董事长、党委书记赵日峰，以及总部有关部门领导出席活动。

（朱丽娟）

表 1 重庆石油分公司主要经营指标

指标名称＼年份	2019	2018	2017	2016	2015	2014
成品油销量 / 万吨	262.97	242.78	221.70	198.06	185.00	179.38
零售量	151.92	145.18	135.97	127.83	125.16	119.99
天然气生产加工量 / 亿立方米	2.12	3.08	0.34	0.34	0.35	0
天然气销量 / 亿立方米	3.88	2.69	2.01	1.42	1.74	1.58
零售量	1.62	1.43	2.00	1.17	1.27	1.38
非油品营业额 / 亿元	6.45	4.88	3.63	2.32	1.93	1.47
销售收入 / 亿元	187.13	179.42	139.75	111.51	110.84	134.36
报表利润 / 亿元	4.12	3.11	3.86	3.31	2.40	2.00
报表吨油费用 / 元	324.00	331.00	334.00	356.00	337.00	354.00
在营加油（气）站总数 / 座	340	318	297	290	301	276
油库座数 / 座	6	6	6	6	6	6

陕西石油分公司

【概况】 中国石化销售股份有限公司陕西石油分公司（简称陕西石油分公司）本部位于陕西省西安市，是2009年底以原销售西北分公司机关为班底和原销售西北陕西分公司重组而成，2010年1月15日正式揭牌成立，时称中国石油化工股份有限公司陕西石油分公司。2012年10月，陕西石油分公司管理规格调整为大Ⅰ型。按照中国石化混合所有制改革部署，2014年5月更名为中国石化销售有限公司陕西石油分公司，2019年1月更名为中国石化销售股份有限公司陕西石油分公司。

陕西石油分公司集仓储、物流、销售、服务为一体，全权负责中国石化在陕西省境内的成品油、天然气、非油品销售等经营业务和销售网络建设工作。截至2019年底，员工总数2 969人（含业务外包705人）；机关本部设有13个职能部门，下辖9个地市公司及38个县公司（片区）；在营加油（气）站总数435座，非油品易捷便利店415座，自有油库3座、总库容达13.8万立方米。2019年实现油气经营总量205.38万吨，其中成品油经营量195.1万吨。

陕西石油分公司主要经营指标见表1。

（李文娟）

【较好完成各项目标任务】 2019年，陕西石油分公司实现经营总量205.38万吨，增长9.8%。成品油销量195.1万吨、增长8.9%、列区外（下同）第6位，其中零售量和机出零售量为133.81万吨和125.78万吨，增长4.9%和5.8%，列第9位和第7位；直分销61万吨，增长18.7%，列第3位。实现天然气销售1.46亿立方米，增长28%，列第6位；实现零售1.05亿立方米，增长27.1%，列第7位。实现非油品销售4.71亿元，增长13.3%，列第7位。实现报表利润6 018万元，列第6位。未发生上报集团公司和销售公司级HSSE事故和媒体负面舆情事件。

（李文娟）

【统筹优化资源创效益】 2019年，陕西石油分公司强化市场研判，把握省内资源趋紧、价格较高等契机，抢抓低价外采机遇，保障扩销、降低成本，累计外采 33 万吨，降本创效 7 015 万元，超目标 4 015 万元。统筹资源、优化细化调配、提高直配、建立跨省通道、强化承运商管理，节约物流及仓储费用 3 225 万元，物流优化年度绩效排名，位列区外第 1 名、销售企业第 4 名。

（李文娟）

【成品油零售经营稳步增长】 2019 年，陕西石油分公司坚持“点狠面稳”，明确定位、细分市场、精准营销，零售和机出零售分别增长 4.9% 和 5.8%，市场占有率 16.7%。实施“一站一策”161 座，增量 3.73 万吨；全年新开发零售大客户 10 165 户，完成计划的 142%，贡献销量 2.97 万吨；开展加油卡“五进”3 345 次，设置 63 台自助发卡一体机，加油卡发卡增长 115%，持卡消费量和比例分别增长 10% 和 2%；新培育大站 12 座；精选 103 座重点站落实“三优五增”，分客户、分品号开展错峰营销和会员营销，零售汽油增长 3%；全年完成 37 座站委托管理，全省 187 座委托站实现增量 3.27 万吨，增长 14%。

（李文娟）

【成品油直分销经营扩销增效】 2019 年，陕西石油分公司全年客户走访率达 83.6%，新增直分销客户 454 户、完成计划的 126%；实现销量 2.75 万吨，占全年直分销总量的 4.5%（其中终端客户 294 户，销量 1.51 万吨，占比 2.6%）；按照客户消费特点和诉求，优化经营策略，“一户一策”，灵活切换“推价引领市场”和“价格贴近市场”模式，全年实现销售 61 万吨、增长 18.7%；加强与非油品部门合作，延伸非油品促销活动，全省直分销线条销售非油品突破 500 万元，增长 28%。

（李文娟）

【天然气经营实现量效双增长】 2019 年，陕西石油分公司坚持价值导向，资源降本、扩销增效两手抓，做实终端、做活营销，紧盯新站投营，做大零售、做实直分销，天然气销量稳步增长，全年增加毛利 883 万元，LNG 吨气毛利增加 48 元、增幅 14%，CNG 零售逆势增长 10%、LNG 增长 33%，CNG 冬季保供增量增效 130 万元、市场占有率 10.5%，获总部月度红旗 3 面。全年开发机构持卡客户 74 户，增量 540 万立方米；全年新投营 5 座 LNG 站，增量 750 万立方米；拓展秦川肥业点供项目，日均销量 0.2 万立方米，全年总量达 30 万立方米。

（李文娟）

【非油品经营持续拓展外延业务】 2019 年，陕西石油分公司开展节日营销、季节营销等各类主题营销活动，开展品鉴会、内购会等特色营销，非油品基础品类销售额 4.71 亿元，增长 13.3%。尾气处理液增长 42%、位列区外第 2 名；赖茅酒销售突破千万元，增长 45%；“易享节”特色营销，全口径销售 7 486 万元（其中基础品类销售 4 693 万元）；发挥 84 座汽服站优势，加满定额汽油赠送免费洗车券，汽服站汽油销量平均增长 47%；汽服业务营业额突破 2 550 万元，增长 236%。向社会机构用户销售非油品重点商品 38 万元，销往 5 家兄弟单位陕西名特优商品 165 万元，“白水苹果”供应总部机关食堂，月均需求近 8 吨。新增综合服务站、店中店、站外店、餐饮项目 20 座，微信关注人数突破 123 万人，各类广告收入 294 万元。

（李文娟）

举办爱心助农扶贫商品推介会（马保迁　摄）

【HSSE 基础管理水平稳步提升】 2019 年，陕西石油分公司牢记“安全是天、质量是命”，坚持“五从五抓”，强化 HSSE 管理，安全风险清单获集团评估 A 级评价，销售公司 HSSE 综合能力测评继续保持 B 级。培训现场监护人等承包商人员 519 名，保障防渗改造项目安全实施。强化油站散装汽油销售管理，商洛分公司获陕西省政府认可和表彰。代表集团公司参加“2019 第五届西安国际环保产业博览会”，展示中国石化绿色环保产品，宣传中国石化“奉献清洁能源、践行绿色发展”环保理念。通过集团公司评审验收，获中国石化绿色企业称号。地罐交接准确率列销售企业第 13 位，零售损耗率降低 1.2‰，减少损失 976 万元，运输超耗索赔 44.43 万元。LIMS 系统应用稳列区外公司第 1 名、销售企业第 8 名。历次国家、集团、省市抽检油品质量合格率 100%。

（李文娟）

【优化网络结构和质量】 2019 年，陕西石油分公司牢固树立“网络是命根子”发展理念，压实责任，多措并举、内涵外延，增加站点数量，全年新增发展 25 座（其中续租 11 座），“他有我营”10 座。新增投营 17 座（其中点供 1 座）、完成自定计划的 94.4%，分别增加油品销售 8 555 吨、天然气销售 860 万立方米。新增“他有我营”10 座、完成自定计划的 100%。完成防渗改造并实现投营 206 座，提前 1 个月完成总部任务，计划完成率 104%，平均停业时间 29天，较上年平均缩短 15 天，获销售公司防渗改造年度先进红旗。获沿黄公路服务区合资项目第一候选人资格，完成前期工作并上报销售公司。取得连霍高速宝鸡过境段服务区加油站 3 年经营权，时隔 5 年再次取得高速集团公司加油站一手经营权。

（李文娟）

加气站员工做好设备巡检保障安全运行（马保迁　摄）

【深化分配制度改革】 2019 年，陕西石油分公司推进“三项制度”改革，深化分配制度改革，持续激发企业活力。规范选拔任用程序，优化干部队伍结构，中层领导干部中 45 岁以下干部占比 48.3%，地市公司领导班子“80 后”占比 44.4%。通过公开竞聘，选聘高级专家和专家各 2 人，同时推进其余选聘工作。通过小站委托、优化排班、整合岗位、科学定编等举措，全口径优化用工 237 人，较年初下降 7%。人均机出零售量 630 吨，增长 11%。落实零售薪酬“切块”管理机制，按照“零基考核、全额联量”原则，破除平均主义，合理拉开差距，进一步调动一线员工积极性。完善考核分配体系，立足实际、对标先进，围绕推进重点、解决难点和加长短板，量化指标，完善考核办法，进一步提升考核导向作用。

（李文娟）

【企业管理取得新成效】 2019 年，陕西石油分公司牢固树立“精细管理出大效益”的理念，在精心精细上下功夫，发挥管理服务经营的效用。深化“业财融合”，发扬“序日精神”，量效兼顾、扩销增效、降本增效，全年实现报表利润 6 018 万元；吨油费用 470 元，下降 16 元，较销售公司调减后指标减少 5 元。重大项目决策、经济合同、规章制度法律审核 100%；合同备案率、终结率分别达 87% 和 99%，考核排名列销售企业第 14 名；实现 3 座自有油库自助验票系统集成；升级 420 座站级一体化系统、完成 110 座加油（气）站工控机扩容；升级站级普票系统，开票效率大大提升（由之前的开票约 10 分钟缩短到 10 秒钟内）。全年工程审计审减 888 万元，综合审减率 6.29%。省公司重点工作督办完成率 97%，西安石化后续处置清算工作按计划有序推进，总部批复同意清算总体方案。积极与地方政府沟通西安石化土地、资产处置及补偿事宜并初步达成一致，为下步后续处置奠定基础。

（李文娟）

【高质量开展主题教育】 2019 年，陕西石油分公司党委按照集团公司党组统一部署，在党组第十五巡回指导组、第一巡回指导组的指导帮助下，精心组织、有力推动，示范引领各级党组织和广大党员干部，聚焦主题主线，把握总要求，紧扣 5 个目标，贯通落实 4 项重点措施，将党的初心和使命积极落实到“爱我中华、振兴石化”“为美好生活加油”生动实践中。推动两级班子集中学习研讨 113 次、到基层调研 176 次、整改检视问题 445 个，中央巡视和党组巡视反馈问题整改率均为 98%，党建考核问题整改率 100%，第 1 批、第 2 批主题教育在西北区域排名靠前，2 批主题教育测评“满意”和较满意率均为 100%。

（李文娟）

【全面从严治党保障改革发展】 2019 年，陕西石油分公司持续推动全面从严治党向纵深发展，修订“三重一大”决策制度，召开陕西石油第一次党代会，开展各级党组织书记述职评议和党员干部“一岗双责”述职报告，完成 9 家地市公司党委、省公司机关党委和所属党支部换届选举，落实“三会一课”、主题党日、民主评议党员等制度，与集团公司纪检监察组成都工作局开展党支部联合共建，实现 435 座油气站“站站有联系党员”目标，5 000 吨以上骨干站点党员覆盖率 81%。新提拔中层干部中 40 岁以下比例达 60%，选人用人测评满意度提高 2 个百分点，中级及以上职称人数占比提高 12 个百分点，技能操作人员持证率提高 29 个百分点。组织员工思想动态调查分析，因地制宜打造 EAP 工作室，严格落实意识形态责任制，重点稿件上稿率增长 29%。开展全员遵章守纪大讨论大学习，严格问题线索处置，开展“微腐败”集中治理，加强对重点业务、关键环节监管，检查评比项目减少 31%、会议数量减少 16%、发文数量减少 18%。

（李文娟）

【坚持党建带群建】 2019 年，陕西石油分公司开展“多卖一吨油”等劳动竞赛和加油站操作员等技术比武，建立常态化走访慰问和帮扶救助机制，举办庆祝新中国成立 70 周年、陕西石油成立 10 周年系列活动，累计批复 237 万元，为 155 座委托站完善“五小”设施。召开公司第一次团代会，有效落实“双推”要求，引导广大青工参与营销竞赛、油站帮扶等工作实践。持续开展“比学赶帮超”活动，全年夺得销售公司红旗 11 面，发放地市公司红旗 156 面。落实扶贫专项资金 120 余万元，采销贫困地区农产品 930 万元，圆满完成 6 个市 8 个贫困县的扶贫指标，帮助数百农户实现脱贫。

（李文娟）

表 1　　陕西石油分公司主要经营指标

指标名称 \ 年份	2019	2018	2017	2016	2015	2014
成品油销售总量 / 万吨	195.10	178.90	169.42	180.80	217.71	208.08
零售量	133.81	127.59	121.29	124.03	130.28	150.20
销售收入 / 亿元	126.38	121.49	98.28	93.09	116.70	149.98
利润 / 亿元	0.60	0.12	0.21	1.64	2.70	0.40
吨油费用 / 元	470.00	487.00	488.00	475.00	375.00	394.00
加油（气）站总数 / 座	435	442	464	434	414	438

内蒙古石油分公司

【概况】 中国石化销售股份有限公司内蒙古石油分公司（简称内蒙古石油分公司）本部位于内蒙古自治区呼和浩特市如意开发区如意和大街 28 号万铭总部基地综合楼 5 号楼。内蒙古石油分公司前身是中国石化销售有限公司西北内蒙古分公司。2009 年 12 月，调整为股份公司直属企业，更名为中国石油化工股份有限公司内蒙古石油分公司。2014 年 6 月，应中国石化销售公司混合所有制改革的要求，更名为中国石化销售有限公司内蒙古石油分公司。2019 年 6 月，应销售公司股改要求，更名为中国石化销售股份有限公司内蒙古石油分公司。公司主要在内蒙古地区从事成品油零售、直销和批发及润滑油、燃料油及非油品的销售等业务。

截至 2019 年底，内蒙古石油分公司本部设 9 个职能部室，下设 9 个盟市分公司，拥有在营油库 10 座、加油站 383 座，其中加油加气站 19 座，资产总额 50 亿元，职工总数 2 111 人（不包括委托站的 609 人），控股中石化集团内蒙古石油销售有限责任公司（简称内蒙有限公司），内蒙有限公司本部设综合部、财务部、业务部、发展安全部 4 个部门，下设有限赤峰分公司，参股包头有限公司，在营油库 2 座（自有 1 座，租赁 1 座），在营加油站 5 座，待重建加油站 2 座，在册员工 50 人，资产总额 1.44 亿元。

内蒙古石油分公司主要经营指标见表 1。

（刘　杰）

【技能竞赛历史突破】 2019 年，内蒙古石油分公司加强组织领导与顶层激励，深入推进竞赛比武工作，在销售公司加油站操作员技能竞赛和审计技能比武中，取得 1 金、3 铜及审计技能比武团体第 3 名的历史最好成绩。

（刘　杰）

【市场攻坚扎实有效】 贯彻“精准、灵活”原则，实施分区域、分品种、分线路、点对点、梯度定价等竞争策略，狠抓精准营销，强化区域协调。精准拓市，锁定客户，走出去开展“五进”办卡活动 1 887 次，以加油站周边 5 千米为辐射半径，重点攻克企事业单位、大型国企等优质客户和团购顾客，带动充值金额 3 150 万元。围绕客户需求，培育柴油柔性竞争优势，稳定柴油零售规模，增设配套服务项目，打造服务驿站。通过增设洗衣机、晾衣间、小药箱、圈存机、货物暂存、无线网络等便民措施，将“头回客”培养为“回头客”。重点推广 98# 油品，强化考核激励，打通汽油扩销增效新路径。全年 38 座站新增 98# 汽油供应，销售增幅 374%。按照“早计划、早落实、早投产、早受益”的工作思路，统筹兼顾防渗改造，精心雕琢打造 10 座多业态综合服务站，实现汽油销量 7.5 万吨、增长 31%，单站日均汽油销量达 21 吨。

（刘　杰）

【资源运作成效明显】 聚焦研判资源形势，统筹优化配置、集采、串换、自采 4 种资源进销存，优化调整资源流向，精准把握 15 次价格上调机遇，累计增加库存潜盈 1.8 亿元。持续提升外采创效能力，增加 3 家一手资源供应商，实时监控市场价格，及时掌握市场动态，全年外采价差汽油增加 322 元 / 吨，创效 7 699 万元；柴油增加 147 元 / 吨，创效 8 629 万元。着力降费增效，区分资源结构、流向，持续推进全口径物流优化工作，物流费用减少 2 606 万元。持续优化直分销客户结构，客户重心逐渐下移，终端客户稳步提升。全年新增客户 148 家，新增销量 8 万吨。

（刘　杰）

【新兴业务发展有招】 扩大内蒙古特色商品知名度，提升非油品创效能力，将圣牧有机奶、锡盟冷鲜牛羊肉、三胖蛋瓜子等推广到广东、浙江、江苏等 25 个省份，销售额 3 160 万元，创效 260 万元。扎实推广扶贫商品销售，践行国企政治担当，引进延寿县粳秋十月扶贫大米、奈曼旗中华麦饭石、乌兰察布阴山优麦等 6 家企业，实现扶贫订货额 1 350 万元。大力推广线上营销活动，促进油非深度融合。通过注册绑卡、消费赠券、签到抽奖等方式开展线上营销活动，微信关注用户增至 80.1 万人，绑卡会员达 40.5 万人，转化率 51%，绑卡会员充值额 9.74 亿元，带动非油品营业额 9 586 万元。

（刘　杰）

【各项改革有序实施】 大力开展机构改革，本部机关处室由 13 个整合为 9 个，机关中层干部职数由 22 人减至 14 人，管理人员由 101 人减至 80 人。盟市公司由 11 个整合为 9 个，通过合并、撤销的方式，减少21个科级管理部门，减少57名管理人员。严格控制用工数量，较2018年末减少260人，基层一线员工人均收入增加0.76万元，增幅14%。实施中层干部岗位竞聘，实现“干部能上能下”。3位正处级、5位副处级干部落聘降职，9位中层干部主动退出现职，全系统中层干部职数由47人减少至40人。实施人才强企，加强年轻干部选拔培养。新任职8名副处级干部平均年龄35周岁。新任职5名盟市公司经理助理中有4人年龄在35周岁以下。

（刘　杰）

【安全环保稳步提升】 完善HSSE管理体系，制定、修订各类HSSE管理制度100余项，梳理HSSE线条各类工作表单200余项，精简100余项。有效管控风险，内蒙古石油分公司风险总值从216降低至88，6项安全风险实现降值和降级，5项安全风险实现销项。持续保持HSSE督查高压态势。全年共督查加油站159座次、油库37座次，督查问题3 302项，整改3 178项，整改率96.2%。

（刘　杰）

【绩效考核渐成体系】 研发绩效测评管理信息系统，通过自评、互评及领导打分相结合，形成全员、全天候的岗位工作量化考评机制，有效提升岗位工作效率和质量。建立实施全员营销激励机制，从加油卡发卡及绑卡、非油品销售、直分销销售等3个维度激励两级机关管理人员营销热情，提高市场竞争意识，全面激发队伍活力。建立直分销线条即时激励机制，对直分销客户经理采取日日评冠军、周周奖先进，对盟市公司直分销部门主任按月评比，即时进行红包奖励，激发直分销线条人员“你争我赶”的销售热情。

（刘　杰）

【党建基础持续夯实】 对照各阶段目标任务，将推动问题解决作为中心组学习的出发点和落脚点，全年组织集体学习19次。6位班子成员在各类培训班、分管领域、所在支部及联系党支部讲党课，促动干部员工观念转变。落实廉洁建设主体责任。制定《党风廉政建设责任制实施细则》，成立监督委员会，构建“大监督”格局。组织开展“遵规守纪大讨论大学习”活动和反面警示教育，引导广大干部员工熟知纪律和制度的红线。压实管党治党责任，签订《党建工作责任书》，组织召开盟市分公司党委书记与基层党支部书记党建述职评议会，增强各级党组织书记抓党建主责主业意识。

（刘　杰）

表1　内蒙古石油分公司主要经营指标[1]

指标名称＼年份	2019	2018	2017	2016	2015	2014
成品油销售总量/万吨	181.87	196.40	192.22	166.25	184.48	179.11
零售量	137.48	147.17	128.80	108.91	97.56	106.15
销售收入/亿元	119.00	131.43	106.31	81.85	96.89	125.09
利润/亿元	0.96	0.96	1.50	0.51	0.03	−0.11
吨油费用/元	357.00	363.00	348.00	378.00	346.00	345.07
加油站总数/座	383	383	368	360	372	372
油库数量/座	9	9	9	10	10	10
铁路专用线数/条	8	8	8	10	10	10

① 以上指标均不含参股公司

新疆石油分公司

【概况】 中国石化销售股份有限公司新疆石油分公司（简称新疆石油分公司）本部位于新疆乌鲁木齐市长春南路466号，主要负责中国石化在新疆地区的成品油销售与营销网络建设，主营汽油、柴油、润滑油、非油品和其他石化产品的零售、直销配送、批发、仓储业务。2010年1月1日，集团公司为加快在新疆地区大发展，与在疆的油田、炼厂发展相配套，确保开发的石油资源就地加工、就地销售，支持与服务于新的经济建设和社会发展，进行管理体制调整，新组建新疆石油分公司，隶属于中国石化销售有限公司直接领导。2012年10月升格为大Ⅰ型企业（正局级）。

截至2019年底，新疆石油分公司设12个管理处室、3个专业中心和1个运行保障机构，下辖9个地市分公司和12个控股公司、1个全资子公司和1个参股公司。有员工2 627人，少数民族占员工总数的26%，党员594名、占22%。资产总额61.33亿元，其中流动资产15.13亿元、固定资产23.43亿元，所有者权益31.99亿元，资产负债率47.84%，总资产报酬率1.31%。

新疆石油分公司主要经营指标见表1。

（李 飞）

【主要经济指标取得历史性突破】 2019年，新疆石油分公司以“上中下游一体化、价值最大化”为己任，强化市场意识、效益意识，主动融入市场竞争，加强购销存滚动平衡，确保塔河炼化后路畅通，按照“油气并举、油非互促、线上线下互动”打造综合服务新格局，抓好天然气和非油品两个突破点，向综合服务商转型。经营总量突破300万吨，营业收入突破200亿元。全年经营总量330.57万吨，增长21%；其中成品油总量322.62万吨，增长20%；全口径零售量150.95万吨，增长8%；机出零售129万吨，增长17%；直分销93万吨，增长3%；天然气9 755万立方米，增长43%；非油品营业额3.04亿元；新建加油（气）站34座，投营12座，新增销量3.73万吨，报表利润0.66亿元、增长45%。

（李 飞）

【经营创效能力大幅提升】 2019年，新疆石油分公司强化竞争意识、效益意识，积极转方式调结构，着力构建经营创效体系，建立“日监测、周调整、月分析”机制，精准研判，精准营销，保量保价，实现量效齐增，市场占有率提升至31.6%。统筹一、二、三级物流，精准把握进销存节奏，全力保障塔河炼化满负荷运行，全年消化塔化资源266.54万吨，增幅19.3%，创历史新高。坚持“点狠面稳”竞争策略，推行“一站一策”“一路一策”“一地一策”差异化营销，开展“周末惠”“逢九惠”品牌营销活动，做大机出零售和小额配送，机出零售市场份额增幅17%。新增洗车业务站点14座，带动汽油增量3 300吨。巩固已有市场，拓展周边市场，开发新市场，全年贡献销量3.6万吨。调整天然气管理机制，加快天然气网络布局，积极开发天然气资源，签订LNG代加工协议，实施“LNG大通道”和“CNG小集群”发展战略，初步建立起车用天然气营销体系。依托扶贫项目创立新疆石油分公司自有品牌“阳光·巴扎”，实现线上、线下销售666万元。开展中央仓试点运营，商品库存周转率提高4.3%；拓展旅游、广告、易积分兑换等增值服务，实现旅游收入400万元。建立完善全面预算管理和全员目标成本管理体系，推进资产挖潜创效，全年处置资产1.14亿元。

（李 飞）

【网络发展取得较大进展】 2019年，新疆石油分公司牢牢抓住“两个三年”滚动发展规划和新疆“一带一路”倡议机遇和城镇化发展机遇，紧盯地方规划、建设、商务、交通、旅游等规划，坚持新建为主、收购为辅、租赁补充、合作联营的指导思想，抢占城区、规划新区、高速公路及出入口、运输通道，潜力较大的县域和乡镇等重点区位、战略要地的新增加油站、加气站项目，重点推进“经略南疆”战略。加强项目投资、质量、进度、安全环保和合同管理“五大控制”，加快建设任务落实。提升储运功能，大力推进油库建设。统筹综合改造，努力实现挖潜增效。全年开工建设加油（气）站34座，投营12座，取得土地34宗，获商务厅批复项目43个。完善仓储设施建设，喀什油库扩容工程进度50%，取得若羌油库建设用地手续和立项批复。持续推进合资合作，天恒兴达、巴州、奎屯公司在兵团市场获得突破，与新疆交投合作推动27座加油（气）站道口手续办理。

（李　飞）

【风险防控能力进一步提升】 2019年，新疆石油分公司完善两级公司QHSSE体系，严抓承包商及施工现场管理，落实环境风险防控措施，环保验收全部完成。完善风险识别防控和隐患排查治理双重工作机制，开展承包商管理重大风险“一把手”承包工作。严格执行库站防恐维稳措施，完善物防、技防、人防、联防措施，做好应急演练及联防联动，确保“两特两重”期间企业安全平稳运行。加强油品数质量全环节控制，各级油品抽检合格率100%。实施加油站强制地罐交接，加油站液位仪使用率、自动率和准确率快速提高到96%以上。加强基础管理，开展油库、加油（气）站分类定级达标，其中优秀加油（气）站47座、达标187座、普通116座，油库优秀2座、达标8座。修订完善两级公司内控管理体系，编制新疆石油分公司重大风险管控清单。搭建承包商选商平台，规范承包商诚信体系建设和选商工作。充分发挥审计监督作用，组织开展390项各类工程审计，首次开展审计后评估，发布内审外查问题清单，推动合规管理上水平。推进信息深化应用成效明显，全年未发生上报信息安全事件。

（李　飞）

【全面从严治党得到全方位延伸】 2019年，新疆石油分公司发挥党委“把方向、管大局、保落实”领导作用，细化完善新疆石油分公司滚动发展规划，提出企业“必须解决的六个问题”，建立完善“六大体系”，制订11类党建重点工作计划，统一部署27项重点工作；扎实开展“不忘初心、牢记使命”主题教育，严格落实党建责任和党风廉政建设责任，定期研究班子成员履行党建和党风廉洁建设责任情况，狠抓基层党支部标准化建设，明确支部8个方面31项工作标准，配齐配强57名专职党支部书记（副书记）和党建专岗，组织党务政工人员开展竞赛比武，推进“一支部一品牌”创建和党员联系加油站工作，基层党支部组织力进一步提升。规范选人用人，有序实施人才强企工程。实施青年人才培养“百人计划”，在全公司遴选106名、地市分公司遴选275名青年人才实施培养。开展“公众开放日”、新中国成立70周年庆祝活动，强化意识形态教育和舆情监控，加强稳定风险分析研判，全年维稳工作、负面舆情“零报告”。积极落实党建带工建团建工作机制，强化人文关怀和心理疏导，推进基层“家文化”建设，落实“走访寻”长效机制和帮扶救助送温暖工作。

（李　飞）

【认真履行央企政治担当和社会责任】 2019年，新疆石油分公司继续开展“访惠聚”、扶贫及“民族团结一家亲”工作，认真落实“访惠聚”8项主要工作，驻村社会稳定、民族团结、村级治理能力大幅改善。派驻扶贫村13个、扶贫县1个，投入扶贫资金369万元，开展扶贫项目15个，实现12个村脱贫摘帽，带动脱贫人数918人。公司内部员工“结亲”861人，5家地市分公司96名干部承担和参与包户住户497户。支持集团公司岳普湖县产业化扶贫，就地办厂加工新疆特色产品销往全国各地。组织全体员工发声亮剑，坚决与宗教极端、民族分裂、暴力恐怖“三股势力”做斗争，树立和维护了中国石化良好的品牌形象和社会声誉。

（李　飞）

表1　　新疆石油分公司主要经营指标

指标名称＼年份	2019	2018	2017	2016	2015	2014	2013
成品油销售总量/万吨	330.57	273.20	283.66	257.61	226.40	203.56	208.76

续表

指标名称 \ 年份	2019	2018	2017	2016	2015	2014	2013
零售量	150.95	267.57	143.10	133.72	120.82	120.59	118.99
销售收入 / 亿元	205.45	183.02	160.35	128.88	121.77	141.15	149.69
利润 / 亿元	0.66	0.46	0.43	0.66	0.42	−1.37①	1.11
吨油费用 / 元	304.00	341.00	281.00	266.00	290.00	309.00	242.37
在营加油（气）站总数 / 座	417	407	392	392	395	395	368

① 2014 年利润 −1.37 亿元，主要原因系新疆地区反恐形势影响，年度销售量、吨油毛利都较上年大幅减少，同时费用增加

吉林石油分公司

【概况】 中国石化销售股份有限公司吉林石油分公司（简称吉林石油分公司）是中国石油化工股份有限公司在吉林省设立的全资子公司，是吉林省主要的成品油供应商之一，主营汽油、柴油、天然气的批发和零售，同时开展加油站便利店经营等业务。

吉林石油分公司的前身是中国石化销售股份有限公司东北吉林省分公司。2009 年 11 月，根据中国石化总部调整区外油品销售企业管理体制的重大决策，重组成立中国石油化工股份有限公司吉林石油分公司。下辖吉林市、白城、天然气 3 个分公司；2010 年经总部批准成立松原、四平、延边、通化 4 个分公司；2014 年经总部批准成立长春分公司。2014 年 5 月因集团公司对油品销售板块业务重组要求，公司更名为中国石化销售有限公司吉林石油分公司。2019 年 1 月公司再次更名为中国石化销售股份有限公司吉林石油分公司。截至 2019 年底，全省共设 8 个分公司，经营范围覆盖吉林省内 7 个地市；拥有自有油库 2 座、天然气 CNG 母站 2 座。初步形成成品油与天然气并举、供销一体化的经营格局。

2019 年，吉林石油分公司下设 9 个职能处室，2 个专业中心。共有员工 880 人，其中合同制员工 797 人、劳务工 83 人；有高级职称的 6 人，有中级职称的 41 人；有高级技师 1 人，技师 11 人，高级工 109 人，中级工 103 人。

吉林石油分公司主要经营指标见表 1。

（叶振风）

【领导班子调整】 2019 年 10 月 23 日，集团公司党组对吉林石油分公司领导班子进行调整：毕海龙任吉林石油分公司党委副书记兼纪委书记；楼江权任总会计师、党委委员。调整后的领导班子由仲伟、蒋必森、王轶宁、毕海龙、楼江权组成。

（叶振风）

【守初心担使命】 2019 年，吉林石油分公司将开展主题教育、深化问题整改作为重大的政治任务，有力推动习近平总书记重要指示批示精神和集团公司党组各项决策部署在吉林石油分公司落地见效。通过举办主题教育研讨班、邀请专家授课、参观红色教育基地、组织党建知识竞赛和学习陈俊武先进事迹演讲等，进一步提高党员干部政治站位。省市两级党员干部深入基层调研，收集整理基层反映问题 234 个，省市两级班子认真检视反思，形成问题清单，制定整改措施。两级班子及班子成员完成整改 163 个，省公司中层以上干部完成整改 159 个，完成软弱涣散基层党组织问题整改 33 个，形式主义、官僚主义、不担当不作为检视问题整改 258 个。通过精简账册表单、增加大站自助设备等，有效为基层减负，主题教育成果显著。

（叶振风）

【“油、气、非、网络发展”并举】 2019年，吉林石油分公司坚持稳增长保效益的经营思路。①科学统筹资源运作，全年资源创效2 235万元。第四季度，坚持“汽油执行到位价、柴油推价稳价”策略，实现利润2 739万元，全年汽、柴油实现毛利5.3亿元。积极发挥外采杠杆作用，降本468万元。综合分析市场环境和竞争态势，在城市核心区域打造更具竞争力的汽、柴油大站，全年完成15座万吨站打造，单站销量由3 418吨提升至3 778吨，高标号汽油增幅5.6%。②产销协同一体化应对市场，全年接收东北石油局资源突破1.1亿立方米，充分释放上游产能。打造车用品牌气，抢占长春、四平市场控制权，全年零售量8 664万立方米，增幅29%。③发挥易捷品牌效应，做优做特非油品业务。通过优化门店布局、探索体验装商品开发及推广等举措，单店日均营业额达2 639元，增幅74%。④找准工作重点和突破口，聚焦203国道、城市新区、工业园区等网络盲区，制作网络发展3年规划模板和站点分布图，成功签约10座加油气站，已批复待签约加油气站12座。利用自有站点建设油气合建站，3座加油站增加加气功能已取得当地政府燃气中心规划批复。加快推进未完项目创效能力，长春新立、三宝加油站完成防渗改造后已复营。加强与地方政府的沟通协调，将加油站迁建事项捆绑洽谈，实现“拆二还二”。大力发展“他有我营”轻资产合作项目，与吉林森工达成17座“他有我营”加油站项目合作共识。积极推进LNG走廊沿线加注站点建设，初步与一座加油站达成增设LNG加气功能共识。

（叶振风）

【商业模式升级】 2019年，吉林石油分公司着力构建“互联网+加油站+便利店+N”商业链模式，建设“加油吉林”APP、微信小程序、电子券、网上充值等线上平台，“加油吉林”APP注册会员累计突破105万人，增长突破600%，微信公众号关注人数突破60万人，全年充值额累计3.8亿元，交易金额成功突破10亿元。通过“线上+线下”融合发展，跨界融合，与京东特供、易捷海购、森工集团、八吉集团、汽车4S店、吉高ETC业务、移动和包等加强合作，丰富多业态功能，打造“人、车、生活”高价值生态圈。探索5G通信技术应用，携手中国移动，国内首座5G通信覆盖加油站在吉林市长春路加油站落地。探索东风大街、南四环建设集“智慧服务、智慧营销、智慧运营、智慧设施”于一体的智慧油站。

（叶振风）

【“三项制度”改革】 2019年，吉林石油分公司加强干部考核，对上年度综合考核排名靠后的中层干部给予降薪，对连续2年综合考核评价排名靠后的中层干部进行岗位调整。整合安全、零售两级管理职能，组建综合督查中心，打破企业行政化管理惯例，实现监管职能。深入推进加油站委托管理，完成50座3 000吨—6 000吨加油站委托管理；完成87座3 000吨以下加油站家庭驻站式改革，委托管理单站平均销量增幅至20%，驻站式单站平均销量增幅至18%。优化用工深化加油站薪酬改革，推行升油计提、非油品计件等举措，加油气站员工收入增幅达19%，同站不同人月度联量计酬收入最高差距5 000元，人均零售量由2018年的712吨提升至877吨。开展绩效考核、“比学赶帮超”红旗评比、总经理奖励，实现机关薪酬“能高能低”常态化，调动广大干部员工干事创业热情，全年考核累计核减薪酬35.3万元，红旗评比兑现薪酬25.8万元，总经理奖励兑现奖金28.3万元。

（叶振风）

【狠抓安全环保内控风险】 2019年，吉林石油分公司强化安全环保数质量管理，推动企业平稳运行，实现销售公司HSSE能力测评由C晋B。推进隐患治理，农安油库油罐防腐等5个隐患治理项目顺利完成，治理完成率100%。完成7家分公司机关、14座加油气站、2座油库标准化建设。完成计量信息一体化建设，严格执行内控质量检测要求，全年抽检合格率100%，2座油库完成自动计量和收发油改造升级，液位仪深化应用从30%提升至95%以上，位居销售企业前列。开展防渗改造，同步推进汽油提量、非油品功能提升、隐患治理改造，合理安排施工工序，改造工期控制到28天，59座加油站安全顺利完成防渗改造工作。

（叶振风）

【依法依规治企】 2019 年，吉林石油分公司开展典型经验提炼和实施推广管理创新，《施工督查模式在防渗改造安全管理的应用与实践》获集团公司第 28 届现代化创新成果三等奖，《以安全为导向的油库设备创新管理》等 2 项建议分获销售公司改善经营管理建议二等奖。持续开展“1845 契税案件”契税款追缴，全年共计追回 325.78 万元，累计追回契税款 830 万元。通过加强审计投资预、结算管理，节约投资累计 2 933.2 万元。开展整治形式主义突出问题为基层减负工作，公文降幅 30.4%，会议降幅 40%，检查评比降幅 50%，基层报表降幅 45%。全年累计下达督办事项 177 项，督办完成率 91%。

（叶振凤）

【人才发展体制改革】 2019 年，吉林石油分公司开展青年干部能力管理提升班和青年骨干人才培养培训班，打造“三强”干部队伍。建立人才交流轮岗机制，首批 19 人完成省市公司轮岗交流。组织职称评审工作，成立中国石化吉林省技能鉴定中心，自主鉴定发证，10 人分别取得初、中级任职资格，3 人通过销售公司评审取得高级职称。鼓励员工积极参与总部举办的各类技术比武，涌现出一批优秀人才，陈林获 2019 年销售公司企管法律技术比武银牌，长春蔚山路加油气站刘竞琪、四平红嘴加油气站赵冠云同时获 2019 年销售公司加油站操作员职业技能竞赛铜牌。

（叶振凤）

【全面从严治党】 2019 年，吉林石油分公司通过完善党建“1+N”制度体系，压实党建与经营融合。建立党代表先进工作室 1 个、党团活动室 7 个、党建宣传长廊 56 个，微信增加心灵驿站、最闪亮的星、青年之声、大学习等栏目，加大对关心关爱员工、企业经营管理亮点等题材宣传报道力度。在省、市公司建立 8 个 EAP 工作室，加强员工心理辅导。开展“我和我的祖国”群众性主题教育活动、健康讲座、主题征文、乒乓球比赛等活动，组织参加省直机关篮球比赛并获得冠军荣誉，干部员工凝聚力和向心力显著增强。学习闵恩泽、陈俊武、感动石化人物、劳动模范等先进典型事迹，引导干部职工永葆干事创业、真抓实干的激情和艰苦奋斗的作风。加快构建“不敢腐、不能腐、不想腐”机制，组织 80 余名副科级及以上领导人员开展“四风”问题自查自纠，防止“四风”问题反弹回潮，开展岗位廉洁风险排查，排除省市两级共 236 个风险点，在集团公司党建考核中被评为党建“B”级企业。

（叶振凤）

表 1 吉林石油分公司主要经营指标

指标名称＼年份	2019	2018	2017	2016	2015	2014
成品油销售总量 / 万吨	95.70	81.30	65.76	54.30	47.42	54.25
零售量	66.07	56.37	48.70	41.78	38.11	39.58
天然气销售量 / 亿立方米	1.26	1.28	1.16	0.65	0.78	0.93
非油品销售 / 亿元	1.87	1.28	1.03	0.62	0.49	0.38
销售收入 / 亿元	65.01	57.76	40.99	30.42	29.28	42.05
利润 / 万元	4 197.00	5 481.00	6 508.00	3 864.00	283.00	407.00
吨油费用 / 元	430.00	447.00	592.00	648.00	675.00	535.00
加油站座数 / 座	189	178	165	162	152	148

黑龙江石油分公司

【概况】 中国石化销售股份有限公司黑龙江石油分公司（简称黑龙江石油分公司）位于黑龙江省哈尔滨市道里区通达街307号。前身是中国石化销售有限公司东北黑龙江分公司，2010年1月1日，根据中国石化发展战略需要，调整为股份公司直属企业，更名为中国石油化工股份有限公司黑龙江石油分公司；2014年5月，总部进行资产重组，更名为中国石化销售股份有限公司黑龙江石油分公司，为国家大型Ⅱ级企业，是中国石化在黑龙江省的唯一企业，主要从事汽油、柴油、煤油、润滑油等成品油批发零售，天然气业务和非油品业务。

黑龙江石油分公司集仓储、物流、销售、服务于一体，全权负责中国石化在黑龙江省境内的成品油、天然气、非油品销售等经营业务和销售网络建设工作。截至2019年底，员工总数1 216人；机关本部设有9个职能部门，下辖6个地市公司及1个控股子公司和1个参股公司；在营加油（气）站总数153座，非油品易捷便利店150座，油库（含租赁、控股）5座、总库容达10.2万立方米。2019年实现油气经营总量132.98万吨，其中零售量88.22万吨；非油品销售额3.75亿元。

黑龙江石油分公司主要经营指标见表1。

（王华峰）

【领导班子调整】 2019年3月13日，黑龙江石油分公司召开干部大会，宣布集团公司党组关于叶震、丁建华职务任免的通知：委派叶震为黑龙江石油分公司代表、党委书记，解聘叶震的总经理职务，免去其党委副书记职务；丁建华不再担任黑龙江石油分公司代表，免去其党委书记职务（另有任用）；孙勤凤暂主持黑龙江石油分公司行政日常工作。10月31日，黑龙江石油分公司召开干部大会，宣布集团公司党组关于孙勤凤、王津培职务聘任的通知：孙勤凤为黑龙江石油分公司总经理兼党委副书记；王津培为黑龙江石油分公司副总经理、总会计师（按大Ⅰ型企业副职管理）、党委委员。

（王华峰）

【多项指标实现突破】 2019年，黑龙江石油分公司实现经营总量132.98万吨，增长17.3%（其中零售量88.22万吨、增长23.9%，增幅排名系统第一；直分销44万吨，增长8.4%）；天然气0.76万吨，增长100.8%。非油品销售（折算后）2.75亿元，增长38%。报表利润0.87亿元，完成预算的174%，吨油费用319元。加油站年人均劳效突破1 000吨、增长30%，增幅销售系统领先。获销售企业2019年度“比学赶帮超”优秀组织奖、年度先进红旗8面、月度红旗19面，在销售企业“两力评价中”，哈尔滨、大庆、齐齐哈尔、牡丹江、绥化5个分公司榜上有名。发展网点10座，企业安全平稳运行，未发生上报集团公司、销售公司级安全数质量事故和负面舆情事件。

（王华峰）

【经营统筹能力实现新提升】 面对消费税1号公告实施后合法资源批零倒挂的局面，黑龙江石油分公司在分析政策、研判市场的前提下，以“为经营提供有竞争力的优质资源”为目标，强化资源运作，实现量效齐增。①扩大外采资源价差创效。根据油价走势，强化市场研判，上行市场先采后销、适时涨库，下行市场先销后采、合理降库，“用好、用活”外采政策，力争将每吨油采出最大性价比。分渠道收购黑龙江省内中油炼厂资源，省地协作，打通中蓝、农垦等落地资源，有效应对区域市场低价冲击，实现创效698万元。②优化物流深化挖潜创效。固化串换地付，拓宽外采地付进站业务，综合节费570万元。通过竞争性谈判，对乙醇实行降税前满库运转，动态调整配比，实现增效1 100万元。持续做大天然气规模，发挥规模议价的作用，全年压低购进价销售天然气921万立方米，实现创效212万元。③压实责任精准运作创效。压实经营责任，全年完成非机销售54.76万吨，非机出毛利实现8 697万元。精准实施“一户一策”，调研客户1 018户，新开发客户372户，实现增量7.7万吨。坚持“事前算赢”，科学制定量效目标，营销费用同比降低11万元。严把承运商准入关，开展承运商招投标，降费 44 万元。

（王华峰）

【零售创效能力实现新提升】 面对竞争对手开局即全方位开启新一轮竞争态势，黑龙江石油分公司紧紧围绕“量效兼顾、量价双收”总体要求，贯彻“精细、精准、灵活”原则，全年新增零售机出万吨站 15 座，其中有 4 座突破 2 万吨。①精准施策创效。坚持汽油“一域一策”分区划片，对汽油重点大站通过率进行日点评、周通报、月分析，对标主营单位，针对不同区域、不同消费群体进行差异化施策，重点提升“四率”，在挂牌价格与主营单位持平情况下，全年汽油机出增幅 11.3%，销售系统排名第二。坚持柴油“一路一策”统筹兼顾，精心绘制“四横五纵”竞争图，全省一盘棋，实施北高南低梯度定价，抓两头带中间，全年柴油机出增幅 17.60%，销售系统排名第二。坚持“一户一策”锁户，通过深挖第三方资源，摸清客户轨迹，定向开发柴油大客户，成功开卡 3 206 张，充值金额 2.2 亿元。坚持“农村经纪人”引路服务“三农”，提前谋划“春耕、秋收”营销，深挖乡村干部带头人力量，全年农用油销售增幅 9%。坚持与第三方联合营销，提升客户消费体验，联手交行、银联、邮储等单位，全年吸引第三方客户资源 195.64 万元。②提升服务创效。开展加油站服务质量提升“双满意”活动，公开服务承诺，加强评价管理，提升客户满意度。深入推进“站长站”建设管理，不断提高加油站管理水平，神秘顾客暗访平均分增加 15.2 分。赛培结合，参赛选手获集团公司技能竞赛银牌 1 枚。③薪酬激励创效。落实零售薪酬“切块”管理，按照“零基考核、全额联量”原则，破除平均主义，将用工优化的薪酬增量，大幅向基层一线员工倾斜，一线员工薪酬增幅达 25% 以上，全员创效意识空前高涨。④做实非油品创效。强化采购及供应链管理，打造核心门店 13 座、汽服站 9 座，实现基础品类增幅 65%、毛利增幅 68%，销售系统排名第一。加快打造汽服站、户外广告等外延业务，实现创效 263 万元。

（王华峰）

【网络发展质量实现新提升】 黑龙江石油分公司坚持发展第一要务，注重发展质量和效益，盘活闲置资产，严控投资成本，狠抓工程项目管理。①优化项目发展方式。以投资回报率和发展 5 000 吨以上的加油（气）站为导向，充分发挥考核指挥棒的作用，推动全员参加发展工作，全年发展投营加油（气）站 10 座，完成续租加油站 2 座。新增站贡献油气增量 2.36 万吨，续租站贡献油气增量 2.18 万吨，有效对冲关停站的影响。整体可研销量实现率 106%，销售系统排名第三。盘活投营绕城东站、小莫二站、渤海站，实现销量提升。②强化施工项目管理。全年完成防渗改造并实现投营 22 座，平均改造工期 24 天，销售系统排名③获销售企业防渗改造专项奖励 15.1 万元。对 51 家承包商、供应商、监理、设计、招标代理服务商进行年度考核，对违反安全制度和操作规定的承包商、服务商，落实考核处罚。

（王华峰）

【安全环保数质量实现新提升】 黑龙江石油分公司坚持安全发展、绿色发展理念，以“识别大风险、消除大隐患、杜绝大事故”为主线，“贯体系、抓执行、反三违、强基础”，本质安全环保水平和安全数质量工作得到较大提升。①严抓安全责任落实和 HSSE 管理体系建设。强化领导干部履职监督，层层签订《HSSE 目标责任书》，全员签订《安全承诺书》。修订完善 HSSE 管理体系，将安全环保管理要求融入专业制度，初步形成齐抓共管的局面。开展库站达标验收和“低老坏”问题专项整治，使同类问题大幅降低。②严抓安全检查和教育培训。强化对“十条措施”“承包商记分”和“严重违章行为判定标准”的执行与检查，重点管控承包商施工安全，培训现场监护人等承包商人员 193 名，保障防渗改造项目安全实施。③严抓绿色企业创建。开展专题讲座，举办环保公众开放日等专题活动，按计划完成蓝天、环宇油库清污分流、危废暂存间等项目实施，完成 144 座加油站和 3 座油库环保手续补办，安全环保工作得到当地政府好评。④严抓损耗和数质量管理。大力推进液位仪深化应用，加油站液位仪准确率大幅提高。国家、集团、省市抽检油品质量合格率 100%。

（王华峰）

【基础管理实现新提升】 黑龙江石油分公司坚持把深化改革、精益管理、信息化建设、依法治企作为提升企业发展质量的关键措施。①坚持改革激发活力。通过小站委托、优化排班、整合岗位、科学定编等举措，人均机出零售量突破1 000吨，排名销售系统第一。年度绩效奖励分配重点打破管理序列、专业技术序列大锅饭，严考核、硬兑现、强激励。②坚持精细管理出大效益。进一步夯实全员成本目标管理，通过内涵挖潜，在财务费用、物流运费、公务性支出等方面出实招，求实效，全年实现吨油费用319元，降低28元，比预算节约50元。上门收款费用降幅显著，降低107万元。深入推进资产分类评价工作，因地制宜盘活低效、无效、负效资产，通过资产清查，全年共处置闲置报废资产1 038项，资产质量进一步优化。③坚持信息服务经营。对145座在营站进行一体化系统升级和工控机扩容，上线CRM券、电子钱包、聚合支付等系统，推广实施“油你掌控”和“站长俱乐部”，系统升级站级普票系统，开票效率显著提升，客户满意度明显提高。④坚持制度优化和法律审核。全年出台、修订制度72项，废止制度15项，梳理制度267项，形成基层制度“活页夹”。发挥法律审核在企业重大决策、重大投资项目中的前置作用，取得多起诉讼有利判决。

（王华峰）

【党建质量实现新提升】 黑龙江石油分公司持续推动全面从严治党向纵深发展，将党的初心和使命落实到“在经济领域为党工作”和“为美好生活加油”的生动实践中。①推动“不忘初心、牢记使命”主题教育高质量开展。做好集中学习研讨、调研成果交流、对照党章党规找差距、党史新中国史学习交流及专题民主生活会等规定动作的同时，强化问题整改落地见效，2批主题教育共解决重点难点问题225个，得到广大员工一致好评。②推动党政融合。全面落实“一岗双责”，修订“三重一大”决策制度，开展各级党组织书记述职评议，压实压紧党建工作责任，中央、党组巡视反馈问题和党建考核问题整改率均实现100%。③推动基层组织力全面提升。深化党员责任区345、示范岗等载体创建，采取党员包干到库站的方式，开展承诺践诺、志愿服务等活动，促进党员在经营一线、安全管理、人事改革等方面发挥作用；大力推动实施机关党员挂点联系基层工作，全年发展库站党员19人，基层党员覆盖率逐步提高。④推动干部人才队伍建设。突出能力业绩导向，加强对优秀年轻干部的培养，省市公司中层正、副职年轻领导人员8人，40岁以下比例达75%。加快技能操作队伍建设，103人通过技能操作考试，58人取得高级工资格证书，32人取得技师资格证书。⑤推进党风廉政建设。严格落实“两个责任”，持续完善“大监督”格局，驰而不息纠“四风”，集中整治形式主义、官僚主义问题，检查评比项目、会议数量、发文数量持续减少；开展全员遵章守纪大讨论大学习，严格问题线索处置，开展“微腐败”集中治理，加强对重点业务、关键环节监管，惩处“极少数”、教育“大多数”的效果逐步显现。⑥持续推进和谐企业建设。组织策划向新中国70周年华诞献礼等主题活动，召开职代会，保障职工的知情权、参与权、表达权、监督权；开展“走基层、访万家”“号手岗队”创建等活动，实现库站员工走访全覆盖；发挥思想引领作用，层层落实意识形态监管责任，宣传工作将笔墨和镜头向基层一线聚焦，激发广大党员和干部员工奋斗热情。

（王华峰）

表1　黑龙江石油分公司主要经营指标

指标名称 \ 年份	2019	2018	2017	2016	2015	2014
成品油销售总量/万吨	132.98	111.81	99.74	74.03	72.72	90.58
零售量	88.22	72.89	60.85	52.45	53.16	59.45
销售收入/亿元	83.64	75.97	58.75	40.41	42.67	67.08

续表

指标名称 \ 年份	2019	2018	2017	2016	2015	2014
利润 / 亿元	0.87	0.50	1.20	1.10	0.25	0.09
成品油吨油费用 / 元	319.00	347.00	379.00	466.00	443.00	336.00
加油（气）站总数 / 座	166	161	160	162	160	163
油库数量 / 座	5	5	5	6	6	5

青海石油分公司

【概况】 中国石化销售股份有限公司青海石油分公司（简称青海石油分公司）成立于 2002 年 12 月，位于青海省西宁市城东区，主营汽油、柴油、润滑油及非油品销售等业务，是中国石化在青海地区唯一驻地企业。

截至 2019 年底，青海石油分公司本部设 10 个职能管理处室，下辖西宁、海东、格尔木、海西、青南 5 个地市级分公司，拥有加油（气）站 188 座，易捷便利店 180 座，油库 4 座（西宁大通油库、格尔木油库、海西柯柯油库、湟源中心油库）、总库容达 13.5 万立方米。网点遍布西宁市、格尔木市、海东市、海西州、海南州、海北州、黄南州及 109、214、227、315 国道沿线、京藏高速公路沿线和省道沿线。

青海石油分公司主要经营指标见表 1。

（杨俊康）

【主要经营指标】 2019 年，青海石油分公司坚持问题导向，聚焦活力与效率、客户与市场、创效与降费、目标与责任、规范与从严，狠抓改革落实、狠抓经营提质、狠抓价值创造、狠抓网络发展、狠抓从严管理，全面深化从严治党、人才强企。全年实现经营总量 77.22 万吨，其中零售量 64.12 万吨、直分销量 12.49 万吨。汽柴比不断得到优化，零售比重提升到 81.6%，汽油销量达 17.35 万吨。

（杨俊康）

【投资发展工作积极推进】 2019 年，青海石油分公司围绕发展战略要求，完成“两个三年，两个十年”发展规划及 LNG 中期规划的编制，完成 6 项基础业务 11 项授权业务下放。突出网络发展质量，新投营加油站 6 座、LNG 项目 1 座，新增储备项目 7 个；全力推进 68 座加油站防渗环保改造，累计完成 158 座，完成率 92%；聚焦加油站服务功能提升，完成 9 座加油站的综合改造，全年施工环节未发生安全、环保、质量事故。深入推进旅游厕所建设，获省政府有关部门充分认可和通报表扬。

（杨俊康）

【资源创效持续巩固】 2019 年，青海石油分公司加强市场研判，提高对资源市场的预判和分析能力，精准把控采销节奏，突出资源运作创效，争取到较好的进价，外采价差始终保持区外先进水平，柴油外采价差全年始终保持区外前三。直分销工作贴近市场灵活定价，大力开发社会加油站、集团战略客户和终端用户，新增及回流客户 218 家，完成销售 12.49 万吨、增长 14.84%，实现毛利近 3 000 万元。主动出击整治市场乱象，推动政府“打非治违”，取得明显成效，获销售公司年度“打非治违”先进红旗。

（杨俊康）

【非油品发展势头良好】 2019 年，青海石油分公司坚持“抓基础、管源头、拓渠道、扩销售、增服务”，推进非油品业务持续高效发展，全年实现基础品类营业额1.85亿元，增长15.47%，超额完成利润指标，单店日均销售位居区外第一，获销售公司“比学赶帮超”红旗4面；打造“旅游驿站”5座，新增汽服项目51座，汽服上线率居区外公司第一，平均拉动汽油增量10%；推进线上线下互动融合，微信关注人数达11.86万人、注册会员8.8万人、绑卡会员2.98万人；围绕易捷助力消费扶贫，组织青海名特优绿色产品参加系统内展销会20余场，销售7 000余万元；与西北骄合作生产“易捷”藏牦牛肉干，助力中国石化对口支援县泽库县产业扶贫。

（杨俊康）

【深化改革活力持续提升】 2019年，青海石油分公司坚持以提高劳动生产率为目标，积极推进“三项制度”改革，释放发展活力。全年推进驻站式委托管理加油站58座，委托站人均零售量增长22.89%；持续优化全口径用工，实现全口径用工总量减少5.58%，全年人均劳效达760吨，提高110吨。突出价值贡献，积极推进分配制度改革，省公司各部门间、各地市公司间月均绩效工资差距分别达10%和20%，省公司机关同等岗位间月均绩效工资差距达25%；在加油站绩效考核中运用零基预算理念，构建以综合考核与加油站单列薪酬考核为主线，以“比学赶帮超”和专项奖励为补充的绩效考核体系，强化了对扩销增效的激励作用。

（杨俊康）

【管理效能持续提升】 2019年，青海石油分公司安全环保管理不断提升，正式发布实施《青海石油分公司HSSE体系管理手册》，HSSE管理体系得到进一步完善，基层安全环保工作获集团公司能环部高度评价，全年未发生安全环保上报等级事故。降耗管理创效稳步提升，实现增幅21%。审计监督效能显著发挥，全年开展专项审计监督9项，发现问题点178个，促进增收节支1 154.15万元，开展工程结算审核1.65亿元，审减1 131.85万元，审计服务经营、防范风险、增加价值的能力充分彰显。法治建设不断深化，全年开展合法性审查40余次，办理法律纠纷案件3起，保障经营管理活动依法合规。信息建设不断加强，液位仪联调上线率达97%，累计完成156座加油站、3座油库视频监控集成，全面完成统一身份账号集成，加油卡系统升级、站级一体化及一键加油项目稳步推进。

（杨俊康）

【党建质量稳步提升】 2019年，青海石油分公司扎实开展“不忘初心、牢记使命”主题教育，聚焦“守初心、担使命，找差距、抓落实”总要求，把学习教育、调查研究、检视问题、整改落实贯穿主题教育全过程，各级党组织集中学习研讨120余次，实现了党的创新理论武装全覆盖。深入落实全面从严治党主体责任，青海石油分公司党委与班子成员签订“六讲六表率承诺书”5份，听取班子成员履职报告2次，保障班子成员“一岗双责”有效落实；研究制订《青海石油分公司“组织力提升工程”实施方案》，狠抓基层党组织建设，“规范就是亮点、抓实就是创新”的工作理念在基层党组织中得到深入贯彻；固化每月“一表一会一通报”工作机制，优化提升年底党建考核实效，在闭环管理中不断提升党建工作质量。持续加强干部人才队伍建设，召开组织人事暨人才强企专题会议，明确提出干部人才建设“133”目标，“技师工作站”顺利挂牌成立，建成“站长站”6座。聚焦机关作风建设，深入开展“马上就办”、督查督办等工作，机关服务意识、工作效率得到提升。严格落实中央八项规定实施细则，在重大节假日期间开展暗查暗访5次，集中整治形式主义、官僚主义，开展机关作风满意度量化评价，并纳入绩效考核，企业政治生态、管理生态不断改善。持续深化工团工作，聚焦中心工作，服务员工成长，成功组织开展“奋斗青春，放飞梦想”“辉煌70年，筑梦新时代”系列主题活动及劳动竞赛等6项，全年共获集团和省级先进集体4项、先进个人7人。加大精准扶贫力度，通过消费扶贫、就业扶贫、教育扶贫、派驻第一书记等多种方式，实现扶贫点整村脱贫，助力打赢脱贫攻坚战，得到政府和社会公众的高度赞扬。

（杨俊康）

表 1　　青海石油分公司主要经营指标

指标名称＼年份	2019	2018	2017	2016	2015	2014
成品油销售总量 / 万吨	77.22	75.39	71.96	71.05	80.70	79.89
零售量	64.12	63.75	58.70	58.17	52.01	50.09
销售收入 / 亿元	50.84	51.98	44.62	39.66	42.34	54.71
利润 / 亿元	0.17	0.51	0.14	1.01	0.15	−0.55
吨油费用 / 元	508.00	460.00	442.00	439.00	399.00	366.00
加油站总数 / 座	188	180	169	156	151	149

甘肃石油分公司

【概况】 中国石化销售股份有限公司甘肃石油分公司（简称甘肃石油分公司），驻地兰州市，成立于 2010 年 1 月，前身为中国石化销售西北甘肃分公司，主要承担中国石化在甘肃境内成品油市场的销售、管理和调运任务及甘肃可利用资源的开发协调，主要经营汽油、柴油、润滑油、车用天然气、燃料油及非油品销售等业务。

截至 2019 年底，甘肃石油分公司设总经理办公室、企管法律处、人力资源处、财务资产处、纪检监察处、安全数质量处、零售管理中心、发展基建处、经营管理处、商业客户中心 10 个职能处室，下辖酒泉、张掖、武威、白银、兰州、定西、天水、平凉、庆阳 9 家地市级分公司及 4 家合资公司。拥有在营加油站 126 座、在营加气站 8 座、自有油库 2 座、自有铁路专用线 2 条，资产总额 26.49 亿元。有合同制员工 836 人，委托站员工 202 人，其中党组管理干部 4 人、中层干部 30 人。大专及以上文化程度 562 人，占合同制员工总数的 67.22%。甘肃石油分公司党委下设党委 2 个、党总支 7 个、党支部 28 个，共有党员 282 名。

2019 年，实现成品油销量 46.87 万吨，完成全年任务的 90.13%。其中，零售量 36.07 万吨、完成全年任务 85.88%，直分销 10.80 万吨、完成任务 108%。非油品营业额 8 706 万元，完成计划 114.55%；天然气销售 3 353 万立方米，增幅 56%。累计亏损 14 906 万元；发生商品流通费 28 717 万元，吨油商流费 580.18 元。生产经营安全平稳运行。

甘肃石油分公司主要经营指标见表 1。

（高　娜）

【经营创效能力有所提升】 统筹各渠道资源，确保资源稳定供应，就近进库、进站、进户。全面优化物流，实现节费目标。加大串换资源对接力度，"日平衡、日对接"，在保证资源的前提下，杜绝非合理、长距离运输，全年物流口径发生运杂费 6 216 万元，节约 1 427.5 万元，配站吨油 104 元，较上年降低 22 元。2019 年打通宝鸡、汉中、宁夏的跨省配送通道，实现跨省配送业务，解决定西、天水等直批客户的长距离配送问题，降低平均吨油费用。

（高　娜）

【全力推动零售稳量稳效】 面对激烈的市场竞争，及时调整经营策略，实行"一路一策""一域一策""一站一策"的定价机制，有效开展"点对点"价格竞争，综合运用加油卡优惠、线上线下互促等方式提升汽油客户黏性。认真贯彻落实销售公司关于小站驻站式家庭委托管理机制，全省驻站式家庭委托管理加油站达 55 座，占全省在营站的44%。力推天然气创效，引入多家LNG及CNG供应商，确保每座站有2家以上的供应商，提高资源议价能力。密切关注竞争对手的销售策略，合理摆布资源需求，做到销量及毛利最大化，实现毛利收入1 680万元。11月实现马鬃山加气站双站单日销售突破80吨的历史新高。

（高　娜）

【非油品业务发展势头良好】 依据“一店一策”，推进门店“标准化＋特色化”建设。2019年10座核心门店非油品基础品类营业额2 293.57万元，占全省便利店基础品类营业额的32.04%，增长21.47%。通过开展“百日竞赛”等活动，督促门店提升进店率、提高店面零售、扩大基础品类和核心商品，年底实现27个百万门店，增加7座。创新营销模式，借力“互联网+”，实施线上线下油非互动，全年油非互动投入1 817万元，减幅31.79%。综合服务网络布局开始启动，引入1家轮胎供应商、2家洗车合作商、1家广告合作商，全年实现新业务营业额24.03万元。

（高　娜）

【网络发展取得新突破】 全年实现投营加油（气）站7座（加油站5座、加气站2座），马鬃山服务区LNG加气站投营，实现公司LNG站零的突破。加大与地方政府合资合作，成功与临夏州城投组建合资公司，11座站点已纳入规划；同兰州新区、张掖政府的合资项目有序推进。积极协调政府职能部门，对“十三五”规划进行调整，全系统有27座新建站和2座迁建站选址已纳入“十三五”规划，为公司“第一个三年网络发展规划”打下了坚实基础。全面开展加油站防渗改造，4座拆除重建加油站全部建成投营，稳妥推进酒泉和武威油库综合改造及信息化提升。进一步强化施工现场管理，全年共65个施工项目陆续实施，是公司历年来施工项目最多、最集中的一年。

（高　娜）

马鬃山服务区LNG加气站投营，实现甘肃石油分公司LNG站零的突破

【基础管理进一步夯实】 ①加强HSSE管理。深入开展隐患排查治理，全年累计识别风险143项，排查出各类隐患115项，整改完成率86.1%，接收上级检查5次，共计查出问题284项，已整改278项，整改率97.9%。积极推进液位仪深化应用，完成酒泉、武威2座油库的液位仪自动化升级改造工作。全年未出现安全、环保、职业卫生、数质量等各类等级上报事故。②全面预算引领初显成效，将预算编制与经营目标深度融合，从购进、成本、销售、费用全环节入手，实现预算指标与动态市场联动，严格控制各项费用和支出。对银行上门收款和未上门收款经营网点资金解缴方式进行优化，全年实现降费86.26万元。③防范企业风险。深入推进“四进”工作，加强法律风险识别与评估，完成198条法律风险的识别与评估。制定下发《资金监管系统操作手册》《资金监管系统检查手册》，提升全省资金监管系统清账率，有效防范资金风险。做好法律前置审核、合同管理、诉讼解决、商标维权、资金发票现场检查等工作，有效应对乾得利、兴达、遇见酒店等系列案件，及时处理公司发生的生效法律文书，支撑和保障公司安全平稳经营。④充分应用信息系统提高管理水平。完成合同管理系统付款集成上线、实物资产管理系统上线、增值税管理系统进项模块上线、电子发票上线等工作，对网络安全设备进行优化升级，构筑全公司运维保障体系。

（高　娜）

【改革工作顺利推进】 ①积极推进“三项制度”改革。修订完善《甘肃石油分公司领导人员选拔任用实施细则》《甘肃石油分公司中层领导人员后备干部管理办法》《甘肃石油分公司推进中层领导人员能上能下暂行办法》等配套文件，严控职数、完善梯队，为重点工作的顺利推进提供政策保障。②将人事改革与分公司班子、省公司中层队伍建设紧密结合，持续优化分公司班子结构，精心组织开展地市分公司副经理公开招聘。推动省公司机关与地市公司、地市公司之间干部的交流任职，丰富中层干部履历，培养既懂党务又懂业务的复合型干部，党政交叉任职，提升干部的综合素质，全年调整中层干部17名。鼓励干部到基层去，选派扶贫干部16名，赴扶贫点开展工作。③完善绩效考核机制。省分两级公司平稳推进绩效考核，促进多劳多得、以贡献论英雄。在基层，突出量效挂钩，激励基层体制创新，全面实行人均劳效薪酬切块模式，加油站员工实行全额多联计酬方式，薪酬考核兑现到人，激发基层员工动力活力。④加大“三定”方案落实力度，优化人员配置。持续做好职业技能等级认定及专业技术人才队伍建设工作，全年82人取得相应的职业技能等级，16人申报高、中级职称评审。

（高 娜）

【党建工作质量显著提升】 ①认真开展“不忘初心、牢记使命”主题教育。聚焦“守初心、担使命，找差距、抓落实”总要求，紧密结合甘肃公司面临的严峻形势和突出问题，把学习教育、调查研究、检视问题、整改落实贯穿主题教育全过程，全年共开展学习研讨66次、领导班子成员讲党课28次、调研成果交流会12次，省公司检视出8个方面25个问题，各地市分公司检视出182个问题。通过开展主题教育，广大党员干部“四个意识”更加牢固，“四个自信”更加坚定，“两个维护”更加坚决。②抓实党建责任。修订新增党建制度5项，汇编党建工作流程4个，实现“大党建”考核。加强基层党组织建设，开展党支部分类定级评定，破解“弱化、虚化、边缘化”，抓实基层党支部建设标准化，推进“示范党支部”创建工作。③强化党风廉洁建设工作。压实“两个责任”，用好监督执纪“四种形态”，更新甘肃石油分公司中层干部廉洁情况“活页夹”，开展任前廉洁谈话12人次。组织反腐倡廉教育活动，尤其针对扶贫领域和作风问题开展专项治理工作。狠抓节日廉洁提醒和日常监督。④工会完成新一届改选，团委开展主题团日活动16场次260余人参与，为公司转型发展增添活力。

（高娜）

表1 甘肃石油分公司主要经营指标

指标名称＼年份	2019	2018	2017	2016	2015	2014
成品油销售总量 / 万吨	46.87	50.12	50.45	55.57	54.69	58.06
零售量	36.07	39.10	41.32	41.36	41.19	32.29
销售收入 / 亿元	32.58	35.93	34.46	28.90	29.80	39.53
利润 / 亿元	−1.49	0	0.70	1.24	0.20	−1.77
吨油费用 / 元	580.18	591.23	469.00	497.00	545.00	466.00
加油（气）站总数 / 座	134（含气站8座）	130（含气站1座）	128（含气站6座）	120（含气站6座）	118（含气站6座）	102（含气站6座）

宁夏石油分公司

【概况】 中国石化销售股份有限公司宁夏石油分公司（简称宁夏石油分公司）位于宁夏回族自治区银川市兴庆区，主营汽油、柴油、润滑油和其他石化产品的零售、直销配送、批发和仓储业务及加油站便利店非油品业务。

截至2019年底，宁夏石油分公司本部设总经理办公室、财务资产部、人力资源部、党群工作部、审计监督部、发展规划部、安全数质量部、经营管理部、零售中心、非油品中心共 10 个职能处室；下设银川、石嘴山、吴忠、固原、中卫 5 个分公司；控股中石化宁夏易捷石化有限公司（简称宁夏易捷公司）、中石化石嘴山市常道石化有限公司（简称常道石化）2 家合资公司。公司党委下设 11 个党支部，党员 209 人。拥有加油（气）站 149 座，在营油库 2 座；资产总额 23.33 亿元，期末用工总量 931 人。

宁夏石油分公司主要经营指标见表 1。

（张继强）

【主要经营指标向好】 2019 年，宁夏石油分公司主动适应形势变化、应对市场挑战，持续强化市场攻坚，推进网建提质提速，固本强基提升管理，深化实施人才强企，全面提升党建质量。全年共实现成品油经营总量 61.57 万吨、增幅 5%，其中零售总量 46.6 万吨、增幅 7%；天然气经营总量 6 273 万立方米，增幅 19%；非油品营业总额 1.77 亿元，增幅 6%；报表利润 1 201.45 万元，超额完成年度任务；人均零售量达 667 吨，完成率 103%；人工类成本增加 16.7%。吨油费用 434 元，较上年降低 22 元。

（张继强）

【突出量效兼顾提升拓市创效硬实力】 持续深化对严峻市场形势的认识，坚持以效益为中心，深化“采储运销一盘棋”运作，实现资源考核返还 9 542 万元。持续深化“一站一策”“点对点”竞争，通过创新营销、改进服务、强化竞争等措施，自营机出零售量增幅 7.5%、排名销售系统第五，其中汽油销量增幅 11.6%、排名销售系统第一。深度挖潜宁夏市场，运用油气非互促、加气卡营销等手段，加大考核激励力度，天然气销量增幅 19%。深化推进油非融合发展，常态化开展“进社区”、节日营销等活动，全年实现基础品类营业额 1.41 亿元，增幅 20%。持续强化门店营销能力建设，打造百万元店 51 个，较 2018 年增加 11 个，单店营业额增幅 16%。调整优化油非互促模式，实现带动率 259%，提升 91 个百分点。深化特色商品营销，国杞天香枸杞、滩羊肉、葡萄酒等销售额达 6 095.25 万元。

（张继强）

【聚焦统筹运行提升网络发展生命力】 坚持把网络发展当成“生命工程”来抓，持续提升发展质量，全年新发展项目 6 个，投营项目 8 个，新取得销售公司批复项目 2 个，其中新建中卫兴仁东加油加气站填补兴仁区域网络空白。完成全部加油站防渗改造工作，平均工期为 25.3 天，完成率、平均工期、投资管理均排名销售系统前列。积极推进新一代加油卡及站级一体系统，认真推进“消除信息孤岛”工作；有效抵御勒索病毒和公安部攻防演习中的入侵，全年无网络安全事故、无安全通报事件。

（张继强）

【坚持固本强基提升企业发展推动力】 持续推进改革优化，完善各类制度 132 项，优化工作流程 49 条，梳理两级机关管理岗位 246 个，明确岗位职责 2 445 条。推进为基层减负，精简合并各类账表单册，检查考核评比项目减半、频次减少 16%。深化推进风险防控，梳理完善内控权限，严查套卡、套现等问题 102 个，处理责任人 129 人。全面开展挖潜增效，通过深化降本压费、盘活存量资产等措施，吨油费用降低 22 元。完善 HSSE 管理体系，狠抓工作落实，HSSE 综合能力测评从 C 级升至 B 级。推进环保“三同时”办理，完成全部环保手续补办工作。严格损耗管理，各环节损溢均在合理范围，液位仪深化应用取得实效，油库自动计量系统通过销售公司数据上线验证，数质量管理基础进一步夯实。

（张继强）

【围绕生聚理用提升队伍建设内动力】 健全完善人才队伍“生聚理用”体制机制，制定了中层领导人员选拔任用和考核评价管理办法，交流、提拔中层干部 10 人次。加强机关建设，提拔两级机关基层管理人员 21 人次。加大大学生和特殊人才引进力度，新招聘大学生 6 人，向系统内借聘专家 1 人。加强用工管理，新增委托站 3 座，推进油库大班组运行，全口径用工总量减少 50 人，人均零售量达 672 吨，较 2018 年增加 81 吨；调整优化薪酬结构和考核办法，制定市公司薪酬分配指导意见，职工薪酬增幅 8.8%。完成第 3 届中级专业技术职务任职资格评审委员会换届，为 19 人评定了职称；广泛开展培训教育，全年共组织和参加各类培训 79 期，累计 1 897 人次参培。

（张继强）

【贯穿全面从严提升党建工作传导力】 全面贯彻落实新时代党的建设总要求，扎实开展“不忘初心、牢记使命”主题教育，组织集中学习 223 学时、研讨交流 73 次，集中整改问题 838 个，整改率 94.8%，2 批主题教育都取得指导组的充分肯定。认真落实“三会一课”、组织生活会、民主评议党员等党内组织生活制度，以“双示范”创建和基层组织力提升工程为抓手，开展基层党建分类定级、考核评价、评选表彰，基层党建规范化、制度化、科学化水平持续提高。组织开展劳动竞赛技术比武活动，宁夏石油分公司在加油站操作员职业技能竞赛中取得系统第 9 名、区外第 2 名的历史最好成绩，固原分公司王杰获集团公司零售部经理及县片区经理个人金奖。组织员工参加销售公司“遵章守纪大讨论知识竞赛”，系统排名第 13 位、区外公司排名第 1 位。

（张继强）

表 1　宁夏石油分公司主要经营指标

指标名称 \ 年份	2019	2018	2017	2016	2015	2014
成品油（天然气）销售总量 / 万吨	66.36	62.57	62.19	62.69	66.00	46.97
零售量	50.95	43.58	40.27	35.98	29.89	30.48
销售收入 / 亿元	40.48	40.19	34.07	30.03	38.85	38.82
利润 / 万元	1 201.45	2 881.57	2 906.27	7 025.44	2 021.00	−13 997.02
吨油费用 / 元	434.00	454.00	436.00	440.00	403.00	567.00
加油站总数 / 座	149	141	137	132	129	125

销售华北分公司

【概况】 中国石化销售股份有限公司华北分公司（简称销售华北分公司）是销售大区公司之一，为大 I 型企业。始建于 1950 年 3 月，1985 年 1 月划归中国石油化工总公司。主要履行“资源组织、物流优化、储运管理、统一结算、市场监管”的职责，主要负责华北地区 6 个省市（北京、天津、河北、河南、山西、山东）和东北地区 3 个省（黑龙江、吉林、辽宁）成品油资源运行组织协调，资源辐射范围还包括江苏、安徽、湖南、湖北、广东、华南、内蒙古、陕西等地区，并对华北区内重要储运设施实行统一管理。本部位于天津新技术产业园区榕苑路 11 号。

截至 2019 年底，销售华北分公司共有职工 1 916 人，党员 526 人。设有职能处室 12 个、专业中心 2 个。下设天津储备库、石家庄储备库、营口油库管理处、济南输油管理处、石家庄输油管理处、鲁皖输油管理处、河南输油管理处、津冀输油处、沈阳管理处等二级单位，在燕山石化、石家庄炼化、天津石化、洛阳石化、沧州炼化、齐鲁石化、济南炼化、青岛石化、青岛炼化、胜利炼厂 10 个炼化企业设立办事处。销售公司的计量管理站、质量管理站也委托销售华北分公司管理，主要负责销售系统的数质量管理工作。拥有大区储备库 4 座，总库容 88 万立方米，分别位于天津、石家庄、青岛、营口；管理的在运成品油管道全长 3 100 千米，覆盖天津、山东、山西、河南、河北，辐射江苏、安徽等省市，采用SCADA系统，由华北管网调度控制中心在天津集中远程控制。

销售华北分公司另有 2 家非上市企业，分别为天津悦泰石化科技有限公司、天津金皇房地产有限公司。天津悦泰石化科技有限公司集产品研发、生产、销售于一体，主营“海龙”牌车用汽、柴油清净剂及系列汽车养护用品。天津金皇房地产有限公司下辖金皇和金泽两家酒店。

销售华北分公司主要经营指标见表 1。

（郭伟玮）

【圆满完成各项经营指标】 2019 年，面对激烈的市场竞争、严峻的安全形势和艰巨的改革任务，销售华北分公司坚决贯彻落实集团公司和销售公司工作部署，区域物流中心全面可持续发展彰显成效，安全环保局面更加稳固，“三项制度”改革深入推进，专业化管理更加精细，经营管理水平持续提升，多项经营管理指标再创新高。全年，公司销售成品油 4 370.28 万吨；石化资源收购计划完成 3 591.47 万吨，兑现率达 99.53%；营业收入 2 691.81 亿元，实现利润 14.81 亿元；运杂费支出 11.61 亿元、下降 1.23 亿元，吨油费用 39.01 元、降低 3.53 元；铁路罐车装载率为 94.60%，达到优秀水平。华北区管道输送成品油 1 619.08 万吨，超计划 79.08 万吨，增输 50.50 万吨。存续企业实现利润 3 554 万元。夺得 4 面销售企业年度先进红旗。

（郭伟玮）

【国家生态环境部到天津储备库检查】 2019 年 3 月，国家生态环境部第三督察组、天津市滨海新区生态环境局有关人员，对销售华北分公司所属天津储备库进行“四不两直”的环保检查。督察组重点检查了环保应急预案、“2+26”大气污染防治工作计划，现场查看了库区铁路栈桥油气回收设备设施，并详细了解储备库 1 月、2 月生产经营情况，对储备库环保工作给予充分肯定。

（郭伟玮）

【降资源统筹能力进一步增强】 2019 年，销售华北分公司强化炼销一体化运作，资源统筹能力持续提升，圆满完成建国 70 周年大庆、全国“两会”、青岛海军节等特殊时期的资源运行保障工作，为成品油市场平稳运行和集团效益最大化做出贡献。深入研究市场变化，努力扩大集采规模，在东北地炼的采购总量为 787.77 万吨、增幅达 43.53%，供应东北三省石油公司的集采资源占其经营量的 64%，资源属地化供应比例进一步提高。沈阳管理处积极落实公司部署，优化运输组织，狠抓数质量管控，为集采资源计划兑现提供了保障。全面落实“调结构、增出口”措施，统筹内外贸资源“一盘棋”运作，全年完成资源出口 605.66 万吨、增加 39 万吨。天津储备库积极推进出口设施和工艺流程的提升改造，水运装船能力提升 50%，并实现了汽、柴油资源同时装船作业，为扩大资源出口做出贡献。强化炼销企业仓储设施共享，协同省市公司开展库存运作 28 万吨，保障了炼厂后路畅通，较好地服务了省市公司经营创效。统筹一、二、三级物流优化，加大与中国石油资源串换力度，优化资源流向，吨油平均费用降低 3.53 元，全年累计节费 1.23 亿元，节费总额连续 3 年位居大区公司第一。

（郭伟玮）

【物流运行能力持续提升】 2019 年，销售华北分公司始终坚持以管输增量为抓手，不断推动运输优化，克服区内炼厂集中检修的影响，实现资源的精准调运和管道的高效运行。密切关注市场变化，制订汽油增输方案，协调省市公司推进下载库改造，增加汽油输送批次和品号，实现汽油增输 32.85 万吨，管输柴汽比达 0.93，与市场需求的吻合度大幅提升。深入探索管道运行新模式，采用双罐供油方式，油源注入能力提升 10%。全力推进管道沿线仓储设施共享，增加管输注入点，实现胜利炼厂柴油及外采柴油的管输，开通山西榆次、河北高庄等 6 条管输扩距通道，管输资源跨区辐射能力进一步提升。华北区管道实现汽柴油双增量，全年输送成品油 1 619.08 万吨，超计划 79.08 万吨，增输 50.50 万吨，管输总量再创历史新高。管输占比达 61%，运输结构更加科学合理。

（郭伟玮）

【取得销售企业 HSSE 管理能力测评第 1 名】 2019 年，销售华北分公司以本质安全为目标，初步建立 HSSE 管理体系，为深化 HSSE 管理奠定了坚实的制度基础。坚持“严”字当头，狠抓风险管控和隐患治理，如期完成集团公司级重大风险治理销项。建立安全、管道、工程、设备“一综三专”督查队，全年开展各类督查 110 次、问题整改 938 项，现场安全管理意识不断增强。完善承包商管理考核机制，明确 48 种违章行为和处罚标准，实现了承包商安全管理、施工现场安全管控双提升。严抓“两特两重”期间的安全防范，各单位讲政治、顾大局、保安全，各项防范措施落实到位。制定 28 类突发事件应急处置卡，组织应急演练 523 次，开展安全答题、消防运动会等形式多样的安全活动，全体干部员工“我要安全”的意识和“我能安全”的本领进一步提高。全面启动绿企创建计划，强化环境污染监测，规范危废物处置，绿色发展理念不断深入，环保工作水平持续提升。在销售企业 HSSE 管理能力测评中取得销售系统第 1 名的好成绩。

（郭伟玮）

【全力抗击台风“利奇马”】 2019 年 8 月 10—11 日，华北管网各管道途径区域受台风影响普降大到暴雨，因防范处置到位，全系统未发生安全事故，未发生非计划管道停输，华北管网安全平稳运行。①提前部署做好应急预案。销售华北分公司启动极端天气应急预案，全面排查应急物资，叫停各项施工作业，有计划地安排管道停输；全面启动零报告机制，严格落实领导带班值班制度，通过微信群及时发布台风实时路径，做好台风应对措施教育，确保人员财产双安全。同时，与地方水利部门保持密切沟通，掌握河流泄洪情况，并安排人员对重点区域阀室进行 24 小时值守；与供电部门主动对接，做好停电应对；与所在区域兄弟单位、地方政府做好联防，共同做好抗灾抢险工作。②加强外管道、油库、场站等重点区域水保和巡检，及时清理站内、库内的排水排污系统，在重点区域加装抽水泵，保障排水通畅；加强雨中、雨后设备设施巡检，及时对管道穿跨越区域、水保工程、阀室以及地质灾害隐患点位进行检查，所辖管道途径区域无水保损毁、管道露管、光缆中断及山体滑皮等地质灾害情况发生。③协调产销做好资源运行保障工作。加强与沿海炼厂沟通协调，合理安排生产和出厂节奏；做好水运船期安排，加强承运船舶恶劣天气预警提示，确保水运安全；协同山东石油分公司提前做好沿海油库进销存平衡，确保水运资源及时接卸、资源供应有序。

（郭伟玮）

【全面消除重大环境风险】 2019 年，销售华北分公司全力推进石太成品油管道西窑水源地改线工作。公司一把手主动承包风险，每周组织召开协调会议沟通推进施工进度，定期深入现场督查解决施工难题，多次走访地方政府推动相关手续办理，全力推进项目实施；各级管理部门不断强化施工统筹组织，妥善处理安全、质量、进度之间的关系，确保施工进度和施工质量；现场管理人员和施工人员克服重重困难，夜以继日奋战施工，于 11 月 10 日完成石太管道西窑水源地改线项目封堵连头，新建管段一次投用成功。改线后，石太成品油管道已完全避开西窑水源地，寿阳县 7# 贾豹阀室—榆次区 8# 下戈阀室管段溢油环境风险成功实现降级目标，完成集团公司下达的重大环境风险降级任务。至此，销售华北分公司已全面消除重大环境风险。

（郭伟玮）

【智能化管线管理系统推广建设项目通过验收】 2019 年 5 月 22 日，销售华北分公司智能化管线管理系统推广建设项目验收测试会在天津召开，专家组成员对公司智能化管线管理系统推广建设项目进行验收测试，专家组审阅项目文档资料，对系统的总部统一功能和企业特色功能进行测试，以谢成为组长的测试组认为系统达到可行性研究报告、初步设计和合同技术附件规定的内容要求，一致同意通过验收测试。

（郭伟玮）

【津唐项目顺利通过档案专项验收】 2019年，销售华北分公司进一步强化工程项目档案管理，将津唐项目档案专项验收工作作为档案管理的一号任务，每月下发档案工作督办提示单，并派专人赴项目部进行督导，加快推进归档进度和问题整改。12月24日，集团公司办公厅验收组对津唐项目档案进行专项验收，主线得分86.2分（达合格标准），支线得分为90.1分（达优秀标准），均顺利通过验收。

（郭伟玮）

【管道巡线业务外包工作“八化”法成效显著】 2019年，销售华北分公司所属河南输油管理处总结推行管道巡线业务外包工作“八化”法，有效促进巡线质量提升，GPS巡线综合到位率达99.36%，所辖管道1—11月无第三方施工破坏、无打孔盗油案件发生、无光缆中断、无新增占压。

（郭伟玮）

【华北管网首次实现济南油库与济南炼化共同注入车用柴油】 2019年，为更加充分地发挥管输能力，更加灵活地利用资源，销售华北分公司克服工况排布难度大、结算工作复杂等难题，在山东石油分公司的大力配合下，实现济南油库上载车用柴油1.55万吨，4月26日，首次实现济南油库与济南炼化共同注入柴油。经试运测试，济南油库与济南炼化共同注入流量可比济南炼化单独注入流量增大260米^3/时，相当于每天可增加约5 000吨柴油注入能力。济南油库上载，既可以加大资源的串换，更可以有效补充济南炼化注入柴油最大瞬时流量的不足。而济南油库与济南炼化共同注入，能极大解决济南炼化单独注入柴油时管输量无法做大的问题，对管输增量具有重大意义。

（郭伟玮）

【洛驻管道首创168毫米管线发送清管器】 2019年3月1日，从洛阳首站会盟阀室成功向洛阳末站发送1枚软体聚氨酯泡沫清管器，实现国内石油石化行业内首次在168毫米管线内发送清管器。清管器的发送为后续管线开展内检测提供了技术支持，不仅可以实现管输量的增加，而且还能发现管道本体缺陷，为管道的本质安全奠定基础。

（郭伟玮）

168毫米管线发送清管器

【“三项制度”改革成效显著】 2019年，严格按照集团公司“动存量不动增量”的要求，扎实推进“三项制度”改革，取得显著成效。严格干部选拔考核，充分落实能上能下的用人机制。坚持基层一线导向，持续加强年轻干部选拔培养。截至年底，销售华北分公司45岁以下领导干部占比已超过35%；输油处领导班子均配备“80后”年轻干部，干部队伍专业化、年轻化正在逐步显现。坚持对标“三定”与严控总量相结合，持续优化人力资源配置和机构设置。完善绩效考核体系，实现考核结果与绩效奖金挂钩；取消薪酬等级的“AB档”，实现同工同酬；进一步提高各类先进的奖励标准，充分落实薪酬分配改革。全面畅通三支人才队伍成长通道，实现经营管理、专业技术、技能操作三支人才队伍的纵向发展和横向贯通。持续加大技能人才培养，累计培养高级技师5人、技师47人，高级工以上人员占比达55%以上，技能鉴定取证率达94%以上，名列销售系统前茅。

（郭伟玮）

【设备管理和应急能力稳步提升】 2019年，修订设备管理制度24项，强化设备风险管控，推行设备评估常态化管理，开展阀门内漏集中整治，主要设备完好率达 99.27%。持续加强抢维修基本功训练和应急演练，与系统内兄弟单位签订抢修框架协议，管道油库保运能力稳步提升。石家庄储备库持续强化设备“四定”管理，设备管理基础不断夯实。鲁皖输油管理处积极推进设备改造，并取得较好成效。各单位以集团公司设备大检查为主线，狠抓现场管理和自查整改，在集团公司设备大检查中取得较好成绩。

（郭伟玮）

【综合管理能力实现较大提升】 2019 年，销售华北分公司修订完善各类管理制度 120 余项，围绕公司关键指标和重点工作，调整完善绩效考核体系和红旗考评机制，突出量化目标，强化业绩导向，有效促进全体员工的工作积极性。建立风险分析研判机制和评估监测机制，定期对 19 类 28 项重大重要风险进行监测预警，严格“三重一大”事项依法合规审查，妥善处理纠纷诉讼 11 起，保障销售华北分公司各项经营活动依法合规。积极推进业财融合，强化财务数据分析、成本费用预算管理和全过程管控，向经营型财务转变的理念已经形成。全力推进审计发现问题的整改，解决多个历史遗留问题，开展内部审计 6 项，提出审计建议 30 条，为规范经营管理行为发挥重要作用。持续加大督办跟踪考核力度，累计对 89 项重点工作立项督办。积极推进各类信息系统集成和深化应用，深化应用综合评价得分位居销售系统前列。

（郭伟玮）

【数质量管理取得新突破】 2019 年，销售华北分公司在油品质量管理上，始终坚持质检关口前移，强化事前、事中、事后的全过程管控，通过工艺调研、监督抽检、问题约谈等措施，实现了在油品升级、集采串换等经营活动中油品质量的全过程监控，确保公司经营油品 100% 合格。在油品计量管理上，持续加大计量检查监督力度，华北管网、管道入库、水路入库等各环节油品损溢指标，均控制在销售公司考核指标范围内。大力推进管道计量信息化建设和油库计量自动化建设，自主开发的管网计量系统成功上线运行，计量的自动化水平位居销售企业前列。

（郭伟玮）

【非上市企业经营能力显著增强】 2019 年，金皇公司坚持以“经营创效”为中心，持续强化收益管理，自我造血能力不断增强。同时狠抓内部管理，大力推进“三项制度”改革，员工干事创业的精神面貌和酒店的品牌影响力不断提升。2 家酒店网评分数稳定在 4.8 分左右，金泽大酒店获中国旅行口碑榜“最受欢迎酒店奖”，圆满完成智能大会、残运会等大型活动的接待任务；全年实现收入 1.14 亿元、增幅达 15%，实现扭亏创效。悦泰公司积极拓市创效，完成燃油宝更新换代，在北京、江苏、新加坡、中国香港和澳门等 10 个地区千余座加油站推广销售“爱跑 98”高端品牌汽油，新产品除菌剂全面打开销路，全年实现报表利润 5 940 万元。

（郭伟玮）

【华北管网济南备用调度控制中心完成试运行】 2019 年，鲁皖一期、二期控制权限由济南备用调度控制中心切换回天津中心，天津中心重新接管华北管网一期、二期调度工作。8 月 28 日，调控中心宣布管网调度指挥权回交，标志着华北管网济南备用调度控制中心成功完成首次试运行工作。济南备用调度控制中心建设采用“异地双平台、网络双出口、数据云服务”的模式，在天津、济南和各站场之间部署通信传输双网管。当主调所在地发生重大事故、自然灾害等情况时，备用调度系统可以立即启用，接管整个华北管网的运行调

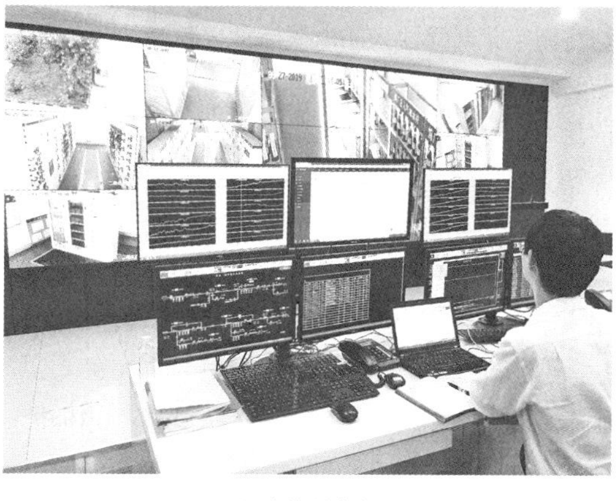

调度控制中心

度工作，极大地提高了系统的安全可靠性和容灾能力。调控中心不但建立了完善的管理制度，同时也在积极培养储备调度人才，确保人员能够有效支撑应急模式下的调度工作。

（郭伟玮）

【主题教育活动取得成效】 2019年，坚决贯彻落实党中央统一部署和集团公司党组工作要求，深入开展“不忘初心，牢记使命”主题教育，销售华北分公司领导班子和党员干部经受了一次深刻的思想教育和党性洗礼，有力推动了全面从严治党、从严治企向纵深发展。通过“三会一课”、主题党日、宣讲报告会等形式，广大党员认真学习党的十九届四中全会精神，思想认识不断提高。完善主题党日活动机制，党员教育管理进一步规范。完成11个基层党组织党建考核，对28个党员示范岗、34个党员责任区进行统一授牌，基层党组织的战斗力和凝聚力持续提升。开展纠“四风”专项行动，召开警示教育大会，开展反腐倡廉教育月等活动，给予党纪处分1人次、诫勉谈话3人次，进一步筑牢了“拒腐防变”的思想堤坝。认真履行社会责任，通过“以购代捐”等措施，推动扶贫工作取得阶段性成效。完成团委换届改选，组织开展丰富多彩的文体活动，帮扶慰问困难职工85人，员工的安全感、获得感、幸福感不断增强，汇聚了推动企业全面可持续发展的强大动力。

（郭伟玮）

【为基层减负】 2019年，销售华北分公司认真贯彻落实集团公司党组为基层减负的15条措施，压减各类检查评比表彰50%，优化精简各类台账182项；强化会议统筹和公文审核，实现精文减会；深化管网自动计量的应用，减少基层计量员50%以上的工作量，真正实现为基层减负。

（郭伟玮）

表1　销售华北分公司主要经营指标

指标名称＼年份	2019	2018	2017	2016	2015	2014
成品油销售总量/万吨	4 370.28	4 168.93	3 885.00	3 818.00	3 863.00	4 189.00
销售收入/亿元	2 691.81	2 719.67	2 160.00	1 881.00	2 046.00	2 888.00
利润/亿元	14.81	18.51	25.14	3.55.00	32.00	30.00

销售华东分公司

【概况】 中国石化销售股份有限公司华东分公司（简称销售华东分公司）系国有大Ⅰ型企业。办公地址为上海市长宁区愚园路819号，内部资本金53.88亿元。公司始建于1949年8月，为中国石油运销公司。1950年10月，改称中国石油公司华东区公司。1953年4月，改组为中国石油公司上海石油采购供应站，为商业部直属企业。1985年1月，划归中国石油化工总公司。1988年2月，更名为中国石化销售公司华东公司。2002年10月，更名为中国石化销售有限公司华东分公司。2000—2004年期间，销售华东分公司的主要职责是：对浙江、江苏、山东、安徽、福建、江西、上海六省一市石油公司和炼厂实施资源配置、区间调拨、协调运输、统一结算、信息沟通和价格监督；2005—2007年，销售华东分公司资源管理辖区相继进行调整，调整后销售华东分公司资源管理辖区为江苏、浙江、福建和上海等三省一市，主要履行资源组织、物流优化、储运管理、统一结算和市场监管等职能。

截至2019年底，销售华东分公司本部机关设总经理办公室（企管法律处）、政工处（党委办公室）、财务资产处、经营管理处、管道油库处、安全数质量处、发展规划处、信息管理处、人力资源处、审计监察处 10 个职能处室和 1 个成品油调控中心、1 个抢维修中心。下设陈山油库、嘉兴输油处、南京输油处、扬州输油处 4 个二级单位。公司在华东区 7 家炼化企业设有办事处。

截至 2019 年底，销售华东分公司共有职工 547 人，其中有高级职称者 37 人、中级职称者 107 人。拥有在营油库 3 座：陈山油库，位于浙江乍浦，主要承担华东区成品油储备和上岸油品的收储以及浙苏成品油管线首站等职能，总库容 43.5 万立方米；栖霞油库，位于江苏南京，主要承担苏南地区成品油储备和苏南管线首站等职能，首站库库容 10 万立方米；玉带油库，为苏北管道配套油库，库容 16 万立方米。在营直管成品油管道 3 条，为浙苏管线、苏南管线和苏北管线，总长 1 220 千米。

销售华东分公司主要经营指标见表 1。

（刘　娜）

【经营量实现 3 个大幅增长】 2019 年，完成区内生产企业成品油收购 3 702.3 万吨，增加 57.4 万吨；华东区出口成品油完成 1 261.6 万吨，增加 297.2 万吨；长输管线管输成品油 2 161.0 万吨，增加 188.0 万吨。全年成品油收购量、出口量、管输增量均为大区第一。

（刘　娜）

【费用实现 3 个持续下降】 2019 年，物流费用支出 7.5 亿元，全口径吨油费用 25.9 元，下降 2.0 元；供区内省市物流费用 1.9 亿元，吨油费用 8.0 元，下降 1.6 元；管输吨油成本 11.5 元，降低 0.5 元。全口径、供区内省市及管输等吨油成本均为各大区中最低。

（刘　娜）

【长输管道管输量屡创纪录】 2019 年，3 条自营管线保持高负荷运行，完善和提升管网能力，协调浙赣及甬台温管线管输能力从每月 45 万吨提升至 51 万吨，创新开展甬台温管线汽油混输，优化外采和配置资源流向，苏南管线镇江库下载配置油 34 万吨，加大外采油注入管网力度，完成资源中转注入管网 139 万吨，增加 56 万吨，尤其是陈山油库完成上岸 58 万吨，均创历史新高。

（刘　娜）

【区内物流费用下降 16.2%】 2019 年，推进一、二次物流极致优化，打破行政区域壁垒，推动资源跨区提油和跨省配送工作，综合创效 180 万元。压缩高运价流向，创新开展管道下载库公路配送至直分销油库，节约费用 850 万元。大力推进产销储运设备设施共享，提高炼厂地付发运能力，开辟清江炼化公路直发连云港通道，累计完成 11.1 万吨，节约费用 550 万元。

（刘　娜）

【做大出口助力打赢市场攻坚战】 2019 年，统筹国内外 2 个市场，强化产销协调，优化资源结构，为扩销创效营造有利环境。区内汽柴油出口能力由每月 63 万吨提升至 69 万吨，陈山油库中转出口 51.5 万吨，华东区出口增量占全国总出口增量的 73%。

（刘　娜）

【生产运行进一步优化】 2019 年，通过优化生产运行，挖潜增效持续深化，自营管线产生的 2.44 万吨混油全部实现在线回掺，混油切割柴汽比进一步降低。生产能耗控制效果显著，自营管线在管输量增加 8% 的情况下，实现总电量下降 3%，直接节约管网生产电费约 80 万元。

（刘　娜）

【管道完整性管理持续深化】 2019 年，完善制度机制，推进基础管理和完整性管理全面融合，有效开展高后果区识别、风险评价和有效管控，共识别高后果区 453 处、风险管段 634 处，采取措施对较大级以上风险进行降级处理。加强腐蚀管理，完成 4 项防腐设备改造和 6 项腐蚀难点整治。发现第三方施工 88 起，均实现有效管控。深化管道网格化管理，3 个输油处完成 38 个县区的网格化建立工作，签订村镇共建协议 270 份，通过网格化机制“零费用”处理 4 起涉管占压问题。

（刘　娜）

【设备基础管理有效夯实】 2019年，进一步建立完善机制，实施三级故障报告模式，加大设备故障原因分析、处置、检维修和疑难问题的整改力度，形成闭环管理。编制设备维护保养细则和单体操作维护规程，进一步规范设备日常维护和操作管理。设备完好率99.82%、提升0.32个百分点，故障数下降40%以上，维修时间平均缩短3天以上。现场管理持续保持较好水平，年度7S验收19个站库及抢维修队，达标率100%；优秀站库7座，优秀率36.84%。

（刘　娜）

【科技创新取得新成效】 2019年，科技研发方面，完成总部立项的“埋地管道超低频电磁腐蚀控制技术”“站场（库）完整性管理及运行保障技术”研发项目验收准备。完成“利用定向钻深穿管段腐蚀防护体系的综合检测与评价技术”立项和合同签署。创新应用方面，完成智能化管线管理系统验收，该系统第三方施工管理流程应用、720度全景影像功能及深挖SCADA系统数据应用等3个项目获评集团公司第一阶段深化应用创新创效优秀成果。开展“5G通信＋无人机”科技巡线应用探索。创新“氮气推球、球推油进新管道”改线工法，获销售企业“一线工作法”暨改善经营管理建议成果一等奖。

（刘　娜）

【安全环保体系运行不断深化】 2019年，建立完善HSSE体系，10月9日正式发布HSSE体系手册，梳理配套制度清单，参照执行上位制度、制定（修订）下位制度73项，加大体系宣贯力度，多形式开展“安全生产月”活动，营造良好安全氛围。

（刘　娜）

【生产过程强化闭环管理】 2019年，完善生产异常和泄漏管理机制，组织分析未遂事件84件，分析识别异常情况95次，全部得到有效控制。完善双重预防机制，自下而上逐级建立安全环保风险清单，制定管控措施，实现销售华东分公司安全风险总值下降5%，组织专项和综合隐患排查，查出缺陷60项，全部完成整改。

（刘　娜）

【承包商管理动真碰硬抓落实】 2019年，从严“十条措施”落实，特别是发生“8·30”事故以来，销售华东分公司上下深刻吸取教训，认真梳理承包商管理薄弱环节和突出问题，建立完善相关制度，加大监督检查督查力度，开展承包商专项整治，组织专项通报10期，发现问题84项，内部记分3人；对承包商开具罚单66张，部分列入“黑名单”、限制投标，对相关承包商管理人员记分6人，清退严重违章施工人员2名，罚款金额33.4万元。

（刘　娜）

【获绿色企业称号】 2019年，全面开展绿色企业创建。制订“一方案两清单”，落实并按期完成62项目标任务，销售华东分公司被集团公司评为2019年中国石化绿色企业。

（刘　娜）

【重点项目建设取得新突破】 2019年，陈山油库电气消防隐患治理项目完成主体工程改造。镇江京杭运河管段隐患整治项目在时间紧任务重的情况下，全力与地方政府沟通协调，克服重重困难，终于在2019年底正式动工。

（刘　娜）

【首站库功能得到完善】 2019年，陈山油库于3月完成汽油罐区内漏罐前阀更换，实现92#汽油可同时进行收发油作业，4月打通车柴上岸流程，6月打通旁接工艺流程，12月打通95#汽油上岸流程，陈山油库功能得到不断优化。扬子玉带首站库于5月完成2万立方米“柴改汽”项目，6月完成98#汽油工艺流程改造，确保了苏北管线98#汽油首次顺利输送。

（刘　娜）

【推进产销企业消除瓶颈】 2019年，协调扬子石化新建2万立方米汽油罐，并新建1条到玉带首站油库汽油管线，解决了最突出的汽油罐容瓶颈问题。协调金陵石化开展储运设施优化，使之顺利首次生产92#和95#乙醇汽油。协调江苏石油调整淮安和宿迁油库汽油罐容，创新实现苏北管线混输98#汽油。协调江苏通桥、周泾巷等油库调整

增加 $95^{\#}$ 罐容。

（刘　娜）

【“从严管理年”活动全面开展】 2019 年，制订从严管理年实施方案，分解落实措施 16 项，问题整改 33 项，完成率 100%。精简优化制度、台账和评先选优工作，精简率分别达 41%、63% 和 55%。以落实督办狠抓“马上就办”，线上督办事项准办率达 90%，提高 23 个百分点。修订完善绩效考核办法，严格执行考核兑现，较好发挥了考核导向作用。

（刘　娜）

【深入挖潜助推增效】 2019 年，用足地方政府税收政策，取得地方政府专项扶持资金 7 114.50 万元，陈山油库减免土地使用税 177.35 万元，实现跨省税收优惠的突破。同时深入推进“五小”及管理创效，全年创效 775.75 万元。

（刘　娜）

【从严资金资产管理】 2019 年，全年“两金”指标完成 24.28 亿元，低于年度指标 14.13%，其中外部应收账款余额 3.75 亿元、存货余额 20.53 亿元。资产负债率 52.03%，下降 5.81 个百分点。积极开展民企清欠工作，确保按时支付货款特别是民企货款。完成“三项资产”专项清查，共处置核销实物近 400 项，资产管理进一步规范。

（刘　娜）

【“两化”融合进一步深化】 2019 年，销售华东分公司持续推进深化应用创新创效行动计划，获集团公司示范企业称号。加大网络信息安全防护力度，在“护网 2019”活动中取得良好成绩。

（刘　娜）

【干部人才队伍建设持续加强】 2019 年，完善制度机制，出台领导人员选拔任用、中层领导人员考核评价、专家管理制度以及干部人才队伍建设规划；不断优化干部队伍结构，开展干部选拔、调整工作，提拔中层干部 3 人、基层干部 16 人，并对各二级单位领导班子进行调整优化，干部队伍整体更加合理、年轻化；畅通专业技术和技能操作人员的成长通道，建立常态运行机制，选聘中、高层级专业技术人员 20 人，中层级技能操作人员 1 人。

（刘　娜）

【员工培训更加注重实效】 2019 年，按照“缺什么补什么”的原则，加强员工专业技术培养，全年举办培训班 71 期，培训 2 010 人次。组织开展职称评审和技能鉴定工作，获高级职称的 3 人、中级职称的 23 人、初级职称的 3 人，获高级工评定的 9 人、中级工 40 人、初级工 9 人，另有 8 人通过输油工技师理论和实操考试，员工专业技能水平有效提升。

（刘　娜）

【主题教育扎实开展】 2019 年，分 2 批开展“不忘初心、牢记使命”主题教育，第 1 批主题教育共梳理问题 76 个，制定整改措施 99 项，全部完成整改，专项整治的 20 个突出问题也全部完成整改；第 2 批主题教育专项整治实际解决问题 38 个，完善制度 6 项，主题教育取得阶段性成果。

（刘　娜）

【基层党组织建设深入推进】 2019 年，以“组织力提升工程”为抓手，全面加强“三基本”建设，积极开展“双示范”创建，层层压实党建责任，落实党建考核及问题整改，严格党员干部管理，坚持抓早抓小，及时开展谈心谈话活动，把问题消除在萌芽状态，基层党组织战斗力和党员模范作用进一步发挥。

（刘　娜）

【党风廉政和反腐败工作持续加强】 2019 年，严格执行中央八项规定实施细则，开展纠治“四风”专项行动，强化学习警醒和监督检查，严肃监督执纪问责，发挥巡视“利剑”作用，完成集团党组巡视问题整改 68 项，完善制度 47 项，整改工作成效明显。

（刘　娜）

【宣传思想和稳定工作多形式开展】 2019 年，坚持走群众路线，维护好职工群众的切身利益，深入基层一线，持续开展“走基层访万家”和慰问工作，以庆祝新中国成立70周年为契机，开展形式多样的爱国主义教育、石油石化优良传统教育以及先进典型宣传等。工会、团委充分发挥桥梁纽带作用，离退休工作落实到位，为企业增添了活力、凝聚力和向心力。

（刘　娜）

表1　销售华东分公司主要经营指标

指标名称＼年份	2019	2018	2017	2016	2015	2014
成品油资源收购量/万吨	3 702.27	3 644.93	3 719.09	3 624.50	3 897.55	3 670.57
省市供应量/万吨	3 062.20	3 035.30	3 163.74	3 007.70	3 282.72	2 971.34
管输量/万吨（全口径）	2 517.73	2 337.05	2 291.93	2 221.15	2 151.79	1 887.16
销售收入/亿元	2 355.25	2 408.77	2 109.06	1 857.52	2 109.89	2 583.55
利润/亿元	28.63	23.51	43.34	53.42	37.04	45.62
油库/座	3	3	3	3	3	3
管道/条	3	3	3	3	3	3

销售华中分公司

【概况】 中国石化销售股份有限公司华中分公司（简称销售华中分公司）成立于1949年，当时名称为华中石油公司，坐落于湖北省武汉市。1985年1月1日划归中国石油化工总公司，改名为中国石化销售公司中南公司；1998年，中国石油化工集团公司成立后，更名为中国石化销售中南公司；1999年4月，与湖北省石油公司实行资产重组；2006年10月，进行区域调整，更名为中国石化销售有限公司华中分公司。2019年3月29日更名中国石化销售股份有限公司华中分公司。

销售华中分公司是中国石化销售股份有限公司的派出机构和区域物流中心，主要担负产销衔接、资源平衡、运输协调、物流优化、沟通协调的职能，负责辖区内荆门石化、武汉石化、安庆石化、九江石化和长岭分公司的成品油收购，负责湖北、湖南、安徽、江西、四川、重庆的成品油供应，负责对华中、华东、华南、华北等地区的成品油跨区调拨，担负对部队、铁路、民航等专项用户的成品油供应工作。截至2019年底，销售华中分公司有8条成品油管道、5座油库、32个输油站，在营管道长度2 880千米。设10个处室，1个区域调控中心，1个项目管理中心，1个区域抢维修中心，5个输油管理处，5个驻厂办事处，共有员工1 087人。销售华中分公司党委下设党总支6个、党支部29个，其中机关党支部12个、基层支部17个，党员人数423人。

2019年，销售华中分公司安全数质量无上报等级事故，首次获集团公司绿色企业称号和中国企业联合会颁发的企业信用AAA级评价（最高等级），再次获评集团公司物资供应管理先进单位，经营管理与风险防控水平持续提升，另有多个集体和个人获集团公司、销售公司和地方政府表彰52次，员工收入实现稳步增长，企业发展总体保持稳定。

销售华中分公司主要经营指标见表1。

（何　超）

【各项费用指标完成良好】 2019年，销售华中分公司各项费用均控制在总部下达指标以内。其中，吨油运杂费56.23元，减少3.01元；管理定额费用1 919万元，减少7%；吨油管输现金成本19.06元，减少5%；外部债权赊销比90%，在总部下达的满分考核指标100%以内。

（何　超）

【成品油管网输量再创新高】 2019年，销售华中分公司强化安全管控、优化管输工艺、精心组织输油生产，严格执行管输计划，不断做大管输量。全年完成管输1 291.11万吨，增加1.11万吨；实现利润9亿元，上缴税费10.81亿元。

（何　超）

【平安管道建设】 2019年，销售华中分公司牢抓管道安全防控，强化管道巡线管理，及时发现消除滑坡、露管等险情9起；规范第三方施工监管，探索建立第三方专业监护队伍，实现“看场管理”到“专业监护”的转变，全年未发生第三方施工安全事件；开展管道内检测及缺陷修复工作，完成首轮全线在营管道内检测，修复需立即维修缺陷点88处，修复率达100%。

（何　超）

【工程建设获进步红旗】 2019年，销售华中分公司获投资类批复32项，批复投资22.68亿元；推进了樟树—株洲管道、娄底—邵阳—永州管道等项目前期工作，完成荆门—襄阳、合肥—六安、武汉航煤管道及安合一期管道改输航煤项目的建设投用，全年完成和在建项目52项，创历史新高，获销售公司网络发展季度红旗和储运设施建设年度进步红旗。

（何　超）

【多种措施提升管输效率】 2019年，销售华中分公司开发长郴管道计划编制软件，将计划编制时间由12小时缩短至1小时；优化输送工艺，实施九江—樟树管道加注减阻剂科技项目，常态化采用武汉石化—武汉油库直输工艺，优化武汉—信阳混输配泵方案，提高管输量，降低管道运行能耗，全年完成管输1 291万吨，混油回掺率达94.1%，均创历史最好水平。

（何　超）

【荆门—襄阳管道建成投产】 2019年6月28日，销售华中分公司负责的集团公司重点工程荆门—襄阳管道全线一次投油成功。荆门—襄阳管道起点为荆门东宝山油库，终点为襄阳余家湖油库，途径荆门市、襄阳市2个地级市，管道全长130.4千米，管径355.6毫米，设计压力9.5兆帕，设计输量350万吨/年，设荆门首站、襄阳末站2座站场，5座阀室，总投资3.82亿元。

（何　超）

荆门—襄阳管道建设中的线路布管作业

【设备管理步入专业化】 2019年，销售华中分公司调整公司组织机构设置，成立设备管理处，编制设备管理制度与费用指导手册，组建设备管理专业队伍，形成“以风险管控为核心，预防性工作为主线，条块结合，上下联动，全员管理”的设备管理新机制，实现设备管理从“业余”到“专业化”的转变。

（何　超）

【共享储运设施降本增效】 2019年，销售华中分公司协同多家兄弟企业，开展储运设施共享，销售华中分公司将使用效率较低的大庄码头划转给武汉石化，增加其资源出厂能力约80万吨/年，与长岭炼化开通汽油上岸通道，避免七里山油库重复投资建设，协同九江石化安排92#汽油上岸与航煤下水在同一码头完成，充分利用管输设施降本创效；安庆石化共享成品油罐，减少安庆首站库罐容压力；荆门石化将原有原油罐改造为成品油罐，为荆门—襄阳管道首站库所用，节约了新建油罐的投资。

（何　超）

【打造“四位两翼一中枢”管道保护体系】 2019年，销售华中分公司开始建设“四位两翼一中枢”管道保护体系。“四位”指利用卫星遥感、无人机巡线、视频远程监控、光纤预警及泄漏监测等技术对管道实行空、天、地面、地下四位空间的监控。“两翼”指建设华中管道管理工程研究中心和华中管道管理效能评价工程中心，提供技术支持与问题解决方案。“一中枢”指在中国石化智能化管线管理系统的基础上建立可视化集中监控预警平台，实行管道24小时实时监控和远程指挥。

（何　超）

库站标准化建设

【成本管理出效果】 2019年，销售华中分公司牵头组织“管道成本费用压减”课题，形成2项主要研究成果，梳理总结降费措施44项，引导大区公司全年实现管道成本压降3 300余万元；推行固定资产盘点信息化管理，资产盘点周期由2个月缩短至7天；通过承兑汇票收付资金4.64亿元，实现票据创效200余万元。

（何　超）

【管理创新硕果累累】 2019年，销售华中分公司聚焦创新驱动，改善经营管理建议工作方案和配套制度，激发基层单位小改小创积极性，全年征集改善经营管理建议363条，提炼改善经营管理成果71项，《利用系统思维探索新形式下大区公司管理模式》获集团公司管理现代化创新成果二等奖，《库站标准化建设与管理经验》获销售公司“一线工作法”一等奖。

（何　超）

【召开第一次团代会】 2019年10月30日，共青团销售华中分公司第一次代表大会在武汉召开，共青团湖北省委青少年发展与权益维护部部长、销售华中分公司领导班子、副总师级领导及各部门负责人出席会议。会议选举产生销售华中分公司第一届团委。

（何　超）

【以人为本关爱员工】 2019年，销售华中分公司制定和完善了工会费用、EAP、帮扶救助等各项事关员工切身利益的制度，开展EAP心理健康体检工作，在基层单位建设EAP室、完成公司第一个“爱心母婴休息室”建设，开展“走基层、访万家”和困难员工帮困救助工作，累计帮扶和慰问困难员工120余名。

（何　超）

表1　销售华中分公司主要经营指标

指标名称＼年份	2019	2018	2017	2016	2015	2014
资产总额 / 亿元	128.79	129.00	118.98	110.65	100.62	91.23
成品油销售量 / 万吨	2 545.00	2 530.15	2 416.74	2 279.40	2 331.40	2 147.00
销售收入 / 亿元	1 606.00	1 695.62	1 376.00	1 141.00	1 245.01	1 519.00
利润 / 亿元	9.00	32.60	19.25	14.08	14.65	19.00
税金 / 亿元	10.81	14.34	9.21	11.21	7.28	10.17
吨油费用 / 元	56.23	59.24	69.09	73.65	86.00	88.74

销售华南分公司

【概况】 中国石化销售股份有限公司华南分公司（简称销售华南分公司）本部位于广东省广州市天河区体育西路191号，其前身是成立于2000年6月18日的中国石化销售有限公司西南分公司。2006年11月24日，经集团公司党组批准，在广州注册成立销售华南分公司，从2007年1月1日起正式运作，系国有大Ⅰ型企业。

销售华南分公司是中国石化销售股份有限公司下属的5个大区公司之一，是中国石化在华南地区跨省际、城际间的成品油区域物流中心，主要负责华南区域中国石化广州分公司、茂名分公司、湛江东兴公司、海南炼化、北海炼化和中科炼化6家炼化生产企业的成品油出厂和运输组织，以及广东、广西、贵州、云南、海南5个省区成品油资源供应，同时发挥地域优势，做好华中、川渝地区的资源补充；承担成品油管道输送技术的应用研究和国产化装备研发职能；统一负责华南成品油管网的规划建设和6 282千米管道的运营管理，2015年以来累计建成成品油管道6条共2 440千米，占全国新增的60%以上，实现了西南管网和珠三角管网的双向互联互通，公司发展成为国内也是亚洲最大的成品油管道企业。

销售华南分公司实行公司—输油部—输油站三级管理模式，在机关设10个职能部室和3个直属中心；在管道沿线设8个输油部和66座输油站（含已批在建）；另根据管道建设需要，设若干个工程项目部；在上述炼厂设6个驻厂办事处，负责与炼厂的业务衔接。截至2019年底，公司拥有员工1 589人。

销售华南分公司主要经营指标见表1。

（王乐恺）

【获评销售公司年度成品油资源先进红旗】 2019年，销售华南分公司销售成品油连续2年超过3 000万吨，达3 018万吨；销售收入1 931亿元；管输成品油2 360万吨，增长3.1%；吨油费用28.66元，降低3.91元；运杂费支出7亿元，下降15%。销售华南分公司获评销售公司2019年度成品油资源先进红旗。

（王乐恺）

【连续9年获评集团公司安全生产先进单位】 2019年，销售华南分公司坚持每周一由主要领导主持召开安全生产例会（全年召开53次），持续开展既承包“季”又承包“点”的领导安全承包管理模式，全年开展“三带三查三保”和“下沉一级”带班活动，全面推行人口密集型高后果区“区长制”和重大危险源“源长制”，坚持每半年风险再评估，实现集团公司级2项重大安全风险和1项重大环境风险降级（风险总值由2019年初的1 842降至1 520）。销售华南分公司顺利完成国家安全生产标准化二级企业达标建设，被集团公司推荐参加国家安全生产标准化一级企业评审，连续9年获评集团公司安全生产先进单位。

（王乐恺）

【获评广东省2019年度安全文化建设示范企业】 2019年，销售华南分公司全面贯彻“安全第一、预防为主、综合治理”的方针，“本质安全，人人有责”“人人都是安全员”“我是安全最后一道防线”等安全文化理念在全体干部员工中内化于心、外化于行，获广东省2019年度安全文化建设示范企业称号。

（王乐恺）

【连续2年获评集团公司节能环保先进单位】 2019年，销售华南分公司国内首创的智能余压透平发电装置在贵阳站成功投用（余压回收率超过50%，年均发电80万千瓦·时、减少碳排放665吨）；建立国内首套成品油管道能耗实时监测系统，实现全部输油站场所有主输泵、调节阀能耗及余压发电功率等数据的在线可视化监测；国内首套成品油管道企业风力发电系统在大鹏湾站成功投用；联合研发的储能电站在黄埔站、大鹏湾站投入使用，年收益率分别达18%和20%；建成光伏发电站点32个（累计发电309万千瓦·时，节约电费 198 万元）；完成广东、广西、贵州 3 个省区 15 个站点电力市场化交易，累计参与交易电量 3 131 万千瓦·时，节约电费 191 万元；建成投用危废暂存间 43 座，厂界噪声、土壤、地下水监测合格率达 100%，固废合规处置率达 100%。销售华南分公司连续 2 年获评集团公司节能环保先进单位。

（王乐恺）

大鹏湾输油站风力发电系统

【获评新华网 2019 年最具影响力绿色发展企业品牌】 2019 年，销售华南分公司自觉拥抱绿色革命，打造绿色物流，全力以赴抓好抓实绿色发展，累计建成“花园式”输油站 44 座，5 个输油部、18 座输油站通过集团公司绿色企业创建专项验收，全员义务植树 10 600 棵，站库绿化覆盖率达 31%；主动参与并策划国务院国资委“与共和国共成长——新媒体走进新国企”、中国石化“绿色企业行——走进广东”等活动，充分展示了企业绿色发展新形象。公司顺利通过集团公司绿色企业复核，被新华网评为 2019 年最具影响力绿色发展企业品牌。

（王乐恺）

【全长 238 千米的湛北管道提前 66 天建成并实现投油一次成功】 2019 年，销售华南分公司把湛江—北海成品油管道工程作为公司“一号工程”来抓，12 月 29 日顺利完成投产试运行，提前 66 天高质量建成并一次投油成功，并在国内成品油管道建设史上取得多项“第一”：第 1 次大规模使用国产 18 米加长钢管，减少焊缝近 1/4，焊缝 X 射线一次检测合格率达 98.49%；第 1 条实现工控系统软硬件全面国产化的成品油管道，整体关键设备及核心技术国产化率达 96%；第 1 条将建设期完整性管理体系融入工程建设全过程的成品油管道，实现高后果区总数下降 50%；第 1 次完成通明海峡 4 071 米海底定向钻穿越，创造了中国大陆海底成品油管道定向钻穿越长度之最。

（王乐恺）

湛江—北海成品油管道工程投用暨水联运启动会

【连续 5 年获评集团公司物资供应管理先进单位】 2019 年，销售华南分公司全力保障生产建设物资安全、及时、绿色、经济供应，累计完成 20 个标段项目招标，按标段和金额计算公开招标率分别达 95% 和 99.6%；全口径易派客平台下单规模 1.5 亿元，框架协议采购达标率提升至 78%，节约采购资金 2 199 万元，节约率 8.34%，比集团公司先进指标高出 3.34%。公司连续 5 年被集团公司评为物资供应管理先进单位。

（王乐恺）

【科技创新取得新突破】 2019 年，销售华南分公司聚焦成品油管道主责主业，强化关键设备和核心技术国产化攻关，被国家工业和信息化部评为石油石化行业控制系统示范企业。全球首台智能化伸缩式无摩擦球阀在中山站投用成功；联合研制的高精度油品界面智能检测仪正在开展二代工业试验用探头的生产及性能验证工作；合作开发国产自主可控高精度大流量质量流量计，已完成信号处理方案初步论证和仿真验证，以及驱动和检测方案设计、试验验证；多冗余智能化先导式水击泄压阀等关键设备研制取得阶段性突破，角行程调节型电液执行器进行样机生产，智能调节型电动执行机构硬件研制完成，REXA 电液执行器智能化升级已实现39项自诊断功能和25项远程故障诊断功能及优化；打造了国内首套智能化管线管理系统，初步实现成品油管道一体化综合智能管理；研发的第5代输油站智能巡检机器人达到国际先进水平，已在南沙、黄埔等输油站推广应用；建成石化系统内首个专业无人机管道巡检管理系统，第4代产品已全面推广应用；率先应用5G技术，调控中心和黄埔站、南沙站等已实现5G信号覆盖，并成功完成视频监控、视频会议等实际业务接入和开通。公司获广东省科技进步一等奖1项、中国石油和化工自动化行业科技进步一等奖1项，获评“2019石油石化好技术”2项，新获授权专利22件、软件著作权13项，主编78万字的《成品油管道运行与管理》专著1部在国内公开发行。

（王乐恺）

全球首台智能化伸缩式无摩擦球阀在中山输油站投用成功

【干部队伍建设和人才强企工程成效显著】 2019年，销售华南分公司着力建设“三强”高素质专业化干部队伍，54名中层领导中，“75后”占63%、“80后”占35%，170名基层领导中，“80后”占67%、“85后”占47%、“90后”占23%，彻底解决中层、基层两级干部队伍“断层”“盖层”矛盾；着力推进人才强企工程，新选聘高级专家和专家8人，选拔12名青年骨干到基层挂职锻炼，拥有集团公司十大杰出青年岗位能手1人、突出贡献专家2人、闵恩泽青年科技人才3人；着力提升全员素质，全年邀请国内外知名院士10人次开设“院士讲坛”，邀请“国家千人计划”学者等35人次举办科技创新讲座，举办“三强”中青年骨干培训班、创新人才培训班等各类专业培训班44个，累计培训3 911人次。公司在集团公司人事部组织的选人用人满意度测评中连续6年100%满意，在集团公司2018年度直属单位领导班子综合考评中居销售企业第2名，在2019年度销售企业人才强企工程建设考核中位列大区公司第1名。

（王乐恺）

【精准扶贫工作取得新进展】 2019年，销售华南分公司提高政治站位，强化党建引领，坚决助力定点扶贫村（广东省河源市紫金县紫城镇中洞村）打赢脱贫攻坚战。党政主要领导先后3次到扶贫点调研，累计投入95万元建设105千瓦的光伏发电项目，投入30万元建立50亩（3.33万平方米）三华李“种植技术示范、贫困户劳动力就业、村民带头致富”基地。中洞村有劳动能力贫困户家庭年人均可支配收入达13 637元，建档立卡贫困户48户166人全部脱贫。扶贫进度和效果均走在所在县前列，得到政府扶贫部门的好评，定点扶贫驻村工作队获评广东省2016—2018年脱贫攻坚突出贡献集体。

（王乐恺）

【对外宣传工作取得新突破】 2019年，销售华南分公司成立中国石化报社驻销售华南记者站，全年在《中国石化报》《中国石化》杂志发稿73篇、石化新闻网发稿141篇，累计在《人民日报》等权威主流媒体刊发稿件149篇，对外宣传工作居销售板块第2名。积极开展“新媒体走进新国企”“中国石化绿色企业行（走进广东）”“中国石化探秘智慧能源”公众开放日和“2019年东南亚商洽会”等活动，展现了平安、绿色、智慧的企业形象，企业对外影响力和美誉度进一步提升。

（王乐恺）

【党建工作取得新提升】 2019年，销售华南分公司党委坚持每周一次党委中心组学习（全年召开中心组学习40次），坚持“三重一大”等重要事项党委会先研究的前置机制（全年召开党委会45次），聚焦党政深度融合，深入推进“双示范”创建、“组织力提升工程”“三基本建设”“三带三查三保”“下沉一级”带班和“转勇创”系列活动，党建责任进一步压实，党建质量和实效进一步提升。销售华南分公司在集团公司 2018 年度党建考核中被评为 A 档，“不忘初心、牢记使命”主题教育内部随机调查表测评“好”为 100%，党组第五巡回指导组以“3 个没想到”（其中之一就是“没想到销售华南党建工作和主题教育抓得这么实”）高度评价了销售华南。

（王乐恺）

表 1　　销售华南分公司主要经营指标

指标名称 \ 年份	2019	2018	2017	2016	2015	2014
成品油销售总量 / 万吨	3 018.00	3 089.00	2 952.00	2 941.00	2 913.00	2 997.00
管输量 / 万吨	2 360.00	2 290.00	2 200.00	1 943.00	1 756.00	1 676.00
销售收入 / 亿元	1 931.00	2 070.00	1 692.70	1 510.00	1 584.00	2 103.00
实现利税 / 亿元	32.54	42.30	41.10	35.42	28.71	44.90
利润 / 亿元	27.57	32.23	33.77	28.29	22.24	37.90

石油勘探开发研究院

【概况】 中国石油化工股份有限公司石油勘探开发研究院（简称石油勘探开发研究院）是中国石化直属上游综合研究机构，本部设在北京，京外设有无锡石油地质研究所、合肥培训测试中心 2 个机构。石油勘探开发研究院正式成立于 2000 年 7 月，其前身为原国家地质矿产部所属的 7 家油气普查勘探研究单位。

石油勘探开发研究院是中国石化上游发展战略及油气勘探开发参谋部、油气勘探开发技术支撑服务部、油气勘探开发技术研发和集成部、上游地质资料信息中心。主要任务是承担国家及中国石化重大项目的科技攻关和牵头组织工作、油气勘探开发基础理论及应用技术研究与集成，承担中国石化国内外油气地质基础研究、油气资源评价、勘探选区评价、中长期发展规划编制、年度部署及相关工作，参与股份公司重大油气勘探开发科研项目和重大生产经营项目的设计审查、技术经济论证等工作。

石油勘探开发研究院拥有页岩油气富集机理与有效开发国家重点实验室、国家能源页岩油研发中心、国家油页岩开采研发中心、国家能源陆相砂岩老油田持续开采研发中心 4 个国家级研发机构，海相油气藏开发、油气成藏、弹性波理论与探测技术、页岩油气勘探开发 4 个中国石化重点实验室，提高采收率、储层改造与保护、深部地质作用与资源、地面工程 4 个院级实验室，拥有一批具有国际先进水平的实验仪器设备，是国家核心期刊《石油与天然气地质》和《石油实验地质》的编辑、出版单位。

截至 2019 年底，石油勘探开发研究院用工总量 1 147 人，包括中科院院士 1 人，中国工程院院士 1 人，集团公司首席专家 3 人、高级专家 11 人。全院拥有博士 486 人，占比 42%；硕士 380 人，占比 33%。

2019 年，石油勘探开发研究院共承担各类科研生产任务 692 项，申报国家专利 199 件，发布国家标准 2 项，认定专有技术 15 项。获国家科技进步二等奖 1 项，中国石化前瞻性基础性研究科学奖和科技进步一等奖 3 项，前瞻性基础性研究科学奖、科技进步和技术发明二等奖 6 项。参与承担 13 份国家部委、集团公司规划计划的编制任务，向国家部委、党组领导提交 17 份研究专报。牵头设计风险井位 6 口，部署各类井位 118 口，提交开发及地面工程方案 18 个。

石油勘探开发研究院2019年主要科研成果获奖情况及2014—2019年专利申请与授权情况分别见表1和表2。

（方吉超）

【全面组织开展“不忘初心、牢记使命”主题教育】 2019年，分2批组织开展“不忘初心、牢记使命”主题教育，先后进行8次集中研讨，推动学习走心、走深、走实；组织开展全员形势任务教育，全院90%职工参与轮训，院领导和管理部门负责人亲自为职工授课、与职工面对面座谈1 090人次，广大党员干部政治意识和党性素养进一步提高。

（方吉超）

【战略规划支撑卓有成效】 2019年，石油勘探开发研究院承担了四川千亿立方米产能建设方案等13份国家部委、集团公司规划计划的编制任务，向国家部委、党组领导提交17份研究专报，其中《页岩油技术现状及政策建议报告》等7篇研究专报被国家部委采纳，《应对电动革命积极介入油气伴生资源开发的对策建议》等6份专报得到党组正面批示，3份已落实到生产部署中。

（方吉超）

【矿权与储量管理支撑有力】 2019年，石油勘探开发研究院完成国家“十三五”资源评价，提出的100个区块的矿权处置、流转及新登记的建议，全部被油田部采纳；加强重点增储区带评价，优选出19个石油、10个天然气优质规模储量阵地，筛选出28个预测储量、58个控制储量可升级区块，24个探明未开发区块，应用于2020年勘探开发年度部署中。

（方吉超）

【风险目标研究与管理成绩喜人】 2019年，石油勘探开发研究院组织完成中国石化33口风险井技术初审，牵头设计风险井6口，被采纳2口，长探1井已上钻。

（方吉超）

【支撑原油硬稳定有力有效】 2019年，石油勘探开发研究院揭示了顺北5断裂不同分段的活动特征及差异性，支撑了顺北5断裂带整体评价和不同分段重点突破井部署，新增5 800万吨控制、7 000万吨预测储量；提出塔河6区剩余油富集规律新认识，部署新井18口，预计新增动用储量300万吨。

（方吉超）

【支撑天然气大发展成果丰硕】 2019年，石油勘探开发研究院初步建立了新场须二气藏的“甜点”模式，优选出10个有利开发区，评价出Ⅰ类可动用储量354亿立方米，编制开发方案，部署7口评价井被采纳；围绕大牛地致密气藏持续稳产，编制第7个10亿立方米稳产方案，新增动用储量39.5亿立方米。

（方吉超）

【支撑油田降本增效多点开花】 2019年，举办年度技术产品发布会，集中发布3类26项技术产品。其中，“储—产—效”一体化管理技术应用于胜利油田7个区块，胜二区产油增加7 800多吨；稠油降黏冷采技术，在东部老油田4个油田11口井测试，平均单井日增油6.4倍；氮气辅助重力驱先导试验，在塔河油田S86单元取得成功，单元含水从71.7%降到39.7%，累计增油3 100吨。

（方吉超）

【支撑海外上游可持续发展取得突破】 2019年，石油勘探开发研究院协助国勘安第斯南部区块完成井位建议设计20口，投产11口，单井日均产油75吨；协助编制喀麦隆项目Fox-Z区块S5油藏开发方案并实施，可建产能20万吨，设计的第一口开发井日产原油400吨/日；协助国勘公司与作业者背靠背论证安哥拉项目7口探井井位，全部被采纳，5口井获商业发现，累计新增地质储量1.8亿吨。

（方吉超）

【持续深化体制机制改革】 2019年，石油勘探开发研究院组建天然气战略研究中心，为中国石化天然气业务发展提供全产业链的参谋支撑；完善项目部管理运行机制，理顺项目部与业务所的管理关系；“三供一业”分离移交接近收尾。

（方吉超）

【进一步强化内部协作管理】 2019 年，石油勘探开发研究院针对提升科研合力，在完善相关制度基础上，实施内部模拟市场 + 任务单的协作机制，12 个生产类项目实现高质量跨部门合作，有效推动“前店后院”整体优势的发挥；由 8 个专业所、海外 3 所及国勘共享中心组成的团队，在阿根廷、加拿大、喀麦隆等项目上取得较好的联合攻关效果。

（方吉超）

【持续推进人才强企业工程】 2019 年，石油勘探开发研究院围绕“三能”机制建设，完成机关“三定”，开展专家竞聘与中层干部任期考核，优化薪酬结构、调整固浮比例，落实“1+10”绩效考核制度，进一步强化责任担当、创新创效的价值导向。

（方吉超）

【信息化建设持续推进】 2019 年，石油勘探开发研究院按照建设“数字盆地”的整体架构，开展中国石化勘探开发数据资源中心建设，基本完成 11 家油田企业数据汇集与动态更新；完成中国石化勘探开发云平台一期建设任务，部署 50 余套共享软件，有力支撑各油田科研生产，有效降低上游信息资源整体投入；大力推广虚拟桌面应用，具备支撑 900 人同时在线办公和软件研发的能力。

（方吉超）

【全面落实审计问题整改】 2019 年，石油勘探开发研究院坚持问题导向，推进中央巡视反馈的 3 个方面 8 个问题及党组巡视审计反馈意见整改，阶段性完成率达 100%；推进主题教育检视问题和全员形势任务教育征集意见整改工作，立行立改 148 个问题，落实整改措施 467 条；推进形式主义和官僚主义集中整治，全院查摆问题 86 项，制定整改措施 143 条。

（方吉超）

表 1　　石油勘探开发研究院 2019 年主要科研成果获奖情况

序号	项目名称	获奖名称	获奖等级
1	薄储层超稠油高效开发关键技术及应用	国家科技进步奖	二等奖
2	陆相页岩油资源赋存与分类评价方法	集团公司前瞻性基础性研究科学奖	一等奖
3	中国石化风险勘探领域评价与目标优选决策	集团公司科技进步奖	一等奖
4	深层页岩气勘探关键技术及威荣大气田的发现	集团公司科技进步奖	一等奖
5	塔里木克拉通内高陡构造解析理论、方法、技术及应用	集团公司前瞻性基础性研究科学奖	二等奖
6	中国石化油气储量价值评估技术与应用	集团公司科技进步奖	二等奖
7	油田可持续发展关键指标预测优化决策技术	集团公司科技进步奖	二等奖
8	中深层地热资源评价与数值模拟技术及应用	集团公司科技进步奖	二等奖
9	超深碳酸盐岩走滑断裂体系成像技术	集团公司技术发明奖	二等奖
10	普光气田控水及稳产技术	集团公司科技进步奖	二等奖
11	海外油气勘探项目评价关键技术及实践	集团公司科技进步奖	三等奖
12	OD 型活性高分子降黏开采特一超稠油技术	集团公司科技进步奖	三等奖

表 2　　石油勘探开发研究院专利情况汇总　　件

年　份	国内专利		国外专利	
	申请数	授权数	申请数	授权数
2019	199	108	0	1
2018	199	98	1	1
2017	262	49	0	1
2016	245	45	1	0
2015	210	34	0	1
2014	131	29	0	0
2013	65	20	1	1

石油工程技术研究院

【概况】 中国石化石油工程技术研究院（简称石油工程技术研究院）成立于 2009 年 6 月，是集团公司直属研究院。定位为集团公司石油工程业务发展的参谋部、石油工程高新技术研发中心和国内外石油工程技术支持中心。业务范围以井筒技术为主，从事石油钻井、完井、测井、录井、测试、储层改造及海洋石油工程等专业的发展规划、科研攻关、产品研发和推广应用。

石油工程技术研究院本部下辖 6 个职能部门、9 个研究部门和 4 个技术支持中心；京外设有 1 个直属单位和 2 个分院，委托管理中国石化中东研发中心。建有页岩油气富集机理与有效开发国家重点实验室、国家能源页岩油研发中心、国家油页岩钻完井技术分中心、固井与完井实验室和页岩油气钻完井及压裂实验室 2 个中国石化重点实验室、9 个专业实验室和 4 个基础实验室。

石油工程技术研究院取得质量、环境、职业健康安全管理体系再认证注册，并保持 API 等产品认证，创办有中文核心期刊《石油钻探技术》，是全国石油钻采设备和工具标准化技术委员会钻修井井下工具标准化工作部挂靠单位，实验室通过 CNAS 国家实验室认可，直属单位大陆架公司为国家高新技术企业。

截至 2019 年底，石油工程技术研究院用工总量 563 人。其中，北京院本部（股份院）405 人，具有正高级职称的 67 人、高级及以上职称占 76%，博士、硕士占 85%，在站博士后 9 人；德州所（集团院）用工总量 158 人。拥有国家级突出贡献专家 2 人，享受政府特殊津贴专家 11 人，“百千万人才工程”人选 2 人，集团公司首席专家 1 人、高级专家 5 人，获孙越崎能源科学技术奖能源大奖 1 人、科技青年奖 2 人，集团公司突出贡献专家 11 人，集团公司学术技术带头人 9 人，获闵恩泽青年科技人才奖 13 人，中国石化优秀创新团队 8 个。

2019 年，石油工程技术研究院共承担各类科研项目 231 项，申请专利 311 件（发明专利 298 件）、获授权 189 件（发明专利 139 件），获省部级奖 13 项。

石油工程技术研究院 2019 年主要科研成果获奖情况及 2014—2019 年专利申请与授权情况分别见表 1 和表 2。

（朱　明）

【10 年发展成就获集团公司党组领导高度评价】 石油工程技术研究院成立 10 周年之际，集团公司董事长、党组书记戴厚良批示祝贺，批示：“忆往昔，井筒工具仪器夯基创新成绩显著；展未来，初心使命担当支撑引领油气发展”。集团公司总经理、党组副书记马永生与石油工程技术研究院领导班

子座谈，充分肯定石油工程技术研究院成立10年来做出的重要贡献。集团公司党组成员、副总经理刘宏斌，集团公司党组成员、总会计师赵东到院调研时，均对石油工程技术研究院各项工作取得的成绩给予高度肯定。6月24—25日成功举办以“创新、发展、卓越、引领”为主题的石油工程技术高层论坛，马永生致辞高度评价石油工程技术研究院10年来的快速发展，勉励石油工程技术研究院全体干部员工继续为石油工业高质量发展、为保障国家能源安全做出新的更大贡献。集团公司党组成员、副总经理刘中云出席论坛。论坛期间举办了科技成果展，发布了最新技术和产品，集中展示了建院10年来的科技攻关成就，10位能源领域两院院士、国内外知名石油院校和三大石油公司的众多领导和学者出席。

（朱　明）

马永生在石油工程技术高层论坛上致辞

【生产经营总收入首次突破7亿元大关】 全院广大干部员工深入贯彻党的十九大和十九届二中、三中、四中全会精神，认真落实集团公司工作会议部署，按照院工作会议重点工作安排，强化科技攻关、成果转化和技术支持，超额完成全年生产经营任务，总收入首次突破7亿元，横向收入占比达39.86%，横向收入利润率提高3.4%。

（朱　明）

【员工获奖】 院长路保平获第28届孙越崎能源大奖。能源大奖旨在奖励为能源基础理论突破和科技进步做出重大贡献的科技人才。路保平长期致力于石油工程科技攻关和成果转化工作，是优化钻井及复杂地层钻井领域的知名专家，先后主持国家、省部级研究项目40余项，获国家科技进步奖2项、省部级科技进步一等奖8项，获授权发明专利15件，发表论文72篇，出版专著4部。孔勇承担的项目“钻井液材料分子开关靶向控释技术”获中央企业熠星创新创意大赛三等奖，是油气勘探开发领域中央企业获得的最高奖项；张进双承担的项目“井下能量自动存储与释放钻井提速器”获优秀奖。

（朱　明）

路保平参加孙越崎能源科学技术奖颁奖大会

【地球物理指导钻井技术体系取得重大突破】 自主研发成功建立地球物理指导钻井技术体系，攻克了井周地震速度快速修正等多项关键技术，在国内首次实现钻头前百米级地质特征与钻井地质环境因素近实时预测与修正，指导钻井施工参数优化，促进钻井技术发展与进步，成为多专业融合的范例。在西北地区顺北4井6开井段完成探索性应用，钻头前各类地层力学特征预测精度高于90%。在东北龙凤山工区北213-9HF井全井应用，现场依据预测结果及时调整钻井参数，优化堵漏配方，调整颗粒级配，顺利钻穿裂缝地层，漏失量同比减小87%，实现三开井段钻井周期同比缩短25.7%。

（朱　明）

【首次成功主导完成国内干热岩压裂和固井技术支持】 在干热岩高温力学特性、地应力特征及裂缝起裂与扩展大型物模研究基础上，完成国内首口场地压裂干热岩井-GR1井的压裂改造方案设计及试压裂施工，获取了关键工程参数和核心认识，达到了干热岩科技攻关先导试验目标。研发超高温水泥浆体系（260℃高温下强度无衰退），并制订详尽固井技术方案，顺利完成国内最深（4 002.87 米）干热岩井 GH-01 井生产套管固井施工，一次性成功封固上下温差 190℃长井段（3 620 米），测井结果显示 2 500 米以深井段固井质量优质，满足下步压裂需求。2 项技术在干热岩井首次成功应用，为干热岩开发解决了关键技术，为新能源的持续开发提供了技术保障。

（朱　明）

【“大陆架”品牌唱响“一带一路”】 积极开拓海外市场，持续推进技术服务与产品推广，成功中标并签订沙特阿美 5 年期框架合同，成为首家进入沙特阿美井下工具市场的中国企业；在土库曼斯坦阿姆河项目、乌兹别克斯坦明布拉克项目和哈萨克斯坦阿克纠宾项目累计推广 180 余套尾管悬挂器、90 余套分级注水泥器和 140 余套自膨胀封隔器，合同额 3 000 余万元，取得优异的应用成绩。“大陆架”品牌得到当地油公司的一致好评和高度认可，扩大了“一带一路”沿线国家油气领域井下工具市场合作规模，助力国家“一带一路”倡议实施续写新篇章。

（朱　明）

【钻井液技术服务再创佳绩】 在西北油田分公司顺北区块亚洲陆上第一深井（8 588 米）——顺北鹰 1 井，集成应用自主研发的强抑制强封堵防塌钻井液体系及破碎带地层强化固壁等钻井液技术，解决超大超长裸眼压力体系复杂、高应力破碎带井壁稳定性差等技术难题，助力创造 444.5 毫米（5 395 米）、311.2 毫米（7 616 米）、215.9 毫米（8 400 米）井眼钻深工程纪录，339.7 毫米（5 393.42 米）、“250.8 毫米+244.5 毫米”（7 614.62 米）套管下深工程纪录和井眼钻井最深纪录。

（朱　明）

【东页深 1 井获集团公司 2019 年度重大勘探发现奖】 采用自主研发的“密切割、增净压、促缝网、保充填”深层体积压裂工艺技术和耐高温压裂液体系，突破埋深超 4 000 米页岩气井压裂工艺技术，在东页深 1 井埋深 4 270 米的优质页岩气层试获 31.2 万米^3/日高产气流，试采期间实现 6 万米^3/日稳定生产，获集团公司 2019 年度唯一的重大勘探发现奖，该重大发现为深层页岩气大规模商业开发奠定了技术基础。

（朱　明）

【战略研究成果获国家部委高度评价与认可】 承担完成的“国家油气重大专项石油工程技术与装备接续战略”研究，通过研判油气勘探开发形势、预测石油工程技术装备发展趋势、对比国内外石油工程技术装备水平差距、深入剖析石油工程技术需要和挑战，分“补短板、破卡点、领未来”3 个层次提出中国石油工程技术发展战略，制订 7 项重大石油工程关键技术装备攻关计划，得到国家科技部和自然资源部的高度认可。《我国油气工程领域技术装备‘卡脖子’问题严重制约油气产量》等 3 份研究专报被《国资委信息》采用，并上报中共中央办公厅和国务院办公厅，扩大了石油工程技术研究院战略研究成果在国家层面的影响力。

（朱　明）

【中东研发中心技术推广实现“开门红”】 中东研发中心积极发挥“窗口”作用，与沙特阿美公司合作呈现良好势头，达成研究合作意向 8 项，技术合作项目射流冲击器效果显著，YSC-228 型射流冲击器在沙特现场应用 2 井次，HWHY-1162 井应用井段 3 316—3 963 米，机械钻速比工区平均水平提高 42%，超出工区最高指标 31%；ANTB-3 井应用井段 4 495—4 694 米，机械钻速较邻井平均钻速提高 35%，比邻井单趟钻平均进尺提高 45%。显著的应用效果得到阿美公司的高度赞誉，树立了中国石化品牌形象，为后续开拓沙特阿美市场奠定了坚实基础。

（朱　明）

【2 项专利技术开创技术许可先河】《一种用于制备泡沫水泥浆的装置》专利权许可四机赛瓦石油钻采设备有限公司，授权其生产与销售泡沫固井设备；《一种用于采油系统的自适应控水装置及配套技术》专利权许可中国石化西北油田分公司，授权其在所属区块应用专利技术。2 项技术许可在工程院尚属首次，开启了专利技术创效新篇章，为后续强化科技成果转化应用、促进科技创新创

效提供了宝贵经验，奠定了良好基础。

（朱　明）

【《页岩气工程甜点评价方法》入选中国石油科学十佳论文】 由廖东良、路保平发表在《天然气工业》38卷第2期的论文《页岩气工程甜点评价方法——以四川盆地焦石坝页岩气田为例》获评2018年度中国石油科学十佳论文。中国石油科学十佳论文评选活动由《石油科学通报》编委会发起并组织实施。专家评审一致认为该研究提出的方法是页岩工程甜点评价方法的新突破，对提高页岩储层钻遇率和单井产能有重要指导意义。

（朱　明）

【超高温抗盐钻井液技术首获中国石化联合会专利金奖】 12月10日，在人民大会堂举行的全国石油和化工科技创新大会上，院发明专利《一种超高温抗盐钻井液及制备技术》（ZL 201410636507.6）获中国石油和化学工业专利金奖。

（朱　明）

【新型压裂工具研发与服务团队被授予中国石化青年文明号称号】 新型压裂工具研发与服务团队获中国石油化工集团有限公司青年文明号称号。该团队先后承担国家、省部级科研项目30多项，研发成果获得省部级科技奖励7项，获授权专利40余件。研发的系列高效压裂工具填补了国内技术空白，形成工业化生产，在国内外非常规油气开发中得到广泛应用，产生显著的社会效益和经济效益。

（朱　明）

【“不忘初心、牢记使命”主题教育成果丰硕】 6—12月，在全体党员干部中分2批组织开展“不忘初心、牢记使命”主题教育，组织理论学习120余次，围绕改革发展难题开展调研36次，征集职工群众意见建议90余条，检视整改各类问题270余项，修订制度12项，解决职工群众诉求50余件，进一步明确在科技创新创效、体制机制改革、严格精细管理、全面从严治党等方面工作的着力方向，激发了建设世界一流研究院的新活力，有力推动各项工作迈上新台阶。

（朱　明）

石油工程技术研究院“不忘初心、牢记使命”主题教育总结会

表1　石油工程技术研究院2019年度主要科研成果

序号	项目名称	获奖名称	获奖等级
1	复杂储层水平井精准钻井关键技术及应用	北京市技术发明奖	二等奖
2	全井筒温度压力随钻测量微芯片示踪技术	中国石化集团前瞻性基础性研究科学奖	三等奖
3	致密气藏水平井全通径分段压裂工具研制与工业化应用	集团公司技术发明奖	二等奖
4	超高温广谱防气窜水泥浆体系关键助剂研制及应用	集团公司技术发明奖	三等奖
5	适应高温高压高酸性环境成套尾管固井装置研制与产业化	集团公司科技进步奖	一等奖
6	井下流体前沿技术专利战略研究	集团公司科技进步奖	三等奖

续表

序号	项目名称	获奖名称	获奖等级
7	页岩气水平井缝网压裂技术及应用	中国石油和化学工业联合会技术发明奖	特等奖
8	深部难钻地层井下钻柱减振增压提高钻速技术及应用	中国石油和化学工业联合会技术发明奖	二等奖
9	四川盆地深层页岩气富集机理及勘探关键技术	中国石油和化学工业联合会科技进步奖	一等奖
10	复杂结构井井眼清洁技术及规模化应用	中国石油和化学工业联合会科技进步奖	三等奖
11	提高复杂结构油气井水泥环完整性的特种聚合物乳液研发及应用	中国石油和化学工业联合会科技进步奖	三等奖
12	一种超高温抗盐钻井液及制备技术	石油和化工行业专利奖	金　奖
13	用于采油系统的自适应控水装置及采油系统	石油和化工行业专利奖	优秀奖

表2　　石油工程技术研究院 2014—2019 年专利申请与授权情况　　件

年　份	国内专利		国外专利	
	申请数	授权数	申请数	授权数
2019	305	186	6	3
2018	303	213	5	2
2017	291	79①	3①	2
2016	260	128①	4①	1
2015	227	79①	0	3①
2014	195	27①	4	2

① 数据为校核后准确数据

石油物探技术研究院

【概况】 中国石油化工股份有限公司石油物探技术研究院（简称石油物探技术研究院）是中国石化石油物探技术发展参谋部、物探高新技术和核心技术研发中心、物探专业软件研发及推广中心和重大物探工程技术支持中心，是中国石化唯一从事油气地球物理技术研发的直属专业研究机构，位于江苏省南京市江宁区。

石油物探技术研究院设院长办公室、党委办公室、人力资源部、计划财务部、科研生产部、技术推广部、纪检审计部 7 个机关职能部门，设地震采集技术研究所、地震成像技术研究所、油藏地球物理研究所、地球物理软件研究所、物探战略规划研究所、地球物理实验中心、地震处理解释中心、地球物理信息中心 8 个业务单位，基地综合服务部 1 个直属单位。

石油物探技术研究院前身是 1977 年创建成立的国家地质总局石油物探研究大队，1983 年更名为地质矿产部石油物探研究所，1997 年建制更名为中国新星石油公司石油物探研究所，2000 年建制更名为中国石化石油勘探开发研究院南京石油物探研究所，2009 年 11 月 28 日组建成立石油物探技术研究院。

截至 2019 年底，石油物探技术研究院共有员工 445 名，其中享受政府特殊津贴 4 人，集团公司突出贡献专家 5 人、首席专家 1 人、高级专家 2 人，院首席专家 6 人、高级专家 10 人、专家 25 人，博士、硕士科技人才 247 人。主办出版国内第 1 份勘探地球物理专业科学学术期刊《石油物探》和国内第 1 份 SCI 检索的地球物理与工程专业英文科技期刊《Journal of Geophysics and Engineering》（JGE）。固定资产原值 7.6 亿元、净值 3.2 亿元。

2019 年，石油物探技术研究院通过科技成果鉴定 8 项，其中 2 项达到国际领先水平；获省部级科技奖 9 项；申请国内发明专利 175 件，获授权专利 86 件；认定专有技术 27 件，登记软件著作权 12 件；安全环保无事故。连续被评为江苏省文明单位。

石油物探技术研究院 2019 年主要科研成果获奖情况及 2014—2019 年专利申请与授权情况分别见表 1 和表 2。

（贾春梅）

【领导班子调整】 2019 年 7 月 13 日，集团公司党组对石油物探技术研究院领导班子进行调整：杨勤勇任院长、党委副书记，曲寿利不再担任院长、党委副书记职务。根据集团公司党组、股份公司文件通知，8 月 31 日，王立歆任石油物探技术研究院副院长、党委委员。10 月 23 日，李浩不再担任石油物探技术研究院党委书记、副院长职务，另有任用。

（贾春梅）

【举办油气地球物理学术年会】 2019 年 11 月 28—29 日，由中国地球物理学会油气地球物理专业委员会、江苏省地球物理学会和石油物探技术研究院联合主办的 2019 年油气地球物理学术年会在南京召开。集团公司总经理、中国工程院院士马永生向大会发致辞。特邀专家原股份公司副总地质师、中国科学院院士金之钧，副总工程师、中国工程院院士李阳，中国科学院院士、南京大学教授陈颙，中国科学院院士、中国地球物理学会理事长、南方科技大学教授陈晓非和来自中国石化、中国石油、中国海油、地球物理学会、科研院所、高等院校、油田企业的 500 余名领导专家出席会议。会议旨在推进地球物理技术创新助力国家能源战略，13 位院士、教授、专家交流专题报告。石油物探技术研究院党委表彰了院劳动模范、科技标兵、拓市先锋、杰出青年、巾帼建功标兵。

（贾春梅）

【基础前瞻技术研究取得新进展】 2019 年，石油物探技术研究院研发速度、密度、阻抗多参数全波形反演技术，流花三维资料试处理效果良好；研发正交各向异性波场正演模拟等技术，完整建立正交各向异性地震成像技术流程，改善了元坝和塔河资料方位断裂成像效果；Marchenko 成像技术实现层间多次波准确表征；研发基于深度学习智能化地震数据清洗与速度建模技术，实际资料测试效果与商业软件相当；研发智能化解释技术，开展层位、地震相、储层流体的智能解释和预测，实现缝洞储层自动识别；实现人工智能开发与大数据并行计算融合，开发高效的数据接口，验证人工智能开发环境的适用性。

（贾春梅）

【应用基础技术研究取得新成果】 2019 年，石油物探技术研究院首次开展镇巴三维黏弹介质正演模拟，证实近地表是影响下伏地层成像质量的关键因素；建立三维断溶体典型地质模型，研发不同尺度断溶体和复杂缝洞体内部结构定量化分析技术，获得不同尺度不同类型缝洞及断溶体地震波场特征量化关系；开展川东北仁和场深层碳酸盐岩储层岩石物理研究，建立 12 类礁滩相储层边界反射模式。

（贾春梅）

【科技创新平台建设迈上新台阶】 2019 年，石油物探技术研究院平台建设顺利推进。实验平台，初步形成 1 套可用于固体物理模型的激光超声激发接收系统，可实现固体物理模型真地表模拟采集；完成标准模型数据库建设，实现实验数据的开放共享。π 平台，完善数据组织管理功能，优化资源管理和作业调度，提升二次开发支撑和系统运维自动化能力，预研平台 3.0 版本概要设计。云平台，集成上线 800 个 CPU 节点、250 个 GPU 节点，总计算能力达 1.5 亿亿次 / 秒，总存储能力达 14PB，时间偏移和逆时偏移年处理能力分别达 3 万平方千米和 2 万平方千米，保障了院内科研生产，并为油田企业和直属院提供云计算服务。

（贾春梅）

【核心技术与特色技术取得新进步】 2019 年，石油物探技术研究院 3 项核心技术与特色技术取得新进步。采集设计及 VSP 技术，开展面向浅表层速度建模的观测系统设计研究，确定道距炮距等参数在近地表建模中的影响程度；开展 VSP 资料钻前地层压力预测应用，实现钻前地层深度和压力的精准预测；形成随钻振动信号特征参数提取和岩性识别技术，室内测试表明振动信号与岩性有效匹配。速度建模及成像技术，形成 Q-RTM 实用化流程，提高了镇泾、龙宝梁探区资料成像分辨率和断裂系统成像质量；解决最小二乘偏移收敛效率低问题，形成成像域最小二乘偏移高分辨成像技术；优化完善散射波成像技术，有效消除塔河地区资料的反射波影响，提高隐蔽缝洞储层识别能力；针对复杂构造的精细速度建模问题，提高 TTI 各向异性高斯束和近地表高斯束层析速度建模技术适应性，在顺北等地区资料应用中取得良好效果。储层预测与油藏描述技术，开发基于地质模式与井储层样本相结合深度学习技术，实现缝洞储层分类和储层流体性质自动识别，完成约 300 平方千米资料缝洞单元自动化解释；研发基于随机模拟的储层参数反演技术，形成基于地震道匹配的储层参数预测技术，实现利用地震数据对岩相和储层参数的预测；细化古河道高度、宽度分级分尺度量化，提高小尺度暗河识别能力；研发基于多属性 K 值聚类的断溶体分带性描述技术，提升断溶体边界识别效果，完善顺北断控体储层多尺度表征技术体系；形成基于叠前地震数据各向异性弹性模量直接反演技术，实现坍塌压力和破裂压力的地震预测。

（贾春梅）

【软件产品实用性提升】 2019 年，石油物探技术研究院 iSeisMountain 新增三维目的层参数论证、自由界面激发接收布设论证模块并实用化。π-Frame 新增交互模块 16 个、批处理模块 30 个，优化模块 15 个，具备陆上三维地震资料从预处理到各向异性 RTM 全流程处理能力。NEWS 系统新增基追踪弹性阻抗反演、小角度叠前地震流体因子反演与油气识别模块。Fraclistener 实现处理模块 GPU 并行化，扩充交互质控软件模块，提升现场实时监测能力和软件操作性。Afapa 增加复杂交互质控、可控震源炮集拾取功能。SeisWave 配套正演精细建模功能，完成三维波动方程有限差分和有限元正演模拟的 GPU 加速，效率提升 10 倍以上。

（贾春梅）

【软件推广应用卓有成效】 2019 年，石油物探技术研究院加快软件产品“走出去”步伐，全年实现软件销售 1 200 万元。NEWS 软件在系统内外 9 家单位推广应用，支撑 26 个生产项目。Afapa 推广应用到系统内外 8 家单位。SeisWave 软件在系统内外单位安装 30 余套。iSeisMountain 支撑多家单位重点采集方案设计。SPSTool 在地球物理公司数十个工区进行软件升级，首次实现软件创收。π-RTM 共完成 1 195 平方千米生产资料试处理。

（贾春梅）

【五维处理解释系统进展顺利】 2019 年，石油物探技术研究院开发了五维规则化、五维叠前深度偏移和五维道集叠前显示模块，具备叠前五维 COV 道集三维可视化显示与交互分析能力，完成叠前五维属性分析、叠前各向异性阻抗反演等技术方法的研发及测试。

（贾春梅）

【生产服务能力提升】 2019 年，石油物探技术研究院完成三维资料处理解释 1.8 万平方千米，提供建议井位 66 口。超深层碳酸盐岩领域，采用相控断控 TTI 高斯束层析速度建模等技术，提高顺北深大断裂的建模成像精度和深层弱信号成像质量；利用“六步法超深层断溶体成像与识别技术”，实现顺北多个断裂带的精确成像与描述；分析仁和场地区烃源条件、储层分布、圈闭可靠性、成藏期构造，落实目的层灯四段、龙王庙组和洗象池群有利圈闭和井位建议。致密碎屑岩领域，应用保幅保真多域复合去噪等关键技术，提高东北松南地区复杂小断裂、致密薄储层成像及预测精度；应用中浅层复杂河道砂岩气藏的含气性检测技术系列，实现含气性识别吻合率大于 92%，含气饱和度检测吻合率大于 80%；开展鄂南下古生界地层发育情况研究，预测奥陶系、寒武系岩溶储层分布。山前带领域，完善“真地表”RTM 成像技术流程，形成面向“双复杂”地区低信噪比山前带资料针对性处理技术，完成天山南亚肯北、四川盆地乐坝 1 井区等资料攻关处理。非常规领域，完成威远、永川、丁山—东溪地区优质页岩段特征分析、页岩气甜点敏感参数分析及目标页岩储层参数预测，关键储层参数预测吻合率大于 90%；完善页岩关键参数预测成果，提升西南地区页岩储层描述支撑力度；完成 6 口新井微地震监测和焦石坝主体区 7 口老井资料重新处理解释。新能源领域，开展国内首口干热岩开发试验井（GR1）压裂监测；开展南海水合物二维小道距处理解释一体化攻关。

（贾春梅）

【参谋服务作用有效发挥】 2019 年，石油物探技术研究院分析重点勘探领域技术难题，编写《中国石化打造一流科技中长期规划——物探颠覆性技术》等 5 项规划，提交《中石化近三年物探技术进展及攻关方向》等研究材料。发布行标《地热地球物理勘查技术规范》。完成川东南地区隆盛—阳春沟三维等 5 个重点探区地震采集设计论证，主要参数采纳率 100%，完成顺北地区面向特深断溶体的中试采集效果后评估。

（贾春梅）

【改革管理取得新进展】 2019 年，石油物探技术研究院贯彻落实“放管服”措施，持续推进项目长负责制和院级创新团队建设，突出目标管理，强化科研生产软件一体化攻关，以 π 平台和五维地震处理解释系统开发为试点，探索实施软件编程业务外包，取得良好效果。实施分类分级考核，约谈考评末位人员，开展培养期和劳动合同期满考核，不合格的不再续签合同。加强财务分析，完善财务指标通报程序。开展物资采购、科研外协等关键领域审计监督，推进依法合规经营。实施制度“废改立”，优化制度体系。践行“马上就办”，将限时办结要求固化为制度约束。

（贾春梅）

【开展主题教育】 2019 年，石油物探技术研究院高质量开展“不忘初心、牢记使命”主题教育，紧紧围绕守初心、担使命，找差距、抓落实的总要求，坚持将学习教育、调查研究、检视反思、整改落实 4 项重点措施贯穿始终，取得较好成效。加强统筹谋划，制订主题教育实施方案。抓牢学习主线，深入学习习近平新时代中国特色社会主义思想和习近平总书记重要指示批示精神。深入基层做实调查研究，找准问题、查明原因，梳理出问题清单。抓实检视整改，建立问题整改台账，明确责任人和整改目标。

（贾春梅）

【发挥政治引领作用】 2019 年，石油物探技术研究院发挥党委“把方向、管大局、保落实”作用，按照民主集中制原则，严格执行“三重一大”实施细则。严肃组织生活，组织召开主题教育领导班子民主生活会和基层组织生活会。落实党建工作责任，签订党建目标责任书，听取履行党建工作责任情况述职。落实支部书记例会制度，加强对基层党支部建设的指导。

（贾春梅）

【加强宣传思想文化工作】 2019 年，石油物探技术研究院开展形势任务教育，统一职工思想。开展职工思想动态分析，加强舆情分析研判，强化意识形态工作。加大技术、产品和品牌宣传力度，全年完成稿件 101 篇。推进企业文化建设，《我和我的祖国》快闪视频在“学习强国”平台播出，《大国物探十年与共》宣传片树立了企业良好形象。加大典型选树宣传力度，评出 14 名建院 10 周年先进人物，制作榜样宣传墙。

（贾春梅）

【强化纪检监察工作】 2019 年，石油物探技术研究院强化政治监督，完善“大监督”协调机制，深化巡察监督；准确运用监督执纪“四种形态”，一体推进“三不”机制建设，督促落实中央八项规定精神；对存在问题进行认真整改；全年未发现违纪事件。

（贾春梅）

【群团组织作用进一步发挥】 2019 年，石油物探技术研究院加强群团组织建设，完成团支部换届改选，举办青年英语沙龙、青年辩论赛、职工运动会等活动，团组织的凝聚力与向心力进一步提升。围绕科研生产中心工作，开展创新创效劳动竞赛等活动，激励岗位职工经济性技术创新；获江苏省 2018 年度“安康杯”竞赛优胜单位称号。

（贾春梅）

【推进人才强企工程】 2019 年，石油物探技术研究院加大优秀年轻干部选拔使用力度，40 岁以下中层干部占比 26%。修订完善领导人员考核评价制度，突出贡献导向，激励干部担当作为。人才强企“生聚理用”各项措施落实落地。全年引进毕业生和成熟人才 26 人，3 名博士后留院工作；8 人次获省部级人才荣誉，2 人获中国博士后科学基金资助。

（贾春梅）

【推进和谐企业建设】 2019 年，石油物探技术研究院完成科研楼及食堂安全隐患治理、饮用水净化改造等，工作生活环境更加良好。“三供一业”分离移交扎实推进，李府街小区改造基本完成，卫岗小区改造全面展开。加强综合治理，有效化解信访诉求，保证了大局和谐稳定，获南京市公安局治安综合治理先进集体称号。

（贾春梅）

【获得荣誉】 2019 年，徐颖劳模创新工作室获评中国石化工人先锋号。赵群获评中国石化突出贡献专家；刘小民、何兵红获评闵恩泽青年科技人才奖；徐涛获评中国石化 2018 年度财务管理先进个人；李鹏获评中国石化优秀工会工作者。

（贾春梅）

表 1　　石油物探技术研究院 2019 年主要科研成果获奖情况

序号	项目名称	奖项名称	获奖等级
1	超深碳酸盐岩走滑断裂体系成像技术	集团公司技术发明奖	二等奖
2	基于数学形态学的多尺度高分辨率处理技术	集团公司技术发明奖	三等奖
3	深层页岩气勘探关键技术及威荣大气田的发现	集团公司科技进步奖	一等奖
4	面向页岩气水平井开发的高精度地震成像及甜点预测技术	集团公司科技进步奖	二等奖
5	地震数据处理系统作业与资源管理技术	集团公司科技进步奖	三等奖
6	大沙漠区超深碳酸盐岩断溶体油气藏地震关键技术与应用	中国地球物理学会科学技术奖	一等奖
7	复杂油气藏波动方程速度建模与地震成像软件系统	中国地球物理学会科学技术奖	二等奖
8	不同类型储层地震物理模拟技术及应用	中国地球物理学会科学技术奖	二等奖
9	苏北复杂地质体精细正演模拟与地震成像技术	江苏省科学技术奖	三等奖

表 2　　石油物探技术研究院 2014—2019 年专利申请与授权情况　　件

年 份	国内专利		国外专利	
	申请数	授权数	申请数	授权数
2019	175	86	0	0

续表

年 份	国内专利		国外专利	
	申请数	授权数	申请数	授权数
2018	160	100	0	0
2017	152	85	0	0
2016	142	37	2	0
2015	131	26	0	1
2014	120	15	0	1

石油化工科学研究院

【概况】 中国石油化工股份有限公司石油化工科学研究院（简称石油化工科学研究院）位于北京市海淀区，创建于1956年7月，1983年整体划归进入原中国石油化工总公司，是中国石化直属综合性科学技术研究开发机构，学科完整，技术优势突出，研发领域涵盖炼油工业技术全流程，并有重点地向石油化工和新能源领域延伸。

石油化工科学研究院下设20个研究室、15个职能部门，职工总数为1 149人，各类技术人员990人。其中，中国科学院、中国工程院院士4人，集团公司首席专家1人、高级专家9人，享受政府特殊津贴人员19人，正高级工程师125人，高级技术人员524人；博士340人，硕士344人。

石油化工科学研究院是全国石油产品标准化归口单位，挂靠国家石油产品质量监督检验中心、全国石油产品和润滑剂标准化技术委员会秘书处和中国石油学会石油炼制分会。拥有炼油工艺与催化剂国家工程研究中心、石油化工催化材料与反应工程国家重点实验室、国家能源石油炼制技术研发中心、工业产品质量控制和技术评价实验室等国家级研发机构中心4个，拥有中国石化重点实验室（中心）6个，编辑出版《石油学报（石油加工）》《石油炼制与化工》和《China Petroleum Processing and Petrochemical Technology》3个科技期刊。下设研究生部和博士后流动站，拥有化学工艺、应用化学专业博士学位，化学工艺、应用化学、工业催化和化学工程专业硕士学位的授予权。

截至2019年底，石油化工科学研究院共获部级以上奖励的科技成果979项，国家级奖励134项。其中，国家最高科学技术奖1项、国家发明一等奖2项、国家科技进步特等奖2项、国家科技进步一等奖8项。累计申请国内专利9 100件，获授权6 187件；申请国外专利1 372件，获授权816件；获中国国家知识产权局和世界知识产权组织联合颁发的中国专利金奖8项、银奖1项、优秀奖19项。

2019年，石油化工科学研究院获国家技术发明二等奖1项，第21届中国专利金奖、优秀奖各1项，中国石化科学技术奖励9项，中国石油与化学工业联合会专利金奖1项、专利优秀奖1项、科学技术奖励5项，中国化工学会技术发明一等奖1项。通过技术鉴定11项、评议6项。制（修）订国家和行业标准38项，发布实施57项；审查备案企业标准93项。申请中国专利706件，获授权532.5件；申请国外专利96件，获授权56件。

石油化工科学研究院2019年度主要科研成果获奖情况及2014—2019年专利申请与授权情况分别见表1和表2。

（杜诗画）

【领导班子调整】 2019年11月，集团公司党组对石油化工科学研究院领导班子进行调整：李明丰任石油化工科学研究院党委书记；郭彦来任石油化工科学研究院党委副书记兼纪委书记，为工会主席人选；王子军任石油化工科学研究院副院长、总工程师、党委委员；免去刘健生石油化工科学研究院党委书记、委员、副院长职务，办理退休手续；免去傅维石油化工科学研究院党委副书记、委员、纪委书记、工会主席职务，另有任用。

（杜诗画）

【活性相定向构建及复杂反应分级强化的柴油高效清洁化关键技术获国家技术发明二等奖】 该项目以高效生产低硫低芳烃清洁柴油为主要目的，发明活性相定向构建及复杂反应分级强化的柴油高效清洁化关键技术，形成具有国际先进水平的高活性高稳定性柴油加氢催化剂、柴油高效清洁化生产工艺，有效延长工业装置运转周期。获中国授权发明专利 15 件，在 24 套工业装置应用，推动中国柴油质量持续升级，获 2019 年度国家技术发明二等奖。

（杜诗画）

【一种降低重质原料油中沥青质和残炭含量的方法获第 21 届中国专利金奖】 该发明从特殊功能渣油加氢催化剂研制入手，大幅提升催化剂扩散性能与加氢饱和性能的协同效应，以实现沥青质大分子高效转化。同时，将高容金属能力的保护剂与沥青质转化能力突出的催化剂相匹配，使催化剂的脱金属、脱沥青质及残炭转化性能明显提升，显著延长催化剂运转周期，以此专利为核心开发的 RHT 系列催化剂及相关技术已在国内外 17 套装置工业应用超过 50 次。

（杜诗画）

【微藻用于 NO_x 和 CO_2 减排的集成与创新获集团公司前瞻性基础性研究科学奖一等奖】 该项目以微藻生物技术为解决方案，筛选能够高效固定 NO_x 和 CO_2 的优势藻种，研究微藻细胞的代谢调控机制，在新型光生物反应器、光能兼养技术、微藻高效采收与亚临界油脂提取等多方面实现创新。首创微藻脱硝组合工艺，实现烟气脱硝与微藻养殖既紧密耦合又独立运转，可将工业排放的无机 C、N 转化为高价值生物产品，实现 C、N 资源的循环利用。

（杜诗画）

【SINOALKY 硫酸烷基化工艺技术及其工业应用获集团公司科技进步一等奖】 该技术以异丁烷和丁烯为原料，采用 N 型多级多段静态混合烷基化反应器，多段烯烃进料，可提高内部烷烯比，减少副反应发生；采用新型高效酸烃混合反应与分离技术，具有投资低、酸耗低、产品质量优、装置易维护等特点。该技术已在石家庄炼化、荆门石化、洛阳石化建成装置应用，真正实现无酸碱水洗工艺的清洁硫酸烷基化技术开发。

（杜诗画）

【催化材料与催化剂微尺度分析表征创新团队获集团公司优秀创新团队称号】 该团队以获取催化剂原子尺度信息和活性中心组成与结构为目标，不断提升高性能催化剂的自主设计和研发、生产能力。多年来深度参加国Ⅵ汽柴油升级、绿色化工等多项国家及中国石化重大研究项目，解决多项技术难题。该团队是石油化工催化材料与反应工程国家重点实验室的重要组成部分，为炼油与化工高性能催化剂的研发提供了重要支撑，被授予中国石化 2019 年度优秀创新团队称号。

（杜诗画）

【阅兵联合指挥部向石油化工科学研究院授予锦旗】 2019 年 10 月，新中国成立 70 周年阅兵联合指挥部向石油化工科学研究院授予“聚力阅兵　共筑辉煌”锦旗。在阅兵活动中，石油化工科学研究院共为 5 个陆上作战方队、6 个导弹打击方队、10 个空中梯队等 30 多个型号的先进武器装备提供多种特种润滑油脂，有效地保障阅兵部队的装备需求。

（杜诗画）

阅兵联合指挥部授予锦旗（权　奕　摄）

【新能源研究所正式揭牌】 2019年12月31日，集团公司总经理、党组副书记、股份公司总裁马永生到石油化工科学研究院调研指导工作，参观昌平基地新能源大楼，为中国石化新能源研究所揭牌。新能源研究所研究领域主要包括制氢储氢、燃料电池、生物质能源、碳与储能材料等相关技术，2019年，成功制备出氢燃料电池关键材料铂碳电催化剂，采用该催化剂装配出功率达8千瓦的电堆并成功运行发电，实现中国石化在氢燃料电池技术领域零的突破。

（杜诗画）

【成立战略咨询委员会及院士专家工作站】 2019年7月22日，石油化工科学研究院召开第一届战略咨询委员会成立大会暨发展战略研讨会。战略咨询委员会共由14位院士组成，旨在为石油化工科学研究院发展战略调整、发展规划制定等重大事项提供战略咨询。同日，举行科学技术协会成立大会暨院士专家工作站授牌仪式。

（杜诗画）

【浆态床蒽醌法制双氧水成套技术通过鉴定】 2019年12月5日，由石油化工科学研究院与巴陵石化等单位共同承担的“十条龙”攻关项目“浆态床蒽醌法制双氧水成套生产技术”完成攻关任务，通过技术鉴定。该技术在巴陵石化建成2万吨/年工业示范装置，并一次开车成功，产出合格双氧水产品，氧化收率、萃余等各项指标均达到攻关目标。

（杜诗画）

【制定第3项ASTM国际标准正式发布】 2019年9月，石油化工科学研究院起草制定的ASTM国际组织标准“中间馏分及生物柴油调和燃料烃类组成测定气相色谱—质谱法”由美国试验与材料协会国际组织正式批准发布（ASTM D8276-19）。该方法可实现柴油及生物柴油调和燃料等产品中链烷烃、1-3环烷烃和1-3环芳烃等详细烃组成的准确测定，具有分析速度快、操作简单、环境友好等特点，可广泛应用于柴油和生物柴油调和燃料产品的生产、使用和质量控制检测。

（杜诗画）

【掌握最新一代汽油机油产品技术】 国际润滑油标准认证委员会（ILSAC）和美国石油学会（API）计划于2020年开始应用最新一代GF-6/SP汽油机油规格。2019年7月，由石油化工科学研究院研制的汽油机油产品顺利通过GF-6/SP规格要求的发动机试验，首次在国际发动机油规格标准颁布应用前，与国际添加剂公司同步推出自主配方的最新一代汽油机油技术，消除与国际最新技术的代际差异。

（杜诗画）

【加氢催化剂在泰国炼厂成功应用】 2019年11月，由石油化工科学研究院开发的RS-2200柴油加氢催化剂及RN-410蜡油加氢催化剂经过多轮评比，中标泰国IRPC炼厂2套加氢装置，并顺利通过该厂组织的工业装置标定。RS-2200催化剂是一种低堆比、高稳定性的柴油加氢脱硫催化剂，在较低氢耗下可实现超深度脱硫；RN-410催化剂是新一代蜡油加氢脱硫脱氮催化剂，具有较高的稳定性和较强的脱硫性能。

（杜诗画）

【闵恩泽院士被授予最美奋斗者称号】 为庆祝新中国成立70周年，学习英雄事迹、弘扬奋斗精神、培育时代新人，中央宣传部、中央组织部、国务院国资委等九部委决定，授予278名个人及22个集体最美奋斗者称号，中共党员、中国科学院院士、中国工程院院士、第三世界科学院院士、石油化工催化剂专家闵恩泽名列其中。此外，共有80名石油化工科学研究院职工（含离退休职工）获庆祝中华人民共和国成立70周年纪念章。

（杜诗画）

【李大东院士当选感动石化人物】 2019年9月25日，中国工程院院士、石油炼制催化剂及工艺专家李大东当选第五届感动石化人物。李大东院士致力于加氢工艺和催化剂研究近60年，牵头负责研制的RN-1加氢精制催化剂解决催化柴油氧化沉渣问题，获中国专利金奖、国家科技进步一等奖，广泛应用于国内外50余套工业装置，该催化剂家族80多个品种应用拓展至500余套工业装置，为中国油品质量持续升级做出卓越贡献。

（杜诗画）

【宗保宁获中国石化科技创新功勋奖】 集团公司高级专家、石油化工科学研究院副总工程师宗保宁自1991年参加工作以来，致力于将新催化材料、新反应工程与新反应途径相结合，在世界上首次实现非晶态镍催化剂和磁稳定床反应器的工业应用，开发形成己内酰胺、过氧化氢和环己酮绿色生产技术，完成微藻减排 NO_x 生产蛋白质技术的工业示范，为绿色化工技术的创新发展做出突出贡献，被授予2019年度中国石化科技创新功勋奖。

（杜诗画）

【王辉国入选“国家百千万人才工程”人员名单】 石油化工科学研究院第四研究室主任王辉国长期从事芳烃分离吸附剂及模拟移动床吸附分离工艺研发，先后主持开发2个品种、4个牌号的RAX系列碳八芳烃吸附剂；参与开发分立冲洗式高效模拟移动床吸附分离SorPX工艺，建成3万吨/年PX吸附分离示范装置、60万吨/年PX大型芳烃联合装置。2015年，获国家科技进步特等奖；2019年，入选“国家百千万人才工程”人员名单，被授予有突出贡献中青年专家称号。

（杜诗画）

表1 石油化工科学研究院2019年度主要科研成果获奖情况

序号	项目名称	奖项名称	获奖等级
1	活性相定向构建及复杂反应分级强化的柴油高效清洁化关键技术	国家技术发明奖	二等奖
2	一种降低重质原料油中沥青质和残炭含量的方法	中国专利奖	金　奖
3	一种生产丙烯和轻芳烃的烃类催化转化方法	中国专利奖	优秀奖
4	微藻用于 NO_x 和 CO_2 减排的集成与创新	集团公司前瞻性基础性研究科学奖	一等奖
5	选择性生产烷基化原料的裂化催化剂研发	集团公司技术发明奖	二等奖
6	SINOALKY 硫酸烷基化工艺技术及其工业应用	集团公司科技进步奖	一等奖
7	加氢裂化－加氢异构脱蜡生产高档基础油成套技术开发	集团公司科技进步奖	一等奖
8	PB 型空间运动部件润滑油脂的研制	集团公司科技进步奖	二等奖
9	UL91 号无铅航空汽油的研制	集团公司科技进步奖	二等奖
10	不同芳碳环保橡胶油制备及环保型橡胶工业试验	集团公司科技进步奖	三等奖
11	溶剂抽提—选择性加氢脱硫组合（RCDS）技术开发及应用	集团公司科技进步奖	三等奖
12	一种含磷和金属组分的 MFI 结构分子筛及其应用	中国石油和化学工业联合会专利奖	金　奖
13	一种制备分子筛的方法	中国石油和化学工业联合会专利奖	优秀奖
14	基于变径流化床反应器的复杂气固催化反应工艺开发与应用	中国石油和化学工业联合会科技进步奖	一等奖
15	百万吨级煤基浆态床费托合成产物加氢提质 CFHL 技术开发与应用	中国石油和化学工业联合会科技进步奖	一等奖
16	催化裂化烟气污染物原位高效减排助剂技术	中国石油和化学工业联合会科技进步奖	二等奖
17	基于分子管理的反应过程控制和集成优化的加氢改质技术开发和应用	中国石油和化学工业联合会科技进步奖	二等奖

续表

序号	项目名称	奖项名称	获奖等级
18	汽油质量升级脱硫关键技术的开发与应用	中国石油和化学工业联合会科技进步奖	三等奖
19	多温区和多流型的单器变径流化床反应器技术平台的开发与应用	中国化工学会技术发明奖	一等奖

表 2　　石油化工科学研究院 2014—2019 年专利申请与授权情况　　件

年　份	国内专利		国外专利	
	申请数	授权数	申请数	授权数
2019	706	532.5	96	56
2018	701	589	90	82
2017	682	564	30	75
2016	685	660	47	69
2015	666	652	88	47
2014	638	445	102	80

北京化工研究院

【概况】 中国石油化工股份有限公司北京化工研究院（简称北京化工研究院）成立于 1958 年 6 月，是中国最早从事石油化工综合性研究的科研机构。曾隶属化学工业部，1998 年 9 月转制进入集团公司。2010 年，按照集团公司调整完善科技体制的整体部署，设立了齐鲁分院、扬子分院和燕山树脂所 3 家挂牌分院。2019 年，宁波新材料研究院作为宁波分院正式挂牌成立。

截至 2019 年底，北京化工研究院已经形成“一院三地”的发展格局。本部位于朝阳区北三环内，占地面积 9.7 万平方米，建筑面积 6.0 万平方米，设有 12 个研究所、1 个二级单位、4 个专业中心、11 个机关职能部门。燕山树脂所位于房山区向阳街道，占地面积 30 万平方米，建筑面积 6.1 万平方米，设有 7 个专业研究室。科学试验基地位于通州区台湖镇，占地面积 23 万平方米，建筑面积 5.0 万平方米。员工总数 1 009 人，其中中国工程院院士 1 人，集团公司科技创新功勋奖 2 人，享受政府特殊津贴 10 人，“百千万人才工程”国家级人选 2 人，集团公司首席专家 1 人、高级专家 3 人、突出贡献专家 19 人，博士 278 人、硕士 329 人。

截至 2019 年底，北京化工研究院共设有聚烯烃国家工程研究中心、橡塑新型材料合成国家工程研究中心、高浓度难降解有机废水处理技术国家工程实验室、国家基本有机原料质量监督检验中心、国家化学建材测试中心、国家先进高分子材料测试评价平台、生物源纤维制造技术国家重点实验室等 12 个国家及行业级技术中心和重点实验室，以及 4 个国内外行业协会秘书处，承担中国石化 6 个技术中心、2 个联合研发（创新）中心和 3 个重点实验室的工作，拥有 7 项设计制造资质。建设配备塑料技术中心（PTC）、橡胶技术中心（RTC）、高通量研发技术中心（HTC）等专业技术平台。编辑出版《石油化工》《化工环保》和《石油化工快报》3 个学术期刊和行业性杂志。拥有化学工程与技术、材料科学与工程 2 个一级学科硕士学位授权点，具有联合培养博士研究生资格，设有博士后科研工作站。

截至 2019 年底，北京化工研究院共获省部级以上科技奖励 431 项，包括国家技术发明奖 10 项，中国专利金奖 2 项、银奖 3 项，国家科技进步特等奖 1 项、一等奖 1 项、二等奖 9 项。其中，2019 年度，获国家级奖励 3 项，集团公司前瞻性基础性研究科学奖 3 项、技术发明奖 3 项、科技进步奖 7 项，石化联合会科学技术奖励 5 项，中国化工学会科学技术奖励 2 项。累计申请国内发明专利 6 747 件、获授权 3 592 件，申请国外专利 1 134 件、获准授权 683 件。其中，2019 年度，申请国内发明专利 640 件、获授权 430 件，申请国外专利 73 件、获准授权 96 件。

北京化工研究院 2019 年度主要科研成果获奖情况和 2014—2019 年专利申请与授权情况分别见表 1 和表 2。

（雷世龙）

【领导班子调整】 2019 年 12 月 18 日，集团公司党组宣布：刘振华任北京化工研究院党委书记、副院长；王岚不再担任北京化工研究院党委书记、委员、副院长职务，另有任用。2019 年 11 月 18 日，集团公司党组宣布：傅维任北京化工研究院党委副书记兼纪委书记，为北京化工研究院工会主席人选；郭彦来不再担任北京化工研究院党委副书记、委员、纪委书记、工会主席职务，另有任用。

（雷世龙）

【高附加值合成树脂关键技术开发及应用项目通过鉴定】 2019 年 3 月 12 日，由北京化工研究院作为项目长单位的“高附加值合成树脂关键技术开发及应用”重大科技项目通过集团公司科技部组织的鉴定，是中国石化首个通过鉴定的重大科技项目。该项目共获授权专利 18 件、专有技术 7 项、标准 9 项，产业化原创型或填补国内空白的新产品 10 类。在镇海炼化等 10 家企业进行 47 个牌号的工业化生产，并在家电、卫生、建筑、电池、包装、食品等领域的超过 30 家企业进行应用推广。开发的高附加值合成树脂累计生产约 55 万吨，利润近 13 亿元。

（雷世龙）

高附加值合成树脂关键技术开发及应用重大科技项目鉴定会

【国家先进高分子材料测试评价平台落户北京化工研究院】 2019 年 12 月 6 日，国家先进高分子材料测试评价平台建设项目启动会在国家工信部成功召开。该平台是落实国务院关于新材料产业重点平台建设工作指示精神的重要举措，由国家工信部规划的行业测试评价中心之一。重点聚焦先进工程塑料、高端聚烯烃、特种橡胶及热塑性弹性体、涂料、胶黏剂、膜材料、功能高分子材料 7 类先进高分子材料，重点围绕测试评价技术开发和全国服务网络体系建设，全面提升中国新材料测试评价技术能力和服务水平。平台建设由中国石化独立承担，北京化工研究院具体负责。

（雷世龙）

【生物源纤维制造技术国家重点实验室启动联合共建】 2019 年 8 月，北京化工研究院与中国纺织科学研究院聚焦产业长远发展的关键科学问题和核心技术，启动联合共建“生物源纤维制造技术国家重点实验室”。充分发挥中国纺织科学研究院在成纤聚合物合成工艺、纺丝工艺、纤维功能化方面的优势和北京化工研究院在高分子物理及表征、高分子材料加工、制品分析测试等方面的优势，推进中国高性能化和功能化合成材料，以及前瞻性生物基聚合物的开发，提升下游相关产业的国际竞争力。

（雷世龙）

【中国石化 2 个联合创新中心在北京化工研究院成立】 2019 年 5 月 23 日，中国石化汽车轻量化非金属材料创新中心、中国石化化工过程强化技术联合研发中心成立暨第一次联席会议在北京化工研究院召开。2 个中心将聚焦集团公司“基础 + 高端”发展战略，采用“产学研用”联合攻关模式，开发引领和支撑性技术。

（雷世龙）

中国石化汽车轻量化非金属材料创新中心联席会议

【气相聚乙烯 BSG 催化剂国产化攻关取得成功】 2019 年 8 月 15 日，由北京化工研究院开发的气相聚乙烯 BSG 催化剂在镇海炼化分公司 50 万吨 / 年 Unipol 工艺装置上顺利完成 36 天长周期、全牌号、高负荷连续稳定生产，标志着气相聚乙烯催化剂国产化攻关取得成功，实现进口催化剂牌号的全替代。

（雷世龙）

【医用耗材专用高分子材料开发及应用项目通过鉴定】 2019 年 11 月 7 日，“十条龙”攻关项目“医用耗材专用高分子材料开发及应用”通过集团公司科技部组织的鉴定。其中，子课题“医疗耗材用聚丙烯树脂开发”由北京化工研究院牵头，已成功开发出满足用户性能要求的丙烯基无规共聚产品，且通过欧洲药典、美国药典等医用标准检测，并在国内获批量应用。

（雷世龙）

【河南油田高温油藏化学驱提高采收率技术项目通过鉴定】 2019 年 11 月 27 日，由北京化工研究院与河南油田分公司等单位共同承担的“十条龙”攻关项目“河南油田高温油藏化学驱提高采收率技术”通过集团公司科技部组织的鉴定。该项目创新开发了高温油藏驱油用耐温聚合物，并首次在 95℃高温油藏应用，主体区提高采收率 5% 以上，标志着中国石化在高温高盐等特殊油藏提高采收率领域又向前迈进一大步。

（雷世龙）

【BCL-100 催化剂生产 PE100 级管材的长周期试验项目通过鉴定】 2019 年 5 月 8 日，该项目通过集团公司科技部组织的鉴定。项目开发了新型 BCL-100 催化剂技术，填补了国内空白。已申请发明专利 13 件（获授权 13 件），具有自主知识产权。在企业获广泛应用，降低了装置运行的物耗、能耗和生产成本。

（雷世龙）

【有机超滤膜开发及工业应用项目通过鉴定】 2019 年 6 月 14 日，该项目通过集团公司科技部组织的鉴定。项目开发了具有自主知识产权的有机超滤膜制备配方及工艺，完成了中空纤维帘式、中空纤维压力式和平板超滤膜工业组件的研制并进行了工业应用示范。可替代现有国内外超滤膜，帮助企业降低膜使用费用，减少取水量和外排污水量，支持企业节水减排工作。

（赵　鹏）

【DQS 载体及其催化剂技术通过鉴定】 2019 年 5 月 8 日，由北京化工研究院承担的“DQS 载体及其催化剂工业放大试验”和“DQS 催化剂生产新牌号技术开发”2 个项目通过集团公司科技部组织的鉴定。该技术开发了具有全新组成结构的多组分球形载体和新型多组分载体催化剂，在国内多家企业获批量应用，并在国外工业试用效果良好。该技术具有自主知识产权，获国家专利授权 19 件、国际专利授权 7 件。

（雷世龙）

【新型氧氯化催化剂在 37 万吨 / 年装置上应用试验项目通过鉴定】 2019 年 6 月 13 日，该项目通过集团公司科技部组织的鉴定。项目成功开发出具有优秀耐磨性能和化学特性的混合载体，可通过调整催化剂配方，满足不同工艺装置对催化剂的需求；已在多家企业实现工业应用，推广应用前景广阔。

（杨　溢）

【聚乙烯大口径压力管材残余应力评价技术项目通过鉴定】 2019 年 5 月 9 日，该项目通过集团公司科技部组织的鉴定。项目首次在国内外建立了聚乙烯大口径管材残余应力分布的定量评价方法，同时确定了 4 种聚乙烯管材残余应力的定性评价方法。项目研究成果已用于中国石化聚乙烯管材专用料新产品开发及推广应用。

（赵　鹏）

【高负荷高选择性 YS-9030 银催化剂研究开发项目通过评议】 2019 年 8 月 28 日，该项目通过集团公司科技部组织的评议。YS-9030 银催化剂可以适应更高时空产率和更高二氧化碳浓度，在反应器不同高度的反应更均匀，催化剂性能进一步提高，市场竞争力进一步增强，工业应用前景良好。

（杨　溢）

【扎实开展“不忘初心、牢记使命”主题教育】 2019 年，按照党中央统一部署和集团公司党组安排，北京化工研究院分 2 批开展“不忘初心、牢记使命”主题教育。聚焦学习贯彻习近平新时代中国特色社会主义思想这一主线，全面对照实现 5 项目标，贯彻落实抓好学习教育、深入调查研究、认真检视问题、坚决整改落实 4 项重点措施。取得知信行合一能力提升、落实党组决策部署更加坚决、党的建设有力加强、科技创新“硬实力”有效强化、科研人才“软实力”持续提升、“文化内核”有力塑造、为民服务解难题 9 项措施落实到位等成效。

（刘　涛）

【首届“传统教育日”活动拉开帷幕】 2019 年 5 月 31 日，北京化工研究院召开“忆传统、学劳模、创一流”主题报告会，拉开首届“传统教育日”活动的帷幕。经党委会研究决定，将 6 月 1 日定为北京化工研究院“传统教育日”。

（雷世龙）

第一届“传统教育日”主题报告会

【深入实施“人才强院”工程】 2019 年 5 月 21 日，北京化工研究院召开专家聘任大会，新聘 7 名首席专家、15 名高级专家、55 名专家和续聘 14 名专家接受聘书。百人专家队伍的建设标志着北京化工研究院专业技术人才队伍序列初步形成，领军人才队伍方阵基本组建。

（王　伟）

【重要荣誉】 2019 年，北京化工研究院获集团公司节能环保先进单位称号，高分子材料检测创新团队获集团公司优秀创新团队称号，球形聚丙烯催化剂研究组、燕山分院银催化剂研发团队获中国石化工人先锋号称号，夏先知获中央企业劳动模范称号，周俊领获中央企业优秀党务工作者称号，梁爱民获侯德榜化工科学技术成就奖，宋文波获侯德榜化工科学技术创新奖，李琰获侯德榜化工科学技术青年奖。

（雷世龙）

表 1　　北京化工研究院 2019 年度主要科研成果获奖情况

序号	项目名称	获奖名称	获奖等级
1	一种具有高熔体强度的丙烯均聚物及其制备方法	第 21 届中国专利奖	银　奖
2	用于乙烯聚合的催化剂组分及其催化剂	第 21 届中国专利奖	银　奖

续表

序号	项目名称	获奖名称	获奖等级
3	一种共轭二烯烃均聚和共聚合工艺的凝胶抑制方法	第 21 届中国专利奖	优秀奖
4	聚合物分离膜分子结构调控与结构性能研究	集团公司前瞻性基础性研究科学奖	二等奖
5	应力作用下聚烯烃微观结构演变与性能响应关系	集团公司前瞻性基础性研究科学奖	三等奖
6	聚乳酸长支链拓扑结构调控和性能研究	集团公司前瞻性基础性研究科学奖	三等奖
7	官能化溶聚丁苯橡胶分子结构功能化机制及关键技术开发	集团公司技术发明奖	一等奖
8	含异戊二烯共聚物的选择性高效催化体系的制备及工业应用	集团公司技术发明奖	二等奖
9	新型大型化两程分支变径炉管乙烯裂解炉	集团公司技术发明奖	三等奖
10	新型高性能乙烯淤浆聚合 BCL-100 催化剂技术开发及应用	集团公司科技进步奖	一等奖
11	高附加值合成树脂关键技术开发及应用	集团公司科技进步奖	一等奖
12	高温丙烯聚合技术及产品开发	集团公司科技进步奖	二等奖
13	有机超滤膜开发及工业应用	集团公司科技进步奖	二等奖
14	聚乙烯大口径压力管材残余应力评价技术	集团公司科技进步奖	三等奖
15	功能性聚丙烯吹塑薄膜的可控制备技术	集团公司科技进步奖	三等奖
16	双功能 BCNA-30 复合成核剂的开发及应用	集团公司科技进步奖	三等奖
17	满足多维加工的缓释长效抗菌树脂产业化关键技术研究及开发	中国石油和化学工业联合会技术发明奖	二等奖
18	绿色高效百万吨级乙烯成套技术开发及工业应用	中国石油和化学工业联合会科技进步奖	特等奖
19	新型绿色环保制冷剂系列国家标准的研制	中国石油和化学工业联合会科技进步奖	二等奖
20	炼厂干气回收利用成套技术开发	中国石油和化学工业联合会科技进步奖	二等奖
21	高性能电解质膜材料的关键制备技术及其应用	中国石油和化学工业联合会科技进步奖	三等奖
22	新型乙烯淤浆聚合工艺的高性能催化剂技术开发	中国化工学会科学技术发明奖	二等奖
23	基于界面浓度场控制的银催化剂定向合成和应用研究	中国化工学会基础研究成果奖	一等奖

表 2　　北京化工研究院 2014—2019 年专利申请与授权情况　　件

年　份	国内专利		国际专利	
	申请数	授权数	申请数	授权数
2019	640	430	73	96
2018	635	461	63	68

续表

年份	国内专利		国际专利	
	申请数	授权数	申请数	授权数
2017	630	406	55	67
2016	623	566	146	78
2015	602	450	71	92
2014	601	370	98	72

大连（抚顺）石油化工研究院

【概况】 大连（抚顺）石油化工研究院是中国石油化工股份有限公司大连石油化工研究院和中国石油化工股份有限公司抚顺石油化工研究院的统称。其前身创建于1953年4月，是新中国最早建立的石油研究机构，1983年7月划归新组建的中国石油化工总公司。建院初期位于辽宁省抚顺市望花区。2017年9月，主要研发部分搬迁至辽宁省大连市旅顺口区，设立大连石油化工研究院；加氢中试装置留在抚顺，保留抚顺石油化工研究院。

经过60余年的发展，大连（抚顺）石油化工研究院已形成清洁炼油、新兴能源资源和炼化公用技术三大创新研发平台，下设15个研究室和1个环保研究所。设有国家石油产品检验实验室、国家石蜡质量监督检验中心以及博士后工作站和硕士研究生工作站，是国家石油蜡类产品标准化归口单位，同时也是石油化工环境污染防治技术国家地方联合工程研究中心、中国石化环境监测总站及一些省部级工程研究中心（重点试验室）的依托单位。

截至2019年底，大连（抚顺）石油化工研究院正式职工总数697人，具有高级技术职称的各类专业技术人员313人。其中，中国工程院院士1人，“百千万人才工程”国家级人选1人，享受国务院政府特殊津贴专家14人，集团公司高级技术专家8人、突出贡献专家19人。获国家科技进步奖和技术发明奖23项，获省部级科技成果奖励400余项，获中国发明专利金奖2项、优秀奖15项，累计申请中国专利7 000余件、境外专利300余件，获国内外专利授权5 000余件。

大连（抚顺）石油化工研究院2019年度科研成果获奖情况和2014—2019年专利申请与授权情况见表1和表2。

（刘建宇）

【领导班子调整】 2019年12月18日，集团公司召开会议，宣布大连（抚顺）石油化工研究院领导班子调整的决定。调整后大连（抚顺）石油化工研究院领导班子组成为：院长方向晨、党委书记兼副院长乔凯、总工程师关明华、副院长周勇、党委副书记吴丙乾、副院长王刚。

（刘建宇）

【“炼化油品和化学品装载作业VOCs回收和超低排放成套技术”获集团公司科技进步一等奖】 “炼化油品和化学品装载作业VOCs回收和超低排放成套技术”是大连（抚顺）石油化工研究院针对装载作业排放的废气组成复杂、间歇式排放、浓度和气量波动大等特点，通过开发安全可靠的工艺处理技术及关键设备、优化系统操作控制而取得的系列成套技术，可实现废气超低排放和装置长周期稳定运行，在多家企业应用均取得很好的效果。该项目获2019年度集团公司科技进步一等奖。

（刘建宇）

【“加氢裂化催化剂硫化—钝化耦合新工艺及节能降耗成套技术”获中国石油和化学工业联合会科技进步一等奖】 大连（抚顺）石油化工研究院等单位合作开发的“加氢裂化催化剂硫化—钝化耦合新工艺及节能降耗成套技术”采用“自供热”加氢裂化工艺及边硫化、边钝化分子筛催化剂湿法硫化技术，大幅度降低了开工炉的供热负荷，缩短了装置开工时间。与同类技术相比，使用该技术建设的 200 万吨 / 年加氢改质装置投资降低 1.7 亿元，能耗降低 67%，减排二氧化碳 9 万吨 / 年。该技术获 2019 年度中国石油和化学工业联合会科技进步一等奖。

（刘建宇）

【FHUDS-7 柴油加氢催化剂工业应用成功】 FHUDS-7 催化剂是大连（抚顺）石油化工研究院针对部分加氢装置生产符合国Ⅴ/Ⅵ排放标准柴油时，无法长周期运行的状况而开发的柴油加氢脱硫催化剂，具有加氢脱硫活性高、失活速率慢等特点。该催化剂在 300 万吨 / 年柴油加氢装置上应用时，满负荷生产符合国Ⅵ排放标准柴油，平均提温速率 0.7℃/ 月，失活速率为上周期国外催化剂的 1/2，体现良好的加氢脱硫活性和较高的稳定性，有效延长装置运行周期。

（刘建宇）

【开发成功高硫高重烃油田伴生气绿色高效净化成套技术】 大连（抚顺）石油化工研究院开发的油田伴生气绿色高效净化成套技术包括可有效脱除有机硫的复合脱硫剂系列产品、高效逆流喷射态塔盘系列技术及优化的工艺流程，可有效净化高硫高重烃油田伴生气。与传统技术相比，不仅可显著提高产品质量、降低能耗，而且可从源头上避免碱渣的生成。该技术在油田应用取得很好效果。

（刘建宇）

【拓展液相循环加氢技术应用领域】 大连（抚顺）石油化工研究院等单位开发的 SRH 液相循环加氢技术，依靠液相产品循环时携带的溶解氢提供加氢反应所需要的氢气，可大幅度降低装置投资和操作费用。该技术继应用于柴油加氢取得成功后，又拓展到航煤加氢、重整生成油脱烯烃、离子液体烷基化生成油加氢脱氯和重油加氢等领域，均取得很好效果。

（刘建宇）

【“埋地管道杂散电流监测预警及检测防护技术”通过技术鉴定】 大连（抚顺）石油化工研究院开发的“埋地管道杂散电流监测预警及检测防护技术”包括管道杂散电流在线监测装置与软件，以及据此提出的基于馈电实验的管道杂散电流防治设计方案、埋地管道杂散电流检 / 监测防护技术措施。该技术具有成本低、适用性广、响应快、精度高等特点。该技术在多地的成品油管道应用后，通过获取杂散电流干扰动态变化规律，实现管道阴极保护有效性、杂散电流干扰的动态测量和分析预警，每年为企业节省大量的管道杂散电流检测及干扰腐蚀缺陷维修费用。该技术于 2019 年 6 月通过中国石化科技部组织的技术鉴定。

（刘建宇）

【“中国石化藻种库运行管理及藻种评价”通过技术评议】 大连（抚顺）石油化工研究院建立的藻种库拥有藻种近 200 种。为规范藻种库的管理、保证藻种的遗传稳定性，大连（抚顺）石油化工研究院自主开发“中国石化藻种库运行管理及藻种评价”，首次制定藻种保藏管理技术规程，规定微生物藻种资源保藏的基本原则、要求，以及藻种资源的收集、整理、保藏、共享的管理流程，能够为藻种的长期保藏提供现实的科学资料和理论支撑。该技术于 2019 年 8 月通过中国石化科技部组织的技术评议。

（刘建宇）

【《石油炼制工业废气治理工程技术规范》获批】 由大连（抚顺）石油化工研究院负责编制的国家环境保护标准《石油炼制工业废气治理工程技术规范》自 2020 年 1 月 14 日起实施，标准编号为 HJ 1094—2020。该标准规定石油炼制工业废气治理工程的设计、施工、验收和运行管理的技术要求，适用于石油炼制工业的废气治理工程，可作为石油炼制建设项目环境影响评价、废气治理工程咨询、设计、施工、验收及建成后运行与管理的技术依据。

（刘建宇）

【“炼化企业公用工程系统智能优化技术”入选《国家工业节能技术装备推荐目录（2019）》】 “炼化企业公用工程系统智能优化技术”由大连（抚顺）石油化工研究院研究开发，包括氢气系统智能优化技术和蒸汽动力系统智能优化技术，具有实时监测、用能诊断、运行优化、排产和能耗管理等功能，可提高系统氢气利用效率，实现蒸汽产—输—用集成建模与优化，适用于炼化企业、石化基地、化工园区公用工程资源的集成管理与优化。

（刘建宇）

【启动青年科技创新培育计划】 为深化科技体制改革，进一步激发青年科研人员创新活力，大连（抚顺）石油化工研究院实施“青年科技创新培育计划”。该计划得到青年科技人员的积极响应，首次开展即收到 41 个申报项目。经过初步审查、公开答辩和专家评审，最终遴选出 7 项青年科技创新培育课题。

（刘建宇）

【“辽宁省油田化学工程技术研究中心”正式挂牌】 大连石油化工研究院与辽宁石油化工大学共同申报的“辽宁省油田化学工程技术研究中心”获辽宁省科学技术厅批复，正式挂牌于大连石油化工研究院。该中心将以油气勘探、钻井、采油、集输为主线，在抗高温改性淀粉钻井用化学剂研制、特色改性淀粉技术开发、耐盐耐温的化学驱油剂研制、高效驱油体系研究、含油污水处理技术、胶体分散体系与油田应用、油田设施防腐及管线防垢等方面开展研究工作。

（刘建宇）

【共建研究生联合培养基地】 2019 年 7 月，大连石油化工研究院与辽宁石油化工大学共建的研究生联合培养基地获批为“辽宁省专业学位研究生联合培养示范基地”。自 2003 年成立研究生工作站以来，大连（抚顺）石油化工研究院的 30 多名专业技术人员被辽宁石油化工大学聘为导师，利用双方的技术研发优势和人才培养优势，培养硕士研究生 200 多人，为中国石化输送了众多的优秀人才。

（刘建宇）

【举办职工运动会】 2019 年 10 月，举办了大连石油化工研究院第 1 届暨抚顺石油化工研究院第 19 届职工运动会，21 支代表队的近 500 名运动员参加包括球类、田径等 13 个竞技类项目和 4 个团体趣味项目的比赛。运动员奋勇争先、勇攀高峰的精神展示了员工团结奋斗、追求美好生活的精神风貌。

（刘建宇）

表 1　　大连（抚顺）石油化工研究院 2019 年度主要科研成果获奖情况

序号	项目名称	获奖名称	获奖等级
1	加氢裂化催化剂硫化—钝化耦合新工艺及节能降耗成套技术	中国石油和化学工业联合会科技进步一等奖	一等奖
2	炼化企业提质增效高效加氢裂化催化剂的研制及应用	中国石油和化学工业联合会技术发明奖	二等奖
3	炼油碱渣中和硫回收及水气净化成套技术	中国石油和化学工业联合会技术发明奖	三等奖
4	促进多环芳烃向单环芳烃定向转化的关键技术开发及工业应用	辽宁省科技进步奖	二等奖
5	加氢裂化—加氢异构脱蜡生产高档基础油成套技术开发	集团公司科技进步奖	一等奖
6	炼化油品和化学品装载作业 VOCs 回收和超低排放成套技术	集团公司科技进步奖	一等奖

续表

序号	项目名称	获奖名称	获奖等级
7	延长柴油加氢装置运行周期关键技术开发与应用	集团公司科技进步奖	二等奖
8	新型混捏法加氢裂化催化剂制备技术开发与应用	集团公司科技进步奖	二等奖
9	高硫高重烃油田伴生气绿色高效净化成套技术开发及工业示范	集团公司科技进步奖	二等奖
10	FCC 再生烟气深度除尘除雾及气溶胶等次生污染物协同控制技术	集团公司科技进步奖	二等奖
11	满足 VOCs 深度净化的 WSH-5 型催化氧化催化剂开发与应用	集团公司科技进步奖	二等奖
12	乙烯废碱液湿式氧化处理技术工业化应用	集团公司科技进步奖	二等奖
13	油气集输管网完整性管理技术研究	集团公司科技进步奖	二等奖
14	重质减渣梯级分离和高效应用技术开发	集团公司科技进步奖	三等奖
15	高稳定性 II 型活性相催化剂 FF-56 的开发和工业应用	集团公司科技进步奖	三等奖
16	炼化企业氢气系统智能优化技术	集团公司科技进步奖	三等奖
17	蒸汽产—输—用整体建模与优化技术开发及应用示范	集团公司科技进步奖	三等奖
18	高电压真空断路器开发与应用	集团公司科技进步奖	三等奖
19	基于完整性管理的油气管道风险评价方法及其应用	中国安全生产协会科技进步奖	三等奖
20	一种油气回收方法	中国专利奖	优秀奖

表 2　大连（抚顺）石油化工研究院 2014—2019 年专利申请与情况　件

年 份	国内专利		国外专利	
	申请数	授权数	申请数	授权数
2019	670	626	23	41
2018	692	546	48	42
2017	680	564	24	24
2016	655	609	28	11
2015	597	637	32	11
2014	572	440	22	14

上海石油化工研究院

【概况】 中国石油化工股份有限公司上海石油化工研究院（简称上海石油化工研究院）位于上海市浦东新区，创建于1960年（时称上海市石油化学研究所），是股份公司直属综合性研究开发机构；1984年转隶原中国石油化工总公司，1998年更为现名，2004年12月与上海石化科技开发公司整合，2010年4月增挂上海石油化工研究院南化分院、仪征分院、天津分院、巴陵分院和川维分院；研究领域涵盖基本有机化工、新型煤化工、油田化学品、精细化工和合成纤维材料等，设有中层机构32个，其中机关部门11个、直属机构1个、二级单位20个；是基本有机原料催化剂国家工程研究中心、绿色化工与工业催化国家重点实验室、全国石油化学标准化委员会的依托单位；设有中国石化甲醇转化、三采用表面活性剂、芳烃技术（联合）、碳纤维及其复合材料（联合）、高端精细化学品等重点实验室；中国石化有机原料情报中心站，上海市石油化工产品质量监督检验站，上海市催化剂行业测试中心等机构和企业博士后科研工作站；与联合化学反应工程研究所合办《化学反应工程与工艺》（双月刊），另有内刊《石油化工快报（有机原料）》（半月刊）。

截至2019年底，员工总数764人，其中高级技术人员349人，博士215人、硕士214人，中国工程院院士1人，国家级突出贡献专家3人，享受政府特殊津贴36人，入选国家百千万人才工程3人，国家“千人计划”专家1人，ASTM国际标准化分会主席1人。累计获国家级奖励50项，其中国家科技进步特等奖1项，国家科技进步一等奖2项，国家技术发明二等奖5项，中国专利金奖5项；累计获省部级及以上奖励313项，其中中国石化科技进步特等奖2项，科技进步、技术发明及前瞻性基础性研究科学等一等奖38项。累计申请中国专利7 026件、获授权中国专利3 879件，在20多个国家和地区申请专利567件、获授权专利295件，其中2019年度申请中国专利603件、获授权中国专利382件，申请涉外专利46件、获授权涉外专利41件。

上海石油化工研究院2019年度主要科研成果获奖情况和2014—2019年专利申请与授权情况分别见表1和表2。

（潘　波）

【领导班子调整】 根据集团公司人事任命，2019年12月16日，王岚任上海石油化工研究院党委书记、副院长；原党委书记、副院长顾跃光调任宁波工程公司；2019年10月23日，刘振东任上海石油化工研究院党委副书记、纪委书记、工会主席，原党委副书记、纪委书记、工会主席朱背然调任上海海洋石油。

（潘　波）

【恒力石化芳烃联合装置全面投产】 2019年5月9日，恒力石化（大连）有限公司2 000万吨/年炼化一体化项目的核心装置之一、采用上海石油化工研究院甲苯歧化技术的2#330万吨/年歧化装置一次投产成功，生产出纯度为99.72%的PX成品。该装置与2#225万吨/年PX装置、2#150万吨/年芳烃抽提装置组成的2#225万吨/年芳烃联合装置是世界上单体产能最大的芳烃装置。恒力石化的2套芳烃联合装置全面投产，PX总产能高达450万吨/年，在国内炼化领域处于领先地位。

（潘　波）

【中安联合MTO项目开车成功】 2019年7月26日，采用中国石化自主知识产权的S-MTO成套工艺及新一代S-MTO催化剂的中安联合170万吨/年S-MTO工业装置投产，一次开车成功，实现满负荷稳定运行，产品质量好，物耗、能耗等技术指标领先于国内行业水平。

（潘　波）

【中安联合OCC项目开车成功】 2019年8月26日，采用中国石化自主知识产权的烯烃催化裂解（OCC）成套工艺及全结晶分子筛催化剂的中安联合10万吨/年OCC装置开车成功。该OCC装置是煤制170万吨/年甲醇及转化烯烃项目的重要组成部分。OCC技术系通过催化裂解的方法，把碳四/碳五烯烃高选择性地转化为丙烯和乙烯；通过把 MTO 技术副产的碳四/碳五烯烃转化为丙烯和乙烯，可以提升煤制烯烃装置的竞争力。

（潘　波）

【吉化集团锦江油化厂重芳烃轻质化装置开车成功】 2019 年 12 月 5 日，吉化集团锦江油化厂 6 万吨/年重芳烃轻质化装置一期工程一次开车成功，该装置采用上海石油化工研究院乙烯焦油加氢成套工艺技术，装置各项操作指标优良，产品质量优于设计指标，该技术率先在国内工业应用成功，解决了乙烯焦油现有利用方式附加值低和新环保法规下出路的难题，为国内乙烯行业低值、劣质裂解副产品升值利用开辟了新途径，提升国内乙烯产业的竞争力。

（潘　波）

【新结构分子筛再获结构代码】 2019 年 4 月 26 日，现有 248 种结构分子筛材料中唯一具有 12×12×10 元环三维孔道体系、同时具有中孔和大孔且两者相互交叉连通的新结构分子筛 SCM-15，通过国际分子筛协会（IZA）结构委员会的认证，获结构代码 SOV（Sinopec Composite Material One Five）。是继 2018 年上海石油化工研究院获国际分子筛协会授予的结构代码 SOR 之后，取得的又一新结构分子筛。

（潘　波）

【“超高温特低渗油藏原位微乳液解堵剂研制及应用”获中国石化技术发明一等奖】 基于静电吸引、空间位阻策略及形貌自组装调控技术，首创新结构、高活性阴-阳离子表面活性剂；微乳液解堵新技术分别通过动态性能调控，实现原位微乳解堵；水热性能调控，提升耐温性能；构建复合体系，实现多效解堵。“超高温特低渗油藏原位微乳液解堵剂研制及应用”解决沉淀、液晶难题，提高效率效能，达到国际领先水平，获 2019 年度中国石化技术发明一等奖。中国石化鉴定认为：原位微乳液解堵剂在中国石油冀东油田、中国石化胜利油田累计应用 62 口井，累计增注 59 万立方米，累计增油 3.6 万吨，为低渗透油藏高效解堵增注增产提供了技术解决方案。已获授权中国发明专利 30 件、国外专利 4 件，拥有专有技术 1 件。

（潘　波）

【“精对苯二甲酸 ASTM 标准和国家标准制定”获中国石化科技进步一等奖】 2019 年 6 月 21 日，“工业用精对苯二甲酸系列标准研究”项目通过中国石化组织的技术鉴定。通过开发高效低毒样品预处理技术，创建精对苯二甲酸产品中金属、有机杂质、水分、酸值等先进高效绿色的分析方法，截至 2019 年 3 月底，8 项国家标准和 10 项 ASTM 标准全部发布实施，填补了精对苯二甲酸 ASTM 标准和国家标准空白；整体技术达到国际领先水平，提升了中国石化在国际标准化领域的话语权和影响力。制定的精对苯二甲酸产品国家标准，提升了金属等关键杂质的控制指标，满足聚酯工艺日益严格的质量要求；统一了精对苯二甲酸标准体系，实现中国石化在国际标准领域产品标准、系列标准的零的突破；签署了版权协议，向 ASTM 许可标准版权。“精对苯二甲酸 ASTM 标准和国家标准制定”获 2019 年中国石化科技进步一等奖。

（潘　波）

【“乙炔法醋酸乙烯催化剂工业应用试验”通过中国石化技术鉴定】 2019 年 5 月 28 日，“乙炔法醋酸乙烯催化剂工业应用试验”项目通过中国石化组织的技术鉴定。通过研究活性炭孔结构与表面含氧官能团对乙炔法醋酸乙烯催化剂催化性能的影响，创新了高效的活性炭改性技术。经改性的活性炭载体比表面积大，孔径分布适宜，具有特殊的过渡孔分布和较多的含氧基团。以改性活性炭为载体，开发成功活性中心高度分散的高活性 CTAV-01 乙炔法醋酸乙烯催化剂，完成催化剂放大生产；经重庆川维化工公司乙炔法醋酸乙烯工业装置试验，工业运行 174 天，累计生产醋酸乙烯 2.43 万吨，产品满足工业生产要求，平均时空收率较现有工业剂提高 20% 以上，达到国际先进水平。该项目申请中国发明专利 50 余件，已获授权 8 件。

（潘　波）

【“α-甲基苯乙烯加氢催化剂工业试验”通过中国石化技术鉴定】 2019 年 7 月 24 日，“α-甲基苯乙烯加氢催化剂工业试验”项目通过中国石化组织的技术鉴定。该项目创新了高密度、弱酸性的复合大孔结构载体制备与活性组分 Pd 的可控负载技术，研制的 Pd 粒径分布窄、分散度高的薄壳型 α- 甲基苯乙烯（AMS）加氢催化剂解决了苯酚丙酮装置 AMS 加氢脱除与抑制异丙苯加氢损失的技术难题，在燕山石化 16 万吨 / 年苯酚丙酮装置工业试验，连续稳定 30 个月。该工业试验表明：加氢产物中 AMS 平均含量≤ 0.048%，异丙基环己烷≤ 0.01%，该 AMS 催化剂低温活性和选择性高、耐杂质性能优良，利于长周期运行，综合性能优于进口催化剂。该项目申请国内外利 12 件，已获授权中国发明专利 1 件。

（潘　波）

【参加中央企业熠星创意大赛】 2019 年 6 月 14 日，由国务院国资委与相关部门联合组织开展的 2018 年中央企业熠星创意大赛通过层层筛选，大赛获奖项目出炉，其中中国石化 2 个项目获一等奖、4 个项目获二等奖、3 个项目获三等奖。上海石油化工研究院“新型氢能储运与转化技术”获一等奖，“柔性显示用无色透明的聚酰亚胺基板膜”“动力锂电池电解液新材料”获二等奖；王洪学博士获优秀导师称号。

（潘　波）

【开展“不忘初心、牢记使命”主题教育】 根据中共中央要求和中共中国石化党组的部署，上海石油化工研究院开展“不忘初心、牢记使命”主题教育，2019 年 6 月 14 日，以院党委、各管理党支部的处级以上党员干部为对象，启动第 1 批主题教育；9 月 26 日，以各科研党支部的处级以上党员干部为对象，启动第 2 批主题教育。主题教育期间，院各级党组织以学习贯彻习近平新时代中国特色社会主义思想为主线，按照“守初心、担使命，找差距、抓落实”的总要求，把“学习教育、调查研究、检视问题、整改落实”贯穿主题教育全过程，实现“理论学习有收获、思想政治受洗礼、干事创业敢担当、为民服务解难题、清正廉洁作表率”的具体目标。

（潘　波）

【评选首届员工之星】 为落实人才强企工程，推动科学研究、技术创新、市场开拓、管理服务、人才成长等方面持续改进、提升效率、提高质量，2019 年 1 月，经全院员工网络票选和评审组评审，评选出 10 位在各相关领域做出突出贡献的员工为 2018 年度员工之星，分别授予滕加伟、刘红星为“创新之星”，孔德金、孙洪敏为“开拓之星”，楼少迪、陆巍然为“管理之星”，夏爱国、李文婷为“服务之星”，王振东、童凤丫为“希望之星”等荣誉称号。这是上海石油化工研究院首次评选员工之星，以鼓励员工在各自岗位上发挥所长。

（潘　波）

表 1　上海石油化工研究院 2019 年度主要科研成果获奖情况

序号	项目名称	获奖名称	获奖等级
1	纯乙烯或干气与苯烷基化制乙苯的方法（ZL200910057824.1）	中国专利奖	银　奖
2	超高温特低渗油藏原位微乳液解堵剂研制及应用	集团公司技术发明奖	一等奖
3	精对苯二甲酸 ASTM 标准和国家标准制定	集团公司科技进步奖	一等奖
4	绿色高效乙醇酸（酯）制备技术	集团公司前瞻性基础性研究科学奖	二等奖
5	C_4 馏分选择加氢催化剂研制及工业试验	集团公司科技进步奖	三等奖
6	尖晶石型复合氧化物催化剂创制及其在烃类脱氢反应中的应用	集团公司科技进步奖	一等奖
7	非临氢重整油催化脱烯烃技术及其工业应用	集团公司技术发明奖	二等奖

表 2　　上海石油化工研究院 2014—2019 年专利申请与授权情况　　件

年　份	中国专利		国外专利	
	申请数	授权数	申请数	授权数
2019	603	382	46	41
2018	567	403	45	41
2017	588	378	42	26
2016	600	379	44	26
2015	588	438	41	30
2014	578	336	37	20

安全工程研究院

【概况】 中国石油化工股份有限公司青岛安全工程研究院（简称安全工程研究院）位于山东省青岛市，是中国石化直属的安全、环保和职业健康科研机构。安全工程研究院成立于 1979 年，1999 年 7 月整体进入集团公司。2004 年 4 月，原国家安全生产监督管理总局依托安全工程研究院成立国家安全生产监督管理总局化学品登记中心，为中国危险化学品安全监管提供综合性技术支持，2018 年 12 月 4 日，更名为应急管理部化学品登记中心（简称登记中心）。2007 年 7 月，国家科技部依托安全工程研究院设立化学品安全控制国家重点实验室，是首批企业国家重点实验室之一，2011 年 1 月 18 日通过国家科技部验收。

截至 2019 年底，安全工程研究院下设 8 个职能管理部门、14 个研究所（室）、中心，用工总数 493 人（安全工程研究院 446 人，登记中心 47 人），其中具有正高级职称的 41 人、副高级职称的 182 人；博士 73 人，硕士 237 人，博士后工作站在站博士后 3 人；特聘院士 2 人，科技部部际联席会议特邀专家 2 人，国务院安委会专家咨询委员会和专业委员会委员 2 人，享受政府特殊津贴专家 5 人，国家科技安全生产等部级以上专家 29 人，中国化工学会会士 1 人，中国石化突出贡献专家 8 人、学术技术带头人 8 人；各类国家级 HSE 领域专家 50 余人，具有注册安全工程师、安全评价师、职业危害评价师、环境影响评价师、注册计量师等执业资格的人员 300 余人。建有山东省院士工作站和青岛市院士工作站、博士后工作站、研究生工作站。

安全工程研究院 2019 年度主要科研成果获奖情况及 2014—2019 年专利申请与授权情况分别见表 1 和表 2。

（王新军）

【领导班子调整】 2019 年 3 月 15 日，集团公司宣布对安全工程研究院领导班子调整决定：杨哲任安全工程研究院党委书记、副院长。

（王新军）

【重大项目立项与攻关获佳绩】 2019 年，安全工程研究院成功申报“功能安全与信息安全融合的仪表共性关键技术研究与产品开发”“加氢关键部件安全性能测试技术及装备研究”2 项国家重点研发计划课题，以及“天然气水合物”“微流控反应”2 项国家青年科学家自然科学基金项目；15 项成果完成鉴定，6 项科研成果达到国际先进水平，2 个“十条龙”项目顺利“出龙”，其中“大型原油罐区安全及 VOCs 减排技术开发与应用”处于国际先进水平，“2 万吨 / 年浆态床蒽醌加氢制双氧水成套技术”形成安全工艺包，打破国外技术垄断。

（王新军）

【科技成果奖励取得新成绩】 2019年，安全工程研究院申报的“安全环保型延迟焦化密闭除焦、输送及存储成套技术”和“SINOALKY硫酸烷基化工艺技术及其工业应用”2个项目获中国石化科技进步一等奖，“典型危险化工过程安全关键技术”获中国化工学会科技进步一等奖；此外，还获安全生产协会、职业健康协会等社会力量科技奖励一等奖6项；专利质量稳步提升，围绕“等离子体分解硫化氢技术”等申请涉外专利3件，“大流量液氮泡沫技术”进入国家审查阶段，通过认定专有技术22项；新申报ASTM标准2项，2项国家标准通过审查，2项山东省标准完成报批。

（王新军）

【学科规划布局进一步完善】 2019年，安全工程研究院确定9个重点建设学科，并以此为基础探索组建创新科研团队，第1批成立微纳材料与微反应工艺、气相燃爆与高压气体安全试验2个创新团队，明确团队运行机制；成立油气田安全技术研究室，主要研究方向为聚焦油气田重大风险、安全生产共性问题和技术瓶颈，围绕“关键安全技术研发、系统安全管理支撑、顶层安全决策参谋”三大作用发挥，强化油气田风险防控系统解决方案顶层设计，加速研发形成具有核心竞争力的自主技术和装备，做好成果转化和品牌化推进，为中国石化油气田安全开发提供专业的安全技术支撑；推进组建卫生与环境毒理研究室，已完成学科规划和专业人员配备。

（王新军）

【危险化学品重大事故防控技术支撑基地建设项目审批通过】 2019年3月6日，危险化学品重大事故防控技术支撑基地建设项目可行性研究报告通过国家发改委审批，标志着危险化学品领域国家级的建设项目正式落地。

危险化学品重大事故防控技术支撑基地建设项目主要位于山东省青岛蓝谷高新技术产业开发区，用地11.6万平方米，总投资9.9亿元，由化工过程风险评估与安全控制、重大事故应急救援技术支撑等5个分基地、23个实验室或平台组成，主要从事故前的防控、事故中的应急与指挥、事故后的调查与验证等环节，围绕应急管理部危险化学品安全生产监督管理工作需求，开展监督执法检查、隐患排查、事故预防与控制、重大危险源监控、应急救援、事故鉴定等方面的关键技术和装备研发、生产、技术标准制修订等工作。预计2022年4月竣工验收。

（王新军）

【指导集团公司121家直属企业完成HSSE体系文件修订发布工作】 2019年，安全工程研究院根据中国石化《关于全面推进企业HSSE管理体系建设工作的通知》的要求，在总结中原油田、镇海炼化等7家试点企业体系文件修订指导经验的基础上，编制了《企业HSSE管理体系建设指导方案》《中国石化HSSE管理体系实施问答》，组织5期HSSE管理体系文件修订工作培训班，培训各直属企业体系修订相关人员800余名；组织17支指导团队170名专家对各直属企业HSSE管理手册编写、安全环保责任制建设、制度修订、工作表单编制等体系文件的修订进行咨询、指导和审核，并赴52家企业开展现场指导，共完成121家直属企业HSSE管理体系文件的修订发布工作，为提升企业HSSE管理水平提供支撑。

（王新军）

【推进国家危化品安全监管信息化建设】 2019年，安全工程研究院根据《危化品安全综合治理方案》全面摸排危化品安全风险的要求，将全国生产、经营、储存、使用、运输、废弃各环节的危化品信息数据进行汇总，构建全国危化品安全风险“一张图一张表”；研发的国家危化品安全风险监测预警系统在山东、广东等24个省份进行推广应用，并按照国家应急管理部要求，对其他省份进行技术指导，短时间内全部实现全国2 377家涉及一、二级重大危险源（罐区）危化品企业在线监测联网和风险预警，构建从企业到各级政府部门的风险分级管控与动态监测预警体系，为政府监管和决策提供支撑。

（王新军）

【承办中国化工学会年会】 2019年10月17—20日，安全工程研究院在青岛承办了中国化工学会四十届二次会员代表大会、2019中国化工学会年会。大会期间，中国化工学会组织多名院士做主论坛报告及29场专题分论坛报告，来自化工学术、科技、产业界的3 000余名代表参会，对促进化工学术繁荣，推动行业科技创新发挥重要作用。

（王新军）

【获中国石化优秀创新团队称号】 2019年，安全工程研究院微纳材料与微反应创新团队获中国石化优秀创新团队称号。该团队致力于智能感知与检测、微反应工艺的应用基础和前瞻性科研工作，先后承担近20项科研课题的研究，在超敏气体传感、多参数水质分析、多相耦合微通道反应本质安全新工艺开发等方面取得重要突破，初步开发形成有毒可燃气体多参量智能传感器、便携式智能水质检测仪、丙烯直接气相环氧化制备环氧丙烷微反应技术，先后获中国石化基础前瞻一等奖等省部级科技奖励5项。安全工程研究院已拥有8支集团公司优秀创新团队。

（王新军）

【于安峰劳模创新工作室挂牌】 2019年4月28日，安全工程研究院于安峰劳模创新工作室挂牌成立。创新工作室以中国石化劳动模范于安峰命名，由2名闵恩泽青年科技人才/教授级高工和17名专业科研人员组成，主要研究方向包括泄漏扩散风险评估、爆燃及爆轰机理研究与工程防护、泄放燃烧安全等领域。成立劳模创新工作室，旨在进一步发挥劳模示范带头作用，放大劳模品牌效应，培养出更多的先进人才和技术能手，从而造就一支学习能力强、创新能力强、业务素质高的职工队伍，不断提高劳模和职工群众的自主创新能力，促进安全工程研究院科研和技术能力的提升。

（王新军）

【开展“不忘初心、牢记使命”主题教育】 2019年6月14日，安全工程研究院（登记中心）召开“不忘初心、牢记使命”主题教育动员大会，号召广大党员干部深入贯彻落实中央“不忘初心、牢记使命”主题教育工作会和应急管理部、集团公司主题教育动员大会精神，结合工作实际高质量开展主题教育，切实做到理论学习有收获、思想政治受洗礼、干事创业敢担当、为民服务解难题、清正廉洁做表率。

（王新军）

【获多项荣誉】 2019年，安全工程研究院获评集团公司安全生产先进单位；孙万付获山东省富民兴鲁劳动奖章；党文义、徐伟获评中国石化突出贡献专家；石宁获第11届侯德榜化工科技创新奖，郎需庆获侯德榜化工科技青年奖；李传坤、闫柯乐、牟小冬3人获评闵恩泽青年科技人才；泄漏检测团队获评中国石化青年文明号；HSE风险评估研究所获评中国石化工人先锋号；安全工程研究院第一团支部获评中国石化五四红旗团支部；孙冰获评中国石化十大杰出青年岗位能手；郭璐获评全国石油和化工行业检验检测工作先进个人；郭亚逢获评山东省职工职业道德建设标兵。

（王新军）

表1　安全工程研究院2019年度主要科研成果获奖情况

序号	项目名称	获奖名称	获奖等级
1	SINOALKY硫酸烷基化工艺技术及其工业应用	集团公司科技进步奖	一等奖
2	安全环保型延迟焦化密闭除焦、输送及存储成套技术	集团公司科技进步奖	一等奖
3	加气站关键设备全工况性能测试技术及装备	集团公司技术发明奖	三等奖
4	关键电气设备状态检测及故障诊断技术	集团公司科技进步奖	三等奖
5	炼油装置氯腐蚀防护技术研究	集团公司科技进步奖	三等奖

续表

序号	项目名称	获奖名称	获奖等级
6	管道储运企业应急能力量化评估	集团公司科技进步奖	三等奖
7	基于云技术的销售企业 HSE 培训体系与模式研究	集团公司科技进步奖	三等奖
8	典型危险化工过程安全关键技术及应用	中国石油和化工自动化协会科技进步奖	一等奖
9	石化企业施工安全风险预警与管控云平台及应用	中国石油和化工自动化协会科技进步奖	一等奖
10	油品静电在线监测与智能消除技术及装备	中国安全生产协会科技进步奖	一等奖
11	城镇生命线系统安全运行与应急处置关键技术研究	中国安全生产协会科技进步奖	一等奖
12	受限空间危化品泄漏负压处置技术装备	中国职业安全健康协会科技进步奖	一等奖
13	石化企业安全水平定量诊断和风险动态预警与管控技术	中国职业安全健康协会科技进步奖	一等奖
14	危险化学品泄漏源定位技术与系统	中国石油和化学工业联合会科技进步奖	一等奖
15	石油化工企业设备完整性关键支撑技术与工业化应用	中国石油和化学工业联合会科技进步奖	二等奖
16	炼化企业人员违章行为智能识别与管控技术	中国石油和化学工业联合会技进步奖	三等奖
17	同类多发事故技术原因分析与对策措施专题研究	中国职业安全健康协会科技进步奖	二等奖
18	炼化企业粉尘作业岗位职业病危害风险控制研究	中国职业安全健康协会科技进步奖	二等奖
19	精 EO 安全控制及工程技术开发及工业应用	中国安全生产协会科技进步奖	二等奖
20	危化品重大事故演化过程动态研判及辅助决策关键技术	中国安全生产协会科技进步奖	二等奖
21	石油石化现场作业安全培训系列教材	中国石油和化工自动化协会优秀科技著作奖	三等奖
22	化工装置建设和检维修作业风险管控关键技术与装备	山东省科技进步奖	三等奖
23	典型危化品事故研究与应急关键技术	山东省科技进步奖	三等奖

表 2　　安全工程研究院 2014—2019 年专利申请与授权情况　　件

年　份	国内专利		国外专利	
	申请数	授权数	申请数	授权数
2019	316	98	3	0

续表

年　份	国内专利		国外专利	
	申请数	授权数	申请数	授权数
2018	314	200	1	0
2017	286	129	1	0
2016	228	150	0	0
2015	218	98	0	0
2014	102	63	0	0

催化剂公司

【概况】 中国石化催化剂有限公司（简称催化剂公司）作为股份公司的全资子公司，是中国石化催化剂生产、销售和管理的责任主体，是中国石化旗下唯一生产催化剂的企业，成立于 2013 年 5 月 28 日，本部位于北京市朝阳区惠新东街甲 6 号。其前身是 2004 年 12 月 29 日在北京成立的中国石油化工股份有限公司催化剂分公司。

催化剂公司是国内最大的炼油化工催化剂生产商、供应商、服务商，年生产能力 23 万吨，产品有炼油、聚烯烃、基本有机原料、煤化工、环保催化剂和吸附剂及助剂 6 类 300 个品种。

截至 2019 年底，催化剂公司机关设置职能业务部门 13 个，下辖 10 家生产经营性单位和 2 家直属单位。生产基地主要分布在北京、上海、湖南、山东、辽宁和江苏 6 个省市。催化剂公司用工总量 3 711 人，拥有各类经营管理及专业技术人员 1 501 人，其中具有教授级高级职称的 30 人、高级职称的 424 人；拥有博士 25 人、硕士 333 人，并建有博士后工作站。

催化剂公司主要生产经营指标见表 1。

（李宇敏）

【领导班子调整】 2019 年 3 月 8 日，集团公司党组对催化剂公司领导班子进行调整：陈遵江任催化剂公司执行董事，解聘其催化剂公司副总经理职务；聘任王涛为催化剂公司常务副总经理；谢在库不再主持催化剂公司行政工作。

（李宇敏）

【狠抓市场开拓】 2019 年，催化剂公司努力消除中美贸易摩擦对出口业务产生的不利影响，瞄准做大销售总量，做到外部丢失、内部提升，局部受损、总体有升。系统内市场国产化替代趋势明显提高，系统外中国石油、中国海油、神华集团、延长集团及民营炼厂实现突破，系统外市场销量占比提高到 50% 以上，国内市场主导地位进一步稳固。在印度成功举办境外市场专题交流会，为探索海外市场开拓新路径。

（李宇敏）

【补齐安全环保短板】 着力加强直接作业环节和现场安全管理，推进分级承包重大风险和隐患治理，挂牌督办“9+1”重点环保项目，推进齐鲁污水近零排放建设项目承包商风险管控、奥达乙烯丙烯罐区隐患治理，完成奥达北京市重大危险源核销，消除了重大风险隐患。成功举办氢气泄漏着火爆炸事故应急处置综合预案演练，开展 HSSE 岗位练兵和业务竞赛，岗位练兵覆盖率达 95% 以上，全员 HSSE 意识、能力有效提升。

（李宇敏）

【践行绿色发展理念】 催化剂公司认真践行绿色

发展理念，编制污染防治工作 3 年实施方案，重点立项 44 个，计划投资 4.5 亿元。着力做好催化剂全生命周期服务和固体废物减量化、资源化、无害化工作，编制废剂处置基地总体建设方案并获总部批复，稳步推进四大废剂处置基地前期筹备。积极推进北京有限银催化剂和碳二碳三催化剂迁建、奥达装置升级改造项目前期准备，严格督办齐鲁污水和尾气升级项目进度，为加速环保达标、新产品转化、产业升级搭桥铺路。

（李宇敏）

【科技创新成果显著】 2019 年，催化剂公司完成 24 项集团公司课题研究，其中 4 项集团公司“十条龙”攻关项目顺利“出龙”。配合直属研究院做好新产品开发和转化工作，完成高稳定性 S-Zorb 吸附剂和 SR-1000 重整催化剂等 9 个新产品工业放大及应用试验，其中 3 个项目通过总部鉴定。选择性生产烷基化原料的裂化催化剂研发等 2 个项目分获集团公司技术发明二等奖和三等奖，新型高性能乙烯淤浆聚合 BCL-100 催化剂技术开发及应用等 4 个项目分获集团公司科技进步一、二、三等奖。全年申请国内专利 56 件，获授权 28 件。

（李宇敏）

【持续夯实党建基础】 2019 年，催化剂公司党委以党建考核为抓手，全面诊断党建思想政治工作及基层组织建设情况，明确 27 个方面的整改任务，制定整改举措 28 项，逐一推进实施见效，党政融合效果及基层组织力得到明显提升。坚持抓好形势任务宣传和教育阵地建设，引导广大干部员工深度理解形势任务，明确奋斗目标，并以公司成立 15 周年为契机，成功举办第 8 届活力文化节，发布新版企业文化手册，围绕生产经营中心组织“五小”智慧杯创新创效竞赛、“公众开放日”等活动，内聚力量、外树形象，进一步激发了广大员工干事创业热情。

（李宇敏）

【大型化加氢催化剂绿色生产装置关键技术开发与装备项目通过技术鉴定】 该项目于 2016 年立项，2019 年 10 月 12 日通过集团公司技术鉴定。工业应用结果表明：采用新技术和装备建成的加氢催化剂装置，产品质量稳定性明显提高，单条生产线产能达 8.3 吨 / 日，装置总产能达 7 500 吨 / 年；“三废”排放达到国家及地方标准；与原加氢催化剂装置相比，吨催化剂能耗降低 30% 以上，生产成本明显下降。为提升加氢催化剂质量、降低成本、市场拓展奠定基础，具有较好的经济效益和社会效益。项目申请中国发明专利 1 件，获授权实用新型专利 3 件。

（李宇敏）

【脱硝催化剂生产技术优化项目通过技术鉴定】 该项目于 2017 年立项，2019 年 10 月 12 日通过集团公司鉴定。该项目分析了影响脱硝催化剂产品合格率的原因，优化了产品配方及混炼工艺条件，改进了挤出设备关键部件，优化了催化剂焙烧条件，开发了含钒废水氧化、吸附、沉淀、过滤组合处理技术，并投入应用。工业应用结果表明：工艺技术优化后，装置生产能力由 2.97 吨 / 日提高至 5.94 吨 / 日，产品一次合格率由 72% 提升至 90% 以上。所生产的催化剂已在多家企业应用，满足了用户要求，采用开发的废水处理技术，实现含钒废水达标排放。

（李宇敏）

【加氢催化剂载体水蒸气改性新技术开发项目通过技术鉴定】 该项目于 2017 年立项，2019 年 12 月 3 日通过集团公司鉴定。该项目针对水蒸气改性立式焙烧炉存在的载体易破碎、效率低、能耗高、改性质量不稳定等问题，开发了加氢催化剂载体水蒸气改性连续化回转式焙烧炉技术，有效解决了以上问题；研究了水蒸气加入量、焙烧温度、焙烧时间、气剂比对载体物化性质的影响，确定了适宜的加氢催化剂载体水蒸气改性工艺条件。工业应用结果表明：与水蒸气改性立式焙烧炉相比，水蒸气改性连续化焙烧炉的产能由 2 吨 / 日提高至 3 吨 / 日，提高 50%；改性载体质量合格率由 80% 提高至 95% 以上，收率由 80% 提高至 91%，细粉率由 4.9% 降低到 1.7%，具有良好的经济效益和社会效益。

（李宇敏）

【燃气式焙烧炉大型设计开发项目通过技术鉴定】 该项目于2016年立项，由催化剂公司与天华化工机械及自动化研究设计院共同承担，2019年12月3日通过集团公司鉴定。该项目研究建立了焙烧炉筒体三维模型，研究了筒体运行时物料的运动情况，开发了具有独特结构的小抄板，分析了物料在炉膛内受热情况，开发了分腔体多个燃烧器控制技术，改善了筒体内温度分布及物料受热均匀性，提高了装料系数及热效率，形成适合5万吨/年FCC催化剂生产的燃气式焙烧炉技术。工业应用结果表明：焙烧炉实现稳定运行，产能达8吨/时，超过设计值；与电焙炉比，吨产品综合能耗降低8%；产品中氯离子含量由1%下降至0.59%，满足质量要求，具有明显的社会和经济效益。

（李宇敏）

【FCC催化剂大型化喷雾干燥技术和调混装备技术开发项目通过技术鉴定】 该项目于2016年立项，由催化剂公司与天华化工机械及自动化研究设计院共同承担，2019年12月3日通过集团公司鉴定。该项目通过温度场模拟计算和分布板结构改进，设计了更大规模、大风量、节能型喷雾干燥塔，开发了尾气热风半开放半循环的热量回收利用技术及内热式焙烧炉高温尾气的热量回收利用技术，降低了热量损失，减少了尾气排放。工业应用结果表明：装置实现长周期稳定运行，产能达200吨/日，超过设计标准；喷雾塔出料的中值粒径的最大值为107.6微米，小于老装置的117.7微米；所得产品粒径分布D（V.0.5）为75.5微米，满足控制要求；装置能耗下降10%，具有明显经济效益和社会效益。

（李宇敏）

【深入开展“不忘初心、牢记使命”主题教育】 按照党中央、集团公司党组统一部署，催化剂公司党委于2019年6月12日、9月18日先后启动“不忘初心、牢记使命”第1批、第2批主题教育，公司各级党组织及全体干部党员坚持立学醒脑、深入调查研究、深刻查摆问题、狠抓整改落实，将深入开展主题教育作为首要政治任务和推动催化剂事业全面可持续、高质量发展的重要契机，通过学习教育加深了对习近平新时代中国特色社会主义思想的系统领悟，深化了对初心使命内涵要义的全面理解，坚守初心更加笃定，勇担使命更加自觉。

（李宇敏）

【举办何鸣元院士科技工作50年暨多孔催化材料及绿色化学发展研讨会】 2019年1月14日，催化剂公司和石油化工科学研究院共同举办了何鸣元院士科技工作50年暨多孔催化材料及绿色化学发展研讨会。何鸣元院士做题为《分子筛催化裂化：创新驱动持续辉煌》的学术报告，谢在库致辞并做题为《分子筛工程与择型催化》的学术报告，汪燮卿、李灿、段雪、韩布兴、张锁江、吉红共6位院士做绿色化学相关学术报告。

（李宇敏）

【举办庆祝公司成立15周年暨第8届活力文化节颁奖晚会】 2019年11月21日，催化剂公司在南京成功举办庆祝公司成立15周年暨第8届活力文化节颁奖晚会。晚会以“逐梦十五载携手创未来”为主题，由奋斗、使命、展望3个篇章组成，全面回顾了催化剂公司成立15年来的发展历程和取得的丰硕成果，集中展现了催化剂人传承石油石化优良传统、团结一致、积极探索、攻坚克难、阔步前行的精神风貌和特色鲜明的活力文化，为实现世界一流催化剂公司统一思想、凝聚力量。

（李宇敏）

【举办第12届技术大比武暨2019年HSSE业务竞赛】 2019年4月，催化剂公司启动第12届技术大比武暨2019年HSSE业务竞赛，竞赛以安全、环保、职业健康、公共安全等业务相关的政策法规、规章制度和专业实务作为主要内容，注重对政策制度的实际应用，注重对实际操作和分析能力的考核。活动历时7个月，分为全员岗位练兵、预赛、决赛3个阶段，竞赛形式涵盖网络答题、理论考试、实际操作、个人机考、仿真纠错、团体知识问答等，共有4 223人参加全员岗位练兵，参与率99%。进一步加强了全员HSSE培训，不断提升了全员HSSE意识，增强了HSSE履职能力，夯实了 HSSE 管理基础，营造了浓厚的 HSSE 文化氛围。

（李宇敏）

【获多项集团公司表彰】 2019 年，催化剂公司多家基层单位先后获集团公司先进基层党组织、“五四”红旗团支部、集团公司业务竞赛优秀组织奖等多项荣誉、称号；多人获集团公司劳动模范、优秀共产党员、优秀党务工作者、青年岗位能手、优秀共青团员、工程建设项目先进个人、财务管理先进个人等称号；催化剂公司被授予 2019 年物资供应先进单位等称号，获中国石化内控风控竞赛炼化板块总成绩第 2 名，获催化剂长岭分公司云溪基地 5 万吨 / 年催化裂化催化剂联合生产装置建设项目获中国石化优质工程奖。

（李宇敏）

表 1　　催化剂公司主要生产经营指标

指标名称 \ 年份	2019	2018	2017	2016	2015	2014
生产各类产品 / 万吨	20.42	18.22	19.84	17.90	17.46	17.80
销售各类产品 / 万吨	20.27	21.60	18.45	16.10	17.83	17.72
销售收入 / 亿元	87.45	79.48	64.20	59.41	56.47	59.12
资产总额 / 亿元	107.21	99.85	89.72	78.80	79.70	75.43

国勘公司

【概况】 中国石化集团国际石油勘探开发有限公司（简称国勘公司，英文缩写 SIPC）成立于 2001 年 1 月，本部设在北京。历经改革重组起步探索（2001—2007 年）、粗放经营盲目扩张（2008—2015 年）、严谨投资调整结构扭亏脱困（2015 年 5 月—2019 年底）3 个发展阶段，油气资产初步形成油气并举、海陆兼顾、常规非常规多样化的特点。

国勘公司设董事会和监事会，实行董事会领导下的总经理负责制。实行两级管理模式，本部为投资、管理和生产经营决策中心，驻在国公司（或项目机构）为执行中心。北京本部设 14 个机关职能部门及 1 个技术服务中心。截至 2019 年底，国勘公司在 25 个国家执行 51 个项目。中外员工总数达 6 144 人，其中中方员工 1 042 人、外籍员工 5 102 人。国勘公司 2P 权益储量 4.96 亿吨油当量，其中石油 3.29 亿吨、天然气 1 933 亿立方米；2019 年权益油气产量 4 252 万吨油当量。

国勘公司主要生产经营指标见表 1。

（魏雨萌）

【HSSE 管控能力持续增强】 2019 年，国勘公司未发生重大公共安全事故或事件，HSE 业绩持续提升。不断推进“两高”（高风险设施和高风险作业活动）精准管控，完善总部和海外机构对 HSE 重大风险预防性管理的联动机制，识别高风险作业活动 166 项，识别高风险设备设施 33 台（套），管控措施落地见效。进一步强化 HSE 审计督查，发现问题 180 项，完成整改 158 项。持续开展公共安全风险评估，落实《直接作业环节安全管理十条措施》，排查环境负债情况，拓展健康管理渠道。

（魏雨萌）

【高效勘探成果显著】 2019 年，国勘公司按照“聚焦重点、寻求大目标、争取大突破和大发现”的勘探思路，优选目标、优化部署，强力推进勘探工作。全年在加拿大 Wapiti 地区、安哥拉 15/06 区块、美国 SDA 项目粉河盆地、喀麦隆 IMA 区块、埃及项目获 9 项油气发现。完钻探井 / 评价井 61 口，其中 35 口井完成测试并获商业油气流，成功率达 66%；新增权益 2P 和 2C 储量 / 资源量 1 604 万吨油当量，创近 4 年新高，储量及资源量发现综合成本为 1.6 美元 / 桶，保持较低水平。

（魏雨萌）

【开发建产稳步推进】 2019 年，国勘公司突出资源潜力分析，推进储量优快动用，严抓开发方案审查、稳推产能建设，加强工程管理。开展公司 C 级资源量潜力摸底，加快推进重点项目研究和审查，突出前方盯防、后方支持，全力提升工程服务保障能力。全年完钻新井 556 口，新建权益产能 491 万吨油当量。

（魏雨萌）

【产量目标超额完成】 2019 年，国勘公司强化效益油生产，鼓励效益好的项目提高产量，对高成本生产采取控制。持续加强精细油藏管理，着力老油田挖潜，有效控制老油田递减。强化生产运行管理，调整重点项目维护维修计划，加大生产设备隐患排查及预防性维护力度，提高生产时效。全年完成权益油气当量 4 252 万吨，产量超奋斗目标 10 万吨油当量。

（魏雨萌）

【投资管控不断深化】 2019 年，国勘公司明晰资产经营策略，开展首次资产策略全面研究，针对性提出各项目的近期经营目标和长远发展策略、项目下步走向，并推进政策落地执行。加强精益投资管理，围绕年度现金流目标，严控无效益投资和非生产性投资。同时规范项目前期审查，推动后评价工作常态化，并建立起公司内部后评价技术队伍，完善闭环管理，取得良好效果。

（魏雨萌）

【创效能力明显提升】 2019 年，国勘公司强化成本管控，严格执行全员成本目标管理，管控效果显著。持续加强销售和供应链管理。全面落实垂直管理，进一步发挥全球供应链管理委员会（GSMB）作用，采购和服务支出大幅下降。通过实施销售差价、优化贸易方式等方法，增加销售收益。加强运营现金流管控，调整各海外项目现金流考核指标为净回款口径，重视应收账款清理，不断挖掘资金回流潜力。

（魏雨萌）

【资产结构逐步改善】 2019 年，国勘公司全力推进资产结构调整，集中力量攻坚资产运营工作，重点跟踪评价项目 9 个，完成非常规资产运营交割或已签约项目 8 个。积极推进优质新项目获取，立足集团公司确定的海外五大战略区，坚定不移走高效勘探道路，寻求规模大、质量优的作业项目，筛选新项目信息 74 个，重点跟踪评价项目 6 个，完成新项目交割 3 个，新增权益可采储量 2 550 万桶油当量。

（魏雨萌）

【管理效率进一步提高】 2019 年，国勘公司进一步理顺职责界面，规范工作流程，实现管理增效。全面优化制度体系，开展制度瘦身，将公司现行的 347 项制度压缩至 55 项，不断提高管理运行效率。持续推进“双压”工作及机构优化，全年关闭 25 家法人公司。理顺管理措施落地执行，以问题为导向，重点推进区块延期、勘探新项目筛选等职责调整，完成供应链和油气贸易垂直管理、法律矩阵式管理等优化方案。

（魏雨萌）

【技术支持走深走实】 2019 年，国勘公司初步形成国内科研机构、境外生产技术团队、技术服务中心热线支持“三位一体”的支持模式，为提质增效提供有力保障。突出差异化精准支持，重点针对作业者、重大投资项目加强支持力度。强化研究分析和方案部署把关，深度开展新项目机会评价、勘探区域评价、开发方案论证等专家审查，提升研究质量和决策科学性。完善技术支持模式，聚焦核心业务和核心资产，形成职责明确、层次清晰的支持架构和运行机制。

（魏雨萌）

【组织建设迈上新台阶】 2019 年，国勘公司全面落实理顺管理各项工作，进一步厘清海外、机关、中心职能定位。干部队伍建设持续加强，对 19 家海外机构及机关部门领导班子进行充实配备和交流调整，提任 17 名中层干部，其中 2 名“75 后”、

6名“80后”，断层、盖层问题得到缓解。人才培养工作取得成效，聚焦“一把手”能力提升，开展海外项目经理合规经营培训、“三强”干部培训、中层干部轮训等88个班次，培训1 068人次；向集团公司推荐22名年轻干部人选，对13名海外实岗培养年轻干部进行聘期考察。

（魏雨萌）

【主题教育成效显著】 2019年，国勘公司坚持把“不忘初心、牢记使命”主题教育作为重大政治任务来抓，成立主题教育领导小组和办公室，制订主题教育实施方案和“工作指引”，做到“四学四提升”，制订境外党组织“补课”“补缺”工作方案。坚持把学习教育、调查研究、检视问题、整改落实4项措施贯穿主题教育全过程，突出抓好习近平新时代中国特色社会主义思想学习，党员干部进一步增强“四个意识”，坚定“四个自信”，做到“两个维护”。坚持把主题教育与落实公司中心任务相结合，切实做到一手抓主题教育促进扭亏脱困取得新突破，一手抓扭亏脱困促进主题教育取得真成效。

（魏雨萌）

【党风廉政建设继续深化推进】 2019年，国勘公司持续提升监督实效，制定并完善年度一级监督事项29项、二级监督事项72项，编发监督月报9期，宣传监督经验做法13次。深化巡视巡察，优质高效配合中央巡视组到国勘公司的调研工作，成立中央巡视反馈意见整改工作领导小组，认真研究整改方案，细化分解整改措施，层层压实整改责任。加强作风建设，聚焦整治形式主义和官僚主义，梳理公司较为集中的36条表现形式并开展对照检查。强化执纪审查，积极配合集团专项核查组工作，组织人员谈话，配合提供资料。

（魏雨萌）

表1　　国勘公司主要生产经营指标

	2019	2018	2017	2016	2015	2014	2013
勘探新增权益石油储量（2P+2C）/百万桶	87.42	33.49	37.99	36.69	73.12	226.55	259.21
勘探新增权益天然气储量（2P+2C）/亿立方米	53.15	58.30	85.38	44.77	75.99	171.74	308.64
权益油气产量/万吨	4 252.00	4 249.70	4 371.89	4 295.27	4 436.30	4 091.99	3 871.41

数据来源：历年储量公报

石油工程公司

【概况】 中石化石油工程技术服务股份有限公司（简称石油工程公司，英文缩写SSC）是集团公司的控股子公司。2012年6月28日，集团公司实施石油工程专业化整合重组，成立石油工程公司。2014年，集团公司实施仪征化纤股份有限公司（*ST仪化600871，仪征化纤1033）重大资产重组，于2014年将石油工程资产置入仪征化纤，并将化纤业务置出，实现石油工程公司在上海、香港两地上市。

截至2019年底，石油工程公司设有国际石油工程公司、地球物理公司及石油工程建设公司3家专业公司，胜利石油工程公司、中原石油工程公司、江汉石油工程公司、西南石油工程公司、华北石油工程公司、华东石油工程公司、海洋石油工程公司7家地区公司，合同制员工7.33万人（在岗合同制员工5.98万人）、劳务派遣工0.04万人、非全日制及其他用工 0.07 万人。在岗合同制员工平均年龄 43.8 岁，具有大学本科及以上学历 2.38 万人，管理、专业技术、技能操作人员分别为 0.78 万人、2.49 万人和 2.71 万人，具有高级及以上技术职称的 1.08 万人、高级工及以上职业资格的 1.98 万人。

（汪映春）

【领导班子调整】 2019 年 5 月，陈锡坤任石油工程公司副董事长、党委书记；袁建强任董事、总经理、党委副书记兼石油工程建设公司执行董事、党委书记；孙清德不再担任副董事长、总经理、党委副书记职务。10 月，马祥任石油工程公司党委副书记（按大Ⅰ型企业正职管理）、纪委书记、工会主席、监事会主席；李炜不再担任党委副书记、纪委书记、工会主席、监事会主席职务。12 月，陈锡坤任石油工程公司董事长、党委书记；肖毅任总会计师、党委委员；李天不再担任总会计师、党委委员职务。

（汪映春）

【财务资产】 截至 2019 年底，石油工程公司资产总额 620.69 亿元，负债总额 553.05 亿元，所有者权益 67.64 亿元，资产负债率为 89.10%、下降 1.4 个百分点。

（汪映春）

【经营业绩大幅提升】 2019 年，石油工程公司抓住市场回暖有利契机，大力开拓市场，稳步推进改革，积极降本挖潜，经营业绩呈现大幅提升的良好态势。全年新签合同额 695 亿元，增加 67.2 亿元、增幅 10.7%；实现营业收入 698.7 亿元，增加 114.61 亿元、增幅 19.6%；实现利润总额 13.56 亿元，增加 8.4 亿元、增幅 162.9%；净利润 9.14 亿元，增加 7.72 亿元、增幅 543.6%，收入利润率为 1.94%，加权平均净资产收益率为 14.66%。

（汪映春）

【市场攻坚取得新业绩】 2019 年，石油工程公司注重靠前服务，成立西部工区项目管理部和西南工区、华北工区工作协调组，全力推动“两北一川”提质提速提效提产取得明显成果，顺北工区 1# 断裂带、5# 断裂带中部和北部平均钻井周期分别缩短 13%、58% 和 17%；川渝工区威荣页岩气田平均钻井周期缩短 35%。鄂安沧天然气管线一期工程提前 106 天建成投产。积极开拓外部市场，55 部钻机先后进入中国石油西南页岩气市场；国家地质调查局、中国地质科学院油气勘查市场稳中有进；在沙特 2 部钻机获史上最长的 10 年延期服务合同，6 台钻机获首次非常规钻机招标全部工作量；在科威特中标 11 部修井机 1+1 年服务项目，27 支钻修井队伍日费率达 100%；在厄瓜多尔签订 41 口井钻井总包合同。

（汪映春）

【深化改革取得显著成果】 2019 年，石油工程公司大力推进扭亏脱困、用工优化、机构精简、辅业专业化整合和体制机制建设等改革重点工作。截至年底，用工总量 7.44 万人、减少 4 083 人，全员劳动生产率为 31.5 万元 / 人、提高 2.7 万元 / 人；中层机构累计减少 2 个，机关科室及附属机构累计减少 7 个，各级机关人员减少 970 人、压减 10.4%；辅助业务单位全年累计整合压减 25 家，辅助业务基层单位全部实现盈利，累计实现利润 2.72 亿元，增效 1.89 亿元。加大绩效考核力度，把绩效工资占比由 40% 调高到 50%，逐步形成各层级挂钩联动的绩效考核体系，强化单井单项目考核，全员绩效考核进一步做实。

（汪映春）

【核心技术攻关取得重要进展】 2019 年，石油工程公司科研体制机制进一步完善，相继挂牌成立 2 个研发中心、10 个技术中心，新增获授权专利 351 件，2 个中央科技型企业分红激励试点获批。自主研发的 ATSI 型钻井旋转导向系统研发取得重要进展，在胜利油区 1-2- 斜 596 井试验成功，合作研发的 ATS Ⅲ型旋转导向系统开展 4 轮次现场试验，在垦 626- 斜 31 井进尺 1 044 米、工作时间 163 小时，最快机械钻速 14 米 / 时，最大造斜率为 7°/30 米。SinoLOG900 网络成像测井系统基本定型，完成 9 口井应用，利用配套的超高温高压小直径仪器完成青海首口干热岩井——GR1 井，预测井温 236℃，实测井温 189℃，完成顺北 5-7、顺北 4、顺北蓬 1 井五开等 21 口井的现场测井数据采集，为干热岩开发利用提供基础数据。开发的200℃高温压裂液体系，在重点探井顺南蓬1井大型酸压中圆满成功应用，累计注入超高温压裂液600立方米，最高施工压力125.6兆帕。

（汪映春）

【党建工作发挥新优势】 2019年，石油工程公司开展“不忘初心、牢记使命”主题教育，与“正转提创”主题活动、形势任务教育、先进典型教育和警示教育紧密结合，确保了主题教育高质量推进。全力抓好中央巡视和党组常规巡视、机动巡视反馈问题的整改落实，严格落实中央八项规定精神，深入开展集中纠治“四风”专项行动，保持从严治党的高压态势。加强干部队伍建设和年轻干部培养选拔，大力实施人才强企工程，选拔选聘科研设计与工程技术专家、各类专业精英450人，评选表彰“铁军名匠”58人。加强机关作风建设，推进党建工作与中心工作深度融合，把“五比”竞赛打造成争先创优的重要载体。深入开展形势任务教育，积极回应群众关切，启动基层“五小建设”，落实员工帮助计划（EAP），确保了员工队伍和谐稳定。

（汪映春）

国际石油工程公司

【概况】 中国石化集团国际石油工程有限公司（简称国际石油工程公司）由集团公司出资于2003年12月成立，注册地北京。2012年，集团公司石油工程专业化重组，国际石油工程公司出资人由集团公司变更为石油工程公司。主要负责统一管理协调中国石化石油工程海外业务，重点包括市场开发、项目管理、支撑服务、绩效考核、财税管理、队伍建设等，承揽项目并组织石油工程企业实施。业务范围包括地球物理勘探、钻修井、工程建设、油藏综合服务和物流贸易等。

2019年，国际石油工程公司在38个国家执行项目380个，合同额145.6亿美元，其中集团公司投资项下合同44个，合同额3.5亿美元、占总额的2.4%。截至2019年底，有境外作业队伍329支，其中钻井队169支、修井队62支、录井队39支、固井队15支、测井队8支、管具队5支、泥浆服务队3支、下套管队2支、酸化压裂队1支、污水和岩屑回注队1支、油气测试队1支、定向井服务队3支、连续油管队6支、海工队伍4支、物探队10支。正在执行项目管理及施工的中方人员4 775人，雇用外方人员7 792人。

国际石油工程公司境外合同额见表1。

（高　风）

【海外业务稳中有进】 2019年，国际石油工程公司紧密围绕集团公司“两个三年、两个十年”战略部署和石油工程公司巩固成果的中心任务，坚定发展海外业务信心，攻坚克难、真抓实干，海外业务稳中有进，经济效益进一步提升。截至年底，石油工程系统新签合同额23.7亿美元，完成合同额18.1亿美元，分别完成年度计划的107.9%和95.5%；实现利润8.5亿元，完成年度计划的106.0%。其中，国际石油工程公司新签合同额22.8亿美元，完成合同额11.4亿美元，分别完成年度计划的198.1%和106.3%；实现利润6 340万元，完成年度计划的126%。

（高　风）

【市场开拓成效显著】 落实海外市场布局方案，持续扩大重点市场规模，着力优化业务层次。沙特市场新签合同额17.3亿美元，完成年度计划的321.3%；井筒业务新签合同额11.7亿美元，2部钻机成功进入气井服务市场，2部钻机获阿美公司史上最长的10年延期服务合同，7部钻机获延期5年服务合同，6部钻机获首次非常规钻机日费招标全部工作量；成功签约硫化氢检测、连续油管和钻前工程服务合同，实现技术服务市场突破；新签S84三维物探项目，合同额1.8亿美元，是中国石化第1个超大三维可控震源高效采集项目；新签MIP管线扩建项目，合同额2.7亿美元。厄瓜多尔市场新签合同额 1.9 亿美元，完成年度计划的 108.7%；成功议标 41 口井钻井总包项目，合同额 9 800 万美元。阿尔及利亚市场新签合同额 1.4 亿美元，完成年度计划的 143.7%；签约 3 个三维物探项目，合同额 8 100 万美元，续签 2 部钻机 2 年合同。科威特市场新签合同额 0.9 亿美元，实现 67 支井筒工程队伍全部运行；以较高价格获 11 部修井机合同，新签 5 部丛式井钻机升级合同，新增 4 支录井队和 2 支井场建设队伍工作量，成功通过定向井和江钻钻头资审。哈萨克斯坦、玻利维亚、墨西哥、尼日利亚市场井筒项目开发也取得一定进展，巴基斯坦、苏丹市场恢复物探业务，泰国市场签约原油储罐项目合同额 7 600 万美元。

（高　风）

【项目运行保持高效】 精心组织重点项目启动，强化项目施工管理，项目运行效率和质量不断提高。井筒业务，科威特全年启动 31 部钻修井机，累计提前 2 392 天开钻，获提前开钻奖 354 万美元；27 支钻井队平均搬迁时间 75.2 小时，29 支修井队平均搬迁时间 22.8 小时；56 部钻修井机平均日费率高于 99.6%，其中 32 部 100%。沙特 2 部气井钻机累计提前 41 天开钻，5 部油井钻机累计提前 105 天开钻，18 部钻修井机平均日费率 98.7%，各项主要考评指标位居阿美公司钻井承包商前列，多队次获业主表彰奖励。厄瓜多尔钻修井机平均日费率 99%，TIPUTINI 钻完井总包项目顺利完工。阿尔及利亚井队搬迁速率较上年缩短 32.8%，钻机考评指标稳居 SONATRACH 承包商第 1 名。尼日利亚 2 个钻井平台日费率分别为 99.9% 和 97.5%，胜利四号承钻的 AK17 井施工速度创当地同类型钻井新高。物探业务，沙特 S84 三维物探项目提前开工，平均每日 2.1 万炮，最高 2.5 万炮，实现预期生产日效；S62A 二维物探项目顺利完工，实现 1 738 万人工时、2 945 万千米行车无事故，第 7 次获阿美公司安全高效生产奖项。地面业务，沙特中东研发中心建设项目实现提前完工，通过集团公司竣工决算审计，得到集团公司领导充分肯定；沙特 MIP 管道项目首次公开招聘项目管理团队并高效启动。肯尼亚地热项目实现提前主体完工，泰国原油储罐项目、五号线一期项目总体进展顺利，几个亏损地面项目见底受控。油藏业务，墨西哥 EBANO 油田综合服务项目完成整体勘探开发方案编制并启动实施，月均开井 170 口，重点采取稳油控水措施，综合递减率控制在 16.3%，全年产油 221 万桶。厄瓜多尔 I-L-Y 项目精心组织钻修井工程设计，缩短钻修井施工周期，强化生产运行管理，投产新井 8 口、修井换层 5 口，全年增产油 48.6 万桶。

（高　风）

【境外 HSSE 监管业绩明显】 落实全年工作计划，承接集团公司 HSSE 制度体系，发布公司 2019 版 HSE 体系文件。组织开展境外员工入职和在岗培训，分享“好做法”和事故案例。开展“安全管理提升年”“安全生产月”和“安全生产万里行”活动，对照 26 种突出问题，整治 HSSE 管理中的形式主义和官僚主义。构建派出单位、境外机构、项目部和基层队伍 4 级风险管控机制，开展危害辨识与风险评估，重点管控 37 项重大风险。持续关注中东、非洲、南美等热点地区局势，积极应对突发事件。组织开展安保对标，严格境外项目公共安全风险评估，严把项目投标和人员外派关。持续开展健康风险评估，组织专家赴沙特、科威特开展员工心理帮扶，宣传国际 SOS 会员服务，成功组织 2 起国际紧急医疗转运。全年未发生上报集团公司级生产安全事故和公共安全事件，未发生交通和健康死亡事件，连续 5 年以上无损失劳动时间的伤亡事故（LTI）的队伍 52 支，连续 10 年以上无 LTI 的队伍 7 支，获业主表彰 118 项，树立了良好国际形象。

（高　风）

【职能管理持续加强】 充分发挥地区（专业）公司及其海外项目部优势，不断整合人财物各项资源，优化协调机制，海外业务“六统一”管理进一步深化。编制公司“十四五”发展规划、3 年滚动计划，下达地区（专业）公司年度海外业务考核指标，完成内控手册境外业务修订并组织季度内控测试。开展重大重要风险评估。严格财务账户监管，一国一策研究汇率，严防资金风险。规范保函管理，累计办理保函 78 笔 11 亿元，新增调整授信额度 32.9 亿元。紧急处置 ODI 管控、授信额度中断和保函索赔等突发事件，通过质保保函置换加蓬地面项目1.1亿美元母公司担保，科威特分公司开立保函提前置换回收工程预留款。组织研究国家税务总局有关政策，申办境外已纳企业所得税境内抵免3 400万元。扎实推进“两金”清理，全系统累计从海外回流资金37.1亿元。

统一组织沙特钻机海运招标和物资动迁，累计动迁物资15批次。工程项下贸易业务发展到6个国家市场，江钻钻头、长城润滑油和其他国产钻机、防喷器、轮胎的市场推广取得较好效果。优化升级外事管理系统和审批流程，缩短单次审批时限，为负责海外项目管理的领导人员申办“一审多次”任务批件。全年办理因公出国（境）任务立项105个292人次，初审团组1 429个10 708人次。

（高　风）

【队伍建设逐步深化】 2019年，严格履行领导干部选拔任用程序，完成哈萨克斯坦子公司主要负责人选拔，平级调整中层干部6人，调整任命2个境外区域党工委成员，6名中层干部退出现职改任调研员，1人经集团公司人事部审批同意延迟退出现职1年。加强年轻干部选拔培养，拓宽年轻干部成长通道，制定公司《加强和改进优秀年轻干部培养选拔工作实施办法》，选拔13名年轻干部担任境外机构部门经理，16名业务主办晋升为主管，10名助理员晋升为主办。派出2人参加中组部第19批博士服务团赴新疆挂职锻炼，推荐2人参加集团公司青年干部综合提升示范班，2人参加石油工程公司青年干部综合能力提升培训班。认真履行干部监督管理职责，用好监督执纪“第一种形态”，发挥境外区域党工委干部监管职能，严格执行备案人员因私出国（境）及境外机构中层领导人员回国休假审批程序，规范干部履职行为。配合集团公司党组组织部开展干部考察工作，完成2018年度领导班子综合考评。

制定公司《专家考核实施细则》，组织开展专家聘期考核，续聘4名公司专家。组织开展公司专家和高级主管及以下专业技术职位选拔晋升工作，坚持倾斜海外原则设置竞聘职位，通过民主测评和综合素质考评，竞聘选拔公司专家3人、高级主管3人。开展2020年度高校毕业生引进工作，结合国际化业务特点，建立招聘测试面试体系，选定毕业生5人。构建国际化人才长效培养模式，分层次按类别开展员工培训，全年600余人次参加培训。组织8名中层干部参加石油工程公司专业经营单位负责人能力提升培训班，推荐19名关键岗位和青年骨干人员参加外部培训，推荐1名优秀毕业生参加集团公司“优才”培养实验班。

（高　风）

【党建工作不断加强】 2019年，在习近平新时代中国特色社会主义思想指引下，全面贯彻落实集团公司党组、石油工程公司党委决策部署，坚持融入中心抓党建，扎实推进全面从严治党，不断加强党的建设。公司主要领导积极参加集团公司主题教育研讨班，班子成员积极参加专题辅导讲座，切实提升理论指导实际的能力。党员干部围绕“强化政治担当，打造海外半壁江山”“力戒形式主义和官僚主义，实实在在为基层减负”“坚持合规管理，有效防范风险”等专题联系实际深入交流研讨，将学习研讨成果落实到具体工作中，切实做到学有所得、学以致用。班子成员围绕公司在境外市场开拓、安全生产、经营管理、财税管理、风险防控等方面遇到的实际问题，采取现场调研、召开座谈会、个别访谈等方式，深入剖析问题根源，制订解决方案，推动问题解决。

组织召开石油工程公司海外业务工作会议，分析面临的形势，统一思想认识，坚定发展信心，明确发展思路，制定工作目标和重点措施。全面完成年度各项经营管理目标任务，切实推进海外业务可持续发展。开展境外廉洁风险排查。组织境外机构围绕岗位职责和业务流程，逐项梳理分析存在的廉洁风险，识别确定廉洁风险点，梳理汇总排查情况，剖析风险原因，研究制定风险防范措施，制定权利清单，逐步完善廉洁防控体系。

加强境外党建统筹管理，完善科威特、厄瓜多尔2个区域党工委工作机制，总结试点经验，根据队伍规模情况和管理需求增设沙特和阿尔及利亚2个区域党工委，切实发挥境外党建工作合力。积极配合“一带一路”系列外宣工作，参与组织《中国石化服务“一带一路”可持续发展报告——中国石化在沙特阿拉伯》发布会、社会责任示范点揭牌仪式、跨文化融合座谈会等相关活动，取得较好活动效果，获国务院国资委的肯定。推广中国石化脸书，脸书关注人数近 1 万人，沙特品牌建设试点工作取得可喜成绩。持续开展“我的海外故事”征文活动，征集并在公众号发布文章 24 篇，其中外籍员工 12 篇，讲好员工故事。

（高　风）

表 1　　国际石油工程公司境外合同额　　亿美元

指标名称＼年　份	2019	2018	2017	2016	2015	2014
新签合同额	23.75	22.15	19.02	23.80	27.10	30.70
完成合同额	18.14	18.81	20.17	21.20	22.60	26.80

海洋石油工程公司

【概况】 中石化海洋石油工程有限公司（简称海洋石油工程公司）成立于 2014 年 11 月，位于上海市浦东新区，是集团公司从事海洋石油工程服务的专业队伍，其业务范围涉及海洋钻井、海洋物探、船舶运输、特殊作业、海洋石油工程技术研究等。

海洋石油工程公司的前身为地质矿产部上海海洋地质调查局，组建于 1973 年 4 月，1997 年 1 月整体归入中国新星石油公司，2000 年 3 月随中国新星石油公司整体并入集团公司，2002 年 7 月直属集团公司管理。2014 年，上海海洋石油局有关海洋石油工程业务整合成立海洋石油工程公司，随石油工程公司上市，直属石油工程公司管理。

截至 2019 年底，海洋石油工程公司下设 14 个机关综合管理部门、3 个直属机构、8 个二级单位；拥有从业人员 1 290 人，在岗合同制员工 912 人，其中经营管理人员 169 人 / 专业技术人员 581 人，具有高级专业技术职称的 119 人。

截至 2019 年底，海洋石油工程公司大型装备主要有钻井平台 5 座，其中自升式平台 3 座、半潜式平台 2 座；地震物探船 3 艘，其中 12 缆物探船 1 艘；海洋工程地质调查船 1 艘；多用途工作船、平台供应船 7 艘，其中拥有 DP2 动力定位系统船舶 4 艘，测录固井装备 14 套。

2019 年，海洋石油工程公司实现营业收入 15.22 亿元，利润总额 0.08 亿元。

海洋石油工程公司主要技术经济指标及主要生产建设指标分别见表 1 和表 2。

（林雪梅）

【勘探六号、勘探三号平台创新纪录】 2019 年 4 月 29 日，勘探六号平台顺利完成渤海“渤中 19-6-15 井”钻井作业，用时仅 44.21 天，作业井深 5 367 米，刷新 5 000—5 500 米范围井深的最短钻井周期纪录，成为“优快”钻井的典范。其间，还创造 92.4 米 / 时的平均机械钻速最快纪录；在可钻性最差的下部井段，通过优化钻具组合与改进提速工具，在花岗岩地层钻进中以 321.64 米的成绩刷新渤海油田花岗岩地层单趟进尺最高纪录。6 月 18 日，勘探三号平台在南海“LD10-1-12 井”超高温高压井作业中，创多项纪录。在二开井段下套管作业中，20 寸套管下入深度达 1 346 米，创中国石化 20 寸套管海上作业最大下入深度纪录；在二开固井过程中，面对 255 吨的水泥消耗量，连续 5.25 小时不间断作业，创乐东区块二开固井水泥使用纪录。

（林雪梅）

【提升技术稳定市场】 2019 年，海洋石油工程公司抓住国内大力提升勘探开发力度的有利时机，强化市场开拓，全年新签合同额 14.14 亿元，完成合同额 15.24 亿元，超额完成石油工程公司下达的指标。海洋钻井，勘探三号平台依靠过硬技术和队伍不断挑战南海高温高压井极限，获 2018 年度中国海油优秀钻完井服务商称号；勘探六号平台凭借精细管理在渤海连创海域钻井新纪录，有力支撑了渤海增储上产；勘探七号平台依托高端装备在南海、东海得到甲方信任。全年5条钻井平台实现满负荷作业。海洋物探，发现6号物探船首次完成双船、三震源地震勘探，突破技术瓶颈；发现号物探船参与了国内第1个海底节点地震采集（OBN）项目施工，实现进入OBN市场的有效尝试。海洋船舶，加强生产运行组织，持续提升服务质量和作业能力，积极盘活老旧装备，稳定了东海、南海市场份额，全年工作量饱满。特殊作业，进一步完善服务作业链，首次独立承揽东海测试任务，创中国海油测试作业时效最高纪录。

（林雪梅）

【科技研究取得新进展】 2019年，海洋石油工程公司秉承“地质需求、工程覆盖”的理念，重点开展“南海石化探区深水天然气水合物钻采工艺技术研究”“海域天然气水合物三维地震采集技术研究”等项目的技术攻关，在深水勘探开发上积累了新技术。依托集团公司内部现有成熟技术力量，引入电泵排采技术，解决了高气液比井躺井后持续复产的技术问题，并在已实施的2口井中见到实效；引入智能控水管柱技术，首次在“黄岩1-1A8H井”得到成功应用；开展涠洲油田采油方式、举升工艺完井管柱及工艺研究，形成涠洲油田完井工艺技术、注水成垢离子控制技术、采油工艺技术等。专利工作取得新进展，“深水天然气水合物开采系统及开采方法”等10件专利申报获批，涉及物探地震采集、钻完井等不同领域的技术革新和发明，对勘探开发生产起到一定的支撑作用，特别是针对天然气水合物新能源领域的技术革新和专利发明，走在了同行业的前列。

（林雪梅）

【1件发明专利获授权】 2019年，海洋石油工程公司申请的“海洋第四系钻探组合取芯方法”获国家知识产权局发明专利授权。该项技术实现锤击贯入取芯和随钻取芯2种不同取芯方式不用起钻就可以互换的目标。锤击贯入式取芯方法适用于软地层，随钻取芯器适用于硬地层，在物探作业中使用该项技术，可根据地层软硬情况选择不同的取芯方式，从而确保样品质量，提高施工效率。该项技术的研制成功，不仅填补国内该领域的技术空白，而且为陆架浅海深孔钻探提供了技术保障。

（林雪梅）

【与燃料油公司签署战略合作协议】 2019年12月19日，海洋石油工程公司与中石化燃料油销售有限公司签署了技术服务支持、管理运营合租、国内业务经营合作、国外业务经营合作的“四步走”战略合作协议。

（林雪梅）

【钻井团队获2枚全国技能竞赛金牌】 2019年，海洋石油工程公司钻井团队参加“2019中国技能大赛首届全国油气开发专业石油钻井工职业技能竞赛”。比赛设置个人项目10金、16银、23铜，团队奖和团体奖各6项。来自中国石油、中国石化、中国海油的16支代表队96名选手参加比赛。海洋石油工程公司经过实操比拼、理论考试和现场答辩层层选拔，从数百名专业技术员工中推选出7名选手参赛，最终获2金、1银、2铜的成绩。团队项目中，获场地工岗个人项目第1名、司钻岗个人项目第3名、团体总分第4名，并获优秀组织奖，获评优秀教练团队。

（林雪梅）

钻井团队获2枚全国技能竞赛金牌

【“新润3轮”参与海上救援】 2019年9月21日，蒙古国籍船舶“VANWAH轮”航行至舟山小板门北侧海域时船体进水，右倾30°，情况十分危急，有沉没危险。海洋石油工程公司“新润3轮”

接到海事救助中心通知后，冒着8级大风，顶着4米巨浪，第一时间奔赴现场，并在附近执行落水人员搜救和巡航守护任务。该轮在保证自身安全的情况下，通过“Z”字形航行方法、增派值班人员等方式，克服恶劣海况、夜间作业等不利因素的影响，协助搜救中心救助了15名船员（其中7名中国籍、8名缅甸籍）。

（林雪梅）

表1　　海洋石油工程公司主要技术经济指标　　亿元

指标名称 \ 年份	2019	2018	2017	2016	2015	2014
资产总计	51.91	52.63	53.94	57.81	62.84	46.16
流动资产	8.57	7.13	5.56	7.30	10.18	8.66
固定资产原值	76.36	76.03	75.59	75.55	58.06	54.82
固定资产净值	42.52	45.32	47.23	50.33	35.88	35.47
销售收入	15.22	12.78	8.86	9.98	16.00	17.48
实现利税	0.44	−0.97	−3.07	−2.81	4.20	4.70
税　金	0.36	0.01	0.08	0.37	1.33	1.37
综合能耗 / 吨标煤·万元$^{-1}$	0.17	0.11	0.343	0.345	0.345	0.358

表2　　海洋石油工程公司主要生产建设指标

指标名称 \ 年份	2019	2018	2017	2016	2015	2014
钻井 / 口	39	21	9	16	35	31
钻井进尺 / 万米	11.51	6.50	2.61	5.00	10.42	8.72
测井监督 / 井次	13	7	7	24	15	23
录井 / 口	10	10	6	17	14	23
固井 / 口	2	10	3	7	25	19
试油井次 / 口	1	0	2	5	10	8
试油层数 / 层	2	0	6	7	10	9

石油工程建设公司

【概况】 中石化石油工程建设有限公司（简称石油工程建设公司）总部设在北京，于2012年12月28日正式挂牌成立，是石油工程公司的全资子公司。下辖3家设计企业（石油工程设计公司、中原设计公司、江汉设计公司）、7家施工企业（胜利油建公司、中原油建公司、河南油建公司、江汉油建公司、江苏油建公司、胜利建工公司、中原建工公司）、1家监理企业（江苏监理公司）和

1家管道技术服务企业（管道技术公司）。石油工程建设公司是专业从事国内外陆地、海洋油气工程建设的技术服务商和工程承包商，提供油气田建设、长输管道、天然气处理、石油化工、节能环保、路桥市政、房屋建筑、压力容器制造等领域的工程建设服务，具有设计、施工、制造、安装、管道和场站运维保、监理、PMC及EPC“一揽子”总承包能力，业务范围遍布16个国家和地区。

截至2019年底，公司共有从业人员14 076人，员工平均年龄45.6岁，其中设计板块2 287人（16.25%）、油建板块8 667（61.57%）、建工板块2 987（21.22%）、监理板块135人（0.96%）。共有享受政府特殊津贴人员2人、集团公司突出贡献专家7人、集团公司三个层次学术技术带头人22人、闵恩泽青年科技人才奖19人，全国技术能手6人、集团公司（省部级）技术能手56人。

2019年，石油工程建设公司共实现收入168.53亿元。截至2019年底，公司资产总额213.20亿元，流动比率0.97，速动比率0.96。

石油工程建设公司主要经济指标和工作量完成情况分别见表1和表2。

（刘　芳）

【领导班子调整】 2019年5月24日，集团公司任命袁建强为石油工程建设公司执行董事、党委书记，杜广义不再担任石油工程建设公司执行董事、总经理、党委副书记职务。

（刘　芳）

【深化改革迸发活力】 石油工程建设公司坚持顶层设计与基层探索相结合，聚焦“瘦身健体”，突出守正创新，持续推进体制机制建设，公司发展的内生动力有效释放。①机构整合优化见效。持续精简两级机关，人数压减39.5%，推进三级机构转项目化，46个非专业化三级机构基本实现转型；扎实开展亏损机构专项整治工作，分类制定扭亏措施，撤销9个亏损机构，5家三级机构实现扭亏为盈；持续开展辅助通用业务机构整合，机构总数从31个减少至26个；关闭注销江苏油服公司和新疆大成路桥公司2家法人单位，超额完成集团公司下达的法人压减任务。②业务管理逐步理顺。严格实行辅助通用业务承包经营机制，持续完善市场化服务价格体系和结算机制，辅助业务机构全部实现盈利，累计实现利润2 917万元，增加3 668万元。③“三项制度”改革稳步推进。通过建立以“三公开、四明确、三干法”为核心的“343”工作机制，稳妥推进契约化管理、聘期制考核和干部能上能下，并在沙特MIP项目经营班子成员公开选聘中取得成功实践。公司持续加大绩效考核力度，国内薪酬固浮比由6∶4调整为5∶5，进一步调动了广大员工干事创业的积极性。公司“三项制度”改革的典型经验得到集团公司肯定。

（刘　芳）

【党建质量稳步提升】 石油工程建设公司以深入开展主题教育和抓好中央巡视反馈问题整改为契机，扎实推进“转作风、正风气、提素质”活动，持续提升党的建设质量。①全面履行管党治党责任。层层签订党建责任书，扎实开展党建考核工作，以“定责、履责、督责、问责”为主要内容的党建责任体系日益健全。②推进主题教育走深走实。紧扣主题主线，聚焦总体目标，一体推进学习教育、调查研究、检视问题、整改落实4项重点措施。坚持问题导向，开展调查研究178次，检视发现问题359个，整改完毕306个，得到集团公司指导组的高度认可。③干部队伍建设持续强化。打破层级限制，大力培养选拔优秀年轻干部，公司层面直接掌握100名35岁以下年轻干部。持续推进人才强企工程，完善“生聚理用”人才培育机制，打通人才成长纵向发展和横向交流通道，选人用人工作质量持续提升。④筑牢基层战斗堡垒。全面深化“三基本”建设，落实集团公司整顿软弱涣散基层党组织专项行动要求，对公司500余个党支部全面排查摸底，细化公司党员领导干部承包帮扶基层党支部“达标创优”措施，帮助解决实际困难和问题，基层党支部建设得到加强。⑤扎实推进党风廉政建设。深入开展“五位一体”监督、廉洁风险分析排查、分包及分包商管理专项治理，揭示并整改问题411个，企业治理效能持续提升。严格执行中央八项规定精神和公司实施细则，在公司内部颁布“禁酒令”，组织开展廉洁教育，崇廉尚廉氛围更加浓厚。⑥构建和谐劳动关系。打造“走基层、访万家”长效机制，建立职工民情档案，帮扶救助困难员工 1 496 人次，投入帮扶救助金 281 万元，做到真困难真帮助。逐级压实维稳责任，推进关口前移，推动减存遏增，公司进京来访次数减少 41.2%，保持特殊敏感时期的队伍稳定、企业稳定。

（刘 芳）

【重点项目顺利推进】 2019 年，石油工程建设公司坚持服从服务于集团公司重点项目建设，大力推进精益管理，聚焦工期和效益，在项目过程管控中努力做到标后预算到位、分析到位、预警到位和结算到位，突出抓业主关注度高的重点项目和焦点项目，项目统筹协调、工期进度、外协管理和分包管理水平持续提升。

2019 年国内市场，坚持优质资源向项目倾斜，系统内青岛—南京输气管道工程、潜江—韶关输气管道工程、湛江—北海成品油管道工程、日照—濮阳—洛阳原油管道工程、南川水江—涪陵白涛天然气管道工程等大型长输管道项目稳步推进；中科炼化、中安炼化和油气田产能建设等集团内项目保障有力；北京新机场京津第二输油管道项目、三峡阳江和长乐海上风电、云南宜毕和格巧高速公路等一批系统外大型项目高效运行。全年，公司对国内 63 个重点项目提级管理，18 条隧道、350 多条定向钻进展顺利，鄂安沧项目提前 106 天投产，青宁管道项目提前 36 天完成年度工程建设目标；湛北通明海域定向钻项目，成功完成双向对穿 4 071 米，刷新国内超长距离定向钻施工纪录；南涪管道乌江跨越、分水岭隧道高风险施工管控有力；实现重点项目工期正点、安全平稳运行。全年国内项目超额完成下达的产值指标。

国外在建项目方面：新开工项目规范高效启动。石油工程建设公司在沙特 MIP 项目试点推行中层领导人员“去行政化”，依据“个人愿意干、专家认可干、组织决定干”的原则选聘核心管理人员，成功组建项目管理团队；泰国原油储罐项目中标后，组织专家对项目关键岗位人员进行联合面试，确保人员高效精干，为项目高效运行创造条件。2 个项目通过精心策划，都实现高质量启动，项目进度、成本、安全、质量等各项指标均持续平稳高效运行。

肯尼亚五期地热管道项目于 2019 年 8 月中旬实现主体完工，进入保运阶段。目前项目实现毛利约 701 万美元，累计确认变更 1 336 万美元，预计变更结算结束后项目毛利可达 1 069 万美元以上，远超投标预期。

截至 2019 年底，泰国 5# 线一期项目，平稳、正点运行，项目完成进度 83.10%，实现利润 1 857 万美元；泰国原油储罐项目平稳推进，罐体安装已全面展开，项目总体进度 70.42%，实现利润 400 万美元。

沙特 SWCC 项目于 2019 年 11 月 5 日进一步获辅线系统临时验收证书（2019 年 7 月 31 日生效），项目全面进入质保期，业主高层 11 月初致信国际石油工程公司，感谢中国石化完成沙特 SWCC 这项民生工程，对项目的管理及运行给予高度评价；玻利维亚道桥项目帮扶协调小组赴现场开展工作，持续压实各级责任，改善项目管理，全力推进一、三标段收尾交工，加快二标段施工。

（刘 芳）

【市场开拓持续发力】 石油工程建设公司上下抢抓机遇，主动作为，充分发挥专业化、一体化优势，两级班子带头闯市场、全员攻坚拓市场。集团内市场秉承“做精做优”的理念，以服务稳油增气为己任，持续巩固油气板块市场，大力拓展炼化、销售板块业务，先后承揽广西 LNG 管道桂林支线、董东管道、新气管道韶关联络线等项目，成功中标公司成立以来最大的 EPC 项目青宁输气管道工程、合同金额 42.2 余亿元。集团外市场坚持“有保有压，突出重点，梯次开发”的策略，通过加强风险分析和成本测算，建立项目毛利率备案和亏损项目源头追责机制，重点瞄准中国石油、中国海油和地方燃气市场持续发力，全年集团外市场新签合同额 51.8 亿元。

海外市场持续做优做强沙特、泰国、肯尼亚等政策友好的成熟市场，通过扎实做好标前调研工作，加强与业主高层对接，多方位分析风险因素和竞争对手，精准测算价格，先后中标泰国原油储罐和沙特 MIP 管线项目，公司海外全年新签合同额 5.4 亿美元，完成年度目标的 178%，夯实海外发展的基础。

（刘 芳）

【科技创新有新进展】 2019年，石油工程建设公司共开展各级科研项目100余项；“CCUS全流程工程技术研究与工艺包开发”获2018年度中国石化技术发明二等奖；“二氧化碳输送与驱油采出液集输关键技术及应用”获中国石油和化学工业联合会2018年度科技进步一等奖。首次完成优秀勘察设计评选工作，评选出“济南—青岛输气管道二线工程勘察”等10项优秀工程勘察项目、“元坝气田采出水零排放综合处理工程”等21项优秀工程设计项目。

天然气脱硫处理技术研究和应用取得良好效果，基于铁离子环状络合稳定机理，开发具有硫容高、净化度高、副盐生成量低的铁离子环状络合稳定体系，高硫容氧化天然气脱硫药剂硫容量达3.0克/升，较常规0.3—0.4克/升的药剂硫容提高6倍。经集团公司科技部鉴定，该创新成果整体达到国际领先水平。

截至2019年底，石油工程建设公司拥有施工工法158项，拥有授权专利544件，其中2019年新申请专利104件，获授权专利60件、软件著作权1项。

（刘　芳）

【多次获省部级以上奖励】 2019年，石油工程建设公司获省部级以上奖项75项。“涪陵页岩气田焦石坝区块一期工程产能建设”项目获国家优质工程金质奖，该奖项是中国工程建设质量方面设立最早、规格最高的国家级荣誉奖励。“胜利发电厂储煤场封闭改造钢结构工程”项目获第12届中国钢结构金奖，“文23储气库先导工程单井注气系统”等8项工程获全国优秀焊接工程奖，“甬绍金衢成品油管道及配套油库”等5项工程获评中国石化优质工程，“徐州至明光高速公路（江苏段）XM-1标”获山东省“泰山杯”优质工程奖，“提高X80钢自动焊一次焊接合格率”等25项成果获省部级以上优秀QC成果，“涪陵页岩气焦石坝区块一期工程”等13项成果获中国石化优秀勘察设计奖。优秀QC成果、优秀勘察设计等省部级以上其他奖项21项。

（刘　芳）

【安全环保持续加强监管】 2019年，石油工程建设公司坚持目标导向、问题导向，以“查思想、查管理、查技术”为手段，从严安全管理，强化责任落实，突出安全长效机制建设，更加完善HSSE管理体系，组织开展HSSE教育培训，全面开展安全管理提升工作，推进分包商安全管理专项整治，聚焦现场关键环节，风险管控能力持续增强，严格落实直接作业环节10条措施，严抓项目团队建设，持续提升健康、环保、公共安全管理工作水平，从严监督检查与考核问责，公司HSSE总体保持平稳。公司获集团公司JSA比武第2名、集团公司安全生产先进单位称号。

（刘　芳）

【青宁输气管道工程EPC项目稳步推进】 青宁输气管道起点为山东青岛的LNG接收站，终点为江苏仪征的川气东送南京支线南京输气站，线路全长约536千米。设计压力10.0兆帕，设计年输气能力为100亿立方米。该项目在集团公司长输管道工程中首次推行EPC联合体管理模式，自开工建设以来，各参建单位通过精心组织、科学管理，大力挖掘EPC总承包的综合优势，使设计、采办、施工紧紧围绕整体计划运行。截至12月底，全线焊接突破500千米，提前3个月完成集团公司部署的2019年工程建设任务。

（刘　芳）

【潜江—韶关输气管道工程潜江—郴州段已达到投产条件】 潜江—韶关输气管道工程属于新疆煤制气外输管道工程的一期工程，管道长度830千米，设计压力10兆帕，增压扩建后，最大输气能力168×10^8米^3/年，现阶段输气量60×10^8米^3/年。

工程共分2期投产，潜江—郴州段为一期投产项目，自工程开工以来，各参建单位统筹调配各项资源，科学组织施工力量，攻克水网、山区施工难题，有力保障工程有序推进。2019年底工程具备投产条件，可适时组织投产，标志着潜江—郴州段管道投产试运准备就绪。

（刘　芳）

【湛北成品油管道提前完成通油目标】 中科一体化配套湛江—廉江成品油管道起点东海岛中科炼化，终点廉江市高桥镇，线路全长170千米，是解决中科炼化油品出厂的重要配套设施，是广东省重点工程项目和国家“十三五”规划干线项目。工程自2018年4月正式开焊以来，各参建单位克服材料供应紧缺、工农关系复杂等困难，通过统筹协调资源、细化施工方案、加大资金投入等措施，组织开展“大干一百天”活动，于2019年12月28日顺利投油。

（刘　芳）

【日照—濮阳—洛阳原油管道线路工程线路主体基本完成】 日照—濮阳—洛阳原油管道工程是国家原油及成品油管网发展规划重点项目，山东省将该管道工程列为重点建设项目。工程自2018年3月28日全线开工以来，各参建单位坚持高标准、严要求，安全平稳地推进工程建设。其中，由江汉油建公司施工的五标段黄河定向钻穿越项目，是整个工程关键性重点控制性工程，穿越管道全长7 005米，定向钻最大埋深42.9米，基坑连头点最深16.5米。4月12日黄河主河槽穿越一次性回拖完成，创造国内黄河河道上双管异径同孔回拖施工距离最长、管径最大的施工纪录。截至2019年底，主体线路已基本实现贯通，为顺利实现2020年工程完工打下坚实基础。

（刘　芳）

【南涪管道顺利投产保障页岩气外输工程投产】 南川水江—涪陵白涛天然气管道工程起于南川水江镇南川输气站，终于已建涪陵白涛工业园区涪陵增压站，全长65.7千米，设计压力10兆帕。自项目开工以来，各参建单位精心部署、科学组织，克服隧道施工掘进地质复杂、乌江悬索跨越高空吊装风险高、大溪河重载荷桁架跨度大等多种困难，于10月10日完成中交，提前完成集团公司督办工期，最终一次投产成功，顺利与川气东送并网，实现平桥、水江区块页岩气的外输。

南涪管道项目乌江跨越

（刘　芳）

【鄂安沧管道一期工程全面建成投产】 鄂安沧输气管道一期工程是推进京津冀一体化发展和治理京津冀大气污染的国家“十三五”重点工程，是国家应急保供工程，是国家发改委和河北省重点督办项目。作为项目建设主力，石油工程建设公司充分发挥专业化优势，整体组织协调，集中优势资源集团作战，各参建单位2018年实现“11·15”向河北省供气目标，2019年9月16日河北鹿泉站点火成功，标志着鄂安沧一期工程提前106天全面建成投产。

（刘　芳）

【中科炼化配套输油、输气管道工程通明湾海域定向钻项目刷新国内超长距离定向钻施工纪录】 通明湾海域定向钻穿越水平长度4 060米，实长4 071米。3条管道间距15米并行穿越。该项目由胜利油建公司承建，项目团队依靠过硬的泥浆技术，凭借细致的技术方案，攻克超长距离定向钻施工难题。分别于2019年5月17日、7月27日和11月11日顺利完成成品油管道、天然气管道和光缆管的回拖任务，刷新国内超长距离定向钻施工纪录，为项目的顺利投产奠定基础，为石油工程建设公司长距离定向钻施工积累宝贵经验。

（刘　芳）

【文23储气库地面工程EPC项目（一期工程）顺利投产】 文23储气库是当前中国中部规模最大储气库，也是国内规模最大的天然气储转中心。该项目由中原设计公司牵头，中原油建公司、中原建工公司共同组成EPC项目联合体。2019年7月，8座丛式井场全部投产注气，历时495天，在国内特大型地下储气库建设中，工期用时最短。11月实现应急调峰，完成各井场采气任务，一期工程全部建设完毕，项目质量指标满足报国家优质工程的条件。

（刘　芳）

文 23 储气库地面工程 EPC 项目

【深耕海上风电建设市场，打造海上风电样板工程】 2019 年，胜利油建公司高质高效完成 3 座海上升压站施工任务并出海安装，创出了南海区域双平台同船出海的运输纪录。

8 月 21 日，三峡新能源广东阳江西沙扒 300 兆瓦风电项目海上升压站顺利吊装，为打造国际一流湾区和示范区建设提供动力支持。9 月 29 日，福清兴化湾海上风电场二期项目海上升压站顺利完成吊装。该海上升压站首次采用海上 SVG 动态无功补偿装置，应用现代通信科技技术，取消登陆点陆上集控中心，功能复杂，结构紧凑，是当时国内集成度最高、单体最大重量的海上升压站。8 月 7 日，重达 2 972 吨的中广核新能源阳江南鹏岛海上风电项目海上升压站顺利吊装就位，11 月 1 日并网发电，标志着国内单体容量最大的海上风电项目进入陆续投运阶段，为开发南海海上风电市场奠定坚实的基础。

（刘　芳）

【宜毕高速公路威信至镇雄段土建六标全线贯通】 宜宾至毕节高速公路项目包括威信至镇雄段及叙永支线段，总里程 115.8 千米，全线采用设计速度 80 千米 / 时，路基宽 24.5 米的双向四车道高速公路，预计投资 160 亿元。

由胜利建工公司负责施工的威信至镇雄段土建六标，全长 16.385 千米，位于云南省昭通市威信县境内，主要工作量包括互通式立交 1 处，主线停车区 1 处，主线收费站 1 处，挖土方 127 万立方米，挖石方 548 万立方米，路基填筑 77 万立方米，大中桥 26 座，隧道 2 条，桥隧比 50.4%。项目部克服在山岭重丘区施工的各类技术难题，保质保量实现工期节点要求，2019 年 12 月 31 日，项目全线贯通。

（刘　芳）

【沙特阿美 MIP 16、17 包管线项目高质量启动】 沙特 MIP 项目业主为沙特阿美，PKG16 管线合同额 15 174 万美元，全长 192.5 千米，管径从 6 英寸到 36 英寸 6 种规格，共分 9 条管线，12 座阀室，9 套收发球筒；沙特 MIP 项目 PKG17 管线合同额 14 305 万美元，全长 424 千米，管径为 12 和 30 英寸 2 种规格，共分 2 条管线。于 2019 年 7 月 17 日签订施工合同，合同工期为 41 个月。项目中标后，试点推行项目中层领导人员“去行政化”，依据“个人愿意干、专家认可干、组织决定干”的原则竞聘、选聘项目领导班子和各部门关键人员，成功组建项目管理团队。项目部完成工程施工内部分包、执行方案优化等工作，各项工作均按计划有序开展。该项目已定位为石油工程建设公司“一号工程”，公司上下统一思想、凝心聚力，全力保障项目做成做赢，以该项目为契机将沙特市场打造成公司海外最重要的战略市场。

（刘　芳）

【泰国 C-COT 原油储罐项目效益显著】 该项目业主为泰国石油公司，合同额 6 936 万美元，包括 11 万立方米的浮项罐 5 台，6 万立方米的浮项罐 4 台，于 2019 年 6 月 27 日签订合同，合同工期为 24 个月。泰国 C-COT 原油储罐项目中标后，项目部克服外商经营许可办理流程长对现场施工的影响，不断加强对土建、安装分包商的管控力度，泰国原油储罐项目平稳推进，罐体安装已全面展

泰国 C-COT 原油储罐项目罐壁焊接、浮顶预制

开，截至 2019 年底，项目总体进度 70.42%，实现利润 400 万美元。

（刘 芳）

【泰国 5 号线输气项目进度、成本双受控】 2017 年 8 月 3 日，石油工程建设公司所属胜利油建公司中标泰国 5 号天然气长输管线工程一期 EPC 项目。该项目是泰国国家石油公司的重点工程，是一条从南部工业重镇罗勇府至曼谷西北暖武里府输气大动脉，用来保障沿途发电厂和用户的天然气供给。包括 152 千米 42 寸主线管道，8 座配套阀站；57 千米 36 寸支线管道，6 座配套阀站；新建混合气站 1 座，改造发球站 1 座。

2017 年 9 月 1 日开工以来，项目安全平稳运行，获业主颁发的 50 万安全人工时荣誉证书。项目一次焊接合格率 96.4%，高于焊接一次合格率 96% 的目标。泰国五号线一期项目，继续平稳、正点运行，截至 2019 年底，项目完成进度 83.10%，实现利润 1 857 万美元。

（刘 芳）

泰国 5 号线输气项目管道顶管作业

表 1　　石油工程建设公司主要经济指标　　亿元

指标名称 \ 年份	2019	2018	2017	2016	2015	2014
总资产	213.20	234.17	149.34	184.57	209.79	215.05
固定资产净值	11.90	12.30	12.25	13.96	15.46	16.98
营业收入	168.53	155.92	121.17	132.63	157.87	205.67

表 2　　石油工程建设公司工作量完成情况　　亿元

指标名称 \ 年份	2019	2018	2017	2016	2015	2014
新签合同额	183.90	180.69	186.88	112.11	138.84	170.34
集团内上市	68.53	95.60	58.76	45.75	68.65	92.85
集团内非上市	29.17	23.17	36.80	13.72	27.08	23.27
国内集团外	51.80	51.55	65.84	39.52	21.26	33.40
国　外	34.50	10.36	25.48	13.12	21.85	20.72
完成合同额	170.80	145.01	118.90	130.40	149.34	203.21
集团内上市	75.54	60.61	45.77	56.87	69.10	70.32
集团内非上市	25.76	27.32	18.68	20.56	20.80	24.45

续表

年份 指标名称	2019	2018	2017	2016	2015	2014
国内集团外	49.15	35.15	33.23	31.52	31.60	50.23
国　外	20.40	21.94	21.22	21.45	27.84	58.21

地球物理公司

【概况】 中石化石油工程地球物理有限公司（简称地球物理公司）由胜利、中原、河南、江汉、江苏油田及华北、华东、西南石油局 8 家非上市油田企业的 10 家物探公司（大队）和国际石油工程公司物探工程部整合重组成立，于 2012 年 12 月 21 日在北京注册，总部位于北京市朝阳区吉市口路 9 号。

地球物理公司是石油工程公司的全资子公司，是集团公司从事物探业务的独立法人和利润中心，是集物探资料采集、处理、解释、技术研发于一体的专业技术服务公司，是为中国石化上游业务提供物探专业一体化服务的技术支撑中心，是集团公司参与国内外物探工程技术服务市场竞争的责任主体。主要职能是：负责研究集团公司物探业务发展战略，提出中长期规划和年度部署方案建议，执行石油工程公司战略和年度部署；负责统筹物探采集、处理、解释的一体化经营和 QHSE 管理，承担资产保值增值责任；负责国内外物探业务市场开发；负责物探技术、装备仪器、软件研发，为上游业务发展和石油工程公司参与国内外市场竞争提供技术支撑。

截至 2019 年底，地球物理公司下设综合管理部（党委办公室、政策研究室）、党群工作部（纪检监督部、审计部、工会、团委、维稳办）、人力资源部（党委组织部）、财务计划部、经营管理部（法律事务部）、安全环保部、市场开发运行部、科技信息部 8 个部门，国际业务发展中心、科技研发中心、装备管理中心、综合管理支持中心 4 个附属中心，胜利、华北、地理地质信息勘查、华东、南方 5 家分公司。共有队伍 58 支，其中地震队伍 40 支、非地震队 3 支、新业务队伍 15 支。从业人员 8 860 人，其中合同制员工 7 013 人、规范劳务派遣业务外包工 887 人、其他用工 960 人。在职员工中，具有教授职称的 25 人、副高级职称的 1 221 人、中级职称的 1 187 人，具有中高级职称的占比 27.46%。拥有可控震源 168 台，数字地震仪主机 69 台（套），接收道数 43.72 万道，其中 408 采集链 4.68 万道、428 采集链 23.50 万道、508XT 采集链 10 万道、I-NODAL 节点 3.10 万道、滩海采集链 2.44 万道，各类沙漠运载设备 609 台（套）。固定资产原值 57.45 亿元，净值 15.31 亿元，综合新度系数 0.27。

地球物理公司主要生产经营指标见表 1。

（李　佩）

【本质盈利取得阶段性成果】 2019 年，地球物理公司深入学习贯彻集团公司年度工作会议要求，提出实现“本质盈利”的目标任务，细化“七个全面”的生产经营工作安排和党建“三大工程”部署，抓住国内加大油气勘探开发力度的重要契机，加快推进提质增效、转型升级，全年完成收入 43.02 亿元，利润增加 2.5 亿元，可持续盈利筑牢基础，内涵式盈利稳步推进，协同化盈利保障有力，共享型盈利普惠员工，本质盈利取得阶段性成效。

（李　佩）

【高质量服务上游勘探开发作用突出】 2019 年，地球物理公司深入贯彻习近平总书记关于加大国内油气勘探开发力度的重要批示精神，狠抓关键核心技术攻关，强化组织运行保障，优化装备、队伍、技术等各类资源配置，以高质量服务保障上游勘探开发，有力践行了找油找气的使命价值。应用单点高密度技术，胜利唐庄、苏北永安等区块地震资料精度较以往提高 50%，可识别断距 5 米断层、5—10 米储层；攻关低密度三维地震技术，武隆常压页岩气项目采集成本仅为常规三维地震的 46%。全年优质高效完成集团公司内部二维地震勘探 2 293 千米、三维地震勘探 5 487 平方千米，3 支地震队年工作量超过 10 万炮，二维和三维地震生产日效分别提高 2%、24%，地震项目单炮资料一级品率达 89.79%，36 个项目全部获评优质工程，为集团公司上游稳油增气降本提供了有力支撑。

（李　佩）

【市场开拓成效显著】 2019 年，地球物理公司新签合同额 49.60 亿元，创 5 年来最好水平。集团内部市场方面，全年新签合同额 33.92 亿元。国际市场方面，重点开发阿尔及利亚、沙特、墨西哥等“根据地”市场，全年新签项目 13 个、合同额 3.21 亿美元，完成年度计划的 160.50%；成功中标沙特 S84 项目等大型三维项目，在国际市场的话语权、影响力有效提升。国内外部市场方面，继续保持与中国地质调查局等传统伙伴良好合作关系，进入中国石油地震钻井、微地震测井市场，全年新签合同额 1.73 亿元。新业务市场方面，积极拓展场地环境调查市场，突破工程物探和非地震业务，全年新签合同额 1.74 亿元。内部市场方面，建立健全市场化机制，加大公司内部业务承揽和员工替代力度，钻井、测量、车辆服务等业务产值达 3.80 亿元，员工替代 1 404 人次，内部市场效益进一步显现。

（李　佩）

【亏损治理见到实效】 2019 年，地球物理公司深化亏损单位专项治理，所属分公司全面盈利。组建 3 支专业化服务队伍，搭建内部人力资源、车辆调剂平台，降低业务外包费用 3.2 亿元，对外劳务输出 500 余人次，创效 2 000 多万元，通用业务实现整体减亏 0.5 亿元。大力减机构降减费，压减地震队 14 支、海外机构 4 个，两级机关减员 95 人，机构运行费用压减 0.16 亿元，待工费用压减 1.19 亿元、下降 30%，百元收入变动成本下降 6.44%。

（李　佩）

【1 项科技成果转化工作顺利实施】 2019 年，地球物理公司 I-Nodal 节点地震采集系统历经 4 年技术攻关研发成功，顺利通过石油工程公司验收和中国地球物理学会产品鉴定，整体达到国际先进水平。节点采集装备产业化应用有序推进，委托制造节点采集装备 3.10 万道，并在商河地区成功开展试验。

（李　佩）

【3 项技术推广工作效果显著】 高密度地震采集技术在胜利油田盐家、孤岛、唐庄和牛庄等项目中持续推广，并首次应用于江苏油田探区。可控震源高效宽频采集技术在海外成功推广，中标沙特阿美公司 S84 项目，日产 20 000 炮以上；自主设计的 1.5—90 赫兹扫描信号在阿曼推广应用。复杂山地采集技术持续完善推广，加强观测系统变观优化设计、井震联合作业，有效解决了障碍区激发难题；在激发条件差的灰岩出露区，采用“增强型”观测系统，提高了资料信噪比。

（李　佩）

【2 项现场技术试验取得成功】 顺北特深断溶体地震关键技术现场试验项目高质量完成，创投入采集设备最多、单炮接收道数最多等多项纪录。节点与有缆联合采集试验成功实施，采用节点无缆采集系统在复杂区进行加密采集，有效弥补了资料缺口，提高了资料精度。

（李　佩）

【安全环保稳中向好】 2019 年，地球物理公司坚持从讲政治的高度抓好安全环保工作，再次获评集团公司安全生产先进单位。持续推进 HSSE 管理提升工程，出台 1 本管理手册、37 项制度文件，HSSE 管理基础进一步夯实。以双重预防机制建设为主线，加强风险管控，强化隐患治理，排查梳理 50 项 HSSE 典型问题，投入 1 791 万元解决 24 项安全隐患，实现安全隐患早排查、早治理、早预防。加强全员培训，从严开展 HSSE 监督检查，严肃追责问责，项目重大违章、重大隐患数量下降 42%。推进实施“绿色企业行动计划”，推广绿色勘探技术，积极创建绿色单位。

（李　佩）

【新闻宣传和群团工作亮点突出】 2019 年，地球物理公司严格新闻宣传量化考核，微信公众号“物言探语”排名升至集团公司 B 档。开展“重点项目一线行”活动，集中宣传物探员工找油找气先进事迹。坚持服务中心工作不偏离，群团组织作用有效发挥，深入推进“大干 100 天、拿下 16 亿”主题劳动竞赛、青年科技论坛等活动，开展庆祝新中国成立 70 周年活动，凝聚了推动发展的强大合力。成立公司团委和在宁协作区，团青工作进一步加强。

（李　佩）

【党的建设全面从严过硬】 2019 年，地球物理公司召开第一次党代会，提出“全面从严、全面过硬”的党建总体要求，大力推进党建“三大工程”和“三项重点工作”，推动了党建责任落实、水平提升。坚持把党的政治建设摆在首位，扎实开展“不忘初心、牢记使命”主题教育，狠抓集团公司党组巡视反馈问题整改。建立网格化党建责任落实体系，切实发挥党委“把方向、管大局、保落实”作用。大力实施“组织力提升工程”，开展全覆盖党建工作考核，推进基层党支部标准化建设和分类定级工作，形成 22 项标准化操作规程和基础资料台账模板，创新建立“党员先锋指数管理”“基层党建‘三带’制”“恒态建支部、全面管党员”等党员教育管理新机制，充分发挥党支部战斗堡垒作用和党员先锋模范作用。持续推进“人才强企工程”，着力破解干部队伍“盖层”“断层”问题，干部人才队伍结构进一步调优调强。创新开展廉洁风险防控体系建设，坚持不敢腐、不能腐、不想腐一体推进，营造干事创业良好氛围。全面落实意识形态责任制，强化形势任务教育，公司和谐稳定局面进一步巩固。

（李　佩）

表 1　　地球物理公司主要生产经营指标

指标名称 \ 年份	2019	2018	2017	2016	2015	2014
国内二维地震 / 千米	4 339.51	5 463.45	3 775.52	4 431.26	6 720.33	7 607.67
国外二维地震 / 千米	4 638.76	9 266.55	9 803.20	10 127.38	5 658.65	6 333.56
国内三维地震 / 平方千米	6 102.75	5 942.84	4 837.16	4 105.54	5 837.48	5 863.32
国外三维地震 / 平方千米	4 129.13	4 511.16	4 709.65	6 581.16	3 821.75	5 979.73
收入 / 亿元	43.02	46.55	38.97	35.99	51.06	47.57

胜利石油工程公司

【概况】 中石化胜利石油工程有限公司（简称胜利石油工程公司）于 2012 年 12 月 20 日注册登记，2013 年 1 月 4 日挂牌成立，是石油工程公司的全资子公司，位于山东省东营市东营区济南路 125 号，主要业务有钻井、修井、完井、测井、测试、录井、井下作业、资料处理解释、储层改造，以及井筒工程设计、施工、技术服务，井筒工程技术研究与试验，地质勘查技术服务，机械设备的租赁等，并提供综合一体化解决方案，被认定为国家高新技术企业。

截至 2019 年底，胜利石油工程公司机关设有 9 个职能部门、2 个直属机构、16 个二级（处级）单位、473 个基层单位。用工总量 20 721 人，平均年龄 45.9 岁，合同制员工 20 096 人，非全日制用工 625 人。其中，管理人员 1 560 人，专业技术人员 6 144 人，技能操作人员 8 863 人。党支部 813 个，党员总数 21 149 人，其中非在职党员 10 049 人。职称结构中，具有正高级职称的 113 人，副高级职称的 3 036 人，中级职称的 3 284 人；技能等级结构中，有高级技师 291 人，技师 484。有集团公司高级专家 3 人，公司首席专家 4 人、高级专家 13 人；集团公司技能大师 2 人，公司首席技能大师 1 人、技能大师 12 人。

截至 2019 年底，胜利石油工程公司现有资质施工队伍 485 支，其中钻井队 162 支、测井队 85 支、录井队 148 支、井下作业队 90 支。固定资产原值 148.96 亿元，净值 59.72 亿元。主要专业设备 2 868 台（套），其中钻井设备 332 台（套）、测井设备 297 台（套）、录井设备台 206（套），新度系数 0.32，设备综合完好率 98.98%。

胜利石油工程公司不断加大核心技术研究攻关，注重先导试验和推广应用，形成综合设计技术、钻完井技术、油气藏识别与评价技术、特种作业技术、海洋石油工程技术等“五大石油工程技术系列”，打造形成 SinoLOG900 网络成像测井系统、SinoWSL 综合录井仪、SinoMACS 地质导向系统等为代表的石油工程产品和技术品牌。水平井钻井、长水平井射孔与桥塞联作、高效 PDC 钻头等技术和产品，实现规模化应用。钻井可承担定向井、水平井、分支井、欠平衡井、超深井等各类井型施工，可提供从工程设计、钻前工程、钻井施工、钻井液技术、钻具供应、管具维修、井控、固井到完井的一体化综合性施工服务。具有年钻井进尺 500 万米以上的施工能力；年施工 1 万井次以上的测井能力；年完成探井 150 口、开发井 1 650 口以上的地质录井能力；年完成 2 000 口以上的钻井地质设计能力；具备年试油（气）、油气水井大修侧钻、压裂酸化和防砂、地层测试等综合作业 3 000 井次的井下作业生产能力。

胜利石油工程公司牢固树立“市场是根、服务是魂、效益是本、合作共赢”理念，不断加强市场管理体制机制创新，全心全意以客户为中心，优化市场布局，做稳胜利，做优国内，做强海外，市场竞争能力持续提升。截至 2019 年底，国内外部市场征战在新疆、四川、重庆、江苏、海南、陕西、山西、吉林、河北、内蒙古等 10 多个省（市）和自治区；国外市场分布在沙特、乌克兰、墨西哥、土库曼斯坦、印尼、科威特、孟加拉国和尼日利亚等 13 个国家或地区，实现了从油气向非油气延伸，从常规向非常规拓展，从单一服务向综合服务转型，开创了规模化、高端化、效益化发展新格局。

胜利石油工程公司主要技术经济指标及主要生产建设指标分别见表 1 和表 2。

（蒋晓波　侯　哲　宿振国　孙　申　徐洪涛）

【开拓市场全面发展】 2019 年，胜利石油工程公司加强市场开发与布局调整，三大市场均实现工作量、收入“双提升”。①胜利市场稳中有升。加强与胜利油田分公司一体化运行，优化配置队伍、装备、技术资源，推进钻井与其他专业紧密衔接，运行效率和保障能力不断提升，单井平均搬迁时间缩短 21.6 小时，钻机利用率达 87%，市场占有率达 85%。推进油藏、地质、工程深度融合，扩大难动用储量合作开发规模，累计完井 120 口、增加 79 口，建产能 25.6 万吨，产油 11.8 万吨。全年胜利市场完成钻井进尺 277 万米、增加 25 万米。②国内外部市场持续巩固扩大。西北市场份额稳中有升，华北市场得到优化发展，西南市场队伍规模逐步扩大，承揽中国海油、中国石油海上套管开窗、地层取芯等技术服务项目，新开辟江西页岩气、新疆申能油气市场，全年累计新签合同额 37.5 亿元、增加 12.3 亿元，完成钻井进尺 41 万米、增加 5 万米。③海外市场布局更加优化。中东规模化阵地持续巩固扩大，沙特市场新增加 3 部钻机，钻机规模达 13 部，科威特市场 7 部钻机连续运转，4 部停待修井机新签“1+1 年”期合同。尼日利亚海上市场续签服务合同，2 座平台连续运营。全年新签合同额 5.9 亿美元，完成钻井进尺 33.5 万米。

（张东鹏　赵建勇）

【改革调整持续推进】 2019 年，胜利石油工程公司坚持正确的改革方向和目标导向，加强顶层设计、系统联动，各项改革调整举措有序实施、落地见效。①专业化改革红利逐步显现。稳妥实施钻井液、物资仓储配送业务专业化整合，公司专业化发展体制框架基本搭建完成。培训中心提升定位为中国石化石油工程培训中心，发展空间更加广阔。积极推动各专业化单位制定中长期发展规划，完善内部经营管理机制，服务保障和市场开拓能力有效提升。②辅业减亏扭亏成效明显。推进实施承包经营，24 个辅业基层单位全部扭亏为盈。调整业务承揽考核导向，推动由“数量型输出”向“效益型输出”转变。③绩效考核导向作用有效发挥。建立层层与一线挂钩的联动考核机制，加大工效挂钩力度，二级单位和直属项目部绩效工资占比提高到 50%。推进单井单项目考核，在钻井单位实现单井预算办法、核算办法、考核办法、信息平台“四统一”。海外项目部调整初见成效，将墨西哥等 8 个规模较小的项目部交由海外中心集中管理，启动蒙古国、孟加拉国等机构注销工作。

（王　辉　刘　伟）

【经营绩效明显提升】 2019 年，胜利石油工程公司牢固树立价值引领理念，推进“严细实”管理，强化过程管控，成立 7 个项目组推动重点工作运行，经营效益明显改观。①预算执行效果较好。建立预算执行与绩效考核紧密关联的运行机制，按照“以收定支”下达重点费用月度管控目标，实施两级预警，对主业、辅业、养人、机构、业务承揽实行分类预算、分类管控。②资源优化盘活见效明显。加强人力资源优化，772 名机关后勤人员返岗一线，全员劳动生产率明显提升。推进资产分类评价，处置低效无效资产变现收入 3 522 万元，调剂资产原值 6 170 万元、净值 705 万元，优化盘活闲置土地房屋资源增效 2 342 万元。全面推行物资自主采购和区域集中代储，降低采购和使用成本。③财务状况明显好转。压实“两金”管控责任，加快关联交易结算，通过领导挂牌、诉讼等措施加大资金清收力度，土库曼斯坦、阿联酋、土耳其天辰等一批重难点项目账款清收取得突破，全年累计回收资金 169.41 亿元。开展民营企业专项清欠工作，实现民企应付账款“零”逾期。

（郑伟伟　张　磊）

【科技创新取得进步】 2019 年，胜利石油工程公司实施科技项目 144 项，有 3 项获中国石化科技进步奖，新增授权专利 127 件，科技成果转化率达 92%。①关键技术攻关取得突破。自主研发的 SinoMACS ATS Ⅰ型旋转导向系统在埕 913- 斜 80 井连续工作 141 小时，实现重大突破，具备工业应用条件；钻井液性能参数在线监测技术整体达到国际领先水平；圆满完成青海 GR1 井施工，探索形成一套适合干热岩勘探开发的新技术、新工艺。②产学研用一体化加快推进。石油工程胜利研发中心和随钻测控、钻完井、测井、录井、修井 5 个技术中心正式挂牌，科研体系进一步完善；加大随钻伽马成像等 85 项成熟技术规模化应用力度，统筹推进“六条产品线”产业化建设。③提速提质提效成效明显。在胜利、“两北一川”等工区攻关应用个性化和适应性技术，全年建井周期缩短 1.27 天，万米进尺复杂、故障时间分别减少 19.76% 和 30.02%。④信息化建设水平稳步提升。开发应用钻测录等各专业数据采集系统，井筒数据中心初步建成。加快建设井筒业务一体化服务平台，生产动态、技术支持 2 个模块功能更加完善。在渤海钻井、塔里木和西南分公司搭建“生产运行、技术支持、安全监控”三位一体支持中心，实现前后方联动、远程决策支持。

（宿振国　周金柱）

2019 年 12 月 19 日，胜利石油工程公司自主研发的 SINOMACS ATS Ⅰ型旋转导向在埕 913- 斜 80 井实验

（王　福　摄）

【基础管理持续加强】 2019 年，胜利石油工程公司突出“抓基层、打基础、强管理”鲜明导向，强化制度建设、监督检查、整改提升，各类风险全面受控。①“三基”工作进步明显。在外部市场实施“项目部 + 党组织”模式，实现党组织设置全覆盖。规范压减基层资料台账，减轻基层负担。抓实钻井队员工倒休班培训、转岗培训等 5

项措施，全年人均培训超过20个工作日。在全国和集团公司钻井、井下作业等业务竞赛中均取得优异成绩，15名员工获石油工程公司铁军名匠称号。②装备水平持续提升。全年投入近15亿元，重点完成胜利市场8部30型钻机、西南和新疆市场8部70型钻机升级改造，4台500吨顶驱、25套泥浆不落地装置、47台搬迁运输车辆等配套设施全部投产，本质安全水平、处理复杂故障能力和绿色施工标准逐步提升。③依法合规管理迈出坚实步伐。制（修）订“三重一大”决策、重大事项请示报告等制度64项，推进审计处独立运行，在经营管理处设立内控管理科，加强合同和招投标管理，依法合规治理体系更加完善。加强法律事务管理，在各单位配备总法律顾问，建立完善纠纷管理机制，避免和挽回经济损失。④安全环保形势总体平稳。发布新版QHSSE管理体系，实施领导干部HSSE行动计划，各级安全管理责任进一步压实。抓实“安全管理提升”工作，配齐配足一线人员，钻井队全部实现“三班两倒”，安全用电、受限空间作业等方面隐患得到全面整改。制定实施迁装作业安全管理18条措施，现场“三标”水平不断提升。推广应用泥浆不落地等工艺，推进绿色企业创建，保持绿色清洁生产。

（王　辉　宋　华）

【政治优势保障有力】 2019年，胜利石油工程公司坚持以党的政治建设为统领，推进党建思想文化工作与生产经营工作相融互促，为全面扭亏脱困提供坚强保障。①主题教育扎实开展。聚焦学习贯彻习近平新时代中国特色社会主义思想根本任务，把握“守初心、担使命，找差距、抓落实”总要求，创新“实施方案+单项计划+运行日程”推进模式，抓实“四项重点措施”，两批主题教育取得实实在在的成效。②基层党建质量稳步提升。统筹推进“组织力提升工程”，推行基层党建“四融入”工作法，深入开展“双示范”创建和“软弱涣散”党组织专项整治，持续实施党支部点检巡察、分类定级，实现了基层党建工作水平全面提升。③“人才强企工程”加快推进。坚持正确选人用人导向，严格选人用人标准。新增集团公司高级专家2人，选聘公司专家18人，各类专业技术人员占比达30.26%。④全面从严治党走深走实。严格落实中央八项规定精神，深化形式主义、官僚主义集中整治，扎实开展规范检查评比、精简会议文件工作。抓实巡视巡察问题整改，各项问题基本整改完成。加强重点业务、重点群体日常监督，深入开展“微腐败”整治，严肃查处违规违纪问题，有效发挥警示震慑作用。⑤群众工作扎实有效。落实员工薪酬正常增长、带薪休假等政策，全员人均收入保持稳定增长。加大精准帮扶力度，发放助学、医疗等各类救助金近700万元，帮助近500名员工家属完成白内障手术，在北京、济南开展导医服务1 000余人次。持续开展“送温暖”活动，走访慰问员工群众3.2万人次、基层队737队次。做好“一人一事”思想政治工作，加强矛盾纠纷排查化解，保持了和谐稳定的良好局面。

（陈　松　陈　鹏　徐　华）

【胜利钻井院主持制定的中国第1部油基钻屑处理系统标准正式颁布】 国家能源局发出公告（2018年第12号），由胜利钻井院主持起草制定的国家行业标准《SY/T 7422—2018 石油天然气钻采设备　油基钻井液钻屑处理系统》正式颁布，于2019年3月1日正式实施。该标准属于首次制定，是中国非常规页岩油气勘探开发中第1部油基钻屑随钻处理标准，也是胜利钻井院承担的“十三五”国家重大专项课题“页岩气等非常规油气开发环境检测与保护关键技术（2016ZX05040-005）”一项重要内容。该标准规定在采用油基钻井液施工过程中，产生的油基钻屑随钻处理系统的推荐做法及分类、型号与基本参数、处理工艺、系统组成与配套、技术要求、试验与检验、铭牌、包装、运输与贮存等，适用于油基钻屑处理系统的设计、制造、配套与检验。该标准的制定填补了中国钻井过程中含油固体废弃物——油基钻屑随钻处理标准的空白，解决了当前中国油基钻屑处理无相关标准执行的问题，对钻井过程中油基钻屑进行减量化控制、无害化处理、资源化利用，对于保护区域环境，保障石油工业长期可持续发展具有重要现实意义。

（潘恩生）

【张强获 NEBOSH 职业健康安全职业资质考核全球第 1 名】 张强为胜利科威特项目部 SP212 队安全官，参加 2018—2019 年度 NEBOSH IGC 订制课程职业资质培训，结业考核总成绩达 250 分，在来自 110 多个国家 1.2 万余名参考学员中，成绩优秀，排名第一，获 NEBOSH 国际通用证书职业健康和安全最佳学员奖。NEBOSH 即英国国家职业安全与健康考试委员会，该机构认证是国际公认含金量最高的健康、安全、环境和风险管理职业资质认证之一。张强受 NEBOSH 首席执行官伊恩·泰勒邀请，参加 NEBOSH 毕业典礼与颁奖典礼。

（刘炳石）

表 1　胜利石油工程公司主要技术经济指标　亿元

指标名称＼年份	2019	2018	2017	2016	2015	2014
工业总产值	129.04	115.48	76.61	76.61	117.23	175.66
工业增加值	60.37	21.27	15.64	15.64	70.53	84.12
资产总计	123.29	115.92	130.20	130.20	158.55	156.05
流动资产	38.21	40.04	44.72	44.72	66.81	59.03
固定资产原值	148.96	146.65	142.49	142.49	140.44	137.84
固定资产净值	61.18	64.04	69.96	69.96	72.11	74.87
销售收入	149.28	126.67	81.11	81.11	123.84	183.88
实现利税	5.34	2.46	–36.59	–36.59	9.90	31.58
税　金	3.76	2.07	1.55	1.55	12.81	18.45
综合能耗 / 吨标煤 · 万元 $^{-1}$	0.218	0.220	0.229	0.229	0.225	0.230

表 2　胜利石油工程公司主要生产建设指标

指标名称＼年份		2019	2018	2017	2016	2015	2014
钻　井	开钻 / 口	1 296	1 292	1 067	638	1 188	2 091
	交井 / 口	1 323	1 267	1 063	715	1 153	2 083
	钻井进尺 / 万米	328.66	310.76	248.43	166.51	265.64	480.19
测录井	测井 / 井次	5 073	4 760	4 068	2 805	3 583	6 783
	射孔作业 / 井次	5 090	3 990	3 306	2 195	3 314	4 774
	录井 / 口	1 643	1 375	1 157	772	1 105	2 145
井　下	维护作业（小修）/ 井次	452	299	1 329	691	755	476
	措施作业						
	压裂 / 井次	371	283	197	164	307	550
	大修 / 井次	134	188	115	94	195	220
	侧钻 / 口	34	29	23	35	54	57

中国石化 SINOPEC

中国石化集团茂名石油化工有限公司
中国石油化工股份有限公司茂名分公司

2019 年单点卸油作业

2019 年 8 月 30 日，公司与中国移动签约 5G 战略合作

2019 年 8 月，向公众发布茂名石化公司绿色发展白皮书

茂名石化，始建于 1955 年 5 月，位于粤西美丽的海滨城市——茂名。这座城市因茂名石化而生、而长、而兴，被誉为“南方油城”。

茂名石化，中国“一五”期间苏联援建的 156 个重点建设项目之一，也是广东省“一五”期间唯一的国家级重点建设项目，它的建设结束了华南地区没有石油工业的历史，是国内较早原油加工能力达到千万吨级、乙烯生产能力达到百万吨级和第三家年原油加工能力超过 2000 万吨的石油化工企业。

茂名石化已经走过了 65 年的风雨，历经艰难曲折，创造了无比辉煌。近年来始终坚持“既要金山银山，更要绿水青山”的原则，建立完善环保管理体系，严格执行环保“三同时”制度，做好污染防治工作，推进清洁生产以及绿色企业创建工作，不仅在生产建设上实现了质的飞跃，而且在环境保护上取得了巨大成就，做到了增产减污，走上了可持续发展的良性循环之路，成为广东环境保护先进单位和全国造林绿化先进单位，被广东省指定为“工业观光旅游景点”。茂名石化作为中国石化炼化企业排头兵，“十一五”经济效益位居中国石化炼化企业之首，“十二五”期间，技术经济指标、经济效益保持我国炼化企业前列，并且年盈利额在中国石化炼油、化工板块利润总额中所占比例逐年提升。

公司地址：广东省茂名市双山四路 9 号大院　**电话：**0668-2243941　**传真：**0668-2269317

邮编：52500　**网址：**www.mpcc.com.cn

中国石化
SINOPEC

2019 年，江汉油田以习近平新时代中国特色社会主义思想为指导，认真践行“四个革命、一个合作”能源安全新战略，贯彻落实集团公司党组决策部署，围绕油田“建成千万吨油气田，打造行业一流企业”战略目标，扎实推进“八大工程”和百项重点工作，超额完成七年行动计划开局之年目标任务。

生产经营业绩再创新高，生产油气当量 630 万吨，同比增加 24 万吨、增幅 3.96%，位列油气和新能源板块第四。其中，油气业务利润，位列油气和新能源板块第二。焦石坝区块一期工程先后获评国家优质投资项目特别奖、国家优质工程金奖、新中国成立 70 周年百项经典工程。

油气勘探多领域亮点频现，多口天然气重点井钻遇良好油气显示，涪页 8-1HF 老井在大安寨段凝析油气藏试获稳定油气流。新增天然气探明储量 558 亿立方米，石油探明储量 230 万吨、控制储量 606 万吨，均超额完成总部下达指标。

页岩气产销量持续增长，产气 63.33 亿立方米、销售 60.79 亿立方米、增幅 5.2%，新增经济可采储量 64.5 亿立方米、替代率 101.8%；二期产建全面收官，区块日产气 459 万立方米。

老油田实现稳产减亏，生产原油 116.57 万吨、超产 1.57 万吨；减亏 9.37 亿元；新增经济可采储量 151.43 万吨、替代率 142.3%、储采比 6.0，提前达到“第一个三年”收官目标，老区自然递减率连续四个季度在总部“星旗榜”摘星。

科技创新取得新成果，稠油化学降粘技术攻关取得实质性进展，“十条龙”项目通过集团公司中期评估，国家科技重大专项顺利完成年度任务。油田获国家专利授权 46 件、省部级奖 7 项。

党建质量稳步提升，扎实推进“不忘初心、牢记使命”主题教育，大力实施“组织力提升工程”，组织开展庆祝新中国成立 70 周年暨江汉石油勘探会战 50 周年系列活动，油田连续 5 年在集团公司党建考核中被评为 A 档。

江汉油田

中国石化
SINOPEC

中国石化上海石油化工股份有限公司（以下简称上海石化）是中国石油化工股份有限公司的控股子公司，位于上海市金山区，是中国最大的炼油化工一体化企业之一，也是国内重要的成品油、中间石化产品、合成树脂和合成纤维生产基地。上海石化的前身是创建于 1972 年的上海石油化工总厂。1993 年，经过国有企业股份制规范化改制，上海石化成为中国第一家股票同时在上海、香港和纽约三地上市的股份有限公司。

上海石化的发展经历了六个阶段的大规模集中建设。至 2019 年底，上海石化具有 1600 万吨 / 年综合加工原油能力和乙烯 70 万吨 / 年、有机化工原料 428 万吨 / 年、塑料树脂 100 万吨 / 年、合纤原料 109 万吨 / 年、合纤聚合物 59 万吨 / 年、合成纤维 26 万吨 / 年的生产能力，并拥有独立的公用工程、环境保护系统，及海运、内河航运、铁路运输、公路运输配套设施。上海石化的主要产品分为石油产品、化工产品、合成树脂及合纤聚合物产品、合成纤维产品等四个大类。

2019 年，上海石化深入学习习近平新时代中国特色社会主义思想和党的十九大及十九届二中、三中、四中全会精神，贯彻落实中国石化和上海市各项部署，牢固树立“向先进水平挑战、向最高标准看齐”的理念，积极打好环保治理、发展攻坚、人才储备“三大战役”，扎实开展“不忘初心、牢记使命”主题教育，持续增强安全环保管控力，激发改革发展创新力，发挥企业党建引领力，全面完成了上海市和集团公司下达的目标任务。

面对新形势、新任务，上海石化将坚定不移贯彻“创新、协调、绿色、开放、共享”发展理念，按照中国石化“一基两翼三新”发展格局，加快转方式调结构、提质增效升级步伐，努力开创公司高质量发展的新篇章。

上海石化一向重视树立良好的公司形象，积极履行社会责任，为振兴中国石化工业而不懈努力；一贯坚持规范化运作，致力于用良好的经营业绩回报股东；一直以为顾客提供优质的石化产品和良好服务为己任，多次获得社会各界的嘉奖。近年来，先后获得“全国文明单位”“全国绿化先进单位”“全国思想政治工作优秀企业”、全国“重合同、守信用”单位、“全国用户满意企业”“全国厂务公开先进单位”“全国爱国拥军模范单位”“中华环境友好企业”“全国模范劳动关系和谐企业”“智能制造试点示范企业”以及中国石化绿色企业等一系列荣誉称号。

中国石化上海石油化工股份有限公司

SINOPEC SHANGHAI PETROCHEMICAL COMPANY LIMITED

上海石化腈纶部党委以“沉浸式教育”
扎实开展“不忘初心、牢记使命”
主题教育

上海石化坚持消缺检修不留
死角确保装置平稳运行

上海石化第八届职工运动会
开幕式

上海石化作为项目业主与上海电力公司等四方股东组建的多元化股权结构售配电公司——
上海石电能源有限公司正式成立

上海石化环保水务部开展“凝心聚力，打造最美水质净化厂”主题活动

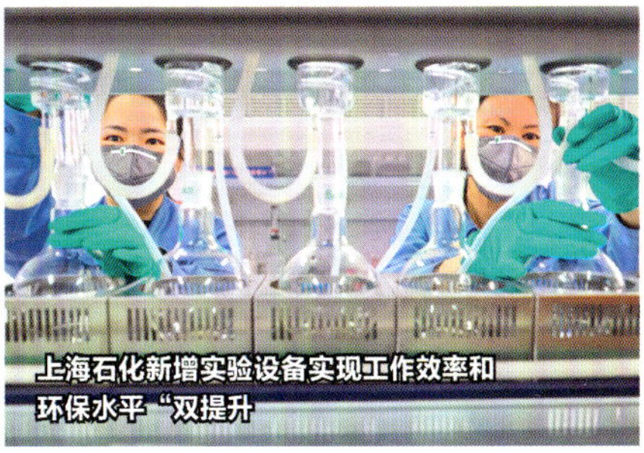

上海石化新增实验设备实现工作效率和环保水平“双提升”

中国石化 SINOPEC

扬子石化

坚持高质量发展 展现新时代担当

向着建设绿色和谐卓越奋进新扬子坚定前行

中国石化扬子石油化工有限公司（简称扬子石化公司）和中国石化集团资产经营管理有限公司扬子石化分公司（简称资产公司扬子分公司）统称扬子石化，占地面积12.43平方千米，位于江苏省南京市北郊，南临长江，北接京沪铁路，与南京化学工业园融为一体。2007年底，扬子石化有限公司收购淮安清江石油化工有限责任公司（清江石化）和泰州石油化工有限责任公司（泰州石化），2012年，成立南京扬子石油化工有限责任公司（以原塑料厂资产在南京化工园注册设立）,2016年8月，全额收购江苏金浦集团持有的扬子金浦橡胶有限公司股份，更名为南京扬子石化橡胶有限公司。

截至2019年底，扬子石化总资产377.65亿元，有限公司本部拥有1 250万吨/年炼油、80万吨/年乙烯、140万吨/年芳烃等58套大型石油化工装置，可生产合成树脂、合成纤维原料、基本有机化工原料、成品油、合成橡胶等5大类50多种产品，是国内主要的纯苯、对二甲苯、邻二甲苯、精对苯二甲酸（PTA）、乙二醇、丁二烯和环氧乙烷、成品油生产商；扬子资产分公司拥有与石油化工生产相配套的36万千瓦发电能力、66万吨/日供水及3 400立方米/小时二级污水生化处理能力；清江石化拥有100万吨/年特油预处理、62万吨/年催化裂化等13套石油化工装置；泰州石化拥有60万吨/年常减压、14万吨/年酮苯等6套石油化工装置；扬子橡胶公司拥有10万吨/年丁苯橡胶和10万吨/年顺丁橡胶生产能力。

扬子石化新建30万吨烷基化装置中交

繁忙的扬子石化码头

全国工人先锋号

职工自己的春晚

中国石化
SINOPEC

仪征化纤公司

短纤现场

高纤现场

仪征化纤 1978 年筹建，1998 年加入中国石化。目前主要拥有 142 万吨 / 年 PTA 产能、240 万吨 / 年聚酯产能、16 万吨 / 年 PBT 产能、12 万吨 / 年 MAH 产能、3300 吨 / 年高纤产能、1000 吨 / 年芳纶产能以及 6000 吨 / 年熔喷布产能。

熔喷布现场

作为中国石化中高端聚酯和特种纤维生产基地，主要产品处于市场领先地位。高纤、芳纶攻克了“卡脖子”技术，拥有自主知识产权，产品广泛应用于国防、军工等高端领域。膜级切片、原生中空、环保水刺及有光缝纫线短纤等拳头产品，全面领跑中高端市场。特别在抗击疫情的战役中，公司从零起步、攻坚克难，76 天建成 6000 吨产能的熔喷布生产基地，满足了抗疫对口罩核心原料的需求，发挥了增产保质抑价作用，展现了国有企业的政治担当。

展望未来，仪征化纤公司将以习近平新时代中国特色社会主义思想为指引，坚守为美好生活添彩的初心使命，朝着“国内领先、世界一流”的合成纤维及新材料专业公司扬帆前进。

中国石化
SINOPEC

中国石化
SINOPEC

中国石化销售股份有限公司华南分公司

中国石化销售股份有限公司华南分公司（简称销售华南分公司）是中国石化集团公司的直属企业，前身是成立于2000年的销售西南分公司，2006年11月在广州注册成立，2017年1月正式运作，2010年升格为大Ⅰ型企业。

销售华南分公司是中国石化销售板块大区公司之一，负责华南区域广州石化、茂名石化、湛江东兴、海南炼化、北海炼化和中科炼化（在建）等6家炼化企业年累计3500万吨的成品油出厂运输；负责广东、广西、贵州、云南、海南5省（区）成品油资源供应，以及四川、重庆两家区外公司成品油资源补充；负责运营管理者中国石化里程较长、运行压力较高、输送量较大、操作要求较苛刻、地形较复杂的高落差成品油管网，管道里程6282千米，是国内也是亚洲较大的成品油管道储运企业。

2019年，公司管输成品油2360万吨，实现主营收入1931亿元、利税32.54亿元。近5年来，公司累计获得国家技术发明二等奖1项、广东省科技进步一等奖等省部级科技奖励13项，被中国石化评为“创新型企业”，被国家工业和信息化部评为“石油石化行业控制系统示范企业”，被广东省评为“安全文化建设示范企业”，并被新华网评为“2019年最具影响力绿色发展企业品牌”。

砚山站风光一体化力发电系统

储能电站在广东黄埔站投入使用

智能巡检机器人在南沙站进行巡检

广州中石化大厦调度控制中心

消防机器人在茂名站应急演练现场

南沙站无人机巡线应用展示

国内首台智能余压透平发电装置（贵阳）

公司机关地址：广东省广州市天河区体育西路191号中石化大厦A塔38-40楼
邮编：510620
电话：020－38083999
传真：020－38083909

由公司实施 PMC 管理的中科炼化一体化项目

第四建设公司

中石化第四建设有限公司成立于大庆石油会战时期的 1963 年 1 月，直属于中国石化，是国家工程施工总承包一级企业。公司主要从事国内外炼油、化工、化纤、化肥、煤化工、风电、煤电、核电、生物环保等工程的新建、改建、扩建、检修和其他各类工业设施的建设，同时从事工程项目管理、工程项目监理业务。

公司作为高新技术企业，在行业内首先提出并实施模块化建造施工，开发了 1280 项焊接工艺评定和 112 项企业工法，拥有自主知识产权的国家专利 36 件；在特种材料焊接和管道自动焊施工领域处于国内领先水平；在大型机组安装调试、大型设备运输与吊装、大型储罐安装、大型装置 DCS 和 ESD 安装调试、PMC 项目业务等专业化领域具有雄厚的技术优势和管理实力。

50 多年来，公司始终秉承“以满足业主需求为己任”的宗旨，为建设方提供最优质的工程建设和管理服务，建设足迹遍布国内外，先后荣获省部级以上优质工程奖 80 项，其中获国家优质工程奖 11 项，建筑工程鲁班奖 8 项，两度获得“国家质量管理奖”，并获得“全国守合同重信用企业”“全国最佳施工企业”“国家优质工程 30 年突出贡献单位”等 100 多项荣誉称号，被誉为石化战线上的“铁军”。

采用模块化建造技术施工的澳大利亚 Ichthys 气田 A2PC 管廊组块

由公司承建的天津 LNG 接收站 16 万立方米 LNG 储罐

华北实操基地可为行业内各式培训需求提供优质服务

中国石化
SINOPEC

中安联合公司

中安联合煤化有限责任公司坐落于美丽的淮河之滨——安徽（淮南）现代煤化工产业园区，是华东最大的煤化工企业，也是中国石化最新建成的现代化工厂。公司成立于 2010 年 12 月，由中国石化长城能化与安徽省皖北煤电按 50：50 均股合资组建，下设煤化工和煤矿两个分公司。项目一期总投资 275 亿元，其中化工项目 190 亿元，煤矿 85 亿元。公司主要产品为 35 万吨 / 年线性低密度聚乙烯、35 万吨 / 年聚丙烯。配套 400 万吨 / 年煤矿。作为中国石化重点建设项目，安徽省重点工程、淮南市“一号工程”，中安联合煤化工项目于 2018 年底建成中交，2019 年 7 月 31 日打通全流程，2020 年 7 月转入商业化运营；煤矿项目于 2015 年 7 月联合试运转，2016 年 6 月通过竣工验收，2017 年 8 月复产，2020 年年底将正式达产。中安联合的投产，填补了安徽省大型聚烯烃企业的空白。未来中安联合将依托长三角区域经济一体化优势，走绿色、低碳、可持续发展之路，在煤化工领域精耕细作，打造中国煤化工高端人才培养基地、煤化工行业科技创新和管理创新平台，履行好“为保障国家能源安全作贡献”的神圣使命，树立“高度负责任、高度受尊重”的良好企业形象。

公司组织包括外包单位在内的全体员工开展大练兵活动

中安联合污水装置实现煤化工生产含盐废水的分质化处理、资源化利用，是中国石化污水“零排放”专有技术的首次应用

中国石化
SINOPEC

中国石化集团共享服务有限公司

中国石化集团共享服务有限公司（简称共享服务公司）于2017年5月20日设立，8月25日正式完成工商注册，是集团公司全资子公司，也是中央企业成立的首家一体化共享服务专业公司。公司本部设在北京，并设立东营、南京两个分公司，淄博、濮阳、扬州、武汉4个区域服务部。

东营分公司办公大楼

南京分公司办公大楼

2013年，在国家政策与信息技术的推动下，集团公司启动财务共享服务建设。经历了7年的快速发展，建立了涵盖上中下游各板块的共享服务业务标准、系统平台、实施策略和管控模式，业务范围主要涵盖财务、人力资源、IT、商旅和党务共享。共享服务公司通过一体化统筹、专业化管理、市场化运作，在促进管理提升和推动资源优化等方面取得了初步成效，实现了具体事务的高效处理、业务流程的优化升级、管理效能的快速提升，为集团公司战略目标实现充分发挥了支持保障作用。

共享服务公司聚焦客户价值最大化，坚持把创新作为推动发展的第一动力，通过创新驱动资源、业务、流程和管理的优化，形成具有核心技术和竞争优势的一体化共享服务产品，打造中国石化共享服务品牌。积极探索信息技术与业务流程有机融合，大力开发流程自动化“机器人”，目前RPA机器人已部署到业务场景150多个，并推进企业RPA深化应用，助力企业管理提升。

未来，按照建设“国内领先、国际一流”共享服务公司的愿景目标，持续创新管理理念和运营模式，提供高价值的专业服务＋创新型增值服务，成为有效支持集团战略和企业发展的业务运营中心、流程创新中心、数据共享中心，打造国企一体化共享服务建设标杆，致力成为企业价值创造的伙伴。

企业愿景： 打造国内领先、国际一流的共享服务公司

企业使命： 提供卓越服务、成就客户价值

战略目标： 卓越共享服务的引领者，企业转型创新的推动者

企业精神： 专业、严谨、创新、卓越

财务共享凭证档案库房

尺子精神文化墙

享当当

RPA 流程自动化机器人

共享服务公司承接中国储备粮管理集团有限公司财务共享规划工作

共享服务公司当选为中国企业财务管理协会财务共享一体化专业委员会会长单位

创享工作室

中国石化
SINOPEC

胜利油田中心医院

山东省副省长孙继业来院调研

医学影像科——国家临床重点专科

胜利油田中心医院始建于 1964 年，位于黄河入海口、胜利油田所在的山东省东营市。现已发展成为一所集医疗、教学、科研、预防、保健、急救、康复于一体的三级甲等综合医院。医院建筑面积 24 万平方米，注册床位 1870 张，年门急诊 189 万人次，出院 8.58 万人次，住院手术 2.66 万台次。现为国家高级卒中中心、中国胸痛中心、国家脑卒中筛查与防治基地、国家住院医师规范化培训基地、国家临床药物试验基地。

医院坚持“树名医、建名科、创名院”的发展战略，现有正高级职称 163 人、副高级职称 440 人，硕士研究生导师 31 人，担任省级专业学术委员会副主任委员以上职务 43 人次。有享受国务院政府特殊津贴

医院全景

积极推进医联体建设

创建成为国家高级卒中中心

专家 5 人，山东省有突出贡献的中青年专家 1 人，黄河三角洲学者 1 人，东营市有突出贡献的中青年专家 6 人，东营市首席医学专家、医学技术专家 25 人，黄河口医学领军人才 41 人，聘任了国内外 31 位知名专家为客座教授。现有国家临床重点专科 1 个，山东省医药卫生重点专业、临床重点专科、精品特色专科等 7 个，东营市医药卫生重点学科、特色专科等 37 个。确立了以腔镜、内镜、微创、介入、舒适化等为代表的特色技术品牌，学科建设和技术创新走在区域前列。

近年来，医院先后荣获国家卫计委脑卒中筛查与防治工作示范基地医院、国家卫生健康委员会“进一步改善医疗服务行动计划”先进单位、全国百家“三好一满意”示范医院、全国十佳优秀企业医院、全国管理创新医院、山东省富民兴鲁劳动奖状等荣誉称号。

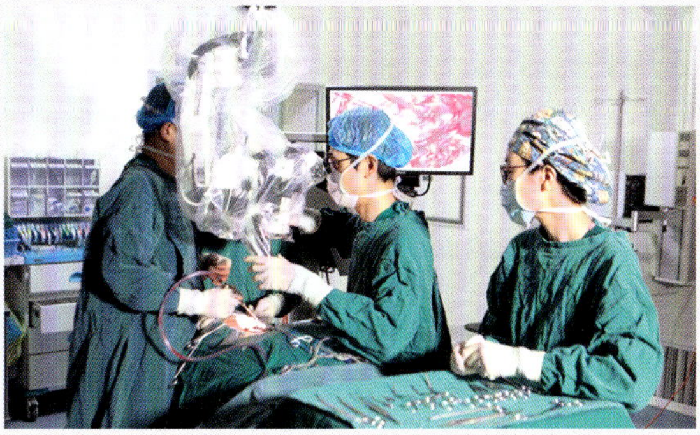
山东省临床精品特色专科——颈动脉狭窄诊疗

客座教授聘任

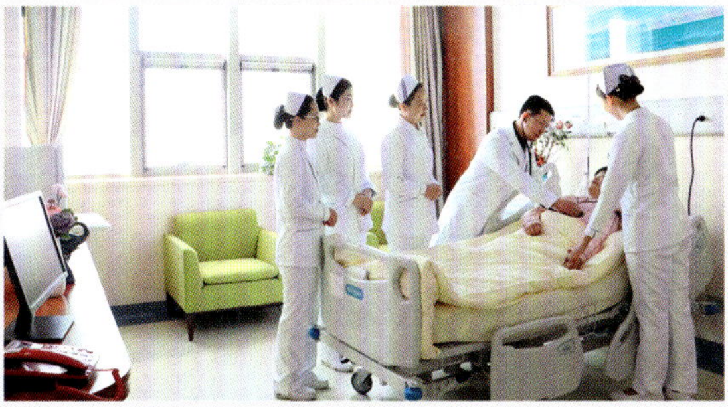
优质医疗服务

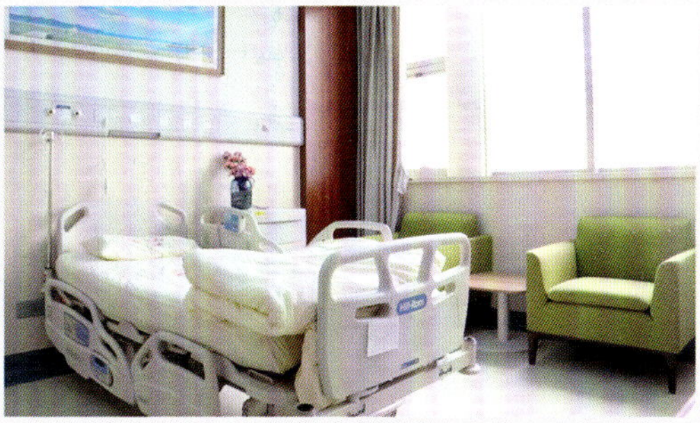
温馨住院环境

"井工厂"钻井现场

江汉油田涪陵页岩气公司

2019年，江汉油田涪陵页岩气公司深入贯彻落实集团公司全力推进天然气大发展的决策部署，全年生产页岩气63.33亿立方米，销售60.79亿立方米、同比增长5.18%。依托国家重大科技专项"涪陵页岩气示范工程"，完成开发技术政策、优快钻井、高效压裂三大核心工艺技术更新换代，获得中国石油和化学工业联合会技术发明特等奖1项、国土资源部科技进步二等奖2项、重庆市技术发明二等奖1项,蝉联中国石化红旗采气厂称号，获评中国企业信用评价AAA级信用企业、重庆企业100强。焦石坝区块一期工程产建项目获评国家优质投资项目特别奖、国家优质工程金奖，气田获评新中国成立70周年百项经典工程。

采气平台

全电驱压裂现场

中原石油工程公司

【概况】 中石化中原石油工程有限公司（简称中原石油工程公司）于2012年12月28日成立，是石油工程公司的全资子公司，本部位于河南省濮阳市。主要从事油气勘探开发工程施工、技术维护及相关产业服务，业务领域涉及钻井、测井、录井、固井、管具、井下特种作业、油藏综合服务和钻井工程研究等。国内市场主要分布在西南、西北、华北、东北4个地区；海外市场主要分布在中东、非洲、中亚、东南亚、南美11个国家。非洲有苏丹、南苏丹、刚果（布）、乍得，中东有沙特、科威特、也门、阿联酋，中亚有哈萨克斯坦，东南亚有印尼，南美有厄瓜多尔。是哈里伯顿、贝克休斯、斯伦贝谢等国际大公司的全球主要战略合作伙伴，哈里伯顿、贝克休斯中东北非首选合作伙伴。

截至2019年底，中原石油工程公司资产总额115.01亿元，主要专业设备1 889台（套），新度系数0.28；下设机关处室10个，机关直属单位2个，直属单位14个，境外机构7个；用工总量20 232人，其中合同制员工13 029人、合资公司员工4 053人、海外雇员3 150人。

中原石油工程公司主要技术经济指标及主要生产建设指标分别见表1和表2。

（冯文孝）

【安全生产翻身仗和持续盈利攻坚战成果显著】 2019年，中原石油工程公司聚焦安全高效，

2019年，中原石油工程公司通过减少故障复杂损失和提速增效增收3亿元，创集团公司纪录4项、区域高指标72项，科技成果转化创效1.46亿元（张　健　摄）

夯实可持续发展的基础，坚持以习近平新时代中国特色社会主义思想为指导，以“不忘初心、牢记使命”主题教育为动力，落实集团公司及石油工程公司决策部署，集中精力控规模、稳增长、调结构、提质量、促改革、强基础、抓落实，各项工作平稳高效运行，员工的获得感、幸福感、安全感显著增强。全年开钻井787口、进尺251.9万米，分别增加8.4%和16.5%；射孔、录井、压裂工作量分别增加62.25%、19.2%和15.6%。实现收入123.81亿元，利润3.84亿元；收入、利润创公司成立以来最好水平，“比学赶帮超”考核位居系统领先水平。

（冯文孝）

【HSSE管理开启新局面】 2019年，中原石油工程公司深化“1432”工作思路，推进“13331”工程落实落地，安全形势保持总体稳定。①顶层设计架构完成。公司首个HSSE管理体系正式出台，实施以自评估为基础、负面清单为依据、全员记分为抓手、现场监督为保障、减负提效为促进、月度考核为支撑的27项措施，重构以基层为核心的闭环管理，安全管理贯穿公司各个领域、各个方面。②引领能力不断增强。1 422名领导干部实施个人年度HSSE行动计划，两级班子成员带头开展安全观察和风险承包检查，928人次赴671个现场蹲点督导；分区域设立安全总监，实施机关处室和区域督查站联合安全督查，监管穿透力持续提升。③安全风险有效管控。坚持“管安全就要管风险、管风险就要关注异常”，重点井、承包商监管、公共安全等30个重大风险点全部受控。严格工作安全分析和作业许可证制度，淘汰不合格现场监督13名；健全承包商管理“双监护”“双考核”和黑名单制度，禁入6家承包商，“黄牌警告”11个单位。④本质安全持续提升。全部资质队伍推行“两册”管理，配齐岗位人员，一线井队实现“三班两倒”；完成1 310台设备隐患改造，梳理完善153项设备操作规程。落实党委书记培训工作负责制，强化师带徒和干部骨干跟班带班，开展倒班培训和关键岗位轮训2.34万

人次；实施安全优秀诊断建议评选，发放奖励 281 万元。参加集团公司作业安全分析比武决赛，获石油工程板块个人金奖、团体银奖。

（冯文孝）

【市场开发取得新成效】 2019 年，中原石油工程公司完善市场运行机制，压实各级主体责任，始终保持强劲攻势。全年队伍利用率达 89.42%，增加 3.34 个百分点，外部市场新签合同额位列地区公司榜首。①集团内部保障与高效并重。实施中原油田 133 口井工作量，文 23 储气库一期钻井、注采工程全面完成。西南工区动用历年最多的 38 部钻机，进尺增加 87.53%；发挥服务勘探开发主力军作用，承担威荣二期 5 个平台施工任务。西北工区获评优质井数量占西北油田的 37.5%，19 面流动红旗领跑施工单位。华北工区进尺、产值均增长 70%。②国内外部拓展与增盈同步。巩固西南战略市场，新开辟蜀南气矿、贵州能投等市场，42 部钻机获中国石油西南油气田页岩气市场准入资质，创纪录启动 33 部钻机，中标合同金额 24.62 亿元。拓展西北主力市场，顺利挺进新疆油田准噶尔南缘和塔里木油田克深、跃满等深井区块。深耕冀东油田，钻机动用率、利润率在国内市场名列前茅。③海外市场规模与效益双赢。启动新项目队伍 21 支，收入、利润增长 7% 和 1.5%。沙特公司中标阿美公司“5+2”年气井合同，首次进入高端气井领域；10 部钻机与阿美、贝克休斯、哈里伯顿签订 3—10 年合同，SINO-25 队创新签连续合同最长纪录。科威特公司实现满负荷运行，13 部钻修井机高效启动，获甲方奖励并提前收获日费 1.29 亿元。非洲公司 4 部钻修井机中标苏丹、南苏丹项目，乍得钻井项目延期 1 年，收入增加 29%。哈萨克斯坦公司全域攻关多点突破，市场开发取得近年来最好成绩。④技术服务国内与国外共进。开辟南苏丹固井和钻井液服务市场，技术服务业务持续向海外延伸。承揽长城钻探 14 口页岩气井钻井液技术服务，进入集团外服务新市场；签订川庆钻探井下特种作业框架协议，合同金额 2.5 亿元；研制的新型纳米复合片 PDC 钻头，性能较市场同类型产品大幅提升；弹韧性防窜水泥浆体系有力支撑西南固井市场；进入华北石油局和河北干热岩测井市场，重启冀东动态监测项目；岩屑图像技术录井续签 50 口井合同，价格上浮 30%。以中原钻井为龙头，井下压裂、套管、固井、测井、录井协同发展的良性格局日趋成熟。

（冯文孝）

【深化改革实现新突破】 2019 年，中原石油工程公司按照“完善治理、强化激励、突出主业、提高效率”要求，各项改革举措抓实落地。①创新运行模式，管理效能显著增强。构筑“处室管建、指挥部管战、项目部主战”区域管理矩阵，5 个现场指挥部协调联动、4 个“一体化”职能有效发挥，区域创效能力和管理水平显著提升，获“两北一川”提质提速提效立功竞赛红旗 16 面。②完善“三能”机制，激励作用充分发挥。优化机构设置，压减机关处室 1 个、专业经营单位内设机构 8 个。重组物资采办业务，显现富余人员 52 人。实施项目部、平台经理、司钻分类定级，按季度测算关键指标，对 6 个指标先进的项目部经理提升职务，对 7 个指标落后的项目部进行整合。探索一线关键岗位职业化，440 名业务外包工晋升到副司钻及以上岗位。③优化人力资源，用工存量有效盘活。深化“双严”治理，全年净减员 853 人；统筹用工调剂，从停等队伍和机关后勤向施工队伍正向流动 4 075 人次，全员劳动生产率在系统内名列前茅。发挥人力资源“蓄水池”作用，输出劳务 405 人，创收 2 616 万元。④延伸产业链条，辅助业务全面突围。推进勘探开发工程一体化，整合录井公司和油气开发公司，与中原油田合作开发卫 4 块难动用储量，日产能从 4.1 吨提高至 20 吨；与华北油气分公司协同攻关宁东 5 区低渗油藏，创收 237 万元；与延长集团达成提高采收率合作意向。推进施工与生产制造一体化，整合钻前、机修、车辆、泥浆等辅业单位，成立工程服务管理中心，发展优势项目和自主产品，形成钻完井核心助剂、生态环保厕所等特色产品系列，创收 4.97 亿元，减亏 978.47 万元。

（冯文孝）

【科技创效迈出新步伐】 2019 年，中原石油工程公司承担上级科研课题 61 项，获科技进步奖 14 项，获授权国家专利 69 件，中石化石油工程

2019 年 7 月 16 日，中原石油工程公司研发的高抗硫过油管无枪身深穿透射孔技术在普光 101-3 井成功应用，打破国外技术垄断（李 芳 摄）

中原研发中心及钻完井液技术中心、钻井仪表及固控技术中心、酸化压裂技术中心正式挂牌。①“8315”目标全面完成。强化技术管理，组建提速提效领导小组、专家办公室、区域专家组和防漏堵漏专家团队，建立“发现异常、立即汇报，发生故障、专家处理”机制，压实各级责任，激发提速动能；强化钻井参数，积极推广随钻清砂等新技术新工艺，不断完善区域提速模板；制定故障复杂预防处理“双十条”措施，开展井控设备设施专项整治 11 项，保障安全高效施工。国内市场平均机械钻速、故障及复杂时效均达到预期，减少故障复杂损失和提速增效 3 亿元。②技术攻关连续突破。优选 12 支科学钻井示范队，地面智能导向等新技术实验取得良好成效。开展“顺北钻井提速关键技术示范应用研究”等 18 项重点项目攻关，创集团公司纪录 4 项、区域高指标 72 项。大湾 4 井长裸眼段失返性漏失段堵漏一次成功，顺北 5-9 井刷新集团公司压裂施工最深纪录，大湾 405-4H 井首次使用泡沫钻井技术钻穿须家河地层，高含硫油气田过油管井况监测技术通过国家科技重大专项验收，钻井液地质信息激光在线检测技术达到国际先进水平。③成果转化做强支撑。完善科技成果转化创效激励机制，编制钻井液用聚醚胺基烷基糖苷等 4 个重点项目产业化方案，跨区域推广复杂地层防漏堵漏技术，推动 57 项科技成果有效转化，创效 1.46 亿元。

（冯文孝）

【精细管理跃上新台阶】 2019 年，中原石油工程公司推进从严管理、精细管理和精益管理，内部增效潜力、风险防控能力显著提升。①考核机制日趋完善。聚焦安全高效，转变考核方式，强化正向激励，由结果考核变为过程考核，安全考核奖励占员工绩效 20%。树立“下保底”分配理念，构建基层队大班浮动多、固定少，小班固定多、浮动少的新型薪酬体系，变亏损井“全员担责”为“责任者担责”，责权利匹配更加对等。坚持以现场为中心，对所有在钻井实行月度考核预兑现，稳定了队伍，激发了干劲。一线员工、后勤员工人均年收入分别增长 18.9% 和 14.3%。②资金状况持续好转。成立 6 个挖潜增效项目组，责任到人，强力推进，全年增效 4.06 亿元。强化分市场资金预算管理，健全“两金”清收运行机制，持续推进领导挂牌督办；全面完成民企清欠。应收、应付账款分别较年初下降 26% 和 17%，均降至公司成立以来最好水平，年末“两金”余额低于下达指标 2.18 亿元。③从严治企逐步加强。强化“依法用权、合规用权”意识，加强“内控、风控、制度”三位一体建设。推行财务、合同负面清单管理，排查问题合同 146 份。规范招标管理，运输承包商从 71 家减至 35 家，运输价格平均下降 7%。开展审计项目 21 个，建立内审外查问题台账，审计监督作用有效发挥。④装备管理保障有力。拓宽装备补充渠道，更新、改造及租赁 70 型及以上钻机 13 部、关键专业设备 256 台（套）；推广应用钻机管柱自动化处理装置、铁钻工等先进设备，装备水平有效提升；统筹调配装备资源，内部跨单位调剂钻机 8 部、主要设备 19 台（套）；落实“三个一批”要求，实施共享钻机 4 部，报废钻机 20 部、其他设备 1 603 台（套），装备结构得到优化。

（冯文孝）

【党建工作展现新作为】 2019 年，中原石油工程公司以“党建质量提升年”为主线，以“七个一”党建铁军创建为载体，聚焦核心、融入中心，为公司改革发展提供有力保证。①抓教育、悟初心。扎实开展“不忘初心、牢记使命”主题教育，取得预期成效。突出“现场学 + 竞赛学 + 研讨学 + 警示学”，集中学习 3 116 场次、专题研讨 67 场次。深入一线调查研究，摸情况、查原因、寻对策，现场发现问题 1 340 个，解决问题 1 256 个，征集意见建议 125 条，推广运用调研成果 15 项。开展批评和自我批评，剖析检视问题 785 个。抓好整改整治，整改问题 764 个，钻井队基础资料台账从 429 项优化精简到 273 项，公司层面压减文件 30%，压减简报、会议、综合性检查 50%。②抓班子、带队伍。深化“四好”领导班子创建，坚持依事择人、突出实干，统筹抓好班子配备和干部优化调整，大力整治不担当、不作为、慢作为问题。深入实施人才强企战略，开展财务系统高层次储备人才和技术领军人才脱产集训，健全工程技术、钻井装备等专家库，人才总量不断提升。③抓纪律、正作风。完善“五位一体”监督体系，加强监督执纪“四种形态”的实践运用和政治生态、管理生态评估，以典型案例整改为契机，全力推进以案促改促建，一体推进“三不”机制建设，风清气正、干事创业的良好氛围日渐浓厚。④抓基层、打基础。出台《党建工作手册》，开展标杆党支部创建，推广“党员积分管理法”“五长”制等经验做法，深化党员“三亮”主题实践活动。扎实开展“安全高效创一流、精益求精树品牌”竞赛，70136 钻井队获评全国青年文明号、70166 钻井队获评中国石化工人先锋号，钻完井液助剂研发组被评为河南省五一巾帼标兵岗。⑤抓服务、促和谐。深化“走基层、访万家”“走基层、访青年、寻找最美青工”活动，开展“EAP 一线行”和“外部市场员工关爱行动”，将心脑血管疾病初步筛查等纳入健康体检项目，费用标准提高至 1 000 元，为困难群体发放慰问款物 709 万元。

（冯文孝）

2019 年 4 月 22 日，中原石油工程公司在西南钻井分公司 90109ZY 钻井队施工的元坝 8 井现场举行公众开放日活动

（毋 焱 摄）

表 1　　中原石油工程公司主要技术经济指标　　亿元

指标名称 \ 年份	2019 年	2018	2017	2016	2015	2014
工业总产值	123.81	103.40	76.07	69.12	91.52	106.81
工业增加值	41.30	41.11	13.92	8.39	51.82	60.66
资产总计	115.01	108.63	96.31	121.66	137.81	142.39
流动资产	62.14	60.62	48.09	69.03	80.77	82.19
固定资产原值	106.56	105.02	105.17	105.93	105.05	99.72
固定资产净值	37.61	37.51	39.71	42.74	46.61	47.95
销售收入	123.81	103.4 0	76.07	69.12	91.52	106.81
实现利税	4.69	1.76	−21.84	−31.70	4.43	14.94
税　金	2.81	3.17	4.64	3.24	6.19	10.81
综合能耗 / 吨标煤 · 万元 $^{-1}$	0.378	0.384	0.388	0.395	0.392	0.408

表 2　　中原石油工程公司主要生产建设指标

指标名称		2019	2018	2017	2016	2015	2014
钻井	开钻 / 口	787	726	649	509	598	813
	交井 / 口	774	677	638	518	604	816
	钻井进尺 / 万米	251.88	216.23	190.92	165.80	197.11	238.60
	海外大修井 / 口						
	开　工	256	199	240	220	232	267
	完　工	249	205	237	216	233	266
测录固井	测井 / 井次	2 446	2 891	2 454	1 763	1 992	4 528
	射孔作业 / 井次	2 148	1 785	1 214	1 348	2 352	3 106
	录井 / 口	297	284	297	169	280	465
	固井 / 井次	2 103	1 796	1 374	1 062	1 892	2 005
井下	维护作业（小修）/ 井次	366	452	674	686	539	480
	措施作业						
	压裂 / 井次	247	205	136	185	177	359
	酸化 / 井次	46	42	41	31	55	84
	大修 / 井次	47	53	49	2	29	139
	侧钻 / 口	37	27	1	1	1	34

江汉石油工程公司

【概况】 中石化江汉石油工程有限公司（简称江汉石油工程公司）于 2013 年 1 月 19 日挂牌成立，是石油工程公司全资子公司，是集团公司创新型企业、湖北省高新技术企业。业务涵盖钻完井、测录井、井下作业、环保工程、特种运输、海外石油工程及国际贸易等领域，具备石油工程井筒业务设计施工一体化服务能力。施工队伍分布于湖北、重庆、四川、山东、陕西、新疆、海南、吉林等 10 多个省市自治区，以及南美、非洲、亚洲地区的 6 个国家。

江汉石油工程队伍从 1958 年进入江汉平原开展石油勘探开始，历经 60 余年发展，先后在江汉、河南、中原、胜利、辽河、青海、大港、长庆、华北、东北、塔里木、塔河、川东北普光元坝、鄂西渝东建南、涪陵等油气区开展工程施工服务，创造和刷新多项施工纪录，积累形成以非常规页岩气、高温高压超深井、盐膏湖相（砂泥岩）岩性油藏等为代表特色技术系列，以及以连续油管、牵引器、多级射孔、环保业务、高温高压测试、定测录导一体化为代表的六大特色技术服务品牌，技术优势保持国内领先。尤其是作为主力队伍服务涪陵国家级页岩气示范区建设，勘探开发保障能力、企业管控能力、创新创效水平得到全面提升，发展成为国内页岩气工程技术系列比较齐全、国产化程度较高的石油工程企业，形成核心竞争力和品牌。先后获全国科学技术进步一等奖、全国企业管理现代化创新成果一等奖、国家优质工程金奖等荣誉。

截至 2019 年底，江汉石油工程公司设 9 个职能部门、1 个直属机构和 7 个二级单位，大用工口径总量 6 705 人，有工程施工和技术服务队伍 247 支。资产总额 41.9 亿元，各类设备 2 427 台（套），新度系数 0.42；拥有先进的 90 型、70 型系列步进式和轨道式钻机，750 型系列修井机、3000 型压裂车组、450 型连续油管作业机、快速平台数控测井仪、高温高压井下测试工具等技术装备，以及自主研发的桥塞、封隔器、牵引器等特色石油工程工具系列。

江汉石油工程公司主要经济指标及主要生产建设指标分别见表 1 和表 2。

（徐　强）

【发展质量效益实现新跨越】 2019 年，江汉石油工程公司实现营业收入 55.6 亿元、增收 11.76 亿元、增幅 26.8%，年度收入增幅创历史新高；利润 2.36 亿元、增加 1.03 亿元、增幅 77%，连续 2 年利润保持亿元级增长，超额完成上级下达经营指标，绩效考核在石油工程公司所属地区公司中排名前列。创收创效能力明显增强，人均创收、创效增长 39%、97%；总资产报酬率 5%，净资产收益率 11.8%，保持石油工程公司所属单位前列。

（徐　强）

【全力服务保障勘探开发】 2019 年，江汉石油工程公司全力做好服务保障勘探开发工作。①调整资源优先保障油田。调整大型装备、骨干队伍和管理力量，向勘探开发重点市场集中，在集团公司内部西南、西北两大主力工区集中公司 50% 的钻机、85% 的压裂设备和 48% 的施工队伍，综合排名和完成工作量连续多年名列前茅。②攻关提速瓶颈。深入开展“四提”技术和“卡脖子”项目攻关，涪陵工区在优化井身结构、强化钻井参数、井筒工作液体系、深层压裂等瓶颈技术工艺取得重要进展，钻井周期下降 14%，单日最高压裂段数由 6 段提升至 12 段；西北工区获工区内 50% 的优质工程和 55% 的提速提效奖励；江汉油田老区钻井周期连续 3 年保持下降。③支撑油气勘探增产降本。2018 年、2019 年施工的丁页 4 井、丁页 5 井、东页深 1 井、梓页 1HF 井连续 4 口井获高产，均获评优质工程，突破了埋深超 4 000 米页岩气井压裂工艺技术，助力四川盆地綦江东溪构造深层页岩气勘探取得重大突破，勘探成果位居集团公司 2019 年十大油气发现之首。推广应用页岩气二代压裂技术，涪陵老区加密井、新井增产效果显著，焦页 189-8HF 井无阻流量日产 117.6 万立方米，刷新气田单井产量纪录。承担压裂试气施工的中国石油中秋 1 井取得重大突破，助力千亿立方米级凝析气藏重大发现，获甲方嘉奖。为中国地质调查局提供一体化工程服务，在宜昌地区新探区、新层系连续获重大突破，充分发挥了国家队作用。

（徐　强）

【特色发展迈上新台阶】 2019 年，江汉石油工程公司坚持把特色发展摆在公司发展优先位置，加强规划研究，加大政策倾斜，实行投资投入、立项研究、资质申报 3 个优先，编制、队伍、装备 3 个保障，核算、考核、兑现 3 个分开。全年页岩气和高温高压两大特色业务实现收入 40 亿元、占比 72%，收入增幅 45%，高于公司收入增幅 17.7%。特色业务形成西南、西北两大规模市场，其中川渝地区中国石油市场新签合同额超过 10 亿元，成为集团公司外第一大外部市场。特色技术服务形成连续油管、牵引器、多级射孔、环保业务、高温高压测试、定测录导一体化六大品牌，在集团公司内首次取得定测导一体化、牵引器、页岩气资料解释等特色队伍技术服务资质，全年特色技术服务创收 11.1 亿元、增幅 50%，成为公司收入和利润的重要增长极。

（徐　强）

【深化改革取得新进步】 2019 年，江汉石油工程公司深化“三项制度”改革，在创新型单位页岩气开采技术服务公司一步到位推行“三项制度”改革，出台《社会化人才引进办法》，推行岗位和职位分离管理，收入分配强制分档，人力资源市场化、项目化机制初步建立。坚持以市场为手段，提升管控能力，新的管理模式不断涌现，压裂等大型装备合作租赁模式、低效项目“管理+外包”服务模式，有效破解装备、人员不足矛盾，提升创收创效能力。持续推行承包经营，理顺主辅业务经济关系，建立辅助业务内部价格体系，实现内部服务契约化、市场化，调动各方积极性。持续推进人员、装备、队伍、业务向特色业务转、向技术服务转、向新型业务转，队伍结构进一步优化，特色技术服务队伍由20支增至34支。测录井业务结构发生较大变化，定测录导一体化管理模式成为石油工程公司内部改革方向，多级射孔、牵引器、定测录导一体化等特色业务用22%的用工创造52%的产值和64%的利润；运输公司成为辅业向主业转型的成功案例，环保业务收入占比17%、利润占比73%。

（徐　强）

【党建工作呈现新气象】 2019年，江汉石油工程公司严格落实管党治党政治责任，推进党建工作和生产经营深度融合。①主题教育成效显著。统筹推进第1批、第2批主题教育和各项重点工作，广大党员干部政治站位、政治能力、政治担当明显提升，集团公司党组第四巡回指导组对公司主题教育给予高度评价。深入开展“转观念、勇担当、提效率、创一流”形势任务教育，营造全员转观念、比担当、争作为的浓厚氛围。基层党建持续强化。②实施“组织力提升工程”，开展“基层党建提升年”活动，推进基层党支部“五有四化”建设，集中整顿软弱涣散基层党组织，进一步提升基层党建工作水平。③党风廉政建设不断加强。完善“两个责任”实施细则和责任清单，实现党风廉政责任制全覆盖；深化“大监督”格局，监督网络不断健全；开展基层腐败专项治理及违反中央八项规定精神专项行动，集中整治形式主义、官僚主义，简报数量、评比表彰、督查检查压减50%以上。精心做好信访稳定工作，保持和谐稳定局面。公司2家专业化经营单位获湖北省国资委示范基层党组织称号，2家专业化经营单位保持湖北省文明单位称号。

（徐　强）

【人才强企深入推进】 2019年，江汉石油工程公司公开选聘公司首席专家、专家和首席技师，推进技能大师工作室创建；持续开展岗位技能大练赛，首次评选“十大工匠”，25人次获全国技术能手、中国央企业杰出工匠、中国石化突出贡献专家、荆楚工匠、石油工程铁军名匠等称号。

（徐　强）

江汉石油工程公司员工在首届全国石油钻井工职业技能竞赛中获1金、1银、3铜，在中国石化石油工程板块中排第1名
（强　峰　摄）

【管理效能不断增强】 2019年，江汉石油工程公司加大工效挂钩力度，在各专业推广“五单”考核，专业化经营单位全部盈利。强化项目管理，全面开展“比学赶帮超”竞赛，获石油工程公司红旗18面。连续4年开展“百名机关干部下基层”工作，实现管理重心下移。强化财务管理，百元收入营业成本、付息债务等主要指标得到有效控制。调剂闲置装备资产，开展对外租赁创收，装备潜力进一步发挥。强化HSSE、合同、资金、税务等风险防控，生产经营、安全环保保持总体稳定。

（徐　强）

厄瓜多尔项目部Sinopec908队作业连续10年安全无事故，受甲方表扬（吴海南　摄）

【科技创新打造新动能】 2019年，江汉石油工程公司开展国家科技重大专项、集团公司、石油工程公司100余项课题攻关，深层页岩气和高温高

压深井工程技术取得系列重大成果，2项列入集团公司重大专项重点成果项目，带动公司研发水平持续提升。出台科技成果转化实施细则，突破创新机制障碍，激发创新活力。坚持开放搞科研，与高等院校、科研院所、专业化研究单位紧密合作，探索“订单式”项目攻关，形成创新合力。特色技术提档升级，超长水平井钻井、高性能环保型钻井液体系、密切割压裂增产工艺取得成功；旋转导向应用技术、深井高温高压测试工具国产化项目进展顺利；牵引器、多级射孔实现功能拓展和产品技术升级。连续油管工具实现国产化、系列化和规模应用，光纤测井等高端业务快速发展，达到集团内领先、行业一流水平。

（徐　强）

【建成生产管理和企业管理两大平台】 2019年7月，江汉石油工程公司建设完成生产管理平台，共完成102只队伍的视频监控接入，为二级单位监控中心、电脑、手机提供视频监控服务，同时满足总部视频监控平台接入需求，实现对各单位的视频监控系统进行集中管控，做到所有施工现场和要害部位的监控全覆盖。11月，企业管理平台正式上线，包括业务流程审批、专项业务管理、集成办公、综合决策分析、共享文档等能模块。

（徐　强　赵　鹏）

【共青团中石化江汉石油工程有限公司第一次代表大会召开】 2019年11月25日，共青团中石化江汉石油工程有限公司第一次代表大会在公司武汉总部召开，会议审议通过江汉石油工程公司团委工作报告，选举产生共青团中石化江汉石油工程有限公司第一届团委委员。

（徐　强）

【环保业务获新疆维吾尔自治区危废经营许可】 2019年7月8日，江汉石油工程公司拜城环保项目成功取得新疆阿克苏拜城地区危险废物经营许可证，在新疆获收集、储存、处置HW08废矿物油与含矿物油废物的合法权利，新增亿元级规模环保业务市场。

（徐　强）

【牵引器制造销售取得突破】 2019年6月，江汉石油工程公司正式开展牵引器工具制造销售业务，构建牵引器产业的机构实体，开展合作研究、制造和销售工作，完成组织体系建设和制度体系建设，拥有自主冠名权、制造权、销售权和新一代牵引器的全部知识产权，全年实现销售收入1 596万元，并以第1名成绩中标中国石化2020年度爬行器框架采购项目。

（徐　强）

表1　　江汉石油工程公司主要经济指标　　亿元

指标名称 \ 年份	2019	2018	2017	2016	2015	2014
实收资本	2.50	2.50	2.50	2.50	2.50	2.50
资产总额	41.90	43.27	52.99	71.38	56.22	60.14
流动资产	18.60	21.60	30.28	44.24	26.54	31.53
固定资产净额	18.60	19.10	20.47	25.10	27.05	25.34
负债总额	29.90	32.59	43.35	57.35	39.56	48.60
营业收入	55.62	43.86	34.46	39.08	53.38	60.86
利润总额	2.36	1.33	0.06	0.01	5.42	1.19

表 2　　江汉石油工程公司主要生产建设指标

指标名称＼年份	2019	2018	2017	2016	2015	2014
钻　井						
开钻井 / 口	277	258	211	122	246	375
完成井 / 口	249	262	205	137	238	377
钻井进尺 / 万米	82.60	81.40	60.70	43.30	78.50	101.50
测录井						
测井 / 井次	1 049	940	827	638	1 086	1 492
录井 / 口	250	249	217	137	262	400
井下作业						
作业井 / 口	1 834	1 772	1 501	1 373	1 809	1 981
作业 / 井次	1 858	1 789	1 532	1 393	1 843	2 077
试油气 / 口	119	131	90	117	199	204
试油气层数 / 层	1 013	742	622	1 154	1 455	1 300

西南石油工程公司

【概况】 中石化西南石油工程有限公司（简称西南石油工程公司）隶属中石化石油工程技术服务股份有限公司，于 2012 年 12 月 21 日由原西南油气田石油工程板块技术服务业务整合重组成立。本部位于四川省成都市，机关设 10 个部门和 2 个直属机构，下属 9 家单位和 1 家派驻机构。主营钻井、测井、录井、固井、井下作业、钻前、钻井液、井控、环保、热力供暖、特种汽车运输、油气田地面建设、管具加工等业务，具有油气工程技术服务完整的业务链，享有独立的对外经济贸易和工程承包经营权，是国内国外业务一体化的专业化公司。

截至 2019 年底，西南石油工程公司各类用工 8 378 人，其中合同制员工 4 488 人（在岗 4 303 人）、规范劳务派遣业务外包 2 946 人、海外用工 944 人。在岗合同制员工中，管理序列 914 人、专业技术序列 1 638 人、技能操作序列 1 751 人；具有正高级专业技术职务的 18 人，副高级专业技术职务的 628 人，中级专业技术职务的 1 001 人，初级专业技术职称的 739 人。拥有各类施工队伍 261 支。其中，国内市场 234 支、国外市场 27 支；甲级队 83 支、乙级队 105 支；中国石化标杆队 1 支、金牌队 11 支、银牌队 17 支。累计获石油工程以上科技成果奖励 64 项，拥有 16 项科技成果，其中 1 项国内先进、3 项国内领先、9 项国际先进、2 项总体国际先进，1 项国际领先。共申请专利 241 件、其中发明专利 70 件，已获授权 163 件、其中发明专利 20 件。获“页岩气测井处理解释”等软件著作权 6 项。西南石油工程公司设备总数 11 052 台（套），原值 55.96 亿元、净值 20.28 亿元，新度系数 0.38。其中，陆地石油钻机 75 套，顶驱 32 台，修井机 24 台，压裂车 42 台，固井水泥车 38 台，测井仪器 40 套，综合录井仪 67 台等。能承担 9 000 米及以下钻井施工、井下作业、测录固井等相关工程，具备年钻井 100 万米进尺作业能力。主体队伍曾为发现大庆油田、扶余油田做出过重大贡献，在川西新场、元坝两个特大型整装气田的勘探开发进程中发挥重要的技术支撑和保障作用。发展形成深层高酸性气藏、致密油气藏、页岩气 3 套勘探开发工程一体化服务集成技术，为普光气田、元坝气田、川西致密气、川西海相、威荣页岩气田的开发及胜利油田、西北油田分公司增储上产做出重大贡献。

2019 年，西南石油工程公司在集团公司党组、石油工程公司党委的坚强领导下，以扎实开展“不忘初心、牢记使命”主题教育凝心聚力铸魂，以高质量党建引领高质量发展，以高水平服务保障国家能源安全，以高标准管控巩固扭亏脱困基础，广大干部员工苦干实干、攻坚克难，改革发展取得显著成绩，各项工作实现新提升、新跨越，全面超额完成年度目标任务。全年完成钻井进尺 88.84 万米，增加 13.02 万米，为年度调整计划的 102.1%，增幅 17.1%，其他专业工作量均大幅攀升。累计新签合同额 45.5 亿元，为年计划的 122.9%。实现营业收入 55.45 亿元，增加 14.7 亿元、增幅 36.1%，为年计划的 126.4%。实现考核利润 2.22 亿元，增加 1.14 亿元、增幅 105.6%，为年计划的 125.2%。挖潜增效 2.32 亿元，为年计划的 120%。业绩排名在石油工程板块稳步上升。

西南石油工程公司主要技术经济指标及主要生产建设指标分别见表 1 和表 2。

（何　成　张　润）

【领导班子调整】 2019 年 7 月 17 日，西南石油工程公司召开干部大会，时任集团公司党组成员、副总经理刘中云到会讲话，集团公司人事部副主任张仕江宣读集团公司党组文件：徐进不再担任西南石油工程公司执行董事、总经理、党委副书记、党委委员职务，任西南石油局有限公司调研员。9 月 12 日，西南石油工程公司召开领导班子扩大会议，集团公司人事部有关领导宣读集团公司党组任命文件：罗宏志任西南石油工程公司副总经理、党委委员；鲁小辉不再担任西南石油工程公司副总经理、党委委员。

（何　成　张　润）

【全力服务集团内油气增储上产】 2019 年，西南石油工程公司坚决贯彻落实习近平总书记“四个革命、一个合作”能源安全新战略和“大力提升油气勘探开发力度”等重要指示批示精神，扛实使命担当，全力服务支撑西南、西北、胜利等油气田勘探开发，持续增强服务保障能力。与西南油气分公司签订战略合作协议，制定行动指南，建立多层级沟通协调机制和“一体化”运行机制。抓实协议落地和行动计划执行，充分发挥区位、技术等优势，在元坝、川西、威荣、彭州海相等区域推进石油工程提质提速提效成效明显。全年在西南分公司市场钻机 35 台，钻机利用率达 87.8%，上升 30.2 个百分点，市场占比 78.3%，高于钻机占比 11 个百分点。井下作业、测井、录井市场占有率保持 100%。扎实做好西北油田全产业链服务，在西北市场钻机 10 台，市场占比 17.3%，高于钻机占比 1.2 个百分点，为打好顺北特深油气田增产攻坚战和塔河老区稳产阵地战提供有力支撑。服务胜利临盘油田稳油降本，扩展胜利油田市场，全力克服油地关系协调等难题，避免产值出现较大下滑，总体平稳。全年钻井生产时效 97.9%，上升 2.9 个百分点；纯钻利用率 27.4%，上升 1.2 个百分点；钻机利用率 81.2%，上升 17.2 个百分点。

（何　成　张　润）

川西气田钻井施工现场

【支撑保障国内首个深层千亿立方米储量页岩气田建设】 2019 年，西南石油工程公司本着顾大局、谋长远，先内部、后外部的原则，全力满足威荣页岩气开发工程需要。威荣页岩气田已提交探明储量 1 247 亿立方米，产能建设分 2 期，共部署 23 个平台 166 口井，项目建成后年产能 30 亿立方米，相当于 1 600 万个家庭的年用气量。一期建设共部署 10 个平台共 63 口井，承担 9 个平台 56 口井，投入 11 台钻机施工。截至 2019 年底，完钻 42 口，累计进尺 24.5 万米，钻井质量优良率 100%。平均完钻井深 5 545 米，钻井周期下降到 89.5 天。页岩气井平均机械钻速提高 20%、钻井周期缩短 15%。针对页岩气降本增效压力大、储层追踪难度大、工程作业复杂故障多、地层温度压力高等难题，重点攻关深层页岩气“井工厂”钻完井集成技术、高压气井长效密封固井技术、压裂试气及连续油管作业一体化技术等，形成 2 项推荐做法和 20 余项作业标准，优质储层平均钻遇率由 90% 提高到 97%。

（何　成　张　润）

威荣页岩气田油气测试施工现场

【国内外部市场做大总量创新高】 2019 年，西南石油工程公司合力攻坚开拓中国石油和地方市场，在成功施工潼探 1 井基础上，钻井中标中国石油大庆油田勘探事业部合深 2、合深 X1、合平 1、合深 3 井钻井工程，合同额 2 亿元。测井在中国石油和地方市场提供了测井、爆破松扣、射孔、绞车及电缆租赁等业务，新签合同额 0.87 亿元。录井在中国石油川南页岩气市场完成进尺 17.49 万米，完成地质导向 11 口井、特殊录井 4 口，实现收入 1 430 万元。井下作业中标中国石油长城钻探 2019 年威远、昭通、长宁地区页岩气压裂服务、中国石油西南油气田致密气项目压裂工程总包施工服务、大庆油田重庆分公司合川区块补孔压裂增产措施井压裂作业施工服务等，经济贡献率明显提升。技术服务开拓了江汉和宏华气体钻井技术服务市场、川庆广汉钻采院控压服务市场、合平 1 井的钻井液服务市场。全年新签合同额 8.34 亿元，创历史新高，完成年度计划的 278%，增长 3.3 倍。完成合同额 4.55 亿元，完成年度计划的 151.67%。

（何　成　张　润）

【海外市场持续优化调整提质转型】 2019 年，西南石油工程公司成功进入沙特钻井、连续油管市场，积极开拓压裂、钢丝绳、全可溶桥塞贸易等业务，新签合同额达 10 亿元，实现沙特市场重大突破。科威特市场钻机 5 台、修井机 9 台，队伍数量在中国石化科威特工区排第 2 名，基本满负荷运转，7 台钻修井机再认证顺利完成，提前 914 天，获业主方提前开钻奖励。稳步调整厄瓜多尔市场，从 6 台钻机中撤出 2 台回国，盘活停待资产，增强国内钻机力量。果断退出缅甸市场，复运回国钻机已顺利运抵国内执行新任务。海外市场搬迁时间效率 45.42 时 / 次，节约 9.44 小时。日费率 99.93%，增长 0.25 个百分点，14 支钻修井队实现全年满日费。有效作业时间 11.5 万小时，增加 60.3%。全年海外完成合同额 8.89 亿元，增加 3 亿元，为年计划的 120.1%；实现利润 9 741 万元，增加 6 838 万元，为年计划的 117.4%。

（何　成　张　润）

【安全环保态势平稳】 2019 年，西南石油工程公司扎实推进安全管理提升工作，强化领导干部安全引领，领导班子成员带头制订个人安全行动计划，公开 HSSE 承诺，认真履行岗位 HSSE 职责，落实年度 HSSE 工作安排。严格 HSSE 绩效考核，实行 HSSE 绩效考核一票否决，HSSE 绩效与各单位绩效工资挂钩，安全主体责任得到有效落实。发布新版 QHSSE 管理体系，在集团公司 HSSE 体系框架下，结合西南石油工程公司实际，确定以“手册 + 制度 + 工作表单 + 操作规程”的 QHSSE 体系模式，制定 32 个要素，494 项管理条款，9 个附件，以及各级要素的主责部门、配合部门及其具体职责。全面深入开展“三查三反”活动，井控和防硫化氢、承包商全程作业风险管控进一步从严，隐患排查治理穿透有力，全员健康环境持续改善，绿色企业创建工作深入推进，公共安全态势持续稳定，确保“两特两重”时期的安全稳定。

（何　成　张　润）

【管理创效能力持续提升】 2019年，西南石油工程公司强化项目管理，突出事前算赢，坚持预算、核算、分析“三统一”，对重点项目实行全过程管控，核心业务领域实施单项目管理、单井考核，重要市场实现“一体化统筹、项目部运营、分级管控、利益共享”。强化业财融合和经济活动分析，成本费用有效控制，资金状况不断改善。持续深化辅业改革，激发经营活力，11支辅业队伍全部盈利。完善项目亏损责任追究办法、投标项目决策办法，重点对威荣页岩气成本深入分析并提出优化措施。装备物资管理着眼长远，填缺补短，持续加大装备更新改造力度，重心逐渐从国外转向国内重点工区；切实加强设备维护和保养，加快装备隐患治理，着力恢复关键设备技术性能，完善井控设备配套，保证设备安全运行。稳步推进框架协议招标采购，扎实开展质量后评估，物资质量持续提升。规范用工配置，劳动人事管理再上新台阶。对标先进实施“三定”，进一步压减机关人员，二级单位机关机构数88个、减少1个，机关及直属机构管理人员减少101人，大口径用工较2013年减少26%。通过项目化用工配齐配强基层队伍，规范岗位用工配置，连续性生产队伍全部执行“三班两倒”。盘活内部人力资源，在全公司范围内统筹配置1 509人次。

（何　成　张　润）

【强化科技创新大力提速提质提效提产】 2019年，西南石油工程公司聚焦创新驱动，坚持以“自主创新、市场导向、高端引领、集成应用”为主线，坚持贴近生产、贴近市场、贴近服务，以解决生产技术难题为突破口，持续强化科技引领支撑，完善提升了深层高酸性气藏、致密油气藏、页岩气3套勘探开发工程一体化服务集成技术。召开科技工作会，不断完善科研机制，建立团队、培养领军人物，激发创新活力。突出酸性气技术特色，构建“一个整体、两个中心、三支队伍”创新研发体系。加大提速提效攻关，加快科技成果转化应用，促进产业链向下延伸。钻井故障复杂时效1.38%，下降1.94个百分点；钻井工程质量优质率71.96%，优良率95.33%；提速井达标率76.44%，提高19.61个百分点；钻完井周期缩短率4.77%，下降1.75个百分点；井下、录井作业优良率100%；测井优良率97.14%，上升0.65个百分点；创造新纪录40余项。

（何　成　张　润）

【党的建设全面加强】 2019年，西南石油工程公司深入开展“不忘初心、牢记使命”主题教育，狠抓“一岗双责”和“党建质量提升”，着力融合发展，实现党建工作与中心工作相融互嵌。党建考核、巡视巡察及主题教育问题整改及时有效。大力反对形式主义、官僚主义为基层减负，共为基层压减文件报表等711项，发文下降30.83%，督查、检查、考核压减18项，评比表彰压减12项。扎实推进支部分类定级和“双示范”党支部创建，创新形成的“党务实操体系”成果获集团公司管理现代化创新成果二等奖、石油工程公司一等奖。探索境外党建工作新模式，制度和机制建设全面加强，确保标准不降、优势发挥明显。强化业务监督规范经营管理行为，切实履行监督职责，对物资采购、项目分包、招标投标、合同管理、选人用人等关键领域开展监督。全面落实意识形态责任制，彻底清除有害流毒，政治生态持续向好。群团及稳定工作融入中心、服务大局，成功召开公司第一次工代会和第一次团代会，举办庆祝新中国成立70周年文艺汇演，开展2017—2018年度劳动模范评选，强化青工政治轮训，调整员工薪酬结构，帮扶救助、“金秋助学”等扎实推进。压实维稳责任，夯实信访基础工作，集中开展矛盾纠纷排查化解，全年实现“零进京、零聚集”。

（何　成　张　润）

【队伍建设成果丰硕】 2019年，西南石油工程公司统筹开展“转观念、勇担当、创一流”和“正风气、转作风、提素质、创效益”主题活动，深入学习陈俊武同志先进事迹。抓实“金银牌”基层队创建、“比学赶帮超”“三标”建设，坚持做好基层建设、抓实基础工作、夯实基本功训练，提升基层管理水平，锤炼铁军队伍。干部队伍建设统筹推进，提出当前和今后一个时期加强干部调整配备、加快年轻干部培养的针对性措施，制订干部职位标准化设置方案。加大集团公司高级专家、公司首席专家后备人才、公司高级专家、专家人才培养，在钻井工程、特种作业工程、测井工程打造了技术创新团队。开展各层级专家选聘和机关“三定”工作，员工干事创业激情进一步激活。加快推进安全实操培训基地建设，成立钻井工程研究院技能人才工作室、固井技能人才工作室。持续深化“师带徒”工作，“名师高徒”评选活动产生积极反响。深入开展岗位练兵、业务竞赛、职业技能等级认定，在多项职业技能竞赛上创历史最好成绩，充分展现“西南铁军”风采。全面开展各类各层次人才培训，加强海外项目人才培养储备，为海外业务可持续发展奠定基础。

（何　成　张　润）

表 1　　西南石油工程公司主要技术经济指标　　亿元

指标名称 \ 年份	2019	2018	2017	2016	2015	2014
工业总产值	55.45	40.74	36.88	30.92	38.00	53.77
工业增加值	17.03	15.12	11.54	6.05	14.44	21.33
资产总计	55.41	51.15	57.84	65.81	73.86	83.94
流动资产	28.15	24.09	28.66	34.77	41.34	52.39
固定资产原值	58.10	56.96	56.87	57.24	55.72	50.91
固定资产净值	22.52	23.13	25.07	27.32	28.57	27.30
销售收入	55.45	40.75	36.88	28.18	37.64	54.34
实现利税	2.30	1.55	−2.39	−6.25	4.08	10.09
税　金	0.38	0.44	0.49	0.41	2.86	5.54
综合能耗 / 吨标煤 · 万元 $^{-1}$	0.238	0.241	0.243	0.248	0.240	0.250

表 2　　西南石油工程公司主要生产建设指标

项　目	年份	2019	2018	2017	2016	2015	2014
钻井	开钻 / 口	271	273	221	183	239	334
	交井 / 口	262	235	221	191	237	264
	钻井进尺 / 万米	88.84	75.82	66.18	55.80	70.41	101.18
	完工口数	158	59	225	279		130
测井	测井 / 井次	904	673	735	528	688	1 147
	射孔作业 / 井次	588	45	362	301	433	719
	测井标准米 / 万米	2 558.45	1 845.62	1 963.77	1 224.59	1 635.75	2 989.58
录井	录井 / 口	286	198	192	150	216	351
	录井进尺 / 万米	104.01	69.40	59.53	45.85	54.13	95.12

续表

项目	年份	2019	2018	2017	2016	2015	2014
井下	维护作业（小修）/井次	169	156	185	217	171	122
	压裂	126	150	89	81	126	244
	酸化	31	20	19	12	24	45
	大修	73	39	77	31	156	173

华东石油工程公司

【概况】 中石化华东石油工程有限公司（简称华东石油工程公司）有江苏钻井分公司、六普钻井分公司、测井分公司、录井分公司、工程技术分公司、科技发展分公司6个专业经营单位。设有总经理办公室、经营管理处、安全环保处等10个机关部门和物资管理中心1个机关直属机构，公司机关设在南京。

截至2019年底，华东石油工程公司用工总量5 810人，其中合同制员工3 938人（含内退等不在岗人员704人）、业务外包工1 502人、海外其他用工370人。拥有各类石油工程专业队伍160多支，其中钻井队63支、测井队29支、录井队58支、固井队6支、井下作业7支。有金牌基层队9支、银牌基层12队支。资产37.19亿元，设备资产原值35.43亿元、净值14.05亿元，新度系数0.33。国内市场主要分布在江苏、安徽、新疆、重庆、四川、吉林、海南、陕西等省（区）市；国外市场主要分布在阿尔及利亚、厄瓜多尔、泰国、玻利维亚、科威特、加蓬等国家。

2019年，华东石油工程公司深入贯彻落实集团公司、石油工程公司工作会议精神，聚焦“全面扭亏为盈”中心任务，用责任和担当迎难而上，收入、利润等主要指标大幅增长，全年累计实现收入33.84亿元，增加10.51亿元，增幅45%；实现考核利润5 032万元，增加2.82亿元，取得区域重组后的历史性突破，首次实现全面扭亏为盈。

华东石油工程公司主要经济指标及主要生产建设指标分别见表1和表2。

（陈　超）

【领导班子调整】 2019年4月10日，华东石油工程公司召开领导班子扩大会，宣布领导班子调整决定：李振智任华东石油工程公司副总经理（按大Ⅱ型企业正职管理）、党委委员。

（陈　超）

【中石化石油工程油气增产服务技术中心成立】 2019年8月29日，中石化石油工程油气增产服务技术中心在南京举行揭牌仪式。该中心的成立标志着石油工程公司加强井筒技术研发体系建设又迈出开拓性一步，华东石油工程公司推进拓市创效、延伸产业链条迈出里程碑意义的一步。

（陈　超）

2019年8月29日，中石化石油工程油气增产服务技术中心在南京举行揭牌仪式

【勘探开发保障有力】 认真贯彻落实习近平总书记关于保障国家能源安全的重要指示批示精神，大力推进提质提速提效提产，当好保障勘探开发的主力军。①聚力稳油增气。在西南区域，

抽调精兵强将，统筹调剂队伍，成立川渝项目管理部，加强生产协调，严密组织衔接，调配钻机10台次，为稳油增气提供支撑和保障。在江苏区域，积极实施老井复查，全力保障勘探开发需求。②全力提速降本。想甲方所想、急甲方所急，着力把技术提上去、成本降下来。在西北区域，紧盯技术难题，匹配精良装备，推进提速降本，优质高效施工。施工的顺北1-17H井、顺北1-24X井连创西北油田分公司顺北1号区块周期节约率同期最高纪录，90116HD钻井队在西北油田分公司钻井项目排名第一。③推进合作共赢。按照“风险共担，利益共享”原则，积极探索东北油气分公司金山区块合作开发、华东油气分公司武隆区块总包项目合作；主动对接3个“一对一”服务对象，为华东油气田胜页2HF井实现当年勘探发现、当年提交探明储量，为江苏油田风险探井刘陆X1井取得突破，为东北油气田犁页8井等探井获工业气流提供有力保障。在保障勘探开发的同时，公司南川工区钻井队伍达12支，东北工区钻井队伍达9支，钻井、测井、录井、固井、定向井等工作量及收入稳定增长，服务能力持续增强，市场份额稳步提升。

（陈　超）

【市场运营成效显著】 2019年，华东石油工程公司主动适应市场变化，紧抓市场复苏契机，不断提升市场运营效益和效率。①持续扩大市场规模。全年新签合同额34.43亿元，增幅41%。在集团外市场，继续巩固海南市场，加强与中国石油川庆钻探合作，全年新签合同额6.80亿元，增幅44%。在海外市场，克服部分市场政局不稳等不利因素，强化支撑保障，推动项目启动，玻利维亚项目结束公司6年来仅有1部钻机的历史，厄瓜多尔项目不断拓展业务范围，获得油套管检测等小微项目，海外市场新签合同额大幅提升，全年新签合同额9.03亿元，增幅112%。②优化调整市场布局。国内大力开拓优质市场，退出低效市场，基本形成“一北、两南、三个‘一对一’”的发展新格局；国外守住“六大市场”阵地，积极推进单一作业向综合服务转变、工程服务向技术服务转变，展现良好发展态势。③优化项目组织运行。加大组织协调力度，优化措施，细化方案，强化监管，生产运行平稳有序，全年完成钻井进尺99.34万米，创公司成立以来年度进尺最高纪录。海外市场运行效率持续提升，厄瓜多尔项目Sinopec156队获斯伦贝谢全球最佳井队奖；泰国项目Sinopec155队年进尺突破9万米，平均机械钻速、钻机月速度、搬安周期均创历史最好纪录。④强力推进新兴业务。地质和油藏综合评价等油气增产服务项目取得积极进展，签订油气增产服务及业务承揽项目14个，合同额1 700万元；信息服务业务不断拓展，签订信息及自动化项目22个，合同额2 709万元；压裂业务取得明显进展，成功进入中国石油西南区域压裂市场，全年压裂业务实现收入1.96亿元，增幅117%。

（陈　超）

【深化改革持续推进】 2019年，华东石油工程公司坚持重点突破与整体推进相结合，以改革激活力、提效益、促发展。①优化调整业务结构。以产业链延伸为主线，积极调整业务结构，石油工程公司油气增产服务技术中心揭牌成立，为公司延伸产业链、推进增收增效奠定基础；全面承接华美孚泰公司运营管理，生产经营管理各项工作实现有序衔接。②持续推进承包经营。承包经营范围扩展到所有辅助业务和3个整建制专业经营单位，进一步完善“放管服”机制，细化7类14项权利的操作细则，推进自主经营、自主管理。全年7家辅业承包经营单位全部实现盈利，实现利润1 502万元，增加3 668万元。③优化绩效考核管理。加大利润、收入、账款回笼“三挂钩”考核力度，全面划小核算单元、考核单元，严考核、硬兑现，全年专业经营单位人均兑现水平最高是最低的1.43倍，单井考核兑现最高和最低的人均相差4.25万元，拉开了差距，激发了活力。④加大人力资源优化配置。采取人机分离、内部转岗、灵活配置等措施，缓解用工余缺矛盾，全年灵活配置项目用工1 018人，国内动用队伍全部达到“三班两倒”要求。⑤统一基本薪酬和津补贴。组织实施基本薪酬和津贴补贴统一工作，着力解决薪酬上的历史差异问题；严格遵循“岗变薪变、易岗易薪”原则，实行基本薪酬动态管理，确保统一基本薪酬落到实处。

（陈　超）

【管理提升取得实效】 2019年，华东石油工程公司大力推进管理规范化、精细化和精益化，强基础、提效益、控风险，全面依法依规治企。①突出“精细”加强企业管理。围绕公司经营管理热点、难点，加强管理创新研讨和专题攻关，《区块一体化总承包市场开发模式的探索与实践》获集团公司第28届管理创新成果一等奖和石油工程公司第6届管理创新成果一等奖。抓实物资基础管理，物资供应绩效考核指标全面提升，管理过程更加规范高效。强化装备调剂，优化匹配市场需求，全年钻机区域调动24台（套），占钻机总数的32%。立足盘活存量、优化增量，不断优化装备结构，更新改造8 000米钻机2台、7 000米钻机2台，公司7 000米及以上钻机占比超过30%，市场竞争能力和保障能力不断提升。全年安排投资4.76亿元，增加2.04亿元，增幅75%，满足拓市创效需要，为公司实现全面扭亏为盈奠定了基础。②突出“精益”狠抓财务管理。强化亏损项目源头治理，抓实项目盈亏分析，狠抓公司十大扭亏脱困措施、亏损项目扭亏为盈方案落实，中地调等亏损项目治理取得良好成效，年内中地调项目全部实现盈利；层层分解落实挖潜增效指标，全年完成挖潜增效4.25亿元，完成年度目标的128%；强化共享业务对接优化，公司会计管理·会计核算效率有效提升；加大闲置设备资产盘活，加快报废设备资产处置，完成设备资产调剂盘活1.58亿元，报废处置资产原值1.79亿元；加强“两金”清理，全年收回应收账款35.07亿元，应收账款回笼率提高7.23个百分点；强化与供应商沟通协商，按时保质完成民企清欠工作；规范税收申报缴纳，努力降低涉税风险，全年申报增值税出口退税832万元，成品油退税346万元。③突出“规范”强化风险管理。不断加强内控管理，梳理完善公司2019版内控手册，修订完善公司权限指引，形成完整有效的内控风控运营体系；强化法律事务管理，突出法律审核把关和法律事务处理，维护了公司合法权益；推进合同管理制度化、规范化，编制《合同办理指南》规范合同办理，保障了公司依法合规经营。

（陈 超）

【本质安全得到提升】 2019年，华东石油工程公司以大力防范人的不安全行为和物的不安全状态为重点，不断加强HSSE管理和装备管理，全面落实安全生产主体责任，公司本质安全水平不断提升。①抓制度促提升。发布公司新HSSE体系文件，修订公司层面HSSE管理制度13个。狠抓安全管理提升，组织技能练兵和比武，落实安全措施，交流装备管理经验，进一步夯实安全基础。深入梳理钻、测、录、固及压裂等设备规程，实现设备规程全覆盖，设备管控环节安全水平不断提升。②控风险除隐患。深入开展风险识别和隐患排查治理，扎实开展设备安全自查自纠活动，投资2 180万元开展隐患项目治理，安全保障能力不断提升。严格承包商HSSE管理，加强承包商现场HSSE知识的培训与考核，清退不合格承包商11个，清退不达标业务外包工12人。③重环保强保障。落实绿色低碳发展战略，以废弃泥浆处理、危废合规化处置、网电推广应用及生活污水零排放为抓手，抓好环境敏感地区风险管控工作。扎实开展设备修理，委派专业人员进厂监修、质量复核，全年完成主要设备修理735项。

（陈 超）

【技术创新加快推进】 2019年，华东石油工程公司突出市场需求和价值导向，加大特色技术攻关，推进技术成果转化。①持续加强瓶颈攻关。深化页岩气优快钻井技术研究，叙永工区平均机械钻速提高66%，平均钻井周期缩短34%。加强钻井液技术研究应用，首次实现钻井液海外独立技术服务，在泰国市场独立服务6口井。泡沫固井技术首次进入东北工区，北210-1井创水泥浆密度最低和低密度水泥浆封固段最长2项工区纪录。大力发展定录导一体化技术，在焦页203-2HF井首次独立承担定录导一体化施工任务，实现优质储层钻遇率100%。②大力推进创新创效。着眼新业务发展，强化与高校、科研机构的共建共赢；科研攻关新材料野营房，性能指标通过国家权威机构认证，现场试用、规模生产等工作有序开展；环保型生物润滑剂在62口井中成功应用，经济效益显著。③扎实开展科技研发。全年，公司在研集团公司科研项目6项、新增3项，在研石油工程公司科研项目15项、新增4项，共开展公司级科研项目49项、新增24项。2项科研成果分别获石油工程公司科技进步一等奖和三等奖。公司申请专利24项、其中发明5项，获授权发明专利21项，2项专利分别获石油工程公司专利银奖和铜奖。

（陈　超）

【党的建设不断加强】 2019年，华东石油工程公司以学习贯彻习近平新时代中国特色社会主义思想为主题，以扎实开展“不忘初心、牢记使命”主题教育为主线，认真贯彻落实集团公司党组和石油工程公司党委的决策部署，大力实施“强根铸魂”工程，为实现全面扭亏为盈提供坚强保证。①扎实开展主题教育。按照“守初心、担使命、找差距、抓落实”的总要求，严格将“学习教育、调查研究、检视问题、整改落实”贯穿始终，扎实开展第1批、第2批主题教育，做到抓思想认识到位、抓检视问题到位、抓整改落实到位、抓组织领导到位，主题教育有序有效开展。②抓实巡视巡察整改。扎实开展巡视巡察整改“回头看”工作，对整改不到位的限时“二次整改”，并通过党组巡视“回头看”把问题整改与“全面扭亏为盈”有机结合，切实做好巡视“后半篇文章”。③加强基层党组织建设。探索区域党建新模式，成立4个项目工作部党工委，在各工区积极探索党建共建，党组织的战斗堡垒作用得到进一步发挥；抓实党员教育和管理，机关处室单独成立党支部，公司机关基本组织设置得到优化。④大力实施“人才强企”工程。聚焦“三强”主题，开展公司中层领导人员和优秀年轻干部培训，高素质专业化干部队伍建设取得实效；畅通人才成长通道，探索“岗级分离”管理模式，97名管理干部转聘专业技术职位，53名技能人才走上专业技术岗位；加强员工培训，全年公司层面举办各类培训班30个，累计培训人员1 248人次。⑤持续加强党风廉政建设。深入开展违反中央八项规定精神和“四风”突出问题专项治理，集中开展形式主义、官僚主义整治工作，编发《违纪违法案例警示录》，不断提高全员遵章守纪意识，切实把“风清气正”贯穿政治生态建设始终。

（陈　超）

2019年9月27日，华东石油工程公司“不忘初心、牢记使命”庆祝新中国成立70周年知识竞赛在扬州举行

表1　华东石油工程公司主要经济指标　亿元

指标名称＼年份	2019	2018	2017	2016	2015	2014
营业收入	33.84	23.34	20.84	15.26	9.48	14.28
利润总额	0.33	−2.13	−9.43	−9.88	−0.38	0.88
企业增加值	11.66	7.11	0.69	0.27	4.75	6.58
资产总额	37.19	35.05	27.12	32.14	13.79	15.61
利税总额	0.87	−1.71	−8.92	−9.38	0.48	2.30
海外市场收入	6.55	7.13	6.63	4.32	1.92	2.22

表 2　　华东石油工程公司主要生产建设指标

指标名称 \ 年份	2019	2018	2017	2016	2015	2014
钻井进尺 / 万米	99.34	71.48	73.95	46.49	29.11	33.59
测井 / 万标准米	3 884.43	3 120.69	3 048.49	2 172.02	1 365.33	2 634.13
录井进尺 / 万米	89.14	59.04	63.90	51.00	30.19	110.22

华北石油工程公司

【概况】 中石化华北石油工程有限公司（简称华北石油工程公司）是由原华北石油工程公司和原河南石油工程公司，于 2016 年 3 月经过区域整合重组成立，是石油工程公司的全资子公司。公司注册地位于河南省郑州市中原区。

截至 2019 年底，华北石油工程公司有中层机构 19 个，其中机关职能处室 10 个，机关直属部门 1 个、所属二级单位 8 个。二级单位职能科室 58 个，机关附属 8 个，项目部 42 个。拥有各类施工队伍 311 支。队伍主要分布在河南油田分公司和华北油气分公司、西北油田分公司、东北油气分公司等内部市场 239 支；国内外部市场 40 支，分布在陕西、河南、山西、内蒙古、新疆等 9 个省（区）市；国外施工队伍共 32 支，分布在尼日利亚、沙特、科威特、伊拉克、哈萨克斯坦 5 个国家。具有集团公司甲级队伍资质 87 支，乙级队伍资质 151 支，达标队资质 38 支，国际队伍资质 35 支；拥有集团公司金牌标杆队 1 支，金牌队 17 支，银牌队 24 支。共有固定资产 10 609 台，原值 50.87 亿元、净值 17.78 亿元，新度系数 0.36。其中，主要专业设备 1 647 台（套），设备资产原值 35.04 亿元、净值 11.83 亿元，新度系数 0.34。

截至 2019 年底，华北石油工程公司用工总数 8 976 人，较 2018 年末增加 465 人：合同制员工 5 049 人（其中在岗 4 321 人、不在岗 728 人），较上年末减少 152 人；合资公司用工 2 318 人，较上年末减少 142 人；社会化用工 1 609 人，较上年末增加 759 人。另外，海外当地用工 650 人。

华北石油工程公司主要技术经济指标及主要生产建设指标分别见表 1 和表 2。

（台献民）

【生产经营】 2019 年，华北石油工程公司实现收入 48 亿元、利润 1.33 亿元，分别增长 22% 和 123%；EVA 经济增加值由负转正，达 103 万元，增加 6 742 万元；国有资产保值增值率达 104.56%，提升 2.91 个百分点，较好地实现国有资产的保值增值。在石油工程系统取得“两项第一、六项排名前列”的优异成绩：新签合同额、队伍动用率、利润指标完成率、工效挂钩考核兑现、EVA 经济增加值、国有资产保值增值率 6 项指标排名系统前列。在国家商务部发布的“我国对外承包工程业务新签合同额前 100 家企业名单”中，华北石油工程公司 2019 年新签合同金额 4.74 亿美元，入围国家百强，位居第 81 位。

（台献民）

【市场开拓】 华北石油工程公司坚决贯彻落实习近平总书记关于保障国家能源安全的重要指示批示精神，持续整合市场资源，调整优化队伍布局。全年累计中标项目 318 个，新签合同额 53.96 亿元，增长 18.65%；完成合同额 49.17 亿元，增长 22.65%；队伍动用率 78.41%，提升 13.48 个百分点，均创重组以来的新高。①集团内担当主力，以服务保障勘探开发为己任，根据集团公司党组“稳油增气降本”工作部署和市场形势变化，成立鄂尔多斯、南阳和西部工作委员会，全面统筹公司各项资源。累计动用队伍 239 支，占公司队伍总数的76.85%，有效提升服务保障能力。在华北油气分公司市场，包揽多项提速提效纪录，累计刷新工区施工指标14项，收到贺信、表扬信12封，获甲方“百日会战”活动的表扬和奖励；施工的新富11井、锦142井等多口重点井获得高产工业油气流，助力中国石化在鄂尔多斯盆地再次发现“千亿立方米大气田”。在河南油田市场，推广应用“一趟钻”、大斜度井优快钻井等10项特色技术，泌450井刷新大斜度井最大位移和传输测井最大位移（1 823米）2项纪录；排2-861井机械钻速高达53.15米/时，刷新春光工区机械钻速最快纪录；充分发挥石油工程服务全产业链优势，成立油藏一体化服务领导小组，首批5口难动用储量及长停井复查复产项目正式启动实施。在西北油田市场，各专业屡创佳绩。顺北鹰1井完钻井深8 588米，创亚洲陆上钻井最深纪录和国内8项钻井新纪录；顺北4井、顺北5-7井获高产油气流，助推顺北油气田取得良好勘探成果；70192HB钻井队施工项目夺得“8连优”；井下201压裂队连续175口井获优秀、连续15年在西北油田排名第一；录井HB044队被评为塔河工区样板录井队，叫响了品牌。②国内外部市场存优去劣、持续优化。坚持有所为有所不为，重点发力川渝页岩气市场，新签6部钻机合同，新签合同额3.04亿元，打造新的经济增长点；持续稳固地方市场，深化与中国地质调查局、河南安棚碱矿的业务合作；逐步退出中国石油鄂东、中国海油临兴、中国石化新星双良等低效钻井市场。国内外部市场资源更加集中，全年实现收入4.19亿元，增加0.54亿元、增幅14.79%。③国际市场做优做强、成果丰硕。逐步形成以中东（沙特、科威特和伊拉克）为主体，协同西非（尼日利亚）、中亚（哈萨克斯坦）的“一体两翼”新格局。进入河南省外贸企业白名单，享受地方政府的税收优惠。新签合同额22.07亿元，增长36.91%；实现收入14.36亿元，增长14.85%。在中东市场，近3年来持续跟踪的项目陆续开花结果，沙特气井钻井、硫化氢检测、井场建设、连续油管等新项目相继启动，在市场开拓和延伸产业链方面，创造中国石化6项第一，成为中国石化首家进入中东“油井、气井、水井”三大领域的地区公司，首家提供“工程施工+技术服务+管理服务”的地区公司，硫化氢检测项目收到沙特阿美13份“杰出”评价服务表扬单，SP158队获KOC连续9年安全生产无事故奖励。在尼日利亚和哈萨克斯坦市场，累计动用队伍14支，完成收入2.19亿元，增长30.36%。在尼日利亚新签合同额2.17亿元，筑牢西非“陆上第一钻”品牌；从吉尔吉斯转移至哈萨克斯坦的1台50钻机重新启动，标志着中亚市场战略转移取得实质性成果。

（台献民）

【深化改革】 华北石油工程公司持续创新经营机制，调整业务结构，优化资源配置，有效地激发企业活力和发展潜能。①动真碰硬，治理亏损。坚持“养人不养亏损企业”，关闭亏损的油服分公司，注销法人资格，并对车服中心业务进行改革调整，从源头上消灭亏损。通过对184个国内钻井项目进行全面梳理，对16口亏损井进行责任认定，扣罚责任单位绩效工资203万元，倒逼各单位从严管理，全面消灭亏损项目。②持续优化业务结构，提升主业服务能力。按照主辅业务整合优化方案，将辅业基层队由19支整合为11支，通过转岗培训、择优上岗等方式，推进辅业人员向生产一线流动，辅业用工压减至525人，减少394人，辅业用工比例由11.1%降至7%，主业用工比例由77.3%提高至82%。辅业全年实现利润1 406万元，完成年度目标的165%，辅业基层队全面实现扭亏为盈。③积极推进用人机制改革，“去行政化”迈出坚实步伐。抓好市场总监和专家职位的选拔聘任，全年续聘首席市场总监1人、特级市场总监3人、项目经理人1人；完善专家支撑体系，新聘高级专家2人、专家6人。④绩效考核导向鲜明，创效活力有效激发。坚持考核分配向基层一线、创效单元和关键岗位倾斜，提升班组长（司钻）待遇，充分激发班组创效活力；提升安全指标考核权重，二级单位由5%调整为10%，二级单位领导班子由5%调整为15%；更加注重发展质量效益，强化资金风险防控等约束性指标的考核兑现，全年应收账款回收扣罚78.44万元，奖励30.13万元，绩效考核指挥棒作用有效发挥。

（台献民）

【科技创新】 华北石油工程公司启动“2211”工

程，大力推进致密油气中心和深井超深井技术中心建设，倡导技术创新面向市场、面向现场，建立专家支撑体系，加快核心技术突破，加大成果转化力度。①技术品牌建设有序推进，获“河南省高新技术企业”认证，“中石化石油工程致密油气技术中心”挂牌运行。②科技创新活力有效激发，健全《科技成果转化及创效激励管理办法》等配套机制，落实项目长负责制，加大考核激励力度，提升项目成果质量。全年承担集团公司科研项目 5 项、石油工程公司项目 14 项，公司自立项目 20 项；年度申请专利 55 件、其中发明专利 13 件，获授权专利 17 件、其中发明专利 8 件，创近年新高。评选出公司年度科技进步奖 13 项、专利奖 5 项。③特色技术有效应用，在鄂尔多斯工区不断改进 S-KPD 堵漏工艺技术及配方，超低密度水泥浆体系成功应用，单井漏失次数、井壁失稳处理时间分别降低 10.02% 和 17.12%；在川渝工区应用长水平段轨迹控制技术，刷新工区水平段长（1 950 米）及水平位移（2 413 米）2 项纪录；定录导一体化技术在杭锦旗应用 52 口水平井，砂岩钻遇率达 87.16%；老井复查技术在河南油田应用 47 口井，发现设计外新油层 17 层，有效保障勘探开发目标实现。④复杂故障有效预防，充分发挥专家作用，加强驻巡井技术指导，定期召开复杂故障分析会，强化对现场技术和管理支撑，井下复杂故障率降至 0.83%，降低 0.68 个百分点。⑤科技转化成果显著，全年实现科技增效 3 200 余万元，裂缝性漏失钻井防漏堵漏、低孔低渗致密砂岩储层测井评价、元素录井等特色技术累计应用 276 口井，创收 2 320 余万元，科技成果转化能力持续提升。

（台献民）

【基础管理】 华北石油工程公司坚持眼睛向内强管理，把强基础、挖潜力、补短板、控风险等各项工作抓实抓到位，全面提升依法合规治企能力。①“比学赶帮超”活动成果丰硕，分层级建立对标评价体系，按季度排名奖罚，对黄旗指标整改不力单位和连续挂黄旗基层队进行通报批评，倒逼管理提升。通过对标，涌现出一大批先进典型与创效标杆，井下 201 压裂队毛利 3 915 万元，创公司单队最高纪录；30908HB 钻井队全年进尺突破 30 000 米，毛利 2 147 万元；国际 SP106、SP158 等 4 支钻井队毛利超 2 000 万元；公司累计 25 支钻井队毛利超过千万元；HB015、HB018 等 2 支测井队毛利近千万元；HB093、HB090 等 4 支录井队毛利突破百万元，30908HB、50407HB、SP106、SP158 钻井队和井下 201 压裂队，获华北铁军先锋基层队称号。②挖潜增效取得实效，制订《扭亏脱困十大措施暨全员成本目标管理实施方案》，从增收增效、改革增效、提速增效、降本增效 4 个方面，将“扭亏脱困十大措施”细化分解成 45 项重点工作，抓牢过程管控，全年实现挖潜增效 1.1 亿元，完成计划目标的 127.91%。③经营风险有效防控。发布 2019 版内控手册，对机关层面 51 项业务流程 1 086 个控制点进行配置调整，内控制度执行的有效性进一步提升；统筹用好审计、效能监察等各方面监督力量，扎实开展公司 2018 年度经营绩效等专项审计，有效管控经营风险。④依法合规治企能力持续提升，健全法律事务机构，配齐专业法律人员，规范管理和使用合同标准文本，推进全过程标准化管理。

（台献民）

【生产运行管理】 华北石油工程公司为提高运行效率和质量，提前做好生产保障措施落实，强化生产运行管理，有效支撑集团公司勘探开发。钻井全年完成 123.19 万米，超额完成工作量计划并创历史新高。①依据甲方勘探开发计划，超前对接井位部署情况，及时分析队伍运行动态情况，优化钻（修）井机配置，提高了钻（修）井机利用率。2019 年内部调配钻机 5 台（套）、新启钻机 6 台（套）。公司钻机动用率 78.41%，提高 14 个百分点。②强化过程管控，力争生产运行无缝衔接。以生产运行为中心，根据重点施工环节进展情况，超前落实下步生产计划、设计方案及后勤保障情况。2019 年，公司生产时效由 2018 年的 95.13% 提高到 97.29%。③紧盯关键环节，切实保障新项目按时启动。全年新上项目较多，动迁周期短、设备配套协调难度大、人员素质要求高，为确保项目按期开工，根据项目特点制定运行大表，明确关键时间节点，落实责任人。每日跟踪、分析，及时预警，周生例会或者召开专题会进行总结并协调项目启动中存在的问题，有效保障新项目的顺利启动。伊拉克项目2部钻机严格按照运行节点，均比合同约定时间提前10天开钻；四川页岩气项目严格按合同约定时间周密运行，先后完成2部钻机从内蒙古调迁至四川，1部钻机从新疆长途搬迁至四川，3部钻机按计划如期开钻；沙特硫化氢检测项目2月13日签订服务合同，5月18日开始第1口井的现场施工；沙特气井SP122钻机2月25日完成合同签订工作，于7月7日顺利开钻，宣告华北工程在沙特市场首个气井项目成功启动；沙特项目SP306钻机于11月1日按照合同约定如期开钻。

（台献民）

【安全管理】 华北石油工程公司全力扭转安全态势，安全基础逐步夯实。“4·11”事故发生以来，公司全力抓整改、强执行、促提升，安全管理基础得到有效夯实。①开展全员大反思，挖掘事故根源，提升全员安全意识。公司层面召开事故反思会3次，各单位及基层队开展反思390余次，撰写反思报告2 300余份，结合党组巡视组立行立改工作要求，从思想、管理、技术、责任等方面制定18项整改措施、落实35项具体要求，如期完成整改。②出实招、出狠招，实施安全提级管理，压实HSSE管理责任。及时将承（分）包商、搬迁安的作业风险纳入公司重大风险，出台48条硬措施，印制成口袋书，进一步规范现场操作；强化领导干部值班带班制度，重点工区由班子成员兼任项目部主任，加强对生产一线的服务和监管力度；与在岗员工签订HSE责任合同，进一步提升员工守法意识。③强力推进制度建设、培训提升、责任贯通，持续夯实HSSE管理基础。对公司现有制度进行优化完善，制度从265项精简到242项，重新修订73项、废止5项、新增30项，组织全员学制度，不断提升制度执行力和可操作性；完成公司新版HSSE管理手册的发布，修订66项安全管理制度和4项支撑文件，努力实现安全管理制度化、规范化、科学化。认真组织实施《基层员工培训质量提升工作方案》，用好鄂北、新疆、南阳培训基地，扎实开展基层关键岗位人员轮训，规范师带徒管理，围绕应知应会、技能操作和应急处置，开展各类倒班（复工）培训153班次，持续提升员工岗位胜任能力。厘清公司两级机关、项目部、基层队的岗位职责，制定相应的安全职责，形成责任清单，促进全员明责知责、履责尽责。④推进安全管理提升工程，严格直接作业管理。制订安全管理提升方案，按照“三班两倒”定员标准，配齐基层班组人员；制定钻机配备标准，落实设备维修环节的安全管理；投入安保基金614万元、安全生产费用8 770万元，对井场防爆系统、营房电气线路等重大隐患进行根治，有效提升现场本质安全水平；持续开展“全员安全诊断”“安全生产月”和“安全生产万里行”活动，举办JSA业务竞赛，促进全员安全技能持续提升；采取“解剖麻雀”的检查方式，变现场检查为帮扶提升，开展综合督查6次，帮扶解决现场问题682项，抽考现场人员189人次，实现问题发现在基层、解决在基层。

（台献民）

【党建工作】 华北石油工程公司认真贯彻落实集团公司党建工作会议精神，以开展“不忘初心、牢记使命”主题教育为抓手，以集团公司党组巡视反馈问题整改为契机，持续提升党建工作水平。①扎实开展主题教育。在党组第二巡回指导组的指导帮助下，聚焦根本任务，把握总要求，紧扣具体目标，结合公司实际，落实重点措施。利用读书班、中心组集体学习、个人自学等方式，原原本本学习指定书目材料，推动学习贯彻习近平新时代中国特色社会主义思想往深里走、往心里走、往实里走。精心开展专题研讨，拓宽延伸研讨成果。深入基层一线开展以“两查、两促”为主题的综合调研，从严从实抓好问题整改，公司2批主题教育高质量开展。②全力抓好党组巡视反馈问题的整改落实。提高政治站位，增强政治自觉，将反馈问题分解为22个方面，制定整改措施91条，压实整改责任，强化过程跟踪，紧盯时间节点，确保巡视整改工作取得实效。③管党治党责任层层压实。严格执行民主集中制，深化党委“把方向、管大局、保落实”作用发挥；加强作风和党风廉政建设，践行“马上就办、办就办好”，解决形式主义、官僚主义突出问题，切实为基层减负；狠抓中央八项规定精神落实，把纪律防线和监督关口前移，突出做好“关键少数”、关键事项和关键节点的监督检查，扎实开展基层微腐败专项治理。④基层党建质量持续提升。以“七抓七提升”为路径，大力实施组织力提升工程。注重在基层一线和合资公司员工骨干中发展党员，在基层支部持续开展“两转一会”活动，切实发挥基层党支部和党员在安全环保工作中的“两个作用”。加强与华北油气分公司、西北油田分公司开展党建共建活动，深化党建与生产经营深度融合，促进甲乙双方合作共赢。⑤干部人才队伍建设得到加强。树立正确的选人用人导向，重点从经营业绩好、班子团结好的单位选拔干部，加大向一线倾斜力度，全年从基层一线、艰苦地区、项目部、井（分）队等关键岗位，选聘提拔 4 名副处级干部；大力培养选拔“80 后”优秀年轻干部，着力解决“盖层”问题和“断层”隐忧。⑥和谐企业建设扎实推进。选树宣传先进典型 17 人，在中央电视台、《中国石化报》等媒体平台报道公司改革发展成果 96 次，“华北铁军”影响力与美誉度进一步提升；强化形势任务教育，先后组织先模 11 人次、文艺骨干 90 人次，深入南阳、新疆、鄂尔多斯等工区，开展宣传教育活动。

（台献民）

表 1　　华北石油工程公司主要技术经济指标　　亿元

指标名称＼年份	2019	2018	2017	2016	2015	2014
工业总产值	49.13	40.27	37.68	34.89	29.63	35.37
工业增加值	17.09	15.25	11.93	7.73	11.21	11.88
资产总计	42.67	40.22	42.89	49.54	43.36	46.16
流动资产	19.64	18.87	21.12	22.99	28.16	29.23
固定资产原值	51.58	49.96	49.42	50.86	28.51	28.40
固定资产净值	18.32	18.48	19.00	23.39	14.12	15.35
营业收入	48.00	39.33	37.62	34.04	34.04	35.37
实现税费	0.75	0.96	1.26	1.22	4.23	4.84
税　金	0.47	0.86	1.23	1.10	2.03	3.47
综合能耗 / 吨标煤・万元 $^{-1}$	0.309	0.321	0.336	0.352	0.43	0.42

表 2　　华北石油工程公司主要生产建设指标

指标名称＼年份	2019	2018	2017	2016	2015	2014
钻井 / 口						
开钻 / 口	454	417	457	344	207	193
完钻 / 口	442	418	449	353	199	183
钻井进尺 / 万米	123.19	106.54	109.70	84.00	63.49	67.54
测井、射孔 / 井次	3 086	1 563	1 562	1 468	1 164	1 616
测井 / 万标准米	4 791.53	3 446.00	2 938.00	3 376.00	4 249.00	4 551.00
录井 / 口	523	437	512	341	232	355

续表

指标名称 \ 年份	2019	2018	2017	2016	2015	2014
录井进尺 / 万米	163.12	134.21	134.04	105.99	102.69	110.34
井下作业 / 井次	1 262	883	726	497	424	609
试油、试气 / 口	240	203	203	74	83	63
压裂 / 口	425	275	156	202	160	215
压裂 / 层（段）	1 779	1 117	480	748	944	1 018

石化机械公司

【概况】 中石化石油机械股份有限公司（简称石化机械公司）是中国石化唯一的油气装备研发、制造与专业技术服务中心和首批创新型企业，于2012年底由中国石化机械制造业务专业化整合重组而成，2015年7月在深交所整体上市（证券简称石化机械，股票代码000852），总股本7.78亿股，集团公司持股58.74%。历经70多年建设，公司发展成为国内研发实力领先、产品门类齐全、具有一定国际竞争力的油气装备重要骨干企业。

石化机械公司下辖四机公司、江钻公司、钢管分公司、二机分公司、四机赛瓦公司（持股65%）、机械研究院、天然气项目部、国际公司和世纪派创检测公司9家单位，主要分布在湖北武汉、荆州、潜江等地。四机公司始建于1941年，是国家重大技术装备国产化基地、国家技术创新示范企业、国家压裂装备制造业单项冠军示范企业、固井压裂装备国产化基地、中国石油钻采设备制造专业十强企业。江钻公司始建于1973年，是国家牙轮钻头制造业单项冠军示范企业，拥有国际先进的石油钻头钻具研制能力和一体化服务能力。钢管分公司始建于1975年，是国内同时具备直缝、螺旋和高频焊管生产能力的三家钢管企业之一，在西气东输、川气东送等众多重点管线项目中创造了良好业绩。中美合资四机赛瓦公司成立于1992年，是跟踪国际前沿技术和管理理念的重要窗口，国内最成功的合资企业之一，拥有国内最强的油田井下工具、石油装备自动控制系统研制能力，油气井封层桥塞入选国家制造业单项冠军产品。三机分公司始建于1950年，主体技术自美国德莱赛兰公司引进，是压缩机国产化基地。机械研究院组建于2010年，主要从事科技发展规划研究、前瞻性产品和技术研究，承担公司科技、质量、信息化管理等职能。天然气项目部是武汉最早进入车用CNG加气服务的企业，兼营油气田井口气回收等业务。国际公司是石化机械公司开拓海外市场的专业化平台，承担公司外事管理职能。世纪派创公司专业从事油气装备检测等服务业务，获批筹建国家石油钻采装备检验检测中心。机关设办公室（董事会办公室）、党群工作部（党委办公室、党委宣传部）、人力资源部（党委组织部）、财务计划部、企业管理部（法律事务部）、市场发展部、安全环保部、纪检监督部（审计部、监事会办公室）8个职能处室，以及物资采办中心1个直属机构。

截至2019年底，石化机械公司用工总量7 200人，资产总额88.6亿元，净资产19.5亿元。

2019年，石化机械公司实现营业收入65.6亿元、利润总额6 263万元。

石化机械公司主要经济指标及主要产品指标分别见表1和表2。

（田治明）

【市场营销取得新突破】 强化优质项目开发，创效拳头产品销量较快增长，其中压裂装备由5.6亿元增至 12 亿元、增幅 115.8%，金刚石和混合钻头由 3.1 亿元增至 3.9 亿元、增幅 23.2%；“产品 +”业务实现新签合同 19.9 亿元、占比 30.8%、增幅 26.3%，连续 3 年 2 位数增长，融资租赁实现销售 3.5 亿元，经营租赁规模达 45 台。国内市场拓市扩销捷报频传，中标胜利工程、西南工程、长城钻探、川庆钻探等压裂装备 10 套，取得涪陵、南川、大牛地等增压项目压缩机 75 台，揽获青宁、鲁豫、董东等管线项目钢管 24 万吨，中国石油钻头钻具销量增长 27%，中国海油固井装备销量增长 37%，全年完成国内市场新签合同 56.5 亿元、增长 2.4%。海外市场应对北美销量下降 57% 的挑战，加大中东市场开拓力度，取得公司成立以来中东最大钢管出口订单，四机公司固井装备首次进入阿联酋高端市场，钻头成功入网科威特石油公司，沙特、科威特、阿联酋市场销量 2.7 亿元、增长 2 倍，取得俄罗斯压裂装备、连续油管作业装备等大额订单，全年完成海外市场新签合同 8 亿元。

（田治明）

石化机械公司海洋石油工程装备

石化机械公司系列钻头钻具

【科技创新实现新跃升】 科研攻关依托国家和集团公司重大专项深入开展，技术水平加速向国内领先迈进，5000 型全电动成套压裂装备被推荐为“十三五”国家科技重大专项标志性成果，国内首台电驱海洋固井装备打破国外技术垄断，62 吨超深井连续油管作业装备、二氧化碳增压装置展示良好应用效果；系列钻头钻具在国内外市场创技术指标纪录 303 项，助力顺北鹰 1 井创井深 8 588 米的中国石化最深井纪录，刷新单只钻头一次入井最长进尺纪录、达 5 053 米；增压压缩机在涪陵、华北扩大应用，其中涪陵应用 96 台，增压采气量占涪陵年产量的 50%，为文 23 储气库研制的 7 台大功率压缩机率先交付、率先投运，占全部 14 台注气量的 70%，单台机组平均运行时间优于进口机组。首次颁发新产品创效奖 200 万元，进一步激发科研人员创新活力。创新体系建设取得重要进步，四机赛瓦公司筹建的“湖北省石油钻完井装备工程技术研究中心”获认定，压缩机综合性能模拟试验平台完成建设，MES 系统、石油装备云管理平台等扩展应用，与用户联合申报科研立项 3 项，新增省部级科研项目 8 项，获集团公司和湖北省科技进步奖 2 项、专利授权 98 件。扩大对外技术交流，应邀出席全球能源转型高层论坛、海峡两岸企业家峰会并做交流发言，重大专项新产品在油气重大专项成果交流会、全国科技周等大平台得到展示、受到好评，承办中国工程院“页岩气规模有效开发途径研究”项目关键装备技术调研会，举办首届石油装备技术（荆州）论坛，进一步提升了公司影响力。

（田治明）

【生产运营再创新成果】 推进生产提速，保质保量完成“两北一川”55 台压缩机、集团公司重点管线项目钢管等保供任务，固压装备装机效率提高 30%，钻修装备、混合钻头平均生产周期分别缩短 10% 和 60%，压缩机年产量突破百台大关，高压管汇年产值创历史最好水平，再制造金刚石钻头、螺杆钻具分别增长 66.7% 和 90.3%。持续扩大招标采购、推进框架采购、严控独家采购，全年采购入库金额 50.5 亿元，框架协议采购率、招标采购率分别提升 8.5 个、8.1 个百分点，独家采购率下降 4.4 个百分点，实现采购降本 1.6 亿元。大力清应收降存货，全年回收货款 80 亿元，销售回款率 110%，应收账款下降 16%、周转率提高 62%，其中钢管分公司应收账款周转率 7.45 次、超过一流企业标准，四机赛瓦公司 2 年以上应收账款仅 46 万元；改代利用积压存货 1.3 亿元，建立新增积压存货预警机制，存货总体可控。

（田治明）

【深化改革取得新进展】“双百行动”综合改革稳步推进，受到国务院国资委改革办领导肯定，在集团公司改革推进会上做交流发言。完善市场化经营机制，第 1 轮 3 年期契约式经营、构建成本倒逼机制取得积极成果，8 个增利单位 3 年累计增利 1.9 亿元，承德江钻通过审计署、国务院国资委专项治理审核，持续盈利基础进一步夯实，2 个持续亏损单位关停退出，四机赛瓦公司放权授权清单下达实施。“三项制度”改革向前推进，拉开收入分配差距，单位人均绩效最多相差 48.4%；建立劳效指标用工管控机制，推行工序外包、弹性用工服务生产保供，净减用工 192 人；聘请专业咨询机构开展优化岗位管理、薪酬分配、考核激励体系专题研究，完成岗位价值评估、薪酬效能市场化对标等工作，强化了对“三项制度”改革的基础性支撑。资源优化调整纵深推进，抓好“瘦身健体”，注销分支机构 10%；统筹资源开展压缩机、高压管汇制造等内部协作，提升专业化发展水平和生产设备利用率；组建国际公司、筹建沙特合资公司得到总部支持，相关工作有序推进。精心组织、各方联动，物业供暖市场化改革平稳实施、圆满完成。

（田治明）

【管理提升获得新进步】 突出强基固本抓规范管理，构筑依法依规治企四大保障体系，推进 10 项重点业务合规管理，完善制度体系，加强全面风险管理，开展内控执行有效性提升行动，深化 ERP 系统等信息化手段应用，发挥审计监督作用，进一步规范经营行为，堵塞管理漏洞。突出提质增效抓精益管理，把深化 5S、TPM 与强“三基”相结合，生产现场管理水平持续提升，主要生产设备故障率得到下降；划小核算单元，实现主要生产单元全覆盖，成本管控更具针对性和精准性；抓实压裂装备设计降本 1%、降低压缩机组现场安装调试成本 20% 等 10 个焦点课题实施，实现降本增效 5 476 万元。突出价值创造抓精细管理，全面预算的均衡性、准确性得到提高，实现公司每月盈利的良好局面；扎实做好投资项目论证和过程管控，投资管理水平逐步提高；拓宽低成本融资渠道及规模，减少资金成本 1 764 万元；用好用足国家减税降费政策，创效 4 435 万元，财税管理得到集团财务部好评。突出质量安全抓从严管理，开展“铸精品、创品牌”行动，抬高质量标准，推进固压装备、压缩机等产品质量提升，强化外购外协质量管控，提高质量问题处理效率，质量管理取得新进步，四机公司通过 API 换证验证审核，钢管分公司被评为中国质量协会“全面质量管理推进 40 周年杰出推进单位”。升级 HSSE 管理体系，全力抓好新中国成立 70 周年大庆、世界军运会期间的安全保障，投入 1 100 万元根治天然气加气站设备腐蚀等一批历史遗留隐患，风险总值由 159 下降到 123，职业病危害因素超标场所减少 20%，加强井口气回收、高压试验等直接作业环节安全管理，开展绿色企业创建，对 65 项承包商不安全行为、22 人次严重违规违章行为进行处罚、问责，HSSE 工作目标全面实现，公司被评为集团公司 2019 年度安全生产先进单位。

（田治明）

【党的建设展示新风貌】 扎实开展“不忘初心、牢记使命”主题教育，在集团公司党组第四巡回指导组的指导下，紧扣根本任务，贯通重点措施，把主题教育与实施“13336”战略、推进重点工作相结合，促进党员干部增强“四个意识”、坚定“四个自信”、做到“两个维护”，振奋“打造大国利器、服务油气发展”的精气神，围绕打好“六大攻坚战”担当作为、克难奋进，为民服务解决突出问题，主题教育得到上级组织肯定，50 篇经验成果在中国石化媒体刊登报道。加强组织建设，开展与落后的思想观念决裂、与粗放式的管理方式决裂、与不适应市场化要求的体制机制决裂的“三个决裂”反思讨论，提升了领导干部的思想引领力；深化党支部达标升级赛、专项劳动竞赛等创争活动，发挥了基层党组织的战斗堡垒作用。推进人才强企，调整优化中层干部结构，引进高校毕业生和社会成熟人才 36 人，举办青年干部培训班、业务技能竞赛，抓好重点人才培训，1人获全国五一劳动奖章，2人分别获评中国石化突出贡献专家、闵恩泽青年科技人才奖。抓好宣传思想文化工作，“我和我的祖国”主题宣传教育唱响礼赞新中国、奋进新时代的主旋律，“弘扬石油精神、传承石化传统”专题教育汇聚更高水平“振兴石化”的正能量，对外宣传扩大影响，品牌建设工作得到集团公司党组领导表扬肯定。深化党风廉政建设，持续抓好警示教育和“植廉于心、筑廉于行”专题教育，完善“三重一大”决策制度，落实“一岗双责”，提升“大监督”实效，着力纠正“四风”，实施“马上就办”，给予2人党纪政纪处分，信访举报量大幅下降，重塑公司形象取得明显成效。用心用情抓好和谐稳定，累计发放慰问金和救助物资110多万元，解决矛盾纠纷231件、稳定问题48件，确保特殊敏感时期大局稳定，为公司发展营造良好环境。

（田治明）

【荣誉称号】 公司被评为集团公司2019年度安全生产先进单位。石化机械钢管分公司被中国质量协会授予全面质量管理推进40周年杰出推进单位称号。公司员工孙野获全国五一劳动奖章。

（田治明）

表1　石化机械公司主要经济指标　亿元

指标名称＼年份	2019	2018	2017
总资产	88.60	78.40	70.00
净资产	19.50	19.20	19.00
固定资产	13.30	12.60	13.08
营业收入	65.60	49.20	40.00
利润总额	0.63	0.49	0.44

表2　石化机械公司主要产品指标

指标名称＼年份	2019	2018	2017
机械产品吨位 / 万吨	35.80	38.50	24.50
设　备	1.60	1.10	0.90
设备配件及工具	1.60	1.40	1.10
钢　管	32.60	36.00	22.50
机械产品产量			
钻修设备 / 台（套）	32	56	42
固压设备 / 台（套）	227	145	118
钻头 / 只	29 354	32 306	31 001
天然气压缩机 / 台（套）	111	41	21

炼化工程集团

【概况】 按照集团公司专业化重组的总体部署，中石化炼化工程（集团）股份有限公司（简称炼化工程集团，英文缩写 SEG）于 2012 年 8 月 28 日在北京注册成立，9 月 3 日举行揭牌仪式。2013 年 5 月 23 日在香港联合交易所挂牌上市，股票简称：中石化炼化工程，股票代码为 2386。

作为中国石化炼化工程领域的唯一运营主体，炼化工程集团具备包括工程设计综合甲级资质、全国行业化工石油一级施工总承包等优良、全面的业务资质。具备同时执行 20 个以上大型 EPC 总承包项目、年完成设计投资额 1 000 亿元的生产能力和经营规模，并拥有一批具有自主知识产权的炼油全系列技术和乙烯裂解炉、聚乙烯、聚丙烯、丁二烯等化工成套核心技术，以及较为完善的施工技术和工法体系，可自行设计、建设单系列的千万吨级炼油厂和百万吨乙烯工程，具有领先的市场地位、全面的业务资质和强大的技术及人才实力。业务领域覆盖技术研发、技术咨询、工程设计、设备制造、工程施工、项目管理、EPC 总承包、施工总承包、投料试车等；业务覆盖炼油、石油化工、煤化工和储运等多个领域。

炼化工程集团境内共有 10 家全资子公司及 2 家分公司，分别为中国石化工程建设有限公司、中石化洛阳工程有限公司、中石化上海工程有限公司、中石化宁波工程有限公司、中石化南京工程有限公司、中石化第四建设有限公司、中石化第五建设有限公司、中石化第十建设有限公司、中石化重型起重运输工程有限责任公司、中石化节能技术服务有限公司、SEG 工程技术研发中心、信息科技分公司。

截至 2019 年底，炼化工程集团用工总量 21 413 名，其中包括 1 名中国科学院院士和 3 名中国工程院院士、11 名国家级设计大师、46 名享受政府特殊津贴的专家、1 名集团公司首席专家、20 名集团公司高级专家和 3 900 余名各专业注册类工程师。

2019 年，在美国《工程新闻记录》（ENR）国际 225 强工程承包商排名中，炼化工程集团名列第 50 位，比上市初的 2013 年上升 41 位，整体实力和品牌影响力持续提升。

（刘红叶）

【生产经营任务全面完成】 2019 年，面对国内外复杂多变的政治经济形势，炼化工程集团全面抢抓机遇、应对挑战、积极作为，取得来之不易的经营业绩。全年实现收入人民币 522.61 亿元，现金流表现依旧强劲；新签合同额人民币 523.19 亿元，增长 2.7%，圆满完成 2019 年新签合同目标；截至年底，未完成合同量为人民币 949.94 亿元，与上年底持平。

（刘红叶）

【全力保障集团公司重点工程项目顺利实施】 2019 年，炼化工程集团参建的集团公司重点工程项目均顺利推进。坚持安全生产常抓不懈，全面强化质量管理，全年累计完成安全人工时 3.47 亿个，增长 19.87%。

（刘红叶）

【全面强化安全质量管理】 落实集团公司质量安全工作部署和要求，聚焦管理体系建设，全面完成新版 HSSE 体系的修订发布工作；有序推进重大安全风险管控，集团公司级安全风险中科项目动力站 210 米烟囱施工顺利关闭，完成 4 项安全隐患治理，投入基金补贴 429 万元；聚焦现场作业环节，抓实“十条措施”和“记分办法”落地，全年培训 540 次，3.3 万人次参培，常态化开展安全质量督查检查，查改各类问题 5 061 项；积极践行绿色企业战略，制订《绿色企业行动实施方案》，以古雷项目为试点，推进绿色工地创建；强化专业培训，华南、华北安全实操基地开展安全管理能力提升班等，89 批、4 000 余人次参培。2019 年，炼化工程集团全面完成“70 周年大庆”等特殊时期安保任务；连续 5 年未发生上报质量事故，较好地完成全年目标；2 项工程获国家优质工程金奖，1 项工程获优秀焊接工程一等奖。

（刘红叶）

【境内市场开拓持续加力】 炼化工程集团牢牢把握国内炼化投资“小阳春”的宝贵机遇，紧盯“国家七大石化产业基地”和中国石化“世界级炼化基地”潜在项目，发挥竞争优势，努力扩大市场份额，取得较好结果。

（刘红叶）

【国际市场开拓卓有成效】 炼化工程集团积极投身“一带一路”建设，在沙特、阿曼等国家新签一系列合同，4 000 吨级履带式起重机在沙特完成首秀，哈萨克斯坦石油深加工项目获中国建设工程鲁班奖。中标沙特阿美 Marjan 油气增产扩建项目，合同金额约为人民币 10.04 亿元；中标美国巴斯夫管道采购预制项目，合同金额约为人民币 8.26 亿元；签订科威特 Al-Zour 新炼厂维护保运项目，合同金额约为人民币 3.95 亿元；中标沙特阿美检修改造项目，合同金额约为人民币 3.76 亿元。2019 年，炼化工程集团在境外 14 个国家共执行 61 个项目。其中，马来西亚 RAPID 项目完成常压装置开车，装置性能考核结束；美国台塑 PP 项目如期完成详细设计；科威特炼厂项目实现机械竣工。

（刘红叶）

【“十条龙”攻关全面完成任务】 2019 年，炼化工程集团积极推进技术创新和技术资源共享协同。以 22 项“十条龙”攻关为代表的重点技术创新项目整体受控。SE 水煤（焦）浆气化技术等 4 个项目高水平完成攻关“出龙”。第 3 代高效环保芳烃成套技术等 6 个项目加入攻关。

（刘红叶）

【一批重点项目研发稳步推进】 第 2 代高效环保芳烃成套技术开发与工业应用一次开车成功。2 000 吨级 SE 煤气化技术工业示范（中科炼化）、高掺渣低排放重油催化裂化技术（荆门石化），以及固体超强酸 C_5、C_6 异构化技术工业试验（湛江东兴公司）等项目按期建成中交，进入生产准备阶段。

（刘红叶）

【技术创新成果显著】 突出专利战略和专利申请策略，加大新业务、核心技术专利组织和管理，专利质量持续提升。完成新专利申请 600 件（发明专利占 61.7%），获授权专利 338 件（发明专利占 40.8%）。积极进行自有技术的推广，全年累计新签技术许可合同 70 项，合同额 2.65 亿元。

（刘红叶）

【持续深化改革】 持续完善整体改革方案，深入推进内部资源整合，不断挖掘集团化规模优势和一体化协同效应。为提高炼化工程集团信息化整体应用水平，推动数字化、智能化赋能发展，组建信息中心，已开始正式运转；推动国际业务改革，明确全球五大区域布局，将条件成熟的区域公司实行实体化运营。

（刘红叶）

【解决遗留问题】 社区分离移交完成集团公司考核目标。“四供一业”土地、资产全部移交，维修改造工程全面铺开，7 家单位《物业、供暖市场化收费改革方案》获批并平稳实施。洛阳工程公司社区维修改造工程、第十建设公司社区分离移交全部完成。

（刘红叶）

【实施本部组织机构改革】 为进一步强化本部“四个中心”职能定位，提高效率，全面完成本部机构优化调整工作，职能部门由原有的 16 个减少至 11 个。

（刘红叶）

【数字化工程稳步推进】 智慧工程建设初见成效。镇海炼化项目资产数字孪生重点突破，中科炼化、中沙石化、古雷项目等数字工厂建设同步展开，《石油化工工程数字化交付执行细则》通过集团公司评审。

（刘红叶）

【财务转型有序推进】 财务转型工作由点及面，全面铺开。以宁波工程公司和第五建设公司试点的先行经验作为判断指引，初步明确财务转型总体思路和具体方案。

（刘红叶）

【分包商管理持续加强】 加强战略分包商培育力度，明确公司重点项目战略分包商使用比例。开发建立公司分包资源和信息共享平台，实现对分包商资源库和分包商考核评价一体化管理。选取8家具有代表性的战略分包商，对其QHSSE体系运行有效性进行评估。

（刘红叶）

【加强人力资源管理】 初步建立公司岗位管理体系，规范设置管理、工程技术、工程管理、通用专业、技能操作5类22个序列300余个岗位；修订印发《工资总额管理办法》，实现国内外合同制员工工资总额一体化管理，与经营业绩同向联动；完成人工成本管理试点方案，初步明确宁波工程公司、第十建设公司作为试点单位；2019年引进毕业生352人，其中博士9人、硕士226人。

（刘红叶）

【持续强化风险防控】 妥善应对中美经贸摩擦和美国对伊制裁，把防范化解重大风险摆在突出位置，编印《全面依法依规治企实施方案》，出台《道德规范及合规指引》；编制印发沙特、科威特和俄罗斯3个国家《境外法律环境国别研究报告》。

（刘红叶）

【党建工作扎实推进】 坚持“两学一做”学习教育常态化制度化，推进“不忘初心、牢记使命”主题教育，深入学习贯彻习近平新时代中国特色社会主义思想和党的十九大精神，引导党员干部员工牢固树立“四个意识”、坚定“四个自信”、做到“两个维护”。各级党委认真做好主题教育检视问题整改及党组巡视反馈问题整改工作，逐项落实，一批深层次矛盾问题得以发现解决，一批有效的制度机制建立健全；修订“三重一大”决策制度、党委会议事规则和监督委员会工作规则，党委全面参与重大问题决策，“把方向、管大局、保落实”的作用进一步发挥；班子成员连续4年以党委委员身份对联系点进行专项调研，对子公司进行党建工作督导，压实党建责任；加强组织建设，增强党建工作力量，完善境内项目党建工作管理办法，加强境外党建工作，促进全面从严治党境内外全覆盖。

坚持把监督挺在前面，着力提升监督质量；强化政治监督，坚定践行“两个维护”；夯实巡察准备工作，发布《党委巡察工作实施办法》《关于被巡察党组织及其上级党委配合炼化工程集团党委巡察工作规定》，构建巡察体制机制；完善“大监督”格局，围绕剩余物资处置、进度、安全等内容对中科炼化、中安联合等重点工程项目开展监督；着力抓好教育预防，增强不想腐的自觉；力戒形式主义官僚主义，为基层减负，全年会议压缩50%；严肃监督执纪问责，规范处置问题线索；充实纪检监督队伍力量，提高纪检监督履职能力。

（刘红叶）

工程建设公司

【概况】 中国石化工程建设有限公司（简称工程建设公司）成立于1953年，1983年并入中国石油化工总公司，1999年完成改革重组，2012年完成改制更名。工程建设公司位于北京市朝阳区，是新中国首家石油炼制与化工设计单位，能够提供从工程研发、技术许可、工程咨询、工程设计、智能工厂建设、项目管理到工程总承包的一站式服务，拥有工程设计综合甲级、工程咨询甲级、工程监理甲级等国家顶级资质证书，业务覆盖石油炼制、石油化工、煤制油与煤化工、天然气净化液化与储运、生物能源、环境保护等领域。截至2019年底，工程建设公司内设机构37个，其中职能管理部门11个、生产经营管理及支持部门15个、专业室11个，境内外分（子）公司8家。有在职职工2 100余人，其中中国工程院院士3人，全国工程勘察设计大师6人，石油化工行业勘察设计大师10人，享受政府特殊津贴专家11人，具有正高级职称的140余人、高级职称的1 400余人。

67年来，工程建设公司先后完成上百家企业

2 800 余套装置的工程咨询、工程设计和工程总承包，高质量推进先进能源化工技术的工程转化，助力打造了一大批技术先进、结构合理、运行稳定、竞争力强的现代石油天然气企业、炼化企业和煤化工企业。2019 年，工程建设公司实现营业收入 125.5 亿元，实现利税 16.6 亿元，全年共完成设计项目 369 项，总承包项目中交 16 项，开车 21 项。全年共获省部级以上科技奖励 31 项（次），其中中国石油和化学工业科技进步特等奖 1 项、中国石化科技进步特等奖 1 项。全年获专利授权 69 件，其中发明专利 51 件，累计拥有有效专利 686 件、专有技术 213 项。

2019 年，工程建设公司被人力资源和社会保障部、国务院国资委联合评定为中央企业先进集体。在国际权威《工程新闻记录》（ENR）和《建筑时报》联合推出的“中国工程设计企业 60 强”排名中，工程建设公司再次名列榜首、实现六连冠。

工程建设公司主要生产经营指标、开车项目及获奖情况分别见表 1、表 2 和表 3。

（门宽亮）

【领导班子调整】 2019 年 10 月，集团公司党组决定：孙丽丽任工程建设公司执行董事、党委书记，蒋德军任总经理、党委副书记。

（门宽亮）

【沧州逆流连续重整装置开车成功】 2019 年 3 月 18 日，采用工程建设公司自主开发技术建设的逆流连续重整装置在中国石化沧州分公司一次投料开车成功。该装置是在石家庄炼化半再生重整装置搬迁利旧基础上的技术改造，是世界上首套由半再生重整改造为逆流连续重整的装置。

（崔丹玫）

【中安联合煤化工项目系列装置开车成功】 2019 年 7 月，由工程建设公司总承包的中安联合煤化工项目甲醇制烯烃 / 烯烃裂解装置、35 万吨 / 年聚丙烯装置、35 万吨 / 年聚乙烯装置、废碱焚烧装置等先后开车。11 月 28 日，污水处理场全面建成投用，至此项目打通全流程，实现了能源清洁高效利用和污染物资源化利用。

（门宽亮）

中安联合煤化工项目污水处理场

【海南对二甲苯装置成功投产】 2019 年 9 月 27 日，由工程建设公司设计的中国石化海南炼化 100 万吨 / 年对二甲苯装置打通全流程，产出合格产品，装置一次投产成功。该装置采用中国石化自主开发的第 2 代芳烃成套技术和国产 RAX4000 吸附剂，包括吸附分离、异构化、二甲苯分离等单元和配套公用工程。

（崔丹玫）

中国石化海南炼化 100 万吨 / 年对二甲苯装置

【文莱柴油加氢精制装置开车成功】 2019 年 10 月 22 日，采用工程建设公司液相柴油加氢技术建设的文莱恒逸 PMB 石油化工项目 220 万吨 / 年柴油加氢精制装置一次开车成功。该装置是工程建设

文莱恒逸 220 万吨 / 年柴油加氢精制装置

公司首套采用完全自主知识产权、以完整装置技术形式出口海外的石化装置。

（门宽亮）

【上海油氢合建站投运】 2019年11月18日，由工程建设公司承担设计的中国石化上海石油分公司西上海油氢合建站正式投入运行。该站按照二级油氢合建站的要求和规范进行设计，采用固定装置+移动装置（长管拖车）储氢，日加注35兆帕等级氢气的能力为1 000千克（24小时）。

（门宽亮）

【中科炼化项目建成中交】 2019年11—12月，由工程建设公司总承包的中科炼化一体化项目6套工艺装置和9套公用工程先后建成中交。在该项目中，工程建设公司承担了工程总体设计和80万吨/年乙烯装置、40万吨/年裂解汽油加氢装置、35万吨/年聚丙烯装置、20万吨/年聚丙烯装置、35万吨/年高密度聚乙烯装置和240万吨/年催化汽油吸附脱硫（S-Zorb）装置，以及化工中间罐区等公用工程和配套系统工程的工程设计和总承包任务。

（门宽亮）

【首台国产最大工业汽轮机机械试车成功】 2019年6月19日，由工程建设公司和杭州汽轮机股份有限公司共同开发的首台国产150万吨/年乙烯装置裂解气压缩机驱动汽轮机在杭州汽轮机股份有限公司成功进行机械运转试验，该汽轮机额定功率近90兆瓦，为全球功率最大的裂解气压缩机驱动汽轮机。

（崔丹玫）

【氧化脱氢制丁二烯装置生成气压缩机通过技术鉴定】 2019年6月28日，由工程建设公司牵头，中国石化巴陵石化公司、中国船舶集团第七一一研究所共同开发的“氧化脱氢制丁二烯装置生成气压缩机研制”项目通过中国石化的鉴定。该机组的成功研制填补了国内空白，获得国家发明专利授权1件，具有自由运作权，整体技术指标达到国际先进水平。

（崔丹玫）

【镇海120万吨/年乙烯装置工艺包通过审查】 2019年11月1日，由工程建设公司、中国石化镇海炼化分公司、中国石化北京化工研究院与南京天华化学工程有限公司合作开发的“120万吨/年乙烯装置工艺包”通过中国石化审查。该工艺包适用多种原料的大型乙烯装置顺序分离工艺，乙烯回收率达99.86%，氢气回收率达88.76%。

（崔丹玫）

【孙丽丽当选中国工程院院士】 2019年11月22日，中国工程院公布第14次院士增选和第13次外籍院士增选名单，共选举产生75位院士和29位外籍院士，工程建设公司执行董事、党委书记孙丽丽当选院士，至此工程建设公司拥有中国工程院院士增加至3人。

（门宽亮）

【获中央企业先进集体称号】 2019年9月21日，中央企业先进集体和劳动模范表彰大会在人民大会堂举行，工程建设公司获中央企业先进集体称号。该奖项由人力资源和社会保障部、国务院国资委联合授予，是国务院国资委系统的最高级别荣誉。

（门宽亮）

【获全国勘察设计行业海外工程标杆企业称号】 2019年10月21日，中国勘察设计协会公布了首届“海外工程标杆企业”评选结果，工程建设公司获海外工程标杆企业称号，并被录入《2019年度全国勘察设计行业海外工程标杆企业名录》。

（门宽亮）

【获全国勘察设计行业建国70年系列大奖】 2019年12月2日，中国勘察设计协会发布全国勘察设计行业庆祝新中国成立70周年系列推举活动成果，工程建设公司获优秀勘察设计企业称号，公司执行董事、党委书记孙丽丽获评优秀企业家，公司副总经理李浩获评科技创新带头人，中国工程院院士、公司专家委员会主任徐承恩获评杰出人物。此外，由工程建设公司承担的武汉石油化工厂60万吨/年重油催化裂化装置项目、海南炼化800万吨/年炼油工程、武汉分公司80万吨/

年乙烯工程被推举为优秀勘察设计项目。

（门宽亮）

【扎实开展“不忘初心、牢记使命”主题教育】 2019 年 6—12 月，工程建设公司党委分 2 批开展“不忘初心、牢记使命”主题教育活动，先后有 56 个基层党组织、1 096 名党员参加，广大党员干部的思想作风和素质能力得到锤炼，2 批主题教育总体评价满意率分别达 100% 和 99%。

（门宽亮）

表 1　　工程建设公司主要生产经营指标　　亿元

指标名称 \ 年份	2019	2018	2017	2016	2015	2014
资产总值	164.09	179.78	133.56	138.04	101.51	90.93
设计投资额	322.05	340.15	296.94	291.94	324.82	360.80
主营业务收入	125.45	120.03	101.72	111.65	94.76	119.95
利税总额	16.61	21.10	13.17	16.43	16.93	18.14
承接合同数量 / 项	217	186	188	294	181	155
授权专利数量 / 件	69	56	64	63	154	87

表 2　　工程建设公司 2019 年开车项目情况

序号	项目名称	开车日期	备注
1	中国石化沧州分公司油品质量升级改造项目重整装置搬迁改造工程	3 月 18 日	EPC
2	中国石化九江分公司 30 万吨 / 年烷基化装置	3 月 31 日	EP
3	泰国石油精制石油化学企业（IRPC）外取热器项目	4 月 28 日	EPC
4	久泰能源（准格尔）有限公司甲醇深加工项目 180 万吨 / 年 MTO 装置	5 月 28 日	
5	中国石油兰州石化分公司 300 万吨 / 年重催装置 MIP 技术改造项目	6 月 21 日	
6	中韩石化 2.7 万吨 / 年裂解汽油抽提装置	7 月 16 日	EPC
7	中安联合煤化工项目 170 万吨 / 年甲醇制烯烃（S-MTO）装置	7 月 27 日	EPC
8	中安联合煤化工项目 10 万吨 / 年烯烃催化裂解（OCC）装置	7 月 27 日	EPC
9	中安联合煤化工项目 35 万吨 / 年聚丙烯装置	7 月 30 日	EPC
10	中安联合煤化工项目煤制 170 万吨 / 年甲醇及转化烯烃项目废碱焚烧装置	7 月底	EPC
11	台塑（美国）公司新建 40 万吨 / 年 HDPE 装置	8 月 31 日	
12	中国石化海南炼化第 2 套对二甲苯装置	9 月 27 日	
13	宁夏宝丰能源集团股份有限公司二期项目 30 万吨 / 年聚丙烯装置	9 月底	
14	宁夏宝丰能源集团股份有限公司二期项目 30 万吨 / 年高密度聚乙烯装置	10 月初	
15	中国石油克拉玛依石化分公司变压器油质量升级和润滑油结构调整项目 40 万吨 / 年润滑油高压加氢装置	11 月 11 日	

续表

序号	项目名称	开车日期	备注
16	中国石化扬子石化 30 万吨 / 年烷基化装置	11 月 12 日	
17	中国石化上海石油分公司西上海加油加氢站工程	11 月 18 日	
18	中国石化天津液化天然气（LNG）项目扩建工程（二期）气化外输扩能项目	11 月 28 日	EPC
19	中安联合煤化工项目煤制 170 万吨 / 年甲醇及转化烯烃项目污水处理场	11 月 28 日	EPC
20	中国石化镇海炼化分公司汽油质量升级项目 30 万吨 / 年烷基化装置	12 月 3 日	
21	恒力石化（大连）化工有限公司 150 万吨 / 年乙烯工程 20 万吨 / 年聚丙烯装置 1 线（ST）	12 月 31 日	

表 3　　工程建设公司 2019 年获奖情况

序号	项目名称	获奖名称	获奖等级
1	绿色高效百万吨级乙烯成套技术开发及工业应用	中国石油和化工工业联合会科技进步奖	省部特等
2	绿色高效百万吨级乙烯成套技术开发及工业应用	集团公司科技进步奖	省部特等
3	百万吨级煤基浆态床费百万吨级煤基浆态床费 CFHL 技术开发与应用	中国石油和化工工业联合会科技进步奖	省部一等
4	乙烯裂解炉烟气脱硝成套技术	集团公司科技进步奖	省部一等
5	20 万吨 / 年合成气制乙二醇成套技术	集团公司科技进步奖	省部一等
6	天津液化天然气（LNG）项目接收站工程	集团公司优秀工程设计奖	省部一等
7	集成化设计和数字化工厂建设	中国勘察设计协会优秀计算机软件奖	省部一等
8	集成化设计和数字化工厂建设	集团公司优秀计算机软件奖	省部一等
9	工艺集成化设计平台	集团公司优秀计算机软件奖	省部一等
10	《中国炼油技术新进展》	中国石油和化学工业优秀出版物奖·图书奖	省部一等
11	《石油炼制工程师手册（4）卷》	中国石油和化学工业优秀出版物奖·图书奖	省部一等
12	大型氧化脱氢制丁二烯装置生成气压缩机组研制	中国船舶重工集团有限公司科技进步奖	省部二等
13	中国石油化工股份有限公司湖北化肥分公司 20 万吨 / 年合成气制乙二醇工业示范装置	集团公司优秀工程设计奖	省部二等
14	中沙（天津）石化有限公司苯乙烯回收项目 3.5 万吨 / 年苯乙烯抽提装置	集团公司优秀工程设计奖	省部二等
15	全厂总流程优化平台	集团公司优秀计算机软件奖	省部二等

续表

序号	项目名称	获奖名称	获奖等级
16	工艺集成化设计平台	中国勘察设计协会优秀计算机软件奖	省部二等
17	高含硫气田净化安全管理指挥系统的开发与应用	四川省科学技术进步奖	省部三等
18	特大型硫黄湿法成型关键技术及装备研制与应用	河南省科学技术进步奖	省部三等
19	高酸性气田特大型硫黄回收和尾气处理装置关键技术及应用	中国石油和化工工业联合会科技进步奖	省部三等
20	中国石油化工股份有限公司茂名分公司乙烯改造项目 64 万吨 / 年乙烯装置改造	集团公司优秀工程设计奖	省部三等
21	全厂总流程优化平台	中国勘察设计协会优秀计算机软件奖	省部三等
22	HTRI 与 EXCEL 数据表接口软件	集团公司优秀计算机软件奖	省部三等
23	工艺管道水力学计算软件	集团公司优秀计算机软件奖	省部三等
24	17K408《散热器选用与管道安装》	中国勘察设计协会优秀建筑工程标准设计奖	省部三等
25	九江分公司 30 万吨 / 年烷基化装置工程	集团公司优质工程奖	
26	涪陵液化天然气（LNG）工厂工程	集团公司优质工程奖	
27	汽油质量升级项目 30 万吨 / 年烷基化装置	集团公司优质工程奖	
28	沧州炼化重整装置搬迁改造工程	集团公司优质工程奖	
29	金陵分公司液化气综合利用项目 60 万吨 / 年异丁烷装置	集团公司优质工程奖	
30	中安联合煤化有限责任公司煤制 170 万吨 / 年甲醇及转化烯烃项目	集团公司优质工程奖	
31	中国化工装备行业突出贡献单位	中国化工装备行业突出贡献单位	

洛阳工程公司

【概况】 中石化洛阳工程有限公司（简称洛阳工程公司）是炼化工程集团全资子公司，前身是石油工业部抚顺设计院，成立于 1956 年 10 月，是国内能源化工领域集技术专利商与工程承包商为一体的高新技术企业，是国家级企业技术中心，拥有国家工程设计综合甲级资质，拥有工程总承包、工程设计、工程监理、工程咨询和环境影响评价等甲级资格证书。2012 年完成公司制改制，与中石化广州工程有限公司实行一体化管理。

截至 2019 年底，洛阳工程公司设有运营管理部门、项目执行部门和设计专业室共 32 个部门。有在册职工 1 742 人，其中广州基地人员达 1 291

人，运行设计、总承包主营业务；洛阳基地451人。有中国炼油催化裂化工程技术的奠基人、中国科学院院士陈俊武和4名国家设计大师、8名石油化工行业设计大师，享受政府特殊津贴专家24人，有突出贡献的科技和管理专家25人；教授级专业技术人员66人、高级专业技术人员1 011人、各类注册工程师530余人。

洛阳工程公司在石油炼制、石油化工、油气储运、煤化工、煤制油、新能源、液化天然气（LNG）等多个领域形成独具特色的工程技术优势和工程承包能力，创造了多项“共和国第一”和“世界第一”，1985年成为国内首批实施以工程设计为主体的工程项目总承包试点单位。累计执行95项总承包项目，总承包合同额1 030亿元人民币，高峰期同时执行26项总承包项目（23项境内项目、3项境外项目），现场施工人力投入达22 000人。公司大力实施全球化战略，坚定不移“走出去”，持续开拓海外市场，已独立或与国内外工程公司合作完成海外前期咨询、工程设计及工程总承包项目50余项，境外合同额累计达46亿美元，海外营业收入占比达30%以上。

洛阳工程公司先后承担并完成渣油加氢处理、低压组合床重整、灵活高效催化裂化（FDFCC）、甲醇制低碳烯烃（DMTO）、柴油液相加氢、新型硫酸法烷基化、安全环保型延迟焦化密闭除焦输送及存储成套技术等一批国家和集团公司的科技攻关课题。累计获国家级优秀设计奖25项，省部级优秀设计奖124项，获国家级优质工程奖13项、省级优质工程奖47项，获全国优秀总承包金、银钥匙奖9项，获国家级科技进步奖和发明奖55项、省部级科技进步奖和发明奖359项，拥有国内外有效授权专利925件。

洛阳工程公司主要生产经营指标和2019年建成及中交工程项目分别见表1和表2。

（郭　晓）

【优化调整组织机构】 2019年10月1日，洛阳工程公司撤销北京办公室，其承担的业务分别划归市场部、国际业务部（外事办公室）、总经理办公室（信访办公室）等相关职能部门。优化调整后，洛阳工程公司部门数量由原来的33个减至32个。

（郭　晓）

【市场开发成效显著】 2019年，洛阳工程公司创新商业模式，以服务中国石化为根本，继续巩固炼油、芳烃、煤制烯烃、储运等传统领域优势地位，紧盯LNG、环保节能等新兴市场，逐步开拓化工、天然气、聚乙烯等领域，持续推进洛阳工程公司转型发展。全年签订境内工程总承包、设计及“四技”合同额97.9亿元，超额完成境内市场开发目标；签订境外项目合同5个，合同额1.7亿美元。

（郭　晓）

【工程创优再创佳绩】 2019年，洛阳工程公司强化项目统筹协调，推行项目工作清单化管理，抓好跟踪落实，全年共执行总承包项目26个，共有中科炼化、镇海渣油加氢等8个总承包项目21套装置实现中间交接。云南炼油项目和陕西蒲城项目获国家优质工程金奖，延安富县项目获化学工业优质工程奖，董家口项目获中国石化优质工程奖，中科炼化项目部获评中央企业先进集体，密闭除焦项目群获评中国石化优秀创新团队。

（郭　晓）

【董家口原油商储基地全面建成】 2019年4月23日，董家口原油商业储备基地工程中交仪式在青岛项目现场举行，标志着由洛阳工程公司承担EPC总承包的董家口原油商储基地全面建成。该项目投入商业运营后，可通过管道与黄岛、岚山等原油储备基地相连，将为周边地区及沿江、中原地区石化企业供应原油，对维护中国能源战略安全、抵御石油供应风险具有重要意义。

（郭　晓）

【中国大陆范围内最长定向钻穿越工程管道回拖成功】 2019年5月17日凌晨，由洛阳工程公司设计，中国大陆范围内穿越距离最长、管径最大的成品油管道定向钻穿越工程回拖成功。通明海湾定向钻穿越是中国石化中科炼化一体化配套湛江—北海成品油管道工程的核心控制工程，具有工程地质复杂、环保要求高、预制场地受限等技术难点，穿越总长度更是达4 060米，创中国大陆范围内定向钻穿越长度的新纪录。

（郭　晓）

【中国石化首套大型沸腾床渣油加氢装置在镇海炼化建成】 2019年9月10日，由洛阳工程公司EPC总承包、南京工程公司承建的中国石化首套大型化沸腾床渣油加氢装置——镇海炼化260万吨/年沸腾床渣油加氢装置建成中交，由工程建设转入生产准备阶段。该项目实现全专业工程数字化交付，为中国石化打造“平台+数据+服务”工程项目建设新模式积累了宝贵经验。

（郭　晓）

【中东最大炼厂主装置全面建成】 2019年12月13日，由中国石化承建的中东地区最大炼厂——科威特阿祖尔炼厂主装置全面建成，成为中科合作的又一典范。该炼厂是全球一次性建设的最大炼油厂，主要生产汽油、柴油、煤油等，油品质量达到欧V标准，年加工能力3 150万吨，投入运营后，将使科威特成为中东地区最大的清洁油品生产国，并为全球市场提供高附加值、高品质的清洁燃料，将有力推动科威特实现国家经济转型。

（郭　晓）

科威特项目中交夜景

【哈萨克斯坦阿特劳炼油厂石油深加工项目获鲁班奖】 2019年12月10日，在中国建筑业科技创新暨2018—2019年度中国建设工程鲁班奖（国家优质工程）表彰大会上，洛阳工程公司承建的哈萨克斯坦阿特劳炼油厂石油深加工联合装置“交钥匙”建设工程项目获鲁班奖（境外工程）。该项目于2019年5月30日举行“交钥匙”仪式，已由业主全面接手操作。

（郭　晓）

【中科炼化一体化项目实现建成中交】 2019年12月28日，历经21个月的建设，洛阳工程公司承担EPC总承包的中科炼化一体化项目1 000万吨/年常减压、420万吨/年催化裂化、440万吨/年渣油加氢脱硫等8套炼油装置及公用工程单元和化工区各单元工程实现中间交接。

（郭　晓）

中科炼化一体化项目实现建成中交

【“炼化含硫废气超低硫排放及资源化利用成套技术”获国家科技进步二等奖】 在2019年度国家科学技术奖励大会上，洛阳工程公司参与开发的“炼化含硫废气超低硫排放及资源化利用成套技术开发与应用”项目获国家科技进步二等奖。该项目已获专利授权72件、国外专利授权11件，装置硫回收率达99.99%以上，烟气二氧化硫排放浓度由960毫克/米^{3}标准降至50毫克/米^{3}标准以下，减排二氧化硫90%以上，创新性强，拥有完全自主知识产权，综合技术水平达到国际领先水平。

（郭　晓）

【秸秆等生物质制备汽柴油技术成果发布】 2019年12月15日，洛阳工程公司与河南百优福生物能源有限公司等联合发布“秸秆等生物质制备汽柴油”科技开发成果。该技术是将秸秆等生物质经过快速热解和热解液加氢联产工艺将氧及杂原子加以脱除，从而生产汽油、柴油的创新性技术，具有技术可靠、工艺新颖、设备成熟、成本低廉等显著特点，属于全球领先水平，秸秆“变废为宝”有了重大突破。

（郭　晓）

【中央宣传部授予陈俊武时代楷模称号】 2019年10月7日，中央宣传部在北京向全社会宣传发布陈俊武的先进事迹，授予他时代楷模称号。陈俊武先进事迹报告团先后走进总部报告厅、中央电视台、人民大会堂宣讲，先进事迹宣讲团到机关、企业、高校累计宣讲20余场，公司品牌美誉度有效提升。

（郭　晓）

中央宣传部授予陈俊武时代楷模称号

【获多项荣誉表彰】 2019年，洛阳工程公司再次入围ENR“中国承包商80强”和“工程设计企业60强”榜单，获勘察设计企业工程总承包营业额榜单第3名，境外工程总承包营业额榜单第5名。公司被评为河南省工程勘察设计行业先进企业，获中国勘察设计协会“我和祖国共成长”优秀勘察设计企业、优秀勘察设计项目、杰出人物、科技创新带头人、优秀企业家等多项荣誉。公司信访维稳、宣传思想、共青团等工作受到集团公司表彰，获集团公司维护稳定工作先进单位、宣传思想工作先进单位、中国石化五四红旗团委等荣誉称号。

（郭　晓）

表1　洛阳工程公司主要生产经营指标　亿元

指标名称 \ 年份	2019	2018	2017	2016	2015	2014
资产总值	110.80	123.30	99.21	94.44	105.54	86.31
工程设计投资	472.30	489.70	418.80	315.90	350.10	398.80
EPC工程建设投资	126.90	113.90	65.40	60.30	106.03	120.70
主营业务收入	123.10	107.10	76.74	65.22	95.24	110.63
实现利税	12.40	13.02	7.85	3.30	15.99	17.10
授权专利数量/件	30	68	92	153	85	137

表2　洛阳工程公司2019年主要中交及投产工程项目

序号	项目名称	中交、投产日期
一	EPC项目	
1	天津分公司2万立方米湿式气柜改干式项目	1月投产
2	腾龙芳烃（漳州）加热炉重建工程项目	2月投产
3	荆门20万吨/年烷基化装置工程项目	6月投产
4	济南密闭除焦工程项目	7月投产
5	洛阳20万吨/年烷基化装置工程项目	7月投产
6	青岛密闭除焦工程项目	8月投产
7	镇海沸腾床渣油加氢项目	12月投产
8	山东液化天然气（LNG）项目接收站工程	12月投产

续表

序号	项目名称	中交、投产日期
二	设计项目	
1	东营齐润化工油品质量升级及配套工程项目 9 套装置	1 月投产
2	恒力石化 2 000 万吨 / 年炼化一体化项目 33 套装置	5 月投产
3	华北石化 6 套装置	5 月投产
4	塔河炼化重整装置增上二甲苯分离设施项目二甲苯分离装置改造	6 月投产
5	金陵分公司 1# 催化裂化装置改造	6 月投产
6	陕西延长榆林炼油厂 500 万吨 / 年常压装置生产航煤及配套系统技术改造项目 30 万吨 / 年航煤加氢装置	3 月投产
7	湛江东兴 60 万吨 / 年航煤加氢项目 16 套装置	8 月投产
8	青岛炼化 4 套装置改造	8 月投产
9	长庆石化常减压蒸馏装置及加氢裂化装置 2 套装置改造	8 月投产
10	江苏新海石化 100 万吨 / 年连续重整等 4 套装置	8 月投产
11	恒逸文莱 PMB 石油化工项目 11 套装置	11 月投产
12	宁夏宝丰二期项目 60 万吨 / 年 DMTO 装置	9 月投产
13	云南石化 1 300 万吨 / 年炼油项目硫黄回收装置尾气处理提标改造	10 月投产
14	浙江石化 4 000 万吨 / 年炼化一体化项目一期工程 11 套装置	12 月投产

上海工程公司

【概况】 中石化上海工程有限公司（简称上海工程公司）是炼化工程集团全资子公司，坐落于上海市浦东新区张杨路 769 号，位于中国（上海）自由贸易试验区内。上海工程公司前身是上海医药工业设计院，成立于 1953 年，是国内最早从事石油化工、医药、化工工程设计和工程总承包的大型综合性工程公司之一。曾先后归属轻工业部、化工部、国家医药管理总局领导，2000 年 12 月整体划归集团公司。2002 年 6 月，按照集团公司结构调整、专业化重组的部署，以上海医药工业设计院为核心，联合中石化上海金山工程公司和上海高桥石化设计院进行重组，并于 2003 年 4 月更名为中国石化集团上海工程有限公司。2012 年，按照集团公司炼化工程板块重组上市部署，更名为中石化上海工程有限公司。

截至 2019 年底，上海工程公司有在册员工 1 020 人，从事工程设计和服务的工程技术人员占 86%；拥有国家级设计大师 3 名、石油和化工行业工程勘察设计大师 9 名，高、中级职称人员 800 多人，各类执业资格人员 200 多人。

2019 年，上海工程公司以习近平新时代中国特色社会主义思想为指导，深入学习贯彻党的十九大和十九届四中全会精神，扎实开展“不忘初心、牢记使命”主题教育，紧紧围绕集团公司“两个三年、两个十年”打造世界一流战略部署，严细管控，降本增效，奋勇进取，担当创新，全面做好各项工作，奋力向新中国成立70周年献礼，取得较好成绩。

上海工程公司主要生产经营指标及2019年完成的主要项目分别见表1和表2。

（魏永忠）

【全年完成各类项目286项】 2019年，上海工程公司总计完成各类项目286项。中科一体化10万吨/年EVA（低压部分）、25/40万吨/年EO/EG、5万吨/年EOA、废碱处理装置和原油罐区，上海赛科球罐建成中交；中安联合35万吨/年LLDPE装置开车一次成功；马石油自动化立体仓库项目通过竣工验收；湛江国家石油储备地下水封洞库地下主体工程基本完成。沙特SABIC空分装置，扬子10万吨/年EVA装置，中化泉州40万吨/年HDPE装置，中沙（天津）聚碳项目BPA装置，古雷炼化一体化EO/EG、苯乙烯、第二循环水场等项目紧锣密鼓推进。工程项目质量和安全生产平稳受控。

（魏永忠）

【获省部级奖项13项】 2019年，上海工程公司获13项省部级奖项。其中，“20万吨/年合成气制乙二醇成套技术”被评为集团公司科技进步一等奖，“精EO安全控制工程技术开发及工业应用”获集团公司科技进步三等奖，精环氧乙烷成套技术开发团队获集团公司优秀创新团队称号；“茂名分公司20万吨/年环氧乙烷装置工程”被评为集团公司优质工程奖；《天津分公司15万吨/年CHP法制环氧丙烷装置可研报告》获上海市优秀工程咨询成果一等奖。

（魏永忠）

【2项“十条龙”攻关项目成功“出龙”】 2019年，上海工程公司承担的集团公司“十条龙”科技攻关项目“2万吨/年浆态床蒽醌法制双氧水成套技术”和“煤化工污水综合处理及近零排放技术”成功“出龙”。上海工程公司强化组织落实，积极推进承担的“40万吨/年苯乙烯成套技术”“15万吨/年CHP法制环氧丙烷成套技术”“25/40万吨/年EO/EG装置银催化剂国产化攻关”等“十条龙”攻关项目进展，积极稳妥推进新“入龙”的2项碳纤维项目的攻关任务，培育公司新的特色优势技术。

（魏永忠）

【再次被认定为中国石油和化工行业技术创新示范企业】 2019年，经“中国石油和化工行业技术创新示范企业”认定专家组评审，上海工程公司被认定为2019年度中国石油和化工行业技术创新示范企业。按照《中国石油和化工行业技术创新示范企业认定管理办法》规定，被认定的示范企业每3年需进行一次复审。上海工程公司于2013年通过认定、2016年通过复审，连续保持中国石油和化工行业技术创新示范企业称号。

（魏永忠）

【多项科技开发项目通过集团公司成果鉴定或审查】 2019年5月29日，上海工程公司和华东理工大学共同承担的“大型苯乙烯反应器和立式组合换热器开发应用”通过集团公司组织的成果鉴定。6月11日，上海工程公司联合炼化工程集团洛阳技术研发中心、湖北化肥分公司承担的“生物流化床处理煤制乙二醇污水工业应用”通过集团公司组织的技术鉴定。此外，上海工程公司承担的“碳纤维成套技术工艺包补充优化”项目通过集团公司组织的技术审查，上海工程公司联合扬子石化、北京化工研究院燕山分院、上海石油化工研究院、茂名分公司、石油化工科学研究院、巴陵分公司、安全工程研究院、炼化工程集团洛阳技术研发中心分别承担的“淤浆连续法生产超高分子量聚乙烯工艺包开发”“以丙交酯为原料生产5 000吨/年聚乳酸工艺包开发”“茂金属PAO中试工艺包开发”“30万吨/年氨肟化己内酰胺成套技术工艺包开发”“CHP法制环氧丙烷高含盐废水处理工艺包”“5万吨/年环保型环氧氯丙烷工艺包开发”先后通过集团公司组织的审查。

（魏永忠）

【总承包的中科炼化一体化项目各装置全部实现中交】 2019年12月28日，上海工程公司总承包的中科合资广东炼化一体化项目10万吨/年EVA（低压部分）、25/40万吨/年EO/EG、5万吨/年EOA装置顺利中交。此前，上海工程公司总承包的中科炼化一体化项目废碱处理装置、原油罐区先后于 2019 年 10 月 30 日、11 月 30 日中交。上海工程公司成为第一个实现中科一体化项目主项装置全部中交的总承包单位，为“不忘初心、牢记使命”主题教育这项重大政治任务交出了一份满意的答卷。

（魏永忠）

中科炼化一体化项目 25/40 万吨 / 年 EO/EG 装置

【中安联合 35 万吨 / 年线型低密度聚乙烯装置一次开车成功】 2019 年 7 月 31 日，上海工程公司总承包的中安联合煤制 170 万吨 / 年甲醇及转化烯烃项目 35 万吨 / 年线型低密度聚乙烯（LLDPE）装置一次投料试车成功，产出合格聚乙烯粒子。至此，中安联合煤化工装置顺利打通全流程。

（魏永忠）

【美国强生公司旗下全球最大的医药创新平台“JLABS@ 上海”启用】 2019 年 6 月 27 日，上海工程公司承担设计工作的美国强生创新“JLABS@ 上海”项目在上海张江药谷启用。项目是美国强生创新全球第 9 家、北美区域外首个 JLABS，在全球占地面积最大。上海工程公司作为联合体牵头人，于 2018 年 5 月中标该项目，同年 11 月完成扩初设计和施工图设计，并配合开展后期施工。项目设计中，将创客空间的全新理念引入到生命科学研究领域，注重环境、装饰与科研的协调统一，采用大量先进技术和设施，如白噪声系统、DXD、无线灯光控制、LIMS、MAX 墙板系统等，实现 JLABS 平台的设计理念，得到业主好评。“JLABS@ 上海”拥有 JLABS 全球创新网络最大的平台，将秉承全球统一的运营模式。其总建筑面积为 4 476 平方米，能容纳近 50 家创新实体，涵盖制药、医疗器材、消费品和医疗技术等领域。

（魏永忠）

【华谊钦州化工新材料一体化基地二期项目开工】 2019 年 11 月 27 日，华谊钦州化工新材料一体化基地二期项目在广西钦州开工。其中，广西华谊丙烯及下游深加工一体化项目由 75 万吨 / 年丙烯及下游深加工项目、10 万吨 / 年甲基丙烯酸及酯项目和 20 万吨 / 年双酚 A 项目共 3 个子项目组成，新建工艺装置共 8 套。上海工程公司参与项目的总体设计、公用工程设施及丁醇装置的基础设计。

（魏永忠）

【马来西亚石油自动化立体仓库项目通过竣工验收】 2019 年 3 月 15 日，上海工程公司总承包的马来西亚边佳兰一体化项目（PIC 项目）聚烯烃自动化立体仓库（P12A 包）顺利完成并通过竣工验收，赢得业主马来西亚国家石油公司（Petronas）高度赞扬。项目是 PIC 项目炼油乙烯部和化工部所有主装置中最早取得竣工合格证书的项目，也是第一个正式移交业主的项目。当天，上海工程公司和业主签署项目具备开车条件（FACILITY RFSU）证书，马来西亚柔佛州边佳兰特别地方政府颁发项目竣工合格证书（CCC）。仓库为 PIC 项目 PP、LLDPE 和 Flexi HDPE 装置产品提供自动化仓储系统（ASRS）及相关配套设施，是东南亚地区最大的一体化仓库。

（魏永忠）

【2 万吨 / 年浆态床蒽醌加氢制高浓度双氧水示范装置成功投产】 2019 年 8 月 17 日，上海工程公司联合石油化工科学研究院、巴陵分公司承担的中国石化“十条龙”科技攻关项目“2 万吨 / 年浆态床蒽醌加氢制高浓度双氧水工业示范成套技术开发”依托项目一次投产成功，并产出合格双氧水产品。浆态床蒽醌加氢制高浓度双氧水技术代表当今世界上最先进的双氧水生产工艺水平，打破了国外技术的封锁和垄断。2 万吨 / 年浆态床蒽醌加氢制高浓度双氧水示范装置成功投产，为中

国石化己内酰胺和双氧水法制环氧丙烷配套双氧水装置的发展奠定了坚实基础。

（魏永忠）

【19 人获庆祝中华人民共和国成立 70 周年纪念章】 新中国成立 70 周年之际，中共中央、国务院、中央军委决定向为中华人民共和国成立和社会主义现代化建设做出重要贡献的人员颁发纪念章。上海工程公司 19 人获此殊荣，其中包括 15 名离休干部、2 名国家科学技术进步奖获得者、2 名全国劳动模范。

（魏永忠）

【获全国勘察设计行业庆祝新中国成立 70 周年系列推举活动多项荣誉】 新中国成立 70 周年前夕，在全国勘察设计行业庆祝新中国成立 70 周年系列推举活动中，上海工程公司被评为优秀勘察设计企业，公司董事长、总经理吴德荣被推举为优秀企业家，公司原副总经理、原中国医药工程设计协会会长金敏被推举为杰出人物；上海工程公司完成的“华北制药厂青霉素钠盐、青霉素分装车间和年产 1 500 吨青霉素生产线系列工程项目”“65 万—70 万吨 / 年乙烯装置改造联合工程项目”“江阴天江药业有限公司中药配方颗粒产业化生产项目”被推举为优秀勘察设计项目。

（魏永忠）

【获新中国成立 70 周年医药产业脊梁企业称号】 新中国成立 70 周年前夕，第 11 届中国医药企业家科学家投资家大会暨新中国成立 70 周年医药产业发展成就展评选出多项医药行业重量级奖项，上海工程公司获“壮丽 70 年，奋斗新时代”新中国成立 70 周年医药产业脊梁企业称号。

（魏永忠）

【主题教育取得扎实成效】 2019 年，按照中央和集团公司党组部署，上海工程公司党委带领各级党组织和广大党员干部，分 2 批高标准高质量开展“不忘初心、牢记使命”主题教育。广大党员干部贯彻“守初心、担使命，找差距、抓落实”的总要求，深入学习贯彻习近平新时代中国特色社会主义思想和十九届四中全会精神，深入学习宣传陈俊武先进事迹，把学和做结合起来，把查和改贯通起来，不断增强“四个意识”，坚定“四个自信”，做到“两个维护”。上海工程公司党委坚持围绕中心、服务大局，把圆满完成全年各项任务、推动各项工作再上新台阶作为检视主题教育成效的重要内容，推动主题教育往深里走、往实里做，取得扎实成效。

（魏永忠）

【获上海市文明单位称号】 2019 年 5 月 28 日，2019 年上海市精神文明建设工作会议召开，对获得上海市文明单位称号的单位进行表彰。上海工程公司获 2017—2018 年度（第十九届）上海市文明单位称号，也是第 9 次（连续 18 年）获上海市文明单位称号。

（魏永忠）

表 1　　上海工程公司主要生产经营指标　　亿元

指标名称＼年份	2019	2018	2017	2016	2015	2014
主营业务收入	40.04	31.67	19.51	17.18	32.11	38.58
完成工程投资额	125.90	121.00	116.00	136.00	140.29	148.50
完成工程项目 / 项	286	394	327	250	165	130
获授权专利 / 件	327	301	279	231	168	129

表 2　　上海工程公司 2019 年完成的主要项目

委托单位	项目名称	完成日期	行业
中国石油化工股份有限公司茂名分公司	化工新环氧装置低温余热利用	1 月	石化
中安联合煤化有限责任公司	90 万吨 / 年煤制乙二醇项目预可行性研究报告	1 月	石化
深汕特别合作区江涛投资发展有限公司	海达舍画阁药业有限公司深汕研发生产基地建设项目	1 月	医药
上海市生物医药科技产业促进中心	生物医药中试孵化创新功能型平台项目车间工程设计	2 月	医药
上海劲威细胞生物技术有限公司	半夏路慢病毒载体生产车间项目	2 月	医药
马来西亚国家石油公司	马石油自动化立体（ASRS）仓库 EPCC 总承包项目	3 月	石化
上海康美特科技发展有限公司	二期改扩建项目	3 月	石化
中国石油化工股份有限公司湖北化肥分公司	合成气制乙二醇项目	3 月	石化
上海上药津村制药科技有限公司	现代中药配方颗粒标准化、产业化示范项目	3 月	医药
扬子石化—巴斯夫有限责任公司	新戊二醇装置扩能改造项目可研编制	3 月	石化
上海赛科石油化工有限责任公司	四期项目可行性研究报告编制	3 月	石化
中国石油化工股份有限公司天津分公司	烯烃部乙二醇装置脱碳系统改造项目	3 月	石化
中国石化集团石油商业储备有限公司海南分公司	UPS 及其报警接入电气 SCADA 系统设计	3 月	石化
上海赛科石油化工有限责任公司	OSBL 新建球罐、废水罐及锅炉烟气脱硫脱硝工程总承包	4 月	石化
巴斯夫应用化工有限公司	BASF R&D Centre（Phase III）Project	4 月	医药
广西金嗓子有限责任公司	研发产业化基地建设项目	5 月	医药
安徽淮北经济开发区管理委员会	淮北开发区新区生物医药产业园项目规划咨询与项目建议书编制	5 月	医药
上海液化天然气有限责任公司	洋山接收站办公生活区地下管网及公用工程改造项目	5 月	石化
中国石化集团资产经营管理有限公司扬子石化分公司	塑料厂 1PE 装置 B 线造粒机组更新改造	6 月	石化
中国石化上海石油化工股份有限公司	60 万吨 / 年乙烯装置及配套装置、设施项目可行性研究报告修编	6 月	石化
上海景泽生物技术有限公司	成都泽研生物技术有限公司生物药品生产线工程项目	6 月	医药

续表

委托单位	项目名称	完成日期	行业
中国石化扬子石油化工有限公司	万吨级超高分子量聚乙烯示范装置项目	7月	石化
中国石化上海石油化工股份有限公司	炼油结构调整、新建环保型乙烯项目及总体设计方案	8月	石化
中国石化海南炼油化工有限公司	海南炼化公用管廊工程（三期）	8月	石化
中国石化集团南京化学工业有限公司	40万吨/年苯酚丙酮装置（含配套公用工程及辅助设施）可行性研究报告编制项目	8月	石化
江苏瑞恒新材料科技有限公司	45万吨/年苯酚丙酮、24万吨/年双酚A项目可行性研究报告技术咨询合同	8月	石化
南京中科康润新材料科技有限公司	年产3万吨高性能乙烯基新材料项目（一期）基础设计	8月	石化
中国石油化工股份有限公司洛阳分公司	12万吨/年苯乙烯装置基础设计项目	8月	石化
中国石化上海石油化工股份有限公司	烯烃部低 NO_x 燃烧控制项目	8月	石化
中国石油化工股份有限公司天津分公司	15万吨/年CHP法制环氧丙烷项目基础设计	9月	石化
中国石油化工股份有限公司湖北化肥分公司	乙二醇装置扩能改造项目	9月	石化
巴斯夫新材料有限公司	BACC RIPP1 Project	9月	医药
中国石油化工股份有限公司天津分公司	CHP法制环氧丙烷全流程中试研究项目详细设计	9月	石化
中石化节能技术服务有限公司	中国石化上海高桥石油化工有限公司漕泾能量集成优化合同能源管理项目工程设计	9月	石化
中化泉州石化有限公司	100万吨/年乙烯及炼油改扩建项目化工区储运装置及配套设施基础工程设计和详细工程设计	10月	石化
上海维尔工程咨询有限公司	苏州诺华制药科技有限公司LSC CN生产线IPDS升级项目	10月	石化
中科（广东）炼化有限公司	中科合资广东炼化一体化项目总承包标段九	10月	石化
中国石化上海石油化工股份有限公司	1# 乙烯装置易地改造工程项目	10月	石化
中国石化上海石油化工股份有限公司	全厂纯水、循环水、工业水、生活水和污水平衡规划	11月	石化
沈阳三生制药有限责任公司	SSS11车间建设项目	11月	医药
中国石化集团资产经营管理有限公司巴陵石化分公司	炼油部环己酮装置VOCs治理项目	11月	石化
上海赛科石油化工有限责任公司	污水预处理及回用装置污泥干化	11月	石化
广东先通分子影像科技有限公司	分子影像药物生产建设项目	11月	医药

续表

委托单位	项目名称	完成日期	行业
中国石化集团石油商业储备有限公司海南分公司	海南原油商业储备基地新增消防站项目	12 月	石化
中科（广东）炼化有限公司	中科合资广东炼化一体化项目总承包标段八	12 月	石化
联化科技（临海）有限公司	新厂区总平面规划方案工作	12 月	医药
中国石油化工股份有限公司九江分公司	乙苯 /苯乙烯装置乙苯热载体炉改造项目	12 月	石化

宁波工程公司

【概况】 中石化宁波工程有限公司（简称宁波工程公司）是炼化工程集团全资子公司，2003 年经中国石化批准，由原中国石化集团兰州设计院和中国石化集团第三建设公司重组设立的国有独资公司，注册地为浙江省宁波市高新区。宁波工程公司是以技术为先导，设计为基础，工程总承包和工程项目管理为主体，集科研开发、工程咨询、工程设计、设备制造、装置施工和检维修服务于一体，拥有多项专利、专有技术，面向国内、国际两个市场提供技术服务和管理服务的工程公司。

截至 2019 年底，宁波工程公司设有 6 个专业设计室、1 个专业公司、6 个分公司、4 个子公司、21 个职能管理部门及 25 个 EPC 项目部（在建）。在册职工 2 300 余人，其中行业设计大师 6 人、享受国务院政府津贴 4 人、高级以上职称 614 人、中级职称 792 人、各类注册工程师 475 人、其他管理和技术人员 500 余人。拥有 450 余项专利和专有技术，具备独有的核心技术优势和施工安装能力。在天然气化工、石油化工、煤化工以及合成气化工等领域的设计处于全国领先地位，是中国石化大型非标设备制造基地。

宁波工程公司主要生产经营指标及 2019 年完成的主要工程项目分别见表 1 和表 2。

（贺 颖）

【领导班子调整】 2019 年，中国石化党组调整宁波工程公司领导班子：亢万忠被聘任为中国石化炼化工程领域（炼化工程设计）首席专家，不再担任宁波工程公司党委委员、副总经理职务，韩振飞任宁波工程公司党委委员、副总经理，唐军麟任宁波工程公司党委委员、总会计师。

（贺 颖）

【全面完成生产经营任务】 2019 年是落实“两个三年和两个十年”发展战略规划中“第一个三年”计划的关键之年，宁波工程公司紧贴市场、抢抓机遇、团结拼搏、务实重干，全力强化生产组织保障、经营管理和党的建设，有序推进各项重点工作，完成年度生产经营任务。全年实现利润 3.23 亿元，营业收入 63.10 亿元，累计实现安全生产 4 970 万人工时，工程质量验收合格率 100%，EPC 总承包项目一次投料试车（或投用）成功率 100%，企业保持总体稳定。

（贺 颖）

【科技创新及应用取得明显进展】 2019 年，宁波工程公司承担的中国石化“十条龙”项目“SE 水煤（焦）浆气化成套技术开发及工业应用”和“煤化工污水综合治理及近零排放技术”成功“出龙”，对中国石化深化煤炭资源的清洁应用、抢占未来能源市场具有重要意义；“2 000 吨级清洁高效 SE- 东方炉煤气化技术工业示范”应用于中科炼化一体化项目；“SE 平推流水煤浆 2 000 吨级气化炉”应用于镇海炼化一体化。

（贺 颖）

2 台 2 000 吨级“SE- 东方炉”正式“落户”中科炼化一体化项目

【境内市场开发再创佳绩】 2019 年，宁波工程公司承接古雷炼化、镇海炼化二期、茂名石化锅炉、延长中燃与台塑 PDH、浙江石化和大连恒力等项目，成功实现在 SBS、C_9 树脂加氢、安全评估、废液与废固体处理等领域的突破，超额完成年初目标。

（贺　颖）

【多项装置顺利实现中交】 2019 年，宁波工程公司承担的中科炼化一体化项目、安庆石化热电锅炉超低排放改造项目、扬子石化热电厂 6#—9# 锅炉烟气脱硝改造项目、湖北化肥分公司空分空气系统扩能改造及新增乙二醇低压氧气改造项目等相继实现中交。

（贺　颖）

【镇海炼化制氢原料结构调整改造项目产出合格氢气】 2019 年，宁波工程公司承担的镇海炼化制氢原料结构调整改造项目顺利生产出氢气，从投料试车到生产出合格产品，历时 13 个小时，创国内同类装置开车最新纪录。该项目是中国石化采用自主核心技术“SE 水煤焦浆气化技术”的工业化应用项目，装置的建成实现了污水处理场生化污泥的绿色资源化利用，为镇海炼化的油品质量升级再添保障。同时该项目在国内首次实现数字化工厂与物理工厂同步建设同步交付，达到行业内领先水平，为智能工厂的建设奠定了基础。

（贺　颖）

镇海炼化制氢原料结构调整改造项目装置

【全球最大常压塔启运尼日利亚】 2019 年 7 月 29 日，宁波工程公司承制的全球整体制造完工的最大常压塔在浙江省象山县西泽码头滚装上船，启运发往尼日利亚，为“一带一路”沿线国家的非标设备再添新业绩。该台设备筒体直径 12 米、长 112.56 米、设备单重 2 252 吨，是国内出口设备中直径最大、长度最长、单台设备重量最重的塔器，将安装在全球最大的单系列炼厂——3 250 万吨 / 年的尼日利亚丹格特（Dangote）炼油厂中。

（贺　颖）

【设计的第 1 套 ABS 装置顺利投产】 2019 年，宁波工程公司承担设计的广西科元新材料公司 10 万吨 / 年 ABS 装置（一期）一次投料试车成功，也是宁波工程公司设计的第 1 套 ABS 装置，该装置的顺利投产标志着广西防城港工业区第 1 套现代化化工装置的建成。

（贺　颖）

全球最大常压塔启运尼日利亚

【改革管理有效推进】 财务试点有序推进，财务职能不断优化；逐步建立造价数据中心和成本控制中心；推动“三项制度”改革，“三能”机制逐步落地；“四供一业”分离移交取得决定性进展；深入落实全面依法依规治企强化管理，成功收回鄂尔多斯亿鼎化工公司、宁波海越新材料公司项目全部欠款；大力落实“马上就办、办就办好”，实施内控制度有效性提升行动，强化重要工作督查督办，促进管理效能的提升。

（贺　颖）

【党的建设取得明显成效】 2019 年，2 批“不忘初心，牢记使命”主题教育工作成果丰硕，切实把主题教育成效落实到增强党员干部理想信念、推动公司转型升级、加快可持续发展的具体行动上；巡视反馈意见的整改落实完成率达 100%，一批深层次问题得以发现解决，提升了生产经营质量；大力实施“基层党支部建设提升年”，基层党建在基本队伍、基本制度、基本组织、基本保障实现新提升；深入开展向“时代楷模”陈俊武学习和传承石油精神、弘扬石化传统教育，实施“四一之旅”企业文化提升活动，激发员工的创业热情和工作热情，促进公司目标任务的完成。

（贺　颖）

【成立员工健康分委会】 2019 年，宁波工程公司成立员工健康分委会，分委会将员工健康融入企业发展过程中，坚持大健康理念，实施职业健康、环境保护、疾病预防、心理干预等综合管理，形成人人参与、人人建设、人人共享的员工健康新生态。

（贺　颖）

【成功举办“我和我的祖国”文艺晚会】 2019 年 9 月 29 日，宁波工程公司在办公大楼大院举行庆祝中华人民共和国成立 70 周年“我和我的祖国”文艺晚会，200 多名干部员工参加了演出。晚会首次在网络端进行直播，吸引 2.2 万人次观众观看。

（贺　颖）

【多项工程技术获奖】 2019 年，宁波工程公司承担的“惠州炼化二期原煤输送及备煤单元安装工程”获上海市优质安装工程申安杯奖，“中安联合煤制 170 万吨 / 年甲醇及转化烯烃项目”获中国石化优质工程奖，“长城能源化工（宁夏）高盐水零排放项目”获中国石化优秀工程设计化工项目三等奖，“集成化设计平台开发与应用”获中国勘察设计协会优秀工程勘察设计计算机软件二等奖和中国石化优秀计算机软件一等奖，“综合项目管理系统开发应用”获中国石化优秀计算机软件三等奖。

（贺　颖）

【管理工作获多项荣誉】 2019 年，宁波工程公司获全国青年文明号称号；获评中国石化财务管理先进单位、网络安全评价 A 类企业，获评中国石油和化工勘察设计 AAA 级信用企业，获评浙江省依法治企先进单位；获宁波市综合百强企业、竞争力百强企业、工人先锋号、劳模工匠创新工作室等荣誉。

（贺　颖）

表 1　　宁波工程公司主要生产经营指标　　亿元

年份 指标名称	2019	2018	2017	2016	2015	2014
资产总值	79.15	76.34	61.52	59.97	76.59	59.33
设计投资额	103.11	93.14	111.81	70.17	93.84	152.44
主营业务收入	61.96	52.91	35.10	31.51	65.97	65.48
利　税	3.88	5.64	5.09	1.66	5.24	7.27
承接工程数量 / 项	312	385	397	341	265	339
工程总承包	25	25	18	14	14	21
工程设计	111	135	103	75	70	88
工程咨询	70	91	113	111	75	75

续表

指标名称 \ 年份	2019	2018	2017	2016	2015	2014
工程建设及制造	106	134	163	141	106	155
授权专利数量 / 件	36	42	22	34	61	59

表 2　　宁波工程公司 2019 年完成的主要工程项目

序号	项目名称	中交或完工日期
一	EPC 总承包项目	
1	安庆石化热电部锅炉超低排放改造项目	1 月
2	扬子石化热电厂 6#—9# 锅炉烟气脱硝改造项目	1 月
3	湖北化肥分公司空分空气系统扩能改造项目	1 月
4	湖北化肥分公司新增乙二醇低压氧气改造项目	1 月
5	中科炼化一体化项目	12 月
二	设计项目	
1	东莞巨正源公司 120 万吨 / 年丙烷脱氢制聚丙烯项目一期工程	3 月
2	中安联合煤制 170 万吨 / 年甲醇及转化烯烃项目一般固废堆场工程	6 月
3	大庆炼化公司丙烯腈焚烧炉废气治理项目	6 月
4	久泰能源（准格尔）公司甲醇深加工项目	7 月
5	安庆分公司化工一部气化装置增建磨煤 C 系列	8 月
6	宁波华泰盛富公司 70 万吨 / 年轻烃利用项目	9 月
7	吉林紫瑞新材料公司 10.8 万吨 / 年含硫废液焚烧制酸装置	10 月
8	重庆川维化工自备热电联产装置配套项目	12 月
三	施工及制造项目	
1	恒力石化（大连）炼化公司连续重整装置安装工程	1 月
2	新浦化学仓储（泰兴）公司 40 万立方米轻烃仓储项目施工总承包工程	4 月
3	浙江金甬腈纶公司拆除项目	5 月
4	镇海三建社区锅炉及配套设备拆除	6 月
5	浙江石化 4 000 万吨 / 年炼化一体化项目（一期）I 标段（重整、石脑油加氢、PSA、轻烃回收、芳烃联合）竖向工程	7 月
6	镇海炼化汽油质量升级项目 30 万吨年烷基化装置安装工程	10 月
7	浙江石化芳烃联合项目	11 月
8	镇海炼化三电站至炼油区域中压蒸汽系统完善项目土建与安装	11 月

续表

序号	项目名称	中交或完工日期
9	大连恒力 150 吨 / 年乙烯工程丁二烯车间标段土建工程	11 月
10	大连恒力 150 吨 / 年乙烯工程丁二烯车间标段安装工程	11 月
11	上海赛科石化保运项目	12 月

南京工程公司

【概况】 中石化南京工程有限公司（简称南京工程公司）是炼化工程集团全资子公司，2009 年 6 月由中国石化第二建设公司和南京设计院重组成立，位于江苏省南京市江宁区，注册资本 5.56 亿元。

南京工程公司是以设计为先导，以专利、专有技术、工艺包开发为核心，以工程总承包和项目管理、专业施工为主体，面向国内外市场提供技术和管理服务的综合性、一体化的国际工程公司。公司在煤化工、天然气化工、环境工程、清洁能源、硫酸磷肥等无机化工、苯系化工、公用工程和工业民用建筑等设计业务方面优势明显；具有设计、采购、施工一体化独特优势和雄厚的国内外项目综合管理能力；具有以大型机组安装、大型储罐安装、大型 DCS/ESD 安装调试、特殊材质焊接等为核心的施工以及施工管理能力。

截至 2019 年底，南京工程公司下设 16 个职能部门、7 个专业设计室、8 个国内分（子）公司、1 个海外分公司。在册职工总数 2 288 人，其中经营管理、专业技术和工程项目管理人员 1 850 人，各类技能操作人员 438 人，具有本科及以上学历 1 518 人，拥有中、高级专业技术职称的 1 327 人。

南京工程公司主要生产经营指标及 2019 年完成的主要工程项目分别见表 1 和表 2。

（毕　华）

【领导班子调整】 2019 年 3 月，中国石化党组对南京工程公司领导班子做出调整：吴德飞任南京工程公司副总经理。截至 2019 年底，公司领导班子成员包括：徐德勤、吴吉波、陈德兴、王树华、唐明智、吴德飞、刘胜、郑国洋。

（毕　华）

【生产经营总体平稳】 2019 年，南京工程公司聚焦“两个三年、两个十年”发展战略规划，坚持“四个全面”兴企方略，积极实施“六大工程”，扎实开展“不忘初心、牢记使命”主题教育，推动各项工作取得新进展、新成效，企业发展总体呈现稳中向好、稳中有进势头。全年实现新签合同额 65.61 亿元，实现财务收入 67.02 亿元。

（毕　华）

【技术工作取得积极进展】 2019 年，南京工程公司制订技术创新发展规划和行动方案，加大技术创新力度和核心技术攻关。运行技术开发项目 61 项，完成 34 项；整理成熟工艺包 3 项；完成专利申请 71 件，获授权专利 37 件（发明专利 8 件）；形成企业级工法 8 项，获评集团公司级工法 3 项；主编国行标 11 项、SEG 标准 13 项，发布公司标准 85 项。顺利通过江苏省企业技术中心资格认定和压力容器设计许可换证。

（毕　华）

【市场开拓有力有效】 2019 年，南京工程公司坚持以煤化工、硫磷化工、环境工程等特色产品为市场开拓方向，持续巩固传统和战略市场，加快进入新市场步伐，在施工业务保持稳定规模的情况下，业务结构不断优化，设计、总承包份额占比接近 54%，有力推动公司转型发展。

（毕　华）

【硫磷化工技术开拓中亚新市场】 2019 年 10 月 22 日，南京工程公司与乌兹别克斯坦恩特工程有限公司（Enter Engineering）签署大型硫酸、磷酸、磷肥一体化项目基础工程设计合同，这标志着中国石化硫磷化工技术在“一带一路”沿线国家开拓了新的市场，同时也为南京工程公司服务“一带一路”沿线国家搭建了一个新的平台。南京工程公司将立足乌兹别克斯坦项目，积极响应国家“一带一路”倡议，发挥其在硫酸磷肥行业的领先优势，加强项目管控水平，优化资源配置，用技术和实力建成精品工程、样板工程，在“一带一路”沿线谱写中国石化硫磷化工品牌的新篇章。

（毕　华）

【庆祝公司成立 10 周年】 2019 年是南京工程公司重组成立 10 周年。公司确定“以设计为先导，专利、专有技术、工艺包开发为核心，设计、工程总承包和项目管理、专业施工为主体，面向国内外市场提供技术和管理服务一体化的国际化工程公司”的发展定位，按照工程公司能力建设的目标，加快体制机制和项目管理体系建设，加速企业融合，有力推进设计、工程总承包、施工总承包三大板块业务发展和国际业务拓展，一体化优势得到充分显现。2019 年，公司组织开展了“十大工程”“十大技术”“十大功臣”的评选，以及专题讲座等系列活动，继承和发扬优良传统，推动企业振兴和发展，企业凝聚力和向心力不断增强。

（毕　华）

【体制机制改革增添活力】 2019 年，南京工程公司以“小机关、实基层”为导向，完善组织架构，优化业务职能，机关部门从 18 个压减至 16 个。调整专业 / 区域分公司机构设置和市场布局，明确公司本部与专业 / 区域分公司职能定位、业务分工和内部经济关系。项目运行机制改革提速加力，市场营销、项目管理、经营责任三大机制更加健全。调整了以市场和效益为导向的绩效评价体系，绩效考核“指挥棒”作用更加凸显。

（毕　华）

【“三项制度”改革成效明显】 2019 年，南京工程公司加强人才队伍建设规划，完善干部选拔任用制度，加大优秀年轻干部选拔、培养和使用力度。按照“总量控制、自主分配、项目倾斜”原则，建立薪酬分配激励约束机制，突出“业绩升、薪酬升，业绩降、薪酬降”。调整外埠补助标准，出台国内外埠员工定期休假管理办法，基层员工收入水平逐步提高，员工获得感持续增强。

（毕　华）

【扎实开展“不忘初心、牢记使命”主题教育】 2019 年，南京工程公司党委根据中央和集团公司党组对“不忘初心、牢记使命”主题教育的部署和要求，聚焦根本任务，紧扣具体目标，把握总要求，制订主题教育实施方案，一体推进 4 项重点措施，推动学习贯彻习近平新时代中国特色社会主义思想往深里走、往心里走、往实里走，取得较好成效，基本实现了主题教育目标。主题教育内部测评总体评价满意率达 99%。

（毕　华）

【世界单体体量最大的芳烃装置全线投产】 2019 年 5 月 9 日，南京工程公司承建的恒力石化（大连）2 000 万吨 / 年炼化一体化项目核心装置——2# 芳烃联合装置一次投产成功，产出纯度为 99.72% 的合格 PX 成品。恒力石化（大连）2 000 万吨 / 年炼化一体化项目作为首个国家核准的大型民营炼化项目，被国家发改委列为推进东北地区老工业基地振兴 3 年滚动重点推进项目。南京工程公司承建的联合装置是当时世界上单体体量最大的芳烃装置项目，2 套芳烃装置全面投产，总体加工能力达 450 万吨 / 年，在国内炼化领域遥遥领先。

（毕　华）

恒力石化（大连）2 000 万吨 / 年炼化一体化项目 2# 芳烃联合装置全景

【中安煤化工项目生产出合格产品】 2019 年 7 月 20 日，南京工程公司承建的中安煤化工项目甲醇合成装置产出 MTO 级合格甲醇，硫回收装置产出合格硫黄。公司承建的所有装置全部打通工艺流程并产出合格产品，充分体现了公司设计、采购和施工的一体化优势。

（毕　华）

中安项目部净化装置

【福建联合石化酸性气处理装置顺利中交】 2019年12月4日，南京工程公司承建的福建联合石化酸性气处理装置正式中交。该装置属于国家环保排放达标项目，由原 2×10 万吨 / 年硫黄回收装置改造、新建 12 万吨 / 年硫黄回收装置和装置外系统配套管线等 3 个部分组成，老装置改造采用尾气净化工艺，新建硫黄采用超级克劳斯 + 尾气净化工艺。装置的顺利中交为福建省实现碧水蓝天计划添砖加瓦。

（毕　华）

【成功举办驻宁企业龙舟赛】 2019 年 5 月 25 日上午，中国石化驻宁企业第九届“石化情”龙舟友谊赛在南京市秦淮河石头城遗址公园举行，中国石化 6 家单位金陵石化、南化公司、江苏石油、扬巴公司、扬子石化和南京工程公司齐聚秦淮河畔竞龙舟。6 家单位主要领导共 17 人出席活动。活动主办单位为南京工程公司，龙舟赛的主题为“筑梦新时代”。

（毕　华）

【开展庆祝新中国成立 70 周年系列活动】 2019年，南京工程公司围绕新中国成立 70 周年，精心策划开展内容丰富、形式多样的系列庆祝活动。通过举办“我和我的祖国”快闪、职工文艺汇演、第六届“奋进杯”龙舟赛、观影《我和我的祖国》、征文等形式，进一步点燃职工的爱国主义情怀和爱岗敬业的奉献精神。

（毕　华）

【参加共青团中央“我和国旗合个影”主题活动】 2019 年 9 月 28 日，南京工程公司沙特项目执行中心 1 500 多名青年员工面向国旗，庄严承诺“干好工程、为国争光”，用实际行动在“一带一路”沿线国家的项目建设中奉献中国智慧和力量。

（毕　华）

【多个工程项目获奖】 2019 年，南京工程公司延安煤油气资源综合利用项目污水处理设施被中国化工施工企业协会评为化学工业优质工程；中安联合煤化 170 万吨 / 年甲醇及转化烯烃项目、荆门—襄阳成品油管道工程、九江分公司 30 万吨 / 年烷基化装置工程获集团公司优质工程奖；公司负责总承包的九江分公司油品质量升级工程和负责设计的新能源试验中心项目分别获国家优质工程奖。

（毕　华）

表 1　南京工程公司主要生产经营指标　亿元

指标名称 \ 年份	2019	2018	2017	2016	2015	2014
资产总值	55.29	55.87	56.81	53.87	47.59	44.24
设计投资	64.17	90.20	93.89	90.00	90.00	120.84
主营业务收入	67.02	55.98	46.77	70.06	59.53	48.74
利　税	3.49	6.26	3.62	2.64	3.66	3.35

续表

年份 指标名称	2019	2018	2017	2016	2015	2014
承接工程数量 / 项	239	196	170	162	182	226
授权专利数量 / 件	37	48	56	42	51	47

表 2　　南京工程公司 2019 年完成的主要工程项目

序号	项目名称	中交或完工日期
一	EPC 总承包项目	
1	中安联合煤化有限责任公司煤制 170 万吨 / 年甲醇及转化烯烃项目	1 月
2	中国石化沧州分公司污水提标改造工程项目	2 月
3	中国石化长城能源化工（宁夏）有限公司公用工程运行部 BDO 废水预处理装置废气收集及处理项目	6 月
4	巴陵锅炉超低排放改造和隐患治理项目	11 月
5	福建联合石油化工有限公司酸性气处理装置满足新标准改造项目	12 月
二	施工项目	
1	安庆分公司 30 万吨 / 年烷基化和 10 万吨 / 年 MTBE 工程	3 月
2	恒力石化（大连）炼化有限公司 2 号芳烃联合装置土建及安装工程	5 月
3	镇海炼化 260 万吨 / 年沸腾床渣油加氢项目安装工程	9 月
4	扬子石化 30 万吨 / 年烷基化装置及配套工程	9 月
5	恒力石化（大连）年产 250 万吨 PTA-4 项目	10 月
6	中科合资广东炼化一体化项目 EPC 总承包标段九建筑安装工程	11 月
7	镇海炼化分公司算山码头新建原油罐项目	11 月
8	中国石油化工股份有限公司荆门分公司新建 280 万吨 / 年重油催化裂化装置	12 月
9	中科合资广东炼化一体化项目 EPC3-B2（连续重整装置等）安装工程施工总承包项目	12 月
10	中科合资广东炼化一体化项目 EPC1-B2（常减压等装置）安装工程施工总承包项目	12 月
11	万华化学搬迁一体化项目 HCl 氧化装置三期土建、安装工程	12 月
12	万华化学集团股份有限公司万华宁波工业园 2019 年大修、技改项目	12 月
三	设计项目	
1	东明中信瑞华新材料有限公司 20 万吨 / 苯乙烯联产 8 万吨 / 年环氧丙烷装置	1 月
2	古雷炼化一体化项目百万吨级乙烯及下游深加工装置罐区及厂外工程（四标段）	1 月
3	中石化海南炼油化工有限公司 8 万吨 / 年硫黄回收装置	4 月

续表

序号	项目名称	中交或完工日期
4	中石化工程建设有限公司神木富油 50 万吨 / 年煤焦油全馏分加氢制环烷基油项目硫黄回收、酸性水汽提、溶剂再生、石脑油加氢、环烷基油分离等 5 套装置	6 月
5	陕西建工安装集团有限公司马来西亚磷化工（砂拉越）有限公司一体化综合磷化工项目（一期工程）	8 月
6	福建永荣科技有限公司 40 万吨 / 年发烟硫酸装置	9 月
7	中晋太行矿业有限公司新建焦炉煤气制合成气生产 30 万吨 / 年直接还原铁工业化试验装置	11 月
8	扬子炼油结构调整项目 30 万吨 / 年硫黄回收装置	11 月
9	空气化工产品（中国）投资有限公司 AP 内蒙古 2×ON105 空分项目	12 月

第四建设公司

【概况】 中石化第四建设有限公司（简称第四建设公司）位于天津市滨海新区大港世纪大道 180 号，成立于 1963 年 1 月，1968 年迁至湖南长岭参加“三线建设”，1974 年参加天津炼油厂建设，落户天津大港，2012 年 4 月 6 日改制为公司制企业，更名为中石化第四建设有限公司，成为炼化工程集团的全资子公司。

截至 2019 年底，第四建设公司机关设有 12 个职能部门、9 个二级单位，其中 3 个综合型工程公司、3 个专业工程公司、1 个国际工程公司、1 个以 PMC 业务为主的工程项目管理公司和 1 个培训中心。2019 年底在建项目 54 个，其中国内 51 个、国外 3 个。项目中传统施工项目 46 个，PMC 项目 8 个。拥有在职员工 3 664 人，其中合同制员工 2 367 人、业务（服务）外包人员 1 297 人。员工中管理和技术人员 2 127 人，占比 58.05%，取得国家一级建造师和二级建造师执业资格 246 人。2019 年，第四建设公司使用社会资源 16 204 人，其中外籍员工 1 583 人。

截至 2019 年底，第四建设公司账面资产总额 38.62 亿元，负债 37.27 亿元，所有者权益 1.33 亿元，资产负债率为 96.55%。2019 年，第四建设公司以“改革提升年”为主题，全年完成主营业务收入 40.02 亿元，实现当期考核利润 12 844.45 万元。全年完成 206 个主合同结算任务，合同额 43.57 亿元，完成年度计划的 85.69%。回收资金 46.20 亿元，其中完成老账清收 10.81 亿元，应收、存货较年初分别下降 2.61 亿元和 7.77 亿元。

2019 年，第四建设公司承建的蒲城工程项目部渭北煤化工园区 180 万吨 / 年甲醇 70 万吨 / 年聚烯烃项目获国家优质工程金质奖，四川元坝气田项目部元坝气田产能建设工程获国家优质工程奖，天津液化天然气（LNG）项目、甬绍金衢成品油管道及配套油库工程、普光气田净化厂原料气管线安全隐患治理工程 3 个项目获集团公司优质工程奖，浙江舟山项目 LNG 储罐焊接工程、茂名天源项目高压管道焊接工程、扬子江乙酰大修改造项目锆材焊接工程 3 项工程获国家优秀焊接工程奖；获评中国建筑业 AAA 级信用企业、天津市百强企业。

第四建设公司主要生产经营指标和 2019 年度完成的主要工程项目分别见表 1 和表 2。

（李明亮）

【领导班子调整】 2019 年，集团公司党组 2 次调整第四建设公司领导班子：3 月 8 日，孟勇任第四建设公司党委委员、副总经理；免去王国华第四建设公司党委书记、委员、副总经理职务（另有任用），周赢冠主持第四建设公司党政全面工作；9 月 23 日，华允贝任公司党委副书记、纪委书记，为公司工会主席人选，任公司监事；孙晓晨任第四建设公司党委委员、副总经理；免去于爱华的第四建设公司党委副书记、纪委书记、工会主席职务；免去邸长友的党委委员、副总经理职务，任协理员。

（李明亮）

【深化改革成效明显】 2019 年，是第四建设公司“十年三步走”第一步的收官之年，面对复杂的内外部市场环境和繁重的施工生产任务，公司紧紧围绕项目建设这个中心，以年度生产经营目标任务和“29+56”项党委、行政重点工作为抓手，圆满完成上级下达的主要考核指标，各项工作取得预期效果。第四建设公司安全环保质量管理体系运行全面受控，实现 4 718 万安全人工时，未发生上报安全环保质量事故，保证了公司的大局稳定。全年承揽任务 43.18 亿元，实现营业收入 40.52 亿元，实现考核利润 1.28 亿元。经过 2 轮以项目为中心体制机制改革和以劳动人事分配制度改革为主要内容的“三项制度”改革，“大部制、大监督、大岗位”的组织框架基本形成，“界面最少、流程最短、配置最优、责任最清”的效率提升目标基本实现。

（李明亮）

【经营管控持续增强】 2019 年，第四建设公司实现项目目标成本下达“全覆盖”，以标准化预算评估合同效益，用“一把尺子”测算并考核目标成本，明确项目内部参建单位经济关系和责任矩阵，以组织绩效考核为依据，测算年度效益奖等精细化管理举措落实落地，突出了绩效考核的公平性、导向性，既让大家感受到创收创效给单位效益和个人收益带来的影响，也让考核落后、指标未完成的单位真切感受到真考核、硬兑现的压力，“大家扛指标，个个担责任”经营效益意识逐步形成共识。实现了“三增两减一降”，即营业收入、考核利润、利润率三大考核指标持续增长，应收账款、存货“两金”总量持续减少，效果显著。百元收入营业成本持续下降，并连续 3 年控制在集团公司下达的考核指标之内。

（李明亮）

【市场竞争力显著提升】 2019 年，第四建设公司密切跟踪国内外市场，累计投标报价 372 次，中标 92 个，承揽任务 43.2 亿元，先后签约了系统内古雷炼化一体化裂解汽油加氢等项目、北海炼油异地改造结构调整项目、中韩石化乙烯脱瓶颈改造项目 30 万吨 / 年高密度聚乙烯装置建筑安装工程、天津中沙乙烯扩建项目、中科炼化一体化后续工程等，实现了“一稳三增长”的良好发展态势。PMC 业务保持稳定份额，LNG 低温储罐、海洋工程业务连续 3 年增长，且保持了行业领先优势；培训中心充分利用集团公司华北安全实训基地和资质优势，加快扩大联合，拓展市场，取得突破性进展。模块化建造业务、加油加气站业务、检维修改造业务以及长输管道、场站业务等作为重要补充，保持了较好的口碑。

（李明亮）

【创新发展成果丰硕】 2019 年，第四建设公司采用立缝自动焊接技术，在国内行业施工中首次完成 12 万立方米 A537 CL2 钢丙烷低温罐内罐施工；“三层罐壁大型低温储罐施工技术”等 4 项技术通过立项评审；2 项管理创新成果分获集团公司一等奖、三等奖；完成集团公司 7 项行业标准和企业标准意见征询审查，参与 17 项国家标准、行业标准审查，第四建设公司参与编制的《汽车加油加气站设计与施工规范》获集团公司科技进步三等奖。全年形成企业级工法 12 项、QC 成果 15 项，完成焊接工艺评定开发 51 项，形成技术创新成果 32 项；完成专利申请 29 件，获专利授权 22 件；“施工技术交底可视化技术开发”等 2 项技术开发项目通过炼化工程集团组织验收。

（李明亮）

【资源掌控力不断增强】 2019 年，第四建设公司用工总量增长至 22 000 余人。面对国内外项目同步实施、大兵团作战的严峻挑战，第四建设公司加快建立“自有资源为管理核心、分包资源为执行主体、劳务资源为有力补充”的资源保障机制，平均每年补充国内项目急需的各类人员 430 余人；外籍用工保持在 1 300 人以上，第四建设公司境外项目国际化用工占比逐年提升，达 63%。在管好用好社会资源上，持续加强战略合作队伍的培养和选用，与 28 家 A 类分包商签订战略合作协议。全年由 A 类分包商承担 55% 的分包份额，形成“资源相对集中、任务相对保证、模式相对固定”的战略合作伙伴和稳固的“利益联合体”。

（李明亮）

马来西亚 RAPID 项目成员与业主庆祝变电所中交

【员工获得感显著提升】 2019 年，第四建设公司秉承“人企和谐共生”、宁可公司过点“紧日子”，也让职工过上“好日子”的人本理念，尽力回报员工，提升员工幸福指数。公开竞聘、职位选聘，为员工搭建了舞台、找到了坐标；通过推先评优、内训外培、轮岗交流、职称评聘等组合措施激励员工，激发了员工爱岗敬业的热情；在百元收入营业成本持续下降的情况下，职工收入实现三连增，达 13.68 万元，跑赢劳动生产率的增速。年内，第四工程建设公司率先完成“四供一业”分离移交和社区立面改造，积极协调政府部门推动社区平面改造，加快四化东路南北贯通改造，推进四化西路社会化移交等民生、民心工程。职工群众对领导班子的满意度逐年提升，职代会评议领导班子以及“不忘初心、牢记使命”主题教育评估“好 + 较好”满意率均为 100%。群体性上访问题基本得到遏制，实现“两会”、十九大、国庆 70 周年等多项国家重大政治活动期间敏感场所“零上访”，有力维护了公司大局的和谐稳定。

（李明亮）

【党建考核实现晋位升级】 第四建设公司党建和生产经营深度融合，在集团公司 2019 年度党建考核中由 B 档晋升到 A 档。各级领导班子率先垂范，坚决落实抓党建工作的主体责任，实现党政同频共振；班子成员分工协作，真抓实做，形成整体联动、层层推进的良好局面。第四建设公司在天津市住建委组织的学习强国平台评比中，参与率达 98%，日人均得分超过 44 分，在天津市住建系统排名第一。在奋进石化组织的党的十九大和十九届三中、四中全会精神网络答题及感动石化人物评选工作中，公司参与率均超过 98%，在系统内中型企业中排名前列。公司官方微信关注总数超过 5 000 人，传播力、影响力在 2019 年度“小石头微榜”排名集团公司第 17 位连续 2 年位列炼化工程板块第一。公司连续 10 年获评全国石油和化工行业新闻宣传先进单位、企业文化先进单位。

（李明亮）

表 1 第四建设公司主要生产经营指标 亿元

指标名称 \ 年份	2019	2018	2017	2016	2015	2014
资产总值	38.62	44.62	42.86	48.33	43.98	41.30
主营业务收入	39.64	38.51	33.63	37.51	42.42	43.78
利 税	–2.26	1.20	–2.99	0.94	1.38	1.19
承接工程数量 / 项	173	192	168	95	117	110
授权专利数量 / 件	21	22	66	52	41	38

表 2　　第四建设公司 2019 年度完成的主要工程项目

序号	工程名称	交工
一	新建装置	
1	中国石化销售股份有限公司昆明转龙加油站新建工程施工合同	1 月 20 日
2	中安联合煤制 170 万吨 / 年甲醇及转化烯烃项目 10 万吨 / 年烯烃催化裂解装置 OCC 安装工程	1 月 23 日
3	沙雅丰合能源有限公司天然气输气管道建设项目施工（标段二）	1 月 25 日
4	（中海福陆重工有限公司）珠海 Labor Supply for PAU Module Assembly 项目	1 月 31 日
5	液化空气（天津）工业气体有限公司 SSTPC 项目	3 月 10 日
6	海南炼化第二套对二甲苯装置及配套工程一标段施工承包合同	3 月 15 日
7	茂名天源石化 10 万吨 / 年丙烯项目安装工程	3 月 15 日
8	恒力石化（大连）炼化有限公司 3 000 立方米丙烯、丙烷球罐制作安装买卖合同	3 月 15 日
9	恒力石化（大连）炼化有限公司中间储罐、成品油储罐（四标段）和 8 台原油储罐安装工程	3 月 15 日
10	恒力石化（大连）炼化有限公司 1 号芳烃联合标段土建工程	3 月 15 日
11	大连恒力 1# 芳烃联合装置及芳烃中间罐区安装工程	3 月 15 日
12	恒力石化（大连）炼化有限公司罐区和公用管廊（D 标段）安装工程施工合同	3 月 15 日
13	恒力石化（大连）炼化有限公司罐区围堰土建工程	3 月 15 日
14	恒力石化（大连）炼化有限公司重整区域管墩及围堰等土建工程	3 月 15 日
15	北海炼油异地改造石油化工（20 万吨 / 年聚丙烯）项目结构调整改造项目	3 月 30 日
16	上海高桥石化 3# 硫黄回收装置烟气脱硫设施项目	3 月 31 日
17	中国石化销售有限公司华南分公司茂名首站二期扩容工程	4 月 19 日
18	董家口原油商业储备基地工程安装工程第二标段一期工程	4 月 23 日
19	董家口原油商业储备基地工程安装工程第二标段二期工程	4 月 23 日
20	茂名分公司炼油成品油储运一体化优化改造项目	4 月 30 日
21	上海石化储运部高硫火炬系统优化改造项目安装工程	5 月 10 日
22	中国石化销售股份有限公司四川遂宁石油分公司蓬溪油库工艺自控建筑安装工程	5 月 16 日
23	中国石化仪征化纤有限责任公司 PTA 装置氧化尾气 VOC 治理项目	5 月 21 日
24	石家庄炼化分公司老区配套环保完善项目计量检定站移位项目	5 月 30 日
25	中国石化仪征化纤有限责任公司一般技改技措及零建项目施工框架合同	6 月 06 日

续表

序号	工程名称	交工
26	2017 年北京石油加油站贯标改造工程（第一、第二、第三批）	6 月 11 日
27	茂名石化分公司港口分部第三作业区增设事故水池项目	6 月 30 日
28	中国石油化工股份有限公司武汉分公司 30 万吨 / 年烷基化装置系统配套全厂热力管网改造项目	6 月 29 日
29	中石化重庆天然气管道有限责任公司涪陵白涛—石柱王场天然气管道站场增压扩能工程	7 月 01 日
30	东营联合石化有限责任公司 40 000 米 ^{3}（标准）/ 时制氢装置扩能改造项目	7 月 07 日
31	南京扬子石化橡胶有限公司丁苯尾气处理项目（建筑安装）	7 月 18 日
32	福建天汇石年产 400 万吨低温罐区 1# 10 万立方米丙烷罐外罐土建工程	8 月 08 日
33	福建天汇石化年产 400 万吨低温罐区 1# 10 万立方米丙烷罐内罐安装工程	8 月 08 日
34	中国石化华东安全实操培训基地固定部分建设工程	8 月 14 日
35	宁夏睿源石油化工有限公司 20 万吨 / 年粗白油及 10 万吨 / 年芳烃抽提项目建筑安装工程	8 月 15 日
36	中国石油化工股份有限公司西北油田分公司雅库天然气外输系统升级改造工程	9 月 05 日
37	2018 年北京石油加油站贯标改造工程	9 月 09 日
38	中沙石化乙烯装置 10# 裂解炉原料适应性改造	9 月 12 日
39	2019 年北京石油加油站贯标改造工程	9 月 13 日
40	天津乐金渤海化学有限公司天津 LG 渤海 –RE–3101 氧氯化反应器设备更换	9 月 15 日
41	辽宁大唐国际阜新日产 1 200 万标准立方米煤制天然气项目气化界区建筑安装工程（一期）	9 月 26 日
42	中国石化仪征化纤有限责任公司水体风险防控治理项目安装工程	9 月 30 日
43	福建天汇石化年产 400 万吨低温罐区 4# 10 万立方米丙烷罐外罐土建工程	9 月 30 日
44	福建天汇石化年产 400 万吨低温罐区 4# 10 万立方米丙烷罐内罐安装工程	9 月 30 日
45	中国石化销售有限公司新疆乌鲁木齐分公司奇台大浪沙加油加气站新建工程	10 月 18 日
46	东莞巨正源科技有限公司 120 万吨 / 年丙烷脱氢制高性能聚丙烯装置项目一期工程丙烷低温储存系统及球罐区工程	10 月 26 日
47	中国石油天然气管道通信电力工程有限公司 2019 年陕四增输电气安装工程（一标段）	10 月 30 日
48	中石化巴陵合成橡胶后处理 VOCs 治理工程施工总承包工程	11 月 21 日
49	中科合资广东炼化一体化（标段六）EPC 项目安装标段三施工工程总承包（35 万吨 / 年高密度聚乙烯装置）	11 月 30 日
50	海洋石油工程（青岛）有限公司巴油 FPSO 项目 P70 船体上部模块连接集成工作	12 月 04 日
51	中国石化销售股份有限公司新疆奎屯分公司克阿高速乌尔禾服务区东侧油气合建站	12 月 20 日

续表

序号	工程名称	交工
52	中国石化销售股份有限公司新疆奎屯分公司克阿高速乌尔禾服务区西侧油气合建站	12月20日
53	中国石化销售股份有限公司新疆奎屯独山子经济技术开发区石油分公司奎阿高速百口泉服务区东、西侧加油站新建工程	12月20日
54	中科合资广东炼化一体化项目安装工程第 EPC3-B3 标段［10万米^3（标准）/时 PSA 氢气提浓装置、炼油区 35 千伏 /6# 区域变电所、现场机柜间 FAR1-05、200 万吨 / 年加氢裂化装置］	12月28日
55	中科合资广东炼化一体化项目安装工程第 EPC3-B11 标段（全厂工艺及热力管网安装工程）	12月28日
56	中科合资广东炼化一体化（标段六）EPC 项目安装标段四施工工程总承包（化工区燃料气回收设施、2#110 千伏配电中心、低压室密闭火炬）	12月30日
57	宁夏宝廷新能源有限公司 60 万吨 / 年煤焦油及低碳烷烃循环利用项目第二标段建筑及安装工程	12月30日
58	宁夏宝廷新能源有限公司煤焦油及低碳烷烃循环利用项目	12月30日
59	恒力石化（大连）化工有限公司乙烯（I 标段）土建工程	12月31日
60	恒力石化（大连）化工有限公司 1# 乙烯装置标段安装工程	12月31日
二	检修改造项目	
1	扬子江乙酰化工有限公司综合项目检修	2月02日
2	中国石化福建石油分公司仓储管理中心抢维修项目施工（二标段）	3月07日
3	中国石化集团资产经营管理有限公司沧州分公司聚丙烯新产品开发配套设施改造工程	5月28日
4	武汉分公司 40 万吨 / 年重整装置节能挖潜改造工程	6月20日
5	中国石油化工股份有限公司西北油田分公司雅克拉末站四具储罐检修	8月20日
6	中国石化销售股份有限公司华南分公司 2018—2019 年度检维修工程	9月25日
7	中国石化中原石油化工有限责任公司 2018—2019 年检维修	12月31日

第五建设公司

【概况】中石化第五建设有限公司（简称第五建设公司）是炼化工程集团全资子公司。第五建设公司成立于 1953 年，2010 年 12 月 18 日根据集团公司的战略部署，从甘肃省兰州市西固区迁址到广东省广州市荔湾区中山七路 81 号。2012 年 4 月，根据炼化工程板块实施重组上市要求，由中国石化集团第五建设公司更名为中石化第五建设有限公司。

第五建设公司是中国最早从事石油化工建设的大型施工企业，也是集团公司直属大型综合性施工企业。具有石油化工工程施工总承包壹级企业资质、钢结构工程专业承包壹级、国外工程承包资质、对外经济合作经营资格资质和建筑行业（建筑工程）乙级、石油化工医药行业（化工工程、石油及化工产品储运）专业乙级设计资质、环保工程专业承包壹级资质等。具备 50 亿元 / 年以上的施工生产能力。能独立承担炼油、化工、化肥、化纤、橡胶、电力、医药、冶金、军工等大中小型装置及配套工程建设任务。在大型传动设备（机组）安装、大型储罐安装运输、大型 DCS 自动化集散控制系统安装与调试和特种材料焊接，以及大型锅炉、大型空分、炼油、聚烯烃、甲醇、煤化工、土壤修复、环保节能、安全监管等方面，形成独具特色的技术优势。培养了一大批高级工程技术人员和各专业高级技师。在国家许多重大项目建设中，充分体现了在工程管理、机具装备、专业人才、新技术开发应用等方面的实力和优势。

截至 2019 年底，第五建设公司本部共设 16 个职能处室；下辖海外分公司等 12 个二级单位。用工总量为 1 928 人，其中在岗合同制员工 1 740 人，短期阶段性合同工 4 人，不在岗 188 人（含离岗调研、内退、工伤）。取得各类专业技术职称人员 1 246 人，国家一级、二级建造师 115 人。

第五建设公司主要生产经营指标和 2019 年完成的主要工程项目分别见表 1 和表 2。

（林尚一）

【领导班子调整】 2019 年，集团公司党组 2 次调整第五建设公司领导班子：11 月 1 日，宣布蒋德军不再担任第五建设公司党委书记、副总经理，调出另有任用，衣浩主持第五建设公司党政全面工作。12 月 24 日，任命衣浩为执行董事、党委书记，王建军为总经理、党委副书记，王世红为副总经理、党委委员。第五建设公司新一届领导班子由衣浩、王建军、南亚林、李辉煌、陈胜琪、王永科、王世红 7 人组成。

（林尚一）

【深化改革有序推进】 2019 年，第五建设公司“三项制度”稳步推进，领导人员能上能下、劳动用工能进能出、薪酬分配能增能减的机制见成效。12 名正科级干部走上中层副职岗位，11 名中层干部免去原任职务。奖金总额上下浮动 30%，人均月奖最高差异达 2.6 倍。全年引进 303 人，对 5 名考核不合格人员解除劳动合同，选人用人工作质量改进，提拔调整中层及科级干部 80 余名。财务转型取得实效，梳理一级财务风险 10 项、二级财务风险 62 项，进一步完善风险防控体系，细化资金计划管理，提高资金使用效率，增加利息收入 830 万元。“四供一业”分离移交顺利完成水、电、气、暖和物业的业务和资产移交，实现社会化管理、主辅业务有效分离，为公司减轻负担。

（林尚一）

【安全环保和质量总体受控】 2019 年，第五建设公司坚持安全发展、绿色发展、质量为上、以人为本的理念，持续推进 QHSSE 管理体系有效运行。国内外项目全年累计完成 5 951 万安全人工时，连续 3 年被评为集团公司安全生产先进单位；建立项目质量保证体系 31 个，修订和发布质量保证手册 4 份；组织国内外项目质量大检查 18 次；全年焊缝拍片约 44.10 万张，一次合格率 98.30%，工程交验一次合格率 100%，分项工程验收合格率 100%。

（林尚一）

【市场开发保持平稳】 2019 年，第五建设公司在国内项目投标 262 项，中标 81 项；国外项目投标 29 项，中标 4 项。国内签订合同 301 份，新签合同额 35.75 亿元人民币，其中中国石化系统内 26.01 亿元人民币，中国石化系统外 9.74 亿元人民币；国外项目签订合同 5 份，新签合同额 1.02 亿美元。国内外市场开发均完成集团公司下达的年度任务目标。

（林尚一）

【转型业务稳步推进】 2019 年，第五建设公司安全技术中心在安全信息化、可视化、智能化、安全技术培训、工程施工技术、施工装备等核心业务取得一定成效，实现营业收入 4 636 万元，向专利局提交发明专利 11 件、实用新型专利 8 件、软件著作权 6 项、外观设计 4 件。环保节能中心围绕“市场开发、项目执行研发与集成”的发展定位，完成市场开发 1.80 亿元，实现营业收入 3 630 万元，1 项申报课题获中国施工企业管理协会工程建设科学技术进步奖。设计院在专业 EPC 方面，形成“E（EPC）+ 机械清洗 + 项目管理”为主营业务的运行框架，实现营业收入 2 663 万元，申报的《加油站油罐机械清洗设备》专利通过国家知识产权局认证，获得实用新型专利证书。潘际銮院士工作站研发的无轨导全位置爬行焊接机器人，在中科炼化一体化项目的应用，进一步深化与潘际銮院士团队、清华大学、科研院所的合作。

（林尚一）

【大连恒力 2 000 万吨 / 年炼化一体化项目全面投产】 2019 年 5 月 17 日，中国第 1 个民营大型炼化一体化项目大连恒力 2 000 万吨 / 年炼化一体化项目全面投产，项目从破土动工到全面建成仅用时 19 个月，全流程开车投产仅用时 3 个月，第五建设公司承建了 65.4 万吨 / 年硫黄回收联合装置和 45 万吨 / 年聚丙烯装置。

（林尚一）

【科威特新炼厂装置全部交付】 2019 年 10 月 22 日，第五建设公司承建的中东地区最大炼厂科威特新炼厂（NRP）工程项目 3 套 1 050 万吨 / 年常压蒸馏装置和 3 套 550 万吨 / 年渣油加氢装置全部高标准提前实现机械完工并交付，累计实现 3 507 万安全人工时。科威特新炼厂项目是国家“一带一路”建设项目，合同额 5.19 亿美元，是中国石化境外最大的单体施工分包合同项目，是世界上一次性建成规模最大的炼厂。项目于 2016 年 11 月开工，比合同规定期限提前 40 天交付。

（林尚一）

科威特新炼厂（NRP）施工现场夜景（李进学　摄）

【参展国际节能环保技术装备展示交易会】 2019 年 10 月 24 日，第五建设公司代表中国石化参加 2019 中国国际节能环保技术装备展示交易会。展板及宣传册主要展示了第五建设公司在行业资质、修复业绩、修复装备、技术研发和对外合作等方面的实力，菌种展示区主要展示了石油烃功能菌、烷烃功能菌及多环芳烃功能菌在内的 7 种微生物修复菌种，展示了在微生物修复方面的技术优势。

（林尚一）

【多方合作实现共赢】 2019 年 6 月 5 日，第五建设公司与北京化工研究院签署合作框架协议，双方建立全面合作战略伙伴关系，将土壤、地下水修复技术实现工程转化，进一步在科研项目申报、人才培养等领域深入探讨及合作，做本质安全、生态友好的场地修复。6 月 26 日，中国科学院化学高分子物理与化学国家重点实验室技术团队与第五建设公司开展清罐污水处理试验，主要为攻克微废油水分离并实现水循环利用，为降本增效创佳绩。9 月 11 日，第五建设公司广州中石科技有限公司入驻清华珠三角研究院，进一步深化第五建设公司与清华珠三角研究院在多领域的合作，扩大影响力，助力产品技术、科技研发、市场化推广。11 月 1 日，与洛阳（广州）工程公司签署项目专项设计合作框架协议，在储运工程设计，以及相关的废水处理、VOCs 处理等相关项目的市场开发、项目执行等领域开展合作。11 月 13 日下午，广州蓝天救援协会指定技能训练基地在第五建设公司安全技术中心揭牌，双方合作以技能建设为核心，鼓励社会广泛参与的模式，提升社会人员应急急救能力。12 月 16 日，第五建设公司专项人才培训基地在常州大学揭牌，基地将利用学校的平台，提升培训质量，提高干部职工在综合素质、业务技能等方面水平。基地成立后即举办了 1 期 1 个月的国际化“三强”干部培训班。

（林尚一）

【党建质量持续提升】 2019 年，第五建设公司专项巡视整改取得实效，按照要求整改中央巡视问题、集团公司党组巡视反馈共性问题、专项巡视反馈问题。全年召开党委会 16 次，审议各类议题 87 项，对 16 个基层单位开展“四合一”党建检查考核，并将考核结果纳入班子个人绩效，对 33 个在建项目部的基层党组织设置情况进行摸底，及时督促指导完成各项工作。召开中心组学习 16 次，每季度编辑下发形势任务教育读本，开展 2 期 4 次形势任务研讨交流学习会。廉洁文化建设持续深入，对重要岗位及领导干部 94 人和 72 名新提任的科级以上领导干部进行廉洁谈话，持续净化企业政治生态。落实维稳责任，协调处置各类信访件 75 件次，排查矛盾纠纷 14 件，开展 5 项稳定风险评估联审和 6 次专项排查。群团组织发挥作用，不断强化自身建设、落实职代会制度、开展劳动竞赛、关爱困难职工等工作，和谐稳定局面进一步巩固。

（林尚一）

【获得荣誉】 2019 年，第五建设公司获国家优质工程奖、广东省五一劳动奖状、广州市五四红旗团支部等荣誉称号，被授予中国化工环保协会土壤修复专业委员会副主任委员单位，通过了广东省高新技术企业资质认定。

（林尚一）

表 1　　第五建设公司主要生产经营指标　　亿元

指标名称 \ 年份	2019	2018	2017	2016	2015	2014
资产总值	36.60	44.54	40.30	42.47	37.10	32.90
主营业务收入	48.99	41.27	33.97	38.20	41.10	45.22
利　税	1.56	1.86	−5.42	−3.92	1.72	1.50
承接工程数量 / 项	100	105	90	103	96	127

表 2　　第五建设公司 2019 年完成的主要工程项目

序号	项目名称	竣工时间
1	福建联合石化小型资本性项目施工综合承包框架服务	1 月
2	扬子石化热电厂 6#—9# 锅炉烟气脱硝改造土建及安装工程	1 月
3	海南炼化第 2 套对二甲苯装置及配套工程一级地下主干管网、道路及临时设施施工项目	1 月
4	珠海华城环保科技有限公司总变电所 / 公用工程	2 月
5	恒力石化（大连）炼化有限公司 2 000 万吨 / 年炼化一体化项目硫黄回收联合装置安装工程	3 月
6	恒力石化（大连）炼化有限公司 2 000 万吨 / 年炼化一体化项目聚丙烯装置安装工程	3 月
7	浙江卫星能源有限公司年增产 15 万吨聚丙烯技术改造项目安装工程	4 月
8	湖北石油分公司襄阳余家湖油库改扩建工程项目（油库建设工程）	5 月
9	洛阳石化 2019 年装置大修及改造项目	6 月
10	武汉分公司 30 万吨 / 年烷基化装置及系统配套项目主装置区域安装工程	6 月
11	中安联合煤化有限责任公司煤制 170 万吨 / 年甲醇及转化烯烃项目污水处理场、废碱焚烧装置	7 月
12	浙江石化 4 000 万吨 / 年炼化一体化项目（一期）化工 7 标段土建工程	7 月
13	沙特吉赞公用工程项目	7 月

续表

序号	项目名称	竣工时间
14	武汉分公司 70 万吨 / 年气分装置安装工程项目	8 月
15	湛江东兴公司 2019 年装置常规大修项目工程施工（二标段）	9 月
16	茂名分公司炼油分部北山液化气球罐区新增两个球罐项目	9 月
17	贵州加油加气站项目工程	9 月
18	金陵分公司延迟焦化装置环保综合治理项目	10 月
19	镇海炼化炼油老区结构调整提质升级项目工艺及热力管网（不含除盐水站扩能）施工项目	10 月
20	镇海炼化轻质油铁路装车系统升级改造项目	10 月
21	销售华南分公司 2018—2019 年度安全隐患治理、小型技改技措及检维修等项目	10 月
22	万华 100 万吨 / 年乙烯装置裂解炉结构段钢构模块施工项目	10 月
23	巴陵石化供销部罐区隐患治理项目	11 月
24	中科合资广东炼化一体化项目聚丙烯装置、S-Zorb、聚合物立体仓库施工项目	11 月
25	中科合资广东炼化一体化项目五联合项目	11 月
26	科威特新炼厂项目	11 月
27	白沙湾原油商业储备基地（二期）工程配套土建工程	12 月
28	浙江石化 4 000 万吨 / 年炼化一体化项目（一期）9 标段安装工程	12 月
29	海南炼化公用管廊加层工程施工项目	12 月
30	湛江东兴公司 2019 年装置大修期间同步实施改造项目（二标段）	12 月
31	中科合资广东炼化一体化项目 EO/EG、EOA 装置及相关区域变电所建安工程施工项目	12 月
32	中科合资广东炼化 体化项目 440 吨 / 年渣油加氢脱硫装置项目	12 月
33	中科合资广东炼化一体化项目石油液化罐区项目	12 月
34	广东石油分公司蛇口油库罐区拆除工程	12 月
35	茂名分公司炼油新建高氨氮污水处理系统项目	12 月
36	镇海炼化储运部分储罐 VOCs 治理项目	12 月
37	神华包头两聚维护保运及检维修项目	12 月
38	九江石化全厂装置区雨污分流设施完善及雨排系统优化项目	12 月
39	九江石化污水处理储罐及提升池异味治理项目	12 月

第十建设公司

【概况】 中石化第十建设有限公司（简称第十建设公司）是炼化工程集团全资子公司，成立于1953 年 1 月，前身为重工业部化学工程管理局太原工程公司，1970 年 10 月分建山东淄博，后成立山东省化学石油建设公司，1978 年更名为化学工业部第十化工建设公司，1983 年由化工部划入中国石油化工总公司，更名为中国石化第十建设公司，1998 年更名为中国石化集团第十建设公司，2012 年完成公司制改制并变更为现名，2014 年 8 月本部迁址山东青岛。

第十建设公司在能源、化工等诸多领域为境内外客户提供优质服务，主要承建炼油、石油化工、煤化工、精细化工、油气储运、医药、市政、环保、锅炉、电站及送变电等新建、改扩建、检维修工程，同时开展设备制造、大型设备吊装与运输、特种机械修造及工程项目管理与监理业务，是国内承建炼油、乙烯、煤化工、化纤、大型 LNG 与原油储罐、大型设备吊装等工程极具竞争力的工程企业。

第十建设公司拥有石油化工工程施工总承包一级等资质，在大型储罐安装、大型设备吊装、大型压缩机组安装调试、大型电气仪表控制系统安装与调试、大型起运机械修造、特种材料焊接等方面，形成国内领先的核心技术优势，被认定为国家高新技术企业。

截至 2019 年底，第十建设公司下设 15 个机关部室以及安装、仪电、储运、重机、建筑工程、齐安工程（管道结构工程）、项目管理等 14 个专业分公司，北京金海湾工程建设监理有限公司等 4 个全资子公司。在册员工 2 741 人，其中在岗经营管理与专业技术人员 1 964 人，技能操作人员 658 人；拥有高级职称及以上人员 348 人、中级职称人员 750 人，技师及高级技师 107 人。

第十建设公司主要生产经营指标和 2019 年完成的主要工程项目分别见表 1 和表 2。

（董砚宝　翟巍巍）

【领导班子调整】 2019 年，集团公司党组对第十建设公司班子进行 2 次调整。7 月 18 日，第十建设公司召开干部大会，炼化工程集团总经理、党委副书记向文武宣读集团公司党组决定：赵喜平任第十建设公司副总经理、党委委员；因年龄原因，免去赵德源第十建设公司党委委员、副总经理职务，任调研员；免去王毅第十建设公司党委委员、副总经理职务，另有任用。11 月 13 日，集团公司党组再次调整第十建设公司领导班子：汪建林任第十建设公司党委副书记、纪委书记，为工会主席人选；原第十建设公司党委副书记、纪委书记、工会主席陈西洲交流到宁波工程公司任职。

（董砚宝　翟巍巍）

【市场开发持续提升】 2019 年，第十建设公司明晰市场开发导向，坚定“中高端”定位，大力开拓境内外市场。全力服务中国石化重点工程，主要中标古雷炼化一体化、中韩石化乙烯脱瓶颈改造等项目。积极争取系统外大型炼油化工项目，紧盯优势市场、优质客户，承揽到浙江舟山炼化二期、山东鲁清橡塑新材料等项目。大力拓展新型清洁能源储罐项目，主要中标山东 LNG 接收站二期、江苏荣泰罐区等项目，取得首次承揽系统外 LNG 储罐项目的突破。全年累计中标 45 项，中标率 31%，境内新签合同额 65.68 亿元。坚持“中东、中亚、东南亚”三条主线，以“口碑”赢得境外市场新的开发业绩，科威特 3 个承建项目的合同额和二次开发额累计达 3.4 亿美元。

（董砚宝　翟巍巍）

【工程建设有序推进】 2019 年，第十建设公司建成中交各类项目 60 项。4 月 4 日，承建的恒力（大连）石化 2 000 万吨 / 年炼化一体化工程项目 384 万吨 / 年蜡油加氢裂化（B）装置实现一次投料成功，创造国内同规模蜡油加氢裂化装置开车、投产速度最快纪录；7 月 15 日，科威特重油油田开发项目实现机械完工；12 月 30 日，承建的中化泉州 100 万吨 / 年乙烯项目实现高标准中交。此外，惠州工程、古雷炼化、阿曼杜库姆炼油等境内外在建项目有序推进。

（董砚宝　翟巍巍）

【境外项目执行不断优化】 2019 年，第十建设公司持续拓展与英国 Petrofac、意大利 Saipem 等国际知名工程公司的合作，不断增强境外项目的执行水平与盈利能力。项目投标中，公司全面风险管理委员会全面分析评估、把控境外项目前置风险；项目启动后，统筹协调各类资源，着重夯实项目组织架构和关键人选配置；项目运营中，推动境外项目最大化本土用工和国际化用工，常态化轮训干部储备人才，境外项目执行不断优化。

（董砚宝　翟巍巍）

【项目管理创新实现跨越】 2019年，第十建设公司以创新为根本突破路径，加快施工组织模式创新、技术装备创新、“两化”融合创新，不断向施工行业的“中高端”延伸。在施工组织模式方面，推行“一个现场、两个工地”，提炼出管道“三维模块预制法”，深化场外预制、立体预制，减少高空作业。推动管道机动焊使用的技术支持、资源配置和服务保障，全年管道机动焊累计完成318万吋径（1吋=25.4毫米），完成管道吋径总量940万。坚持“公司主导下的专业公司负责制”的项目实施导向，抓牢施工组织，牢牢掌控项目前置风险、组织架构和关键人员配置，优化项目运营，助推提质增效。

（董砚宝　翟巍巍）

【技术创新取得硕果】 2019年，第十建设公司立项开展技术研发项目55项，获专利授权12件，双金属低温罐施工、采用3 600吨级U型梁液压顶升系统吊装等4项工法获得集团公司级工法。其中，管道机动焊技术的开发应用，助推中科炼化等重点项目管道施工步伐。“工程施工过程数据管理软件”作业工序管理等模块加快开发，管道、仪表专业管理软件全面推广应用，管道焊接管理软件与材料管理软件实现数据交换共享，提升了施工工效和信息化管理水平。

（董砚宝　翟巍巍）

【HSSE管理不断强化】 2019年，第十建设公司生产安全总体平稳。坚持“安全是一切工作的前提”，对安全风险实施动态管理和领导承包，安全引领力建设进一步深化。坚持问题导向，聚焦直接作业环节，夯实分包商安全风险管控基础，强化重点项目和检维修项目过程管控，风险识别管控能力不断增强。以专业化引领安全，强化施工组织和方案优化和执行，开展“三项管理提升”（临时用电、脚手架、起重吊装）专项检查38次，隐患问题全部得到整改，全年安全投入6 876万元，本质安全能力不断提升。“安全生产月”等活动与安全文化建设深度融合，安全业务竞赛屡获佳绩，在集团公司2019年作业安全分析（JSA）比武中获1金、1银、1铜的优异成绩。

（董砚宝　翟巍巍）

【新业务拓展助力转型升级】 第十建设公司以节能环保为新业务发展的突破口，推动业务结构转型，加强与设计公司、环保公司的合作，积极培育专项工程总承包能力，2019年，中标齐鲁分公司塑料厂苯乙烯罐区呼吸气环保治理EPC工程，与宁波工程公司联合中标催化剂齐鲁分公司催化剂及分子筛装置尾气升级改造项目，为转型升级注入新动能。

（董砚宝　翟巍巍）

【中科炼化一体化项目顺利中交】 2019年12月28日，第十建设公司承建的中科炼化一体化项目80万吨/年蒸汽裂解、420万吨/年催化裂化、10万吨/年EVA及全厂管网等装置系统建成交工。工程建设的18个月中，第十建设公司统筹优势资源优先保障中科炼化项目建设，高峰期投入管理人员233名、直接作业人员4 984名，先后投入管道埋弧焊机、管道切断坡口一体机、吊车等施工机械300多台（套），公司层面充分发挥“指导、监督、协调、服务”作用，保证了各装置顺利中交。

（董砚宝　翟巍巍）

【中安联合甲醇制烯烃装置高标准中交】 2019年1月23日，第十建设公司承建的中安联合170万吨/年甲醇及转化烯烃项目甲醇制烯烃（S-MTO）装置实现高标准中交。中安联合煤化工项目是中国石化和安徽省政府战略合作的重点工程，其核心装置S-MTO装置于2017年6月6日复工。施

第十建设公司承建的中安联合甲醇制烯烃装置（邹庭龙　摄）

工过程中，第十建设公司使用自动化设备开展管道工厂化预制，管道及设备焊接一次合格率分别达99.23% 和 98.74%，工效提升 25% 以上；其间还完成便携式焊条发放量具、盘柜转运车和盘柜基础预制调频装置等多项发明与创新，促进了工效提升。

（董砚宝　翟巍巍）

【催化剂齐鲁分公司重点环保建设工程中交】 2019年 11 月 14 日，第十建设公司承建的中国石化催化剂齐鲁分公司重点环保建设工程中交。该项目包括处理能力为 200 米^3/ 时的综合污水近零排放装置和催化剂分子筛装置尾气升级改造，分别于 2019 年 7 月 11 日和 9 月 1 日开工。其中，综合污水近零排放装置为国内第 1 套近零污水脱盐装置，此前无同类装置设计与施工经验，在施工现场进行了大量的校核与修改工作。项目建成后，可对污水进行资源化处理，加强工业用水循环利用，极大改善厂区周边环境。

（董砚宝　翟巍巍）

【工程建设获鲁班奖等荣誉】 2019 年，第十建设公司参建的哈萨克斯坦阿特劳炼油厂石油深加工联合装置“交钥匙”建设工程项目，获 2018—2019 年度中国建设工程鲁班奖（境外工程），也是中国石化首个获此殊荣的境外工程项目。承建的山东阳煤恒通化工股份有限公司 30 万吨 / 年甲醇制烯烃装置、元坝气田产能建设工程、舟山国家石油储备基地扩建项目共 3 项工程获国家优质工程奖，7 项工程获得省部级优质工程奖。

（董砚宝　翟巍巍）

【党建工作全面加强】 2019 年，第十建设公司深入学习贯彻习近平新时代中国特色社会主义思想，广泛开展“不忘初心、牢记使命”主题教育，借助集团公司“狠抓落实”专项巡视契机，全面加强党建工作，“把方向、管大局、保落实”作用更加突出。将中科炼化等重点项目作为党建工作的重要阵地和检验主题教育成效的重要标尺，全力推动项目攻坚和节点目标的实现。基层组织建设进一步强化，符合条件的在建项目部 100% 成立党支部，各级党组织共建立“党员示范岗”32 个，划分“党员责任区”42 个，组建“党员先锋队”52 支，充分发挥基层党组织的战斗堡垒作用和党员的先锋模范作用，引领工程项目高效建设。

（董砚宝　翟巍巍）

【“四供一业”移交全面完成】 2019 年，第十建设公司按照“攻坚啃硬、坚守底线、平稳推进、完美收官，做好 2019 年分离移交收尾工作”的总要求，全面完成“四供一业”移交工作。5 月 5 日，临淄区金山镇十化建居委会印章正式启用，标志着企业办社会职能（即居委会职能）的顺利移交。移交过程中，第十建设公司吃透上级和地方移交接收政策，与地方政府、接收单位积极沟通对接，以供暖、物业、电力移交为重点，消除移交瓶颈，促进了改造施工和顺利移交收官。充分做好社区群众的宣传稳定工作，确保移交改造平稳实施，实现了“交得出、接得住、行的稳、可持续”的移交目标。

（董砚宝　翟巍巍）

表 1　第十建设公司主要生产经营指标　亿元

指标名称＼年份	2019	2018	2017	2016	2015	2014
资产总值	41.93	42.01	40.79	41.82	44.64	46.10
主营业务收入	67.38	53.60	36.67	51.11	55.65	60.59
利　税	2.00	1.65	2.03	2.26	2.80	2.35
承建工程数量 / 项	60	70	62	48	52	47
授权专利数量 / 件	84	80	70	60	50	43

表 2　第十建设公司 2019 年完成的主要工程项目

序号	项目名称	竣工日期
1	中安联合 170 万吨 / 年甲醇及转化烯烃项目主装置 MTO 安装工程	1 月
2	2 000 万吨 / 年炼化一体化项目罐区和公用管廊（C 标段）安装工程	1 月
3	海南炼化第 2 套对二甲苯装置及配套工程	3 月
4	董家口原油商业储备基地工程	4 月
5	山东桓台 300 万吨 / 年溶剂脱沥青装置	4 月
6	恒力（大连）石化 2 000 万吨 / 年炼化一体化工程项目 384 万吨 / 年蜡油加氢裂化装置	5 月
7	南京化工园区工程 60 万吨 / 年 MTO 项目甲醇制烯烃装置	5 月
8	浙江石化 4 000 万吨 / 年炼化一体化项目一期工程 1#2#1000 万吨 / 年常减压装置	5 月
9	科威特重油油田开发项目	7 月
10	青岛炼化大检修改造项目	7 月
11	鄂安沧输气管道一期工程	7 月
12	江苏斯尔邦石化丙烯腈装置扩能技术改造项目	7 月
13	浙江石化 4 000 万吨 / 年炼化一体项目（一期）炼油区公用工程	7 月
14	泰州乙烯 110 万吨 / 年轻烃综合利用项目	8 月
15	山东桓台 100 万吨 / 年重芳烃加氢改质装置	8 月
16	上海高桥石化燃煤锅炉超低排放改造项目	9 月
17	浙江石化 4 000 万吨 / 年炼化一体项目（一期）码头储运原油罐区 3#、4# 罐组安装工程	9 月
18	中海福陆科威特模块组装工程	10 月
19	浙江独山能源 220 万吨 / 年 PTA 精对苯二甲酸一期安装工程	10 月
20	广东巨正源 120 万吨 / 年丙烷脱氢制高性能聚丙烯项目一期	10 月
21	浙江石化 4 000 万吨 / 年炼化一体项目（一期）140 万吨 / 年乙烯装置	10 月
22	浙江石化 4 000 万吨 / 年炼化一体项目（一期）500 万吨 / 年渣油加氢装置	10 月
23	中科合资广东炼化一体化项目废碱处理装置	10 月
24	催化剂齐鲁分公司重点环保建设工程	11 月
25	浙江石化 4 000 万吨 / 年炼化一体项目（一期）400 万吨 / 年蜡油加氢装置	11 月
26	中科合资广东炼化一体化项目 40 万吨 / 年裂解汽油加氢装置	11 月

续表

序号	项目名称	竣工日期
27	大连恒力 2 000 万吨 / 年炼化一体化项目 90 万吨 / 年 1# 乙二醇装置	12 月
28	中科合资广东炼化一体化项目 10 万吨 / 年 EVA 装置	12 月
29	中科合资广东炼化一体化项目安装工程第 EPC3-B12 标段	12 月
30	中科合资广东炼化一体化项目 80 万吨 / 年蒸汽裂解装置	12 月
31	中科合资广东炼化一体化项目催化裂化装置及烷基化装置	12 月
32	中化泉州 100 万吨 / 年乙烯及炼油改扩建项目 100 万吨 / 年乙烯装置	12 月
33	中化泉州 100 万吨 / 年乙烯及炼油改扩建项目乙烯罐区及配套安装工程	12 月
34	中化泉州 100 万吨 / 年乙烯及炼油改扩建项目储运罐区及配套设施	12 月

长城能化

【概况】 中国石化长城能源化工有限公司（简称长城能化）是 2012 年 8 月 27 日注册成立的煤化工专业公司，是股份公司的全资子公司，业务归口化工事业部管理与指导，是中国石化煤化工业务投资的平台，负责中国石化煤化工业务的投资和经营，组织协调煤化工项目建设，对煤化工企业进行专业化管理。

长城能化本部机关位于北京市朝阳区吉市口路 9 号，注册地为北京亦庄经济技术开发区，设有综合管理部（外事办公室）、规划计划部、财务部、人力资源部（党群工作部、党委组织部、党委宣传部）、企管法律部、纪检监督部（审计部）、安全环保部、设备工程部、煤炭部、化工部和煤矿安全管理部 11 个部门；下设中国石化长城能源化工（内蒙古）有限公司（简称蒙西能源）1 个全资子公司，中国石化新疆能源化工有限公司（简称新疆能化）、中国石化长城能源化工（宁夏）有限公司（简称宁夏能化）和中国石化长城能源化工（贵州）有限公司（简称贵州能化）3 个控股公司，中天合创能源有限责任公司（简称中天合创）、中安联合煤化有限责任公司（简称中安联合）和毕节中城能源有限责任公司（简称中城能源）3 个参股公司。截至 2019 年底，长城能化已在宁夏、内蒙古、安徽、贵州和新疆等地规划布局 6 个煤化工项目。其中，宁夏能化和中天合创项目已建成投产并转入商业运营，中安联合项目于 2019 年 7 月底打通全流程、转入试生产，贵州能化项目正在做开工准备，新疆能化和蒙西能源项目处于前期工作阶段。长城能化本部机关、各全资及控股子公司和依托长城能化管理的中天合创及中安联合化工分公司用工总量为 5 543 人。

2019 年，面对国际油价在中低位宽幅震荡、化工产品价格持续下跌、市场竞争不断加剧等外部严峻挑战和部分装置运行不稳、配套煤矿问题凸显、项目推进难度较大等内部艰巨困难，长城能化坚持以习近平新时代中国特色社会主义思想为指导，全面贯彻集团公司决策部署，开展主题教育砥砺初心使命，聚焦扭亏脱困工作目标，稳中求进，担当作为，狠抓落实，扎实推进挖潜增效、项目统筹、严细管理、企业帮扶和党的建设等各项工作，取得积极成效，较好完成全年各项工作任务目标。各项目全年完成投资 55.79 亿元，其中中国石化股权投资 31.33 亿元，含资本金注入 1.86 亿元；自开工以来累计完成投资 1 168.87 亿元。年末合并口径公司总资产 330.61 亿元，总负债 188.42 亿元，负债率达 56.99%；权益口径公司总资产 695.98 亿元，总负债 437.14 亿元，负债率达 62.81%。

（从怀芳）

【深入开展挖潜增效】 2019 年，长城能化认真贯彻落实集团公司关于决胜全面可持续发展工作部署，咬住全年效益指标不放松，落实挖潜增效工作责任，着重推进宁夏能化扭亏脱困和中天合创优化挖潜，狠抓煤矿稳产高产、化工装置安稳运行和产销协调衔接，努力增收节支、降本增效，推动装置运行水平不断提高，经营总量持续做大，实现增产增收增效。全年生产原煤 2 122.56 万吨，销售商品煤 1 795.57 万吨，分别增长 39.3% 和 38.2%；主要化工产品产量 298.98 万吨，经营总量 243 万吨，分别增长 10.31% 和 10.39%；公司合并口径实现销售收入 44.26 亿元，增加 3.12 亿元；完成年度调整效益指标，减亏 7.87 亿元。

（从怀芳）

【组织开展安全管理提升】 2019 年，为彻底扭转煤化工企业安全生产工作的被动局面，夯实安全"三基"，提升安全管理水平，长城能化编制实施《长城能化安全管理提升工作总体方案》，指导、督促各煤化工企业结合实际制订安全管理提升具体工作计划，聚焦薄弱环节和重点难点问题，共确定实施 114 项具体安全管理提升工作措施，明确工作目标、时间进度和责任人员，加强督促检查和总结考核，扎实推进安全管理提升，取得较好成效，为煤化工企业总体保持安全稳定运行提供基础保障。同时，重点针对宁夏能化事故多发、安全管理薄弱的问题，落实党组领导提出的"查思想、查作风、查管理、查技术"指示要求，会同总部化工事业部组建工作组，对宁夏能化开展生产管理帮扶和"回头看"，组织查找深层次问题，制订落实整改方案，提升宁夏能化安全管理水平。

（从怀芳）

【突出抓好严细管理】 2019 年，长城能化认真贯彻落实集团公司关于从严管理、精细管理、精益管理的工作要求，着力抓实 HSSE 管理、煤炭业务制度建设、财务管理等重点工作和薄弱环节，不断提高专业化管理水平。加强 HSSE 管理，深入宣贯集团公司新版 HSSE 管理体系，强化煤矿安全监督检查，组织开展安全管理提升和绿色企业创建，持续推进各类问题整改和风险隐患消减，安全环保工作基础进一步夯实。加强煤炭业务管理，充实专业力量，健全管理体系，编制印发煤矿生产经营管理、安全生产等方面专业制度 8 项，提高对各控参股煤矿的管控能力。加强财务管理，抓好滚动预算编制和经济活动分析，强化资金统筹管控，协调落实项目筹融资安排，开展对标分析，提高财务指导服务生产经营能力。加强队伍建设，配合总部完成煤化工企业 11 名党组管理领导的调整，协调配备 8 名合资公司董监事人员，加大优秀年轻干部的储备培养，建立健全深化"三项制度"改革及人才强企工程工作机制，推进煤化工板块人员的优化配置，强化学习培训、技能鉴定和职称评审，提升干部员工队伍的综合素质能力。加强作风建设，大力践行"马上就办"，聚焦影响各煤化工企业经营发展的关键事项和主要问题，深入基层开展调查研究和帮扶服务，有效提升板块运转效率。

（从怀芳）

【建成投产中安联合煤化工项目】 2019 年，长城能化紧盯中安联合煤化工项目总体统筹控制计划目标，会同总部工程部、化工事业部等部门组建项目开车现场服务团队，协调各方资源加快污水处理场建设进度，全面做好项目工程收尾、生产准备、投料开车过程中的支持服务，保证各关键节点目标的实现和各装置的顺利投料开车，实现项目安全一次投料开车成功，顺利打通全流程，转入试生产。

（从怀芳）

中安联合煤化工项目建成投产

【协调落实贵州煤化工项目全面开工条件】 2019年，长城能化认真贯彻落实集团公司与贵州省关于项目现场推进会精神，围绕贵州煤化工项目建设总体目标和落实全面开工条件工作目标，全面梳理问题清单，指导、督促贵州能化组建项目IPMT和管理部，制定、实施项目工作路线图和时间表，一方面重点加快热电项目核准报批和配套煤炭资源落实，实现热电项目顺利核准，各配套煤矿核准及建设积极推进；另一方面同步加快土地手续办理、总图优化、技术比选、总体设计、场平方案编制等工作，各项工作有序推进。

（从怀芳）

【统筹推进大路工业园煤化工基地规划布局】 2019年，长城能化按照在内蒙古鄂尔多斯大路工业园布局建设煤化工基地的规划目标，组织对在该地区布局煤化工项目进行认真调查研究，经过与地方政府以及项目合作方的多轮洽谈，并报总部批准，于2019年8月成功收购蒙西能源80万吨/年煤制烯烃项目。

（从怀芳）

【平稳完成新疆能化委托管理工作】 2019年3月29日，按照总部部署安排，为加强新疆能化现场管理以及推进乌鲁木齐市基地土地项目的优化开发利用，长城能化与西北油田分公司签订新疆能化委托管理工作备忘录，将新疆能化委托给西北油田分公司管理，并完成工作交接。从2019年4月1日起，由西北油田分公司代长城能化履行出资人责任，负责新疆能化的日常经营管理，长城能化仍为新疆能化的名义股东，负责办理涉及增加注册资本金、合并报表等事项。

（从怀芳）

【中国石化（亦庄）智能制造研发生产基地项目开工】 2019年6月27日，在总部的直接关心和协调下，经过多年努力，中国石化（亦庄）智能制造研发生产基地项目完成内外部各项审批手续的办理，正式开工建设，计划2021年建成投用。

（从怀芳）

【“十条龙”攻关项目“煤化工污水综合治理及近零排放技术”出龙】 2019年12月11日，经集团公司“十条龙”科技攻关领导小组审议，由长城能化、中天合创、宁夏能化、大连石油化工研究院、上海工程公司等单位共同承担的中国石化“十条龙”科技攻关项目——“煤化工污水综合治理及近零排放技术”项目完成预定攻关目标，获得批准“出龙”。

（从怀芳）

【扎实开展主题教育】 2019年，长城能化认真贯彻落实集团公司党组部署要求，统筹本部机关和煤化工企业2个层面，全面启动和深入开展“不忘初心、牢记使命”主题教育，牢牢把握“守初心、担使命、找差距、抓落实”总要求，通过“理论学习＋专题研讨”“现场调研＋督促指导”“检视问题＋剖析反思”“整改落实＋效果评估”的方式，推动主题教育在煤化工板块扎实开展，实现“理论学习有收获、思想政治受洗礼、干事创业敢担当、为民服务解难题、清正廉洁作表率”目标，得到集团公司党组第十巡回指导组的充分肯定。

（从怀芳）

【持续抓实党的建设】 2019年，长城能化认真贯彻落实习近平新时代中国特色社会主义思想，进一步压实全面从严治党责任，推进全面从严治党向合资企业纵深发展，推动党建工作与中心工作相融互促，为煤化工发展提供强有力保障。认真落实“一岗双责”，将党建工作与企业中心工作同谋划、同部署，形成目标融合机制，逐级签订党建工作责任书，明确工作目标，细化责任分解，压实党建工作责任。加强党风廉政建设，扎实推进中央巡视和党组巡视反馈问题整改，开展集中整治官僚主义、形式主义专项行动，配合完成中天合创股权投资管理和相关领导人员离任经济责任等专项审计，督促推进问题整改，推动板块政治生态持续向好。加强基层党支部建设，融合党建工作“雷达图”对标等载体，制订实施加强合资企业基层党的“三基本”建设和组织力提升工程实施方案，提升基层党支部工作水平。加强意识形态和企业文化建设，组织新中国成立70周年庆祝活动，广泛开展形势任务教育，大力传承石油精神、弘扬石化传统，培育以“和合”文化为核心的合资企业文化，推动股东各方优秀文化持续融合。发挥工团组织作用，组织开展“当好主人翁，立业煤化工”主题劳动竞赛、“走基层，访万家”、青年创新创效等活动，凝聚了全员为煤化工建设发展拼搏奉献的强大正能量。

（从怀芳）

宁夏能化

【概况】 中国石化长城能源化工（宁夏）有限公司（简称宁夏能化）位于宁东能源化工基地C区，前身为2010年6月成立的国电宁夏英力特宁东煤基化学有限公司，2012年12月，中国石化长城能源化工有限公司入股，成立合资企业；2014年1月，股东双方进一步签署股权转让协议，长城能化持股比例上升到95%，承担控股股东管理责任，公司更名为中国石化长城能源化工（宁夏）有限公司。

宁夏能化一期项目于2009年6月25日正式启动建设，2014年9月26日全面打通工艺流程，是中国石化煤化工产业板块第1个进入生产运营的企业，主要经营化工、电力、热力、水泥及水泥制品的生产与销售，煤炭销售，化工技术开发，设备检修，房屋租赁等业务。

截至2019年底，宁夏能化拥有65万吨/年甲醇、23万吨/年乙炔、45万吨/年醋酸乙烯、30万吨/年醋酸、20万吨/年1,4-丁二醇5个化工项目，2×330兆瓦自备热电项目，100万吨/年水泥项目、公用工程项目及2个总产能300万吨/年煤矿项目。设有机关处室11个、专业中心3个、基层单位10个，共有在职职工1 962人。

宁夏能化主要技术经济指标及主要产品产量分别见表1和表2。

（陈卫平）

【领导班子调整】 2019年1月4日，集团公司对宁夏能化领导班子做出调整：林国不再担任宁夏能化副总经理、党委委员职务，王文清担任宁夏能化副总经理职务。1月23日，集团公司对宁夏能化领导班子做出调整：陆伟群任宁夏能化董事长、党委书记，胡传清任宁夏能化总经理、董事、党委副书记，宋荣普任宁夏能化副总经理、党委委员，张瑞胜任宁夏能化财务总监、党委委员；曹维鹤不再担任宁夏能化董事长、董事职务，盛玉学不再担任宁夏能化副总经理、党委委员职务，任调研员；张建华不再担任宁夏能化财务总监、党委委员职务。

（陈卫平）

【装置生产运行稳步向好】 2019年，宁夏能化持续强化“以调度为中心、以计划为龙头”的生产管控模式，积极推进PIMS系统优化，严抓工艺靠标运行，从严生产异常管理，狠抓非停专项治理，细化能耗物耗管控，多措并举推进报警、巡检、联锁、交接班、值（带）班、调度会管理，未发生三级及以上非计划停工、四级非计划停工下降36.36%，万元产值综合能耗比年度考核指标下降7.1%，仪表自控率从83%提升到94%，主要设备完好率达98.5%，装置运行平稳率为97.52%，运行水平持续提升。

（陈卫平）

【产品质量管控逐步规范】 2019年，宁夏能化推行以客户为导向的质量管理，新产品开发、质量管控、客户满意度有新提升。重点开展BDO纯度、PTMEG产品正丁醇含量稳定性、水泥熟料质量等技术攻关，PT1800B产品中正丁醇控制指标达到行业先进水平，熟料3天抗压强度平均值提升至26兆帕以上，开发出PVA088-05等5个适销对路的高附加值新产品，PVA牌号增至31个。全年未发生公司级及以上质量事故，产品出厂合格率保持在100%。

（陈卫平）

【拓市促销再创佳绩】 2019年，宁夏能化进一步完善产销研用协调机制，强化产销衔接，深化统销产品销售协调，大力推进国际市场开发，不断提高终端客户比例；在市场低迷的形势下，开发自销产品新客户 19 家，全年甲醇、醋酸、醋酸甲酯、聚乙烯醇、BDO、水泥销售量再创历史新高，聚乙烯醇、BDO 产品出口销售实现新突破，PTMEG 销售总量在国内企业连续 2 年排名第一。

（陈卫平）

【物资采购科学理性】 2019 年，宁夏能化积极研究市场、贴近市场，坚持公开招标采购，持续提升自采比率和终端采购比率，积极推进“储物于商”，狠抓大宗原材料保供，以实现“科学理性采购”为主线，全年实现网上采购率为 100%，“易派客”平台利用率为 100%，公开采购率为 96.11%，采购资金节约率为 8.49%、增长 1.24%，开展物资寄售降低库存 3 000 万元左右，已连续 3 年获集团公司物资供应管理先进单位称号。

（陈卫平）

【优化挖潜深入推进】 2019 年，宁夏能化深度优化挖潜空间，健全优化挖潜工作机制和激励机制，多措并举向生产经营管理各环节要效益，坚定推进 41 个优化项目、32 个挖潜项目实施，积极争取外部政策支持，通过抓实做细优化挖潜项目，全年创效近 3 亿元。

（陈卫平）

【财务管控持续增强】 2019 年，宁夏能化逐步强化“零基预算”管理，做实“事前算赢”指导，深入实施财务领航计划，持续狠抓“两金”压降，做实资产分类管理，6 项重要可控费用比年进度指标节约明显，低效、无效和负效资产占比下降 20%，业财融合成效逐步显现。

（陈卫平）

【产业结构调整持续深化】 2019 年，宁夏能化充分论证、确定电石炉尾气及煤泥等资源综合利用项目和乙炔、一氧化碳、脱硫剂多联产填平补齐项目，完成可研编制；GTL 基础油合资合作项目完成合作意向协议书签订，BDO 装置达标改造、醋酸装置挖潜优化改造等项目有序推进；热塑性聚乙烯醇（TPVA）阻隔功能膜专用料中试放大整体达到预期目标，下游多层复合膜应用试验取得预期效果；1,4- 丁炔二醇选择性加氢催化剂和工艺研究、BYD 炔化催化剂乙炔铜无害化处理技术研究等科技项目有序推进，发展思路更加明确，工作进展不断加速。

（陈卫平）

【基础管理日趋务实】 2019 年，宁夏能化强化煤炭专业合规管理，调整合并安全环保处、办公室架构，通过划转完善了应急管理职责与热控、电力调度职责，优化白班交接班和电仪班组运行模式，成立专业组做实了运行部—班组 2 级管理模式，进一步提升了管理效率。建立制度诊断、会审机制，征集制度诊断建议 1 486 条，修订、发布各类管理制度 203 项，制度的符合性、可操作性明显增强；健全“低老坏”查找工作机制，推进管理信息平台上线和整合，共辨识各类风险、隐患、“低老坏”问题 11 780 项，整改完成率达 92.40%，兑现提报、整改奖励 36 万元。发布实施班组管理提升方案，制订“红旗班组”“红星班长”评比方案，细化完善“十项制度”检查评比标准，促进了班组自主管理能力的提升。

（陈卫平）

【岗位胜任能力日趋提升】 2019 年，宁夏能化扎实推进“领导干部周末大讲台”，规范和加强副班学习，做实岗位练兵和应急培训。举办“领导干部周末大讲堂”19 期，组织筹办或参加各类比武、竞赛 37 场次，全年全员在岗培训率 100%，2 名员工获煤化工行业技能大赛团体二等奖和全国青年岗位能手称号，10 名员工获宁夏回族自治区技术能手称号，宁夏能化取得宁夏回族自治区职业技能等级认定资格。

（陈卫平）

【干部人才管理梯次推进】 2019 年，宁夏能化大力推进干部梯队建设和“人才强企”工程，对标“三强”干部要求，统筹干部配备使用、后备人才储备培养，选优配强各级领导班子，探索实施基层支部书记兼任安全总监、生产副主任兼安全副总监工作；畅通 3 支人才通道，让“想干、能干、干成”的人扬名得利，全年提拔使用中基层干部

56 人，选聘 3 类人才 46 人，2 人获评“宁东英才”及高层次人才，“人人皆可成才”的氛围正在形成。

（陈卫平）

【全面从严治党深入推进】 2019 年，宁夏能化坚持以全面从严治党推进从严治企，贯彻“大抓基层、大抓支部”鲜明导向，聚焦融合创效、做实结合转化，积极推进党建工作与中心工作深度融合，健全“一书一单一机制”，深入推进“组织力提升”工程和开展“双示范”建设，不断推进“支委 + 团队”工作法，实施党员积分管理，进一步压实支部班子党建工作责任，党员先锋模范作用得到较好发挥。深入推进形式主义、官僚主义专项整治，制定《关于形式主义官僚主义突出问题问责处理办法》，对 12 起形式主义、官僚主义问题指名道姓公开通报；落实“马上就办，办就办好”，深入贯彻“为基层减负”工作，风清气正环境进一步形成。

（陈卫平）

【主题教育、巡视整改打牢思想政治基础】 2019 年，宁夏能化切实将推进主题教育和党组巡视整改作为重大政治任务，深入学习贯彻习近平新时代中国特色社会主义思想，聚焦“不忘初心、牢记使命”主题，紧盯 12 字总要求和 5 句话目标，统筹 4 项措施，渐次推进 2 批主题教育，坚持“止损挽损、倒逼改革、问责追责”，做好“后半篇文章”，推进习近平新时代中国特色社会主义思想和党中央、集团公司党组重要决策部署在公司落地生根，坚持推行问题查找“五步法”、实施“五改推进”整改模式，第 1 批主题教育检视问题 48 个，细化整改措施 80 项，整改完成率达 95.8%，第 2 批主题教育检视问题 165 个，整改完成率达 98.78%；195 项党组巡视整改细化措施整改完成率达 97.43%，挽回经济损失 1 188.946 万元，修订完善制度 49 项。

（陈卫平）

宁夏能化“传承石油精神，弘扬石化传统”迎新年大合唱比赛

（王　鑫　摄）

表 1　宁夏能化主要技术经济指标　亿元

指标名称＼年份	2019	2018	2017	2016	2015	2014
产品总量 / 万吨	437.23（含煤炭）	384.30（含煤炭）	261.25	171.14	128.31	72.77
工业总产值	42.50	41.31	33.61	22.58	23.62	25.13
工业增加值	4.50	2.81	−28.04	−1.75	5.06	5.12
资产总计	174.84	183.87	187.47	218.52	219.39	202.28
流动资产	7.02	8.11	7.19	5.40	7.78	18.82
固定资产原值	216.00	212.97	188.61	188.73	172.71	58.18
固定资产净值	128.29	136.74	126.92	168.74	165.97	55.68
销售收入	44.24	41.13	32.63	17.89	9.76	8.42
利　润	−12.04	−16.20	−46.03	−18.95	−1.60	−0.03

表 2　　宁夏能化主要产品产量　　万吨

产品名称＼年份	2019	2018	2017	2016	2015	2014
甲　醇	63.66	52.20	54.25	50.61	52.03	38.33
电　石	55.95	48.51	54.08	35.70	24.54	19.41
乙　炔	17.21	15.88	15.26	9.17	6.21	2.17
醋　酸	34.24	23.64	27.34	14.75	3.60	7.50
醋酸乙烯	34.86	31.91	31.66	19.81	10.57	3.19
聚乙烯醇	7.25	5.48	5.93	1.98	2.04	0.04
1,4-丁二醇	16.86	15.30	12.68	6.69	6.64	1.70
四氢呋喃	6.70	6.72	4.73	1.77	1.45	0
聚四氢呋喃	5.42	4.94	3.59	0.99	0.48	0.29
水　泥	79.04	58.19	51.72	29.66	20.75	0.14
煤　炭	116.04	121.53	—	—	—	—

中天合创

【概况】 中天合创能源有限责任公司（简称中天合创）成立于 2007 年 10 月 24 日，注册资本 175.16 亿元，由中国中煤能源股份有限公司（股权比例 38.75%）、中国石化长城能源化工有限公司（股权比例 38.75%）、申能股份有限公司（股权比例 12.5%）、内蒙古满世煤炭集团股份有限公司（股权比例 10%）4 家股东单位投资设立，是集煤炭、化工和电力生产为一体的国家大型煤炭深加工示范企业。中天合创下设化工分公司和煤炭分公司，分别负责化工和煤炭业务的生产运营与管理。化工产品由中国石化负责销售，煤炭产品由中煤负责销售。

中天合创项目位于内蒙古鄂尔多斯市乌审旗境内，总占地面积约 525 公顷（525 万平方米），配置煤炭资源 49.98 亿吨、黄河水资源 2 677 万米^3/ 年。总投资概算批复 590 亿元。煤炭分公司有 2 座煤矿及配套的洗煤厂，总生产能力 2 500 万吨 / 年，其中葫芦素矿 1 300 万吨 / 年、门克庆矿 1 200 万吨 / 年。化工分公司有 2×180 万吨 / 年煤制甲醇装置、2×180 万吨 / 年 S-MTO 装置、5 套聚烯烃装置，总生产能力为 360 万吨 / 年甲醇（中间产品）和 137 万吨 / 年聚乙烯、聚丙烯塑料产品；热电系统有 6 台高压煤粉锅炉，产汽 2 690 吨 / 时，配有总量为 300 兆瓦的发电机组。

项目建设于 2016 年基本完成，葫芦素煤矿于 2016 年 1 月投入试生产，门克庆煤矿于 10 月投入试生产，化工装置于 10 月打通全流程，并产出合格的聚烯烃产品。中天合创整体于 2017 年 9 月转入全面商业运营。

2019 年，化工分公司生产聚烯烃产品 137.55 万吨、MTO 级甲醇 423.4 万吨；实现营业收入 133.29 亿元、利润 22.18 亿元。

中天合创主要技术经济指标和主要产品产量分别见表 1 和表 2。

（杨丽君）

【化工分公司召开一届三次职代会暨 2019 年工作会议】 2019 年 1 月 24—25 日，化工分公司召开一届三次职代会暨 2019 年工作会。会议发出深入开展“管理提升年”主题活动的动员令，确立 2019 年工作思路和奋斗目标，全年生产 MTO 级甲醇 400.3 万吨、聚烯烃 130.5 万吨，实现营业收入 115.8 亿元，利润 15.47 亿元。

（杨丽君）

【中天合创煤化工项目通过环保验收】 2019 年 1 月 16—17 日，由生态环保部环境工程评估中心组织的中天合创鄂尔多斯煤炭深加工示范项目竣工环保验收工作在中天合创项目现场展开。环保专家通过资料查询、现场勘察、人员走访，初步掌握项目环保落实、“三同时”情况。在 17 日召开的评审会上，与会专家一致认为，该项目环保措施落实到位、环保装置运行良好、示范项目效果明显。一致同意中天合创鄂尔多斯煤炭深加工示范项目竣工环保验收通过。

（杨丽君）

【中天合创项目（煤化工部分）档案通过专项验收】 2019 年 1 月 22—23 日，集团公司办公厅会同内蒙古自治区档案局对中天合创鄂尔多斯煤炭深加工示范项目（煤化工部分）档案进行检查验收。验收组在听取项目建设、档案管理情况汇报的基础上，按照国家档案局及集团公司有关建设项目竣工验收的管理规定，采取现场询问和档案实体抽查的方式，对该项目档案的完整性、准确性和系统性等方面进行全面检查。经验收组综合评议，认为该项目档案符合相关国家和行业标准，收集齐全、完整，与项目建设情况相符，检索工具完备，能够满足公司生产、经营、建设等方面档案利用的需求；档案设施、设备配置齐全，档案保管条件符合“八防”要求。依据《中国石化建设项目档案验收评分实施细则》，经验收组综合评议，中天合创鄂尔多斯煤炭深加工示范项目（煤化工部分）得分为 91.1 分，同意“优秀”级通过档案专业验收。

（杨丽君）

【水务中心高含盐新建结晶装置出盐】 2019 年 1 月 29 日，晶莹洁白的盐粒从新建结晶装置出料口喷出，标志着高含盐新建结晶装置试生产成功。新建蒸发结晶系统投产后，对于破除中天合创环保瓶颈，优化全厂水盐平衡，改善系统水质意义重大。新建的结晶项目含处理能力为 60 米 ^{3}/ 时膜浓缩系统、30 米 ^{3}/ 时蒸发结晶系统及其配套项目。项目建成后可以及时处理系统内高含盐水的情况，拉低暂存池液位，缓解公司环保压力。

（杨丽君）

【开展管理提升年活动】 2019 年 2 月 27 日，中天合创颁布《“管理提升年”活动工作方案》。通过推进 9 项专项提升工作，强化基础管理，落实改进完善措施，实现保效益促增长；通过借鉴先进管理经验，有效利用先进的管理理念和管理方法，构建起全员、全方位、全过程的管理提升体系和长效运行机制，不断提升中天合创整体管理水平和核心竞争力，促进可持续发展。

（杨丽君）

【取得工业产品生产许可证】 经过前期咨询、资料准备、产品外检、申请提交、现场审核等工作，中天合创通过内蒙古自治区市场监督管理局的生产许可证现场审核，取得“全国工业产品生产许可证”。生产许可证证书编号：（蒙）XK13-021-00013。取证产品包括工业硫黄、工业用 1- 丁烯、工业丙烷 3 个产品。

（杨丽君）

【采取有力措施狠抓安全生产】 为贯彻落实习总书记关于响水“3·21”事故的重要指示精神，深刻吸取事故教训，坚决防范重特大事故发生，中天合创采取一系列加强安全生产措施，确保生产经营安全平稳有序。中天合创要求，针对响水“3·21”爆炸事故，各部门、单位要主动收集、及时跟踪有关事故信息，结合暴露出的问题举一反三整改，特别是要结合本单位实际情况，强化过程安全管理，制定严密有效的事故防范措施。要结合近期生产操作季节性转换、工程项目密集的特点，对生产操作、施工现场的各类违章行为及时检查纠正，情节严重的要按照“零容忍”原则，从严、从快、从重处理。

（杨丽君）

【国家科学技术奖励办公室调研“高效甲醇制烯烃全流程技术”项目】 2019 年 4 月 26 日，国家科学技术奖励办公室副主任高洪善一行到中天合创开展“高效甲醇制烯烃全流程技术”项目现场调研。调研是国家“石油石化行业国家科技奖励获奖项目影响力分析”项目的工作方案及计划安排中的一项内容，重点围绕获奖项目组织管理模式发展和获奖项目影响力 2 个方面开展。“高效甲醇制烯烃全流程技术”是 2017 年国家科学技术进步一等奖项目，在中天合创成功实施大型工业化应用。调研组认为该技术的时空收率、双烯选择性和稳定性均实现了全球引领，可较大缓解烯烃生产对石油资源的高度依赖，经济效益和社会效益显著。

（杨丽君）

【成功试生产新牌号 LD-165】 为进一步优化聚乙烯产品结构，丰富产品系列，满足市场多样化需求，使管式高压聚乙烯产品效益最大化，管式聚乙烯装置成立新产品开发工作组，积极与国内同类装置交流，对操作参数、调节细节、风险管控措施等进行专题研究，制订出新产品试生产方案和产品质量技术指标。2019 年 4 月 2 日，开始组织试生产工作，经过 6 小时的奋战，成功生产出粒料熔融指数 0.33 ± 0.1 克 /10 分的新产品 LD-165，创管式聚乙烯装置自投料以来产品熔融指数“新低”。LD-165 新牌号的成功试生产，凸显了中天合创新产品开发的技术水平和能力，对于中天合创积极应对市场需求，提高产品竞争力具有重要意义。

（杨丽君）

【主题教育】 2019 年 6 月 18 日，化工分公司召开“不忘初心、牢记使命”主题教育动员大会。要求要深刻领会开展主题教育的重大意义，进一步提高政治站位，切实增强思想自觉和行动自觉；要准确把握主题教育的目标要求任务，贯穿落实主题教育的重点措施，进一步强化政治担当，推动主题教育往心里走，往实处抓；要精心安排组织实施，进一步压实政治责任，坚持领导带头，坚持从严从实，坚持舆论引导，坚持求真务实，坚持统筹兼顾，确保教育实效。

（杨丽君）

【中国石化公众开放日（中天合创站）启动】 2019 年 6 月 16 日，中国石化公众开放日（中天合创站）启动。来自鄂尔多斯应用技术学院、乌审旗图克镇政府、苏里格经济开发区等 100 余名社会公众代表通过与企业零距离的接触和沟通，体验了煤炭从黑变白成为聚烯烃产品的神奇幻化，开启了一场煤化工绿色能源的探秘之旅。

（杨丽君）

【行业能效领跑者标杆全国排名第二】 2019 年 7 月 25 日，2018 年度石油和化工行业重点耗能产品能效领跑者标杆企业名单和指标在辽宁营口发布，中天合创化工分公司获 2018 年度煤制烯烃能效领跑者标杆企业第 2 名，既彰显了中天合创在行业节能方面的地位，同时扩大了企业在业界的影响力，树立了良好的企业形象。

（杨丽君）

【召开“双百”年轻干部培训开班动员会】 2019 年 10 月 15 日，化工分公司召开“双百”优秀年轻干部培训开班动员会。培训班依托中国石化优秀的教育培训资源，委托河南油田党校以党性修养、业务知识、团队建设为主要教学环节开展。

（杨丽君）

【一次性通过危险化学品企业安全标准化评审】 2019 年 10 月 17—18 日，鄂尔多斯市应急管理局组织 5 名自治区安全专家对中天合创危险化学企业安全标准化企业创建工作进行评审。专家组认为：中天合创安全标准化工作领导重视、工作扎实、成效显著，评审得分为 82.09 分（总分 90 分），符合危险化学品企业安全标准化达标要求。

（杨丽君）

【完成2019年生产经营目标】 2019年，中天合创紧紧围绕建设国际一流煤化工企业奋斗目标，以“安稳长满优”生产为主线，以管理提升年为抓手，以“不忘初心、牢记使命”主题教育活动为契机，上下同心，努力拼搏，克服烯烃产品销售价格下行、煤炭供应质量不稳定等不利因素影响，圆满完成全年的各项目标任务，甲醇及聚烯烃产品产量均创历史新高。累计生产MTO级甲醇423.40万吨，完成年度计划的105.77%，增长6.36%；生产聚烯烃产品137.53万吨（其中聚乙烯67.41万吨、聚丙烯71.27万吨），完成年度计划的105.39%，增长8.23%。产品实现全产全销，全年实现营业收入115.35亿元，实现利润总额19.35亿元（未经审计），各主要生产装置经济技术指标均创历史最好水平。其中，环管聚丙烯、气相聚丙烯、釜式聚乙烯、管式聚乙烯、线型聚乙烯综合能耗分别比控制指标下降32.11、32.42、47.00、74.04和20.14千克标油/吨。单位万元产值综合能耗为4.63吨标煤；单位万元产值水耗为10.34吨；单位聚烯烃产品水耗为10.77吨/吨，均达到国内领先水平，实现产量、综合指标双提升。

（杨丽君）

表1　中天合创主要技术经济指标　亿元

年份 指标名称	2019年	2018
原煤加工量/万吨	679.75	645.70
工业总产值	143.33	111.32
工业增加值	61.54	65.22
资产总计	337.00	354.50
流动资产	17.00	10.66
固定资产原值	349.00	350.60
固定资产净值	295.00	319.87
销售收入	104.00	113.76
综合能耗/吨标煤·万元$^{-1}$	4.71	4.75

表2　中天合创主要产品产量　万吨

年份 产品名称	2019年	2018
MTO级甲醇	423.40	398.06
聚合级乙烯	67.41	63.24
聚合级丙烯	71.53	65.49
聚烯烃	137.53	127.07
其　他	50.54	37.96

中安联合

【概况】 中安联合煤化有限责任公司（简称中安联合），成立于2010年12月，为中国石化长城能源化工有限公司与安徽省皖北煤电集团公司根据中国石化与安徽省政府签订战略合作协议，按照各占50%均股合资成立，位于安徽省淮南市现代煤化工产业园区，是中国石化重点建设项目，安徽省重点工程、淮南市“一号工程”。

中安联合项目资本金80.18亿元，一期工程可研批复总投资267亿元。其中，煤化工主要产品为35万吨/年线型低密度聚乙烯、35万吨/年聚丙烯，以及乙烷、丙烷、碳四液化气、碳五汽油、硫黄等煤化工产品；配套煤矿项目朱集西煤矿，煤炭资源8.56亿吨，可采储量4.06亿吨，生产能力400万吨/年。

2019年，在中国石化党组和股东双方的坚强领导下，以开展“不忘初心、牢记使命”主题教育为契机，中安联合全体干部员工认真贯彻落实董事会各项决议，紧紧围绕“一二四四”全年目标任务，精准施策、狠抓落实，各项工作积极有序推进，安全环保、生产经营、党的建设、员工队伍等工作稳中向好。化工项目提前1个月打通全流程，生产聚乙烯10.16万吨、完成计划的103.67%，生产聚丙烯9.8万吨、完成计划的104.26%，生产原煤150.21万吨、完成计划的100.14%，掘进进尺10 020米、完成计划的100.2%。全面完成董事会下达的目标任务，实现效益、管理双提升。牢牢把握“守初心、担使命，找差距、抓落实”的总要求，形成“把中安建设好、管理好、发展好，让中安联合员工、协作单位员工、地方百姓有获得感、幸福感、安全感”的初心，以及“建设一流煤化一体化公司，为保障国家能源安全做贡献”的使命。

（赵杭之　张　峰）

【化工项目顺利打通全流程】 2019年6月15日，气化炉一次投煤成功，7月20日产出合格MTO级甲醇，7月31日产出合格聚丙烯、聚乙烯粒子，顺利打通全流程，比股东双方下达的考核指标提前1个月。按照“开得起、稳得住、长周期、上水平、创一流”的总体要求，对试车过程中暴露出来的一系列问题，开展技术攻关，及时进行消缺，为装置负荷稳步提升奠定基础。11月26日，生产开始满负荷运行，12月25日高含盐水蒸发结晶单元产出合格盐产品，并实现“零排放”目标。

（赵杭之　张　峰）

【煤矿生产快速推进】 中安联合通过成建制调入、队伍整合、社会招录等方式优化人员配置，形成“1采10掘4修15钻”生产格局，比同类矿井用工人员少、结构优。煤巷队伍由原来的两班进尺调整为三班进尺，并建立快速作业线，11401轨道顺槽精准贯通，13501轨道顺槽掘进按计划推进，并成立高产高效课题攻关小组和技术创新工作室，提升了作业效率，原煤产量与掘进进尺都圆满完成了全年任务。

（赵杭之　张　峰）

【工程扫尾完成既定目标】 截至2019年底，化工项目完成投资186亿元，75个主项全部建成中交，

加快收尾工程（赵天奇　摄）

尾项整改全部完成。其中，茨淮新河码头及配套输煤管廊建成投运，一般固废堆场于2019年8月开工，完成8个主项的监理、无损检测项目结算，及项目工程总结，启动项目创优工作。化工项目获评2019年度中国石化优质工程，公司项目管理部获评中国石化2018年度工程建设项目优秀管理团队。

（赵杭之　张　峰）

【严抓设备管理创建无泄漏工厂】 2019年，中安联合全面完成大机组试车工作，做到零损坏、零事故。精心组织锅炉、压力容器、压力管道等取证工作，保证依法合规开车。高质量完成全部18套装置无泄漏创建工作，现场管理水平得到提升。同时加强保镖及维保管理，保证了投料试车过程中维保及检修力量及时到位，并积极组织检维修系统知识全厂性培训，开展以考促学活动。

（赵杭之　张　峰）

创建装置无泄漏活动（赵天奇　摄）

【严抓工艺指标攻克技术难关】 中安联合在开车过程中，组织装置主任和工艺人员进行工艺竞赛，完善工艺规程、投料试车方案、工艺卡片等各类技术资料工作，同时认真执行台账、报表制度，坚持做好月度工艺专项检查工作，并针对气化炉锥段水冷壁盘管泄漏、氧气流量计不准、洗涤塔压差上升等问题，组织技术攻关，建立中安联合最高计量标准，彻底解决安徽省内计量检测能力不足的问题。

（赵杭之　张　峰）

【严抓质量控制提升产品合格率】 中安联合根据

生产需要组织优质煤炭进厂，规范煤炭自动采样机操作程序，加强做好1–丁烯、甲醇等大宗原料的进厂环节管控，确保入厂质量，并结合投料试车阶段生产实际情况，增加重点项目分析检验频次，并依托LIMS系统，增加出厂产品质量报警、上下游装置间质量报警等辅助功能，保证出厂产品合格率为100%。

（赵杭之　张　峰）

【狠抓专项治理增强管控力】 2019年，中安联合建立了KPI考核机制，将绩效贡献和考核权重向生产一线和主要生产处室倾斜；优化员工月度绩效考核，向骨干和业绩突出人员倾斜。加强对合同“合法性、严密性、完整性”的审查，以及ERP新增成本会计、物资管理、生产计划、销售管理、设备维修5个模块的审批，编制完善“三基”管理体系与工作实施方案，以及管理基础知识手册，每月开展综合岗检，促进岗位责任体系的落实。

（赵杭之　张　峰）

【做好增收增效工作】 2019年，中安联合积极与施工单位对接，增加增值税抵扣4.14亿元；加强与政府部门沟通，收取综合贡献奖励2 946万元，返还增值税增量抵税2.23亿元。优化替代煤方案，节约采购成本1 800余万元；及时办理220千伏$2^{\#}$主变延期投用等手续，节省电费5 500万余元；煤矿实施精准过断层和煤矸分装分运，创效2 000余万元。

（赵杭之　张　峰）

开展降本增效活动（赵天奇　摄）

【加强人才队伍建设】 中安联合完善人才保障机制，先后出台干部选拔任用、人才开发、员工培训、劳动管理、薪酬管理等21项规章制度，严格考核评价，与人才选用、薪酬分配、评先推优进行挂钩，从效益、产量、党建、安环、廉洁等方面进行“严考核、硬兑现”。2019年评选产生中安联合首届“中安之星”，涌现出“安徽技能大奖获得者”“淮南学科名人”“淮南工匠”等一批先进和技术代表。

（赵杭之　张　峰）

【加强领导班子建设】 中安联合围绕政治建设、能力建设、作风建设工作，开展领导班子综合考评和“一报告两评议”制度，签订中安联合副职领导个人工作业绩考核责任书，并落实领导每日工作写实制度。通过建立统一高效的组织架构和管理机制，推进中安联合管理的优化调整。要求各级领导干部在工作上严格遵守各项规定和制度，做到按规矩办事，敢于担当，勇于作为，同时要求沉下心来加强业务学习和政治理论学习，不断提高思想认识和综合素质，领导班子建设得到全面加强。

（赵杭之　张　峰）

【全面落实管党治党责任】 2019年，中安联合党委始终把政治建设摆在第一位，切实把“两个维护”变成思想自觉、党性观念、纪律要求和实际行动。牢固树立“抓好党建是本职、不抓党建是失职、抓不好党建是不称职”的观念，认真履行分管领域或联系单位“第一书记”职责。大力推进支部工作，出台基层党支部工作考核办法、党务公开实施细则、基层党支部分类定级管理细则等制度，推动支部特色创建，组织开展“党员技师工作室”“设备120平台建设”等活动。

（赵杭之　张　峰）

【做好主题教育活动】 中安联合党委把主题教育作为极其重要的政治任务，作为推动中安联合发展的强大动力，按照“守初心、担使命，找差距、抓落实”的总要求和5句话目标任务，认真抓好学习教育、调查研究、检视问题、整改落实4项重点措施，以中层岗位人员为重点，覆盖中安联合全体党员、外包队伍中的党员、入党积极分子和青年团员。经过多批次的教育，党员干部对理论学习的重要性有了更加深刻的认识；整改解决了一批影响生产、涉及员工生活的问题，通过专题调研、检视问题、专项整治和专项督查发现问题 1 902 个，员工吃、住、行条件得到改善，薪酬待遇得到优化调整；总结提炼出中安联合践行初心使命的具体表现，守初心表现即“把中安建设好、管理好、发展好，让中安联合员工、协作单位员工、地方百姓有获得感、幸福感、安全感”；担使命表现即“建设一流煤化一体化公司，为保障国家能源安全做贡献”，旗帜鲜明地回答了“为了谁、依靠谁”的问题，为中安联合当前和今后的建设发展提供了基本遵循和前行方向。

（赵杭之　张　峰）

【不断深化党风廉政建设】 中安联合针对物资采购、产品销售、业务外包、工程结算、检维修管理等敏感领域，实施重点监督。针对中安联合外包业务范围广、人员多的情况，通过召开党风廉政专题会、签订廉洁从业责任书、聘请党风廉政联络员等形式，延伸监督触角，中安联合出台了业务招待、公务用车、操办婚丧喜庆事宜等管理办法，划定底线、设定红线。持续开展整治形式主义、官僚主义问题，营造崇廉尚俭干事的创业氛围。

（赵杭之　张　峰）

【构建和谐氛围融洽企地关系】 中安联合在办公信息平台开通总经理信箱，及时解答员工关注的热点与难点问题，并开展项目建设先进、开车先进评选活动，同时进行表彰和宣传。开展“春风”青年志愿服务队入驻志愿中国平台，共有 50 余名中安青年成为注册志愿者。中安联合与当地政府共同组织“走进淮南”京剧慰问演出，以及“歌颂祖国、点赞淮南”网络歌手大赛颁奖等活动，大大提高中安联合的知名度和影响力，省市领导还多次到现场参观调研，关注中安联合的建设与生产，企地关系更加融洽。

（赵杭之　张　峰）

【积极履行社会责任增强凝聚力】 中安联合多次组织为当地贫困户送温暖活动，为附近社区修建文化广场、生活道路，树立了良好的企业形象。中安联合竭力做好服务职工工作，为职工营造良好的办公和生活环境。在关心关爱员工工作中，全年慰问职工 1 500 余人次，发放慰问金 100 余万元，并投入使用全新通勤班车，即将建成羽毛球馆，同时开展“缘聚中安青年”联谊活动，举办“大美中安”摄影比赛，制作拍摄 MV《爱在中安》，并在公租房添置篮球、羽毛球等文体用品，丰富职工业余生活，增强职工的归属感与获得感。

（赵杭之　张　峰）

化工销售公司

【概况】 中国石化化工销售有限公司（简称化工销售公司）是中国石化下属全资子公司。2005 年 5 月，中国石化党组实施化工产品销售体制重大改革，按照“六统一”（营销策略、市场开拓、物流优化、资源配置、销售业务、品牌战略）原则，组建了化工销售分公司，主要负责统销产品国内经营，下设北京、上海、广州 3 家区域分公司。2008 年 6 月设立武汉分公司。2009 年 1 月，设立化工销售有限公司（与化工销售分公司“一套班子、两块牌子”）。2009 年 2 月，各区域分公司分别更名为华北、华东、华南、华中、江苏分公司。2012 年 5 月，化工销售分公司和化工销售有限公司整合为化工销售有限公司。

境内设有华北、华东、华南、华中、江苏 5 家区域分公司；境外设有全资子公司香港公司，密切与全球同行合作，服务全球市场客户。化工销售公司主要负责中国石化统销化工产品的经营销售（包括进出口业务、系统内互供保供），以及仓储、物流管理业务，主要经营有五大类产品：合成树脂、合成橡胶、合纤原料、合成纤维及聚合物、有机化工及中副产品。同时，配合总部开展海外化工项目投资业务，在境外设有中国石化西布尔合资公司，主要开展丁腈橡胶产品销售。2005 年成立时，经营范围基本上全是统销产品；

在统销产品增量较小情况下，通过自营资源弥补统销产品缺口。化工销售公司不断夯实基础管理，提升“三基”管理水平；不断深化改革，发展平台经济，利用互联网、大数据、物联网等，建设“石化 e 贸”化工品电商平台，打造高效交易、便捷支付、智慧物流、智能服务，推动石化产品销售由传统模式向电商模式转型；充分发挥中国石化一体化优势，与国内外知名企业建立战略合作，实现合作共赢；响应国家“一带一路”倡议，努力建设“国内领先、国际一流”石化产品贸易商。

（武　晶）

【拓市扩销】 2019 年，围绕拓市扩销中心工作，做好新增统销产品资源统筹，持续关注中美贸易摩擦、民营企业产能集中投放的影响，积极制定应对措施。年初各产品条线成立工作小组，各区域公司明确分企业的重点产品，明确周边市场开发目标，开展销售流向分析，提高周边市场占有率。

（武　晶）

【合资合作】 2019 年，加强与民营企业合资合作，提高资源获取、统筹、优化水平，提升市场影响力和企业竞争力。有序推进与国内知名企业合作，与青岛海尔、山东玉皇等企业签订战略合作协议，促进产销研用合作和自营贸易规模逐步扩大。与恒力炼化等大型民营企业建立多领域、全方位、深层次的战略伙伴关系，通过代理等方式统筹国内新增化工产能，努力维护市场稳定，减少 PX 等新增产能对市场的冲击，实现资源共享与优势互补，共同推动产业链健康发展。

（武　晶）

【体制机制】 2019 年，按照“基础 + 高端”发展方向，建立“一企一制”工作机制，规范产销衔接模式，拓展服务内容（包括建立企业档案、资源优化、衔接方式、联合服务、评价指标、市场营销和推广方案），形成闭环管理。结合生产企业特点，开展工作对接和专题研讨，完成 40 家生产企业“一企一制”工作方案制订，并逐月进行跟踪落实，推动产销研用发挥一体化优势，促进顶替进口和产品结构调整。

深化“一品一策、一户一案”运行，提升经营质量，夯实平台经济运行基础。开展各产品线“一品一策”现状调研，为进一步细化“品类”提供依据。持续深化“一品一策”在产品条线营销策略的应用，制定更加差异化的营销政策。以“一户一案”平台为抓手，狠抓需求提报率和解决率，全面提升客户服务广度和深度。根据平台应用反馈情况，进一步完善平台功能，提升用户体验。

完善“石化 e 贸”运行体制机制，推动传统销售模式向平台经济转型发展。开展化工销售电商模式下岗位设置及职责调整设计，适应“石化 e 贸”上线后新的业务模式，提高运营质量和效率。拓展期货业务，发挥期货对现货指导和预警作用，提高风险管控水平。完善期货相关制度，自查各区域公司期货业务规范性，加强期货计划管理，严格防控风险。

（武　晶）

【财务管理】 2019 年，优化对标提效指标体系，进一步完善对标数据库，对区域公司层面、条线层面的“国内市场占用率”等指标进行优化调整。各产品条线、区域公司针对经营过程中的薄弱环节，选定对标目标，并制定具体对标措施。实施财务共享全面上线，积极探索并推动财务转型。

（武　晶）

【企业管理】 2019 年，根据集团公司 HSSE 管理体系要求与实施要点，结合业务特点，编制化工销售 HSSE 管理手册。全面梳理并修订完善 HSSE 管理制度和相关操作规程，确保 HSSE 体系的完整性与有效性。优化 2019 年绩效考核方案，完善经济责任制考核体系，延续“条 + 块”考核模式，细化考核标准和考核兑现方案，形成有重点、有导向、谋全局、促发展的绩效考核体系。

（武　晶）

【安全环保】 2019 年，在国家安全环保标准不断提高的情况下，坚持安全环保理念，强化 HSSE 管理，实现安全环保发展。全年未发生上报集团公司安全环保责任事故。境内外单位未发生公共安全事故。危化品供应商与承运商、仓储商资质合格率 100%。危化品经营管理人员安全考核取证率 100%。各项 HSSE 指标达到国家和集团公司考核要求。

（武　晶）

【党的建设】 2019 年，扎实开展“不忘初心、牢记使命”主题教育，推动习近平新时代中国特色社会主义思想在党员干部内心深处铸魂扎根，引导干部员工牢记初心使命、增强理想信念，凝心聚力强党建促发展。认真落实“管党治党”责任，党委“把方向、管大局、保落实”，制订基层党组织建设工作 3 年规划，扎实推进基层党组织组织力提升工程，保障重大决策部署在基层落实落地。以强烈的责任感和忧患意识，落实“三项制度”改革实施方案和人才强企工程行动方案。全面推进专业技术序列人才选聘，畅通人才成长通道。举办中层干部及党支部书记、国际化人才、青年骨干人才等培训班，提升干部员工队伍素质。健全完善“大监督”格局，加强统筹协调，推进党内监督与经营管理融会贯通，建立季度监督工作例会机制，提升监督效能。突出问题导向，狠抓巡视、审计、巡察问题整改落实，以整改促进管理提升。加强员工警示教育，持之以恒纠正“四风”，保持惩治腐败高压态势。

（武　晶）

财务公司

【概况】 中国石化财务有限责任公司（简称财务公司）是由原中国石油化工总公司独家发起，经中国人民银行批准于 1988 年 7 月 8 日成立，以加强集团资金集中管理和提高集团资金使用效率为目的，为集团公司成员单位提供金融服务的非银行金融机构。财务公司注册资本 180 亿元（内含 6 000 万美元），其中集团公司出资 91.8 亿元，占注册资本的 51%；股份公司出资 88.2 亿元，占注册资本的 49%。

财务公司股东会是公司的最高权力机构，董事长为法定代表人。财务公司位于北京市朝阳区朝阳门北大街 22 号，设办公室（党委办公室、企业管理部）、人力资源部（党委组织部）、党群工作部（党委宣传部、企业文化部、纪检监察部）、稽核部、风险控制（法律事务）部、财务会计部、资金计划部、信贷部、票据业务部、国际业务部、投资银行部、结算部、信息部、金融研究开发部 14 个本部部室；京外设上海、南京、广州、山东、郑州、武汉、成都、新疆、天津 9 家分公司。截至 2019 年底，财务公司干部职工共 376 人，其中本部 110 人、分公司 266 人。

2019 年，财务公司实现营业收入 37.63 亿元，实现利润 28.13 亿元，年末资产总额 1 992.96 亿元，所有者权益 281.06 亿元。全年通过充分发挥金融专业优势，提供结算、贷款、委托贷款、直接购付汇、优惠贴现等各项服务，为集团公司协同创效超过 40 亿元。

财务公司资产负债损益情况见表 1。

（张　贝）

【服务集团资金集中管理安稳高效】 2019 年，财务公司全力为各成员单位提高资金运行效率，提供一流的资金归集、收付和交易结算等服务，保障集团公司“资金池”“票据池”、电商支付三大平台等资金管理信息系统安稳高效运行。全年累计完成资金结算 2 998.37 万笔、49.15 万亿元，保持“录入零差错、收付零损失、服务零投诉”；为成员单位提供票据业务服务合计 11.2 万笔、1 215.59 亿元，累计办理票据承兑 345.01 亿元、办理票据贴现 358.15 亿元；电商支付平台累计注册会员 24 526 个，在线结算量 74.14 万笔、6 283.77 亿元。

（张　贝）

【筹融资能力进一步增强】 2019 年，财务公司充分发挥金融机构优势，综合利用同业拆借、债券回购、票交所短期同业票据交易及再贴现等常规融资手段，有效应对货币市场信用分层和流动性冲击，加权融资成本保持同业市场较低水平。

（张　贝）

【信贷规模屡创新高】2019年，财务公司全面实施“一企一策”精准服务，制订精准服务方案500余份，以优惠信贷资金助力集团公司“处僵治困”“四供一业”分离移交、绿色产业发展、支付民营企业清欠款等重点工作开展，累计提供各类贷款支持1 038.5亿元，日均信贷规模668.74亿元。坚持提供信贷便利服务，免费办理提前还款，帮助企业节约财务费用3亿元。拓展关税保函业务至湛江、深圳、宁波等8家直属海关，累计办理工程保函36亿元、关税保函78亿元，帮助企业降低财务费用9 400万元。委存委贷服务持续提升，累计办理136笔、791.9亿元。

（张　贝）

【产业链金融业务初具规模】2019年，财务公司两级班子成员带头，主动走访企业200余次，参加企业内部会议及客户座谈会等30余场次，先后向1 000余人次进行产品推介，累计开展产业链票据贴现、应收账款保理、买方信贷等产业链金融业务176.66亿元，积累产业链客户2 644个，实现“一年起步，两年见效，三年成规模”的既定目标，发挥了产融结合协同优势，增强成员企业对产业链的影响力和客户黏性。

（张　贝）

【市场化经营能力持续提升】2019年，财务公司强化市场分析研究，紧盯市场动态，加强资金、信贷、投行、外汇等业务联动，完善“两来两往”运行机制，灵活运用多种同业市场工具，在确保风险可控的基础上，科学配置资产负债，短期资金加权收益率显著高于一年期国开债平均利率。紧盯股市债市市场变化，加大产品研究力度，持续优化投资结构，严格执行交易纪律，有序推进业务转型，投资收益率显著改善。精确把握外汇市场动态，准确研判汇率趋势，反复校验预测模型，交易错配日趋灵活，外汇中间业务收入创历史新高。

（张　贝）

【防范化解重大风险扎实有效】2019年，财务公司认真贯彻落实习近平总书记关于打好防范化解重大风险攻坚战重要指示精神及集团公司有关工作部署，依法合规开展各项业务。强化信贷审查，召开贷审会21次；综合评估同业市场信用风险，适当缩减同业准入名单和票据贴现备案制银行名单。进一步规范抵质押担保业务管理，完善人民币外汇即期交易风险限额和授权管理方案，细化证券投资交易对手管理和锁盈止损管理措施。组织完成内控手册年度和年中2次实时修订，全面开展制度有效性评估，制定、修订62项，废止13项。严格落实各项监管要求，及时报送非现场监管各类报告、报表等千余份。公司全年未出现任何风险上报事件。

（张　贝）

【信息化建设持续加强】2019年，财务公司深入推进信息化建设，持之以恒加强运维管理，确保各生产系统安全稳定高效运行。进一步完善电商统一支付平台功能，满足用户新增多项需求，提升用户体验；完成票据业务系统功能升级，作为财务公司行业首家试点单位，完成“票付通”功能上线。完成“护网2019”关键信息基础设施攻防实战演习，及时消除网络安全风险隐患，进一步提高公司信息网络安全管理水平。重要系统运行全年安全无事故。

（张　贝）

【公司治理和企业管理不断深化】2019年，财务公司治理结构不断完善，召开九届三次董事会、监事会及2019年第一次股东会议，调整公司董事会成员，完成高管人员任职核准。精益管理探索推进，建立涵盖各业务部门主要工作的25项精益管理评价标准，初步形成建标、对标、追标、创标的工作机制。市场化管理日趋成熟，FTP内部利率市场化定价体系不断完善，及时准确传导市场压力；紧跟市场化利率改革步伐，参考贷款市场报价利率（LPR），优化PMS定价体系。深入落实人才强企工程，深化双通道机制建设，推进管理和专业技术序列双向贯通；完成111个岗位说明书的编制工作，制定重要敏感岗位轮换制度，完成12名中层干部的岗位调整及轮岗交流工作，促进岗位责任有效落实。

（张　贝）

【党的建设更加有力】2019年，财务公司持续深化全面从严治党，扎实开展“不忘初心、牢记使命”主题教育，贯通落实4项重点措施，2批主题教育总体评价满意率分别达100%和98.99%。按期全面完成集团公司党组巡视反馈意见整改，管党治党责任有效落实，党委“把方向、管大局、保落实”能力全面提升。坚持党建工作与经营管理工作同谋划、同部署、同要求，研究制订并推进落实基层党组织组织力提升工程实施方案，优化完善“四位一体”党委职能部门设置，配齐配强支部班子成员，细化修订基层党支部分类定级实施细则，选派15人参加直属党委党支部书记示范培训班，与系统内外29个党组织进行党建共建，基层党建工作质量全面提升。调整监督委员会领导人员，完善“大监督”工作机制，增强“大监督”权威性；深入开展“四风”自查自纠，集中查摆整治9类形式主义、官僚主义问题表现；加强警示教育，以案示警、以案明纪；组织开展廉洁风险排查，完善建立廉洁风险防控体系，持续营造风清气正、干事创业、心齐劲足的政治生态。

（张　贝）

【文化建设和群团工作丰富多彩】 2019年，财务公司把迎接庆祝新中国成立70周年作为强大动力，传承石油精神、弘扬石化传统，深入学习时代楷模陈俊武、最美奋斗者闵恩泽及身边先进典型；发挥工会、共青团组织作用，关心关爱员工工作生活，开展企业文化宣传和群众性文体活动，举办“壮丽70年　奋斗新时代”第4届员工风采大赛，展示公司干部员工奋发向上的精气神和团结协作、勇争第一的精神状态。

（张　贝）

9月19日，财务公司在郑州举办第4届员工风采大赛

【获得荣誉】 2019年，财务公司《立足石化主业、践行普惠金融—买方信贷业务案例》获中国金融年度品牌案例大赛整合营销年度案例奖；获集团公司2019年内控风控竞赛决赛“总部及其他”板块团体第3名；1项管理成果获评集团公司第28届管理现代化创新成果二等奖；获评中国人民银行征信中心颁发的2018年度企业征信系统数据质量工作优秀机构；获评全国银行间同业拆借中心颁发的2018年度银行间本币市场最佳进步奖。

（张　贝）

表1　　财务公司资产负债损益情况　　亿元

指标名称＼年份	2019	2018	2017	2016	2015	2014
流动资产	1 803.83	2 098.37	1 611.80	1 495.21	1 544.37	1 089.99
非流动资产	189.13	163.59	177.82	166.02	158.68	149.92
资产总计	1 992.96	2 261.96	1 789.62	1 661.23	1 703.05	1 239.90
自营资产总额	979.30	1 335.08	1 085.63	996.56	842.73	647.66
流动负债	1 706.21	2 004.02	1 542.09	1 424.50	1 479.52	1 052.90
非流动负债	5.69	3.32	0.06	1.19	1.46	1.04
所有者权益	281.06	254.62	247.47	235.54	222.07	185.97
实收资本	180.00	180.00	180.00	100.00	100.00	100.00

续表

指标名称 \ 年份	2019	2018	2017	2016	2015	2014
资本公积	0.19	0.19	0.19	0.19	0.19	0.19
盈余公积	26.38	24.15	22.28	20.75	19.32	15.84
未分配利润	53.89	33.79	30.27	97.79	89.44	59.68
负债及所有者权益	1 992.96	2 261.96	1 789.62	1 661.23	1 703.05	1 239.90
营业收入	37.63	29.45	25.30	21.54	47.35	42.16
营业支出	9.50	5.03	4.36	2.50	1.69	8.15
税金及附加	0.30	0.23	0.26	0.55	1.53	2.43
利润总额	28.13	24.41	20.95	19.06	45.67	34.03
净利润	22.34	18.68	15.33	14.29	34.84	25.22

盛骏公司

【概况】 中国石化盛骏国际投资有限公司（简称盛骏公司）是1994年底经原中国石油化工总公司党组同意，于1995年3月以收购方式设立的有限责任公司，原名豪锐投资有限公司，收购完成后更名为盛骏国际投资有限公司。盛骏公司持有香港特区政府颁发的放债人牌照和金钱服务经营者牌照，获穆迪公司“A2”、标普公司“A”信用评级。2008年6月，集团公司出台《中国石化境外资金管理办法》，明确以盛骏公司为平台在集团公司范围内全面实施境外资金集中管理。

盛骏公司业务分为境外资金集中平台、境外投资平台、贸易业务和综合服务四大板块。盛骏公司设董事会，有管理层成员3人，截至2019年底，有员工52人，其中香港本部38人；内设9个部门，即企业结算部、信贷业务部、银行业务部、全球市场部、信息科技部、投资战研部、风控法律部、财务会计部、综合管理部。设有新加坡、英国、美洲、中东、深圳和敏沃6家全资子公司，分别负责东南亚区域、欧洲及非洲区域、美洲区域、中东及中亚区域和跨境的相关资金和金融业务。

2019年，盛骏公司实现营业收入120.6亿元，实现利润25.3亿元；年末资产总额3 194亿元，所有者权益241亿元。

（李　贝）

自保公司

【概况】 中石化保险有限公司（简称自保公司）由集团公司发起，于2013年10月31日获香港保险业监理局特许并受其监管开展专属自保业务，2014年1月1日起正式运营。自保公司注册地为香港，注册资本5亿港币，2019年获批增资至8亿元人民币，由集团公司全资控股。自保公司负责统筹集团公司境外资产、业务和集团外派人员保险及相关服务，以适应集团境外业务发展过程中风险管控和风险融资的需求。自保公司实行董事会领导下的总经理负责制。自保公司位于香港湾仔港湾道1号，设有能源建工、贸易储运、意外健康3个业务部，以及负责业务以外其他后台支持性工作的综合管理部，共计4个部门，有员工15人。

截至2019年底，自保公司累计实现保费收入17.84亿元人民币（21.4亿港币）；累计实现税前利润5.49亿元人民币（6.51亿港币）；累计实现净利润（风险资金积累）5.04亿元人民币（5.93亿港币）；净资产收益率（ROE）达198%；为集团公司成员企业从外部摊回赔款7.11亿元人民币，为内部客户累积保费资金池沉淀超过约5亿元人民币。

（单　姗）

保险经纪公司

【概况】 中石化保险经纪有限公司（简称保险经纪公司）由集团公司和股份公司注资成立（分别持股51%和49%），注册资本为5 000万元。

保险经纪公司于2016年4月7日取得北京工商行政管理局核发的企业法人营业执照，于2016年8月10日取得中国保险监督管理委员会北京保监局核发的经营保险经纪业务许可证。保险经纪公司是集团公司实施境内保险集中管理的执行单位和操作平台，受集团公司委托代表各企事业单位、股份公司各分（子）公司与保险公司开展保险业务，具体协助各单位开展境内商业保险投保、索赔、风险评估、风险管理等工作。

股东会是保险经纪公司的最高权力机构。保险经纪公司实行董事会领导下的总经理负责制，董事长为法定代表人。保险经纪公司位于北京市朝阳区朝阳门北大街22号，下设经纪业务部、财务资产部、综合管理与风险控制部。

2019年，保险经纪公司实现营业收入6 125.83万元、增长32.64%，实现利润总额4 487.54万元、增长38.62%，完成年度利润预算目标的128%，年末资产总额13 038.63万元，其中所有者权益12 666.59万元，总资产报酬率39.56%，净资产收益率30.64%。全年通过保险集中统筹管理、开展多项重点工程项目保险采购招标等工作累计帮助企业降低保费近6 200万元。公司盈利和降保费2项为集团公司创效1.07亿元。

（马会静）

浙石期货

【概况】 上海浙石期货经纪有限公司（简称浙石期货）于1995年5月经中国证监会批准设立，经营商品期货经纪和金融期货经纪业务，是以打造中国石化期货交易和风控平台为目标，为集团公司期货业务服务的非银行金融机构。2019年，浙石期货注册资本由2亿元增至7亿元，成为集团公司全资子公司。

董事长为浙石期货法定代表人。浙石期货位于上海市浦东新区浦电路438号双鸽大厦10G室，设交易部、风控部、财务部、结算交割部、信息技术部、综合部、稽核部、研发部、金融期货部、资产管理部10个本部部门，下设杭州、宁波营业部。截至2019年底，浙石期货共有干部职工47人，其中44人获期货从业人员资格。

2019年，浙石期货实现营业收入1 552.59万元，实现利润总额409.10万元，年末资产总额119 098.37万元，所有者权益74 715.47万元。

（应　俊）

金租公司

【概况】 太平石化金融租赁有限责任公司（简称金租公司）是由中国石油化工集团有限公司和中国太平保险集团有限责任公司共同发起，经原中国银监会批准于2014年10月成立，注册资本50亿元，出资双方各出资25亿元，各占注册资本的50%。

股东会是金租公司的最高权力机构。金租公司实行董事会领导下的总经理负责制，董事长为法定代表人。金租公司位于上海市浦东新区银城中路488号，设党办/董监办/办公室、纪委办公室、人力资源部/党委组织部、战略规划部、计划财务部、风险管理及合规部、资产管理部、金融市场部、上海业务一部、上海业务二部、北京业务一部、北京业务二部、北京业务三部、汽车金融业务部、石化能源事业部、航运业务部、航空事业部17个部门。截至2019年底，金租公司干部职工共135人。

2019年，金租公司实现营业收入29.55亿元，实现净利润5.37亿元，年末租赁资产余额474.86亿元，所有者权益64.40亿元。

（尹　阳）

实华租赁

【概况】 实华国际租赁有限公司（简称实华租赁）是经原对外经济贸易部批准，于1990年10月15日在国家工商行政管理总局注册成立的中日合资企业，注册资本为1 000万美元，经营期限20年。2005年10月，4家股东协商并经商务部批准将经营期限延长10年至2020年。2019年6月，4家股东协商并经北京市工商局批准将经营期限再次延长10年至2030年。

董事会是实华租赁的最高权力机构。实华租赁实行董事会领导下的总经理负责制。实华租赁位于北京市朝阳区建国门外大街1号国贸写字楼1座，设计划财务部、营业一部、营业二部、管理部、总经理办公室5个部门，共有21名职员。

2019年，实华租赁实现主营业务收入1 224.36万美元、营业利润147.50万美元。年末资产总额24 281.61万美元，所有者权益2 613.20万美元。

（武光义）

资本公司

【概况】 中国石化集团资本有限公司（简称资本公司）是由集团公司和股份公司联合出资设立，初期实缴注册资金100亿元人民币，于2018年7月10日在河北雄安新区注册成立。其中，集团公司出资51亿元，占股51%；股份公司出资49亿元，占股49%。

（孙雅彬）

【推进市场化改革和打造新引擎】 资本公司的初心和使命是通过财务投资的手段发现战略投资的机会，为集团公司培育发展新动能、打造转型升级新引擎。作为集团公司深化改革的产物和综合改革试点，资本公司还肩负着为集团公司探索市场化改革、先行先试的使命。资本公司围绕初心和使命，按照“党建 + 现代企业制度”的总体设计思路，积极推进治理体系建设，明确股东会、董事会、监事会、公司党委、管理层等治理主体的职责。结合业务特点，设管理委员会、投资决策委员会和投后管理委员会，明确职责、各司其职、有效运转。坚持按照市场化的体制机制建设运营，初步实现社会化招聘、契约化管理、精细化考核、市场化薪酬、制度化退出。大力实施职业经理人、职业雇员制度，初期以外部引进为主、内部培养转化为辅，董事会按市场化方式选聘和管理职业经理人并建立退出机制。推行职业经理人任期制和契约化管理，实行市场化薪酬分配机制，采取递延支付和强制跟投等中长期激励机制。发挥党委“把方向、管大局、保落实”的重要作用，在重大改革措施、制度建设、投资项目、人事任命的决策上由党委进行审议，实现党建与中心工作高度融合。

（孙雅彬）

【全力推进投资工作】 资本公司紧紧围绕习近平总书记关于能源领域“四个革命、一个合作”要求，根植于集团公司产业需求，积极推进投资业务。在投资上，注重发挥集团公司整体优势，注重围绕产业链构建生态圈，进行全球化布局。在管理上，借鉴国内外领先投资机构经验，打造了一套完整的、适合资本公司的股权投资流程，每个项目都实行全生命周期管理，都有唯一生命代码，从项目入库、立项、投决、投后管理到退出，形成全生命周期的闭环管理体系。坚持全球化布局，立足中国市场辐射国际，聚焦科技、金融聚集的中国香港、欧洲、美国、新加坡、日本等地，以“一地一策”思路，招募当地高端领军人才、组建境外投资团队，寻求所在地合作伙伴，持续跟踪高水平的标的项目。2019 年，资本公司完成股权投资 60.8 亿元，实现利润总额 2.84 亿元。基金业务有序推进。下设中石化基金管理有限公司，注册地在天津自贸区，注册资本 1 亿元，是资本公司基金业务的管理平台。

（孙雅彬）

【建立完善风险防控体系】 按照集团公司提出的“行稳致远”总体要求，确保投资安全、实现价值创造。①构建了具有资本公司特色的风控体系。建立了以风险管理“三道防线”为基础、具有资本公司特点的“四道防线”，搭建出覆盖全业务流程、各关键环节风险识别与评估的风控流程。②建立了精简实用的制度体系。坚持“精简”“实用”，开展“一个平台支撑多个管理体系”的制度创新，构建了三级制度体系。③培育全员风险管理文化。针对员工来源多元的特点，引导员工学习掌握集团公司制度规则，开展全员岗位练兵和风险知识培训。在集团公司 2019 年内控风控竞赛中，资本公司获总部及其他板块团体赛冠军和个人金奖。

（孙雅彬）

【加强党建引领和文化双向融合】 资本公司聚焦市场化特点，围绕抓严政治责任筑牢信仰之基、抓牢初心使命补足精神之钙、抓实价值认同把稳思想之舵开展工作，充分利用改革“试验田”角色定位，将工作重点放在探索现代企业制度下的市场化机构如何发挥党建作用，积极探索符合市场化体制机制特点的党建工作模式，引导全体党员和员工树牢“四个意识”，坚定“四个自信”，坚决做到“两个维护”，自觉同以习近平同志为核心的党中央保持高度一致，与集团党组保持一致。加强能力建设促进文化双向融合。着力打造富有市场化特点的“资本讲坛”，2019 年连续举办 13 期，邀请相关领域领军人物和专家学者做讲座，把讲坛打造成建设学习型、创新型企业的重要平台。针对员工市场化来源的特点，举办传承石油精神、弘扬石化传统专题讲座，帮助员工深入了解中国石化企业文化，增强传承“爱我中华、振兴石化”“为美好生活加油”的行动自觉，加快文化融合。

（孙雅彬）

百川公司

【概况】 百川经济贸易有限公司（简称百川公司）主要负责为集团公司和股份公司总部机关及专业公司提供后勤服务保障，是集团公司直属专业公司、全资子公司，由原石化总公司机关事务部发展演变而来，企业性质为全民所有制。其前身百川经济贸易公司成立于 1993 年 2 月，注册资金 3 000 万元人民币，经营范围为住宿、餐饮、物业管理、办公用品、洗衣等服务。2017 年 10 月，按集团公司公司制改制工作部署，百川经济贸易公司改制为百川经济贸易有限公司，注册资本为 375 835.77 万元，营业范围不变。机关服务中心、机关服务局分别成立于 1995 年 2 月、2008 年 9 月，2019 年 11 月根据集团公司有关要求完成撤销。

百川公司下设综合处（办公室）、党群工作处（党委办公室、纪检监督处、党委宣传部、工会、团委）、人力资源处（党委组织部、外事办公室）、财务处、企业管理处、房产管理处、基建工程处、安全保卫处、设备工程处、服务处、餐饮处、交通处、供应处、医务处、小营办公区管理处 15 个处室和实华饭店、国际旅行社、会议中心、和园景逸大酒店 4 家经营单位。主要业务包括服务保障、职能管理、经营工作。其中，服务保障主要是为集团公司总部机关及专业公司提供餐饮、会议、安保、公务用车、医疗、设备维护维修等服务；职能管理主要是承担总部机关的 10 余项事务管理职能，包括负责总部机关办公、住宅和员工公寓的房产管理，基本建设管理等工作，履行总部机关住房制度改革领导小组办公室、绿化委员会办公室，总部机关消防安全委员会办公室、交通安全委员会办公室、医疗保险办公室、爱国卫生委员会办公室、人口与计划生育办公室、义务献血办公室等职能；经营工作主要是 4 家经营单位根据各自业务范围所开展的工作。

北京中石化井田工程建设有限公司是百川公司的全资子公司，是集团公司为沙河科研中心建设项目专门成立的工程管理公司。2014 年 10 月，集团公司将其管理权划转至机关服务中心。2016 年 5 月，变更为百川公司全资子公司。北京百川恒升物业管理有限公司（简称恒升公司）是百川公司与北京燕化天钲建筑工程有限公司、新中物业管理（中国）有限公司于 2013 年 10 月共同出资成立的合资企业，主要通过业务外包形式为百川公司提供服务。截至 2019 年底，百川公司共有职工 222 人。

2019 年，百川公司以习近平新时代中国特色社会主义思想为指引，深入贯彻落实集团公司党组各项工作部署，坚持以服务为根本，以管理为基础，以经营为核心，以问题为导向，转变观念、明确定位、深化改革、强化管理，较好地完成全年目标任务，为推进公司改革转型，实现持续健康发展奠定基础。

（郭保红）

【改革转型】 ①制订改革发展方案。自觉将百川公司发展融入集团公司改革发展全局，深入分析发展形势，梳理制约发展的问题，制订出台改革发展总体方案，明确向管理型、经营型、专业化转型的发展方向。②落实总部机关费用分摊部署。广泛开展市场调研，针对性提出收费方案，并积极与各使用单位沟通对接，逐一签订大楼租赁及物业服务协议，共完成朝阳门办公区、小营办公区、蒋宅口办公楼 48 家单位、91 份合同的签订工作。③完成机关服务中心撤销。按照集团公司有关部署，有序推进机关服务中心法人撤销，妥善完成相关合同协议、资质证照、资产房产主体变更等难题和部分历史遗留问题，保证了撤销工作按期完成。2019 年底，集团公司机构改革又进一步取消机关服务局编制。④有序推进“四供一业”分离移交。组织完成物业资产核查、移交资产清册等工作，与接收单位保利集团开展多次谈判，就存量住房处理等重点问题反复协商，最大限度维护集团公司利益。⑤以恒升公司为主体探索市场化试点。按照项目制方式、市场化运作模式，完成安外办公区、大郊亭职工住宅物业开办工作，启动常态化物业管理，顺利承接广安门医院新门诊楼物业管理工作。⑥转变发展观念。深刻认识转型发展的长期性、艰巨性、复杂性，聚焦思想根子问题，坚持强化经营意识、市场意识、成本意识、责任担当意识，引导干部员工持续推进观念转变，努力汇集推动转型发展的精神动力。

（郭保红）

【经营管理】 ①抓好经营创效。以 2023 年全级次扭亏为目标，突出经营业绩导向，发挥财务管理在经济活动中的核心作用，建立月度经济活动分析会制度。修订《百川公司绩效考核管理办法》等，加大对经营创效奖励力度。优化创新管理机制，积极探索契约化经营和业务承揽经营模式。

百川公司全年实现营业收入 6 亿元，利润总额比上年减亏 1 351 万元。②强化资产创效。聚焦低效、无效、负效资产，进行分类梳理，制定并实施资产分类处置办法，逐一研究盘活对策。取得三元桥办公楼经营权，深入谋划交由百川公司管理的驻京办事机构房产车辆创效办法，大力推进经营单位现有资产综合创效，取得较好效果。据实合理计提经营单位固定资产减值，为后续经营工作减轻成本压力。③探索新业务创效。结合公司改革发展方向，积极谋划汽车租赁经营，做好前期准备工作。积极与相关部门及单位协调，按时完成差旅管理平台机票及自有酒店预订业务上线工作，推进平台有效运行。

（郭保红）

【重点工作】 圆满完成职工住宅配售相关工作。坚持把配售配租工作作为党组关心关爱员工的民心工程，牵头召开专题会议 100 余次，深入研究政策、讨论问题、商讨对策，数十次修改完善配售方案，处理各类反映情况的书面材料 130 余件，接受热线电话和职工上门咨询 2 000 余次，有序组织 2 轮共 6 600 余名职工及家属现场看房、三榜公示、信息审核、选房，精心做好收款、交钥匙、物业开办等相关工作，总部机关、相关在京单位共 5 865 人选定住房。加快推进大郊亭职工住宅项目建设各项收尾工作，实现按期交付。积极推进配租工作，深入研究制订配租初步方案，启动配租住房装修，为后续工作奠定基础。

全力做好驻京办事机构专项清理相关工作。抽调精兵强将成立工作组，倒排时间，责任到人，公司领导班子每周听取工作情况汇报，研究协调重要问题，推进工作进度。协助企改和法律部等相关部门完成 72 家驻京办事机构上报方案的初审，完成 11 家驻京办事机构及宾馆酒店移交框架协议签订，做好相关房产车辆的接收、封存、调整用途等工作，派出专人对所接收酒店进行驻店监管，确保驻京办职能彻底取消。

扎实推进沙河科研中心建设开办。按计划完成结构封顶及主要工程施工，启动开办入驻准备工作。成立开办筹备组，积极与各入驻单位进行沟通对接。针对电力工程滞后等难点问题，加强与政府部门及有关单位的沟通协调力度，积极推进解决。加快推进职工住宅项目，完成关键手续办理，启动基坑、土方、护坡等施工工作。

不断强化安全管理。积极部署推进 HSSE 管理体系建设，编制印发《百川公司 HSSE 管理手册》。强化安全责任分解落实，实施全员安全记分管理，从严处理安全事件，强化警示教育。开展“四不两直”安全检查，大力开展隐患治理，全面开展危害识别、风险评估和全员安全诊断，从严加强承包商和直接作业环节管理，强化办公楼安保管理，开展门禁卡优化调整。

（郭保红）

【服务保障】 研究制订访客通道优化设计方案，制订朝阳门办公区地下停车场车位分配实施方案。建设完成内部采供等系统，总部机关后勤信息化建设项目正式上线，以信息化为抓手，创新服务模式，提高工作效率。突出抓好餐饮等服务工作，不断提高服务水平。完善北京中医医院朝阳门、小营医疗门诊手续，依法合规开展医疗服务，优化健康体检，开展扶贫义诊。2019 年，共提供餐饮服务 429 万人次、会议服务 86.9 万人次、交通服务 85 万余千米、前台接待 27.3 万人次、医疗服务 5 万余人次，完成各类维修 8.7 万次，销售客票 8.77 万张。

（郭保红）

【党建工作】 高标准、高质量、高效率开展“不忘初心、牢记使命”主题教育。结合公司实际，制订读书班方案，组织全员对习近平新时代中国特色社会主义思想进行全面系统学习。围绕管理、服务、改革发展中的重点难点问题，广泛开展调研，推动调研成果转化。广泛听取意见，深刻对照检视，深入开展专项整治综合检查，梳理查找并积极推进重点难点问题整改。

层层压实党建责任。狠抓“一岗双责”落实，建立领导班子成员定点联系基层制度，大力推进“双示范”工作。认真组织开展党支部书记集中述职和党建工作检查，强化考核结果运用。

狠抓基层党建实效性。深入开展党支部“强实效、树品牌”活动，多形式开展党员示范岗活动，围绕降本增效、强化“三基”、提升管理等重点工作，充分发挥党员示范带动作用。大力弘扬石油精神、劳模精神，组织开展先进事迹巡回宣讲会，制定关于激励创先争优的奖励办法，进一步激发干部员工立足岗位、担当作为的积极性。

大抓党风廉政建设。强化管党治党责任落实，严格落实党委主体责任和纪委监督责任。组织开展专项整治综合检查、廉洁风险排查，充分发挥“大监督”作用。强化警示教育，完善月廉洁教育制度，以案明纪，强化“红线”意识。制定修订纪检制度，扎紧制度笼子，一体推进“三不”机制。深入开展集中整治官僚主义、形式主义工作和集中纠治“四风”专项行动，用好监督执纪“第一种形态”，按要求开展谈话工作，稳妥做好信访维稳工作。

（郭保红）

【加强干部人才队伍建设】 坚持重实干、重实绩、重担当的选人用人导向，严格选拔任用程序。进一步加大年轻干部的培养选用和轮岗交流力度，2019 年中层管理人员队伍平均年龄降低 1.5 岁。进一步畅通人才引进渠道，落实人才安置制度，为事业发展提供人才支撑。

（郭保红）

【认真做好群团工作】 着力增强群团组织的政治性、先进性、群众性，围绕中心工作开展劳动竞赛等，促进了各项重点任务的完成。组织丰富多彩的文体活动、志愿服务活动，推进“一团一品”建设，有效调动了员工的积极性、主动性和创造性。

（郭保红）

国际事业公司

【概况】 中国石化国际事业有限公司（简称国际事业公司）成立于 1984 年 6 月，2000 年 5 月成为股份公司的全资子公司，注册地点北京。国际事业公司主要承担除原油、成品油、化工原料以外的进口物资采购业务和设备、材料、炼化产品的出口业务。

截至 2019 年底，国际事业公司共有在岗员工 644 人，其中本科及以上学历占 95.3%。在境内拥有中石化南光（上海）实业有限公司 1 家参股公司，在北京（2 家）、上海（3 家）、天津、重庆、湛江、南京、武汉、宁波、大连、海南等地设有 13 家子公司，设有北京、南京、华南、重庆、武汉、宁波、大连、上海和天津 9 家招标中心，在靖江、成都、无锡、郑州、济南等地设有 5 家办事处。在美国、日本、德国、俄罗斯、阿联酋等国家设有 5 家境外二级子公司，在委内瑞拉、新加坡、澳大利亚、沙特、巴西、伊朗、乌兹别克斯坦、泰国等国家设有 5 家境外三级子公司和 3 家办事处。

2019 年，国际事业公司实现经营规模 1 235.1 亿元人民币、增长 18.32%，国际贸易规模 58.8 亿美元、增长 13.32%。

国际事业公司主要经营指标见表 1。

（杜　涵）

【供应管理再上新台阶】 ①持续巩固体制机制，系统修订采购管理制度和绩效考核办法，加大对体制不到位企业的指导帮扶，试点推进石油工程全球采办体系建设。②持续加强集团采购，优化完善业务流程，加强框架协议接续，规范采购物资验收，集团化采购效能不断提升；圆满完成第二届进博会中国石化交易分团各项任务，签约规模 460 亿美元，活动嘉宾和观众 919 人，实现“双超”。③持续提升招标采购，修订“1+6+12”招投标管理制度，推进招标标准化、投标简约化、评标数据化，优化完善 6 个招标中心、8 个招标分部和 24 个招标服务组，形成“9+8+N”招标服务网络，坚持“应招必招、能招尽招”，招标规模和质量实现双提升。④持续优化供应资源，严格资格审查，加大履约考评，处理违约供应商 77 家，促进供应商重质量、重服务、重品牌、重口碑。⑤持续加强储备管理，优化管控机制，推进储物于商，严控物资积压，截至 2019 年底，集团公司物资总库存 79 亿元、积压物资 7.5 亿元，减少 5.6% 和 19.4%。⑥持续加大监管力度，加强对集团外承包商采购、独家采购及非招标采购的监管，深化业务公开，广泛接受监督。在国务院国资委采购对标提升评估中，中国石化评估总分和

6 项分指标在分组企业中全部排名第一，连续 5 年位居中央企业前列。

（杜　涵）

【保供服务再添新举措】①全力保障重点工程，抓实集团公司重点督办事项，统筹保供资源，向 7 个重点项目、5 家工程公司派驻供应服务组和招标服务组，有力保障了 37 项 56 个重点工程项目、7 家企业 137 套重点大修改造项目所需物资供应。②高效保障应急需求，完善应急突发事件信息沟通渠道和应急物资协调机制，迅速保障文 23 储气库、天津石化焦化装置、荆门石化 S-Zorb 装置等应急物资需求。③着力加强质量管控，编发质量验收检验大纲，加强现场组装设备和进入隐蔽工程物资质量控制；全面开展关键设备监造，严控质量和进度风险。④有序推进装备国产，梳理“卡脖子”设备、材料和部件清单，积极推进国产化攻关，搜寻培育备用资源；依托重点工程项目，协同推进 13 个攻关项目，完成 13 项重大技术攻关的成果鉴定验收。⑤有效落实“放管服”，制定 7 个方面 26 项科研物资采购优化措施，设立平台专区，建立协调机制，提升服务效能。

（杜　涵）

【电商运营构建新生态】①创新开启供应链阳光行动，致力采购标准化、制造数字化、物流透明化、信息互联化，已上线关联方企业 22 家。②全面推进标准应用，启动工业品电子商务国家技术标准创新基地建设，推动产品质量境外评价及国际互认，实时发布标准指数、产品评价、贸易融通数据榜，加大易派客标准（ES）数据在招标采购中的应用。③持续做强国际平台，服务全球工业品贸易融通，交易金额 179 亿美元、增长 122%，其中实现“一带一路”沿线企业间工业品贸易 112 亿美元、增长 124%。④快速培育易系业务，大力推进易权通、易保理、易商旅、易保险、易物流等“易系列”板块建设，最大挖掘平台价值潜力，其中保理服务规模 124 亿元，实现收入 1.26 亿元。⑤平台绩效稳健增长，全年交易金额 4 784 亿元，日均交易金额 19.5 亿元、增长 67.2%；集团外部交易金额 2 890 亿元、增长 1.1 倍，占平台总交易规模的 60.4%、增长 13 个百分点；在线支付 1 802 亿元，增长 67%。

（杜　涵）

【拓市创效呈现新特色】①稳步实施布局优化，统筹新设 5 家境内办事处、3 家境内子公司、3 家境外办事处，共计实现经营规模 19.8 亿元。②大力推进协同拓市，加强与炼油销售公司、催化剂公司等兄弟企业的协作配合，争取炼油副产品效益最大化，实现催化剂、石油焦、硫黄等产品经营量数质效稳步提升。③持续补强风险防控，进一步完善风险管理系统，全覆盖梳理检查存货、赊销、预付款 3 项业务执行情况，全方位排查经营性业务风险，修订经营业务正负面清单和存货经营业务管理办法等制度，严肃禁止融资性贸易、“空转”“走单”贸易和未经审批对外提供担保的业务，确保经营依法合规；针对集团公司内控制度执行有效性检查调研反馈的问题和风险提示，建立整改台账，逐一落实整改。④经营绩效稳步提升，全年实现营业收入 1 046 亿元，增长 47.5%；市场化收入 694 亿元、增长 76%，市场化率 66%、增长 10.5 个百分点；人均利润 118.7 万元，增长 39.6%。

（杜　涵）

【队伍建设展现新面貌】①加强干部队伍建设，突出政治标准和工作绩效，选优配强中层领导班子；健全分析研判机制，对 16 家单位开展调研，形成 2019 年中层领导班子和干部人才队伍建设综合分析研判报告，增强队伍建设前瞻性、统筹性和科学性；强化轮岗锻炼、交流挂职，大力培养选拔优秀年轻干部，截至 2019 年底，40 岁以下中层人员占 19.8%，“75 后”占 34.7%；制（修）订 6 项干部管理制度，建起涵盖选拔任用、岗位交流、能上能下、监督检查及责任追究的制度体系。②健全“生聚理用”机制，开展人力资源盘点，初步建起招标、审计、信息化管理等专业人才库；修订专业技术人员管理办法，制定人才成长通道横向贯通实施办法，拓展选聘领域，调整职位晋级比例，缩短晋级年限，加快人才成长步伐；注重队伍能力素质提升，举办物资采购等培训班 31 个、培训 1 300 余人次；修订专业技术职务任职资格评审工作管理办法，首次将社会化用工纳人评审范围，高级及以上职称人员占比提高 1.54%。③提高用工质量效率，优化调整“三定”方案，引导各单位自觉追求先进“三定”水平；加大引才力度，全年引进高校毕业生 27 人、系统内成熟人才 33 人；加大员工轮岗交流，推动行政与党群、管理与业务、采购与贸易、本部与基层人才交流 37 人次；探索职业雇员制度，职业雇员制度体系逐步完善。④优化薪酬激励机制，突出效益效率，发挥激励约束作用；完善薪酬福利制度体系，制（修）订薪酬分配、企业年金等 5 项制度；加强人工成本管理，强化投入产出效益评价，形成导向鲜明、接轨市场、管控有效的人工成本管理体系。

（杜　涵）

【党的建设注入新内涵】 ①抓实主题教育，把学习贯彻习近平新时代中国特色社会主义思想贯穿“不忘初心、牢记使命”主题教育全过程，一体推进“四项重点措施”；聚焦根本任务，深入调查研究，深刻检视问题，抓牢抓实整改，干部员工“四个意识”更加牢固、“四个自信”更加坚定、“两个维护”更加坚决。②突出党建引领，严格执行“三重一大”决策制度，全年召开党委会 53 次、领导班子会 64 次，重大事项全部经由党委会前置审议，党委“把方向、管大局、保落实”作用得到充分发挥；扎实开展“撸起袖子加油干、争金夺银创效益”主题实践活动，创新创效活力竞相迸发。③建强基层组织，优化党支部委员和党务管理专兼职岗位配置，实现全面“交叉任职”；对照软弱涣散基层党组织的 4 个方面、15 种情况开展自查，逐一落实整改。④深化思想教育，全年党委中心组学习 18 次，理论武装持续加强；加强宣传引导，注重意识形态管控，倡导社会主义核心价值观，选树先进典型，引导全员提升执行力；深入开展“忠诚奉献奋进”集中思想政治教育和“传承石油精神、弘扬石化传统”教育，广大党员干部凝聚力、向心力不断增强。⑤加强党风廉政建设，建立责任清单，全面落实“两个责任”和“一岗双责”；结合中央巡视反馈意见，自我加压，深挖细查，持续整改；针对党组巡视反馈问题，制定 136 条整改措施，整改完成率 100%；严格落实中央八项规定精神和党组实施细则，开展集中整治形式主义、官僚主义专项活动，制定为基层减负措施 5 项 14 条，作风建设持续改善。

（杜　涵）

表 1　　国际事业公司主要经营指标

指标名称＼年份	2019	2018	2017	2016	2015	2014
经营规模 / 亿元	1 235.10	1 043.90	537.30	263.80	321.30	456.60
国际贸易规模 / 亿美元	58.80	51.90	27.20	15.30	21.00	29.60
进　口	45.20	37.90	18.00	8.40	12.50	19.70
出　口	9.40	10.90	7.90	6.00	7.30	8.80
第三国贸易 / 亿美元	4.30	2.90	1.40	0.90	1.20	1.10

联合石化公司

【概况】 中国国际石油化工联合有限责任公司（简称联合石化公司，英文缩写 UNIPEC）成立于 1993 年，是中国石油化工股份有限公司的全资子公司，是世界最大的石油贸易公司之一。公司主营业务包括原油贸易、成品油贸易、LNG 贸易及仓储物流等。设有 11 个职能部门、5 个直属机构、6 个境外机构、3 个口岸公司、1 个国内全资子公司及 1 个国内合资公司。11 个职能部门包括办公室（外事办公室）、党群工作部（党委宣传部、企业文化部、党委办公室、工会、团委）、人力资源部（党委组织部）、财务部、审计部、纪检监察处、风险管理部、法律合同部、市场战略部、企业管理部和信息部。5个直属机构包括原油资源配置中心、石油产品贸易中心、天然气贸易中心、期纸货贸易管理中心和物流优化管理中心。6个境外机构分别为联合石化亚洲有限公司、联合石化英国有限公司、联合石化新加坡有限公司、联合石化美洲有限公司、中石化冠德控股有限公司（香港上市公司）及联合石化印度办事处。3个口岸公司为联合石化宁波公司、联合石化青岛公司及联合石化二连分公司。1个全资子公司为中石化（上海）能源贸易有限责任公司。1个合资公司为中海油中石化联合国际贸易有限责任公司，联合石化公司占股比40%。

联合石化认真履行使命，积极落实国家能源战略，倡导诚信合作、规范经营、竭力服务客户的理念，着力搭建素质卓越、善于合作、具有全球化视野的国际贸易团队，全力建设全面可持续发展的国际一流贸易企业。进一步理顺管理体制机制，不断实现跨越式发展，资源保障能力不断提高，市场竞争力不断提升，抵御风险和应对危机能力不断增强。同时，把人才视为企业最重要的资源，坚持尊重和发挥个体的创造性，注重团队意识的培养，通过内部培养和积极引进，拥有从事原油贸易、成品油贸易、LNG贸易、仓储物流、财务管理、HSSE管理、人力资源管理及行政管理等各类人才组成的出色团队。

2019年，面对严峻复杂的市场形势，联合石化公司以高度的政治责任感，严肃纪律意识、强化责任担当，团结协作、攻坚克难，在风险防控机制完善、依法合规治企、强化巡视整改和经营管理优化等方面取得了较好成绩，为推进企业全面可持续发展打下了坚实基础。同时，全面落实党要管党、从严治党责任，认真践行“一岗双责”和“两个责任”，党建工作再上新台阶。2019年，公司实现经营总量4.24亿吨，其中原油经营量3.42亿吨、成品油经营量6 504万吨、LNG经营量1 684.8万吨。2019年贸易额1.38万亿元。

（钱　伟）

天然气分公司

【概况】 中国石油化工股份有限公司天然气分公司（简称天然气分公司）成立于2005年6月，是股份公司直属负责天然气业务发展的企业，与2009年7月设立的天然气有限责任公司实行“一套机构，两块牌子”。主要职责为：中国石化天然气管道、LNG接收站、储气库等天然气储运设施建设与运行管理，天然气市场开发和销售经营管理，地方管网、终端销售合资合作管理。

天然气分公司认真贯彻中国石化天然气发展战略，遵循“资源、管网、市场、效益”相统一的原则，先后建设投运川气东送、榆济、鄂安沧（一期）等输气干线，青岛、北海、天津LNG接收站，文96、金坛（一期）、文23（一期）储气库工程，国家大流量标定站武汉分站，以及山东、江苏等13个省级及区域管网；青宁管道、天津LNG二期、青岛LNG二期等项目正在建设；龙口LNG、舟山LNG等项目正在开展前期工作。制定天然气发展市场战略和营销策略，建立天然气三级销售网络，开发了华北、长江经济带、华南三大天然气市场，覆盖环渤海、长三角、珠三角等天然气需求旺盛区域和主要经济发达地区。截至2019年底，天然气分公司设有机关部门15个，所属销售、生产、工程项目部、参股合资公司等单位共49家；已建成投运独（合）资天然气管道1.3万千米，进口LNG核准接卸能力1 800万吨/年，储气库保供调峰能力5.4亿米^3/年；各类用工8 500余人；年经营天然气规模约400亿立方米，市场范围覆盖20个省（自治区、直辖市）。

（孙吉业）

【供应总量大幅提升】 2019年，经营天然气393.6亿立方米，完成年度357亿立方米目标任务的

110%，增幅 32.6%，其中销售天然气 364 亿立方米、增幅 22.7%。①内外统筹提升供应总量。加强内部沟通协调，积极稳定国产陆上气源；合理安排长约 LNG 接卸计划，加大现货采购力度，满足拓市扩销需求。②多措并举拓宽资源渠道。加强与中国石油合作，通过资源串换方式为华北、华东等市场增加资源供应；通过上海申能 LNG 接收站及其管网反输方式，打通川气东送管道海上资源通道；利用山西、重庆地方管网，开展山西煤层气、涪陵零散井页岩气收集，扩大了资源来源。③有的放矢大力开发用户。在认真做好现有用户维护、稳定存量市场供应的同时，努力提高增量份额，争取双气源用户供应量；充分发挥中国石化华北地区资源设施调峰优势，着力做好新用户开发。④坚持不懈扩大液体气销量。利用液体气营销灵活、价格放开的特点，通过“三个三分之一”策略，加大接收站装车负荷，抓好物流体系建设，努力扩大液体气销量。⑤紧盯重点进军终端市场。成功取得长城燃气国际贸易相关资质并获总部授权授信，实现 LNG 现货自主采购经营；通过独资建设、合资合作、资本运作等方式，在全国 20 个省（市）储备支线管道、分布式能源等终端项目 87 个。⑥提高站位抓好保供工作。坚持讲政治、顾大局、保民生，认真组织资源，抓实安全生产，2018—2019 年冬季采暖期间累计销气 149.5 亿立方米，2019 年中秋、国庆期间累计销气 21 亿立方米，得到国家有关部委、地方政府和集团公司的肯定。

（孙吉业）

2019 年 2 月，榆济管道天然气冬季保供生产现场

【经营实现扭亏为盈】 将工作重心集中放在实现效益最大化上，深入开展上游采购降本、中游设施创效、下游拓市增收、管理挖潜节支，大幅提升公司经营创效能力。①抓好资源贸易增效益。充分利用国际 LNG 现货市场价格较低的时机，努力增加现货采购量，摊薄长约资源成本。按照总部批复方案及金融衍生品相关管理规定要求，加强内部管理和贸易团队建设，适时开展套期保值，提前锁定长约成本。②抓好价格管理增效益。完成 185 家管道气用户、46 家液体气用户的年度销售合同签订，首次实行合同内照付不议条款；灵活制定淡旺季气量与价格相挂钩的阶梯性量价策略，紧盯国家政策及市场变化及时进行价格调整，采取紧贴兄弟企业的销售策略，争取市场竞争有利地位。③抓好设施运营增效益。在确保安全的前提下，努力提高储运设施负荷，增强设施创效能力。青岛、天津 LNG 接收站及川气东送、榆济、山东等主要管网设施均实现高负荷运行。④抓好挖潜降本增效益。坚持从严要求、刀刃向内，从生产运行、物资采购、项目投资、资金管理等多方面加强成本管控，效果明显。

（孙吉业）

2019 年 12 月 11 日，天津 LNG 接收站年接卸量突破 600 万吨

【工程建设加速推进】 统筹制订总体计划，创新项目管理模式，加强施工过程管控，重点工程项目建设优质安全高效，“六大控制”整体受控。①重点储气调峰工程加快投用。文 23 储气库一期全面完工，日注气能力达 1 500 万立方米，形成应急工作气量 3 亿立方米；金坛储气库 2 座集配气站投用，累计造腔 281 万立方米。②重点供应通道工程快速建设。鄂安沧管道一期工程全线贯通，日均输气量达 1 500 万立方米以上；青宁管道累

计焊接500千米；南川—涪陵管道建成投用；天津管道全线贯通投用；广西管道与中缅管道钦州、来宾互联互通扩能改造完成，日互供能力提升至2 200万立方米。③重点产能提升工程稳步实施。天津LNG接收站气化外输扩能工程投用，日外输能力达4 500万立方米，二期工程可研获批复；青岛LNG接收站二期工程总体进度62%，三期工程可研获总部批准；涪陵—王场管道增压工程投入运行；山东龙口、浙江舟山等LNG项目前期工作积极推进。④重点终端经营工程全面开展。中科炼化一体化输气管道线路主体完工，济南东部城区改线工程、濮阳—范县—台前管道加快建设，榆济、山东、鄂安沧等管道共23座站场阀室完成扩能改造，为公司拓市场、扩销量创造了条件。

（孙吉业）

2019年9月16日，鄂安沧天然气管道一期工程全线建成投用

【生产运行安全平稳】 提高科学调度水平，加强风险识别防范，增强基层管理能力，实现储运设施运行“安稳长满优”。①安全基础不断夯实。修订完成HSSE管理体系、制度及“两书一表”，形成规范管理和现场管控相结合的长效机制；狠抓承包商专项整治和考核奖惩，落实各级“一把手”承包责任制，切实履行甲方主体责任；严格执行集团公司《加强直接作业环节安全管理十条措施》和天然气分公司“8+1”直接作业环节管理要求；完成2019年绿色企业创建，提高了绿色发展水平。②生产运行不断优化。建立储运设施运行计划、市场销售计划和工程投产计划的动态衔接机制，强化日常调控指挥，保障管网平稳运行；利用智能化管道系统及时开展生产分析和仿真模拟，优化工艺流程，提高管输效率；推进设备完整性体系建设，合理安排年度检维修计划，抓好大型设备运行维护；优化方案，精心组织，确保重点项目投产顺利实施。③风险防控不断加强。落实“四位一体”管道巡护机制，加强第三方施工监控，筑牢管道安全防线；强化安全风险动态管理，共排查、防控、治理各类安全生产风险和隐患529处，天然气分公司总体风险值由2018年的213下降到132。

（孙吉业）

【改革管理逐步深化】 完成天然气分公司“两个三年”天然气市场、资源和保障措施专项规划并通过集团公司审定同意。编制完成天然气销售体制改革方案并获总部批准，确立了“集约化管理、一体化统筹、精干高效”和“扁平化设置、分步实施、稳步推进”的原则，构建起公司未来经营发展的体制新框架。完成与俄罗斯诺瓦泰克公司合资组建销售公司的谈判，拓宽了未来发展通道。按照总部要求配合编制完成国家油气管网体制改革重组方案，认真开展重组各项准备，为下步经营提供有利条件。坚持依法治企、合规经营，不断完善公司内控、风控制度管理体系。规范股权管理流程，加快推进合资合作项目进程，强化合资公司日常管理。进一步做大薪酬“蛋糕”，完善绩效考核和内部收入分配体系，体现优绩优酬。持续实施人才强企工程，印发《人才成长通道横向贯通实施办法》，举办首期中青年干部综合能力提升班，利用网络培训课堂推进全员培训，队伍素质进一步增强。以数据中心为基础，深化ERP等信息系统应用，升级一体化综合办公平台，“两化”融合建设取得新进展。

（孙吉业）

【党建工作稳步开展】 坚持把党的政治建设摆在首位，扎实开展“不忘初心、牢记使命”主题教育；深入推进各级领导班子、干部和员工队伍思想政治建设，切实加强党性党纪约束。做好集团公司党建工作检查和巡视“回头看”问题整改，推进专项治理常态化、制度化。以推动全面从严治党向基层延伸为主线，选优配强基层党支部书记，开展基层党支部分类定级，推进软弱涣散基层党组织集中整顿，不断提升党的基层组织力。认真开展“打造一流党建、决胜扭亏为盈”主题实践活动、"大干三个月，全面完成年度生产经营目标"劳动竞赛和专项攻关，取得促生产、保发展的良好效果。建立"四个共同"廉洁共建机制，从源头上加强党风廉政建设。发挥监督委员会作用，紧盯"关键少数"、重点领域和重要环节，持续强化政治监督。突出整治形式主义、官僚主义，深入基层督导，规范监督检查、评比表彰等事项，作风建设进一步深化。扎实开展形势任务教育，加大宣传力度，宣传及政务信息工作均在中国石化专业板块内名列前茅。开展"青春心向党，建功新时代"实践活动、"我和我的祖国"宣传教育、"我为发展显身手"业务竞赛等，振奋了人心、鼓舞了士气，凝聚力量推动企业发展。

（孙吉业）

新疆煤制气管道有限公司

【概况】 中国石化新疆煤制天然气外输管道有限责任公司（简称新疆煤制气管道有限公司）成立于2011年11月9日，与中国石化新疆煤制天然气外输管道工程项目经理部（简称项目部）同时成立，实行"一套班子、两块牌子"，主要承担中国石化新疆煤制天然气外输管道工程建设和运营任务。2015年4月2日，经集团公司批准，召开新疆煤制气管道有限公司第一届股东会暨监事会、董事会，中国石油化工股份有限公司、新疆投资发展（集团）有限责任公司、浙江省能源集团有限公司成立合资公司，名称仍沿用中国石化新疆煤制天然气外输管道有限责任公司，注册资本金12亿元，股比为90%∶5%∶5%。2017年12月，股东会通过浙江省能源集团有限公司将其全部股权无偿划转给其全资子公司浙江能源天然气集团有限公司决议。2018年8月，股东会通过3家单位持股比例调整决议，中国石油化工股份有限公司、新疆投资发展（集团）有限责任公司合计占股比为95%［新疆投资发展（集团）有限责任公司维持6 000万元注册金不变］，浙江能源天然气集团有限公司占股比为5%。

新疆煤制气管道有限公司注册地为新疆乌鲁木齐高新技术产业开发区，本部位于北京市朝阳区吉市口路9号，截至2019年底，新疆煤制气管道有限公司设有11个职能部门，下设北京中心（与本部机关合署办公）、湖广分公司、长沙分部（与湖广分公司合署办公）、衡阳分部、韶关分部，用工总量266人（其中借聘人员5人）。

（罗鹏飞）

【项目建设稳步推进】 中国石化新疆煤制天然气外输管道工程建设主要包括1条干线、6条支干线，线路全长8 372千米。管道沿途径新疆、甘肃、宁夏、陕西、河南、山东、湖北、湖南、江西、浙江、福建、广东、广西13个省（自治区）。其中，干线起自新疆昌吉木垒县，终于广东省韶关市，全长4 159千米，管径1 219毫米/1 016毫米，设计输量300亿米^3/年；6条支干线包括准东支干线（准东—木垒）、伊犁支干线（伊宁—木垒）、南疆支干线（库车—七角井）、豫鲁支干线（宜阳—濮阳、濮阳—临沂、濮阳—齐河）、赣闽浙支干线（株洲—江山、抚州—南平）、广西支干线（衡阳—桂林），合计4 213千米。2015年9月30日，新疆煤制气外输管道工程项目获国家发展和改革委员会核准批复，根据资源和市场落实进度分5个阶段分期建设、分期投产。第1段：主干线湖北潜江—广东韶关段（潜江—韶关输气管道工程），全长856千米；第2段：主干线河南宜阳—湖北潜江段、豫鲁支干线河南宜阳—濮阳—山东齐河段（简称潜江—中原储气库群输气管道工程），全长1 212千米；第3段：主干线宁夏中卫—河南宜阳段，全长977千米；第4段：主干线新疆木垒—宁夏中卫段、准东支干线、赣闽浙支干线，全长2 512千米；第5段：其他支干线，全长2 815千米。2017年9月26日，湖北潜江—广东韶关段开工建设。项目起点为湖北潜江，经湖南岳阳、长沙、株洲、衡阳、郴州，终点为广东韶关。全线设站场9座、阀室40座，管径1 016毫米，设计压力10兆帕，设计输量60亿米^3/年，增压后最大输量168亿米^3/年。截至2019年底，完成潜江—郴州段703千米线路和7座站场建设，达到投产条件；完成郴州—韶关段管道焊接95.4千米，隧道施工13.9千米；长江盾构穿越施工掘进至长江中后段，掘进2 000米。广西支干线项目获得可研批复，完成基础设计审查，待总部批复，前期各项工作积极推进。潜江—中原储气库群输气管道工程可行性研究报告已编制完成上报，待总部批复。新疆煤制气外输管道干线与西二线干线韶关联通管道项目2019年12月18日全面开工建设。

（罗鹏飞）

【智能化管道建设完成阶段目标】 推进智能管道建设，完成设计数字化交付、工程管理及运营期智能化管理跨系统集成平台开发，包含23个模块313项功能。各系统业务模板自动适配，进度款支付、设计变更等业务处理实现流程固化，设计、采办、施工数据实现跨专业同平台流转，实现关键数据直观查看和随时调用。建设期数据完成转换、脱密及校验，完整导入运营期智能化系统，实现智能化建设的第一阶段目标。

（罗鹏飞）

【投产试运准备就绪】 潜江—郴州段管道投产试运准备就绪，2019年12月25日，投产条件通过集团公司检查确认。公司成立生产准备及投产试运领导小组，靠前指挥，生产、工程、物资、安全、对外等机关部门下沉一线、服务现场，从组织机构、人员、技术、物资、外部条件准备等7个方面，开展生产准备工作。建立生产准备与投产运行体系，规范运行管理，培训生产运行管理人员259人次，编制运行管理制度112项，操作规程及应急预案110项。生产运行管理人员全部持证到岗，业务外包队伍入场开展工作，生产运行物资准备、外部条件全部落实到位，行政许可手续完备。

（罗鹏飞）

生产运行人员培训

【管理转型扎实起步】 潜江—郴州段管道项目建设投产准备就绪，即将步入生产经营。为推动公司由项目建设管理向生产经营管理的全面转型，公司成立厘清工作界面领导小组，制订厘清工作界面实施方案，修订完善及新增制度96项。明晰机关与分公司、项目分部工作界面，明确职责权利，理顺管理流程，实现简政放权，提高工作效率。强化上下一体、利益共存的管理理念，组织开展帮扶基层工作，指导分公司建立完善以生产经营为中心的管理体制和机制。机关部门深入基层开展调研，对口举办业务培训和实操指导，在较短时间内提高基层员工素质能力，更好地适应管理转型后的岗位本领需求。确立公司转型发展管理提升的总体思路和“五条主线”，明确各路工作管理提升的目标任务，从思想引领、制度建设、流程优化、工作措施、队伍素质、人才支撑等各方面，达成发展共识、形成落实措施。

（罗鹏飞）

【党的建设持续加强】 认真学习贯彻习近平新时代中国特色社会主义思想、十九大和十九届二中、三中、四中全会精神，坚持以上率下，深化理论学习，加强各级班子和干部队伍的政治建设、思想建设和作风建设。扎实开展“不忘初心、牢记使命”主题教育，武装头脑，推动实践，干部员工的理想信念更加坚定，在增强“四个意识”、坚定“四个自信”、做到“两个维护”上的认识更加深刻、行动更加自觉。落实《关于在工程建设全过程加强党建工作的实施意见》，持续深化“模拟党工委”运行，实现集中党建优势引领工程建设，促进党建和中心工作的融合。坚持正确选人用人导向，加强和完善班子配备，推进优秀年轻干部选拔培养工作，调整配备中层干部8人，干部队伍结构进一步优化。组织基层级领导人员素质能力、基层党的“三基本”建设培训班，参培92

人；选派20人参加集团公司基层党支部书记轮训班，并指导基层开展党建工作“导师带徒”和新任基层党支部书记业务培训，基层党建工作得到夯实和提升。强化思想宣传和意识形态工作，多形式、多渠道抓好形势任务教育，选树先进典型，做好舆论引导，唱响主旋律，激发正能量，促进形成风清气正、干事创业的良好风气。

（罗鹏飞）

【纪律作风建设不断深化】 压实“两个责任”，加强廉政建设。严明政治纪律和规矩，彻底肃清流毒影响，督促落实中央巡视反馈、党建考核、主题教育专项整治等问题整改，持续强化政治监督。统筹协调公司监督力量，聚焦“三重一大”、内审外查、问题整改等10个方面，强化监督。深入推进“四风”集中整治，细化违反中央八项规定精神的25项负面清单，集中开展自查自纠。实践运用“四种形态”，一体推进不敢腐不能腐不想腐。充分利用模拟党工委平台，开展安全、质量、廉洁、稳定等“四联合”监督检查，形成联查联治工作机制。务实开展廉洁风险防控，在13个重点领域、40个处级以上干部敏感岗位，共排查廉政风险点201个，制定防控措施598项。持续发挥以上率下示范作用，多种形式开展廉政教育，营造崇廉尚实、廉荣贪耻的良好氛围，全面完成全年33项党风廉政建设和反腐败工作任务。

（罗鹏飞）

【召开第二届第一次股东会、监事会、董事会】 2019年12月24日，新疆煤制气管道有限公司在北京召开第二届第一次股东会、监事会、董事会。股东会决议通过段彦修、沈琛、范子航、蔡梅担任公司董事；同意段彦修担任公司董事长；同意贾士超、程向华、杨浩德担任公司监事；通过章程内中国石化法定代表人变更为戴厚良。监事决议会通过任命贾士超为监事会主席。董事会决议通过聘任沈琛为公司总经理、刘建忠为公司副总经理、张建华为公司总会计师、罗东明为公司副总经理、方浩为公司副总经理。

（罗鹏飞）

新星公司

【概况】 中国石化集团新星石油有限责任公司（简称新星公司）是集团公司以“地热+”为主营业务的绿色清洁能源公司，本部位于北京市海淀区。主要业务涉及地热能、天然气、太阳能及工业余热、余气、余压综合利用等绿色清洁能源集成应用、投资开发；海外工程业务涉及供水、道路、桥梁等公用工程建设及油气井钻井、水井钻井等，致力于打造区域综合能源服务供应商，努力建设国际知名绿色清洁能源公司。绿色清洁能源业务辐射至北京、天津、河北、河南、陕西、山东、山西、四川、安徽、江苏、湖北、广东、青海等省（区、市）；海外工程业务分布在埃及、尼日利亚、埃塞俄比亚、乍得等25个国家。先后获中国节能减排领军企业、多能源综合利用奖、创新火炬奖等多项荣誉称号，2019年获中国石化绿色企业、中国智慧城市建设优秀诚信企业称号。

新星公司前身为国家原地质矿产部石油地质海洋地质局。1996年12月，国务院批准以原地质矿产部石油地质海洋地质局及其所属石油系统的普查勘探、科研队伍为基础，成立中国新星石油有限责任公司。2000年2月，中国新星石油有限责任公司整体并入集团公司并进一步重组，更名为中国石化集团新星石油有限责任公司。2009年4月，新星公司正式划归集团公司上游板块，明确以海外工程服务、地热资源开发利用、盐卤及二氧化碳等矿产资源开发为主经营的发展格局。2012年6月，国家能源局以新星公司为主体成立国家地热能开发利用研究及应用技术推广中心。2015年8月，新星公司被集团公司定位为以地热开发利用为主的新能源专业公司。2017年12月，新星公司被集团公司定位为以“地热+”为主营业务的绿色清洁能源公司。2019年11月，新星公司被纳入集团公司油田和新能源板块管理。

截至2019年底，新星公司下设13个职能部门，1 个直属机构，11 个二级单位，1 个海外机构。用工总量 1 544 人，其中劳动合同制员工 564 人、合资公司合同制员工 911 人、劳务派遣工 67 人、其他从业人员 2 人。海外用工 11 615 人（中方员工 2 629 人、当地员工 8 986 人）。

新星公司主要经济指标见表 1。

（徐　兵）

【领导班子调整】 2019 年 3 月 5 日，经集团公司党组研究决定：杨劲松任新星公司总会计师、中共新星石油有限责任公司党委委员。免去高小茗的新星公司总会计师职务，另有任用；免去其党委委员职务。

（徐　兵）

【成功申办 2023 年世界地热大会】 2019 年 11 月 28 日，新星公司作为申办主体，携手国内多家机构，代表中国申办 2023 年世界地热大会，一举成功，首获主办权。

（徐　兵）

【地热业务混合所有制改革取得新成果】 2019 年，新星公司认真贯彻落实党中央关于“发展混合所有制经济，培育具有全球竞争力世界一流企业”的指示精神，依据国家发展和改革委员会批复的混改方案，在集团公司指导下有序推进地热业务混合所有制改革工作。7 月 31 日，新星公司与冰岛极地绿色能源公司签署地热业务资产重组协议，在混合所有制改革的征途上，迈出具有里程碑意义的重要一步。10 月 18 日，地热业务重组暨混改公司成立大会在雄安新区举行，标志着公司地热业务板块混改工作取得重要阶段性成果，打造新星地热“世界品牌、中国第一”的新征程正式拉开帷幕。

（徐　兵）

【新能源产业效益实现新提升】 2019 年，新增供暖能力 782 万平方米、供暖面积 907 万平方米，供暖能力突破 5 500 万平方米，供暖面积突破 4 400 万平方米，新增供暖能力增长 30%，新增供暖面积增长 70%；产能利用率由 73.4% 提高至 79.4%。新增光伏项目 4 个、装机容量 8.31 兆瓦；建成余热利用能力 3.55 万吉焦 / 年。地热井完钻 101 口，累计 775 口；新建换热站 77 座，累计建成 561 座。年替代标煤 142 万吨，减排二氧化碳 349 万吨。建成天然气回收能力 14.5 万米 ^{3}/日，年产混烃 3 411 吨、LNG 4 200 吨。太阳能光伏累计装机容量 88.8 兆瓦，累计发电突破 2 亿千瓦・时。新能源产业各项指标创下历史新高，依靠新能源自立生存的基础更加牢固。

（徐　兵）

【科技创新迈上新台阶】 2019 年，中国石化青海共和干热岩 GR1 井试压裂顺利竣工，创造干热岩井首次成功修复、首次高温测井、首次成功固井、首次成功压裂、首次通过 3 种手段监测压裂过程等 5 项纪录，全面深入实践干热岩开发典型流程，实现国家干热岩开发突破；国家科技部“砂岩热储层采灌增效技术及装备”项目申报成功，首次实现国家立项重大突破；集团公司级项目通过验收 4 项、立项 6 项。申请专利 15 件，获授权 11 件，超额完成专利任务指标。承担国家科研项目 4 项、集团公司科研项目 20 项，外协率不超过 12%。“雄县地热高效科学开发及国家行业标准制定”项目获集团公司科学技术进步一等奖；参与的“地热资源勘查评价理论技术创新与应用”项目获自然资源部国土资源科学技术一等奖；获准发布地热能行业标准 16 项、申报行业标准立项 9 项，为 10 个地热行业标准化示范项目授牌，对 3 个地热回灌项目开展符合性评价并颁证。

（徐　兵）

【绿色企业创建圆满完成】 2019 年，新星公司上下高度重视，相关部门和单位积极协同，围绕“六大计划”，制定发布“一方案两清单”，成立专门机构，健全工作机制，细化任务分工，着力固强项、补短板、促提升，顺利通过现场评价考核，经集团公司 HSSE 委员会审定，新星公司被授予中国石化绿色企业称号，公司绿色企业创建目标任务圆满完成，以实际行动擦亮中国石化绿色低碳名片。

（徐　兵）

【“三项制度”改革成效显著】 2019 年，新星公司围绕生产经营实际，进一步深化改革工作：结合公司绿色清洁能源产业发展实际，深入推进“三项制度”改革，坚持以事定岗、以岗定级、以级定薪、人岗相配、易岗易薪；推进“三定”工作，实施去行政化改革，规范职位序列、取消科室设置，机关人员由153人精简到125人，压减18%；优化调整机关部门设置和职能职责，由原来的14个精简到13个；推动有关分（子）公司整合，由原来的10家精简到8家；法人压减任务高效完成；认真落实人才强企工程战略规划，进一步优化干部队伍结构，注重从基层培养选拔干部。2019年新提拔党委管理人员中40岁以下的占30%。树立“要进步、到基层，重业绩、比贡献”的选人用人导向，深化机关与基层、基层单位之间干部双向交流。不断打造复合型干部队伍，推动行政干部与党务干部交叉任职。通过公开招聘、竞聘上岗等方式，拓宽选人用人渠道。

（徐　兵）

【基础管理进一步夯实】 扎实推进“三基”工作，新星公司《基层管理手册》《基层操作手册》全部编制完成，制度“废改立”工作精准发力，废止62件、修订46件、新建16件，总数减少46件，制度碎片化问题有效解决、体系建设更加规范、保障作用得到提升。

（徐　兵）

【党建质量不断提升】 扎实开展“不忘初心、牢记使命”主题教育，抓好中央巡视集团公司党组反馈问题、集团公司党建考核反馈问题以及主题教育期间确定的10个专项整治问题的整改落实，举一反三，巩固整改成果，推动全面从严治党在公司落地见效；认真履行抓党建工作“一岗双责”，全面完成“党建入章”和“三重一大”制度建设工作，及时撤销3个基层党总支，设立1个基层党委，3家单位党组织完成换届选举，实现“四同步、四对接”；结合整顿软弱涣散基层党组织工作，对所属57个基层党支部进行排查和专项整治；深化党建和综合考核考评，探索开展机关党支部书记述职评议，实现述职评议与党支部分类定级结合、支部考核与部门绩效考核挂钩；强化意识形态工作，树立硬典型、总结好经验，凝聚正能量。

（徐　兵）

【党建助推经营管理质量提升】 2019年，新星公司通过开展“提信心聚合力、保落实促发展”“比学赶帮超”主题劳动竞赛、争做“最美新星人”、第1届青年科技精英赛、项目专项攻关、机关服务基层、“青春心向党　建功新时代”主题实践等系列活动，实现单位之间的横向促进，纵向联动，实现党建工作与中心工作同向发力、同频共振。

（徐　兵）

表1　　新星公司主要经济指标　　亿元

指标名称＼年份	2019	2018	2017	2016	2015	2014
工业总产值	9.13	6.97	5.51	3.59	4.57	8.70
企业增加值	20.73	17.62	20.51	21.92	26.02	34.29
资产总计	135.49	136.24	142.32	132.29	140.13	121.88
流动资产	78.17	81.16	96.58	94.18	106.42	93.09
固定资产原值	72.39	64.79	51.66	43.16	53.29	47.49
固定资产净值	45.84	41.37	30.23	23.76	21.05	17.62
销售收入	50.21	57.92	65.26	70.31	63.89	88.27
实现利税	1.35	1.08	4.44	3.76	7.93	14.58
税　金	0.28	0.36	3.18	2.19	2.89	7.27

管道储运公司

【概况】 中国石化管道储运有限公司（简称管道储运公司）是股份公司全资子公司。其前身创建于 1975 年 2 月，始称华东输油管线指挥部，1978 年 9 月更名为华东输油管理局，1998 年 6 月由中国石油划转到中国石化，成立中国石化集团管道储运公司，2000 年 3 月输油主业进入股份公司成立管道储运分公司，非上市部分仍称管道储运公司，2014 年 4 月，为强化原油储运专业化管理，建立网运分开的体制机制，中国石化以管道储运分公司为主体，整合上市非上市业务，成立中国石化管道储运有限公司（简称管道有限公司）。管道储运公司（非上市）保留法人机构，人员整体划转至管道有限公司，业务、资产委托管道有限公司实行一体化管理。2017 年 11 月，管道储运公司（非上市）更名为管道储运资产管理有限公司（简称管道资产公司）。

管道储运公司负责中国石化原油管道储运业务的归口管理，是中国石化原油管道储运业务投资平台，负责中国石化原油管道储运业务投资和经营，组织协调中国石化原油管道储运项目建设，对原油管道储运企业进行专业化管理。经营范围包括原油批发，石油、天然气的储存、运输、销售，管道输送技术及信息的研究、开发、应用，管道检测、抢维修、管道及地面工程设计，通信信息化、管道输送技术培训服务等。

管道储运公司基地位于江苏省徐州市，下设天津输油处、宁波输油处等 16 个输油生产单位，以及华东管道设计研究院、抢维修中心、管道检测中心（管道完整性管理中心）、管道特种作业中心、科技研发中心、信息中心、物资供应中心等 12 个技术服务和后勤保障单位，2019 年公司期末用工总量 7 051 人。

管道储运公司管辖着 37 条输油管线、全长 7 009 千米，沿线共有 81 座输油站库，途经北京、天津、山东、江苏等 14 个省、自治区和直辖市。管理总罐容 4 693 万立方米，其中自有罐容 1 245 万立方米。受托管理天津港实华原油码头、宁波实华原油码头、湛江港石化码头、拖船公司等 8 个合资公司，年接卸能力为 2.75 亿吨。

截至 2019 年底，管道储运公司建成以油田和大型原油码头为接卸中心，以原油中转库为输转中心，形成东西衔接、南北贯通，覆盖华北、华中、华东和华南地区主要炼化企业，国内原油与进口原油可灵活调运的管道储运网络。担负着胜利油田、中原油田等 5 家油田及部分进口原油的输送任务，为燕山石化、齐鲁石化、扬子石化等 22 家企业输转原油，连续 10 年输油超亿吨，保证了原油资源的稳定供应。

管道储运公司主要经济指标及主要生产指标分别见表 1 和表 2。

（高浩亢）

【生产经营稳中向好】 管道储运公司牢固树立服务意识，科学安排全管网输油运行方式，深入研究山东、华北和甬沪宁管网等资源配置，进一步优化仪长双线顺序输送方案，满足炼化企业原油需求。顺利投用鲁宁线、仪金线等水击超前保护系统，密闭输油管线实现水击保护全覆盖。扎实开展洪（钟）荆线等联锁功能整治，完成魏荆线等 8 条管线泄漏监测系统升级，增强了管线安全防护能力。强化生产异常管理，抓实生产秩序专项整顿，查出的 360 项问题已整改 97%。顺利完成岚白 711 线、临濮线和洪荆线首次清管，5 300 千米管道实现清管常态化，管输效率显著提升，全年输油量再创佳绩。

（高浩亢）

【管道管理水平不断提升】 持续完善管道完整性管理体系，开展体系效能评价，确保体系有效运行。完成 1 082.3 千米管道内检测和完整性评价，发布的 2 965 处缺陷已修复 2 765 处，1 180 处在册盗油帽已整治 950 处，废弃管道无害化处置基本完成，进一步降低管道运行风险。坚定不移推进管道巡护通道“畅通工程”，2019 年打通巡护通道 299.7 千米，累计打通 4 343.5 千米。推动无人机巡线、管道智能监控系统试点及应用，增强了巡护有效性。持续保持反打孔盗油高压态势，全年共发生打孔盗油案件 12 起、与上年基本持平，侦破8起，抓获盗油分子20人，协调山东省公安厅完成首次尿毒症盗油分子收监服刑，严厉打击了打孔盗油嚣张气焰。

（高浩亢）

【设备完整性管理日趋精细】 研究罐区完整性管理关键检测和评价技术，建立罐区完整性技术标准和管理体系，并在岚山油库等大型库区试运行。强化设备预防性维修，落实修理费全过程管控，顺利完成2 253台阀门电装专项维保和8个大型站库工艺管线腐蚀整治，升级改造了临邑站、大榭岛油库等站库高压开关柜等老化电气设备，提升了设备本质安全管理水平。完成31座储罐基于风险的检验（RBI）和声发射检测，依据评价结果合理确定储罐大修理周期。在曹妃甸油库等单位试点推行储罐大修新模式，有效缩短大修时间。在集团公司设备大检查中，管道储运公司获储运专业组第1名。

（高浩亢）

2019年2月12日，沧州处员工加密巡检（姚　森　摄）

【风险管控和隐患治理全面落实】 深入开展安全风险排查评估，发布9类106项安全风险清单，全部落实管控消减措施，风险总值下降6.7%，被集团公司评为风险管控4A级企业。严格落实安全生产集中整治要求，扎实推进海底管道悬空段、鲁宁线老旧管道和魏荆线内腐蚀缺陷等隐患整治，2项集团公司级重大隐患已全部按期整改，11项再排查重大隐患已整改8项，89项危险化学品综合治理隐患已全部整治，仪长线、鲁宁线等管道洪水、地质灾害普查和风险评估及40项重点整治工程已全部完成。严格落实安保防恐分级管控，大型油库无人机入侵防御系统在岚山油库试用成功，京津冀鲁地区阀室全部安装防闯入系统，有力保障了重大活动期间输油生产安全。

（高浩亢）

【绿色企业创建结硕果】 管道储运公司认真落实集团“绿色企业行动计划”，获中国石化绿色企业称号。大力推进绿色基层建设，21座站库获绿色油库称号，绿色发展理念逐步深入人心。加大环保风险管控力度，52项重大环境风险源实现降级26项，集团公司级3项重大环境风险中，杭州湾海底管道和汉江管桥跨越段已实现风险降级。狠抓环保隐患治理，提前11个月完成8项集团公司督办环保隐患整治，污染防治攻坚战17项隐患已整治10项。试点推行生活污水合同环境管理新模式，确保了达标排放。加快一体化撬装式危险废物暂存间建设，推进依法合规贮存处置。扎实做好建设项目“三同时”工作，湛江港—廉江原油管道环保历史遗留问题已通过湛江市生态环境局评审。

（高浩亢）

【安全管理基础进一步夯实】 管道储运公司严格落实集团公司承包商安全管理重大风险“一把手”承包方案及“十条措施”，2019年开展332次安全督查，对24家施工单位和131名责任人进行严肃处理，承包商安全管理水平有力提升。全面推进标准化消防站建设，9座大型站库通过标准化消防站达标验收，达标率60%；持续加强应急能力建

11月26日，国家应急管理部安全生产应急救援中心向国家油气管道应急救援徐州队授牌（沈大鸣　摄）

设，逐步完善基层应急管理体系，开展企企、企地及特殊条件等各级演练共 1 456 次；国家油气管道应急救援华东（徐州）基地正式授牌投运，应急能力得到进一步提升。高标准建成中国石化华东安全实训基地，在承包商和直接作业环节安全培训方面发挥重要作用。全面实施安全风险研判与承诺公告制度，从严落实全员安全记分管理，举办 12 期安全环保培训班和 41 次“点餐送餐式”培训，提升了安全管理穿透力和执行力。在集团公司作业安全分析（JSA）比武中，管道储运公司获炼化板块团体第 2 名。

（高浩亢）

2019 年 1 月 16 日，仪长原油管道复线工程仪征—九江段工程、鲁宁线安全隐患整治二期工程（江苏段）通过竣工验收
（李靖宇　摄）

【工程投资规划有序实施】 持续完善原油储运管网设施布局，协调推进连云港实华原油码头及其配套管道、商储工程等项目前期工作，与连云港港口集团加强合作成立合资公司。优先保障生产、安全环保和隐患治理投入，下达投资计划 33.29 亿元。严格执行工程总体统筹控制计划，大力推进重点工程建设，董家口—东营原油管道工程组焊完成 148 千米，日照—濮阳—洛阳原油管道工程组焊完成 778 千米，洛阳商储主体工程基本完工，董家口商储已完成中交，湛江商储已完成竣工验收，仪征商储三罐组等工程顺利投产。

（高浩亢）

【科技创新成效逐步显现】 围绕“卡脖子”技术，启动油气管道仿真系统国产化研究，顺利完成氮气式水击泄压阀、SCADA 系统软件等国产化项目研发，“十条龙”项目“大型原油罐区安全及 VOCs 减排技术开发与应用”顺利“出龙”，大力推广储运、安全、装备等 20 项科研成果，进一步增强了储运领域核心竞争力。“外管道、设备检测技术方法和标准研究”成果获 2019 年中国石化科技成果转化奖，“原油管网智能排产及优化运行技术”和“大型储罐完整性检测评价技术”获 2018 年度中国石化科技进步三等奖。全年申报专利 52 件，其中发明专利 24 件，创历史新高。

（高浩亢）

【“三基”工作取得实效】 推进“三基”工作与安全生产等工作相融合，修订下发“三基”工作检查考核评比细则及标准，开展先进标杆站队检查评比工作，大力选树、宣传“三基”工作先进典型，有效夯实管理基础。细化完善标准化站库建设手册，全面推行标准化站库建设，向制度健全、职责清晰、操作规范、风险可控、工作高效的工作目标迈进，截至 2019 年底，50% 以上的输油站库达到标准化建设标准。深入推行标准化工地建设，进一步规范现场施工标准和管理标准，“低老坏”问题逐步减少，现场管理水平明显提高。

（高浩亢）

【“两化”融合体系顺利贯标】 完成“两化”融合管理体系贯标，成为首个通过国家“两化”融合管理体系认证的油气管道储运企业。深入实施深化应用创新创效第二阶段行动计划，规范业务部门系统应用，提升应用成效。推进应用系统整合，完成安全管理信息系统与智能化管线系统的集成，消除 60% 以上信息孤岛。扎实开展 2019 护网行动，网络及系统防护能力有效增强。

（高浩亢）

【依法依规治企深入推进】 实施内控制度执行有效性提升计划，进一步优化制度管理体系，修订制度 45 项，开展制度合规性审核 105 项，增强了制度执行力。深入开展重点工程在建跟踪审计，强化合同资信调查和履行过程控制管理，有效防范经营风险。发布《工程项目建设和生产经营行政许可业务指南》，推动行政许可事项及时识别，应办尽办。初步建立合规管理体系，创新开展法治宣传教育，识别 1 236 件法律法规，管控 194 个法律风险点，有效防控法律风险。妥善处理临济复线压矿、打孔盗油等法律案件，切实做到依法依规，维护管道储运公司权益。

（高浩亢）

【全面从严治党融入中心】 按照“抓好班子、凝聚人心、融入中心、和谐发展”的总思路，扎实做好“党建质量提升深化年”各项工作，努力把党建优势转化为发展优势。通过“五个维度”抓学习，“四个坚持”抓调研，“三个反问”抓检视，“两个聚焦”抓整改，“一岗双责”抓推进，做到了全覆盖，实现“理论学习有收获、思想政治受洗礼、干事创业敢担当、清正廉洁作表率”的目标，2 批主题教育的满意率分别为 99.3% 和 99.8%。完成管道储运公司、所属子公司和合资码头公司党建入章工作，健全了党组织议事决策机制，严格规范“三会一课”制度的执行。认真落实党员领导干部双重组织生活制度和党建“一岗双责”制度，推进两级班子成员所在和联系党支部“双示范”创建。从强化“三基本”出发，大力实施基层党组织组织力提升工程，深化应用基层党建工作标准化手册，全面推动党支部建设规范化、标准化。结合实际，开展党日活动、“党员示范巡护管段”“党员劳模创新工作室”，推动了工作有效落实。强化企地党建共建，244 个党支部与管道沿线地方、油田及炼化企业、科研院所的党组织进行了统筹共建，促进了企地、企企协同发展。2019 年，管道储运公司党建工作被集团公司评为 A 档，并获江苏省文明单位称号。

（高浩亢）

2019 年 6 月 28 日，管道储运公司召开庆祝建党 98 周年暨“不忘初心、牢记使命”主题教育读书班启动会

（沈大鸣　摄）

【人才强企工程有序推进】 坚持党管干部原则，树立重基层、重实践的用人导向，不断健全领导干部管理考核评价体系。持续优化干部队伍结构，加大年轻干部培养力度，选拔 15 名“90 后”年轻干部挂职锻炼。进一步完善“生聚理用”机制，加大专家、主任技师等高层次人才管理力度，专业技术与技能操作序列之间跨序列贯通 191 人。加强基层站队长、班组长培训，提升了岗位履职能力。加强培训体系建设，丰富管道特色培训资源，共举办公司级培训班 74 个，公司、处、站三级共培训 18 700 人次，人才队伍整体素质进一步提升。

（高浩亢）

【职工思想引领持续强化】 深化“六位一体”石化管道思想政治工作模式的运行。注重“讲”出共识，开展 5 场公司级形势任务宣讲；注重“谈”出认同，公司、处两级干部与一线职工谈心谈话 5 500 余人次；注重“传”好作风，开展“爱岗敬业、爱企如家”专题教育，大力弘扬石油精神和石化传统；注重“树”起典型，在学习陈俊武等先进典型的基础上，评选出首届 11 位“管道工匠”和第 4 届“和谐管道・感动你我”十大典型；注重“带”对思想，召开“转勇创”推介会，让“抓思想、带头干”成为全员的行动自觉；注重“引”好舆论，及时传递党委行政声音，传统媒体累计发稿 6 572 条，新媒体发布 710 条。

（高浩亢）

【群团组织作用有效发挥】 充分落实职工民主管理权利，坚持以人为本，推进“走基层、访万家”活动长效机制建设，持续做好困难人员慰问帮扶工作，发放慰问金、帮扶金共 134.3 万元。持续开展 EAP 工作和“站家一体化”建设，增强职工幸福感、获得感。深入开展“青春心向党・建功新时代”主题教育、爱心志愿服务活动和“青年大学习”行动，为公司发展注入了青春活力。大力倡导尊老敬老文化，发挥老同志“关心下一代”

的“传帮带”作用。牢牢把握“党管保密”原则，保密、统战工作得到进一步加强。认真落实稳定主体责任，积极开展改革政策宣讲，狠抓矛盾纠纷排查与化解，加强重点人员教育和稳控，营造了和谐稳定的发展环境。抢维修中心综合抢维队获江苏省工人先锋号称号，管道储运公司团委获江苏省、集团公司五四红旗团委称号。

（高浩亢）

表 1　管道储运公司主要经济指标　亿元

指标名称 \ 年份	2019		2018		2017		2016		2015		2014	
	管道资产公司	管道有限公司	管道资产公司	管道有限公司	管道资产公司	管道有限公司	管道资产公司	管道有限公司	管道资产公司	管道有限公司	管道资产公司	管道有限公司
工业总产值	5.29	87.68	9.70	88.48	7.26	81.74	7.11	77.78	4.94	84.30	9.85	72.07
工业增加值	1.88	75.71	1.65	78.26	1.74	78.01	1.44	67.26	1.32	85.02	5.30	10.39
资产总计	20.32	437.56	20.34	391.82	19.68	387.52	18.79	365.80	19.36	356.44	20.30	469.48
流动资产	15.22	176.30	14.66	170.66	13.49	167.42	12.34	135.74	12.89	131.45	14.20	252.48
固定资产原值	8.84	409.84	11.86	403.11	13.17	392.68	12.31	350.13	12.25	340.22	12.04	324.60
固定资产净值	4.43	172.59	5.35	182.62	6.09	191.34	5.54	166.71	5.20	173.39	6.08	176.71
销售收入	5.38	1 638.88	10.12	1 819.21	7.41	1 304.09	7.33	996.50	10.16	1 310.40	10.16	2 523.30
利润总额	2.11	33.63	1.50	36.04	0.85	36.43	0.54	29.30	0.75	34.47	4.03	70.05
税　金①	0.43	13.99	0.58	15.57	0.62	20.47	0.65	17.26	0.12	45.07	0.75	8.76

① 2015 年由于管道储运公司利润增加及营业税改增值税等原因导致纳税增加

表 2　管道储运公司主要生产指标

指标名称 \ 年份	2019	2018	2017	2016	2015	2014
收油量① / 万吨	14 519.28	14 306.77	4 659.31	4 334.64	4 767.99	5 224.18
输油量 / 万吨	14 743.85	14 401.95	13 762.72	13 811.24	12 863.30	13 043.27
销油量① / 万吨	14 465.62	14 504.76	4 591.01	4 343.69	4 779.20	5 418.22
周转量 / 万吨・千米	7 149 041.00	7 100 072.00	6 718 834.00	6 405 410.00	6 232 509.00	6 163 339.00
原油总耗 / 万吨	0.24	0.70	0.88	0.98	1.35	1.77
电总耗 / 万千瓦・时	115 732.42	113 961.77	111 115.13	117 048.26	113 984.08	119 514.43
蒸汽总耗 / 万吨	5.64	10.42	11.02	16.55	18.55	18.56
天然气总耗 / 万立方米	2 278.17	2 399.24	2 516.87	2 382.10	1 757.29	1 715.26
综合单耗 / 千克标煤・(万吨・千米)$^{-1}$	25.33	27.03	28.75	32.12	32.27	34.64

① 2018—2019年收、销油量中包括代输原油量，2014—2017 年中未包括

共享服务公司

【概况】 中国石化集团共享服务有限公司（简称共享服务公司）于2017年5月20日设立，8月25日正式完成工商注册，是集团公司全资子公司，也是中央企业成立的首家一体化共享服务专业公司。业务范围主要涵盖财务、人力资源、IT、商旅和党务共享。财务共享业务范围主要包含资金、应付、成本、资产、总账、应收、费用报销7类会计核算和会计档案业务。人力资源共享业务范围主要包含薪酬发放、员工关系、信息维护、统计报表、信息化建设5类基础服务和员工自助服务。IT共享业务范围主要包含系统运维、数据服务、风险与安全、技术服务、项目服务5类服务。商旅共享业务范围主要包含差旅申请、订票、结算、差旅数据分析等全流程商旅服务。党务共享业务范围主要包含数据服务、业务支持、教育资源和专家咨询4类服务。致力于建设“国内领先、世界一流”的共享服务公司，坚持以市场化为导向，立足服务职能，通过建立高效运营、持续改进、价值提升的管理机制，打造一体化、智能化的服务支持平台，为客户提供财务、人力资源、IT、商旅和党务共享，以及大数据分析、专家咨询等专业支持服务。

共享服务公司组织架构包括本部机关及东营、南京2个分公司（按大Ⅱ型管理），设立淄博、濮阳、武汉、扬州4个区域服务部，由分公司按业务单元统一管理。用工总量4 596人，合同制员工平均年龄40.4岁。截至2019年底，共享服务业务已涵盖油田、炼油、化工、销售、科研、专业公司等板块，2019年实现中国石化境内直属企业人力资源共享、党务共享全部上线运行。通过一体化统筹、专业化管理、市场化运作，在促进管理提升和推动资源优化等方面取得成效，实现具体事务的高效处理、业务流程的优化升级、管理效能的快速提升，为集团公司战略目标实现充分发挥了支撑保障作用。

（王晓光）

【财务共享服务】 2019年，财务共享完成集团公司新成立资本公司等3家单位上线，境内上线企业（板块核算并表口径）累计达216家，其中集团企业108家、股份企业108家。完成天然气分公司等下属14家分（子）公司及销售企业40多家并表单位的上线切换。持续推动业务标准化和流程优化建设，研究编制涵盖2 000多个业务场景的分板块业务标准化模板，为集团公司全面统一核算标准、进一步提升业务自动化水平奠定基础；完成30多项流程优化调整专题方案，持续提升运营效率和客户体验。全力推动智能化建设，通过物资采购流程三单自动匹配、费用报销与合同履约集成、RPA机器人等20多个重点项目的高效推广实施，持续降低企业和共享工作量，促进业务运营提质增效，助力企业财务管理转型。不断提升财务共享人员专业素质能力，全面承接集团公司合并报表业务，配合完成财经纪律专项稽核、集团FIRMS报表上线、财务共享及档案管理专项调研等工作，充分发挥共享服务对集团公司总部和企业的支持保障作用。

（王晓光）

【人力资源共享服务】 人力资源共享完成境内企业全面上线。2019年完成67家，累计完成182家（直属单位分子公司口径），服务员工60余万人、离退休人员46万人。持续开展服务标准化规范化建设，初步建设集团公司《人力资源业务标准流程体系》，顺利完成全面上线后首次年终奖发放工作，取得人力资源共享服务建设里程碑式进展。实现员工自助境内企业全覆盖，新增在线学习、党费测算等功能并完成40项功能优化提升，制订围绕员工全职业生命周期服务的员工自助2.0版建设方案。为新成立企业提供招聘入职等8类“菜单式”服务，促进新建企业人力资源管理率先转型。完成中原油田、起运公司等24家企业的上线运行，实现考勤结果与HR系统工资核算无缝衔接。启动企业年金业务试点，持续减轻企业事务性工作量。完成集团公司和各板块共计7.9万字的薪酬内部对标分析报告、78项人力资源专项统计分析，为集团公司开展“三项制度”改革、人才强企工程等重点工作提供科学决策支持。

（王晓光）

【IT 共享服务】 IT 共享服务加强工作落实，确保业务稳步推进。在系统运营服务方面，完成 CMDB 标准框架、服务目录模板等 17 个规范模板和标准服务流程编写，承接共享服务平台等系统运维，2019 年受理各项服务申请 7.7 万项，运维服务能力持续提升。在风险与安全服务方面，取得全国首批工业互联网安全评估评测机构资质，为网络安全业务扩展创造了有利条件；完成 G01 系统在总部统建 31 套系统和 124 家企业 1.3 万台服务器的安装部署，建立了高质高效的监控值守服务模式。在数据服务方面，组织开展财务域和物资域 10 余个系统的数据资产盘点，完成 1.5 万张数据表和 31 万条数据项的盘点工作。在项目服务方面，做细做实项目过程中的技术安全审查服务，加强系统测试标准建设，技术测试服务水平持续提升。在技术服务方面，启动技术实验室 CNAS 体系认证，完成国家应用软件产品质量监督检验中心组织的性能能力验证，推进技术实验室建设。

（王晓光）

【商旅共享服务】 商旅业务精心组织扩大试点，2019 年 4 月顺利完成总部机关及在京 29 家单位全部平稳上线。夯实平台运营管理，制定日常运营制度、规范工作流程，快速响应、及时解决上线企业提出的问题和需求。建立平台产品价格监控机制和日对账工作机制，做好结算工作。加强客户沟通回访，召开商旅平台应用座谈会，改进提升用户体验。多渠道引入优质商旅资源，与国内五大航空公司及希尔顿、凯悦、锦江、华住等国际国内大型酒店集团完成大客户协议签订，完成 6 家商旅服务商招标，加快集团自有酒店上线，不断丰富平台产品。积极推进商旅业务流程精简优化，制订商旅业务标准流程方案，以及商旅平台对账、结算、档案流转归档等 10 余项流程优化方案并组织实施。随着扩大试点和推广实施，商旅平台在规范管理、降本增效、方便员工三大建设目标上迈出实质性步伐。

（王晓光）

【党务共享服务】 为贯彻习近平总书记关于网络强国战略思想，适应信息化时代新形势、新要求，根据党组工作部署，由党群工作部牵头负责，在信息和数字化管理部、共享服务公司、石化盈科等部门和单位支持协作下，开发建设了中国石化党务共享平台。平台包括数据分析、业务支持、教育资源、咨询服务 4 个单元，并同步开发手机 APP。2019 年 9 月 27 日，党务共享平台正式上线启用，进一步整合盘活资源力量，为推进基层减负、提升基层党建工作标准化规范化水平、助力集团公司党建工作提质提速提效发挥了积极作用。

（王晓光）

【强化服务质量管理】 以“服务客户、支撑发展”为出发点，以聚焦聚力解决客户需求和问题为着力点，加强质量管理体系建设，顺利完成 ISO 9000、ISO 20000 和 ISO 27001 管理体系认证，成为共享服务行业首家同时获三大体系认证的企业；进一步健全服务运营评价指标体系，建立运营指标与绩效管理相挂钩的工作机制，有效促进服务质量稳步提升。2019 年，整体业务处理及时率从 92.3% 上升至 98.7%，准确率保持在 99.7% 以上，持续为客户提供快速高效的业务运营服务。不断加强客户关系管理，聚焦客户关注，推进客户服务平台建设，建立总部、企业、共享三方参与的争议仲裁线上处理机制；分层次、分板块开展客户座谈交流，针对客户需求和问题，分类编号销号，提高问题解决效率。2019 年共享服务客户满意度 98.17 分、比上年提高 6.27 分，收到企业锦旗 21 面、感谢信 147 封，客户满意度和认可度再上新水平。

（王晓光）

【加强共享服务品牌建设】 坚持品牌引领，持续提升中国石化共享服务知名度和影响力。以公司官微公众号为平台，积极宣传共享服务建设成效，树立公司专业形象。成功举办国有企业共享服务高峰论坛，得到新华社等多家权威媒体报道。发布首个国有企业共享服务调研报告，相关国家部委、国企央企等 50 余家参会单位对调研成果和中国石化共享服务建设给予充分肯定。2019 年接待外部交流来访 20 余次，成立中财协财务共享一体化专业委员会，逐步在央企中树立中国石化共享服务品牌。

（王晓光）

【打造共享服务产品】 按照“立足现在、展望未来，聚焦经验、体现亮点，打磨提炼、持续完善”的原则，构建具有石化特色和可持续发展的一体化共享服务体系。在系统全面总结共享服务6年的实践经验基础上，提炼形成中国石化一体化共享服务产品（1.0版），编撰共享服务业务标准手册和产品知识字典，规划了产品地图，成为共享服务建设运营的标准化指导工具和公司外部市场开拓的产品手册。完成《大型集团公司一体化共享服务体系建设与管理》报告，获集团公司管理现代化创新成果二等奖。在资本公司开展一体化共享服务项目，研究探索出新建单位一体化共享服务解决方案。提前布局海外共享服务建设，全面开展海外共享服务调研，初步制订海外共享整体规划建议方案，确定海外共享试点方向和工作安排。积极探索外部市场，高质量完成中储粮财务共享规划咨询项目，迈出中国石化共享服务向外部业务拓展的第一步。

（王晓光）

【坚持创新驱动发展】 共享服务公司坚持把创新作为推动发展的第一动力，持续提升共享服务自动化、智能化水平，积极组织研发“享当当”流程自动化机器人，完成73个机器人部署，月节约1.17万个工时，推动业务处理效率和质量取得飞跃式提升，并积极拓展企业端应用，其中资金清账机器人实现一次清账率超过60%，可减轻50%的人工工作量，获镇海炼化、辽宁石油分公司等企业好评。完成49项系统平台功能提升，平台自动化水平进一步提高。积极探索智能化应用，智能图像识别通过机器学习技术将增值税发票识别率稳定提升到96%以上；完成后台硬件和算力升级，性能提升显著，吞吐由每秒处理不到20张提升到40张以上，每天可处理单据10万张，满足月结高峰业务需要，持续提高业务处理效率和准确率。组织第1届创新创效成果评审，进一步提升自主创新能力，推动公司高质量发展。

（王晓光）

【治理水平持续提升】 坚持依法合规、科学管理，持续健全制度体系，新增发布制度36项，累计出台制度98项，基本涵盖经营管理各方面，逐步推进制度流程化、信息化建设，为实现合规管理、科学管理保驾护航。财务管理工作更加深入，结合实际业务量，持续优化收费机制。深入推进全面预算，完善预算指标体系，促进财务管控与业务运营紧密融合。不断加强现金流管理、扎实开展税务工作，全面落实成本管理责任，有效降低运营成本，坚持降本收益让利企业。细化资产管理、提升内控水平，公司获普华出具的内控执行有效鉴定报告。持续规范合同管理、法律事务工作，全年审查物资采购、技术服务等各类合同692份，公司规范化运行水平进一步提升。建立健全公司HSSE管理体系，完成“1+13”体系文件编制，组织开展“安全生产月”活动和分公司HSSE风险排查，举办安全知识培训班，不断加强HSSE管理，公司治理水平提升取得实效。

（王晓光）

【加强干部人才队伍建设】 共享服务公司坚持“事业成就人才、人才成就未来”的理念，把人才作为公司最大的资本，严格贯彻落实人才强企工程实施方案，首次完成公司专家、高级专家选聘，持续加强高层次人才队伍建设。推动基层管理和专业技术岗位选聘常态化，全面开展分公司中、基层管理干部和专业技术岗位选聘，进一步畅通人才成长通道。健全完善公司培训体系，建立内部讲师制度，组织开展“中层干部管理能力提升”“国际化人才储备”等重点培训班。加大重点关键领域人才开发，全面提升员工专业素质能力，推动队伍建设从优化人力资源向增值人才资本转变。

（王晓光）

【党的建设取得新进展】 扎实开展“不忘初心、牢记使命”主题教育，针对检视的问题细化具体措施，推动专项整治、党建考核、巡视反馈一体整改，以务实作风确保整改工作取得实效。推进党建与业务工作深入融合，初步构建以“三同机制、六个融合、三个打造”为主要内容的“363”融合模式。胜利召开公司第一次党代会，围绕客户价值和用户体验，提出“一二三四五”的发展布局，激励广大干部员工统一思想、凝心聚力、共谋发展。持续夯实“三基本”建设，健全完善基层党组织体系，选优育强党支部带头人，实现基层书记队伍力量配置强、培训全覆盖。全面开展支部分类定级，首次选树示范支部、优秀支部书记等先进典型。抓实“一支部一品牌”创建，涌现“五合同心”“5Z”“匠心”等一批有内涵、有特色、有活力的支部品牌，基层组织力不断提升。深入推进“转勇创”工作，开展庆祝新中国成立70周年系列活动，加强企业文化建设，唱响了“你我同行，共享美好未来”的主旋律。

（王晓光）

【央企网络安全大赛获佳绩】 2019年，共享服务公司网络安全服务人员组建的“石化长城二队”，首次代表中国石化参加由国家网络与信息安全信息通报中心、国务院国资委指导，中央企业网络与信息安全信息通报秘书处主办的“2019中央企业新型信息基础设施网络安全技术大赛”，获团队三等奖。

（王晓光）

【共享服务东营分公司】 中国石化集团共享服务有限公司东营分公司（简称共享服务东营分公司）位于山东省东营市，于2017年5月20日组建，10月13日完成工商注册登记。2015年8月，在齐鲁石化驻地成立淄博服务部，2016年11月，在中原油田驻地成立濮阳服务部。2019年，共享服务东营分公司财务共享累计完成117家企业上线和对私报销195家上线。加速业务标准化、规范化进程，成立8个标准化项目组，完成42个标准化建档模板。人力资源共享完成石油工程、炼化工程板块21家企业推广和炼化工程板块、油品销售板块等56家员工自助服务上线工作。IT共享完成RPA和智能辅助机器人95项，月节约工时8 850小时；完成辽宁石油分公司和山东石油分公司资金清账RPA开发，迈出RPA市场化的第一步。党务共享平台于9月正式上线启用，促进了党建工作规范化、党员教育常态化、基层减负长效化、内部效益最大化。深入推进组织力提升工程，不断健全基层党组织机构，选优配齐党组织书记，探索创新“三本账”“三清单”“党员先锋指数”量化考核等工作，促进党建工作质量稳步提升。

（王晓光）

【共享服务南京分公司】 中国石化集团共享服务有限公司南京分公司（简称共享服务南京分公司）位于江苏省南京市，于2017年5月20日组建，9月18日完成工商注册登记，下设扬州服务部、武汉服务部。2019年，共享服务南京分公司以创新驱动为引擎，坚持标准化、一体化、自动化、智能化、国际化、高端化等“六化”同步，着力夯实共享事业发展基础。财务共享首次独立完成99家企业、194个公司代码的年报出具，与企业共同推进共享模式下财务工作的标准化规范化；全面完成增值税系统推广应用，共实施95家企业191个公司代码918个税号。人力资源共享完成38家销售企业上线任务，服务企业总数达95家，实现境内人力资源共享全覆盖。IT共享成功开发应用35个场景64个流程的“享当当”RPA与智能辅助机器人，首次应用共享与企业一体化RPA，共享服务运营效率大幅提升，企业和共享员工劳动强度大幅降低。分2批共30个党组织、566名党员参加“不忘初心，牢记使命”主题教育。以“我和我的祖国”为主题，举办庆祝新中国成立70周年系列活动。

（王晓光）

工程质量监督总站（工程质量监测公司）

【概况】 石油化工工程质量监督总站（中石化工程质量监测有限公司）［简称工程质量监督总站（工程质量监测公司）］是中国石化赋予工程质量管理职能的直属专业公司，是国内唯一一家集工程造价、项目建设过程质量监督、装置运行期间检验为一体的监督检验机构，为工程项目建设的质量管控、生产企业的设备检验及工程造价咨询等工作提供工程质量监督、压力管道监检、质量监测、特种设备检验、常压储罐检验、定额管理、造价咨询、竣工决算等服务。下设中石化工程造价有限公司（简称造价公司）1家子公司。

工程质量监督总站是经中央机构编制委员会办公室国家事业单位登记管理局核准的事业法人，受国家发改委委托，依法对石油石化专业建设工程质量进行监督，受集团工程部委托，开展工程建设项目质量管理，负责工程项目质量监督、压力管道安装质量监检、大检修项目质量监管等。具有国家市场监督管理总局核准的特种设备综合检验机构（甲类）资质，从事压力管道监督检验，包括长输（油气）管道（DJ1）、公用管道（DJ2）和工业管道（DJ3）项目的监督检验。截至2019年底，工程质量监督总站有从业人员315人，持证人员256人，其中具有正高级职称的2人、高级工程师80人、中级工程师98人、其他技术人员13人，拥有从事特种设备检验的检验师66人、检验员190人，拥有无损检测Ⅲ级人员3人、Ⅱ级人员12人。

工程质量监测公司是集团公司出资成立的公司法人，主要负责石化建设项目的质量监测、无损检测监管工作和特种设备定期检验，以及承接国家市场监管部门委托的压力管道设计、安装许可资质评审和压力容器设计单位许可资质评审工作。具有国家市场监督管理总局核准的特种设备综合检验机构（甲类）资质，从事压力容器和压力管道定期检验，包括球罐、压力容器、工业管道定期检验和安全阀校验。工程质量监测公司有从业人员196人，持证人员172人，其中高级工程师31人、中级工程师60人、其他技术人员25人，拥有从事特种设备检验的检验师30人、检验员63人，拥有无损检测Ⅲ级证25人、Ⅱ级证147人。下属造价公司主要开展定额管理、造价咨询和竣工决算审计等工作；具有工程造价咨询企业甲级资质证书；拥有从业人员53人，持证人员53人，其中注册造价工程师22人、注册会计师3人、石化行业中高级预算人员53人，具有高级技术职称的11人、中级技术职称的22人。

（马　宁）

【改革调整】 按照《关于调整完善石油化工工程质量监督总站管理体制的通知》要求，工程质量监督总站（工程质量监测公司）于2019年初开始全面启动体制机制改革，3月27日《质监总站暨监测公司三定方案》获批准后，开始组建本部机关和各区域机构，年底本部7个处室、12家监督机构和1家造价公司基本组建到位。改革后继续保持工程质量监督总站（工程质量监测公司）合署办公，按照“一套班子，两块牌子”运行。实行本部和区域机构两级管理。本部为决策管理层，区域机构为执行层。工程质量监督、监察、质量检查、压力管道监检、工程质量监测、特种设备定期检验、无损检测等核心业务相辅相成，有序开展工程质量监管工作。

2019年，工程质量监测公司对集团公司所属的特种设备定检、监测和评审业务进行资源整合，拥有RD2、RD3、RD4、DD3、FD1、FD2综合甲类检验资质，具有对球形储罐、安全阀及第一、二、三类压力容器的检验资格，成为集监检、定检、监测和评审于一身的综合检验机构。

（马　宁）

【胡联伟获感动石化人物称号】 2019年9月25日，原镇海炼化分站站长胡联伟在集团公司举办的“壮丽70年奋斗新时代·感动石化人物”荣膺“感动石化人物”。胡联伟是国内无损检测的知名专家，专注工程质量30年，守护工程生命线。火眼金睛，不放过点滴细节；铁面无私，不妥协分毫瑕疵；用高标准严把每一关，以大智慧管理大工程。雷厉风行，追求极致，拥有的不仅是高超的技艺，更是责任与信念。质量“零缺陷”是交给祖国石化工业的完美答卷，为石化工程质量监督行业赢得了荣誉。

（马　宁）

【正式揭牌】 2019年12月31日上午，工程质量监督总站（工程质量监测公司）成立揭牌仪式在石油化工管理干部学院分部举行，开启新的篇章。

（马　宁）

【质量监督稳步发展】 2019年，本着“引导在先、指导要实、监督从严”的原则，以监督为核心，以质量检查等为抓手，自觉做到管理靠前、服务靠前，稳步推进质量监督工作，强弱项、固

揭牌仪式现场（王贵卿　摄）

根基，做到“六到位”。①调研到位。认真调研油田地面、炼化、储运、销售各板块在建工程项目现状，梳理工程质量监督工作存在的问题和薄弱环节，制定有针对性的改进措施，推动整合后各在建工程项目质监工作的平稳运行。②分工到位。明确各区域机构的业务管辖范围和职能分工，强化一体化监管机制，实现业务承接的平稳过渡，促使管理更加规范有序。③重点监管到位。瞄准重点工程质量监管，针对中科炼化、古雷一体化、新气管道等重点项目，组建业务骨干团队履行监督职能，综合运用停监点检查、质量综合检查等方式，确保项目质量受控。积极推行监督项目差别化管理，采取“区域 + 重点 + 协同”模式，深入施工现场，一项一策，保障重点项目监督质量。④创新攻关到位。针对 X70、X80 高钢级长输天然气管线质量事故特点，组织专项技术交流研讨会，研究明确 X70、X80、双相不锈钢等新材料在设计、施工中的质量控制要点，提升监督和技术服务能力，为同类天然气管道工程施工排除重大隐患。⑤强化问责到位。建立质量问题约谈问责机制和质量问题共享机制。紧盯严格触犯“红线”的质量问题，落实质量责任制，做到彻查彻改，确保质量受控。⑥质量检查到位。2019 年，共开展综合性质量检查 151 次、专项质量检查 245 次，进行停监点检查 2 564 次，发现并消除各类质量问题共计 12 138 项。共完成检测焊口数（含各种检测方法）46.16 万道，焊接一次合格率 96.69%，高于集团公司 91% 的标准。全年无重大质量问题发生，各重点工程质量实现总体受控。

（马　宁）

【检验业务大幅拓展提升】 积极发挥中国石化检验机构整合的优势，全力推进压力管道监检、定检、质量监测等工作有序开展，切实为工程项目和设备本质安全拉上“保护网”，市场份额大幅提升，工作质量得到有效保证。整合资质、握指成拳，打造中国石化的综合检验机构。高效开展检验业务，工作质量和效率明显提升。压力管道监督检验，采取硬度检查、光谱分析、焊口抽透、底片复审等手段加大对原材料、焊接实体质量抽查力度，及时消除材料、实体质量隐患。2019 年在监项目 132 个，受理申报项目 87 个，签发报告 53 份，管道监检长度 202.43 千米，发出监督检验工作联系单 242 份，查出问题 686 项。特种设备定检，认真编制检验方案，提高方案的针对性、有效性和准确性；现场检验时，与生产车间和设备管理部门进行沟通，并严格按照方案开展检验工作，发现较大缺陷 17 处并予以消除，为装置的安全运行提供保障。全年完成沧州炼化等 7 家企业的定检，共检查压力容器 1 253 台、工业管道 38.83 万米。工程质量监测，重点对设备材料、工程实体质量及现场检验检测情况进行监督抽查，及时发现设备材料、实体质量、底片评定中存在的问题，消除质量缺陷，为装置安稳运行奠定基础。对中科炼化、青宁管道等 29 个项目开展监测，在中科项目底片复审中，发现聚丙烯装置 3 张底片母材均存在裂纹，排除了重大隐患。

（马　宁）

【造价咨询业务健康发展】 2019 年 12 月，造价公司整体划转至工程质量监测公司，受集团公司委托从事造价咨询、管理等业务工作。①定额修订。2019 年承担完成国家住房和城乡建设部组织的通用安装工程消耗量定额第一册《机械设备安装工程》和第八册《工业管道安装工程》的修订工作。受工程部委托，全面修订安装工程预算定额。②夯实石化定额造价基础管理。夯实基础，着手建立中国石化工程造价数据库，进一步提升工程计价体系管理水平；稳扎稳打，推进检修工程预算定额修订；担当作为，积极承担中国石化重点项目的竣工决算审计任务。③拓展工程造价咨询服务。以争创工程造价咨询企业品牌为目标，拓展重点工程咨询服务。2019 年 3 月，中科炼化一体化项目 EPC 合同成本核算项目正式开展编制工作。

（马　宁）

【党建工作持续加强】 2019 年，扎实开展“不忘初心、牢记使命”主题教育，两级班子集中学习研讨 24 次，上专题党课 14 次，形成调研成果 25 个，检视发现问题 60 个，整改完成 57 个，为职工群众办好事 8 项。坚决贯彻落实民主集中制原则，明确领导班子分工，制定落实《“三重一大”决策制度实施细则》《党委会议事规则》和《领导班子会议事规则》等多项制度。完善党建工作体制，成立北京监督站等 13 个党支部，在中科炼化、古雷项目组成立临时党小组，为基层党建工作顺利开展提供组织保障。结合党员干部队伍建设实际，研究制定《改革调整期间党员干部“七不准”》。充分利用内部网络开辟宣传专栏，开通“石油化工工程质量监督总站”微信公众号，形成“一网、一微”宣传文化平台。

（马　宁）

经济技术研究院（咨询公司）

【概况】 中国石油化工集团公司经济技术研究院（简称经济技术研究院）是中国石化直属的软科学研究机构，主要从事公司发展战略、宏观经济政策、国际化经营、金融证券、公司管理及营销战略研究，并为重大项目决策提供支持。1999 年 12 月底，中国石化为加强发展战略、宏观经济与政策及市场营销、科技信息的研究，并为中国石化决策层提供决策咨询，决定将原中国石化石油化工规划院和原中国石化信息中心的经济技术信息部分合并，设立中国石化经济技术研究院。后经中央机构编制委员会办公室批复同意，经济技术研究院仍为事业单位。2015 年，经济技术研究院获全国博士后管委会批准设立博士后科研工作站。2017 年，经济技术研究院入选中国社会科学评价研究院《中国智库综合评价研究报告（2017）》核心智库榜单的企业智库，跻身十大国有企业智库。

中国石化咨询有限责任公司（简称咨询公司）的前身是成立于 1985 年的中国石化咨询公司，原与中国石化规划院、现与经济技术研究院合署办公，主要职责是对中国石化固定资产投资项目进行可行性研究的评估和后评价，是中国石化的直属专业公司。1994 年，咨询公司获中国首批甲级工程咨询资质，是中国工程咨询协会理事单位，2004 年获得首批承担国家发展和改革委员会投资咨询评估任务的咨询机构资格并始终保持。2017 年，按照中央企业公司制改制的总体部署，咨询公司完成了公司制改制工作，正式更名为“中国石化咨询有限责任公司”。

截至 2019 年底，经济技术研究院（咨询公司）在职职工 194 人，其中 183 人具有专业技术职务任职资格，占全院职工总数的 94.3%。拥有博士研究生 32 人，硕士研究生 102 人；具有正高级技术职称的 14 人、副高级技术职称的 86 人。

2019 年，经济技术研究院（咨询公司）坚持新发展理念，举全院之智，绘就世界一流能源化工智库发展蓝图。紧紧围绕中国石化年度目标任务，全力提质增效、深化改革、强化管理，全力政治建院、组织凝院、作风强院、人才兴院，全面推进世界一流智库建设。

（高敏惠）

【课题研究再结新硕果】 2019 年，经济技术研究院（咨询公司）制订并启动打造世界一流智库战略行动方案，全力构建相互协同、相互贯通、互为支撑的宏观、中观与微观“三位一体”能源化工软科学研究体系。围绕中国石化“以深化供给侧结构性改革为主线”的重点工作，深入开展各类研究课题近 240 项，其中重点课题 13 项。①加强前瞻性，深入开展宏观研究。开展产业转型发展、产业规划、区域规划等产业发展研究；聚焦中美贸易摩擦、中国自贸区（港）建设、石化财税政策变化等热点问题，持续开展宏观经济形势分析研判和能源化工市场环境研究。②注重实效性，深入开展中观研究。开展中国石化“十四五”

发展环境、上游业务转型发展、新能源发展、炼油化工优化升级、金融业务发展、国企改革管理、国际化发展评价研究等，为中国石化长远发展和生产经营优化提供决策支持。③突出针对性，深入开展微观研究。科学开展评估评价，全年开展投资项目评估 30 余项、后评价项目 10 余个；开展服务企业的生产经营和发展规划研究，为企业挖潜增效、提升竞争力提出措施建议。④强化信息保障，着力消除信息孤岛，推进信息系统互联互通，细化网络安全管控措施，信息化水平不断提升。

（高敏惠）

【品牌影响力逐步彰显】 2019 年，经济技术研究院（咨询公司）成功举办《2020 中国能源化工产业发展报告》发布会，成功承办第 7 届亚洲天然气论坛、第 2 届中国国际进口博览会中国石化主题论坛，行业影响力和社会影响力进一步提升。合作交流力度进一步加大，与沙特科研与知识交流中心签订战略合作框架协议；与国外研究咨询机构业务交流与合作力度持续加大；“大咖讲堂”分享成果、交流心得、启迪智慧的平台功能进一步显现。

（高敏惠）

【改革转型再增新举措】 2019 年，经济技术研究院启动并完成由事业单位法人改制为依据《公司法》设立的有限责任公司；咨询公司充分展示优势与实力，再获工程咨询单位甲级资信；市场化改革稳步推进。①精简部门提升效率。②探索建立研究经费保障机制，着力构建课题研究的契约化服务机制和市场化收费机制。③稳步推行竞争高效的课题研究与管理机制，探索推行项目经理负责制，着力构建开放式研究大平台。④不断完善考核与激励机制，着力激活力、扩创收、提素质、练队伍。

（高敏惠）

【管理效率再获新提升】 ①抓实内部管理，以年度重点任务分解为抓手，推动重点工作督办有力、落实有效。②制度标准化、流程化和信息化建设持续加强；内控管理持续强化；财务精细化管理持续加强。③期刊与学会管理服务水平持续提高。④后勤服务保障持续加强，着力为员工营造舒心工作生活环境。

（高敏惠）

【人才强院再添新动力】 ①聚焦优化结构，选优配强中层干部。通过调整，2019 年，经济技术研究院（咨询公司）40 岁以下干部比例提升至 25%。②优化员工岗位配置，畅通人才成长通道。以能力和业绩为导向，着力为青年人才搭建干事创业的舞台。③聚焦系统培育，提高人才队伍综合素养。注重国际化人才培养，实行青年员工“一人一策”个性化培养方案，举办“传承课堂”，强化实战培养和岗位锻炼。

（高敏惠）

【党建工作】 2019 年，经济技术研究院（咨询公司）党委全面贯彻落实党的十九大和十九届二中、三中、四中全会精神，坚持以习近平新时代中国特色社会主义思想为指引，以党的政治建设为统领，紧紧围绕建设世界一流能源化工智库，认真履行管党治党责任，把方向、管大局、保落实，充分发挥政治核心作用，凝聚强大力量，推动高质量发展。①坚持政治建院，初心使命教育开启新篇章。持续强化理论武装，创新建立“学悟领袖思想、建设一流智库”学习研讨制度，充分依托理论中心组学习、“三会一课”等基本制度，运用研讨会、座谈会和主题党日活动等载体，致力打造学思悟新思想示范场；进一步压实政治责任，实现党的建设与中心工作同谋划、同部署、同推进、同落实；圆满完成“两委”换届，选举产生新一届党委、纪委领导班子，确保政治引领坚强有力；高质量开展“不忘初心、牢记使命”主题教育，聚焦根本任务，把握总体要求，紧扣具体目标，高标准、高水平、高质量推进主题教育 4 项重点措施落实落地，检视各类问题 46 个，制定整改措施 108 项，整改措施完成率达 100%。②注重质量提升，党建工作与中心工作融合发展实现新突破。坚决扛紧扛实管党治党责任，全面落实“一岗双责”，形成党委统一领导、部门分工协作、层层明确压实的党建责任体系；明确责任，细化分工，管党治党做到真正严起来、紧起来、实起来；始终坚持抓大事强主业促发展，组织编制

《经济技术研究院打造一流智库战略行动方案》，完成未来发展顶层设计；稳步推进市场化改革，助力实现全年合同收入增长；坚持运用习近平新时代中国特色社会主义思想指导实践、推动研究，全力实现以理论水平带动研究水平、以理论学习推动工作提升；创新开展宣传思想工作，充分发挥榜样示范引领作用，深入开展学习陈俊武先进事迹系列活动；树立身边榜样柯晓明，以举办先进事迹报告会、专题座谈会和分享交流会等形式，厚植学习先进氛围；深入开展庆祝新中国成立70周年系列活动及传承石油精神弘扬石化传统教育，引导干部员工永葆真抓实干的激情和艰苦奋斗的作风；创新开展共青团、青年和统战工作，举办第4届青年论文交流会、“五四”主题青年座谈会，健全表彰体系，选树典型激励青年；加强统战工作制度建设、组织建设，组织召开“爱企业、献良策、做贡献”统战人士座谈会，充分发挥党外知识分子和专家作用。③坚持组织凝院，基层组织力建设取得新进展。切实强化政治功能建设，民主生活会、组织生活会高质量开展，专题党课、“主题党日”活动各具特色；切实加强制度落实，建立制度动态优化机制，全年制定修订各类党建制度11项；切实加强“三基本”建设，持续深化组织力提升工程；组织开展基层党组织软弱涣散自查，推动各党支部全面进步、全面过硬。④坚持作风强院，政治生态再显新气象。坚持压实压紧“两个责任”，召开党风廉政建设和反腐败工作会议，推动工作落实落细；修订相关制度，组织签订《党风廉政建设责任书》等，进一步压实领导干部党风廉政建设责任；持续完善“大监督”格局，构建长效反腐机制；扎实做好巡视整改“后半篇文章”，各类问题均得到有效整改落实；深入落实“马上就办”，严格落实中央八项规定精神，防止“四风”反弹；深入开展集中整治形式主义、官僚主义专项工作，修订相关制度，开展专项审计，着力解决形式主义、官僚主义突出问题。⑤坚持人才兴院，高素质专业化干部人才队伍建设实现新跨越。持续加强选人用人，深化完善选人用人程序，严格落实干部选用规程，提高选人用人质量和公信度；注重部门“一把手”选拔使用，注重干部资源统筹优化配置，注重年轻干部选拔培养，干部队伍结构得到持续优化；持续强化干部管理，不断完善制度体系，注重思想管理、工作管理、作风管理，做到真管真严、敢管敢严、长管长严；大力推进人才强企工程，科学规划用工配置，畅通人才成长通道，激发人才队伍潜力和创造力。

（高敏惠）

石化报社

【概况】 中国石化报社（简称石化报社）成立于1988年7月，是集团公司直属事业单位，主营业务是新闻报刊的出版与发行，注册资本1 000万元，社址位于北京市朝阳区吉市口路9号。

石化报社1988年成立时仅出版《中国石化报》，定位是集团公司党组机关报，也是石油石化行业经济报。1992年，由原中国石油化工总公司企业管理部主办的《中国石化企业管理》杂志（1994年更名为《中国石化》杂志）划入石化报社。2000年，原中国石化信息中心声像业务整体划入石化报社。2016年，集团公司官网、股份公司官网、中国石化网上博物馆的管理和维护职能及总部办公门户要闻栏目更新维护工作移交石化报社。

截至2019年底，石化报社所属媒体有《中国石化报》《中国石化手机报》、《中国石化》杂志、《车友报》、中国石化新闻联播（电视，含网络视频）、中国石化新闻网、中国石化报微信公众号、中国石化新闻图片网、石化新闻客户端、中国石化新闻网微博（中国石化报社官方微博）等。同时石化报社还负责管理维护中国石化2个官网、中国石化网上博物馆。石化报社有员工144人，其中具有硕士研究生以上学历44人、本科学历92人，具有副高级和高级技术职称的58人、中级技术职称的60人。内设14个机构，其中机关部门4个、直属机构10个。石化报社有驻省记者站26家。

石化报社主要报刊发行数量见表 1。

（庞　炜）

【深入一线报道基层亮点】 2019 年，石化报社和企业记者站一起，贴近基层、深入一线，挖掘鲜活报道素材，策划完成“沿江企业共抓大保护、不搞大开发”“中国石化绿色企业行”“新春走基层”“西南成品油管道行”“物资装备保供行”等一系列报道。其中，在“沿江企业共抓大保护、不搞大开发”主题报道中，记者深入采访沿江企业为保护长江所做的努力、取得的进展，推出《壮丽 70 年　奋斗新时代——沿江石化企业共抓大保护一线行》13 篇系列报道，全景展示了中国石化多年来积极践行绿色发展理念，大力实施绿色低碳战略，实现企业与社会、环境的和谐共处、协调发展的巨大成就。

（庞　炜）

2019 年 4 月 18 日，石化报社“共抓大保护，沿线企业行”记者采访团在重庆长江入河排污口公示牌处对润滑油合成油脂分公司进行采访（胡庆明　供稿）

【扎实做好“我的工作我负责、我的岗位无差错”质量承诺活动】 2019 年，石化报社按照党委年度工作安排，立足岗位要求和工作实际，以“零差错”为目标，深入开展质量承诺活动。干部员工认真查找工作流程、质量管控、制度落实等方面存在的隐患和不足，特别是在“在习近平新时代中国特色社会主义思想下——新时代新作为新篇章”“壮丽 70 年 · 奋斗新时代”“第五届‘感动石化’人物评选”等重点报道，以及“不忘初心、牢记使命”主题教育、“三项制度”改革等年度重点任务中，自加压力、乐于奉献、勇创佳绩。在庆祝第 20 个中国记者节之际，评选表彰质量承诺先进个人 21 名。

（庞　炜）

【媒体融合成果获奖】 2019 年 11 月，石化报社媒体数字化平台获全国新闻出版广电系统唯一科技奖“王选科学技术进步一等奖”。“王选奖”是国家科技奖励办公室批准，为推动传媒科技创新和发展，服务于新闻报道和传媒的战略转型而设立的奖项，是中国新闻传媒行业最高层次的科技奖项。

（庞　炜）

【探索推进“业财融合”，提升经营创效水平】 2019 年，石化报社从规范财务管理，强化现金流管控，保障资金运行安全，坚持问题导向，加强经济活动分析、资产分类管理，以及提升资产效能等方面，加强财务管理能力建设。通过报纸刊发纪念特刊带动公益广告，推进华夏实华公司与“易派客”“石化 e 贸”、易捷等石化系统内部平台和单位的合作，推进团购网与扶贫企业的战略合作等，实现社会效益和经济效益双提升，全年实现广告经营收入 1 700 万元，其中华夏实华公司实现经营收入 600 万元，创历史新高。

（庞　炜）

【深化落实人才强企工程】 2019 年，石化报社以实施“三项制度”改革为契机，深化落实人才强企工程。认真贯彻集团公司组织人事工作会议精神，研究制定《人才成长通道横向贯通实施办法》《专家管理实施细则》等制度，为持续推进“三项制度”改革奠定制度基础。健全科学考评机制，制定《中层干部考核评价管理办法》《专家考核评价实施办法》《激励性年金管理办法》《员工月度绩效管理暂行办法》，推进考核分配有效挂钩，年底对中层干部、专家和员工分别进行年终绩效考核，调整增加月度绩效资金标准，进一步优化薪酬管理。优化机构岗位和人员，完成报社岗位与总部岗位层级对接，将员工职位由 6 个层级优化为 5 个层级，提高组织活力。加大“三定”方案落实力度，定员由“十三五”初的 165 人压减至 161 人，实际用工数 144 人，提前完成“十三五”末用工目标。

（庞　炜）

【持续落实增强“四力”要求】 2019 年，石化报社对照习近平总书记“脚力、眼力、脑力、笔力”

的要求，围绕“增强‘四力’，做好新时代新闻报道工作”，分层组织专职记者培训班、通讯员培训班、电视采编业务培训班和新闻摄影高级研修班，来自企事业单位127名专职记者和334名通讯员参加培训，聘请多位北大、清华、人大、《人民日报》、新华社、《工人日报》《法制日报》等高校和主流媒体的专家授课，进一步提高新闻报道能力。为引导激励采编人员提升新闻工作水平，举办中国石化首届编校质量竞赛，来自83家企事业单位和专业公司的167名选手参赛。赛前编写出版《中国石化编校质量竞赛题库》，涵盖222个知识点、2 888道题目，该书的出版发行在业内尚属首次。按照国家广播电视总局安排，举办中国石化全系统新版记者证换证考试，通过率100%。

（庞　炜）

2019年10月27日，中国石化首届编校质量竞赛决赛在管理干部学院举行（沈青霞　摄）

【精心组织主题教育】 2019年，石化报社党委坚持聚焦“不忘初心、牢记使命”主题教育主线，牢牢把握目标要求，高起点谋划、高标准推进、高质量落实。坚持带着责任学、带着问题学，先后举办读书班累计6天，研讨交流6次。坚持把解决问题、推动工作作为调查研究的出发点和落脚点，采取“区域＋重点＋协同”的模式开展调查研究，形成调研报告5份，领导班子成员带头为干部党员讲党课4次。领导班子按照习近平总书记“四个对照、四个找一找”要求，把自己摆进去、把职责摆进去、把工作摆进去，检视问题28个。坚持把“改”字贯穿始终，针对问题清单制定整改措施，真刀真枪抓整改落实，现已初见成效。党组第十一巡回指导组对石化报社专题民主生活会给予“把握精神到位、准备工作到位、检视问题到位、相互批评到位”的评价。

（庞　炜）

【扎实开展“党建基础年”活动】 2019年，为进一步建强石化报社党组织，石化报社党委部署开展“党建基础年”活动。以推进党建工作制度为抓手，着力完善制度、执行制度，全年共修订完善《“三重一大”决策制度实施细则》《党组织工作经费管理办法》等5项制度，将制度建设与党建工作有机结合，持续推动党组织建设标准化规范化。规范“三重一大”运行，加强重大决策的调查研究、科学论证、风险评估，严守议事规则和决策程序，强化决策执行、评估、监督，切实发挥党委“把方向、管大局、保落实”作用，同时按要求将2017年10月以来“三重一大”事项数据资料上传系统。注重发挥党务共享平台作用，指导督促各党支部认真落实组织生活制度等，及时将党支部工作开展情况上传至平台，不断提升党支部组织力。

（庞　炜）

表1　石化报社主要报刊发行数量[1]　万份

报刊名称＼年份	2019	2018	2017	2016	2015	2014
《中国石化报》	12.56	12.90	12.60	12.30	12.30	13.20
《中国石化》杂志	2.81	2.80	2.75	2.73	2.72	2.63
《车友报》[2]	2.00	—	—	—	—	—
《中国石化手机报》	1.86	1.83	1.82	1.89	1.87	1.84

① 发行量为期均发行量
② 2019年《车友报》改版，周三刊与周五刊合并，以北京地区发行为主

石化出版公司

【概况】 2015年9月，集团公司印发《关于中国石化出版社有限公司中国经济出版社整合的通知》，决定对两家出版社进行整合，实行“一套班子、两块牌子”，整合后保留两家出版社名称，对内称石化出版公司，对外分别使用中国石化出版社有限公司、中国经济出版社有限公司开展业务。

石化出版公司以建设国内一流出版企业为公司发展的愿景目标，担负起为美好生活“书”入正能量的使命，坚持服务引导、市场方向的公司定位，以服务集团、服务行业、服务国企、服务社会为己任，强化市场意识，不断提升市场竞争能力。实施价值创造战略、创新驱动战略、资源开拓战略、差异化运营战略、平台化战略和人才强企战略，加快推进图书出版业务融合发展、转型升级、业态创新，统筹推进出版质量体系、精益运营管理体系、市场营销体系和出版生态圈建设。

截至2019年底，石化出版公司有在岗员工192人；设置中层机构17个，其中业务部门13个、职能部门4个；有党员166人，其中在职党员115名、离退休51名，8个党支部（含离退休党支部）。

（综合管理部）

【生产经营】 2019年，石化出版公司共出版图书1 557种；出版码洋3.14亿元，增长31.93%；营业总收入1.76亿元，增长19.73%；实现利润280万元，增长83%。“图书＋论坛”“图书＋影视”等实现收入821万元。

（综合管理部）

【积极推进高质量高效益发展】 2019年，石化出版公司坚持把社会效益放在首位、实现社会效益与经济效益相统一的原则，积极推进公司高质量高效益发展。通过大力调整选题结构，提升内容品质，努力提高图书单品种效益；主动谋变创新，拓展业务模式，推进“图书＋”业务，加快转型升级和融合发展步伐。全年共有57种图书获奖，其中《陈俊武传》获中央企业第五届精神文明建设“五个一工程”优秀作品奖，《中国炼油技术新进展》《石油炼制工程师手册》分获集团公司科技进步二等奖、三等奖，经济出版社获中国十大纪录片推动者称号，纪录电影《他们正在改变中国》入围2019中国（广州）纪录片节“金红棉影展”展映。

（综合管理部）

【全面做好服务工作】 2019年，石化出版公司在服务国务院国资委中心工作上更加主动深入，成效明显。圆满完成“两《年鉴》一《公告》”的组稿出版任务；全力服务好国务院国资委改革办和宣传局、党建局研究成果的编撰和出版工作；《国资报告》杂志社配合国务院国资委新闻中心、宣传局等部门做好两会专题“走进新国企”、第二届“一带一路”高峰论坛企业家大会等相关报道；音像部配合国务院国资委新闻中心完成《中央企业地方国资委负责人会议》等189次摄制任务。

在服务国企方面，出版《国企改革历程1978—2018》《国资年鉴》《中国铁建年鉴》《国家能源集团年鉴》等一批图书。配合中国电科、中国建筑等国企，出版大量反映国企改革发展、强化管理优秀成果的图书。

在服务集团公司方面，高效完成大量宣传和出版工作，配合集团公司党组宣传工作部、党群部印发学习宣传贯彻集团公司2019年工作会议精神、“不忘初心、牢记使命”主题教育、集团公司主题教育研讨班精神等系列“明白纸”，完成集团公司《年鉴》《年报》和《石油精神读本》等图书的出版发行工作。全年共完成服务集团公司出版项目240项。各项服务工作得到有关部门的高度评价。

在服务资本和金融支持板块方面，为资本和金融事业板块制作宣传片16部，其中《奉献雄安，共创未来》被推荐参加“大国顶梁柱　阔步新时代”中央企业优秀形象宣传片展播；承办“洞见未来，行稳致远”2019中国石化资本年度讲坛。

（综合管理部）

【积极推进公司转型创新发展】 2019年，石化出版公司举办承办 5 场大型论坛，包括："改革、改变、展望"年度财经论坛、"国企改革：启发与思考暨《邵宁文集》新书研讨会""第十届石油化工设备维护检修技术交流会""第十届炼油与石化工业技术进展交流会"、《国资报告》年会等；纪录电影《他们正在改变中国》及 7 个系列专题片和澳门回归 20 周年纪录电影取得较大反响，为经济出版社赢得良好声誉。完成两社在喜马拉雅有声平台的搭建，开发《陈俊武传》等 43 种有声书和宣传内容上传至喜马拉雅、蜻蜓 FM 和懒人听书三大有声书平台，共产生 81.8 万次点击量；开发语音听书产品，配合宣传时代楷模，制作《陈俊武传》有声书。全年上线现代纸书 102 种，完成 636 种图书文件的数字化转化。

（综合管理部）

【子公司积极拓展业务】《国资报告》杂志社策划"央企负责人的 2019""辉煌七十载国企进化录"等 10 余项重点专题，举办 2019 国有企业投融资创新峰会等论坛。配合做好"新媒体走进新国企"、第二届"一带一路"高峰论坛等宣传报道，为国资国企改革逐步打造了一个新的舆论阵地。中国经济书店拓展新的出版合作方，新建立 4 个出版基地，加大内容服务，扎实做好服务集团、服务国企主题教育图书配送工作，业务增长有新突破。中国经济图书进出口公司积极做好图书进口采购、恢复供应链、电商平台开发的准备工作；同步推进图书出版与进出口业务，开展"图书 +"的有益尝试，积极探索进行版权引进和输出业务。中经录音录像中心在"图书 +"方面实现多维度创效，积极服务资本和金融支持板块宣传片拍摄，在板块品牌宣传方面有效发挥了出版公司的优势，业务取得明显突破。

（综合管理部）

【扎实开展"不忘初心、牢记使命"主题教育】2019 年，石化出版公司准确把握中央和集团公司各项要求，认真做好主题教育工作安排。加强组织领导，认真制订《主题教育实施方案》和运行计划，明确具体安排，率先组织召开主题教育动员大会，为主题教育顺利开展奠定坚实基础。①认真组织学习教育，保证学习效果。对理论学习研讨进行周计划滚动安排，及时跟进学习习近平总书记在主题教育工作会议、中央政治局第十五次集体学习等重要讲话，关于国有企业、能源领域和石油化工行业的重要论述、指示批示精神和党中央决策部署及中央关于出版、媒体融合等方面的重要文件，认真学习党史、新中国史，在理论武装方面取得明显成效。②坚持问题导向，扎实开展调查研究。通过座谈会、问卷调研，谈心谈话等多种方式，征求各方面意见。组织《石化出版公司"两个三年、两个十年"发展规划和行动方案》专题研讨。班子成员带头开展调研，认真研究党建责任落实、干部人才队伍建设、党支部组织力提升等 6 个方面的突出问题，提出解决问题的具体措施。③坚持高标准严要求，深入检视存在问题。组织班子和中层两个层面深入进行问题检视。开展形式主义官僚主义问题集中整治。高质量组织召开班子专题民主生活会，认真剖析领导班子及班子成员个人存在的 5 个方面突出问题，提出切实可行的整改措施。处级干部分 5 组召开专题民主生活会，各支部分别召开组织生活会，每名党员按照"四个对照""四个找一找"的要求，进行自我检视剖析，开展批评与自我批评。通过找不足、补短板，党员干部干事创业的热情得到进一步激发。组织开展网络信息安全和保密检查，肃清流毒影响，制定落实《排查敏感信息图书实施方案》等制度，建立了一月一清一查的长效机制。④坚持立行立改，务求实效。坚持边学习边调研边整改，边查找问题边整改，及时解决突出问题。主题教育取得较好成效，得到集团公司巡回指导组充分肯定。党员干部对公司开展主题教育总体情况和分项评价中，3 项评价为"好"的达 100%，1 项评价为"好"和"比较好"的达 100%。

（党群工作部）

【党建得到巩固提升】 2019 年，石化出版公司党委坚持以习近平新时代中国特色社会主义思想为指引，深入贯彻落实党的十九大提出的党的建设总要求和中央、集团公司党组相关部署，扎实开展"不忘初心、牢记使命"主题教育，全面加强"5+2"建设，着力提升党建质量和实效。①夯实思想理论根基。全年组织中心组集体学习研讨 34 次。用好"学习强国"等新媒体平台，采取办理论学习读书班、专题学习分享会、两级干部和党员讲党课等方式，强化研讨交流，增强实效。处级干部围绕十九届四中全会精神的学习，共撰写学习心得体会 34 篇。前往爱国主义教育示范基地，领悟共产党人的初心和使命，增强教育实效。②认真落实管党治党责任，发挥好党委把方向管大局保落实的作用。全年召开党委会 34 次，制定《石化出版公司党建责任制实施细则》等制度，将党建和意识形态工作纳入党支部书记、中层干部年度绩效考核，压实各级干部抓党建的责任。组织开展网络信息安全和保密检查，肃清流毒影响。坚持工作月度例会、党建季度例会制度，及时研究解决突出问题，加强对主题党日的策划。③加强基层党组织建设，着力提升基层组织力。每月制订支部学习计划，加强对主题党日、“三会一课”的统筹策划，以“三评比、三创建”活动为抓手，强化“五过硬”支部建设。组织开展优秀党课评比，开展业务竞赛，促进党务工作者有效提升党建工作成效。党员制订“四带头”行动方案，发挥模范带头作用。开展创建学习型团队和学习型员工、创建共产党员示范岗等工作。召开先进典型事迹交流会，营造学先进赶先进的浓厚氛围。④着力加强宣传思想工作，加强思想文化引领。落实意识形态责任，定期总结分析意识形态工作。加强新媒体应用和管理，坚持舆情分析研判，建立由 26 人组成的公司宣传报道队伍，有效发挥新闻宣传内聚人心、外树形象的作用。开展传承石油精神、弘扬石化传统教育，组织“向陈俊武同志学习，弘扬爱国奋斗精神、建功立业新时代”主题征文和演讲，开展“在优良传统上我们丢掉了什么，对比先进典型我们缺少什么”大讨论，组织全员参与新中国成立 70 周年纪念活动，开展企业价值观征集，大力宣贯企业愿景、使命、战略等核心价值理念。组建由 30 人组成的 EAP 志愿者队伍，深化 EAP 应用，增强思想政治工作效果。⑤坚持全面从严管党治党，党风廉政建设和反腐败工作进一步加强。召开党风廉政建设和反腐败工作会议，分层次与各部门负责人、党支部书记签订《党风廉洁建设责任书》。组织制订《石化出版公司中央巡视反馈问题整改方案》，落实中央巡视自查自纠要求。成立监督委员会，完善工作职能，增强监督合力。加强日常监督，对展览项目，图书报废、纸张采购招标和选人用人、干部考核等工作进行重点监督。实施廉洁风险防控，对关键岗位人员开展重点监督。每月安排党支部开展党风廉洁教育，强化党员干部廉洁从业意识。持续发力纠治“四风”，组织制定集中整治形式主义官僚主义实施方案，开展专项整治。落实保密工作要求，组织开展保密教育月活动，强化全员保密意识，加强网络安全工作。

（党群工作部）

【着力抓好班子自身建设和干部人才队伍建设】 ①落实“三定”方案，理顺管理体制。进一步精简优化组织机构，将中层机构由 31 个压减至 17 个，调整部门职责，对两社的管理制度和工作流程进行整合。②加强干部队伍建设。调整优化中层干部配备。完善《中层干部选拔任用暂行办法》等选人用人配套制度，对中层干部配备进行全面调整优化，完成总经理助理、两社副总编的选配，对部分部门主要负责人进行调整。加强制度建设。修订完善《中层干部考核评价实施办法》，中层干部能上能下实施办法和中层干部容错纠错实施办法。继续开展“大学习大调研”。首次举办中层干部专题培训班，提升干部能力素质，推进公司改革发展；组织各部门针对存在的突出问题，广泛开展内外部调研；坚持部门学习制度，不断提升学习效果。加大年轻干部培养使用力度。制定落实《优秀年轻干部发现培养选拔实施办法》，推进年轻干部选拔使用常态化。③打造专业人才竞争力。实施人才成长通道建设，开展专业技术序列职位选聘，完成高级专家、专家、高级主管等职位的选聘工作，新聘续聘高级专家、专家 8 人。组织业务人员开展内部培训或参加外部培训，开展“师带徒”工作。通过毕业生引进、内部人才招聘、社会化招聘等措施，加大人才引进力度。改进考核评价办法，更好地激发各类人才干事创业激情。通过综合施策，使各类专业人才队伍素质和专业化能力有了新的提升。

（人力资源部）

【全力做好集团公司展览工作】 2019 年，在集团公司党组领导和总部有关部门的关心支持下，通过不断优化展览展示方法和手段，全方位展示中国石化的企业形象、综合实力、创新技术和科技成就，大力宣传中国石化发展战略、企业使命、企业愿景、核心价值观，加强与总部机关各部门及企业间的联系，拓展了展览资源，提高了宣传展示效果。高质量完成“中国国际石油石化技术装备展”“世界液化天然气大会（LNG）”“世界物联网大会”等20项展览工作，彰显了中国石化的企业形象、科技创新、社会责任、绿色低碳环保理念和优质产品。

（综合管理部）

【获奖情况】 2019年，炼油化工编辑室获中国石化工人先锋号称号，教育编辑室获中国石化青年文明号称号，编辑团支部获中国石化五四红旗团支部称号，李志平获中国石化优秀职工之友称号，王瑾瑜获中国石化闵恩泽青年科技人才称号，贾亚莉获中国石化宣传思想工作先进个人称号，刘亚轶获中国石化财务工作管理先进个人称号，胡晓明获中国石化优秀财务工作者称号，孟鹏获中国石化青年岗位能手称号，海毅获中国石化优秀共青团干部称号，赵文获第七届中国石化青年外语风采大赛三等奖，李德亮、王瑾瑜、孟鹏、戴瑛获中国石化优秀工会会员称号，车平获中国石化优秀工会干部称号，石化出版第一分工会获中国石化优秀工会小组称号。

（综合管理部）

石化出版社（展览办公室）

【概况】 中国石化出版社有限公司（简称石化出版社）是集团公司主管和主办的中央级科技出版社。其前身为经文化部批准于1984年12月成立的烃加工出版社，先后与原中国石化情报所、中国石化信息所、中国石化信息中心合署办公，1992年更名为中国石化出版社，1999年3月与原中国石化信息中心分离单列，成为中国石化直属独立的事业法人。2010年12月，根据中央文化体制改革有关要求转制为企业，设立中国石化出版社有限公司。中国石化集团公司展览办公室（简称展览办公室）经集团公司批准成立，负责中国石化境内外展览业务，与石化出版社合署办公。

截至2019年末，石化出版社有在岗员工82人，其中硕士研究生以上学历24人、本科学历48人；取得高级专业技术职称的30人、中级专业技术职称的21人，有47人取得编辑和发行职业资格证书。

石化出版社主要出版石油勘探开发、石油炼制、石油化工、安全环保、企业文化与管理等方面的图书，以及相关的行业标准、辞典、手册工具书、石油及石化专业系统教材和职工培训教材的出版及电子、音像制品的出版；同出版范围相一致的互联网图书出版，设计、制作图书广告，利用出版社出版的图书发布广告；图书、期刊、电子出版物、音像制品批发、零售、网上销售；负责集团公司年鉴、年报的编辑出版工作；负责承办集团公司暨股份公司在国内外举办的各种展览业务、会议服务，承办展览展示。石化出版社与多家国际知名的出版机构开展版权贸易和业务合作活动，引进国际石油化工、勘探开发等专业科技书籍版权并组织翻译出版；坚持以为石油石化工业科技进步服务为宗旨，逐步摸索出一套具有新闻出版行业特色、适合自身发展、规范稳健的管理模式。

石化出版社2019年重点图书目录见表1。

（李德亮）

【1个项目入选“十三五”国家重点图书、音像、电子出版物出版规划增补项目】 2019年7月26日，国家新闻出版署发布《关于公布“十三五”国家重点出版物出版规划第三次调整情况的通知》，石化出版社《安全可靠、清洁环保型炼油与化工企业构建》图书项目入选“十三五”国家重点图书、音像、电子出版物出版规划增补项目。

（宋开利）

【石化出版公司4部图书获2019年度全国石油石化企业管理现代化创新优秀著作奖】 2019年11

月，中国石油企业协会《关于发布和推广 2019 年度石油石化企业管理 现代化创新优秀成果、优秀论文、优秀著作的通知》，由石化出版公司组织申报的 4 个项目获优秀著作奖，1 个项目获优秀编辑奖。

（宋开利）

【石化出版公司 31 种图书和教材获 2019 年中国石油和化学工业优秀出版物奖】 2019 年 12 月，中国石油和化学工业联合会《关于公布 2019 年中国石油和化学工业优秀出版物奖（图书奖、教材奖）评选结果的通知》，由石化出版公司组织申报的 31 种图书和教材获 2019 年中国石油和化学工业优秀出版物奖，其中图书奖 20 种（一等奖 7 种、二等奖 13 种）、教材奖 11 种（一等奖 4 种、二等奖 7 种）。

（宋开利）

【《中国科学院院士传记——陈俊武传》获国务院国资委第五届中央企业精神文明建设“五个一工程”优秀作品奖】 该传记通过具体事迹的记录反映了陈俊武院士心有大我、至诚报国，敢为人先、勇于登攀，淡泊名利、甘为人梯的崇高精神。

（刘跃文）

【《石油精神读本》新书发布会召开】 2019 年 11 月 2 日,《石油精神读本》新书发布会在北京举办。会上，分析了石油精神在新时代的重要意义，介绍了《石油精神读本》一书的编纂背景、主要内容，阐述了该书对新时期弘扬石油精神的重要作用。来自全国总工会、中国石油和化学工业联合会、中国石化、中国石油、中国海油、延长石油及多所石油院校的代表参加发布会。

（赵 文）

【第十届（2019）炼油与石化工业技术进展交流会召开】 2019 年 11 月 7—8 日，石化出版社举办的第十届（2019）炼油与石化工业技术进展交流会于在海口召开。来自三大石油公司总部及其所属单位、高等院校和国外石油公司、专利技术公司的专家和员工参会。代表们就国内外炼油化工企业如何应对当前形势，及时掌握石油化工工业生产、经营及相关先进技术应用和发展趋势进行了深入的探讨和技术交流。

（刘跃文）

【第十届（2019）石油化工设备维护检修技术交流会召开】 2019 年 6 月 20—21 日，第十届（2019）石油化工设备维护检修技术交流会于在海口召开。大会表彰了在《石油化工设备维护检修技术》征文和技术交流活动中表现突出的 19 家先进集体和 14 名先进个人，授予石化设备检维修专委会荣誉主任委员胡安定终身荣誉奖。来自中国石化、中国石油、中国海油、中国中化和国家能源集团五大集团的相关领导、生产企业，以及地方炼化企业、检维修企业、研究机构、高等院校、制造企业的 210 多名代表参加会议，22 位专家在会上做精彩报告。会议围绕设备特色管理探索，石化装置维保体系，腐蚀预测与控制，设备国产化、完整性与风险防控，设计、制造对设备运行的影响，以及红外状态监测、绿色制造、人工智能、物联网等新技术、新工具在石化设备检维修中的应用等行业热点、难点问题展开了交流、咨询和研讨。

（白 桦）

【《石油化工设备维护检修规程》系列审查会召开】 2019 年 3 月、5 月、6 月、7 月，在中国石化化工事业部、炼油事业部、资本运营部和规程修编组长单位的支持下,《石油化工设备维护检修规程》电气设备、通用设备、炼油设备、储运设备、化纤设备、热电联产设备分册第 2 次审查会先后在济南、广州、无锡等地组织召开。各组长单位汇报了所负责规程修编进展情况，并就在一审过程中存在的问题、增删调整方案进行讨论，要求各修编单位抓紧时间修改、完善，按计划圆满完成规程修编工作。

（潘向阳）

【《中国石化压力容器发展史》编写工作讨论会召开】 2019 年 5 月 28 日，新中国成立 70 周年主题出版物——《中国石化压力容器发展史》专家审查会在北京召开。中国石化化工事业部、炼油事业部、科技部、物资装备部、工程建设公司、洛阳工程公司、宁波工程公司、上海工程公司、南化机和石化出版社的专家参加会议。会议首先听取多位新中国石油化工压力容器的设计、制造、安装、使用等方面的亲历者、参与者对全书审查稿的总体意见，然后分炼油、化工和储罐/标准3个小组，逐章逐句提出了具体的修改意见。该书总结了中国石油化工行业压力容器的发展历程，展示了石化设备领域取得的巨大成就，同时给石油石化行业的从业人员提供一个了解那段艰苦创业、自主创新的历史，传承石油精神、弘扬石化传统的良好载体。

（白　桦）

【第17届高等院校专业教材协作组会议召开暨第三届“石油和石化工程教材出版基金”评选结果公布】 2019年11月9—10日，由石化出版社主办的高等院校专业教材协作组第17届年会在广州召开。来自中国石油大学、沈阳化工大学、辽宁石油化工大学、广东石油化工学院、陆军勤务学院等20余所具有石油化工专业特色的高校30余名代表，以及石化出版社相关出版分社人员参会。会议总结了协作组一年来的工作成果，督促检查了“十三五”规划教材的编写工作。会上，代表们讨论交流了教材建设、教学管理等方面的经验，制订了协作组下一步专业教材编写、出版计划，评审了2019年中国石油和石化工程教材出版基金资助项目，确定17个资助项目。

（刘跃文）

表1　　石化出版社2019年重点图书书目

序号	书　名	著译者
1	2018年渤海石油管理局工程建设成果论文集	曹新建
2	2018中国油气开发技术大会论文集	中国石油学会
3	2019城市公共安全与应急救援国际会议论文集	常州大学
4	2019年度全国钻井液完井液学组工作会议暨技术交流研讨会论文集	孙金声
5	2019年中国石油炼制科技大会论文集	中国石油学会石油炼制分会 中国石油化工信息学会
6	2019首届炼化企业创新发展论坛论文集	本书编委会
7	ERP常见问题及应用案例汇编	本书编写组
8	M≈8级地震的预测技术	朱云峰
9	Modelling and Optimisation of Motorway Operations	李　颖
10	P2P网络监测与传播控制	孔　劼　丁军平
11	SPS在油气管网仿真中的应用与实践	李欣泽
12	安全督导推荐做法及常用安全模型	赵宏展　贺晓珍　杨意峰
13	安全可靠、清洁环保型炼油与化工企业构建	曹湘洪
14	保护层分析——初始事件与独立保护层应用指南	Center for Chemical Process Safety（CCPS）
15	变电检修工岗位技能操作标准化培训教程	刘　兴　李金龙
16	变径流化床反应器理论与实践	许友好

续表

序号	书　名	著译者
17	材料力学（第二版）	田　健
18	采矿概论	王子云
19	采气现场操作人员井控技术	中国石油化工集团有限公司西南油气分公司教材编写组
20	测井曲线地质解义	李　浩　刘双莲　李健伟　杜　娟
21	层序地层学	纪友亮　周　勇
22	产业链视角下的旧直隶工业遗产群研究	闫　觅
23	超深井扩张式裸眼封隔器应用典型案例	崔龙兵　贾书杰　刘　练
24	超深碳酸盐岩油藏工程技术进展	胡文革　赵海洋
25	成品油管道运行与管理	田中山
26	稠油乳化降黏及破乳技术	孙娜娜
27	储能产业发展蓝皮书	中国能源研究会储能专委会 中关村储能产业技术联盟
28	储运仪表及自动控制技术	中国石化管道储运有限公司
29	川气东送输气站输气岗位技能操作标准化培训教程	刘　兴　苏月琦
30	催化剂制备过程技术（第 3 版）	张继光
31	催化裂化典型故障分析 100 例	张可伟
32	催化裂化反应系统关键装备技术	卢春喜　刘梦溪　范怡平
33	催化裂化工艺技术手册	许友好　李　宁　华仲炯
34	催化裂化装置专家培训班大作业选集（第二期）	赵日峰
35	大牛地气田排水采气工艺技术	何　云　吴伟然
36	单双叶片离心泵设计与试验	谭林伟
37	低成本高强度钢组织性能调控及关键生产工艺	李大赵
38	低油价冲击波	罗佐县
39	地热：来自地下的热能	郑克棪
40	地铁隧道施工技术与工程管理	任八锋
41	地震信号衰减与速度估计方法及应用	赵　静　高静怀　任金昌　王大兴
42	地质学基础	冀国盛　贾军涛　吴花果
43	第八届化学驱提高采收率技术年会论文集	孙焕泉
44	第十四届硫黄回收技术协作组年会论文集（2019）	俞仁明

续表

序号	书　名	著译者
45	第四届全国石油石化安全生产与应急管理技术交流大会论文集	中国石油企业协会
46	第四届中国海油开发开采青年技术交流会论文集	景凤江
47	第四届中国石油石化腐蚀与防护技术交流大会论文集	本书编委会
48	第四届中国油气田地面工程技术交流大会论文集	中国石油学会石油工程专业委员会
49	第五届“五省（市、区）提高采收率技术研讨会”论文集	蔡其新
50	典型地震地质特征图集	曲寿利
51	碘氧化铋光催化剂的制备及其应用	朱刚强
52	电气安全	孙东亮　张增亮　李义鹏
53	电气安全技术问答（第二版）	李盈康
54	电气技术	中国石化管道储运有限公司
55	吊装工程（第二版）	仇俊岳
56	多相混输蜡沉积实验研究及模型预测	全　青
57	二茂铁亚胺手性衍生物的合成及应用	杜玲枝
58	非均质油藏层内纵向流动机理及提高驱替效率技术	刘　雄　纪淑红　毛小龙
59	沸石分子筛与催化：合成、反应和应用	Jiri Cejka　Avelino Corma　Stacey Zones
60	分析化学	司晓晶
61	钙钛矿太阳电池	李　燕
62	概率论与数理统计 PROBABILITY AND MATHEMATICAL STATISTICS	王　伟　郭颖敏
63	钢轨打磨廓形多目标优化设计方法研究	曾　威
64	岗位管理体系及方法工具	董　烨　姚　旭　程玉坤　陈　浪
65	高等反应工程	应卫勇
66	高分子助剂与催化剂	吴永忠　徐丙根
67	高含硫气田集输系统检维修与管理	蔡锁德　钟晓风　青　鹏
68	高级油藏管理与工程（第 2 版）	[美]塔雷克・艾哈迈德（Tarek Ahmed）[美]纳森・梅汉（D. Nathan Meehan）
69	高性能微纳结构 SERS 基底构筑与应用研究	黄　剑
70	高压天然气计量检定站工艺设备技术与操作维护	闫文灿　李振林　徐　明

续表

序号	书　名	著译者
71	工业水处理技术	姜虎生　李长波
72	工作场所常见危害及潜在高后果活动	赵宏展　贺晓珍　杨意峰
73	孤岛油田开发技术与实践	李　阳　束青林　张本华　薛兆杰
74	固体和危险废弃物管理	M.N. Rao
75	管道地质灾害风险管理技术	董绍华
76	管道风险评价技术	董绍华
77	管道检测技术	刘保余
78	管道检测与监测诊断技术	张来斌　董绍华
79	管道建设期完整性管理	董绍华
80	管道抢维修技术	中国石化管道储运有限公司
81	管道天然气计量员读本	闫文灿　谢代梁　王雁冰
82	管道完整性安全保障技术与应用	董绍华
83	管道完整性管理体系建设	董绍华
84	管道完整性管理系统平台技术	董绍华
85	管道完整性效能评价技术	董绍华
86	管道完整性与适用性评价技术	董绍华
87	管道修复技术	董绍华
88	管道隐患排查电磁检测技术	李晓松　尚　兵　石仁委
89	管道运行技术与管理	中国石化管道储运有限公司
90	光学分子传感器基本理论与应用	于春伟
91	广州石化年鉴 2018	《广州石化年鉴》编纂委员会
92	过程工业的能源管理与效率	Alan P. Rossiter Beth P. Jones
93	过程模拟实训——Aspen HYSYS 教程（第二版）	孙兰义　刘立新　薄守石　金海刚
94	过程设备综合设计指导	赵延灵　王建军　国亚东
95	海上稠油热采地质油藏方案设计方法及应用	田　冀
96	海上固定平台模块钻机建造与安装调试	中海油能源发展装备技术有限公司
97	海洋石油生产设施节能措施案例汇编	阎洪涛
98	焊接脆性与腐蚀和安全（第 2 辑）	束润涛

续表

序号	书　名	著译者
99	河南油田年鉴 2018	河南石油勘探局年鉴编纂委员会
100	呼吸、眼面部及听力防护	中国石油化工集团有限公司安全监管局 中国石油化工集团有限公司劳动防护用品检测中心
101	华东石油年鉴 2018	《华东石油年鉴》编纂委员会
102	化工安全导论	毕海普　袁雄军　刘龙飞
103	化工工艺安全分析	张　峰　王　勇　谢传欣
104	化工工艺及安全技术	魏刚　王益民　顾永和
105	化工仪表及自动化（第二版）	刘　美
106	化工原理课程设计	李　燕
107	化工原理学习指导书与习题集	阳超琴
108	化学工程与工艺专业工程实训	莫桂娣　洪晓瑛　刘　兰
109	化学与人类生活	夏云生
110	环保设备原理与设计（第三版）	陈家庆
111	环境保护与固体废弃物处理技术	李　申　徐　婧　赵茜瑞
112	环境应急管理理论与实践	王亚变　刘　佳　周　婷 梁　佳　魏　斌
113	火驱燃烧理论与工程分析	袁士宝　蒋海岩
114	基本 HSE 风险因素及管理	赵宏展　贺晓珍　杨意峰
115	基础有机化学学习指导——知识点、解题思路与习题解答	佟拉嘎　林世静　王　萍　刘姗姗
116	基于 BIM 的模拟分析技术在建筑工程中应用	石　韵
117	基于 OpenFOAM 平台湍流模式探索与研究	高　琳　江立军
118	基于各向异性介质的深度域地震成像技术	刘定进　李　博　郭　恺
119	基于极限学习机的非线性自适应逆控制	王万召
120	集体土地政策汇编	周同伟
121	几种概念格的构造理论及不确定性分析	钱　婷　贺晓丽
122	计算方法的常用算法及编程实现	杨　超
123	加氢裂化专家培训班大作业选集（第一期）	赵日峰
124	加氢裂化装置技术手册	别东生
125	加油站安全知识问答	郭建新
126	江汉油田年鉴 2017	《江汉油田年鉴》编纂委员会

续表

序号	书　名	著译者
127	江苏油田年鉴 2018	《江苏油田年鉴》编辑委员会
128	脚手架安全检查	中国石油化工股份有限公司炼油事业部 青岛诺诚化学品安全科技有限公司
129	金属掺杂 ZnO 纳米材料及多层复合结构	陈海霞
130	金属类催化剂的密度泛函理论研究实例	任瑞鹏
131	精细化工工艺学（第三版）	韩长日　刘　红
132	精细化工生产技术（第二版）	吴海霞　唐蓉萍
133	井筒完整性相关力学	姜海龙
134	径向井压裂裂缝起裂扩展规律与产能预测	龚迪光
135	均相催化剂：活化－稳定－分离	John C. Chadwick
136	可燃气体检测报警器现场检定	中国石油化工股份有限公司天津分公司 中国石化青岛安全工程研究院
137	空间域密度界面反演方法	冯旭亮
138	连续重整专家培训班大作业选集（第一期）	赵日峰
139	炼油工艺基础知识（第三版）	山红红　涂永善
140	炼油设备基础知识（第三版）	马秉骞
141	炼油与石化工业技术进展（2019）	本书编委会
142	辽宁省财政支农绩效：评价、影响因素及提升对策研究	李　秋
143	裂缝粗糙性表征方法及其渗流特征描述	曲冠政　彭　娇
144	临时用电安全检查	中国石油化工股份有限公司炼油事业部 青岛诺诚化学品安全科技有限公司
145	硫化氢防护培训模块化教材	刘　钰
146	硫化氢气体检测仪现场检定	中国石油化工股份有限公司天津分公司 中国石化青岛安全工程研究院
147	硫黄回收技术进展与应用	赵日峰
148	硫黄回收专家培训班大作业选集（第一期）	赵日峰
149	洛阳石化年鉴 2016	《洛阳石化年鉴》编纂委员会
150	铝基混合团簇性能及非金属元素掺杂氧化锌薄膜特性	温俊青
151	绿色化工工艺导论（第 2 版）	朱　宪
152	埋地热油管道预热投产数值模拟	王　勇
153	毛炳权传	宗建华

续表

序号	书　名	著译者
154	煤系致密砂岩油气藏形成特征：以吐哈盆地台北凹陷为例	郭小波　陈　旋
155	墨西哥湾超深水钻井开发新技术及实例分析	刘环宇
156	南化年鉴 2019	《南化年鉴》编纂委员会
157	泥页岩多尺度力学基础理论与应用技术	韩　强
158	陪你“跑”进生命深处	马泽中
159	齐鲁石化年鉴 .2019	齐鲁石化史志编纂委员会
160	企业社会责任对企业绩效	白楠楠
161	企业新闻 20 讲	李　岩
162	起重作业安全检查	中国石油化工股份有限公司炼油事业部 青岛诺诚化学品安全科技有限公司
163	气体分子在强激光场中的电离和解离	吴　华　王　辉
164	气体燃料性质及应用	宋绍富　黎小辉
165	汽油吸附脱硫工艺与工程	孙丽丽
166	清洁油品概论	瞿国华
167	全光纤超短脉冲激光器的工作机理及实验研究	段利娜
168	热工实验原理与测试技术	战洪仁 等
169	热喷涂多孔材料制备新方法	姚建洲
170	熔焊方法及设备	周　勇　徐学利　周好斌
171	软土地区深基坑支护设计与施工	戴方栋
172	润滑油的工业生产原理	宋　军
173	润滑油纳米磺酸钙镁复合清净剂合成	梁生荣
174	山东管道输气岗位技能操作标准化培训教程	刘　兴　苏月琦
175	山东管道油气管道保护岗位技能操作标准化培训教程	刘　兴　苏月琦
176	深层特低渗砂砾岩油藏描述	刘显太　王　军　陈德坡
177	深井复杂地层固井理论与实践	马开华　丁士东
178	神奇的润滑	潘传艺
179	胜利油田复杂断块油藏开发技术与实践	毕义泉　王端平　杨　勇
180	胜利油田年鉴 2019	《胜利油田年鉴》编纂委员会
181	石墨烯与半导体复合纳米材料的光电特性	丁继军
182	石油工程 HSE	刘均荣

续表

序号	书　名	著译者
183	石油工程安全事故案例	《石油工程安全事故案例》编委会
184	石油工程技术新进展（2014～2019）	路保平
185	石油工程伦理学	闫亮亮
186	石油工程新技术青年论坛论文集 （2014～2019）	曾义金
187	石油化工核磁技术应用	谢道雄　唐全红　罗重春
188	石油化工设备维护检修技术（2019 版）	本书编委会
189	石油化工自动化仪表标准化检修	王少勇　张继锋
190	石油建设工程优秀项目技术、管理典型案例选编	李广远
191	石油精神读本	周洪成
192	石油库油罐清洗与修理	王伟峰　聂世全
193	石油库油罐涂装工程设计与施工	聂世全　王伟峰
194	石油石化典型目标灭火救援作战指南	汤亚峰
195	石油石化环保技术进展（2019）	中国石化能源管理与环境保护部
196	石油石化金属材料应用及发展	张国信　熊建新　龚　宏 苏　航
197	石油石化企业管理现代化创新优秀成果选编（第二十六集）	中国石油企业协会
198	石油石化企业管理现代化创新优秀论文选编（第十四集）	中国石油企业协会
199	食品化学	李春海主编
200	食品药品塑料包装板材行业质量安全控制技术	王　毅　李志辉
201	世界级煤制油化工基地创新与实践	姚　敏　邵俊杰
202	世界石油发展简史	王文化
203	输气岗位技能操作标准化培训教程	刘　兴　杜金志
204	输油技术	邓　彦
205	数字岩心技术在测井岩石物理中的应用	赵建鹏　姜黎明
206	水分析化学（第二版）	张志军
207	水工建筑物设计与水利工程管理	贾艳霞　樊振华　赵洪志
208	水驱油理论研究及油藏工程方法改进	张金庆
209	四硫富瓦烯功能金属配合物的合成及光电性质研究	李高楠　秦　洁
210	松南火山岩气田高效开发技术与实践	石兴春　元　涛　李江龙
211	塔式太阳能吸热器水动力特性研究及应用	郝　芸

续表

序号	书　名	著译者
212	特大型集群化空分设备运行与维护	郭中山　姜　永　李登桐
213	天然气地面工艺技术	郑　欣
214	天然气集输	肖荣鸽
215	同舟共济　和谐发展——新形势下企业构建和谐劳动关系实践探索	蔡东清
216	同轴共熔池双面焊工艺与热力传输效应	强　伟
217	涂料与胶黏剂	王凤洁
218	土质隧道施工稳定性及扰动变形机理	黄　俊　蒋　力　周　磊
219	《危险化学品企业安全风险隐患排查治理导则》应用读本	中国化学品安全协会
220	危险化学品设备安全	方文林
221	危险有害物质及火灾爆炸保护	赵宏展　贺晓珍　杨意峰
222	污泥减量化与稳定化的物理处理技术	廖传华　李聃　王小军　王万福
223	污泥稳定化与资源化的生物处理技术	廖传华　王万福　吕　浩　李　聃
224	污泥无害化与资源化的化学处理技术	廖传华　王小军　高豪杰　周　玲
225	无机及分析化学实验学习指导	郑　冰　朱志彪
226	五省（市、区）第十九届稠油开采技术研讨会论文集	李　铮
227	西北煤矿（井工）生态环境治理技术应用	张兴文
228	西北石油年鉴 2018	西北石油局　西北油田分公司
229	现代化工专业实习教程	孙　洋
230	现代环境工程概论	解清杰
231	现代环境生物技术与应用	赵　远
232	现代聚酯节能环保新技术	陈启中
233	现代质谱技术	刘宝友
234	消防安全案例分析	李作强
235	消防安全技术实务	李作强
236	消防安全技术综合能力	李作强
237	新型双马来酰亚胺的制备与性能研究	江　浩
238	信息化采油管理区集输巡检岗位技能操作标准化培训教程	刘　兴　任保波
239	压力管道设计	李志安　张福东　魏耀东
240	压力容器安全评定技术	蒋文春

续表

序号	书　名	著译者
241	药物分析技术	王白雪　杨　曾　张嘉杨
242	页岩气藏 CO_2 干法压裂研究	罗向荣
243	液体储库项目管理核心技术	中国石油工程建设有限公司华北分公司
244	医药市场营销学（第二版）	唐代芬　张嘉杨
245	应急救援典型案例精析	赵正宏
246	应急救援法律法规	赵正宏
247	应急救援基础知识	赵正宏
248	应急救援预案编制与演练	赵正宏
249	应急救援装备	赵正宏
250	应用传热学	周锡堂　钟莹莹　陈媛媛
251	应用工程热力学	周锡堂　李爱琴　杨广峰
252	应用性与设计性物理实验	王爱军
253	优势菌群处理工业废水技术	罗国维　林世光
254	油藏工程基础	傅　程
255	油基钻井液环境下电成像测井方法及应用	高建申
256	油井水泥及其应用	宋梅梅
257	油井水泥外加剂及作用机理	佟曼丽
258	油库加油站安全技术与管理（第二版）	王伟峰　聂世全
259	油品添加剂性质及应用	方建华　吴　江　王　九 刘　坪
260	油气田基础化学	陈海群　白金美　张少辉
261	油气田应用化学	陈海群　万国赋　郭文敏
262	油市笔记——成品油营销与管理实务	王　超
263	油田化学	秦文龙 等
264	有机合成工艺研发——副反应抑制法	李爱军
265	有机合成原理与应用	孔祥文
266	有效控制大气污染的主流技术	马　云
267	员工心理健康对工作绩效影响的实证研究	杨　红
268	原油计量与运销管理	中国石化管道储运有限公司
269	长输管道项目管理核心技术	中国石油工程建设有限公司华北分公司

续表

序号	书 名	著译者
270	致密砂岩储层核磁共振测井评价方法	孟祥宁
271	致密砂岩气藏测井解释理论与技术	景 成 宋子齐
272	致密砂岩油藏微观孔隙结构特征及剩余油分布规律	黄 兴 李 响
273	致密油藏体积压裂水平井渗流模型	任宗孝
274	致密油体积压裂水平井缝网形成及流固全耦合产能模拟	任 龙 苏玉亮
275	智能化管线信息系统应用	中国石化管道储运有限公司
276	中国地质学	李守军 杨仁超 赵秀丽 倪金龙 孟凡雪 曹玉亭
277	中国上市公司环境信息披露：理论与实践	宋 鹏
278	中国石化 HSSE 管理体系实施问答	中国石油化工集团有限公司安全监管局 中国石化青岛安全工程研究院
279	中国石化催化重整技术交流会论文集（2019）	俞仁明
280	中国石油产品大全	王先会
281	中国石油化工集团有限公司年鉴 2019	《中国石油化工集团有限公司年鉴》编委会
282	中国石油石化安全生产与应急管理技术交流大会论文集	中国石油学会
283	中国石油石化工程建设创新发展大会论文集	中国石油学会石油工程专业委员会 石油工程建设专业标准化委员会
284	中国石油石化科技与装备创新发展技术交流会论文集	中国石油学会
285	中国油气产业发展分析与展望报告蓝皮书（2018—2019）	王志刚 蒋庆哲 董秀成 高潮洪
286	中国油气开采工程新技术交流大会论文集	中国石油学会石油工程专业委员会
287	中国智能化油气管道技术交流大会论文集	中国石油学会石油储运专业委员会
288	中原油田年鉴 2018	中原油田史志编纂委员会
289	注水泵工岗位技能操作标准化培训教程	刘 兴 申连让 张 辉
290	注水开发阶段储层流动单元划分与油水分布规律	董凤娟
291	资产完整性管理指南	Center for Chemical Process Safety（CCPS）
292	钻井井下工具操作手册	魏风勇 康永华
293	钻井液用烷基糖苷及其改性产品合成、性能及应用	司西强 王中华

经济出版社

【概况】 中国经济出版社有限公司（简称经济出版社）由原国家经济委员会创办于 1985 年 1 月，先后隶属国家计划委员会、国家经济贸易委员会、国务院国有资产监督管理委员会。2010 年完成转企改制，2013 年 1 月经财政部批准整体划转中国石化集团公司，2017 年 11 月改制为中国经济出版社有限公司。

中国经济出版社为中央一级出版社。30 多年来，经济出版社始终坚持多出书、出好书，形成了以热点经济、经济管理、财政金融、人文社科和教育教材为主营方向的业务板块，在经济界和社会上赢得了良好声誉。出版社整体组织结构分为出版社主体和子公司两部分，出版社主体功能涵盖了图书的出版、发行、批发、零售业务。经济出版社下属 4 家子公司：中国经济图书进出口有限公司，主营出版物进出口贸易、国际出版合作等业务；中经录音录像中心有限公司，主营音像制品的出版业务；中国经济书店有限公司，主营书刊、音像制品、文化用品等的销售业务；《国资报告》杂志社有限公司，由经济出版社与国资委新闻中心共同主办，出版《国资报告》杂志（月刊）。

截至 2019 年末，经济出版社有在岗合同制员工 110 人，其中博士 4 人、硕士 27 人、本科学历 48 人；具有高级技术职称的 30 人、中级技术职称的 25 人。

经济出版社 2019 年重点图书目录见表 1。

（综合管理部）

【“改革·改变·展望”年度财经论坛在京举行】 2019 年 6 月 1 日，由经济出版社、《国资报告》杂志社主办，中国中北小企业协会、央广文娱（北京）国际文化艺术有限公司协办的“改革·改变·展望”年度财经论坛在北京举行。论坛以“回顾 40 年·致敬 70 年·迎接两个 100 年”为主题，包括“改革改变了中国”和“中国经济实践论辩”2 个议程。共有 22 位知名学者、专家、教授和 16 位著名企业家参与论坛的主旨发言与圆桌讨论。“他们正在改变中国”主题 IP 项目的纪录电影《他们正在改变中国》举行首发仪式。

（财金分社）

【《马云传奇》等 4 种图书完成版权输出】 2019 年 8 月，经济出版社参加第 26 届北京国际图书博览会。会上，与印度通用图书公司（GBD books）签订协议，向印度输出《QQ 教父马化腾传奇》《马云传奇》《马云如是说》《任正非如是说》4 种图书，并与国内外多家出版商和版权机构达成合作意向。

（总编室）

【主题纪录电影《他们正在改变中国》全网上线】 2019 年 9 月 20 日，纪录电影《他们正在改变中国》作为庆祝中华人民共和国成立 70 周年的献礼作品在爱奇艺平台首播，9 月 23 日全网正式上线。

（财金分社）

【石油石化企业管理现代化创新优秀著作获奖图书】 2019 年 10 月，中国石油企业协会发布 2019 年度石油石化企业管理现代化创新优秀成果评选结果。《中国石油流通行业发展蓝皮书（2018—2019）》获二等奖，《促进生态文明建设的可再生能源综合政策与协调机制》获三等奖。

（年鉴社）

【第三届中国企业改革发展论坛在济南召开】 2019 年 11 月 2—4 日，由国务院国资委、山东省人民政府、新华社联合主办的“第三届中国企业改革发展论坛”在济南举行。论坛上，全国国企改革领导小组办公室常务副主任尹义省、石化出版公司领导毛增余联合发布经济出版社重点图书《国企改革历程 1978—2018》。《国资报告》杂志作为会议材料上会展示，并对该论坛全程报道，单独集结成册。

（经管分社）

【2019 中国国际儿童电影展项目创投优秀项目】 2019 年 11 月,《丹增和达瓦奇遇野牦牛世界》改编成的电影《达瓦和嘉尔吾》,在"2019 中国国际儿童电影展"儿童电影项目创投中被评为优秀项目。

（年鉴社）

【《E 国际贸易：下一代贸易方式的理论内涵与基础框架》英文版获 2019 年国家社科基金中华学术外译项目基金资助】 2019 年 12 月,《E 国际贸易：下一代贸易方式的理论内涵与基础框架》英文版获 2019 年国家社科基金中华学术外译项目基金资助。该书为中国高端智库——中国国际经济交流中心出品，定义了 E 国际贸易的理论内涵，搭建了 E 国际贸易的总体框架，在梳理国内外 E 国际贸易发展趋势的基础上，提出了 E 国际贸易发展的现实性和可行性。

（经管分社）

【中国石油和化学工业优秀出版物奖获奖图书】 2019 年底，中国石油和化学工业联合会发布 2019 年中国石油和化学工业优秀出版物奖（图书奖、教材奖）评奖结果,《中国天然气产业可持续发展系统标度及优化研究》和《社会主义现代化建设强国的绿色能源转型之路》获中国石油和化学工业优秀出版物奖·图书奖二等奖。

（年鉴社）

【当选"中国十大纪录片推动者"机构】 2019 年 12 月 9 日，由国家广播电视总局、广东省人民政府主办的"2019 中国（广州）国际纪录片节"正式开幕。由经济出版社策划制作的纪录电影《他们正在改变中国》入围纪录片节"金红棉影展"的展映。经济出版社当选"中国十大纪录片推动者"机构。

（财金分社）

表 1　　经济出版社 2019 年重点图书书目

序号	书　名	著译者
1	2018—2019 年中国人本发展报告：医疗民生	李宝元
2	2018 中国风电行业发展报告	水电水利规划设计总院
3	2018 中国光伏发电行业发展报告	水电水利规划设计总院
4	2019 年中国信托公司经营蓝皮书	中国人民大学信托与基金研究所
5	2019 年中国资产管理行业发展报告	巴曙松　杨　倞
6	2019 中国保险公司竞争力评价研究报告	寇业富
7	21 世纪海上丝绸之路：构建中国与太平洋岛国新型合作关系	综合开发研究院（中国·深圳）
8	巴菲特的护城河	Pat Dorsey
9	白话 A 股："段子手"股民的忏悔录	何政葆
10	保险怎么买——北大宝妈的保险攻略	高媛萍
11	财务自由笔记	Andrew Hallam
12	财政政策理论与中国财政政策实践	李克强
13	产品多样化视角下中国外贸利益评估研究	王明荣
14	产品内分工、贸易利益分配与中国对外贸易失衡机制及对策研究	张　纪

续表

序号	书　名	著译者
15	产业集群知识管理与创新研究	陈　剑
16	产业金融发展蓝皮书（2019）：中国产业金融发展指数报告	中国（深圳）综合开发研究院
17	聪明的定投	金伟民
18	打造具有竞争力的人才发展环境	杨　鹏
19	大创业家：麦当劳之父雷·克洛克自传	陈　寅
20	大金融思想沙龙（第二辑）	中国人民大学国际货币研究所
21	大学语文与写作	陈世杰
22	电竞简史	徐　丽　曹晟源
23	电商扶贫：理论与实践	姚庆荣
24	迭代："商业新物种"经典案例	倪卫涛
25	对标具有全球竞争力的世界一流企业——国际前瞻视野，领航管理创新	德勤华永会计师事务所
26	发展政治经济学：理论框架与分析范式	何爱平
27	房产纠纷典型案例	肖海军
28	飞机融资租赁操作手册	郭愈强
29	扶贫·脱贫·防返贫：湖南省怀化市调研报告	邹吉忠
30	复盘：股海沉浮 30 年之投资笔记	沈　凌
31	傅军的新商道	邢旭东
32	高效会议管理全案	轩英博
33	供应商适应行为及其影响因素研究	张延涛
34	股权设计与股权激励：管理工具与案例分析	堪新华　高丽敏
35	股权资本——企业股权设计与运营实战方案	姚宇峰
36	管理就是定制度走流程 2（落地执行版）	狄振鹏
37	广东农村产权—流转理论与实践	苏柱华
38	广东侨商企业投资发展与转型升级	卫海英
39	广东省财政科技专项资金绩效评价体系研究	石水平
40	国际互联网产业研究报告（法德篇）	裴艳丽
41	国际贸易与城市竞争发展	倪晓宁
42	国家能源集团年鉴 2019	《国家能源集团年鉴》编委会

续表

序号	书　名	著译者
43	国民经济和社会发展研究	山西省投资咨询和发展规划院
44	国企改革历程 1978—2018	国企改革历程编写组
45	海归高管对中国企业转型创新的影响研究	文　雯
46	海南热带森林资源变动下经济、社会和生态协调发展研究	邓须军
47	好妈妈带出好孩子	羔小羊
48	宏观经济区间数据泛论	王　潼
49	互联网＋小微企业成长研究	陶秋燕　何　勤
50	互联网环境下北京现代农业服务业创新模式研究	李　谨
51	花事于人渐有涯	申瑞瑾
52	环境问题分析与相关政策评估——经济学分析方法及应用	安　祺
53	汇率变动对中国企业出口的影响	田　朔
54	会计舞弊的演变与治理	王遂昆
55	集团管控模型与企业实践：管理工具与案例分析	堪振华　高丽敏
56	价值投资实战手册	唐　朝
57	监管科技——框架与实践	陈　辉
58	减贫与发展（2018）：精准扶贫地方实践	郑长德
59	简单投资——超实用股市入门书	陈立锋
60	觉醒：做自己的经营者	王前师
61	“金砖＋”合作模式研究	李　锋
62	京津冀一体化物流发展报告（2017）	王可山　郝玉柱
63	经济制裁：有效与人道的权衡	田　斌
64	经营所得个人所得税纳税申报实务	刘元春　李兵兵
65	决胜话语权	曾高飞
66	立业者——北大汇丰商学院 EMBA 企业家创业故事	沈清华
67	马克思恩格斯文化理论研究	张　怡
68	马克思主义经济学创新发展研究	宋　宇
69	面板数据模型中的高维检验研究	魏　杰
70	面向“一带一路”的中国港口转型升级研究	王斌义
71	面向 21 世纪海上丝绸之路的中国与东盟海洋合作研究	宁　凌

续表

序号	书　名	著译者
72	民间借贷——新型疑难复杂案例精选	王朝勇
73	敏捷组织管理	戴　翔　胡　峰 李欣欣　芮缅云
74	你就是孩子的起跑线	杨清瑕
75	牛股起飞——主升浪实盘操作技巧	麻道明
76	农村贫困地区电子商务精准扶贫模式推进方略研究	刘　威
77	拼多多拼什么	袁国宝
78	品牌危机与品牌长期管理	刘红艳
79	聘谁：用 A 级招聘法找到更合适的人	Geoff Smart Randy Street
80	普惠金融：前沿探索、动机考察与效应评估	李林阳
81	启思录——邵宁文集	邵　宁
82	气候变化对中国经济增长质量的影响研究	张　涛
83	区块链 +：商业模式革新与全行业应用实例	张　浪
84	区块链 + 资产数字化：破解实体经济困局	刘军稳
85	全球治理新时代下的国际观	牛华勇
86	全网整合营销	刘勇为
87	让国有企业真正走向市场——关于深化无锡市属国企改革的研究	黄胜平
88	如是道	曾　伟
89	三元传奇	王印权
90	商业银行零售客户资产配置行为研究	咬　亮
91	上市公司前瞻性非财务信息披露质量研究	暨南大学企业发展研究所
92	社会医疗保险改革问题研究——结构调整、参数调整与经办机制转变	高秋明
93	胜任力模型开发与应用	水藏玺　向　荣 刘洪良
94	实战九法——股市操作案例全解	利　乐
95	说上就上——公司创业板上市法律事务和案例解析	毛　伟
96	私募合规	马海源　李潇潇
97	探索与研究	国务院国有资产监督管理委员会研究局
98	碳排放控制下供应链协调策略	方　健

续表

序号	书　名	著译者
99	特大城市人口调控研究	周　爽
100	体验至上——打造科技爆品的思维与方法	汤历漫
101	完美管理7思维	蒋巧林
102	我国城乡一体化发展与土地市场制度创新研究	张合林
103	物联网金融业态下的动产押物监管问题研究	靳晓婷　孙飞显
104	相互保险：开创保险新未来	陈　辉
105	相互保险——理论与实务教程	陈　辉
106	向团队要结果就这么简单	任鑫苗　倪营凯
107	小数据战略	周宏明　袁啸云
108	新时期重庆区域发展战略与路径研究	易小光
109	新物流：新零售时代的供应链变革与机遇	王先庆
110	新一轮国企改革的思考与操作实务（第二版）	施能自　吴芙蓉
111	新制造："智能+"赋能制造业转型升级	豆大帷
112	星榜：资本变局与科创革命	高凤勇　布娜新
113	业务流程再造（第五版）	水藏玺
114	"一带一路"背景下农产品出口问题及对策——以河南省为例	苑春林
115	"一带一路"交汇点建设：中韩（盐城）产业园探索	刘吉双
116	"一带一路"税收外汇会计政策指南Ⅱ	董付堂　姚焕然　辛修明
117	"一带一路"税收外汇会计政策指南Ⅲ	董付堂　姚焕然　辛修明
118	"一带一路"税收外汇会计政策指南Ⅳ	董付堂　姚焕然　辛修明
119	"一带一路"税收外汇会计政策指南Ⅴ	董付堂　姚焕然　辛修明
120	"一带一路"税收外汇会计政策指南Ⅵ	董付堂　姚焕然　辛修明
121	"一带一路"税收外汇会计政策指南Ⅶ	董付堂　姚焕然　辛修明
122	"一带一路"税收外汇会计政策指南Ⅰ	董付堂　姚焕然　辛修明
123	"一带一路"投资关键环节——毕马威经典案例解析	毕马威中国
124	"一带一路"项目落地与战略对接	综合开发研究院（中国·深圳）
125	"一带一路"与中国对外投资：新机遇、新合作与新路径	综合开发研究院（中国·深圳）
126	银行绩效管理理论与实践	天维信息银行绩效管理研究所

续表

序号	书　名	著译者
127	引资激励、FDI 质量与技术溢出效应研究	于国才
128	赢面——运用大数据和人工智能技术辅助投资决策	谢冶博
129	影响国家创新能力的宏观社会生态因素：生命史理论的扩展假说	盛明明
130	影响居民消费的房产财富效应研究	杨耀武
131	增值税专用发票虚开的判定与预防（第二版）	赵清海　魏　民 魏景峰
132	张一鸣让字节跳动的创业哲学	张笑恒
133	涨停先锋	廖丁霖
134	真金白银说红楼	张　麒
135	整村调查报告（2018）	耿明斋
136	正向领导力：引爆团队能量的管理法则	豆大帷
137	证券投资基金投资管理学	洪　卉
138	政府投融资平台转型实操	邓海虹
139	质权人竞争与股权质押及其后果研究	李晓溪
140	治理与变迁：明清楚雄地区社会经济研究	侯官响
141	治理与战略论文集（2）：治理与发展卷	门洪华
142	治理与战略论文集（3）：区域与国别卷	门洪华
143	治理与战略论文集（1）：中国战略卷	门洪华
144	智能 +：传统产业智能转型	刘东明
145	智能 + 零售：科技赋能、战略路径与运营实践	刘东明
146	智能金融	刘　军　张　燃
147	智能前沿：群智能优化算法及应用	李　煜　刘景森 何小锋
148	中层抓绩效　基层出结果	马　媛
149	中国（海南）自由贸易试验区服务贸易创新发展典型案例	李世杰
150	中国“双创”金融指数报告（2019）	综合开发研究院 （中国·深圳）
151	中国 P2P 借贷服务行业发展报告 2018	零壹财经
152	中国边境地区开放型经济发展研究	张丽君　于　倩
153	中国产权市场年鉴 2016—2018	中国产权协会

续表

序号	书　名	著译者
154	中国产业地产：商机与实战	上海东滩投资管理顾问有限公司著；朱跃军 尹福臣 执笔
155	中国城市流通竞争力报告 2018—2019	中国国际电子商务中心 中国社会科学院财经战略研究院
156	中国城市信用状况监测评价报告（2019）	国家信息中心中国经济信息网
157	中国创意产业发展报告（2019）	张京成
158	中国改革开放 40 年与中国金融学科发展	吴晓求
159	中国宏观发展的政治经济学	师　博
160	中国宏观经济发展的政治经济学（精装版）	师　博
161	中国货币政策信贷传导效果研究——基于银行风险承担的视角	董华平
162	中国金融中心指数（CDI CFCI）报告（第 11 期）：走进厦门	综合开发研究院（中国・深圳）
163	中国经济安全展望报告（2020）	刘　伟　苏　剑
164	中国经济高质量发展研究	朱之鑫　张燕生　马庆斌
165	中国经济与宏观调控——中国经济安全展望 2018—2019	刘　伟　苏　剑
166	中国经济增长与经济周期（2018）	刘树成　张连城　张　平
167	中国经济增长质量发展报告（2019）：新时代下中国经济的高质量发展	任保平
168	中国跨境经济合作区进展报告（2018）	张丽君
169	中国绿色低碳循环发展综合评价及经济体系构建	赵慧卿
170	中国能源展望 2018—2019	国家发展改革委能源研究所中国能源展望课题组
171	中国企业可持续发展指数报告（2018）	中国可持续发展工商理事会 中国企业联合会 中国可持续发展工商理事会
172	中国清洁供热产业发展报告（2019）	清洁供热产业委员会
173	中国区域性股权市场研究	高　松
174	中国融资租赁行业 2018 年度报告	零壹财经
175	中国融资租赁前沿问题探讨	中国融资租赁（西湖）论坛
176	中国少数民族地区扶贫进展报告（2018）	张丽君

续表

序号	书　名	著译者
177	中国少数民族地区精准扶贫案例集（2018）	张丽君
178	中国石油流通行业发展蓝皮书（2018—2019）	孙仁金　董秀成　王文澜
179	中国市场经济学大辞典	赵林如
180	中国特色的企业发展理论	马晓强　杨世攀
181	中国特色发展道路的政治经济学研究	吴振磊
182	中国特色发展的政治经济学	任保平
183	中国特色发展的政治经济学（精装版）	任保平
184	中国特色生态文明建设的政治经济学	何爱平
185	中国铁建国际集团有限公司年鉴（2018）	熊丛文
186	中国铁建年鉴（2018）	《中国铁建年鉴》编委会
187	中国微观经济发展的政治经济学	宋　宇
188	中国文化传媒投资发展报告 2019	谭云明　国立波
189	中国现代物流发展报告 2019	国家发展和改革委员会经济运行调节局 南开大学现代物流研究中心
190	中国信托业发展报告（2019）	中国人民大学信托与基金研究所
191	中国与世界的战略互动	门洪华
192	中国与世界合作发展的政治经济学	马莉莉
193	中国中观经济发展的政治经济学研究	高　煜
194	中国中铁年鉴（2019）	《中国中铁年鉴》编委会
195	中国中小企业改制上市操作手册 2019	上海市中小企业上市促进中心
196	中央企业党建思想政治工作优秀研究成果文集（2018）	中央企业党建思想政治工作研究会
197	中资企业在德国收购策略与实务	胡子南
198	重新定义物流：产品、平台、科技和资本驱动的物流变革	潘永刚　余少雯　张　婷
199	庄家意图——股市技术图表背后的庄家操盘手法	麻道明
200	足界追梦	初　新

管理干部学院

【概况】 石油化工管理干部学院（简称管理干部学院）是集团公司高层次人才培训基地，集党校、人才培训中心、远程培训中心和信息技术培训中心于一体，2011年被评为国家级专业技术人员继续教育基地。

管理干部学院于1985年筹建，1987年正式成立，2004年迁入现址（北京市朝阳区立水桥北甲1号），占地103亩（6.87万平方米），建筑面积5.24万平方米；有各类多功能教室53间、600座和300座多功能报告厅各1个、宿舍769间、餐厅6个，可同时容纳829名学员在校学习；学习资源中心拥有大量电子资料和各类论文库；远程培训系统三期建设项目上线运行，应用多项先进技术，实现岗位培训、学习专区、培训管理、资源管理等多类培训学习功能；提出并启动“智能化应用、便捷化服务、精细化管理、共享化知识”的智慧学院建设项目。另在朝阳区安翔北里（健翔桥）设有分校区，建筑面积1.6万平方米，可同时容纳230名学员在校学习。截至2019年底，管理干部学院设有13个部门：综合管理部（党群工作部、纪检监督部、党委宣传部）、人力资源部（党委组织部）、行政管理部、财务资产部、教务部（外事办公室）、科研管理部（院研究中心、中石化人力资源研究中心）、党建研究所、管理培训部（党建培训部）、技术培训部、国际化经营培训部、远程培训技术部、信息资源中心、后勤服务中心；建立了较为完备的专兼职教师队伍，聘任的客座教授和兼职教师包括集团公司党组领导，两院院士，高层管理人员和技术专家，国内外著名高校、教育培训和科研机构的专家学者等。

管理干部学院的功能定位是：集培训、研究、咨询于一体的集团公司高层次人才培训基地，在承担高层经营管理人才、高层次专业技术人才、国际化人才培训任务的同时，加强对区域性培训中心、专业化培训基地和直属单位培训机构的业务咨询和指导，发挥好在人才培训、基地建设、课程和教材体系建设、培训理论研究等方面的引领和示范作用。主要承担4类培训任务：①高层经营管理及后备人才培训，重点培训总部职能部门和直属企事业单位的领导干部、中青年后备干部及部分中层干部；②高级专业技术人才培训，重点培训油气勘探开发、炼油化工、工程建设、科研、销售等领域的各类专家及青年骨干人才；③国际化经营人才培训，重点培训国际勘探开发、国际石油工程、国际炼化工程、国际贸易等领域的经营管理、专业技术人员和外籍员工；④网络培训，依托中国石化网络学院，面向系统内全体员工发挥基本功训练支撑、学习交流支持、辅助工作绩效提升、培训业务一体化管理、培训资源共享服务等作用，为集团公司和各企业提供在线学习、岗位培训、分享交流、资源管理、培训管理等服务。

2019年是新中国成立70周年，是中国石化决胜全面可持续发展关键之年，也是管理干部学院建设世界一流企业培训机构奠定坚实基础的关键之年。管理干部学院全面贯彻党的十九大和十九届二中、三中、四中全会精神，认真落实集团公司年度工作会议和组织人事工作会议精神，坚持稳中求进工作总基调，推进实施“两个三年、两个十年”战略规划、人才强企工程，全力深化改革、规范管理、提升服务、创新驱动，坚定不移全面从严治党，各项工作不断取得新成效，为中国石化决胜全面可持续发展打下决定性基础做出了新的贡献。

管理干部学院培训情况统计见图1。

（李　锐）

【习近平新时代中国特色社会主义思想及时全面进课堂】 管理干部学院认真贯彻落实习近平新时代中国特色社会主义思想，制订《关于在培训班全覆盖学习习近平新时代中国特色社会主义思想的工作方案》，积极推动习近平新时代中国特色社会主义思想及时全面进入课堂。着力加强党的政治建设，扎实开展“不忘初心、牢记使命”主题教育，组织编写《习近平总书记关于关于能源领域、石油石化行业的重要论述与批示指示汇编》，举办系列主题教育培训班，为集团公司主题教育的开展提供了有力的支持。

（李 锐）

【管理党建类培训】 针对领导人员高素质专业化要求，举办新任领导人员“强化理论素养 提高政治能力”专题培训班、产融结合专家研讨班，“学悟哲学思维 引领创新发展”“强化战略执行 深化精益管理”“坚持底线思维 加强风险防控”、人力资源专业人才强化提高班4个专题研讨班，以及直属单位纪委书记培训班、新任总会计师培训班、营销领域高级专业人才培训班、金融领域骨干专业人才培训班等多期专题培训项目。扎实开展党校主业主课，举办第68期和第69期党校班，持续优化党校班运行，做到与中央党校同步开学、主体课程同步调整。服务集团公司党建工作需要，举办党建部门负责人业务能力提升培训班等多个培训项目。积极承担社会责任，为大别山干部学院举办师资培训班，为湖南省凤凰县委党校举办科级干部培训班。

（李 锐）

【技术类培训】 面向集团公司首席专家、高级专家，首次举办战略型专家创新引领培训项目、高级专家融合创新培训项目，发挥领军专家的智库作用，为集团公司的战略发展和落地提供支撑。借助联合国大学地热学院的师资资源，首次面向全国地热行业人员，与新星公司联合举办中冰地热应用技术培训班，成为专业技术培训国际化发展的又一有力突破。举办碳酸盐岩勘探专家高级研讨班、能源管理体系行动学习项目、炼油核心装置专家班系列的常减压焦化装置专家班和硫黄回收装置专家班，以及青年英才、新引进“优才”等各类专题培训。

（李 锐）

【国际化经营类培训】 精准把握不同板块、企业境外业务发展新动向，延展国际化培训业务链条，初步构建国际化领军人才能力提升培训等六大培训系列，实现上中下游全覆盖、系统内外均辐射。

（李 锐）

【开放办学取得明显进展】 聘请集团公司党组领导、院士、局级领导，以及系统外领导专家等近300人次到院授课，高端师资资源更加丰富。顺利组织6期培训班学员出国（境）进行学习交流，拓宽了学员视野。接待华为大学、中国兵器集团党校等10家培训机构来访，赴浦东干部学院等6家培训机构进行调研，组织参加ATD年会、中国企业高管培训发展联盟、中国石油教育学会、中国石化职工教育研究会华北分会年会等各类行业平台交流，扩大了学培训生态圈、提升了品牌认知度和影响力，也宣传了中国石化的优秀培训实践。

（李 锐）

【培训基础建设得到加强】 规范课程开发管理，推进具有“石化管院”“石化党校”特色的核心课程和精品课程建设，全年组织开发新课6门。新开发上海“一大”纪念会址、浙江红船干部学院等现场教学基地，形成较为完整的党史和党性教育现场教学资源系列。推动《培训质量手册》修订，进一步强化“质量立校”意识。落实“三个从严”，强化学员管理。

（李 锐）

【网络学院各项运行数据指标稳步提升】 累计登录人数超过39万人、学习次数达4 000万人次，全年学习时长超2 000万学时、点击量达1.2亿次，13万人参加在线考试，新增课件4 700余个，在线管理培训班1万余个。系统开发实现快速迭代，完成功能完善与提升532项，累计发布版本近200个。

（李 锐）

【网络学院推广应用效果明显】 深入走访胜利油田等30多家企业进行宣传推介，其中5家企业与网络学院开展深度合作。主动服务企业和总部部门，配合开展岗位学习地图搭建、技术比武、业务竞赛、全员学习等活动，其中风控岗位练兵有148家单位共计5.8万人参与，累计练兵次数40万人次。联合江西石油分公司等企业，举办2019世界VR产业大会智慧教育分论坛和VR助推人才发展行业论坛，扩大了中国石化网络培训的知名度。

（李 锐）

【远程业务开拓探索初见成效】 主动贴近市场需要，成功实施西南石油局专兼职教师技能比武慕课项目、武汉石化青年骨干企业经验萃取行动学习项目等多种类型培训服务，全年开拓运营在线项目20余个。尝试面向社会开展培训服务，首次为中国大连高级经理学院提供资源开发服务，提升了网络学院在系统外的影响力。

（李　锐）

【助力集团公司业务发展见到实效】 联合完成国资委委托咨询项目《中央企业三项制度改革评估体系》，研究成果为国务院国资委“三项制度”改革工作提供实证参考。持续开展集团公司品牌建设相关研究咨询，协助策划集团公司扶贫产品营销大赛等工作。《以提升组织力为重点，推进国企基层党支部建设全面进步全面过硬》《传承石油精神、弘扬石化传统研究》等8项课题，紧密围绕集团公司发展要求和党组领导指示精神，体现对集团公司有关工作的智力支持。

（李　锐）

【科研先行引领作用更加突显】 完成《中国石化在线培训师素质与能力建设研究》等院级课题16项，组织编写《构建“三带三挂钩”机制推进党支部工作与生产经营深度融合》等案例7项、《国际石油贸易实用英语教程》教材1部。汇编5期《人力资源改革与研究参考》、12期《培训参考》，出版发行6期《学报》。教职工公开发表论文29篇。获集团公司管理现代化成果奖二等奖2项，中国石油企业协会管理现代化成果奖5项、论文奖5项、教材奖1项。《企业法律风险案例选粹》获中国企业高管培训联盟颁发的优秀教材奖。

（李　锐）

【从严管理成效明显】 以主题教育检视问题整改、纪检监察和审计反馈问题整改为主要抓手，修订17项制度，堵塞制度漏洞。加强合同管理，开展工程项目专项审计和专项检查，推动食材采购规范化整改，做好投资计划工作，有效防控各类风险。积极配合审计局开展离任经济责任审计工作，较好完成10项审计整改任务。加强预算工作与培训经营的业务联系，深化经济活动分析，财务预算管控能力、培训项目成本管控水平得到提升，降本减费成效明显，现金流、培训收入均大幅增长。

（李　锐）

【安全保障工作周密细致】 技防、人防同步推进，增设部分技防设施设备，持续做好定时现场巡查巡检，以及消防、防恐等应急预案演练。坚持全程作业许可管理、重点施工环节工作安全分析等措施，施工现场安全管理和承包商安全监管明显加强。完成庆祝新中国成立70年活动的安保任务，节日前后未发生任何不安全不稳定事件。扎实开展9次安全大检查，及时跟踪和督促整改检查出的问题。全年未发生安全责任事故。

（李　锐）

【硬件设施和信息化条件持续优化】 综合楼等楼宇改造项目设计方案完成多轮优化，为下一步立项施工做好准备。固定资产投资计划按时落地，游泳馆空气能热泵辅热设备项目、分校区消防水泵更新项目完成并投入使用。智慧学院建设项目完成一期可行性研究报告，经总部批复立项纳入集团公司年度信息化投资计划。网络提升与安全提升信息化建设项目顺利，完成护网行动，全年网络安全零事故，网络基础设施与安全水平得到较大提升。

（李　锐）

【干部人才队伍政治素质得到严格锤炼】 结合“不忘初心、牢记使命”主题教育，突出政治标准，采取中心组（扩大）学习、支部学习、远程课程自学等多种方式，深入学习贯彻习近平新时代中国特色社会主义思想，提升了干部人才队伍政治理论水平和党性修养。严把选人用人政治关，将政治素质作为选拔培养干部的首要考量因素。利用青年特训营等培训项目，强化后备干部政治理论学习教育。通过民主生活会、主题党日活动等渠道，加强干部日常监督，促进干部人才提升政治素质。

（李　锐）

【干部人才队伍结构更趋优化】 注重业绩导向和实践经验，竞争性选拔4名副处级干部、2名正处级干部，调整2名处级干部岗位，“能者上”的氛围得到普遍认同，干部队伍断层问题得到改善。加快培养“双家”“双师”型教师，组织选聘高级专家1名、专家2名，调整2名青年职工充实到教学岗位，分专业分层级引进5名毕业生和成熟人才补充一线教师资源，组织教师积极外出学习研讨，教师队伍人手紧张的困难得到缓解，整体素质有所提升。

（李　锐）

【党建与业务互融互促】 坚持党建工作与业务工作同谋划、同部署、同检查、同考核，深入学习宣传贯彻习近平新时代中国特色社会主义思想。扎实开展“不忘初心、牢记使命”主题教育，集中在第1批统筹完成院领导、处级干部、普通党员和在校学员的主题教育，并取得实实在在的整改成效。强化意识形态领域引导和管理，制订印发《关于进一步加强学院意识形态工作的实施方案》，顺利完成肃清网络错误信息流毒影响工作，切实加强了对讲坛纪律、网络课件、媒体平台等方面的管理。认真开展集中整治软弱涣散基层党组织工作，实施党支部分类定级管理，严格落实“三会一课”、组织生活会、民主评议党员等基本制度。系统策划庆祝新中国成立70周年宣传教育活动，围绕“我和我的祖国”主题，组织学习陈俊武先进事迹等形式多样、主题鲜明的活动，强化爱国主义教育，传承石油精神，弘扬石化传统，传播正能量。

（李　锐）

【党风廉洁建设深入推进】 聚焦“两个维护”，突出抓好政治监督，进一步促进党校姓党得到贯彻落实。持续压紧“两个责任”，扎实开展集中整治形式主义官僚主义、廉洁教育等工作，加强对课堂、学员、业务外包单位、承包商供应商等方面的日常监督，落实“三个从严”，预防“微腐败”。配合监察局严肃查处违规违纪案件，不折不扣进行整改，以案为戒、正风肃纪取得实效。

（李　锐）

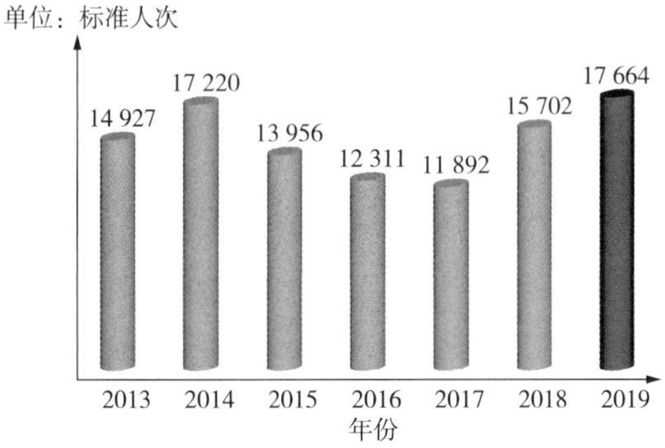

图1　管理干部学院培训情况统计

注：统计口径为标准人次，每人培训10天为1个标准人次

中国石化 SINOPEC

人　物

全国五一劳动奖章获得者 | 全国五一巾帼标兵 | 全国巾帼建功标兵 | 中国工程院院士

全国五一劳动奖章获得者

【张春荣】 女，汉族，1973 年 4 月出生，中共党员，胜利油田分公司现河采油厂集输大队现河首站高级技师，中国石化技能大师、山东省齐鲁首席技师。参加工作 27 年来，她坚持学用结合，练就快速判断分离器分离效果等 5 项绝活，成为集输系统操作规范；提出产、输、分、沉节点分析和“321”原油脱水全过程控制法，取得节能降耗和减本增效双重效果；修订 23 项技术标准，被应用到集输站库“四化”建设中；主持编写 3 部教材在中国石化推广应用。先后撰写发表技术论文 31 篇，提出改善经营合理化建议 142 条，完成攻关课题及创新成果 78 项。其中，获国家发明或实用新型专利 21 件，全国能源化学系统优秀职工技术创新成果奖 4 项，全国优秀 QC 成果一等奖 5 项，推广应用后累计创效 6 200 余万元。所带徒弟有 25 人考取技师、高级技师，1 人在中国石化技能大赛中获金奖，15 人次在油田技能竞赛中获金、银、铜奖，个人先后获全国三八红旗手、山东省劳动模范、山东省富民兴鲁劳动奖章、集团公司技术能手、齐鲁金牌职工、齐鲁工匠等荣誉、称号。

（谢梓峰）

【徐和先】 男，35 岁，中共党员，西南油气田采气二厂主任技师兼元坝采气管理区白鹤中心站站长，先后获全国五一劳动奖章，四川省五一劳动奖章，局、分公司采气工职业技能竞赛第 1 名、技术能手、最美青工等荣誉、称号。他是肯担当肯奉献的核心骨干，爱岗如家扎根采气一线，坚守天然气开采一线 16 年，勇当先锋创建优质工程，主动请缨参与重点工程建设，负责的西南油气田日产输量最高的白鹤中心站，年产天然气 15 亿立方米，年输气量 26 亿立方米；他是能干事能成事的技术能手，参与多项科研项目、发明专利及小改小革，成果实用性高、现场转化效果好，累计为企业节约成本上百万元；他是敢管控敢突破的安全卫士，始终坚持“把异常当作风险，把风险当作隐患，把隐患当作事故来管理”的四级安全管理理念，年均监护作业 680 项，日最高监护作业 68 项，担任中国石化试点义务应急队分队长，突发事件处置能力突出，积极参与 HSSE 诊断活动，个人诊断超 300 余次；他是善聚心善育人的金牌导师，深入实施“班组五长”，建立“班组公约”，创新推行“周工作法”，带动全员参与班组管理，持续开展岗位练兵、师带徒，帮扶场站员工，培养青年人才，成功培养一大批业务骨干。

（谢梓峰）

【李　震】 男，43 岁，中共党员，齐鲁分公司机泵检修首席技师，先后获全国五一劳动奖章、全国技术能手、山东省首席技师等荣誉、称号。2018 年 10 月，李震在中国技能大赛第 10 届全国石油和化工行业技能大赛中再次以优异成绩取得机修钳工赛项第 1 名、团体一等奖，被授予全国技术能手和全国石油和化工行业技术能手称号。通过不断的学习和实践，他积累了丰富的化工检修经验，凭借扎实的功底和过硬的技术，先后完成重要机组检修和改造 8 项，编制乙烯装置重点机组标准程序作业指导书 36 项，推进设备标准化程序作业，有效保证检修质量，提高了劳动效率，多次解决大机组运行中的疑难故障，先后自主完成齐鲁分公司乙烯裂解气压缩机、乙烯动力站发电透平等核心机组的检修和改造项目，每年可增效 3 000 多万元。在专业管理方面，其创新探索机修专业“1+1+1”大机组包机管理的经验，在齐鲁石化运维层面进行推广。他通过落实设备包机制度，加强点巡检管理，并使用先进的设备状态监测技术，科学分析诊断设备故障，使预知维修比率大幅度提高，有效保证了装置长周期安稳运行。他扎根一线、勇于担当、敢于作为，充分发挥技术引领作用，不断推动技术攻关和经验传承，持续参与导师带徒活动，培养出一大批技术精、业务强、素质高的复合型人才。

（谢梓峰）

【龚荣庭】 男，53 岁，中共党员，安庆石化烃类衍生物首席技师，先后获全国五一劳动奖章、安徽省劳动模范、安徽省最美职工、首届江淮工匠标兵、中国石化劳动模范、中国石化技术能手等荣誉、称号。他参加工作30年扎根生产一线，刻苦钻研技术，推进技术创新，优化装置运行，Ⅱ套丙烯腈装置创下国内821天最长运行纪录；发表技术论文7篇，攻关技术难题61项，创新成果56项。他积极承担“传、帮、带”的重任，毫不保留地将自己的经验和技能传授给年轻人，先后与26名青工签订师徒合同，结成帮扶对子。经龚荣庭带出的徒弟大多已成为装置生产操作的骨干，其中有15名徒弟已经走上了技术管理岗位、6名徒弟走上了领导岗位。他还培养了2名高级技师、7名技师、47名高级工。他领衔的劳模创新工作室获评安徽省劳模创新工作室、中国长三角地区劳模创新工作室，其创新成果获中国能源化学地质工会职工创新成果三等奖。他带领团队实施的“优化过程控制，有效提高中间罐水含量”等5个技改项目，年创效1 909万元；实施的丙烯腈罐区安全隐患整改等6个项目，提升了本质安全环保水平，是丙烯腈行业公认的“技术大拿”。

（谢梓峰）

【刘羽柱】 男，53岁，长岭炼化热电部供电片区主盘岗位运行四班班长，先后获长岭炼化优秀技能人才、长岭炼化劳动模范、湖南省经贸建设系统自主创新与知识产权工作先进个人、长岭炼化安全卫士、中国石化劳动模范、湖南省劳动模范、全国五一劳动奖章等荣誉、称号。他专注生产操作，在一线倒班30年，累计2.4万多次操作无差错，将简单的事情持续做好，在平凡的岗位创造不平凡的业绩。他潜心钻研技术，自主撰写的《发电机无刷励磁使用》《单主变运行经济效益分析》等成果成功应用于生产并获诸多奖励；总结出“设备查故障比较法”，查找和避免110多处安全隐患，成功处理多次系统突发性停电事故，被聘为长岭炼化电气运行主任技师。他以身作则，履职敬业，在大型更新改造等重大任务来临时，长时间坚守岗位不回家，在雷电交加的晚上经常主动到现场处理问题，成功处理4次系统突发性停电事故。他严格带班带徒，手把手从操作票书写格式到事故演练处理方式教徒弟，带出的很多徒弟都走上了管理岗位，所带班组获湖南省先进基层优秀班组称号。

（谢梓峰）

【唐元生】 男，51岁，中共党员，第十建设公司焊接首席技师，享受国务院政府特殊津贴，先后获全国技术能手、全国施工企业科技精英、全国石油石化系统创新先进人物称号，2018年被授予山东省劳动模范称号，2019年被授予全国五一劳动奖章。他创新能力强，研发的成果获国家专利授权14件、山东省新产品技术成果奖4项、中国石化科技进步奖2项、优秀工法2项。他参编了《SH/T 3525石油化工低温钢焊接规范》等10余项行业规范，撰写的数十篇技术论文在国家刊物发表，作为副主编完成中国石化《石油化工工程操作规程（技术问答）焊工篇》编撰工作，编写的《焊接论文集》为焊接工艺提供了技术支撑。他常年奔赴在国内外工程项目一线，解决各类焊接难题1 000余项次。唐元生凭丰富的现场施工经验、扎实的理论基础和学以致用的实践能力，成为焊工职业（工种）国家职业技能竞赛裁判员，并担任中国石化焊工集训教练员，培训的选手在全国焊工比赛中取得个人总分第1名的好成绩，5人获评全国技术能手，50余人次获国际、国家和省部级比赛金奖。他还被聘为中国石油大学(华东)和山东大学企业指导教师，多次应邀在高等院校授课，推动了企业和高校产学研的发展。

（谢梓峰）

【孙　野】 男，29岁，中共预备党员，中石化四机石油机械有限公司高压流体管汇厂数控车工。孙野为一线数控车工和加工中心双料技师，在工作岗位上，时时刻刻严格要求自己，勤学苦练，努力提高技能水平，先后获全国五一劳动奖章、湖北省五一劳动奖章、湖北省荆楚工匠、湖北省杰出青年岗位能手、湖北省技术能手、中国石化技术能手、湖北省优秀共青团员、湖北省向上向善好青年等荣誉、称号。他积极投身于科研试制及各种技术攻关。其中，PR2级旋塞阀是“十三五”国家科技重大专项“深层页岩气开发与工具研制”项目下设“井压控制技术研究”课题中的一项关键研究任务，在试制方面，密封弧片对于公司数控加工来说是一项巨大的挑战。面对这一艰巨任务，孙野积极发挥在数控加工技术方面积累的方法经验，成功攻克难题，为新产品顺利试制奠定坚实基础。同时，他还设计了新式工装，将PR2级旋塞阀主体内腔弧片定位孔加工效率提高1倍。在整个新产品试制过程中，孙野做出了突出贡献，出色地完成加工任务，为实现研制目标提供有力支撑。在实际生产过程中，他着力解决现场技术难题及复杂程序的优化，涉及产品300多项，通过持续改进，为企业创造了巨大的经济效益，体现了一名新时代国企工匠的责任和情怀。

（谢梓峰）

全国五一巾帼标兵

【宋娟娟】 女，汉族，36岁，中国石化江西吉安石油分公司新干东方红加油站员工，先后获全国五一巾帼标兵、中国石化十大杰出青年岗位能手等称号。参加工作以来，她深知安全对于加油站的重要性。每当加油站有人抽烟、接打手机时，她都会进行劝阻，对于加油不肯熄火的司机，拒绝为其加油，并耐心劝导解释。因为太较真，始终坚守安全底线，时常有司机对她恶言相向，但她淡然处之，认为“安全问题的底线，谁都不可以跨过。”她总是力所能及帮助那些需要帮助的人，如关爱附近的环卫工人、把走失的孩子送回家，帮助进站求助的学生、老人等。她的点点滴滴爱心，传递了社会正能量，彰显了中国石化员工良好形象。2018年7月9日，一辆三轮摩托车在站里突然燃烧起来，她迅速反应，沉着冷静，仅用12秒的时间，就和同事们一起将火扑灭，避免了一起火灾事故的发生，被央视网、凤凰网等主流媒体广泛宣传报道。

（谢梓峰）

全国巾帼建功标兵

【袁晓鹏】 女，47岁，中共党员，胜利油田分公司胜利采油厂首席专家，先后获中国石化优秀青年知识分子、山东省三八红旗手标兵、胜利油田十大杰出青年、胜利油田十佳女职工、全国巾帼建功标兵等称号。袁晓鹏曾是胜利采油厂年产百万吨原油的采油三矿第一位分管作业运行的女副矿长，三年里风里来雨里去，对每一口作业油水井的情况了如指掌。她曾是胜利油田乃至中国石化唯一的一位女矿长，是胜利采油厂开发战线上唯一的“巾帼舵手”。4年中，她所领导的采油矿有7项开发指标创出建矿以来最好水平。2015年，在胜利油田推进油公司改革、实施专业化重组的关键节点上，她再次受命，成为采油厂50年来第一支专业化队伍集输大队的“女掌门”。2017年，她回到采油厂担任“四化”建设办公室主任，2年时间，她和同事们一起，完成采油厂7个管理区和集输大队全部信息化建设工作量，总投资近1.3亿元，建设油水井2 600余口、注水集输站库27座，实现油水井的数据采集自动化、生产现场可视化、远程控制自动化、报警预警智能化，为胜利采油厂深化“两化”融合、实现高质量发展做出积极贡献。袁晓鹏在石油开发一线奋力拼搏20多年，她敏锐缜密的思维，雷厉风行的作风，豁达磊落的胸怀给每一个与她共事过的同事留下深刻印象。她常说“基层是干事创业、奉献社会最广阔的舞台。作为一名党员干部，既要担负起组织交予的使命，更要对得起员工群众赋予的重托”。她正是以这样的信念牢记使命，履职尽职，在胜利油田开发战线上屡立新功，展现了一名新时代女性的风采。

（谢梓峰）

【刘丽红】 女，46岁，中共党员，齐鲁分公司橡胶厂储运车间化工班班长，先后获全国巾帼建功标兵、齐鲁石化劳动模范、齐鲁石化先进工作者等称号。她工作十分严谨。每当新增设施或工艺改造后，她都仔细地查看、琢磨，直到精准掌握为止。在工作中，她认真看护装置设备，仔细巡检每一条管线、每一个阀门，发现并及时处理多起事故隐患和生产异常，多次被推荐为橡胶厂安全之星。她工作非常用心。罐区装置是公司级的安全生产重点部位。她深刻体会到班长在引领班组安全工作中的重要作用，通过交接班会提示要关注的安全风险，开展安全喊话，用温馨的安全提醒，引领班组安全。她善于管理，注重发挥好班组团队的力量。她把主、副操进行合理组合，优化搭配，使大家在工作中能够互补其短、各取所长，班员成绩在车间历次技术比武中都取得好成绩。在车间小指标竞赛中，班组各项指标连续拔得头筹。作为班长，她对“团结就是力量”这句话有深刻的理解，工作时身先士卒，把利益和方便留给大家，以自身的正能量感召班员，以公正无私的作风凝聚班员。

（谢梓峰）

【陈小菊】 女，50岁，中共党员，广东河源石油连平经营管理部经理，先后获全国巾帼建功标兵、省级三八红旗手等称号。连平经营管理部位于偏远的山区县，虽然工作地的小工厂用油少，配送难度大，还没什么经济效益，但她经常跟车送油，遇到山雨就跳下车，冒着雨和大家一起推车、开路，尽量不耽误客户一分钟。就这样，她所在的经营管理部，撑起超过80%的山区供油重任。一天深夜，连平城南加油站因电压不稳导致加油机无法工作，员工耐心与客户解释，却遇到2名醉汉。得知没油加，醉汉借着酒气砸烂了加油机显示屏和几个灭火器，还气势汹汹地要殴打前来阻止的员工。她立即冲上前去护住员工，同时组织大家报警，最终，及时赶到的警察将醉汉当场抓获。她也是同事们心中实实在在的好人。任经营管理部经理15年来，她坚持帮助连平山区一户贫困之家，送衣送物，资助孩子们上学读书。至今，她还坚持着一年5次到敬老院看望孤寡老人。在她的带领下，经营管理部越来越多员工加入“好人”的行列中，利用业余时间走进敬老院、孤儿院，走上街头宣传文明出行、绿色环保等，将企业的大爱辐射出去。

（谢梓峰）

【牛小娜】 女，35岁，中共党员，海南炼化炼油部五单元副班长，先后获全国巾帼建功标兵、海南省三八红旗手等称号，2016年当选为海南省儋州市第十五届人大代表。参加工作十余载，她在平凡的岗位奉献自己的汗水、智慧和才华，一心甘为企业创造更多效益。她是车间生产操作的骨干，提出优化生产合理化建议20余条，实施后每年为装置降低成本4 500万元，极大地挖掘了装置潜在效益。她多次发现关键设备故障隐患和丙烯管线泄漏并及时处理，避免了装置停工的重大损失，消除了火灾爆炸的重大安全隐患。在海南炼化党员“四比四创”活动中，她参加了2个党员攻关项目，与团队一起攻克了冷冻机功效提升难题，并完成聚丙烯新牌号PPH-Y40产品的开发和推广，每年为公司增加效益6 000万元。在海南炼化自投产以来的3次全厂停工大检修中，她均担任装置仪表专业检维修小组长，检修中层层把关，反复试验，高质量完成仪表检修任务。在导师带徒活动中，她与青工开展“一对一”帮教，手把手教业务，面对面谈心，带教的5名徒弟中有3人取得技师资格。

（谢梓峰）

中国工程院院士

【郭旭升】 男，汉族，1965年出生，博士研究生学历，中共党员，正高级工程师，勘探分公司总经理、党委副书记。郭旭升长期工作在油气勘探科研生产第一线，主持创新建立3项勘探理论、

10项特色评价技术和10项配套工程工艺技术。他提出了中国南方海相页岩气“二元富集”规律新认识，在中国页岩气勘探理论及技术创新上取得开创性突破；研发了海相超深层生物礁储层勘探新技术，攻克了超深层油气成藏、目标识别等世界级难题；主持发现并探明中国首个大型页岩气田——涪陵气田、首个超深层生物礁大气田——元坝气田等6个大中型气田，累计探明天然气地质储量1.3万亿立方米、三级储量合计3.3万亿立方米（26.4亿吨油当量）。先后获国家科技进步一等奖3项，省部级科技进步特等奖1项、一等奖5项；2007年入选新世纪国家百千万人才工程，2011年享受国务院政府特殊津贴，2013年获李四光地质科学奖，2014年获首届杰出工程师奖、页岩油气国际先锋奖（集体），2016年获何梁何利科学与技术进步奖；领衔的“海相天然气勘探创新团队”2019年被评为国务院国资委优秀科技创新团队；获授权专利9件，出版专著4部，发表学术论文47篇。2019年当选为中国工程院院士。

（李子嘉）

【孙丽丽】 女，汉族，1961年出生，本科学历，中共党员，正高级工程师，工程建设公司执行董事、党委书记。孙丽丽长期致力于石化工程技术、设计和管理的研究与实践，主持规划设计建成十余座境内外现代化炼化工厂和百余套工艺装置。她开发了高效环保芳烃集成设计技术，在芳烃自主技术工程创新上填补国内空白；研发了原油清洁高效转化系列工程技术，在炼油技术集成创新上取得重大突破；攻克了高酸天然气净化关键技术，解决了高酸天然气大规模安全高效净化处理的世界性难题；主持设计建成中国首套自主技术芳烃联合装置、首座单系列千万吨级炼油厂和世界第二大高酸天然气净化厂等多项标志性石化工程。先后获国家科技进步特等奖2项、二等奖2项，省部级科技进步特等奖1项、一等奖9项，2004年享受国务院政府特殊津贴，2016年获何梁何利基金科学与技术创新奖，2018年获侯德榜化工科学技术成就奖，2014年、2015年连续2年获菲迪克杰出项目奖等国际奖项，获授权专利36件，出版专著4部，发表学术论文50余篇。2019年当选中国工程院院士。

（李子嘉）

中国石化
SINOPEC

统计数据

表 1 集团公司主要经济指标

项　目	计算单位	2019 年	2018 年	2017 年	2016 年	2015 年	2014 年
工业总产值（现价）	亿元	17 376.99	18 096.03	15 038.03	12 569.98	14 112.26	19 266.79
实现利税总额	亿元	3 894.68	4 168.76	3 831.05	3 747.11	3 920.11	3 662.55
利　润	亿元	1 008.74	967.38	582.05	529.03	621.22	788.53
年末职工总数	万人	58.72	61.58	64.72	66.33	56.58	57.75
工资总额	亿元	743.82	692.03	592.29	548.80	494.98	518.28
营业收入	亿元	30 034.17	29 368.41	24 003.18	19 692.2	20 472.72	28 899.34
资产总值	亿元	22 117.19	22 600.94	22 566.98	21 593.91	20 585.08	22 283.66
负债总值	亿元	10 929.53	11 714.91	11 781.32	10 864.91	10 055.29	12 777.07
流动负债	亿元	7 297.38	7 838.01	8 424.28	7 280.88	6 565.09	8 168.71
非流动负债	亿元	3 632.15	3 876.89	3 357.04	3 584.03	3 490.19	4 608.37

表2　集团公司主要产品产量及占比（一）　单位：万吨

项　目	2019年	2018年	2017年	2016年	2015年	2014年
原　油						
集团公司	3 513.07	3 506.03	3 505.36	3 565.51	4 173.74	4 378.47
全行业	19 101.40	18 950.50	19 150.61	19 942.40	21 458.60	21 142.90
占比/%	18.39	18.50	18.30	17.88	19.45	20.71
天然气/亿立方米						
集团公司	295.86	275.75	257.38	215.90	206.96	201.72
全行业	1 736.20	1 580.90	1 480.35	1 358.60	1 339.50	1 301.60
占比/%	17.04	17.44	17.39	15.89	15.45	15.50
原油加工量						
集团公司	25 040.82	24 596.39	24 012.24	23 732.03	23 828.84	23 697.71
全行业	65 198.10	60 575.60	56 537.80	54 078.60	52 634.80	50 278.58
占比/%	38.41	40.60	42.47	43.88	45.27	47.13
成品油总量						
集团公司	15 999.62	15 479.77	15 066.29	14 916.65	14 838.24	14 622.72
全行业	36 031.60	35 957.10	35 825.11	34 776.00	33 967.60	31 825.21
占比/%	44.40	43.05	42.06	42.89	43.68	45.95
汽　油						
集团公司	6 276.97	6 115.93	5 702.59	5 636.00	5 398.22	5 122.12
全行业	14 120.70	13 859.60	13 276.19	12 895.60	12 157.00	11 066.62
占比/%	44.45	44.13	42.95	43.70	44.40	46.28
煤　油						
集团公司	3 116.48	2 891.45	2 688.09	2 546.57	2 435.17	2 074.51
全行业	5 272.60	4 768.80	4 230.90	3 983.80	3 658.60	3 001.09
占比/%	59.11	60.63	63.53	63.92	66.56	69.13
柴　油						
集团公司	6 606.17	6 472.39	6 675.61	6 734.09	7 004.86	7 426.08
全行业	16 638.30	17 328.70	18 318.02	17 896.60	18 152.00	17 757.51
占比/%	39.70	37.35	36.44	37.63	38.59	41.82
燃料油						
集团公司	235.81	223.44	154.17	156.91	228.51	359.48
全行业	2 469.70	2 074.70	2 408.90	2 711.70	2 506.20	2 479.11
占比/%	9.55	10.77	6.40	5.79	9.12	14.50

注：全行业数据来源国家统计局，2018年数据有调整

表 3　集团公司主要产品产量及占比（二）　单位：万吨

项　目	2019 年	2018 年	2017 年	2016 年	2015 年	2014 年
乙　烯						
集团公司	1 249.28	1 151.15	1 160.97	1 105.86	1 111.79	1 069.78
全行业	2 052.29	1 875.35	1 821.84	1 779.41	1 714.60	1 696.70
占比 /%	60.87	61.38	63.73	62.15	64.84	63.05
纯　苯						
集团公司	448.34	425.30	415.55	400.08	402.81	399.54
全行业	861.79	880.17	790.26	803.85	785.47	734.35
占比 /%	52.02	48.32	52.58	49.77	51.28	54.41
精甲醇						
集团公司	602.43	504.43	393.51	115.17	69.10	68.43
全行业	4 936.32	4 917.22	4 624.04	4 229.91	4 002.25	3 702.54
占比 /%	12.20	10.26	8.51	2.72	1.73	1.85
醋　酸						
集团公司	38.99	24.20	27.34	14.75	3.60	7.50
全行业	744.97	661.41	607.99	589.90	586.97	578.24
占比 /%	5.23	3.66	4.50	2.50	0.61	1.30
合成氨						
集团公司	118.43	102.60	110.12	114.95	96.90	95.50
全行业	4 693.08	4 543.94	4 946.26	5 190.82	5 854.65	5 690.17
占比 /%	2.52	2.26	2.23	2.21	1.66	1.68
氮　肥（折合氮 100%）						
集团公司	19.93	18.41	18.32	18.14	16.14	30.71
全行业	—	—	—	4 458.80	4 838.80	4 650.88
占比 /%	—	—	—	0.66	0.66	0.66
尿　素（实物量）						
集团公司	—	—	—	—	—	9.27
全行业	5 439.44	5 060.57	5 548.43	6 298.33	7 453.46	6 965.85
占比 /%	—	—	—	—	—	0.13

注：全行业数据来源国家统计局，2018 年数据有调整

表 4　集团公司主要产品产量及占比（三）　单位：万吨

项　目	2019 年	2018 年	2017 年	2016 年	2015 年	2014 年
合成纤维原料						
集团公司	702.11	639.77	654.90	647.71	634.80	572.46
全行业	5 515.13	4 995.60	4 334.85	3 889.36	3 572.44	2 219.05
占比 /%	12.73	12.81	15.11	16.65	17.77	25.80
合成纤维聚合物						
集团公司	326.96	318.99	313.49	302.56	285.39	284.29
全行业	1 890.80	1 741.57	1 590.80	1 596.33	1 647.74	1 662.59
占比 /%	17.29	18.32	19.71	18.95	17.32	17.10
合成纤维						
集团公司	130.09	123.75	124.01	126.04	129.57	133.13
全行业	5 432.75	4 800.90	4 236.16	4 265.41	4 384.58	3 958.04
占比 /%	2.39	2.58	2.93	2.95	2.96	3.36
锦　纶						
集团公司						
全行业	392.84	344.00	313.79	305.90	305.89	255.60
涤　纶						
集团公司	106.73	101.97	100.60	100.37	100.77	105.30
全行业	4 751.17	4 193.65	3 701.52	3 752.75	3 839.98	3 471.98
占比 /%	2.25	2.43	2.72	2.67	2.62	3.03
腈　纶						
集团公司	21.60	19.32	20.77	23.29	26.95	25.73
全行业	66.71	64.17	73.60	71.99	72.53	67.56
占比 /%	32.38	30.11	28.22	32.35	37.16	38.08
维　纶						
集团公司	1.18	1.98	2.05	1.83	1.34	1.62
全行业	9.24	9.77	10.34	8.72	7.15	11.07
占比 /%	12.77	20.27	19.83	20.99	18.78	14.67
丙　纶						
集团公司	0.24	0.22	0.36	0.36	0.37	0.35
全行业	38.47	35.89	34.00	25.31	23.15	26.07
占比 /%	0.62	0.61	1.06	1.43	1.60	1.36
其他（全行业）	174.32	153.42	102.91	100.74	135.88	125.75

注：全行业数据来源国家统计局，2018 年数据有调整

表 5　　集团公司主要产品产量及占比（四）　　单位：万吨

项　目	2019 年	2018 年	2017 年	2016 年	2015 年	2014 年
塑　料						
集团公司	1 754.75	1 624.37	1 621.49	1 546.45	1 547.79	1 505.96
全行业	9 574.12	8 759.44	8 458.08	8 018.16	7 718.20	6 959.49
占比 /%	18.33	18.54	19.17	19.29	20.05	21.64
聚乙烯						
集团公司	807.94	730.92	748.63	727.15	733.33	711.13
全行业	1 744.95	1 575.78	1 336.32	1 435.53	1 385.52	1 336.60
占比 /%	46.30	46.38	56.02	50.65	52.93	53.20
聚丙烯						
集团公司	789.48	747.59	716.31	658.11	651.74	629.96
全行业	2 348.53	2 063.21	1 903.51	1 810.63	1 686.42	1 378.94
占比 /%	33.62	36.23	37.63	36.35	38.65	45.68
聚苯乙烯						
集团公司	67.44	58.26	62.94	58.76	58.46	64.87
全行业	298.25	253.43	202.47	195.81	305.32	208.66
占比 /%	22.61	22.99	31.09	30.01	19.15	31.09
聚氯乙烯						
集团公司	23.90	23.22	20.34	23.12	22.60	22.41
全行业	2 010.66	1 967.02	1 774.52	1 689.95	1 619.01	1 636.76
占比 /%	1.19	1.18	1.15	1.37	1.40	1.37
合成橡胶						
集团公司	136.26	117.91	110.10	111.85	115.05	124.01
全行业	733.75	661.33	592.09	556.57	501.10	534.48
占比 /%	18.57	17.83	18.60	20.10	22.96	23.20

注：全行业数据来源国家统计局，2018 年数据有调整

表 6

中国石油与石油产品进口数量与金额

产品名称	2019 年		2018 年		2017 年		2016 年		2015 年		2014 年	
	数量 / 万吨	金额 / 百万美元	数量 / 万吨	金额 / 百万美元	数量 / 万吨	金额 / 百万美元	数量 / 万吨	金额 / 百万美元	数量 / 万吨	金额 / 百万美元	数量 / 万吨	金额 / 百万美元
原　油	50 570.28	241 820.90	46 189.04	240 361.26	41 996.65	160 750.93	38 103.78	115 308.30	33 549.13	134 152.00	30 835.68	228 138.44
成品油	1 546.80	10 050.93	1 653.03	12 247.34	1 569.03	9 544.66	1 572.63	8 097.77	1 407.98	9 004.73	1 178.12	12 071.98
车用、航空汽油	33.34	208.79	44.54	313.44	1.64	8.76	20.77	90.46	17.01	95.50	3.39	34.14
石脑油	702.22	3 827.79	747.21	4 802.37	666.76	3 290.12	669.92	2 721.62	664.76	3 568.07	369.77	3 299.56
橡胶等溶剂油	3.77	46.43	3.44	43.70	2.34	27.25	2.21	24.61	2.20	28.59	2.39	37.35
壬　烯	4.36	52.02	5.45	82.99	4.69	58.03	3.56	33.17	5.20	67.15	3.59	51.24
其他轻油及制品	19.29	148.19	73.00	560.03	124.39	757.70	110.81	590.39	35.08	247.83	29.84	332.57
航空煤油	358.34	2 236.03	406.19	2 796.98	371.44	1 945.69	349.45	1 495.11	346.11	1 933.24	391.44	3 700.64
灯用煤油	0	0.01	0	0.02	0	0.02	0	0.01	0	0.01	0	0.01
其他煤油馏分	8.41	81.35	6.47	68.00	4.30	39.92	2.72	25.01	2.36	25.69	25.29	288.29
柴　油	119.02	693.46	71.12	469.21	74.83	361.49	91.63	364.88	42.80	226.49	47.39	395.05
润滑油	29.15	726.50	33.51	840.47	34.41	820.47	34.57	797.12	32.61	811.99	31.77	869.49
润滑脂	2.24	114.54	2.40	119.38	2.57	122.06	2.30	112.90	2.25	114.32	2.26	125.52
润滑油基础油	266.66	1 915.82	259.70	2 150.75	281.66	2 113.15	284.69	1 842.49	257.60	1 885.85	270.99	2 938.12
燃料油	1 493.23	6 867.88	1 674.80	7 693.35	1 368.14	4 677.26	1 186.97	2 809.94	1 564.64	5 150.14	1 790.13	10 955.00
石　蜡	9.86	124.50	9.48	129.88	10.33	135.94	8.66	114.90	8.46	114.64	7.62	118.58
石油沥青	428.39	1 771.96	460.32	1 762.19	503.86	1 551.09	495.14	1 045.81	470.59	1 801.90	411.02	2 333.72
石油焦	830.52	1 581.77	982.61	1 674.67	742.61	974.21	431.63	367.49	588.66	586.12	534.97	648.04
液体石蜡	15.85	153.62	20.23	206.07	27.22	232.48	27.43	207.38	21.25	191.63	13.81	186.37
液化石油气	2 060.55	10 131.75	1 899.30	11 128 71	1 844.90	9 209.00	1 612.50	6 110.11	1 208.81	6 152.46	710.13	5 982.92

注：数据来自海关总署

表 7　　中国石油与石油产品进口数量与金额

产品名称	2019 年		2018 年		2017 年		2016 年		2015 年		2014 年	
	数量 / 万吨	金额 / 百万美元	数量 / 万吨	金额 / 百万美元	数量 / 万吨	金额 / 百万美元	数量 / 万吨	金额 / 百万美元	数量 / 万吨	金额 / 百万美元	数量 / 万吨	金额 / 百万美元
原　油	81.00	361.76	262.66	1 270.42	486.34	1 822.81	294.06	943.49	286.56	1 545.64	60.02	490.43
成品油	5 561.470	33 277.96	4 628.36	30 454.15	4 120.99	21 774.92	3 843.75	17 025.52	2 558.67	15 306.89	1 980.67	19 583.55
车用、航空汽油	1 637.05	9 424.75	1 287.94	8 436.72	1 055.45	5 692.06	969.67	4 183.02	589.87	3 514.88	498.39	4 947.31
石脑油	0	0.01	4.40	25.71	2.58	9.31	7.45	30.19	0	0	13.11	126.64
橡胶等溶剂油	0.26	2.57	0.30	2.94	0.47	4.85	0.47	8.39	0.42	4.29	0.61	8.02
壬　烯	0	0	0	0	0	0	0	0	0	0	0	0
其他轻油及制品	8.56	57.48	0.63	6.85	0.91	7.60	0.05	0.37	0	0.04	0	0
航空煤油	1 761.21	11 254.13	1 467.00	10 155.13	1 318.93	7 157.06	1 310.07	6 075.78	1 235.86	7 623.31	1 051.07	10 280.27
其他煤油馏分	0.28	1.68	0.01	0.09	0.01	0.08	0.02	0.16	1.59	12.69	2.81	30.26
柴　油	2 138.23	12 278.05	1 853.24	11 575.53	1 725.53	8 632.38	1 540.47	6 487.09	716.37	3 852.90	399.82	3 897.00
润滑油	11.25	198.02	10.81	195.92	11.47	211.34	9.98	190.55	11.88	265.48	12.57	258.44
润滑脂	1.79	38.49	1.60	35.06	1.30	26.89	0.88	17.27	0.81	16.18	0.77	16.70
润滑油基础油	2.84	22.78	2.43	20.20	4.34	33.35	4.69	32.70	1.87	17.12	1.52	18.91
燃料油	1 119.14	5 097.25	1 234.58	5 431.14	1 112.93	3 724.07	987.86	2 344.87	1 054.86	3 772.92	940.68	5 770.28
石　蜡	60.17	541.20	52.86	547.73	53.25	529.28	64.77	604.02	62.37	663.32	48.94	631.19
石油沥青	65.62	295.80	77.5	283.21	38.56	118.74	20.62	77.35	28.70	148.37	20.31	156.93
石油焦	228.96	749.83	248.87	1 046.16	225.36	628.12	258.42	506.49	241.92	604.70	244.24	612.81
液体石蜡	4.07	47.19	0.83	8.12	0.15	1.32	0.07	0.48	0.19	1.37	0.14	1.84
液化石油气	140.86	707.78	114.28	694.37	132.14	710.57	132.31	552.15	144.13	774.55	143.82	1 308.61

注：数据来自海关总署

表 8 中国主要石化产品进口数量与金额

产品名称	2019 年		2018 年		2017 年		2016 年		2015 年		2014 年	
	数量 / 万吨	金额 / 百万美元	数量 / 万吨	金额 / 百万美元	数量 / 万吨	金额 / 百万美元	数量 / 万吨	金额 / 百万美元	数量 / 万吨	金额 / 百万美元	数量 / 万吨	金额 / 百万美元
一、五大合成树脂	2 438.43	26 905.57	2 140.80	28 256.56	1 850.58	23 720.06	1 619.71	19 731.20	1 659.47	22 119.21	1 618.33	26 355.08
1. 聚乙烯	1 666.44	17 124.37	1 402.48	17 512.78	1 179.35	14 215.28	994.31	11 664.63	986.66	12 623.73	910.79	14 325.15
低密度聚乙烯	866.72	8 849.49	729.45	8 682.89	539.96	6 671.78	205.23	2 515.49	217.80	2 864.25	205.39	3 319.55
高密度聚乙烯	799.72	8 274.88	673.03	8 829.89	639.39	7 543.50	527.68	5 995.71	512.82	6 462.46	459.60	7 058.05
2. 聚丙烯	349.10	4 045.71	327.96	4 193.17	317.76	3 843.41	301.75	3 524.15	339.70	4 439.67	363.25	5 816.99
3. 聚苯乙烯	131.00	1 595.99	115.27	1 628.92	74.32	1 099.81	68.38	932.88	77.77	1 122.51	84.88	1 524.85
可发性聚苯乙烯	6.42	88.39	9.16	125.02	3.31	58.17	3.04	54.52	4.82	85.72	6.29	139.24
其他聚苯乙烯	124.59	1 507.60	106.17	1 503.91	71.01	1 041.64	65.34	878.36	72.95	1 036.79	78.60	1 385.61
4.ABS 共聚物	204.48	3 278.98	201.28	3 923.51	178.90	3 508.06	168.55	2 748.41	162.48	2 993.52	166.83	3 576.64
5. 聚氯乙烯	87.41	860.52	93.87	998.18	100.25	1 053.50	86.72	861.13	92.86	939.78	92.58	1 111.45
纯聚氯乙烯	75.15	681.63	83.88	807.64	90.56	867.86	77.22	680.55	82.53	754.30	80.79	895.25
未塑化聚氯乙烯	2.35	27.30	1.93	28.09	1.83	25.80	1.93	25.08	2.51	26.45	3.75	44.88
已塑化聚氯乙烯	9.91	151.59	8.00	132.45	7.86	159.84	7.57	155.50	7.81	159.03	8.05	171.33
二、合成橡胶及胶乳合计	408.00	6 614.16	437.95	7 551.45	433.23	8 405.50	328.83	5 313.08	196.56	3 857.77	148.46	3 986.11
1. 丁苯橡胶	19.25	360.43	20.92	411.64	23.33	489.14	23.49	442.48	26.12	498.78	27.21	603.11
丁苯胶乳	9.59	163.47	10.12	198.05	10.92	199.28	8.60	132.80	10.60	151.83	10.40	154.90
2. 顺丁橡胶	6.14	116.09	6.54	139.75	7.24	168.66	6.30	109.76	7.78	136.66	7.11	163.61

续表

产品名称	2019 年		2018 年		2017 年		2016 年		2015 年		2014 年	
	数量 / 万吨	金额 / 百万美元	数量 / 万吨	金额 / 百万美元	数量 / 万吨	金额 / 百万美元	数量 / 万吨	金额 / 百万美元	数量 / 万吨	金额 / 百万美元	数量 / 万吨	金额 / 百万美元
3. 丁基橡胶	1.49	37.52	1.78	48.35	2.42	60.76	2.25	55.71	2.32	76.90	2.91	118.10
4. 氯丁橡胶	1.73	75.52	2.15	94.99	2.26	89.28	1.87	65.23	1.66	60.30	1.97	75.96
5. 丁腈橡胶	11.48	165.57	8.85	159.43	9.22	159.58	7.32	109.45	7.79	128.43	8.04	149.86
6. 异戊二烯橡胶	0.58	14.70	0.56	20.43	0.41	13.97	0.59	17.06	0.46	16.80	0.46	20.82
7. 乙丙橡胶	11.44	186.29	10.37	210.89	8.43	166.63	7.49	145.37	5.54	138.17	8.20	215.78
8. 其他合成橡胶	355.89	5 658.04	386.78	6 435.97	379.93	7 257.49	279.52	4 368.02	144.89	2 801.70	92.56	2 638.88
其他胶乳	0.40	6.99	0.50	8.71	0.76	11.69	0.50	11.64	0.63	9.60	0.74	11.96
三、合成纤维	62.68	2 070.86	71.05	2 438.94	67.38	2 202.85	61.34	2 073.36	63.80	2 349.12	66.66	2 675.53
1. 锦　纶	10.83	683.75	14.00	769.35	13.94	705.12	13.54	665.44	14.04	698.51	16.49	850.44
长　丝	9.74	590.15	12.79	670.58	12.63	611.78	12.41	583.13	12.90	617.85	15.34	760.98
短纤维及纤维条	1.09	93.60	1.21	98.77	1.31	93.34	1.13	82.31	1.14	80.66	1.15	89.46
2. 涤　纶	33.07	565.26	31.90	636.02	29.52	589.68	24.81	489.06	23.76	491.53	24.46	576.46
长　丝	11.22	316.20	13.01	356.42	13.72	361.81	12.58	322.88	11.14	303.54	11.26	338.38
短纤维及纤维条	21.85	249.06	18.89	279.60	15.80	227.86	12.23	166.17	12.62	187.98	13.19	238.08
3. 腈纶短纤维及纤维条	8.95	249.32	14.95	423.72	14.74	343.84	13.82	300.12	15.86	425.83	15.86	520.18
4. 丙　纶	0.39	8.25	0.32	7.50	0.40	9.02	0.44	11.41	0.67	18.14	0.68	20.08
长　丝	0.13	2.60	0.08	2.55	0.10	3.09	0.17	5.64	0.21	7.64	0.24	8.72

续表

产品名称	2019 年		2018 年		2017 年		2016 年		2015 年		2014 年	
	数量 / 万吨	金额 / 百万美元	数量 / 万吨	金额 / 百万美元	数量 / 万吨	金额 / 百万美元	数量 / 万吨	金额 / 百万美元	数量 / 万吨	金额 / 百万美元	数量 / 万吨	金额 / 百万美元
短纤维及纤维条	0.26	5.65	0.23	4.95	0.30	5.94	0.27	5.77	0.46	10.50	0.45	11.35
5. 氨纶长丝	2.80	202.35	3.09	232.94	2.69	203.09	2.64	202.40	2.56	219.82	2.46	222.94
6. 其　他	6.64	361.93	6.79	369.41	6.07	352.10	6.08	404.94	6.90	495.29	6.71	485.44
长　丝	1.47	131.67	1.46	132.05	1.08	119.04	1.04	120.09	1.14	139.40	1.09	140.52
短纤维及纤维条	5.17	230.26	5.33	237.36	4.99	233.06	5.04	284.86	5.76	355.89	5.62	344.92
四、制成肥料	1 097.15	3 491.58	936.60	2 681.82	917.90	2 336.62	832.89	2 410.80	1 115.65	3 926.98	955.34	3 348.06
尿　素	18.15	46.54	16.39	45.43	11.47	29.89	6.58	15.95	0.76	3.69	0.59	3.05
五、有机化学品												
（一）乙烯、芳烃												
乙　烯	250.97	2 373.95	257.59	3 302.38	215.69	2 507.02	165.65	1 750.48	151.57	1 621.62	149.72	2 217.50
纯　苯	193.92	1 228.04	257.25	2 184.13	250.31	2 094.57	154.92	993.38	120.55	864.94	60.14	769.74
甲　苯	33.14	220.97	32.73	257.46	50.90	343.07	76.39	471.17	75.01	525.05	93.29	1 060.90
混合二甲苯	14.58	105.63	1.26	9.73	0.96	6.76	0.02	0.56	0.91	8.00	1.74	20.21
邻二甲苯	8.44	71.02	26.23	225.18	35.60	281.74	29.02	215.28	34.93	287.20	48.24	610.09
对二甲苯	1 493.80	13 809.90	1 590.82	16 918.33	1 443.82	12 133.16	1 236.14	9 668.04	1 164.89	9 793.85	997.27	12 552.63
苯乙烯	324.31	3 306.05	291.35	3 957.03	321.22	4 008.55	349.85	3 629.12	374.44	4 159.04	373.09	5 948.01
乙　苯	2.38	18.23	17.9[illegible]	136.75	13.72	139.01	5.46	46.27	2.82	26.98	1.04	15.21

续表

产品名称	2019年		2018年		2017年		2016年		2015年		2014年	
	数量/万吨	金额/百万美元	数量/万吨	金额/百万美元	数量/万吨	金额/百万美元	数量/万吨	金额/百万美元	数量/万吨	金额/百万美元	数量/万吨	金额/百万美元
（二）主要有机原料												
甲　醇	1 089.52	2 909.34	742.86	2 921.00	814.48	2 640.36	880.28	2 096.97	553.86	1 562.15	433.23	1 613.18
丁　醇	31.21	235.26	30.74	278.22	34.08	280.27	42.67	254.56	37.89	286.45	33.08	370.66
辛　醇	20.88	219.19	19.77	251.97	16.26	190.19	21.03	195.96	22.84	260.33	20.09	304.30
醋　酸	0.62	3.58	1.43	8.41	1.58	6.09	8.69	25.34	5.31	18.41	1.74	9.61
苯　酚	46.76	460.20	41.87	530.45	36.55	328.45	24.83	206.57	17.29	159.87	21.72	317.32
丙　酮	77.92	336.77	67.77	428.58	49.46	359.69	47.55	265.19	43.66	267.13	47.63	528.83
丁　酮	0.04	0.84	0.11	1.81	0.15	2.07	0.13	1.50	0.18	2.63	0.20	3.20
（三）主要合纤原料及聚合物												
乙二醇	994.70	5 818.61	979.99	9 009.68	875.01	7 507.91	757.28	4 934.59	877.16	7 123.97	845.03	8 149.15
对苯二甲酸	103.69	770.73	78.28	667.90	54.38	353.02	50.22	302.30	75.19	478.80	116.37	1 072.93
尼龙66盐	0.38	9.53	0.41	11.29	0.22	3.78	0.26	3.61	0.71	13.32	0.84	18.28
丙烯腈	30.91	487.03	37.00	742.30	27.08	398.02	30.61	326.08	39.79	556.78	51.79	1 001.72
己内酰胺	20.21	306.23	17.36	349.42	23.74	429.60	22.09	277.85	22.36	362.20	22.33	504.20
聚酯切片	63.71	607.55	43.35	527.44	22.13	332.29	17.87	271.78	16.67	262.83	18.01	328.78

注：数据来自海关总署

表 9

中国主要石化产品出口数量与金额

产品名称	2019 年		2018 年		2017 年		2016 年		2015 年		2014 年	
	数量 / 万吨	金额 / 百万美元	数量 / 万吨	金额 / 百万美元	数量 / 万吨	金额 / 百万美元	数量 / 万吨	金额 / 百万美元	数量 / 万吨	金额 / 百万美元	数量 / 万吨	金额 / 百万美元
一、五大合成树脂	167.82	2 065.24	168.66	2 136.58	201.17	2 302.36	205.86	2 123.87	166.64	1 915.55	192.43	2 474.27
1. 聚乙烯	28.24	407.69	22.77	358.30	24.69	360.81	29.89	387.62	26.93	381.08	24.91	410.37
低密度聚乙烯	11.76	177.99	9.78	154.31	9.32	146.29	7.35	103.67	5.95	91.37	4.92	83.35
高密度聚乙烯	16.48	229.70	12.99	203.99	15.37	214.52	16.43	210.14	15.39	215.26	15.71	254.56
2. 聚丙烯	34.32	472.70	31.17	453.15	29.59	392.32	23.97	306.25	16.64	248.01	12.58	234.85
3. 聚苯乙烯	30.12	391.75	31.98	507.92	33.05	476.14	31.84	397.47	32.98	452.29	32.32	585.83
可发性聚苯乙烯	26.18	307.46	28.00	414.08	27.52	371.83	25.99	302.59	28.97	372.47	27.41	477.23
其他聚苯乙烯	3.94	84.29	3.98	93.84	5.53	104.32	5.84	94.88	4.02	79.82	4.91	108.60
4.ABS 共聚物	3.78	82.62	4.77	109.02	3.53	83.12	2.82	58.37	2.35	53.30	3.32	78.86
5. 聚氯乙烯	71.36	710.48	77.97	748.19	110.31	989.97	117.34	974.16	87.74	780.87	119.30	1 164.36
纯聚氯乙烯	54.86	465.92	62.73	543.41	96.92	801.14	105.01	792.43	78.23	627.63	111.07	1 028.75
未塑化聚氯乙烯	5.08	66.93	5.47	78.98	4.66	63.29	3.92	58.74	2.58	45.51	1.94	32.37
已塑化聚氯乙烯	11.42	177.63	9.77	125.80	8.73	125.54	8.41	123.00	6.94	107.73	6.29	103.24
二、合成橡胶及胶乳合计	31.97	683.77	29.74	639.76	25.92	601.69	20.76	427.10	18.84	419.07	19.43	506.88
1. 丁苯橡胶	6.97	116.25	6.06	118.69	5.10	100.03	6.08	116.13	6.50	128.27	7.31	174.28
丁苯胶乳	2.42	24.25	1.76	19.84	1.59	17.65	1.36	14.35	1.36	15.12	0.73	10.69
2. 顺丁橡胶	3.32	55.83	2.90	58.76	2.14	41.47	1.52	23.63	1.78	28.01	1.99	40.39

续表

产品名称	2019年		2018年		2017年		2016年		2015年		2014年	
	数量/万吨	金额/百万美元	数量/万吨	金额/百万美元	数量/万吨	金额/百万美元	数量/万吨	金额/百万美元	数量/万吨	金额/百万美元	数量/万吨	金额/百万美元
3. 丁基橡胶	0.75	22.38	0.05	2.13	0.13	3.53	0.03	0.67	0.02	1.09	0.03	1.03
4. 氯丁橡胶	1.22	49.34	1.18	57.84	0.44	17.44	0.18	6.21	0.18	6.75	0.29	11.35
5. 丁腈橡胶	2.66	38.87	3.40	60.00	1.43	29.04	2.03	26.70	1.43	22.45	0.95	21.16
6. 异戊二烯橡胶	0.05	1.72	0.08	4.32	0.09	2.64	0.09	1.82	0.02	0.64	0.02	1.34
7. 乙丙橡胶	0.39	7.51	0.57	12.14	0.42	9.04	0.46	15.53	0.21	6.27	0.18	6.59
8. 其他合成橡胶	16.61	391.87	15.50	385.88	16.16	398.50	10.39	236.41	8.71	225.59	8.66	250.74
其他胶乳	0.64	7.56	0.70	9.13	0.21	2.51	0	0.21	0.01	0.32	0	0.09
三、合成纤维	515.48	9 250.58	448.65	9 568.37	425.19	8 035.84	414.93	7 200.23	365.76	7 190.18	342.71	7 770.61
1. 锦　纶	27.74	1 000.11	24.69	994.24	24.76	869.95	23.07	744.36	19.36	734.32	18.24	794.20
长　丝	27.19	957.76	24.14	945.05	24.32	836.07	22.66	712.52	18.96	699.19	17.87	759.04
短纤维及纤维条	0.55	42.35	0.55	49.19	0.44	33.88	0.41	31.84	0.40	35.14	0.36	35.16
2. 涤　纶	371.61	5 062.56	333.53	5 195.18	308.66	4 187.75	302.28	3 644.76	266.94	3 634.37	248.44	4 045.06
长　丝	273.09	4 002.65	230.22	3 942.54	207.70	3 145.19	200.94	2 690.31	172.03	2 632.30	160.43	2 925.43
短纤维及纤维条	98.52	1 059.91	103.31	1 252.64	100.96	1 042.56	101.34	954.45	94.91	1 002.07	88.01	1 119.63
3. 腈纶短纤维及纤维条	2.58	55.48	1.94	47.99	4.57	88.82	3.04	52.58	1.95	43.24	1.93	52.49
4. 丙　纶	3.64	128.05	3.42	119.83	2.93	96.70	4.03	113.69	3.44	99.94	3.00	90.25
长　丝	2.18	104.84	2.05	96.19	1.96	80.85	3.21	99.72	2.58	83.69	2.33	76.11

续表

产品名称	2019 年		2018 年		2017 年		2016 年		2015 年		2014 年	
	数量 / 万吨	金额 / 百万美元	数量 / 万吨	金额 / 百万美元	数量 / 万吨	金额 / 百万美元	数量 / 万吨	金额 / 百万美元	数量 / 万吨	金额 / 百万美元	数量 / 万吨	金额 / 百万美元
短纤维及纤维条	1.46	23.21	1.37	23.64	0.97	15.84	0.82	13.98	0.86	16.26	0.67	14.15
5. 氨纶长丝	7.40	366.72	6.46	355.42	5.77	303.57	5.87	307.11	5.22	324.97	4.55	317.96
6. 其　他	102.51	2 637.66	78.61	2 855.71	78.50	2 489.06	76.64	2 337.72	68.84	2 353.34	66.55	2 470.66
长　丝	38.28	571.17	10.73	536.35	9.92	483.36	9.02	418.13	8.07	407.40	7.45	385.08
短纤维及纤维条	64.23	2 066.49	67.88	2 3[illegible]9.36	68.57	2 005.70	67.63	1 919.59	60.77	1 945.94	59.10	2 085.57
四、制成肥料	2 112.45	5 618.41	2 080.25	6 050.30	2 420.43	6 060.47	2 677.95	6 531.00	3 450.36	10 857.92	2 902.94	8 907.90
尿　素	494.46	1 404.72	244.30	7[illegible]3.95	465.64	1 143.73	887.07	1 975.50	1 374.80	3 938.15	1 361.55	4 007.88
五、有机化学品												
（一）乙烯、芳烃												
乙　烯	1.22	10.11	0.02	0.61	0.63	6.10	0.82	9.20	0	0.08	0.02	0.41
纯　苯	3.58	22.20	4.11	31.52	3.55	22.04	5.32	29.43	9.28	66.80	7.49	80.79
甲　苯	3.69	23.70	1.5	[illegible]1.63	0.09	0.90	0.44	2.99	0.52	4.32	0.22	2.99
混合二甲苯	0.07	0.72	0.61	4.91	0.09	0.71	0.05	0.49	0.04	0.43	0.66	7.62
邻二甲苯	2.48	22.97	0.63	6.01	0	0	0.20	1.24	0.20	1.96	0	0.03
对二甲苯	0.01	0.15	0.01	0.17	3.50	29.70	5.66	41.24	12.01	100.76	10.35	128.07
苯乙烯	5.24	55.48	0.52	7.27	6.34	86.46	0.01	0.06	0.49	4.94	2.98	50.65
乙　苯	0.56	4.74	0.07	1.07	0.03	0.40	0.03	0.32	0.01	0.20	0.02	0.36

续表

产品名称	2019 年		2018 年		2017 年		2016 年		2015 年		2014 年	
	数量 / 万吨	金额 / 百万美元	数量 / 万吨	金额 / 百万美元	数量 / 万吨	金额 / 百万美元	数量 / 万吨	金额 / 百万美元	数量 / 万吨	金额 / 百万美元	数量 / 万吨	金额 / 百万美元
（二）主要有机原料												
甲　醇	17.10	62.02	31.64	133.91	12.67	47.45	3.35	9.80	16.29	49.89	74.93	342.44
丁　醇	2.09	18.37	1.77	20.71	3.95	35.32	1.68	12.59	2.01	19.45	0.80	13.13
辛　醇	2.02	21.81	2.40	29.27	3.18	32.81	0.71	6.76	1.45	17.12	5.44	76.92
醋　酸	63.83	259.50	70.98	431.27	45.74	185.34	24.03	67.09	39.31	150.56	18.11	86.88
苯　酚	0.64	8.12	4.40	56.93	5.72	58.24	5.67	50.23	1.79	17.68	3.95	59.62
丙　酮	0.21	1.08	0.37	2.75	2.25	17.20	0.82	5.33	0.31	2.60	0.05	1.19
丁　酮	16.48	163.79	14.97	192.96	11.51	115.73	9.31	67.79	9.09	95.91	9.28	132.14
（三）主要合纤原料及聚合物												
乙二醇	1.17	14.26	0.45	13.04	1.81	22.47	1.96	28.66	1.99	28.25	0.57	11.53
对苯二甲酸	69.17	517.35	84.04	714.61	52.36	334.64	69.53	418.80	62.25	421.62	46.27	419.46
尼龙 66 盐	0	0.01	0	0.01	0	0	0	0.02	0	0.11	0	0.02
丙烯腈	4.28	66.68	0.49	11.99	0.98	15.14	0.20	2.47	0	0	0.01	0.24
己内酰胺	0.02	0.43	0.01	0.31	0.50	9.69	0.02	0.32	0.21	3.68	0.01	0.24
聚酯切片	344.00	3 495.80	317.49	3 826.49	247.76	2 416.94	217.90	1 887.47	209.02	2 034.17	229.84	2 889.33

注：数据来自海关总署

表 10　　中国石化在《财富》杂志世界 500 强企业中排名

年　度	排　名
1999	73
2000	58
2001	68
2002	86
2003	70
2004	54
2005	31
2006	23
2007	17
2008	16
2009	9
2010	7
2011	5
2012	5
2013	4
2014	3
2015	2
2016	4
2017	3
2018	3
2019	2

中国石化 SINOPEC

附　录

附录 1

企事业单位名录

序号	单位名称	地址	邮政编码	电话	传真	董事长 / 经理（厂长）
1	中国石化集团胜利石油管理局有限公司 中国石油化工股份有限公司胜利油田分公司	山东省东营市济南路 125 号	257001	（0546）8552074	（0546）8221719	孔凡群
2	中国石化集团中原石油勘探局有限公司 中国石油化工股份有限公司中原油田分公司	河南省濮阳市华龙区中原路 277 号	457000	（0393）4822151 （0393）4822172	（0393）4828300	王寿平
3	中国石化集团河南石油勘探局有限公司 中国石油化工股份有限公司河南油田分公司	河南省南阳市宛城区油田五一村	473132	（0377）63830011	（0377）63830027	陶光辉
4	中国石化集团江汉石油管理局 中国石油化工股份有限公司江汉油田分公司	湖北省潜江市广华寺江汉路 1 号	433124	（0728）6502051	（0728）6502784	孙　健
5	中国石化集团江苏石油勘探局有限公司 中国石油化工股份有限公司江苏油田分公司	江苏省扬州市文汇西路 1 号	225009	（0514）87761792	（0514）87761111	方志雄
6	中国石化集团上海海洋石油局有限公司 中国石油化工股份有限公司上海海洋油气分公司	上海市浦东新区商城路 1225 号	200120	（021）20896811	（021）68769284	周荔青
7	中国石化集团西北石油局有限公司 中国石油化工股份有限公司西北油田分公司	新疆维吾尔自治区乌鲁木齐市新市区长春南路 466 号	830011	（0991）3166596	（0991）6637597	刘宝增 / 王世洁
8	中国石化集团西南石油局有限公司 中国石油化工股份有限公司西南油气分公司	四川省成都市高新区吉泰路 688 号中国石化西南科研办公基地	610041	（028）65285555	（028）65285666	郭彤楼
9	中国石化集团东北石油局有限公司 中国石油化工股份有限公司东北油气分公司	吉林省长春市绿园区西安大路 4936 号	130062	（0431）87958808	（0431）87974693 （0431）87973631	元　涛 / 秦　都
10	中国石化集团华北石油局有限公司 中国石油化工股份有限公司华北油气分公司	河南省郑州市中原区陇海西路 199 号	450006	（0371）68629220	（0371）86002220	吕新华
11	中国石化集团华东石油局 中国石油化工股份有限公司华东油气分公司	江苏省南京市建邺区江东中路 315 号中泰国际广场 6 号楼	210019	（025）58777020	（025）58822349	李东海 / 郭彤楼

续表

序号	单位名称	地址	邮政编码	电话	传真	董事长 / 经理（厂长）
12	中国石油化工股份有限公司勘探分公司	四川省成都市高新区吉泰路 688 号中国石化西南科研办公基地	610041	（028）85164709	（028）85164600	郭旭升
13	中国石化集团北京燕山石油化工有限公司 中国石油化工股份公司北京燕山分公司	北京市房山区燕山岗南路 1 号	102500	（010）69337800	（010）69345087	李　刚
14	中国石化集团资产经营管理有限公司齐鲁石化分公司 中国石油化工股份有限公司齐鲁分公司	山东省淄博市临淄区桓公路 15 号	255400	（0533）7512777	（0533）7586888	韩　峰
15	中国石化集团茂名石油化工有限公司 中国石油化工股份有限公司茂名分公司	广东省茂名市双山四路 9 号大院	525000	（0668）2243941	（0668）2269317	尹兆林
16	中国石油化工股份有限公司镇海炼化分公司	浙江省宁波市镇海区	315207	（0574）86444000	（0574）86270077	吕亮功 / 莫鼎革
17	中国石化集团资产经营管理有限公司天津石化分公司 中国石油化工股份有限公司天津分公司	天津市滨海新区大港北围堤路（西）160 号	300271	（022）63805578	（022）25991000	李永林
18	中沙（天津）石化有限公司	天津市滨海新区（大港）北围堤路（西）235 号	300271	（022）63809018	（022）63809000	戴立起
19	中国石化上海石油化工股份有限公司	上海市金山区金一路 48 号	200540	（021）57941941	（021）57942267	吴海君
20	上海赛科石油化工有限责任公司	上海化学工业区南银河路 557 号	201507	（021）37990088-2061	（021）67250866	李成峰 / 张明龙
21	中国石化上海高桥石油化工有限公司	上海市浦东新区利津路 78 号	200129	（021）58711001	（021）58712207	侯　勇 / 张建平
22	中国石化集团金陵石油化工有限责任公司 中国石油化工股份有限公司金陵分公司	江苏省南京市栖霞区甘家巷街 388 号	210033	（025）58989322	（025）85592004	戚建国 / 张春生
23	中国石化扬子石油化工有限责任公司	江苏省南京市沿江工业开发区（大厂）新华路 777 号	210048	（025）57782200	（025）57784389	洪剑桥 / 卫　达
24	扬子石化—巴斯夫有限责任公司	江苏省南京市六合区新华东路 8 号	210048	（025）58569966	（025）58569701	洪剑桥
25	福建炼油化工有限公司	福建省泉州市丰泽区安吉路福炼大厦	362011	（0595）27355053	（0595）27355000	顾越峰 / 刘向东

续表

序号	单位名称	地址	邮政编码	电话	传真	董事长 / 经理（厂长）
26	中国石化集团资产经营管理有限公司武汉分公司 中国石油化工股份有限公司武汉分公司	湖北省武汉市青山区长青路特 1 号	430082	（027）86595153 （027）86595156	（027）86595188	刘家海
27	中韩（武汉）石油化工有限公司	湖北省武汉市化学工业区八吉府大街特 1 号	430070	（027）86595153 （027）86595156	（027）886595188	刘家海
28	中国石化集团资产经营管理有限公司巴陵石化分公司 中国石油化工股份有限公司巴陵分公司	湖南省岳阳市云溪区	414014	（0730）8492348	（0730）8481456	邬智勇
29	中国石化集团资产经营管理有限公司长岭分公司 中国石油化工股份有限公司长岭分公司	湖南省岳阳市云溪区	414012	（0730）8452003	（0730）8451824	王妙云
30	中国石化仪征化纤有限责任公司	江苏省扬州市仪征市长江西路 1 号	211900	（0514）83231693	（0514）83233880	万　涛 / 郭晓军
31	中国石化集团南京化学工业有限公司	江苏省南京市六合区葛关路 268 号	210048	（025）57765017	（025）57792812	叶晓东
32	中国石化集团资产经营管理有限公司广州分公司 中国石油化工股份有限公司广州分公司	广东省广州市黄埔区石化路 239 号	510726	（020）62123888	（020）82396591	丘仲宜
33	中国石化集团资产经营管理有限公司洛阳石化资产分公司 中国石油化工股份有限公司洛阳分公司	河南省洛阳市吉利区大庆路 1 号	471012	（0379）66992300	（0379）66991882	江寿林
34	中国石化集团资产经营管理有限公司安庆分公司 中国石油化工股份有限公司安庆分公司	安徽省安庆市石化四路 20 号	246002	（0556）5381717	（0556）5378299	刘晓华
35	中国石化海南炼油化工有限公司	海南省洋浦经济开发区	578101	（0898）28820068	（0898）28820099	卞凤鸣
36	中国石化青岛炼油化工有限责任公司	山东省青岛市经济技术开发区千山南路 827 号	266500	（0532）86915983	（0532）86915988	赵培录
37	中国石化集团资产经营管理有限公司石家庄分公司 中国石油化工股份有限公司石家庄炼化分公司	河北省石家庄市裕华区石炼路 1 号	050099	（0311）80862314	（0311）80861234	胡正海
38	中国石化集团资产经营管理有限公司荆门分公司 中国石油化工股份有限公司荆门分公司	湖北省荆门市掇刀区炼厂路 9 号	448039	（0724）2271917 （0724）2276857	（0724）2211677	杨勇刚

续表

序号	单位名称	地址	邮政编码	电话	传真	董事长 / 经理（厂长）
39	中国石化集团重庆川维化工有限公司	重庆市长寿区维江路 36 号	401254	（023）68974436	（023）68974009	许　毅
40	中国石油化工股份有限公司九江分公司	江西省九江市浔阳区滨江东路 230 号	332004	（0792）8492966 （0792）8493204	（0792）8617006	谢道雄
41	中国石化集团资产经营管理有限公司宜昌分公司 中国石油化工股份有限公司湖北化肥分公司	湖北省枝江市迎宾大道 15 号	443200	（0717）4232261	（0717）4212660	李德武
42	中国石化集团资产经营管理有限公司济南分公司 中国石油化工股份有限公司济南分公司	山东省济南市工业南路 26 号	250101	（0531）88832202	（0531）88983622	夏季祥
43	中国石化中原石油化工有限责任公司	河南省濮阳市胜利西路	457001	（0393）4471067	（0393）4416227	胡明生
44	中国石化集团资产经营管理有限公司沧州分公司 中国石油化工股份有限公司沧州分公司	河北省沧州市交通北大道 50 号	061000	（0317）3552247 （0317）3552345	（0317）3552688	周庆水
45	中国石化润滑油有限公司	北京市海淀区安宁庄西路 6 号	100085	（010）62949873	（010）62917732	宋云昌
46	中国石化青岛石油化工有限责任公司	山东省青岛市李沧区滨海路 8 号	266043	（0532）66762212	（0532）84816954	李振民
47	中国石化湛江东兴石油化工有限公司	广东省湛江市霞山区湖光路 15 号	524012	（0759）2606603	（0759）2606888	吴惜伟
48	中科（广东）炼化有限公司	广东省湛江市经济技术开发区中科大道 1 号	524076	（0759）8936026	（0759）8936000	吴惜伟 / 曾　松
49	中国石化北海炼化有限责任公司	广西北海市铁山港区 4 号路	536016	（0779）8528881	（0779）8528888	陈尧焕
50	中国石化塔河炼化有限责任公司	新疆库车县天山东路 60 号	842000	（0997）7979067	（0997）7979016	丛　煜
51	中国石化炼油销售有限公司	上海市长宁区延安西路 728 号 22 层	200050	（021）60863429	（021）52381680	王净依
52	中国石化销售股份有限公司北京石油分公司	北京市东城区广渠家园 6 号楼	100022	（010）67006700	（010）67006900	徐旭日
53	中国石化集团资产管理有限公司天津石油分公司 中国石化销售股份有限公司天津石油分公司	天津市南开区南京路 338 号	300100	（022）27201588	（022）27201555	王文联

续表

序号	单位名称	地址	邮政编码	电话	传真	董事长 / 经理（厂长）
54	中国石化销售有限公司河北石油分公司	河北省石家庄市槐安东路 6 号	050021	（0311）87182011	（0311）87182888	田凤林
55	中国石化集团资产经营管理有限公司陕西石油分公司 中国石化销售股份有限公司山西石油分公司	山西省太原市万柏林区大王路 8 号	030024	（0351）2217032	（0351）2217029	吴劲松
56	中国石化销售股份有限公司上海石油分公司	上海市黄浦区中山东一路 24 号甲	200002	（021）63219490	（021）63210762	左兴凯
57	中国石化销售股份有限公司江苏石油分公司	江苏省南京市中山北路 395 号江苏石油大厦	210003	（025）58808888	（025）58803729	张有根
58	中国石化销售股份有限公司浙江石油分公司	浙江省杭州市河坊街 58 号	310009	（0571）87818833	（0571）87803660	岑利祥
59	中国石化销售股份有限公司安徽石油分公司	安徽省合肥市屯溪路 188 号	230009	（0551）62212843	（0551）62212900	芮继强
60	中国石化销售股份有限公司福建石油分公司	福建省福州市鼓楼区五四路 109 号东煌大厦 19 楼	350003	（0591）87761085	（0591）87817322	丁春生
61	中国石化集团江西石油总公司 中国石化销售股份有限公司江西石油分公司	江西省南昌市洪都北大道 102 号	330046	（0791）88512108	（0791）88511107	毛陆军
62	中国石化销售股份有限公司山东石油分公司	山东省济南市经十路 13777 号 9 栋	250014	（0531）85856666	（0531）85856666	江建华
63	中国石化销售股份有限公司河南石油分公司	河南省郑州市郑东新区正光路 16 号	450016	（0371）87520290	（0371）87520299	焦德才
64	中国石化销售股份有限公司湖北石油分公司	湖北省武汉市硚口区解放大道 606 号	430030	（027）68837017	（027）68837100	于海平
65	中国石化销售股份有限公司湖南石油分公司	湖南省长沙市湘春路 113 号	410005	（0731）84841848	（0731）84841801	黄　河
66	广东省石油企业集团公司 中国石化销售有限公司广东石油分公司	广东省广州市体育西路 191 号中石化大厦 A 塔	510620	（020）38084610	（020）38081618	陈成敏
67	中国石化销售股份有限公司广西石油分公司	广西南宁市桃源路 67 号石油大厦	530021	（0771）6757886	（0771）6757889	李玉杏
68	中国石化销售有限公司海南石油分公司	海南省海口市滨海大道 163 号	570311	（0898）68680800	（0898）68680909	史东斌

续表

序号	单位名称	地址	邮政编码	电话	传真	董事长 / 经理（厂长）
69	中国石化销售股份有限公司贵州石油分公司	贵州省贵阳市南明区解放路 21 号石化大厦	550000	（0851）85986622	（0851）85985810	张家顺
70	中国石化集团资产经营管理有限公司云南石油分公司 中国石化销售股份有限公司云南石油分公司	云南省昆明市国贸路 865 号	650029	（0871）63115215	（0871）63115210	杨惠明
71	中国石化燃料油销售有限公司	北京市朝阳区惠新东街甲 6 号中国石化大厦 1 号楼	100029	（010）69166392	（010）69168888	杨军泽
72	中国石化销售股份有限公司辽宁石油分公司	辽宁省沈阳市皇姑区崇山路 51 号	110000	（024）86629533		周绍海
73	中国石化销售股份有限公司四川石油分公司	四川省成都市高新区天府大道中段吉泰路 688 号中石化西南科研办公基地	610041	（028）65286812	（028）65286822	柴志明
74	中国石化销售股份有限公司重庆石油分公司	重庆市渝中区民族路 188 号环球金融中心 48 楼	400010	（023）63107555	（023）63106320	王红兵
75	中国石化销售股份有限公司陕西石油分公司	陕西省西安市莲湖区北大街 29 号中天国际大厦 10 层	710003	（029）87255916	（029）87403810	杨其明
76	中国石化销售有限公司内蒙古石油分公司	内蒙古呼和浩特市如意开发区如意和大街 28 号万铭总部基地综合楼 5 楼	010090	（0471）5289806	（0471）5289808	张　华
77	中国石化销售有限公司新疆石油分公司	新疆乌鲁木齐长春南路 466 号中国石化科研生产园区 2 楼 B 座	830011	（0991）3163087	（0991）3163086	邱发森
78	中国石化销售股份有限公司吉林石油分公司	吉林省长春市南关区人民大街 10606 号东北亚国际金融中心 3 号楼	130000	（0431）81332986	（0431）81332991	仲　伟
79	中国石化销售股份有限公司黑龙江石油分公司	黑龙江省哈尔滨市通达街 307 号	150000	（0451）51536815		叶　震
80	中国石化销售股份有限公司青海石油分公司	青海省西宁市城东区民和路南口 58 号	810000	（0971）5161971	（0971）5161973	王毕毕
81	中国石化销售有限公司甘肃石油分公司	甘肃省兰州市城关区天水中路 2 号	730030	（0931）8520683	（0931）8833795	冯培育

续表

序号	单位名称	地址	邮政编码	电话	传真	董事长 / 经理（厂长）
82	中国石化销售股份有限公司宁夏石油分公司	宁夏回族自治区银川市兴庆区清和北街 1143 号	750000	（0951）3803515	（0951）3859299	杨计明
83	中国石化销售有限公司西藏石油分公司	西藏拉萨市城关区娘热路 13 号	850000	（0891）6820269	（0891）6820269	伏 韬
84	中国石化销售股份有限公司华北分公司	天津市新技术产业园区华苑产业园区榕苑路 1 号	300384	（022）23059516	（022）23059522	于金广
85	中国石化销售股份有限公司华东分公司	上海市长宁区愚园路 819 号	200050	（021）62119325	（021）62119327	陈 坚
86	中国石化销售股份有限公司华中分公司	湖北省武汉市江汉区常青路 39 号	430000	（027）65798026	（027）65798015	张洪奎
87	中国石化销售股份有限公司华南分公司	广东省广州市天河区体育西路 191 号中石化大厦	510620	（020）38083999	（020）38083909	田中山
88	中国石油化工股份有限公司石油勘探开发研究院	北京市海淀区学院路 31 号	100083	（010）82312737	（010）82312417	郑和荣
89	中国石化集团石油工程技术研究院有限公司 中国石油化工股份有限公司石油工程技术研究院	北京市朝阳区北辰东路 8 号北辰时代大厦	100101	（010）84988862	（010）84988966	路保平
90	中国石油化工股份有限公司石油物探技术研究院	江苏省南京市江宁区上高路 219 号	211103	（025）68109926	（025）68109900	曲寿利
91	中国石油化工股份有限公司石油化工科学研究院	北京市海淀区学院路 18 号	100083	（010）62310806	（010）62311290	达志坚
92	中国石化集团资产经营管理有限公司北京化工研究院	北京市朝阳区北三环东路 14 号	100013	（010）64211993	（010）64228661	
93	中国石油化工股份有限公司大连石油化工研究院 中国石油化工股份有限公司抚顺石油化工研究院	辽宁省大连市旅顺口区南开街 96 号 辽宁省抚顺市望花区丹东路东段 31 号	116045 113001	（0411）39699999 （024）56389234	（0411）39699000 （024）56429551	方向晨
94	中国石油化工股份有限公司上海石油化工研究院	上海市浦东新区浦东北路 1658 号	201208	（021）68463662	（021）68462283	杨为民
95	中国石油化工股份有限公司青岛安全工程研究院	山东省青岛市崂山区松岭路 339 号	266100	（0532）83786202	（0532）83861318	孙万付
96	中国石化催化剂有限公司	北京市朝阳区惠新东街甲 6 号	100029	（010）69166523	（010）69166878	顾松园
97	中国石化国际事业有限公司	北京市朝阳区朝阳门北大街 22 号	100728	（010）59966049	（010）59760629	王玉冰

续表

序号	单位名称	地址	邮政编码	电话	传真	董事长 / 经理（厂长）
98	中国石化集团国际石油勘探开发有限公司	北京市朝阳区惠新东街甲 6 号	100029	（010）69165038	（010）69165140	朱碧新
99	中石化石油工程技术服务有限公司	北京市朝阳区吉市口路 9 号	100020	（010）59965998	（010）59965997	刘中云 / 袁建强
100	中国石化集团国际石油工程有限公司	北京市朝阳区吉市口路 9 号	100020	（010）59965605	（010）59760955	张永杰
101	中石化海洋石油工程有限公司	上海市浦东新区商城路 1225 号	200120	（021）20896811	（021）68769284	
102	中石化石油工程建设有限公司	北京市朝阳区吉市口路 9 号	100020	（010）59965321	（010）59760975	袁建强
103	中石化石油工程地球物理有限公司	北京市朝阳区吉市口路 9 号	100020	（010）59965715	（010）59760901	周　松
104	中石化胜利石油工程有限公司	山东省东营市东营区济南路 125 号	257000	（0546）8555613 （0546）8710018	（0546）8555026	孙永壮
105	中石化中原石油工程有限公司	河南省濮阳市中原路 277 号	457001	（0393）4816077	（0393）4816077	陈惟国 / 吴柏志
106	中石化江汉石油工程有限公司	湖北省潜江市广华江汉路 1 号	433124	（0728）6502632	（0728）6502632	杨国圣
107	中石化西南石油工程有限公司	四川省成都市高新区吉泰路 688 号中国石化西南科研办公基地	610041	（028）65285566	（028）65285577	张百灵
108	中石化华东石油工程有限公司	江苏省南京市建邺区江东中路 315 号中泰国际广场 6 栋	210019	（025）58778911	（025）58778977	吴叶成
109	中石化华北石油工程有限公司	河南省郑州市中原区淮河西路 21 号新浦恒辉广场	450006	（0371）60197569 （0371）60197570	（0371）60197569	常兴浩
110	中石化石油机械股份有限公司	湖北省武汉市东湖新技术开发区光谷大道 77 号金融港 A2 座 12 层	430205	（027）52306800	（027）52306868	杜广义 / 谢永金
111	中石化炼化工程（集团）股份有限公司	北京市朝阳区慧忠北里安园 19 号兰华国际 B 座	100101	（010）64998021	（010）64998599	向文武
112	中国石化工程建设有限公司	北京市朝阳区安慧北里安园 21 号	100101	（010）84879999	（010）64963395	孙丽丽 / 蒋德军

续表

序号	单位名称	地址	邮政编码	电话	传真	董事长 / 经理（厂长）
113	中石化洛阳工程有限公司	河南省洛阳市中州西路 27 号	471003	（0379）64887749	（0379）64887756	周成平
114	中石化上海工程有限公司	上海市浦东新区张杨路 769 号	200120	（021）58354214	（021）58358142	吴德荣
115	中石化宁波工程有限公司	浙江省宁波市高新区院士路 660 号	315103	（0574）87975589	（0574）87975199	许一君
116	中石化南京工程有限公司	江苏省南京市江宁区科建路 1189 号	211100	（025）87117369	（025）85561051	徐德勤
117	中石化第四建设有限公司	天津市滨海新区大港世纪大道 180 号	300270	（022）63862215	（022）25990156	周赢冠
118	中石化第五建设有限公司	广东省广州市荔湾区中山七路 81 号	510145	（020）28348128	（020）28348169	衣　浩 / 王建军
119	中石化第十建设有限公司	山东省青岛市黄岛区漓江西路 677 号	266555	（0532）55681666	（0532）55681000	王存庭
120	中国石化长城能源化工有限公司	北京市朝阳区吉市口路 9 号	100020	（010）59965243	（010）59760059	杨　栋
121	中国石化长城能源化工（宁夏）有限公司	宁夏回族自治区灵武市宁东能源化工基地煤化工 C 区	750411	（0951）3098828	（0951）3098833	陆伟群 / 胡传清
122	中安联合煤化有限责任公司	安徽省淮南市潘集区祁集镇煤化工大道经六路	23200	（0554）4239425	（0554）4618888	施华彪
123	中天合创能源有限责任公司化工分公司	内蒙古自 台区鄂尔多斯市乌审旗图克工业园区	017300	（0477）2247071	（0477）2247618	褚小华
124	中国石化集团百川经济贸易有限公司	北京市朝阳区朝阳门北大街 22 号	100728	（010）59960509	（010）59960901	徐盛龙
125	中国石化化工销售有限公司	北京市朝阳区朝阳门北大街 22 号	100728	（010）59966920	（010）59760728	王　媛
126	中国石化财务有限责任公司	北京市朝阳区朝阳门北大街 22 号	100728	（010）59966700	（010）59760508	赵东 / 程忠
127	中国石化盛骏国际投资有限公司	香港湾仔港湾道 1 号会展广场办公大楼 24 楼		+852 28373336 +852 28373300	+852 28272630	寿东华 / 赵立
128	中石化保险有限公司	香港湾仔港湾道 1 号会展办公大楼 20 楼	999077	+852 28633011	+852 28632333	支华 / 刘继锋
129	中石化保险经纪有限公司	北京市朝阳区朝阳门北大街 22 号		（010）59965497		支华 / 李军航

续表

序号	单位名称	地址	邮政编码	电话	传真	董事长 / 经理（厂长）
130	上海浙石期货经纪有限公司	上海市浦东新区浦电路 438 号	200120	（021）50586901	（021）50586903	俞国华
131	太平石化金融租赁有限责任公司	上海市浦东新区银城中路 488 号太平金融大厦 4102 室	200120	（021）61625379	（021）61625389	陈锦奎 / 史立明
132	实华国际租赁有限公司	北京市建国门外大街 1 号				
133	中国石化集团资本有限公司	北京市朝阳区东三环中路 1 号环球金融中心东塔 22 层	100026	(010)　56633668		黄文生
134	中国国际石油化工联合有限责任公司	北京市朝阳区朝阳门北大街 22 号	100728	（010）59966528	（010）59966698	陈　波
135	中国石油化工股份有限公司天然气分公司	北京市朝阳区惠新东街甲 6 号	100029	（010）69166083	（010）69196617	段彦修
136	中国石化新疆煤制天然气外输管道有限责任公司	北京市朝阳区吉市口路 9 号	100020	（010）59965189	（010）59760084	段彦修 / 沈琛
137	中国石化集团新星石油有限责任公司	北京市海淀区北四环中路 263 号	100083	（010）82335563	（010）82335152	张召平
138	中国石化集团管道储运公司 中国石化管道储运有限公司	江苏省徐州市泉山区翟山新村Ⅶ区	221008	（0516）83453144	（0516）83453386	夏于飞
139	中国石化集团共享服务有限公司	北京市朝阳区吉市口路 9 号	100020	（010）59965596		刘利君
140	中国石油化工集团公司经济技术研究院（中国石化咨询有限责任公司）	北京市朝阳区安外小关街 24 号	100029	（010）52826100	（010）52826200	戴宝华
141	中国石化报社	北京市朝阳区吉市口路 9 号	100020	（010）59963283	（010）59762243	陈维松
142	中国经济出版社有限公司	北京市东城区安定门外大街 58 号	100011	（010）57512507		周志明
143	中国石化出版社有限公司	北京市东城区安定门外大街 58 号	100011	（010）57512507		周志明
144	石油化工管理干部学院（中国石化集团公司党校）	北京市朝阳区立水桥北甲 1 号石油化工管理干部学院	100012	（010）52591899	（010）52591919	王子康
145	石油化工工程质量监督总站 中石化工程质量监测有限公司	北京市朝阳区安翔北里 11 号石油化工管理干部学院分部	100101	（010）21720152	（010）21720188	翁必生

附录 2

制度性文件名一览表

序号	制度名称	制度文号
1	中国石化领导人员选拔任用办法	中国石化党组〔2019〕1 号
2	中国石油化工集团有限公司“三重一大”决策制度实施办法	中国石化党组〔2019〕16 号
3	中国石化干部人事档案管理规定	中国石化党组办〔2019〕25 号
4	中共中国石油化工集团有限公司党组贯彻落实中国共产党重大事项请示报告条例实施办法	中国石化党组〔2019〕26 号
5	中国石化干部函询及采信反馈办法	中国石化党组办〔2019〕29 号
6	中共中国石油化工集团有限公司党组工作规则	中国石化党组〔2019〕49 号
7	中共中国石油化工集团有限公司党组理论学习中心组学习实施细则	中国石化党组〔2019〕50 号
8	中国石化党建工作考核办法	中国石化党组〔2019〕66 号
9	中国石化党内关怀帮扶实施细则	中国石化党组〔2019〕67 号
10	中国石油化工集团有限公司板块（子集团）党的工作委员会工作规则（试行）	中国石化党组〔2019〕70 号
11	领导人员在经营实体和社会团体兼职管理办法	中国石化党组〔2019〕72 号
12	中国石化基层党支部工作细则（试行）	中国石化党组〔2019〕77 号
13	中国石化纪检监察机构问题线索归口管理工作办法（试行）	中国石化党组纪〔2019〕80 号
14	中国石化职业经理人选聘管理办法（试行）	中国石化党组人〔2019〕81 号
15	中国石化全员安全记分管理办法（试行）	中国石化〔2019〕2 号
16	中国石化关键物资供应安全监督管理办法	中国石化安〔2019〕9 号
17	炼油板块持续推进全员成本目标管理考评奖励细则	石化股份炼〔2019〕18 号
18	中国石油化工股份有限公司企业所得税汇算清缴管理规程	石化股份财〔2019〕48 号
19	中国石化自产原油销售管理办法	中国石化生〔2019〕52 号
20	中国石化工程建设监理管理办法	中国石化建〔2019〕56 号
21	中国石油化工集团公司石油工程队伍资质认证管理办法	中国石化油〔2019〕59 号
22	中国石油化工集团有限公司董事会授权管理办法	中国石化办〔2019〕75 号
23	中国石化异辛烷配置管理办法	石化股份炼〔2019〕86 号
24	中国石化物资采购招标投标管理办法	中国石化物〔2019〕104 号
25	中国石化物资采购招标操作规范	中国石化物〔2019〕105 号
26	中国石油化工集团有限公司负责人履职待遇、业务支出管理办法	中国石化办〔2019〕106 号
27	中国石油化工集团有限公司总部机关有关人员履职待遇、业务支出管理办法	中国石化办〔2019〕107 号

续表

序号	制度名称	制度文号
28	中国石油化工集团有限公司直属单位负责人履职待遇、业务支出管理办法	中国石化办〔2019〕108 号
29	中国石化海外投资控股有限公司运营及财务管理暂行办法	石化股份财〔2019〕116 号
30	中国石化人才成长通道横向贯通实施办法	中国石化人〔2019〕121 号
31	中国石油化工集团有限公司工程建设工法管理办法	中国石化建〔2019〕126 号
32	中国石化物资供应质量管理办法	中国石化物〔2019〕127 号
33	中国石化设备材料监造管理办法	中国石化物〔2019〕128 号
34	中国石化物资质量验收检验管理办法（试行）	中国石化物〔2019〕129 号
35	中国石化物资供应管理绩效考核办法	中国石化物〔2019〕132 号
36	中国石油化工集团有限公司注资管理办法（试行）	中国石化财〔2019〕147 号
37	中国石化物资采购招标投标监督管理办法	中国石化物〔2019〕149 号
38	中国石化科学技术奖励管理办法	中国石化科〔2019〕154 号
39	中国石油化工集团有限公司资产评估机构备选库管理办法	中国石化财〔2019〕162 号
40	中国石化物资绿色采购管理办法（试行）	中国石化物〔2019〕187 号
41	中国石化物资采购供应资源管理办法	中国石化物〔2019〕192 号
42	中国石化物资采购招标投标电子文件归档管理办法（暂行）	中国石化物〔2019〕197 号
43	中国石化环境事件领导干部责任追究管理办法	中国石化能〔2019〕199 号
44	中国石化保险管理办法	中国石化财〔2019〕200 号
45	中国石化财政资金管理办法（试行）	中国石化财〔2019〕201 号
46	中国石化环境保护管理规定	中国石化能〔2019〕205 号
47	中国石化节约能源管理办法	中国石化能〔2019〕228 号
48	中国石油化工集团有限公司热电装置非计划停工管理办法	中国石化资〔2019〕229 号
49	中国石化优质工程管理办法	中国石化建〔2019〕246 号
50	中国石化集团资本和金融板块风险管理办法（试行）	中国石化金〔2019〕247 号
51	中国石化党组管理领导人员薪酬管理办法	中国石化人〔2019〕250 号
52	中国石化突出贡献专家评选办法	中国石化人〔2019〕251 号
53	中国石化闵恩泽青年科技人才奖评选办法	中国石化人〔2019〕252 号
54	关于规范资本和金融投资业务管理的补充规定（暂行）	中国石化计〔2019〕254 号
55	中国石化建设项目承包商记分量化考核管理办法（暂行）	中国石化建〔2019〕271 号
56	中国石化差旅费管理办法	中国石化财〔2019〕278 号

续表

序号	制度名称	制度文号
57	中国石化固定资产投资项目审计办法	中国石化审〔2019〕280 号
58	实验室 HSSE 管理办法	中国石化科〔2019〕287 号
59	中国石化生态保护管理办法	中国石化能〔2019〕288 号
60	中国石化总部机关经费管理细则	中国石化财〔2019〕291 号
61	中国石化专家管理办法（试行）	中国石化人〔2019〕308 号
62	中国石化碳排放管理办法	中国石化能〔2019〕309 号
63	企业年金管理办法	中国石化人〔2019〕310 号
64	中国石化原油商业储备管理办法	中国石化生〔2019〕314 号
65	中国石化工业仪表控制系统安全防护实施规定	中国石化生〔2019〕318 号
66	中国石化建设项目实施管理规定	中国石化建〔2019〕329 号
67	中国石化兼职审计专家管理办法	中国石化审〔2019〕335 号
68	中国石化审计职业道德规范	中国石化审〔2019〕340 号
69	中国石化审计档案管理办法	中国石化审〔2019〕341 号
70	中国石化知识产权服务机构管理实施细则	中国石化科〔2019〕343 号
71	关于进一步加强竞业限制管理的实施细则	中国石化人〔2019〕344 号
72	中国石化科技经费管理办法	中国石化科〔2019〕346 号
73	中国石化科技项目（课题）管理办法	中国石化科〔2019〕347 号
74	中国石化海外人工成本预算管理办法（试行）	中国石化人〔2019〕352 号
75	中国石化海外员工薪酬福利管理办法	中国石化人〔2019〕353 号
76	中国石油化工集团有限公司信息公开实施办法	中国石化宣〔2019〕355 号
77	中国石化建设项目设计管理办法	中国石化建〔2019〕357 号
78	中国石化企业审计工作督导办法	中国石化审〔2019〕361 号
79	中国石化外事管理规定	中国石化合〔2019〕364 号
80	中国石化境外公共安全风险评估规范	中国石化合〔2019〕389 号
81	中国石化审计项目质量管理办法	中国石化审〔2019〕401 号
82	关于进一步规范和精简会议的暂行办法	中国石化综〔2019〕406 号
83	中国石化审计发现问题整改管理办法	中国石化审〔2019〕407 号
84	中国石化院士培育与服务工作办法	中国石化人〔2019〕419 号

中国石化 SINOPEC

索　引

企事业单位主题词索引

使用说明

1. 本索引引用主题词分析索引法编制。

2. 本索引按汉语拼音音序排列。具体如下：以英文字母开头的，排在最前面；汉字标目则按首字的音序、音调依次排列，首字相同时，则以第二个字排序，并依次类推。

3. 在索引中，索引标目之后的数字表示主题内容所在年鉴正文的页码；英文字母a、b分别表示左、右两个栏目。

4. 为反映索引款目的逻辑关系。对于二级目录，采取在上一级标目下缩两格的编排形式予以体现，之下的索引款目仍按上列排序方法依次排列。

A

B

C

D

F

G

H

J

K

L

M

N

Q

R

S

X

Y

表题索引

使用说明

1. 本索引采用表题索引法编制。年鉴中所有表题均在标引范围内。

2. 本索引基本上按汉语拼音音序排列。具体如下：以数字开头的，排在最前面；汉字标目则按首字的音序、音调依次排列，首字相同时，则以第二个字排序，并依次类推。

3. 在索引中，索引标目之后的数字表示主题内容所在年鉴正文的页码。

A

B

C

D

F

G

H

J

K

L

M

N

Q

R

S

T

W

X

Y

Z